# FRANCE

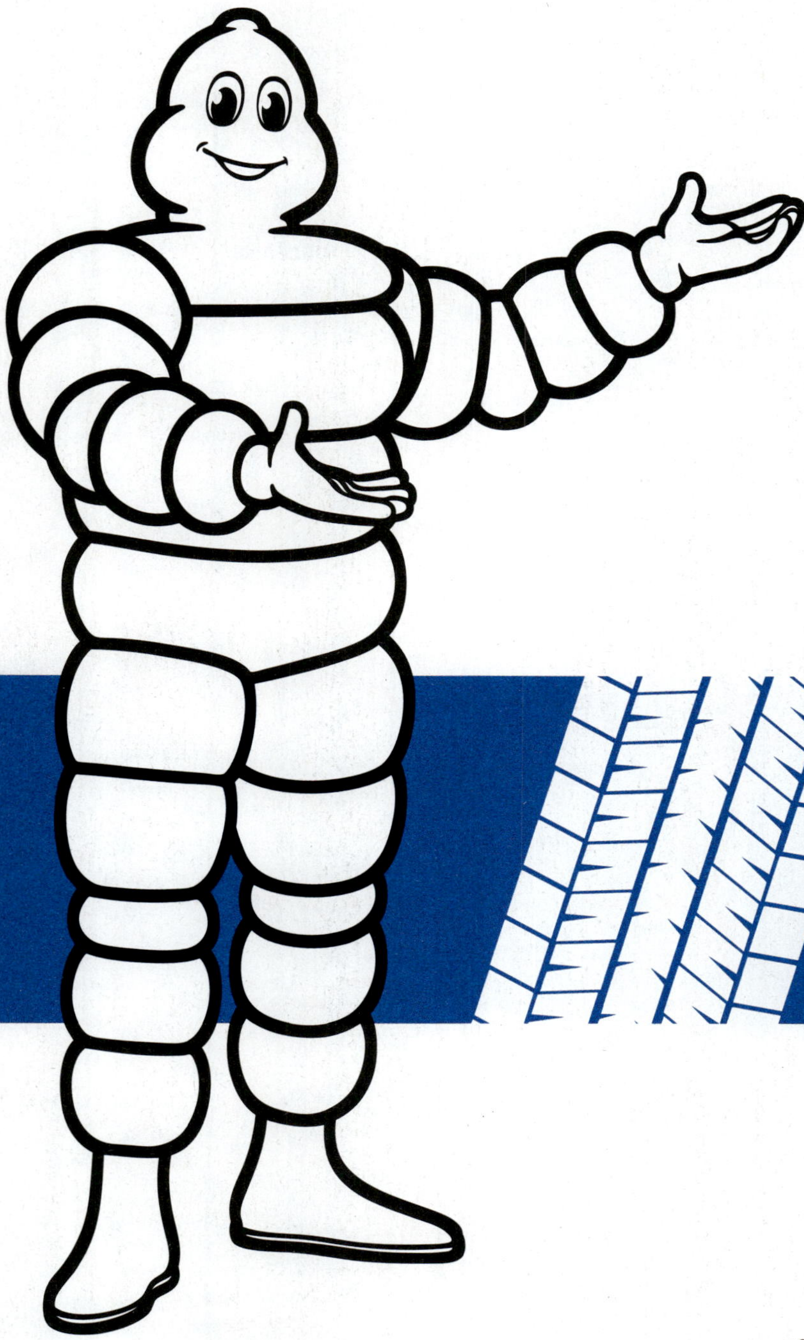

**ATLAS ROUTIER et TOURISTIQUE**
TOURIST and MOTORING ATLAS
STRASSEN- und REISEATLAS
TOERISTISCHE WEGENATLAS
ATLANTE STRADALE e TURISTICO
ATLAS DE CARRETERAS y TURÍSTICO

MICHELIN

# Grands axes routiers

## Main road map
## Durchgangsstraßen
## Grote verbindingswegen
## Grandi arterie stradali
## Carreteras principales

# Trouvez bien plus que votre route !

Explore beyond your route! • Finden Sie mehr als nur Ihren Weg! • Vind zoveel meer dan alleen maar uw reisweg! • Per non perdersi e non perdersi nulla! • Encuentre mucho más que el camino!

**Comment utiliser les QR Codes** .............. p. 427

How to use the QR Codes • Wie verwendet man QR Codes • Hoe moet u de QR Codes gebruiken • Come si usano i codici QR • Cómo utilizar los códigos QR

* Hotels, Restaurants, Touristic Sites • Hotels, Restaurants, Touristische Sehenswürdigkeiten • Hotels, Restaurants, Toeristische plaatsen • Hotels, Ristoranti, Luoghi d'interesse • Hotels, Restaurante, Lugares turísticos

# DÉPARTS EN VACANCES
## POUR ÉVITER LE STRESS, PENSEZ À :

### LA VOITURE

- ☐ PRESSION PNEUS
- ☐ NIVEAU HUILE
- ☐ NIVEAU LIQUIDE DE REFROIDISSEMENT
- ☐ NIVEAU LIQUIDE LAVE-GLACE
- ☐ PLEIN CARBURANT
- ☐ RACLETTE ANTI-GIVRE
- ☐ PNEUS HIVER, CHAÎNES OU CHAUSSETTES À NEIGE

### LA SÉCURITÉ

- ☐ GILET JAUNE + TRIANGLE
- ☐ ÉTHYLOTEST
- ☐ PERMIS DE CONDUIRE
- ☐ PAPIERS DU VÉHICULE (CARTE GRISE, ATTESTATION D'ASSURANCE ET CONTRÔLE TECHNIQUE)
- ☐ NOTICE DU VÉHICULE
- ☐ COORDONNÉES DE L'ASSISTANCE

### S'ORIENTER

- ☐ ATLAS, CARTES ET FEUILLE DE ROUTE

### LA SANTÉ

- ☐ TROUSSE DE SECOURS
- ☐ CARTE VITALE
- ☐ CARNET DE SANTÉ
- ☐ LUNETTES DE SOLEIL
- ☐ CHAPEAUX
- ☐ ÉCRAN SOLAIRE

### LA FAMILLE

- ☐ JEUX ENFANTS (CONSOLE DE JEUX, LECTEUR DVD, LIVRES, ETC.)
- ☐ BIBERON D'EAU
- ☐ VAPORISATEUR
- ☐ MÉDICAMENT CONTRE LE MAL DES TRANSPORTS
- ☐ REPAS (PETIT POT POUR LES BÉBÉS, PIQUE-NIQUE, COLLATION, ETC..)
- ☐ CONTRÔLE DU SIÈGE AUTO POUR ENFANTS
- ☐ PARE-SOLEIL

**BONNE ROUTE !**

# RÉAGIR
# EN CAS D'ACCIDENT

## PROTÉGER

- Garez votre véhicule après le lieu de l'accident feux de détresse allumés.
- Enfilez un gilet de haute visibilité obligatoire.
- Mettez les passagers à l'abri à l'extérieur du véhicule ; sortez par le côté opposé au trafic.
- Sur autoroute, placez-vous derrière les barrières de sécurité, dirigez-vous immédiatement vers la borne d'appel d'urgence et attendez les secours.
- Sur route, balisez l'accident par un triangle à 200 mètres en amont, à condition qu'il soit possible de le faire en toute sécurité. **Attention :** ne fumez pas à proximité du lieu de l'accident, afin d'éviter un incendie.

## ALERTER

- **Sur autoroute,** appelez depuis une borne d'appel d'urgence, que vous trouverez tous les deux kilomètres.
- **En cas d'absence de borne,** vous pouvez **composer le 112** à partir d'un téléphone fixe, d'une cabine téléphonique ou d'un téléphone mobile (numéro d'urgence gratuit).

## SECOURIR

- Ne déplacez pas les victimes, sauf en cas de danger imminent tel un incendie.
- Ne retirez pas le casque d'un conducteur de deux-roues.
- Ne donnez ni à boire ni à manger aux victimes.

## LES NUMÉROS UTILES

- **MONDIAL ASSISTANCE :**
  **01 40 255 255** (24h/24)
- **EUROP ASSISTANCE :**
  **01 41 85 85 85** (24h/24)
- **ASSURANCES ASSISTANCE :**
  ALLIANZ : **0800 103 105**
  DIRECT ASSURANCE : **01 55 92 27 20**
  GROUPAMA : **01 45 16 66 66**
  INTER MUTUELLES ASSISTANCE : **0800 75 75 75**
  MAAF : **0800 16 17 18**
  MACIF : **0800 774 774**
  MAIF : **0800 875 875**
  MATMUT : **0800 30 20 30**

## RADIO AUTOROUTE

ÉCOUTEZ **107.7**

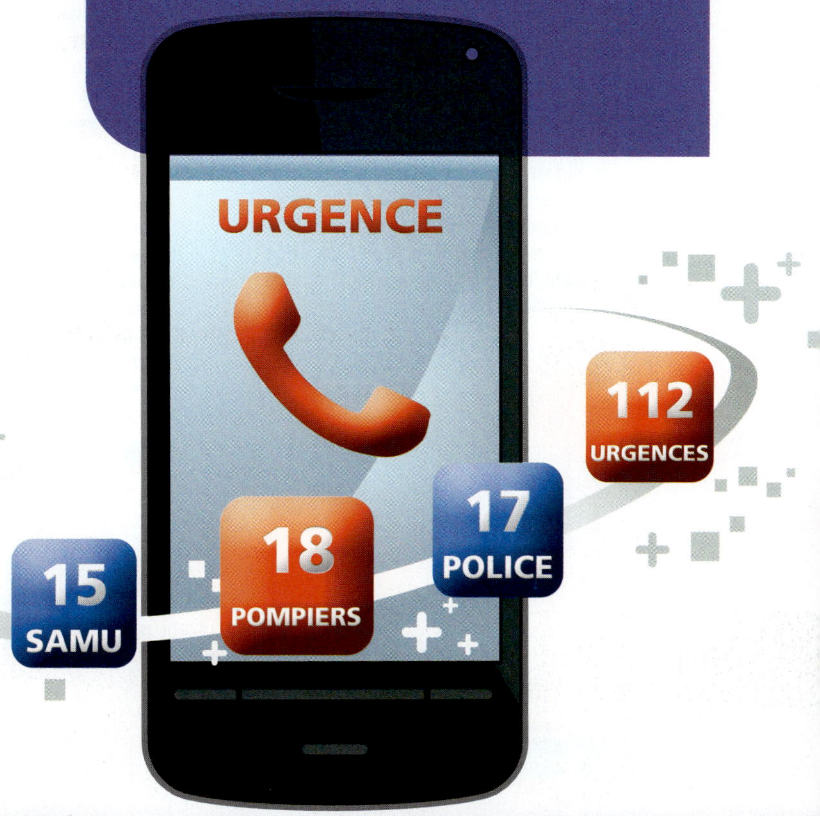

## REMPLIR OU PAS UN CONSTAT ?

Le moindre accrochage de circulation exige que les automobilistes échangent leurs coordonnées. **Si l'un refuse, il y a délit de fuite.** En revanche, en cas d'accrochage léger, vous avez tout à fait le droit de ne pas établir de constat et de ne pas déclarer l'incident à votre assureur. **Mais évaluez les conséquences :** il se peut que l'autre conducteur rédige de son côté un constat, et qu'il le remplisse unilatéralement, et qu'il expédie ensuite à son assureur en affirmant que vous vous êtes opposé à l'établissement de ce document amiable. **Méfiez-vous** également des chocs qui peuvent vous sembler très légers en apparence, mais coûtent cher à réparer. Le mieux est de remplir un constat et de ne l'envoyer à l'assureur qu'après un chiffrage précis des travaux de remise en état. **Si les réparations sont d'un coût limité,** il est préférable de ne pas déclarer l'incident pour échapper au malus. **Indemniser directement l'autre automobiliste est parfaitement légal.**

# VOYAGER
# AVEC DES ENFANTS

N'oubliez pas de faire des pauses-détente pour vous dégourdir les jambes !

## Où et comment installer les enfants ?

Il est interdit et dangereux de faire voyager un enfant en voiture sans équipement adapté à sa taille. En France, l'utilisation d'un dispositif de retenue adapté est obligatoire jusqu'à l'âge de 10 ans (ou jusqu'à la taille de 1,50 m). Pour les bébés jusqu'à 15 mois, la position dos à la route est de loin la plus recommandée, après désactivation de l'airbag passager s'il est en place avant.

## 5 GESTES À BANNIR

### ENFANT CEINTURÉ AVEC ADULTE

La ceinture entoure le corps de l'adulte et de l'enfant posé sur ses genoux. En cas de ralentissement fort, la sangle va bloquer l'enfant, tandis que votre corps projeté en avant va littéralement l'écraser. Risque de lésions gravissimes sur un simple coup de frein.

### BÉBÉ ASSIS SUR LES GENOUX

Tout petit, votre nouveau-né se transforme en projectile au premier ralentissement brusque. Même en l'absence de tout accident, un freinage appuyé suffit à le projeter violemment vers le pare-brise. Vos bras même agrippés à lui ne peuvent pas le retenir. En cas de choc dès 20 km/h., des blessures lourdes peuvent l'handicaper à vie.

### CEINTURE SOUS L'ÉPAULE

À partir de 10-11 ans, les enfants commencent à prendre quelques libertés avec la ceinture. Ils décrètent que la sangle près de leur cou les gêne et la font passer sous l'aisselle. Une forte décélération provoquerait une lésion thoracique lourde.

### ENFANT, DEBOUT ENTRE LES SIÈGES

Surtout dans les monospaces, les enfants adorent rester debout, à l'arrière, entre les sièges avant, en prenant appui sur les dossiers. Un coup de frein fort et l'enfant se transforme en projectile vers le pare-brise !

### SIÈGE SANS HARNAIS ATTACHÉ

De nombreux enfants sont juste posés dans leur siège, sans que le harnais soit fixé. L'utilité du siège est alors réduite à néant. De même, ne laissez pas le harnais trop relâché sur le corps de l'enfant : la retenue en cas de choc ne se ferait qu'avec un temps de retard entraînant alors une compression excessive du thorax.

## Comment occuper vos enfants ?

**Les enfants aiment jouer. Incitez-les à se distraire avec leurs occupations favorites (console électronique, jeux de poche) et organisez des jeux oraux :**

C COMME CHAMPION Désignez une lettre de l'alphabet : le 1er qui trouve dans le paysage environnant 3 éléments commençant par cette lettre a gagné !

JEUX DES PLAQUES Faites une phrase avec les lettres des plaques d'immatriculation des véhicules croisés sur la route. (ex : **AB 123 CD** = > « **A**lexandre **B**oit du **C**hocolat au **D**entifrice... »)

JEU DES VOITURES Choisissez et comptez le nombre de voitures d'une marque ou d'un modèle précis.

C TU OÙ C ? Retrouvez une ville ou un lieu-dit amusant sur les pages de l'atlas. On commence par un indice sous forme de devinette. (ex : « c'est dans la région où sont fabriquées les espadrilles » ...)

## CHACUN SON SIÈGE*

### Groupe 0
**(0 à 10 kg } jusqu'à 70cm) et 0+ (0 à 13 kg } jusqu'à 80cm)**

SIÈGE « COQUE » AVEC HARNAIS DOS À LA ROUTE, PLACÉ DE PRÉFÉRENCE À L'ARRIÈRE DU VÉHICULE OU DEVANT EN DÉSACTIVANT L'AIRBAG

### Groupe 1
**(9 à 18 kg } jusqu'à 1m)**

SIÈGE AVEC HARNAIS ET RENFORTS LATÉRAUX, PLACÉ À L'ARRIÈRE DU VÉHICULE

### Groupe 2 (15 à 25 kg) et Groupe 3 (22 à 36 kg) / jusqu'à 1m5

REHAUSSEUR AVEC DOSSIER + CEINTURE DE SÉCURITÉ À L'ARRIÈRE DU VÉHICULE

* Sièges et rehausseurs doive obligatoirement posséder un visa d'homologation cer tifiant qu'ils répondent aux normes européennes.

# CONDUIRE
# DANS DES CONDITIONS DIFFICILES

## GÉRER LES INTEMPÉRIES

### PLUIE

Sous la pluie, **le risque d'accident est multiplié par trois :** la visibilité est réduite, les distances de freinage sont allongées de moitié. **Au-dessus de 80 km/h,** une pellicule d'eau peut se former entre le pneu et la chaussée : c'est le phénomène **« d'aquaplaning »**, d'autant plus dangereux que la direction risque alors de ne plus répondre...

En règle générale, il faut **réduire sa vitesse de 20 km/h au moins**, allumer ses feux de croisements, **garder largement ses distances** de sécurité et freiner progressivement par petites impulsions. La pluie vous fait perdre 30 à 50 % d'adhérence et les risques de dérapage se trouvent accrus. **Attention :** une petite pluie fine peut constituer un piège redoutable, la chaussée peut alors devenir aussi glissante que de la neige !

### BROUILLARD

Avant le départ, vérifiez l'éclairage de votre véhicule ; sur la route, **allumez vos codes** ou feux de brouillard. **Réduisez votre vitesse** en fonction de la visibilité et gardez largement vos distances de sécurité avec le véhicule qui vous précède.

Utilisez régulièrement **vos essuie-glaces** et **allumez vos feux de détresse** en cas d'arrêt sur la chaussée (panne, bouchon, accident...)

### GLACE ET VERGLAS

Une voiture qui perd sa trajectoire sur la glace devient irrattrapable, même entre les mains les plus expertes. Mais le verglas « noir » peut aussi vous surprendre par plaques ponctuelles sur une route totalement dégagée. **Méfiez-vous**, lorsque la température est négative, des zones restées dans l'ombre, des bordures de bois, des secteurs sujets à brouillard.

### NEIGE

**Elle fait chuter l'adhérence jusqu'à 80 %**. Mais attention, le plus traître dans la neige, ce n'est pas la chaussée plus glissante, mais la grande variation entre les niveaux d'adhérence : **la neige fraîche** offre une adhérence certes basse, mais continue. Au contraire, **un tapis neigeux ancien** accentue les adhérences très variables et peu prévisibles d'un mètre à l'autre, et enfin, **la neige fondante** se colle dans les sculptures des pneus et crée un effet « patinoire ».

## RESPECTER LES DISTANCES

Votre distance d'arrêt est plus longue que la distance de freinage dont est capable votre voiture car elle intègre votre temps de réaction. Au mieux, il vous faut 1 seconde pour réagir avant d'appuyer sur la pédale de frein en cas d'imprévu... voire 2 en cas d'attention relâchée. **À 90 km/h**, en **1 seconde**, vous parcourez **25 mètres** avant de commencer à freiner.

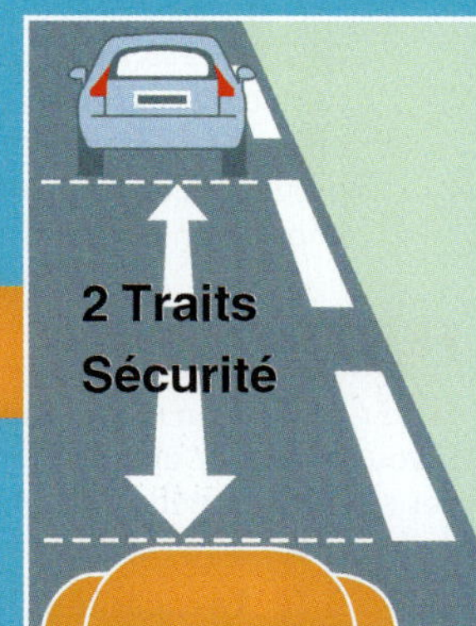


**2H DE CONDUITE = TEMPS DE RÉACTION X2**

**À 130 km/h,** cette seconde représente 36 mètres ce qui porte à 129 mètres votre distance de freinage !

**UNE PAUSE DE 10 MINUTES MINIMUM TOUTES LES 2 HEURES EST INDISPENSABLE !**

## MÉDICAMENTS

Fiez-vous aux pictogrammes de couleur inscrits sur les boîtes **(jaune, orange, rouge) :** ils indiquent le degré d'assoupissement que la prise des comprimés engendre.

## ÉVITER L'ENGOURDISSEMENT

- étirez-vous
- tendez un à un les bras à l'horizontale devant vous, en « cassant » le poignet vers l'extérieur et en le faisant pivoter
- placez tour à tour les bras à l'horizontale sur les côtés, avant-bras replié, et dirigez-les vers l'arrière en forçant légèrement sur l'articulation des épaules
- faites pivoter votre tête de gauche à droite, et effectuez des petites rotations.

## CONDUIRE DE NUIT

La nuit représente moins de 10 % du trafic mais **35 % des blessés** et **44 % des personnes tuées** sur la route.

***4 FOIS + DE RISQUE D'AVOIR UN ACCIDENT ENTRE 22H ET 6H DU MATIN !***

## LES HEURES À ÉVITER

## PNEUS HIVER, CHAÎNES OU CHAUSSETTES À NEIGE

- **LES PNEUS NEIGE HIVER** ou 4 saisons homologués neige et conformes à la loi Montagne doivent être installés sur chaque roue à l'avant et à l'arrière du véhicule. Leur montage est obligatoire en région montagneuse et signalé par des panneaux.
- **LES CHAÎNES** ou chaussettes à neige peuvent être rendues obligatoires en cas de fortes chutes de neige. Ces équipements sont à installer sur les roues motrices du véhicule en complément.

Tout contrevenant s'expose au minimum à une amende de 135 euros.

# L'ENTRETIEN DE VOTRE AUTOMOBILE

## PLANNING DE RÉVISION DE LA VOITURE

### ESSUIE-GLACE & LAVE-GLACE

ÉCHÉANCE Essuie-glace à vérifier **tous les 3 mois.** Le niveau de lave-glace est à vérifier **avant chaque départ.**

RISQUES Stries lors du balayage.

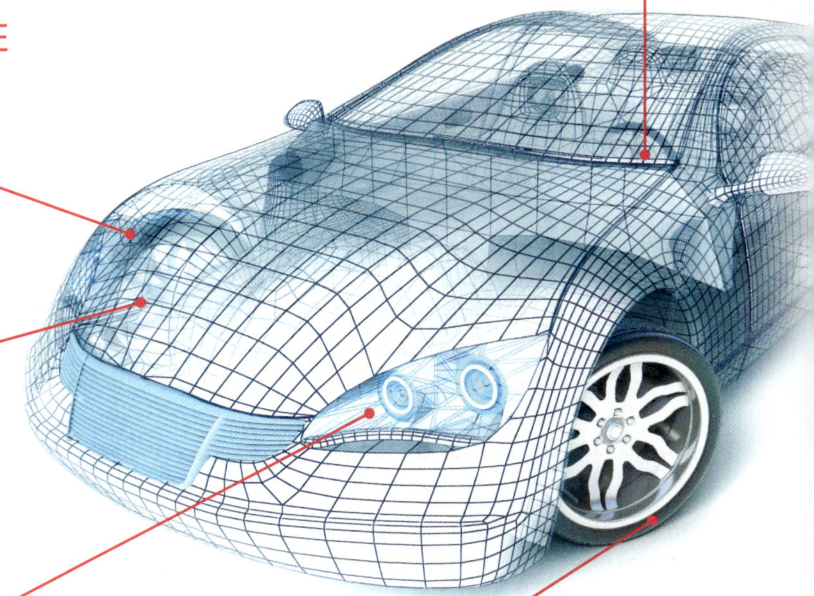

### AMORTISSEURS

ÉCHÉANCE À vérifier **tous les 80 000 km.**

RISQUES Perte de la tenue de route de votre voiture (tenue de cap, adhérence sur les chaussées déformées, efficacité au freinage). Risque insidieux, car très progressif, et donnant dans un premier temps une impression de confort.

### FREINS

ÉCHÉANCE **Selon recommandation du garagiste.** Si vous entendez un fort bruit métallique lors des ralentissements, c'est que les plaquettes de frein sont arrivées à usure totale.

RISQUES La capacité de freinage est alors réduite de 90 %.

### LIQUIDE DE FREINS

ÉCHÉANCE À changer **tous les 2 ans.**

RISQUES Absence soudaine de répondant en appuyant sur la pédale (Formation de bulles dans le circuit de freinage qui se charge progressivement en eau).

### ÉCLAIRAGE

ÉCHÉANCE Code et pleins phares à vérifier **périodiquement.**

### PRESSION DES PNEUS

ÉCHÉANCE **Tous les mois, et avant un long déplacement.**

RISQUES Dégradation de la tenue de route, surtout en virage. Allongement des distances de freinage. Échauffement et risque d'éclatement. Usure accélérée de la bande de roulement et fatigue de la structure du pneu.

## CONTRÔLE TECHNIQUE

**En France, toute voiture âgée de 4 ans doit passer un contrôle technique.**

• La première visite doit se faire dans les six mois avant son quatrième anniversaire.
• La date de première immatriculation portée sur la carte grise fait référence pour définir le jour ultime de passage au contrôle.
Par la suite, les visites se font tous les deux ans.
• Il s'agit d'une démarche personnelle à réaliser auprès d'un centre agréé préalablement choisi sur rendez-vous.
• Le passage coûte autour de 78 € et exige un rendez-vous.
• Tout contrevenant s'expose au minimum à une amende de 135 euros.

## CONSEIL DE BIB !

### POUR BIEN GONFLER SES PNEUS

• SURGONFLEZ de 0,3 bar (300 grammes) en cas de voiture chargée ou de pneus chauds. (Ou alors reportez-vous aux préconisations du constructeur : sur un nombre croissant de voitures, les préconisations de pression en charge sont nettement plus élevées).

• N'oubliez pas de VÉRIFIER LA PRESSION sur la roue de secours. S'il s'agit d'une roue galette, la pression peut être très élevée (3 à 4 bars).

• SURGONFLEZ de 0,4 bar (400 grammes) à l'arrière du véhicule, si vous tractez une caravane.

## FOCUS PNEUS

Ne prenez la route qu'avec des pneus en bon état. Eux seuls assurent le contact de votre voiture avec la chaussée. Voici ce qui peut les altérer et donc vous obliger à un remplacement.

### USURE

**INDICATEUR** Légalement, la profondeur des sculptures doit être au minimum de 1,6 mm. Le niveau du témoin d'usure est localisé par un triangle sur le flanc *(un bibendum chez Michelin).*

**RECOMMANDATION** Les pneus se changent au minimum 2 par 2 (par essieu). Même si le pneu n'est pas usé de façon homogène, et à partir du moment où une zone a atteint la hauteur minimum du témoin d'usure. Faites régler en même temps la géométrie des suspensions.

### HERNIE

**INDICATEUR** Petite bosse sur le flanc du pneu.

**RECOMMANDATION** Si la hernie est grosse, il faut changer le pneu.

### DÉCHIRURE

**INDICATEUR** On peut l'évaluer en soulevant le caoutchouc.

**RECOMMANDATION** Un simple accroc de surface n'est pas problématique. En revanche, si on voit la trame du pneu, il faut le changer.

### SOUS-GONFLAGE PROLONGÉ

**INDICATEUR** Pas obligatoirement visible à l'extérieur.

**RECOMMANDATION** Si vous avez roulé plus de 20 km avec un déficit de pression d'un bar (1 kg), il faut faire examiner l'intérieur du pneu par un professionnel (risque de déchapage = perte de la bande de roulement).

# LÉGISLATION FRANÇAISE
## INFRACTIONS ET SANCTIONS

### CONTRAVENTIONS
#### AVEC RETRAIT DE POINTS

| NATURE DE LA FAUTE | AMENDE | RETRAIT DE POINTS | SUSPENSION DE PERMIS | SANCTION POSSIBLE |
|---|---|---|---|---|
| Non présentation de l'attestation d'assurance | 35 € | - | - | - |
| Usage du téléphone tenu en main en conduisant. Port à l'oreille d' un dispositif audio (oreillette, casque, etc...) | 135 € | 3 | - | - |
| Circulation sur bande d'arrêt d'urgence | 135 € | 3 | MAXI 3 ANS | - |
| Changement de direction sans avertissement préalable (clignotant) | 35 € | 3 | MAXI 3 ANS | - |
| Arrêt ou stationnement dangereux | 135 € | 3 | MAXI 3 ANS | - |
| Défaut de port de ceinture de sécurité | 135 € | 3 | - | - |
| Défaut de port de casque (2 roues motorisées) | 135 € | 3 | - | - |
| Non-respect de l'arrêt au feu rouge ou au stop ou au cédez le passage | 135 € | 4 | MAXI 3 ANS | - |
| Refus de priorité | 135 € | 4 | MAXI 3 ANS | - |
| Circulation en sens interdit | 135 € | 4 | MAXI 3 ANS | - |
| Marche arrière ou demi-tour sur autoroute et rocade d'accès | 135 € | 4 | MAXI 3 ANS | - |
| Non-respect de la distance de sécurité entre 2 véhicules | 135 € | 3 | MAXI 3 ANS | - |
| Chevauchement de ligne continue | 135 € | 1 | MAXI 3 ANS | - |
| Franchissement de ligne continue | 135 € | 3 | MAXI 3 ANS | - |
| Dépassement dangereux | 135 € | 3 | MAXI 3 ANS | - |
| Non-respect de la priorité aux piétons | 135 € | 6 | MAXI 3 ANS | - |
| Circulation à gauche sur une chaussée à double sens | 135 € | 3 | MAXI 3 ANS | - |
| Circulation de nuit ou par visibilité insuffisante sans éclairage | 135 € | 4 | MAXI 3 ANS | - |
| Conduite en état alcoolique (0,5 à 0,8 g/litre de sang, 0,2g en période probatoire) | 135 € | 6 | MAXI 3 ANS | IMMOBILISATION |

### LES PRINCIPAUX DÉLITS

| NATURE DE LA FAUTE | AMENDE | RETRAIT DE POINTS | SUSPENSION DE PERMIS | SANCTION POSSIBLE |
|---|---|---|---|---|
| Excès de vitesse > 50 km/h | 1 500 € | 6 | MAXI 3 ANS | PASSAGE AU TRIBUNAL AUTOMATIQUE |
| Défaut d'assurance | 3 750 € | - | SUSPENSION/ANNULATION DE 3 ANS (SANS SURSIS NI PERMIS BLANC) | IMMOBILISATION/ CONFISCATION |
| Refus d'obtempérer | MAXI 7 500 € | 6 | MAXI 3 ANS (ANNULATION POSSIBLE) | PRISON (MAXI 1 AN) |
| Mise en danger de la vie d'autrui | MAXI 15 000 € | - | MAXI 5 ANS (ANNULATION) | PRISON (MAXI 1 AN) |
| Usage de fausses plaques | 3 750 € | 6 | 3 ANS | PRISON (MAXI 5 ANS) |
| Usurpation de plaques | MAXI 30 000 € | 6 | MAX 3 ANS (ANNULATION) | PRISON (MAXI 7 ANS) |
| Délit de fuite | MAXI 75 000 € | 6 | MINI 5ANS (PAS DE PERMIS BLANC) | PRISON (MAXI 3 ANS) |
| Conduite avec une alcoolémie égale ou supérieure à 0,8 g/litre de sang ou en état d'ivresse manifeste. Refus de se soumettre à une vérification de présence d'alcool dans le sang. | MAXI 4 500 € | 6 | SUSPENSION/ANNULATION DE 3 ANS (SANS SURSIS NI PERMIS BLANC) | IMMOBILISATION/ PRISON 2 ANS |
| Récidive de conduite avec une alcoolémie égale ou supérieure à 0,8 g/litre de sang ou en état d'ivresse manifeste | 9 000 € | 6 | ANNULATION DE 3 ANS (SANS SURSIS NI PERMIS BLANC) | IMMOBILISATION/ CONFISCATION/ PRISON 4 ANS |
| Conduite sous l'effet de drogue ou refus de dépistage de drogue | 4 500 € | 6 | SUSPENSION/ANNULATION DE 3 ANS (SANS SURSIS NI PERMIS BLANC) | IMMOBILISATION/ CONFISCATION/PRISON 2 ANS |
| Conduite sans permis de conduire | MAXI 15 000 € | - | - | IMMOBILISATION/ CONFISCATION/PRISON 1 AN |
| Conduite malgré une suspension administrative ou judiciaire du permis de conduire ou une rétention du permis de conduire | MAXI 4 500 € | 6 | SUSPENSION/ANNULATION DE 3 ANS (SANS SURSIS NI PERMIS BLANC) | IMMOBILISATION/ CONFISCATION/PRISON 2 ANS |
| Accident occasionnant des blessures graves (incapacité temporaire de travail > 3 mois) avec circonstances aggravantes (emprise d'alcool...) | MAXI 150 000 € | 6 | MAXI 5 ANS (ANNULATION) | IMMOBILISATION /PRISON (MAXI 10 ANS) |
| Accident avec homicide involontaire | MAXI 75 000 € | 6 | MAXI 5 ANS (ANNULATION) | IMMOBILISATION /PRISON (MAXI 5 ANS) |

# Légende

## Routes

Autoroute - Station-service - Aire de repos
Double chaussée de type autoroutier
Autoroute - Route en construction
(le cas échéant : date de mise en service prévue)
Échangeurs : complet - partiels
Numéros d'échangeurs
Route de liaison internationale ou nationale
Route de liaison interrégionale ou de dégagement
Route revêtue - non revêtue
Chemin d'exploitation - Sentier

## Largeur des routes

Chaussées séparées
4 voies
2 voies larges
2 voies
1 voie

## Distances (totalisées et partielles)

Section à péage
sur autoroute

Section libre sur autoroute

sur route

## Numérotation - Signalisation

Route européenne - Autoroute - Route métropolitaine
Route nationale - départementale

## Alertes Sécurité

Limites de charge : d'un pont, d'une route
(au-dessous de 19 t.)
Passages de la route :
à niveau - supérieur- inférieur
Hauteur limitée (au-dessous de 4,50 m)
Forte déclivité (flèches dans le sens de la montée)
de 5 à 9%, de 9 à 13%, 13% et plus
Col et sa cote d'altitude
Parcours difficile ou dangereux
Route à sens unique - Route réglementée
Route interdite
Restrictions de circulation
liées à la pollution
Pont mobile - Barrière de péage

## Transports

Aéroport - Aérodrome
Transport des autos :
par bateau - par bac
Bac pour piétons et cycles
Covoiturage - Voie ferrée - Gare

## Administration

Frontière - Douane
Capitale de division administrative

## Sports - Loisirs

Stade - Golf - Hippodrome
Port de plaisance - Baignade - Parc aquatique
Base ou parc de loisirs - Circuit automobile
Piste cyclable / Voie Verte
Refuge de montagne - Sentier de randonnée

## Curiosités

Principales curiosités : voir LE GUIDE VERT
Table d'orientation - Panorama - Point de vue
Parcours pittoresque
Édifice religieux - Château - Ruines
Monument mégalithique - Phare - Moulin à vent
Train touristique - Cimetière militaire
Grotte - Autres curiosités

## Signes divers

Puits de pétrole ou de gaz - Carrière - Éolienne
Transporteur industriel aérien
Usine - Barrage
Tour ou pylône de télécommunications
Raffinerie - Centrale électrique - Centrale nucléaire
Phare ou balise - Moulin à vent
Château d'eau - Hôpital
Église ou chapelle - Cimetière - Calvaire
Château - Fort - Ruines - Village étape
Grotte - Monument - Altiport
Forêt ou bois - Forêt domaniale

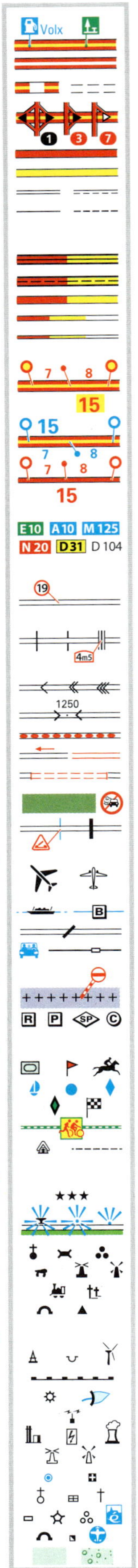


# Key

## Roads

Motorway - Petrol station - Rest area
Dual carriageway with motorway characteristics
Motorway - Road under construction
(when available : with scheduled opening date)
Interchanges: complete, limited
Interchange numbers
International and national road network
Interregional and less congested road
Road surfaced - unsurfaced
Rough track - Footpath

## Road widths

Dual carriageway
4 lanes
2 wide lanes
2 lanes
1 lane

## Distances (total and intermediate)

Toll roads
on motorway

Toll-free section on motorway

on road

## Numbering - Signs

European route - Motorway - Metropolitan road
National road - Departmental road

## Safety Warnings

Load limit of a bridge, of a road
(under 19 t)
Level crossing:
railway passing, under road, over road.
Height limit (under 4.50 m)
Steep hill (ascent in direction of the arrow)
5 - 9%, 9 -13%, 13% +
Pass and its height above sea level
Difficult or dangerous section of road
One way road - Road subject to restrictions
Prohibited road
Traffic restrictions
due to air pollution
Swing bridge - Toll barrier

## Transportation

Airport - Airfield
Transportation of vehicles:
by boat - by ferry
Ferry (passengers and cycles only)
Carpooling - Railway - Station

## Administration

National boundary - Customs post
Administrative district seat

## Sport & Recreation Facilities

Stadium - Golf course - Horse racetrack
Pleasure boat harbour - Bathing place - Water park
Country park - Racing circuit
Cycle paths and nature trails
Mountain refuge hut - Hiking trail

## Sights

Principal sights: see THE GREEN GUIDE
Viewing table - Panoramic view - Viewpoint
Scenic route
Religious building - Historic house, castle - Ruins
Prehistoric monument - Lighthouse - Windmill
Tourist train - Military cemetery
Cave - Other places of interest

## Other signs

Oil or gas well - Quarry - Wind turbine
Industrial cable way
Factory - Dam
Telecommunications tower or mast
Refinery - Power station - Nuclear Power Station
Lighthouse or beacon - Windmill
Water tower - Hospital
Church or chapel - Cemetery - Wayside cross
Castle - Fort - Ruines - Stopover village
Grotte - Monument - Mountain airfield
Forest or wood - State forest

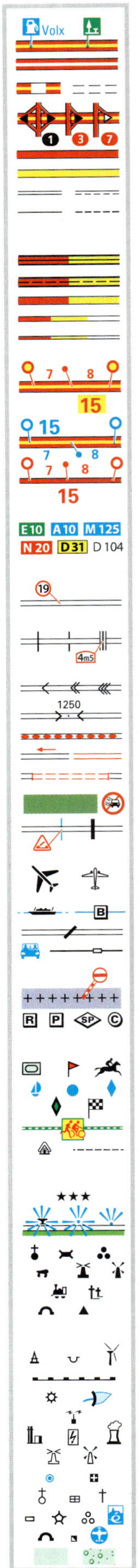


# Zeichenerklärung

## Straßen

Autobahn - Tankstelle - Tankstelle mit Raststätte
Schnellstraße mit getrennten Fahrbahnen
Autobahn - Straße im Bau (ggf. voraussichtliches
Datum der Verkehrsfreigabe)
Anschlussstellen: Voll - bzw. Teilanschlussstellen
Anschlussstellennummern
Internationale bzw.nationale Hauptverkehrsstraße
Überregionale Verbindungsstraße oder Umleitungsstrecke
Straße mit Belag - ohne Belag
Wirtschaftsweg - Pfad

## Straßenbreiten

Getrennte Fahrbahnen
4 Fahrspuren
2 breite Fahrspuren
2 Fahrspuren
1 Fahrspur

## Entfernungen (Gesamt- und Teilentfernungen)

Mautstrecke
auf der Autobahn

Mautfreie Strecke auf der Autobahn

auf der Straße

## Nummerierung - Wegweisung

Europastraße - Autobahn - Straße der Metropolregion
Nationalstraße - Departementstraße

## Sicherheitsalerts

Höchstbelastung einer Straße/Brücke
(angegeben, wenn unter 19 t)
Bahnübergänge: Schienengleich, Unterführung,
Überführung. Beschränkung der Durchfahrtshöhe
(angegeben, wenn unter 4,50 m)
Starke Steigung ( Steigung in Pfeilrichtung )
5-9%, 9-13%, 13% und mehr
Pass mit Höhenangabe
Schwierige oder gefährliche Strecke
Einbahnstraße - Straße mit Verkehrsbeschränkungen
Gesperrte Straße
Verkehrsbeschränkungen aufgrund der
Luftverschmutzung
Bewegliche Brücke - Mautstelle

## Verkehrsmittel

Flughafen - Flugplatz
Schiffsverbindungen:
per Schiff - per Fähre
Fähre für Personen und Fahrräder
Mitfahrzentrale - Bahnlinie - Bahnhof

## Verwaltung

Staatsgrenze - Zoll
Verwaltungshauptstadt

## Sport - Freizeit

Stadion - Golfplatz - Pferderennbahn
Yachthafen - Strandbad - Badepark
Freizeitanlage - Rennstrecke
Radwege und autofreie Wege
Schutzhütte - Markierter Wanderweg

## Sehenswürdigkeiten

Hauptsehenswürdigkeiten: siehe GRÜNER REISEFÜHRER
Orientierungstafel - Rundblick - Aussichtspunkt
Landschaftlich schöne Strecke
Sakral-Bau - Schloss, Burg - Ruine
Vorgeschichtliches Steindenkmal - Leuchtturm - Windmühle
Museumseisenbahn-Linie - Soldatenfriedhof
Höhle - Sonstige Sehenswürdigkeit

## Sonstige Zeichen

Erdöl-, Erdgasförderstelle - Steinbruch - Windkraftanlage
Industrieschwebebahn
Fabrik - Staudamm
Funk-, Sendeturm
Raffinerie - Kraftwerk - Kernkraftwerk
Leuchtturm oder Leuchtfeuer - Windmühle
Wasserturm - Krankenhaus
Kirche oder Kapelle - Friedhof - Bildstock
Schloss, Burg - Fort, Festung - Ruine - Übernachtungsort
Höhle - Denkmal - Landeplatz im Gebirge
Wald oder Gehölz - Staatsforst

| Verklaring van de tekens | Legenda | Signos convencionales |
|---|---|---|
| **Wegen** | **Strade** | **Carreteras** |
| Autosnelweg - Tankstation - Rustplaats | Autostrada - Stazione di servizio - Area di riposo | Autopista - Estación servicio - Área de descanso |
| Gescheiden rijbanen van het type autosnelweg | Doppia carreggiata di tipo autostradale | Autovía |
| Autosnelweg - Weg in aanleg (indien bekend: datum openstelling) | Autostrada - Strada in costruzione (data di apertura prevista) | Autopista - Carretera en construcción (en su caso : fecha prevista de entrada en servicio) |
| Aansluitingen: volledig, gedeeltelijk Afritnummers | Svincoli: completo, parziale Svincoli numerati | Enlaces: completo, parciales Números de los accesos |
| Internationale of nationale verbindingsweg | Strada di collegamento internazionale o nazionale | Carretera de comunicación internacional o nacional |
| Interregionale verbindingsweg | Strada di collegamento interregionale o di disimpegno | Carretera de comunicación interregional o alternativo |
| Verharde weg - Onverharde weg | Strada rivestita - non rivestita | Carretera asfaltada - sin asfaltar |
| Landbouwweg - Pad | Strada per carri - Sentiero | Camino agrícola - Sendero |
| **Breedte van de wegen** | **Larghezza delle strade** | **Ancho de las carreteras** |
| Gescheiden rijbanen | Carreggiate separate | Calzadas separadas |
| 4 rijstroken | 4 corsie | Cuatro carriles |
| 2 brede rijstroken | 2 corsie larghe | Dos carriles anchos |
| 2 rijstroken | 2 corsie | Dos carriles |
| 1 rijstrook | 1 corsia | Un carril |
| **Afstanden** (totaal en gedeeltelijk) | **Distanze** (totali e parziali) | **Distancias** (totales y parciales) |
| Gedeelte met tol op autosnelwegen | Tratto a pedaggio su autostrada | Tramo de peaje en autopista |
| Tolvrij gedeelte op autosnelwegen | Tratto esente da pedaggio su autostrada | Tramo libre en autopista |
| op andere wegen | su strada | en carretera |
| **Wegnummers - Bewegwijzering** | **Numerazione - Segnaletica** | **Numeración - Señalización** |
| Europaweg - Autosnelweg - Stadsweg | Strada europea - Autostrada - Strada metropolitane | Carretera europea - Autopista - Carretera metropolitana |
| Nationale weg - Departementale weg | Strada nazionale - dipartimentale | Carretera nacional - provincial |
| **Veiligheidswaarschuwingen** | **Segnalazioni stradali** | **Alertas Seguridad** |
| Maximum draagvermogen: van een brug, van een weg (indien minder dan 19 t) | Limite di portata di un ponte, di una strada (inferiore a 19 t.) | Carga límite de un puente, de una carretera (inferior a 19 t) |
| Wegovergangen: gelijkvloers, overheen, onderdoor. Vrije hoogte (indien lager dan 4,5 m) | Passaggi della strada: a livello, cavalcavia, sottopassaggio Limite di altezza (inferiore a 4,50 m) | Pasos de la carretera: a nivel, superior, inferior Altura limitada (inferior a 4,50 m) |
| Steile helling (pijlen in de richting van de helling) 5 - 9%, 9 - 13%, 13% of meer | Forte pendenza (salita nel senso della freccia) da 5 a 9%, da 9 a 13%, superiore a 13% | Pendiente pronunciada (las flechas indican el sentido del ascenso) de 5 a 9%, 9 a 13%, 13% y superior |
| Bergpas en hoogte boven de zeespiegel | Passo ed altitudine | Puerto y su altitud |
| Moeilijk of gevaarlijk traject | Percorso difficile o pericoloso | Recorrido difícil o peligroso |
| Weg met eenrichtingsverkeer - Beperkt opengestelde weg | Strada a senso unico - Strada a circolazione regolamentata | Carretera de sentido único - Carretera restringida |
| Verboden weg | Strada vietata | Tramo prohibido |
| Verkeersbeperkingen tegen luchtvervuiling | Limitazioni al traffico legate all'inquinamento | Restricciones circulatorias ligadas a la contaminación |
| Beweegbare brug - Tol | Ponte mobile - Casello | Puente móvil - Barrera de peaje |
| **Vervoer** | **Trasporti** | **Transportes** |
| Luchthaven - Vliegveld | Aeroporto - Aerodromo | Aeropuerto - Aeródromo |
| Vervoer van auto's: per boot - per veerpont | Trasporto auto: su traghetto - su chiatta | Transporte de coches : por barco - por barcaza |
| Veerpont voor voetgangers en fietsers | Traghetto per pedoni e biciclette | Barcaza para el paso de peatones y vehículos dos ruedas |
| Carpoolplaats - Spoorweg - Station | Carpooling - Ferrovia - Stazione | Coche compartido - Línea férrea - Estación |
| **Administratie** | **Amministrazione** | **Administración** |
| Staatsgrens - Douanekantoor | Frontiera - Dogana | Frontera - Puesto de aduanas |
| Hoofdplaats van administratief gebied | Capoluogo amministrativo | Capital de división administrativa |
| **Sport - Recreatie** | **Sport - Divertimento** | **Deportes - Ocio** |
| Stadion - Golfterrein - Renbaan | Stadio - Golf - Ippodromo | Estadio - Golf - Hipódromo |
| Jachthaven - Zwemplaats - Watersport | Porto turistico - Stabilimento balneare - Parco acquatico | Puerto deportivo - Zona de baño - Parque acuático |
| Recreatiepark - Autocircuit | Area o parco per attività ricreative - Circuito automobilistico | Parque de ocio - Circuito automovilístico |
| Fietspad / Wandelpad in de natuur | Pista ciclabile / Viottolo | Pista ciclista / Vereda |
| Berghut - Afstandswandelpad | Rifugio - Sentiero per escursioni | Refugio de montaña - Sendero balizado |
| **Bezienswaardigheden** | **Mete e luoghi d'interesse** | **Curiosidades** |
| Belangrijkste bezienswaardigheden: zie DE GROENE GIDS | Principali luoghi d'interesse, vedere LA GUIDA VERDE | Principales curiosidades: ver LA GUÍA VERDE |
| Oriëntatietafel - Panorama - Uitzichtpunt Schilderachtig traject | Tavola di orientamento - Panorama - Vista Percorso pittoresco | Mesa de orientación - Vista panorámica - Vista parcial Recorrido pintoresco |
| Kerkelijk gebouw - Kasteel - Ruïne | Edificio religioso - Castello - Rovine | Edificio religioso - Castillo - Ruinas |
| Megaliet - Vuurtoren - Molen | Monumento megalitico - Faro - Mulino a vento | Monumento megalítico - Faro - Molino de viento |
| Toeristentreintje - Militaire begraafplaats | Trenino turistico - Cimitero militare | Tren turístico - Cementerio militar |
| Grot - Andere bezienswaardigheden | Grotta - Altri luoghi d'interesse | Cueva - Otras curiosidades |
| **Diverse tekens** | **Simboli vari** | **Signos diversos** |
| Olie- of gaspunt - Steengroeve - Windmolen | Pozzo petrolifero o gas naturale - Cava - Centrale eolica | Pozos de petróleo o de gas - Cantera - Parque eólico |
| Kabelvrachtvervoer | Teleferica industriale | Transportador industrial aéreo |
| Fabriek - Stuwdam | Fabbrica - Diga | Fábrica - Presa |
| Telecommunicatietoren of -mast | Torre o pilone per telecomunicazioni | Torreta o poste de telecomunicación |
| Raffinaderij - Elektriciteitscentrale - Kerncentrale | Raffineria - Centrale elettrica - Centrale nucleare | Refinería - Central eléctrica - Central nuclear |
| Vuurtoren of baken - Molen | Faro o boa - Mulino a vento | Faro o baliza - Molino de viento |
| Watertoren - Hospitaal | Torre idrica - Ospedale | Fuente - Hospital |
| Kerk of kapel - Begraafplaats - Kruisbeeld | Chiesa o cappella - Cimitero - Calvario | Iglesia o capilla - Cementerio - Crucero |
| Kasteel - Fort - Ruïne - Dorp voor overnachting | Castello - Forte - Rovine - Paese tappa | Castillo - Fortaleza - Ruinas - Población-etapa |
| Grot - Monument - Landingsbaan in de bergen | Grotta - Monumento - Altiporto | Cueva - Monumento - Altipuerto |
| Bos - Staatsbos | Foresta o bosco - Foresta demaniale | Bosque - Patrimonio Forestal del Estado |

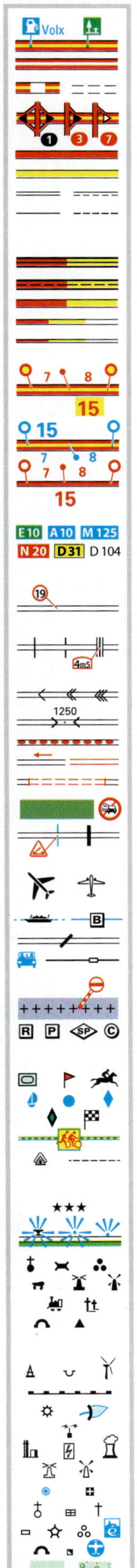

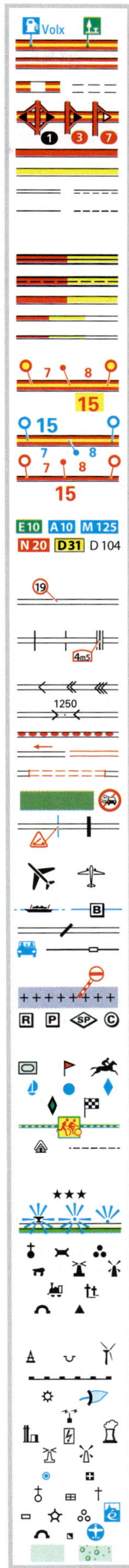

0 2 4 6 8 10 km
C
D
1
2
3
4
5
A
B
6
PAS DE CALAIS
Côte d'Opale
Tunnel sous la Manche
Phare de Walde
TERMINAL TRANSMANCHE
CALAIS
Blériot-Plage
Sangatte
Coquelles
Mont Latham
Cap Blanc-Nez
Mont d'Hubert
Escalles
Peuplingues
Fréthun
TERMINAL TUNNEL
Coulogne
Marck
Les Hemmes
Le Fort-Vert
Le Beau-Marais
Offekerque
Guemps
Les Attaques
Nielles-lès-C.
St-Tricat
Hames-Boucres
Guînes
Andres
Balinghem
Brêmes
Ardres
Wissant
Tappecul
Sombre
Hervelinghen
Bonningues-lès-Calais
Pihen-lès-Guînes
Cap Gris-Nez
Framzelle
Le Châtelet
Tardinghen
St-Inglevert
Audembert
Mont de Couple
Les deux Caps
Cran-aux-Oeufs
Audinghen
Warcove
Leubringhen
Mimoyecques
Landrethun-le-Nord
Caffiers
Campagne-lès-Guînes
Rodelinghem
Autingues
Landrethun-lès-Ardres
Audresselles
Bazinghen
Leulinghen-Bernes
Ferques
Elinghen
Fiennes
Bouquehault
Ambleteuse
Beuvrequen
Marquise
Hydrequent
Rinxent
Hardinghen
Hermelinghen
Le Val
Clerques
Pointe aux Oies
Wimereux
Offrethun
Wacquinghen
Wierre-Effroy
Rety
Mont Cornet
Alembon
Sanghen
Licques
Hocquinghen
Herbinghen
Maninghen-Henne
Pittefaux
Wimille
Houllefort
Le Wast
Boursin
Mont Dauphin
Colembert
Bainghen
Rebergues
Colonne de la Grde Armée
Terlincthun
Souverain-Moulin
Pernes-lès-B.
Belle-et-Houllefort
Nabringhen
Surques
NAUSICAÁ
BOULOGNE-SUR-MER
St-Martin-Boulogne
Conteville-lès-B.
Le Plouy
La Capelle-lès-B.
Bellebrune
Alincthun
Longueville
Henneveux
Escœuilles
Le Portel
Outreau
Cap d'Alprech
Ningles
Echinghen
St-Léonard
Baincthun
Questinghen
Crémarest
Bournonville
Brunembert
Selles
Coulomby
Lottinghen
St-Étienne-
PARC NATUREL RÉGIONAL DES

E
F
G
H
DUNKERQUE
Malo-les-Bains
Leffrinckoucke
Zuydcoote
Bray-Dunes
De Panne
Koksijde-Bad
Oostdu
St-Idesbald
Adinkerke
Ghyvelde
Bommelaers Wall
Rosendaël
St-Pol-sur-Mer
Fort-Mardyck
Grde Synthe
Coudekerque-Branche
Téteghem-Coudekerque-Village
Uxem
Les Moëres
Houtem
Hondschoote
Warhem
Hoymille
Bergues
Rexpoede
West-Cappel
Oost-Cappel
Roesbrugge-Haringe
Wylder
Bambecque
Herzeele
Houtkerque
Wormhout
Esquelbecq
Ledringhem
Zegerscappel
Bollezeele
Merckeghem
Millam
Volckerinckhove
Rubrouck
Arnèke
Zermezeele
Ochtezeele
Oudezeele
Winnezeele
Hardifort
Cassel
Terdeghem
Steenvoorde
Godewaersvelde
St-Sylvestre-Cappel
Ste-Marie-Cappel
Oxelaëre
Bavinchove
Zuytpeene
Noordpeene
Wemaers-Cappel
Hondeghem
Staple
Caëstre
Hazebrouck
Morbecque
Wallon-Cappel
Ebblinghem
Renescure
Campagne-lès-W.
Arques
Ascenseur
ST-OMER
Clairmarais
Serques
Tilques
Salperwick
Moulle
Houlle
Eperlecques
Watten
Blockhaus
Wulverdinghe
Lederzeele
Broxeele
Nieurlet
Buysscheure
St-Momelin
Holque
Cappelle-Brouck
St-Pierre-Brouck
Looberghe
Drincham
Eringhem
Brouckerque
Pitgam
Crochte
Socx
Bissezeele
Quaedypre
Steene
Spycker
Armbouts-Cappel
Cappelle-la-Gde
Craywick
Loon-Plage
Gravelines
Grand-Fort-Philippe
Oye-Plage
St-Georges-sur-l'Aa
St-Folquin
Bourbourg
St-Omer-Capelle
Vieille-Eglise
Nouvelle-Eglise
Ste-Marie-Kerque
Audruicq
Nortkerque
Zutkerque
Polincove
Recques-sur-Hem
Nordausques
Tournehem-sur-la-Hem
Bayenghem-lès-Eperlecques
Nort-Leulinghem
Mentque-Nortbécourt
Moringhem
Zudausques
Longuenesse
Wizernes
Blendecques
Hallines
Setques
Lumbres
Esquerdes
La Coupole
Heuringhem
Racquinghem
Quelmes
Leulinghem
Acquin-Westbécourt
Quercamps
Boisdinghem
Elnes
Wavrans-sur-l'Aa
Affringues
Bayenghem-lès-S.
Helfaut
Blaringhem
Forêt d'Eperlecques
Forêt de Rihoult-Clairmarais
Monts des Récollets
ZONE INDUSTRIELLE PORTUAIRE

0 2 4 6 8 10 km
Middelkerke
Westende-Bad
Westende
Lombardsijde
Nieuwpoort-Bad
Nieuwpoort
Groenendijk
Oostduinkerke-Bad
Oostduinkerke
Koksijde-Bad
Koksijde
St-Idesbald
De Panne
Oosthoek
Wulpen
(Furnes)
Veurne
Ten Bogaerde
Westhoek
Plopsaland
Adinkerke
Ramskapelle
Schoorbakke
St-Joris
Mannekensvere
Spermalie
Schore
Snaaskerke
Leffinge
Abdij Ten Putte
Gistel
Bourgogne
Moerdijk
Zevekote
Moere Blote
Moere
St-Pieters-Kapelle
Zande
Leke
Keiem
Mokker
Kruishoek
Koekelare
Belhutte
Ichtegem
Leugenboom
Eernegem
Molendorp
Jabbeke
Ettelgem
Roksem
Grotemolenhoek
Zerkegem
Snellegem
Bekegem
De Waterwal
Zedelgem
Boskapel
Aartrijke
De Engel
Mitswege
Wijnendale
Torhout
Veld
Reiger
Ruidenberg
Don Bosco
Moereveld
Markhove
Schaakske
Edewalle
Bovekerke
Vladslo
Beerst
Kortewilde
Beschreewege
Pereboom
Werken
Kortemark
Handzame
Lichtervelde
Zarren
Esen
Diksmuide
(Dixmude)
Dodengang
(Boyau de la Mort)
Oostkerke
Kaaskerke
Stuivekenskerke
Oud-Stuivekenskerke
Pervijze
Tervate
Booitshoeke
Avekapelle
Steenkerke
Scheewege
Zoutenaaie
Eggewaartskapelle
Rousdamme
Kruisabele
Lampernisse
IJzertoren
Sint-Jacobs-Kapelle
Oudekapelle
Fortem
Oeren
Alveringem
Bulskamp
Zwaantje
Beauvoorde
Vinkem
Wulveringem
Nieuwe Herberg
St-Rijkers
Izenberge
Leisele
Gijverinkhove
Hoogstade
Gapaard
Lo
Lo-Reninge
Pollinkhove
Fintele
Linde
Hazewind
Noordschote
Reninge
Elzendamme
Oostvleteren
Vleteren
Stavele
Beveren
Westvleteren
Krombeke
Haringe
Roesbrugge-Haringe
Oost-Cappel
Proven
St-Sixtus (Abdij)
Woesten
Wippe
Elverdinge
Poperinge
Watou
Houtkerque
Ashoop
Woumen
Nieuwkapelle
Knokkebrug
Blankaart
Luigem
Merkem
Kippe
Bultehoek
Jonkershove
Hoogland
Ruiterhoek
Klerken
Terrest
Zarrenlinde
Amersvelde
Kruisstraat
Luikhoek
Houthulst
Vossedreve
Vijfwegen
Stadenberg
Staden
Hooglede
Sleihage
Oostnieuwkerke
Westrozebeke
Schaap Balie
Madonna
Mangelare
Smiske
Bikschote
Kortekeer
Langemark
Poelkapelle
Passendale
Koekuit
Moorslede
Zilverberg
Steenstraat
Lizerne
Het Sas
Boezinge
Pilkem
St-Juliaan
Zonnebeke
Fortuinhoek
Frezenberg
Tyne Cot
Broodseinde
Molenaarelst
Keiberg
Slijpskapelle
Dadizeele
Terhand
Beselare
Bellewaerde Park
Westhoek
Zillebeke
Geluveld
Zandvoorde
Gheluwe
Kruiseke
Ieper
(Ypres)
Vlamertinge
Brielen
Kruisstraat
Dikkebus
Vierstraat
Hollebeke
Voormezele
Verbrandemolen
Zwarte-Leen
Busseboom
Reningelst
Lijssenthoek
Westouter
Scherpenberg
Heuvelland
Loker
Kemmel
Kemmelberg
Dranouter
Wijtschate
Mesen
(Messines)
Wulvergem
Nieuwkerke
(Neuve-Eglise)
Ploegsteert
Le Romarin
Warneton
(Waasten)
Houthem
Oosttaverne
Comines-Warneton
(Komen-Waasten)
Comines
(Komen)
Bas-Warneton
(Neerwaasten)
Wervik
Menen
(Menin)
Bousbecque
Wervicq-Sud
Timbriele
Kortewilde
Steenvoorde
Godewaersvelde
Boeschepe
Mont des Cats
Berthen
St-Jans-Cappel
Méteren
Bailleul
Flêtre
Caëstre
Eecke
St-Sylvestre-Cappel
Hazebrouck
Strazeele
Pradelles
Borre
Merris
Le Doulieu
Vieux-Berquin
Nieppe
Steenwerck
Armentières
Houplines
Le Bizet
Frelinghien
Deûlémont
Quesnoy-sur-Deûle
Verlinghem
Wambrechies
Linselles
Bondues
Ronco
Blanc Four
Le Touquet
La Houlette
Croix-au-Bois
La Croix Blanche
Ste-Marguerite
Le Pacau
Le Chien
Le Colombier
Mouveaux
Hondschoote
Killem
Rexpoede
Les Cinq Chemins
Bambecque
Herzeele
Oost-Cappel
Warhem
Houtem
De Moeren
Le Casino
Bray-Dunes
Krijstraete
Aandenkot
Saint-Laurent
Abeele
Calicanes
Terdeghem
Le Thieushouck
Rouge Croix
La Brearde
La Creule
Vossemolen
Rollegem-Kapelle
St-Pieter
Waterdam
Heulebeek
Moorsele
Kezelberg
Geluwe
Vijfwegen
Ledegem
Rumbeke
Beitem
Gits
Lokkedijze
Gitsberg
Haaszakhoek
Elle
St-Henricus
Ruiter
Most
Vijfwegen
Arboretum
Moskou
Duits
Beverhoek
Wijndale
Rozeboom
Pr. D. d'Aertrijcke
Berg-op-Zoom
Lege
A B C D
1 2 3 4 5
8

E
F
G
H
1
2
3
4
5
Eeklo
Waarschoot
Sleidinge
Evergem
Oostkamp
Beernem
Knesselare
Oostwinkel
Zomergem
Lovendegem
Aalter
Hansbeke
Merendree
GENT
(GAND)
Drongen
Wingene
Ruiselede
Lotenhulle
Nevele
Vosselare
St-Martens-Latem
Tielt
Pittem
Kanegem
Deinze
Deurle
De Pinte
Merelbeke
Ardooie
Dentergem
Nazareth
Meulebeke
Zulte
Gavere
Ingelmunster
Oostrozebeke
Wakken
Kruishoutem
Zingem
Izegem
Wielsbeke
Waregem
Nokere
Lendelede
Desselgem
Welden
Zwalm
(COURTRAI)
KORTRIJK
Kuurne
Deerlijk
Harelbeke
Oudenaarde
(Audenarde)
Horebeke
Vichte
Anzegem
Wortegem-Petegem
Zwevegem
Maarkedal
Brakel
Avelgem
Kluisbergen
Mouscron
(Moeskroen)
Dottignies
(Dottenijs)
Spiere-Helkijn
(Espierres-Helchin)
Ronse
(Renaix)
Mont-de-l'Enclus
Ellezelles
Flobecq
(Vloesberg)
Celles
Estaimpuis
Wattrelos
ROUBAIX
Pecq
Frasnes-lez-Anvaing
PARC NATUREL DU PAYS DES COLLINES
Roeselare
(Roulers)

9

2

0 2 4 6 8 10 km
Audresselles
Bazinghen
Marquise
Hydrequent
Fiennes
Landrethun-lès-Ardres
Bouquehault
Pointe aux Oies
Wimereux
Wimille
Colonne de la Gde Armée
NAUSICAÁ
BOULOGNE-SUR-MER
St-Martin-Boulogne
Le Portel
Cap d'Alprech
Outreau
Ningles
Équihen-Plage
St-Étienne-au-Mont
St-Léonard
Isques
Condette
Hardelot-Plage
Neufchâtel-Hardelot
Hameau-du-Chemin
Mont St-Frieux
Dannes
Ste-Cécile-Plage
St-Gabriel-Plage
Pointe de Lornel
Camiers
Baie de Canche
Côte d'Opale
LE TOUQUET-PARIS-PLAGE
Étaples
Stella-Plage
Cucq
Merlimont-Plage
Merlimont
Parc de Bagatelle
Berck-sur-Mer
Berck-Plage
Groffliers
Baie d'Authie
Fort-Mahon-Plage
Quend-Plage-les-Pins
Samer
Desvres
Wierre-Effroy
Alincthun
Bellebrune
Crémarest
Menneville
Longfossé
Tingry
Halinghen
Widehem
Frencq
Lefaux
Montreuil-s-Mer
Marant
Hesdin-l'Abbé
Hubersent
Cormont
Beussent
Recques-s-Course
Hucqueliers
Bimont
Maninghem
Quilen
Humbert
Sempy
Embry
Royon
Lebiez
Hesmond
Campagne-lès-Hesdin
Aubin-St-Vaast
Beaurainville
Contes
Maresquel-Ecquemicourt
Lespinoy
Buire-le-Sec
St-Rémy-au-Bois
Maintenay
Nempont-St-Firmin
Saulchoy
Valloires
Argoules
Dominois
Douriez
Rang-du-Fliers
Verton
Waben
Conchil-le-Temple
Airon-N.-Dame
Airon-St-Vaast
St-Aubin
St-Josse
Sorrus
La Calotterie
Attin
Beutin
Brimeux
Écuires
Wailly-Beaucamp
Lépine
Campigneulles-les-Petites
Campigneulles-les-Grandes
PARC NATUREL RÉGIONAL DES CAPS ET MARAIS D'OPALE
N 42
A 16
D 901
D 939
D 940
Lottinghen
Selles
Brunembert
Quesques
Longueville
Henneveux
Bournonville
Courset
Doudeauville
Parenty
Bezinghem
Enquin-sur-Baillons
Preures
Zoteux
Wicquinghem
Avesnes
Herly
St-Michel-sous-Bois
Alette
Clenleu
Neuville-sous-Montreuil
Estrée
Estréelles
Montcavrel
Inxent
Longvilliers
Maresville
Tubersent
Brexent-Enocq
Lacres
Wirwignes
Questrecques
Carly
Verlincthun
Nesles
Echinghen
Baincthun
Conteville-lès-B.
Pernes-lès-B.
Belle-et-Houllefort
Le Wast
Colembert
Nabringhen
Licques
Hocquinghen
Surques
Escœuilles
Alembon
Sanghen
Herbinghen
Boursin
Rety
Hardinghen
Wacquinghen
Offrethun
Maninghen-Henne
Pittefaux
Souverain-Moulin
Rupembert
La Capelle-lès-B.
Vieil-Moutier
Senlecques
Lédinghem
Bécourt
St-Martin-Choquel
Nielles-lès-Bléquin
Bléquin
Coulomby
Ergny
Bourthes
Vron
Colline-Beaumont
Tigny-Noyelle
Nampont
Montigny


11

St-Omer
Longuenesse
Arques
Wizernes
Lumbres
Setques
Esquerdes
La Coupole
Helfaut
Blendecques
Hallines
Clairmarais
Tilques
Salperwick
Serques
Houlle
Moulle
Nieurlet
Noordpeene
Zuytpeene
Bavinchove
Oxelaëre
Ste-Marie-Cappel
St-Sylvestre-Cappel
Hazebrouck
Hondeghem
Staple
Ebblinghem
Renescure
Campagne-lès-Wardrecques
Wardrecques
Racquinghem
Blaringhem
Lynde
Sercus
Morbecque
Steenbecque
Thiennes
Boëseghem
Aire-sur-la-Lys
Isbergues
Haverskerque
Merville
St-Venant
Guarbecque
Lambres
Witternesse
Quernes
Mazinghem
Thérouanne
Mametz
Blessy
Enguinegatte
Delettes
Fauquembergues
Renty
Audincthun
Dennebrœucq
Reclinghem
Matringhem
Radinghem
Senlis
Coupelle-Vieille
Fruges
Lugy
Verchin
Lisbourg
Coupelle-Neuve
Ruisseauville
Avondance
Canlers
Crépy
Azincourt
Ambricourt
Tramecourt
Teneur
Tilly-Capelle
Heuchin
Bergueneuse
Anvin
Erin
Monchy-Cayeux
Blingel
Blangy-sur-Ternoise
Wamin
Auchy-lès-Hesdin
Hesdin
Marconne
Ste-Austreberthe
Rollancourt
Incourt
Le Parcq
Grigny
Neulette
Humières
Eclimeux
Pierremont
Fleury
Wavrans-sur-Ternoise
Hernicourt
Croix-en-Ternois
Gauchin-Verloingt
St-Pol-sur-Ternoise
Ramecourt
Herlin-le-Sec
Roëllecourt
Lillers
Burbure
Allouagne
Lozinghem
Auchel
Marles-les-Mines
Calonne-Ricouart
Camblain-Châtelain
Bruay-la-Buissière
Divion
Houdain
Ourton
Pernes
Floringhem
Aumerval
Ferfay
Ames
Amettes
Nédon
Fontaine-lès-Hermans
Bailleul-lès-Pernes
Sachin
Pressy
Tangry
Boyaval
Sains-lès-Pernes
Fontaine-lès-Boulans
Prédefin
Équirre
Eps
Hestrus
Conteville-en-Ternois
Valhuon
Brias
Ostreville
Diéval
Bajus
La Comté
Hermin
Magnicourt-en-Comte
Chelers
Tincques
Villers-Brûlin
Béthonsart
Savy-Berlette
Ligny-St-Flochel
Averdoingt
Frévent
Annezin
Chocques
Oblinghem
Vendin
Gonnehem
Busnes
Robecq
Lapugnoy
Labeuvrière
Fouquereuil
Hesdigneul
Barlin
Olhain
Rebreuve-Ranchicourt
Fresnicourt-le-Dolmen
Gauchin-Légal
Caucourt
Frévillers
Estrée-Cauchy
Aubigny-en-Artois
Tilloy-lès-Hermaville
Hermaville
Berles-Monchel
Maizières
Buneville
Frévent
Neuville-au-Cornet
Linzeux
Galametz
Vacqueriette-Erquières
Le Quesnoy-en-Artois
Wail
Willeman
Guinecourt
Héricourt
Hautecloque
Framecourt
Flers
Blangerval
Ternas
Maisnil
Ste-Catherine
Monts des Récollets
Cassel
Caëstre
Strazeele
Borre
Pradelles
Le Parc
Forêt de Nieppe
Forêt de Rihoult-Clairmarais
Bois du Ham
Ascenseur
Ternoise
Lys
Clarence
Nave
Planquette

0 2 4 6 8 10 km
4
7
13
Lijssenthoek
Dikkebus
Geluveld
Zandvoorde
Geluwe
Menen (Menin)
Wervik
Poperinge
Boeschepe
Westouter
Heuvelland
Kemmel
Wijtschate
Mesen (Messines)
Comines-Warneton (Komen-Waasten)
Houthem
Bousbecque
Godewaersvelde
Mont des Cats
Berthen
St-Sylvestre-Cappel
Eecke
St-Jans-Cappel
Dranouter
Nieuwkerke (Neuve-Eglise)
Ploegsteert
Warneton (Waasten)
Comines (Komen)
Linselles
Flêtre
Caëstre
Méteren
Bailleul
Le Bizet
Deûlémont
Quesnoy-s-Deûle
Bondues
Mouvaux
Hazebrouck
Strazeele
Merris
Nieppe
Steenwerck
Houplines
Armentières
Verlinghem
Wambrechies
Marquette-lez-Lille
Marcq-en-Barœul
Vieux-Berquin
Le Doulieu
Erquinghem-Lys
La Chapelle-d'Armentières
Pérenchies
St-André-lez-Lille
La Madeleine
Neuf-Berquin
Sailly-s-la-Lys
Fleurbaix
Frelinghien
Prémesques
Lambersart
Lomme
Mons-en-Barœul
Merville
Estaires
Bois-Grenier
Capinghem
Ennetières-en-Weppes
Escobecques
LILLE (RIJSEL)
Haverskerque
La Gorgue
Laventie
Radinghem-en-W.
Englos
Hallennes-lez-H.
Loos
Ronchin
Lezennes
St-Floris
Calonne-s-la-Lys
Lestrem
Le Maisnil
Fromelles
Aubers
Erquinghem-le-Sec
Beaucamps-Ligny
Haubourdin
Emmerin
Wattignies
Faches-Thumesnil
Lesquin
Robecq
Paradis
Vieille-Chapelle
Richebourg
Fournes-en-W.
Santes
Wavrin
Noyelles-lès-S.
Templemars
Vendeville
Lille-Lesquin
Mont-Bernanchon
La Couture
Neuve-Chapelle
Herlies
Wicres
Illies
Marquillies
Houplin-Ancoisne
Gonnehem
Hinges
Locon
Lorgies
Sainghin-en-Weppes
Seclin
Oblinghem
Chocques
Vendin-lès-B.
Essars
Festubert
Violaines
La Bassée
Salomé
Don
Gondecourt
Herrin
Chemy
Avelin
Ennevelin
Annezin
Béthune
Givenchy-lès-la-B.
Hantay
Annœullin
Allennes-les-Marais
Carnin
Attiches
Pont-à-Marcq
Fouquières
Beuvry
Cuinchy
Cambrin
Auchy-les-Mines
Billy-Berclau
Bauvin
Provin
Camphin-en-Carembault
Phalempin
Tourmignies
Mérignies
Fouquereuil
Vaudricourt
Verquigneul
Sailly-Labourse
Annequin
Haisnes
Douvrin
Wingles
Meurchin
Carvin
Libercourt
La Neuville
Wahagnies
Mons-en-Pévèle
Labourse
Noyelles-lès-V.
Vermelles
Hulluch
Bénifontaine
Pont-à-Vendin
Estevelles
Hesdigneul
Drouvin-le-Marais
Bruay-la-Buissière
Haillicourt
Houchin
Nœux-les-Mines
Mazingarbe
Loos-en-Gohelle
Vendin-le-Vieil
Annay
Courrières
Oignies
Thumeries
Ostricourt
Moncheaux
Raimbeaucourt
Maisnil-lès-R.
Ruitz
Hersin-Coupigny
Barlin
Grenay
Lens
Harnes
Montigny-en-Gohelle
Dourges
Évin-Malmaison
Leforest
Roost-Warendin
Olhain
Bouvigny-Boyeffles
Sains-en-G.
Bully-les-Mines
Liévin
Loison-s-Lens
Noyelles-s-Lens
Fouquières-lès-L.
Courcelles-lès-L.
Auby
Fresnicourt-le-Dolmen
Servins
Aix-Noulette
Angres
Eleu-dit-Leauwette
Sallaumines
Billy-Montigny
Hénin-Beaumont
Noyelles-Godault
Lauwin-Planque
Flers-en-Escrebieux
Waziers
Sin-le-Noble
Caucourt
Estrée-Cauchy
Gouy-Servins
Colline de N.-D. de Lorette
Souchez
Givenchy-en-Gohelle
Avion
Méricourt
Rouvroy
Ablain-St-Nazaire
Carency
Camblain-l'Abbé
Villers-Châtel
Gambligneul
Mémorial canadien
Vimy
Drocourt
Bois-Bernard
Esquerchin
Cuincy
DOUAI
Béthonsart
Mingoval
Savy-Berlette
Villers-au-Bois
Neuville-St-Vaast
Acheville
Arleux-en-Gohelle
Fresnoy-en-Gohelle
Izel-lès-Équerchin
Quiéry-la-Motte
Lambres-lez-Douai
Aubigny-en-Artois
Agnières
Capelle-Fermont
Mont-St-Éloi
Farbus
Willerval
Neuvireuil
Courchelettes
Berles-Monchel
Frévin-Capelle
Acq
Écoivres
Thélus
Bailleul-Sir-Berthoult
Tilloy-lès-Hermaville
Haute-Avesnes
Hermaville
Bray
Marœuil
Écurie
Roclincourt
Gavrelle
Fresnes-lès-Montauban
Vitry-en-Artois
Brebières
Corbehem
Férin
Gœulzin

5

E
F
G
H
Zwevegem
Otegem
Tiegem
Kerkhove
Knokke
Heestert
Waarmaarde
Berchem
Kluisbergen
Nukerke
Avelgem
Moen
Outrijve
Mouscron (Moeskroen)
Rollegem
Bellegem
Aalbeke
Dottignies (Dottenijs)
Spiere-Helkijn (Espierres-Helchin)
Kluisberg
Mont-de-l'Enclus
Ronse (Renaix)
Ellezelles
Flobecq (Vloesberg)
Bossuit
Pottes
Celles
Escanaffles
Orroir
Amougies
Russeignies
Herseaux
Luingne
Estaimpuis
Wattrelos
ROUBAIX
Leers
Pecq
Warcoing
Herinnes
Anseroeul
Dergneau
Arc
Ainières
PARC NATUREL DU PAYS DES COLLINES
Frasnes-lez-Anvaing
Anvaing
Cordes
Velaines
Obigies
Mont-St-Aubert
Kain
Bizencourt
Estaimbourg
Bailleul
Nechin
Ramegnies-Chin
Templeuve
Hem
Lannoy
Toufflers
Sailly-lez-L.
Forest-sur-Marque
Fourcroix
Blandain
Willems
Baisieux
Chéreng
Thimougies
Rumillies
Montrœul-au-Bois
Hacquegnies
Houtaing
Moustier
Buissenal
Œudeghien
Maulde
Gallaix
Grandmetz
Ligne
Moulbaix
Chapelle-à-Wattines
Chapelle-à-Oie
Leuze-en-Hainaut
Blicquy
Ormeignies
Tongre-N.-D.
TOURNAI (DOORNIK)
Marquain
Orcq
Froyennes
Warchin
Gaurain-Ramecroix
Barry
Pipaix
La Louvière
Vaulx
Vezon
Chercq
Calonne
Antoing
Ere
St-Maur
Froidmont
Esplechin
Camphin-en-Pévèle
Gruson
Bouvines
Cysoing
Péronne-en-Mélantois
Wannehain
Rumes
Bachy
Willemeau
Taintignies
Guignies
Bruyelle
Fontenoy
Péronnes
Maubray
Brasmenil
Wasmes-Audemez
Baugnies
Willaupuis
Tourpes
Aubechies
Ellignies-Ste-Anne
Beloeil
Bury
Thumaide
Ramegnies
Wadelincourt
Basècles
Quevaucamps
Stambruges
Louvil
Cobrieux
Genech
Templeuve
Wez-Velvain
Hollain
Jollain-Merlin
La Glanerie
Lesdain
Brunehaut
Laplaigne
Callenelle
Roucourt
Wiers
Péruwelz
Blaton
Bon-Secours
Mouchin
Howardries
Rongy
Bléharies
Mortagne-du-Nord
Maulde
Flines-lès-Mortagne
Chau.-l'Abbaye
Hergnies
Nomain
Aix-en-Pévèle
Auchy-lez-Orchies
Orchies
Rumegies
Sameon
Landas
Thun-St-Amand
Lecelles
Nivelle
PARC NATUREL RÉGIONAL SCARPE-ESCAUT
Bruille-St-Amand
Vieux-Condé
Bernissart
Harchies
Pommerœul
Ville-Pommerœul
Beuvry-la-Forêt
Rosult
St-Amand-les-Eaux
Odomez
Condé-sur-l'Escaut
Thivencelle
St-Aybert
Hensies
Montrœul-sur-Haine
Coutiches
Bouvignies
Flines-lez-Raches
Sars-et-Rosières
Brillon
Bousignies
Tilloy-lez-M.
Millonfosse
Hasnon
Fresnes-sur-Escaut
Escautpont
Vicq
Crespin
Quiévrain
Elouges
Marchiennes
Warlaing
Wandignies-Hamage
Bruay-sur-l'Escaut
Beuvrages
Raismes
Onnaing
Quarouble
Quiévrechain
Lallaing
Rieulay
Fenain
Pecquencourt
Wallers
Fosse
Aubry-du-H.
Anzin
St-Saulve
Rombies-et-Marchipont
Audregnies
Angre
Hornaing
Hélesmes
Haveluy
Hérin
Petite-Forêt
VALENCIENNES
Marly
Estreux
Sebourg
Somain
Erre
Escaudain
Denain
Abscon
Aniche
Auberchicourt
Centre Minier
Trith-St-Léger
Aulnoy-lez-V.
Saultain
Curgies
Roisin
La Sentinelle
Rouvignies
Prouvy
Ecaillon
Masny

14

0 2 4 6 8 10 km
C
D
1
2
3
4
5
A
B
C
D
20
Côte Picarde
Côte d'Albâtre
Onival
Ault
Le Bois-de-Cise
Mers-les-Bains
Le Tréport
Calvaire des Terrasses
Eu
Criel-Plage
Mont Joli Bois
Criel-sur-Mer
Mesnil-en-Caux
Flocques
Étalondes
Ponts-et-Marais
St-Pierre-en-Val
Heudelimont
Touffreville-s-Eu
St-Rémy-Boscrocourt
Tocqueville-s-Eu
Assigny
Biville-s-Mer
Penly
St-Martin-Plage
Berneval-s-Mer
Berneval-le-Grand
Belleville-sur-Mer
Bracquemont
N.-D. Bon-Secours
DIEPPE
Puys
Neuville-lès-D.
Grèges
Derchigny
Glicourt
Brunville
Canehan
Guilmécourt
Greny
Auquemesnil
St-Martin-en-Campagne
Tourville-la-Chapelle
Intraville
Gouchaupre
St-Quentin-au-Bosc
Baromesnil
St-Martin-le-Gaillard
Cuverville-sur-Yères
Sept-Meules
Avesnes-en-Val
Bailly-en-Rivière
St-Ouen-s/s-Bailly
Envermeu
Bellengreville
Martin-Église
Arques-la-Bataille
St-Nicolas-d'Aliermont
Rouxmesnil-Bouteilles
Phare d'Ailly
Vasterival
Pourville-s-Mer
Varengeville-s-Mer
Manoir d'Ango
Ste-Marguerite-s-Mer
Quiberville
Hautot-s-Mer
Offranville
Longueil
St-Denis
Ouville-la-Rivière
Les Ifs
Londe
Douvrend
Fresnoy-Folny

Baie d'Authie
Fort-Mahon-Plage
Quend-Plage-les-Pins
Quend
Rue
St-Quentin-en-Tourmont
Domaine du Marquenterre
Parc ornithologique du Marquenterre
Baie de Somme
Le Crotoy
Cap Hornu
St-Valery-s-Somme
Noyelles-s-Mer
Nouvion
Forest-Montiers
Forest-l'Abbaye
Crécy-en-Ponthieu
Abbaye de Valloires
Argoules
Nampont
Vron
Dompierre-sur-Authie
Ligescourt
Labroye
Le Boisle
Gueschart
PARC NATUREL RÉGIONAL BAIE DE SOMME PICARDIE MARITIME
Forêt de Crécy
Estrées-lès-Crécy
Canchy
St-Riquier
Abbeville
Monts de Caubert
Bagatelle
Pont-Remy
Long
L'Étoile
Flixecourt
Hangest-s-Somme
Airaines
Oisemont
Gamaches
Blangy-s-Bresle
Friville-Escarbotin
Fressenneville
Woincourt
Feuquières-en-Vimeu
Hallencourt
Liercourt
Fontaine-s-Somme
Longpré-les-Corps-Saints
Mareuil-Caubert
Eaucourt-s-Somme
Saint-Maxent
Cerisy-Buleux
Sorel-en-Vimeu
Senarpont
Aumont
Andainville
Mouflières
Auxi-le-Château
Vauchelles-les-Quesnoy
Buigny-l'Abbé
Agenvillers
Yvrench
Drucat
Caours
Cambron
Port-le-Grand
Boismont
Pendé
Lanchères
Brutelles
Vaudricourt
Allenay
Béthencourt
Tully
Valines
Chépy
Aigneville
Dargnies
Buigny-lès-Gamaches
Bouttencourt
Rambures
Vergies
Frettecuisse
Fontaine-le-Sec
Wiry-au-Mont
Allery
Métigny
Quesnoy-sur-Airaines
Bettencourt-Rivière
Condé-Folie
Vauchelles
D 940
D 925
D 1001
D 928
D 936
D 1015
A 16
A 28
E 402
E
F
G
H
6
12
21
1
2
3
4
5

0 2 4 6 8 10 km
Hesdin
St-Pol-s-Ternoise
Frévent
Auxi-le-Château
Doullens
Abbeville
Flixecourt
Bernaville
St-Riquier
Crécy-en-Ponthieu
Fruges
Blangy-sur-Ternoise
Marconne
Ste-Austreberthe
Labroye
Beauval
Canaples
Domart-en-Ponthieu
Ailly-le-Haut-Clocher
Longpré-les-Corps-Saints
Bernaville
Naours
Cité souterraine de Naours
Villers-Bocage
Flesselles
Vignacourt
Bagatelle
Pont-Remy
Mareuil-Caubert
Forêt d'Hesdin
Forêt de Labroye
Authie
Canche
Somme
Nièvre
A 16
N 25
D 925
D 928
D 939
D 941
D 916
D 1001

ARRAS
Lens
Liévin
Avion
Méricourt
Bully-les-Mines
Sallaumines
Hénin-Beaumont
Billy-Montigny
Noyelles-Godault
Courcelles-lès-Lens
Houdain
Barlin
Hersin-Coupigny
Nœux-les-Mines
Mazingarbe
Grenay
Loos-en-Gohelle
Harnes
Fouquières-lès-L.
Auby
DOUAI
Vimy
Mémorial canadien
Colline de N.-D. de Lorette
Avesnes-le-Comte
Aubigny-en-Artois
Beaurains
Achicourt
Dainville
Saint-Laurent-Blangy
Tilloy-lès-Mofflaines
Bapaume
Albert
Mémorial Terre-Neuvien
Mémorial Brit.
Pozières
Combles
Vitry-en-Artois
Brebières
Croisilles
Bertincourt
Pas-en-Artois
Beaumetz-lès-Loges
Puisieux
Miraumont
Le Transloy
Warlincourt-lès-Pas
Bucquoy
Hébuterne
Ervillers
Boisleux-au-Mont
Noreuil
Morchies
Vélu
Ytres
Moislains

8
14
23

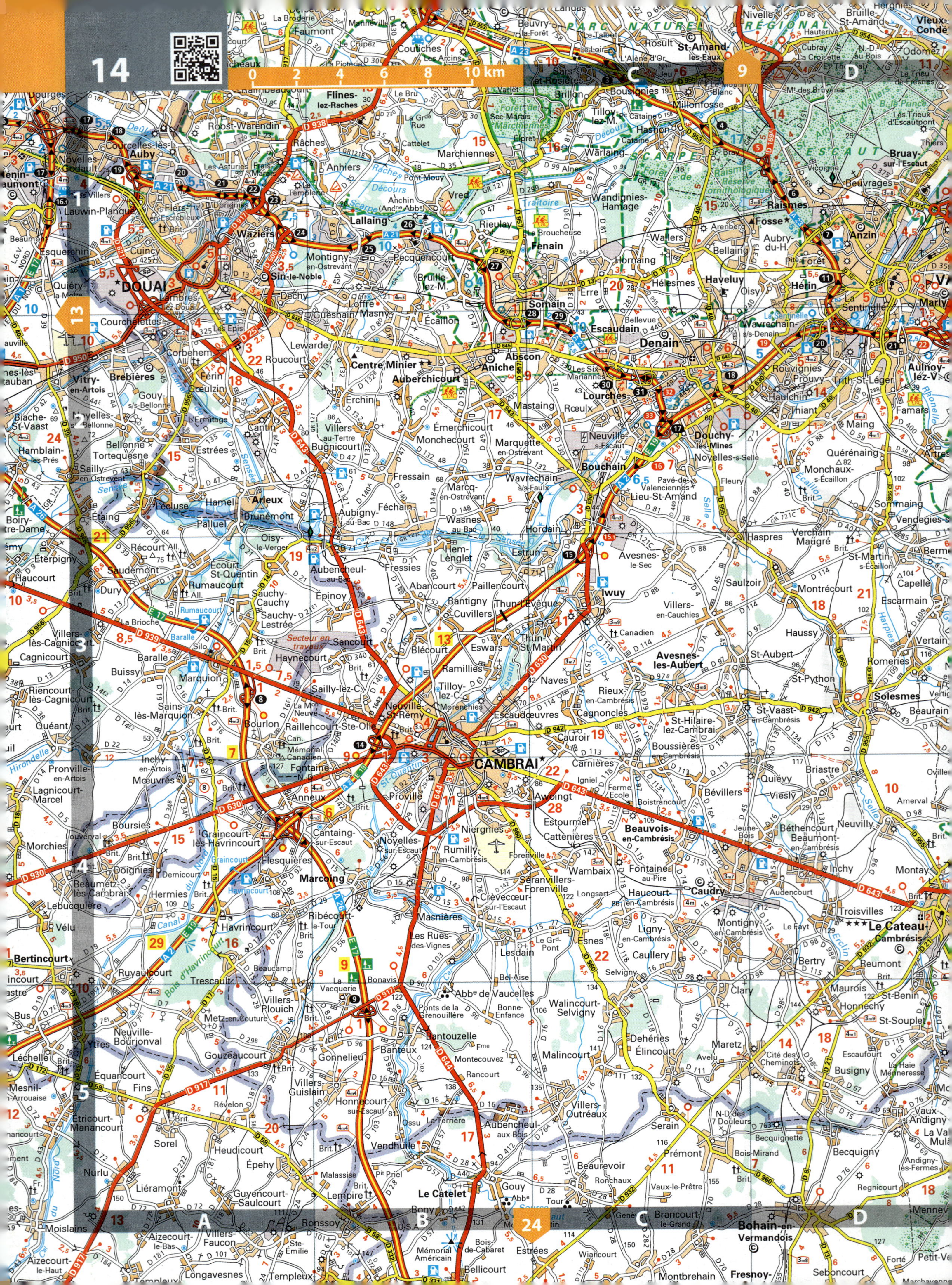
0 2 4 6 8 10 km
DOUAI
CAMBRAI
Denain
Le Cateau-Cambrésis
Caudry
Anzin
Raismes
Bouchain
Marcoing
Masnières
Le Catelet
Bohain-en-Vermandois
Arleux
Aniche
Somain
Escaudain
Douchy-les-Mines
Saint-Amand-les-Eaux
Marchiennes
Auby
Waziers
Sin-le-Noble
Lallaing
Fenain
Haveluy
Hérin
Iwuy
Avesnes-les-Aubert
Solesmes
Beauvois-en-Cambrésis
Bertincourt
Vitry-en-Artois
Brebières
Centre Minier
Auberchicourt
Abscon
Lourches
PARC NATUREL RÉGIONAL
A B C D
1 2 3 4 5
9 13 24

MONS (BERGEN)
St-Ghislain
Jemappes
Quaregnon
Le Grand-Hornu
Hornu
Boussu
Colfontaine
Pâturages
Frameries
Condé-sur-l'Escaut
Hensies
Crespin
Quiévrain
Dour
Quiévrechain
Saulve
ENCIENNES
Estinnes
Binche
Quévy
Erquelinnes
Jeumont
Parc Naturel des Hauts Pays
Bavay
Maubeuge
Hautmont
Louvroil
Feignies
Le Quesnoy
Berlaimont
Aulnoye-Aymeries
Landrecies
Maroilles
Avesnes-sur-Helpe
Sars-Poteries
Solre-le-Château
Liessies
Sains-du-Nord
Fourmies
Wignehies
Le Nouvion-en-Thiérache
La Capelle
Wassigny
Étreux
Sommeron
Forêt de Mormal
PARC NATUREL RÉGIONAL DE L'AVESNOIS
Forêt du Nouvion
Forêt de Trélon
Bois de la Lanière
E
F
G
H
2
3
4
5
16
25

0 2 4 6 8 10 km
Charleroi
Fontaine-l'Évêque
Binche
Anderlues
Leernes
Montigny-le-Tilleul
Le Bois du Cazier
Châtelet
Farciennes
Sambreville
Aiseau-Presles
Landelies
Abbe d'Aulne
Lobbes
Thuin
Loverval
Gerpinnes
Nalinnes
Mettet
Ham-sur-Heure
Erquelinnes
Solre-sur-Sambre
Jeumont
Merbes-le-Château
Montigny-St-Christophe
Leers-et-Fosteau
Walcourt
Florennes
Beaumont
Silenrieux
Philippeville
Cerfontaine
Bge de la Plate Taille
Bges de l'Eau d'Heure
Lacs de l'Eau d'Heure
Sivry-Rance
Froidchapelle
Rance
Mariembourg
Couvin
Grottes de Neptune
Nismes
Viroinval
Chimay
Virelles
Momignies
Forêt de Chimay
Fourmies
Signy-le-Petit
Brûly
Revin
Bois de Fontaine
Forêt de Nismes
Parc départemental du Val Joly
Étang de Virelles
Macquenoise
Gué-d'Hossus
Cul-des-Sarts
Forges
Baileux
Lompret
Senzeille
Sautour
Roly
Matagne-la-Grande
Treignes
Hermeton
Olloy-sur-Viroin
Oignies-en-Thiérache
A B C D
1 2 3 4 5
15 26

E
F
G
H
1
2
3
4
5
Floreffe
Malonne
Franière
Wépion
Naninne
Andoy
Faulx-les-Tombes
Ohey
Evelette
Havelange
Fosses-la-Ville
Sart-St-Laurent
Profondeville
Lustin
Dave
Bois de Dave
Rochers de Frênes
Domaine d'Annevoie-Rouillon
Annevoie-Rouillon
Godinne
Yvoir
Sart-Bernard
Tri d'Avillon
Maillen
Assesse
Crupet
Gesves
Sorée
Florée
Schaltin
Hamois
Emptinne
Spontin
Durnal
Purnode
Evrehailles
Dorinne
Braibant
Ciney
Sovet
Anhée
Denée
Maredsous
Sosoye
Haut-le-Wastia
Montaigle
Crèvecœur
Bouvignes-s-Meuse
Leffe
Lisogne
Thynes
Achêne
Leignon
Pessoux
Sinsin
Dinant
La Merveilleuse
Anseremme
Freÿr
Rochers de Freÿr
Sorinnes
Foy-N.-D.
Celles
Furfooz
Vêves
Falaën
Sommière
Weillen
Serville
Onhaye
Hastière
Hastière-par-delà
Anthée
Morville
Flavion
Gochenée
Hermeton-s-Meuse
Waulsort
Falmignoul
Falmagne
Hulsonniaux
Mesnil-St-Blaise
Houyet
Ciergnon
Custinne
Mont-Gauthier
Chevetogne
Domaine provincial de Chevetogne
Serinchamps
Buissonville
Humain
Havrenne
Rochefort
Jemelle
Villers-s-Lesse
Éprave
Han-s-Lesse
Grotte de Han
Grotte de Lorette
Wavreille
Vodelée
Agimont
Doische
Heer
Finnevaux
Wiesme
Hour
Wanlin
Givet
Fort de Charlemont
Fromelennes
Rancennes
Beauraing
Baronville
Martouzin-Neuville
Focant
Gimnée
Vaucelles
Hierges
Ham-s-Meuse
Aubrives
Chooz
Charnois
Landrichamps
Winenne
Dion
Pondrôme
Wancennes
Lavaux-Ste-Anne
Wellin
Halma
Chanly
Resteigne
Tellin
Vireux-Wallerand
Vireux-Molhain
Felenne
Vonêche
Froidfontaine
Honnay
Sohier
Lomprez
Montigny-sur-Meuse
Hargnies
Fépin
Haybes
Fumay
Bourseigne-Neuve
Bourseigne-Vieille
Vencimont
Malvoisin
Patignies
Sart-Custinne
Rienne
Willerzie
Gedinne
Louette-St-Pierre
Louette-St-Denis
Bièvre
Haut-Fays
Gembes
Daverdisse
Porcheresse
Redu
Transinne
Euro Space Center
Maissin
Anloy
Villance
Libin
Smuid
Graide
Houdremont
Opont
Camp militaire
Bois de St-Remacle
Étang de Boiron
Bois de Rienne
Croix Scaille

0 2 4 6 8 10 km
A
B
C
D
1
2
3
4
5
Fécamp
Criquebeuf-en-Caux
Yport
Aiguille de Belval
Valleuse du Curé
Vaucottes-s-Mer
Vattetot-s-Mer
Froberville
★★ Falaise d'Amont
★★ Jardins
Étretat
Bénouville
★★★ Falaise d'Aval
La Manneporte
Les Aygues
Bordeaux-St-Clair
Les Loges
Gerville
Cap d'Antifer
La Place
Le Tilleul
Le Mont-Roti
Jumel
La Poterie-Cap-d'Antifer
Ste-Marie-au-Bosc
Pierrefiques
Fongueusemare
Beaurepaire
Sausseuzemare-en-Caux
Bruneval
Cuverville
Les Groseilliers
Port pétrolier du Havre-Antifer
Villainville
Écrainville
Belvre
Plage de Bruneval
Beaumesnil
Gonneville-la-Mallet
St-Jouin-Bruneval
Criquetot-l'Esneval
Goderville
La Mare-Goubert
Le Grand Hameau
Anglesqueville-l'Esneval
Heuqueville
Vergetot
La Forge
Turretot
Le Coudray
St-Sauveur-d'Emalleville
Buglise
St-Martin-du-Bec
Le Bec
Ecuquetot
Hermeville
Cauville-sur-Mer
Mannevillette
N.-D.-du-Bec
Goustimesnil
Rimbertot
Angerville-l'Orcher
Virville
Rolleville
Ecqueville
Café Blanc
St-Supplix
St-Barthélémy
Graimbouville
Fontenay
Manéglise
Étainhus
La Brière
Côte d'Albâtre ★
Épouville
Sainneville
Octeville-sur-Mer
St-Andrieux
Dondeneville
Montivilliers
St-Laurent-de-Brèvedent
La Cour Souveraine
Canyon Park
Edreville
Fontaine-la-Mallet
Épretot
Le Grand Hameau
La Demi-Lieue
St-Martin-du-Manoir
Ignauval
Cap de la Hève
Gournay
St-Aubin-Routot
Le Fresnot
★ Ste-Adresse
Sanvic
Harfleur
Gainneville
La Queue du Gril
Graville
Gonfreville-l'Orcher
Rogerville
Oudalle
St-Vincent-Cramesnil
Sandouville
34

E
F
G
H
1
2
3
4
5
20
35
Phare d'Ailly
Ste-Marguerite-s-Mer
Quiberville-Plage
St-Aubin-s-Mer
Quiberville
Côte d'Albâtre
St-Valery-en-Caux
Falaise d'Aval
Falaise d'Amont
Veules-les-Roses
Sotteville-s-Mer
Veulettes-s-Mer
Conteville
Manneville-ès-Plains
St-Sylvain
Blosseville
La Chapelle-s-Dun
Le Bourg-Dun
St-Denis-d'Aclon
Avremesnil
Luneray
Malleville-les-Grès
Janville
Paluel
Vittefleur
Ingouville
Cailleville
Gueutteville-les-Grès
Angiens
Silleron
La Gaillarde
St-Pierre-le-Vx
Gruchet-St-Siméon
Septimanville
Auberville-la-Manuel
St-Martin-aux-Buneaux
Vinnemerville
Butot-Vénesville
St-Riquier-ès-Plains
Néville
Pleine-Sève
Le Mesnil-Durdent
Houdetot
St-Pierre-le-Viger
Fontaine-le-Dun
Les Grdes Dalles
St-Pierre-en-Port
Sassetot-le-Mauconduit
Criquetot-le-Mauconduit
Canouville
Clasville
Cany-Barville
Crasville-la-Mallet
Ste-Colombe
Crasville-la-Rocquefort
Greuville
Élétot
Écretteville-s-Mer
Senneville-s-Fécamp
Ancretteville-s-Mer
Ouainville
Ocqueville
Sasseville
Drosay
Ermenouville
Anglesqueville-la-Bras-Long
Bourville
Brametot
Autigny
Vénestanville
Rainfreville
Ypreville
Clainville
Theuville-aux-Maillots
Hocqueville
Barville
Flamanville
Héberville
Tocqueville-en-Caux
Sassetot-le-Malgardé
Ste-Hélène-Bondeville
Angerville-la-Martel
Bertreville
Bertheauville
Thérouldeville
Bosville
Hautot-l'Auvray
Fultot
Canville-les-Deux-Églises
Bretteville
Gonnetot
Colleville
Valmont
Gerponville
Grainville-la-Teinturière
St-Vaast-Dieppedalle
Gonzeville
Bénesville
Reuville
St-Laurent-en-Caux
Saâne-St-Just
Lestanville
Auzouville-s-Saâne
Toussaint
Ganzeville
Contremoulins
Thiergeville
Ourville-en-Caux
Veauville-lès-Quelles
Routes
Étalleville
Prétot-Vicquemare
Le Mesnil-Rury
Riville
Beuzeville-la-Guérard
Sommesnil
Auffay
Robertot
Doudeville
Carville-Pot-de-Fer
Boudeville
Le Torp-Mesnil
Daubeuf-Serville
Sorquainville
Ypreville-Biville
Thiouville
Cleuville
Ancourteville-s-Héricourt
Héricourt-en-Caux
Harcanville
Amfreville-les-Champs
Berville-en-Caux
Lindebeuf
Mentheville
Limpiville
Normanville
Hautot-St-Sulpice
Yvecrique
Ouville-l'Abbaye
Criquetot-s-Ouville
Annouville-Vilmesnil
Bailleul
Bénarville
Tocqueville-les-Murs
Bennetot
Ste-Marguerite-s-Fauville
Cliponville
Étoutteville
Grémonville
Yerville
Angerville-Bailleul
Grainville-Ymauville
Trémauville
Fauville-en-Caux
Rocquefort
Veauville-lès-Baons
Autretot
St-Maclou-la-Brière
Gonfreville-Caillot
Hattenville
Ricarville
St-Pierre-Lavis
Hautot-le-Vatois
Envronville
Ectot-lès-Baons
Bréauté
Vattetot-s/s-Beaumont
Bermonville
Baons-le-Comte
Ste-Marie-des-Champs
Flamanville
Motteville
Auzouville-l'Esneval
Sausset
Yébleron
Auzouville-Auberbosc
Écretteville-lès-Baons
Yvetot
Cideville
Mirville
Houquetot
Rouville
Cléville
Valliquerville
Écalles-Alix
Limésy
Beuzeville-la-Grenier
Raffetot
Bolleville
Foucart
Alvimare
Allouville-Bellefosse
Auzebosc
St-Clair-s-les-Monts
Parc-d'Anxtot
Nointot
Lanquetot
Bois-Himont
Croix-Mare
Mesnil-Panneville
St-Jean-de-la-Neuville
Bolbec
Beuzevillette
Trouville
Touffreville-la-Corbeline
Pavilly
Lintot
Grand-Camp
St-Aubin-de-Crétot
Louvetot
Fréville
Blacqueville
Barentin
Gruchet-le-Valasse
La Trinité-du-Mont
St-Nicolas-de-la-Haie
Maulévrier-Ste-Gertrude
Carville-la-Folletière
St-Eustache-la-Forêt
Mélamare
St-Antoine-la-Forêt
Auberville-la-Campagne
Anquetierville
Caudebec-en-Caux
St-Wandrille-Rançon
Épinay-s-Duclair
Villers-Écalles
Lillebonne
St-Nicolas-de-la-Taille
Villequier
St-Nicolas-de-Bliquetuit
Pont de Brotonne
N.-D.-de-Gravenchon
Ste-Marguerite-s-Duclair
Roumare

0 2 4 6 8 10 km
10
36
19
Côte d'Albâtre
DIEPPE
N.-D. Bon-Secours
Phare d'Ailly
Varengeville
Ste-Marguerite-s-Mer
Manoir d'Ango
Pourville-s-Mer
Neuville-lès-D.
Arques-la-Bataille
Martin-Église
Envermeu
St-Nicolas-d'Aliermont
Criel-sur-Mer
Londinières
Luneray
Offranville
Longueil
Auffay
Tôtes
Bellencombre
St-Saëns
Beaumont-le-Hareng
Clères
Parc Zoo
Montville
Malaunay
Barentin
Pavilly
Yerville
Bacqueville-en-Caux
Torcy-le-Grand
Bures-en-Bray
Mesnières-en-Bray
Neufbosc
Buchy
Bosc-le-Hard
Cailly
Auzouville
Criquetot-s-Longueville
Longueville-s-Scie
St-Crespin
Grèges
Derchigny
Brunville
Guilmécourt
St-Quentin-au-Bosc
Sept-Meules
Greny
Intraville
Douvrend
Wanchy-Capval
Muchedent
Cottévrard
Quincampoix
Houppeville
Le Houlme

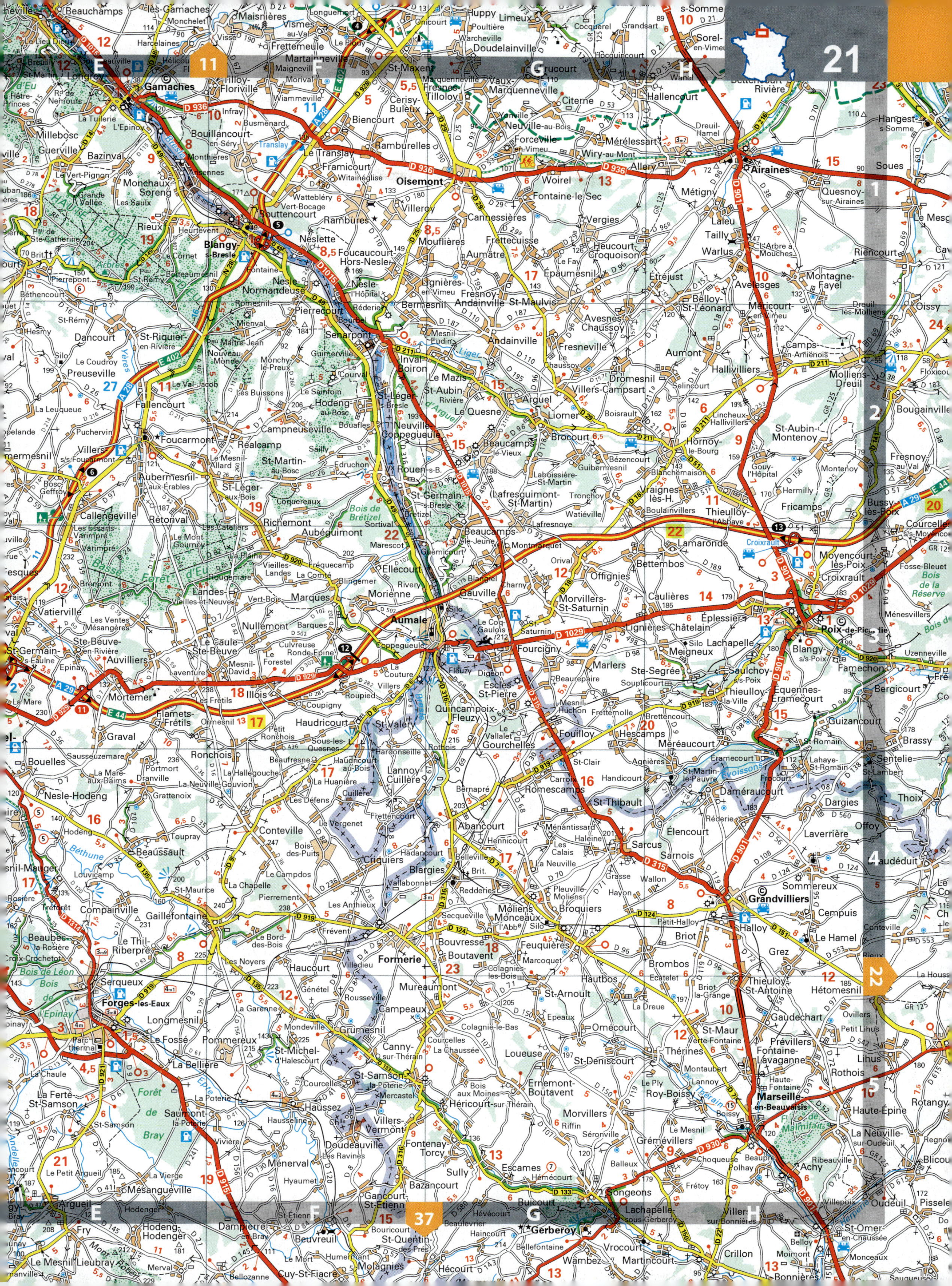
Beauchamps
Gamaches
Blangy-s-Bresle
Oisemont
Airaines
Senarpont
Aumale
Poix-de-Picardie
Formerie
Forges-les-Eaux
Grandvilliers
Marseille-en-Beauvaisis
Gerberoy
Songeons
Foucarmont
Hornoy-le-Bourg
Abancourt
Campeaux
Hallencourt
Liomer
Lamaronde
Croixrault
Conteville
Gaillefontaine
Sarcus
Feuquières
Crillon
11
37
22
E
F
G
H
1
2
3
4
5

0 2 4 6 8 10 km
21
12
38
A
B
C
D
1
2
3
4
5
AMIENS
Bettencourt-St-Ouen
Vignacourt
Olincourt
Talmas
Septenville
Rubempré
Mirvaux
Warloy-Baillon
Hénencourt
Pierregot
Vadencourt
Baizieux
Bourdon
Hangest-s-Somme
Yzeux
Croüy-St-Pierre
Belloy-s-Somme
St-Vaast-en-Chaussée
Montonvillers
Villers-Bocage
Molliens-au-Bois
Beaucourt-sur-l'Hallue
Bavelincourt
Béhencourt
Franvillers
Bresle
Ribemont-s-Ancre
Heilly
Frémont
Bertangles
Rainneville
Montigny-s-l'Hallue
Fréchencourt
Soues
Quesnoy-sur-Airaines
Picquigny
St-Pierre-à-Gouy
Abbé du Gard
La Chaussée-Tirancourt
Samara
Vaux-en-Amiénois
Coisy
Rampönneau
St-Gratien
Cardonnette
Querrieu
Lahoussoye
Méricourt-l'Abbé
Le Mesge
St-Sauveur
Argoeuves
Poulainville
Allonville
Pont-Noyelles
Bonnay
Riencourt
Cavillon
Fourdrinoy
Breilly
Ailly-s-Somme
Longpré
Montières
Rivery
Camon
Petit Camon
Les Alençons
Bussy-lès-Daours
Daours
La Neuville
Corbie
Vaux-sur-Somme
Vaire-s/s-Corbie
Hamelet
Montagne-Fayel
Oissy
Romont
Dreuil-lès-A.
Saveuse
Renancourt
Zoo
Lamotte-Brebière
Vecquemont
Aubigny
Fouilloy
Mémorial australien
Camps-en-Amiénois
Orat
Saisseval
Saissemont
Ferrières
Briquemesnil-Floxicourt
Bovelles
Pont-de-Metz
Salouël
Université
Blangy-Tronville
Glisy
Villers-Bretonneux
Molliens-Dreuil
Seux
Guignemicourt
Pissy
Clairy-Saulchoix
Longueau
Cagny
Le Petit Blangy
Bougainville
Fluy
Revelles
Saleux
Vers-s-Selles
Dury
Boves
Cachy
Marcelcave
Aubin-Montenoy
Fresnoy-au-Val
Creuse
Forêt de Creuse
Bacouël-s-Selle
Petit Cagny
St-Fuscien
Gentelles
Domart-Hangard
Aubercourt
Bussy-lès-Poix
Quevauvillers
Namps-au-Mont
Prouzel
Plachy-Buyon
Sains-en-Amiénois
Le Paraclet
Centre d'hydrobiologie
Fouencamps
Berteaucourt-lès-Thennes
Thennes
Hourges
Démuin
Courcelles-s/s-Moyencourt
Rumaisnil
Fossemanant
Hébécourt
Mamont
Cottenchy
Thézy-Glimont
Moyencourt-lès-Poix
Croixrault
Fosse-Bleuet
Bois de la Réserve
Namps-au-Val
(Namps-Maisnil)
Taisnil
Neuville-lès-Loeuilly
Nampty
Rumigny
La Rocheuse
La Mouche
Estrées-sur-Noye
Dommartin
Hailles
Castel
Villers-aux-Érables
Maison-Blanche
Ménesvillers
Bois de Frémontiers
B. de Wailly
Outre l'Eau
St-Sauflieu
Grattepanche
Remiencourt
Mézières-en-Santerre
Poix-de-Picardie
Wailly
Loeuilly
Oresmaux
Guyencourt-sur-Noye
Morisel
Rouvrel
Moreuil
Blangy-s/s-Poix
Famechon
Uzenneville
Velennes
Tilloy-lès-Conty
St-Nicolas
Ailly-sur-Noye
Le Plessier-Rozainvillers
Frémontiers
Jumel
Merville-au-Bois
Mailly-Raineval
La Neuville-Sire-Bernard
Bergicourt
Contre
Fleury
Conty
Le Hamel
Essertaux
Berny-sur-Noye
Louvrechy
Guizancourt
Brassy
Courcelles-s/s-Thoix
Luzières
Bosquel
Flers-sur-Noye
Chaussoy-Epagny
Hainneville
Sauvillers-Mongival
Braches
St-Romain
Lahaye-St-Romain
Sentelie
Lambert
Fransures
L'Estocq
Lawarde-Mauger-l'Hortoy
Epagny
Thory
Aubvillers
Pierrepont-sur-Avre
Belleuse
Tours
Monsures
Rogy
Chirmont
Sourdon
Ainval
Hargicourt
Bouillancourt-la-Bataille
Dargies
Thoix
Gouy-les-Groseillers
L'Hortoy
Hallivillers
La Faloise
Esclainvillers
Septoutre
Malpart
Offoy
Laverrière
Lavacquerie
Croissy-sur-Celle
Ferme de Montplaisir
Grivesnes
Gratibus
Marestmontiers
Beaudéduit
Bonneleau
Le Plessier
St-Aignan
Sommereux
Le Mesnil-Conteville
Fontaine-Bonneleau
Bonneuil-les-Eaux
La Folie de Bonneuil
Paillart
Quiry-le-Sec
Folleville
Coullemelle
Framicourt
Courtemanche
Cempuis
Choqueuse-les-Bénards
Blancfosse
Esquennoy
Visigneux
Cantigny
Conteville
Fléchy
Rouvroy-les-Merles
Rocquencourt
Villers-Tournelle
Fontaine-s/s-M.
St-Martin
Le Hamel
Catheux
Ferme École
Belle Assise
St-Médard
Rieux
Doméliers
Villers-Vicomte
Breteuil
Tartigny
Sérévillers
Mesnil-St-Georges
La Houssoye
Le Saulchoy
Cormeilles
Le Crocq
Le Cardonnois
Pérennes
Hétomesnil
Ébeillaux
Le Mesnil-St-Firmin
Broyes
Abbémont
Le Gallet
La Borde
Hardivillers
Vendeuil-Caply
Théâtre Gallo-Romain
Bacouël
Bois de la Hérelle
Domélien
Udechart
Ovillers
Petit Lihus
Viefvillers
Beauvoir
Chepoix
Plainville
Wélles-Pérennes
Royaucourt
Crèvecoeur-le-Grand
Oursel-Maison
Troussencourt
Warmaise
La Morlière
Domfront
Dompierre
Lihus
Rothois
Francastel
La Neuve-Rue
Maisoncelle-Tuilerie
La Folie-de-Beauvoir
Evauchaux
Mory-Montcrux
La Hérelle
Bois de la Borde
Ferrières
Haute-Épine
Rotangy
Puits-la-Vallée
Hédencourt
Farivillers
St-André-Farivillers
Bois-Renault
Bonvillers
La Borde
Sains-Morainvillers
Godenvillers
Crèvecoeur-le-Petit
Auchy-la-Montagne
Petit-Froissy
Ste-Eusoye
Bois l'Abbé
Silo
La Neuville-s-Oudeuil
Regnonval
Lachaussée-du-Bois-d'Écu
Froissy
Sauveleux
Ansauvillers
Gannes
Blicourt
Rus
Campremy
Brunvillers-la-Motte
Ribeauville
Achy
Noyers-St-Martin
Grand Mesnil
Wavignies
Luchy
Maulers
Oudeuil
Pisseleu
Rougemaison
Noirémont
Moimont
Quinquempoix
Maignelay-Montigny
Doux
La Neuville-St-Pierre
Bucamps
St-Omer-en-Chaussée
Muidorge
Fresneaux
Lèvremont
Vaumont
Plainval
Monceaux
Juvignies
Abbeville-St-Lucien
Reuil-sur-Brêche
Montreuil-sur-Brêche
Maisoncelle-St-Pierre
Le Quesnel-Aubry
Catillon
St-Just-
Ravenel
St-Martin-aux-Bois
Villers-Bretonneux
A 16
A 29
E 44
N 25
D 1001
D 929
D 934
D 930
D 920
D 1029
D 916
D 210
D 938

13
39
24
E
F
G
H
1
2
3
4
5
Albert
Combles
Péronne
Roisel
Bray-s-Somme
Herbécourt
Moislains
Vermand
Ham
Nesle
Roye
Guiscard
Lassigny
Noyon
Chaulnes
Rosières-en-Santerre
Montdidier
Maurepas
Cléry-s-Somme
Athies
Monchy-Lagache
Douilly
Matigny
Marchélepot
Étalon
Liancourt-Fosse
Cressy-Omencourt
Ercheu
Crisolles
Salency
Marest-Dampcourt
Ognolles
Solente
Champien
Carrépuis
Goyencourt
Villers-lès-Roye
Guerbigny
Laucourt
Dancourt-Popincourt
Tilloloy
Conchy-les-Pots
Orvillers-Sorel
Cuvilly
Ressons
Mortemer
Ricquebourg
Gury
Plessis-de-Roye
Thiescourt
Dives
Vauchelles
Suzoy
Pont-l'Évêque
Sempigny
Pontoise-lès-Noyon
Morlincourt
Varesnes
Babœuf
Béhéricourt
Grandrû
Quesmy
Bussy
Muirancourt
Beaugies-sous-Bois
Caillouël-Crépigny
Écuvilly
Beaulieu-les-Fontaines
Margny-aux-Cerises
Avricourt
Amy
Crapeaumesnil
Fresnières
Candor
Lagny
Beaurains-lès-N.
Porquéricourt
Sermaize
Catigny
Campagne
Fréniches
Libermont
Flavy-le-Meldeux
Golancourt
Villeselve
Brouchy
Muille-Villette
Eppeville
Hombleux
Breuil
Buverchy
Grécourt
Billancourt
Rethonvillers
Marché-Allouarde
Biarre
Balâtre
Moyencourt
Esmery-Hallon
Offoy
Sancourt
Voyennes
Béthencourt
Pargny
Y
Falvy
Licourt
Épénancourt
Pertain
Morchain
Potte
Curchy
Hyencourt-le-Grand
Omiécourt
Puzeaux
Punchy
Fonches-Fonchette
Hallu
Chilly
Fransart
Hattencourt
La Chavatte
Fresnoy-lès-R.
Damery
Andechy
Erches
Arvillers
Warsy
Becquigny
Fignières
Armancourt
Marquivillers
Grivillers
Laboissière-en-Santerre
Faverolles
Fescamps
Piennes-Onvillers
Remaugies
Boulogne-la-Grasse
Rollot
Hainvillers
Biermont
Cuvilly
Courcelles-Epayelles
Tricot
Le Ployron
Méharicourt
Maucourt
Fouquescourt
Rouvroy-en-Santerre
Parvillers-le-Quesnoy
Bouchoir
Folies
Beaufort-en-Santerre
Warvillers
Vrély
Caix
Harbonnières
Guillaucourt
Vauvillers
Framerville-Rainecourt
Lihons
Vermandovillers
Soyécourt
Herleville
Ablaincourt-Pressoir
Foucaucourt-en-Santerre
Proyart
Chuignolles
Chuignes
Cappy
Éclusier-Vaux
Frise
Curlu
Hem-Monacou
Feuillères
Flaucourt
Biaches
Barleux
Villers-Carbonnel
Belloy-en-Santerre
Berny-en-Santerre
Misery
Brie
Mesnil-Bruntel
Eterpigny
Estrées-Mons
Devise
Ennemain
Cizancourt
St-Christ-Briost
Falvy
Tertry
Trefcon
Caulaincourt
Beauvois-en-Vermandois
Vaux-en-Vermandois
Germaine
Douchy
Fluquières
Happencourt
Aubigny
Tugny-et-Pont
Dury
Pithon
St-Simon
Sommette-Eaucourt
Ollezy
Annois
Cugny
Flavy-le-Martel
Villers-St-Christophe
Croix-Moligneaux
Quivières
Ugny-l'Équipée
Foreste
Lanchy
Vraignes-en-Vermandois
Poeuilly
Hancourt
Bernes
Cartigny
Tincourt-Boucly
Driencourt
Bussu
Doingt
Aizecourt-le-Haut
Allaines
Bouchavesnes-Bergen
Rancourt
Nurlu
Longavesnes
Marquaix
Hervilly
Jeancourt
Vendelles
Templeux-la-Fosse
Templeux-le-Guérard
Villers-Faucon
Aizecourt-le-Bas
Ronssoy
Hargicourt
Bécordel-Bécourt
Méaulte
Ville-sur-Ancre
Morlancourt
Dernancourt
Carnoy
Mametz
Maricourt
Suzanne
Étinehem
Chipilly
Cerisy
Méricourt-s-Somme
Morcourt
Lamotte-Warfusée
Sailly-Laurette
Bayonvillers
Estrées-Deniécourt
Dompierre-Becquincourt
Assevillers
Fontaine-lès-Cappy
Fay
Hardecourt-aux-Bois
Guillemont
Ginchy
Montauban-de-Picardie
Contalmaison
Bazentin-le-Grand
Manancourt
Le Quesnel
Beaucourt-en-Santerre
Cayeux-en-Santerre
Verpillières
Beuvraignes
Roiglise
Laberlière
Canny-sur-Matz
Roye-sur-Matz
Marest-sur-Matz
Élincourt-Ste-Marguerite
Chiry-Ourscamp
Passel
Larbroye
Cannectancourt
Évricourt
Margny-sur-Matz
Marquéglise
Belloy
Ménévillers
Mondescourt
Appilly
Bretigny
Quierzy
Béthancourt-en-Vaux
Neuflieux
Commenchon
Ugny-le-Gay
Beaumont-en-Beine
La Neuville-en-Beine
Berlancourt
Le Plessis-Patte-d'Oie
Genvry
Beaurains
Abbécourt
Camelin
Bourguignon-sous-Coucy
Pimprez
Caisnes

0 2 4 6 8 10 km
Prémont
Beaurevoir
Bohain-en-Vermandois
Becquigny
Wassigny
La Vallée-Mulâtre
Étreux
Venerolles
Hannapes
Tupigny
Lesquielles-St-Germain
Guise
Flavigny-le-Grand-et-Beaurain
Audigny
Clanlieu
Louvry
La Hérie-la-Viéville
Mon Plaisir
Landifay-et-Bertaignemont
Faucouzy
Monceau-le-Neuf-et-Faucouzy
Sons-et-Ronchères
Valécourt
Pargny-les-Bois
Crécy-s-Serre
Mortiers
Chalandry
Verneuil-s-Serre
Barenton-Cel
Barenton-Bugny
Aulnois-s/s-Laon
Besny-et-Loizy
LAON
Cerny-lès-Bucy
Clacy-et-Thierret
Molinchart
Bucy-lès-Cerny
Crépy
Vivaise
Chéry-lès-Pouilly
Couvron-et-Aumencourt
Mont Fendu
Aumencourt
Remies
Assis-sur-Serre
Pouilly-sur-Serre
Mesbrecourt-Richecourt
Nouvion-et-Catillon
Nouvion-le-Comte
Montigny-s-Crécy
La Ferté-Chevresis
Chevresis-Monceau
Parpeville
Villers-le-Sec
Pleine-Selve
Ribemont
Sissy
Châtillon-s-Oise
Mézières-s-Oise
Séry-lès-Mézières
Berthenicourt
Alaincourt
Surfontaine
Renansart
Fay-le-Noyer
Brissy-Hamégicourt
Brissay-Choigny
Moy-de-l'Aisne
Mayot
Achery
Anguilcourt-le-Sart
Courbes
Danizy
La Fère
Travecy
Monceau-lès-Leups
Versigny
Rogécourt
Charmes
Fressancourt
Andelain
Deuillet
Servais
Bertaucourt-Epourdon
Fourdrain
Le Tortoir
St-Nicolas-aux-Bois
Brie
St-Gobain
Septvaux
Barisis
Fresnes-s/s-Coucy
Verneuil-sous-Coucy
Suzy
Cessières
Laniscourt
Mons-en-Laonnois
Bourguignon
Vaucelles-et-Beffecourt
Chivy-lès-Étouvelles
Étouvelles
Merlieux-et-Fouquerolles
Montbavin
Chaillevois
Wissignicourt
Brancourt-en-Laonnois
Coucy-le-Château-Auffrique
Folembray
Guny
Trosly
Champs
St-Paul-aux-Bois
Besmé
Camelin
Blérancourt
Bourguignon-sous-Coucy
Manicamp
Quierzy
Bichancourt
Pierremande
Autreville
Sinceny
Amigny-Rouy
Abbécourt
Ognes
Chauny
Viry-Noureuil
Condren
Tergnier
Beautor
Frières-Faillouël
Villequier-Aumont
Guivry
Commenchon
Caumont
Béthancourt-en-Vaux
Neuflieux
Marest-Dampcourt
Appilly
Guiscard
Ugny-le-Gay
La Neuville-en-Beine
Beaumont-en-Beine
Détroit-Bleu
Flavy-le-Martel
Jussy
Mennessis
Liez
Vendeuil
Remigny
Ly-Fontaine
Gibercourt
Hinacourt
Montescourt-Lizerolles
Cerizy
Benay
Urvillers
Essigny-le-Grand
Clastres
Artemps
St-Simon
Tugny-et-Pont
Aubigny-aux-Kaisnes
Dury
Ollezy
Annois
Cugny
Sommette-Eaucourt
Pithon
Happencourt
Bray-St-Christophe
Seraucourt-le-Grand
Contescourt
Castres
Grugies
Fontaine-lès-Clercs
Roupy
Fluquières
Douchy
Germaine
Dallon
Etreillers
Savy
Francilly-Selency
Holnon
Attilly
Vermand
Caulaincourt
Trefcon
Beauvois-en-Vermandois
Vaux-en-Vermandois
Pommery
Maissemy
Villecholles
Fresnoy-le-Petit
Gricourt
Pontru
Pontruet
Bellenglise
Le Verguier
Jeancourt
Vendelles
Hervilly
Hesbécourt
Vadancourt
Bihécourt
Pœuilly
Templeux-le-Guérard
Hargicourt
Villeret
Ronssoy
Bony
Bellicourt
Nauroy
Estrées
Joncourt
Magny-la-Fosse
Levergies
Sequehart
Lehaucourt
Le Tronquoy
Thorigny
Lesdins
Omissy
Fayet
ST-QUENTIN
Gauchy
Harly
Rouvroy
Morcourt
Remaucourt
Essigny-le-Petit
Fonsomme
Fontaine-Uterte
Croix-Fonsomme
Ramicourt
Montbrehain
Brancourt-le-Grand
Fresnoy-le-Grand
Étaves-et-Bocquiaux
Seboncourt
Petit-Verly
Grand-Verly
Grougis
Vadencourt
Aisonville-et-Bernoville
Noyales
Macquigny
Proix
Hauteville
Bernot
Neuvillette
Mont-d'Origny
Origny-Ste-Benoite
Thenelles
Homblières
Mesnil-St-Laurent
Neuville-St-Amand
Itancourt
Regny
Marcy
Fontaine-Notre-Dame
Fieulaine
Montigny-en-Arrouaise
Courjumelles
Villancet
Torcy
Viermont
Bertaignemont
Jongueuse
Urvillers
St-Quentin

Fourmies
Le Nouvion-en-Thiérache
La Capelle
Hirson
Étréaupont
Vervins
Marle
Sains-Richaumont
Rozoy-s-Serre
Montcornet
Aubenton
Signy-le-Petit
Chaumont-Porcien
Château-Porcien
Sissonne
Liesse-Notre-Dame
Montaigu
Marchais
Clairfontaine
Mondrepuis
Sommeron
Buironfosse
Froidestrées
Wimy
Ohis
Effry
Gergny
Sorbais
Autreppes
Origny-en-Thiérache
La Hérie
Éparcy
Landouzy-la-Ville
Landouzy-la-Cour
La Bouteille
Fontaine-lès-Vervins
Plomion
Jeantes
Harcigny
Brayé-en-Thiérache
Nampcelles-la-Cour
Burelles
Prisces
Gronard
Hary
Lugny
Rogny
Cilly
Bosmont-sur-Serre
Tavaux-et-Pontséricourt
Vigneux-Hocquet
Chaourse
Vincy-Reuil-et-Magny
Soize
Lislet
Montloué
Noircourt
Le Thuel
Dizy-le-Gros
Boncourt
Lappion
La Selve
Nizy-le-Comte
Pierrepont
Bucy-lès-Pierrepont
Mâchecourt
Ste-Preuve
Chivres-en-Laonnois
Missy-lès-Pierrepont
Gizy
Samoussy
Eppes
Coucy-lès-Eppes
Festieux
Mauregny-en-Haye
Parfondeval
Dohis
Morgny-en-Thiérache
Renneval
Archon
Dolignon
Ste-Geneviève
Chéry-lès-Rozoy
Grandrieux
Rouvroy
Raillimont
Vaux-lès-Rubigny
Rubigny
Fraillicourt
Renneville
Berlise
Sévigny-Waleppe
Hannogne-St-Rémy
St-Quentin-le-Petit
Banogne-Recouvrance
Seraincourt
St-Fergeux
Condé-lès-Herpy
Herpy-l'Arlésienne
St-Germainmont
La Malmaison
Mont-St-Jean
Iviers
Bancigny
St-Clément
Cuiry-lès-Iviers
Dagny-Lambercy
Brunehamel
Résigny
Les Autels
Blanchefosse-et-Bay
Logny-lès-Aubenton
Leuze
Martigny
Bucilly
Any-Martin-Rieux
Watigny
St-Michel
Neuve-Maison
Buire
Macquenoise
Forêt de Signy-le-Petit
Forêt du Regnaval
Forêt de St-Michel
Voulpaix
Laigny
Haution
La Vallée-au-Blé
Franqueville
Rougeries
St-Gobert
Voharies
Berlancourt
Thiernu
Montigny-s-Marle
Autremencourt
Toulis-et-Attencourt
Cuirieux
Vesles-et-Caumont
Grandlup-et-Fay
Montigny-le-Franc
Ebouleau
Goudelancourt-lès-Pierrepont
Clermont-les-Fermes
La Ville-aux-Bois-lès-Dizy
Agnicourt-et-Séchelles
St-Pierremont
La Neuville-Bosmont
Marais St-Boetien
Camp de Sissonne
Voyenne
Froidmont-Cohartille
E F G H
15
41
26

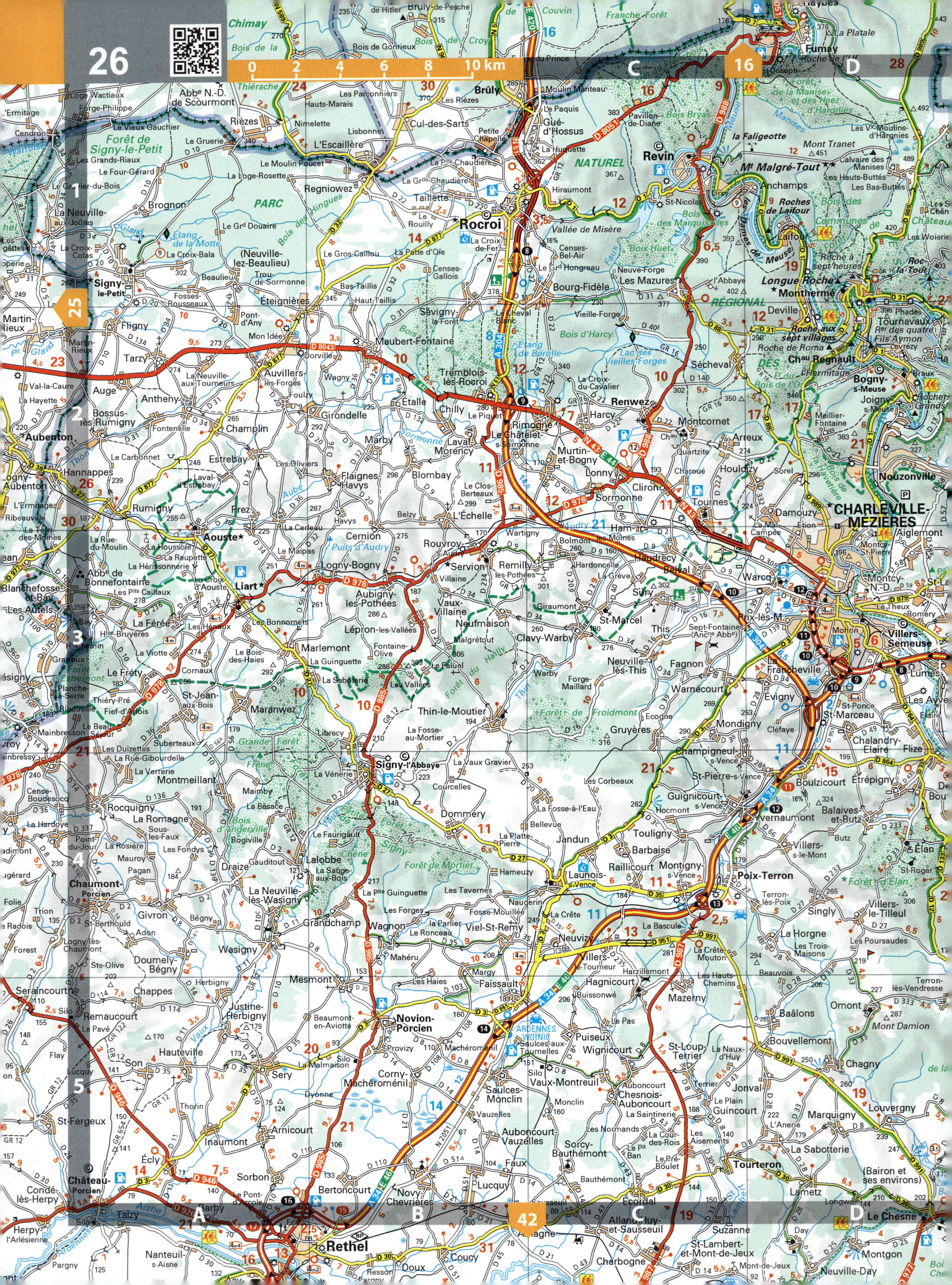
0 2 4 6 8 10 km
A
B
C
D
25
16
28
42
1
2
3
4
5
Chimay
Bruly-de-Pesche
Couvin
Fumay
Brûly
Gué-d'Hossus
Abbe N.-D. de Scourmont
Riezes
L'Escaillère
Cul-des-Sarts
Forêt de Signy-le-Petit
PARC
NATUREL
RÉGIONAL
Revin
Mt Malgré-Tout
Anchamps
Roches de Laifour
Laifour
Longue Roche
Monthermé
Rocroi
Regniowez
Taillette
Vallée de Misère
Bourg-Fidèle
Les Mazures
Deville
Tournavaux
Roche aux sept villages
Chau Regnault
Bogny-s-Meuse
Joigny-s-Meuse
Signy-le-Petit
La Neuville-aux-Joûtes
Brognon
Étang de la Motte
La Croix-Bala
(Neuville-lez-Beaulieu)
Éteignières
Fligny
Tarzy
Martin-Rieux
Auvillers-les-Forges
Maubert-Fontaine
Tremblois-lès-Rocroi
Sévigny-la-Forêt
Étang de Bérulle
Lac des Vieilles Forges
Sécheval
Renwez
Harcy
Rimogne
Le Châtelet-s-Sormonne
Murtin-et-Bogny
Lonny
Cliron
Montcornet
Arreux
Houldizy
Nouzonville
CHARLEVILLE-MÉZIÈRES
Aiglemont
Damouzy
Auge
Anthény
Bossus-lès-Rumigny
Aubenton
Champlin
Girondelle
Étalle
Chilly
Laval-Morency
Marby
Flaignes-Havys
Blombay
L'Échelle
Sormonne
Ham
Tournes
Warcq
Prix-lès-M.
Villers-Semeuse
Montcy-N.-D.
Lumes
Hannappes
Rumigny
Aouste
Estrebay
Prez
Cernion
Puits d'Audry
Rouvroy
Servion
Remilly-les-Pothées
Belval
Haudrecy
Sury
St-Marcel
Liart
Logny-Bogny
Aubigny-les-Pothées
Vaux-Villaine
Neufmaison
Clavy-Warby
This
Fagnon
Warnecourt
Evigny
Flize
Abbe de Bonnefontaine
La Férée
Le Frety
Marlemont
Lépron-les-Vallées
Thin-le-Moutier
Neuville-lès-This
Gruyères
Mondigny
St-Marceau
Champigneul
Chalandry-Elaire
St-Jean-aux-Bois
Maranwez
Signy-l'Abbaye
Forêt de Froidmont
Boulzicourt
Étrépigny
St-Pierre-s-Vence
Montmeillant
Rocquigny
La Romagne
Dommery
Jandun
Guignicourt-s-Vence
Vrigne-Meuse
Balaives-et-Butz
Chaumont-Porcien
Draize
Lalobbe
Launois-s-Vence
Raillicourt
Montigny-s-Vence
Poix-Terron
Barbaise
Touligny
La Neuville-lès-Wasigny
Grandchamp
Wagnon
Vieil-St-Remy
Neuvizy
Villers-le-Tilleul
La Horgne
Wasigny
Doumely-Bégny
Chappes
Mesmont
Faissault
Hagnicourt
Mazerny
Baâlons
Seraincourt
Remaucourt
Justine-Herbigny
Novion-Porcien
Puiseux
Wignicourt
St-Loup-Terrier
Omont
Bouvellemont
Chagny
Hauteville
Sery
Corny-Machéroménil
Saulces-Monclin
Vaux-Montreuil
Chesnois-Auboncourt
Jonval
Louvergny
Marquigny
St-Fergeux
Inaumont
Amicourt
Auboncourt-Vauzelles
Sorcy-Bauthémont
Tourteron
La Sabotterie
Écly
Château-Porcien
Sorbon
Bertoncourt
Novy-Chevrières
Lucquy
Faux
Lametz
Le Chesne
Condé-lès-Herpy
Taizy
Herpy-l'Arlésienne
Rethel
Nanteuil-s-Aisne
Coucy
Doux
Allan-duy-et-Sausseuil
Charbogne
Suzanne
St-Lambert-et-Mont-de-Jeux
Neuville-Day
Montgon
(Bairon et ses environs)
A 304
A 34
D 978
D 8043
D 946
D 985
D 951
N 43
D 988
D 989
D 991
D 987

Rienne
Willerzie
Etang de Boiron
Porcheresse
Gedinne-Station
Louette-St-Pierre
Louette-St-Denis
Bièvre
Graide
Anloy
Libramont-Chevigny
Recogne
Neuvillers
Houdremont
Naomé
Paliseul
Opont
Framont
Ochamps
Jehonville
Nafraiture
Monceau-en-Ardenne
Carlsbourg
Offagne
Orchimont
Oizy
Les Hautes-Rivières
Vresse-s-S
Membre
Nollevaux
Fays-les-Veneurs
Gros-Fays
Cornimont
Bertrix
Roches-la-Dame
Laforêt
Vivy
Mogimont
Bellevaux
Alle
Rochehaut
Ucimont
Sensenruth
Noirefontaine
Auby-s-Semois
Les Hayons
Cugnon
Sugny
Poupehan
Bouillon
Dohan
Herbeumont
Corbion
Roches de Dampicourt
Forêt de Bouillon
Sedan
Bosseval-et-Briancourt
Fleigneux
La Chapelle
Les Douze Cents
Illy
Givonne
Floing
Daigny
Francheval
Pouru-aux-Bois
Muno
Fontenoille
Florenville
Chassepierre
Ste-Cécile
Lacuisine
Chiny
Donchery
Balan
Pouru-St-Remy
Messincourt
Matton-et-Clémency
Wadelincourt
Bazeilles
Douzy
Sachy
Tremblois-lès-Carignan
Noyers-Pont-Maugis
Remilly-Aillicourt
Brévilly
Osnes
Les Deux-Villes
Williers
Mogues
Carignan
Abbe d'Orval
Thelonne
Angecourt
Villers-devant-Mouzon
Eurilly-et-Lombut
Blagny
Puilly-et-Charbeaux
Margny
Haraucourt
Autrecourt-et-Pourron
Mouzon
Vaux-lès-Mouzon
Sailly
Linay
Aufiance
Raucourt-et-Flaba
Chémery-Chéhéry
Maisoncelle-et-Villers
Moulins-St-Hubert
Malandry
Villy
Margut
Sapogne-sur-Marche
Avioth
La Neuville-à-Maire
Artaise-le-Vivier
Yoncq
Autréville-St-Lambert
La Ferté-sur-Chiers
Signy-Montlibert
Stonne
La Besace
Létanne
Inor
Olizy-sur-Chiers
Bièvres
Anc^ne Chartreuse
Le Mont-Dieu
Beaumont-en-Argonne
Pouilly-sur-Meuse
Martincourt-sur-Meuse
Lamouilly
Chauvency-St-Hubert
Thonne-les-Prés
Les Grandes-Armoises
Mont Damion
Luzy-St-Martin
Nepvant
Brouennes
Tannay
Sy
Oches
La Berlière
Sommauthe
Cesse
Laneuville-sur-Meuse
Stenay
Vigneul-s-Montmédy
Quincy-Landzécourt
Baâlon
Beaufort
Verrières
Bazancourt
Forêt de Dieulet

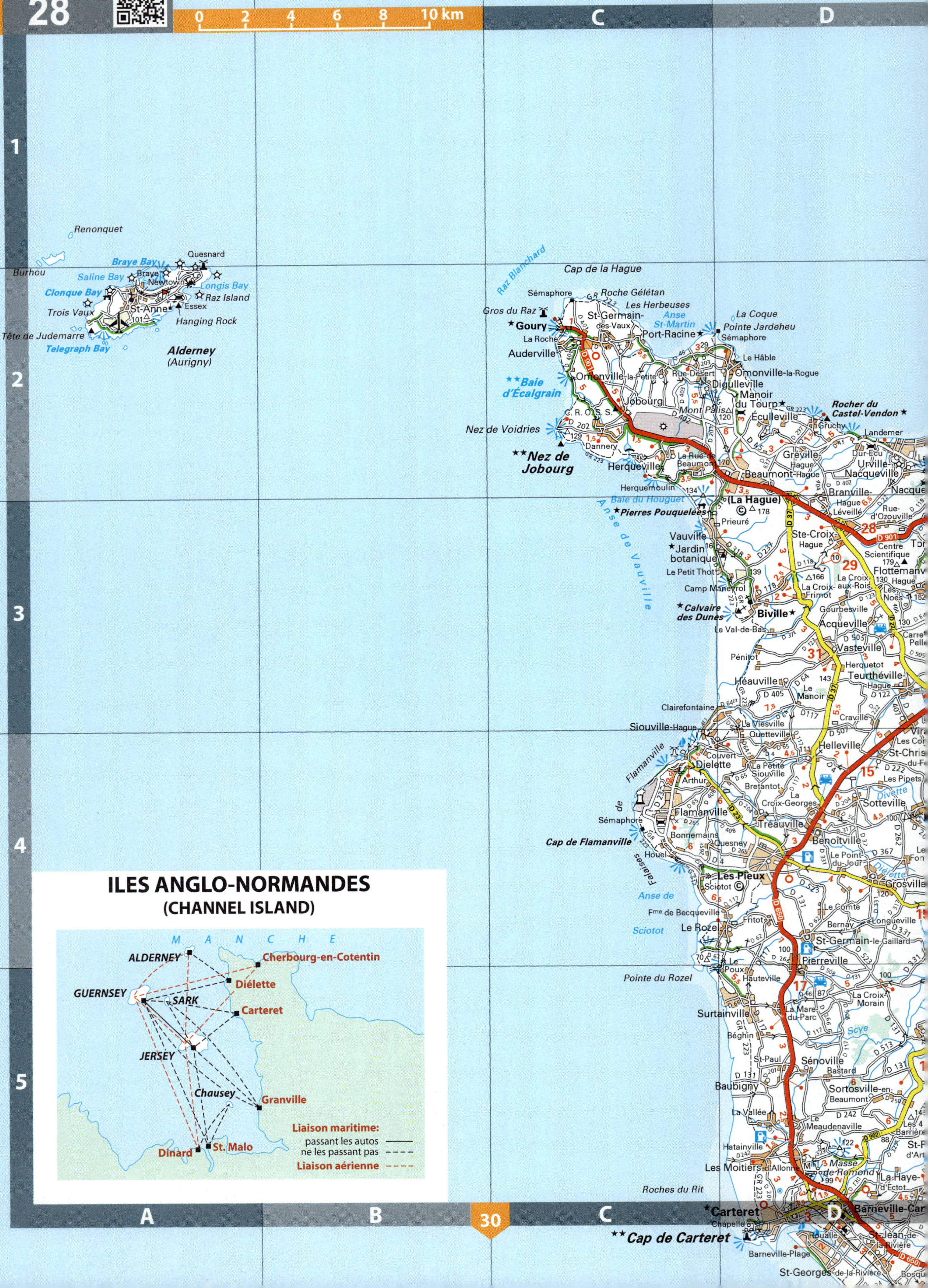
0 2 4 6 8 10 km
C
D
1
2
3
4
5
A
B
30
Renonquet
Burhou
Quesnard
Braye Bay
Saline Bay
Braye
Newtown
Longis Bay
Clonque Bay
Raz Island
Trois Vaux
St-Anne
Essex
Hanging Rock
Tête de Judemarre
Telegraph Bay
Alderney
(Aurigny)
Raz Blanchard
Cap de la Hague
Sémaphore
Roche Gélétan
Les Herbeuses
Gros du Raz
St-Germain-des-Vaux
Anse St-Martin
La Coque
Pointe Jardeheu
Goury
La Roche
Port-Racine
Sémaphore
Auderville
Le Hâble
Omonville-la-Rogue
Baie d'Écalgrain
Omonville-la-Petite
Rue-Désert
Digulleville
Manoir du Tourp
Rocher du Castel-Vendon
Jobourg
Mont Pali
Éculleville
C.R.O.S.S.
Gruchy
Landemer
Nez de Voidries
Dannery
Greville-Hague
Dur-Écu
Urville
Nez de Jobourg
Herqueville
La Rue-de-Beaumont
Nacqueville
Beaumont-Hague
Herquemoulin
Branville-Hague
Baie du Houguet
(La Hague)
Léveille
Rue-d'Ozouville
Pierres Pouquelées
Prieuré
Ste-Croix-Hague
Anse de Vauville
Vauville
Centre Scientifique
Jardin botanique
Flottemanville-Hague
Le Petit Thot
La Croix-aux-Rois
Camp Maneyrol
La Croix-Frimot
Calvaire des Dunes
Biville
Gourbesville
Le Val-de-Bas
Acqueville
Vasteville
Pénitot
Herquetot
Teurthéville-Hague
Héauville
Le Manoir
Clairefontaine
Siouville-Hague
La Vesville
Quetteville
Helleville
Flamanville
Couvert
Dielette
La Petite Siouville
Arthur
Bretantot
Les Pipets
Croix-Georges
Sotteville
Sémaphore
Flamanville
Tréauville
Bonnemains
Benoîtville
Cap de Flamanville
Quesnay
Le Point-du-Jour
Houel
Les Pieux
Grosville
Sciotot
Anse de Sciotot
Fme de Becqueville
Le Comte
Le Rozel
Fritot
Bernay
Longueville
St-Germain-le-Gaillard
Pierreville
Pointe du Rozel
Le Poux
Hauteville
La Croix Morain
Surtainville
La Mare-du-Parc
Scye
Béghin
St-Paul
Sénoville
Bastard
Baubigny
Sortosville-en-Beaumont
La Vallée
Le Meaudenaville
Les 4 Barrières
Hatainville
Les Moitiers-d'Allonne
Masse-de-Romond
La Haye-d'Ectot
Roches du Rit
Carteret
Barneville-Carteret
Chapelle
Cap de Carteret
Rouville
St-Jean-de-la-Rivière
Barneville-Plage
St-Georges-de-la-Rivière
ILES ANGLO-NORMANDES
(CHANNEL ISLAND)
M A N C H E
ALDERNEY
Cherbourg-en-Cotentin
Diélette
GUERNSEY
SARK
Carteret
JERSEY
Chausey
Granville
Dinard
St. Malo
Liaison maritime:
passant les autos
ne les passant pas
Liaison aérienne

E
F
G
H
1
2
3
4
5
Basses du Renier
Basses du Sen
Raz du Cap Lévi
Anse de la Mondrée
Cap Lévi
Raz de Barfleur
Pointe de Barfleur ★★
Gatteville-le-Phare
Barfleur ★
Pointe de Querqueville
Querqueville
Grande Rade
Pointe du Brulay
Anse du Brick
Île Pelée
CHERBOURG-EN-COTENTIN ★
Cité de la Mer
Équeurdreville-Hainneville
Tourlaville
Bretteville
Digosville
Maupertus-s-Mer
Fermanville
Carneville
Cosqueville
St-Pierre-Église
Tocqueville
Théville
Clitourps
Canteloup
Ste-Geneviève
Montfarville
Anneville-en-Saire
Pointe du Moulard
La Crasvillerie
Réville
Pointe de Saire
Île de Tatihou ★
St-Vaast-la-Hougue
Fort de la Hougue
Quettehou
Morsalines
Valcanville
Le Vast
La Pernelle
Brillevast
Bois de Brillevast
Gonneville-Le-Theil
Le Mesnil-au-Val
La Glacerie
Martinvast
Hardinvast
Tollevast
St-Martin-le-Gréard
Brix
St-Joseph
Saussemesnil
Montaigu-la-Brisette
Teurthéville-Bocage
Videcosville
Crasville
Aumeville-Lestre
Octeville-l'Avenel
St-Germain-de-Tournebut
St-Martin-d'Audouville
Tamerville
Valognes ★
Huberville
Quinéville
Roches St-Floxel
Îles St-Marcouf
accès interdit
Hameau-du-Nord
Hameau-du-Sud
Ravenoville-Plage
Ravenoville
St-Floxel
Montebourg
Fontenay-s-Mer
Joganville
Azeville
St-Marcouf
Émondeville
Fresville
Yvetot-Bocage
Négreville
Rocheville
Sottevast
Breuville
Rauville-la-Bigot
Bricquebec-en-Cotentin
Lieusaint
Flottemanville
Sortosville
Colomby
Golleville
Magneville
Néhou
Ste-Colombe
Orglandes
Hauteville-Bocage
Ste-Mère-Église
Amfreville
Neuville-au-Plain
Turqueville
Foucarville
St-Germain-de-Varreville
St-Martin-de-Varreville
Utah Beach
Musée du Débarquement ★★
Beuzeville-au-Plain
Audouville-la-Hubert
St-Sauveur-le-Vicomte
Rauville-la-Place
Crosville
Picauville
Chef-du-Pont
Écoquenéauville
Sébeville
Blosville
Hiesville
Boutteville
Ste-Marie-du-Mont
Brucheville
Banc du Grand Vey
Fierville-les-Mines
Besneville
31

0 2 4 6 8 10 km

# ILES ANGLO-NORMANDES
## (CHANNEL ISLAND)

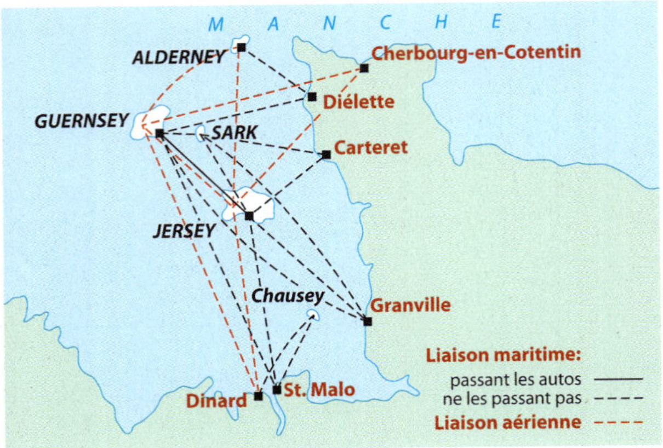
M A N C H E
ALDERNEY
GUERNSEY
SARK
JERSEY
Chausey
Cherbourg-en-Cotentin
Diélette
Carteret
Granville
Dinard
St. Malo
Liaison maritime:
passant les autos
ne les passant pas
Liaison aérienne

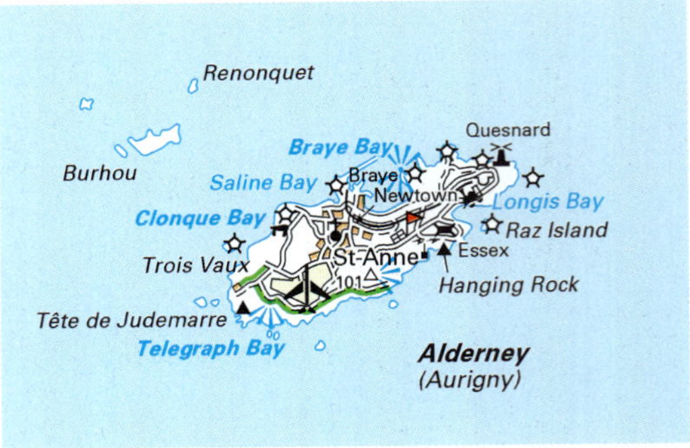
Renonquet
Burhou
Braye Bay
Quesnard
Saline Bay
Braye
Newtown
Longis Bay
Clonque Bay
Raz Island
St-Anne
Essex
Trois Vaux
Hanging Rock
Tête de Judemarre
Telegraph Bay
Alderney
(Aurigny)

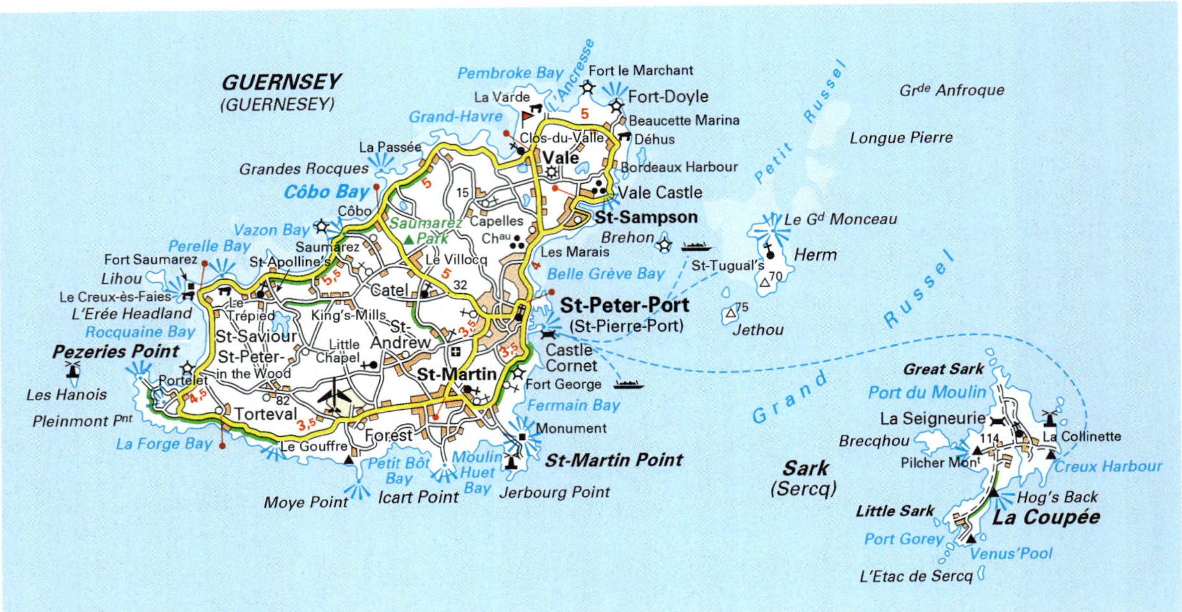
GUERNSEY
(GUERNESEY)
Pembroke Bay
Fort le Marchant
Fort-Doyle
L'Ancresse
La Varde
Grand-Havre
Beaucette Marina
Clos-du-Valle
Déhus
La Passée
Vale
Grandes Rocques
Bordeaux Harbour
Côbo Bay
Vale Castle
Côbo
St-Sampson
Vazon Bay
Saumarez Park
Capelles
Perelle Bay
Saumarez
Chau
Brehon
Fort Saumarez
Les Marais
Lihou
St-Apolline's
Le Villocq
Belle Grève Bay
Le Creux-ès-Faies
L'Erée Headland
Le Trépied
Catel
King's-Mills
St-Peter-Port
(St-Pierre-Port)
Rocquaine Bay
St-Saviour
Little Chapel
St-Andrew
Pezeries Point
St-Peter-in the Wood
St-Martin
Castle Cornet
Les Hanois
Portelet
Fort George
Pleinmont Pnt
Torteval
Fermain Bay
Forest
Monument
La Forge Bay
Le Gouffre
Petit Bôt Bay
Moulin Huet Bay
St-Martin Point
Moye Point
Icart Point
Jerbourg Point
Petit Russel
Grde Anfroque
Longue Pierre
Le Gd Monceau
Herm
St-Tugual's
Jethou
Grand Russel
Great Sark
Port du Moulin
La Seigneurie
Brecqhou
La Collinette
Pilcher Mont
Creux Harbour
Sark
(Sercq)
Hog's Back
Little Sark
La Coupée
Port Gorey
Venus'Pool
L'Etac de Sercq

JERSEY
Grève au Lanchon
Plémont Pnt
Sorel Point
Grosnez Pnt
Plémont
Devil's Hole
Bonne Nuit Bay
Belle Hougue Pnt
Grosnez Castle
Portinfer
Grève de Lecq
St-John
Tour
Puits-Léoville
Le Rondin
La Falaise
Hautes-Croix
Bouley Bay
Plt Etacquerel
L'Etacq
Rozel Bay
St-Ouen
St-Mary
Trinity
Rozel
La Coupe Pnt
Carrefr Selous
Kempt Tower
La Hague
Zoo
Fliquet Bay
St-Lawrence
Augres
St-Ouen's Bay
St-Peter
Becquet Vincent
St-Martin
St-Catherine's Bay
Orchid Foundation
Archirondel Tour
Quetivel
Grds Vaux
Faldouet
La Haule
Millbrook
Five-Oaks
Tumulus
Anne Port
La Rocco Tour
St-Brelade
Beaumont
La Hougue-Bie
La Pulente
St-Aubin
First Tower
St-Saviour
Mont-Orgueil
Gorey
Victoria-College
Ville-es-Renauds
Corbière Pnt
St-Aubin's Bay
St-Helier
Samarès
Grouville
Noirmont
St-Clément
Pnt la Moye
Elizabeth
Royal Bay of Grouville
St-Brelade's Bay
Portelet Bay
Le Croc
Pontac
La Rocque
Noirmont Pnt
St-Clement's Bay
La Rocque Pnt
Seymour Tour

Valognes
Bricquebec-en-Cotentin
St-Sauveur-le-Vicomte
Barneville-Carteret
Barneville-Plage
St-Georges-de-la-Rivière
Port-Bail
Denneville
Lithaire
La Haye-du-Puits
Mont Castre
Lessay
Abbatiale
Créances
Pirou
Roches du Sac de Pirou
Périers
Marchésieux
Sénéquet
Gouville-s-Mer
Blainville-s-Mer
Agon-Coutainville
Coutances
Ste-Mère-Église
Carentan
Montebourg
Sainteny
Auxais
Raids
Montcuit
Marigny
Cerisy-la-Salle
St-Sauveur-Lendelin
Périers
PARC NATUREL RÉGIONAL
St-Germain-sur-Ay
St-Germain-sur-Ay-Plage
Bretteville-sur-Ay
Tourbière de Baupte
E
F
G
H
28
29
31
32
51

0 2 4 6 8 10 km
C
D
Îles St-Marcouf
accès interdit
St-Marcouf
Ravenoville
Ravenoville-Plage
Foucarville
Utah Beach
Musée du Débarquement
Banc du Grand Vey
Roches de Grandcamp
Grandcamp-Maisy
Pointe du Hoc
Pointe et raz de la Percée
Omaha Beach
Plages
Vierville-s-Mer
Colleville-s-Mer
St-Laurent-s-Mer
Ste-Honorine-des-Pertes
Port-en-Bessin-Huppain
Passe de Carentan
Passe d'Isigny
Isigny-s-Mer
Carentan
St-Hilaire-Petitville
Marais
Cotentin
Bessin
Osmanville
La Cambe
Formigny
Trévières
Longueville
Colombières
Le Molay-Littry
Balleroy-s-Drôme
Cerisy-la-Forêt
Pont-Hébert
ST-LÔ
Agneaux
St-Gilles
Canisy
Marigny
Le Lorey
Torigny-les-Villes
Condé-s-Vire
Roches de Ham
Caumont-l'Éventé
Sept-Vents
Vaubadon
Castillon
Cahagnolles
Tour-en-Bessin
St-Fromond
Airel
Lison
Tournières
Cartigny-l'Épinay
Montmartin-en-Graignes
Graignes-Mesnil-Angot
Tribehou
Remilly-les-Marais
Le Mesnil-Vigot
Hauteville
Quibou
Carantilly
St-Samson-de-Bonfosse
Baudre
Bérigny
St-Georges-Montcocq
La Barre-de-Semilly
La Vacquerie
Le Perron
Dampierre
Placy-Montaigu
Lamberville
Villiers-Fossard
Moon-s-Elle
St-Clair-s-Elle
St-Jean-de-Daye
St-Georges-de-Bohon
Sébeville
Brucheville
Vierville
Sainte-Marie-du-Mont
Hiesville
Blosville
Audouville-la-Hubert
Turqueville
Beuzeville-au-Plain
Boutteville
Sainteny
Auxais
Amigny
Hébécrevon
Rampan
St-Ébremond-de-Bonfossé
Dangy
Cerisy-la-Salle
Soulles
Gourfaleur
La Mancellière-s-Vire
Ste-Suzanne-s-Vire
St-Romphaire
Le Mesnil-Herman
A
B
C
D
1
2
3
4
5
17
52
31

E
F
G
H
1
2
3
4
5
Côte de Nacre
du Débarquement
Rade de Caen
Gold Beach
Juno Beach
Sword Beach
Centre Juno Beach
British Normandy Memorial
Arromanches-les-Bains
Batterie
Cap Manvieux
Manvieux
Longues-s-Mer
St-Côme-de-Fresné
Asnelles
Meuvaines
Ver-s-Mer
Courseulles-s-Mer
Bernières-s-Mer
St-Aubin-s-Mer
Langrune-s-Mer
Luc-s-Mer
Lion-s-Mer
Cabourg
Ouistreham Riva-Bella
Colleville-Montgomery-Plage
Colleville-Montgomery
Hermanville-s-Mer
BAYEUX
Sommervieu
Tracy-s-Mer
Ryes
Crépon
Graye-s-Mer
Banville
Creully
Tierceville
Colombiers-s-Seulles
Reviers
Fontaine-Henry
Thaon
Douvres-la-Délivrande
La Délivrande
Cresserons
Basly
Colomby-Anguerny
Plumetot
Périers-le-Dan
Mathieu
Anisy
Villons-les-Buissons
Cairon
Lasson
Rosel
Secqueville-en-Bessin
Bretteville-l'Orgueilleuse
Cambes-en-Plaine
Épron
Hérouville-St-Clair
Bénouville
Ranville
Bréville-les-Monts
Amfreville
Sallenelles
Merville-Franceville-Plage
Varaville
Pegasus Bridge
Blainville-s-Orne
Colombelles
Giberville
Mondeville
Cuverville
Démouville
Sannerville
Banneville-la-C.
Troarn
Touffréville
Hérouvillette
Escoville
Bavent
CAEN
Carpiquet
St-Germain-la-Bl.-Herbe
Bretteville-s-Odon
Verson
Louvigny
Fleury
Ifs
Hubert-Folie
Cormelles-le-Royal
Grentheville
Soliers
Bourguébus
Cagny
Frénouville
Émiéville
Vimont
Argences
St-Pair
Chicheboville
Bellengreville
May-s-O.
Rocquancourt
St-Martin-de-Fontenay
St-André-s-Orne
Feuguerolles-Bully
Maltot
Éterville
Tourville-s-Odon
Fontaine-Étoupefour
Baron-s-Odon
Mouen
Cheux
Tilly-s-Seulles
Juvigny-s-Seulles
Fontenay-le-Pesnel
Audrieu
Brouay
Putot-en-Bessin
Norrey-en-Bessin
Le Mesnil-Patry
Cristot
Évrecy
Esquay-N.-D.
Avenay
Vieux
Amayé-s-Orne
Maizet
Clinchamps-s-Orne
Fontenay-le-Marmion
Laize-la-Ville
St-Aignan-de-Cramesnil
Garcelles-Secqueville
Poussy-la-Campagne
Conteville
Billy
Bretteville-s-Laize
Gouvix
Cauvicourt
St-Sylvain
Villers-Bocage
Noyers-Bocage
Tournay-s-Odon
Landes-s-Ajon
Vacognes-Neuilly
Préaux-Bocage
Montigny
Goupillières
Grimbosq
St-Laurent-de-Condel
Boulon
Le Locheur
Missy
Mondrainville
Grainville-s-Odon
Tessel
Vendes
Hottot-les-Bagues
St-Vaast-s-Seulles
Le Mesnil-au-Grain
Bauquay
St-Georges-d'Aunay
Maisoncelles-Pelvey
Épinay-s-Odon
Parfouru-s-Odon
Le Grand-Bois
Villy-Bocage
St-Louet-s-Seulles
Ducy-Ste-Marguerite
Loucelles
Ste-Croix-Grd-Tonne
Coulombs
Martragny
Vaux-s-S.
St-Gabriel-Brécy
Manoir
Esquay-s-Seulles
St-Vigor-le-Gd
St-Martin-des-Entrées
Nonant
Condé-s-Seulles
Chouain
Bucéels
Audrieu
Thue-et-Mue
Rots
Authie
Abb. d'Ardenne
St-Contest
Biéville-Beuville
St-Aubin-d'Arquenay
Le Home
Petiville
Robehomme
Bures
St-Samson
Gonneville-en-Auge
Basseneville
Goustranville
Ste-Honorine-du-Fay
Fierville-Bray
Le Bû-s-Rouvres
Condé-s-Ifs
A 84
A 13
N 13
N 814
D 514
34
53

0 2 4 6 8 10 km
18
33
54
Octeville-sur-Mer
Montivilliers
Ste-Adresse
Cap de la Hève
LE HAVRE
Harfleur
Gonfreville-l'Orcher
PORT 2000
Grand Canal du Havre
Pont de Normandie
Honfleur
Côte de Grâce
Villerville
Trouville-s-Mer
DEAUVILLE
Côte Fleurie
Bénerville-s-Mer
Blonville-s-Mer
Villers-s-Mer
Falaise des Vaches Noires
Houlgate
Cabourg
Merville-Franceville-Plage
Dives-s-Mer
Touques
Pont-l'Évêque
Beuzeville
Dozulé
Cambremer
LISIEUX
Crèvecœur-en-Auge
Troarn
Mézidon-Canon
Basilique
St-Pierre-des-Ifs
Livarot
Orbec
A 13
A 29
A 131
E 46

Lillebonne
N.-D.-de-Gravenchon
Caudebec-en-Caux
Pont de Brotonne
St-Wandrille-Rançon
Villequier
Tancarville
Pont de Tancarville
Quillebeuf-sur-Seine
Port-Jérôme
St-Aubin-sur-Quillebeuf
Norville
Ételan
Pointe de la Roque
Marais Vernier
Réserve Naturelle des Mannevilles
Ste-Opportune-la-Mare
Vieux-Port
Aizier
Forêt de Brotonne
PARC NATUREL RÉGIONAL DES BOUCLES DE LA SEINE NORMANDE
La Mailleraye-s-Seine
Le Trait
Yainville
Jumièges
Abbaye
Heurteauville
Duclair
St-Martin-de-Boscherville
Bourneville-Ste-Croix
Tocqueville
Trouville-la-Haule
Conteville
Foulbec
Bouquelon
St-Mards-de-Blacarville
Toutainville
Pont-Audemer
Manneville-sur-Risle
St-Germain-Village
Corneville-sur-Risle
Routot
Rougemontiers
Bourg-Achard
Bosgouet
Hauville
La Haye-Aubrée
Barneville-sur-Seine
Honguemare-Guenouville
Mauny
Château de Robert-le-Diable
Grand-Bourgtheroulde
Montfort-sur-Risle
Appeville-Annebault
Illeville-sur-Montfort
Thénouville
Épaignes
St-Siméon
Selles
Campigny
Lieurey
St-Georges-du-Vièvre
Le Bec-Hellouin
Pont-Authou
Brionne
Calleville
Harcourt
Champ de Bataille
Le Neubourg
Thibouville
Bernay
Beaumont-le-Roger
Serquigny
Fontaine-l'Abbé
Menneval
Plasnes
Courbépine
Thiberville
Duranville
Barville
Fontaine-la-Soret
Boisney
Plainville
Carsix
Nassandres
Goupillières
Le Tremblay-Omonville
Amfreville
La Pyle
Le Gros-Theil
Boissey-le-Châtel
Bonneville-Aptot
Thierville
Freneuse-sur-Risle
Glos-sur-Risle
St-Pierre-des-Ifs
St-Étienne-l'Allier
La Poterie-Mathieu
La Chapelle-Bayvel
St-Sylvestre-de-Cormeilles
Cormeilles
Fort-Moville
Triqueville
Les Préaux
Vannecrocq
St-Symphorien
Tourville-sur-Pont-Audemer
AUTOROUTE DE NORMANDIE
A 13
A 28
E 402
SEINE
E
F
G
H
1
2
3
4
5
19
22
36
55

0 2 4 6 8 10 km
A
B
C
D
1
2
3
4
5
20
35
56
ROUEN
Le Petit-Quevilly
Le Grand-Quevilly
Petit-Couronne
Grand-Couronne
Sotteville-lès-R.
St-Étienne-du-Rouvray
Bois-Guillaume-Bihorel
Mont-St-Aignan
Déville-lès-R.
Maromme
N.-D.-de-Bondeville
Malaunay
Le Houlme
Montville
Quincampoix
Isneauville
Darnétal
Bonsecours
Le Mesnil-Esnard
Franqueville-St-Pierre
Belbeuf
Boos
Canteleu
St-Martin-de-Boscherville
Duclair
Moulineaux
La Bouille
Chau de Robert-le-Diable
Grand-Bourgtheroulde
Oissel
Tourville-la-Rivière
Cléon
St-Aubin-lès-E.
Orival
Caudebec-lès-E.
Elbeuf
St-Pierre-lès-Elbeuf
Le Thuit-Anger
Pont-de-l'Arche
Val-de-Reuil
Léry
Poses
Amfreville-s/s-les-Monts
Alizay
Pîtres
Romilly-s-Andelle
Pont-St-Pierre
Côte des Deux Amants
Écluses
Louviers
Incarville
Le Vaudreuil
Tournedos-s-Seine
Porte-Joie
St-Pierre-du-Vauvray
Vironvay
Muids
Heudebouville
Pinterville
Acquigny
Gaillon
St-Aubin-s.-G.
Aubevoye
Courcelles-s-Seine
Chau Gaillard
Les Andelys
Vézillon
Tosny
Bouafles
Fontaine-Bellenger
Le Val-d'Hazey
Heudreville-s-Eure
Cailly-s-Eure
Ailly
St-Julien-de-la-Liègue
Champenard
Autheuil-Authouillet
Ste-Colombe-près-Vernon
Chambray
Rouvray
St-Vincent-des-Bois
Bizy
Mercey
La Chapelle-Longueville
St-Marcel
St-Pierre-de-Bailleul
Villez-s-Bailleul
Tourneville
Brosville
Houetteville
Hondouville
Amfreville-s-Iton
La Vacherie
Quatremare
La Haye-Malherbe
Montaure
Crasville
Surville
Daubeuf-la-Campagne
Criquebeuf-la-Campagne
Mandeville
Crestot
Hectomare
Ecquetot
Venon
Canappeville
Le Mesnil-Jourdain
Tostes
Martot
Criquebeuf-s-S.
Igoville
Les Authieux-s-le-Port-St-Ouen
Ymare
Gouy
St-Aubin-Celloville
Quévreville-la-Poterie
La Neuville-Chant-d'Oisel
Bourg-Beaudouin
Abbe de Fontaine-Guérard
Radepont
Douville-s-Andelle
Amfreville-les-Champs
Bacqueville
Flipou
Perriers-s-Andelle
Fresne-le-Plan
Mesnil-Raoul
Martainville-Épreville
St-Jacques-s-Darnétal
Fontaine-sous-Préaux
Préaux
Roncherolles-s-le-Vivier
Morgny-la-Pommeraye
Blainville-Crevon
Servaville-Salmonville
Vascœuil
Les Hogues
Perruel
Grainville
Charleval
Fleury-s-Andelle
Écouis
Fresne-l'Archevêque
Houville-en-Vexin
Cuverville
Heuqueville
Daubeuf-près-V.
Connelles
Herqueville
Le Thuit
Bernières-s-Seine
Vatteville
Rosay-s-Lieure
Ménesqueville
Touffreville
Cressenville
Elbeuf-s-A.
Le Héron
Morville-s-Andelle
Rebets
Bosc-Edeline
Bois-Héroult
Ste-Croix-s-Buchy
Bois-Guilbert
Héronchelles
Boissay
Bierville
St-Germain-des-Essourts
Pierreval
Cailly
Fontaine-le-Bourg
Roumare
Bardouville
Quevillon
Sahurs
Hautot-s-S.
Mauny
St-Pierre-de-Manneville
St-Ouen-de-Thouberville
Bosroumois
Thuit-Signol
Saussaye
St-Cyr-la-Campagne
St-Germain-de-Pasquier
St-Didier-des-Bois
Le Bec-Thomas
La Harengère
Vraiville
Surtauville
Fouqueville
Amfreville-St-Amand
Tourville
St-Ouen-de-Pontcheuil
Marbeuf
Crosville-la-Vieille
Vitot
Le Tremblay-Omonville
Écauville
Fouquerolles
Graveron-Sémerville
Bacquepuis
Quittebeuf
Villettes
St-Aubin-d'Écrosville
Le Neubourg
Émanville
Le Tilleul-Lambert
Tournedos-Bois-Hubert
Sacquenville
Normanville
Le Mesnil-Fuguet
Reuilly
St-Vigor
Irreville
La Chapelle-du-Bois-des-Faulx
Émalleville
Boissey-le-Châtel
Forêt de Roumare
Forêt du Rouvray
Forêt de Bord
Forêt de Londe
Forêt des Andelys
Bois de Bimorel
Bois du Mesnil-Jourdain
SEINE
Camp militaire

E
F
G
H
21
57
38
1
2
3
4
5
Gournay-en-Bray
Gisors
Étrépagny
Chaumont-en-Vexin
Magny-en-Vexin
Lyons-la-Forêt
Gerberoy
Songeons
Formerie
Marines
Ambleville
La Roche-Guyon
Vernon
Beauvoir-en-Lyons
Ferrières-en-Bray
St-Germer-de-Fly
Bouchevilliers
Talmontiers
Sérifontaine
Flavacourt
Trie-Château
Trie-la-Ville
Dangu
Courcelles-lès-Gisors
Neaufles-St-Martin
Bézu-St-Éloi
Villers-St-Barthélemy
Auneuil
La Houssoye
Lattainville
Delincourt
Boury-en-Vexin
Montjavoult
Montagny-en-Vexin
Chars
Genainville
Omerville
Bray-et-Lû
Vétheuil
Hodenc-en-Bray
Espaubourg
Lachapelle-aux-Pots
Savignies
St-Germain-la-Poterie
Le Coudray-St-Germer
Neuf-Marché
Mainneville
Hébécourt
Sancourt
Longchamps
Puchay
Doudeauville-en-Vexin
Heudicourt
Gamaches-en-Vexin
Les Thilliers-en-Vexin
Guerny
Authevernes
Fresne-Léguillon
Loconville
Liancourt-St-Pierre
Lierville
Monneville
Neuville-Bosc
Chavençon
Neuilly-en-Vexin
Santeuil
Brignancourt
Frémécourt
PARC NATUREL RÉGIONAL DU VEXIN
Domaine de Villarceaux
Bois de Gisors
Bois des Coqueréaumont
Forêt de Lyons
Parc St-Paul
Mont des Fourches
Epte
Troësne
Avelon
Thérain
Levrière
Aubette de Magny
Bonde
Gasny
Giverny
Vigny
Ableiges
Cormeilles-en-Vexin
Boissy-l'Aillerie
Montgeroult
Courcelles-sur-Viosne
Themericourt
Avernes
Arthies
Maudétour-en-Vexin
Villers-en-Arthies
Chérence
Amenucourt
Chaussy
Bois-Jérôme-St-Ouen
Tilly
Écos
Fourges
Bus-St-Rémy
Heubécourt-Haricourt
Tourny
Richeville
Hacqueville
Ste-Marie-de-Vatimesnil
Vesly
Noyers
St-Clair-sur-Epte
Buhy
La Chapelle-en-Vexin
Saint-Gervais
Hodent
Charmont
Banthelu
Cléry-en-Vexin
Gouzangrez
Us
Le Perchay
Commeny
Moussy
Le Bellay-en-Vexin
Nucourt
Bouconvillers
Serans
Hadancourt-le-Haut-Clocher
Boubiers
Tourly
Fleury
Monts
Hénonville
Ivry-le-Temple
Fay-les-Étangs
Reilly
Énencourt-Léage
Jaméricourt
Thibivilliers
Énencourt-le-Sec
Boissy-le-Bois
Hardivillers-en-Vexin
Bachivillers
Fresneaux-Montchevreuil
Le Mesnil-Théribus
Jouy-sous-Thelle
Porcheux
Le Vaumain
Labosse
Lalandelle
Lalande-en-Son
Le Vauroux
Troussures
Villotran
La Neuville-Garnier
Ons-en-Bray
St-Aubin-en-Bray
La Chapelle-sous-Gerberoy
Hanvoile
Glatigny
Blacourt
Villembray
Senantes
Hannaches
Hécourt
Morvillers
Molagnies
St-Quentin-des-Prés
Gancourt-St-Étienne
Dampierre-en-Bray
Beauvreuil
Cuy-St-Fiacre
Elbeuf-en-Bray
Avesnes-en-Bray
Ernemont-la-Villette
Bosc-Hyons
Bézancourt
Montroty
Bosquentin
Fleury-la-Forêt
Lorleau
Lilly
Morgny
Martagny
Mesnil-sous-Vienne
Le Thil
Coudray
Nojeon-en-Vexin
Saussay-la-Campagne
Farceaux
Boisemont
La Neuve-Grange
Sigy-en-Bray
Argueil
Fry
Hodeng-Hodenger
Bellozanne
Brémontier-Merval
Nolléval
La Feuillie
Le Mesnil-Lieubray
Mésangueville
Grémévillers
Crillon
Haucourt
Lhéraule
La Neuville-Vault
Pierrefitte-en-Beauvaisis
Herchies
Fouquenies
Le Mont-St-Adrien
St-Paul
Milly-sur-Thérain
Bonnières
Villers-sur-Bonnières
Oudeuil
Pisseleu
St-Omer-en-Chaussée
Troissereux
Goincourt
Aux Marais
Rainvilliers
St-Martin-le-Nœud
St-Léger-en-Bray
Frocourt
Berneuil-en-Bray
Beaumont-les-Nonains
La Neuville-Garnier
Valdampierre
Senots
Fresneaux
Ivry-le-Temple
Berville
Haravilliers
Le Heaulme
Théuville
Bréançon
Grisy-les-Plâtres
Epiais
Génicourt

0 2 4 6 8 10 km
BEAUVAIS
Clermont
Creil
Chantilly
Méru
L'Isle-Adam
Pontoise
Montataire
Nogent-sur-Oise
St-Just-en-Chaussée
Mouy
Noailles
Abbe de Royaumont
Auvers-sur-Oise
Beaumont-s-Oise
Persan
Chambly
Senlis
Liancourt
Breteuil
Froissy
Fumechon
Catillon
Ansauvilliers
Wavignies
Quinquempoix
Noyers
Crèvecœur
Campremy
Bulles
Fouquerolles
Laversines
Bresles
Litz
Etouy
Agnetz
Fitz-James
Rantigny
Cauffry
Laigneville
Mogneville
Cires-lès-Mello
Mello
Thiverny
St-Leu-d'Esserent
Précy-sur-Oise
Boran-sur-Oise
Gouvieux
Lamorlaye
Coye-la-Forêt
Orry-la-Ville
Luzarches
Viarmes
Seugy
Asnières-sur-Oise
Noisy-sur-Oise
Mours
Bernes-sur-Oise
Bruyères-sur-Oise
Champagne-sur-Oise
Ronquerolles
Hérouville
Nesles-la-Vallée
Labbeville
Frouville
Vallangoujard
Theuville
Menouville
Marines
Ennery
Valmondois
Butry
Mériel
Villiers-Adam
Montsoult
Maffliers
Chaumontel
Bellefontaine
Fosses
Survilliers
Epinay-Champlâtreux
Belloy-en-France
Jagny
Châtenay-en-France
Puiseux-en-France
Marly-la-Ville
Fresnoy-en-Thelle
Belle-Église
Bornel
Amblainville
Sandricourt
Ivry-le-Temple
Hénonville
Lormaison
Andeville
Esches
Neuilly-en-Thelle
Crouy-en-Thelle
Morangles
Puiseux-le-Hauberger
Ercuis
Cramoisy
Maysel
Blaincourt-lès-Précy
Villers-s-St-Leu
Novillers
Cauvigny
Ully-St-Georges
Balagny-sur-Thérain
Ste-Geneviève
Lachapelle-St-Pierre
Mortefontaine-en-Thelle
Labosse
Laboissière-en-Thelle
Le Coudray-sur-Thelle
Corbeil-Cerf
St-Crépin-Ibouvillers
Pouilly
Villotran
Berneuil-en-Bray
Auteuil
La Neuville-d'Aumont
Silly-Tillard
Ponchon
Abbecourt
St-Sulpice
Hodenc-l'Évêque
Warluis
Allonne
Therdonne
Rochy-Condé
Bailleul-sur-Thérain
Montreuil-sur-Thérain
Villers-St-Sépulcre
Hermes
Heilles
St-Félix
Mouchy-la-Ville
Hondainville
Angy
Ansacq
Cambronne-lès-Clermont
Neuilly-sous-Clermont
Bury
Rousseloy
Breuil-le-Sec
Breuil-le-Vert
Nointel
Catenoy
Labruyère
Sacy-le-Grand
Rosoy
Verderonne
Cinqueux
Monchy-St-Éloi
Villers-St-Paul
Rieux
Brenouille
Angicourt
Verneuil-en-Halatte
Apremont
Aumont-en-Halatte
Courteuil
Vineuil-St-Firmin
Avilly-St-Léonard
St-Maximin
Erquery
Airion
Avrechy
Lamécourt
Cuignières
Erquinvillers
Lieuvillers
Cressonsacq
Noroy
Angivillers
Léglantiers
Ravenel
Maignelay-Montigny
Le Plessier-sur-St-Just
St-Remy-en-l'Eau
Valescourt
Fournival
Nourard-le-Franc
Le Mesnil-sur-Bulles
Le Plessier-sur-Bulles
Haudivillers
Essuiles
St-Rimault
Lafraye
Reuil-sur-Brêche
Montreuil-sur-Brêche
Le Quesnel-Aubry
Bucamps
Thieux
Noirémont
La Neuville-St-Pierre
Abbeville-St-Lucien
Maisoncelle-St-Pierre
Verderel-lès-Sauqueuse
Juvignies
Muidorge
Fontaine-St-Lucien
Oroër
Guignecourt
Bonlier
Tillé
Nivillers
Velennes
Goincourt
Rainvillers
St-Léger-en-Bray
Auneuil
Frocourt
Allonne
Villers-sur-Bonnières
Valdampierre
Le Déluge
La Drenne
Ressons-l'Abbaye
Montchevreuil
Fresneaux-Montchevreuil
Villeneuve-les-Sablons
Chavençon
Berville
Haravilliers
Bréançon
Grisy-les-Plâtres
Épiais-Rhus
Hérouville-en-Vexin
Génicourt
Boissy-l'Aillerie
Cormeilles-en-Vexin
Gérocourt
Livilliers
VEXIN FRANÇAIS
Forêt de Carnelle
Forêt de l'Isle-Adam
Fôret de Chantilly
F. de Bulles
Forêt de Hez-Froidmont
Mont César
Aérodrome

37
22
58

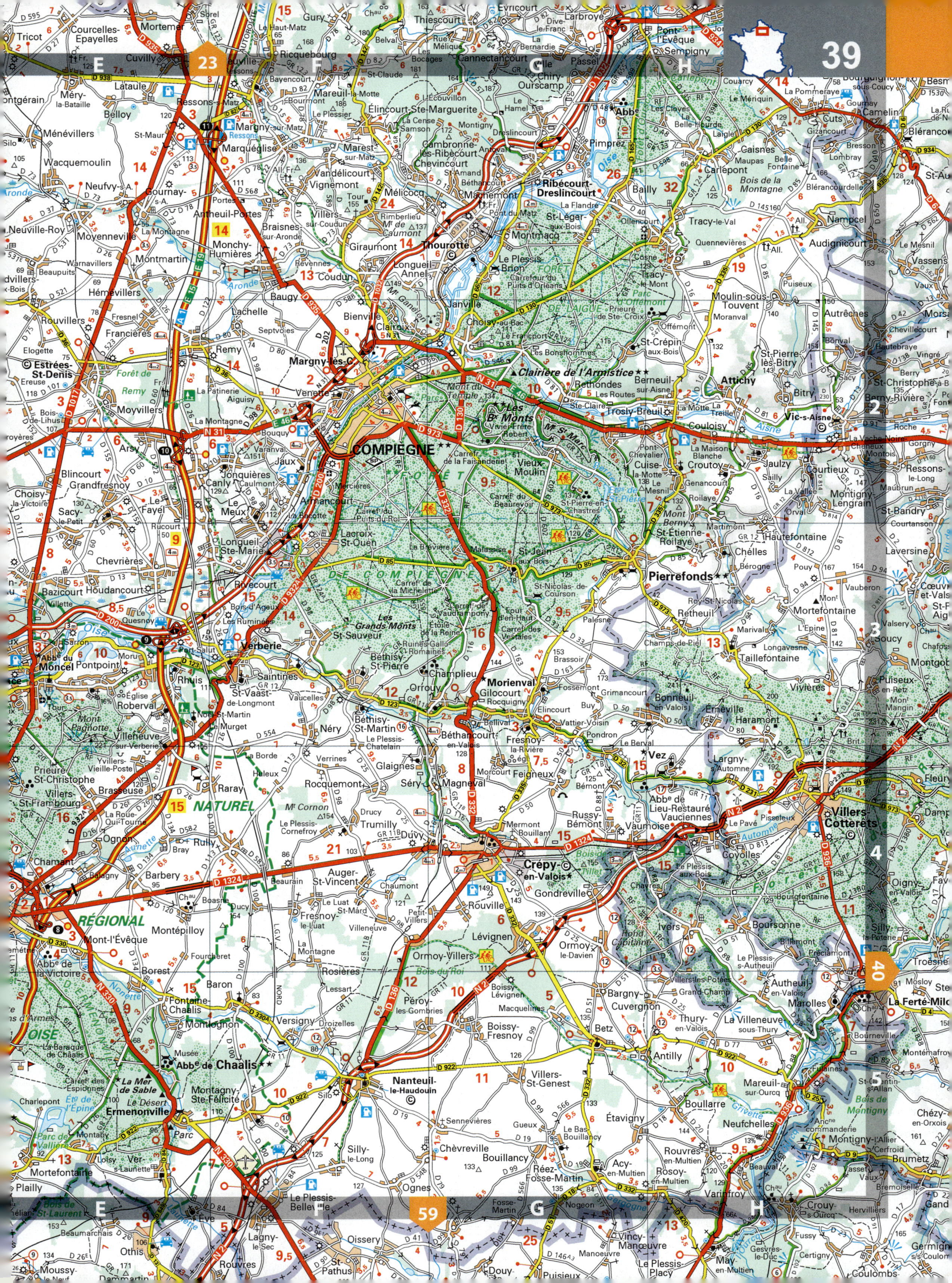
E
F
G
H
23
59
40
COMPIÈGNE
Margny-lès-C.
Thourotte
Ribécourt-Dreslincourt
Clairière de l'Armistice
Les Bᵉˢ Monts
Vieux Moulin
Pierrefonds
Verberie
Crépy-en-Valois
Villers-Cotterêts
Nanteuil-le-Haudouin
Ermenonville
Abbᵉ de Chaalis
Morienval
Vez
Longueil-Ste-Marie
Estrées-St-Denis
Attichy
Vic-s-Aisne
La Ferté-Milon
Betz
Lacroix-St-Ouen
Rivecourt
Pont-Ste-Maxence
Béthisy-St-Pierre
Béthisy-St-Martin
Champlieu
Orrouy
Gilocourt
Bonneuil-en-Valois
Taillefontaine
Coyolles
Mareuil-sur-Ourcq
Acy-en-Multien
Rouvres-en-Multien
Lévignen
Ormoy-Villers
Peroy-les-Gombries
Baron
Fontaine-Chaalis
Mortefontaine
Le Plessis-Belleville
Dammartin
Silly-le-Long
Rully
Barbery
Raray
Rhuis
Saintines
St-Vaast-de-Longmont
Néry
Trumilly
Duvy
Séry-Magneval
Béthancourt-en-Valois
Fresnoy-la-Rivière
Russy-Bémont
Vaumoise
Gondreville
Ivors
Boursonne
Largny
Haramont
Retheuil
Cuise-la-Motte
Croutoy
Jaulzy
Courtieux
Berneuil-sur-Aisne
Rethondes
Tracy-le-Mont
Bailly
Choisy-au-Bac
Janville
Clairoix
Venette
Jaux
Armancourt
Le Meux
Canly
Jonquières
Arsy
Moyvilliers
Rémy
Francières
Hémévillers
Monchy-Humières
Baugy
Coudun
Giraumont
Montmacq
Le Plessis-Brion
Cambronne-lès-Ribécourt
Chevincourt
Machemont
Mélicocq
Marest-sur-Matz
Vandélicourt
Vignemont
Margny-sur-Matz
Marquéglise
Ressons-s-Matz
Elincourt-Ste-Marguerite
Lassigny
Pimprez
Tracy-le-Val
Nampcel
Autrêches
Moulin-sous-Touvent
St-Crépin-aux-Bois
Trosly-Breuil
Couloisy
Pont-Ste-Maxence
Moncel
Pontpoint
Villeneuve-sur-Verberie
Brasseuse
Ognon
Villers-St-Frambourg
Chamant
Borest
Mont-l'Évêque
Montépilloy
Montlognon
Versigny
Rosières
Auger-St-Vincent
Fresnoy-le-Luat
Rouville
Ormoy-le-Davien
Bargny
Cuvergnon
Thury-en-Valois
Antilly
Boullarre
Étavigny
Neufchelles
Marolles
Autheuil-en-Valois
Oigny-en-Valois
Silly-la-Poterie
Troësnes
Montigny-l'Allier
Crouy-sur-Ourcq
May-en-Multien
Vincy-Manœuvre
Oissery
Othis
Ève
Ognes
Chèvreville
Bouillancy
Réez-Fosse-Martin
Nogeon
Villers-St-Genest
Boissy-Fresnoy
Forêt de Compiègne
Forêt de Laigle
Forêt de Retz
PARC NATUREL RÉGIONAL
OISE
Aisne
Oise
Aronde
N 31
N 2
N 330
D 1324
D 200
D 932
D 973
D 332
D 922
A 1

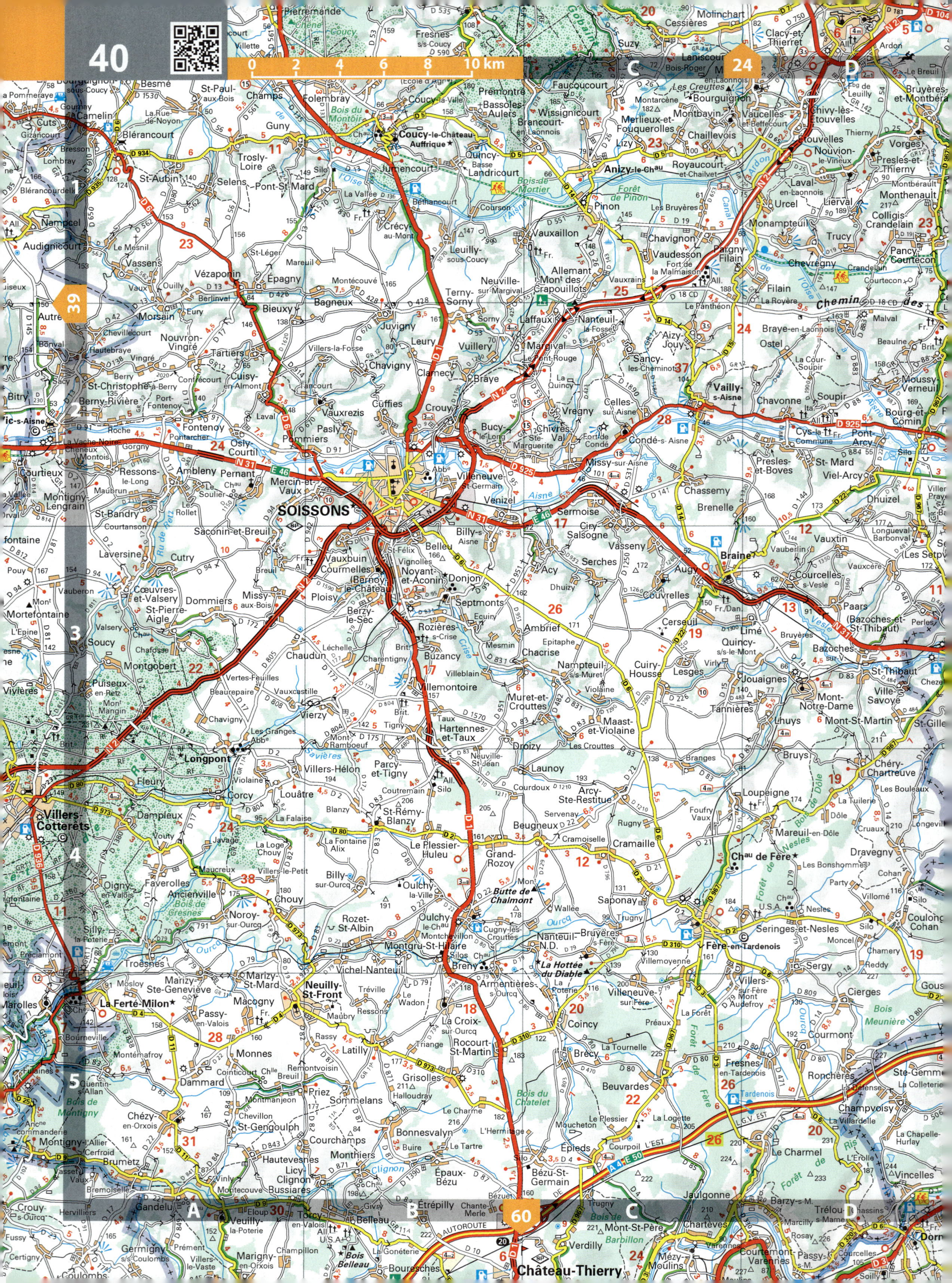
0 2 4 6 8 10 km
24
39
60
SOISSONS
Villers-Cotterêts
La Ferté-Milon
Neuilly-St-Front
Château-Thierry
Fère-en-Tardenois
Braine
Vailly-s-Aisne
Coucy-le-Château-Auffrique
Anizy-le-Château
Longpont
Oulchy-le-Château
Forêt de Retz
Forêt de Pinon
N 2
N 31
D 1
D 6
A 4 E 50
L'EST
AUTOROUTE
Aisne
Ourcq
Vesle
Chemin des Dames
Butte de Chalmont
Chau de Fère
La Hottée du Diable
A
B
C
D
1
2
3
4
5

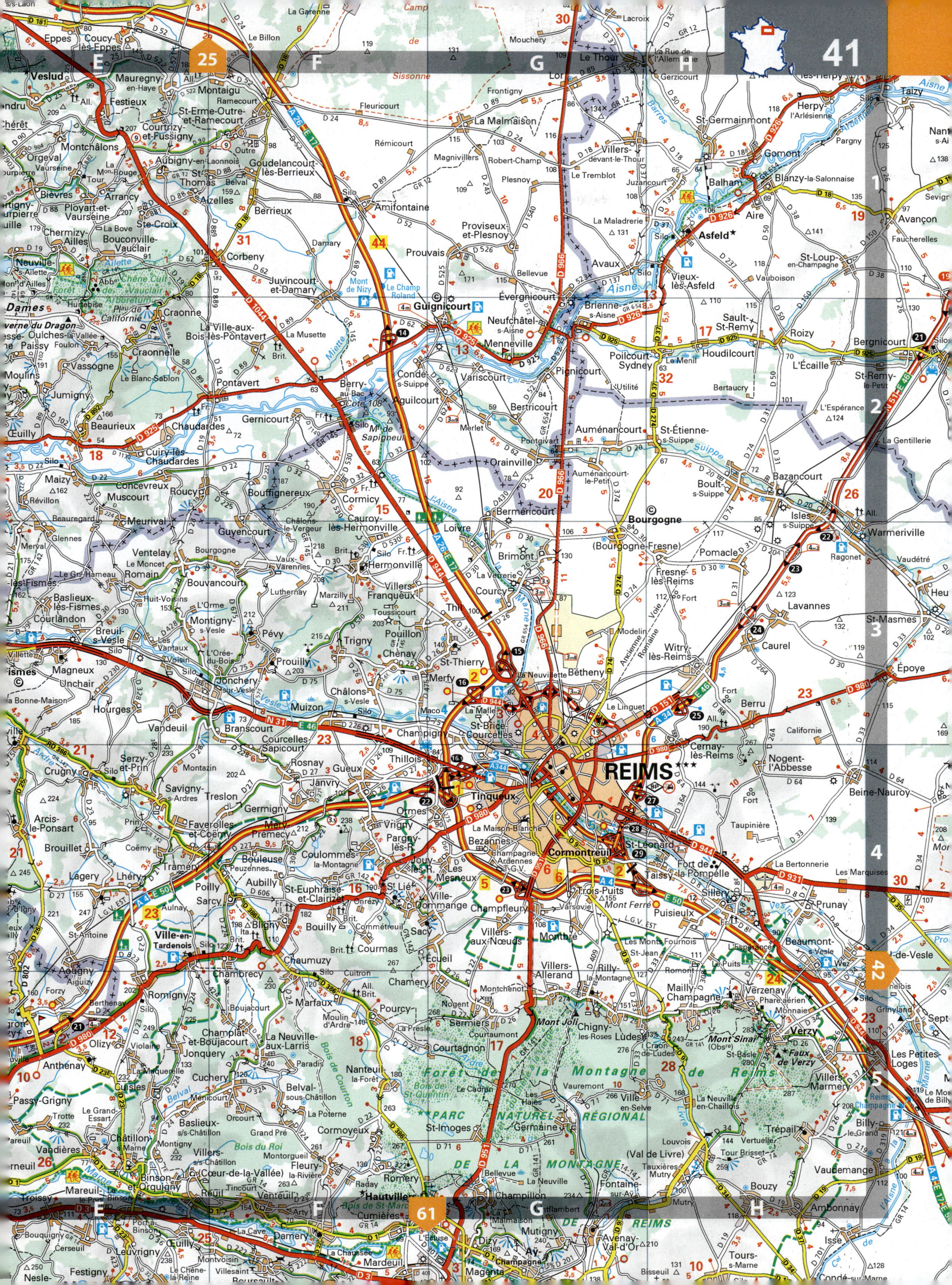
REIMS
Laon
Eppes
Coucy-lès-Eppes
Veslud
Mauregny-en-Haye
Montaigu
Festieux
St-Erme-Outre-et-Ramecourt
Courtrizy-et-Fussigny
Montchâlons
Orgeval
Aubigny-en-Laonnois
Goudelancourt-lès-Berrieux
Bièvres
Ployart-et-Vaurseine
Arrancy
Ste-Croix
St-Thomas
Aizelles
Berrieux
Chermizy-Ailles
Bouconville-Vauclair
Corbeny
Juvincourt-et-Damary
Neuville
Craonne
Craonnelle
La Ville-aux-Bois-lès-Pontavert
Pontavert
Vassogne
Paissy
Jumigny
Beaurieux
Chaudardes
Cuiry-lès-Chaudardes
Gernicourt
Concevreux
Roucy
Muscourt
Maizy
Meurival
Bouffignereux
Guyencourt
Ventelay
Romain
Bouvancourt
Montigny-s-Vesle
Pévy
Prouilly
Jonchery-sur-Vesle
Muizon
Branscourt
Courcelles-Sapicourt
Savigny-s-Ardres
Treslon
Germigny
Faverolles-et-Coëmy
Méry-Prémecy
Coulommes-la-Montagne
Aubilly
St-Euphraise-et-Clairizet
Bouilly
Courmas
Chaumuzy
Marfaux
Sarcy
Ville-en-Tardenois
Romigny
Chambrecy
Olizy
Champlat-et-Boujacourt
Jonquery
La Neuville-aux-Larris
Cuchery
Belval-sous-Châtillon
Nanteuil-la-Forêt
Châtillon-s-Marne
Villers-s-Châtillon
Binson-et-Orquigny
Reuil
Venteuil
Hautvillers
Cumières
Damery
Mardeuil
Dizy
Ay
Champagne
Mutigny
Avenay-Val-d'Or
Fontaine-sur-Ay
Germaine
St-Imoges
Ville-en-Selve
Chigny-les-Roses
Rilly-la-Montagne
Villers-Allerand
Mailly-Champagne
Ludes
Verzenay
Verzy
Villers-Marmery
Trépail
Vaudemange
Billy-le-Grand
Sept-Saulx
Isse
Ambonnay
Bouzy
Tours-s-Marne
Louvois
Courtagnon
Sermiers
Pourcy
Chamery
Écueil
Sacy
Villers-aux-Nœuds
Champfleury
Montbré
Trois-Puits
Cormontreuil
Taissy
St-Léonard
Sillery
Puisieulx
Prunay
Beaumont-s-Vesle
Les Petites-Loges
Wez
Bezannes
Tinqueux
Champigny
St-Brice-Courcelles
Thillois
Ormes
Vrigny
Pargny-lès-Reims
Jouy-lès-Reims
Les Mesneux
Ville-Dommange
Gueux
Rosnay
Janvry
Merfy
St-Thierry
Thil
Pouillon
Chenay
Trigny
Châlons-s-Vesle
Villers-Franqueux
Hermonville
Cauroy-lès-Hermonville
Cormicy
Berry-au-Bac
Guignicourt
Condé-s-Suippe
Variscourt
Menneville
Neufchâtel-s-Aisne
Évergnicourt
Prouvais
Proviseux-et-Plesnoy
Amifontaine
La Malmaison
Juvincourt-et-Damary
Pignicourt
Bertricourt
Aguilcourt
Orainville
Berméricourt
Loivre
Brimont
Courcy
Bétheny
Witry-lès-Reims
Fresne-lès-Reims
Bourgogne
Auménancourt
Pontgivart
St-Étienne-s-Suippe
Boult-s-Suippe
Bazancourt
Isles-s-Suippe
Warmeriville
Pomacle
Lavannes
Caurel
Berru
Nogent-l'Abbesse
Cernay-lès-Reims
Beine-Nauroy
Époye
Brienne-s-Aisne
Poilcourt-Sydney
Houdilcourt
Roizy
Sault-St-Remy
Bergnicourt
L'Écaille
St-Remy-le-Petit
Vieux-lès-Asfeld
Asfeld
Avaux
Balham
Blanzy-la-Salonnaise
Aire
Gomont
Herpy-l'Arlésienne
St-Germainmont
Villers-devant-le-Thour
Le Thour
Juzancourt
St-Loup-en-Champagne
Avançon
Taizy
Aisne
Suippe
Vesle
Marne
Forêt de la Montagne de Reims
Parc Naturel Régional de la Montagne de Reims
Mont Sinaï
Faux de Verzy
Mont Joli
E
F
G
H
25
30
42
61
1
2
3
4
5

0 2 4 6 8 10 km
26
41
62
A
B
C
D
1
2
3
4
5
Rethel
Attigny
Vouziers
Machault
Juniville
Monthois
Suippes
Mourmelon-le-Grand
Le Chesne
Sault-lès-Rethel
Biermes
Acy-Romance
Nanteuil-s-Aisne
Barby
Talzy
Amagne
Coucy
Doux
Thugny-Trugny
Seuil
Givry
Ambly-Fleury
Mont-Laurent
Saulces-Champenoises
Perthes
Tagnon
Annelles
Ménil-Annelles
Pauvres
Vaux-Champagne
Coulommes-et-Marquigny
Chardeny
Quilly
Grivy-Loisy
Ste-Vaubourg
Semuy
Voncq
Rilly-s-Aisne
Charbogne
Suzanne
Ecordal
Alland'Huy-et-Sausseuil
St-Lambert-et-Mont-de-Jeux
Neuville-Day
Montgon
Chuffilly-Roche
Vandy
Ballay
Vrizy
Bergnicourt
Le Châtelet-sur-Retourne
Neuflize
Alincourt
Bignicourt
Ville-s-Retourne
Mont-St-Remy
Dricourt
Leffincourt
Tourcelles-Chaumont
Bourcq
Mars-s/s-Bourcq
Blaise
Falaise
St-Remy-le-Petit
Ménil-Lépinois
Aussonce
La Neuville-en-Tourne-à-Fuy
Cauroy
Warmeriville
Isles-s-Suippe
Heutrégiville
St-Masmes
Selles
Pontfaverger-Moronvilliers
Bétheniville
Hauviné
St-Clément-à-Arnes
St-Pierre-à-Arnes
St-Étienne-à-Arnes
Époye
Ste-Marie
Contreuve
Sugny
Semide
Mont-St-Martin
St-Morel
Savigny-s-Aisne
Liry
Challerange
Marvaux-Vieux
Aure
Ardeuil-et-Montfauxelles
Manre
Séchault
Gratreuil
Fontaine-en-Dormois
Rouvroy-Ripont
Sommepy-Tahure
St-Hilaire-le-Petit
St-Martin-l'Heureux
Dontrien
St-Souplet-sur-Py
Ste-Marie-à-Py
Vaudesincourt
Aubérive
Beine-Nauroy
Camp de Moronvilliers
Mont Cornillet
Butte de Tahure
Butte de Souain
Camp militaire
Souain-Perthes-lès-Hurlus
St-Hilaire-le-Grand
Jonchery-sur-Suippe
Camp de Suippes
Massiges
Minaucourt-le-Mesnil-lès-Hurlus
Wargemoulin-Hurlus
Laval-s-Tourbe
St-Jean-sur-Tourbe
Somme-Suippe
Somme-Tourbe
Somme-Bionne
Hans
Prunay
Prosnes
Val-de-Vesle
Baconnes
Sept-Saulx
Les Petites-Loges
Mourmelon-le-Petit
Livry-Louvercy
Camp de Mourmelon
Ferme de Suippes
Bouy
Vadenay
Cuperly
Billy-le-Grand
Vaudemange
Ambonnay
Isse
Les Grandes-Loges
St-Hilaire-au-Temple
Mont Frenet
Mont Piémont
Bussy-le-Château
La Cheppe
St-Remy-sur-Bussy
La Croix-en-Champagne
La Chapelle-Felcourt
Les Marquises
Constantine
Moscou
Verzy
Villers-Marmery
Reims-Champagne
Aisne
Retourne
Suippe
Vesle
Arnes
Py
Aisne
D 946
D 925
D 980
D 977
D 931
D 983
D 985
D 994
D 21
D 20
D 19
E 46
N 51
A 4

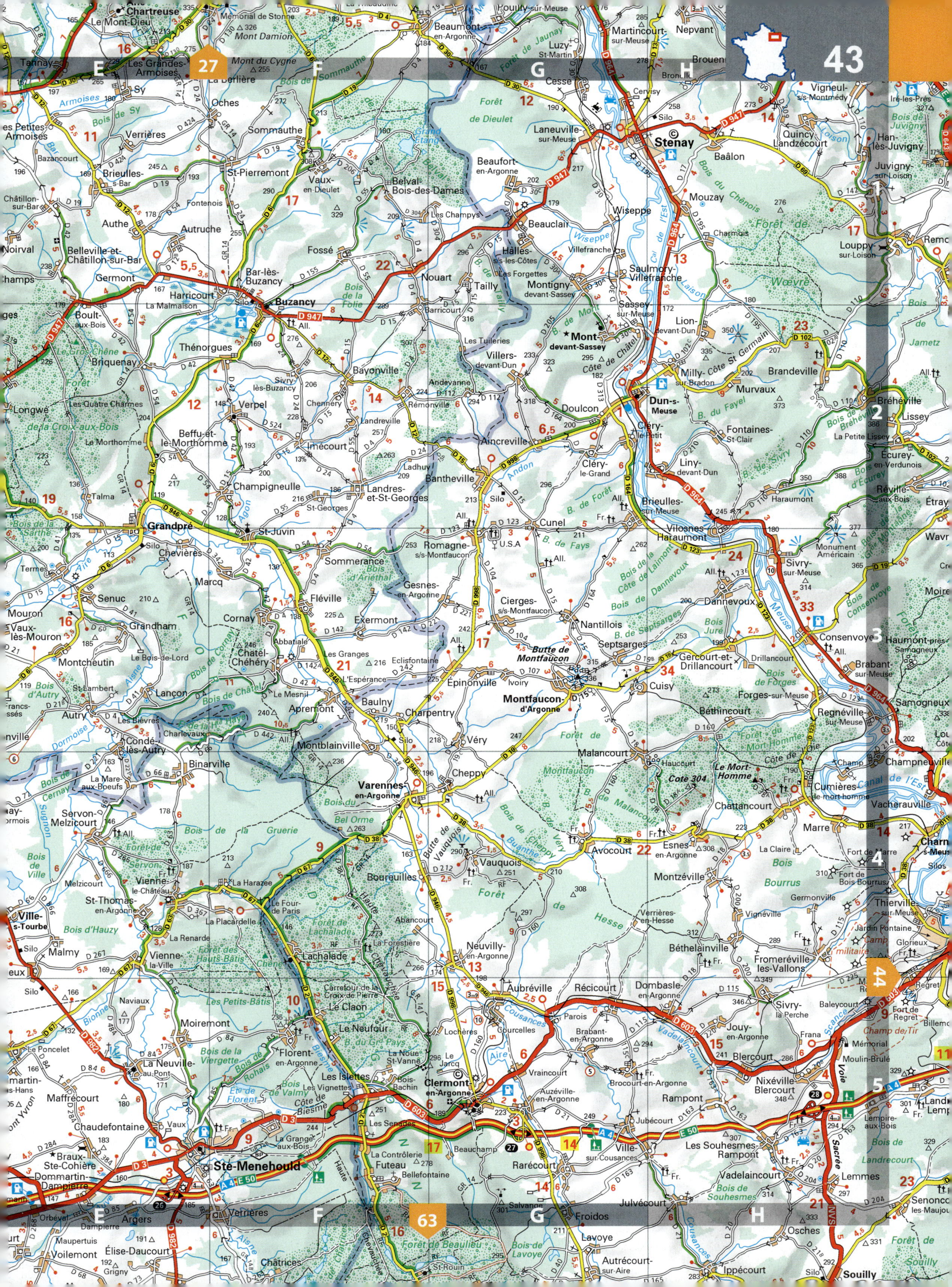

Chartreuse
Le Mont-Dieu
Tannay
Les Grandes-Armoises
27
Sy
Armoises
Les Petites-Armoises
Verrières
Bazancourt
Brieulles-s-Bar
Châtillon-sur-Bar
Authe
Noirval
Belleville-et-Châtillon-sur-Bar
Germont
Autruche
Fontenois
Oches
Sommauthe
St-Pierremont
Mont Damion
Mont du Cygne
La Berlière
Vaux-en-Dieulet
Fossé
Bar-lès-Buzancy
Harricourt
La Malmaison
Buzancy
Boult-aux-Bois
Thénorgues
Briquenay
Le Gros Chêne
Longwé
Les Quatre Champs
Forêt de la Croix-aux-Bois
Le Morthomme
Beffu-et-le-Morthomme
Verpel
Sivry-lès-Buzancy
Champigneulle
Imécourt
Talma
Grandpré
Bois de la Sarthe
Termes
Chevières
St-Juvin
Marcq
Senuc
Mouron
Vaux-lès-Mouron
Grandham
Cornay
Châtel-Chéhéry
Montcheutin
Le Bois-de-Lord
Bois d'Autry
St-Lambert
Lançon
Autry
Apremont
Le Mesnil
Les Bièvres
Condé-lès-Autry
Charlevaux
Binarville
Montblainville
La Mare-aux-Boeufs
Servon-Melzicourt
Bois de Cernay
Bois de la Gruerie
Vienne-le-Château
La Harazée
St-Thomas-en-Argonne
Bois d'Hauzy
Ville-s-Tourbe
Malmy
Vienne-la-Ville
La Placardelle
La Renarde
Forêt des Hauts-Bâtis
Les Petits-Bâtis
Moiremont
Naviaux
La Neuville-au-Pont
Florent-en-Argonne
Maffrecourt
Chaudefontaine
Braux-Ste-Cohière
Dommartin-Dampierre
Ste-Menehould
Vaux
La Grange-aux-Bois
Verrières
Argers
Dampierre
Orbéval
Maupertuis
Élise-Daucourt
Voilemont
Grigny
Châtrices
Forêt de Beaulieu
63
Les Islettes
Le Claon
Le Neufour
Lachalade
Le Four-de-Paris
Forêt de Lachalade
La Forestière
Abancourt
Boureuilles
Le Bois-Bachin
Le Vignettes
La Contrôlerie
Futeau
Bellefontaine
Beauchamp
Clermont-en-Argonne
Les Senades
Locheres
Courcelles
Aubréville
Neuvilly-en-Argonne
Vauquois
Butte de Vauquois
Forêt de Hesse
Varennes-en-Argonne
Cheppy
Bois de Cheppy
Bel Orme
Baulny
Charpentry
Véry
Epinonville
Ivoiry
Eclisfontaine
Exermont
Fléville
Sommerance
Gesnes-en-Argonne
Romagne-s/s-Montfaucon
U.S.A
Cunel
Landres-et-St-Georges
St-Georges
Landreville
Bayonville
Chennery
Rémonville
Andevanne
Bantheville
Aincreville
Doulcon
Villers-devant-Dun
Les Tuileries
Tailly
Barricourt
Nouart
Halles-s/s-les-Côtes
Les Forgettes
Belval-Bois-des-Dames
Les Champys
Beaufort-en-Argonne
Beauclair
Forêt de Dieulet
Laneuville-sur-Meuse
Beaumont-en-Argonne
Pouilly-sur-Meuse
Luzy-St-Martin
Cesse
Martincourt-sur-Meuse
Nepvant
Brouenne
Stenay
Baâlon
Mouzay
Wiseppe
Saulmory-Villefranche
Montigny-devant-Sassey
Mont devant-Sassey
Sassey-sur-Meuse
Lion-devant-Dun
Milly-sur-Bradon
Dun-sur-Meuse
Côte St Germain
Murvaux
Brandeville
Fontaines-St-Clair
Liny-devant-Dun
Cléry-le-Petit
Cléry-le-Grand
Brieulles-sur-Meuse
Vilosnes-Haraumont
Haraumont
Sivry-sur-Meuse
Monument Américain
Dannevoux
Nantillois
Cierges-s/s-Montfaucon
Butte de Montfaucon
Montfaucon-d'Argonne
Septsarges
Gercourt-et-Drillancourt
Drillancourt
Cuisy
Forges-sur-Meuse
Béthincourt
Malancourt
Haucourt
Cote 304
Le Mort-Homme
Chattancourt
Esnes-en-Argonne
Avocourt
Montzéville
Vigneville
Béthelainville
Récicourt
Dombasle-en-Argonne
Fromeréville-les-Vallons
Sivry-la-Perche
Parois
Brabant-en-Argonne
Brocourt-en-Argonne
Vraincourt
Auzéville-en-Argonne
Rarécourt
Jubécourt
Rampont
Ville-sur-Cousances
Les Souhesmes-Rampont
Vadelaincourt
Julvécourt
Froidos
Lavoye
Autrécourt-sur-Aire
Ippécourt
Osches
Souilly
Lemmes
Senoncourt-les-Maujouy
Nixéville-Blercourt
Blercourt
Jouy-en-Argonne
Frana
Baleycourt
Regret
Fort de Regret
Memorial
Moulin-Brûlé
Voie Sacrée
Landrecourt
Lempire-aux-Bois
Consenvoye
Regnéville-sur-Meuse
Samogneux
Haumont-près-Samogneux
Brabant-sur-Meuse
Champneuville
Cumières-le-Mort-Homme
Vacherauville
Marre
Thierville-sur-Meuse
Jardin Fontaine
Glorieux
Vigneulles-s/s-Montmédy
Iré-les-Prés
Quincy-Landzécourt
Han-lès-Juvigny
Juvigny-sur-Loison
Forêt de Woëvre
Loupppy-sur-Loison
Remoiville
Bréhéville
Lissey
La Petite Lissey
Écurey-en-Verdunois
Réville-aux-Bois
Étraye
Wavrille
Moirey
E
F
G
H
44

0 2 4 6 8 10 km
A
B
C
D
1
2
3
4
5
43
64
Virton
Montmédy
Stenay
Longuyon
Marville
Damvillers
Dun-s-Meuse
Spincourt
Étain
VERDUN
Avioth
Musson
Longwy
Rouvroy
Ethe
St-Mard
Cons-la-Grandville
Belleville-sur-Meuse
Charny-s-Meuse
Douaumont
Ornes
Mangiennes
Azannes-et-Soumazannes
Forêt de Woëvre
Forêt de Mangiennes
Bois de Spincourt
Meuse
Mort-Homme
Côte 304
Haudainville
Haudiomont
Fresnes-en-Woëvre
Manheulles

Messancy
Aubange
Athus
Pétange
Bascharage
Sanem
Mont-St-Martin
Longlaville
Differdange
Herserange
Mondercange
Soleuvre
Schifflange
Esch-sur-A.
Kayl
Rumelange
Dudelange
Bettembourg
Leudelange
Dippach
Bertrange
Hesperange
Roeser
Weiler-la-Tour
Frisange
Évrange
Mondorf-les-Bains
Hagen
Basse-Rentgen
Villerupt
Audun-le-Tiche
Ottange
Volmerange-les-Mines
Kanfen
Zoufftgen
Rodemack
Cattenom
Hettange-Grande
Boust
Écomusée
Aumetz
Tressange
Angevillers
Havange
Crusnes
Errouville
Bréhain-la-Ville
Morfontaine
Fillières
Serrouville
Audun-le-Roman
Beuvillers
Boulange
Algrange
Fontoy
Nilvange
Thionville
La Grange
Yutz
Basse-Ham
Manom
Elzange
Valmestroff
Kuntzig
Distroff
Stuckange
Metzervisse
Hayange
Knutange
Écomusée des Mines de fer
Serémange-Erzange
Florange
Uckange
Fameck
Neufchef
Guénange
Bousse
Richemont
Ranguevaux
Rurange-lès-Thionville
Piennes
Landres
Mairy-Mainville
Tucquegnieux
Bettainvillers
Mancieulles
Avril
Briey
Moyeuvre-Pite
Rosselange
Amnéville
Hagondange
Rombas
Moyeuvre-Gde
Pierrevillers
Maizières-lès-M.
Walygator Parc
Talange
Hauconcourt
Ennery
Homécourt
Jœuf
Auboué
Valleroy
Moineville
Briey
Conflans-en-Jarnisy
Jarny
Thumeréville
Batilly
Ste-Marie-aux-Chênes
Roncourt
St-Privat-la-Montagne
Marange-Silvange
Semécourt
Norroy-le-Veneur
Plesnois
Woippy
Saulny
Amanvillers
Vernéville
Lorry-lès-M.
Plappeville
Le Ban-St-Martin
Montigny
Moulins-lès-M.
Chazelles
Ste-Ruffine
Scy
Metz
Malroy
Charly-Oradour
Vany
Vigy
Argancy
Chieulles
St-Julien-lès-M.
Vantoux
Vallières-lès-Metz
Mey
Noisseville
Failly
Ste-Barbe
Servigny-lès-Ste-Barbe
Montoy-Flanville
Gravelotte
Doncourt-lès-Conflans
Bruville
Jouaville
Giraumont
Labry
Boncourt
Puxe
Friauville
Abbéville-lès-Conflans
Olley
Jeandelize
Mouaville
Fléville-Lixières
Lubey
Ozerailles
Gondrecourt-Aix
Murville
Anderny
Mont-Bonvillers
Malavillers
Mercy-le-Haut
Joppécourt
Bazailles
Ville-au-Montois
Laix
Baslieux
Preutin-Higny
Sancy
Lommerange
Trieux
Norroy-le-Sec
Anoux
Lantéfontaine
Mance
Moutiers
Dalheim
Waldbredimus
Remich
Bous
Burmerange
Schengen
Contz-les-Bains
Sierck-les-Bains
Haute-Kontz
Berg-s-M.
Malling
Koenigsmacker
Kerling
Budange
Bettelainville
Chailly-lès-Ennery
Flévy
Trémery
Antilly
E
F
G
H
46
65

0 2 4 6 8 10 km
NATURPARK
Hesperange
Remich
Mondorf-les-Bains
Schengen
Perl
Malbrouck
Hunsrück
Saarburg
Mettlach
Merzig
Serrig
Thionville
Yutz
Cattenom
Sierck-les-Bains
Hackenberg
Kédange-s-Canner
Metzervisse
Bouzonville
Siersburg
Rehlingen
Guénange
Richemont
Hagondange
Amnéville
Walygator Parc
Maizières-lès-M.
Woippy
Vigy
Boulay-Moselle
Creutzwald
Saarlouis
METZ
Montigny
Florange
Uckange
Fameck
Hayange
Basse-Ham
Kœnigsmacker
Kirschnaumen
Laumesfeld
Freistroff
Hestroff
Piblange
Mégange
Ottonville
Falck
Hargarten-aux-Mines
Varsberg
Bisten-en-Lorraine
Boucheporn
Longeville-lès-St-Avold
Courcelles-Chaussy
Vaudoncourt
Noisseville
Servigny-lès-Ste-Barbe
Ste-Barbe
Argancy
Hauconcourt
Talange
Mondelange
Bertrange
Distroff
Stuckange
Illange
Kuntzig
Inglange
Budling
Monneren
Kemplich
Menskirch
Dalstein
Chémery-les-Deux
Anzeling
Holling
Valmunster
Tromborn
Rémering
Villing
Neunkirchen-lès-Bouzonville
Waldweistroff
Schwerdorff
Waldwisse
Manderen
Montenach
Rustroff
Launstroff
Apach
Contz-les-Bains
Haute-Kontz
Rodemack
Zoufftgen
Roussy-le-Village
Boust
Hettange-Grande
Evrange
Frisange
Dalheim
Bous
Nennig
Besch
Wincheringen
Kastel-Staadt
Freudenburg
Orscholz
Taben-Rodt
Brotdorf
Hilbringen
Fremersdorf
Wallerfangen
Ittersdorf
Berus
Überherrn
Guerstling
Heining-lès-B.
Vaudreching
Brettnach
Alzing
Oberdorff
Dalem
Velving
Téterchen
Éblange
Denting
Coume
Guerting
Niedervisse
Obervisse
Narbéfontaine
Helstroff
Bannay
Hinckange
Volmerange-lès-Boulay
Guinkirchen
Condé-Northen
Glatigny
Les Étangs
Silly-sur-Nied
Retonfey
Ogy
Coincy
Chieulles
Vany
Charly-Oradour
Antilly
Chailly-lès-Ennery
Ennery
Flévy
Trémery
Luttange
Aboncourt
St-Bernard
Bettelainville
St-Hubert
Hombourg-Budange
Metzeresche
Rurange-lès-Thionville
Bousse
Volstroff
Elzange
Valmestroff
A 4
A 8
A 13
A 31
E 25
E 50
D 918
D 954
D 855
Saar
Moselle
Nied
Forêt de Villers-Bettnach
Étang de Hingsange
Forêt de Bouzonville
45
66
A
B
C
D
1
2
3
4
5

E
F
G
H
1
2
3
4
5
48
67
HUNSRÜCK
Weiskirchen
Wadern
Losheim
Tholey
St Wendel
Marpingen
Schmelz
Lebach
Eppelborn
Ottweiler
Illingen
Schiffweiler
Saarwellingen
Dillingen
Saarlouis
Heusweiler
Merchweiler
Friedrichsthal
Neunkirchen
Quierschied
Spiesen-Elversberg
Schwalbach
Riegelsberg
Sulzbach
St Ingbert
Kirkel
Püttlingen
Völklingen
Wadgassen
Dudweiler
Blieskastel
SAARBRÜCKEN
Großrosseln
Forbach
Stiring-Wendel
Mandelbachtal
Gersheim
Kleinblittersdorf
Grosbliederstroff
Freyming-Merlebach
Sarreguemines
Karlsbrunn
Warndt
Bliesbruck

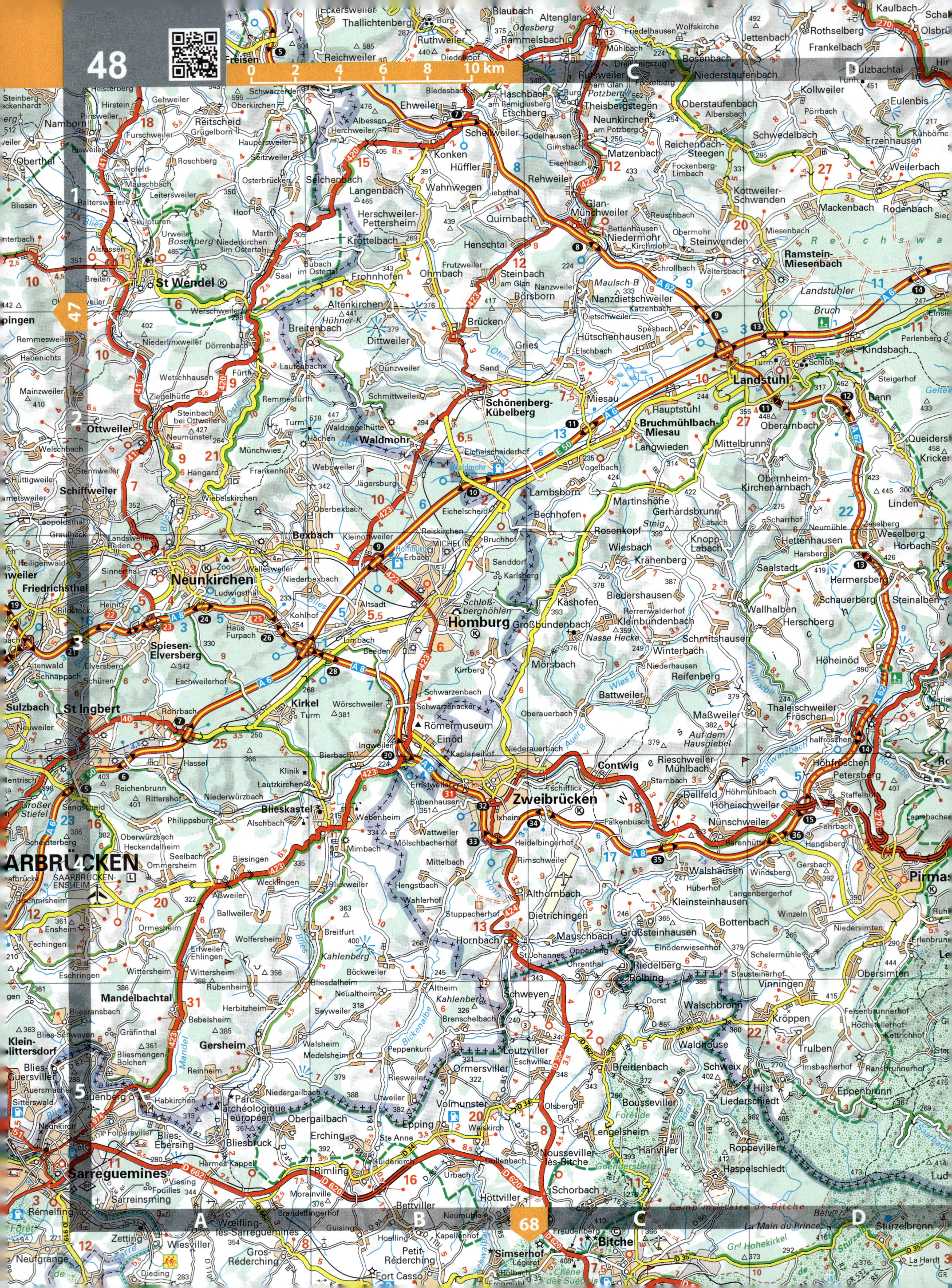
0 2 4 6 8 10 km
47
68
A
B
C
D
1
2
3
4
5
St Wendel
Neunkirchen
Homburg
Zweibrücken
Landstuhl
Ramstein-Miesenbach
Pirmasens
Saarbrücken
Sarreguemines
Bitche
St Ingbert
Sulzbach
Friedrichsthal
Ottweiler
Schiffweiler
Bexbach
Kirkel
Blieskastel
Waldmohr
Schönenberg-Kübelberg
Bruchmühlbach-Miesau
Glan-Münchweiler
Kusel
Contwig
Rieschweiler-Mühlbach
Hornbach
Gersheim
Mandelbachtal
Spiesen-Elversberg
Oberstaufenbach
Niederstaufenbach
Rammelsbach
Altenglan
Theisbergstegen
Reichenbach-Steegen
Kottweiler-Schwanden
Steinwenden
Niedermohr
Nanzdietschweiler
Hütschenhausen
Bechhofen
Wiesbach
Kleinbundenbach
Großbundenbach
Käshofen
Herschberg
Wallhalben
Thaleischweiler-Fröschen
Höhfröschen
Nünschweiler
Walshausen
Dietrichingen
Althornbach
Großsteinhausen
Riedelberg
Walschbronn
Volmunster
Breidenbach
Bousseviller
Hanviller
Roppeviller
Schweix
Liederschiedt
Obergailbach
Bliesbruck
Rimling
Neunkirchen-lès-Bouzonville
Simserhof
Reichswald
Landstuhler Bruch
Römermuseum
Europäischer Kulturpark Bliesbruck-Reinheim
Parc Archéologique européen
Camp militaire de Bitche
Schloßberghöhlen
Saarbrücken-Ensheim
E 50
A 6
A 8
A 62
A 1
A 623
D 620
D 662

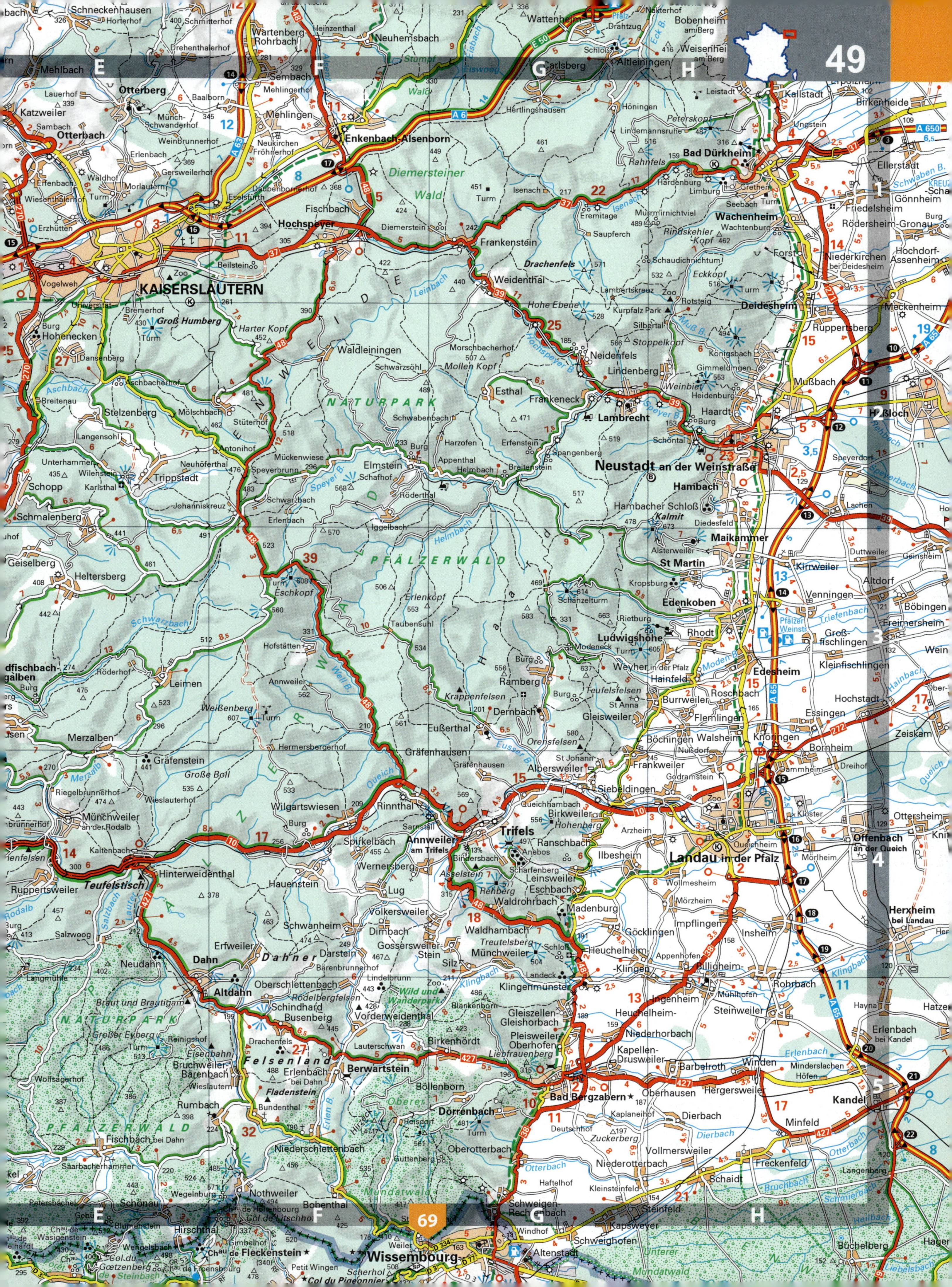
KAISERSLAUTERN
Otterberg
Otterbach
Enkenbach-Alsenborn
Hochspeyer
Fischbach
Frankenstein
Weidenthal
Diemersteiner Wald
Bad Dürkheim
Wachenheim
Deidesheim
Lambrecht
Neustadt an der Weinstraße
Hambach
Hambacher Schloß
Maikammer
St Martin
Edenkoben
Ludwigshöhe
Rhodt
Edesheim
Landau in der Pfalz
Offenbach an der Queich
Herxheim bei Landau
Kandel
Bad Bergzabern
Klingenmünster
Annweiler am Trifels
Trifels
Rinnthal
Wilgartswiesen
Hauenstein
Dahn
Dahner Felsenland
Erfweiler
Busenberg
Berwartstein
Schindhard
Bundenthal
Nothweiler
Fischbach bei Dahn
Rumbach
Hinterweidenthal
Teufelstisch
Münchweiler an der Rodalb
Merzalben
Leimen
Gräfenstein
Heltersberg
Trippstadt
Johanniskreuz
Elmstein
Esthal
Frankeneck
Waldleiningen
Schwarzsöhl
Eschkopf
Weißenberg
Krappenfelsen
Eußerthal
Ramberg
Dernbach
Gleisweiler
Burrweiler
Hainfeld
Weyher in der Pfalz
Siebeldingen
Albersweiler
Birkweiler
Ilbesheim
Leinsweiler
Eschbach
Madenburg
Göcklingen
Impflingen
Insheim
Rohrbach
Heuchelheim-Klingen
Billigheim
Steinweiler
Kapellen-Drusweiler
Barbelroth
Winden
Hergersweiler
Oberhausen
Dierbach
Minfeld
Vollmersweiler
Freckenfeld
Niederotterbach
Schaidt
Steinfeld
Kapsweyer
Schweighofen
Schweigen-Rechtenbach
Dörrenbach
Oberotterbach
Böllenborn
Birkenhördt
Vorderweidenthal
Lug
Spirkelbach
Wernersberg
Völkersweiler
Gossersweiler-Stein
Silz
Waldrohrbach
Waldhambach
Münchweiler
Pleisweiler-Oberhofen
NATURPARK PFÄLZERWALD
PFÄLZERWALD
Wissembourg
Fleckenstein
Col du Pigeonnier
Altenstadt
Hirschthal
Schönau
Mehlbach
Katzweiler
Sembach
Mehlingen
Neuhemsbach
Carlsberg
Altleiningen
Wattenheim
Bobenheim am Berg
Weisenheim am Berg
Kallstadt
Ellerstadt
Friedelsheim
Gönnheim
Rödersheim-Gronau
Niederkirchen bei Deidesheim
Hochdorf-Assenheim
Meckenheim
Ruppertsberg
Mußbach
Haßloch
Speyerdorf
Lachen
Duttweiler
Geinsheim
Kirrweiler
Venningen
Altdorf
Böbingen
Freimersheim
Großfischlingen
Kleinfischlingen
Essingen
Hochstadt
Zeiskam
Bornheim
Dreihof
Ottersheim
Knittelsheim
Mörlheim
Queichheim
Mörzheim
Wollmesheim
Arzheim
Godramstein
Frankweiler
Böchingen
Walsheim
Knöringen
Nußdorf
Flemlingen
Roschbach
Dammheim
Hayna
Erlenbach bei Kandel
Minderslachen
Höfen
Büchelberg
Langenberg
Hatzenbühl
Schmalenberg
Geiselberg
Heltersberg
Schopp
Stelzenberg
Hohenecken
Dansenberg
Vogelweh
Erzhütten
Rodalben
Ruppertsweiler
Salzwoog
Lemberg
Neudahn
Altdahn
Rumbach
Niederschlettenbach
Erlenbach bei Dahn
Lauterschwan
Oberschlettenbach
Darstein
Dimbach
Schwanheim
Sarnstall
Bindersbach
Ranschbach
Queichhambach
Gräfenhausen
St Johann
Orensfelsen
Burg
Hofstätten
Taubensuhl
Erlenkopf
Schwarzbach
Speyerbrunn
Heidenburg
Gimmeldingen
Königsbach
Haardt
Schöntal
Kalmit
Diedesfeld
Alsterweiler
Kropsburg
Rietburg
Modeneck
St Anna
Lindenberg
Neidenfels
Kurpfalz Park
Weinbiet
Stoppelkopf
Rotsteig
Eckkopf
Murrmirnichtviel
Hardenburg
Limburg
Grethen
Seebach
Forst
Leistadt
Ungstein
Höningen
Rahnfels
Eremitage
Saupferch
Drachenfels
Mölschbach
Antonihof
Waldleiningen
Hermersbergerhof
E

0 2 4 6 8 10 km

C
D
1
2
3
4
5
A
B
79
Grd Romont
Grande Île
D ' É M E R A U D E
★★★ C Ô T E
Cap Fréhel ★★★
Fort la Latte ★★
Pointe de St-Cast ★★
St-Cast-le-Guildo ★
Pnte de la Garde ★★
Île Agot
Île Ébihens
St-Briac-s-Mer
Lancieux
St-Jacut-de-la-Mer ★
Pnte de la Garde Guérin
★★ Pnte du Décollé
St-Lunaire ★
★★ DINARD
Passage du Décollé
Île de Cézembre
Le Grd Jardin
Île Harbour
Grd Bé
★★★ ST-MALO
Rochebonne
★ Paramé
Les Haies de la Conchée
Rochers sculptés
Rothéneuf
Pte de la Varde
Le Minihic
Pte du Meinga
Les Tintiaux
Île Du Guesclin
★★ Pnte du Grouin
Îles des Landes
La Pierre de
Port-Mer
Basse-Cancale
Port-Briac
Îles des Rimains
Pointe de la Chaîn
Pointe du Hock
Cancale ★
St-Coulomb
★★ Pnte de la Vicomte
St-Servan-s-M. ★
Grd Aquarium ★★
Usine marémotrice
La Richardais
Pleurtuit
Le Minihic-s-Rance
St-Suliac ★
St-Jouan-des-Guérets
St-Père-Marc-en-Poulet
Châteauneuf-d'Ille-et-Vilaine
St-Méloir-des-Ondes
St-Benoît-des-Ondes
Vildé-la-Marine
Hirel
La Gouesnière
La Fresnais
St-Guinoux
Lillemer
Dol-de-Bretagne
Roz-Landrieux
Plévenon
Matignon
Pléboulle
Ruca
St-Pôtan
Pluduno
Crehen
Trégon
Ploubalay
Plessix-Balisson
Trémereuc
Pleslin-Trigavou
Langrolay-sur-Rance
La Ville-ès-Nonais
Miniac-Morvan
Pen-Guen
Notre-Dame
Quatre Vaux
Pierres-Sonnantes
Beaussais
Pont-Arson (Beaussais-s-Mer)
Kergoat
La Mettrie
Tremblaye
Landes de Fréhel
Anse des Sévignés
Baie de la Frênaye
Rance
N 176
E 401
D 768
D 786
D 603

Agon-Coutainville
31
Coutances
Heugueville
Bricqueville
St-Pierre-de-C.
Nicorps
Courcy
Belval
Regnéville-s-Mer
Pointe d'Agon
Orval
Saussey
Ouville
Montpinchon
Cerisy-la-Salle
Dangy
Montmartin-s-Mer
Hyenville
Hauteville-Plage
Hauteville-s-Mer
Hérenguerville
Contrières
Roncey
Annoville
Quettreville-s-Sienne
Trelly
Guéhébert
N.-D.-de-Cenilly
St-Martin-de-Cenilly
(Tourneville-sur-Mer)
Lingreville
Grimesnil
Le Mesnil-Aubert
St-Denis-le-Gast
La Planche-Guillemette
Muneville-le-Bingard
Lengronne
Hambye
Abbe de Hambye
Route submersible
Bricqueville-s-Mer
Cérences
La Baleine
Le Pignon
St-Martin-de-Bréhal
Bréhal
Chanteloup
Gavray
Sourdeval-les-Bois
Coudeville-Plage
Coudeville
Les Huguenans
Chausey
Bréville-s-Mer
Le Mesnil-Amand
Montaigu-les-Bois
Hudimesnil
Le Loreur
Donville-les-Bains
Longueville
Le Mesnil-Garnier
Granville
Yquelon
Anctoville-s-Bosq
St-Sauveur-la-Pommeraye
La Meurdraquière
Le Mesnil-Rogues
Villedieu-les-Poêles
Rouffigny
Pointe du Roc
Banc de Tombelaine
St-Planchers
Equilly
Fleury
Champrepus
Le Fourneau
St-Pair-s-Mer
St-Jean-des-Champs
Folligny
Beauchamps
Les Trois Croix
St-Aubin-des-Préaux
Hocquigny
Le Tanu
Bourguenolles
Kairon-Plage
Le Pont-Bleu
Abbe de La Lucerne
La Haye-Pesnel
Jullouville
La Lucerne-d'Outremer
La Mouche
La Trinité
Edenville
Carolles-Plage
St-Pierre-Langers
Champcervon (Le Grippon)
Le Pignon Butor
Cabane Vauban
Pointe de Champeaux
Champeaux
St-Michel-des-Loups
Angey
Sartilly
Ste-Pience
La Chaise-Baudouin
Le Luot
Subligny
St-Jean-le-Thomas
Dragey-Ronthon
Lolif
Chavoy
BAIE
Bec d'Andaine
Genêts
Bacilly
Marcey-les-Grèves
St-Jean-de-la-Haize
Ponts
St-Senier-s-Avranches
Tirepied
La Godefroy
Vains
Le Grand-Port
St-Léonard
Avranches
St-Ovin
U MONT-SAINT-MICHEL
Tombelaine
Pointe du Grouin du Sud
LE MONT-ST-MICHEL
Abbaye
Pointe de Roche-Torin
St-Martin-des-Champs
St-Loup
Le Val-St-Père
St-Quentin-s-le-Homme
Marcilly
Céaux
Pontaubault
Ducey
Courtils
Huisnes-s-Mer
Ardevon
Beauvoir
Précey
Poilley
Chemin Dolais
Cherrueix
Polders
St-Broladre
St-Marcan
Roz-s-Couesnon
Pontorson
Servon
Tanis
Juilley
E
F
G
H
80
St-Georges-de-Gréhaigne
Baguer-Pican
Dol
Montanel
52
La Croix-Avranchin
St-Laurent-de-Terregatte

0 2 4 6 8 10 km
A
B
C
D
1
2
3
4
5
32
51
81
Condé-s-Vire
Roches de Ham
Torigny-les-Villes
Placy-Montaigu
St-Martin-des-Besaces
Jurques
Le Mesnil-Herman
Troisgots
Domjean
St-Louet-s-Vire
Moyon-Villages
Tessy-Bocage
Fourneaux
Beuvrigny
Beaucoudray
Mont-Bertrand
Campeaux
Pont-Farcy
Abbaye de Hambye
Le Bény-Bocage
Montchamp
Percy-en-Normandie
Sourdeval-les-Bois
St-Vigor-des-Monts
Margueray
Beaumesnil
Campagnolles
Étouvy
La Graverie
Villedieu-les-Poêles
Rouffigny
Montbray
Morigny
Landelles-et-Coupigny
Sept-Frères
Le Mesnil-Benoist
Mesnil-Clinchamps
Vire
Vire-Normandie
Vaudry
Viessoix
Chênedollé
Ste-Cécile
St-Aubin-des-Bois
St-Sever-Calvados
Fontenermont
St-Manvieu-Bocage
La Chapelle-Cécelin
Boisyvon
Le Gast
Coulouvray-Boisbenâtre
Champ-du-Boult
St-Germain-de-Tallevende-la-Lande-Vaumont
Truttemer-le-Grand
Le Ménil-Ciboult
Tinchebray-Bocage
St-Michel-de-Montjoie
Gathemo
St-Pois
Lingeard
Perriers-en-Beauficel
Beauficel
Brouains
Sourdeval
Brécey
Cuves
Le Mesnil-Gilbert
Chérencé-le-Roussel
Le Mesnil-Adelée
Juvigny-le-Tertre
Bellefontaine
St-Barthélemy
St-Clément-Rancoudray
La Chapelle-Urée
Reffuveille
Le Neufbourg
Mortain-Bocage
Romagny-Fontenay
Isigny-le-Buat
Le Mesnillard
Lonlay-l'Abbaye
Barenton
St-Georges-de-Rouelley
St-Hilaire-du-Harcouët
Parigny
Virey
Lapenty
PARC NATUREL
Forêt de Mortain
Vire
Sée
Sélune
A 84
E 401
D 524
D 512
D 577
D 999

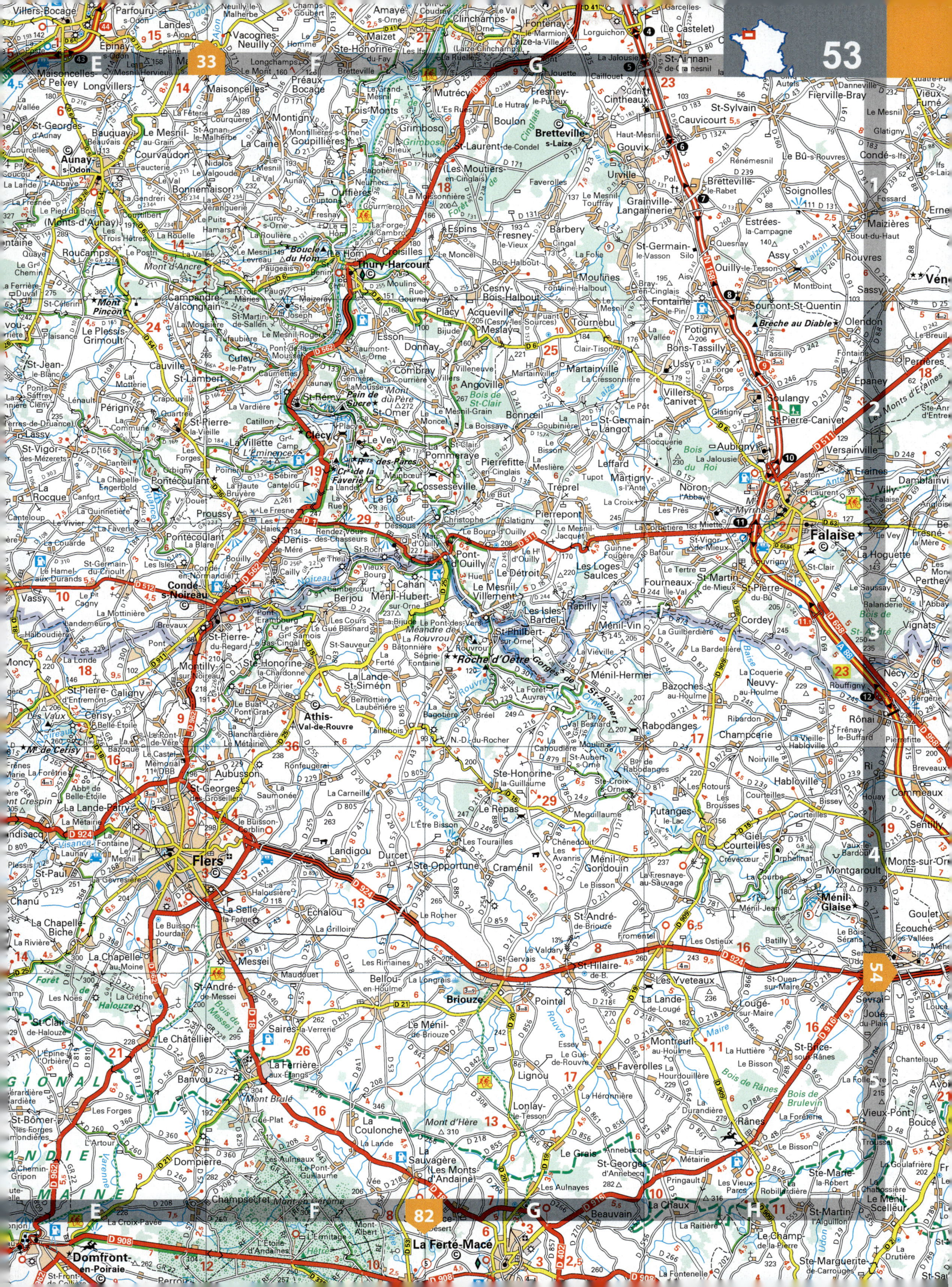
53
33
54
82
E
F
G
H
1
2
3
4
5
Villers-Bocage
Aunay-s-Odon
Thury-Harcourt
Bretteville-s-Laize
Falaise
Clécy
Pont-d'Ouilly
Condé-s-Noireau
Flers
Athis-Val-de-Rouvre
Briouze
Putanges-le-Lac
Rânes
La Ferté-Macé
Domfront-en-Poiraie
Mont Pinçon
Boucle du Hom
Pain de Sucre
Roche d'Oëtre
Gorges de St-Aubert
Brèche au Diable
Ménil-Glaise
St-Pierre-Canivet
Potigny
Ussy
Écouché
Forêt de Halouze
Bois de Messei
Bois de Rânes
Forêt de Cinglais
Mont d'Hère
Mont Brûlé
Mt de Cerisy
Champsecret
Messei
Ste-Honorine-la-Guillaume
St-Hilaire-de-Briouze
Lonlay-le-Tesson
La Sauvagère
Beauvain
Les Monts d'Aunay
Croisilles
Cesny-Bois-Halbout
Acqueville
Martainville
St-Germain-Langot
Aubigny
Versainville
Rabodanges
Bazoches-au-Houlme
Champcerie
Habloville
Montgaroult
Sentilly
Vassy
Montilly-sur-Noireau
Cerisy-Belle-Étoile
La Lande-Patry
St-Georges-des-Groseillers
Landigou
Durcet
Cramenil
Le Ménil-de-Briouze
Bellou-en-Houlme
Lignou
Faverolles
Montreuil-au-Houlme
La Ferrière-aux-Étangs
Banvou
Dompierre
St-Clair-de-Halouze
La Chapelle-au-Moine
Le Châtellier
Saires-la-Verrerie
D 562
D 924
D 908
D 916
D 658
D 511
N 158
A 88

0 2 4 6 8 10 km
Falaise
Argentan
Vimoutiers
Livarot-Pays-d'Auge
Gacé
Trun
Sées
Mortrée
Le Merlerault
Haras National du Pin
Forêt de Gouffern
St-Pierre-s-Dives
Écouché
Vendeuvre
Camembert
Chambois
Exmes
Nonant-le-Pin
Médavy
Sarceaux
53
34
83

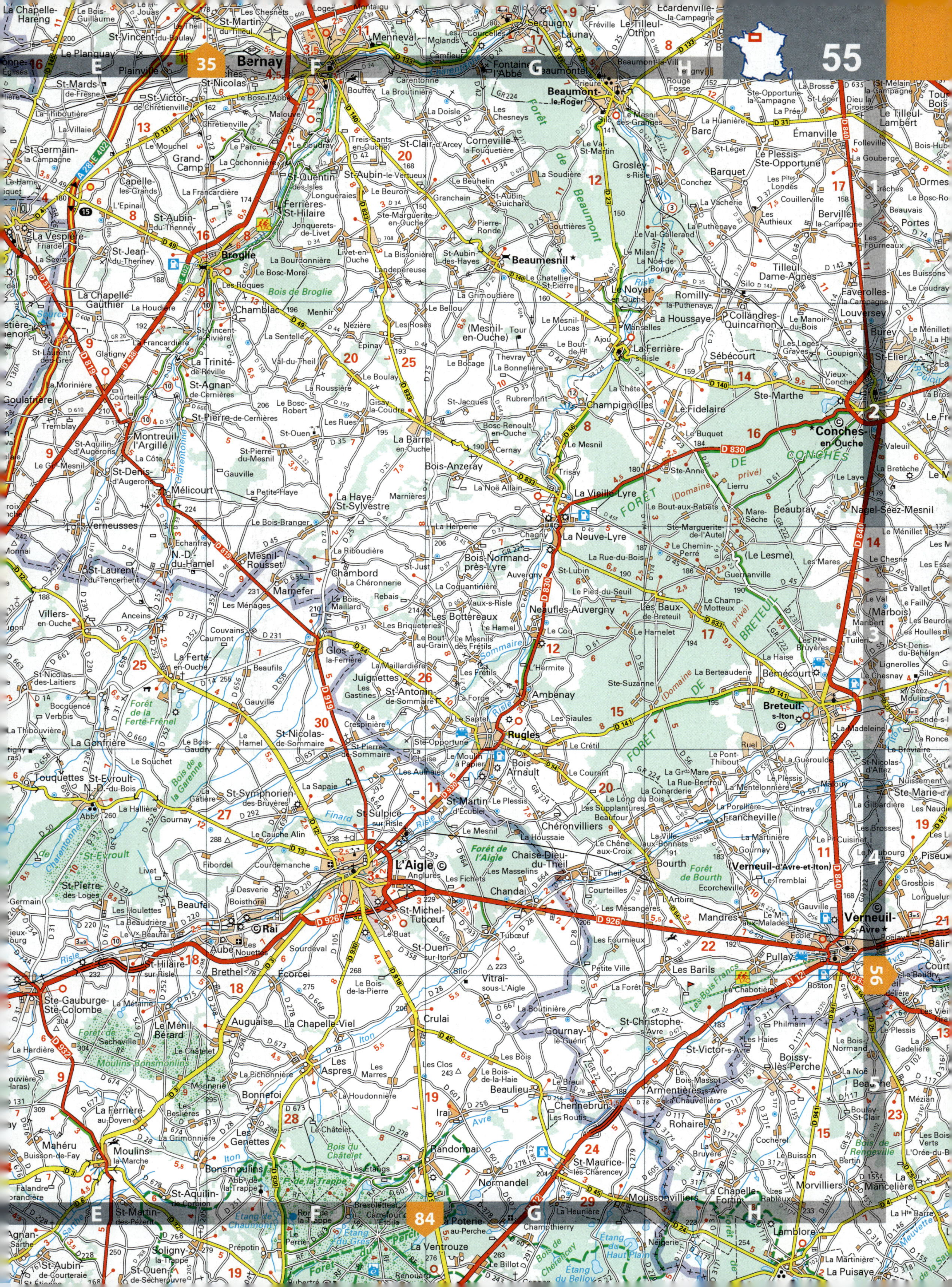

35
Bernay
Menneval
Serquigny
Launay
Le Tilleul-Othon
Beaumont-le-Roger
Fontaine-l'Abbé
St-Vincent-du-Boulay
Plainville
St-Mards-de-Fresne
St-Victor-de-Chrétienville
St-Nicolas
Malouve
Bouffey
Carentonne
Corneille
Grosley-s-Risle
Barc
Émanville
Ste-Opportune-la-Campagne
Le Tilleul-Lambert
St-Germain-la-Campagne
Grand-Camp
Capelle-les-Grands
St-Quentin-des-Isles
Ferrières-St-Hilaire
St-Aubin-le-Vertueux
St-Clair-d'Arcey
Forêt de Beaumont
Barquet
Le Plessis-Ste-Opportune
Berville-la-Campagne
Ormes
Portes
La Vespière
St-Aubin-du-Thenney
St-Jean-du-Thenney
Broglie
Bois de Broglie
Beaumesnil
Le Noyer-en-Ouche
Romilly-la-Puthenaye
La Houssaye
Collandres-Quincarnon
Tilleul-Dame-Agnès
Faverolles-la-Campagne
Louversey
Burey
St-Elier
La Chapelle-Gauthier
Chamblac
Menhir
Nézière
Le Bellou
(Mesnil-en-Ouche)
Ajou
La Ferrière-s-Risle
Sébécourt
Glatigny
La Trinité-de-Réville
St-Agnan-de-Cernières
St-Pierre-de-Cernières
Le Bosc-Robert
Épinay
Gisay-la-Coudre
Thevray
La Bonneville
Rubremont
Champignolles
Le Fidelaire
Ste-Marthe
Conches-en-Ouche
Montreuil-l'Argillé
St-Aquilin-d'Augerons
St-Denis-d'Augerons
Mélicourt
La Barre-en-Ouche
Bois-Anzeray
Cernay
Trisay
Le Mesnil
Forêt de Conches
Nagel-Séez-Mesnil
Verneusses
N.-D.-du-Hamel
Mesnil-Rousset
La Haye-St-Sylvestre
Marnières
La Vieille-Lyre
La Neuve-Lyre
Le Bout-aux-Rabets
Ste-Marguerite-de-l'Autel
Beaubray
Mare-Sèche
St-Laurent-du-Tencement
Villers-en-Ouche
Marnefer
Chambord
La Chéronnerie
Bois-Normand-près-Lyre
Auvergny
La Rue-du-Bois
(Le Lesme)
Guernanville
Les Baux-de-Breteuil
Le Champ-Motteux
Neaufles-Auvergny
Les Bottereaux
Le Coq
Forêt de Breteuil
(Marbois)
La Ferté-en-Ouche
Couvains
Glos-la-Ferrière
Juignettes
St-Antonin-de-Sommaire
La Maillardière
Sommaire
L'Hermite
Ambenay
Ste-Suzanne
Bémécourt
Breteuil-s-Iton
Forêt de la Ferté-Frênel
Beaufils
Gauville
La Gonfrière
St-Nicolas-de-Sommaire
St-Pierre-de-Sommaire
Rugles
Les Siaules
Le Crétil
Ste-Opportune
Touquettes
St-Evroult-N.-D.-du-Bois
Bois de la Garenne
St-Symphorien-des-Bruyères
La Sapaie
St-Sulpice-sur-Risle
St-Martin-d'Écublei
Bois-Arnault
Chéronvilliers
Les Supplantures
Francheville
Cintray
St-Nicolas-d'Attez
Ste-Marie-d'Attez
L'Aigle
Forêt de l'Aigle
Chaise-Dieu-du-Theil
Chandai
Bourth
(Verneuil-d'Avre-et-Iton)
Ecorcheville
St-Pierre-des-Loges
Rai
Beaufai
Aube
St-Michel-Tubœuf
Tubœuf
St-Ouen-sur-Iton
Mandres
Les Barils
Verneuil-s-Avre
Pulhay
St-Hilaire-sur-Risle
Brethel
Écorcei
Vitrai-sous-L'Aigle
56
Ste-Gauburge-Ste-Colombe
Le Ménil-Bérard
Auguaise
La Chapelle-Viel
Crulai
Gournay-le-Guérin
St-Christophe-s-Avre
St-Victor-s-Avre
Boissy-lès-Perche
Forêt de Saint-Evroult
Moulins-Bonsmoulins
Les Aspres
Bonnefoi
Beaulieu
Irai
Chennebrun
Armentières-s-Avre
Rohaire
La Ferrière-au-Doyen
Mahéru
Moulins-la-Marche
Bonsmoulins
Randonnai
St-Maurice-lès-Charencey
Normandel
Moussonvilliers
La Chapelle-Fortin
Morvilliers
St-Aquilin-de-Corbion
St-Martin-des-Pézerits
Soligny-la-Trappe
St-Ouen-de-Sécherouvre
Forêt de la Trappe
84
La Ventrouze
La Poterie-au-Perche
Champthierry
Bois de Charencey
Lamblore
La Puisaye

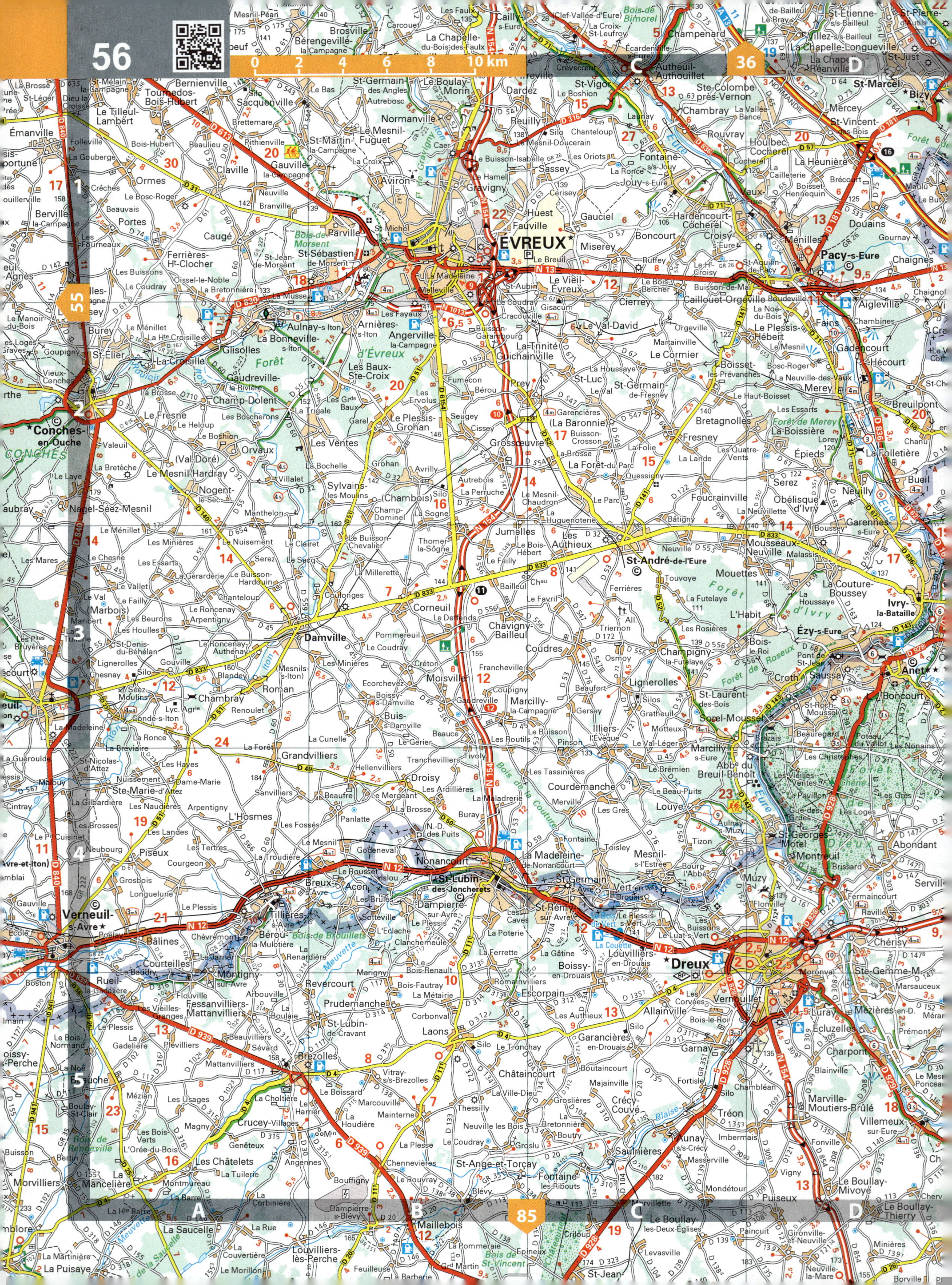

0 2 4 6 8 10 km
36
55
85
A
B
C
D
1
2
3
4
5
Évreux
Conches-en-Ouche
Damville
St-André-de-l'Eure
Pacy-s-Eure
Ivry-la-Bataille
Anet
Ézy-s-Eure
Nonancourt
St-Lubin-des-Joncherets
Verneuil-s-Avre
Dreux
Vernouillet
Tillières-s-Avre
Brezolles
Châtaigncourt
Laons
Crécy-Couvé
Aunay-s-Crécy
Saulnières
Garnay
Luray
Écluzelles
Charpont
Chérisy
Mézières-en-D.
Marville-Moutiers-Brûlé
Villemeux-sur-Eure
Le Boullay-Mivoye
Le Boullay-Thierry
Le Boullay-les-Deux-Églises
Louvilliers-lès-Perche
La Saucelle
Maillebois
St-Ange-et-Torçay
Crucey-Villages
Les Châtelets
Rueil-la-Gadelière
Courteilles
Bâlines
Piseux
Grandvilliers
Sylvains-les-Moulins
Grossœuvre
Prey
Guichainville
Angerville-la-Campagne
Arnières-s-Iton
Aulnay-s-Iton
Glisolles
Gaudreville-la-Rivière
Parville
Gauville-la-Campagne
Claville
Caugé
Saint-Sébastien-de-Morsent
Gravigny
Fauville
Huest
Miserey
Le Vieil-Évreux
Gauciel
Cierrey
Fontaine-s-Jouy
Jouy-s-Eure
Croisy-s-Eure
Ménilles
Hardencourt-Cocherel
Chaignes
Aigleville
Fains
Gadencourt
Hécourt
Merey
Breuilpont
Neuilly
Serez
Mousseaux-Neuville
La Couture-Boussey
Saussay
Croth
Sorel-Moussel
Marcilly-s-Eure
Abbaye de Breuil-Benoît
Mesnil-s-l'Estrée
Muzy
Montreuil
Abondant
Forêt de Dreux
Forêt d'Ivry
Forêt d'Évreux
Forêt de Conches
Bois de Morsent
Bois de Bourth
Bois de la Couture
Marcilly-la-Campagne
Coudres
Chavigny-Bailleul
Moisville
Corneuil
Fumeçon
Bérou
Les Ventes
Orvaux
Champ-Dolent
La Bonneville-s-Iton
Le Mesnil-Hardray
Nagel-Séez-Mesnil
Les Minières
Roman
Chambray
Buis-s-Damville
Droisy
Illiers-l'Évêque
Courdemanche
Lignerolles
Tréon
Fermaincourt
Ste-Gemme-M.
Vert-en-Drouais
Louvilliers-en-Drouais
Boissy-en-Drouais
Allainville
Garancières-en-Drouais
St-Rémy-sur-Avre
St-Germain-s-Avre
La Madeleine-de-Nonancourt
Dampierre-sur-Avre
Revercourt
Prudemanche
Fessanvilliers-Mattanvilliers
Beauvilliers
Vitray-s-Brezolles
Mainterne
Thessilly
Dampierre-s-Blévy
Blévy
Fontaine-les-Ribouts
Puiseux
Levasville
Cocherel
Houlbec-Cocherel
Ste-Colombe-près-Vernon
Chambray
Autheuil-Authouillet
Champenard
St-Vigor
Dardez
Reuilly
Normanville
Le Boulay-Morin
Aviron
Irreville
Sassey
Le Mesnil-Fuguet
St-Martin-la-Campagne
Gauville
Tourneclos-Bois-Hubert
Bernienville
Sacquenville
Émanville
Orvaux
Ormes
Portes
Ferrières-Haut-Clocher
Le Mesnil-Péan
Brosville
Bérengeville-la-Campagne
La Chapelle-du-Bois-des-Faulx
Cailly-s-Eure
Villez-s-s-Bailleul
La Chapelle-Longueville
St-Marcel
Bizy
St-Vincent-des-Bois
Douains
Aigleville
Bueil
Garennes-s-Eure
Le Plessis-Hébert
La Boissière
Épieds
Fresney
Bretagnolles
St-Germain-de-Fresney
La Forêt-du-Parc
Les Authieux
Jumelles
Le Val-David
La Trinité
St-Luc
Mouettes
L'Habit
Champigny-la-Futelaye
Boncourt
Dreux

PARC NATUREL RÉGIONAL
La Roche-Guyon
Giverny
Bonnières-s.-S.
Rolleboise
Rosny-s.-Seine
Forêt de Rosny
Mantes-la-Jolie
Limay
Mantes-la-Ville
Gargenville
Issou
Juziers
Meulan-en-Yvelines
Les Mureaux
Verneuil-s-Seine
Vernouillet
Triel-s-Seine
Poissy
Aubergenville
Épône
Mézières-s-Seine
Guerville
Flins-s-Seine
Maule
Vaux-s-Seine
Vauréal
Cergy
Bréval
Dammartin-en-Serve
Septeuil
Thoiry
Réserve Africaine
Beynes
Orgeval
Chambourcy
Houdan
Maulette
Montfort-l'Amaury
Le Tremblay-s-Mauldre
Neauphle-le-Château
Plaisir
Les Clayes-s-Bois
Maurepas
Élancourt
France Miniature
Trappes
Montigny-le-Bretonneux
St-Quentin-en-Yvelines
Le Mesnil-St-Denis
Lévis-St-Nom
Dampierre-en-Yvelines
Chevreuse
Abbaye des Vaux de Cernay
Cernay-la-Ville
Rambouillet
Gambais
St-Léger-en-Yvelines
Les Bréviaires
Le Perray-en-Yvelines
Poigny-la-Forêt
Gazeran
Limours-en-Hurepoix
DE LA HAUTE VALLÉE DE CHEVREUSE
SEINE

0 2 4 6 8 10 km
38
57
87
A
B
C
D
1
2
3
4
5
PARIS
Notre-Dame
Tour Eiffel
Arc de Triomphe
Sacré-Cœur
ST-DENIS
VERSAILLES
ST-GERMAIN-EN-LAYE
Pontoise
Cergy
Cergy-Pontoise
St-Ouen-l'Aumône
Conflans-Ste-Honorine
Herblay
Maisons-Laffitte
Poissy
Argenteuil
Sartrouville
Houilles
Colombes
Asnières
Gennevilliers
Clichy
Levallois-Perret
Courbevoie
La Défense
Nanterre
Neuilly-s-S.
Puteaux
Suresnes
Rueil-Malmaison
St-Cloud
Boulogne-Billancourt
Sèvres
Meudon
Issy-les-M.
Vanves
Malakoff
Montrouge
Clamart
Châtillon
Bagneux
Vélizy-Villacoublay
Viroflay
Chaville
Le Chesnay
Rocquencourt
Marly-le-Roi
Louveciennes
Bougival
Chatou
Croissy-s-S.
Le Vésinet
Le Pecq
Montesson
Carrières
St-Cyr-l'École
Montigny-le-Bretonneux
Guyancourt
Trappes
Jouy-en-Josas
Bièvres
Châtenay-Malabry
Sceaux
Antony
Fresnes
Massy
Palaiseau
Saclay
Orsay
Les Ulis
Gif
Chevreuse
Longjumeau
Chilly-Mazarin
Morangis
Juvisy-s-Orge
Savigny-s-Orge
Viry-Châtillon
Athis-Mons
Orly
Rungis
Thiais
Choisy-le-Roi
Vitry-s-Seine
Villejuif
Cachan
L'Haÿ-les-Roses
Chevilly-Larue
Ivry-s-Seine
Le Kremlin-Bicêtre
Gentilly
Arcueil
Alfortville
Maisons-Alfort
Créteil
Charenton-le-Pont
St-Maurice
Joinville-le-Pont
St-Maur-des-Fossés
Champigny-s-Marne
Nogent-s-M.
Fontenay-s-Bois
Vincennes
St-Mandé
Montreuil
Bagnolet
Les Lilas
Romainville
Pantin
Bobigny
Aubervilliers
La Courneuve
Drancy
Le Bourget
Aulnay-s-Bois
Sevran
Livry-Gargan
Les Pavillons
Bondy
Le Raincy
Villemomble
Rosny-s-Bois
Neuilly-Plaisance
Gagny
Noisy-le-Sec
Dugny
Stains
Pierrefitte-s-S.
Villetaneuse
Épinay-s-Seine
Enghien-les-Bains
Deuil-la-Barre
Montmorency
Sarcelles
Garges-lès-G.
Goussainville
Roissy-en-France
AÉROPORT CHARLES
Villiers-le-Bel
Écouen
Ézanville
Le Plessis-Bouchard
Franconville
Ermont
Sannois
Cormeilles-en-Parisis
Taverny
Beauchamp
Eragny
Jouy-le-Moutier
Vauréal
Osny
Méry
Auvers-sur-Oise
Domont
Forêt de Montmorency
Bouffémont
Moisselles
Attainville
Le Mesnil-Aubry
Le Plessis-Gassot
Bouqueval
Mareil
Villeron
Louvres
Marly-la-Ville
Fosses
Survilliers
Lassy
Bellefontaine
PAYS DE FRANCE
Luzarches
Épiais
Le Blanc-Mesnil
Villepinte
AÉROPORT DE PARIS-LE BOURGET
Parc des Expositions
Ivry
Orly
AÉROPORT DE PARIS-ORLY
Villeneuve-le-Roi
Ablon
Vigneux-s-Seine
Draveil
Montgeron
Brunoy
Yerres
Villeneuve-St-Georges
Crosne
Valenton
Limeil-Brévannes
Boissy-St-Léger
Sucy-en-Brie
Bonneuil-s-M.
Grosbois
Villecresnes
Épinay-s-Sénart
Quincy-s-Sénart
Forêt de Sénart
Soisy
Évry
Courcouronnes
Ste-Geneviève-des-Bois
Morsang-s-Orge
Grigny
Ris-Orangis
Fleury-Mérogis
St-Michel-s-O.
Le Plessis-Pâté
Montlhéry
Linas
Marcoussis
Nozay
Villejust
Saulx
Ballainvilliers
Villebon
Champlan
Épinay
Limours-en-Hurepoix
Briis
Forges
St-Jean-de-Beauregard
Gometz
Bures
Magny-les-Hameaux
Milon
Courcelle
St-Rémy-lès-Chevreuse
Boullay-les-Troux
Les Molières
Breteuil
Senlisse
Voisins-le-Bretonneux
Port-Royal-des-Champs
Buc
Les Loges-en-Josas
Toussus-le-Noble
Châteaufort
Villiers
Fontenay
Bois-d'Arcy
Plaisir
Étang de St-Quentin
Noisy-le-Roi
Bailly
Rennemoulin
Villepreux
Fourqueux
Mareil-Marly
L'Étang-la-Ville
Le Port-Marly
Aigremont
Chambourcy
Orgeval
Villennes
Médan
Triel-s-Seine
Chanteloup
Andrésy
Achères
Forêt de St-Germain
Maurecourt
Neuville
Boisemont
Courdimanche
Menucourt
Ableiges
Montgeroult
Boissy-l'Aillerie
Génicourt
Ennery
Livilliers
Hérouville
Nesles-la-Vallée
Valmondois
Butry
Frépillon
Bessancourt
Pierrelaye
Béthemont
Chauvry
Villiers-Adam
Mériel
Forêt de l'Isle-Adam
Montsoult
Maffliers
Baillet-en-France
Nointel
Presles
Viarmes
Saint-Martin-du-Tertre
Belloy-en-France
Villaines-s/s-Bois
Épinay-Champlâtreux
Jagny
Châtenay-en-France
Puiseux-en-France
Fontenay-en-Parisis
Le Thillay
Gonesse
Arnouville
Piscop
St-Brice
Groslay
Montmagny
St-Gratien
Soisy-s/s-M.
Margency
Andilly
Eaubonne
Montlignon
St-Prix
St-Leu-la-Forêt
Le Mesnil-le-Roi
Montesson
Bezons
La Garenne-Colombes
Marnes-la-Coquette
Ville-d'Avray
Garches
Vaucresson
Le Plessis-Robinson
Fontenay-aux-Roses
Bourg-la-Reine
Verrières-le-Buisson
Wissous
Paray-Vieille-Poste

39
E
F
G
H
Mortefontaine
Plailly
Silly-le-Long
Chèvreville
Bouillancy
Acy-en-Multien
Rouvres-en-Multien
Rosoy-en-Multien
Varinfroy
Crouy-s-Ourcq
Le Plessis-Belleville
Ognes
Réez-Fosse-Martin
Brégy
Oissery
St-Pathus
Lagny-le-Sec
Rouvres
Dammartin-en-Goële
Othis
Longperrier
Marchémoret
Forfry
Gesvres-le-Chapitre
Douy-la-Ramée
Puisieux
Vincy-Manœuvre
May-en-Multien
Le Plessis-Placy
Trocy-en-Multien
Ocquerre
Vendrest
Coulombs-en-Valois
St-Mard
Moussy-le-Vieux
Mauregard
Montgé-en-Goële
St-Soupplets
Marcilly
Étrépilly
Lizy-s-Ourcq
Le Mesnil-Amelot
Villeneuve-s/s-Dammartin
Thieux
Juilly
Cuisy
Le Plessis-l'Évêque
Barcy
Mary-s-Marne
Cocherel
Mitry-Mory
Compans
Nantouillet
Vinantes
Le Plessis-aux-Bois
Iverny
Monthyon
Chambry
Varreddes
Congis-s-Thérouanne
Isles-les-Meldeuses
Tancrou
Jaignes
Armentières-en-Brie
Villeparisis
St-Mesmes
Villeroy
Penchard
Germigny-l'Évêque
Poincy
Changis-s-Marne
Ussy-s-Marne
Gressy
Messy
Charny
Chauconin-Neufmontiers
Crégy-lès-Meaux
MEAUX
Trilport
St-Jean-les-Deux-Jumeaux
Sammeron
La Ferté-s/s-Jouarre
Claye-Souilly
Charmentray
Trilbardou
Villenoy
Montceaux-lès-Meaux
Fublaines
Sept-Sorts
Jouarre
Fresnes-s-Marne
Précy-s-Marne
Vignely
Mareuil-lès-Meaux
Nanteuil-lès-Meaux
Vincelles
St-Fiacre
Villemareuil
Signy-Signets
Annet-s-Marne
Courtry
Villevaudé
Jablines
Isles-lès-Villenoy
Chermont
Boutigny
Pierre-Levée
Le Pin
Carnetin
Lesches
Esbly
Condé-Ste-Libiaire
Quincy-Voisins
Magny-St-Loup
Vaucourtois
Thorigny-s-Marne
Dampmart
Coupvray
Montry
Couilly-Pont-aux-Dames
Coulommes
Pomponne
Chalifert
Chessy
St-Germain-s-Morin
Bouleurs
Sancy
La Haute-Maison
Brou-s-Chantereine
Vaires-s-M.
St-Thibault-des-Vignes
Lagny-s-Marne
Montévrain
Parc Disneyland Paris
Coutevroult
Montbarbin
Férolles
La Chapelle-s-Crécy
Maisoncelles-en-Brie
St-Germain-s-Morin
Noisiel
Torcy
Gouvernes
Conches-s-Gondoire
Magny-le-Hongre
Villiers-s-Morin
Crécy-la-Chapelle
Mongrolle
Corbeville
Marne-la-Vallée
Bussy-St-Martin
Guermantes
Chanteloup-en-Brie
Serris
Bailly-Romainvilliers
Voulangis
Serbonne
Giremoutiers
Aulnoy
Collégien
Bussy-St-Georges
Jossigny
Lognes
Le Charnoy
Boissy-le-Châtel
Ferrières-en-Brie
Tigeaux
Guérard
Mouroux
Pommeuse
Coulommiers
Croissy-Beaubourg
Dammartin-s-Tigeaux
La Celle-s-Morin
Faremoutiers
Émerainville
Villeneuve-St-Denis
Villeneuve-le-Comte
Ste-Avoye
Roissy-en-Brie
Pontcarré
Pontault-Combault
Mortcerf
St-Augustin
Chailly-en-Brie
Ozoir-la-Ferrière
Les Masselins
Hautefeuille
Mauperthuis
Beautheil-Saints
Marolles-en-Brie
Favières
Neufmoutiers-en-Brie
Crèvecœur-en-Brie
Tournan-en-Brie
La Houssaye-en-Brie
Gretz-Armainvilliers
Lumigny
Pézarches
Touquin
Amillis
Lésigny
Les Chapelles-Bourbon
Marles-en-Brie
Férolles-Attilly
Chevry-Cossigny
Les Boulayes
Le Plessis-Feu-Aussoux
Presles-en-Brie
Châtres
Fontenay-Trésigny
Voinsles
Vaudoy-en-Brie
Brie-Comte-Robert
Liverdy-en-Brie
Chaubuisson
Rozay-en-Brie
Grisy-Suisnes
Courquetaine
Ozouer-le-Voulgis
Coubert
Chaumes-en-Brie
Bernay-en-Brie
La Chapelle-Iger
Pécy
Évry-Grégy
Solers
Argentières
Courpalay
Jouy-le-Châtel
Soignolles-en-Brie
Yèbles
Beauvoir
Guignes
Champdeuil
Aubepierre
Grandville
Gastins
Limoges-Fourches
Lissy
88
60
1
2
3
4
5

0 2 4 6 8 10 km
A
B
C
D
1
2
3
4
5
59
40
89
Château-Thierry
Essômes-s-Marne
Nogentel
Nesles-la-Montagne
Étampes-s-M.
Brasles
Chierry
Blesmes
Crézancy
Connigis
St-Eugène
Condé-en-Brie
Montreuil-aux-Lions
Bézu-le-Guéry
Charly-s-M.
Nanteuil
Crouttes-s-M.
Saulchery
Chézy-s-Marne
Romeny-s-M.
Nogent-l'Artaud
Luzancy
Méry-s-M.
Saâcy-s-M.
Citry
Pavant
La Ferté-s/s-Jouarre
Sept-Sorts
Jouarre
Reuil-en-Brie
Bussières
Orly-s-Morin
St-Cyr-s-Morin
St-Ouen-s-Morin
Boitron
Hondevilliers
Verdelot
Sablonnières
Villeneuve-s-Bellot
Bellot
Rebais
Doue
St-Germain-s/s-Doue
Aulnoy
Boissy-le-Châtel
Coulommiers
Chauffry
St-Siméon
St-Rémy-la-Vanne
Jouy-s-Morin
La Ferté-Gaucher
St-Martin-des-Champs
Lescherolles
St-Mars-V.-Maisons
Chartronges
Choisy-en-Brie
Marolles-en-Brie
Chailly-en-Brie
Amillis
Chevru
Dagny
Leudon-en-Brie
Beton-Bazoches
Frétoy
Courtacon
Boisdon
Bannost
Bezalles
Les Marêts
Champcenest
Augers-en-Brie
Cerneux
Sancy-lès-Provins
Villiers-St-Georges
Montceaux-lès-Provins
Courgivaux
Escardes
Réveillon
Esternay
Châtillon-sur-Morin
Neuvy
Champguyon
Joiselle
Morsains
Le Vézier
Tréfols
Meilleray
La Chapelle-Moutils
Montolivet
Montdauphin
St-Barthélemy
Vendières
L'Épine-aux-Bois
Viels-Maisons
Montmirail
Vauchamps
Mécringes
Rieux
Montenils
Le Gault-Soigny
Corrobert
Artonges
Montlevon
Pargny-la-Dhuys
Viffort
Montfaucon
Rozoy-Bellevalle
La Chapelle-Monthodon
Celles-lès-Condé
Montigny-lès-Condé
Verdon
Courbouin
Vendrest
Coulombs-en-Valois
Germigny-s/s-Coulombs
Dhuisy
Sablonnière
Lucy-le-Bocage
Belleau
Bouresches
Étrépilly
Marigny-en-Orxois
Veuilly-la-Poterie
Torcy-en-Valois
Bézu-St-Germain
Verdilly
Mont-St-Père
Jaulgonne
Chartèves
Barzy-s-M.
Trélou-s-Marne
Courtemont-Varennes
Mézy-Moulins
Reuilly-Sauvigny
Courthiézy
Dormans
Vincelles
Le Charmel
Mouchaton
Sézanne
Les Essarts-lès-Sézanne
Bouchy-St-Genest
Nesle-la-Reposte
Louan
Chenoise
Cucharmoy
Voulton
Beauchery-St-Martin
St-Hilliers
Pécy
Jouy-le-Châtel
Bethon
A 4 - E 50
D 1003
N 4
D 934
D 933
D 407
D 1
D 603
D 402
L.G.V. EST
Forêt de la Traconne
Marne
Petit Morin
Grand Morin
Aubetin
Dhuys

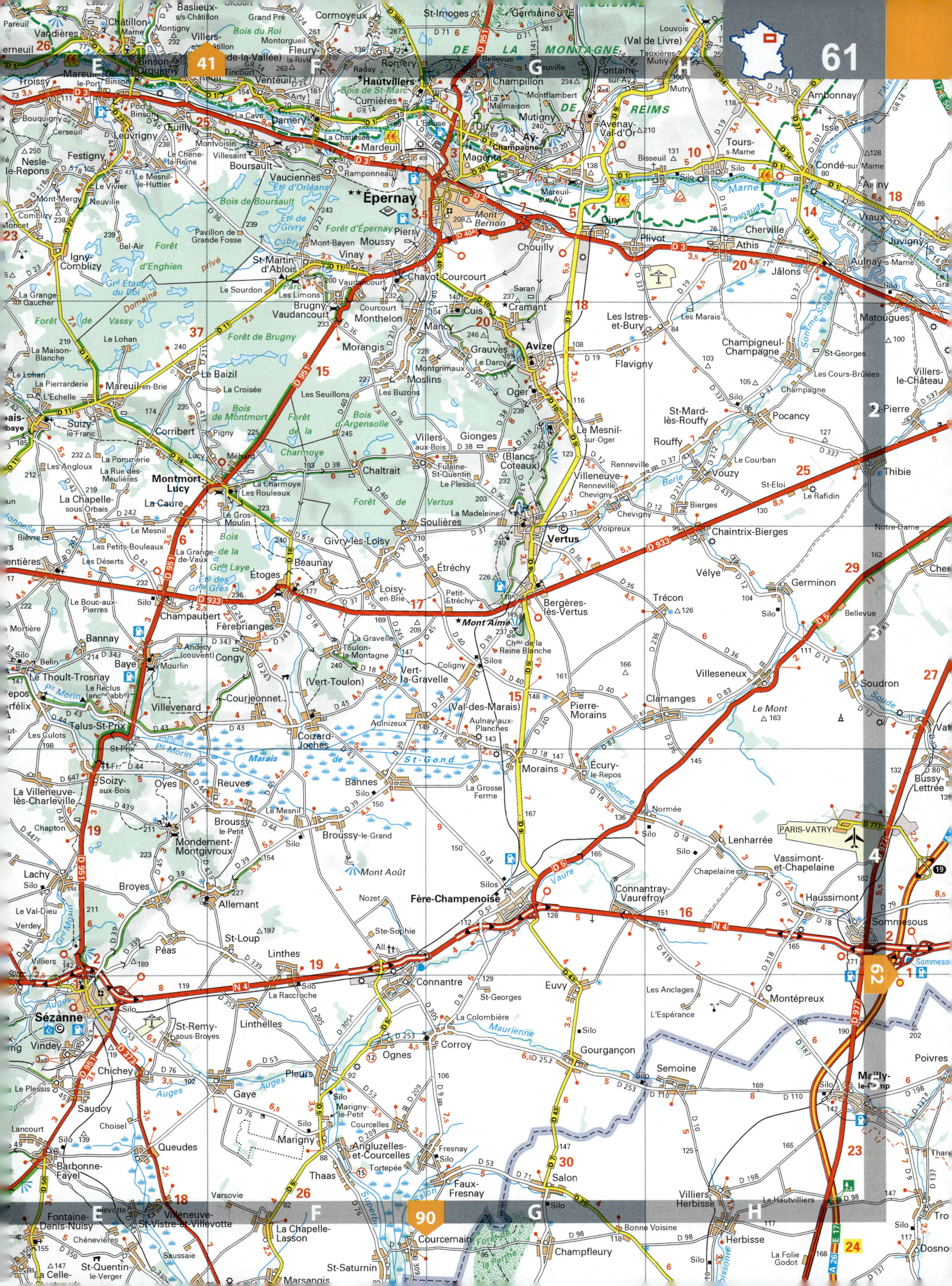
41
E
F
G
H
DE LA MONTAGNE
DE REIMS
Épernay
Hautvillers
Cumières
Damery
Venteuil
Mareuil-le-Port
Troissy
Binson-et-Orquigny
Châtillon
Vandières
Fleury-la-Rivière
Romery
Champillon
Dizy
Ay
Magenta
Mardeuil
Mutigny
Avenay-Val-d'Or
Mareuil-sur-Ay
Bisseuil
Tours-s-Marne
Ambonnay
Isse
Condé-sur-Marne
Aigny
Vraux
Juvigny
Oiry
Plivot
Athis
Cherville
Jâlons
Aulnay-s-Marne
Matougues
Chouilly
Pierry
Moussy
Vinay
Chavot-Courcourt
Mont Bernon
Cuis
Cramant
Avize
Grauves
Oger
Le Mesnil-sur-Oger
Vertus
Bergères-lès-Vertus
Mont Aimé
Boursault
Vauciennes
Bois de Boursault
Forêt d'Enghien
Forêt de Vassy
Forêt de Brugny
Forêt d'Épernay
St-Martin-d'Ablois
Brugny-Vaudancourt
Monthelon
Mancy
Morangis
Moslins
Gionges
Villers-aux-Bois
Chaltrait
Soulières
Givry-lès-Loisy
Loisy-en-Brie
Étréchy
Forêt de Vertus
Bois d'Argensolle
Forêt de la Charmoye
Bois de Montmort
Montmort-Lucy
Mareuil-en-Brie
Le Baizil
Corribert
Suizy-le-Franc
La Chapelle-sous-Orbais
La Caure
Beaunay
Étoges
Champaubert
Fèrebrianges
Congy
Baye
Bannay
Le Thoult-Trosnay
Talus-St-Prix
Villevenard
Courjeonnet
Coizard-Joches
Vert-la-Gravelle
Val-des-Marais
Pierre-Morains
Clamanges
Villeseneux
Soudron
Trécon
Vélye
Germinon
Chaintrix-Bierges
Vouzy
Rouffy
Pocancy
St-Mard-lès-Rouffy
Champigneul-Champagne
Les Istres-et-Bury
Flavigny
Thibie
Villers-le-Château
St-Pierre
Marais de St-Gond
Bannes
Oyes
Reuves
Broussy-le-Petit
Broussy-le-Grand
Mondement-Montgivroux
Allemant
Soizy-aux-Bois
La Villeneuve-lès-Charleville
Morains
Écury-le-Repos
Normée
Lenharrée
Vassimont-et-Chapelaine
Haussimont
Sommesous
Connantray-Vaurefroy
Fère-Champenoise
Connantre
Euvy
Montépreux
Gourgançon
Semoine
Mailly-le-Camp
Corroy
Ognes
Pleurs
Linthes
Linthelles
St-Loup
Broyes
Péas
Sézanne
St-Remy-sous-Broyes
Chichey
Vindey
Saudoy
Gaye
Marigny
Queudes
Barbonne-Fayel
Angluzelles-et-Courcelles
Fresnay
Thaas
Faux-Fresnay
Salon
Villiers-Herbisse
Herbisse
Champfleury
Courcemain
La Chapelle-Lasson
Villeneuve-St-Vistre-et-Villevotte
Fontaine-Denis-Nuisy
St-Quentin-le-Verger
PARIS-VATRY
N 4
D 933
D 951
D 9
D 5
D 3
90
62
24
26

0 2 4 6 8 10 km
C
42
D
61
91
A
B
C
D
Louvercy
Ancienne Voie Romaine
Crête Niel
Haricot de Vadenay
Somme-Tourbe
Somme-Bionne
Vadenay
Cuperly
Bussy-le-Château
La Croix-en-Champagne
Ambonnay
Isse
Les Grandes-Loges
St-Hilaire-au-Temple
Mont Gravonne
Fontenelle
Dampierre-au-Temple
Mont des Vignes
Camp d'Attila
La Cheppe
St-Remy-sur-Bussy
Le Vieux-Bellay
Auve
La Chapelle-Felcourt
St-Mard-s-Auve
Condé-sur-Marne
Aigny
La Veuve
Centre Routier
AUTOROUTE DE L'EST
A 4 - E 50
St-Étienne-au-Temple
Lycée agricole
Le Neuf-Bellay
Vraux
Juvigny
Mont de la Savelonnière
La Grande Romaine
Tilloy-et-Bellay
Poste de Somme-Vesle
Herpont
Aulnay-s-Marne
Le Lac des Grands Prés
Mont de Charme
Chaussée
Romaine
Recy
Melette
La Maison-Neuve
Courtisols
St-Julien
Somme-Vesle
Poix
St-Martin-sur-le-Pré
St-Gibrien
La Folie
L'Épine
St-Memmie
Basilique N.-D. de l'Épine ★★
Villers-le-Château
Fagnières
St-Georges
Les Cours-Brûlées
CHÂLONS-EN-CHAMPAGNE ★★
La Malassise
St-Pierre
St-Memmie
Compertrix
Longevas
Moivre
Thibie
Mont-Choisy
Coolus
Marson
St-Jean-sur-Moivre
Coupéville
Le Fresne
Les Ormes
La Saux
Bussy-le-Repos
Le Rafidin
St-Laurent
Sarry
Sogny-aux-Moulins
Moncetz-Longevas
Chepy
Notre-Dame
Écury-sur-Coole
St-Germain-la-Ville
Dampierre-sur-Moivre
Francheville
La Motte-Hériton
Cheniers
Germinon
Nuisement-sur-Coole
Mont Tolsé
Mairy-s-Marne
Vésigneul-s-Marne
Bronne
Vanault-le-Châtel
Bellevue
Breuvery-s-Coole
Vaugency
Togny-aux-Bœufs
Pogny
Mandre
Mentarah
Les Quatre-Chemins
St-Quentin-sur-Coole
Vouciennes
Omey
La Chaussée-sur-Marne
Soudron
Cernon
Vitry-la-Ville
Aulnay-l'Aître
La Cense-des-Prés
Bassu
Cheppes-la-Prairie
Coulmier
Coulvagny
Coupetz
St-Martin-aux-Champs
Lisse-en-Champagne
Vatry
St-Amand-sur-Fion
Vavray
Ablancourt
Bassuet
Vavray-le-Grand
Bussy-Lettrée
Fontaine
Songy
St-Lumier-en-Champagne
Soulanges
Vésigneul
Pringy
St-Quentin-les-Marais
Changy
Lettrée
Faux-Vésigneul
Le Mont Larron
Gravelines
Outrepont
Mont de Fourche
PARIS-VATRY
Drouilly
Vitry-en-Perthois
Merlaut
Ponthion
Haussimont
Dommartin-Lettrée
Loisy-s-Marne
Maisons-en-Champagne
Couvrot
Notre-Dame
Soudé
Ste-Croix
Brusson
Sommesous
Coole
Blacy
Plichancourt
St-Étienne
Canal
Reims-la-Brûlée
Tournay
Favresse
Sommesous
Vitry-le-François
Vauclerc
Glannes
Marolles
Huiron
Villotte
Écriennes
Forêt de Vauhalaise
Frignicourt
Courdemanges
Luxémont-et-Villotte
Châtelraould-St-Louvent
Mont Moret
Bignicourt-sur-Marne
Goncourt
Poivres
Sompuis
La Galbaudine
Blaise-s/s-Arzillières
Norrois
Matignicourt-Goncourt
Mailly-le-Camp
La Croix
St-Louvent
La Breuille
La Certine
Perthes
Les Rivières-Henruel
Arzillières-Neuville
Cloyes-s-Marne
Moncetz-l'Abbaye
Camp militaire
Humbauville
Tharges
Les Mandres
Henruel
Neuville-sous-Arzillières
Larzicourt
Le Meix-Tiercelin
St-Chéron
Isle-sur-Marne
Orphelinat
Flumet
St-Genest
St-Remy-en-Bouzemont-St-Genest-et-Isson
Les Monts Torlors
Trouans
de Mailly
St-Ouen-Domprot
La Verpillière
La Malmaison
Arrigny
Bussy-aux-Bois
Gigny-Bussy
Isson
Dosnon
Bois de Bussy
Presqu'île de Larzicourt
St-Étienne
Petit-Paris

Chaudefontaine
Braux-Ste-Cohière
Dommartin-Dampierre
Ste-Menehould
43
E
F
G
H
La Contrôlerie
Futeau
Bellefontaine
Beauchamp
Rarécourt
Ville-sur-Cousances
Les Souhesmes
Argers
Verrières
Dampierre
Maupertuis
Élise-Daucourt
Voilemont
Grigny
Moncets
Daucourt
Chatrices
Forêt de Beaulieu
St-Rouin
Bois de Lavoye
Froidos
Lavoye
Autrécourt-sur-Aire
Julvécourt
Osches
Souilly
Ippécourt
Villers-en-Argonne
Passavant-en-Argonne
Beaulieu-en-Argonne
Fleury-sur-Aire
St-André-en-Barrois
Braux-St-Remy
La Hotte
Dampierre-le-Château
Sivry-Ante
Ante
Le Chemin
Waly
Brizeaux
Foucaucourt-sur-Thabas
Nubécourt
Bulainville
Rambluzin-et-Benoite-Vaux
Forêt du Prieuré
Bois Dahaie
Heippes
Eclaires
Evres
L.G.V. EST
Meuse T.G.V.
Deuxnouds-devant-Beauzée
Mondrecourt
Le Vieil-Dampierre
Bournonville
Triaucourt-en-Argonne
(Seuil-d'Argonne)
Beauzée-sur-Aire
(Beausite)
(Les Trois-Domaines)
Épense
Les Charmontois
La Neuville-aux-Bois
Pretz-en-Argonne
Amblaincourt
Seraucourt
Rignaucourt
Issoncourt
Neuville-en-Verdunois
Remicourt
Givry-en-Argonne
Belval-en-Argonne
Sommaisne
Les Anglecourt
Courcelles-sur-Aire
Noirlieu
Bouêt
Le Châtelier
Yvraumont
Vaubecourt
(Rembercourt-Sommaisne)
La Vaux-Marie
Chaumont-s-Aire
Longchamps-sur-Aire
Pierrefitte-sur-Aire
St-Mard-sur-le-Mont
La Vadivière
Les Merchines
Érize-la-Petite
Érize-la-Grande
Contault
Sommeilles
Vieux Monthiers
Bois des Argonnelles
Lamermont
Vaudoncourt
Rembercourt-aux-Pots
Lisle-en-Barrois
Marat-la-Petite
Marat-la-Grande
Nicey-sur-Aire
Yonval
Monthiers
Bois Murets
Noyers-le-Val
Laheycourt
Villotte-devant-Louppy
Possesse
Auzécourt
(Noyers-Auzécourt)
Mt du Val
Bois de la Penthière
Condé-en-Barrois
Belrain
St-Jean-devant-Possesse
Charmont
Nettancourt
Louppy-le-Château
Louppy-sur-Chée
Génicourt-sous-Condé
(Raival)
B. du Fays
Seigneulles
Rosnes
Vernancourt
Villers-aux-Vents
Bois du Haraumont
(Les Hauts-de-Chée)
Hargeville-sur-Chée
Érize-la-Brûlée
Brabant-le-Roi
Fontenoy
B. des Chênes
Petit Rumont
Rumont
Vroil
Revigny-s-Ornain
Laimont
Le Haut Bois
Bettancourt-la-Longue
Neuville-s-Ornain
Bussy-la-Côte
Chardogne
Vavincourt
Lavallée
Le Bois Goyet
Le Vieil Étang
Villers-le-Sec
Rancourt-sur-Ornain
Érize-St-Dizier
Sogny-en-l'Angle
Venise
Varney
Rosières-devant-Bar
Alliancelles
Remennecourt
Contrisson
Vassincourt
Mussey
Behonne
(Naives-Rosières)
Naives-devant-Bar
Heiltz-le-Maurupt
Andernay
Mognéville
(Val-d'Ornain)
Fains-les-Sources
(Fains-Véel)
BAR-LE-DUC
Ste-Geneviève
Géry
Sermaize-les-Bains
Couvonges
Véel
Resson
Loisey-Culey
Pargny-sur-Saulx
Beurey-sur-Saulx
Bois St Martin
Savonnières-devant-Bar
Culey
Salmagne
Étrepy
Maurupt-le-Montois
Robert-Espagne
Trémont-sur-Saulx
Combles-en-Barrois
Longeville-en-Barrois
Silmont
Guerpont
Le Montois
Cheminon
Le Bois Brûlé
Forêt du Haut Jura
Tannois
Bussemont
St-Lumier-la-Populeuse
Brusson-les-Forges
Trois-Fontaines-l'Abbaye
L'Isle-en-Rigault
Jean-d'Heurs
Ville-sur-Saulx
Tronville-en-Barrois
Nançois-sur-Ornain
Scrupt
Bois de Maurupt
Le Fays
Brillon-en-Barrois
St Martin
Velaines
64
St-Vrain
Lombroie
Saudrupt
Haironville
Montplonne
Bois de Montfromont
Bois de Velaines
Heiltz-l'Évêque
Heiltz-le-Hutier
Vouillers
St-Eulien
Baudonvilliers
Rupt-aux-Nonains
Nant-le-Grand
Maulan
Villers-en-Lieu
Chancenay
Sommelonne
Pont
Bazincourt-sur-Saulx
Lavincourt
Nant-le-Petit
Givrauval
Perthes
St-Dizier
Bettancourt-la-Ferrée
Bayé
La Houpette
Stainville
Le Petit-Maulan
Longeaux
Sapignicourt
Hauteville
Ambrières
Hallignicourt
La Bobotte
Les Côtes Noires
Forêt de Valliéremont
Aulnois-en-Perthois
Bois de Charmois
Fouchères-aux-Bois
Anceville
Cousancelles
Ménil-sur-Saulx
Beau Soleil
Blaise-sous-Hauteville
Laneuville-au-Pont
Moëslains
Valcourt
Gue
Cousances-les-Forges
Jovilliers
Savonnières-en-Perthois
Le Bouchon-sur-Saulx
Villers-le-Sec
Landricourt
St-Aubin
Marnaval
92
Rachecourt
Chamouilley
Juvigny-en-Perthois
Dammarie-sur-Saulx
Ste-Marie-Lac-Nuisement
Eclaron-Braucourt-Ste-Livière
Eurville-Bienville
Forêt
Couvertpuis

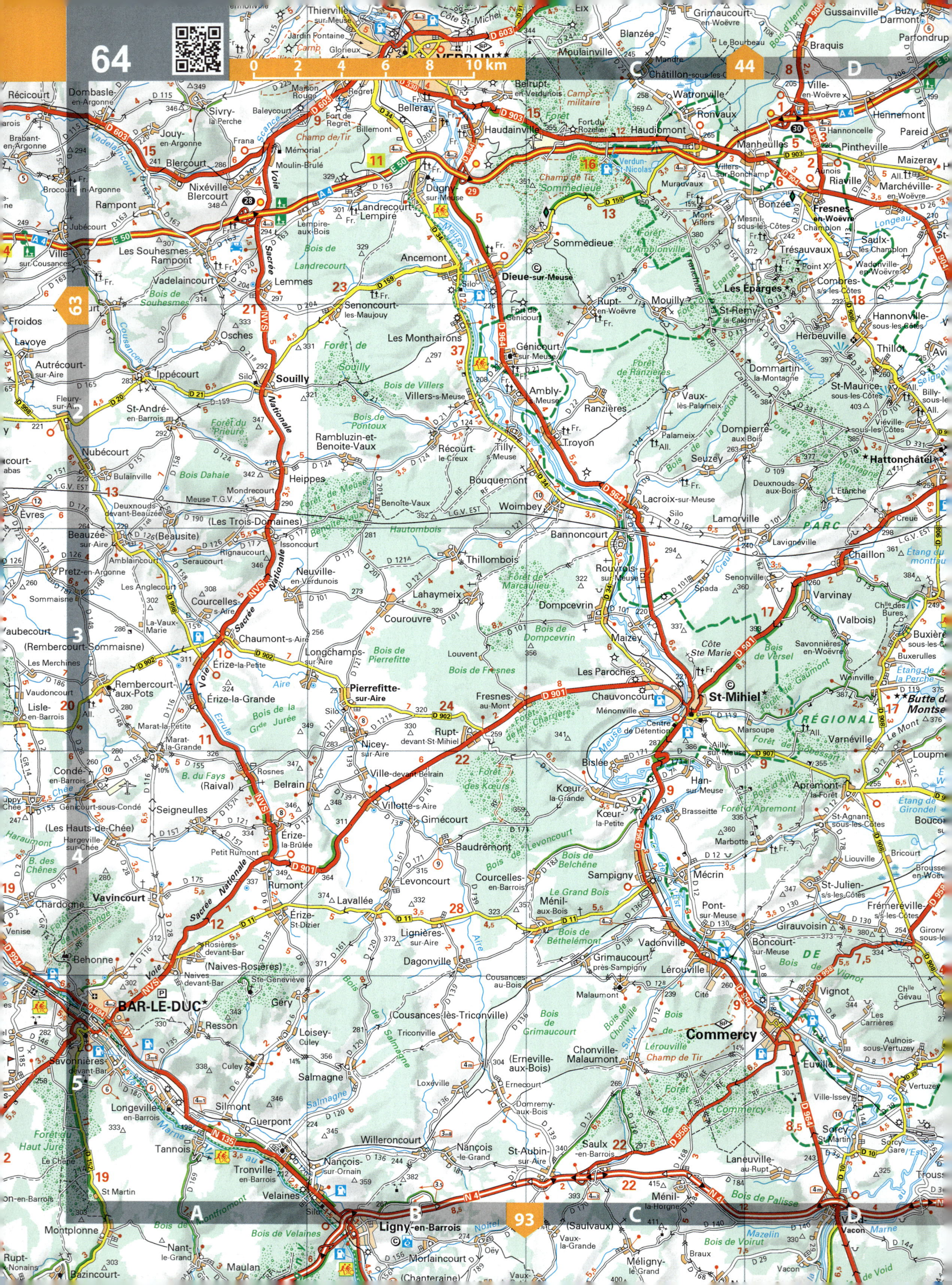
0 2 4 6 8 10 km
VERDUN
Thierville-sur-Meuse
Belleray
Haudainville
Belrupt-en-Verdunois
Blanzée
Moulainville
Châtillon-sous-les-Côtes
Grimaucourt-en-Woëvre
Gussainville
Braquis
Watronville
Ronvaux
Haudiomont
Manheulles
Pintheville
Maizeray
Hennemont
Pareid
Ville-en-Woëvre
Fresnes-en-Woëvre
Riaville
Marchéville-en-Woëvre
Dombasle-en-Argonne
Récicourt
Sivry-la-Perche
Jouy-en-Argonne
Blercourt
Nixéville-Blercourt
Dugny-sur-Meuse
Landrecourt-Lempire
Rampont
Les Souhesmes-Rampont
Ville-sur-Cousances
Vadelaincourt
Lemmes
Senoncourt-les-Maujouy
Ancemont
Dieue-sur-Meuse
Sommedieue
Mesnil-sous-les-Côtes
Bonzée
Trésauvaux
Saulx-lès-Champlon
Les Éparges
St-Remy-la-Calonne
Combres-s/s-les-Côtes
Hannonville-sous-les-Côtes
Herbeuville
Thillot
Mouilly
Rupt-en-Woëvre
Génicourt-sur-Meuse
Les Monthairons
Osches
Souilly
Ippécourt
Froidos
Lavoye
Autrécourt-sur-Aire
St-André-en-Barrois
Villers-sur-Meuse
Ambly-sur-Meuse
Ranzières
Vaux-lès-Palameix
Dommartin-la-Montagne
St-Maurice-sous-les-Côtes
Dompierre-aux-Bois
Seuzey
Troyon
Tilly-sur-Meuse
Récourt-le-Creux
Rambluzin-et-Benoite-Vaux
Nubécourt
Bulainville
Heippes
Mondrecourt
Deuxnouds-devant-Beauzée
Évres
Beauzée-sur-Aire
Les Trois-Domaines
Benoite-Vaux
Bouquemont
Woimbey
Lacroix-sur-Meuse
Lamorville
Hattonchâtel
Deuxnouds-aux-Bois
Lavignéville
Chaillon
Bannoncourt
Thillombois
Rouvrois-sur-Meuse
Issoncourt
Rignaucourt
Seraucourt
Ambiaucourt
Pretz-en-Argonne
Sommaisne
Les Anglecourt
Courcelles-sur-Aire
Neuville-en-Verdunois
Lahaymeix
Courouvre
Dompcevrin
Spada
Senonville
Varvinay
(Valbois)
Buxières-sous-les-Côtes
Chaumont-sur-Aire
(Rembercourt-Sommaisne)
Longchamps-sur-Aire
Érize-la-Petite
Érize-la-Grande
Pierrefitte-sur-Aire
Les Paroches
Maizey
Chauvoncourt
St-Mihiel
Côte Ste Marie
Rembercourt-aux-Pots
Vaudoncourt
Lisle-en-Barrois
Marat-la-Grande
Nicey-sur-Aire
Rupt-devant-St-Mihiel
Fresnes-au-Mont
Ménonville
Ailly-sur-Meuse
Marsoupe
Varnéville
Apremont-la-Forêt
Loupmont
Condé-en-Barrois
Génicourt-sous-Condé
(Les Hauts-de-Chée)
Seigneulles
(Raival)
Rosnes
Belrain
Ville-devant-Belrain
Bislée
Han-sur-Meuse
Brasseitte
Koeur-la-Grande
Koeur-la-Petite
Villotte-sur-Aire
Gimécourt
Baudrémont
St-Agnant-sous-les-Côtes
Marbotte
Érize-la-Brûlée
Rumont
Lavallée
Levoncourt
Courcelles-en-Barrois
Sampigny
Mécrin
Liouville
St-Julien-s/s-les-Côtes
Vavincourt
Chardogne
Érize-St-Dizier
Lignières-sur-Aire
Ménil-aux-Bois
Pont-sur-Meuse
Girauvoisin
Boncourt-sur-Meuse
Frémeréville-s/s-les-Côtes
Behonne
Rosières-devant-Bar
(Naives-Rosières)
Naives-devant-Bar
Dagonville
Vadonville
Grimaucourt-près-Sampigny
Lérouville
Vignot
BAR-LE-DUC
Géry
Resson
Ste-Geneviève
(Cousances-lès-Triconville)
Triconville
Cousances-au-Bois
Malaumont
Commercy
Chonville-Malaumont
Euville
Aulnois-sous-Vertuzey
Savonnières-devant-Bar
Loisey-Culey
Salmagne
(Erneville-aux-Bois)
Ernecourt
Loxéville
Longeville-en-Barrois
Silmont
Guerpont
Tannois
Willeroncourt
Nançois-le-Grand
Dômremy-aux-Bois
Saulx-en-Barrois
Ville-Issey
Sorcy-St-Martin
Tronville-en-Barrois
Nançois-sur-Ornain
St-Aubin-sur-Aire
Laneuville-au-Rupt
Velaines
Ménil-la-Horgne
(Saulvaux)
Vaux-la-Grande
Ligny-en-Barrois
Montplonne
Nant-le-Grand
Morlaincourt
(Chanteraine)
Maulan
Bazincourt
Méligny-le-Grand
Braux
Vacon
Forêt de Souilly
Bois de Villers
Bois Dahaie
Forêt de Marcaulieu
Bois de Dompcevrin
Bois de Pierrefitte
Bois de Fresnes
Forêt des Koeurs
Bois de Belchêne
Le Grand Bois
Bois de Béthelémont
Bois de Grimaucourt
Forêt de Commercy
Forêt d'Apremont
Forêt du Haut Juré
Bois de Velaines
PARC RÉGIONAL
Voie Sacrée
Nationale
Meuse
Aire
Ornain
Marne
Saulx
Salmagne
Champ de Tir
Camp militaire
A 4
E 50
N 4
N 135
D 964
D 901
D 603
D 903
L.G.V. EST
A
B
C
D
1
2
3
4
5

44
63
93

METZ
NANCY
TOUL
Pont-à-Mousson
Dieulouard
Jarny
Thiaucourt-Regniéville
Chambley-Bussières
Gorze
Ars-s-Moselle
Moulins-lès-M.
Montigny-lès-M.
Scy-Chazelles
Laquenexy
Courcelles-sur-Nied
Sillegny
Pagny-lès-Goin
Verny
Pouilly
Fleury
Marly
Augny
Jouy-aux-Arches
Novéant-s-Moselle
Arnaville
Pagny-s-Moselle
Vandières
Norroy-lès-Pont-à-Mousson
Blénod-lès-Pont-à-Mousson
Jezainville
Atton
Loisy
Bezaumont
Landremont
Millery
Custines
Pompey
Frouard
Champigneulles
Maxéville
Malzéville
St-Max
Laxou
Vandœuvre-lès-N.
Jarville-la-Malgrange
Liverdun
Aingeray
Sexey-les-Bois
Velaine-en-Haye
Gondreville
Fontenoy
Dommartin-lès-Toul
Chaudeney-sur-Moselle
Villey-le-Sec
Choloy-Ménillot
Écrouves
Bruley
Lucey
Lagney
Ménil-la-Tour
Andilly
Sanzey
Royaumeix
Avrainville
Manoncourt-en-Woëvre
Domèvre-en-Haye
Rogéville
Manonville
Noviant-aux-Prés
Bernécourt
Grosrouvres
Minorville
Tremblecourt
Rosières-en-Haye
Saizerais
Marbache
Belleville
Griscourt
Gézoncourt
Martincourt
Mamey
Lironville
Limey-Remenauville
Flirey
Seicheprey
Beaumont
Mandres-aux-Quatre-Tours
Rambucourt
Hamonville
Ansauville
Boucq
Trondes
Richecourt
Lahayville
St-Baussant
Essey-et-Maizerais
Euvezin
Bouillonville
Pannes
Nonsard-Lamarche
Jaulny
Rembercourt-sur-Mad
Xammes
Beney-en-Woëvre
Dampvitoux
Hagéville
Lachaussée
St-Julien-lès-Gorze
Waville
Onville
Villecey-s-Mad
Vandelainville
Bayonville-sur-Mad
Prény
Vilcey-s-Trey
Fey-en-Haye
Montauville
Maidières
Mars-la-Tour
Vionville
Rezonville
Gravelotte
Tronville
Puxieux
Xonville
Sponville
Hannonville-Suzémont
Jonville-en-Woëvre
Latour-en-Woëvre
Labeuville
Moulotte
Brainville
Bruville
Doncourt-lès-Conflans
Friauville
Puxe
Vernéville
Châtel-St-Germain
Rozérieulles
Vaux
Plappeville
Lorry-lès-M.
Longeville-lès-M.
Ste-Ruffine
Jussy
Peltre
Jury
Mécleuves
Orny
Chérisey
Goin
Liéhon
Vigny
Louvigny
Cheminot
Vittonville
Champey-s-Moselle
Bouxières-s/s-Froidmont
Lesménils
Morville-s-Seille
Port-s-Seille
Raucourt
Éply
Clémery
Nomeny
Létricourt
Abaucourt
Mailly-s-Seille
Sivry
Moivrons
Bratte
Faulx
Malleloy
Montenoy
Bouxières-aux-Chênes
Bouxières-aux-Dames
Lay-St-Christophe
Eulmont
Agincourt
Dommartemont
Essey-lès-N.
Tomblaine
Pulnoy
Seichamps
Saulxures-lès-Nancy
Laneuveville-devant-N.
Heillecourt
Houdemont
Lorraine T.G.V.
Forêt de Haye
Butte de Mousson
LORRAINE
Moselle
Seille
Esch
Rupt de Mad
E
F
G
H
45
94
99

0 2 4 6 8 10 km
46
65
95
A
B
C
D
1
2
3
4
5
METZ
Laquenexy
Courcelles-Chaussy
Faulquemont
Rémilly
Pange
Verny
Delme
Nomeny
Château-Salins
Vic-sur-Seille
Moyenvic
Pont-à-Mousson
Pompey
Champigneulles
Maxéville
Malzéville
St-Max
Essey-lès-N.
Tomblaine
NANCY
Laxou
Vandœuvre-lès-N.
Jarville-la-Malgrange
Laneuveville-devant-N.
Varangéville
Seichamps
Pulnoy
Saulxures-lès-Nancy
Dommartin-s/s-Amance
Laneuvelotte
Champenoux
Mazerulles
Sornéville
Moncel-sur-Seille
Brin-sur-Seille
Bey-sur-Seille
Arraye-et-Han
Armaucourt
Leyr
Montenoy
Custines
Millery
Belleau
Sivry
Moivrons
Létricourt
Craincourt
Aulnois-sur-Seille
Fossieux
Jallaucourt
Fresnes-en-Saulnois
Oriocourt
Donjeux
Lemoncourt
Puzieux
Liocourt
Juville
Moncheux
Thimonville
Tragny
Luppy
Béchy
Solgne
Vigny
Buchy
Sillegny
Goin
Pagny-lès-Goin
Cheminot
Louvigny
Pournoy-la-Grasse
Coin-lès-Cuvry
Fleury
Pouilly
Marly
Peltre
Mercy
Jury
Ars-Laquenexy
Colligny
Maizeroy
Villers-Stoncourt
Servigny-lès-Raville
Raville
Bionville-s-Nied
Marange-Zondrange
Guinglange
Elvange
Créhange
Tritteling-Redlach
Laudrefang
Bambiderstroff
Longeville-lès-St-Avold
Vahl-lès-Faulquemont
Adelange
Boustroff
Many
Arriance
Chémery
Thicourt
Thonville
Eincheville
Landroff
Brulange
Suisse
Destry
Baronville
Morhange
Marthille
Villers-s-Nied
Chicourt
Bréhain
Achain
Château-Bréhain
Dalhain
Vannecourt
Burlioncourt
Vaxy
Puttigny
Obreck
Dédeling
Château-Voué
Hampont
Lubécourt
Amelécourt
Morville-lès-Vic
Haraucourt-sur-Seille
Marsal
Salonnes
Juvelize
Bezange-la-Grande
Xanrey
Juvrecourt
Bezange-la-Petite
Réchicourt-la-Petite
Arracourt
Athienville
Bathelémont
Bures
Parroy
Hénaménil
Bauzemont
Raville-s-Sânon
Einville-au-Jard
Bienville-la-Petite
Crion
Sionviller
Serres
Hoéville
Réméréville
Courbesseaux
Gellenoncourt
Drouville
Erbéviller-sur-Amezule
Velaine-s/s-Amance
Cerville
Buissoncourt
Haraucourt
Art-s-Meurthe
Maixe
Crévic
Gerbécourt
Laneuveville-en-Saulnois
Viviers
Fonteny
Tincry
Xocourt
Prévocourt
Bacourt
Hannocourt
Oron
Frémery
Lucy
Baudrecourt
Chenois
Lesse
Holacourt
Vatimont
Arraincourt
Herny
Han-sur-Nied
Adaincourt
Vittoncourt
Voimhaut
Ancerville
Lemud
Aube
Beux
Dain-en-Saulnois
Flocourt
St-Epvre
Morville-s-Nied
Sailly-Achâtel
Secourt
Alémont
St-Jure
Vulmont
Foville
Thézey-St-Martin
Alaincourt-la-Côte
Phlin
Mailly-s-Seille
Abaucourt
Raucourt
Éply
Morville-s-Seille
Port-s-Seille
Clémery
Rouves
Bénicourt
Manoncourt-sur-Seille
Mange-Seille
Lixières
Chenicourt
Jeandelaincourt
Ajoncourt
Malaucourt-sur-Seille
Manhoué
Aboncourt-sur-Seille
Lanfroicourt
Bioncourt
Attilloncourt
Pettoncourt
Chambrey
Coutures
Grémecey
Landremont
Ville-au-Val
Autreville-s-Moselle
Bratte
Villers-lès-Moivrons
Malleloy
Faulx
Bouxières-aux-Chênes
Bouxières-aux-Dames
Lay-St-Christophe
Eulmont
Agincourt
Dommartemont
Amance
Laître-s/s-Amance
Frouard
Lesménils
Bezaumont
Ste-Geneviève
Loisy
Dombasle
Les Quatre Fers
Sorbey
Sanry-sur-Nied
Bazoncourt
Chanville
Hémilly
Faux-en-Forêt
Mécleuves
Orny
Pontoy
Chérisey
Liéhon
Silly-en-Saulnois
Chesny
Cuvry
Augny
Montigny-lès-M.
Moulins-lès-M.
Ogy
Coincy
Marsilly
Glatigny
Servigny-lès-Ste-Barbe
Noisseville
Retonfey
Vaudoncourt
Varize
Brouck
Bannay
Zimming
Boucheporn
St-Avold
Fouligny
Pontpierre
Le Val-Courtois
Ricony
Plappecourt
Metz-Nancy-Lorraine
LORRAINE
D 955
D 910
D 674
D 913
D 603
D 999
D 38
D 20
D 21
A 31
A 4
E 25
E 50

Sarreguemines
Puttelange aux Lacs
Sarralbe
Sarre-Union
Albestroff
Fénétrange
Mittersheim
Dieuze
Sarrebourg
Héming
Abreschviller
Grostenquin
Freybouse
Hombourg-Haut
Farschviller
Hellimer
Vittersbourg
Munster
Rohrbach-lès-Dieuze
Bisping
Réchicourt-le-Château
Avricourt
Lorquin
Phalsbourg
Hommert
Dabo
Ingwiller
Drulingen
Wolfskirchen
Keskastel
Herbitzheim
Hambach
Sarralbe
Forêt de Fénétrange
Étang de Mittersheim
Étang de Lindre
Étang du Stock
Étang de Gondrexange
Parc animalier
PARC NATUREL RÉGIONAL DE LORRAINE
Forêt de Réchicourt
Plan incliné
Rocher de Dabo
Bois de Hammesbuhl
Mosterwald
Langatte
Gosselming
Diane-Capelle
Héming
Buhl-Lorraine
Vieux-Lixheim
Hilbesheim
Fleisheim
Wintersbourg
Lixheim
Mackwiller
Rexingen
Burbach
Postroff
Diedendorf
Harskirchen
Bissert
Insming
Réning
Francaltroff
Virming
Bénestroff
Vergaville
Guébling
Lindre-Basse
Tarquimpol
Guermange
Assenoncourt
Fribourg
Languimberg
Azoudange
Maizières-lès-Vic
Xures
Lagarde
Moussey
Vaucourt
Igney
Foulcrey
Richeval
Hattigny
Niderhoff
Vasperviller
Walscheid
Voyer
Hesse
Schneckenbusch
Imling
Saint-Quirin

0 2 4 6 8 10 km
Bitche
Camp militaire de Bitche
Rohrbach-lès-Bitche
Simserhof
Reyersviller
Lemberg
St-Louis-lès-Bitche
Mouterhouse
Goetzenbruck
Meisenthal
Pierre des 12 Apôtres
Wingen-s-Moder
Lichtenberg
Niederbronn-les-Bains
Reichshoffen
Philippsbourg
Ch.au de Falkenstein
Ch.au Vieux Windstein
Ch.au Nouveau Windstein
Obersteinbach
Niedersteinbach
Sturzelbronn
Baerenthal
Eguelshardt
PARC NATUREL RÉGIONAL DES VOSGES DU NORD
Ratzwiller
Volksberg
Rosteig
Puberg
Tieffenbach
Zittersheim
Sparsbach
Ingwiller
La Petite-Pierre
Weiterswiller
Bouxwiller
Neuwiller-lès-Saverne
Pfaffenhoffen
Niedermodern
Uttenhoffen
Zinswiller
Offwiller
Rothbach
Ernolsheim-lès-Saverne
St Michel
St-Jean-Saverne
Phalsbourg
Dannelbourg
Lutzelbourg
Saverne
Haut-Barr
Monswiller
Steinbourg
Dettwiller
Hochfelden
Schwindratzheim
Mommenheim
Brumath
Bernolsheim
Marmoutier
Plan incliné
Dabo
Rocher de Dabo
Wangenbourg-Engenthal
Obersteigen
Wasselonne
Marlenheim
Furdenheim
Kirchheim
Mittelhausbergen
Mittelschaeffolsheim
Olwisheim
Vendenheim
Mundolsheim
Truchtersheim
Dossenheim
Zinsel
Moder
Zorn
Canal
E 25
A 4
D 1004
D 421
D 1063
D 662
D 919
48
67
96
A
B
C
D
1
2
3
4
5

Wissembourg
Altenstadt
Schweigen-Rechtenbach
Niederotterbach
Steinfeld
Kapsweyer
Schweighofen
Freckenfeld
Büchelberg
Hagenbach
Maximiliansau
Forêt de Wissembourg
Mundatwald
Bienwald
Scheibenhard
Lauterbourg
Berg
Neuburg am Rhein
Rheinstetten
Forchheim
Mörsch
Daxlanden
Grünwinkel
Col du Pigeonnier
Climbach
Cleebourg
Riedseltz
Schleithal
Salmbach
Seebach
Niederlauterbach
Siegen
Oberlauterbach
Neewiller-près-Lauterbourg
Wintzenbach
Mothern
Munchhausen
Durmersheim
Bruchhausen
Hunspach
Ingolsheim
Ouvrage d'artillerie
Lobsann
Keffenach
Memmelshoffen
Retschwiller
Preuschdorf
Soultz-s-Forêts
Schœnenbourg
Aschbach
Trimbach
Crœttwiller
Eberbach-Seltz
Stundwiller
Buhl
Schaffhouse-près-Seltz
Niederrœdern
Hoffen
Oberrœdern
Rittershoffen
Hatten
Kutzenhausen
Merkwiller-Pechelbronn
Surbourg
Betschdorf
Casemate Esch
Seltz
Plittersdorf
Ötigheim
Steinmauern
Bietigheim
Malsch
Muggensturm
Kesseldorf
Forstfeld
Beinheim
Ottersdorf
Rastatt
Wintersdorf
Iffezheim
Niederbühl
Kuppenheim
Favorite
Bischweier
Bad Rotenfels
Gaggenau
Koenigsbruck
Kauffenheim
Forêt de Kœnigsbruck
Leutenheim
Roppenheim
Rœschwoog
Neuhaeusel
Fort-Louis
Rountzenheim
Auenheim
Soufflenheim
Sessenheim
Stattmatten
Hügelsheim
Sandweier
Haueneberstein
Ebersteinburg
Baden-Baden
Baden Airpark
Sinzheim
Gernsbach
Merkur
Haguenau
Camp militaire
Schirrhoffen
Schirrhein
Kaltenhouse
Oberhoffen-s-Moder
Bischwiller
Rohrwiller
Dalhunden
Drusenheim
Sollingen
Stollhofen
Rheinmünster
Greffern
Leiberstung
Schwarzach
Herrlisheim
Forêt d'Offendorf
Offendorf
Gries
Weitbruch
Kurtzenhouse
Weyersheim
Hildmannsfeld
Moos
Oberbruch
Vimbuch
Steinbach
Yburg
Neuweier
Lichtenau
Scherzheim
Balzhofen
Bühl
Bühlertal
Altschweier
Kappelwindeck
Alt-Windeck
Neusatz
Herlisheim
Helmlingen
Muckenschopf
Memprechtshofen
Unzhurst
Zell
Ottersweier
Sasbachried
Gambsheim
Hœrdt
Kilstett
La Wantzenau
Bettenhoffen
Freistett
Rheinau
Gamshurst
Diersheim
Rheinbischofsheim
Achern
Sasbach
Großweier
Lauf
Obersasbach
Sasbachwalden
Hornisgrinde
Mummelsee
Hohrkopf
Reichstett
Honau
Holzhausen
Wagshurst
Fautenbach
Önsbach
Oberachern
Kappelrodeck
Hœnheim
Bischheim
Schiltigheim
Strasbourg
Leutesheim
Bodersweier
Zierolshofen
Querbach
Renchen
Mösbach
Ulm
Waldulm
Furschenbach
Seebach
Legelshurst
Haslach
Ottenhöfen

0 2 4 6 8 10 km
A
B
C
D
1
2
3
4
5
Côte des Légendes
Roches de Portsall
Roches d'Argenton
L'Île Vierge
Plateau d'Amand ar Ross
Meneham
Pointe de Po
Karrec-Hir
La Digue
Boutrouilles
Neis-Vran
Guissény
Nodéven
Grève du Vougot
La Grève Blanche
St-Michel
Île Penenès
Grève de Zorn
Le Libenter
Î. Stagadon
Î. Venan
Chenal de l'Aber Wrac'h
Î. de la Croix
Î. Vrac'h
Presqu'île de St-Marguerite
Î. Cézon
Î. d'Erch
Île Guenioc
Dunes
Î. Tariec
Corn Carhai
Rosservor
Î. du Bec
Île Trevors
Î. Garo
Île Carne
Tumulus
Dunes de Corn-ar-Gazel
Brouënnou
Île Verte
Porsguen
Lampaul-Ploudalmézeau
Portsall
Trémazan
St-Samson
Pointe de Landunvez
Landéda
Gouvent
L'Aber-Wrac'h
St-Antoine
Paluden
Lannilis
Plouguerneau
Ste-Anne
Le Grouanec
Kernilis
Lanvéoc
St-Frégant
Prat-Paul
Pellan
Diouris
Loc-Brévalaire
Le Folgoët
Lanarvily
St-Pabu
Aber Benoît
Ploudalmézeau
Tréglonou
Moulin-du-Châtel
Menez-Bras
Tariec
Kerouné
Plouvien
Kergrac'h
St-Jean-Balanant
Landouzan
Le Drennec
St-Gonvel
Île d'Iock
Le Four
Argenton
Landunvez
Presqu'île St-Laurent
Porspoder
Kergastel
Kernevez
St-Roch
Plouguin
Kerantour
Kérivinoc
Coat-Méal
St-Jaoua
Kerdelaes
Locmaria
Plourin
Couloudouarn
Tréouergat
Trémobian
St-Urfold
Bourg-Blanc
Plabennec
Les Liniou
Île Melon
Melon
Lanildut
Brélès
Rocher du Crapaud
Porscave
Aber Ildut
Kergroadès
Pen-an-Dreff
Guipronvel (Milizac-Guipronvel)
Tollan
Les Trois Curés
Lanrivoaré
Lanvenec
Keranflech
Milizac
Grève de Gouérou
Brescanvel
Lampaul-Plouarzel
Porspaul
Erragouran
St-Eloi
Keramazé
Lokornou-Vian
Kérivot
Kervalguen
Kergoat
Gouesnou
Lanorven
Lesquelen
Fumulus
Mendy
Kersaint-Plabennec
Les Plâtresses
Le Faix
Île Ségal
Chenal de la Helle
Trézien
Plouarzel
Kervéatoux
Kerloas
Ruscumunoc
Pointe de Corsen
Porsmoguer
Kerouzien
Lamber
Cohars
Pont-
Langongar
Trégorff
Guilers
Bohars
Kervao
St-Divy
Guipavas
Molène
Four
Grève de
74
75
17
18
20
22
23

E
F
G
H
1
2
3
4
5
Île-de-Batz
Trou du Serpent
Le Ru
Chapelle Ste-Anne
Jardin exotique
Pte de Perharidy
Roscoff
Jardin exotique
Le Pouldu
Santec
Île de Sieck
an Annec
Théven
Kerbrat
Bougourouan
Dossen
Moguériec
Bois de Santec
Keradennec
Kersaliou
St-Pol-de-Léon
Baie de Morlaix
Île Callot
Rocher Ste-Anne
Pempoul
Kernevez
la Madeleine
Trégondern
Carantec
Route submersible
Chau du Taureau
Chaise du Curé
Île Noire
Pte de Pen-al-Lann
Cairn de Barnenez
Rade de Morlaix
Pointe de Primel
Rochers
Primel-Trégastel
Pte de Diben
Le Diben
Plougasnou
Ste-Barbe
St-Samson
Le Guerzit
Terenez
Kerbabu
Plage des Chardons Bleus
Sémaphore
Brignogan-Plages
Le Garo
Plage du Lividic
(Plounéour-Brignogan-plages)
Gouelтoc
Kérurus
Plounéour-Trez
Grève de Goulven
Grève de Frouden
Plages de Pors-Meur et de Pors-Guen
Baie de Kernic
Maison des Dunes
Rocher
Keremma
Plouescat
Lannurien
Poulfoën
Kerfissien
St-Eden
Forban
Kerdanné
Tronjoly
Brélévenez
Cléder
Kérouzéré
Sibiril
Lanneufeld
Plougoulm
Croissant-de-Plougoulm
Tréflaouénan
Goulven
Tréflez
Plouider
Plounévez-Lochrist
Lochrist
Chau de Kergornadeac
Mengleus
Berven
Plouzévédé
Trézilidé
Kerjean
St-Vougay
Lanhouarneau
Lesneven
St-Méen
Trégarantec
Plougar
St-Derrien
Bodilis
Base aéronavale
Plounéventer
Trémaouézan
Lanneuffret
St-Servais
Landivisiau
Moulin de Brézal
Plouédern
La Roche-Maurice
Landerneau
La Martyre
Ploudiry
Pencran
Mespaul
Plouénan
Henvic
Locquénolé
Taulé
Plouvorn
Lambader
Forêt de Lannuzouarn
Croix-Neuve
Penhoat
Ste-Sève
Morlaix
Guiclan
Plougourvest
St-Thégonnec Loc-Éguiner
Lampaul-Guimiliau
Guimiliau
Pleyber-Christ
Plouézoc'h
St-Martin-des-Champs
Loc-Eguiner
Locmélar
St-Sauveur
Le Cloître-St-Thégonnec
75
76
72
E
F
G
H

0 2 4 6 8 10 km
A
B
C
D
1
2
3
4
5
71
76
Île Rouzic
Île Malban
Île Plate
Île Bono
Île aux Moines
Les Sept Îles
(Réserve naturelle)
Rose
Granit
Côte de
Île Renote
Pte de Squéouel
Rochers
Île Tomé
Le Four
Île St-Gildas
Tregastel-Plage
Ploumanach
PERROS-GUIREC
Port-Blanc
Trestraou
Pte du Château
Trévou-Tréguignec
Île Grande
Île Aganton
Landrellec
Trégastel
Louannec
Trélévern
Kermaria-Sulard
Coatréven
Trézény
Langoat
Penvern
Menhir
Cité des télécoms
Planetarium
St-Quay-Perros
Guéradur
Le Castel
Île Milliau
Trébeurden
Pleumeur-Bodou
Pte de Bihit
Porz Mabo
Lannion
Servel
Beg Léguer
Pte de Dourvin
Baie de Lannion
Côte des Bruyères
Pointe de Primel
Rochers
Primel-Trégastel
de Diben
Le Diben
Pointe Run Glas
Pte de Beg-an-Fry
Marc'h Sammet
Les Sables Blancs
Pointe de Locquirec
Pointe de Séhar
Locquirec
Moulin de la Rive
Plougasnou
St-Jean-du-Doigt
Guimaëc
Lanmeur
Plestin-les-Grèves
St-Efflam
Lieue de Grève
St-Michel-en-Grève
Trédrez-Locquémeau
Ploulec'h
Le Yaudet
Loguivy-lès-Lannion
Rospez
Lanmérin
Quemperven
Caouënnec-Lanvézéac
Chau de Coatfrec
Kerfons-Kerfaoues
Chau de Tonquédec
Tonquédec
Ploubezre
Plouaret
Le Vieux-Marché
Les Sept-Saints
Pluzunet
Bégard
Plumilliau
Plouzélambre
Lanvellec
Rosanbo
Tréduder
Plufur
Trémel
Plouégat-Guérand
Plouégat-Moysan
Plounérin
Plouigneau
Morlaix
Plourin-lès-Morlaix
Plougonven
Guerlesquin
Plougras
Loguivy-Plougras
Belle-Isle-en-Terre
Plounévez-Moëdec
Louargat
Tréglamus
Pédernec
Ménez-Bré
Gurunhuel
Forêt de Coat-an-Hay
Forêt de Beffou
Plougonver
Lannéanou
Botsorhel
Le Ponthou
St-Thégonnec
Le Cloître-St-Thégonnec
Garlan
Taulé
Lanleya
Trégrom
Tréglamus
Loc-Envel
Cavan
Prat
Berhet
Mantallot
Caouënnec
Étang du Moulin Neuf
Roche de Kiriou
Porz an Park
D 786
N 12
E 50
D 712
D 767

E
F
G
H
1
2
3
4
5
Pointe du Château
Le Gouffre
Pors-Hir
Îles d'Er
Créac'h Maout
Sillon de Talbert
Plougrescant
Île Loaven
Pleubian
Île Maudez
Le Paon
Le Rosédo
Sémaphore
La Corderie
Île de Bréhat
Le Bourg
Île Logodec
St-Gonéry
Kerbors
Lanmodez
Phare de la Croix
Île à Bois
Béniguet
Port-Clos
Grève du Guerzido
Pointe de l'Arcouest
Loguivy-de-la-Mer
L'Arcouest
Lannevez
Pleumeur-Gautier
Plouguiel
Jardins de Kerdalo
Trédarzec
Tréguier
Lézardrieux
Ploubazlanec
La Croix des Veuves
Pors-Éven
Île St-Riom
Roches du Roho
Côte du Goëlo
Paimpol
Île Lemenez
Mez de Goëlo
Pointe de Bilfot
Abbe de Beauport
Minihy-T.
Pouldouran
Pleudaniel
Lancerf
Kérity
Ste-Barbe
L'Armorizel
Troguéry
Hengoat
Pommerit-Jaudy
La Roche-Jagu
Plourivo
Plouézec
St-Riom
Pointe de Minard
Le Questel
Pors Pin
Pointe Berjule
Le Taureau
Bréhec-en-Plouha
Pointe de la Tour
Ploëzal
Quemper-Guézennec
Yvias
Lanloup
Plage Bonaparte
Port-Moguer
Pontrieux
Runan
Plouëc-du-Trieux
Le Faouët
Lanleff
Plehédel
Kermaria
Pnte de Plouha
Brélidy
Plouha
Le Palus-Plage
Port-Goret
Pnte du Bec de Vir
Île Harbour
St-Clet
Trémeven
Lannebert
Pludual
Tréveneuc
Pnte de St-Quay
St-Quay-Portrieux
Roches de St-Quay
Landebaëron
Trévérec
St-Gilles-les-Bois
Gommenec'h
Lanvollon
Pléguien
Plourhan
Étables-sur-Mer
Binic
Pnte de la Rognouze
BAIE
SAINT-
St-Laurent
Squiffiec
Pommerit-le-Vicomte
Tressignaux
Tréguidel
Lantic
Trégonneau
Goudelin
Plouisy
Pabu
Bringolo
Zoo de Trégomeur
Ste-Marguerite
Pnte de Pordic
Guingamp
Le Merzer
St-Agathon
Ploumagoar
St-Jean-Kerdaniel
Plélo
Trégomeur
Pordic
Les Rosaires
Roche des Tablettes
Pnte du Roselier
Grâces
Plouagat
Châtelaudren
St-Brieuc
Plérin
Pointe des Guett
Réserve naturelle
Hillion
77
Coadout
Lanrodec
Plerneuf
Trémuson
La Méaugon
Plouvara
St-Adrien

0 2 4 6 8 10 km
C
70
D
1
2
3
4
5
A
B
98
C
D
Passage du Fromrust
Baie de Béninou
Pte de Cadoran
Île de Keller
Côte sauvage
Stiff
Pte de Bac'haol
Porz Yusin
Frugullou
Baie du Stiff
Niou-Uhella
Kergadou
Men-Korn
Penn-Arlan
N.-D. de Bon Voyage
Pte de Pern
Loqueltas
Lampaul
Porz Arlan
ÎLE D'OUESSANT ★★★
Nividic
Feunteun Velen
Kergoff
Porsguen
Baie de Lampaul
Pointe de Pen-ar-Roc'h
Pointe de Porz Doun
PARC
Passage du Fromveur
La Jument
Kéréon
Île de Bannec
La Helle
Le Faix
Chenal de la Helle
Les Plâtresses
Île de Balanec
Les Trois Pierres
Lédénès de Molène
Petit Port
Île-Molène
NATUREL
Les Pierres Vertes
Lédénès de Quéménès
Île de Trielen
Île de Lytiry
Île de Quéménès
Île de Morgol
Les Serroux
RÉGIONAL
Île de Béniguet
D'ARMORIQUE
Les Pierres Noires
Kervouroc
Chaussée des Pierres Noires
Chenal du Four
Pointe de Corsen
Grande-Vinotière
Pte de Kermorvan
Le Conquet
Pte des Renards
Plage de Porsliogan
★★Pointe de St-Mathieu
St-Mathieu
Abbatiale
Les Vieux Moines
Pointe de Creac'h-Meur
Plougonvelin
Anse de Bertheaume
Pte du Grand Minou
Pointe du Petit Minou
Goulet
Pointe des Capucins
Pointe de Landunvez
St-Samson
Portsall
Roches d'Argenton
St-Gonvel
Île d'Iock
Le Four
Landunvez
Argenton
Ploudalmézeau
Presqu'île St-Laurent
Porspoder
Kergastel
Plourin
Les Liniou
Île Melon
Melon
Lanildut
Brélès
Rocher du Crapaud
Porscave
Aber Ildut
Kergroadès
Lanrivoaré
Grève de Gouérou
Lampaul-Plouarzel
Porspaul
St-Eloi
Île Ségal
Trézien
Plouarzel
Ruscumunoc
Kerloas
Porsmoguer
Grève de Porsmoguer
Kerhornou
Ploumoguer
Illien
Plage des Blancs Sablons
L'Ilette
Trébabu
Plouzané
Locmaria-Plouzané
Lochrist
Kérinou
Stèles
Trez-Hir
Tréganna
Toulbroc'h
D 789
La Parquette
Pointe du Toulinguet
Pointe du Grand Gouin
Alignements de Lagatjar
Camaret-s-Mer
Chenal du Corbeau
Chenal du Petit Leac'h
★★★Pointe de Penhir
PARC
Les Tas de Pois
Château de Dinan
★★Pointe de Dinan
★★★Presqu'île de Crozon
Plage de la
★Cap de la
MER
D'IROISE
Tévennec
Ar Men
PARC NATUREL RÉGIONAL
★Pointe de Brézellec
Pte de Penharn
★Réserve du Cap Sizun
★★Pointe du Van
Pointe de Castelmeur
Moulin de Kerharo
St-They
Baie des Trépassés
Île-de-Sein
Raz de Sein
Chaussée de Sein
la Vieille
Sémaphore
Kermeur
Mescran
Cléden-Cap-Sizun
Goulien
Lannourec
Quillivic

Lesneven
Le Folgoët
Plabennec
Gouesnou
Guilers
Bohars
Landerneau
Landivisiau
Sizun
La Roche-Maurice
La Martyre
Ploudiry
Guipavas
Le Relecq-Kerhuon
Pont de l'Iroise
Océanopolis
BREST
Plougastel-Daoulas
Daoulas
Loperhet
Dirinon
Pencran
St-Urbain
Le Tréhou
Irvillac
Hanvec
Hôpital-Camfrout
Le Faou
Rumengol
Landévennec
Crozon
Morgat
Telgruc-sur-Mer
Argol
Térénez
Rosnoën
Ménez-Hom
Dinéault
Châteaulin
Port-Launay
St-Coulitz
Pleyben
Pont-de-Buis-lès-Quimerch
Plomodiern
St-Nic
Ploéven
Plonévez-Porzay
Kergoat
Quéménéven
Douarnenez
Locronan
Briec
Cast
Lothey
RADE DE BREST
BAIE DE DOUARNENEZ
Pointe des Espagnols
Pointe de l'Armorique
Île Longue
Pointe de Lanvéoc
Lanvéoc
Pointe de Kerdéniel
Pointe de Rostiviec
Pointe du Château
Pointe du Bindy
Île de Tibidy
Anse de Poulmic
Roscanvel
Pointe de St-Hernot
Pointe du Bellec
Pointe de Talagrip
Pointe de Tréfeuntec
Pointe de Leydé
Pointe de la Jument
Pointe du Millier
Pointe de Beuzec
Beuzec-Cap-Sizun
Poullan-s-Mer
Base Aéronavale
Forêt du Cranou
Forêt de Landévennec
Domaine de Ménez-Meur
Parc de Lann-Rohou
71
76
99

0 2 4 6 8 10 km
71
75
100
Morlaix
Plouigneau
Plourin-lès-Morlaix
Plougonven
St-Thégonnec Loc-Eguiner
Guimiliau
Lampaul-Guimiliau
Landivisiau
Pleyber-Christ
Le Cloître-St-Thégonnec
Lannéanou
Botsorhel
Guerlesquin
Plougras
Scrignac
Bolazec
Plounéour-Ménez
Commana
Sizun
Locmélar
St-Sauveur
Roc Trévezel
PARC
NATUREL
RÉGIONAL
D'ARMORIQUE
La Feuillée
Berrien
Huelgoat
Brennilis
Botmeur
Réservoir de St-Michel
Montagne St-Michel
Signal de Toussaines (Tuchenn Gador)
St-Rivoal
Loqueffret
St-Herbot
Brasparts
Lannédern
Plouyé
Locmaria-Berrien
Poullaouen
Plounévézel
Carhaix-Plouguer
Collorec
Le Cloître-Pleyben
Plonévez-du-Faou
Landeleau
Pleyben
Lennon
Châteauneuf-du-Faou
Spézet
N.-D. du Crann
Roc de Toullaëron
Cléden-Poher
St-Hernin
Motreff
Gourin
Trévarez
St-Goazec
Laz
Roudouallec
St-Thois
Gouézec
Lothey
Pont-de-Buis-lès-Quimerch
Port-Launay
Briec
Edern
Landrévarzec
MONTAGNES NOIRES
Roche du Feu
Huelgoat
Camp d'Artus
Forêt de Huelgoat
Forêt de Fréau
Canal de Nantes à Brest
A B C D
1 2 3 4 5

Plouaret
Guingamp
Belle-Isle-en-Terre
Louargat
Pédernec
Ménez-Bré
Plouisy
Grâces
Ploumagoar
St-Agathon
Plouagat
Châtelaudren
Loguivy-Plougras
Loc-Envel
Gurunhuel
Moustéru
Coadout
Plougonver
La Chapelle-Neuve
Bourbriac
St-Adrien
Avaugour
St-Péver
Plésidy
Pont-Melvez
Bulat-Pestivien
Callac
St-Servais
Maël-Pestivien
Duault
Calanhel
Magoar
Kerien
Kerpert
St-Gilles-Pligeaux
St-Connan
Senven-Léhart
St-Gildas
Lanrivain
Peumerit-Quintin
St-Nicodème
Trémargat
Gorges de Toul-Goulic
Canihuel
St-Nicolas-du-Pélem
Corlay
Le Haut-Corlay
Plounévez-Quintin
Locarn
Kergrist-Moëlou
Maël-Carhaix
Rostrenen
Plouguernével
Gouarec
Laniscat
St-Gelven
Plussulien
St-Mayeux
Caurel
Mûr-de-Bretagne
St-Aignan
Glomel
Mellionnec
Plélauff
Lescouët-Gouarec
Perret
Silfiac
Ste-Brigitte
Plouray
La Trinité-Langonnet
Forêt de Coat-an-Hay
Bois Meur
Étang du Blavet
Lac de Guerlédan
Gorges du Corong
Gorges du Daoulas
E F G H
72 73 78 101

0 2 4 6 8 10 km
C
73
D
77
102
A
B
BAIE DE SAINT-BRIEUC
ST-BRIEUC
St-Quay-Portrieux
Binic
Erquy
Le Val-André
Pléneuf-Val-André
Lamballe
Plérin
Langueux
Trégueux
Ploufragan
Yffiniac
Hillion
Quintin
Plaintel
Moncontour
Plouha
Châtelaudren
Plélo
Lanvollon
Pléguien
Plourhan
Étables-sur-Mer
Pordic
Trégomeur
Plerneuf
Plouvara
St-Donan
Plaine-Haute
St-Julien
Plédran
Pommeret
Coëtmieux
Andel
Morieux
Planguenoual
Noyal
Landéhen
Quessoy
Hénon
Plémy
Trédaniel
Collinée (Le Mené)
Uzel
St-Brandan
Plœuc-L'Hermitage
Allineuc
Merléac
Le Quillio
Grâce-Uzel
Plouguenast
Langast
St-Alban
Tressignaux
Goudelin
Bringolo
Plouagat
Lanrodec
Le Fœil
Le Leslay
Robien
Le Bodéo
La Harmoye
Lanfains
Le Vieux-Bourg
Plédran
St-Carreuc
Penguily
St-Glen
St-Trimoël
Bréhand
La Malhoure
Trébry
Le Gouray
Plestan
Tramain
Petit Léjon
Le Grand Pourier
Rohinet
Rohein
Roches de St-Quay
Île Harbour
Cap d'Erquy
Côte de Penthièvre
Plateau des Jaunes
Pte de Pléneuf
Pte du Roselier
Pte de Pordic
Pte de la Rognouze
Pte du Bec de Vir
Pte de St-Quay
Pte de Plouha
Plage Bonaparte
Chaos du Gouët
Zoo de Trégomeur
Kermaria
Forêt de Lorge
Forêt de Boquen
Bois du Coron
Bois du Cilisant
Landes du Mené
Réserve naturelle
Pointe des Guettes
Rocher des Tablettes
Les Rosaires
Gouessant
Gouët
Oust
Lié
Urne
Flora
Truite
Évron
N 12
E 50
E 401
D 786
D 700
D 790
D 768
D 792
D 712
D 222
D 44
D 35

E
F
G
H
CÔTE D'ÉMERAUDE
Penthièvre
Cap Fréhel
Fort la Latte
Pointe de St-Cast
St-Cast-le-Guildo
Sables-d'Or-les-Pins
Fréhel
Matignon
Pointe de la Garde
St-Jacut-de-la-Mer
St-Briac-s-Mer
St-Lunaire
DINARD
Pointe du Décollé
Pointe de la Garde Guérin
ST-MALO
Paramé
Rothéneuf
Île de Cézembre
Les Haies de la Conchée
St-Servan-s-M.
Grd Aquarium
La Richardais
Pleurtuit
St-Suliac
Châteauneuf-d'Ille-et-Vilaine
Pleslin-Trigavou
Plancoët
Créhen
Pluduno
Landébia
Plessix-Balisson
Trémereuc
Languenan
Corseul
Quévert
DINAN
Lanvallay
Taden
Pleudihen-s-Rance
Plouër-s-Rance
Miniac-Morvan
Plerguer
Pléven
Chau de la Hunaudaye
Plorec-s-Arguenon
St-Méloir-des-Bois
Pléboulle
Ruca
Hénanbihen
St-Pôtan
St-Denoual
Plédéliac
Jugon-les-Lacs
Tramain
Plénée-Jugon
Sévignac
Broons
Mégrit
Trédias
Languédias
Plélan-le-Petit
Vildé-Guingalan
Aucaleuc
Trélivan
St-Carné
Calorguen
Évran
St-Hélen
Les Champs-Géraux
Le Quiou
St-Judoce
Plouasne
Bécherel
Hinglé
Brusvily
Bobital
Trébédan
Plumaudan
St-Maden
Guenroc
Yvignac-la-Tour
St-Juvat
Tréfumel
Tréverien
St-Thual
Trimer
La Baussaine
La Bourbansais
Montmuran
Les Iffs
St-Pierre-de-Plesguen
Lanrelas
St-Jouan-de-l'Isle
Médréac
103
80

0 2 4 6 8 10 km
BAIE
DU MONT-SAINT-MICHEL
79
51
104
A
B
C
D
1
2
3
4
5
LE MONT-ST-MICHEL
Abbaye
Tombelaine
Bec d'Andaine
Pointe du Grouin du Sud
Pointe de Roche-Torin
Polders
Cherrueix
Ste-Anne
Chemin Dolais
Hirel
Le Vivier-s-Mer
St-Benoît-des-Ondes
Vildé-la-Marine
La Fresnais
St-Méloir-des-Ondes
La Gouesnière
Châteauneuf-d'Ille-et-Vilaine
St-Guinoux
Lillemer
Mont Dol
Mont-Dol
Dol-de-Bretagne
Roz-Landrieux
Baguer-Morvan
Baguer-Pican
St-Broladre
Roz-Couesnon
St-Marcan
St-Georges-de-Gréhaigne
Beauvoir
Pontorson
Sains
Pleine-Fougères
Trans-la-Forêt
Vieux-Viel
Sougéal
La Boussac
Epiniac
Menhir de Champ-Dolent
Broualan
Cuguen
Antrain
La Fontenelle
Bonnemain
Lourmais
Combourg
Meillac
Tréméheuc
Noyal-s/s-Bazouges
Bazouges-la-Pérouse
La Ballue
Tremblay
St-Léger-des-Prés
Marcillé-Raoul
Rimou
Romazy
Lanrigan
Dingé
Québriac
Tinténiac
Feins
Montreuil-sur-Ille
Aubigné
Sens-de-Bretagne
Vieux-Vy-s-Couesnon
Gahard
Andouillé-Neuville
St-Aubin-d'Aubigné
St-Médard-s-Ille
St-Germain-s-Ille
Mouazé
Chasné-sur-Illet
Ercé-près-Liffré
Gosné
St-Aubin-du-Cormier
Liffré
Melesse
Montreuil-le-Gast
Vignoc
Langouet
Gévezé
Hédé-Bazouges
Guipel
St-Symphorien
St-Brieuc-des-Iffs
Les Iffs
Montmuran
Cardroc
La Chapelle-Chaussée
St-Gondran
Langan
Romillé
La Mézière
Parthenay-de-Bretagne
Chevaigné
St-Sulpice-la-Forêt
Betton
Pleumeleuc
La Baussaine
Trimer
St-Domineuc
La Chapelle-aux-Filtzméens
Pleugueneuc
La Bourbansais
Plerguer
Miniac-Morvan
Tressé
Lanhélin
St-Pierre-de-Plesguen
Forêt du Mesnil
Forêt de Villecartier
Forêt de Tanouarn
Forêt de Haute-Sève
Bois de Soubon
Étang de Boulet
Étang de Trémigon
Étang de Chevré
Pontorson
Courtils
Huisnes-s-Mer
Servon
Tanis
Macey
Vergoncey
Aucey-la-Plaine
Sacey
Montanel
St-Ouen-la-Rouërie
Coglès
Villiers-le-Pré
Argouges
Carnet
St-Brice-en-Coglès
Le Rocher-Portail
Chauvigné
St-Marc-le-Blanc
Baillé
Le Tiercent
St-Christophe-de-Valains
St-Ouen-des-Alleux
Mézières-s-Couesnon
St-Marc-s-Couesnon
Vains
Marcey-les-Grèves
Bacilly
Le Val-St-Père
Crollon
Précey
Céaux
La Croix-Avranchin
N 176
E 401
N 175
D 155
D 795
D 137

52
82
105
E
F
G
H
1
2
3
4
5
Mortain-Bocage
St-Hilaire-du-Harcouët
Isigny-le-Buat
Le Teilleul
Louvigné-du-Désert
FOUGÈRES
Ernée
Gorron
Landivy
Fougerolles-du-Plessis
Barenton
St-James
Ducey
Juvigny-le-Tertre
Le Mesnillard
Parigny
Villamée
Montours
Parigné
Landéan
Laignelet
Lécousse
Romagné
Beaucé
Fleurigné
La Pellerine
Larchamp
Montaudin
Vautorte
Montenay
Chailland
Pontmain
St-Ellier-du-Maine
Le Loroux
Levaré
Colombiers-du-Plessis
Carelles
St-Denis-de-Gastines
Brecé
Lesbois
Vieuvy
Désertines
L'Épinay-le-Comte
St-Aubin-Fosse-Louvain
Heussé
Buais-les-Monts
Savigny-le-Vieux
Moulines
Les Loges-Marchis
Lapenty
Montjoie-St-Martin
Hamelin
St-Martin-de-Landelles
St-Brice-de-Landelles
Monthault
Mellé
Poilley
Ferré
Le Neufbourg
Romagny-Fontenay
Reffuveille
St-Georges-de-Reintembault
Javené
Billé
Combourtillé
Parcé
Luitré
Dompierre-du-Chemin
Vendel
La Chapelle-St-Aubert
La Chapelle-Janson
Montreuil-des-Landes
St-Christophe
Princé
Montautour
La Croixille
Bourgon
Juvigné
St-Hilaire-du-Maine
Le Ham
La Dorée
Mausson
St-Mars-sur-la-Futaie
Chiloup
Forêt de Fougères
Forêt de Mortain
Sélune

0 2 4 6 8 10 km
53
81
106
Domfront-en-Poiraie
La Ferté-Macé
Bagnoles-de-l'Orne-Normandie
Briouze
Lassay-les-Châteaux
Ambrières-les-Vallées
Mayenne
Gorron
Couterne
Javron-les-Chapelles
Villaines-la-Juhel
Fontaine-Daniel
Jublains
Bais
Champsecret
Juvigny-Val-d'Andaine
Ceaucé
St-Fraimbault-de-Prières
Martigné-sur-Mayenne
Commer
Montsûrs
PARC NATUREL RÉGIONAL NORMANDIE MAINE
Forêt des Andaines
Mont d'Hère
Butte de Montaigu
Bois de Buleu
Bois de Vaux
Mont du Saule
Forêt de Halouze
Forêt de Mayenne
Etang du Gué de Beaucoudray
Etang de la Gde Métairie
St-Georges-Buttavent
Marcillé-la-Ville
Aron
Montreuil-Poulay
La Haie-Traversaine
St-Loup-du-Gast
Chantrigné
Le Horps
Le Ribay
Champgeneteux
Hardanges
Loupfougères
Madré
Couptrain
Magny-le-Désert
La Sauvagère
Lonlay-l'Abbaye
Passais-la-Conception
Mantilly
Lesbois
Couesmes-Vaucé
Soucé
St-Mars-sur-Colmont
Oisseau
Parigné-sur-Braye
Contest
St-Baudelle
Moulay
La Bazoge-Montpinçon
Grazay
Hambers
Izé
N 12
D 908
D 962
D 976

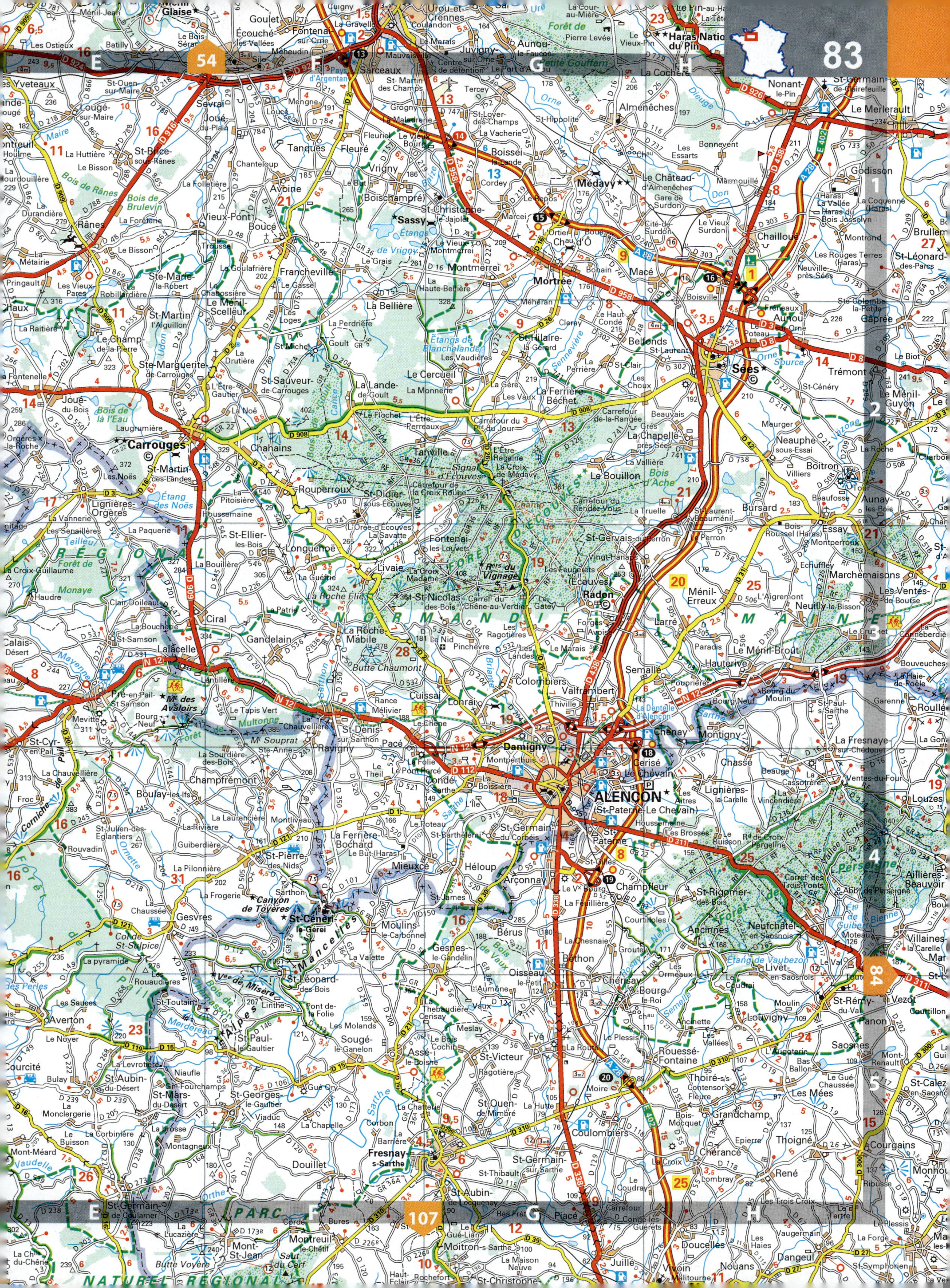

54
84
107
E
F
G
H
1
2
3
4
5
ALENÇON
(St-Paterne-Le Chevain)
Sées
Carrouges
Mortrée
Sassy
Médavy
Damigny
Sarceaux
Argentan
Écouché
Fleuré
Montmerrei
Boissei-la-Lande
Almenêches
Le Merlerault
Nonant-le-Pin
Haras National du Pin
Chailloué
Aunou-sur-Orne
Macé
Belfonds
Trémont
Le Mêle-sur-Sarthe
Neauphe-sous-Essai
Essay
Aunay-les-Bois
Marchemaisons
Bursard
La Lande-de-Goult
Le Cercueil
Tanville
Le Bouillon
St-Gervais-du-Perron
Vingt-Hanaps
Écouves
Radon
La Roche-Mabile
Livaie
St-Nicolas-des-Bois
Longuenoë
St-Didier-sous-Écouves
Rouperroux
Chahains
St-Martin-des-Landes
Lignières-Orgères
La Lacelle
Pré-en-Pail
St-Samson
Ciral
Gandelain
Cuissai
Colombiers
Valframbert
Semallé
Larré
Ménil-Erreux
Hauterive
Le Ménil-Broût
Cerisé
Le Chevain
Chenay
Montigny
Chassé
Lignières-la-Carelle
Louzes
Aillières-Beauvoir
Ancinnes
Neufchâtel-en-Saosnois
St-Rigomer-des-Bois
Champfleur
Arçonnay
Héloup
Mieuxcé
St-Pierre-des-Nids
St-Céneri-le-Gérei
Gesvres
St-Léonard-des-Bois
Moulins-le-Carbonnel
Gesnes-le-Gandelin
Oisseau-le-Petit
Béthon
Chérisay
Bourg-le-Roi
Rouessé-Fontaine
Thoiré-sous-Contensor
Grandchamp
Les Mées
Thoigné
René
Fresnay-sur-Sarthe
St-Germain-sur-Sarthe
Douillet
Sougé-le-Ganelon
Assé-le-Boisne
St-Paul-le-Gaultier
St-Georges-le-Gaultier
St-Aubin-du-Désert
St-Mars-du-Désert
Averton
Boulay-les-Ifs
Champfrémont
Ravigny
St-Denis-sur-Sarthon
Pacé
Condé-sur-Sarthe
Coulombiers
Piacé
Juillé
Vivoin
Doucelles
Mont-St-Jean
Montreuil-le-Chétif
Moitron-sur-Sarthe
St-Rémy-du-Val
Vezot
Saosnes
Courgains
Forêt d'Écouves
Forêt de Perseigne
Forêt de Sillé
Signal d'Écouves
Mt des Avaloirs
Mt Souprat
Butte Chaumont
Alpes Mancelles
Corniche de Pail
PARC NATUREL RÉGIONAL NORMANDIE MAINE
Joué-du-Bois
Rânes
La Ferrière-Bochard
Bérus
Fyé
St-Ouen-de-Mimbré
La Fresnaye-sur-Chédouet
Villaines-la-Carelle
Mamers

0 2 4 6 8 10 km
55
83
108
A
B
C
D
1
2
3
4
5
Mortagne-au-Perche
Bellême
Mamers
Le Mêle-s-Sarthe
Tourouvre au-Perche
Rémalard en-Perche
Moulins-la-Marche
Longny-au-Perche
Bazoches-sur-Hoëne
Courtomer
Ste-Gauburge-Ste-Colombe
St-Michel-Tubœuf
Randonnai
Normandel
Chennebrun
St-Maurice-lès-Charencey
La Ventrouze
Soligny-la-Trappe
St-Aquilin-de-Corbion
Bonsmoulins
Les Aspres
Crulai
Irai
Malétable
Moulicent
Feings
Villiers-sous-Mortagne
Courgeon
Réveillon
Loisail
La Chapelle-Montligeon
Monceaux-au-Perche
Bizou
Le Mage
Corbon
Comblot
Mauves-sur-Huisne
Boissy-Maugis
Courcerault
Colonard-Corubert
Courboyer
Le Pin-la-Garenne
Bellavilliers
Eperrais
St-Ouen-de-la-Cour
La Perrière
Chemilli
Origny-le-Butin
Vaunoise
Le Gué-de-la-Chaîne
Sérigny
Dame-Marie
Igé
Appenai-sous-Bellême
La Chapelle-Souëf
St-Cyr-la-Rosière
Ste-Gauburge
St-Germain-de-la-Coudre
Mâle
Le Theil
Noce
Berd'huis
St-Hilaire-sur-Erre
Vitrai-sous-l'Aigle
Auguaise
La Chapelle-Viel
Bonnefoi
Les Genettes
Prépotin
Champs
Ste-Céronne-lès-Mortagne
St-Hilaire-le-Châtel
Mauregard
St-Langis-lès-Mortagne
Courgeoût
Parfondeval
Coulimer
St-Denis-s-Huisne
Pervenchères
Vidai
Blèves
Louzes
Les Aulneaux
Contilly
Montgaudry
Aillières-Beauvoir
Marollette
St-Longis
Vezot
Courgains
Monhoudou
St-Vincent-des-Prés
Moncé-en-Saosnois
St-Rémy-des-Monts
Commerveil
Pizieux
St-Calez-en-Saosnois
Saosnes
Panon
St-Rémy-du-Val
Marolles-les-Braults
Avesnes-en-Saosnois
Nauvay
Peray
St-Cosme-en-Vairais
Contres-en-Vairais
St-Fulgent-des-Ormes
St-Pierre-des-Ormes
Suré
Aunay-les-Bois
Essay
Marchemaisons
Les Ventes-de-Bourse
Neuilly-le-Bisson
Barville
Montchevrel
Laleu
Bures
Coulonges-sur-Sarthe
La Mesnière
Buré
Boëcé
St-Julien-sur-Sarthe
St-Quentin-de-Blavou
St-Jouin-de-Blavou
Ste-Scolasse-sur-Sarthe
Champeaux-sur-Sarthe
St-Agnan-sur-Sarthe
St-Aubin-de-Courteraie
St-Germain-de-Martigny
Tellières-le-Plessis
Le Plantis
Le Chalange
Le Ménil-Guyon
St-Germain-le-Vieux
Trémont
Brullemail
St-Léonard-des-Parcs
Ferrières-la-Verrerie
Fay
Mahéru
Planches
Le Merlerault
Godisson
La Genevraie
La Ferrière-au-Doyen
Le Ménil-Bérard
Forêt de Perseigne
Forêt de Bellême
Forêt du Perche et de la Trappe
Bois du Châtelet
PARC

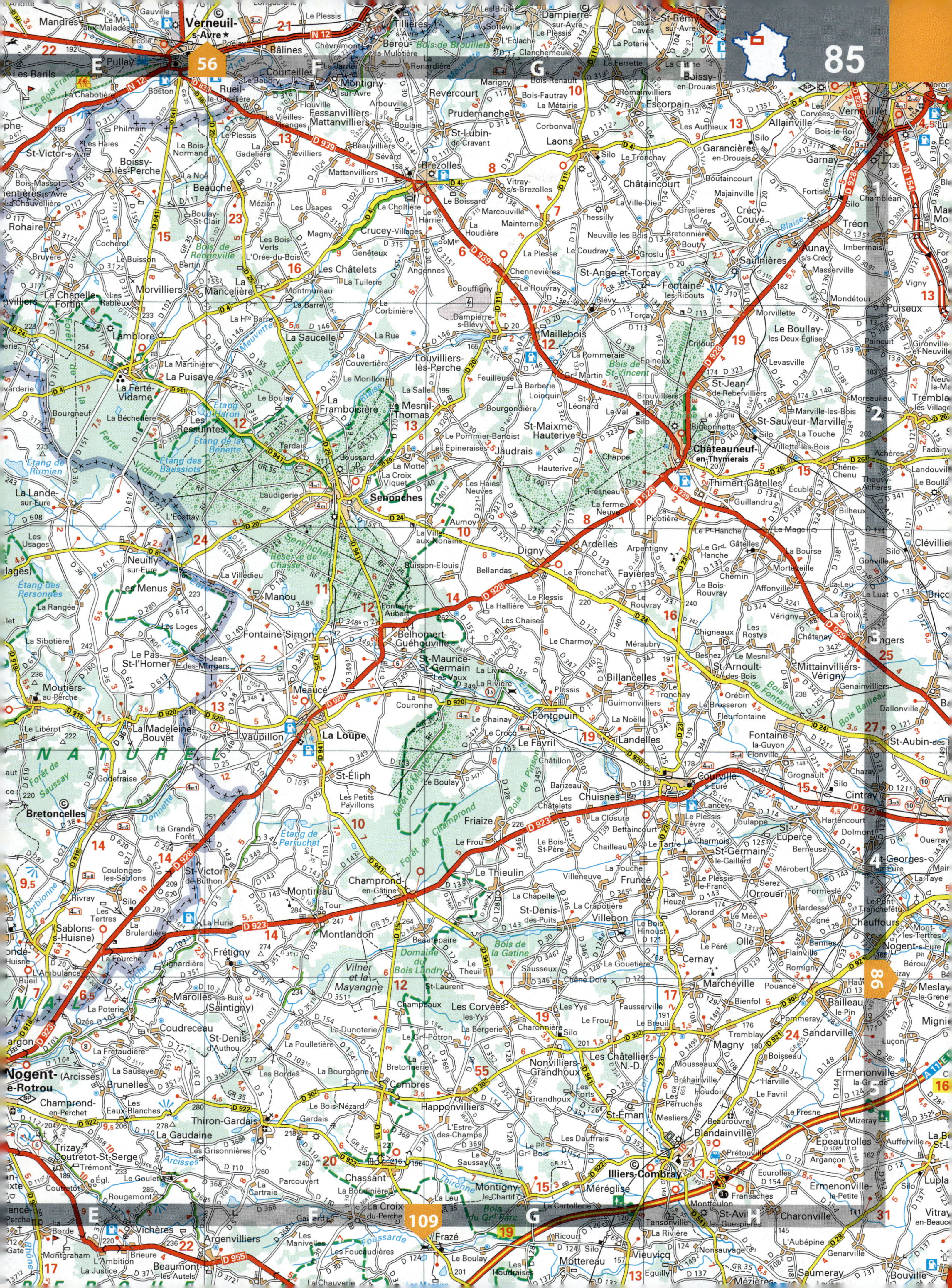

Verneuil-s-Avre
Tillières-s-Avre
Rueil-la-Gadelière
Brezolles
Laons
Châtaincourt
St-Rémy-sur-Avre
Boissy-en-Drouais
Vernouillet
Saulnières
Aunay-s-Crécy
St-Ange-et-Torçay
Maillebois
Louvilliers-lès-Perche
Senonches
La Ferté-Vidame
Lamblore
La Framboisière
Jaudrais
Châteauneuf-en-Thymerais
Thimert-Gâtelles
St-Sauveur-Marville
Ardelles
Digny
Favières
Belhomert-Guéhouville
Fontaine-Simon
Manou
Neuilly-sur-Eure
Les Menus
La Loupe
Meaucé
Vaupillon
La Madeleine-Bouvet
Pontgouin
Landelles
Courville-s-Eure
St-Arnoult-des-Bois
Mittainvilliers-Vérigny
St-Éliph
Chuisnes
Fontaine-la-Guyon
Bretoncelles
Champrond-en-Gâtine
Montireau
Montlandon
Frétigny
Friaize
St-Germain-le-Gaillard
Nogent-s-Eure
Cernay
Marchéville
Magny
Sandarville
Ermenonville-la-Grande
Nogent-le-Rotrou
Coudreceau
Thiron-Gardais
La Gaudaine
Happonvilliers
Combres
Les Corvées-les-Yys
Nonvilliers-Grandhoux
Les Châtelliers-N.-D.
St-Éman
Illiers-Combray
Blandainville
Épeautrolles
Charonville
Chassant
Montigny-le-Chartif
Méréglise
Frazé
Vichères
Argenvilliers
Beaumont-les-Autels
Vieuvicq
Mottereau

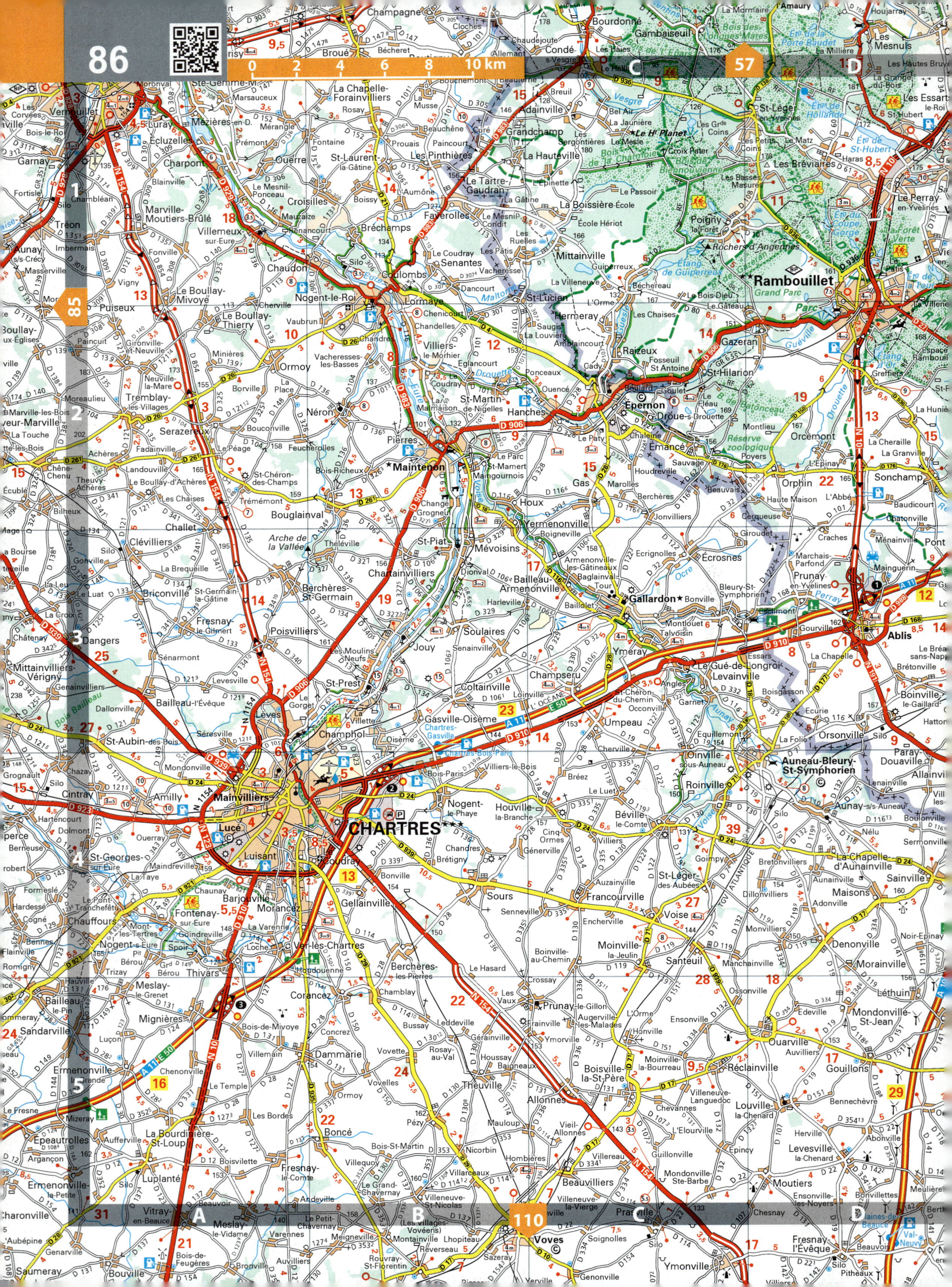
0 2 4 6 8 10 km
57
85
110
A
B
C
D
1
2
3
4
5
CHARTRES
Rambouillet
Maintenon
Épernon
Gallardon
Auneau-Bleury-St-Symphorien
Ablis
Voves
Mainvilliers
Lucé
Lèves
Luisant
Le Coudray
Nogent-le-Roi
Coulombs
Bréchamps
Faverolles
St-Hilarion
Gazeran
Raizeux
Hanches
Pierres
St-Piat
Mévoisins
Jouy
Soulaires
St-Prest
Champhol
Gasville-Oisème
Coltainville
Champseru
Ymeray
Bailleau-Armenonville
Houx
Yermenonville
Ecrosnes
Orphin
Orcemont
Prunay-en-Yvelines
Sonchamp
Le Gué-de-Longroi
Levainville
Umpeau
Roinville
Béville-le-Comte
Houville-la-Branche
Nogent-le-Phaye
Sours
Francourville
Santeuil
Voise
Moinville-la-Jeulin
Prunay-le-Gillon
Berchères-les-Pierres
Gellainville
Morancez
Barjouville
Fontenay-sur-Eure
Thivars
Ver-lès-Chartres
Corancez
Dammarie
Mignières
Sandarville
Ermenonville-la-Grande
Theuville
Allonnes
Boisville-la-St-Père
Beauvilliers
Réclainville
Ouarville
Gouillons
Louville-la-Chenard
Levesville-la-Chenard
Moutiers
Denonville
Morainville
Léthuin
Mondonville-St-Jean
Aunay-sous-Auneau
La Chapelle-d'Aunainville
Sainville
Maisons
Paray-Douaville
Orsonville
Boinville-le-Gaillard
Dangers
Bailleau-l'Évêque
St-Aubin-des-Bois
Amilly
Cintray
St-Georges-sur-Eure
Chauffours
Nogent-sur-Eure
Meslay-le-Grenet
Bailleau-le-Pin
Poisvilliers
Fresnay-le-Gilmert
Briconville
Berchères-St-Germain
Challet
Clévilliers
Bouglainval
Chartainvilliers
Néron
Ormoy
Villiers-le-Morhier
Chaudon
Croisilles
Villemeux-sur-Eure
Marville-Moutiers-Brûlé
Le Boullay-Mivoye
Le Boullay-Thierry
Tremblay-les-Villages
Serazereux
Puiseux
Vernouillet
Garnay
Écluzelles
Charpont
Mézières-en-Drouais
Ouerre
St-Laurent-la-Gâtine
La Chapelle-Forainvilliers
Les Pinthières
Le Tartre-Gaudran
Grandchamp
Adainville
La Hauteville
La Boissière-École
Condé-sur-Vesgre
Gambaiseuil
Bourdonné
St-Léger-en-Yvelines
Poigny-la-Forêt
Les Bréviaires
Le Perray-en-Yvelines
Les Essarts-le-Roi
Mittainville
St-Lucien
Hermeray
Émancé
Droue-sur-Drouette
Gas
Bleury-St-Symphorien
Vitray-en-Beauce
Mesley-le-Vidame
Le Bois-de-Feugères
Bonville
Fresnay-l'Évêque
Ymonville
Prasville
Genonville
Sazeray
Montainville
Rouvray-St-Florentin

58
88
111
E
F
G
H
1
2
3
4
5
Maurepas
St-Quentin-en-Yvelines
Antony
Massy
Palaiseau
Saclay
Orsay
Gif-s-Y.
Les Ulis
Chevreuse
Dampierre-en-Yvelines
Longjumeau
Savigny-s-Orge
Viry-Châtillon
Ris-Orangis
EVRY
Ste-Geneviève-des-Bois
Montlhéry
Linas
Marcoussis
Arpajon
Brétigny-s-Orge
Limours-en-Hurepoix
Rochefort
Dourdan
St-Chéron
Breuillet
Égly
Mennecy
Chamarande
Lardy
Étréchy
Ballancourt-s-Essonne
La Ferté-Alais
Étampes
Morigny-Champigny
Angerville
Méréville
Milly
Malesherbes
Boutervilliers
Saclas
Mondésir
PARC NATUREL RÉGIONAL DE LA HAUTE VALLÉE DE CHEVREUSE
PARC NATUREL RÉGIONAL DU GÂTINAIS
Forêt de Sénart
Camp de Linas-Montlhéry
AÉROPORT DE PARIS-ORLY
Athis-Mons
Draveil
Corbeil-Essonnes
N 20
N 104
N 191
D 191
D 837
D 721

0 2 4 6 8 10 km
59
87
112
A
B
C
D
1
2
3
4
5
EVRY
Corbeil-Essonnes
MELUN
FONTAINEBLEAU
Brie-Comte-Robert
Combs-la-Ville
Savigny-le-Temple
Vaux-le-Vicomte
Montereau-Fault-Yonne
Moret-s-Loing
Nemours
Milly-la-Forêt
Barbizon
Chailly-en-Bière
Fleury-en-Bière
Dammarie-les-Lys
Le Mée-s-Seine
Vaux-le-Pénil
Guignes
Fontenay-Trésigny
Tournan-en-Brie
Mennecy
Ponthierry
St-Fargeau-Ponthierry
Héricy
Samois-s-Seine
Bois-le-Roi
Avon
Thomery
Champagne-s-Seine
St-Mammès
Moret-Loing-et-Orvanne
Larchant
Ury
Villiers-en-Bière
Perthes
Soisy-s-École
Courances
Dannemois
Cély
Arbonne-la-Forêt
Achères-la-Forêt
Noisy-s-École
Le Vaudoué
Tousson
Boissy-aux-Cailles
Buthiers
Champeaux
Blandy-les-Tours
Bombon
Mormant
Yèbles
Crisenoy
Fouju
Lieusaint
Moissy-Cramayel
Réau
Cesson
Rubelles
Maincy
Sivry-Courtry
Le Châtelet-en-Brie
Valence-en-Brie
Bois de Valence
Forêt de Sénart
Gorges de Franchard
Gorges d'Apremont
Massif de la Dame Jouanne
Les Trois Pignons
PARC NATUREL RÉGIONAL DU GÂTINAIS FRANÇAIS
FORÊT DE FONTAINEBLEAU
Étang de Villeron
Chevry-Cossigny
Ozoir-le-Repos
Marles-en-Brie
Villeneuve-St-Georges
Yerres
Draveil
Brunoy
Montgeron
Épinay-s-Sénart
Boussy-St-Antoine
Quincy-s-Sénart
Tigery
Étiolles
Soisy-s-Seine
St-Germain-lès-Corbeil
Saintry-s-S.
Morsang-s-Seine
Le Coudray-Montceaux
Seine-Port
Nandy
Ormoy
Villabé
Lisses
Chevannes
Auvernaux
Champcueil
Mondeville
Videlles
Moigny-s-École
Oncy-s-École
Nanteau-s-Essonne
Fontaine-le-Port
Machault
Vulaines-s-Seine
Samoreau
Veneux-les-Sablons
Montigny-s-Loing
Bourron-Marlotte
Recloses
Grez-s-Loing
La Genevraye
Épisy
Villecerf
Dormelles
Flagy
Ville-St-Jacques
Varennes-s-Seine
Montcourt-Fromonville
Darvault
Bagneaux
Treuzy-Levelay
Amponville
Rumont
Boulancourt
Fromont
Guercheville
Bonnevault
Poligny
St-Pierre-lès-Nemours
Rochers Gréau
Chênée
A5
A6
N4
N6
N36
N104
N105
D 619
D 605
D 606
D 607
D 837
D 409
D 152
D 408
D 210
LGV SUD-EST

E
F
G
H
60
113
27
06
1
2
3
4
5
Provins
Nogent-s-Seine
Nangis
Bray-s-Seine
Pont-s-Yonne
Donnemarie-Dontilly
Beton-Bazoches
Villiers-St-Georges
Montceaux-lès-Provins
Courgivaux
Chevru
Touquin
Vaudoy-en-Brie
Jouy-le-Châtel
Pécy
Gastins
La Chapelle-Iger
Fontenailles
Rampillon
Vanvillé
Maison-Rouge
La Chapelle-St-Sulpice
St-Loup-de-Naud
Longueville
Savins
Sourdun
Chalautre-la-Petite
Soisy-Bouy
Melz-s-Seine
La Motte-Tilly
Le Mériot
Villenauxe-la-Grande
Montpothier
La Saulsotte
Marnay-sur-Seine
Fontaine-Mâcon
Courceroy
Villiers-sur-Seine
Noyen-s-Seine
Gumery
Traînel
Villenauxe-la-Petite
Jaulnes
Mousseaux-lès-Bray
Les Ormes-s-Voulzie
St-Sauveur-lès-Bray
Montigny-Lencoup
Salins
Châtenay-sur-Seine
Gravon
Balloy
La Tombe
Marolles-sur-Seine
Barbey
Misy-s-Yonne
Villeneuve-la-Guyard
Courlon-s-Yonne
Serbonnes
Sergines
Plessis-St-Jean
Michery
Chaumont
Champigny
Villemanoche
Thorigny-s-Oreuse
Fontaine-Fourches
La Louptière-Thénard
Soligny-les-Étangs
Bouy-sur-Orvin
St-Maurice-aux-Riches-Hommes
Courtacon
Bannost
Cerneux
Sancy-lès-Provins
Augers-en-Brie
Léchelle
St-Brice
Poigny
Rouilly
Mortery
Voulton
Rupéreux
Courchamp
St-Hilliers
Chenoise
Cucharmoy
Vieux-Champagne
Châteaubleau
St-Just-en-Brie
La Croix-en-Brie
Louan
Beauchery-St-Martin
Chalautre-la-Grande
Lizines
Sognolles-en-Montois
Jutigny
Chalmaison
Gouaix
Hermé
Everly
Thénisy
Paroy
Sigy
Vimpelles
Égligny
Gurcy-le-Châtel
Coutençon
Courcelles-en-Bassée
St-Agnan
A 5
E 54
N 4
D 619
D 231
D 403
D 412
D 411
D 951
D 976

0 2 4 6 8 10 km
61
89
114
Sézanne
Allemant
St-Loup
Linthes
Fère-Champenoise
Ste-Sophie
Connantre
Euvy
St-Georges
La Colombière
Corroy
Ognes
Gourgançon
Maurienne
Esternay
Nogent
Châtillon-sur-Morin
Forêt de la Loge à Gond
Bois du Gril d'Arcan
Mœurs-Verdey
Le Meix-St-Epoing
Vindey
Chichey
St-Remy-sous-Broyes
La Raccroche
Linthelles
Pleurs
Gaye
Marigny
Saudoy
Queudes
Barbonne-Fayel
Fontaine-Denis-Nuisy
Villeneuve-St-Vistre-et-Villevotte
Thaas
Anglure
Marsangis
Vouarces
St-Saturnin
La Chapelle-Lasson
Granges-s-Aube
Boulages
Plancy-l'Abbaye
Courcemain
Salon
Faux-Fresnay
Champfleury
Villenauxe-la-Grande
Montpothier
Bethon
Chantemerle
Montgenost
Potangis
Villiers-aux-Corneilles
Saron-s-Aube
Baudement
Marcilly-s-Seine
Conflans-s-Seine
St-Just-Sauvage
Bagneux
Longueville-sur-Aube
Étrelles-s-Aube
Rhèges
Bessy
La Saulsotte
Pont-s-Seine
Marnay-sur-Seine
Nogent-s-Seine
Crancey
Romilly-s-Seine
Maizières-la-Gde-Paroisse
Clesles
St-Oulph
Méry-sur-Seine
Premierfait
Droupt-Ste-Marie
Droupt-St-Basle
Châtres
Les Granges
Mesgrigny
Vallant-St-Georges
St-Mesmin
Fontaine-les-Grès
Rilly-Ste-Syre
Chauchigny
Savières
Villacerf
Mergey
Payns
St-Lyé
TROYES
La Chapelle-St-Luc
Gélannes
Pars-lès-Romilly
Origny-le-Sec
St-Hilaire-s/s-Romilly
Longueperte
St-Aubin
Fontaine-Mâcon
Ferreux-Quincey
La Fosse-Corduan
St-Loup-de-Buffigny
St-Martin-de-Bossenay
Ossey-les-Trois-Maisons
Orvilliers-St-Julien
Avant-lès-Marcilly
Fay-lès-Marcilly
Rigny-la-Nonneuse
Marigny-le-Châtel
St-Flavy
Échemines
Bouy-sur-Orvin
Soligny-les-Étangs
Charmoy
Avon-la-Pèze
Prunay-Belleville
Le Pavillon-Ste-Julie
Villeloup
Trancault
Bourdenay
Marcilly-le-Hayer
St-Lupien
Faux-Villecerf
Dierrey-St-Pierre
Dierrey-St-Julien
St-Maurice-aux-Riches-Hommes
Bercenay-le-Hayer
Villadin
Mesnil-St-Loup
Montgueux
Macey
Fontvannes
Pouy-s-Vannes
Courgenay
Planty
Estissac
Bucey-en-Othe
Messon
Torvilliers
St-André-les-Vergers
St-Germain
Neuville-sur-Vanne
Villemaur-sur-Vanne
Bois de Bucey
La Rivière-de-Corps
Lépine

Sommesous
Soudé
Ste-Croix
Coole
Vitry-le-François
Montépreux
Mailly-le-Camp
Poivres
Sompuis
Camp militaire de Mailly
Forêt de Vauhalaise
La Galbaudine
La Croix
Glannes
Huiron
Courdemanges
Châtelraould-St-Louvent
Mont Morêt
Frignicourt
Luxémont-et-Villotte
Bignicourt-sur-Marne
Blaise-s/s-Arzillières
Norrois
Arzillières-Neuville
Cloyes-s/Marne
Neuville-sous-Arzillières
Humbauville
Le Meix-Tiercelin
Orphelinat
Les Rivières-Henruel
Henruel
St-Chéron
Perthes
Les Mandres
Les Monts Torlors
Flumet
Tharges
Villiers-Herbisse
Le Hautvilliers
Herbisse
Trouans
Dosnon
La Folie Godot
St-Ouen-Domprot
St-Étienne
La Verpillière
La Malmaison
Bussy-aux-Bois
Gigny-Bussy
Bois de Bussy
Grandville
Ste-Tanche
Allibaudières
Bréban
Corbeil
Chapelaine
Somsois
Petit-Paris
Brandonvillers
Lignon
Étang de la Fosse aux Bois
Drosnay
Lhuître
Le Plessis
Dampierre
Hancourt
Margerie-Hancourt
Bois des Lalres
St-Utin
Ormes
Le Chêne
Torcy-le-Grand
Torcy-le-Petit
St-Nabord-s-Aube
Vinets
Isle-Aubigny
Ramerupt
Vaucogne
St-Léger-sous-Margerie
Plaisance
Balignicourt
Petit Fontenay
Arrembécourt
Chasséricourt
Joncreuil
Chavanges
Villette-sur-Aube
Arcis-s-Aube
Vaupoisson
Ortillon
Romaines
Morembert
Dommartin-le-Coq
Donnement
Pars-lès-Chavanges
Labraux
Montmorency-Beaufort
Forêt de Lentilles
Lentilles
Nozay
St-Étienne-s/s-Barbuise
La Belle Idée
Mesnil-la-Comtesse
Chaudrey
Nogent-sur-Aube
Jasseines
Ste-Thuise
Braux
Courcelles-s-Voire
Rances
Villeret
St-Remy-s/s-Barbuise
Petit Nogent
Coclois
Brillecourt
Aulnay
Yèvres-le-Petit
Hampigny
Voué
Montardoise
Mesnil-Lettre
Magnicourt
Chalette-sur-Voire
Rosnay-l'Hôpital
Blignicourt
Vallentigny
Boulancourt
Montsuzain
La Harmande
Avant-lès-Ramerupt
Verricourt
Pougy
Molins-sur-Aube
Bétignicourt
Rotrate
Puttevielle
Maizières-lès-Brienne
Aubeterre
Faloudrel
Longsols
Lesmont
St-Christophe-Dodinicourt
Lassicourt
Musée
Perthes-lès-Brienne
Charmont
Charmont-sous-Barbuise
Val-d'Auzon
Précy-N.-D.
Précy-St-Martin
Les Fontaines
St-Léger-s/s-B.
Juzanvigny
Bourbonne
Feuges
Fontaine-Luyères
Mortée
Onjon
Montangon
Pel-et-Der
Centre psychothérapique
Brienne-le-Château
Crespy-le-Neuf
Morvilliers
Luyères
Villevoque
Blaincourt-sur-Aube
Épagne
Brienne-la-Vieille
Vailly
La Valentine
Villehardouin
Bouy-Luxembourg
Rachisy
Piney
Brantigny
Mathaux
Radonvilliers
Le Grand Brevonnel
Chaumesnil
Montmoret
Massonville
Assencières
Villiers-le-Brûlé
Brévonnes
Dienville
La Giberie
Champ de Tir
La Belle Épine
Rouilly-Sacey
Sacey
La Loge Lionne
Chantemerle
L'Étape
Lac Amance
La Rothière
Petit-Mesnil
Creney-près-T.
L'Espérance
Mesnil-Sellières
Rosson
Bonlieu
PARC NATUREL RÉGIONAL DE LA FORÊT D'ORIENT
Lac du Temple
Unienville
Bois de la Rothière
Argentolles
Pont-Ste-Marie
Villechétif
Bouranton
Dosches
Géraudot
Sentier des Salamandres
Forêt du Temple
Juvanzé
Beaulieu
Jessains
Trannes
Belley
Laubressel
Champigny
Vaudemanche
Réserve Ornithologique
Parc de vision animalier
Maison du Parc
Amance
La Ville-aux-Bois
Bossancourt
Maison-Neuve
St-Parres-aux-Tertres
Thennelières
Bas-Bois
Larivour
Lac d'Orient
La Loge-aux-Chèvres
Vauchonvilliers
Dolancourt
St-Julien
Menois
Ruvigny
Courteranges
Lusigny-s-Barse
Étang du Parc aux Pourceaux
Val Suzenay
Le Gagnage-aux-Chats
Nigloland
Rouilly-St-Loup
Fontaine
Montaulin
Bois de Lusigny
Le Ménilot
Mesnil-St-Père
Champ-s-Barse
Magny-
Arganson
Maison-des-Champs
Le Chanet
Bréviandes
Rouilleroт
Daudes
Courgerennes
St-Léger-
Seine

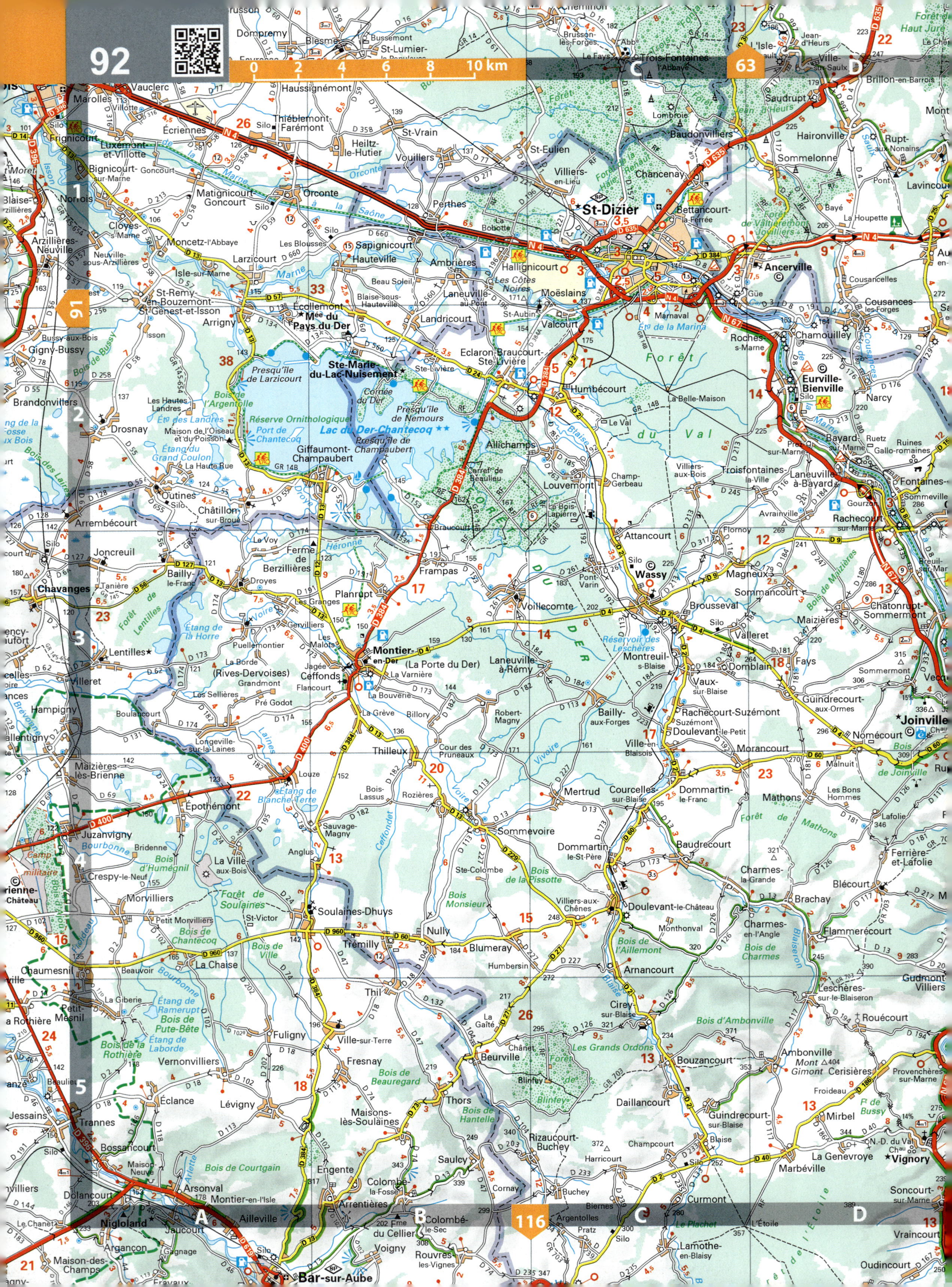
0 2 4 6 8 10 km
63
91
116
St-Dizier
Wassy
Montier-en-Der
(La Porte du Der)
Joinville
Bar-sur-Aube
Ancerville
Eurville-Bienville
Chancenay
Bettancourt-la-Ferrée
Hallignicourt
Moëslains
Valcourt
Humbécourt
Eclaron-Braucourt-Ste-Livière
Ste-Marie-du-Lac-Nuisement
Lac du Der-Chantecoq
Presqu'île de Larzicourt
Presqu'île de Nemours
Réserve Ornithologique
Port de Chantecoq
Giffaumont-Champaubert
Arrigny
Écollement
Mon du Pays du Der
Larzicourt
Isle-sur-Marne
Orconte
Matignicourt-Goncourt
Vitry-le-François
Marolles
Frignicourt
Luxémont-et-Villotte
Blaise-sous-Arzillières
Arzillières-Neuville
St-Remy-en-Bouzemont-St-Genest-et-Isson
Drosnay
Outines
Châtillon-sur-Broué
Arrembécourt
Joncreuil
Chavanges
Bailly-le-Franc
Droyes
Planrupt
Frampas
Allichamps
Louvemont
Attancourt
Voillecomte
Brousseval
Valleret
Magneux
Sommancourt
Domblain
Fays
Montreuil-sur-Blaise
Vaux-sur-Blaise
Rachecourt-Suzémont
Doulevant-le-Petit
Bailly-aux-Forges
Ville-en-Blaisois
Laneuville-à-Rémy
Ceffonds
Puellemontier
Lentilles
Villeret
Hampigny
Longeville-sur-la-Laines
Louze
Épothémont
Juzanvigny
Crespy-le-Neuf
Morvilliers
Soulaines-Dhuys
Trémilly
Nully
Blumeray
Thilleux
Rozières
Sommevoire
Mertrud
Dommartin-le-St-Père
Doulevant-le-Château
Dommartin-le-Franc
Morancourt
Nomécourt
Charmes-la-Grande
Charmes-en-l'Angle
Brachay
Blécourt
Flammerécourt
Arnancourt
Cirey-sur-Blaise
Bouzancourt
Daillancourt
Guindrecourt-sur-Blaise
Blaise
Ambonville
Cerisières
Mirbel
Vignory
Marbéville
Beurville
Rizaucourt-Buchey
Thors
Saulcy
Maisons-lès-Soulaines
Fresnay
Ville-sur-Terre
Fuligny
Thil
Vernonvilliers
Éclance
Lévigny
Trannes
Bossancourt
Arsonval
Ailleville
Montier-en-l'Isle
Engente
Colombé-la-Fosse
Arrentières
Colombé-le-Sec
Rouvres-les-Vignes
Voigny
Argentolles
Curmont
Lamothe-en-Blaisy
Vraincourt
Oudincourt
Nigloland
Jaucourt
Chaumesnil
Petit-Mesnil
La Rothière
Brienne-le-Château
Maizières-lès-Brienne
Roches-sur-Marne
Fontaines-sur-Marne
Rachecourt-sur-Marne
Laneuville-à-Bayard
Bayard-sur-Marne
Narcy
Chamouilley
Cousances-les-Forges
Baudonvilliers
Sommelonne
Haironville
Saudrupt
Villers-en-Lieu
St-Eulien
Perthes
Hauteville
Sapignicourt
Ambrières
Landricourt
Laneuville-au-Pont
Haussignémont
Thiéblemont-Farémont
Heiltz-le-Hutier
Vouillers
St-Vrain
Écriennes
Dompremy
Blesme
Forêt du Der
Forêt de Soulaines
Forêt de Mathons
Forêt de Lentilles
Bois de Joinville
Bois d'Ambonville
Les Grands Ordons
Forêt de Blinfeys
Bois de la Pissotte
Réservoir des Leschères
Étang de la Horre
Étang de Blanche-Terre
Étang des Landres
Étang du Grand Coulon
Camp militaire
Forêt du Val

Ligny-en-Barrois
Void-Vacon
Vaucouleurs
Montiers-sur-Saulx
Gondrecourt-le-Château
Domrémy-la-Pucelle
Poissons
Neufchâteau
Grand
Liffol-le-Grand
Andelot-Blancheville
Tronville-en-Barrois
Naix-aux-Forges
St-Amand-sur-Ornain
Tréveray
St-Joire
Demange-aux-Eaux
Houdelaincourt
Abainville
Mauvages
Sauvoy
Chalaines
Montigny-lès-Vaucouleurs
Maxey-sur-Vaise
Taillancourt
Montbras
Amanty
Vouthon-Bas
Vouthon-Haut
Greux
Coussey
Frebécourt
Bure
Mandres-en-Barrois
Horville-en-Ornois
Chassey-Beaupré
Dainville
Avranville
Chermisey
Sionne
Midrevaux
Pargny-sous-Mureau
Mont-lès-Neufchâteau
Germay
Germisay
Épizon
Morionvilliers
Chambroncourt
Trampot
Brechainville
Aillianville
Leurville
Busson
Orquevaux
Humberville
Vesaignes-s/s-Lafauche
Lafauche
Prez-sous-Lafauche
Semilly
Manois
Vignes-la-Côte
Reynel
Roches-Bettaincourt
Doulaincourt-Saucourt
Saudron
Gillaumé
Échenay
Cirfontaines-en-Ornois
Lezéville
Thonnance-lès-Joinville
Suzannecourt
Sailly
Noncourt-s-le-Rongeant
Thonnance-les-Moulins
St-Urbain-Maconcourt
Annonville
Domremy-Landéville
Effincourt
Paroy-s-Saulx
Osne-le-Val
Biencourt-sur-Orge
Ribeaucourt
Couvertpuis
Hévilliers
Dammarie-sur-Saulx
Morley
Villers-le-Sec
Menaucourt
Longeaux
Givrauval
Nantois
Bovée-sur-Barboure
Naives-en-Blois
Méligny-le-Grand
Méligny-le-Petit
Reffroy
Badonvilliers-Gérauvilliers
Épiez-sur-Meuse
Burey-en-Vaux
Sepvigny
Champougny
Neuville-lès-Vaucouleurs
Harréville-les-Chanteurs
Sommerécourt
Forêt de Vaucouleurs
Forêt du Vau
Bois des Fontenelles
Basilique du Bois-Chenu

0 2 4 6 8 10 km
65
93
118
TOUL
NANCY
Neufchâteau
Châtenois
Mirecourt
VITTEL
Colombey-les-Belles
Vézelise
Laxou
Vandœuvre-lès-Nancy
Villers
Jarville
Neuves-Maisons
Pont-St-Vincent
Chaligny
Maron
Messein
Richardménil
Flavigny-s-Moselle
Méréville
Maizières
Thuilley-aux-Groseilles
Xeuilley
Pierreville
Pulligny
Ceintrey
Voinémont
Houdelmont
Thélod
Germiny
Allain
Crépey
Selaincourt
Goviller
Vitrey
Dolcourt
Ognéville
Tantonville
Haroué
Quevilloncourt
Vroncourt
Forcelles-St-Gorgon
Chaouilley
Sion
Saxon-Sion
Praye
Xirocourt
Affracourt
St-Firmin
Jevoncourt
Vaudémont
Signal de Vaudémont
Housséville
Diarville
Fécocourt
Tramont-Lassus
Tramont-St-André
Tramont-Émy
Gémonville
Vandeléville
Battigny
Favières
Saulxerotte
Harmonville
Autreville
Punerot
Ruppes
Martigny-les-Gerbonvaux
Tranqueville-Graux
Barisey-au-Plain
Barisey-la-Côte
Bagneux
Bulligny
Crézilles
Ochey
Moutrot
Gye
Blénod-lès-Toul
Bicqueley
Pierre-la-Treiche
Chaudeney-sur-Moselle
Dommartin-lès-Toul
Villey-le-Sec
Domgermain
Choloy-Ménillot
Charmes-la-Côte
Mont-le-Vignoble
Rigny-la-Salle
Rigny-St-Martin
Ugny-sur-Meuse
St-Germain-sur-Meuse
Gibeaumeix
Uruffe
Sepvigny
Champougny
Pagny-la-Blanche-Côte
Taillancourt
Montbras
Vannes-le-Châtel
Allamps
Saulxures-lès-Vannes
Mont-l'Étroit
Sauvigny
Clérey-la-Côte
Brixey-aux-Chanoines
Goussaincourt
Jubainville
Maxey-sur-Meuse
Greux
Domrémy-la-Pucelle
Coussey
Autigny-la-Tour
Soulosse-sous-St-Élophe
St-Élophe
Harchéchamp
Attignéville
Barville
Houéville
Frebécourt
Rollainville
Removille
Aouze
Pleuvezain
Soncourt
Vicherey
Beuvezin
Courcelles
Aboncourt
Maconcourt
Rainville
St-Prancher
Repel
Dommartin-sur-Vraine
Vouxey
Dolaincourt
Balléville
St-Paul
Biécourt
Morelmaison
Oëlleville
Totainville
Dombasle-en-Xaintois
Ménil-en-Xaintois
Rouvres-en-Xaintois
Gironcourt-s-Vraine
Houécourt
Viocourt
Juvaincourt
Puzieux
Frenelle-la-Grande
Frenelle-la-Petite
Blémerey
Chef-Haut
Boulaincourt
Bouzanville
Pulney
Gugney
Fraisnes-en-Saintois
Forcelles-s-Gugney
Baudricourt
Domvallier
Ramecourt
Poussay
Mazirot
Ambacourt
Chauffecourt
Bettoncourt
Vomécourt-sur-Madon
Xaronval
Battexey
Pont-sur-Madon
Rebeuville
Certilleux
Rouvres-la-Chétive
Villars
Brechaincourt
Bazoilles-sur-Meuse
Circourt-sur-Mouzon
Tilleux
Landaville
Longchamp-sous-Châtenois
Mannecourt
Rémois
Darney-aux-Chênes
Ollainville
Lemmecourt
Beaufremont
Aulnois
Hagnéville-et-Roncourt
Sandaucourt
Dombrot-sur-Vair
Auzainvilliers
La Neuveville-sous-Châtenois
St-Menge
Gemmelaincourt
Viviers-lès-Offroicourt
Offroicourt
Remicourt
Thiraucourt
Mattaincourt
Hymont
Estrennes
Girovillers-sous-Montfort
Domèvre-sous-Montfort
Bazoilles-et-Ménil
Valleroy-aux-Saules
Rozerotte
Madecourt
Hagécourt
Maroncourt
Vroville
Belmont-sur-Vair
St-Remimont
Parey-sous-Montfort
Domjulien
They-sous-Montfort
Mandres-sur-Vair
La Neuveville-sous-Montfort
Norroy
Bulgnéville
Vaudoncourt
Morville
Gendreville
Sommerécourt
Outremécourt
Malaincourt
Médonville
Jainvillotte
Harréville-les-Chanteurs
Pompierre
Sartes
Vaudrecourt
Haréville
Valfroicourt
Rancourt
Remoncourt
Bainville-aux-Saules
Begnécourt
Mont-lès-Neufchâteau
Bois de Meine
Forêt de Saulxures
Bois de Colombey
Bois de Selaincourt
Bois d'Autigny
Bois d'Attignéville
Forêt de St-Amond
Bois de la Vôivre
Bois de Grammont
Bois de Dongermain
Bois de Gondreville
Bois Juré
Forêt de la Voivre
Terrain militaire
Bois l'Évêque

66
96
119
E
F
G
H
1
2
3
4
5
Pulnoy
Romémont
Buissoncourt
Serres
Courbesseaux
Gellenoncourt
Drouville
Valhey
Bauzemont
Hénaménil
Parroy
Mouacourt
Xousse
Remoncourt
Lenoncourt
Haraucourt
Art-s-Meurthe
Varangéville
St-Nicolas-de-Port
Dombasle-s-Meurthe
Crévic
Maixe
Grandvezin
Sommerviller
Flainval
Deuxville
Einville-au-Jard
Raville-s-Sânon
Bienville-la-Petite
Crion
Sionviller
Bonviller
Jolivet
Chanteheux
Croismare
Marainviller
Laneuveville-aux-Bois
Emberménil
Mont Laval
Forêt de Parroy
Leintrey
Amenoncourt
Autrepierre
Gondrexon
Reillon
Vého
Blémerey
Chazelles-s-Albe
Domjevin
Manonviller
Verdenal
Anthelupt
Hudiviller
Vitrimont
Lunéville
Moncel-lès-Lunéville
Thiébauménil
Bénaménil
St-Martin
Fréménil
Herbéviller
Xoudailles
Ville-en-Vermois
Manoncourt-en-Vermois
St-Urbain
Coyviller
Rosières-aux-Salines
Forêt de Vitrimont
Chaufontaine
Haut des Places
Hériménil
Rehainviller
Mont-s-Meurthe
Forêt de Mondon
Ogéviller
Buriville
Réclonville
Mignéville
Dameleviéres
Vigneulles
Ferrières
Saffais
Barbonville
Blainville-s-l'Eau
Les Abouts
Beaupré
Laronxe
St-Clément
Camp militaire
Pettonville
Hablainville
Vaxainville
Tonnoy
Charmois
Bois le Marquis
Lamath
Xermaménil
Fraimbois
Chenevières
Ménil-Flin
Vathiménil
Reherrey
Haussonville
Velle-s-Moselle
Domptail-en-l'Air
Romain
Méhoncourt
Franconville
Les Bordes
Haudonville
Brouville
Gélacourt
Merviller
St-Mard
Lorey
Belchamp
Brémoncourt
Einvaux
Landécourt
Gerbéviller
Flin
Azerailles
Bois de Chevremont
Mervaville
Neuviller-sur-Moselle
Laneuveville-devant-Bayon
Haigneville
Bayon
Froville
Moriviller
Clayeures
Remenoville
Vallois
Moyen
Glonville
Fontenoy-la-Joûte
Bourupt
Badménil
Roville-devant-Bayon
Virecourt
Leménil-Mitry
Mangonville
Villacourt
Borville
Rozelieures
Seranville
Giriviller
Mattexey
Magnières
Domptail
St-Pierremont
Baccarat
Forêt de Glonville
Deneuvre
Lachapelle
Fagnoux
Bainville-aux-Miroirs
Lebeuville
St-Germain
Loromontzey
St-Boingt
Vennezey
Côte d'Essey
Essey-la-Côte
Deinvillers
Clézentaine
Ménarmont
Xaffévillers
Bazien
Nossoncourt
Ste-Barbe
Gripport
Chamagne
Bois de Villacourt
St-Rémy-aux-Bois
Damas-aux-Bois
Haillainville
St-Maurice-sur-Mortagne
Roville-aux-Chênes
Doncières
Anglemont
Ménil-sur-Belvitte
Socourt
Charmes
Forêt de Charmes
Rehaincourt
Ortoncourt
Fauconcourt
Hardancourt
Méthendal
St-Benoît-la-Chipotte
Col de la Chipotte
Essegney
Langley
La Verrerie
Moriville
Passoncourt
St-Genest
Moyemont
Romont
Rambervillers
Brû
Jeanménil
La Grande Rue
Rugney
Brantigny
Vincey
Portieux
Forêt de Rambervillers
le Grand Bois
St-Gorgon
Fraispertuis
Col de Haut du Bois
Ubexy
Évaux-et-Ménil
Varmonzey
Châtel-s-Moselle
Hadigny-les-Verrières
Housseras
Rapey
Gugney-aux-Aulx
Zincourt
Vomécourt
Autrey
Les Hauts-Prés
Nomexy
Pallegney
Badménil-aux-Bois
Bult
Madegney
Bettegney-St-Brice
Regney
Vaubexy
Frizon
St-Vallier
Vaxoncourt
Domèvre-sur-Durbion
Padoux
Ste-Hélène
Destord
Fremifontaine
Derbamont
Igney
Bois de la Foresterie
Villoncourt
Nonzeville
Pierrepont-s-l'Arentèle
La Basse Ville
Mortagne
Bazegney
Thaon-les-Vosges
Girmont
Bayecourt
Dompierre
Gugnécourt
Circourt
Oncourt
Sercœur
Girecourt-s-Durbion
Grandvillers
Brouvelieures
Domfaing
Bouxières-aux-Bois
Croix de Virine
Dignonville
Chavelot
Vaudéville
Mémenil
Viménil
Vervezelle
Belmont
Mazeley
Gigney
Fomerey
Bocquegney
Longchamp
Dogneville
Le Void de la Borde
Bruyères
Madonne-et-Lamerey
Bettegney
Domèvre-sur-Avière
Golbey
Jeuxey
Deyvillers
Aydoilles
Fontenay
Laval-s-Vologne
Laveline-devant-Bruyères
Hennecourt
Darnieulles
Damas-et-Bettegney
Gorhey
Uxegney
Fort des Adelphes
Forêt du Ménil
Pont-Bresson
Faing-Vairel
Lépanges-sur-Vologne
Fiménil
Champ-le-Duc
La Chapelle-devant-Bruyères
Beauménil
Fays

0 2 4 6 8 10 km
67
95
120
A
B
C
D
1
2
3
4
5
Blâmont
Cirey-s-Vezouze
Abreschviller
Dabo
Wangenbourg-Engenthal
St-Quirin
Turquestein-Blancrupt
Val-et-Châtillon
Badonviller
Donon
Col du Donon
Schirmeck
Le Struthof
Raon-l'Étape
Senones
Moyenmoutier
Étival-Clairefontaine
St-Dié-des-Vosges
Saales
Col de Saales
Provenchères-et-Colroy
Ste-Marie-aux-Mines
Col de Ste-Marie
Le Brézouard
Le Bonhomme
Col du Bonhomme
Lapoutroie
Plainfaing
Fraize
Anould
Corcieux
St-Léonard
Saulcy-s-Meurthe
Taintrux
Les Rouges-Eaux
Bruyères
Mortagne
Rambervillers
Baccarat
Bertrichamps
Pierre-Percée
Lac de Pierre-Percée
Celles-s-Plaine
Allarmont
Vexaincourt
Luvigny
Grandfontaine
Bionville
Le Saulcy
Belval
Grandrupt
Châtas
Lusse
Combrimont
Ban-de-Laveline
Wisembach
La Croix-aux-Mines
Col du Pré de Raves
Lubine
Urbeis
Fouday
Waldersbach
Rothau
Wildersbach
Natzwiller
Memorial d'Alsace Moselle
Wisches
Lutzelhouse
Harbouey
Halloville
Domèvre-s-Vezouze
Herbéviller
Montigny
Reherrey
Vacqueville
Neufmaisons
Thiaville-s-Meurthe
Lachapelle
Nompatelize
La Salle
St-Michel-s-Meurthe
Hurbache
Denipaire
Ste-Marguerite
Saint-Rémy
La Voivre
Ban-de-Sapt
La Grande Fosse
La Petite-Fosse
Colroy-la-Roche
Ranrupt
Bourg-Bruche
Steige
Maisonsgoutte
Lalaye
Fouchy
Rombach-le-Franc
Lièpvre
Aubure
N 4
N 59
N 159
D 392
D 420
D 415
D 424
D 993

STRASBOURG
Kehl
Schiltigheim
Hoenheim
Illkirch-Graffenstaden
Lingolsheim
Ostwald
Eckbolsheim
Wolfisheim
Oberhausbergen
Mittelhausbergen
Mundolsheim
Souffelweyersheim
Willstätt
Offenburg
Molsheim
Mutzig
Dinsheim
Duttlenheim
Entzheim
Geispolsheim
Fegersheim
Eschau
Plobsheim
Obernai
Rosheim
Mt Ste-Odile
Barr
Le Hohwald
Andlau
Epfig
Dambach-la-Ville
Sélestat
Benfeld
Erstein
Gerstheim
Rhinau
Marckolsheim
Ribeauvillé
St-Hippolyte
Kintzheim
Ebersmunster
Muttersholtz
Boofzheim
Daubensand
Kappel-Grafenhausen
Europa-Park
Rust
Ettenheim
Herbolzheim
Kenzingen
Mahlberg
Lahr
Schwanau
Neuried
Meißenheim
Ichenheim
Friesenheim
Endingen
Riegel
Sasbach
Wyhl
Forchheim
Weisweil
Rheinhausen
Neunkirch
Wittisheim
Bindernheim
Hilsenheim
Sundhouse
Saasenheim
Schoenau
Richtolsheim
Boesenbiesen
Baldenheim
Mussig
Heidolsheim
Hessenheim
Artolsheim
Bootzheim
Mackenheim
Ohnenheim
Illhaeusern
Guémar
Bergheim
Elsenheim
Grussenheim
Châtenois
Scherwiller
Dieffenthal
Ebersheim
Kogenheim
Sermersheim
Huttenheim
Herbsheim
Rossfeld
Witternheim
Friesenheim
Diebolsheim
Obenheim
Osthouse
Matzenheim
Westhouse
Uttenheim
Bolsenheim
Schaeffersheim
Limersheim
Nordhouse
Hindisheim
Lipsheim
Blaesheim
Innenheim
Krautergersheim
Meistratzheim
Niedernai
Valff
Zellwiller
Stotzheim
Kertzfeld
St-Pierre
Eichhoffen
Itterswiller
Nothalten
Blienschwiller
Bernardswiller
Goxwiller
Heiligenstein
Bourgheim
Gertwiller
Mittelbergheim
Bischoffsheim
Griesheim-près-Molsheim
Altorf
Dorlisheim
Ergersheim
Wolxheim
Dahlenheim
Kirchheim
Odratzheim
Marlenheim
Wangen
Furdenheim
Handschuheim
Ittenheim
Hurtigheim
Breuschwickersheim
Achenheim
Hangenbieten
Kolbsheim
Holtzheim
Dachstein
Avolsheim
Soultz-les-Bains
Still
Oberhaslach
Heiligenberg
Gresswiller
Mollkirch
Guirbaden
Grendelbruch
Klingenthal
Ottrott
Neuntelstein
Ste-Marguerite
Rhein
Schutterwald
Hohnhurst
Altenheim
Dundenheim
Ottenheim
Allmannsweier
Nonnenweier
Kürzell
Schuttern
Dinglingen
Wittenweier
Kippenheim
Orschweier
Altdorf
Ringsheim
Kahlenberg
Tutschfelden
Bleichheim
Wagenstadt
Bombach
Hecklingen
Malterdingen
Kondringen
Königschaffhausen
Marlen
Goldscheuer
Kittersburg
Eckartsweier
Sundheim
68
121
E
F
G
H
1
2
3
4
5

D'IROISE
0 2 4 6 8 10 km
A
B
C
D
1
2
3
4
5
Plage de la P
Cap de la C
Tévennec
Pointe du Van
Pointe de Castelmeur
Pointe de Brézellec
Pte de Penharn
Réserve du Cap Sizun
Ar Men
PARC NATUREL RÉGIONAL D'ARMORIQUE
Chaussée de Sein
Île-de-Sein
Raz de Sein
Pont des Chats
la Vieille
Sémaphore
Pointe du Raz
St-They
Baie des Trépassés
Lescoff
Port de Bestrée
Pointe de Feunteunod
Kermeur
Mescran
Goulien
Moulin de Kerharo
Lannourec
Cléden-Cap-Sizun
Quillivic
Lesqleden
Plogoff
St-Tremeur
Quatre-Vents
Trevenouen
Landrer
Pendreff
Lézurec
Penneac'h
Primelin
Esquibien
St-Tugen
Audierne
Custren
Ste-Evette
Anse du Loch
Pointe de Lervily
D 7
D 43
D 784
BAI
D'AUD

BAIE DE DOUARNENEZ
Douarnenez
Tréboul
Pointe du Millier
Pointe de Beuzec
Beuzec-Cap-Sizun
Pont-Croix
Audierne
Plouhinec
Pointe de Leydé
Les Sables Blancs
Île Tristan
Anse d'Ar-Vechen
Pointe de Tréfeuntec
Ste-Anne-la-Palud
Ty-Anquer
Pointe de Talagrip
Plomodiern
Ploéven
Plonévez-Porzay
Locronan
Montagne de Locronan
Kergoat
Quéménéven
Landrévarzec
Quilinen
Briec
Châteaulin
St-Coulitz
Lothey
Gouézec
Roche du Feu
Cast
St-Nic
Pentrez-Plage
Ste-Marie-du-Ménez Hom
Dinéault
Le Juch
Guengat
Plogonnec
Plonéis
Gourlizon
Pouldergat
Mahalon
Confort-Meilars
Poullan-s-Mer
Kérinec
Landudec
Plozévet
Pors-Poulhan
Pte de Souc'h
Mesperleuc
La Trinité
Poul-ar-Marquis
Guiler-s-Goyen
Plogastel-St-Germain
Pouldreuzic
Penhors
Keristenvet
QUIMPER
Pluguffan
Ergué-Gabéric
Site du Stangala
Kerfeunteun
Penhars
Plomelin
Pont-l'Abbé
Ploneour-Lanvern
Tréogat
Peumerit
Plovan
Chlle de Languidou
Étang de Kergalan
Étang de Trunvel
Tréguennec
Étang de St-Vio
St-Jean-Trolimon
N.-D. de Tronoën (Calvaire)
Pointe de la Torche
Plage de Pors-Carn
St-Guénolé
Penmarch
N.-D. de la Joie
Eckmühl
Kérity
Pointe de Penmarc'h
Roches de Penmarc'h
Guilvinec
Lechiagat
Treffiagat
Plobannalec-Lesconil
Lesconil
Plomeur
Kérazan
Loctudy
Île-Tudy
Anse de Bénodet
Bénodet
Combrit
Pte de Combrit
Pte St-Gilles
Clohars-Fouesnant
Gouesnach
Pleuven
La Forêt-Fouesnant
Fouesnant
Cap-Coz
Beg-Meil
Concarneau
Pointe de Mousterlin
Mousterlin
Baie de la Forêt
Côte de Cornouaille
Île aux Moutons
Îles de Glénan
St-Nicolas
Baie de Kerogan
Anse de Toulven
Vire-Court
Odet
E
F
G
H
75
100

0 2 4 6 8 10 km
76
99
122
A
B
C
D
1
2
3
4
5
Châteauneuf-du-Faou
Spézet
N.-D. du Crann
Roc de Toullaëron
MONTAGNES NOIRES
Trévarez
St-Goazec
Gourin
Briec
Edern
Laz
Roudouallec
Leuhan
Tregourez
Coray
Langolen
Landudal
Elliant
Scaër
Guiscriff
Le Saint
Rosporden
St-Yvi
Kerdévot
Ergué-Gabéric
Bannalec
St-Thurien
Querrien
Quimperlé
Mellac
Tréméven
Melgven
Concarneau
Beg-Meil
La Forêt-Fouesnant
Fouesnant
Cap-Coz
Pont-Aven
Nizon
Trégunc
Névez
Riec-s-Bélon
Moëlan-s-Mer
Clohars-Carnoët
Le Pouldu
Guidel
Doëlan
Port-Manech
Kerfany-les-Pins
Bélon
Forêt de Coat-Loc'h
Bois d'Amour
Forêt de Carnoët
Rocher Royal
Roches du Diable
Pointe de Trévignon
Pointe de Raguenez
Île Raguenez
Pointe de la Jument
Pointe de Beg Meil
Baie de Pouldohan
Baie de la Forêt
Anse du Pouldu
Port de Merrien
Île Verte
Îles de Glénan
Cornouaille
Site du Stangala
Roche du Feu
Gouézec
Lothey
Lennon
Pont-Triffen
Cléden-Poher
St-Hernin
Motreff
Tréogan
Bois de Conveau
Rer de la Madeleine
Le Faouët
N 165
E 60
N 164
D 15
D 765
D 783
D 24
D 4
D 1
D 769

Rostrenen
Gouarec
Plélauff
Mellionnec
Lescouët-Gouarec
Plouray
Silfiac
Langoëlan
Séglien
Cléguérec
Mûr-de-Bretagne
St-Aignan
Caurel
St-Gelven
St-Guen
(Guerlédan)
Lac de Guerlédan
Forêt de Quénécan
Ste-Brigitte
Neulliac
Pontivy
Noyal-Pontivy
Le Sourn
St-Thuriau
Malguénac
Guern
Locmalo
Guémené-s-Scorff
Lignol
Persquen
Kernascléden
Berné
Meslan
Pont-Calleck
Inguiniel
Bubry
Melrand
Bieuzy
Site de Castennec
St-Nicodème
Pluméliau
Quistinic
Plouay
Lanvaudan
Calan
Inzinzac-Lochrist
Hennebont
Languidic
Baud
La Chapelle-Neuve
Guénin
St-Barthélemy
Camors
Lanester
Pont-Scorff
Cléguer
Caudan
Pluvigner
Brandivy
Plumelin
Remungol
Moustoir-Remungol
Kergrist
St-Gérand
Gourin
Glomel
Paule
La Trinité-Langonnet
Langonnet
Abbé de Langonnet
Priziac
St-Tugdual
Ploërdut
Kervignac
Landévant
N 164
N 24
D 768
D 764
D 782
77
102
123

0 2 4 6 8 10 km
78
101
124
Loudéac
Mûr-de-Bretagne
St-Guen
St-Connec
St-Caradec
Hémonstoir
Trévé
Grâce-Uzel
La Motte
Uzel
Plouguenast
Langast
Plémet
La Prénessaye
Laurenan
St-Gouéno
Collinée (Le Mené)
St-Vran
Gomené
Ménéac
Coëtlogon
La Chèze
Plumieux
La Trinité-Porhoët
Mohon
St-Barnabé
St-Maudan
St-Gonnery
St-Gérand
Croixanvec
Kergrist
Noyal-Pontivy
Rohan
Bréhan
Crédin
Kerfourn
St-Thuriau
Moustoir-Remungol
Naizin
Réguiny
Radenac
Pleugriffet
Les Forges
Lanouée
Josselin
Guégon
St-Malo-des-Trois-Fontaines
La Grée-St-Laurent
Helléan
La Croix-Helléan
Taupont
St-Servant
Guillac
Quily
Montertelot
Le Roc-St-André
Moréac
Remungol
Locminé
Moustoir-Ac
Bignan
Kerguéhennec
St-Allouestre
Buléon
Lantillac
Guéhenno
Cruguel
St-Jean-Brévelay
Plumelec
Colpo
St-Aubin
St-Marcel
Forêt de Lanouée
Forêt de Loudéac
Forêt de Branguily
N 164
N 24
D 700
D 767
D 764
D 768
A
B
C
D
1
2
3
4
5

79
Caulnes
Quédillac
Médréac
Bécherel
Montmuran
Irodouër
Landujan
St-Méen-le-Grand
Montauban-de-Bretagne
Pleumeleuc
Bédée
Montfort-s-Meu
Breteil
St-Gilles
La Chapelle-Thouarault
Iffendic
St-Onen-la-Chapelle
Boisgervilly
Gaël
Illifaut
Mauron
St-Léry
Concoret
Paimpont
Forêt de Paimpont
Plélan-le-Grand
Treffendel
Talensac
Mordelles
Monterfil
Bréal-s-Montfort
St-Thurial
Baulon
Lassy
Maxent
Les Forges-de-Paimpont
Beignon
St-Malo-de-Beignon
Campénéac
Tréhorenteuc
Néant-s-Yvel
Trécesson
Guer
Augan
Porcaro
Monteneuf
Les Menhirs de Monteneuf
Réminiac
Caro
Carentoir
Quelneuc
St-Séglin
Comblessac
Les Brulais
Maure-de-Bretagne
Mernel
Guignen
Lohéac
Manoir de l'Automobile
Bovel
Campel
La Chapelle-Bouëxic
Loutehel
Ruffiac
Tréal
Guipry-Messac
Trémorel
Loscouët-s-Meu
Muel
Bléruais
St-Maugan
St-Gonlay
St-Malon-sur-Mel
St-Péran
Comper
L. de Trémelin
Forêt de Montfort
Coëtquidan-St-Cyr
104
125
126

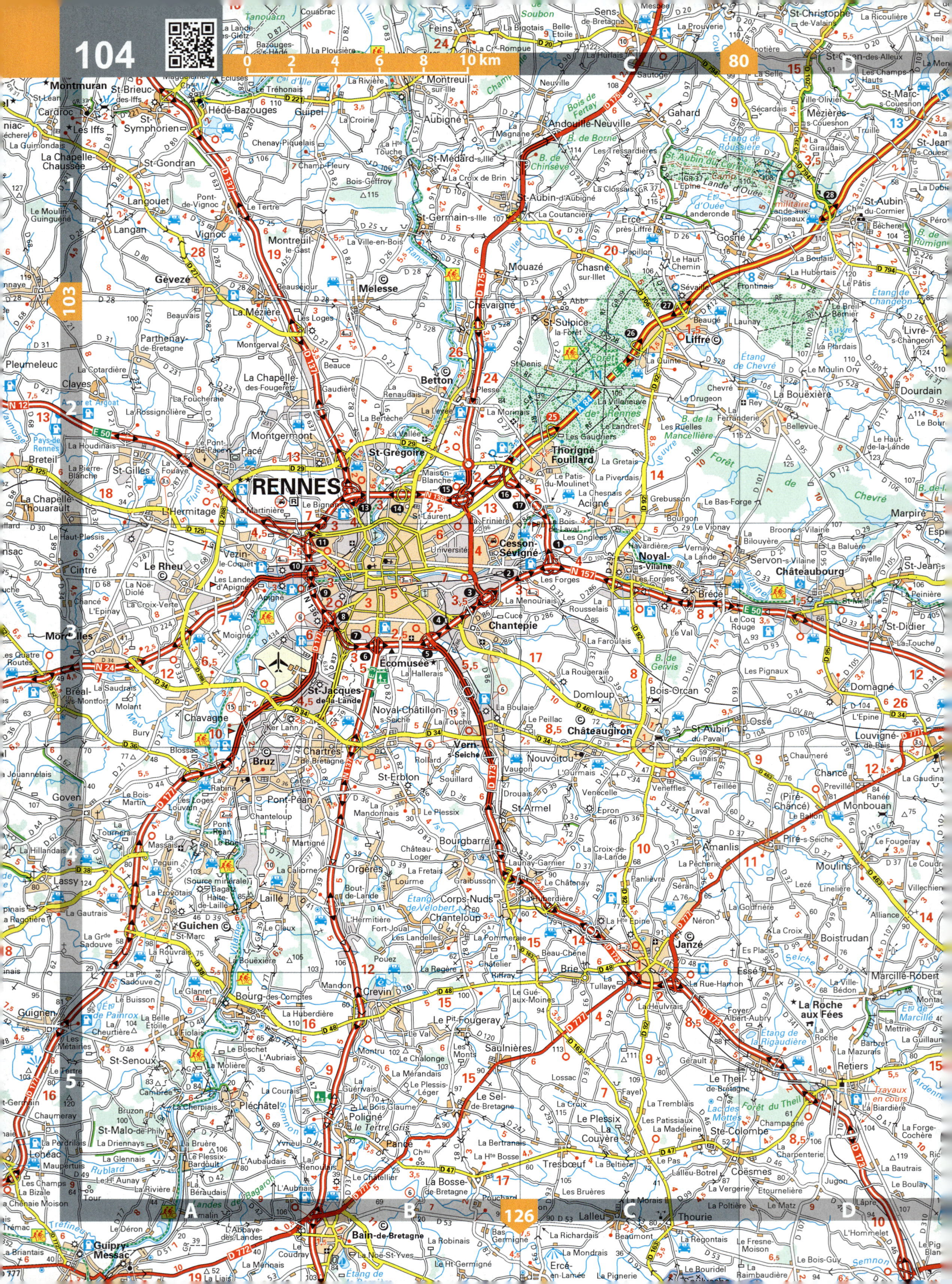
0 2 4 6 8 10 km
80
103
126
A
B
C
D
1
2
3
4
5
RENNES
St-Grégoire
Cesson-Sévigné
Chantepie
St-Jacques-de-la-Lande
Bruz
Chartres-de-Bretagne
Vern-s-Seiche
Noyal-Châtillon-s-Seiche
Pacé
Montgermont
Vezin-le-Coquet
Le Rheu
L'Hermitage
Betton
Melesse
Liffré
Thorigné-Fouillard
Acigné
Noyal-s-Vilaine
Châteaubourg
Châteaugiron
Domloup
Nouvoitou
St-Armel
St-Erblon
Pont-Péan
Laillé
Guichen
Bourgbarré
Orgères
Corps-Nuds
Janzé
Brie
Crevin
Bourg-des-Comptes
Pléchâtel
Poligné
Pancé
Bain-de-Bretagne
Guipry-Messac
Saulnières
Le Sel-de-Bretagne
La Bosse-de-Bretagne
Tresbœuf
Le Theil-de-Bretagne
Ste-Colombe
Retiers
La Roche aux Fées
Essé
Amanlis
Piré-s-Seiche
Moulins
Louvigné-de-Bais
Domagné
St-Aubin-du-Cormier
Gosné
Ercé-près-Liffré
Chasné-sur-Illet
Mouazé
St-Aubin-d'Aubigné
Andouillé-Neuville
Aubigné
Montreuil-sur-Ille
Feins
Sens-de-Bretagne
Gahard
Hédé-Bazouges
Guipel
St-Médard-s-Ille
St-Germain-s-Ille
Montreuil-le-Gast
Vignoc
La Mézière
Gévezé
Langan
La Chapelle-Chaussée
St-Gondran
Montmuran
Les Iffs
St-Symphorien
Parthenay-de-Bretagne
La Chapelle-des-Fougeretz
Clayes
Breteil
St-Gilles
La Chapelle-Thouarault
Cintré
Mordelles
Bréal-s-Montfort
Chavagne
Goven
Lassy
Guignen
St-Senoux
St-Malo-de-Phily
Lohéac
Chevaigné
St-Sulpice-la-Forêt
La Bouëxière
Dourdain
Servon-s-Vilaine
Brécé
Ossé
St-Aubin-du-Pavail
Chancé
Boistrudan
Marcillé-Robert
Ecomusée

Ernée
Vitré
Châtillon-en-Vendelais
Montautour
Juvigné
La Croixille
Le Bourgneuf-la-Forêt
St-Hilaire-du-Maine
Chailland
La Baconnière
Andouillé
St-Ouën-des-Toits
Port-Brillet
Olivet
St-Berthevin
Loiron-Ruillé
Changé
L'Huisserie
Argentré-du-Plessis
Étrelles
Torcé
Cornillé
St-Aubin-des-Landes
Vergéal
Domalain
Moutiers
La Guerche-de-Bretagne
Rannée
Drouges
Cuillé
Gennes-sur-Seiche
St-Poix
Méral
Cossé-le-Vivien
Laubrières
Ballots
La Roë
Fontaine-Couverte
St-Michel-de-la-Roë
Craon
Livré-la-Touche
Athée
Denazé
Simplé
Quelaines-St-Gault
Astillé
Courbeveille
Ahuillé
Montjean
Beaulieu-sur-Oudon
Le Pertre
Bréal-s/s-Vitré
Erbrée
Mondevert
Montenay
Larchamp
Vautorte
Dompierre-du-Chemin
Luitré
Parcé
Balazé
Montreuil-s/s-Pérouse
Champeaux
Taillis
Val-d'Izé
Billé
Combourtillé
Javené
Romagné
La Pellerine
Fontenaille
Bourgon
La Gravelle
Launay-Villiers
St-Pierre-la-Cour
Le Genest-St-Isle
La Brûlatte
Forêt de Mayenne
Forêt de la Guerche
Forêt du Pertre
Bois de Misedon
Étang Neuf
Étang de Paintourteau
A 81
E 50
N 12
N 157

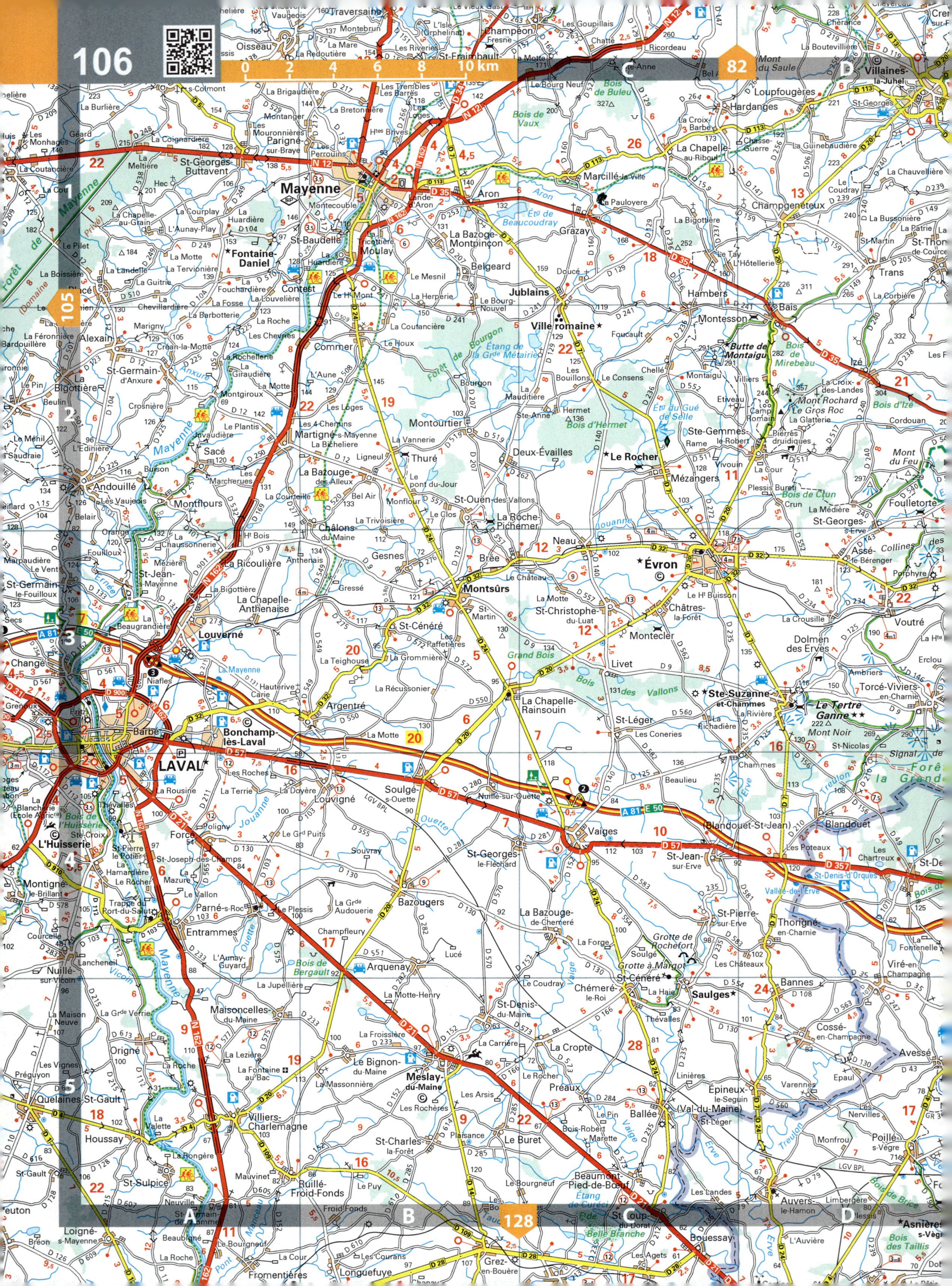
0 2 4 6 8 10 km
Mayenne
Laval
Évron
Montsûrs
Meslay-du-Maine
Villaines-la-Juhel
L'Huisserie
Louverné
Bonchamp-lès-Laval
Argentré
Soulgé-s-Ouette
Vaiges
Ste-Suzanne et-Chammes
Le Tertre Ganne
Saulges
Bais
Jublains
Ville romaine
Aron
Martigné-s-Mayenne
Commer
Moulay
St-Baudelle
Contest
Andouillé
St-Germain-d'Anxure
Alexain
La Bigottière
Montflours
St-Jean-s-Mayenne
Changé
Entrammes
Parné-s-Roc
Forcé
Bazougers
Arquenay
Villiers-Charlemagne
Ruillé-Froid-Fonds
Bouessay
Grez-en-Bouère
Ballée
Chémeré-le-Roi
St-Céneré
Thorigné-en-Charnie
St-Jean-sur-Erve
Blandouet
Bannes
Épineux-le-Seguin
Auvers-le-Hamon
Poillé-s-Vègre
Montecler
Neau
Deux-Évailles
Mézangers
Champgenéteux
Hambers
Grazay
Marcillé-la-Ville
Hardanges
Loupfougères
St-Georges-Buttavent
Fontaine-Daniel
Bois de Buleu
Forêt de Sourgon
Bois d'Hermet
Bois de Bergault
Forêt de la Grande Charnie
Vallée de l'Erve
Grotte à Margot
Étang de Beaucoudray
A 81
E 50
N 12
N 162
D 57
D 32
D 35
105
82
128
A B C D
1 2 3 4 5

LE MANS
Fresnay-s-Sarthe
Beaumont-s-Sarthe
Sillé-le-Guillaume
Conlie
Loué
Ballon-St Mars
Savigné-l'Évêque
Changé
Coulaines
Allonnes
Arnage
Moncé-en-Belin
La Suze
Noyen-s-Sarthe
Bonnétable
St-Cénéri-le-Gérei
Alpes Mancelles
PARC NATUREL RÉGIONAL NORMANDIE-MAINE
Musée Automobile
Abbaye de l'Épau
Forêt de Sillé
Forêt de Mézières
Sarthe
Vègre
Orne
Huisne
83
108
129
32

0 2 4 6 8 10 km
Mamers
Bellême
La Ferté-Bernard
St-Cosme-en-Vairais
Bonnétable
Nogent-le-Bernard
Ceton
Le Theil
Connerré
Montfort-le-Gesnois
Savigné-l'Évêque
Changé
Parigné-l'Évêque
Bouloire
Vibraye
St-Calais
Marolles-les-Braults
Ballon-St Mars
Beaufay
Tuffé Val de la Chéronne
Lombron
Dollon
Semur-en-Vallon
Lamnay
Montmirail
Cormes
Courgenard
Ardenay-sur-Mérize
Ecorpain
Conflans-sur-Anille
Forêt de Bonnétable
Forêt de Vibraye
Bois de Loudon
Huisne
Même
A 11 E 50
A 28 E 402
D 323
D 357
D 301
D 938
D 955
107
84
130
A
B
C
D
1
2
3
4
5

E
F
G
H
85
110
131
2
3
4
5
Nogent-le-Rotrou
Champrond-en-Perchet
Thiron-Gardais
La Gaudaine
Trizay-Coutretot-St-Serge
Argenvilliers
Beaumont-les-Autels
Miermaigne
Luigny
PERCHE
Béthonvilliers
Authon-du-Perche
Charbonnières
Les Autels-Villevillon
Soizé
Chapelle-Royale
La Bazoche-Gouet
Chapelle-Guillaume
Le Gault-du-Perche
St-Avit
Oigny
Arville
Souday
St-Agil
Choue
Boursay
Mondoubleau
Cormenon
Baillou
Le Temple
Épuisay
Danzé
Fontaine-Raoul
Romilly
Chauvigny-du-Perche
La Ville-aux-Clercs
Forêt de Fréteval
St-Hilaire-la-Gravelle
Cloyes-s-le-Loir
Montigny-le-Gannelon
Droué
Boisgasson
La Fontenelle
Le Poislay
Courtalain
Arrou
Forêt de Bois Ruffin
Unverre
Moulhard
Dampierre-sous-Brou
Brou
Yèvres
Frazé
Montigny-le-Chartif
Illiers-Combray
Méréglise
Happonvilliers
Combres
Chassant
Nonvilliers-Grandhoux
Magny
Blandainville
Sandarville
Bailleau-le-Pin
Ermenonville-la-Grande
Épeautrolles
Charonville
Vieuvicq
Mottereau
Bullou
Dangeau
Alluyes
Bonneval
Montharville
Logron
Châtillon-en-Dunois
Villardon
Marboué
Châteaudun
Lanneray
Jallans
St-Denis-les-Ponts
La Chapelle-du-Noyer
Autheuil (Cloyes-les-Trois-Rivières)
Romilly-sur-Aigre
La Ferté-Villeneuil
Charray
Ouzouer-le-Doyen
Moisy
Morée
Montlandon
St-Denis-des-Puits
Villebon
Marchéville
St-Avit-les-Guespières
Saumeray
Flacey
St-Christophe
Moléans
Donnemain-St-Mamès
D 955
D 921
D 927
D 357
A 11 E 50
N 10

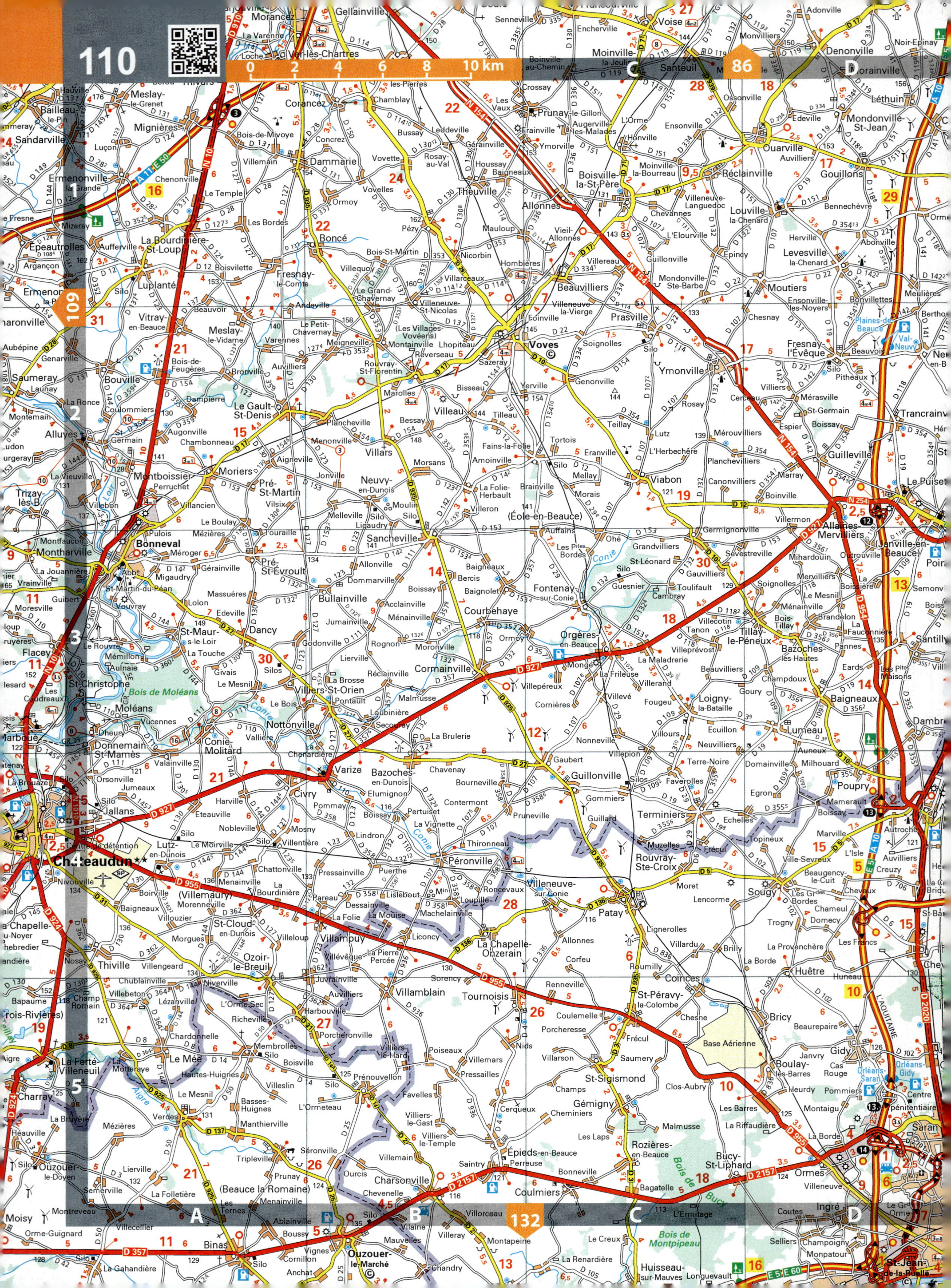
0 2 4 6 8 10 km
86
109
132
Châteaudun
Bonneval
Voves
Orgères-en-Beauce
Patay
Artenay
Janville-en-Beauce
Allaines-Mervilliers
Ouzouer-le-Marché
Coulmiers
St-Péravy-la-Colombe
St-Sigismond
Gémigny
Rozières-en-Beauce
Bucy-St-Liphard
Ormes
Saran
Gidy
Boulay-les-Barres
Bricy
Huêtre
Sougy
Terminiers
Lumeau
Loigny-la-Bataille
Baigneaux
Tillay-le-Péneux
Guillonville
Péronville
Varize
Civry
Villiers-St-Orien
Cormainville
Courbehaye
Fontenay-sur-Conie
Sancheville
Neuvy-en-Dunois
Villars
Dancy
Bullainville
Moriers
Le Gault-St-Denis
Pré-St-Martin
Pré-St-Evroult
Montboissier
Alluyes
Saumeray
Bouville
Vitray-en-Beauce
Luplanté
Meslay-le-Vidame
Fresnay-le-Comte
Dammarie
Bonce
Theuville
Allonnes
Beauvilliers
Prasville
Ymonville
Viabon
Moutiers
Fresnay-l'Évêque
Guilleville
Le Puiset
Santeuil
Voise
Ouarville
Réclainville
Gouillons
Louville-la-Chenard
Levesville-la-Chenard
Boisville-la-St-Père
Prunay-le-Gillon
Corancez
Mignières
Sandarville
Ermenonville-la-Grande
Épeautrolles
La Bourdinière-St-Loup
Ermenonville-la-Petite
Villeau
Bazoches-en-Dunois
Nottonville
Conie-Molitard
Donnemain-St-Mamès
Moléans
St-Christophe
Marboué
St-Maur-sur-le-Loir
Lutz-en-Dunois
Jallans
St-Cloud-en-Dunois
Ozoir-le-Breuil
Thiville
Villampuy
Villamblain
Tournoisis
La Chapelle-Onzerain
Villeneuve-sur-Conie
Charsonville
Épieds-en-Beauce
Binas
La Ferté-Villeneuil
Charray
Ouzouer-le-Doyen
Le Mée
Verdes
Membrolles
(Beauce la Romaine)
Bois de Moléans
Bois de Bucy
Bois de Montpipeau
Base Aérienne
Conie
Aigre
N 10
N 154
A 10
A 11
E 50
E 5
D 927
D 955
D 2157
D 935
L'AQUITAINE

Angerville
Méréville
Malesherbes
Pithiviers
Orléans
Bellegarde
Beaune-la-Rolande
Neuville-aux-Bois
Artenay
Étampes
Mondésir
Monnerville
Saclas
Abbéville-la-Rivière
Boissy-la-Rivière
Puiseaux
Gironville-sur-Essonne
Buno-Bonnevaux
Boigneville
Mespuits
Champmotteux
Brouy
Blandy
Rouvres-St-Jean
Sermaises
Pannecières
Thignonville
Audeville
Intville-la-Guétard
Autruy-sur-Juine
Andonville
Boisseaux
Erceville
Charmont-en-Beauce
Morville-en-Beauce
Engenville
Ramoulu
Marsainvilliers
Léouville
Outarville
Guigneville
Greneville-en-Beauce
Bondaroy
Dadonville
Yèvre-la-Ville
Givraines
Boynes
Barville-en-Gâtinais
Ascoux
Laas
Escrennes
Attray
Montigny
Aschères-le-Marché
Bazoches-les-Gallerandes
Châtillon-le-Roi
Chaussy
Tivernon
Oison
Lion-en-Beauce
Ruan
Trinay
Villereau
Chilleurs-aux-Bois
Mareau-aux-Bois
Santeau
Bouzonville-aux-Bois
Vrigny
Bouilly-en-Gâtinais
Courcelles-le-Roi
Batilly-en-Gâtinais
Nancray-sur-Rimarde
Chambon-la-Forêt
Nibelle
Boiscommun
Montbarrois
Montliard
Nesploy
Ingrannes
Sully-la-Chapelle
Seichebrières
Combreux
Sury-aux-Bois
Vitry-aux-Loges
Loury
Traînou
Rebréchien
Marigny-les-Usages
Chanteau
Boigny-sur-Bionne
Vennecy
Saint-Lyé-la-Forêt
Bougy-lez-Neuville
Chamerolles
Forêt d'Orléans
Bois de Bellébat
Bois de la Madeleine
Égry
Aulnay-la-Rivière
Ondreville-sur-Essonne
Estouy
Orville
Dimancheville
Briarres-sur-Essonne
Grangermont
Échilleuses
Gaubertin
Auxy
Beauchamps-sur-Huillard
Chécy
Fay-aux-Loges
Donnery
Saint-Jean-de-Braye
Semoy
GÂTINAIS
A 19
E 60
N 20
D 2152
D 921
D 950
D 2060
87
133
112

0 2 4 6 8 10 km
88
111
134
A
B
C
D
1
2
3
4
5
Gorges de Franchard
FONTAINEBLEAU
Avon
Montereau-Fault-Yonne
Champagne-sur-Seine
Moret-Loing-et-Orvanne
Veneux-les-Sablons
Recloses
Bourron-Marlotte
Ury
Achères-la-Forêt
Noisy-s-École
Le Vaudoué
Tousson
Buno-Bonnevaux
GÂTINAIS FRANÇAIS
Villiers-s-s-Grez
Grez-s-Loing
Montigny-s-Loing
La Genevraye
Épisy
Villecerf
Ville-St-Jacques
Dormelles
Flagy
La Chapelle-la-Reine
Massif de la Dame Jouanne
Larchant
Nemours
St-Pierre-lès-N.
Rochers Gréau
Rochers de Nemours
Darvault
Nonville
Treuzy-Levelay
Villemer
Montcourt-Fromonville
Chevrainvilliers
Ormesson
Faÿ-lès-Nemours
Bagneaux-s-Loing
Poligny
Remauville
Chaintreaux
Aufferville
Obsonville
Garentreville
Guercheville
Amponville
Rumont
Fromont
Boulancourt
Augerville-la-Rivière
Dimancheville
Orveau
Briarres-sur-Essonne
Desmonts
Burcy
Puiseaux
Ichy
Arville
Gironville
Bromeilles
Maisoncelles-en-Gâtinais
Bougligny
Souppes-s-Loing
Égreville
Lorrez-le-Bocage-Préaux
Château-Landon
Chenou
Mondreville
Beaumont-du-Gâtinais
Échilleuses
Boësse
Dordives
Chevannes
Ferrières-en-Gâtinais
Nargis
Fontenay-sur-Loing
Sceaux-du-Gâtinais
Bordeaux-en-Gâtinais
Courtempierre
Préfontaines
Corbeilles
Treilles-en-Gâtinais
Gondreville
Mignerette
Mignères
Girolles
Cepoy
Corquilleroy
Paucourt
Châlette-sur-Loing
Montargis
Amilly
Villemandeur
Pannes
Ladon
Villemoutiers
St-Maurice-sur-Fessard
Bellegarde
Quiers-sur-Bézonde
Beaune-la-Rolande
Juranville
Mézières-en-Gâtinais
Fréville-du-Gâtinais
Auvilliers-en-Gâtinais
Chevillon-sur-Huillard
Vimory
Mormant-sur-Vernisson
Conflans-sur-Loing
St-Firmin-des-Vignes
St-Germain-des-Prés
Courtenay
Louzouer
Thorailles
La Selle-en-Hermoy
Chailly-en-Gâtinais
Beauchamps-sur-Huillard
Lombreuil
Thimory
Solterre
Montcresson
Coudroy
Oussoy-en-Gâtinais
St-Hilaire
Château-Renard
Forêt de Montargis
A 6
A 19
A 77
E 15
E 60
D 2060
D 2160
D 2007
D 606
D 403
D 225

E
F
G
H
89
114
135
SENS
Joigny
Villeneuve-s-Yonne
Pont-s-Yonne
Courtenay
St-Valérien
Chéroy
St-Julien-du-Sault
Thorigny-s-Oreuse
La Ferté-Loupière
Charny-Orée
Cerisiers
Migennes
Sergines
Michery
Gisy-les-Nobles
Soucy
Saligny
Maillot
Malay-le-Grand
Rosoy
Véron
Étigny
Gron
Paron
Villeroy
Courtois-s-Yonne
St-Clément
St-Denis-lès-Sens
Fontaine-la-Gaillarde
Villiers-Louis
Noé
Theil-sur-Vanne
Vaumort
Dixmont
Armeau
Villevallier
Villecien
St-Aubin-s-Yonne
Cézy
Looze
Champlay
Épineau-les-Voves
Paroy-s-Tholon
Chamvres
Béon
Champvallon
Sépeaux-St-Romain
Précy-s-Vrin
La Celle-St-Cyr
Cudot
Verlin
St-Loup-d'Ordon
St-Martin-d'Ordon
Piffonds
Savigny-sur-Clairis
Vernoy
Domats
Courtoin
Villeneuve-la-Dondagre
Fouchères
La Belliole
Montacher-Villegardin
Dollot
Villebougis
Vallery
Lixy
Brannay
Villethierry
Chaumont
Champigny
Villemanoche
Villeblevin
Vinneuf
Courlon-s-Yonne
Serbonnes
Marolles-sur-Seine
Misy-s-Yonne
Plessis-St-Jean
Pailly
Compigny
Montigny-le-Guesdier
Fleurigny
La Chapelle-s-Oreuse
St-Martin-s-Oreuse
Voisines
Les Clérimois
Foissy-s-Vanne
Molinons
Pont-sur-Vanne
Les Sièges
Vareilles
Courgenay
Sognes
St-Maurice-aux-Riches-Hommes
Bussy-en-Othe
Brion
Laroche-St-Cydroine
Villecien
Passy
Marsangy
Rousson
Chaumot
Bussy-le-Repos
Collemiers
Subligny
Cornant
Égriselles-le-Bocage
Nailly
Villenavotte
Villeperrot
St-Sérotin
Foucherolles
Bazoches-sur-le-Betz
Douchy-Montcorbon
Villefranche-St-Phal
Triguères
Malveau
Chêne-Arnoult
Senan
Volgré
Bassou
Chichery
Bonnard
Charmoy
Cote St-Jacques

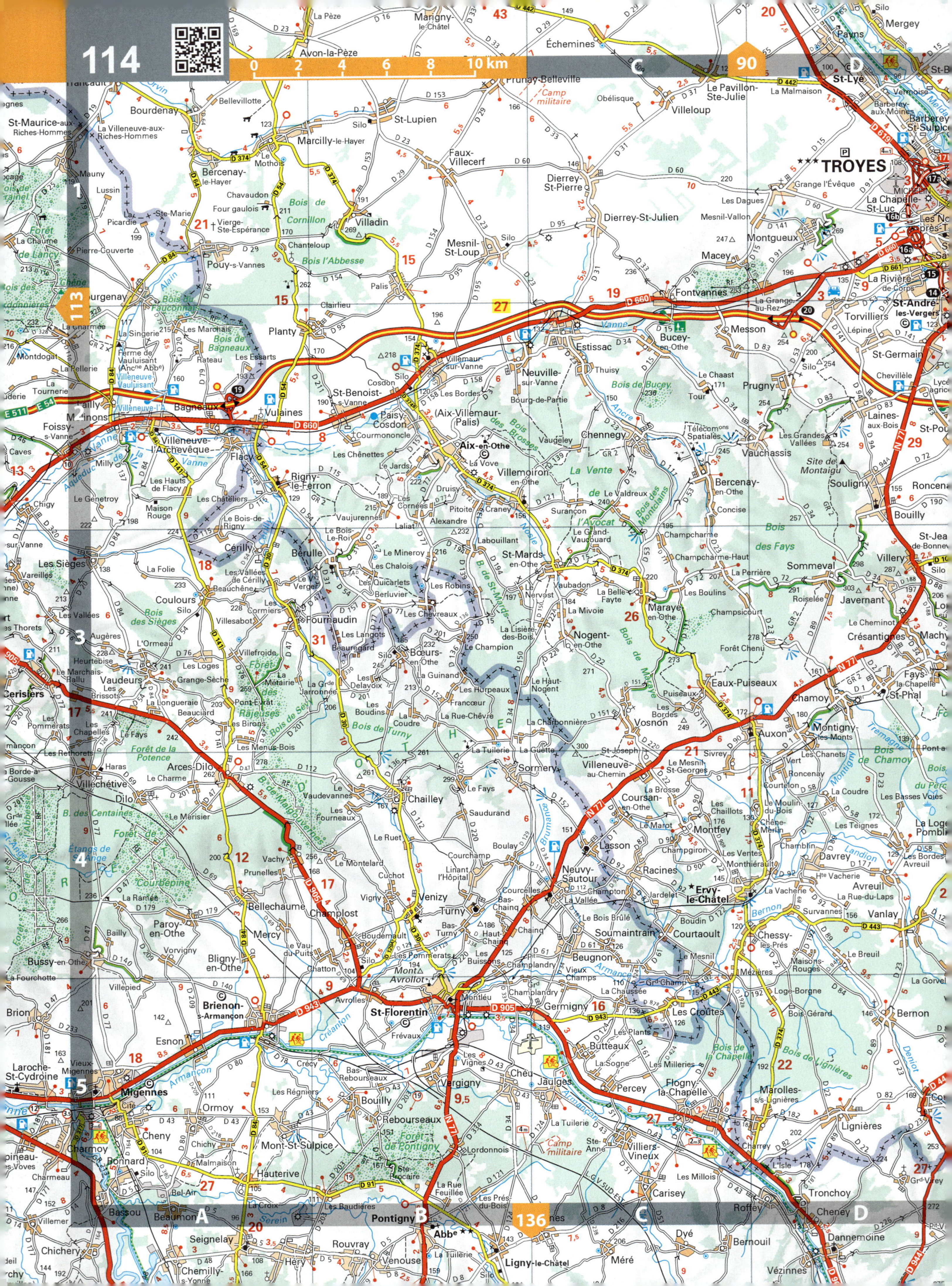
0 2 4 6 8 10 km
113
90
136
TROYES
St-Lyé
Payns
Mergey
La Chapelle-St-Luc
Les Noës-près-Troyes
La Rivière-de-Corps
St-André-les-Vergers
Torvilliers
St-Germain
Montgueux
Macey
Fontvannes
Mesnil-Vallon
Le Pavillon-Ste-Julie
Villeloup
Dierrey-St-Julien
Dierrey-St-Pierre
Échemines
Marigny-le-Châtel
Avon-la-Pèze
Fay-lès-Marcilly
Marcilly-le-Hayer
Bercenay-le-Hayer
St-Lupien
Faux-Villecerf
Mesnil-St-Loup
Villadin
Pouy-s-Vannes
Bourdenay
St-Maurice-aux-Riches-Hommes
La Villeneuve-aux-Riches-Hommes
Planty
Estissac
Bucey-en-Othe
Messon
Prugny
Neuville-sur-Vanne
Villemaur-sur-Vanne
St-Benoist-s-Vanne
Paisy-Cosdon
Aix-en-Othe
Villemoiron-en-Othe
Chennegy
Vauchassis
Bercenay-en-Othe
Laines-aux-Bois
Souligny
Bouilly
Villery
Sommeval
Javernant
Crésantignes
St-Mards-en-Othe
Maraye-en-Othe
Nogent-en-Othe
Eaux-Puiseaux
Auxon
Chamoy
Montigny-les-Monts
St-Phal
Vosnon
Villeneuve-au-Chemin
Coursan-en-Othe
Montfey
Racines
Ervy-le-Châtel
Davrey
Avreuil
Vanlay
Chessy-les-Prés
Lasson
Neuvy-Sautour
Soumaintrain
Courtaoult
Beugnon
Germigny
Les Croûtes
Butteaux
Percey
Flogny-la-Chapelle
Marolles-s/s-Lignières
Lignières
Bernon
Bagneaux
Villeneuve-l'Archevêque
Flacy
Vulaines
Rigny-le-Ferron
Foissy-s-Vanne
Cérilly
Bérulle
Fournaudin
Bœurs-en-Othe
Coulours
Vaudeurs
Cerisiers
Arces-Dilo
Villechétive
Dilo
Chailley
Sormery
Turny
Venizy
Champlost
Bellechaume
Mercy
Paroy-en-Othe
Bussy-en-Othe
Brienon-s-Armançon
St-Florentin
Vergigny
Bouilly
Rebourseaux
Chéu
Jaulges
Villiers-Vineux
Carisey
Mont-St-Sulpice
Hauterive
Ormoy
Cheny
Migennes
Laroche-St-Cydroine
Esnon
Bonnard
Bassou
Beaumont
Seignelay
Chemilly-s-Yonne
Héry
Pontigny
Rouvray
Venouse
Ligny-le-Châtel
Méré
Dyé
Bernouil
Tronchoy
Cheney
Dannemoine
Vézinnes
Roffey
Forêt de Pontigny
Forêt d'Othe
Bois de la Chapelle
Bois de Lignières
Bois des Fays
Bois de Chamoy
D 660
D 905
D 943
N 77
D 374
D 443

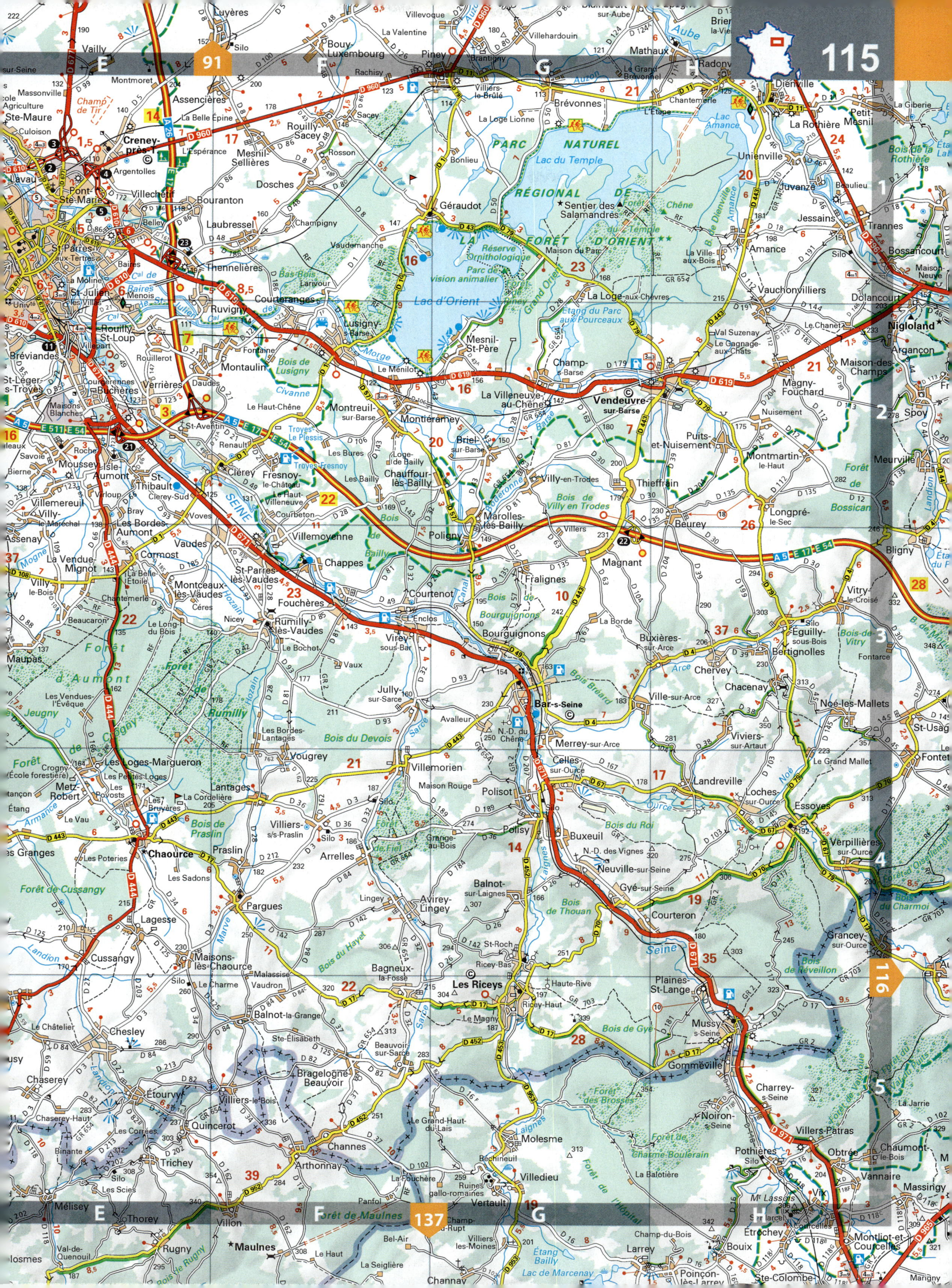

Creney-près-Troyes
Pont-Ste-Marie
St-Parres-aux-Tertres
St-Julien-les-Villas
Rouilly-St-Loup
Bréviandes
St-Léger-s-Troyes
Maisons-Blanches
Moussey
Isle-Aumont
St-Thibault
Villemereuil
Les Bordes-Aumont
Vaudes
Cormost
Montceaux-lès-Vaudes
Chaource
Pargues
Maisons-lès-Chaource
Cussangy
Chesley
Étourvy
Quincerot
Villiers-le-Bois
Trichey
Arthonnay
Channes
Mélisey
Thorey
Villon
Maulnes
Rugny
Ervy-le-Châtel
Metz-Robert
Les Loges-Margueron
Vougrey
Lantages
Villiers-s/s-Praslin
Praslin
Arrelles
Balnot-la-Grange
Bragelogne-Beauvoir
Villemoyenne
Chappes
St-Parres-lès-Vaudes
Fouchères
Rumilly-lès-Vaudes
Virey-sous-Bar
Jully-sur-Sarce
Villemorien
Polisot
Polisy
Avirey-Lingey
Bagneux-la-Fosse
Les Riceys
Balnot-sur-Laignes
Molesme
Villedieu
Vertault
Bar-s-Seine
Merrey-sur-Arce
Celles-sur-Ource
Buxeuil
Neuville-sur-Seine
Gyé-sur-Seine
Courteron
Plaines-St-Lange
Mussy-s-Seine
Gomméville
Noiron-s-Seine
Pothières
Charrey-s-Seine
Villers-Patras
Obtrée
Vix
Chaumont-le-Bois
Vannaire
Massingy
Montliot-et-Courcelles
Étrochey
Ste-Colombe
Bouix
Larrey
Essoyes
Loches-sur-Ource
Landreville
Verpillières-sur-Ource
Grancey-sur-Ource
Bourguignons
Courtenot
Fralignes
Magnant
Vitry-le-Croisé
Éguilly-sous-Bois
Bertignolles
Chervey
Buxières-sur-Arce
Ville-sur-Arce
Chacenay
Viviers-sur-Artaut
Noé-les-Mallets
Fontette
Polisy
Poligny
Marolles-lès-Bailly
Chauffour-lès-Bailly
Briel-sur-Barse
Montiéramey
Montreuil-sur-Barse
Vendeuvre-sur-Barse
La Villeneuve-au-Chêne
Champ-s-Barse
Mesnil-St-Père
Lusigny-s-Barse
Montaulin
Courteranges
Ruvigny
Thennelières
Laubressel
Bouranton
Villechétif
Mesnil-Sellières
Rouilly-Sacey
Dosches
Géraudot
Piney
Brévonnes
Radonvilliers
Dienville
Unienville
Amance
La Loge-aux-Chèvres
Vauchonvilliers
Juvanzé
Jessains
Trannes
Dolancourt
Nigloland
Maison-des-Champs
Magny-Fouchard
Puits-et-Nuisement
Thieffrain
Beurey
Longpré-le-Sec
Montmartin-le-Haut
Bligny
Meurville
Spoy
PARC NATUREL RÉGIONAL DE LA FORÊT D'ORIENT
Lac du Temple
Lac d'Orient
Lac Amance
Forêt d'Aumont
Forêt de Rumilly
Bois du Devois
Forêt de Cussangy
Seine
Aube
E F G H
91
116
137

0 2 4 6 8 10 km
92
115
138
Soulaines-Dhuys
Doulevant-le-Château
Flammerécourt
Bar-sur-Aube
Nigloland
Proverville
Bayel
Clairvaux
Longchamp-sur-Aujon
Mémorial
Colombey-les-Deux-Églises
Juzennecourt
Blaisy
Lachapelle-en-Blaisy
Rennepont
Maranville
Juvancourt
Ville-sous-la-Ferté
Laferté-sur-Aube
Cirfontaines-en-Azois
Pont-la-Ville
Orges
Bricon
CHAUMONT
Châteauvillain
Animal'Explora
Forêt de Château-villain-Orges
Forêt de Châteauvillain et d'Arc
Dinteville
Lanty-sur-Aube
Silvarouvres
Villars-en-Azois
Cunfin
Autricourt
Gevrolles
Montigny-sur-Aube
Veuxhaulles-sur-Aube
Boudreville
Dancevoir
Aubepierre-sur-Aube
Arc-en-Barrois
Cour-l'Évêque
Coupray
Richebourg
Essey-les-Ponts
Marmesse
Vaudrémont
Braux-le-Châtel
Autreville-sur-la-Renne
Euffigneix
Jonchery
Villiers-le-Sec
Buxières-lès-Villiers
Semoutiers-Montsaon
Blessonville
Gillancourt
Montheries
Lavilleneuve-au-Roi
Sexfontaines
Vignory
Marbéville
La Genevroye
Mirbel
Guindrecourt-sur-Blaise
Curmont
Lamothe-en-Blaisy
Daillancourt
Bouzancourt
Cirey-sur-Blaise
Beurville
Rizaucourt-Buchey
Saulcy
Thors
Maisons-lès-Soulaines
Fresnay
Ville-sur-Terre
Fuligny
Lévigny
Éclance
Vernonvilliers
Arsonval
Montier-en-l'Isle
Ailleville
Arrentières
Colombé-la-Fosse
Colombé-le-Sec
Voigny
Rouvres-les-Vignes
Fontaine
Baroville
Bergères
Couvignon
Spoy
Fravaux
Meurville
Urville
Arconville
Champignol-lez-Mondeville
Bligny
Vitry-le-Croisé
Noé-les-Mallets
St-Usage
Fontette
Essoyes
Verpillières-sur-Ource
Grancey-sur-Ource
Riel-les-Eaux
Belan-sur-Ource
Thoires
Bissey-la-Côte
Brion-sur-Ource
Mosson
Courban
Massingy
Vannaire
Obtrée
Villers-Patras
Montliot-et-Courcelles
Louesme
Lignerolles
Les Goulles
La Chaume
Giey-sur-Aujon
Bugnières
N.-D. de Montrot
Latrecey-Ormoy-sur-Aube
Montribourg
Créancey
Derville
Forêt de Dhuits
Forêt de Bossican
Bois de Beaumont
PARC NATIONAL DE FORÊTS
A
B
C
D
1
2
3
4
5

93
E
F
G
H
22
Donjeux
Domremy-Landéville
Landéville
Augeville
Paûtaines-Augeville
Chambroncourt
Trampot
Brechainville
Aillianville
Villouxel
Forêt de Maupas
Saint-Thiébault
Bois de Donjeux
Bois des Roncis
du Pavillon
Leurville
Bois des Haies
Bois du Charmois
Les Hauts Bois
Fréville
Liffol-le-Grand
Le Tivoli
La Bergère
Bois de la Vendue
Villiers-sur-Marne
Doulaincourt-Saucourt
Roches-Bettaincourt
Le Marquot
Busson
Les Moyemonts
Champaumont
Forêt de la Bouloire
Liffol-le-Petit
Bazoilles-sur-Meuse
Le Corroy
Circourt-sur-Mouzon
Froncles
Buxières
Bois des Grandes Combes
Forêt du Heu
Roches-sur-Rognon
Bois le Chimarmont
Reynel
Forêt de Meley
Bois de Châtelmont
Orquevaux
Lafauche
Montlebert
Vesaignes-s/s-Lafauche
Prez-sous-Lafauche
Forêt du Jarney
Bois Gérard
Les Hauts Bois
Le Chênois
N.-D. du Pilier de Saragosse
Vouécourt
Montot-sur-Rognon
Humberville
St-Blin
Vignes-la-Côte
Manois
Signéville
Croix des Allemands
Heu
Silo
Semilly
Le Corroy
La Croisette
Barrémont
L'Espérance
Dôme
Harréville-les-Chanteurs
Pompierre
Sartes
Goncourt
Sommerécourt
Gendreville
Outremécourt
Viéville
Montéclair
Andelot-Blancheville
Rimaucourt
Abbe de Septfontaines
Bois du Jard
Sueurre
Bois des Chaisaux
Chalvraines
Bois de Goncourt
Le Charmoi
Rochefort-sur-la-Côte
Roôcourt-la-Côte
Blancheville
Morteau
Le Champ Briot
La Guinguette
Les Mailles
Bois de Chaumont
La Fortelle
Illoud
Gonaincourt
Vaudrecourt
La Motte
Bois de Fréhaut
Chantraines
Briaucourt
Bologne
St-Joseph
Lacrête
Forêt de la Crête
Ecot-la-Combe
Les Grands Bois
Clinchamp
Bois de Romain
Morvau
St-Thiébault
Bourmont-entre-Meuse-et-Mouzon
Soulaucourt-sur-Mouzon
Nijon
Cirey-lès-Mareilles
Mareilles
Churey
Ozières
Romain-s-Meuse
Bourg-Ste-Marie
Brainville-s-Meuse
Graffigny-Chemin
Le Bois Banal
Vrécourt
Riaucourt
Chevecheix
Darmannes
Bois de Cirey
Bourdons-s-Rognon
Consigny
Hâcourt
Huilliécourt
Malaincourt-s-Meuse
Bois de Mareilles
Treix
Forcey
Morlaix
Thol-lès-Millières
Vroncourt-la-Côte
Doncourt-s-Meuse
Levécourt
Chaumont-la-Ville
Condes
Le Puits-des-Mèzes
Bon-Espoir
Millières
Longchamp
Forêt de Clefmont
Maisoncelles
Champigneulles-en-Bassigny
Germainvilliers
Blevaincourt
Reclancourt
Esnouveaux
Silo
Audeloncourt
Flambart
Bois Perron
Chamarandes-Choignes
Chamarandes
Ageville
Mennouveaux
Clefmont
Breuvannes-en-Bassigny
Bois de l'Artembou
Damblain
Laville-aux-Bois
Forêt de l'Ageville
Forge du Haut
Cuves
Buxières-lès-Clefmont
Perrusse
Daillecourt
Meuvy
Bois de Pennecière
Bassoncourt
Biesles
Lanques-sur-Rognon
Ninville
Choiseul
Colombey-lès-Choiseul
Vaudaincourt
Verbiesles
Luzy-sur-Marne
Bois de la Vendue
Forêt de la Garenne
Moiron
Sarcey
Mandres-la-Côte
Silos
Donnemarie
Essey-les-Eaux
Bois du Vernon Fays
Noyers
Rangecourt
Lenizeul
Merrey
Abbe de Morimond
Poulangy
Boichaulle
Foulain
La Perrière
Louvières
L'Abondance
La Scierie
Bois du Mont Roussel
Is-en-Bassigny
Lavilleneuve
Damphal
Ravennefontaines
Fresnoy-en-Bassigny
Bois de Fresnoy
Crenay
Traire
Forêt de Marsois
Courcelles
Nogent
Odival
(Val-de-Meuse)
Maulain
Lécourt
Parnot
Provenchères-sur-Meuse
Rochevilliers
Le Ht Charmoi
Marnay-sur-Marne
Vesaignes-sur-Marne
Bois du Défois
Sarrey
Montigny-le-Roi
Monaco
Meuse
Tourterelle
(Parnoy-en-Bassigny)
Malroy
Source
Bois de Change
Beaucharmoy
Poinson-lès-Nogent
Le Chêne
Epinant
Dammartin-s-Meuse
Pouilly-en-Bassigny
La Rosière
Thivet
Mauvaignant
Vitry-lès-Nogent
Montigny-le-Roi
Val-de-Meuse
Belfays
Châtelet-sur-Meuse
Bois du Dancourt
118
Villiers-sur-Suize
Leffonds
Bois de Mongessey
Source de la Tuffière
Bois du Rienbeau
Tronchoy
Chauffourt
Fort-de-Dampierre
Frécourt
Avrecourt
Dammrémont
Saulxures
Faverolles
Rolampont
Dampierre
Charmoilles
Bonnecourt
Récourt
Mont Mercure
Fouilles gallo-romaines
Rançonnières
Vicq
Laneuvelle
Coiffy-le-Bas
Bois de Marac
Marac
Lannes
Ft de St Menge
Changey
Neuilly-l'Évêque
Poiseul
Andilly-en-Bassigny
Lavernoy
Charmes
Bannes
Réservoir de Charmes
Bois des Riots
Celles-en-Bassigny
Presles
Forêt de Marcilly
Varennes-s-Amance
Les Granges-Huguet
Beauchemin
Ormancey
Chanoy
Humes-Jorquenay
Jorquenay
Champigny-lès-Langres
Marcilly-en-Bassigny
Plesnoy
Chézeaux
Mardor
St-Martin-lès-Langres
St-Ciergues
Mont des Fourches
Orbigny-au-Val
Orbigny-au-Mont
Troischamps
Bois de Montservigny
Arbigny-sous-Varennes
Champigny-sous-Varennes
Vauxbons
Réservoir de la Mouche
Lac de la Liez
Langres
Lecey
Celsoy
Chatenay
Voisines
139
15

0 2 4 6 8 10 km
94
117
140
A
B
C
D
1
2
3
4
5
VITTEL
Contrexéville
Mirecourt
Châtenois
Darney
Bourbonne-les-Bains
Martigny-les-Bains
Lamarche
Monthureux-sur-Saône
Bulgnéville
Dombrot-le-Sec
Lignéville
Relanges
Bonvillet
Attigny
Vougécourt
Châtillon-sur-Saône
Jonvelle
Corre
Ranzevelle
Passavant-la-Rochère
Serqueux
Fresnes-sur-Apance
Blondefontaine
Melay
Voisey
Aigremont
Larivière-Arnoncourt
Isches
Fouchécourt
Godoncourt
Martinvelle
Selles
Ambiévillers
Hennezel
Vioménil
Esley
Thuillières
Monthureux-le-Sec
Haréville
They-sous-Montfort
Dombrot-sur-Vair
Sandaucourt
Auzainvilliers
Morville
Vaudoncourt
Malaincourt
Médonville
Aingeville
Saulxures-lès-Bulgnéville
Suriauville
Crainvilliers
La Vacheresse-et-la-Rouillie
Sauville
Robécourt
Rozières-sur-Mouzon
Blevaincourt
Tollaincourt
Romain-aux-Bois
Damblain
Outremécourt
Gendreville
Sartes
Pompierre
Jainvillotte
Landaville
Circourt-sur-Mouzon
Rouvres-la-Chétive
Houécourt
Gironcourt-sur-Vraine
Viocourt
Belmont-sur-Vair
Remicourt
Offroicourt
Hymont
Mattaincourt
Valleroy-aux-Saules
Madecourt
Rozerotte
Remoncourt
Frénois
Pierrefitte
Les Vallois
Lerrain
Jésonville
Dombasle-devant-Darney
Senonges
Provenchères-lès-Darney
Viviers-le-Gras
Gignéville
Marey
Serocourt
Frain
Morizécourt
Bleurville
Nonville
Tignécourt
Serécourt
Mont-lès-Lamarche
Bousseraucourt
Ameuvelle
Montcourt
Enfonvelle
Bourbévelle
Fignévelle
Regnévelle
Lironcourt
Grignoncourt
Les Thons
Demangevelle
Montdoré
Vauvillers
Alaincourt
Fontenois-la-Ville
Betoncourt-St-Pancras
Mailleroncourt-St-Pancras
Hurecourt
Polaincourt-et-Clairefontaine
Saponcourt
Aisey-et-Richecourt
Ormoy
Melincourt
Anchenoncourt-et-Chazel
Jussey
Betaucourt
Barges
Champigny-sous-Varennes
Guyonvelle
Coiffy-le-Bas
Coiffy-le-Haut
Laneuvelle
Montcharvot
Chézeaux
Soyers
Damrémont
Forêt Domaniale de Darney

Nomexy
Châtel-s-Moselle
Thaon-les-Vosges
Golbey
ÉPINAL
Chantraine
Les Forges
Sanchey
Darnieulles
Uxegney
Dogneville
Jeuxey
Deyvillers
Longchamp
Vaudéville
Dignonville
Girmont
Bayecourt
Domèvre-sur-Durbion
Padoux
Dompierre
Grandvillers
Bruyères
Brouvelieures
Docelles
Cheniménil
Xamontarupt
Jarménil
Éloyes
Tête des Cuveaux
Arches
Archettes
Pouxeux
Dinozé
Uriménil
Dounoux
Hadol
Xertigny
Raon-aux-Bois
St-Nabord
Remiremont
St-Étienne-lès-R.
St-Amé
Le Syndicat
Vagney
Dommartin-lès-Remiremont
Vecoux
Plombières-les-Bains
Bellefontaine
Le Val-d'Ajol
Girmont-Val-d'Ajol
Rupt-s-Moselle
Ferdrupt
Ramonchamp
Le Thillot
Fougerolles
Corbenay
Aillevillers-et-Lyaumont
Fleurey-lès-St-Loup
St-Loup-sur-Semouse
Magnoncourt
Bains-les-Bains
Hautmougey
Harsault
Uzemain
Charmois-l'Orgueilleux
Renauvoid
Girancourt
Dommartin-aux-Bois
Bocquegney
Gigney
Domèvre-sur-Avière
Mazeley
Fontaine-lès-Luxeuil
Luxeuil-les-Bains
Faucogney-et-la-Mer
Esmoulières
Beulotte-St-Laurent
Le Haut-du-Them-Château-Lambert
Corravillers
Sapois
Gerbamont
Thiéfosse
Saulxures
Cornimont
Le Tholy
La Forge
Cleurie
Faucompierre
Laveline-du-Houx
Tendon
Grandvillers
Fontenay
Aydoilles
Dompierre
Lépanges-sur-Vologne
Deycimont
Prey
Fiménil
Herpelmont
Jussarupt
Champ-le-Duc
Laval-s-Vologne
Vervezelle
Domfaing
Ste-Hélène
Destord
Nonzeville
Fremifontaine
Gugnécourt
Pierrepont-s-l'Arentèle
Méménil
Viménil
PARC NATUREL RÉGIONAL

0 2 4 6 8 10 km
St-Dié-des-Vosges
Provenchères-et-Colroy
Sainte-Marguerite
Saint-Léonard
Fraize
Mandray
Ste-Marie-aux-Mines
Col de Ste-Marie
Bertrimoutier
Wisembach
Mortagne
Les Rouges-Eaux
Taintrux
Saulcy-s-Meurthe
Entre-deux-Eaux
La Croix-aux-Mines
Anould
Corcieux
Plainfaing
Col du Bonhomme
Le Bonhomme
Lapoutroie
Kaysersberg
Orbey
Les Trois-Epis
Turckheim
Col du Calvaire
Le Valtin
Gérardmer
Xonrupt-Longemer
Col de la Schlucht
Hohneck
Munster
Gunsbach
Metzeral
Mittlach
Sondernach
Schnepfenried
Pt Ballon
Soultzeren
La Bresse
Cornimont
Saulxures
Ventron
Grand Ventron
Wildenstein
Kruth
Le Markstein
Lautenbach
Murbach
Guebwiller
Oderen
Fellering
Wesserling
Husseren-Wesserling
Grd Ballon
Bussang
Col de Bussang
Le Thillot
Ramonchamp
Fresse-s-Moselle
St-Maurice-s-Moselle
Ballon d'Alsace
Ballon de Servance
Malmerspach
St-Amarin
Moosch
Willer-s-Thur
Thann
Cernay
Vieil Armand
Hartmannswillerkopf
Soultz-Haut-Rhin
Soultzmatt
Rimbach-près-G.
Sewen
Oberbruck
Wegscheid
Vagney
Sapois
Rochesson
Le Tholy
Granges-Aumontzey
Champdray
Laveline-devant-Bruyères
Fraize
Gerbépal
Route des Crêtes
Lac de Longemer
Lac de Retournemer
Lac Blanc
Lac Noir
PARC NATUREL RÉGIONAL DES BALLONS DES VOSGES
119
96
142
A
B
C
D

97
143
E
F
G
H
Sélestat
Europa-Park
Ettenheim
Ringsheim
Herbolzheim
Kenzingen
Hecklingen
Riegel
Endingen
Emmendingen
Teningen
Sasbach
Marckolsheim
Jechtingen
Burkheim
Vogtsburg
Kiechlinsbergen
Bischoffingen
Oberrotweil
Ihringen
Breisach am Rhein
Neuf-Brisach
Volgelsheim
Vogelgrun
Biesheim
Kunheim
Artzenheim
Baltzenheim
Muntzenheim
Andolsheim
Horbourg-Wihr
COLMAR
Wintzenheim
Ingersheim
Ammerschwihr
Kaysersberg
Ribeauvillé
Bergheim
Guémar
Illhaeusern
Elsenheim
Ohnenheim
Heidolsheim
Mussig
Hessenheim
Artolsheim
Bootzheim
Mackenheim
Schwobsheim
Baldenheim
Sundhouse
Saasenheim
Schoenau
Richtolsheim
Boesenbiesen
Wittisheim
Muttersholtz
Hilsenheim
Bindernheim
Weisweil
Wyhl
Forchheim
Rheinhausen
Rust
Sundhoffen
Wolfgantzen
Appenwihr
Logelheim
Sainte-Croix-en-Plaine
Weckolsheim
Algolsheim
Obersaasheim
Geiswasser
Heiteren
Dessenheim
Niederhergheim
Oberhergheim
Biltzheim
Niederentzen
Oberentzen
Rustenhart
Rouffach
Hirtzfelden
Fessenheim
Balgau
Nambsheim
Blodelsheim
Roggenhouse
Munchhouse
Rumersheim-le-Haut
Bantzenheim
Chalampé
Ottmarsheim
Ensisheim
Réguisheim
Meyenheim
Munwiller
Raedersheim
Ungersheim
Pulversheim
Ruelisheim
Battenheim
Baldersheim
Sausheim
Kingersheim
Wittenheim
Parc du Petit Prince
Ecomusée d'Alsace
FREIBURG IM BREISGAU
Merdingen
Umkirch
Gottenheim
Waltershofen
Opfingen
Tiengen
Munzingen
Schallstadt
Wolfenweiler
Ebringen
Bad Krozingen
Hartheim
Feldkirch
Bremgarten
Heitersheim
Staufen im Breisgau
Eschbach
Grißheim
Neuenburg
Müllheim
Badenweiler
Sulzburg
Buggingen
Auggen
Zienken
Hausen an der Möhlin
Niederrimsingen
Oberrimsingen
Norsingen
Pfaffenweiler
Kirchhofen
Ehrenstetten
Umkirch
Hochdorf
March
Buchheim
Holzhausen
Neuershausen
Bötzingen
Eichstetten
Bahlingen
Wasenweiler
Achkarren
Bickensohl
Leiselheim
Kaiserstuhl
Tuniberg
Schauinsland
Münstertal
Belchen
Kirchzarten
Lehen
Gundelfingen
Malterdingen
Kondringen
Landeck
Mundingen
Freiamt
Waldkirch
Denzlingen
Vörstetten
Glottertal
Wittnau
Sölden
Horben
Kohlerhöfe
St Trudpert
Merzhausen
Au
Haut-Kœnigsbourg
Hunawihr
Zellenberg
Riquewihr
Bennwihr
Sigolsheim
Ostheim
Houssen
Holtzwihr
Wickerschwihr
Bischwihr
Fortschwihr
Urschenheim
Durrenentzen
Widensolen
Jebsheim
Riedwihr
Grussenheim
Herrlisheim-près-Colmar
Hattstatt
Gueberschwihr
Pfaffenheim
Westhalten
Soultzmatt
Gundolsheim
Merxheim
Feldkirch
Bollwiller
Rhein
Grand Canal d'Alsace
Canal Vauban
Rheinfelderhof
Thierhurst
Schaeferhoff
Dottingen
Ballrechten-Dottingen
Laufen
Britzingen
Zunzingen
Hügelheim
Vögisheim
Lipburg
Schweighof
Niederweiler
Seefelden
Wettelbrunn
Grunern
Gallenweiler
Schmidhofen
Tunsel
Biengen
Scherzingen
Mengen
Ehrenkirchen
Bollschweil
Weinstetten

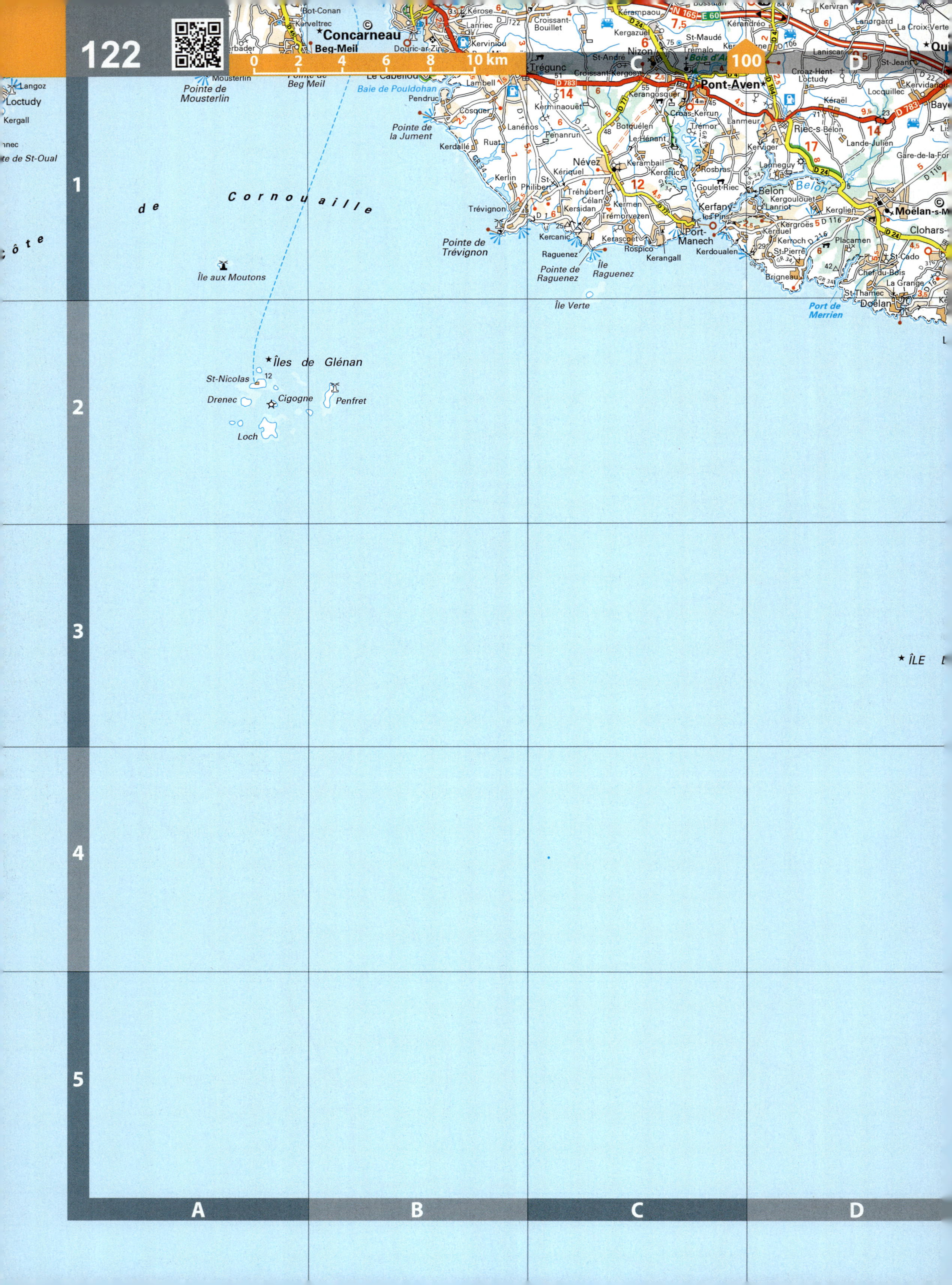

0 2 4 6 8 10 km
100
Concarneau
Beg-Meil
Bot-Conan
Kerveltrec
Mousterlin
Pointe de Mousterlin
Pointe de Beg Meil
Langoz
Loctudy
Kergall
Le Cabellou
Baie de Pouldohan
Pendruc
Pointe de la Jument
Lambell
Kerdallé
Ruat
Lanénos
Cosquer
Kerlin
Trévignon
Pointe de Trévignon
Trégunc
Kerminaouët
Penanrun
Croissant-Bouillet
Kérose
Lanriec
Kervinilou
Kérampaou
Kergazuel
Nizon
St-André
Croissant-Kergos
St-Maudé
Trémalo
Bois d'Amour
Kérandréo
Pont-Aven
Kerangosquer
Croas-Kerrun
Trémor
Lanmeur
Botquélen
Le Hénant
Névez
Kériquel
Kerambail
Kerdruc
Rosbras
St-Philibert
Tréhubert
Célan
Kersidan
Kermen
Trémorvezen
Kercanic
Raguenez
Pointe de Raguenez
Île Raguenez
Kerascoët
Rospico
Kerangall
Port-Manech
Kerfany-les-Pins
Kerdoualen
Goulet-Riec
Belon
Île Verte
Riec-s-Bélon
Kerviger
Lanneguy
Kergoulouet
Lanriot
Kergroës
Kerduel
Kerroch
St-Pierre
Brigneau
Kéraël
Croaz-Hent-Loctudy
Locquillec
Laniscant
St-Jean
Kervidanou
Kervran
Lanorgard
La Croix-Verte
Lande-Julien
Gare-de-la-For
Kerglien
Moëlan-s-M
Clohars-
Placamen
St-Cado
Chef-du-Bois
La Grange
St-Thamec
Doëlan
Port de Merrien
N 165
E 60
D 783
D 24
D 77
D 104
D 116
D 216
Côte de Cornouaille
Île aux Moutons
Îles de Glénan
St-Nicolas
Drenec
Cigogne
Penfret
Loch
ÎLE

E
F
G
H
101
144
124
1
2
3
4
5
Lorient
Lanester
Hennebont
Ploemeur
Larmor-Plage
Port-Louis
Quéven
Guidel
Pont-Scorff
Caudan
Inzinzac-Lochrist
Languidic
Brandérion
Landévant
Kervignac
Nostang
Merlevenez
Riantec
Locmiquélic
Gâvres
Plouhinec
Étel
Belz
Erdeven
Ploemel
Landaul
Locoal-Mendon
Carnac
Carnac-Plage
La Trinité-sur-Mer
Plouharnel
St-Pierre-Quiberon
Quiberon
Portivy
Groix
Port-Tudy
Locmaria
Auray
Baud
Crac'h
St-Philibert
Lorient-Bretagne-Sud
Côte des Mégalithes
Côte Sauvage
Presqu'île de Quiberon
Baie de Quiberon
Passe de l'Ouest
Passe du Sud
Basse des Bretons
Pointe du Percho
Beg Rohu
Port-Haliguen
Pointe du Conguel
Beg er Vil
Port Maria
Beg er Goalennec
Plateau des Birvideaux
La Teignouse
Passage de la Teignouse
Île Glazic
Trou de l'Enfer
Pointe des Chats
Port St-Nicolas
Pen-Men
Pointe de Biléric
Pointe du Talut
Pointe de Gâvres
Les Errants
Roches de Magouëro
Barre d'Etel
Pointe d'Erdeven
Alignements
Tumulus
Anse du Pouldu
Rocher Royal
Fort Bloqué
Le Courégant
Kerroch
Fort de Penthièvre
Sables Blancs
Île Theviec
Beg en Aud
Pointe de Légenès

0 2 4 6 8 10 km
102
123
A
B
C
D
1
2
3
4
5
Baud
Locminé
Moréac
Kerguéhennec
Guéhenno
St-Allouestre
Plumelin
Moustoir-Ac
St-Jean-Brévelay
Plumelec
Camors
Pluvigner
Grand-Champ
Plumergat
Locqueltas
Colpo
Bignan
Plaudren
Trédion
Elven
Monterblanc
Forteresse de Largoët
St-Nolff
Brech
Ste-Anne-d'Auray
Auray
Pluneret
Plescop
Meucon
St-Avé
VANNES
Séné
Theix-Noyalo
Sulniac
Treffléan
La Vraie-Croix
Plougoumelen
Ploeren
Arradon
Baden
Crac'h
Locmariaquer
Larmor-Baden
Île-aux-Moines
Île-d'Arz
GOLFE DU MORBIHAN
Arzon
Port-Navalo
Sarzeau
Presqu'île de Rhuys
St-Gildas-de-Rhuys
Domaine de Suscinio
Surzur
Le Hézo
St-Armel
Le Tour-du-Parc
Ambon
Damgan
PARC NATUREL RÉGIONAL DU GOLFE DU MORBIHAN
LANDES DE LANVAUX
BAIE DE QUIBERON
Côte des Mégalithes
Plateau de la Recherche
Rade de Penerf
Anse de Suscinio
Camp de Meucon
Bois de St-Bily
Forêt de Floranges
Tumulus St-Michel
La Trinité-sur-Mer
Méaban
Conguel
La Teignouse
Chaussée du Béniguet
Passe de la Grde Accroche
Pte de Penvins
Pte de Kervoyal
Pte du Halguer
Pte de Cofrenau
Pte de St-Jacques
Pte du Grd-Mont
Pte de Kerpenhir
N 24
N 165
N 166
D 779
D 767
D 780
D 775
E 60

Ploërmel
Gourhel
Augan
Campénéac
Guer
St-Malo-de-Beignon
Porcaro
Monteneuf
Les Menhirs de Monteneuf
Réminiac
Caro
Monterrein
St-Abraham
Missiriac
Malestroit
Ruffiac
Tréal
Carentoir
Quelneuc
Comblessac
St-Séglin
Bruc-sur-Aff
Pipriac
St-Marcel
Sérent
Bohal
St-Laurent-sur-Oust
St-Nicolas-du-Tertre
St-Congard
Pleucadeuc
La Gacilly
Les Fougerêts
St-Martin-sur-Oust
St-Gravé
Glénac
Cournon
Sixt-s-Aff
Les Landes de Cojoux
St-Just
Molac
Peillac
Pluherlin
Rochefort-en-Terre
Malansac
St-Jacut-les-Pins
St-Vincent-sur-Oust
Bains-sur-Oust
Renac
Ste-Marie
St-Perreux
Allaire
St-Jean-la-Poterie
Redon
St-Nicolas-de-Redon
Avessac
Massérac
Limerzel
Caden
St-Gorgon
Rieux
Fégréac
Béganne
Péaule
Parc de Branféré
Noyal-Muzillac
Muzillac
Le Guerno
Marzan
Nivillac
Théhillac
Sévérac
St-Dolay
St-Gildas-des-Bois
Guenrouet
La Roche-Bernard
Arzal
Camoël
Férel
Missillac
Herbignac
Drefféac
Quilly

0 2 4 6 8 10 km
125
104
147
Guichen
Janzé
Chanteloup
Corps-Nuds
Crevin
Bourg-des-Comptes
Pléchâtel
Poligné
Pancé
Saulnières
Le Sel-de-Bretagne
Tresbœuf
La Bosse-de-Bretagne
Lalleu
Thourie
Bain-de-Bretagne
Ercé-en-Lamée
Teillay
Rougé
Ruffigné
Soulvache
St-Senoux
St-Malo-de-Phily
Guignen
Lohéac
Manoir de l'Automobile
La Chapelle-Bouëxic
Maure-de-Bretagne
Mernel
Guipry-Messac
Pipriac
St-Just
La Noë-Blanche
Sévrignac
La Dominelais
St-Sulpice-des-Landes
Sion-les-Mines
St-Ganton
Ste-Anne-s-Vilaine
Langon
Grand-Fougeray
Besle
Renac
La Chapelle-de-Brain
Pierric
Mouais
Lusanger
Derval
Louisfert
St-Vincent-des-Landes
Masserac
Avessac
Guémené-Penfao
Conquereuil
Marsac-s-Don
Jans
Treffieux
Issé
Nozay
Abbaretz
Vay
Le Gâvre
Plessé
Guenrouet
La Grigonnais
Puceul
Saffré
Blain
Forêt du Gâvre
Forêt de Teillay
Canal de Nantes à Brest

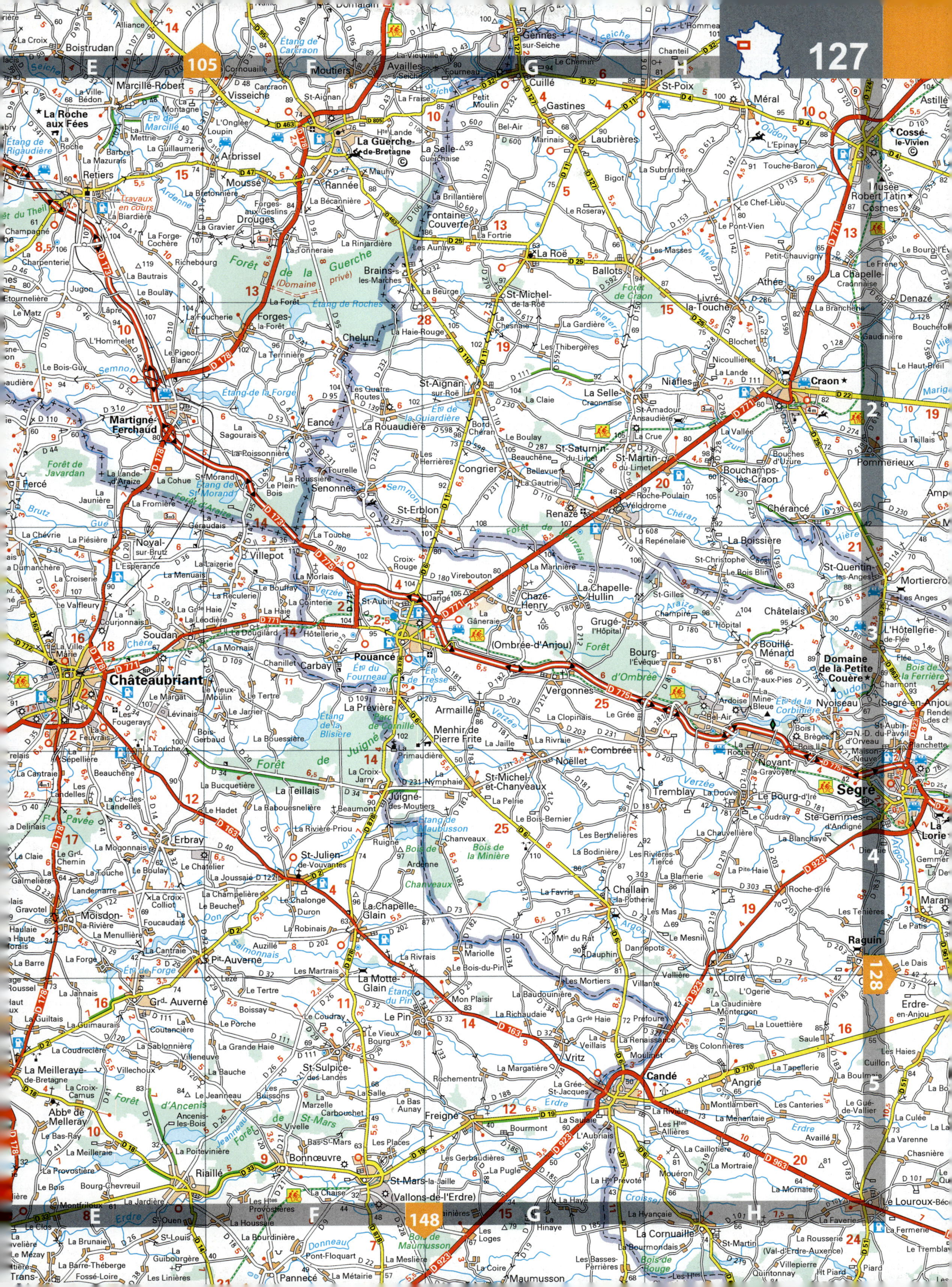
E
F
G
H
105
128
148
La Roche aux Fées
Marcillé-Robert
Visseiche
Moutiers
Availles-sur-Seiche
Gennes-sur-Seiche
Cuillé
St-Poix
Méral
Cossé-le-Vivien
Retiers
Arbrissel
La Guerche-de-Bretagne
La Selle-Guerchaise
Rannée
Drouges
Mousse
Forges-la-Forêt
Forêt de la Guerche (Domaine privé)
Étang de Roches
Brains-sur-les-Marches
Fontaine-Couverte
La Roë
Laubrières
Ballots
Forêt de Craon
Livré-la-Touche
Athée
Denazé
La Chapelle-Craonnaise
Musée Robert Tatin
Cosmes
Martigné-Ferchaud
Chelun
Eancé
St-Aignan-sur-Roë
La Rouaudière
Niafles
La Selle-Craonnaise
Craon
Forêt de Javardan
Senonnes
Congrier
St-Erblon
St-Saturnin-du-Limet
St-Martin-du-Limet
Bouchamps-lès-Craon
Renazé
Chérancé
Pommerieux
La Boissière
St-Quentin-les-Anges
Mortiercrolles
Noyal-sur-Brutz
Villepot
St-Aubin
Pouancé
Chazé-Henry
La Chapelle-Hullin
Grugé-l'Hôpital
Châtelais
Bouillé-Ménard
L'Hôtellerie-de-Flée
Domaine de la Petite Couère
Soudan
Châteaubriant
Carbay
Étang du Fourneau
(Ombrée-d'Anjou)
Forêt d'Ombrée
Bourg-l'Évêque
Vergonnes
Armaillé
Menhir de Pierre Frite
La Prévière
Étang de la Blisière
Combrée
Noëllet
Nyoiseau
Segré-en-Anjou
Segré
Noyant-la-Gravoyère
St-Michel-et-Chanveaux
Juigné-des-Moutiers
La Teillais
Forêt de Juigné
Le Bourg-d'Iré
Ste-Gemmes-d'Andigné
La Lorie
Erbray
St-Julien-de-Vouvantes
La Chapelle-Glain
Challain-la-Potherie
Bois de la Minière
Moisdon-la-Rivière
Grd Auverne
Pt Auverne
La Motte-Glain
Le Pin
Loiré
Raguin
Vritz
Candé
Angrie
Freigné
La Meilleraye-de-Bretagne
Abbaye de Melleray
St-Sulpice-des-Landes
Bonnœuvre
Riaillé
Forêt d'Ancenis
St-Mars-la-Jaille
(Vallons-de-l'Erdre)
Bois de Maumusson
La Cornuaille
Le Louroux-Béconnais

0 2 4 6 8 10 km
106
127
149
Château-Gontier
Azé
Craon
Cossé-le-Vivien
Meslay-du-Maine
Segré
Le Lion-d'Angers
Haras national
Le Plessis Bourré
Tiercé
Briollay
St-Sylvain-d'Anjou
Avrillé
Bouère
Grez-en-Bouère
Sablé
Morannes-sur-Sarthe
Châteauneuf-sur-Sarthe
Contigné
Miré
Daon
Ménil
Chemazé
Quelaines-St-Gault
Villiers-Charlemagne
Ruillé-Froid-Fonds
Bierné
Coudray
Marigné
Cherré
Champigné
Cheffes
Montreuil-Juigné
Grez-Neuville
Thorigné-d'Anjou
Sceaux-d'Anjou
Feneu
Soulaire-et-Bourg
Écuillé
Juvardeil
Étriché
Seiches-sur-le-Loir
Corzé
Villevêque
Soucelles
Pellouailles-les-Vignes
Montreuil-sur-Loir
Longuefuye
Gennes-sur-Glaize
Fromentières
Longuenée-en-Anjou
La Membrolle-sur-Longuenée
Le Plessis-Macé
St-Clément-de-la-Place
Bécon-les-Granits
Vern-d'Anjou
Chazé-sur-Argos
Erdre-en-Anjou
Raguin
Marans
Andigné
Louvaines
La Chapelle-sur-Oudon
St-Martin-du-Bois
Aviré
Montguillon
La Jaille-Yvon
Chambellay
Le Bois-Montbourcher
Montreuil-sur-Maine
Chenillé-Champteussé
La Ferrière-de-Flée
St-Sauveur-de-Flée
L'Hôtellerie-de-Flée
Mortiercrolles
St-Quentin-les-Anges
Ampoigné
Laigné
Pommerieux
Marigné-Peuton
Loigné-sur-Mayenne
St-Sulpice
Houssay
Simplé
Denazé
La Chapelle-Craonnaise
Astillé
Maisoncelles-du-Maine
Origné
Entrammes
Arquenay
Bazougers
La Bazouge-de-Chemeré
Le Bignon-du-Maine
St-Denis-du-Maine
Préaux
Ballée
Beaumont-Pied-de-Bœuf
St-Loup-du-Dorat
St-Brice
Vaux
St-Denis-d'Anjou
Forêt de Longuenée
Mayenne
Sarthe
Oudon

E
F
G
H
107
130
150
Thorigné-en-Charnie
Chassillé
Viré-en-Champagne
Brûlon
Tassillé
St-Christophe-en-Champagne
Mareil-en-Champagne
Cranne-en-Champagne
Souligné-Flacé
St-Georges-du-Bois
Allonnes
Arnage
Avessé
Cossé-en-Champagne
Bannes
Epineu
Chevillé
Poillé-s-Vègre
St-Ouen-en-Champagne
Chantenay-Villedieu
St-Pierre-des-Bois
Vallon-sur-Gée
Maigné
Louplande
Étival-lès-le-M.
Spay
Chemiré-le-Gaudin
Voivres-lès-le-M.
Fontenay-sur-Vègre
Auvers-le-Hamon
Asnières-s-Vègre
Pirmil
Fercé-s-Sarthe
La Suze-s-Sarthe
Roëzé-sur-Sarthe
Fillé
Noyen-s-Sarthe
Tassé
Avoise
Juigné-s-Sarthe
Solesmes
Sablé
Parcé-s-Sarthe
Dureil
St-Jean-du-Bois
Guécélard
Mézeray
Malicorne-sur-Sarthe
Cérans-Foulletourte
Parigné-le-Pôlin
Yvré-le-Pôlin
Oizé
Vion
Louailles
Courtillers
Arthezé
Courcelles-la-Forêt
Ligron
Château-l'Hermitage
Précigné
Le Bailleul
Villaines-s/s-Malicorne
Bousse
Mansigné
Pontvallain
Crosmières
La Chapelle-d'Aligné
St-Jean-de-la-Motte
Clermont-Créans
Mareil-sur-Loir
Luché-Pringé
Vaas
Sarcé
Le Lude
La Flèche
Bazouges-sur-le-Loir
Durtal
Thorée-les-Pins
Cré-sur-Loir
Huillé
Lézigné
Montigné-lès-Rairies
Savigné-sous-le-Lude
Chevireé-le-Rouge
Genneteil
Chigné
Dissé-s/s-le-Lude
Marcé
N.-D. de Montplace
Jarzé
Vieil-Baugé
Baugé-en-Anjou
Pontigné
Chavaignes
Lasse
Auverse
Noyant
Dénezé-s/s-le-Lude
Forêt de Chambiers
Loir
Sarthe
Vègre
A 11
A 28
D 306
D 323
D 938

0 2 4 6 8 10 km
108
129
151
A
B
C
D
Changé
Allonnes
Musée Automobile
Ruaudin
Parigné-l'Évêque
Challes
Surfonds
Ardenay-sur-Mérize
Bouloire
Maisoncelles
Volnay
St-Mars-de-Locquenay
Tresson
Évaillé
Ste-Osmane
Arnage
Mulsanne
Moncé-en-Belin
Teloché
Laigné-en-Belin
St-Gervais-en-Belin
Guécélard
St-Mars-d'Outillé
Le Grand-Lucé
Villaines-s/s-Lucé
Montreuil-le-Henri
St-Ouen-en-Belin
Ecommoy
Marigné-Laillé
Pruillé-l'Éguillé
St-Vincent-du-Lorouër
St-Georges-de-la-Couée
Vancé
Courdemanche
St-Pierre-du-Lorouër
Yvré-le-Pôlin
St-Biez-en-Belin
Château-l'Hermitage
Jupilles
Beaumont-Pied-de-Bœuf
Pontvallain
Mayet
Thoiré-sur-Dinan
Verneil-le-Chétif
Lhomme
Chahaignes
Ruillé-s-Loir
Sarcé
Lavernat
Flée
La Chartre-s-le-Loir
Luceau
Château-du-Loir
(Montval-s-Loir)
Vouvray-s-Loir
Marçon
Aubigné-Racan
Coulongé
Vaas
Montabon
Nogent-sur-Loir
Dissay-s/s-Courcillon
Beaumont-sur-Dême
Villedieu-le-Château
Épeigné-sur-Dême
Chemillé-sur-Dême
La Bruère-sur-Loir
St-Aubin-le-Dépeint
St-Pierre-de-Chevillé
Villebourg
Bueil-en-Touraine
La Chapelle-aux-Choux
St-Germain-d'Arcé
Chenu
St-Christophe-sur-le-Nais
St-Paterne-Racan
Neuvy-le-Roi
Louestault
Villiers-au-Bouin
La Roche-Racan
Brèches
Couesmes
Château-la-Vallière
Marcilly
Braye-sur-Maulne
Neuillé-Pont-Pierre
Sonzay
Le Lude
Forêt de Bercé
Bois de Sapins
Loir
Sarthe
Dême

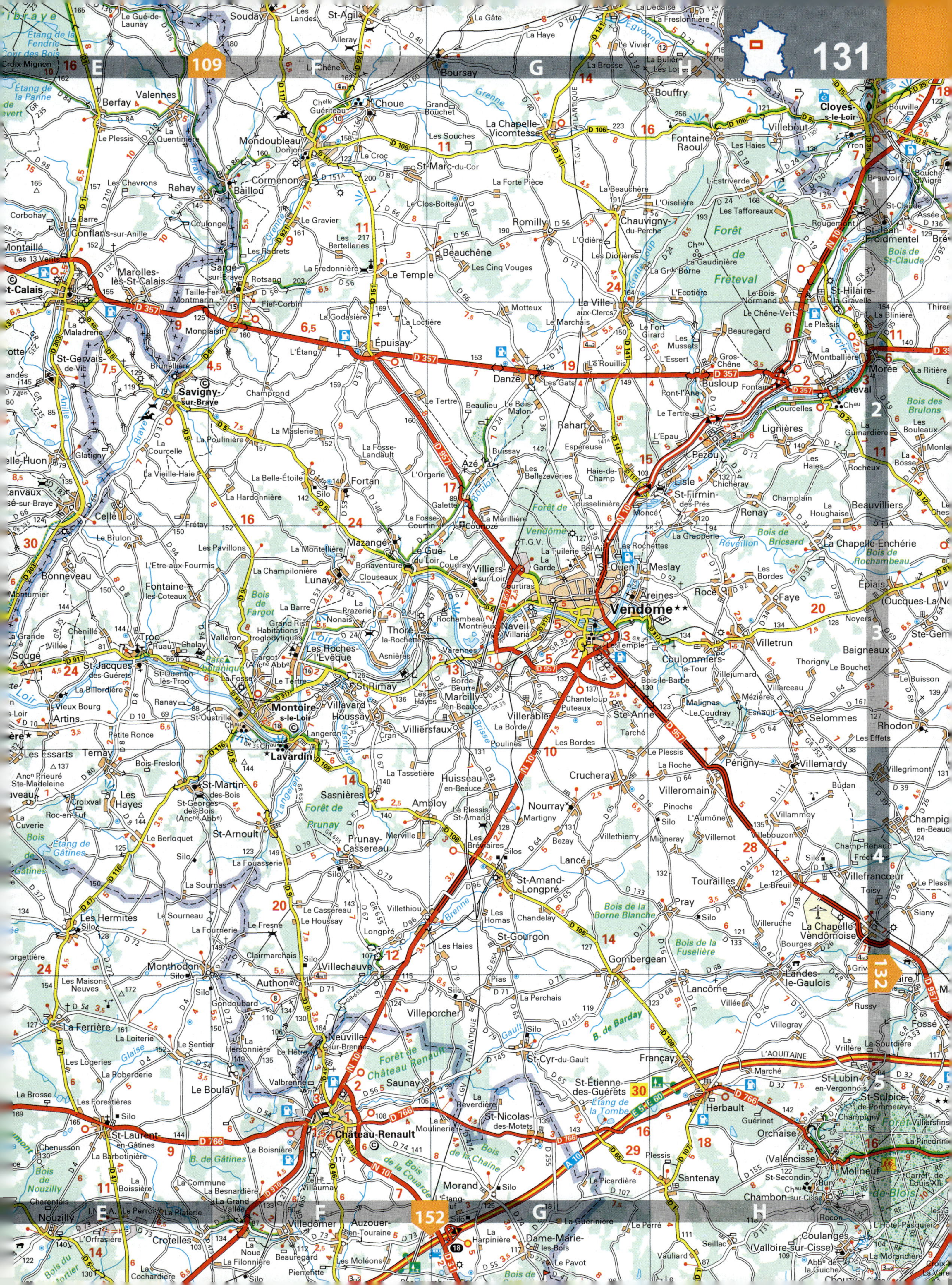
E
F
G
H
109
132
152
Souday
St-Agil
Boursay
Choue
Mondoubleau
Cormenon
Baillou
St-Marc-du-Cor
La Chapelle-Vicomtesse
Romilly
Beauchêne
Le Temple
Fontaine-Raoul
Cloyes-s-le-Loir
Villebout
Chauvigny-du-Perche
Forêt de Fréteval
Berfay
Valennes
Rahay
Conflans-sur-Anille
Marolles-lès-St-Calais
St-Calais
Sargé-sur-Braye
Épuisay
Danzé
La Ville-aux-Clercs
Busloup
Morée
Fréteval
St-Gervais-de-Vic
Savigny-sur-Braye
Lignières
Pezou
Lisle
St-Firmin-des-Prés
Azé
Fortan
Mazangé
Lunay
Le Gué-du-Loir
Villiers-sur-Loir
Vendôme
Meslay
Areines
Renay
Beauvilliers
La Chapelle-Enchérie
Épiais
Faye
Villetrun
Baigneaux
Coulommiers-la-Tour
Naveil
Thoré-la-Rochette
Les Roches-l'Évêque
Troo
St-Jacques-des-Guérets
Montoire-s-le-Loir
Lavardin
St-Rimay
Marcilly-en-Beauce
Villiersfaux
Villerable
Ste-Anne
Selommes
Périgny
Villemardy
Crucheray
Villeromain
Nourray
Huisseau-en-Beauce
Sasnières
Ambloy
Prunay-Cassereau
St-Arnoult
St-Martin-des-Bois
Artins
Ternay
Bonneveau
Fontaine-les-Coteaux
Cellé
St-Amand-Longpré
Lancé
Tourailles
Pray
La Chapelle-Vendômoise
Villefrancœur
Landes-le-Gaulois
Lancôme
Gombergean
St-Gourgon
Les Hermites
Monthodon
Authon
Villechauve
Villeporcher
Neuville-sur-Brenne
La Ferrière
St-Laurent-en-Gâtines
Château-Renault
Saunay
St-Cyr-du-Gault
St-Nicolas-des-Motets
St-Étienne-des-Guérets
Herbault
Françay
Santenay
Orchaise
Molineuf
Chambon-sur-Cisse
St-Lubin-en-Vergonnois
St-Sulpice-de-Pommeray
Forêt de Blois
Morand
Dame-Marie-les-Bois
Autrèche
Crotelles
Nouzilly
Villedômer
Auzouer-en-Touraine
Coulanges
Valloire-sur-Cisse
Forêt de Château Renault
Bois de la Borne Blanche
Bois de Fargot
Forêt de Prunay
Étang de Gâtines
L'AQUITAINE
A 10
N 10
D 357
D 957
D 766

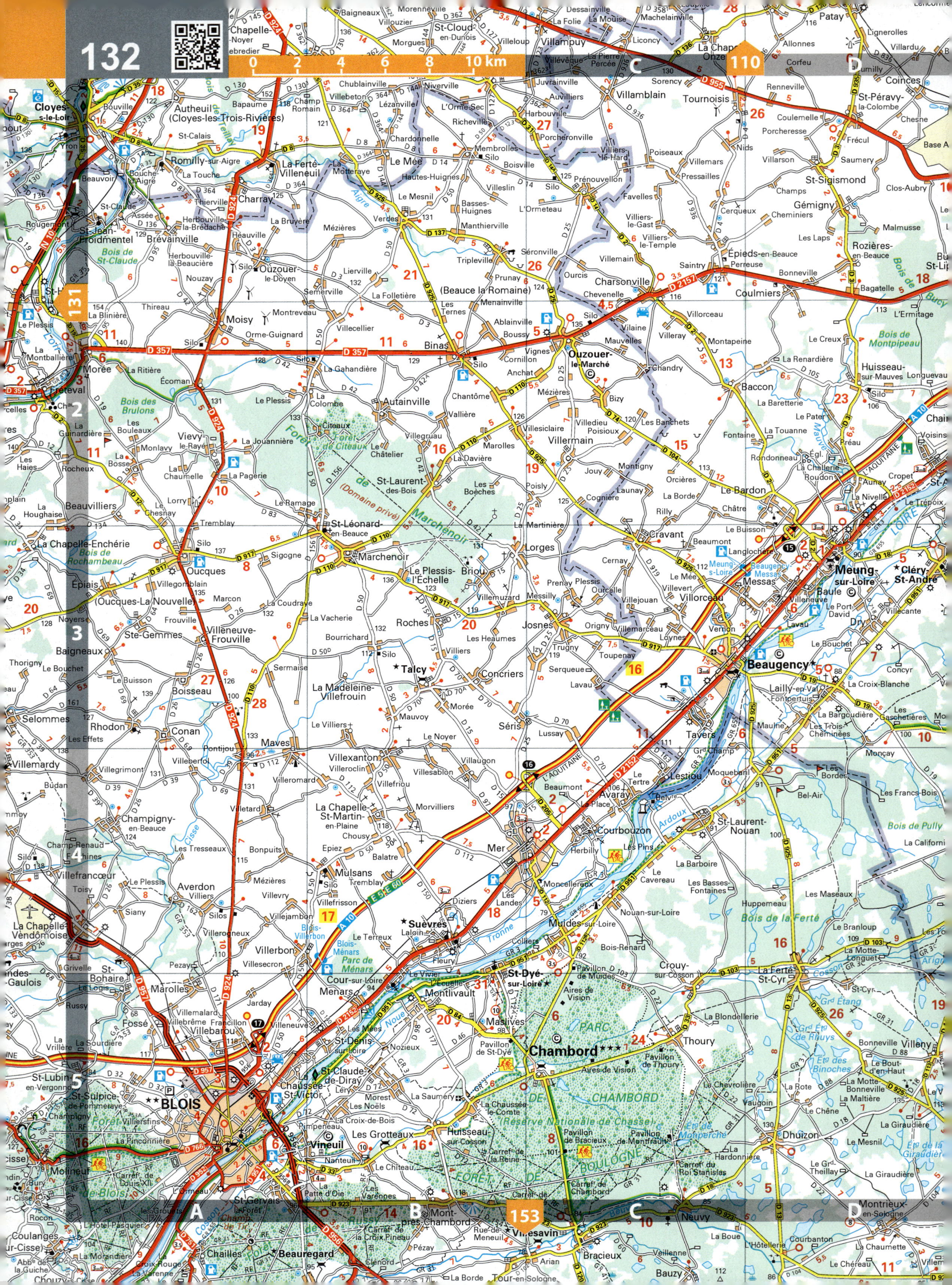
0 2 4 6 8 10 km
110
131
153
Cloyes-s-le-Loir
Romilly-sur-Aigre
La Ferté-Villeneuil
Charray
Autheuil (Cloyes-les-Trois-Rivières)
St-Jean-Froidmentel
Brévainville
Ouzouer-le-Doyen
Moisy
Morée
Fréteval
Binas
Ouzouer-le-Marché
Verdes
Le Mée
Tripleville
(Beauce la Romaine)
Villampuy
Villamblain
Tournoisis
St-Sigismond
Gémigny
Épieds-en-Beauce
Charsonville
Coulmiers
Baccon
Huisseau-sur-Mauves
Autainville
Vievy-le-Rayé
St-Laurent-des-Bois
Forêt de Marchenoir
St-Léonard-en-Beauce
Marchenoir
Oucques
(Oucques-La Nouvelle)
Le Plessis-l'Échelle
Briou
Lorges
Villermain
Cravant
Le Bardon
Meung-sur-Loire
Cléry-St-André
Beaugency
Josnes
Villorceau
Messas
Tavers
Lailly-en-Val
Baigneaux
Ste-Gemmes
Villeneuve-Frouville
Talcy
Concriers
Séris
Roches
Boisseau
Rhodon
Conan
Maves
La Madeleine-Villefrouin
Villexanton
Selommes
Villemardy
Champigny-en-Beauce
Averdon
La Chapelle-St-Martin-en-Plaine
Mer
Avaray
Courbouzon
St-Laurent-Nouan
Suèvres
Mulsans
Muides-sur-Loire
St-Dyé-sur-Loire
Montlivault
Chambord
Thoury
La Ferté-St-Cyr
Dhuizon
La Chapelle-Vendômoise
St-Bohaire
Marolles
Villebarou
Fossé
St-Denis-sur-Loire
BLOIS
St-Claude-de-Diray
Chaussée-St-Victor
Vineuil
St-Sulpice-de-Pommeray
Huisseau-sur-Cosson
Les Grottes
Forêt de Boulogne
St-Gervais-la-Forêt
Mont-près-Chambord
Villesavin
Bracieux
Neuvy
Chailles
Beauregard
Montrieux-en-Sologne
Cour-Cheverny

E
F
G
H
1
2
3
4
5
111
154
134
ORLÉANS
Saran
Fleury-les-Aubrais
St-Jean-de-Braye
St-Jean-de-la-Ruelle
St-Jean-le-Blanc
Olivet
La Source
Ingré
Ormes
St-Denis-en-Val
Chécy
Mardié
Combleux
Semoy
St-Pryvé-St-Mesmin
St-Hilaire-St-Mesmin
Mareau-aux-Prés
Mézières-lez-Cléry
Sandillon
Jargeau
Darvoy
St-Denis-de-l'Hôtel
Châteauneuf-sur-Loire
Germigny-des-Prés
St-Benoît-s-Loire
Sigloy
Ouvrouer-les-Champs
Tigy
Vienne-en-Val
Férolles
St-Cyr-en-Val
Marcilly-en-Villette
La Ferté-St-Aubin
Ménestreau-en-Villette
Vannes-s-Cosson
Isdes
Viglain
Villemurlin
Sennely
Souvigny-en-Sologne
Vouzon
Lamotte-Beuvron
Chaon
Chaumont-sur-Tharonne
Yvoy-le-Marron
Ligny-le-Ribault
Jouy-le-Potier
Ardon
Clémont
Brinon-s-Sauldre
Nouan-le-Fuzelier
La Ferté-Beauharnais
Marigny-les-Usages
Chanteau
Rebréchien
Loury
Trainou
Vennecy
Boigny-sur-Bionne
Donnery
Fay-aux-Loges
Vitry-aux-Loges
Seichebrières
Combreux
Sully-la-Chapelle
Ingrannes
St-Martin-d'Abbat
Neuvy-en-Sullias
Guilly
Forêt d'Orléans
Loire
Loiret
Cosson
Beuvron
Forêt de Chaon

0 2 4 6 8 10 km
112
133
155
A
B
C
D
1
2
3
4
5
Montargis
Châlette-sur-Loing
Villemandeur
Amilly
Corquilleroy
Conflans-sur-Loing
Bellegarde
Nesploy
Quiers-sur-Bézonde
Ouzouer-sous-Bellegarde
Ladon
Villemoutiers
St-Maurice-sur-Fessard
Auvilliers-en-Gâtinais
Presnoy
Chevillon-sur-Huillard
Chailly-en-Gâtinais
Lombreuil
Vimory
Mormant-sur-Vernisson
Beauchamps-sur-Huillard
Combreux
Seichebrières
Vitry-aux-Loges
Sury-aux-Bois
Châtenoy
Noyers
Thimory
Coudroy
Lorris
Oussoy-en-Gâtinais
St-Hilaire-sur-Puiseaux
Ouzouer-des-Champs
Solterre
Montcresson
Cortrat
La Cour-Marigny
Vieilles-Maisons-sur-Joudry
Varennes-Changy
Nogent-sur-Vernisson
Pressigny-les-Pins
Montbouy
Montereau
Le Moulinet-sur-Solin
Langesse
Les Choux
Boismorand
St-Martin-d'Abbat
Germigny-des-Prés
St-Aignan-des-Gués
Bray-en-Val
Bouzy-la-Forêt
St-Benoît-s-Loire
Les Bordes
Bonnée
St-Père-s-Loire
Sully-s-Loire
Ouzouer-sur-Loire
Dampierre-en-Burly
St-Aignan-le-Jaillard
Lion-en-Sullias
Nevoy
Gien
La Bussière
Adon
Escrignelles
Viglain
Villemurlin
St-Florent
St-Gondon
Poilly-lez-Gien
St-Martin-s-Ocre
St-Brisson-sur-Loire
Briare
Ouzouer-s-Trézée
Cerdon
Coullons
Autry-le-Châtel
St-Firmin-s-Loire
Châtillon-sur-Loire
Ousson-s-Loire
Clémont
Argent-sur-Sauldre
Blancafort
Cernoy-en-Berry
Forêt de St-Brisson
Forêt de Sully
Étang du Puits
Pont-Canal
LOIRE

Courtenay
St-Loup-d'Ordon
Villecien
St-Aubin-s-Yonne
Cézy
Joigny
Chuelles
La Selle-en-Hermoy
Jardins du Grand-Courtoiseau
Château-Renard
Triguères
Douchy-Montcorbon
Cudot
Précy-s-Vrin
Béon
Chamvres
Paroy-s-Tholon
Sépeaux-St-Romain
Champvallon
Villefranche-St-Phal
Dicy
Prunoy
Malvrain
Senan
Volgré
La Ferté-Loupière
Charny-Orée-de-Puisaye
Melleroy
Villiers-s-Tholon
Laduz
Aillant-s-Tholon
La Chapelle-sur-Aveyron
St-Maurice-sur-Aveyron
Les Ormes
Sommecaise
Chassy
St-Martin-sur-Ouanne
St-Maurice-Thizouaille
St-Aubin-Château-Neuf
Châtillon-Coligny
St-Denis-sur-Ouanne
Grandchamp
Merry-la-Vallée
Égleny
Beauvoir
Dammarie-s-Loing
Aillant-s-Milleron
Le Charme
Champignelles
Villiers-St-Benoît
La Villotte
Louesme
Dracy
Rogny-les-Sept-Écluses
Champcevrais
Tannerre-en-Puisaye
Toucy
Écluses
Villeneuve-les-Genêts
Moulins-s-Ouanne
Septfonds
Mézilles
Bléneau
Fontaines
Lalande
Leugny
Breteau
St-Privé
Ronchères
Levis
Champoulet
St-Martin-des-Champs
St-Fargeau
Fontenoy
Dammarie-en-Puisaye
St-Sauveur-en-Puisaye
Batilly-en-Puisaye
Saints-en-Puisaye
Moutiers-en-P.
Lavau
Chantier médiéval de Guédelon
Thury
Thou
Faverelles
Ste-Colombe-sur-Loing
Lainsecq
Sougères-en-Puisaye
Treigny
St-Amand-en-Puisaye
Arquian

0 2 4 6 8 10 km
114
135
157
A
B
C
D
1
2
3
4
5
AUXERRE
Joigny
Migennes
St-Florentin
Brienon-s-Armançon
Chablis
Pontigny
Ligny-le-Châtel
Vermenton
Cravant
Vincelles
Monéteau
Appoigny
Chevannes
Villefargeau
Perrigny
St-Georges-s-Baulche
Augy
Champs-s-Yonne
Quenne
Venoy
Chitry
Courgis
Préhy
St-Bris-le-Vineux
Irancy
Escolives-Ste-Camille
Coulanges-la-Vineuse
Jussy
Vallan
Gy-l'Évêque
Escamps
Coulangeron
Migé
Val-de-Mercy
Charentenay
Mouffy
Ouanne
Chastenay
Merry-Sec
Fontenailles
Molesmes
Courson-les-Carrières
Fouronnes
Fontenay-s/s-Fouronnes
Mailly-le-Château
Mailly-la-Ville
Sery
Bessy-sur-Cure
Arcy-sur-Cure
St-Moré
Voutenay-s-Cure
Lucy-sur-Cure
Accolay
Bazarnes
Prégilbert
Ste-Pallaye
Trucy-sur-Yonne
Joux-la-Ville
Précy-le-Sec
Lichères-près-Aigremont
St-Cyr-les-Colons
Chemilly-s-Serein
Chichée
Fleys
Béru
Maligny
Villy
Lignorelles
La Chapelle-Vaupelteigne
Beine
Fontenay-près-Chablis
Vézannes
Méré
Varennes
Carisey
Villiers-Vineux
Percey
Flogny-la-Chapelle
Jaulges
Vergigny
Chéu
Germigny
Butteaux
Bouilly
Rebourseaux
Mont-St-Sulpice
Hauterive
Ormoy
Cheny
Bonnard
Charmoy
Épineau-les-Voves
Laroche-St-Cydroine
Esnon
Brion
Looze
Champlay
Paroy-s-Tholon
Chamvres
Cézy
St-Aubin-s-Yonne
Neuilly
Senan
Laduz
Aillant-s-Tholon
Guerchy
Chichery
Branches
Bassou
Beaumont
Seignelay
Chemilly-s-Yonne
Héry
Rouvray
Venouse
Gurgy
Sougères-s-Sinotte
Villeneuve-St-Salves
Montigny-la-Resle
Bleigny-le-Carreau
Charbuy
Fleury-la-Vallée
Poilly-sur-Tholon
Chassy
St-Maurice-Thizouaille
St-Maurice-le-Vieil
Egleny
Lindry
Pourrain
Diges
Leugny
Forêt de Frétoy
Forêt St-Germain
Bois de Maligny
Bois de Senoy
Grottes d'Arcy
Vau-Germain
Côte St-Jacques
Druyes-les-Belles-Fontaines
Fontenailles
Festigny
Crain
Merry
Châtel-Censoir
Brosses
Sermizelles
Girolles
N.-D. d'Orient
Blannay
Coulanges-sur-Yonne
A6
E15
E60
N 6
N 77
N 151
D 965
D 606
D 905
D 943
D 91

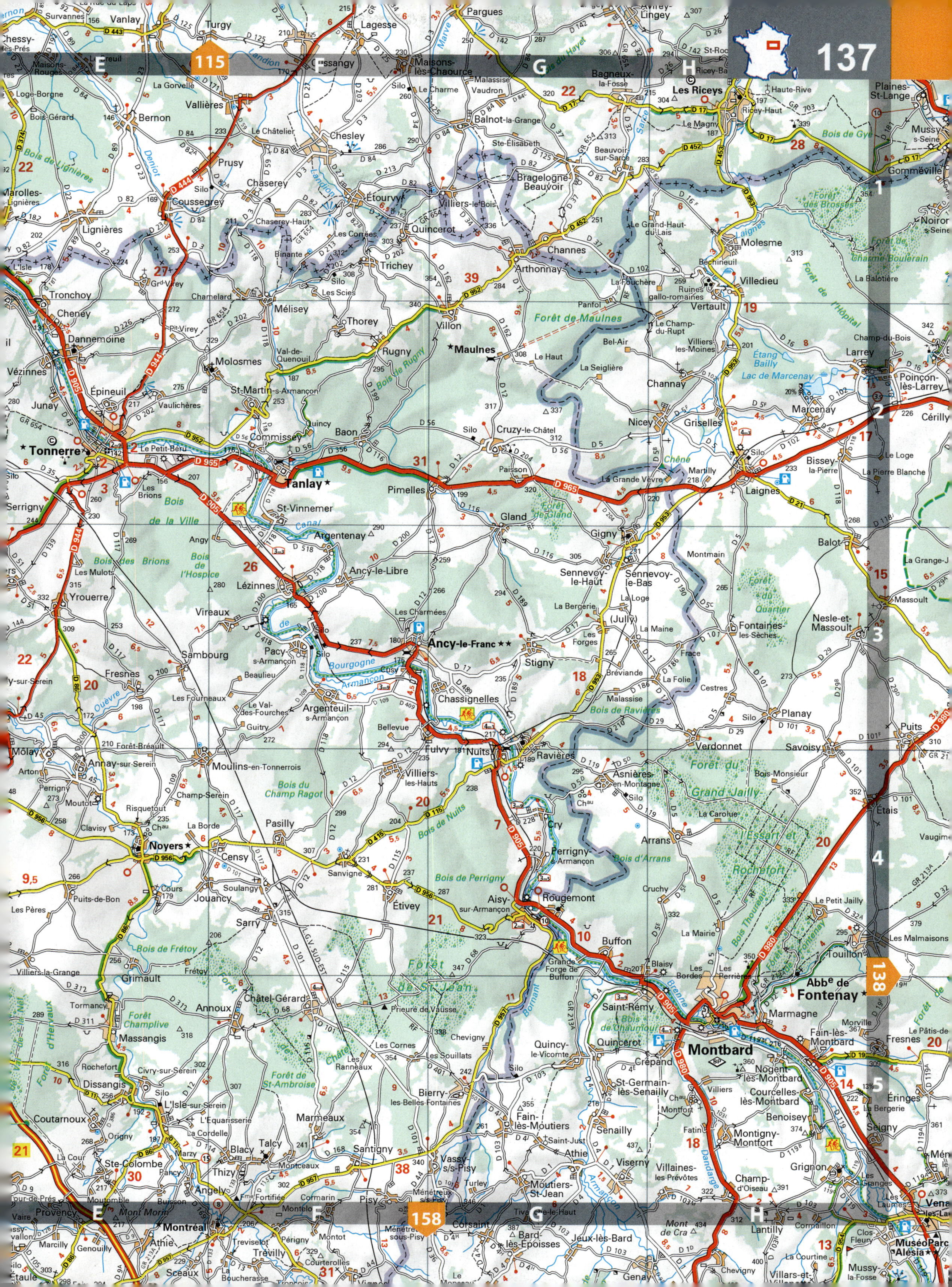

115
138
158
Vanlay
Turgy
Lagesse
Pargues
Lingey
Chessy-les-Prés
Maisons-lès-Chaource
Bagneux-la-Fosse
Les Riceys
Ricey-Haut
Plaines-St-Lange
Mussy-s-Seine
Gommeville
Vallières
Bernon
Chesley
Balnot-la-Grange
Prusy
Chaserey
Coussegrey
Étourvy
Villiers-le-Bois
Bragelogne-Beauvoir
Lignières
Quincerot
Trichey
Channes
Arthonnay
Molesme
Villedieu
Noiron-s-Seine
Tronchoy
Cheney
Dannemoine
Mélisey
Thorey
Villon
Maulnes
Forêt de Maulnes
Vertault
Molosmes
Rugny
Larrey
Poinçon-lès-Larrey
Vézinnes
Épineuil
Junay
Tonnerre
St-Martin-s-Armançon
Commissey
Baon
Cruzy-le-Châtel
Channay
Nicey
Griselles
Marcenay
Cérilly
Tanlay
Pimelles
Laignes
Bissey-la-Pierre
Serrigny
St-Vinnemer
Argentenay
Gland
Gigny
Balot
Ancy-le-Libre
Lézinnes
Sennevoy-le-Haut
Sennevoy-le-Bas
Yrouerre
Fontaines-les-Sèches
Nesle-et-Massoult
Vireaux
Ancy-le-Franc
Stigny
Sambourg
Pacy-s-Armançon
Fresnes
Chassignelles
Argenteuil-s-Armançon
Planay
Fulvy
Nuits
Ravières
Verdonnet
Savoisy
Puits
Molay
Annay-sur-Serein
Moulins-en-Tonnerrois
Villiers-les-Hauts
Asnières-en-Montagne
Forêt du Grand Jailly
Étais
Noyers
Pasilly
Censy
Cry
Perrigny-s-Armançon
Arrans
Sarry
Jouancy
Étivey
Aisy-sur-Armançon
Rougemont
Buffon
Grimault
Châtel-Gérard
Annoux
Massangis
Montbard
Abbᵉ de Fontenay
Marmagne
Quincy-le-Vicomte
Quincerot
Saint-Rémy
Crépand
Dissangis
Coutarnoux
L'Isle-sur-Serein
Bierry-les-Belles-Fontaines
Fain-lès-Moutiers
Senailly
Montigny-Montfort
Ste-Colombe
Santigny
Vassy s/s-Pisy
Moutiers-St-Jean
Viserny
Montréal
Provency
Athie
Pisy
Jeux-lès-Bard
Lantilly
Alésia

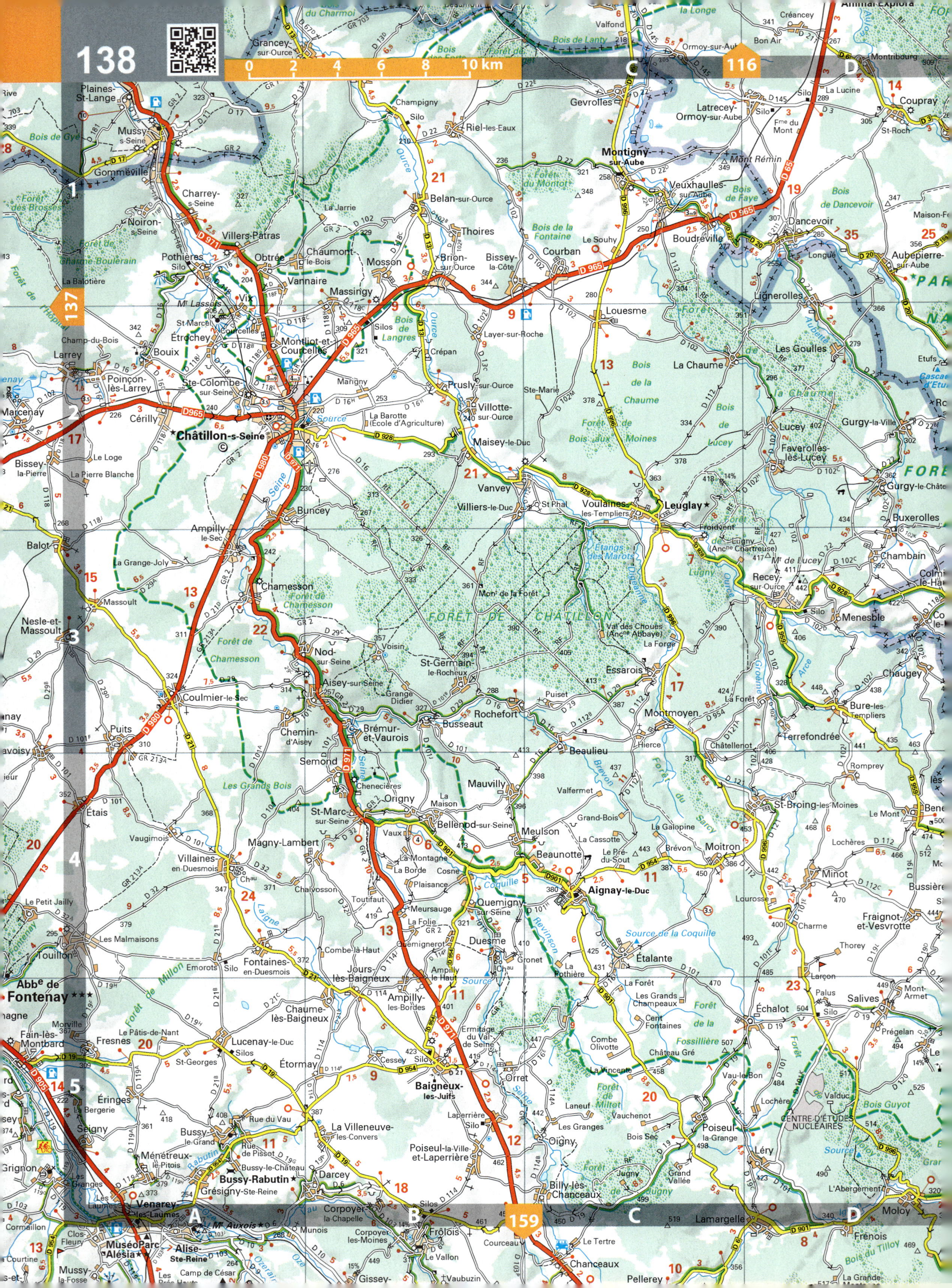
0 2 4 6 8 10 km
Plaines-St-Lange
Mussy-s-Seine
Gommeville
Charrey-s-Seine
Noiron-s-Seine
Villers-Patras
Pothières
Obtrée
Vannaire
Chaumont-le-Bois
Mosson
Massingy
Vix
Étrochey
Montliot-et-Courcelles
Ste-Colombe-sur-Seine
Larrey
Poinçon-lès-Larrey
Cérilly
Châtillon-s-Seine
Bissey-la-Pierre
Buncey
Ampilly-le-Sec
Chamesson
Nod-sur-Seine
Aisey-sur-Seine
Coulmier-le-Sec
Nesle-et-Massoult
Massoult
Puits
Étais
Villaines-en-Duesmois
Magny-Lambert
St-Marc-sur-Seine
Semond
Brémur-et-Vaurois
Busseaut
Rochefort
Beaulieu
Mauvilly
Bellenod-sur-Seine
Meulson
Beaunotte
Aignay-le-Duc
Quemigny-sur-Seine
Duesme
Étalante
Ampilly-les-Bordes
Jours-lès-Baigneux
Fontaines-en-Duesmois
Toutifaut
Lucenay-le-Duc
Étormay
Baigneux-les-Juifs
Oigny
Poiseul-la-Ville-et-Laperrière
Billy-lès-Chanceaux
Chanceaux
Darcey
Bussy-Rabutin
Gresigny-Ste-Reine
Venarey-les-Laumes
Alise-Ste-Reine
MuséoParc Alésia
Frôlois
Corpoyer-la-Chapelle
Fresnes
Abbe de Fontenay
Touillon
Champigny
Riel-les-Eaux
Belan-sur-Ource
Thoires
Brion-sur-Ource
Bissey-la-Côte
Courban
Gevrolles
Montigny-sur-Aube
Veuxhaulles-sur-Aube
Boudreville
Louesme
Prusly-sur-Ource
Villotte-sur-Ource
Maisey-le-Duc
Vanvey
Villiers-le-Duc
Voulaines-les-Templiers
Leuglay
La Chaume
Lucey
Faverolles-lès-Lucey
Gurgy-la-Ville
Gurgy-le-Château
Buxerolles
Recey-sur-Ource
Menesble
Chaugey
Bure-les-Templiers
Terrefondrée
St-Broing-les-Moines
Essarois
Montmoyen
Moitron
Minot
Fraignot-et-Vesvrotte
Salives
Échalot
Poiseul-la-Grange
Lamargelle
Moloy
Frénois
Dancevoir
Aubepierre-sur-Aube
Lignerolles
Les Goulles
Coupray
Latrecey-Ormoy-sur-Aube
FORÊT DE CHÂTILLON
Forêt de Chamesson
Forêt du Sarcy
Forêt de la Fossillière
Les Grands Bois
Source de la Coquille
CENTRE D'ÉTUDES NUCLÉAIRES
116
137
159

Langres
Chalindrey
Villegusien-le-Lac
Montsaugeonnais
Selongey
Is-sur-Tille
Til-Châtel
Grancey-le-Château-Neuvelle
Auberive
Champlitte
Fontaine-Française
Chaudenay
Rolampont
Vesaignes-sur-Marne
Marnay-sur-Marne
Thivet
Poinson-lès-Nogent
Chauffourt
Dampierre
Changey
Charmes
Bannes
Beauchemin
Humes-Jorquenay
St-Martin-lès-Langres
St-Ciergues
Mardor
Ormancey
Courcelles-en-Montagne
Perrancey-les-Vieux-Moulins
Noidant-le-Rocheux
Perrogney-les-Fontaines
Vitry-en-Montagne
Bay-sur-Aube
Aulnoy-sur-Aube
Rouelles
Germaines
Rochetaillée
Voisines
Vauxbons
Ternat
Giey-sur-Aujon
Bugnières
Marac
Faverolles
Villiers-sur-Suize
Leffonds
Chatenay-Mâcheron
St-Maurice
St-Vallier-s-Marne
Culmont
Torcenay
Noidant-Chatenoy
Le Pailly
Palaiseul
Violot
Heuilley-le-Grand
Rivières-les-Bois
St-Broingt-le-Bois
Grandchamp
Chassigny
Maâtz
Grenant
Saulles
Coublanc
Dommarien
Cusey
Isômes
Occey
Sacquenay
Chazeuil
Orville
Véronnes
Chaume-et-Courchamp
Montigny-Mornay-Villeneuve-sur-V.
Pouilly-sur-Vingeanne
St-Seine-sur-Vingeanne
Orain
Percey-le-Grand
St-Maurice-sur-Vingeanne
Aprey
Baissey
Leuchey
Flagey
Brennes
Bourg
Cohons
Longeau-Percey
Orcevaux
Verseilles-le-Haut
Vesvres-sous-Chalancey
Vaillant
Mouilleron
Chalancey
Praslay
Vivey
Aujeurres
Poinsenot
Villars-Santenoge
Busserotte-et-Montenaille
Courlon
Cussey-les-Forges
Avot
Marey-sur-Tille
Avelanges
Poiseul-lès-Saulx
Villey-sur-Tille
Crécey-sur-Tille
Foncegrive
Boussenois
Rivière-les-Fosses
Vernois-lès-Vesvres
Dardenay
Choilley-Dardenay
Prauthoy
Plesnoy
Celsoy
Haute-Amance
Marcilly-en-Bassigny
Poiseul
Neuilly-l'Évêque
Andilly-en-Bassigny
Bonnecourt
Orbigny-au-Mont
Orbigny-au-Val
Lecey
Chatenay-Vaudin
Peigney
Champigny-lès-Langres
Réservoir de Charmes
Réservoir de la Mouche
Lac de la Liez
Forêt de Champherceau
Forêt de Marey
Forêt des Louches
Forêt de Cussey
Canal de la Marne à la Saône
Source de la Marne
Source de la Tufière
A 31
E 17
E 21
N 19
D 974
D 67
D 74
117
140
160

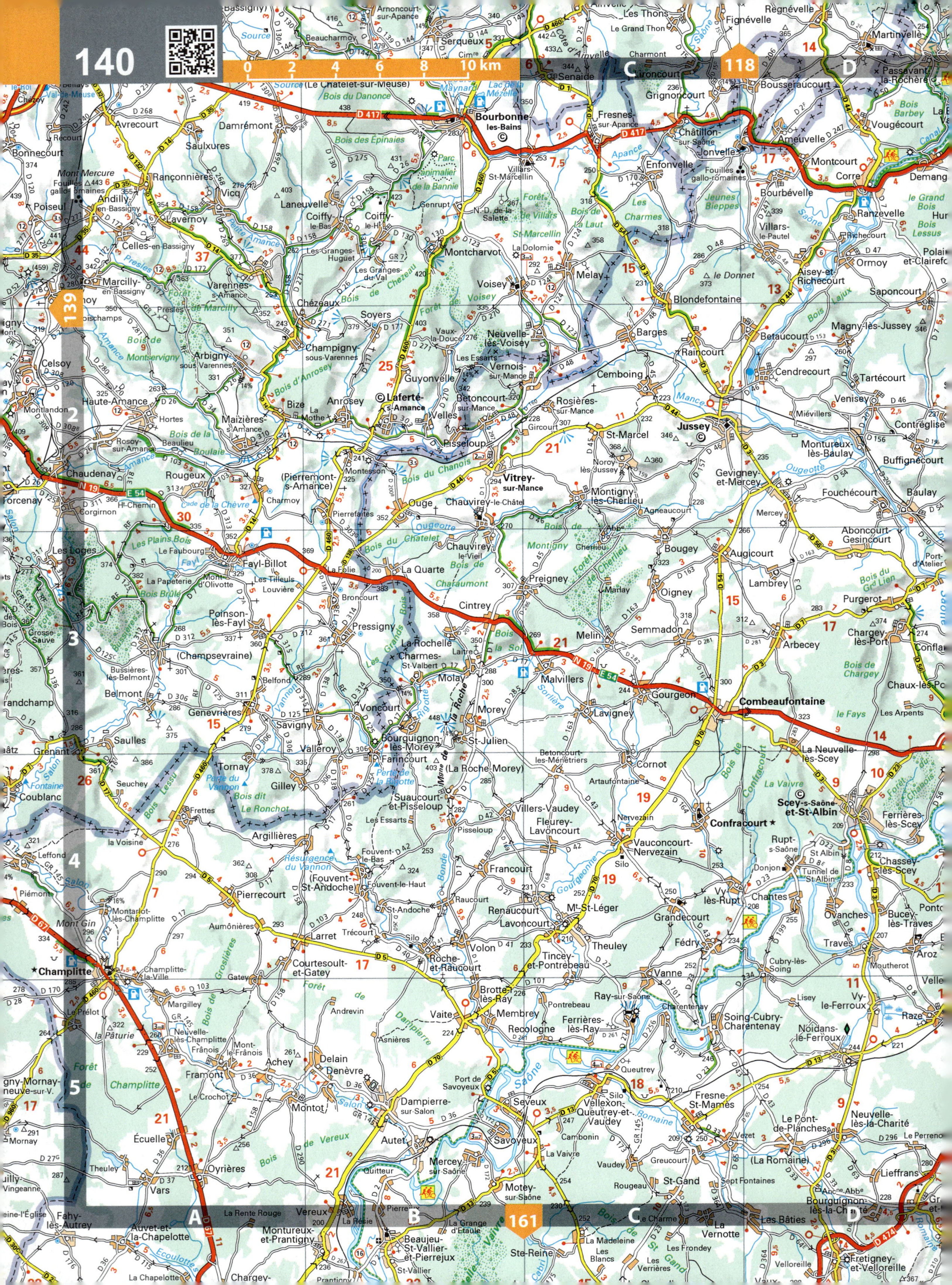

0 2 4 6 8 10 km
118
139
161
A
B
C
D
1
2
3
4
5
Bourbonne-les-Bains
Avrecourt
Damrémont
Saulxures
Bonnecourt
Rançonnières
Vicq
Poiseul
Andilly-en-Bassigny
Lavernoy
Celles-en-Bassigny
Laneuvelle
Coiffy-le-Bas
Coiffy-le-Haut
Genrupt
Villars-St-Marcellin
Montcharvot
Voisey
Melay
Fresnes-sur-Apance
Enfonvelle
Châtillon-sur-Saône
Jonvelle
Grignoncourt
Bousseraucourt
Ameuvelle
Montcourt
Corre
Ranzevelle
Vougécourt
Martinvelle
Fignévelle
Regnévelle
Les Thons
Serqueux
Arnoncourt-sur-Apance
Beaucharmoy
Charmont
Senaide
Bourbévelle
Villars-le-Pautel
Aisey-et-Richecourt
Ormoy
Saponcourt
Blondefontaine
Barges
Raincourt
Betaucourt
Magny-lès-Jussey
Cendrecourt
Tartécourt
Vernois-sur-Mance
Neuvelle-lès-Voisey
Vaux-la-Douce
Les Essarts
Soyers
Chézeaux
Champigny-sous-Varennes
Varennes-sur-Amance
Marcilly-en-Bassigny
Arbigny-sous-Varennes
Celsoy
Haute-Amance
Hortes
Maizières-sur-Amance
Bize
Anrosey
Laferté-sur-Amance
Guyonvelle
Betoncourt-sur-Mance
Velles
Pisseloup
Rosières-sur-Mance
Cemboing
Jussey
Vitrey-sur-Mance
St-Marcel
Montigny-lès-Cherlieu
Gevigney-et-Mercey
Montureux-lès-Baulay
Buffignécourt
Contréglise
Vauvillers
Vernois
Chaudenay
Rougeux
Rosoy-sur-Amance
Charmoy
Pierrefaites
Ouge
Chauvirey-le-Châtel
Chauvirey-le-Vieil
Fayl-Billot
Les Loges
La Quarte
Preigney
Bougey
Augicourt
Lambrey
Purgerot
Abancourt-Gesincourt
Baulay
Fouchécourt
Oigney
Semmadon
Melin
Arbecey
Chargey-lès-Port
Poinson-lès-Fayl
Pressigny
Cintrey
La Rochelle
Charmes-St-Valbert
Molay
Malvillers
Gourgeon
Combeaufontaine
Lavigney
Morey
Voncourt
Savigny
Genevrières
Belmont
Bussières-lès-Belmont
Saulles
Grenant
Coublanc
Tornay
Gilley
Valleroy
Bourguignon-lès-Morey
Farincourt
St-Julien
La Roche-Morey
Cornot
Confracourt
Scey-sur-Saône-et-St-Albin
La Neuvelle-lès-Scey
Ferrières-lès-Scey
Chassey-lès-Scey
Rupt-sur-Saône
Argillières
Suaucourt-et-Pisseloup
Villers-Vaudey
Fleurey-lès-Lavoncourt
Vauconcourt-Nervezain
Francourt
Renaucourt
Lavoncourt
Mt-St-Léger
Vy-lès-Rupt
Grandecourt
Chantes
Ovanches
Bucey-lès-Traves
Traves
Pierrecourt
Fouvent-St-Andoche
Larret
Courtesoult-et-Gatey
Roche-et-Raucourt
Volon
Tincey-et-Pontrebeau
Theuley
Fédry
Vanne
Champlitte
Montarlot-lès-Champlitte
Margilley
Neuvelle-lès-Champlitte
Mont-le-Franois
Achey
Delain
Denèvre
Brotte-lès-Ray
Membrey
Vaite
Recologne
Ferrières-lès-Ray
Ray-sur-Saône
Soing-Cubry-Charentenay
Noidans-le-Ferroux
Vy-le-Ferroux
Fresne-St-Mamès
Le Pont-de-Planches
Neuvelle-lès-la-Charité
Montot
Dampierre-sur-Salon
Seveux
Savoyeux
Vellexon-Queutrey-et-Vaudey
Autet
Mercey-sur-Saône
Framont
Écuelle
Oyrières
Vars
Fahy-lès-Autrey
Auvet-et-la-Chapelotte
Montureux-et-Prantigny
Beaujeu-St-Vallier-et-Pierrejux
Motey-sur-Saône
Ste-Reine
Vereux
St-Gand
Vezet
La Romaine
Lieffrans
Bourguignon-lès-la-Charité
Les Bâties
La Vernotte
Fretigney-et-Velloreille
Chargey
La Rente Rouge
Saône
Amance
Mance
Apance
Ougeotte
Salon
Vannon
Bois de Voisey
Forêt de Cherlieu
Forêt de Dampierre
Bois de Veraux
D 417
N 19
E 54
D 67
D 460
D 70
D 474
D 3

E
F
G
H
119
162
142
1
2
3
4
5
Ambiévillers
Montmotier
Trémonzey
Fontenoy-le-Château
Pont-du-Bois
Selles
Plombières-les-Bains
Alaincourt
Fontenois-la-Ville
Vauvillers
Betoncourt-St-Pancras
Dampvalley-St-Pancras
Mailleroncourt-St-Pancras
Melincourt
Girefontaine
St-Loup-sur-Semouse
Aillevillers-et-Lyaumont
Corbenay
Fougerolles
Le Val-d'Ajol
PARC NATUREL RÉGIONAL
DES BALLONS DES VOSGES
Anjeux
Jasney
La Pisseure
Fontaine-lès-Luxeuil
Hautevelle
Ainvelle
Plainemont
Dampierre-lès-Conflans
Anchenoncourt-et-Chazel
St-Rémy-en-Comté
Cubry-lès-Faverney
Bassigney
Briaucourt
Conflans-sur-Lanterne
Luxeuil-les-Bains
Froideconche
St-Sauveur
Breuches
Ormoiche
Bourguignon-lès-Conflans
Menoux
Amance
Mersuay
Faverney
Équevilley
Velorcey
Abelcourt
Ste-Marie-en-Chaux
Baudoncourt
La Villedieu-en-Fontenette
Meurcourt
Villers-lès-Luxeuil
Éhuns
La Chapelle-lès-Luxeuil
Breurey-lès-Faverney
Fleurey-lès-Faverney
Neurey-en-Vaux
Visoncourt
Brotte-lès-Luxeuil
Ailloncourt
Citers
Raddon-et-Chapendu
Amage
Ste-Marie-en-Chanois
Esboz-Brest
La Corbière
Belmont
Magnivray
Rignovelle
Lantenot
Linexert
Mélisey
Montessaux
Franchevelle
St-Germain
La Neuvelle-lès-Lure
Malbouhans
N.-D. du Haut
Froideterre
Le Chaumont
Le Val-St-Éloi
Amoncourt
Mailleroncourt-Charette
Servigney
Genevrey
Betoncourt-lès-Brotte
Quers
Dambenoit-lès-Colombe
Colombe-lès-Bithaine
Adelans-et-le-Val-de-Bithaine
Provenchère
Vilory
Varogne
La Villeneuve-Bellenoye-et-la-Maize
Saulx
Châteney
Châtenois
Bouhans-lès-Lure
Lure
Roye
Villers-sur-Port
Bougnon
Vellefrie
Flagy
Mont Jarrot
Velotte
Port-s-Saône
Pusy-et-Épenoux
Auxon
Colombier
Creveney
Velleminfroy
Pomoy
La Creuse
Amblans-et-Velotte
Genevreuille
Magny-Vernois
Frotey-lès-Lure
Palante
Grattery
Charmoille
Villeparois
Montcey
Calmoutier
Colombotte
Mollans
Vouhenans
Lyoffans
Pusey
Coulevon
Comberjon
Château Grenouille
Maison Rouge
Vy-lès-Lure
Moffans-et-Vacheresse
Montigny-lès-V.
VESOUL
Dampvalley-lès-Colombe
Liévans
Les Aynans
Le Val-de-Gouhenans
La Vergenne
Vaivre-et-Montoille
La Motte
Frotey-lès-V.
Colombe-lès-V.
Noroy-le-Bourg
Autrey-lès-Cerre
Montjustin-et-Velotte
Arpenans
Chariez
Noidans-lès-V.
Mont-le-Vernois
Échenoz-la-Méline
Navenne
Quincey
Villers-le-Sec
Grande Vaivre
Cerre-lès-Noroy
Borey
Château médiéval
Oricourt
Oppenans
Aillevans
Gouhenans
Athesans-Étroitefontaine
Longevelle
Villafans
Rocher de la Baume
Andelarre
La Demie
Neurey-lès-la-Demie
Grotte de Solborde
Les Baraques-de-Borey
Grand Fougeray
Senargent-Mignafans
Beveuge
St-Sulpice
Andelarrot
Vallerois-Lorioz
Vallerois-le-Bois
Les Regardots
Marast
Moimay
Villersexel
Villers-la-Ville
Villargent
St-Ferjeux
Secenans
Velleguindry-et-Levrecey
Vellefaux
Échenoz-le-Sec
Les Bégoulots
Les Marmets
Baslières
Les Patey
Autrey-le-Vay
Esprels
Les Magny
Mailley-et-Chazelot
Le Magnoray
Les Monnins
La Maison-du-Veau
Presle
Chassey-lès-Montbozon
Pont-sur-l'Ognon
Abbenans
Mélecey
Grammont
Bournois
Fallon
Accolans
Courchaton
Filain
Dampierre-sur-Linotte
Trevey
Mont Jésus
Bonnal
Cubrial
Tressandans
Vy-lès-Filain
Le Romvaux
Fontenois-lès-Montbozon
Cognières
Rougemont
Cuse-et-Adrisans
Autoison
Pennesières
Roche-sur-Linotte-et-Sorans
Bouhans-lès-Montbozon
Montagney-Servigney
Thiénans
Gondenans
Nans
Uzelle
Geney

0 2 4 6 8 10 km
120
141
163
A
B
C
D
1
2
3
4
5
Ballon d'Alsace
Giromagny
Masevaux-Niederbruck
Champagney
Ronchamp
N.-D. du Haut
Valdoie
BELFORT
Citadelle
Bavilliers
Danjoutin
Héricourt
Châtenois-les-Forges
Grandvillars
Delle
Béthoncourt
Montbéliard
Sochaux
Audincourt
Valentigney
Mandeure
Bavans
Seloncourt
Hérimoncourt
L'Isle-sur-le-Doubs
Porrentruy
Pont-de-Roide
Lure
Sewen
Oberbruck
Lamadeleine-Val-des-Anges
Rougemont-le-Château
Étueffont
Lachapelle-sous-Chaux
Sermamagny
Offemont
Pérouse
Chèvremont
Bessoncourt
Essert
Fontaine
Frahier-et-Chatebier
Échenans-sous-Mont-Vaudois
Couthenans
Dampierre-les-Bois
Beaucourt
Exincourt
Étupes
Fesches-le-Châtel
Vieux-Charmont
Nommay
Brognard
Allenjoie
Morvillars
Méziré
Thiancourt
Bourogne
Trévenans
Sevenans
Moval
Meroux
Vézelois
Montreux-Château
Bretagne
Grosne
Florimont
Boncourt
Montignez
Buix
Courtedoux
Fahy
Abbévillers
Croix
Villars-lès-Blamont
Blamont
Glay
Meslières
Dannemarie
Bondeval
Thulay
Mathay
Bourguignon
Écot
Étouvans
Colombier-Fontaine
Longevelle-sur-Doubs
Beutal
Médière
Étrappe
Bretigney
Lougres
Présentevillers
Montenois
Arcey
Désandans
Semondans
Aibre
Saulnot
Granges
Mignavillers
Courchaton
Onans
Faimbe
Accolans
Sainte-Marie
Dung
Allondans
Raynans
Issans
Bart
Courcelles-lès-Montbéliard
Arbouans
Vandoncourt
Dasle
Taillecourt
Badevel
Saint-Dizier-l'Évêque
Lebetain
Bure
Chenebier
Étobon
Belverne
Lomont
Lyoffans
Andornay
Magny-Jobert
Palante
Clairegoutte
Frédéric-Fontaine
Plancher-Bas
Plancher-les-Mines
Auxelles-Haut
Auxelles-Bas
Vescemont
Rougegoutte
Grosmagny
Éloie
Vétrigne
Roppe
Menoncourt
Eguenigue
Lacollonge
Phaffans
Denney
Fontenelle
Petit-Croix
Novillard
Cunelières
Foussemagne
Chavannes-les-Grands
Vellescot
Boron
Recouvrance
Froidefontaine
Faverois
Joncherey
Courtelevant
Montbouton
Villars-le-Sec
Vermondans
Pierrefontaine-lès-Blamont
Roche-d'Or
Montancy
Soppe-le-Bas
Mortzwiller
Bourbach-le-Haut
Rammersmatt
Sentheim
Lauw
Guewenheim
Kirchberg
Wegscheid
Dolleren
Rimbach-près-Masevaux
Thann
Lachapelle-sous-Rougemont
Angeot
Bethonvillers
Lagrange
Larivière
Reppe
Fontaine
Frais
Bréchaumont
Traubach
Elbach
Retzwiller
Valdieu-Lutran
Romagny
Magny
St-Maurice-sur-Moselle
Faucogney-et-la-Mer
Servance
Miellin
Belfahy
Ternuay-Melay-et-St-Hilaire
Belonchamp
Mélisey
Fresse
St-Barthélemy
Montessaux
Malbouhans
Froideterre
Magny-Danigon
Moffans-et-Vacheresse
Faymont
Courmont
Athesans-Étroitefontaine
Chavanne
Villers-sur-Saulnot
Crevans-et-la-Chapelle-lès-Granges
Vellechevreux-et-Courbenans
Gémonval
Marvelise
Mancenans
Appenans
Rang
Pompierre-sur-Doubs
Soye
St-Maurice-Colombier
Blussangeaux
Blussans
Villars-sous-Écot
Goux-lès-Dambelin
Dambelin
Sourans
Anteuil
Glainans
Vyans-le-Val
Laire
Tavey
Tremoins
Byans
Verlans
Coisevaux
Champey
Luze
Chagey
Mandrevillars
Châlonvillars
Buc
Argiésans
Urcerey
Botans
Dorans
Brevilliers
Bermont
Banvillars
Évette-Salbert
Cravanche
Errevet
Échavanne
Vouhenans
LGV RHIN-RHÔNE
PARC NATUREL RÉGIONAL DES BALLONS DES VOSGES

E
F
G
H
121
MULHOUSE
Cernay
Wittelsheim
Kingersheim
Illzach
Wittenheim
Baldersheim
Sausheim
Riedisheim
Rixheim
Habsheim
Pfastatt
Lutterbach
Richwiller
Reiningue
Staffelfelden
Uffholtz
Steinbach
Aspach-le-Bas
Burnhaupt-le-Haut
Burnhaupt-le-Bas
Morschwiller-le-Bas
Heimsbrunn
Brunstatt
Didenheim
Zimmersheim
Eschentzwiller
Ottmarsheim
Hombourg
Bantzenheim
Chalampé
Neuenburg
Steinenstadt
Schliengen
Bad Bellingen
Niffer
Petit-Landau
Kembs
Blansingen
Rheinweiler
Kleinkems
Efringen-Kirchen
Istein
Huttingen
Binzen
Rümmingen
Schallbach
Fischingen
Eimeldingen
Märkt
Haltingen
Weil
Rötteln
Lörrach
Riehen
Grenzach
Birsfelden
Muttenz
Münchenstein
Arlesheim
Dornach
Reinach
Aesch
Pfeffingen
Grellingen
Duggingen
Seewen
Himmelried
Nenzlingen
Blauen
Dittingen
Zwingen
Laufen
Brislach
Breitenbach
Wahlen
Fehren
Büsserach
Erschwil
Grindel
Bärschwil
Liesberg
Röschenz
Kleinlützel
Roggenburg
Ederswiler
Movelier
Soyhières
Mettembert
Delémont
Courroux
Vicques
Courchapoix
Corban
Mervelier
Rossemaison
Develier
Boécourt
Bourrignon
Pleigne
Lucelle
Charmoille
Miécourt
Alle
Cornol
Fregiécourt
Asuel
Courgenay
St-Ursanne
Seleute
Montmelon
Courtavon
Levoncourt
Oberlarg
Winkel
Ligsdorf
Bendorf
Durlinsdorf
Liebsdorf
Bonfol
Lugnez
Beurnevésin
Pfetterhouse
Mooslargue
Moernach
Ferrette
Koestlach
Vieux-Ferrette
Bouxwiller
Fislis
Linsdorf
Oltingue
Sondersdorf
Raedersdorf
Hippoltskirch
Lutter
Kiffis
Wolschwiller
Biederthal
Rodersdorf
Leymen
Landskron
Flüh
Hofstetten
Mariastein
Metzerlen
Burg im Leimental
Ettingen
Witterswil
Therwil
Bättwil
Biel
Oberwil
Bottmingen
Binningen
Allschwil
BASEL (BÂLE)
Neuwiller
Schönenbuch
Hagenthal-le-Bas
Hagenthal-le-Haut
Folgensbourg
Wentzwiller
Buschwiller
Hegenheim
Hésingue
St-Louis
Huningue
Village-Neuf
BÂLE-MULHOUSE (EURO AIRPORT)
Blotzheim
Michelbach-le-Bas
Kappelen
Brinckheim
Bartenheim
Stetten
Magstatt-le-Bas
Magstatt-le-Haut
Uffheim
Koetzingue
Sierentz
Waltenheim
Geispitzen
Schlierbach
Landser
Dietwiller
Bruebach
Flaxlanden
Zillisheim
Illfurth
Tagolsheim
Luemschwiller
Walheim
Heidwiller
Eglingen
Hagenbach
Gommersdorf
Dannemarie
Aspach
Altkirch
Emlingen
Wittersdorf
Tagsdorf
Schwoben
Hausgauen
Hundsbach
Franken
Zaessingue
Helfrantzkirch
Jettingen
Berentzwiller
Willer
Knoeringue
Ranspach-le-Bas
Ranspach-le-Haut
Attenschwiller
Michelbach-le-Haut
Steinsoultz
Grentzingen
Henflingen
Bettendorf
Hirsingue
Hirtzbach
Carspach
Ballersdorf
Manspach
Altenach
Fulleren
Mertzen
Hindlingen
Friesen
Ueberstrass
Largitzen
Seppois-le-Bas
Seppois-le-Haut
Bisel
Feldbach
Riespach
Durmenach
Roppentzwiller
Muespach
Muespach-le-Haut
Werentzhouse
Rechésy
Waldighofen
Ruederbach
Oberdorf
Heimersdorf
Galfingue
Hochstatt
Spechbach-le-Haut
Spechbach-le-Bas
Bernwiller
Ammerzwiller
Balschwiller
Falkwiller
Gildwiller
Diefmatten
St-Bernard
Buethwiller
Sierentz
Rosenau
Bad Bellingen
Hertingen
Bamlach
Wintersweiler
Egringen
Feuerbach
Holzen
Mappach
Riedlingen
Kandern
Vögisheim
Auggen
Obereggenen
Niedereggenen
Liel
Vieil Armand
Ecomusée d'Alsace
Pulversheim
Ruelisheim
Battenheim
Rossalmend
Mont Terri

0 2 4 6 8 10 km
123
A
B
C
D
1
2
3
4
5
Erdeven
Ploemel
Carnac
La Trinité-sur-Mer
Alignements
Tumulus
Plouharnel
Carnac-Plage
Pte de Légenès
Kerbihan
Locmariaquer
Crac'h
St-Philibert
Port-Navalo
Baden
Larmor-Baden
Î. Gavrinis
Cairn
Er Lanic
Pte de Kerpenhir
Port du Crouesty
Méaban
Île Theviec
Penthièvre
Fort de Penthièvre
Sables Blancs
Portivy
Kerhostin
Beg en Aud
Pointe du Percho
St-Pierre-Quiberon
BAIE
DE QUIBERON
Côte
des
Mégal
Î. de la Truie
Côte Sauvage
PRESQU'ÎLE
DE QUIBERON
Beg Rohu
St-Julien
Port-Haliguen
Quiberon
Beg er Goalennec
Beg er Lan
Port Maria
Beg er Vil
Pte du Conguel
La Teignouse
Plateau des Birvideaux
Chaussée de la Teignouse
Passage de la Teignouse
Chaussée du Béniguet
Passage du Béniguet
Île Glazic
Île Valhuec
Banc de Taillefer
Beg er Vachif
Île d'Houat
Île-d'Houat
En Thal
Banc de Houat
Île Cenis
Chaussée de l'Île aux Chevaux
Île aux Chevaux
Passage des Sœurs
Pte du Vieux Château
Hœdic
Île de Hœdic
Les Poulains
Pointe des Poulains
Fort Sarah Bernhardt
Plage de Deuborch
Pte du Cardinal
Stêr-Vraz et Stêr-Ouen
Pte du Vieux Château
Pte de Kerzo
Port Jean
Sauzon
Grotte de l'Apothicairerie
Pte de Taillefer
Sémaphore
Rade du Palais
Citadelle
Le Palais
Pte de Ramonette
Port Güen
Plage de Bordardoué
Port Yorc'h
Côte
Port Donnant
Grand Phare
Îles Baguenères
Aiguilles de Port Coton
Port Goulphar
Pte du Talus
Sémaphore
Bangor
Port Kérel
Île de Bangor
Port d'Herlin
Pte de St Marc
Pte de Pouldon
Plage des Grands Sables
Pointe de Kerdonis
Port-An-Dro
Locmaria
Port-Maria
Port-Blanc
Sémaphore
Pointe du Skeul
BELLE-ÎLE
Sauvage

124
VANNES
Séné
Theix-Noyalo
GOLFE DU MORBIHAN
Île-aux-Moines
Île d'Arz
Arradon
Baden
Larmor-Baden
Le Hézo
St-Armel
Surzur
Sarzeau
Presqu'île de Rhuys
Domaine de Suscinio
Anse de Suscinio
Pte de St-Jacques
Pte de Penvins
Le Tour-du-Parc
Damgan
Ambon
Muzillac
Noyal-Muzillac
Le Guerno
Parc de Branféré
Péaule
Billiers
Arzal
La Roche-Bernard
Marzan
Pénestin
Camoël
Férel
Herbignac
Assérac
Rade de Penerf
Passe de la Grde Accroche
Plateau de la Recherche
Île Dumet
Pointe du Castelli
Piriac-sur-Mer
Mesquer
St-Molf
La Turballe
Guérande
Kerhinet
Rade du Croisic
Le Croisic
Batz-sur-Mer
Le Pouliguen
LA BAULE
La Baule-Escoublac
Pornichet
Le Four
La Calebasse
Côte d'Amour
Chenal du Nord
La Banche
Grd Charpentier
Les Petits Cardinaux
Grands Cardinaux
Pte du Croisic
Grotte des Korrigans
Pte de Penchâteau
Ste-Marguerite
Pte de Chémoulin
146
E
F
G
H
1
2
3
4
5

0 2 4 6 8 10 km
125
145
164
A
B
C
D
1
2
3
4
5
ST-NAZAIRE
LA BAULE
Le Pouliguen
Pornichet
Guérande
Le Croisic
La Baule-Escoublac
St-Brevin-les-Pins
St-Brevin-l'Océan
Pornic
Paimbœuf
Donges
Montoir-de-Bretagne
Trignac
Pont-Château
Herbignac
St-Lyphard
St-Joachim
Missillac
Mesquer
Asserac
Kerhinet
Kerbourg
St-André-des-Eaux
St-Molf
La Grande-Brière
PARC NATUREL RÉGIONAL DE BRIÈRE
Île de Fédrun
Pont routier
LOIRE
Corsept
St-Viaud
St-Père-en-Retz
Chauvé
St-Michel-Chef-Chef
Tharon-Plage
Préfailles
La Plaine-s-Mer
Pointe de St-Gildas
Pointe Joalland
Anse de la Prée
Anse du Sud
Côte de Jade
BAIE DE BOURGNEUF
Nord
Pointe de Chémoulin
Pointe de l'Aiguillon
Grd Charpentier
Pointe de Penchâteau
Bonne Source
Ste-Marguerite
Les Moutiers-en-Retz
La Bernerie-en-Retz
Arthon-en-Retz
Bourgneuf-en-Retz
Plage des Sablons
Plage Mombeau
Pointe de la Noëveillard
Pierre Moine
Île du Pilier
Pointe de l'Herbaudière
L'Herbaudière
Pointe de la Gardette
Pointe des Charniers
Plage des Souzeaux
Pointe des Dames
Bois de la Chaise
ÎLE DE NOIRMOUTIER
Noirmoutier-en-l'Île
Pointe de la Coupelasse
La Préoire
Canal de Haute Perche
Forêt de la Roche-Bernard
Crossac
Besné
Prinquiau
La Chapelle-Launay
Savenay
Drefféac
Ste-Reine-de-Bretagne
Ste-Anne-s-Brivet
Pointe du Bile
Pointe de Merquel
Plage de Sorlock
Quimiac
Sémaphore
Fort de l'Eve
N 165
N 171
D 213
D 751
E 60

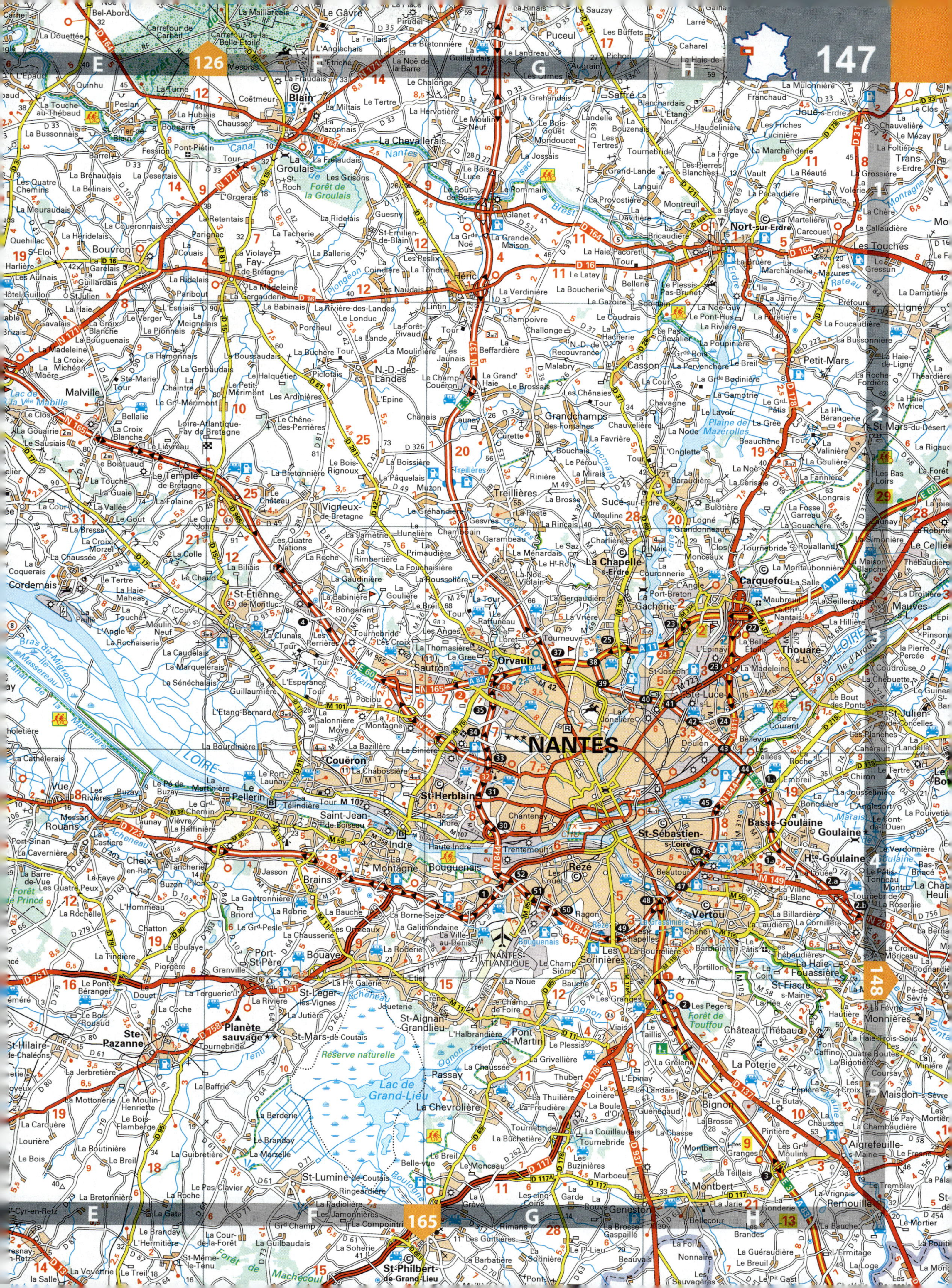
E
F
G
H
126
165
148
NANTES
Orvault
St-Herblain
Rezé
St-Sébastien-s-Loire
Vertou
Carquefou
La Chapelle-s-Erdre
Sucé-sur-Erdre
Nort-sur-Erdre
Blain
Héric
Treillières
Grandchamps-des-Fontaines
Couëron
Le Pellerin
Indre
Bouguenais
Bouaye
Basse-Goulaine
Goulaine
Thouaré-s-L.
Ste-Luce
Les Sorinières
St-Aignan-Grandlieu
Pont-St-Martin
Vigneux-de-Bretagne
Le Temple-de-Bretagne
Fay-de-Bretagne
St-Étienne-de-Montluc
Cordemais
Malville
Bouvron
Savenay
Petit-Mars
Casson
Saffré
Puceul
Le Gâvre
La Chevallerais
Rouans
Cheix-en-Retz
Port-St-Père
St-Léger-les-Vignes
St-Mars-de-Coutais
Ste-Pazanne
Planète sauvage
Lac de Grand-Lieu
Réserve naturelle
St-Philbert-de-Grand-Lieu
St-Lumine-de-Coutais
Le Bignon
Montbert
Geneston
La Chevrolière
Château-Thébaud
Haute-Goulaine
La Haie-Fouassière
St-Fiacre-s-Maine
Maisdon-s-Sèvre
Aigrefeuille-s-Maine
Remouillé
Mauves-s-Loire
St-Julien-de-Concelles
Ligné
Les Touches
St-Mars-du-Désert
Forêt du Gâvre
Forêt de la Groulais
Canal de Nantes à Brest
LOIRE
Erdre
NANTES-ATLANTIQUE
Plaine de Mazerolles
Forêt de Touffou
Forêt de Machecoul

0 2 4 6 8 10 km
127
147
166
Ancenis
Varades
St-Florent-le-Vieil
Champtoceaux
Oudon
Couffé
Mésanger
Teillé
Pannecé
Riaillé
Maumusson
Ligné
Mouzeil
St-Mars-du-Désert
Le Cellier
Mauves-sur-Loire
Thouaré-sur-Loire
Ste-Luce-s-Loire
Carquefou
Les Touches
Joué-s-Erdre
Trans-s-Erdre
Ingrandes
Le Fresne
Montrelais
Bouzillé
Le Marillais
La Chapelle-St-Florent
Drain
Liré
St-Laurent-des-Autels
Landemont
La Varenne
St-Sauveur-de-Landemont
La Boissière-du-Doré
La Remaudière
Le Loroux-Bottereau
St-Julien-de-Concelles
La Chapelle-Basse-Mer
Barbechat
Divatte-sur-Loire
Le Landreau
La Chapelle-Heulin
Vallet
Mouzillon
Le Pallet
Gorges
Clisson
Gétigné
Cugand
Boussay
Torfou
St-Crespin-s-Moine
St-Germain-s-Moine
Montfaucon-Montigné
La Regrippière
Gesté
Tillières
Villedieu-la-Blouère
Beaupréau-en-Mauges
Montrevault-sur-Èvre
St-Pierre-Montlimart
Chaudron-en-Mauges
St-Quentin-en-Mauges
La Salle-et-Chapelle-Aubry
St-Rémy-en-Mauges
Le Fuilet
La Chaussaire
Le Puiset-Doré
Andrezé
Jallais
La Jubaudière
St-Philbert-en-Mauges
Bégrolles-en-Mauges
St-Macaire-en-Mauges
(Sèvremoine)
St-André-de-la-Marche
Roussay
La Renaudière
St-Léger-s/s-Cholet
La Séguinière
La Romagne
Le Longeron
St-Lumine-de-Clisson
St-Hilaire-de-Clisson
Remouillé
Aigrefeuille-sur-Maine
Maisdon-s-Sèvre
Monnières
Haute-Goulaine
Goulaine
Basse-Goulaine
La Haie-Fouassière
St-Sigismond
Bourgneuf-en-Mauges
La Pommeraye
Mauges-sur-Loire
Forêt de la Foucaudière
Forêt de Leppo
Bois de Maumusson
A 11 E 60
N 249 E 62
D 723
D 763
D 752
D 923
D 164
D 17
D 756

ANGERS
Avrillé
Beaucouzé
Bécon-les-Granits
Le Louroux-Béconnais
St-Clément-de-la-Place
Le Plessis-Macé
Montreuil-Juigné
Écouflant
St-Sylvain-d'Anjou
Le Plessis-Grammoire
Pignerolle
St-Barthélemy-d'Anjou
Trélazé
Sarrigné
St-Lambert-la-Potherie
St-Augustin-des-Bois
St-Léger-de-Linières
St-Jean-de-Linières
St-Martin-du-Fouilloux
Bouchemaine
Ste-Gemmes-sur-Loire
Les Ponts-de-Cé
Mûrs-Erigné
St-Jean-de-la-Croix
Juigné-sur-Loire
St-Jean-des-Mauvrets
St-Saturnin-sur-Loire
St-Mathurin-s-Loire
Blaison-St-Sulpice
Champtocé-s-Loire
St-Georges-sur-Loire
St-Germain-des-Prés
Serrant
Savennières
Béhuard
Denée
La Possonnière
La Pommeraye
Chalonnes-s-Loire
Rochefort-s-L.
Soulaines-sur-Aubance
Brissac-Quincé
(Brissac-Loire-Aubance)
Charcé-St-Ellier-s-Aubance
Coutures
Chemellier
Les Alleuds
Vauchrétien
Beaulieu-s-Layon
Forêt de Beaulieu
Vallées du Layon et d'Aubance
Chau de la Hte guerche (Val-du-Layon)
St-Laurent-de-la-Plaine
Chaudefonds-s-Layon
Bourgneuf-en-Mauges
St-Lambert-du-Lattay
Rablay-s-Layon
Faye-d'Anjou
N.-D.-d'Allençon
Saulgé-l'Hôpital
Luigné
Chavagnes (Terranjou)
Thouarcé
(Bellevigne-en-Layon)
Champ-sur-Layon
Notre-Dame-d'Allençon
Ambillou-Château (Tuffalun)
Martigné-Briand
Brigné
Aubigné-sur-Layon
Tigné
Doué-en-Anjou
St-Georges-s-Layon
Chemillé-en-Anjou
Melay
Valanjou
Joué-Etiau
Montilliers
Cernusson
Trémont
Vihiers
Coron
Vezins
Trémentines
Nuaillé
Chanteloup-les-Bois
Cléré-s-Layon
Passavant-sur-L.
St-Paul-du-Bois
La Plaine
Toutlemonde
Mazières-en-Mauges
Maulévrier
Genneton
Étang de Beaurepaire
Étang de Maumusson
Les Verchers-s-Layon
Montreuil-Bellay
Camp militaire
Ouv. été 2024
A 11
A 87
E 60
E 501
D 723
D 748
D 761
D 960
128
150
167
E
F
G
H
1
2
3
4
5

0 2 4 6 8 10 km
129
149
168
A
B
C
D
1
2
3
4
5
Baugé-en-Anjou
Noyant
Mouliherne
Vernantes
Beaufort-en-Anjou
Longué-Jumelles
Montgeoffroy
St-Mathurin-s-Loire
Gennes
Cunault
Allonnes
Bourgueil
SAUMUR
Doué-la-Fontaine
Montreuil-Bellay
Fontevraud-l'Abbaye
Candes-St-Martin
Montsoreau
Brézé
Le Puy-N.-D.
Village Troglodytique
PARC NATUREL RÉGIONAL
LOIRE
ANJOU
Loire
Vienne
Authion
Lathan
Vernoil-le-Fourrier
Blou
Vivy
Varrains
Souzay-Champigny
Turquant
Distré
Artannes-s-Thouet
Le Coudray-Macouard
Concourson-s-Layon
Méon
Linières-Bouton
Chavaignes
Pontigné
La Pellerine
Bourgueil
Chouzé-sur-Loire
Savigny-en-Véron
Couziers
Roiffé
Morton
Saix
Épieds
Les Trois-Moutiers
Rou-Marson
Meigné
Forges
Brossay
Vaudelnay
St-Just-s-Dive
Courchamps
Jalesnes
St-Philbert-du-Peuple
Neuillé
Mazé-Milon
Corné
Bauné
Sermaise
Fontaine-Guérin
Le Vieil-Baugé
Chalonnes-sous-le-Lude
Breil
Méon

130
152
169
E
F
G
H
1
2
3
4
5
Château-la-Vallière
Neuillé-Pont-Pierre
Sonzay
Souvigné
Semblançay
Channay-s-Lathan
Courcelles-de-Touraine
Rillé
Savigné-sur-Lathan
Hommes
Champchevrier
Ambillou
Cléré-les-Pins
Pernay
Charentilly
St-Roch
La Membrolle-sur-Choisille
Mettray
St-Cyr-sur-Loire
TOURS
Joué-lès-Tours
Ballan-Miré
St-Avertin
Chambray-lès-Tours
St-Pierre-des-Corps
Fondettes
Luynes
St-Étienne-de-Chigny
Cinq-Mars-la-Pile
Mazières-de-Touraine
Langeais
Villandry
Savonnières
Berthenay
Druye
Vallères
Lignières-de-Touraine
Bréhémont
St-Michel-sur-Loire
St-Patrice
Ingrandes-de-Touraine
Continvoir
Gizeux
Avrillé-les-Ponceaux
St-Symphorien-les-Ponceaux
Azay-le-Rideau
Cheillé
Rivarennes
Rigny-Ussé
Ussé
Saché
Thilouze
Villeperdue
Artannes-sur-Indre
Monts
Montbazon
Veigné
Sorigny
Pont-de-Ruan
Villaines-les-Rochers
Chinon
Huismes
Avoine
Savigny-en-Véron
Beaumont-en-Véron
Cravant-les-Côteaux
Panzoult
Crouzilles
Avon-les-Roches
Crissay-sur-Manse
L'Île-Bouchard
Tavant
Sazilly
Anché
Rivière
Ligré
Le Rivau
St-Épain
Noyant-de-Touraine
Ste-Maure-de-Touraine
Ste-Catherine-de-Fierbois
Trogues
Pouzay
Neuil
Forêt de Chinon
Forêt de Villandry
Camp militaire du Ruchard
Landes du Ruchard
LOIRE
Indre
PARC NATUREL

0 2 4 6 8 10 km
A
B
C
D
1
2
3
4
5
151
131
170
Château-Renault
Orchaise
Nouzilly
Villedômer
Auzouer-en-Touraine
Dame-Marie-les-Bois
Crotelles
Autrèche
Mesland
Veuzain-sur-Loire
Monnaie
Forêt de Bélier
Reugny
Montreuil-en-Touraine
St-Ouen-les-Vignes
Limeray
Cangey
Veuves
Chaumont-sur-Loire
Grange de Meslay
Parçay-Meslay
Vouvray
Vernou-sur-Brenne
Noizay
Nazelles-Négron
Pocé-sur-Cisse
Chargé
Souvigny-de-Touraine
Rochecorbon
Amboise
St-Règle
Montlouis-sur-Loire
St-Pierre-des-Corps
Tours
Lussault-sur-Loire
Pagode de Chanteloup
Parc des mini-châteaux
FORÊT D'AMBOISE
Larçay
St-Avertin
Véretz
Azay-sur-Cher
St-Martin-le-Beau
Dierre
La Croix-en-Touraine
Chenonceaux
Chissay-en-Touraine
Montrichard Val de Cher
Chambray-lès-Tours
Athée-sur-Cher
Bléré
Civray-de-Touraine
St-Georges-sur-Cher
Faverolles-sur-Cher
St-Julien-de-Chédon
Francueil
Montbazon
Veigné
Esvres
Truyes
Cormery
Courçay
Cigogné
Sublaines
Luzillé
Épeigné-les-Bois
Montpoupon
Céré-la-Ronde
Sorigny
St-Branchs
Tauxigny
Reignac-sur-Indre
Chédigny
St-Quentin-sur-Indrois
Le Liège
Biard-la-Chapelle
Louans
Azay-sur-Indre
Chambourg-sur-Indre
Genillé
Le Louroux
Dolus-le-Sec
Chanceaux-près-Loches
Chemillé-sur-Indrois
Montrésor
Manthelan
Loches
Beaulieu-lès-Loches
Ferrière-sur-Beaulieu
Chartreuse du Liget
Sennevières
Perrusson
Loché-sur-Indrois
Bossée
La Chapelle-Blanche-St-Martin
Mouzay
Vou

132
171
154
E
F
G
H
1
2
3
4
Vineuil
Les Grotteaux
Huisseau-sur-Cosson
St-Gervais-la-Forêt
Mont-près-Chambord
Villesavin
Bracieux
Neuvy
Dhuizon
Montrieux-en-Sologne
Neung-sur-Beuvron
Chailles
Beauregard
Cellettes
Tour-en-Sologne
Bauzy
Cour-Cheverny
Cheverny
Fontaines-en-Sologne
Vernou-en-Sologne
Les Montils
Seur
Chitenay
Cormeray
Troussay
Monthou-sur-Bièvre
Ouchamps
Fougères-sur-Bièvre
Sambin
Feings
Fresnes
Contres
Courmemin
Millançay
Veilleins
Soings-en-Sologne
Mur-de-Sologne
Thenay
Oisly
Sassay
Choussy
Couddes
Rougeou
Chémery
Lassay-sur-Croisne
Romorantin-Lanthenay
Le Gué-Péan
Monthou-sur-Cher
Thésée
Méhers
Gy-en-Sologne
Pruniers-en-Sologne
Pouillé
St-Romain-sur-Cher
Billy
Villefranche-sur-Cher
Mareuil-sur-Cher
Noyers-sur-Cher
Selles-sur-Cher
Châtillon-sur-Cher
Gièvres
St-Aignan
Seigy
Couffy
Meusnes
Chabris
St-Julien-sur-Cher
La Chapelle-Montmartin
Zoo-parc de Beauval
Châteauvieux
Lye
Fontguenand
Varennes-sur-Fouzon
Val-Fouzon
Menetou-sur-Nahon
Sembleçay
Dun-le-Poëlier
Villentrois
St-Christophe-en-Bazelle
Bagneux
Anjouin
Faverolles-en-Berry
Valençay
Poulaines
Nouans-les-Fontaines
Lucay-le-Mâle
Veuil
Buxeuil
Vicq-sur-Nahon
Écueillé
Forêt de Gros-Bois
Forêt de Gâtine
Bois de St-Lhomer
A 85
E 604
D 976
D 956
D 765
D 922
Reboursin

0 2 4 6 8 10 km
133
153
172
A
B
C
D
1
2
3
4
5
La Ferté-Beauharnais
Neung-sur-Beuvron
St-Viâtre
Nouan-le-Fuzelier
Pierrefitte-sur-Sauldre
Brinon-s-Sauldre
Souesmes
Salbris
Marcilly-en-Gault
Millançay
Loreux
Selles-St-Denis
La Ferté-Imbault
Villeherviers
Romorantin
Theillay
Nançay
Neuvy-sur-Barangeon
Orçay
Vouzeron
Forêt de Vouzeron
Villefranche-sur-Cher
St-Julien-sur-Cher
La Chapelle-Montmartin
Langon-sur-Cher
Mennetou-sur-Cher
St-Loup-sur-Cher
Châtres-sur-Cher
Maray
Thénioux
Méry-sur-Cher
Vierzon
St-Hilaire-de-Court
St-Georges-sur-la-Prée
Genouilly
Graçay
Massay
Vignoux-sur-Barangeon
Foëcy
Brinay
Quincy
Mehun-sur-Yèvre
Allouis
Lury-sur-Arnon
Chéry
Méreau
St-Laurent
Forêt de Bruadan
Camp militaire
Forêt de Vierzon
Étang de Marcilly
Étang de la Grde Corbois
Lacs Plats
Étang des Landes
Sauldre
Cher
Arnon
Yèvre
Nohant-en-Graçay
Dampierre-en-Graçay
St-Outrille
Bois de St-Outrille
Orville
St-Pierre-de-Jards
Cerbois
Lucay-le-Libre
Ménétréol-s-Sauldre
Rhin-du-Bois-d'en-Haut
A 85
A 71
A 20
D 2020
D 976
D 2076
D 944
D 724
D 922
D 923
D 926
D 30
D 41

134
E
F
G
H
1
2
3
4
5
156
173
Argent-sur-Sauldre
Blancafort
Aubigny-sur-Nère
Concressault
Oizon
Barlieu
Cernoy-en-Berry
Pierrefitte-ès-Bois
Santranges
Beaulieu-sur-Loire
Belleville-sur-Loire
Sury-près-Léré
Léré
Vailly-sur-Sauldre
Dampierre-en-Crot
Sury-ès-Bois
Savigny-en-Sancerre
Ennordres
La Verrerie
Villegenon
Thou
Assigny
Subligny
Presly
Jars
Le Noyer
La Chapelle-d'Angillon
La Chapelotte
Ivoy-le-Pré
Boucard
Menetou-Râtel
Verdigny
Sancerre
Chavignol
Sens-Beaujeu
Crézancy-en-Sancerre
Neuilly-en-Sancerre
Henrichemont
Méry-ès-Bois
Ménétréol-sous-Sancerre
Bannay
St-Satur
Achères
La Borne
Humbligny
Neuvy-Deux-Clochers
Vinon
Gardefort
Veaugues
Morogues
Maupas
Menetou-Salon
Parassy
Quantilly
St-Palais
Montigny
Jalognes
St-Céols
Aubinges
St-Martin-d'Auxigny
St-Georges-sur-Moulon
Vignoux-sous-les-Aix
Soulangis
Les Aix-d'Angillon
Rians
Azy
Groises
Lugny-Champagne
Étréchy
Pigny
Vasselay
Fussy
St-Michel-de-Volangis
Ste-Solange
Brécy
Villeneuve
Chaumoux-Marcilly
Sévry
Asnières
St-Doulchard
St-Germain-du-Puy
Nohant-en-Goût
Villabon
Baugy
Forêt d'Ivoy
Forêt de St Palais
Forêt de Menetou
Bois de Veaugues

0 2 4 6 8 10 km
135
155
174
A
B
C
D
1
2
3
4
5
Cosne-Cours-s-Loire
La Charité-s-Loire
Pouilly-s-Loire
Sancerre
Donzy
St-Amand-en-Puisaye
Entrains-s-Nohain
Chantier médiéval de Guédelon
Parc naturel de Boutissaint
Ratilly
Treigny
Lainsecq
Sougères-en-Puisaye
Thury
Sainpuits
Étais-la-Sauvin
Perreuse
Dampierre-s-s-Bouhy
Bouhy
Bitry
St-Vérain
Alligny-Cosne
Arquian
Annay
Neuvy-s-Loire
Beaulieu
Belleville-sur-Loire
Sury-près-Léré
Léré
Myennes
St-Loup
St-Père
Ciez
Menestreau
Couloutre
La Chapelle-St-André
Perroy
Pougny
St-Martin-sur-Nohain
St-Quentin-sur-Nohain
St-Laurent-l'Abbaye
Colméry
Menou
Cessy-les-Bois
St-Malo-en-Donziois
Châteauneuf-Val-de-Bargis
Champlemy
Ste-Colombe-des-Bois
Suilly-la-Tour
St-Andelain
Tracy-sur-Loire
Thauvenay
Ménétréol-sous-Sancerre
St-Satur
St-Bouize
Vinon
Couargues
Garchy
Vielmanay
Nannay
Arbourse
Chasnay
Dompierre-sur-Nièvre
Narcy
Bulcy
Varennes-lès-Narcy
Mesves-s-Loire
Herry
Murlin
La Celle-sur-Nièvre
Beaumont-la-Ferrière
Raveau
Forêt des Bertranges
Forêt de Donzy
Forêt de Bellary
Forêt des Courgeonneries
Forêt des Dames
Forêt de Charnouveau
Forêt de Prémery
St-Martin-des-Champs
Sancergues
Charentonnay
Argenvières
La Chapelle-Montlinard
Champvoux
Chaulnes
St-Aubin-les-Forges
Sichamps
Poiseux
Nolay
Précy
Couy
Lugny-Champagne
Gardefort
Feux
Groises
Sévry
Bizy
Parigny
Beffes
Tronsanges
LOIRE
A 77
N 151
D 955
D 957
D 33
D 38
D 1
Nohain
Vrille
Talvane
Mazou
Nièvre
Vauvise

136
158
175
Avallon
Vézelay
Clamecy
Coulanges-sur-Yonne
Corbigny
Tannay
Lormes
Bazoches
St-Père
Pierre-Perthuis
Châtel-Censoir
Asnières-s/-Bois
Brèves
Metz-le-Comte
Asnois
Amazy
Flez-Cuzy
St-Didier
Monceaux-le-Comte
Ruages
Neuffontaines
Empury
St-Martin-du-Puy
Chalaux
Marigny-sur-Yonne
Chitry-les-Mines
Germenay
Héry
Brinon-sur-Beuvron
Champallement
St-Révérien
Guipy
Vitry-Laché
Cervon
Vauclaix
Gâcogne
Mhère
Marcilly
Sardy-lès-Epiry
Mouron-sur-Yonne
Epiry
Montreuillon
Blismes
Montigny-en-Morvan
Aunay-en-Bazois
Achun
Bazolles
La Collancelle
Crux-la-Ville
St-Saulge
Moussy
Lurcy-le-Bourg
St-Franchy
Ste-Marie
St-Benin-des-Bois
Montenoison
Champlin
Neuilly
Beaulieu
Authiou
Chazeuil
Chevannes-Changy
Taconnay
Grenois
Talon
Asnan
Challement
Beuvron
Varzy
Cuncy-lès-Varzy
Villiers-le-Sec
Ouagne
Rix
Armes
Chevroches
Dornecy
Brevon
Druyes-les-Belles-Fontaines
Andryes
Surgy
Festigny
Crain
Lucy-sur-Yonne
Merry-sur-Yonne
Mailly-la-Ville
Sermizelles
Givry
Girolles
Annay-la-Côte
Pontaubert
Island
Menades
Domecy-sur-Cure
Foissy-lès-Vézelay
Fontenay-près-Vézelay
St-Aubin-des-Chaumes
Asquins
Fontaines Salées
Forêt de Montreuillon
Forêt de Frétoy
Signal de Montrecon
Mont de la Justice
Étang de Vaux
Étang de Baye
Lac de Pannecière-Chaumard
Canal du Nivernais
Parc d'attractions
St-Germain-des-Champs
Chastellux
St-André-en-Morvan
Bois de Brèves
Bois des Vauxlanes

0 2 4 6 8 10 km
Avallon
Montréal
Époisses
Semur-en-Auxois
Montbard
Guillon
Savigny-en-Terre-Plaine
St-André-en-Terre-Plaine
Vieux-Château
Montberthault
Forléans
Courcelles-Frémoy
Bourbilly
Vic-de-Chassenay
Pont-et-Massène
Flée
Ste-Magnance
Cussy-les-Forges
St-Brancher
Beauvilliers
Rouvray
Sincey-lès-Rouvray
Montigny-St-Barthélemy
Bierre-lès-Semur
Butte de Thil
Précy-sous-Thil
Dompierre-en-Morvan
La Roche-en-Brenil
St-Germain-de-Modéon
St-Andeux
St-Léger-Vauban
Quarré-les-Tombes
Marigny-l'Église
Chastellux
Abbaye de la Pierre-qui-Vire
St-Agnan
Lac de St-Agnan
Rocher de la Pérouse
Dun-les-Places
St-Didier
Molphey
Saulieu
Champeau-en-Morvan
St-Brisson
Brassy
Gouloux
Saut de Gouloux
Montsauche-les-Settons
Les Settons
Lac des Settons
Moux-en-Morvan
Alligny-en-Morvan
St-Martin-de-la-Mer
Liernais
Thoisy-la-Berchère
Ouroux-en-Morvan
Gien-sur-Cure
Ménessaire
Planchez
Chaumard
Blanot
Villiers-en-Morvan
Chissey-en-Morvan
Bard-le-Régulier
Manlay
Marcheseuil
Brazey-en-Morvan
Lucenay-l'Évêque
N. D. de l'Aillant
Lac de Pannecière-Chaumard
PARC NATUREL RÉGIONAL DU MORVAN
A 6
E 15 - E 60
D 606
D 980
D 70
D 906
D 954
A B C D

137
157
176

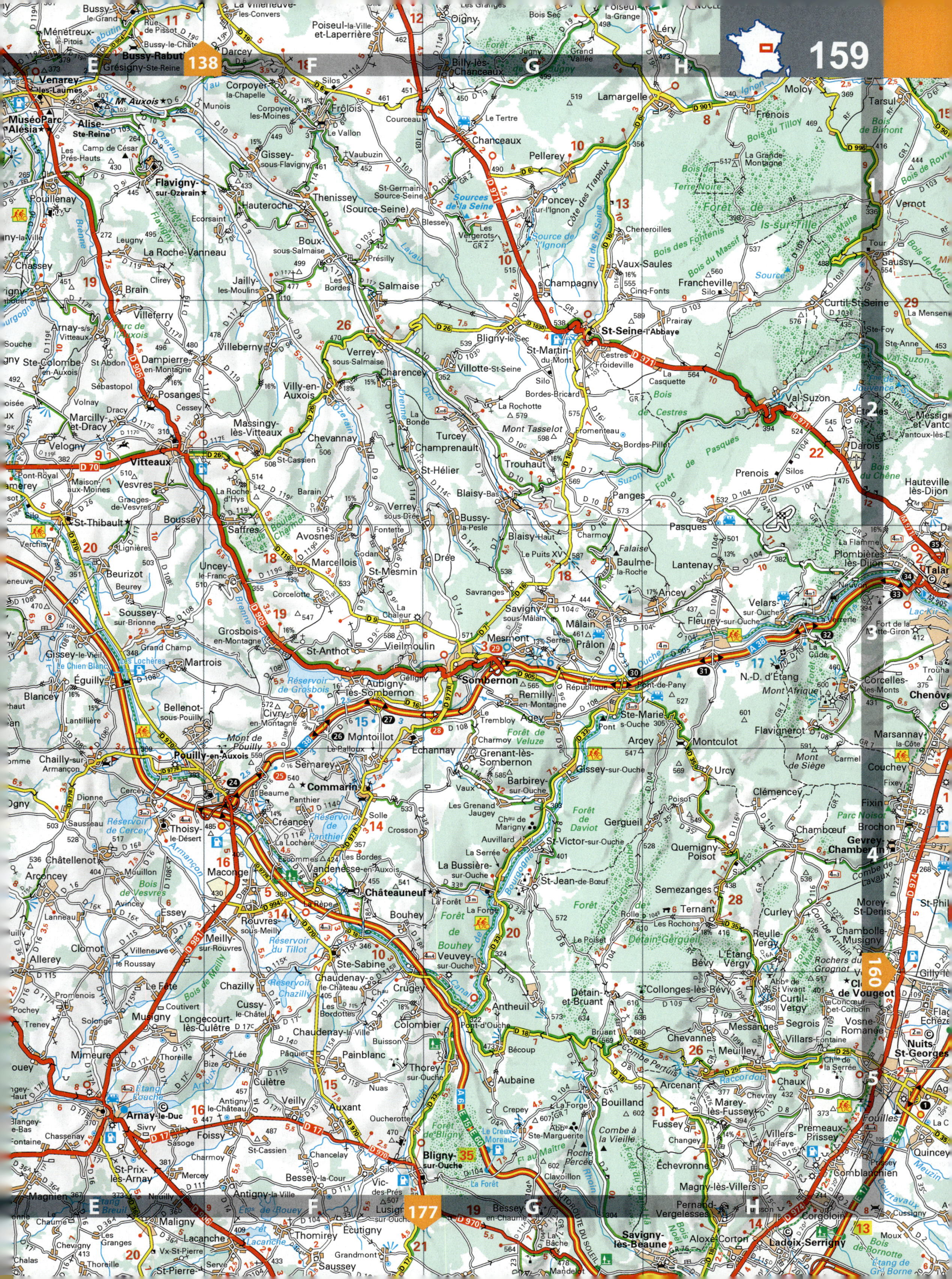

Bussy-Rabutin
Grésigny-Ste-Reine
138
Darcey
Poiseul-la-Ville-et-Laperrière
Oigny
Billy-lès-Chanceaux
Léry
Venarey-les-Laumes
MuséoParc Alésia
Alise-Ste-Reine
Mt Auxois
Flavigny-sur-Ozerain
Corpoyer-la-Chapelle
Frôlois
Chanceaux
Lamargelle
Frénois
Moloy
Tarsul
Pouillenay
Hauteroche
Thenissey
Source-Seine
Sources de la Seine
Poncey-sur-l'Ignon
Pellerey
Forêt de Is-sur-Tille
Vernot
La Roche-Vanneau
Salmaise
Champagny
Vaux-Saules
Francheville
Curtil-St-Seine
Jailly-les-Moulins
Brain
Villeferry
Arnay-s/s-Vitteaux
Dampierre-en-Montagne
Villeberny
Verrey-sous-Salmaise
Blaigny-le-Sec
St-Martin-du-Mont
St-Seine-l'Abbaye
Posanges
Ste-Colombe-en-Auxois
Villy-en-Auxois
Charencey
Villotte-St-Seine
Val-Suzon
Massingy-lès-Vitteaux
Chevannay
Turcey
Champrenault
Mont Tasselot
Trouhaut
Darois
Prenois
Vitteaux
Vesvres
St-Hélier
Blaisy-Bas
Hauteville-lès-Dijon
St-Thibault
Boussey
Saffres
Avosnes
Bussy-la-Pesle
Blaisy-Haut
Pasques
Plombières-lès-Dijon
Talant
Beurizot
Uncey-le-Franc
Marcellois
St-Mesmin
Drée
Baulme-la-Roche
Lantenay
Ancey
Velars-sur-Ouche
Fleurey-sur-Ouche
Soussey-sur-Brionne
Grosbois-en-Montagne
St-Anthot
Vieilmoulin
Savigny-sous-Mâlain
Mâlain
Prâlon
Mesmont
Sombernon
Gissey-le-Vieil
Martrois
Réservoir de Grosbois
Aubigny-lès-Sombernon
Remilly-en-Montagne
Pont-de-Pany
Ste-Marie-s-Ouche
N.-D. d'Etang
Corcelles-les-Monts
Chenôve
Éguilly
Blancey
Bellenot-sous-Pouilly
Civry-en-Montagne
Montoillot
Echannay
Agey
Grenant-lès-Sombernon
Barbirey-sur-Ouche
Arcey
Montculot
Flavignerot
Marsannay-la-Côte
Pouilly-en-Auxois
Semarey
Commarin
Gissey-sur-Ouche
Urcy
Couchey
Chailly-sur-Armançon
Dionne
Thoisy-le-Désert
Créancey
Réservoir de Panthier
Solle
Crosson
Gergueil
Clémencey
Chambœuf
Gevrey-Chambertin
Réservoir de Cercey
Châtellenot
Arconcey
Maconge
Vandenesse-en-Auxois
Châteauneuf
St-Victor-sur-Ouche
La Bussière-sur-Ouche
St-Jean-de-Bœuf
Quemigny-Poisot
Semezanges
Ternant
Morey-St-Denis
Essey
Rouvres-sous-Meilly
Meilly-sur-Rouvres
Réservoir du Tillot
Bouhey
Veuvey-sur-Ouche
Forêt de Bouhey
Reulle-Vergy
Chambolle-Musigny
Allerey
Clomot
Ste-Sabine
Chazilly
Cussy-le-Châtel
Chaudenay-le-Château
Crugey
Antheuil
Détain-et-Bruant
Collonges-lès-Bévy
Curtil-Vergy
Clos de Vougeot
Vosne-Romanée
160
Musigny
Longecourt-lès-Culêtre
Colombier
Segrois
Chevannes
Messanges
Villars-Fontaine
Nuits-St-Georges
Mimeure
Chaudenay-la-Ville
Painblanc
Thorey-sur-Ouche
Bécoup
Meuilley
Culètre
Veilly
Aubaine
Arcenant
Marey-lès-Fussey
Chaux
Arnay-le-Duc
Antigny-la-Ville
Auxant
Bouilland
Fussey
Premeaux-Prissey
Foissy
Crepey
Ste-Marguerite
Combe à la Vieille
Villers-la-Faye
Quincey
Bligny-sur-Ouche
Échevronne
St-Prix-lès-Arnay
Bessey-la-Cour
Magny-lès-Villers
Comblanchien
Vic-des-Prés
Pernand-Vergelesses
Corgoloin
Lusigny
Bessey-en-Chaume
177
Savigny-lès-Beaune
Aloxe-Corton
Ladoix-Serrigny
Maligny
Lacanche
Thomirey
Ecutigny
Saussey

0 2 4 6 8 10 km
DIJON
Fontaine-lès-Dijon
Talant
Chenôve
Longvic
St-Apollinaire
Quetigny
Chevigny-St-Sauveur
Sennecey-lès-Dijon
Neuilly-lès-Dijon
Marsannay-la-Côte
Perrigny-lès-Dijon
Plombières-lès-Dijon
Daix
Ahuy
Hauteville-lès-Dijon
Messigny-et-Vantoux
Asnières-lès-Dijon
Bellefond
Ruffey-lès-Echirey
Varois-et-Chaignot
Orgeux
Couternon
Arc-sur-Tille
Remilly-sur-Tille
Magny-sur-Tille
Izier
Cessey-sur-Tille
Bressey-sur-Tille
Crimolois
Ouges
Fauverney
Bretenière
Genlis
Varanges
Rouvres-en-Plaine
Thorey-en-Plaine
Marliens
Longecourt-en-Plaine
Aiserey
Izeure
Bessey-lès-Cîteaux
Aubigny-en-Plaine
Brazey-en-Plaine
St-Usage
St-Jean-de-Losne
Losne
St-Symphorien-sur-Saône
Échenon
Esbarres
Charrey-sur-Saône
Bonnencontre
Magny-lès-Aubigny
Is-sur-Tille
Marcilly-sur-Tille
Til-Châtel
Échevannes
Crécey-sur-Tille
Orville
Véronnes
Lux
Gemeaux
Pichanges
Spoy
Flacey
Beire-le-Châtel
Brognon
Clénay
Norges-la-Ville
Bretigny
St-Julien
Arceau
Magny-St-Médard
Savolles
Tanay
Mirebeau-sur-Bèze
Bèze
Noiron-sur-Bèze
Viévigne
Bourberain
Fontenelle
Dampierre-et-Flée
Beaumont-sur-Vingeanne
Blagny-sur-Vingeanne
Oisilly
Renève
Cheuge
Jancigny
Bézouotte
Charmes
Cuiserey
Belleneuve
Binges
Trochères
Drambon
Étevaux
Marandeuil
Montmançon
Talmay
Maxilly-sur-Saône
Pontailler-sur-Saône
Vonges
St-Léger-Triey
Cirey-lès-Pontailler
Tellecey
Chambeire
Longchamp
Lamarche-sur-Saône
Magny-Montarlot
Athée
Flammerans
Poncey-lès-Athée
Beire-le-Fort
Collonges-lès-Premières
Premières
Villers-les-Pots
Soirans
Tréclon
Champdôtre
Tillenay
Auxonne
Pont
Labergement-lès-Auxonne
Flagey-lès-Auxonne
Les Maillys
Trouhans
Montot
Villers-Rotin
Billey
St-Seine-en-Bâche
Samerey
Champvans
Laperrière-sur-Saône
Damparis
Abergement-la-Ronce
Aumur
Heuilley-sur-Saône
St-Seine-sur-Vingeanne
Pouilly-sur-Vingeanne
Fontaine-Française
Licey-sur-Vingeanne
Attricourt
Lœuilley
Champagne-sur-Vingeanne
Broye-les-Loups-et-Verfontaine
Essertenne-et-Cecey
Gevrey-Chambertin
Brochon
Fixin
Couchey
Chambœuf
Morey-St-Denis
Chambolle-Musigny
Vougeot
Clos de Vougeot
Vosne-Romanée
Flagey-Echézeaux
Nuits-St-Georges
Gilly-lès-Cîteaux
St-Bernard
Boncourt-le-Bois
Agencourt
Quincey
Comblanchien
Corgoloin
Villebichot
Abbaye de Cîteaux
St-Nicolas-lès-Cîteaux
Gerland
Bagnot
Argilly
Auvillars-sur-Saône
Broin
Saulon-la-Rue
Saulon-la-Chapelle
Fénay
Barges
Broindon
Noiron-sous-Gevrey
Savouges
Corcelles-lès-Cîteaux
Epernay-sous-Gevrey
St-Philibert
Corcelles-les-Monts
Flavignerot
Velars-sur-Ouche
Darois
Val-Suzon
Savigny-le-Sec
Epagny
Marsannay-le-Bois
Saussy
Chaignay
Villecomte
Vernot
Tarsul
Saulx-le-Duc
Diénay
Moloy
Prémeaux-Prissey
Segrois
Villars-Fontaine
Concœur-et-Corboin
Échigey
Tart-le-Haut
Tart-le-Bas
Tart-l'Abbaye
Pluvault
Pluvet
Longeault
Labergement-Foigney
Forêt de Velours
Forêt de Mirebeau
Forêt de Cîteaux
Saône
Ouche
Tille
Vingeanne
Canal de Bourgogne
A 31
A 39
A 36
E 21

139
159
178

140
179
162
E
F
G
H
Gray
Gy
Marnay
Pesmes
St-Vit
Quingey
Authume
Baverans
Boussières
Moncley
Champvans
Écuelle
Autet
Savoyeux
Vereux
Mercey-sur-Saône
Motey-sur-Saône
St-Gand
La Romaine
Bourguignon-lès-la-Charité
Grandvelle-et-le-Perrenot
Vars
Oyrières
Auvet-et-la-Chapelotte
Chargey-lès-Gray
Montureux-et-Prantigny
Beaujeu-St-Vallier-et-Pierrejux
Ste-Reine
Igny
La Chapelle-St-Quillain
Vaux-le-Moncelot
Fretigney-et-Velloreille
Maizières
Recologne-lès-Rioz
Fondremand
Bouhans-et-Feurg
Nantilly
Arc-lès-Gray
Rigny
Forêt de Belle Vaivre
St-Broing
Sauvigney-lès-Gray
Vellemoz
Angirey
Villers-Chemin-et-Mont-lès-Etrelles
Étrelles-et-la-Montbleuse
Frasne-le-Château
Villers-Bouton
Trésilly
Ancier
Vantoux-et-Longevelle
Vellefrey-et-Vellefrange
Velleclaire
Cordonnet
Montarlot-lès-Rioz
Gray-la-Ville
Velet
Mantoche
Battrans
Velesmes-Echevanne
St-Loup-Nantouard
Citey
Bucey-lès-Gy
Oiselay-et-Grachaux
Sorans-lès-Breurey
Esmoulins
Champvans
Villefrancon
Velloreille-lès-Choye
Choye
Bonnevent-Velloreille
Apremont
Cresancey
Onay
Noiron
Le Tremblois
Champtonnay
Chaux-la-Lotière
Boult
Germigney
Arsans
Cugney
Charcenne
Autoreille
Montboillon
Vénère
Lieucourt
Gézier-et-Fontenelay
Étuz
Boulot
Bonnay
Vadans
Bonboillon
Tromarey
Courcuire
Avrigney-Virey
Buthiers
Chevigney
Valay
Cussey-sur-l'Ognon
Geneuille
Chevroz
La Grande-Résie
Beaumotte-lès-Pin
Pin
Sauvagney
Aubigney
Chancey
Cult
Émagny
Châtillon-le-Duc
Tallenay
Broye-Aubigney-Montseugny
La Résie-St-Martin
Hugier
Chevigney-sur-l'Ognon
Brussey
Auxon-Dessus
Auxon-Dessous
Miserey-Salines
Sauvigney-lès-Pesmes
Chaumercenne
Motey-Besuche
Ruffey-le-Château
Chaucenne
Montagney
Bard-lès-Pesmes
Sornay
Chenevrey-et-Morogne
Recologne
Noironte
Pelousey
Pouilley-les-Vignes
Pirey
École-Valentin
Mutigney
Malans
Bresilley
Abbé d'Acey
Jallerange
Burgille
Courchapon
Franey
Placey
Audeux
Champagney
Pagney
Lavernay
Serre-les-Sapins
Dammartin-Marpain
Thervay
Vitreux
Le Moutherot
Lantenne-Vertière
Mazerolles-le-Salin
Franois
Étrabonne
Corcondray
Vaux-les-Prés
Chemaudin
Ougney
Mercey-le-Grand
Corcelles-Ferrières
Villers-Buzon
Dannemarie-sur-Crète
Grandfontaine
Montferrand-le-Château
Avanne-Aveney
Pointre
Montmirey-le-Château
Brans
Saligney
Taxenne
Rouffange
Romain
Ferrières-les-Bois
Pouilley-Français
Rancenay
Larnod
Montmirey-la-Ville
Offlanges
Serre-les-Moulières
Gendrey
Louvatange
Berthelange
Velesmes-Essarts
Thoraise
Busy
Moissey
Vriange
Sermange
Mercey
St-Vit
Torpes
Arguel
Pugey
Auxange
Évans
Salans
Rosey
Fluans
Malange
Amange
Romange
Menotey
Monteplain
Dampierre
Osselle-Routelle
Vorges-les-Pins
Montrond-le-Château
Gredisans
Archelange
Lavangeot
Lavans-lès-Dole
Orchamps
Ranchot
La Barre
Rans
Fraisans
Grottes d'Osselle
Abbans-Dessous
Abbans-Dessus
Chenecey-Buillon
Charnay
Châtenois
Audelange
Éclans-Nenon
Our
Étrepigney
Courtefontaine
Villars-St-Georges
Byans-sur-Doubs
Chouzelot
Cessey
Épeugney
Cademène
Rochefort-sur-Nenon
Falletans
La Bretenière
Plumont
Fourg
Lavans-Quingey
Courcelles
Rurey
Brevans
Azans
Palantine
Rouhe
Goux-sous-Landet
Pessans
Lombard
Mesmay
Cussey-sur-Lison
Amondans
Liesle
Brères
Pointvillers
Samson
Montfort
Ronchaux
Lizine
Villette-lès-Dole
Champagne-sur-Loue
Buffard
Paroy
Bartherans
Chay
La Vieille-Loye
Chatelay
Saline royale
Le Deffois
Forêt de Chaux
Massif de la Serre
Doubs
Ognon
Loue
Saône

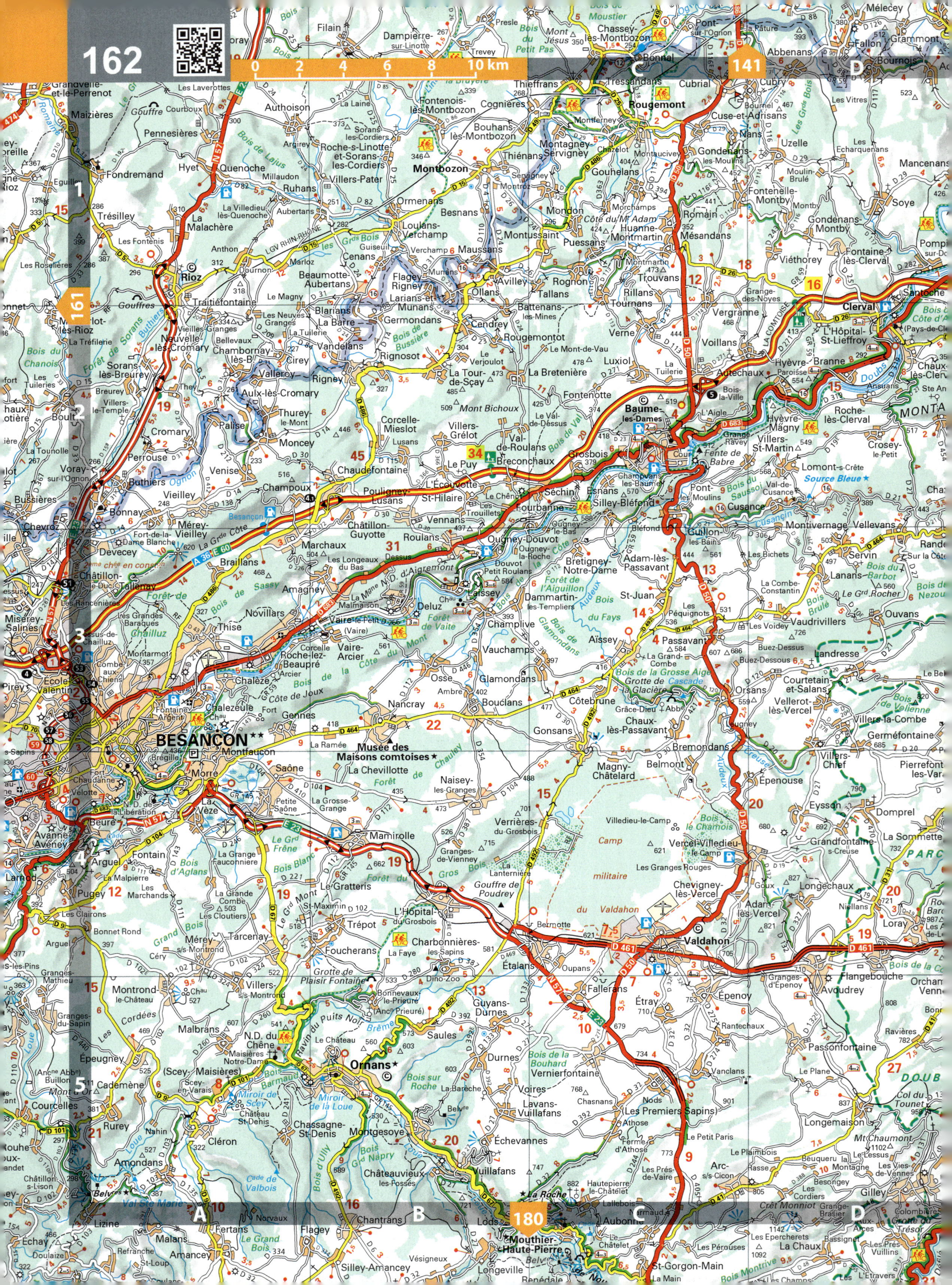
0 2 4 6 8 10 km
141
161
180
A
B
C
D
1
2
3
4
5
BESANÇON
Baume-les-Dames
Rougemont
Montbozon
Clerval
Valdahon
Ornans
Musée des Maisons comtoises
Marchaux
Roulans
Rioz
Cussey-sur-l'Ognon
Devecey
Châtillon-le-Duc
Miserey-Salines
École-Valentin
Thise
Chalezeule
Saône
Morre
Beure
Avanne-Aveney
Mamirolle
L'Hôpital-du-Grosbois
Étalans
Vercel-Villedieu-le-Camp
Pierrefontaine-les-Varans
Sancey-le-Grand
Montrond-le-Château
Malbrans
Scey-Maisières
Cléron
Amancey
Chantrans
Mouthier-Haute-Pierre
Vuillafans
Montgesoye
Lods
Échevannes
Saules
Fallerans
Épenoy
Flangebouche
Loray
Orchamps-Vennes
Camp militaire du Valdahon
Forêt de Chailluz
Bois de la Grosse Côte
Grotte de la Glacière
Gouffre de Poudrey
Grotte de Plaisir Fontaine
Miroir de Scey
Source Bleue
Le Doubs
Ognon
Loue
Autechaux
Pont-les-Moulins
Cusance
Guillon-les-Bains
Passavant
Orsans
Villers-Chief
Épenouse
Eysson
Grandfontaine-sur-Creuse
Longechaux
Chevigney-lès-Vercel
Adam-lès-Vercel
Gonsans
Naisey-les-Granges
Nancray
Gennes
Glamondans
Bouclans
Vauchamps
Champlive
Deluz
Laissey
Ougney-Douvot
Vennans
Pouligney-Lusans
Chaudefontaine
Champoux
Vieilley
Bonnay
Mérey-Vieilley
Venise
Moncey
Thurey-le-Mont
Palise
Cromary
Perrouse
Buthiers
Voray-sur-l'Ognon
Sorans-lès-Breurey
Traitiéfontaine
Quenoche
Hyet
Fondremand
Authoison
Filain
Dampierre-sur-Linotte
Thieffrans
Cubry
Abbenans
Cuse-et-Adrisans
Gondenans-les-Moulins
Fontenelle-Montby
Romain
Mésandans
Trouvans
Rillans
Tournans
Verne
Luxiol
Voillans
Vergranne
Viéthorey
Fontaine-lès-Clerval
Santoche
Hyèvre-Paroisse
Hyèvre-Magny
Roche-lès-Clerval
Branne
Lomont-sur-Crête
Montivernage
Vellevans
Servin
Lanans
Vaudrivillers
Ouvans
Landresse
Courtetain-et-Salans
Vellerot-lès-Vercel
Villers-la-Combe
Germéfontaine
Dompierre
La Sommette
Crosey-le-Petit
Bois de la Côte Pierre
Col du Tounet
Longemaison
Gilley
La Chaux
St-Gorgon-Main
Arc-sous-Cicon
Les Premiers Sapins
Vernierfontaine
Durnes
Guyans-Durnes
Voires
Lavans-Vuillafans
Chasnans
Nods
Athose
Hautepierre-le-Châtelet
Ouhans
Silley-Amancey
Flagey
Fertans
Malans
Nans-sous-Ste-Anne
Rurey
Cademène
Épeugney
Tarcenay
Foucherans
Trépot
Charbonnières-les-Sapins
Le Gratteris
Fontain
Arguel
Pugey
La Vèze
Montfaucon
Gouffre de Poudrey

142

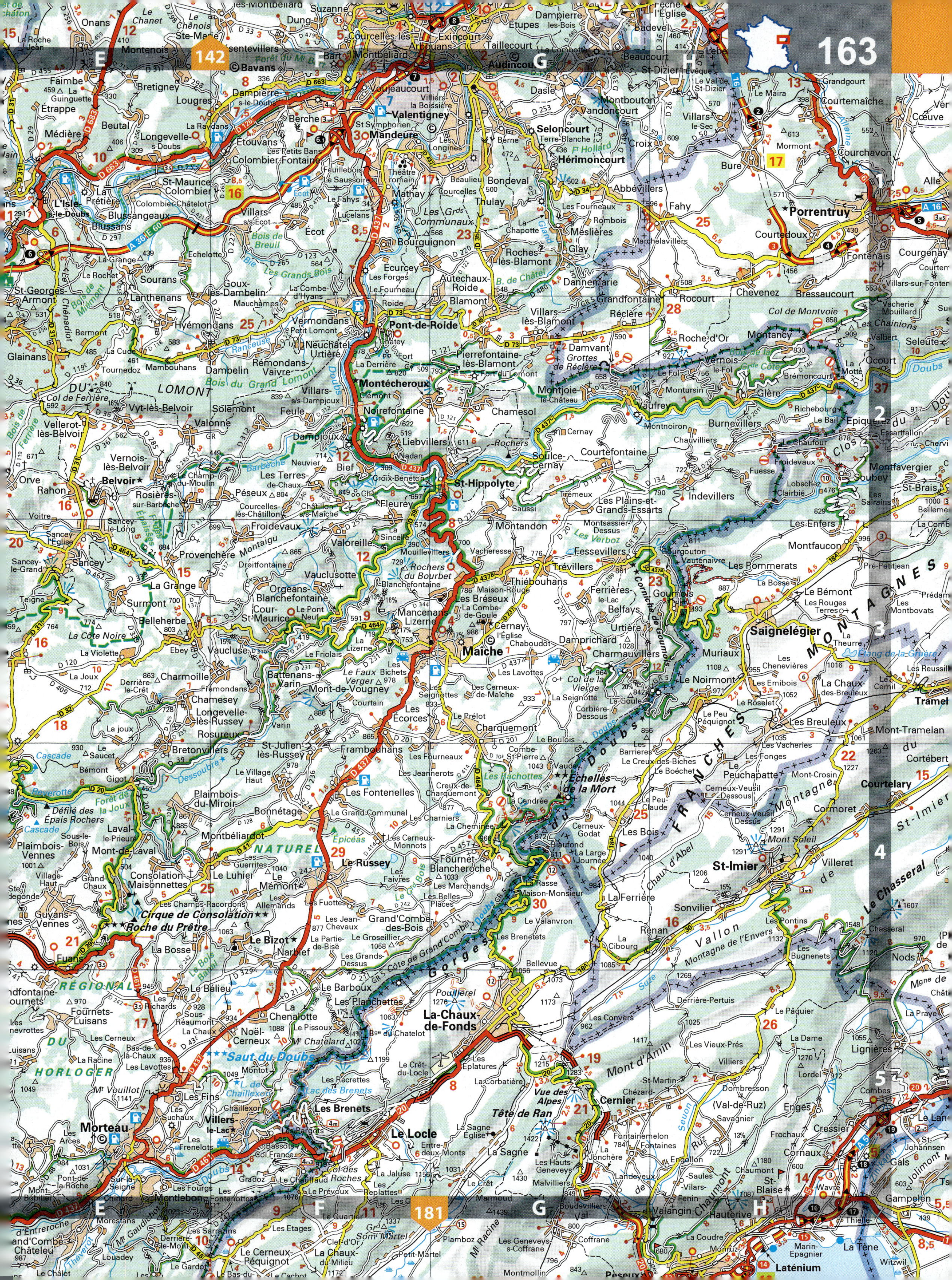
Montbéliard
Audincourt
Valentigney
Mandeure
Seloncourt
Hérimoncourt
Abbévillers
Porrentruy
Fahy
Bure
Courtedoux
Fontenais
L'Isle-sur-le-Doubs
Blussangeaux
St-Maurice-Colombier
Colombier-Fontaine
Étouvans
Bavans
Dampierre-sur-le-Doubs
Longevelle-s-Doubs
Pont-de-Roide
Bourguignon
Thulay
Glay
Meslières
Dannemarie
Blamont
Villars-lès-Blamont
Damvant
Réclère
Rocourt
Chevenez
Bressaucourt
Montancy
Glère
Vaufrey
Pierrefontaine-lès-Blamont
Montécheroux
Chamesol
Soulce-Cernay
Liebvillers
St-Hippolyte
Les Plains-et-Grands-Essarts
Indevillers
Montandon
Fessevillers
Goumois
Trévillers
Thiébouhans
Maîche
Damprichard
Charmauvillers
Saignelégier
Muriaux
Le Noirmont
Les Breuleux
Les Bois
St-Imier
Villeret
Sonvilier
Renan
La Chaux-de-Fonds
Le Locle
Les Brenets
Morteau
Villers-le-Lac
Le Russey
Le Bizot
Charquemont
Frambouhans
Les Fontenelles
Bonnétage
Plaimbois-du-Miroir
Montbéliardot
Mont-de-Laval
Consolation-Maisonnettes
Belvoir
Sancey
Vellerot-lès-Belvoir
Vernois-lès-Belvoir
Rahon
Orve
Provenchère
Vaucluse
Charmoille
Orgeans-Blanchefontaine
Cour-St-Maurice
Valoreille
Mancenans-Lizerne
Fleurey
Froidevaux
Péseux
Dampjoux
Bief
Solemont
Valonne
Dambelin
Feule
Villars-sous-Dampjoux
Hyémondans
Goux-lès-Dambelin
Sourans
Glainans
St-Georges-Armont
Col de Montvoie
Les Enfers
Montfaucon
Les Pommerats
Tramelan
Mont-Tramelan
Courtelary
Cortébert
Cernier
Vue des Alpes
Tête de Ran
La Sagne
Les Ponts-de-Martel
Valangin
Hauterive
St-Blaise
Laténium
Marin-Épagnier
La Tène
Cressier
Enges
Lignières
Nods
Chasseral
MONTAGNES
FRANCHES
Doubs
Gorges du Doubs
Corniche de Goumois
Échelles de la Mort
Saut du Doubs
Lac des Brenets
Cirque de Consolation
Roche du Prêtre
Mont Soleil
Vallon de St-Imier
Le Chasseral
LOMONT
Bois du Grand Lomont
RÉGIONAL
DU
HORLOGER
NATUREL

181

0 2 4 6 8 10 km
146
A
B
C
D
1
2
3
4
5
BOURGNEUF
Pierre Moine
Pointe de la Gardette
Pointe des Charniers
Le Grand-Viel
L'Herbaudière
La Linière
Guérande
Luzay
Tour Plantier
Plage des Souzeaux
Pointe des Dames
Bois de la Chaise
Le Sableau
★ÎLE DE NOIRMOUTIER
Océanile
Noirmoutier-en-l'Île★
La Préoire
La Vendette
Pointe de Devin
Étier de l'Arceau
Bressuire
La Bosse
L'Épine
La Mongendrie
La Guérinière
Le Bonhomme
Le Fier
La Tresson
Pointe de la Loire
Roches de la Loire
Maison-Rouge
Barbâtre
★★Passage du Gois
(Route praticable à basse mer)
★Port du Bec
Époids
Les Onchères
La Frandière
La Fosse
Bellevue
La Croix Rouge
Pointe de la Fosse
Pointe N.D. de Monts
La Grande Côte
Pey de la Blet
Fromentine
La Barre-de-Monts
Écomusée du Daviaud
Forêt des Pays de Monts
Le Fief-Haut
Kulmino★
Grande Croix
Les Marguerites
N.-D.-de-Monts
Plage du Pont d'Yeu
La Mouraine
La Tonnelle
Plage de la Tonnelle
Pont d'Yeu
CÔTE
Côte des Monts
DE
LUMIÈRE
Plage St-Jean
St-Jean-de-Monts
Plage des Demoiselles
Le Petit-Bec
Le Grand-Bec
Les Mouettes
La Pège
La Parée-Préneau
Les Loires
Sion-s-l'Océan
★Corniche Vendéenne
Pte de Grosse Terre
Pte de la Garenne
Croix-de-Vie
St-Hilaire-de-Riez
St-Gil
Croix-de
Le Plessis
La Bégaudière
Le Pont-Jaunay
N.-D. des Dunes
La Sauzaie
Brétignolles-s-Mer
Le Mara
Pointe de la Coupelasse
La Coupelasse
Le Fain
Roches de Bouin
Parc à Huîtres
Les Brochets
Le Bernard
Bouin
Île de Bouin
Les Champs
Les Billardières
Le Petit-Fresne
Le Port
Cossonnière
Beauvoir-sur-Mer
St-Gervais
Le Grand Pont
Le Poirot
Le Pré-aux-Filles
Bourrine à Rosalie
Marais de Monts
Canal du Perrier
Le Vieux Cerne
Le Plaud
Le Perrier
La Cailletère
Le Porteau
Les Chapelles
Orouet
La Bourrine du Bois Juquaud
Le Bois Juquaud
Le Pissot
La Conge
St-Urbain
La Croix-Verte
Riaire
Sallertaine
Challans
La Paunière
Licheret
Le Grand Pinier
Le Petit Marais
La Rivière
Soullans
Les Mattes
★Musée Milcendeau-Jean Yole
La Fradinière
Pré-Vincent
Les Moutiers-en-Retz
Sables
Lyorne
Bourgneuf-en-Retz
(Villeneuve-en-Retz)
Le Collet
Les Rivières
Polders St-Seran
Le Pont-du-Fresne
Les Virées
Port-la-Roche
La Guillaudière
Le Marais-Moreau
Abbaye de l'Île Chauvet
La Raguenerie
La Gaubretière
Bordevert
Le Pt Moulin
La Pierre-Blanche
La Bonnetière
La Lande
Les Quatre Moulins
Les Bouchauds
La Croix Joslain
Pont Habert
La Gobetière
Pierre Levée
Marais Breton Vendéen
★★ÎLE-D'YEU
Les Chiens Perrins
La Planche à Puare
Pte du But
Cadouère
Port-Joinville★
Ker-Châlon
L'Île-d'Yeu
Grd Phare
Fort de Pierre-Levée
Ker-Chauvineau
Le Vx Château
Ker-Bossy
Saint-Sauveur
Marais-Salé
La Croix
Pte du Châtelet
Plage des Sabias
Côte Sauvage
Port-de-la-Meule★★
Anse des Vieilles
Tour
Pte des Corbeaux
Pte de la Tranche

147
182
166
Machecoul-St-Même
St-Philbert-de-Grand-Lieu
St-Lumine-de-Coutais
La Marne
La Limouzinière
St-Colomban
Corcoué-sur-Logne
St-Philbert-de-Bouaine
Vieillevigne
Rocheservière
Paulx
Saint-Étienne-de-Mer-Morte
Touvois
Falleron
Legé
Bois-Chevalier
Mormaison
St-Sulpice-le-Verdon
La Chabotterie
L'Herbergement
Froidfond
Grand'Landes
St-Étienne-du-Bois
Les Lucs-sur-Boulogne
Historial de la Vendée
Copechagnière
St-Christophe-du-Ligneron
Palluau
La Chapelle-Palluau
St-Paul-Mont-Penit
Beaufou
Saligny
St-Denis-la-Chevasse
Belleville-sur-Vie
Le Poiré-sur-Vie
Commequiers
Apremont
Maché
Aizenay
Dompierre-sur-Yon
St-Maixent-sur-Vie
Coëx
St-Révérend
L'Aiguillon-sur-Vie
La Chapelle-Hermier
Martinet
Beaulieu-s/s-la-Roche
La Genétouze
Mouilleron-le-Captif
Venansault
La Chaize-Giraud
Landevieille
St-Julien-des-Landes
La Mothe-Achard
St-Georges-de-Pointindoux
Landeronde
LA ROCHE-SUR-YON
Ste-Flaive-des-Loups
Aubigny
Les Couzeaux
Nesmy
Vairé
Brem-s-Mer
Nieul-le-Dolent
Garnache
Challans
Travaux en cours
Forêt de Machecoul
Forêt de Touvois
Bois de L'Essart

0 2 4 6 8 10 km
Clisson
Gétigné
Cugand
Montaigu
Boufféré
St-Georges-de-Montaigu
St-Hilaire-de-Loulay
Treize-Septiers
Boussay
Torfou
Tiffauges
La Bruffière
La Romagne
La Séguinière
Cholet
Mortagne-sur-Sèvre
St-Aubin-des-Ormeaux
St-Martin-des-Tilleuls
Les Landes-Genusson
La Boissière-de-Montaigu
La Gaubretière
St-Laurent-sur-Sèvre
St-Malô-du-Bois
Beaurepaire
Bazoges-en-Paillers
Chavagnes-en-Paillers
L'Herbergement
Les Brouzils
Le Puy du Fou
Les Epesses
Les Herbiers
Mesnard-la-Barotière
St-Fulgent
Vendrennes
Chauché
St-André-Goule-d'Oie
Ste-Florence
L'Oie
Mouchamps
Rochetrejoux
Le Boupère
St-Mars-la-Réorthe
St-Michel-Mont-Mercure
Les Essarts
Ste-Cécile
St-Vincent-Sterlanges
Prieuré de Chassay-Grammont
Sigournais
Chavagnes-les-Redoux
Monsireigne
Chantonnay
St-Martin-des-Noyers
St-Hilaire-le-Vouhis
La Ferrière
Dompierre-sur-Yon
La Roche-sur-Yon
Chaize-le-Vicomte
Fougeré
Bournezeau
Thorigny
Mouilleron-en-Pareds
La Jaudonnière
Réorthe
St-Florent-des-Bois
Les Pineaux
Château-Guibert
St-Martin-Lars-en-Ste-Hermine
Forêt de Grasla
Refuge de Grasla
Forêt de l'Herbergement
Forêt du Détroit
Forêt de la Chaize
Forêt du Parc Soubise
Le Parc Soubise
Tombe de Clemenceau
Mt des Alouettes

148
165
183

149
E
F
G
H
Maulévrier
Yzernay
Somloire
La Plaine
St-Paul-du-Bois
St-Maurice-Étusson
Genneton
Cersay
Ulcot
Bouillé-St-Paul
Massais
Argenton-les-Vallées
Nueil-les-Aubiers
St-Clémentin (Voulmentin)
St-Aubin-du-Plain
Coulonges-Thouarsais
Mauléon
St-Amand-sur-Sèvre
Combrand
Le Pin
Bretignolles
Cirières
Montravers
Cerizay
Bressuire
Faye-l'Abbesse
Chiché
St-Mesmin
St-André-sur-Sèvre
La Forêt-sur-Sèvre
Courlay
Chanteloup
Clessé
Boismé
Amailloux
Moncoutant
Pugny
La Chapelle-St-Laurent
Largeasse
Trayes
Neuvy-Bouin
St-Pierre-du-Chemin
Moutiers-s/s-Chantemerle
La Chapelle-St-Étienne
L'Absie
Vernoux-en-Gâtine
La Châtaigneraie
Breuil-Barret
Cheffois
Réaumur
Montournais
Menomblet
St-Paul-en-Gâtine
Secondigny
Azay-sur-Thouet
Le Tallud
St-Aubin-le-Cloud
Fenery
Adilly
St-Germain-de-Longue-Chaume
Pougne-Hérisson
168
184

0 2 4 6 8 10 km
150
167
185
A
B
C
D
1
2
3
4
5
Thouars
Loudun
Airvault
Parthenay
Oiron
St-Jouin-de-Marnes
Moncontour
Mirebeau
St-Loup-Lamairé
St-Loup-s-Thouet
Ste-Verge
St-Jacques-de-Thouars
St-Jean-de-Thouars
Ste-Radegonde
Mauzé-Thouarsais
Louzy
Brion-près-Thouet
St-Martin-de-Sanzay
Argenton-l'Église
Bouillé-Loretz
Bouillé-St-Paul
Massais
Coulonges-Thouarsais
Luché-Thouarsais
Ste-Gemme
St-Varent
Geay
Glénay
Boussais
Faye-l'Abbesse
Chiché
Tessonnière
Louin
Maisontiers
Amailloux
Lageon
Gourgé
Viennay
Châtillon-sur-Thouet
Pressigny
Aubigny
Lhoumois
Oroux
La Ferrière-en-Parthenay
Chalandray
Ayron
Vouillé
Thénezay
Doux
Craon
Chervès
Massognes
Maisonneuve
Vouzailles
Cuhon
Amberre
Mazeuil
Champigny-le-Sec
Villiers
Frozes
Maillé
La Grimaudière
Assais-les-Jumeaux
Marnes
Availles-Thouarsais
St-Généroux
Irais
Taizé
Luzay
Missé
Glénouze
Ranton
Curçay-sur-Dive
Ternay
Pouançay
Les Trois-Moutiers
Moutiers
Mouterre-Silly
Chalais
Martaizé
Aulnay
Angliers
Guesnes
La Chaussée
St-Clair
Monts-sur-Messais
Frontenay
St-Jean-de-Sauves
Verrue
Chouppes
Pouzioux
Sammarçolles
Bournand
Vézières
Raslay
Saix
Parc d'Oiron
Bois du Mai
Forêt d'Autun
N 149
E 62
D 938
D 759
D 347
D 725
D 37
D 46
D 61
D 147

151
E
F
G
H
1
2
3
4
5
170
186
PARC
NATUREL
RÉGIONAL
LOIRE-ANJOU-TOURAINE
L'Île-Bouchard
Tavant
Crouzilles
Trogues
Ste-Maure-de-Touraine
Noyant-de-Touraine
Ligré
Marçay
Champigny-sur-Veude
Assay
Richelieu
Chaveignes
Braslou
Courcoué
La Tour-St-Gelin
Verneuil-le-Château
Chezelles
Rilly-sur-Vienne
Pouzay
Nouâtre
Maillé
Marcilly-sur-Vienne
La Celle-St-Avant
Ports
Port-de-Piles
Pussigny
Bois-Aubry
Marigny-Marmande
Antogny-le-Tillac
Les Ormes
Buxeuil
Descartes
Balesmes
Sepmes
Drache
Bournan
Civray-sur-Esves
Marcé-sur-Esves
Razines
Faye-la-Vineuse
Jaulnay
Mondion
Vellèches
Dangé-St-Romain
St-Rémy-sur-Creuse
Abilly
Leugny
La Guerche
Princay
Berthegon
Sérigny
St-Christophe
St-Gervais-les-Trois-Clochers
Leigné-sur-Usseau
Usseau
Vaux-sur-Vienne
Ingrandes
Oyré
Orches
Savigny-sous-Faye
Sossais
Doussay
Cernay
Thuré
Antran
Châtellerault
Lencloître
Scorbé-Clairvaux
Senillé-St-Sauveur
Coussay-les-Bois
Availles-en-Châtellerault
Naintré
Cenon-sur-Vienne
Colombiers
Ouzilly
Marigny-Brizay
Vendeuvre-du-Poitou
Beaumont
Vouneuil-sur-Vienne
Monthoiron
Chenevelles
Archigny
Bonneuil-Matours
Jaunay-Clan
Futuroscope
St-Georges-lès-Baillargeaux
Chasseneuil-du-Poitou
Dissay
St-Cyr
Mignaloux
Migné-Auxances
Leigné-les-Bois
La Puye
Ste-Radégonde
Forêt de la Groie
Forêt de Châtellerault
Vienne
Creuse
Clain
A 10

0 2 4 6 8 10 km
152
169
187
A
B
C
D
1
2
3
4
5
Loches
Beaulieu-lès-Loches
Chartreuse du Liget
Le Grand-Pressigny
Ligueil
Descartes
La Celle-Guenand
Le Petit-Pressigny
Preuilly-sur-Claise
Châtillon-sur-Indre
Azay-le-Ferron
Paulnay
Mézières-en-Brenne
Martizay
La Roche-Posay
Yzeures-sur-Creuse
Tournon-St-Pierre
Tournon-St-Martin
Lureuil
Lingé
Douadic
Rosnay
Angles-sur-l'Anglin
Fontgombault
Pouligny-St-Pierre
Le Blanc
St-Flovier
Bridoré
Fléré-la-Rivière
St-Hippolyte
Sennevières
Perrusson
Verneuil-sur-Indre
St-Senoch
Esves-le-Moutier
Ferrière-Larçon
Betz-le-Château
Paulmy
Abilly
Chaumussay
Barrou
Lésigny
Chambon
Boussay
Bossay-sur-Claise
Charnizay
Obterre
Cléré-du-Bois
Murs
Villiers
Cussay
Bournan
Civray-sur-Esves
Neuilly-le-Brignon
Le Châtelier
Vicq-sur-Gartempe
Pleumartin
St-Pierre-de-Maillé
Mérigny
La Bussière
La Puye
St-Aigny
Ruffec
Forêt de Ste Jullite
Forêt du Gd Pressigny
Bois de Verneuil
Forêt de Preuilly
Parc de Boussay
Bois de Beaugerais

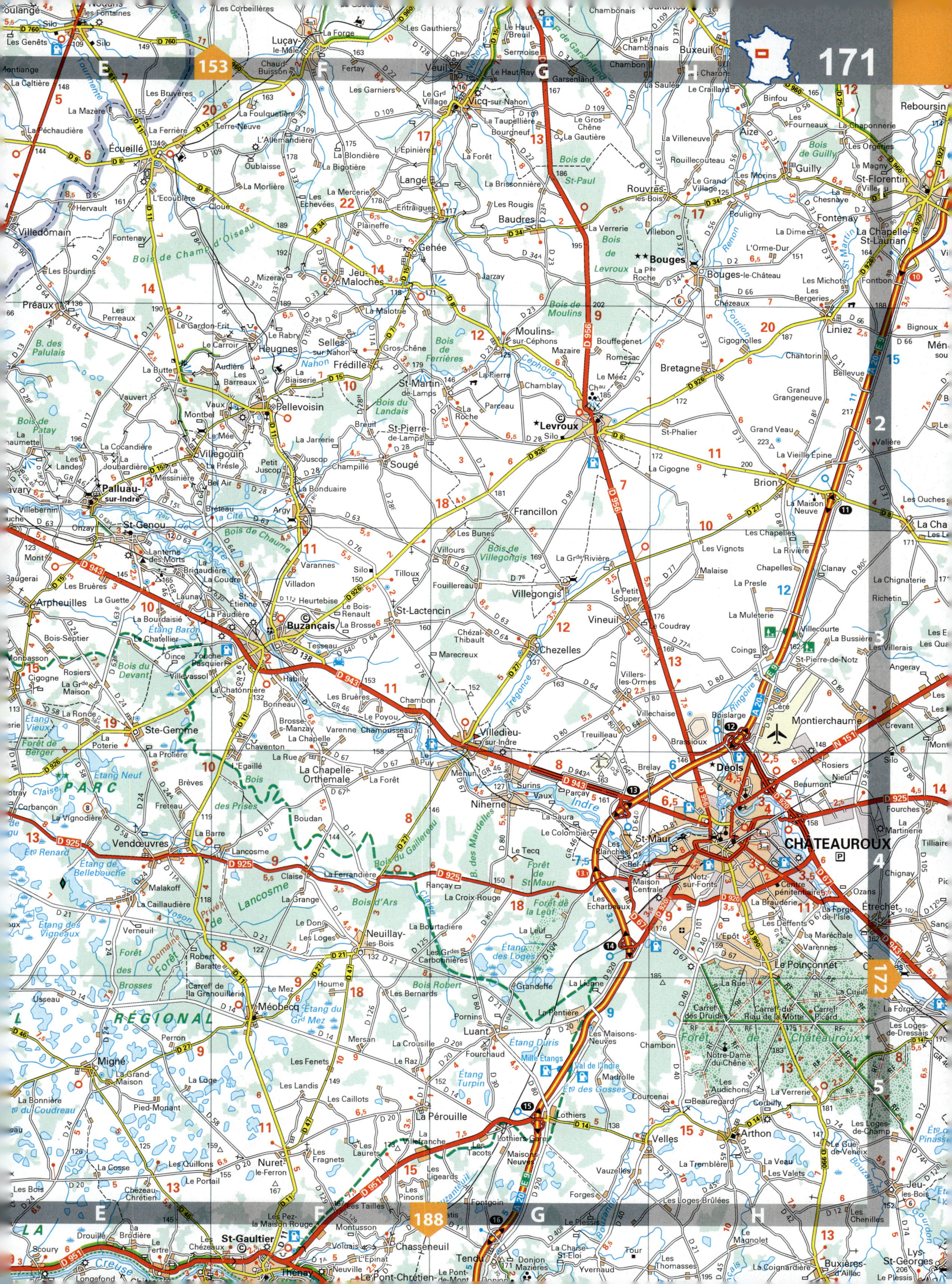
Écueillé
Villedômain
Préaux
Heugnes
Pellevoisin
Selles-sur-Nahon
Frédille
Jeu-Maloches
Gehée
Langé
Vicq-sur-Nahon
Veuil
Luçay-le-Mâle
Baudres
Rouvres-les-Bois
Bouges-le-Château
Guilly
St-Florentin
Fontenay
La Chapelle-St-Laurian
Liniez
Bretagne
Moulins-sur-Céphons
Levroux
St-Martin-de-Lamps
St-Pierre-de-Lamps
Sougé
Francillon
Brion
Villegouin
Palluau-sur-Indre
St-Genou
Arpheuilles
Buzançais
Villegongis
St-Lactencin
Chezelles
Vineuil
Villedieu-sur-Indre
Niherne
Déols
CHÂTEAUROUX
St-Maur
Montierchaume
Ste-Gemme
Vendœuvres
La Chapelle-Orthemale
Méobecq
Neuillay-les-Bois
Luant
Migné
La Pérouille
Velles
Arthon
Le Poinçonnet
Nuret-le-Ferron
St-Gaultier
Chasseneuil
Forêt de Châteauroux
Bois de Champ d'Oiseau
PARC NATUREL RÉGIONAL
Indre
153
172
188
E
F
G
H

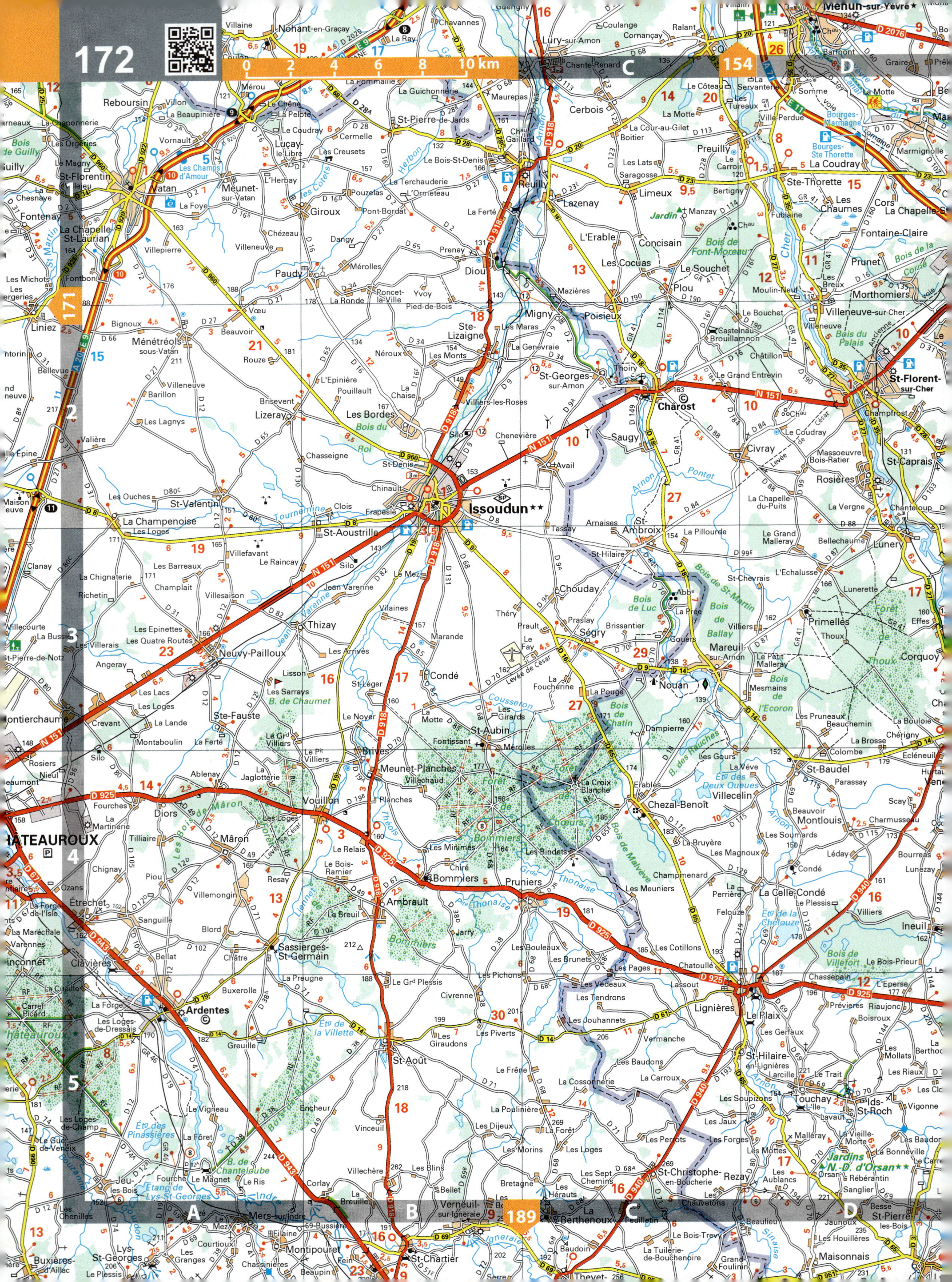
0 2 4 6 8 10 km
154
171
189
A
B
C
D
1
2
3
4
5
Issoudun★★
Châteauroux
Vatan
St-Florentin
Reuilly
Chârost
St-Florent-sur-Cher
Lignières
Ardentes
Neuvy-Pailloux
Ste-Lizaigne
Diou
St-Georges-sur-Arnon
Ménétréols-sous-Vatan
Reboursin
Villaine
Nohant-en-Graçay
Lury-sur-Arnon
Chavannes
Coulange
Cornançay
Ralant
Méreau
Menuh-sur-Yèvre
Chante-Renard
St-Pierre-de-Jards
Cerbois
Maurepas
La Guichonnerie
La Pommeraie
Mérou
Villon
La Beaupinière
La Pelote
Le Chêne
Lucay-le-Libre
Vornault
Les Orgeries
Le Magny
Les Creusets
Cermelle
Le Coudray
Le Bois-St-Denis
La Terchauderie
L'Ormeteau
Pouzelas
Pont-Bordat
Giroux
Meunet-sur-Vatan
Les Champs d'Amour
La Foye
La Chapelle-St-Laurian
Fontenay
Villepierre
Chézeau
Villeneuve
Paudy
Dangy
Mérolles
Prenay
La Ferté
Lazenay
Limeux
Saragosse
Les Lats
Boitier
La Cour-au-Gilet
La Motte
Le Côteau
Preuilly
Le Carroir
Bertigny
Ste-Thorette
Bourges-Ste Thorette
La Coudray
Les Chaumes
Cors
La Chapelle-St-Ursin
Fontaine-Claire
Prunet
Morthomiers
Villeneuve-sur-Cher
Moulin-Neuf
L'Erable
Concisain
Les Cocuas
Le Souchet
Plou
Mazières
Poisieux
Mignv
Les Maras
La Genevraie
Jardin
Manzay
Bois de Font-Moreau
Castelnau Brouillamnon
Châtillon
Le Bouchet
Le Grand Entrevin
Thoiry
Pied-de-Bois
La Ronde
Poncet-la-Ville
Yvoy
Bignoux
Beauvoir
Rouze
Les Monts
Néroux
Villiers-les-Roses
La Chaise
Pouillault
L'Epinière
Les Bordes
Bois du Roi
Brisevent
Lizeray
Villeneuve
Barillon
Les Lagnys
Valière
Chasseigne
St-Denis
Silo
Chenevière
Saugy
Avail
Civray
Le Coudray
Champfrost
Massoeuvre
Bois-Ratier
Rosières
St-Caprais
Chanteloup
La Vergne
La Chapelle-du-Puits
Pontet
Les Ouches
St-Valentin
La Champenoise
Les Loges
Clois
Chinault
Frapesle
St-Aoustrille
Tassay
Arnaises
St-Ambroix
La Pillourde
Le Grand Malleray
Bellechaume
Lunery
Villefavant
Le Raincay
Les Barreaux
Champlait
Villesaison
La Chignaterie
Richetin
Clanay
Jean Varenne
Le Mez
Vilaines
Thizay
Les Epinettes
Les Quatre Routes
Angeray
Les Arrivés
Marande
Théry
Prault
Chouday
Praslay
Ségry
Brissantier
St-Hilaire
St-Chevrais
L'Echalusse
Lunerette
Primelles
Thoux
Forêt de Thoux
Corquoy
Effes
Bois de Luc
Bois de Ballay
Villiers
Mareuil-sur-Arnon
Gouers
La Prée
Abbé
Le Petit Malleray
Mesmains
Bois de l'Ecoron
Nouan
Lisson
Les Sarrays
B. de Chaumet
Condé
St-Léger
Le Fay
Levée de César
La Foucherine
La Pouge
Bois de Châtin
Dampierre
Les Lacs
Les Loges
Crevant
La Lande
Ste-Fauste
Le Noyer
Les Girards
La Motte
St-Aubin
Mérolles
Fontissant
Brives
Meunet-Planches
Villechaud
Forêt de Choeurs
La Croix Blanche
Erables
Chezal-Benoît
Villecelin
Etg des Deux Queues
Les Gours
La Vève
St-Baudel
Parassay
Beauchemin
La Brosse
Chérigny
La Bouloie
Colombe
Les Pruneaux
B. des Rauches
Montierchaume
Rosiers
Nieul
Silo
Montaboulin
La Ferté
Le Pt Villiers
Le Grd Villiers
Ablenay
La Jaglotterie
Vouillon
Les Planches
Diors
Fourches
La Martinerie
Tilliaire
Bois de Mâron
Mâron
Les Loges
Le Relais
Bois des Bommiers
Les Minimes
Chiré
Bommiers
Pruniers
Grde Thonaise
Les Bindets
Bois de Malvève
Champmenard
Les Meuniers
La Bruyère
Les Magnoux
Beauvoir
Montlouis
Les Soumards
Charmusseau
Scay
Lédav
Le Condé
La Celle-Condé
Le Plessis
Villiers
Burreaux
Lunezay
Ineuil
Etg de la Chelouze
Bois de Villefort
Le Bois-Prieur
Chassepain
L'Eperse
Prévières
Riaujonc
Boisroux
Chignay
Piou
Resay
Villemongin
Blord
Ambrault
Le Breuil
Le Bois-Ramier
Jarry
Bommiers
Etrechet
Ozans
Sanguille
La Forge-de-l'Isle
La Maréchale
Varennes
Clavières
Bellat
Châtre
Sassierges-St-Germain
Buxerolle
La Preugne
Le Grd Plessis
Civrenne
Les Pichons
Les Bouleaux
Les Brunets
Les Pages
Les Cotillons
Chatoullé
Lassout
Les Védeaux
Les Tendrons
Les Jouhannets
Vermanche
Le Plaix
Les Gerlaux
St-Hilaire-en-Lignières
Larcille
Le Trait
Les Mollats
Les Riaux
Berthoux
Touchay
Ids-St-Roch
Vigonne
Les Soupizons
Lavault
Les Jaux
La Vieille-Monte
Les Baudons
La Bonneville
Le Carroir
Jardins N.-D. d'Orsan★★
Orsan
Rébérantin
Sanglier
Les Aublancs
Les Mottes
Malleray
Les Forges
Rezay
Les Perrots
La Carroux
Les Baudons
La Cossonnerie
Le Frêne
La Poulinière
La Forêt
Les Dijeux
Les Loges
Les Morins
Les Sept Chemins
Les Héraults
St-Christophe-en-Boucherie
Chauvetons
Bretagne
Vinceuil
Encheur
St-Août
Les Giraudons
Les Piverts
Greuille
Etg de la Villette
La Forge
Les Loges-de-Dressais
Ardentes
Le Vigneau
La Forêt
Bois de Chanteloube
Le Magnet
Fourche
Jeu-les-Bois
Etang de Lys-St-Georges
Le Ris
Corlay
Villechère
Les Blins
La Breuille
Bellet
Les Loges-de-Champ
Etg des Pinassières
Le Gué-de-Veneix
Mers-sur-Indre
La Berthenoux
Verneuil-sur-Igneraie
Feuillarin
Le Bois-Trevy
La Tuilerie-de-Bouchenoire
Grand Foulinin
Beaulieu
Jaunoux
Les Houillères
Maisonnais
Besse
St-Pierre-les-Bois
Lys-St-Georges
Buxières-d'Aillac
Les Granges
Courtioux
Chassinières
Montipouret
Beaupin
St-Chartier
Baudoin
Thevet-St-Julien
Le Plessis
Les Chenilles
N 151
D 925
D 940
D 943
A 20
D 918
D 960
D 2076
A 71
E 11
E 9
17
26

BOURGES
St-Doulchard
St-Germain-du-Puy
Ste-Solange
Fussy
Asnières
Brécy
Villabon
Baugy
Villequiers
Farges-en-Septaine
Moulins-sur-Yèvre
Nohant-en-Goût
Savigny-en-Septaine
Avord
Camp d'Avord
Crosses
Soye-en-Septaine
Bengy-sur-Craon
Nérondes
Jussy-Champagne
Raymond
Cornusse
Flavigny
Croisy
Osmery
Lugny-Bourbonnais
Ourouer-les-Bourdelins
Charly
Blet
Dun-sur-Auron
Bussy
Vornay
Annoix
Senneçay
Vorly
St-Denis-de-Palin
St-Germain-des-Bois
Levet
Lissay-Lochy
Plaimpied-Givaudins
Trouy
Arçay
Ste-Lunaise
Serruelles
Contres
Chavannes
Uzay-le-Venon
St-Loup-des-Chaumes
Crézançay-sur-Cher
Vallenay
Bruère-Allichamps
Farges-Allichamps
Abbé de Noirlac
Nozières
St-Amand-Montrond
Orval
Bouzais
Colombiers
Drevant
Ainay-le-Vieil
La Celle
Meillant
Thaumiers
Le Pondy
Bannegon
Vernais
Charenton-du-Cher
Ainay-le-Château
Bessais-le-Fromental
Neuilly-en-Dun
Augy-sur-Aubois
St-Aignan-des-Noyers
Sagonne
Givardon
Chaumont
Chalivoy-Milon
Cogny
Parnay
Verneuil
Arpheuilles
Segonne
Thioux
Margerolle
St-Pierre-les-Étieux
Coust
Braize
St-Bonnet-Tronçais
Isle-et-Bardais
Forêt de Maulne
Bois de Meillant
Forêt de Soudrain
155
190
174

0 2 4 6 8 10 km
156
173
191
192
A
B
C
D
1
2
3
4
5
NEVERS
Varennes-Vauzelles
Fourchambault
Garchizy
Pougues-les-Eaux
Marzy
Coulanges-lès-Nevers
Guérigny
Urzy
Varennes
Parigny-les-Vaux
La Charité-sur-Loire
La Marche
Champvoux
Tronsanges
Germigny-sur-Loire
Marseilles-lès-Aubigny
Jouet-sur-l'Aubois
Cours-les-Barres
Givry
Cuffy
La Guerche-sur-l'Aubois
Le Chautay
Menetou-Couture
Mornay-Berry
St-Hilaire-de-Gondilly
Garigny
Villequiers
Précy
Torteron
Nérondes
Tendron
Ignol
Flavigny
Croisy
Germigny-l'Exempt
Apremont-sur-Allier
Parc Floral
La Chapelle-Hugon
Vereaux
Grossouvre
Neuvy-le-Barrois
Sagonne
Givardon
Sancoins
Mornay-sur-Allier
Langeron
St-Pierre-le-Moûtier
Chantenay-St-Imbert
Tresnay
Villeneuve-sur-Allier
Aurouër
Azy-le-Vif
Neuville-lès-Decize
Toury-sur-Jour
Luthenay-Uxeloup
St-Parize-le-Châtel
Magny-Cours
Saincaize-Meauce
Gimouille
Challuy
Sermoise-sur-Loire
Chevenon
Imphy
St-Éloi
Sauvigny-les-Bois
La Fermeté
St-Ouen-sur-Loire
Béard
Fleury-sur-Loire
Montigny-aux-Amognes
St-Jean-aux-Amognes
St-Martin-d'Heuille
Ourouër
Balleray
Augy-sur-Aubois
Neuilly-en-Dun
St-Aignan-des-Noyers
Lurcy-Lévis
Neure
Le Veurdre
Château-sur-Allier
Pouzy-Mésangy
Couleuvre
Limoise
St-Léopardin-d'Augy
Aubigny
Livry
Bagneux
Franchesse
Riau
Nièvre
Loire
Allier
Canal latéral à la Loire
Forêt des Bertranges
Bois de Bourrain
Bois d'Apremont
Forêt de Chabet
Forêt du Perray
Arboretum de Balaine
Étang de Javoulet
Circuit de Nevers Magny-Cours
A 77
N 7
D 976
D 2076
D 978A
D 981
Autouroute 156 - 173

E
F
G
H
157
176
192
193
St-Saulge
Châtillon-en-Bazois
Moulins-Engilbert
St-Honoré-les-Bains
Decize
La Machine
Cercy-la-Tour
Fours
Luzy
Bourbon-Lancy
Dornes
Cossaye
Lucenay-lès-Aix
Toury-Lurcy
St-Germain-Chassenay
Devay
Champvert
St-Léger-des-Vignes
Sougy-sur-Loire
Thianges
Diennes-Aubigny
Montigny-sur-Canne
Anlezy
Ville-Langy
Cizely
Frasnay-Reugny
Rouy
Billy-Chevannes
Bona
Saxi-Bourdon
Tintury
Fertrève
Forêt de Vincence
Biches
Alluy
Achun
Aunay-en-Bazois
Montapas
Mont-et-Marré
Tamnay-en-Bazois
Dun-sur-Grandry
Chougny
Dommartin
Sermages
Vandenesse
Isenay
Savigny
St-Gratien-Savigny
Montaron
Sémelay
Remilly
Savigny-Poil-Fol
La Nocle-Maulaix
Ternant
St-Seine
Maltat
Cronat
Gannay-sur-Loire
St-Hilaire-Fontaine
Charrin
Montambert
Thaix
Vitry-sur-Loire
Garnat-sur-Engièvre
LOIRE
D 978
D 981
D 979

0 2 4 6 8 10 km
A
B
C
D
1
2
3
4
5
Château-Chinon
AUTUN
Mont Beuvray
Luzy
Étang-s-Arroux
Toulon-sur-Arroux
Montceau-les-Mines
St-Léger-sous-Beuvray
Larochemillay
Issy-l'Évêque
Mesvres
Uchon
Signal d'Uchon
Croix de la Libération
Temple de Janus
Théâtre romain
MORVAN
PARC NATUREL RÉGIONAL DU MORVAN
Forêt de Planoise
Forêt de Chatillon
Forêt de Glenne
Gorges de la Canche
Lac de Pannecière
St-Symphorien-de-Marmagne
Marmagne
Charbonnat
La Boulaye
Montmort
Ste-Radegonde
Dettey
Brion
Laizy
Chissey-en-Morvan
Cussy-en-Morvan
Anost
Arleuf
Roussillon-en-Morvan
La Celle-en-Morvan
Sommant
Reclesne
Tavernay
St-Forgeot
Curgy
Glux-en-Glenne
St-Prix
La Grande-Verrière
Onlay
Villapourçon
Préporché
Millay
Chiddes
Avrée
Savigny-Poil-Fol
Ternant
Cuzy
Thil-s-Arroux
St-Didier-s-Arroux
St-Nizier-s-Arroux
La Chapelle-sous-Uchon
La Tagnière
Broye
Toulongeon
St-Eugène
Marly-sous-Issy
Grury
Uxeau
Sanvignes-les-Mines
Bessy
St-Romain-sous-Versigny
Circuit de Moto-Cross International
Temple des Mille Bouddhas
Mont Dardon
Mont Genièvre
Mont Préneley
D 978
D 981
D 973
D 994
D 985
D 61
D 680
D 681


158
175
193

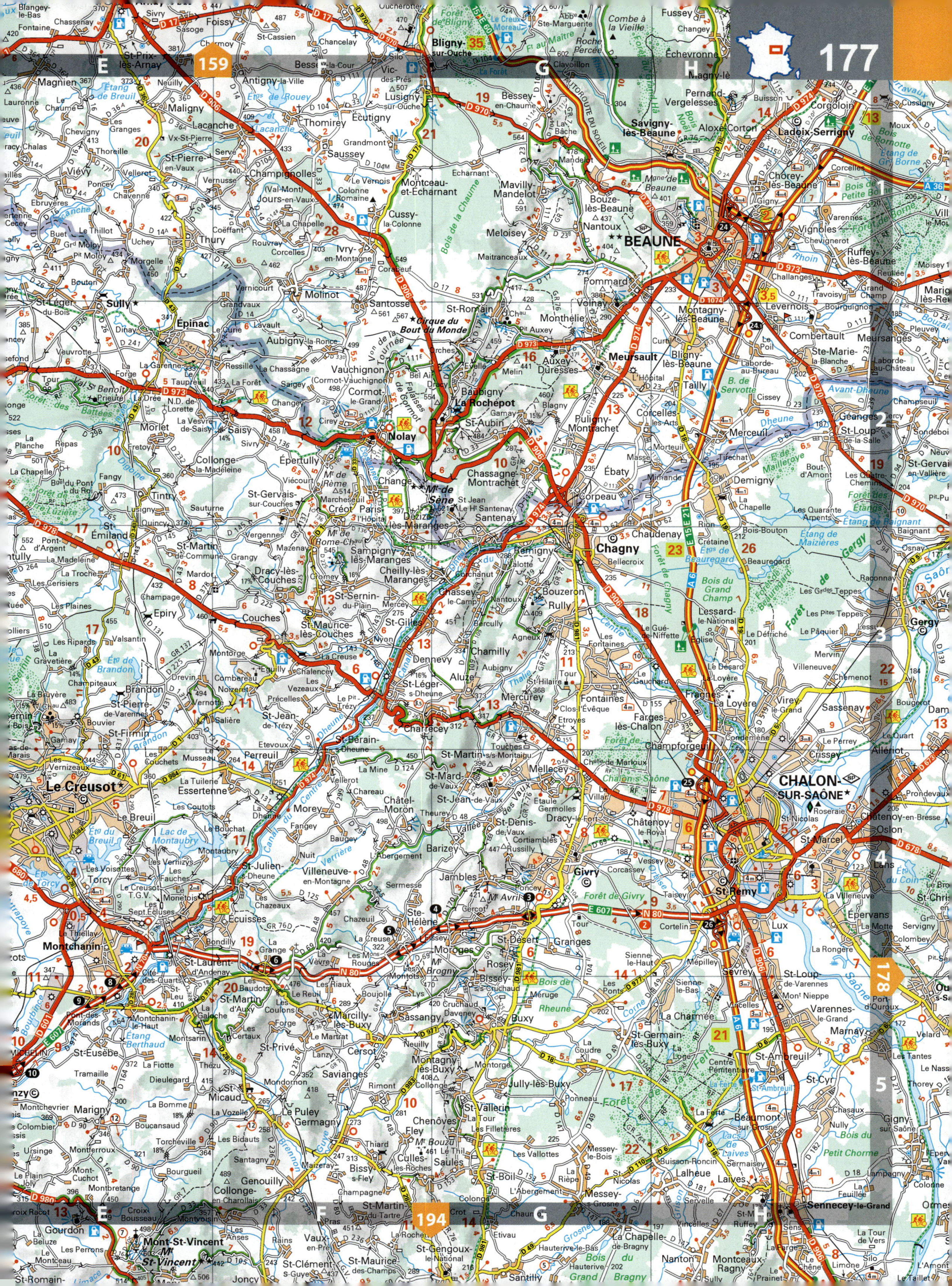
BEAUNE
Nolay
La Rochepot
Meursault
Chagny
CHALON-SUR-SAÔNE
Le Creusot
Montchanin
Givry
St-Rémy
Épinac
Sully
Savigny-lès-Beaune
Ladoix-Serrigny
Corgoloin
Pommard
Volnay
Puligny-Montrachet
Chassagne-Montrachet
Santenay
Couches
Buxy
Sennecey-le-Grand
Mont-St-Vincent
Bligny-sur-Ouche
Arnay-le-Duc
Gergy
Verdun-sur-le-Doubs
St-Marcel
Torcy
Blanzy
St-Gengoux-le-National
Cirque du Bout du Monde
Mt de Sène
Forêt de Givry
Forêt de Chagny
Saône
Dheune
Canal du Centre
159
178
194
E
F
G
H
1
2
3
4
5

0 2 4 6 8 10 km
160
177
195
A
B
C
D
1
2
3
4
5
St-Jean-de-Losne
St-Symphorien-sur-Saône
Nicolas-Cîteaux
Magny-lès-Aubigny
Charrey-sur-Saône
Esbarres
Losne
Champvans
Foucherans
Samerey
Damparis
Corgoloin
Cussigny
Antilly
Broin
Auvillars-sur-Saône
Lechâtelet
Le Port-de-Chazelle
Pagny-la-Ville
Chaugey
Borde-Martenne
Abergement-la-Ronce
Aumur
Tavaux
Gevry
Molay
Argilly
Bagnot
Labruyère
Glanon
Pagny-le-Château
Franxault
Borde-Rouge
St-Aubin
Villy-le-Moutier
Villy-le-Brûlé
Montmain
Pouilly-sur-Saône
Chamblanc
Montagny-lès-Seurre
Grosbois-lès-Tichey
Tichey
St-Loup
Champdivers
Vignoles
Ruffey-lès-Beaune
Corberon
Seurre
Le Meix
Lanthes
Peseux
Marigny-lès-Reullée
Labergement-lès-Seurre
Jallanges
Bousselange
Chemin
Chaussin
Ste-Marie-la-Blanche
Meursanges
Corgengoux
Chivres
Trugny
La Tuilerie
Pourlans
Annoire
Longwy-s-le-Doubs
Asnans-Beauvoisin
Chevigny-en-Valière
Palleau
Mont-lès-Seurre
La Villeneuve
Clux
Petit-Noir
Écuelles
Navilly
Longepierre
Geanges
St-Loup-de-la-Salle
St-Martin-en-Gâtinois
St-Gervais-en-Vallière
Charnay-lès-Chalon
Pontoux
Charette-Varennes
Lays-sur-le-Doubs
Fretterans
Neublans-Abergement
Les Essards-Taignevaux
Bragny-sur-Saône
Frontenard
Les Hays
Saunières
Sermesse
Pierre-de-Bresse
Authumes
Allerey-sur-Saône
Les Bordes
Verdun-sur-le-Doubs
Ciel
Verjux
Toutenant
Gergy
Sennecey-en-Bresse
St-Bonnet-en-Bresse
La Chapelle-St-Sauveur
Torpes
Bellevesvre
St-Maurice-en-Rivière
St-Didier-en-Bresse
Dampierre-en-Bresse
La Chaux
Sassenay
Damerey
La Racineuse
Serrigny-en-Bresse
Allériot
Bey
St-Martin-en-Bresse
Villegaudin
Mervans
Montjay
Chapelle-Voland
Le Planois
CHALON-SUR-SAÔNE
Montcoy
Oslon
St-Marcel
Guerfand
Serley
Bouhans
Lans
L'Abergement-Ste-Colombe
St-Germain-du-Bois
Bosjean
Cosges
Bletterans
St-Christophe-en-Bresse
Devrouze
Thurey
Sens-sur-Seille
Épervans
Lessard-en-Bresse
Frangy-en-Bresse
Ouroux-s-Saône
Simard
Montcony
Varennes-le-Grand
St-Germain-du-Plain
St-Étienne-en-Bresse
Vérissey
St-Usuge
Sailenard
Beaurepaire-en-Bresse
Montret
St-Cyr
Gigny-sur-Saône
Baudrières
St-Vincent-en-Bresse
St-André-en-Bresse
Branges
Vincelles
Montagny-près-Louhans
Ratte
Savigny-en-Revermont
Sennecey-le-Grand
La Frette
Sornay
Louhans Châteaurenaud
Savigny-sur-Seille
Simandre
Bantanges
Rancy
Sagy
Flacey-en-Bresse

161
196
180
Arbois
Poligny
Champagnole
LONS-LE-SAUNIER
Salins-les-Bains
Arc-et-Senans
Saline royale
Mont-s/s-Vaudrey
Sellières
Arlay
Château-Chalon
Cirque de Ladoye
Cirque de Baume
Baume-les-Messieurs (Hauteroche)
Grottes
Les Roches de Baume
Reculée des Planches
Cirque du Fer à Cheval
Les Planches-près-Arbois
Port-Lesney
Mouchard
Villers-Farlay
Chamblay
Ounans
Santans
Germigney
Chatelay
Montbarrey
Belmont
Augerans
La Vieille-Loye
Villette-lès-Dole
Parcey
La Loye
Nevy-lès-Dole
Souvans
Bans
Vaudrey
La Ferté
Molamboz
Mathenay
Aumont
Villers-Robert
Séligney
Tassenières
Bretenières
Villers-les-Bois
Oussières
Neuvilley
Montholier
Grozon
Pupillin
Buvilly
Tourmont
Brainans
Villerserine
Bersaillin
Colonne
Chêne-Bernard
Le Deschaux
Foulenay
Chaumergy
Le Villey
La Charme
Francheville
Bois-de-Gand
Froideville
Passenans
Frontenay
Domblans
Voiteur
Ménétru-le-Vignoble
Plasne
Barretaine
Chaussenans
Vaux-sur-Poligny
Miéry
St-Lothain
Darbonnay
Toulouse-le-Château
Montholier
Molain
Montrond
Le Fied
Picarreau
Fay-en-Montagne
La Marre
Bonnefontaine
Mirebel
Montigny-sur-l'Ain
Marigny
Lac de Chalain
Doucier
Châtillon
Crotenay
Pont-du-Navoy
Monnet-la-Ville
Mont-sur-Monnet
Ney
Cize
Loulle
Sapois
Bourg-de-Sirod
Syam
Vannoz
Ardon
Le Pasquier
Valempoulières
Vers-en-Montagne
Le Larderet
Le Latet
Équevillon
Chapois
Supt
Andelot-en-Montagne
Pont-d'Héry
Montmarlon
Chilly-sur-Salins
La Châtelaine
Mesnay
Thésy
Cernans
Dournon
Geraise
Cluoy
Saizenay
Ivrey
Pagnoz
Aiglepierre
Marnoz
Les Arsures
Montigny-lès-Arsures
Villette-lès-Arbois
Vadans
St-Cyr-Montmalin
Abergement-le-Grand
Abergement-le-Petit
Le Vernois
Lavigny
Pannessières
Perrigny
Conliège
Revigny
Creux de Revigny
Vernantois
Messia
Courbouzon
Montmorot
Macornay
Gevingey
Chilly-le-Vignoble
Frébuans
Courlaoux
Vevy
Verges
Publy
Blye
Charcier
Songeson
Le Frasnois
Ménétrux-en-Joux
Pic de l'Aigle
Belvédère des Quatre Lacs
Belvédère de la Dame Blanche
Chaux-des-Crotenay
Fort-du-Plasne
Saffloz
Chevrotaine
Fontenu
Le Vaudioux
Châtelneuf
Pillemoine
Nozeroy
Mournans-Charbonny
Les Nans
Onglières
St-Germain-en-Montagne
Moutoux
Gratteroche
Lons-le-Saunier
Plainoiseau
Quintigny
L'Étoile
St-Didier
Villeneuve
Le Pin
Montain
Le Louverot
Ruffey-sur-Seille
Desnes
Lombard
Mantry
Recanoz
Montchauvrot
Mesnois
Poids-de-Fiole
Nogna
Courbette
Alièze
Vertamboz
Uxelles
Bonlieu
La Chaumusse
Saugeot
Denezières
Chambly
Lac de Chambly
Lac du Val
Collondon
Lac de Vernois
Lac d'Ilay
Lac de Narlay
Nans-s-Ste-Anne
Sarrazine
Creux Billard
Ste-Anne
Crouzet-Migette
Éternoz
Myon
Bartherans
Échay
Lizine
Ronchaux
Montfort
Pointvilliers
Pessan
Mesmay
Lombard
Quingey
Liesle
Brères
Samson
Champagne-sur-Loue
Buffard
Chay
Rennes-sur-Loue
Grange-de-Vaivre
Cramans
Chissey-sur-Loue
Écleux
Le Deffois
Forêt de Chaux
Forêt de la Joux
Lac de Chalain

0 2 4 6 8 10 km
162
179
197
A
B
C
D
1
2
3
4
5
Pontarlier
Levier
Frasne
Mouthe
Nozeroy
Vallorbe
Malbuisson
Métabief
Jougne
Doubs
Ornans
Mouthier-Haute-Pierre
Source de la Loue
Lods
Vuillafans
Chantrans
Silley-Amancey
Amancey
Flagey
Bolandoz
Reugney
Déservillers
Labergement-du-Navois
Septfontaines
Évillers
Ouhans
Goux-les-Usiers
Bians-les-Usiers
Sombacour
Vuillecin
Dommartin
Houtaud
Chaffois
Chapelle-d'Huin
Bulle
Bannans
Ste-Colombe
Dompierre-les-Tilleuls
Bouverans
La Rivière-Drugeon
Granges-l'Église
Cluse de Joux
La Cluse-et-Mijoux
Oye-et-Pallet
Les Grangettes
Lac de St-Point
Montperreux
St-Point-Lac
Vaux-et-Chantegrue
Labergement-Ste-Marie
Bonnevaux
Censeau
Cuvier
Courvière
Boujailles
Villers-s/s-Chalamont
Villeneuve-d'Amont
Arc-s/s-Montenot
Crouzet-Migette
Nans-s/s-Ste-Anne
Source du Lison
Montmahoux
Gevresin
Mignovillard
Longcochon
Mièges
Communailles-en-Montagne
Fourcatier-et-Maison-Neuve
Longevilles-Mt-d'Or
Mont d'Or
Rochejean
Les Hôpitaux-Neufs
Les Hôpitaux-Vieux
Les Fourgs
Verrières-de-Joux
Montbenoît
Arçon
Maisons-du-Bois-Lièvremont
Gilley
Sarrageois
Gellin
Reculfoz
Petite-Chaux
Chaux-Neuve
Châtelblanc
Foncine-le-Haut
Foncine-le-Bas
Parc polaire
Source du Doubs
Source de l'Ain
Source de la Saine
Bief-des-Maisons
Les Planches-en-Montagne
Chaux-des-Crotenay
Entre-Deux-Monts
Sirod
Syam
Crans
Les Chalesmes
Dent de Vaulion
Lac de Joux
Le Pont
L'Abbaye
Le Lieu
Le Sentier
Le Brassus
Mont Tendre
Vaulion
Juriens
Premier
Ballaigues
Foret du Risoux
Cuarnens
Montricher
L'Isle
Mollens
Mont-la-Ville
Chapelle-des-Bois
Bellefontaine
Bois-d'Amont
Grand Taureau
Château de Joux
Forêt de la Joux
Station de Bouijailles
Forêt de la Fresse
Dent de Vaulion
Crêt Sapeau
Lac Brenet

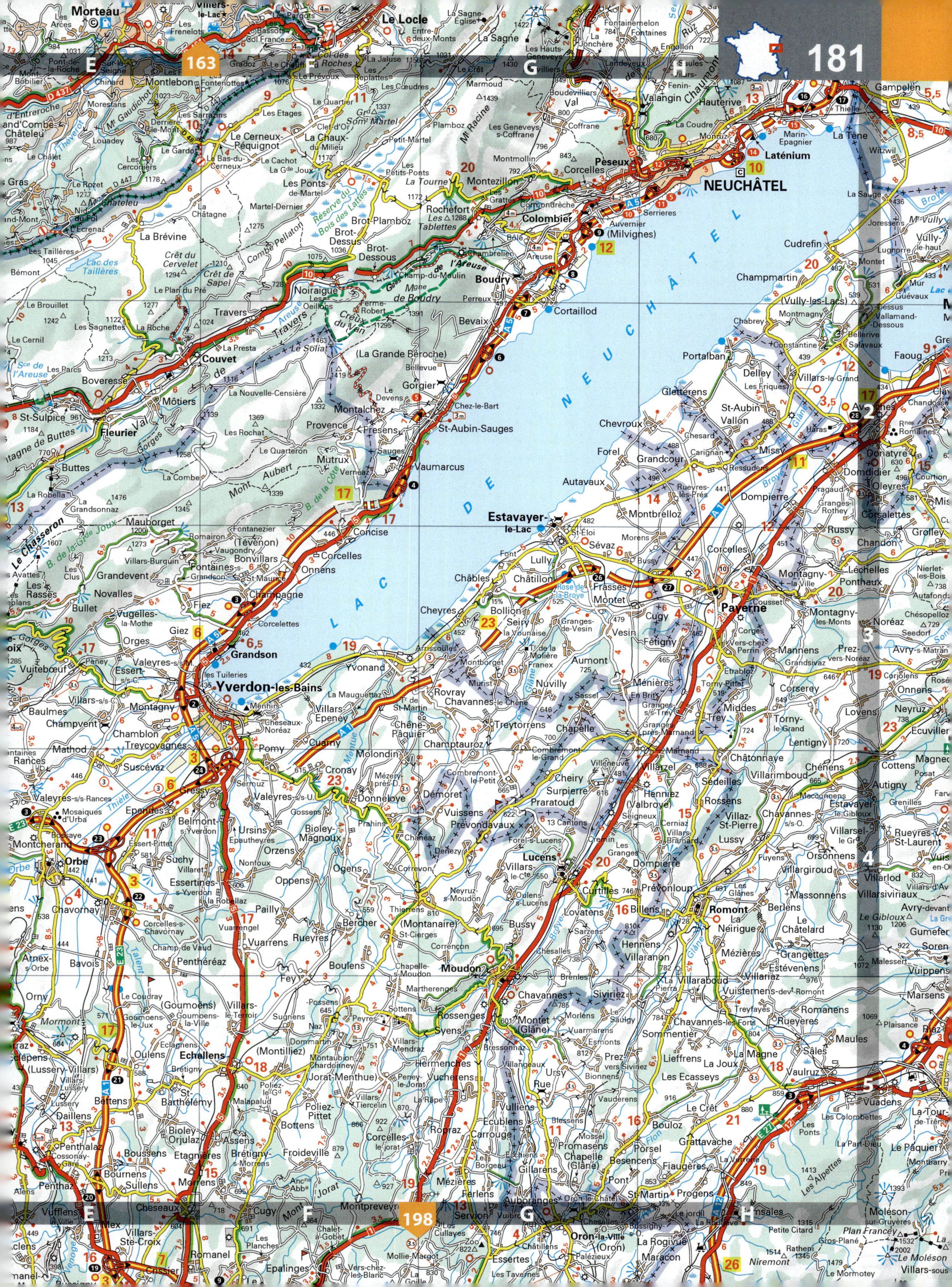
181
163
198
E
F
G
H
Morteau
Le Locle
La Sagne
Montlebon
Les Cerneux-Péquignot
La Chaux-du-Milieu
Les Ponts-de-Martel
La Brévine
Rochefort
Colombier
Peseux
Valangin
Hauterive
Marin-Epagnier
Laténium
NEUCHÂTEL
La Tène
Cudrefin
Champmartin
Boudry
Cortaillod
Bevaix
Noiraigue
Travers
Couvet
Môtiers
Fleurier
St-Sulpice
Buttes
Gorgier
St-Aubin-Sauges
Vaumarcus
Provence
Mutrux
LAC DE NEUCHÂTEL
Portalban
Chevroux
Forel
Autavaux
Estavayer-le-Lac
Montbrelloz
Concise
Corcelles
Onnens
Bonvillars
Fontaines
Champagne
Grandson
Yverdon-les-Bains
Yvonand
Cheyres
Châbles
Lully
Châtillon
Sévaz
Frasses
Montet
Payerne
Corcelles
Avenches
Domdidier
Dompierre
Grandcour
Missy
Vallon
St-Aubin
Delley
Villars-le-Grand
Faoug
Montagny-les-Monts
Cugy
Fétigny
Ménières
Granges-près-Marnand
Middes
Torny-le-Grand
Lentigny
Châtonnaye
Villarimboud
Chénens
Cottens
Autigny
Estavayer-le-Gibloux
Villarsel-le-Gibloux
Rueyres-St-Laurent
Villarlod
Romont
Siviriez
Chavannes-les-Forts
Rue
Ursy
Oron-la-Ville
Palézieux
Moudon
Lucens
Henniez
Surpierre
Cheiry
Prévondavaux
Combremont-le-Grand
Granges-près-Marnand
Chapelle
Nuvilly
Aumont
Vesin
Murist
Rovray
Chavannes-le-Chêne
Molondin
Cronay
Donneloye
Démoret
Vuissens
Pomy
Cuarny
Chêne-Pâquier
Champtauroz
Treytorrens
Ursins
Orzens
Oppens
Bioley-Magnoux
Ogens
Thierrens
Bercher
Rueyres
Vuarrens
Pailly
Boulens
Fey
Peyres-Possens
Sottens
Syens
Rossenges
Hermenches
Vucherens
Ropraz
Carrouge
Mézières
Ferlens
Servion
Essertes
Montpreveyres
Cheseaux
Cugy
Villars-Ste-Croix
Romanel
Epalinges
Echallens
Bottens
Poliez-Pittet
Froideville
Assens
Etagnières
Bretigny
Morrens
Sullens
Bournens
Boussens
Penthaz
Penthalaz
Daillens
Bettens
Bioley-Orjulaz
St-Barthélemy
Goumoens-la-Ville
Villars-le-Terroir
Oulens
Penthéréaz
Bavois
Chavornay
Orbe
Montcherand
Suchy
Essertines-s-Yverdon
Belmont-s-Yverdon
Ependes
Valeyres-s-Rances
Rances
Suscévaz
Mathod
Chamblon
Treycovagnes
Montagny
Champvent
Baulmes
Vuiteboeuf
Orges
Valeyres-s-Montagny
Essert
Vugelles-la-Mothe
Giez
Fiez
Novalles
Bullet
Grandevent
Le Chasseron
Mauborget
Villars-Burquin
Romairon
Vaugondry
Tévenon
Les Rasses
La Robella
Le Soliat
Mont Aubert
Mont de Boudry
Creux du Van
Vully-les-Lacs
Montmagny
Constantine
Chabrey
Gletterens
Carignan
Ressudens
Léchelles
Chandon
Corsalettes
Russy
Grolley
Noréaz
Prez-vers-Noréaz
Avry-sur-Matran
Onnens
Neyruz
Lovens
Ecuvillens
Corserey
Posat
Magnedens
Farvagny
Orsonnens
Villargiroud
Massonnens
Berlens
Le Châtelard
Grangettes
Estévenens
Villaraboud
Vuisternens-devant-Romont
Mézières
La Neirigue
Prévonloup
Dompierre
Billens
Hennens
Villaranon
Lovatens
Curtilles
Bussy
Chavannes
Montet (Glâne)
Sommentier
Lieffrens
La Joux
Les Ecasseys
La Magne
Vaulruz
Sâles
Romanens
Rueyeres
Maules
Vuadens
Bulle
Le Crêt
Grattavache
Progens
La Verrerie
Semsales
Le Pâquier
Porsel
Besencens
Fiaugères
Pont
Promasens
Chapelle (Glâne)
Ecublens
Vuarmarens
Bionnens
Morlens
Vauderens
Bouloz
Attalens
Maracon
La Rogivue
Les Tavernes
Moléson-sur-Gruyères
Plan Francey
Petite Citard
Gros-Plané
Le Moléson
Villars-sous-Mont
Le Mormotey
Niremont
Les Alpettes

0 2 4 6 8 10 km
165
LES SABLES-D'OLONNE
Olonne-s-Mer
Château-d'Olonne
L'Île-d'Olonne
St-Mathurin
La Mothe-Achard
La Chapelle-Achard
Ste-Flaive-des-Loups
Nieul-le-Dolent
Le Girouard
Ste-Foy
Grosbreuil
Talmont-St-Hilaire
Poiroux
St-Avaugourd-des-Landes
La Boissière-des-Landes
Aubigny
Les Couzeaux
Nesmy
Moutiers-les-Mauxfaits
St-Vincent-sur-Graon
Le Givre
La Guignardière
Avrillé
St-Hilaire-la-Forêt
Le Bernard
Longeville-s-Mer
Jard-sur-Mer
St-Vincent-s-Jard
Angles
La Tranche-sur-Mer
Pointe de l'Aiguille
Anse de Cayola
Port-Bourgenay
Plage du Veillon
Pointe du Payré
Roche de L'Islatte
Pointe du Grouin du Cou
Pointe du Chiquet
Côte des
PERTUIS
Les Baleines
Les Portes-en-Ré
St-Clément-des-Baleines
Ars-en-Ré
Loix
Pnte du Grouin
Rade de St-Martin
Fosse de Loix
Fier d'Ars
Réserve Naturelle
Conche des Baleines
Pnte du Lizay
Pnte du Fier
Pnte de Grignon
Pnte de Chanchardon
Phare de Chanchardon
La Couarde-s-Mer
Le Bois-Plage-en-Ré
La Gollandière
Gros-Jonc
Le Martray
La Passe
ÎLE DE RÉ
Musée automobile de Vendée
Dolmen de la Frébouchère
A
B
C
D
1
2
3
4
5

166
E
F
G
H
2
3
4
5
184
200
Luçon
Ste-Hermine
Nalliers
Marans
Esnandes
LA ROCHELLE
L'Aiguillon-sur-Mer
St-Michel-en-l'Herm
Mareuil-sur-Lay-Dissais
Moutiers-sur-le-Lay
Ste-Pexine
Thiré
St-Aubin-la-Plaine
Ste-Gemme-la-Plaine
Chaillé-les-Marais
Puyravault
Ste-Radegonde-des-Noyers
Champagné-les-Marais
Triaize
Grues
L'Île-d'Elle
Vix
Maillé
Longèves
Pouillé
Mouzeuil-St-Martin
Le Langon
Vouillé-les-Marais
Le Gué-de-Velluire
Taugon
La Ronde
St-Jean-de-Liversay
Courçon
Nuaillé-d'Aunis
Angliers
Longèves
Andilly
St-Ouen-d'Aunis
Villedoux
Marsilly
Nieul-s-Mer
Lagord
L'Houmeau
Puilboreau
Dompierre-s-Mer
St-Xandre
Sérigny
Charron
Anse de l'Aiguillon
Pointe de l'Aiguillon
Pointe d'Arçay
Pte St-Clément
Digue de l'Aiguillon
INTERRÉGIONAL
MARAIS
Canal de Vix
Sèvre Niortaise
Rivedoux-Plage
Pte de Chef de Baie
Pte de Chauveau
Périgny
St-Rogatien
Montroy
Clavette
Bourgneuf
St-Médard-d'Aunis
Anais
Benon
Ferrières
St-Sauveur-d'Aunis
Fontenay-le-Comte
St-Étienne-de-Brillouet
St-Juire-Champgillon
La Chapelle-Thémer
Bournezeau
Château-Guibert
Les Pineaux
Thorigny
St-Florent-des-Bois
La Réorthe
La Jaudonnière
St-Martin-Lars-en-Ste-Hermine
St-Laurent-de-la-Salle
St-Cyr-des-Gâts
St-Sulpice-en-Pareds
Cezais
Marsais-Ste-Radégonde
Bourneau
L'Hermenault
Sérigny
Pissotte
Petosse
Auzay
Chaix
Fontaines
Doix lès Fontaines
Montreuil
Velluire
Le Poiré-s-Velluire
Nalliers
Moreilles
Corpe
Les Magnils-Reigniers
La Bretonnière
Lairoux
Chasnais
La Couture
Rosnay
Bessay
St-Jean-de-Beugné
St-Valérien
St-Martin-des-Fontaines
Parc floral
Réserve naturelle
Canal de Luçon
Canal des Cinq Abbés
Canal du Marais Sauvage
Canal de Marans à La Rochelle
Vendée
Smagne
Lay
N 11
N 137
D 137
D 949
D 148
D 938
A 83
E 3
E 601
N 237

0 2 4 6 8 10 km
183
167
201
A
B
C
D
1
2
3
4
5
La Châtaigneraie
St-Maurice-le-Girard
La Chapelle-aux-Lys
St-Paul-en-Gâtine
Antigny
Loge-Fougereuse
St-Maurice-des-Noues
St-Hilaire-de-Voust
Cezais
Vouvant
Marillet
Le Busseau
La Chapelle-Thireuil
Scillé
Le Beugnon
Fenioux
St-Sulpice-en-Pareds
St-Laurent-de-la-Salle
St-Cyr-des-Gâts
Bourneau
Mervent
Puy-de-Serre
Centre Minier
Faymoreau
Foussais-Payré
St-Laurs
Puihardy
L'Hermenault
Pouillé
Sérigné
Pissotte
L'Orbrie
St-Michel-le-Cloucq
St-Maixent-de-Beugné
Coulonges-s-l'Autize
Ardin
Xaintray
Longèves
Petosse
Fontenay-le-Comte
St-Hilaire-des-Loges
Béceleuf
Surin
Auzay
Xanton-Chassenon
St-Pompain
Faye-sur-Ardin
Le Langon
Chaix
St-Martin-de-Fraigneau
Nieul-s-l'Autise
Oulmes
Villiers-en-Plaine
Coudray-Salbart
Le Poiré-s-Velluire
Velluire
Montreuil
Doix lès Fontaines
Bouillé-Courdault
St-Pierre-le-Vieux
Maillezais
Benet
St-Maxire
Vix
MARAIS
POITEVIN
Liez
St-Sigismond
St-Rémy
Sciecq
L'Île-d'Elle
Maillé
Damvix
Le Mazeau
Coulon
Niort
Marans
Taugon
La Ronde
Arçais
Le Vanneau-Irleau
Magné
Bessines
St-Jean-de-Liversay
St-Georges-de-Rex
Amuré
Sansais
St-Cyr-du-Doret
St-Hilaire-la-Palud
Courçon
Ferrières
La Grève-s-Mignon
Frontenay-Rohan-Rohan
St-Symphorien
Épannes
Nuaillé-d'Aunis
Angliers
St-Sauveur-d'Aunis
Benon
La Laigne
Cram-Chaban
Prin-Deyrançon
Le Bourdet
Vallans
Granzay-Gript
Mauzé-s-le-Mignon
Anais
Le Gué-d'Alleré
La Rochénard
La Foye-Monjault
Beauvoir-s-Niort
Usseau
Prissé-la-Charrière
A83
N 11
E 601
N 248

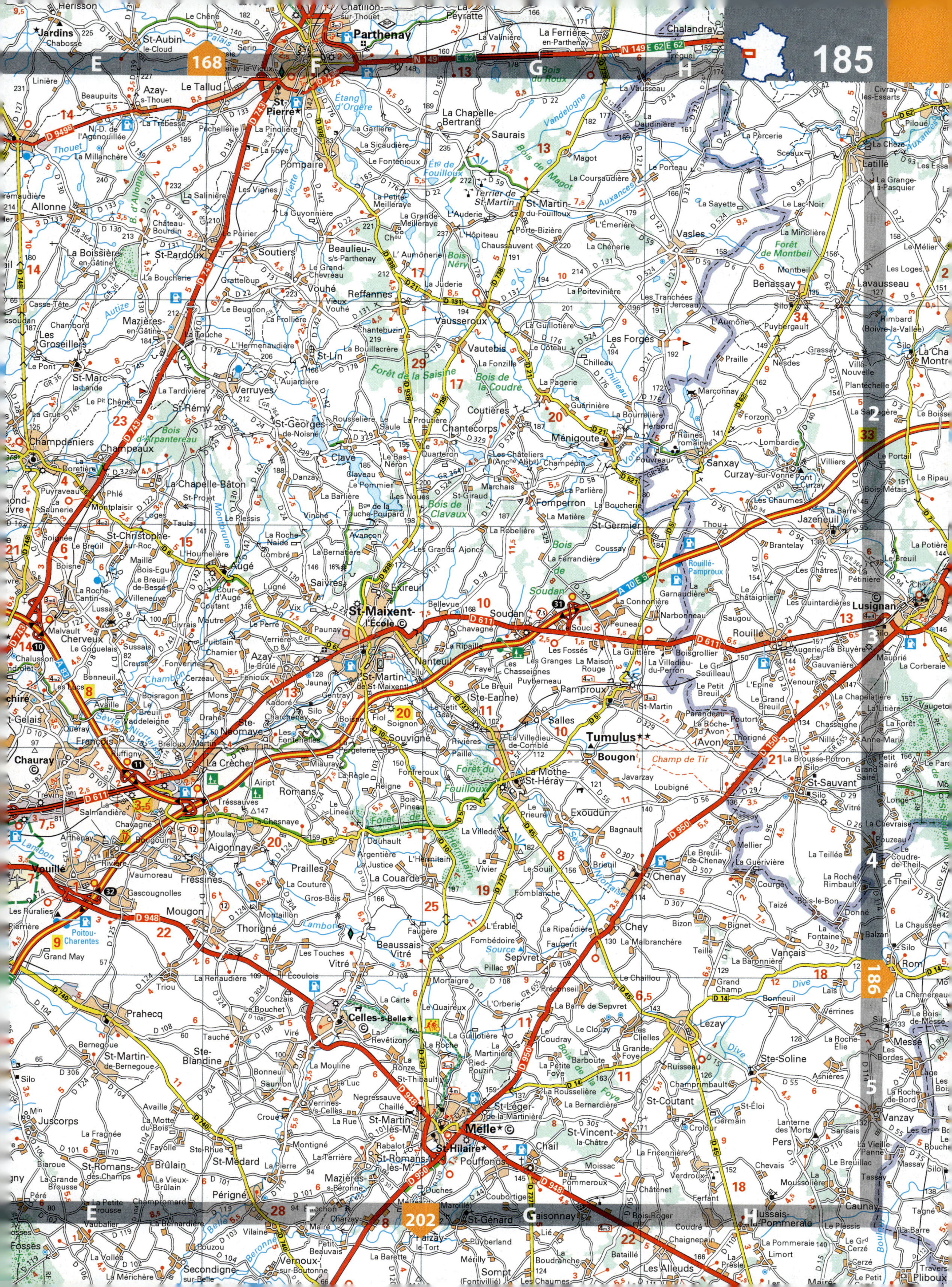
168
Parthenay
St-Aubin-le-Cloud
Châtillon-sur-Thouet
Chalandray
La Ferrière-en-Parthenay
St-Pierre
Pompaire
Allonne
St-Pardoux
Mazières-en-Gâtine
Vouhé
Beaulieu-s/s-Parthenay
Reffannes
Vausseroux
Vautebis
Saurais
St-Martin-du-Fouilloux
Vasles
Latillé
Benassay
Les Forges
Verruyes
St-Lin
Coutières
Chantecorps
Ménigoute
Sanxay
Curzay-sur-Vonne
Jazeneuil
Champdeniers
St-Christophe-sur-Roc
Augé
Clavé
St-Georges-de-Noisné
Soudan
St-Maixent-l'École
Exireuil
Nanteuil
Pamproux
Lusignan
Rouillé
Cherveux
Azay-le-Brûlé
Ste-Néomaye
Souvigné
Salles
Tumulus
Bougon
La Mothe-St-Héray
Exoudun
St-Sauvant
La Crèche
Romans
Vouillé
Aigonnay
Prailles
Chenay
Chey
Sepvret
Beaussais-Vitré
Thorigné
Mougon
Celles-s-Belle
Prahecq
Lezay
Melle
St-Hilaire
St-Martin-lès-Melle
Pouffonds
St-Romans-lès-M.
Ste-Soline
Vanzay
Juscorps
Brûlain
St-Médard
Périgné
Chail
St-Vincent-la-Châtre
Messé
Rom
Caunay
Hussais-Pommeraie
202
Les Alleuds
Sompt
186
33
Forêt de l'Hermitain
Forêt de Montbeil
Forêt de la Saisine
Champ de Tir
A 10 E 5
N 149 E 62
D 611
D 948
D 950
D 743
E F G H

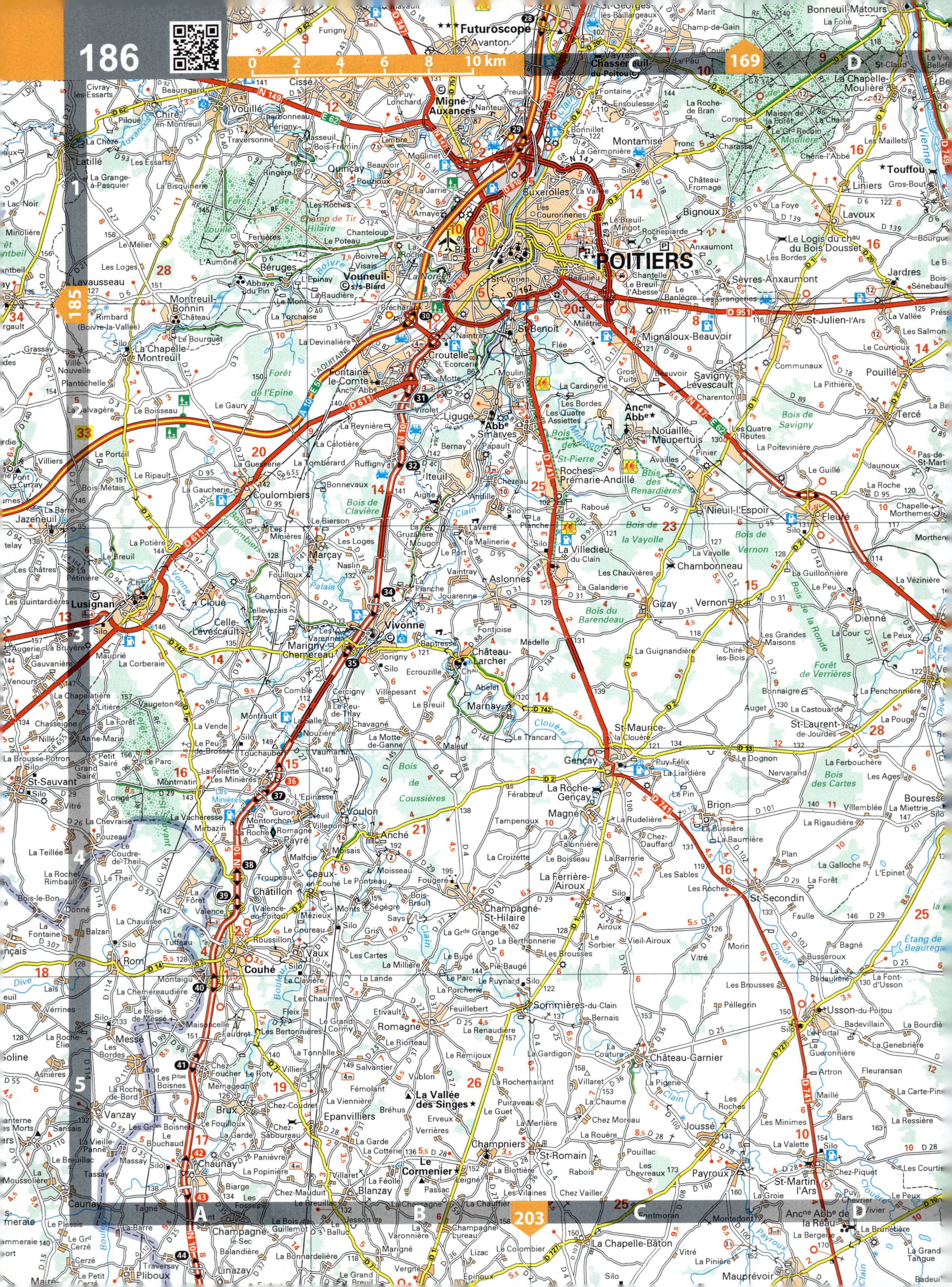

0 2 4 6 8 10 km
169
185
203
A
B
C
D
1
2
3
4
5
Futuroscope
Avanton
Chasseneuil-du-Poitou
Migné-Auxances
Vouillé
Latillé
Cissé
Quinçay
Buxerolles
POITIERS
St-Benoit
Montamisé
Bignoux
Sèvres-Anxaumont
St-Julien-l'Ars
Mignaloux-Beauvoir
Savigny-Lévescault
Ligugé
Smarves
Vouneuil-s/s-Biard
Béruges
Montreuil-Bonnin
La Chapelle-Montreuil
Fontaine-le-Comte
Croutelle
Coulombiers
Jazeneuil
Lusignan
Celle-Lévescault
Marigny-Chémereau
Vivonne
Marçay
Iteuil
Roches-Prémarie-Andillé
Nouaillé-Maupertuis
Nieuil-l'Espoir
Fleuré
La Villedieu-du-Clain
Aslonnes
Château-Larcher
Gizay
Vernon
Dienné
Marnay
St-Maurice-la-Clouère
Gençay
Magné
La Ferrière-Airoux
Champagné-St-Hilaire
Anché
Voulon
Payré
Châtillon
Couhé
Vaux
Romagne
Sommières-du-Clain
Château-Garnier
St-Secondin
Usson-du-Poitou
Brion
Messé
Vanzay
Chaunay
Brux
Champniers
Le Cormenier
Blanzay
Payroux
St-Martin-l'Ars
Jousseé
La Vallée des Singes
Champagné-le-Sec
Sanxay
Rom
St-Sauvant
Pouillé
Tercé
Jardres
Lavoux
Liniers
Bonneuil-Matours
La Chapelle-Moulière
Touffou
Forêt de Vouillé-St-Hilaire
Forêt de l'Epine
Bois de Clavière
Bois de Savigny
Bois de la Vayolle
Bois de Vernon
Bois de la Ronde
Forêt de Verrières
Bois des Cartes
Bois de Coussières
Bois du Barendeau
Vienne
Clain
Clouère
Vonne
Boivre
Dive

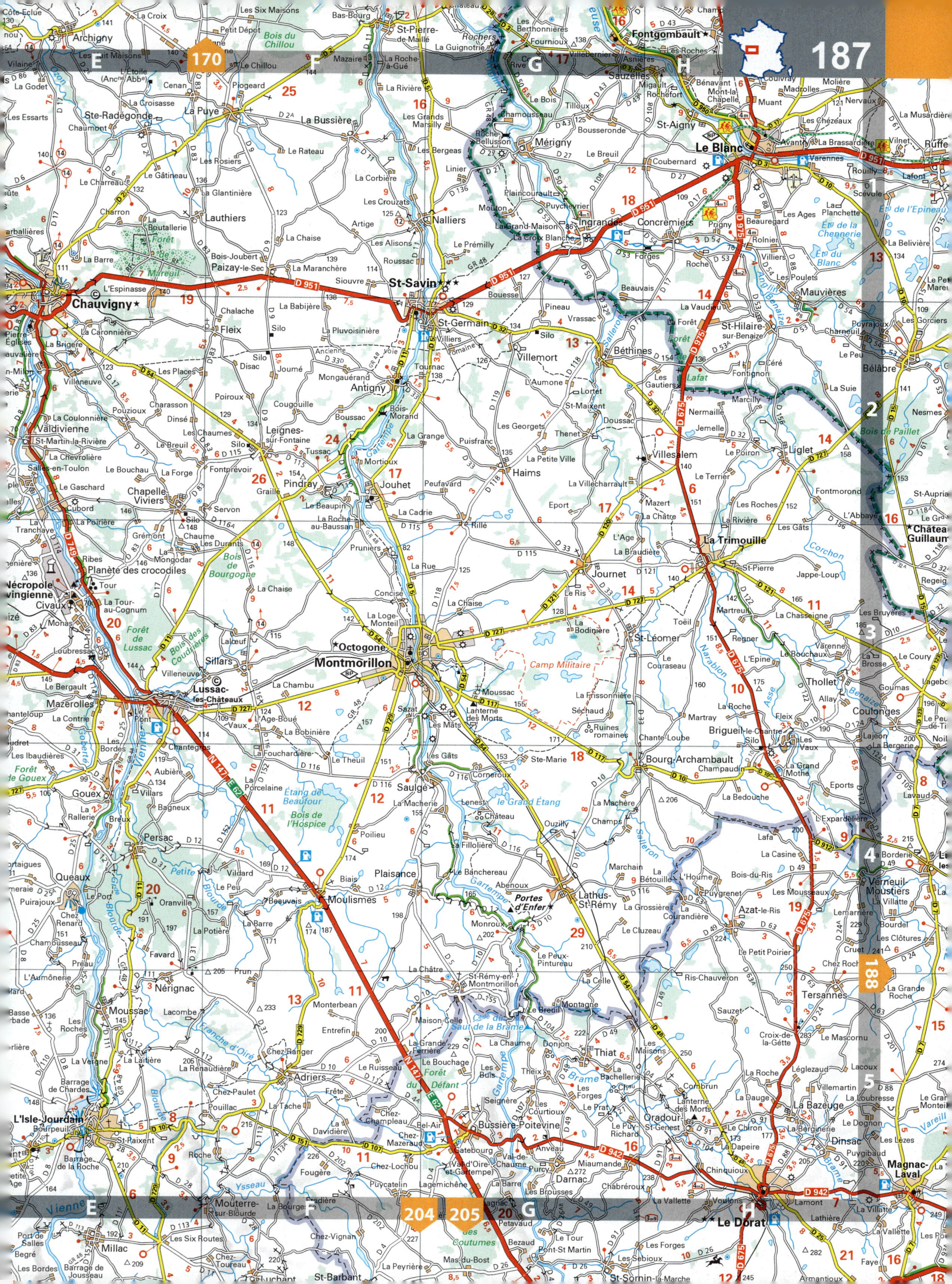
170
E
F
G
H
1
2
3
4
5
188
204
205
Chauvigny
St-Savin
St-Germain
Le Blanc
Fontgombault
Montmorillon
Lussac-les-Châteaux
La Trimouille
Bourg-Archambault
Lathus-St-Rémy
Moulismes
Adriers
Bussière-Poitevine
L'Isle-Jourdain
Le Dorat
Magnac-Laval
Civaux
Valdivienne
Jouhet
Pindray
Saulgé
Plaisance
Mazerolles
Persac
Queaux
Moussac
Nérignac
Journet
Haims
Béthines
Villemort
Antigny
Leignes-sur-Fontaine
Azat-le-Ris
Tersannes
Oradour-St-Genest
Thiat
Darnac
Millac
Ingrandes
Concremiers
Mérigny
Nalliers
Fleix
Paizay-le-Sec
Lauthiers
La Puye
Ste-Radégonde
Archigny
Portes d'Enfer
Octogone
Planète des crocodiles
Nécropole mérovingienne
Camp Militaire
Le Grand Étang
Forêt de Lussac
Bois de l'Hospice
Étang de Beaufour
N 147
E 62
D 951
D 675
D 942
Vienne
Gartempe

0 2 4 6 8 10 km
BRENNE
Argenton-sur-Creuse
St-Marcel
St-Gaultier
Thenay
Le Pont-Chrétien-Chabenet
Ciron
Ruffec
Rivarennes
Chitray
Mauvière
Bélâbre
Chalais
La Garde-Giron
Luzeret
Prissac
Celon
Vigoux
Chazelet
St-Civran
Sacierges-St-Martin
Château-Guillaume
Lignac
Dunet
Chénier
Roussines
St-Benoît-du-Sault
Parnac
Chaillac
Gargilesse-Dampierre
Cuzion
Eguzon-Chantôme
Bge d'Eguzon
Crozant
Tilly
Coulonges
La Châtre-Langlin
St-Sébastien
Lussac-les-Églises
Verneuil-Moustiers
Azerables
St-Georges-les-Landes
Mailhac-s-Benaize
St-Sulpice-les-Feuilles
St-Léger-Magnazeix
Arnac-la-Poste
St-Hilaire-la-Treille
St-Agnant-de-Versillat
La Souterraine
St-Germain-Beaupré
St-Léger-Bridereix
Colondannes
Dompierre-les-Églises
Magnac-Laval
St-Maurice-la-Souterraine
Forêt de St-Benoît
Forêt des Corollans
Forêt de la Luzeraize
Bois de Thenay
Bois de Rivarennes
Forêt de St-Germain
Creuse
Anglin
Abloux
Benaize
Sonne
Brame
Sédelle

187
171
206

La Châtre
Nohant-Vic
Nohant
St-Chartier
Montgivray
Neuvy-St-Sépulchre
Châteaumeillant
Champillet
Ste-Sévère-sur-Indre
Aigurande
Pouligny-Notre-Dame
Crozon-sur-Vauvre
Cluis
Montchevrier
Chassignolles
Genouillac
Bonnat
Châtelus-Malvaleix
Jouillat
Glénic
St-Vaury
Dun-le-Palestel
Chéniers
Malval
Mortroux
Nouzerolles
Nouzerines
Boussac
Lourdoueix-St-Michel
Méasnes
La Cellette
Moutier-Malcard
Clugnat
Jalesches
Ladapeyre
Blaudeix
Ajain
St-Sulpice-le-Dunois
Le Bourg-d'Hem
Anzême
Champsanglard
Toulx-Ste-Croix
Mers-sur-Indre
Sarzay
Vicq-Exempleт
Thevet-St-Julien
Lourouer-St-Laurent
Fougerolles
Mouhers
Montlevicq
Briantes
Pérassay
Vijon
Sazeray
Tercillat
Bussière-St-Georges
Vigoulant
Crevant
Nouziers
La Forêt-du-Temple
Linard
Fresselines
Le Bourg-d'Hem
Bussière-Dunoise
Fleurat
Mallevet-Boussac
St-Silvain-sous-Toulx
Domeyrot
Parsac-Rimondeix
Jarnages

0 2 4 6 8 10 km
173
189
208
A
B
C
D
1
2
3
4
5
Châteaumeillant
Culan
St-Christophe-le-Chaudry
Ainay-le-Vieil
La Celette
Urçay
Meaulne
Vitray
Faverdines
Saulzais-le-Potier
Épineuil-le-Fleuriel
Vallon-en-Sully
St-Désiré
Vesdun
St-Saturnin
Sidiailles
St-Éloy-d'Allier
Courçais
Viplaix
Mesples
Chambérat
La Chapelaude
Huriel
Domérat
MONTLUÇON
Désertines
Néris-les-Bains
Lavault-Ste-Anne
Prémilhat
Quinssaines
St-Martinien
Boussac
Boussac-Bourg
St-Silvain-Bas-le-Roc
Lavaufranche
Soumans
Toulx-Ste-Croix
Préveranges
St-Marien
St-Priest-la-Marche
St-Palais
Leyrat
Treignat
Archignat
Nouhant
Viersat
Lépaud
Budelière
Chambon-sur-Voueize
Évaux-les-Bains
Verneix
Estivareilles
Reugny
Audes
Chazemais
Nassigny
Ardenais
Maisonnais
Le Châtelet
Puy-Ferrand
St-Maur
St-Vitte
Forêt de Tronçais
Vaux
St-Victor
Teillet-Argenty
St-Genest
Villebret
Mazirat
Terjat
Lignerolles
Montluçon

174
E
F
G
H
Couleuvre
Limoise
Couzon
Bagneux
Cérilly
Tronçais
St-Plaisir
Franchesse
Theneuille
Bourbon-l'Archambault
Ygrande
St-Menoux
Agonges
Montilly
Marigny
Le Brethon
Le Vilhain
Louroux-Bourbonnais
St-Aubin-le-Monial
Autry-Issards
Souvigny
Coulandon
Meillers
Gipcy
St-Hilaire
Vieure
Cosne-d'Allier
Noyant-d'Allier
Châtillon
Cressanges
Vieux-Bostz
Bresnay
Venas
Buxières-les-Mines
Tortezais
Sauvagny
Rocles
Tronget
Le Montet
Chavenon
St-Sornin
Murat
Villefranche-d'Allier
Deux-Chaises
Treban
Meillard
Bizeneuille
Deneuille-les-Mines
Chappes
Doyet
Bézenet
St-Priest-en-Murat
Sazeret
St-Marcel-en-Murat
Voussac
Laféline
Le Theil
Montvicq
Malicorne
Commentry
Montmarault
St-Bonnet-de-Four
Blomard
Target
Bransat
Louroux-de-Beaune
Beaune-d'Allier
Hyds
Colombier
Vernusse
Chirat-l'Église
Monestier
Deneuille-lès-C.
Chantelle
Fourilles
Charell-Cintrat
Lapeyrouse
Louroux-de-Bouble
Coutansouze
Chezelle
Étroussat
La Celle
Buxières-s/s-Montaigut
Durmignat
Échassières
Bellenaves
Charroux
A 71
E 62
E 11
D 953
N 79
209
192

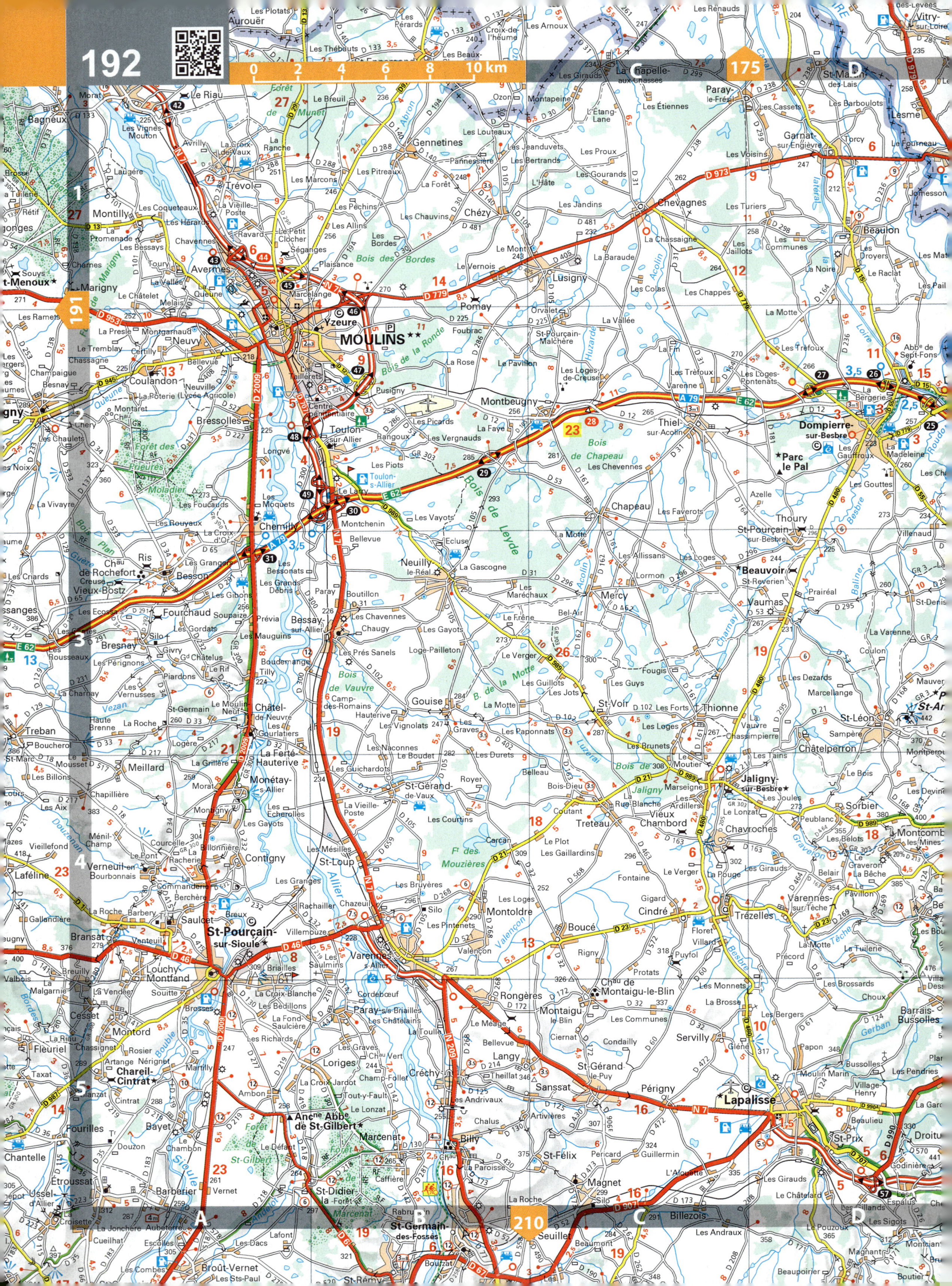
0 2 4 6 8 10 km
175
191
210
A
B
C
D
1
2
3
4
5
MOULINS
Yzeure
Avermes
Trévol
Montilly
Marigny
Neuvy
Coulandon
Bressolles
Toulon-sur-Allier
Chemilly
Besson
Bessay-sur-Allier
Châtel-de-Neuvre
La Ferté-Hauterive
Monétay-s-Allier
Contigny
Meillard
Verneuil-en-Bourbonnais
Saulcet
St-Pourçain-sur-Sioule
Louchy-Montfand
Montord
Chareil-Cintrat
St-Loup
Varennes-s-Allier
Paray-s-Briailles
Loriges
Créchy
Billy
St-Germain-des-Fossés
Marcenat
St-Didier-la-Forêt
Montoldre
Rongères
Sanssat
St-Gérand-le-Puy
Magnet
Seuillet
Périgny
Lapalisse
Servilly
Bouce
Cindré
Trézelles
Varennes-sur-Tèche
Jaligny-sur-Besbre
Chavroches
Treteau
Thionne
St-Voir
Gouise
Neuilly-le-Réal
St-Gérand-de-Vaux
Mercy
Chapeau
Thiel-sur-Acolin
Montbeugny
Lusigny
Chézy
Gennetines
Chevagnes
Paray-le-Frésil
Garnat-sur-Engièvre
Beaulon
Dompierre-sur-Besbre
Parc le Pal
Thoury
St-Pourçain-sur-Besbre
Beauvoir
Vaumas
St-Léon
Châtelperron
Sorbier
Montcombroux-les-Mines
Barrais-Bussolles
Droiturier
St-Prix
Treban
Rocheforf
Fourchaud
Bresnay
Cesset
Fleuriel
Bayet
Étroussat
Barberier
Broût-Vernet
Rabrun
Billezois
Ancne Abbaye de St-Gilbert
Forêt de Moladier
Bois de Chapeau
Bois de Leyde
Bois de Vauvre
Bois des Bordes
Allier
Sioule
Besbre
Loire
Acolin
A 79
E 62
N 7
N 209
D 2009
D 779
D 973
D 989
D 46
D 21
D 23

176
211
194
Bourbon-Lancy
Maltat
Grury
Uxeau
Ste-Radegonde
Mont Dardon
Vendenesse-s-Arroux
Gueugnon
Chalmoux
Neuvy-Grandchamp
Curdin
Chassy
Marly-sur-Arroux
Perrecy-les-Forges
Génelard
Palinges
Digoine
St-Vincent-Bragny
Oudry
Clessy
Perrigny-sur-Loire
Gilly-sur-Loire
Pierrefitte-sur-Loire
St-Agnan
Les Guerreaux
Rigny-sur-Arroux
Digoin
La Motte-St-Jean
Molinet
Coulanges
Saligny-sur-Roudon
Chassenard
St-Léger-lès-Paray
Volesvres
Vitry-en-Charollais
Paray-le-Monial
Hautefond
Charolles
Lugny-lès-Charolles
Changy
St-Yan
Varenne-St-Germain
Monétay-sur-Loire
St-Didier-en-Donjon
St-Léger-sur-Vouzance
L'Hôpital-le-Mercier
Poisson
Nochize
Le Donjon
Neuilly-en-Donjon
Luneau
Avrilly
Vindecy
Montceaux-l'Étoile
Versaugues
Anzy-le-Duc
Varenne-l'Arconce
St-Didier-en-Brionnais
St-Julien-de-Civry
Baugy
Marcigny
Semur-en-Brionnais
Ste-Foy
St-Christophe-en-Brionnais
Chambilly
Céron
Le Bouchaud
Lenax
Loddes
Montaiguet-en-Forez
Urbise
Andelaroche
Sail-les-Bains
St-Martin-du-Lac
Artaix
Melay
Iguerande
St-Julien-de-Jonzy
Ligny-en-Brionnais
St-Maurice-lès-Châteauneuf
Châteauneuf
St-Pierre-la-Noaille
Vivans
La Pacaudière
St-Martin-d'Estréaux
St-Edmond
Oyé
Briant
Vauban
Chauffailles
Loire
Arroux
Arconce
Bourbince
Vouzance
Sornin
Forêt de Germigny
Forêt de Charolles
Bois de Beaumont

0 2 4 6 8 10 km
Charolles
Cluny
Cormatin
La Clayette
Chauffailles
St-Bonnet-de-Joux
Mont-St-Vincent
St-Vallier
Génelard
Digoine
Paray-le-Monial
Butte de Suin
Berzé-le-Châtel
Berzé-la-Ville
Roche de Solutré
Milly-Lamartine
St-Point
Tramayes
Matour
Dompierre-les-Ormes
Monsols
Chapaize
Mont St-Romain
Blanot
Site Préhistorique
Cortambert
Taizé
Salornay-sur-Guye
Massilly
Donzy-le-Pertuis
La Guiche
Joncy
Chevagny-sur-Guye
St-André-le-Désert
Mazille
Ste-Cécile
Bourgvilain
Sologny
Vendenesse-lès-Charolles
Dun
Drée
Trambly
St-Germain-en-Brionnais
Ozolles
Beaubery
Vérosvres
Trivy
Bergesserin
Germolles-sur-Grosne
St-Jacques-des-Arrêts
Ouroux
Aigueperse
Propières
Azolette
Chénelette
St-Igny-de-Vers
Vauxrenard
Avenas
Fleurie
Juliénas
Pruzilly
Leynes
Chasselas
Vergisson
Davayé
Prissé
Hameau Duboeuf
Vinzelles
Chânes
Crêches-sur-Saône
A B C D
1 2 3 4 5

193
177
212

178
Sennecey-le-Grand
Louhans-Châteaurenaud
Tournus
Cuisery
Brienne
Romenay
St-Trivier-de-Courtes
Pont-de-Vaux
Mâcon
Replonges
Montrevel-en-Bresse
Bourg-en-Bresse
Brou
Attignat
Vonnas
St-Cyr-s-M.
Varennes-St-Sauveur
Dommartin-lès-Cuiseaux
St-Amour
Coligny
Montpont-en-Bresse
Ménetreuil
Savigny-sur-Seille
Rancy
Bantanges
Simandre
Ratenelle
Sermoyer
Arbigny
Vescours
Grandval
Courtes
Servignat
Mantenay-Montlin
Foissiat
Jayat
Marboz
Viriat
Polliat
Confrançon
Perrex
Mézériat
Vandeins
Buellas
Montcet
Chaveyriat
Montracol
Condeissiat
Neuville-les-Dames
Crottet
Bâgé-le-Châtel
Feillens
Manziat
Chevroux
Boissey
Ozan
Asnières-sur-Saône
Reyssouze
Gorrevod
Chavannes-sur-Reyssouze
St-Bénigne
Boz
Cormoz
Pirajoux
Domsure
Beaupont
Marsonnas
Béréziat
Malafretaz
Curtafond
Vésines
Hurigny
Sancé
Charnay-lès-Mâcon
Crêches-sur-Saône
Varennes-lès-Mâcon
Grièges
Pont-de-Veyle
Laiz
Cruzilles-lès-Mépillat
St-Jean-sur-Veyle
Biziat
Illiat
Sulignat
Uchizy
Fleurville
Viré
Clessé
Chardonnay
Ozenay
Brancion
Plottes
Farges-lès-Mâcon
Lacrost
Préty
La Truchère
St-Martin-Belle-Roche
St-Jean-le-Priche
Sennecé-lès-Mâcon
St-Laurent-s-Saône
St-Étienne-du-Bois
Villemotier
Montagnat
Péronnas
St-Denis-lès-Bourg
196
213
E
F
G
H
A 40
A 406
A 39
A 6
D 975
D 1079
D 906
D 971

0 2 4 6 8 10 km
179
195
214
A
B
C
D
1
2
3
4
5
Orgelet
Clairvaux-les-Lacs
Pont-de-Poitte
Moirans-en-Montagne
St-Lupicin
St-Claude
Oyonnax
Nantua
Arinthod
St-Julien
St-Amour
Cuiseaux
Coligny
St-Étienne-du-Bois
Ceyzériat
Bourg-en-Bresse
Izernore
Montréal-la-Cluse
Dortan
Thoirette
Cressia
Beaufort
Frontenaud
Dommartin-lès-Cuiseaux
Champagnat
Villemotier
Treffort-Cuisiat
Simandre-s-Suran
Jasseron
Meillonnas
Chavannes-s-Suran
Germagnat
Montfleur
Vosbles
Chisséria
St-Hymetière
Lect
Vaux-lès-St-Claude
Lavancia-Epercy
Arbent
Dinoplagne
Échallon
Belleydoux
St-Germain-de-Joux
Lac de Vouglans
Lac de Coiselet
Forêt de Macretet
Gorges de l'Ain
Lac de Genin
Sylans
Maisod
Meussia
Charchilla
Crenans
Ravilloles
Marigna-s-Valouse
Chatonnay
Louvenne
Montrevel
Nancuise
Sarrogna
Chambéria
Fétigny
Légna
Dramelay
Cézia
Chemilla
Ecrille
Plaisia
Moutonne
Beffia
Rothonay
Augisey
Présilly
Dompierre
Marnézia
Mesnois
Patornay
Boissia
Uxelles
Soucia
Thoiria
Étival
Coyron
Charézier
Denezières
Vertamboz
Hautecour
Doucier
Largillay-Marsonnay
Nogna
Poids-de-Fiole
Alièze
Courbette
Bornay
Cesancey
Gevingey
Ste-Agnès
Bonnaud
Flacey-en-Bresse
Maynal
Augea
Cousance
Gizia
Digna
Chevreaux
Loisia
Gigny
Graye-et-Charnay
Monnetay
Véria
Balanod
Andelot-Morval
Aubépin
Nanc-lès-St-Amour
Thoissia
Domsure
Pirajoux
Salavre
Verjon
Courmangoux
Pressiat
Cuisiat
Drom
Ramasse
Revonnas
Hautecourt-Romanèche
Cize
Bolozon
Serrières
Nurieux-Volognat
Peyriat
Matafelon-Granges
Samognat
Géovreisset
Bellignat
Groissiat
Martignat
Apremont
Charix
Béard-Géovreissiat
Sonthonnax-la-Montagne
Corveissiat
Aromas
Cornod
Coisia
Chancia
Villeneuve-lès-Charnod
Charnod
Montagna-le-Templier
Broissia
Bourcia
Villechantria
Dessia
Valfin-s-Valouse
Lains
Genod
Vescles
Montcusel
Viry
Rogna
Choux
Les Crozets
Villards-d'Héria
Lavans-lès-St-Claude
Ravilloles
Jeurre
Martigna
Vouglans
Cernon
Onoz
Mercantine
Belv. du Regardoir

180
198
215
E
F
G
H
1
2
3
4
5
Pic de l'Aigle
St-Laurent-en-Grandvaux
Morbier
Morez
Les Rousses
Bois-d'Amont
Bellefontaine
Lac des Rousses
St-Cergue
La Dôle
Col de la Faucille
Divonne-les-B.
Gex
Colomby de Gex
Mont-Rond
Crêt de la Neige
St-Claude
Septmoncel
Lajoux
Mijoux
Crêt de Chalam
Ferney-Voltaire
St-Genis-Pouilly
Thoiry
Meyrin
GENÈVE
Palais des Nations
Carouge
Annemasse
Gaillard
Versoix
Coppet
Nyon
Rolle
Gland
Bière
Mont Tendre
Le Sentier
Col du Marchairoz
Longirod
Gimel
Trélex
Gingins
Prangins
Hermance
Douvaine
Thonon
Collonge-Bellerive
Chêne-Bougeries
Vandoeuvres
Onex
Lancy
Satigny
Chézery-Forens
Pont des Pierres
Collonges
Reignier-Esery
Lac Léman
Camp militaire
PARC NATUREL RÉGIONAL DU HAUT JURA
Forêt du Risoud
Vallée de Joux
Forêt du Massacre

0 2 4 6 8 10 km
LAUSANNE
LAC LÉMAN
THONON-LES-BAINS
ÉVIAN-LES-BAINS
Morges
Ouchy
Pully
Renens
Prilly
Lutry
Vevey
La Tour-de-Peilz
St-Gingolph
Meillerie
Lugrin
Amphion-les-Bains
Publier
Ripaille
Port Ripaille
Excenevex
Sciez
Yvoire
Anthy-sur-Léman
Allinges
Rolle
Perroy
Allaman
Aubonne
St-Prex
Préverenges
St-Sulpice
Ecublens
Cossonay
Cheseaux
Epalinges
Belmont
Savigny
Cully
Grandvaux
Epesses
Rivaz
St-Saphorin
Chexbres
Puidoux
Corniche de Lavaux
Abondance
Châtel
Morzine
Avoriaz
Les Gets
Taninges
St-Jeoire
Boëge
Bonne
Le Biot
St-Jean-d'Aulps
Montriond
La Chapelle-d'Abondance
Vacheresse
Bernex
Thollon-les-M.
Pic de Mémise
La Dent d'Oche
Les Cornettes de Bises
Gges du Pt du Diable
Roc d'Enfer
Col du Corbier
Col de Cou
Habère-Poche
Habère-Lullin
Bellevaux
Mégevette
Onnion
Vailly
Lullin
Reyvroz
Armoy
Margencel
Douvaine
Machilly
St-Cergues
Burdignin
Villard
Drailllant
Perrignier
Massongy
Col de Joux Plane
Mont Chéry
Le Pleney
Tête du Linga
A
B
C
D
1
2
3
4
5
181
197
216

181

E
F
G
H
1
2
3
4
5
Gruyères
Bulle
Châtel-St-Denis
Blonay
Montreux
Territet
Chillon
Villeneuve
Rochers de Naye
Montbovon
Rossinière
Château-d'Oex
Rougemont
Saanen
Gstaad
Saanenmöser
Zweisimmen
St-Stephan
Lenk
Lauenen
Gsteig
Les Diablerets
LES DIABLERETS
Scex Rouge
Leysin
Aigle
Ollon
Villars-s-Ollon
Gryon
Bex
Monthey
St-Maurice
Champéry
Dents du Midi
Col des Mosses
Les Mosses
Col du Pillon
Col du Sanetsch
Wildhorn
Grand Muveran
Pas de Cheville
Derborence
Anzère
Arbaz
Grimisuat
Savièse
SION
Conthey
Vétroz
Ardon
Chamoson
Leytron
Saillon
Riddes
Isérables
St-Pierre-de-Clages
Nendaz
Vex
Veysonnaz
Val de Nendaz
Val d'Hérémence
Grde Dixence
Fully
Saxon
Charrat
Martigny
Verbier
Mt Fort
Dorénaz
Collonges
Evionnaz
Lac de Salanfe
Pont du Gueuroz
Col de la Croix
Pays d'Enhaut
Réserve de la Pierreuse
Lac de l'Hongrin
Lac du Vernex
Chamossaire
Pic Chaussy
Tour d'Aï
Vallée de l'Etivaz
Col du Jaman
Les Pléiades
Noville
Rennaz
Roche
Yvorne
Corbeyrier
Vouvry
Vionnaz
Collombey
Massongex
Lavey-Village
Vérossaz
Mex
Rhône
Saane
Sarine
Simme

217

**ÎLE DE RÉ
0 2 4 6 8 10 km
183
218
A
B
C
D
1
2
3
4
5
PERTUIS D'ANTIOCHE
LA ROCHELLE
Pte de Chauveau
Phare de Chauveau
Tour du Lavardin
Sablanceaux
Ste-Marie-de-Ré
La Noue
Fort de la Prée
L'Houmeau
Lagord
Puilboreau
Périgny
Aytré
La Jarrie
Salles-s-Mer
Angoulins
Châtelaillon-Plage
Pte de Roux
Pte du Chay
Tour d'Antioche
Rocher d'Antioche
Pte de Chassiron
Phare de Chassiron
Plage de Soubrejon
St-Denis-d'Oléron
La Brée-les-Bains
Anse de Maleconche
Plage de la Gautrelle
Pte de Châtelaillon
Rade des Basques
Pte du Parc
Île-d'Aix
Fort Liedot
Pte de Coudepont
Fort Boyard
Pte des Saumonards
Ste Catherine
Fort de la Rade
Fort Enet
Pte de la Fumée
Anse de Fouras
Fouras-les-Bains
Rade de l'Île d'Aix
Baie d'Yves
Réserve naturelle du Marais d'Yves
Yves
Anse du Marais Salé
St-Georges-d'Oléron
Pte de Chaucre
Boyardville
Plage des Sables-Vigniers
Pte de Chardonnière
St-Pierre-d'Oléron
La Perrotine
Île Madame
Passe aux Bœufs (Route submersible)
Port-des-Barques
ROCHEFORT
Réserve naturelle des Marais de Moëze
Côte Sauvage
La Cotinière
Dolus-d'Oléron
St-Nazaire-s-Charente
Soubise
St-Froult
Moëze
Tour de Juliard
Le Château-d'Oléron
ÎLE D'OLÉRON
Plage de Vert-Bois
Le Grd-Village-Plage
Port des Salines
Fort Louvois
Brouage
Pte des Chardons
Bourcefranc-le-Chapus
Hiers-Brouage
Plage de la Giraudière
St-Trojan-les-Bains
Pte de Manson
La Grande Plage
Marennes
Pertuis de Maumusson
Pte de Gatseau
Viaduc de la Seudre
Plage de l'Embellie
Pointe Espagnole ou Pointe d'Arvert
La Tremblade
Forêt de la Coubre
Bois de Bouffard
St-Just-Luzac
St-Jean-d'Angle
St-Sornin
Arvert
Étaules
Les Mathes
Chaillevette
Mornac-s-Seudre
La Coubre
Zoo
St-Augustin
Bonne Anse
Pointe de la Coubre
Breuillet
L'Éguille

184
202
219
E
F
G
H
1
2
3
4
5
Surgères
Tonnay-Boutonne
St-Jean-d'Angély
St-Savinien
SAINTES
Taillebourg
La Roche-Courbon
St-Porchaire
Pont-l'Abbé-d'Arnoult
Chaniers
Villiers-en-Bois
Zoodyssée
Dampierre-s-Boutonne
Aulnay
Matha
Burie
Brizambourg
Écoyeux
Aujac
Nuaillé-s-B.
Loulay
Vergné
Dœuil-s-le-Mignon
St-Félix
Bernay-St-Martin
Genouillé
Muron
Puyravault
Vouhé
St-Georges-du-Bois
Marsais
Priaires
Usseau
La Foye-Monjault
Beauvoir-sur-Niort
Prissé-la-Charrière
Belleville
Chizé
Réserve Nationale de Chasse
Forêt de Chizé
Fenioux
Grandjean
Bignay
Taillant
Annepont
Juicq
St-Hilaire-de-Villefranche
Nantillé
Asnières-la-Giraud
Fontenet
Varaize
St-Julien-de-l'Escap
Courcelles
Landes
Les Nouillers
Archingeay
Bords
Cabariot
Champdolent
Geay
Crazannes
Port-d'Envaux
St-Vaize
Bussac-s-Charente
Fontcouverte
Vénérand
St-Césaire
St-Sauvant
Ste-Radegonde
Beurlay
Romegoux
Trizay
St-Sulpice-d'Arnoult
Soulignonne
Nieul-lès-Saintes
St-Georges-des-Coteaux
Corme-Royal
Pessines
Luchat
Pisany
Varzay
Nancras
Balanzac
Courcoury
Les Gonds
Chérac
Louzac-St-André
Dompierre-s-Charente
Mazeray
Puy-du-Lac
Lussant
Moragne
Péré
Landrais
Vandré
Chervettes
Annezay
Nachamps
St-Loup
Torxé
Voissay
Ternant
Migré
Coivert
Antezant-la-Chapelle
Les Églises-d'Argenteuil
Vervant
Poursay-Garnaud
Ste-Même
Aumagne
Bercloux
Authon-Ébéon
St-Pardoult
Puyrolland
Courant
Bois de Chizé
Charente
Boutonne
A 10
A 837
E 5
E 602
N 11
N 150
N 141
D 939
D 739
D 950
D 911
D 114
D 115
D 150
D 137
D 728
D 24

0 2 4 6 8 10 km
185
201
220
A
B
C
D
1
2
3
4
5
Melle
St-Hilaire
Pouffonds
Chail
St-Vincent-la-Châtre
St-Romans-lès-Melle
Mazières-s-Béronne
Périgné
St-Médard
Brûlain
St-Romans-
La Fragnée
Usseau
Le Grand Bois
Mougon
Prissé-la-Charrière
Forêt de Chizé
Villiers-en-Bois
Zoodyssée
Réserve Nationale de Chasse
Chizé
Les Fosses
Vaubalier
Champromard
Secondigné-sur-Belle
Séligné
Brioux-sur-Boutonne
Vernoux-sur-Boutonne
Lusseray
Paizay-le-Tort
St-Génard
Maisonnay
Sompt
Gournay-Loizé
Chef-Boutonne
Fontenille-St-Martin-d'Entraigues
Chérigné
Luché-sur-Brioux
Villefollet
Juillé
Asnières-en-Poitou
Belleville
St-Étienne-la-Cigogne
Boisserolles
Villeneuve-la-Comtesse
La Croix-Comtesse
Villenouvelle
Le Vert
Dampierre-s-Boutonne
St-Séverin-s-Boutonne
Availles-sur-Chizé
Asnières
Ensigné
Paizay-le-Chapt
Loubigné
Loubillé
Aubigné
Fleury
Migré
Vergné
Coivert
Blanzay
St-Georges-de-Longuepierre
La Villedieu
Forêt d'Aulnay
Vinax
Loulay
St-Martial
La Jarrie-Audouin
St-Pierre-de-l'Isle
Aulnay
Salles-lès-Aulnay
St-Mandé-s-Brédoire
Contré
Villemain
Nuaillé-s-B.
St-Pardoult
Antezant-la-Chapelle
Villemorin
Saleignes
Romazières
Villiers-Couture
Couture-d'Argenson
Les Éduts
Néré
Paillé
Les Églises-d'Argenteuil
Cherbonnières
Vervant
Poursay-Garnaud
Courcelles
St-Jean-d'Angély
St-Julien-de-l'Escap
St-Pierre-de-Juillers
Loiré-s-Nie
Seigné
Fontaine-Chalendray
Chives
Les Gours
Lupsault
Varaize
St-Martin-de-Juillers
Le Gicq
Gibourne
Bazauges
Barbezières
Fontenet
Les Touches-de-Périgny
Cressé
Mazeray
Asnières-la-Giraud
La Brousse
Bagnizeau
Gourvillette
Beauvais-s-Matha
Ranville-Breuillaud
Nantillé
Ste-Même
Aumagne
Blanzac-lès-M.
Matha
Massac
St-Ouen
Verdille
Hiaims
Bresdon
St-Hilaire-de-Villefranche
Juicq
Écoyeux
Bercloux
Authon-Ébeon
Prignac
Thors
Sonnac
Louzignac
Siecq
Auge-St-Médard
Anville
Brizambourg
Migron
Mons
Brie-s-Matha
Ballans
Neuvicq-le-Château
Montigné
Vénérand
Villars-les-Bois
Le Seure
Bréville
Macqueville
Rouillac
Burie
Mesnac
St-Bris-des-Bois
Abbaye de Fontdouce
St-Césaire
St-Sulpice-de-Cognac
Cherves-Richemont
Ste-Sévère
Courbillac
Houlette
Mareuil
Vaux-Rouillac
Sigogne
Chaniers
Louzac-St-André
Chérac
Reparsac
Nercillac
Boutiers-St-Trojan
Foussignac
Échallat

186
E
F
G
H
Chaunay
Couhé
Sauzé-Vaussais
Civray
Savigné
Charroux
Limalonges
St-Saviol
Genouillé
Asnois
Pleuville
Surin
Chatain
Lizant
Ruffec
Champagne-Mouton
Nanteuil-en-Vallée
Verteuil-s-Charente
Villefagnan
Salles-de-Villefagnan
Courcôme
Aunac
Mansle
Chenon
Chasseneuil-s-Bonnieure
La Rochefoucauld
Vars
Montignac-Charente
St-Amant-de-Boixe
St-Angeau
Ste-Colombe
La Rochette
Agris
Valence
Cellefrouin
Lussac
Suaux
Nieuil
St-Claud
Turgon
Chassiecq
Parzac
Beaulieu-s-Sonnette
Mouton
Aussac-Vadalle
Coulgens
Jauldes
Anais
Tourriers
Fouqueure
Aigre
Marcillac-Lanville
Tusson
Ébréon
Charente
Bonnieure
Son-Sonnette
Forêt de la Boixe
Forêt de Quatre-Vaux
Forêt de Belair
Forêt de Tusson
Forêt de Ruffec
Camp militaire
221
204

0 2 4 6 8 10 km
187
203
222
A
B
C
D
1
2
3
4
5
L'Isle-Jourdain
Le Vigeant
Mouterre-sur-Blourde
Millac
Charroux
Pressac
Availles-Limouzine
Abzac
Le Bouchage
Pleuville
Surin
Chatain
Épenède
Hiesse
Lessac
St-Germain-de-Confolens
Brillac
Oradour-Fanais
Gajoubert
Alloue
Benest
Champagne-Mouton
Vx-Ruffec
St-Coutant
Confolens
Esse
Lesterps
St-Christophe
Ambernac
Ansac-s-Vienne
Manot
St-Maurice-des-Lions
Saulgond
Brigueuil
Chassiecq
Turgon
Le Grd-Madieu
Parzac
St-Laurent-de-Céris
Beaulieu-s-Sonnette
Chirac
Chabrac
Étagnac
Rochechouart
Cellefrouin
St-Claud
Nieuil
Lussac
Roumazières-Loubert
Exideuil
Chabanais
Saillat-s-Vienne
Chasseneuil-s-Bonnieure
Genouillac
Suris
Mazières
Chassenon
Pressignac
St-Quentin-s-Charente
Cherves-Châtelars
Lésignac-Durand
Mouzon
Massignac
Verneuil
Vitrac-St-Vincent
Montembœuf
St-Adjutory
Taponnat-Fleurignac
Yvrac-et-Malleyrand
Mazerolles
Le Lindois
Lavauguyon
Vayres
La Rochefoucauld
Marillac-le-Franc
St-Projet-St-Constant
St-Bazile
Confolens
Charente
Vienne
Issoire
Goire
Graine
Bonnieure
Sonnette
Son-Tardoire
Bois de Belair
Forêt de la Braconne
Bois du Chambon
Lac de Lavaud
Lac de Mas Chaban
Coriobona
N 141
N 145
E 603
D 951
D 948
D 148
D 741
D 740
D 739

187
188
206
223
E
F
G
H
1
2
3
4
5
Bussière-Poitevine
Magnac-Laval
Dompierre-les-Églises
Le Dorat
St-Sornin-Leulac
Châteauponsac
Bellac
Peyrat-de-Bellac
Blanzac
Rancon
Mézières-s-Issoire
Nouic
Mortemart
Montrol-Sénard
Blond
Breuilaufa
Vaulry
Chamboret
Nantiat
Thouron
Compreignac
Razès
Bessines
St-Pardoux
Lac de St-Pardoux
St-Symphorien-s-Couze
Cieux
Oradour-s-Glane
Javerdat
Peyrilhac
Nieul
St-Jouvent
Bonnac-la-Côte
Ambazac
St-Sylvestre
St-Junien
St-Brice-s-Vienne
St-Victurnien
Couzeix
Chaptelat
Rilhac-Rancon
LIMOGES
Le Palais-s-Vienne
Panazol
Isle
Aixe-s-Vienne
Condat-s-Vienne
Feytiat
Solignac
Verneuil
Cognac-la-Forêt
St-Laurent-s-Gorre
Séreilhac
St-Priest-Taurion
St-Martin-Terressus
Le Vigen
Boisseuil
Eyjeaux
Beynac
St-Martin-le-Vieux
St-Auvent
St-Cyr
Gorre
Villefavard
Droux
St-Amand-Magnazeix
Fromental
Fougerolles
Balledent
Roussac
Berneuil
St-Junien-les-Combes
Forêt de Rancon
Monts de Blond
Forêt des Coutumes
Bois de Ste-Anne
Forêt de Veyrac
Veyrac
St-Gence
Fromental
Saint-Sornin-la-Marche
Ste-Marie-de-Vaux
St-Yrieix-s-Aixe
St-Priest-s-Aixe
N 147
N 145
N 141
N 520
N 21
A 20
E 62
D 941
D 979
D 675
D 711
D 942
D 951

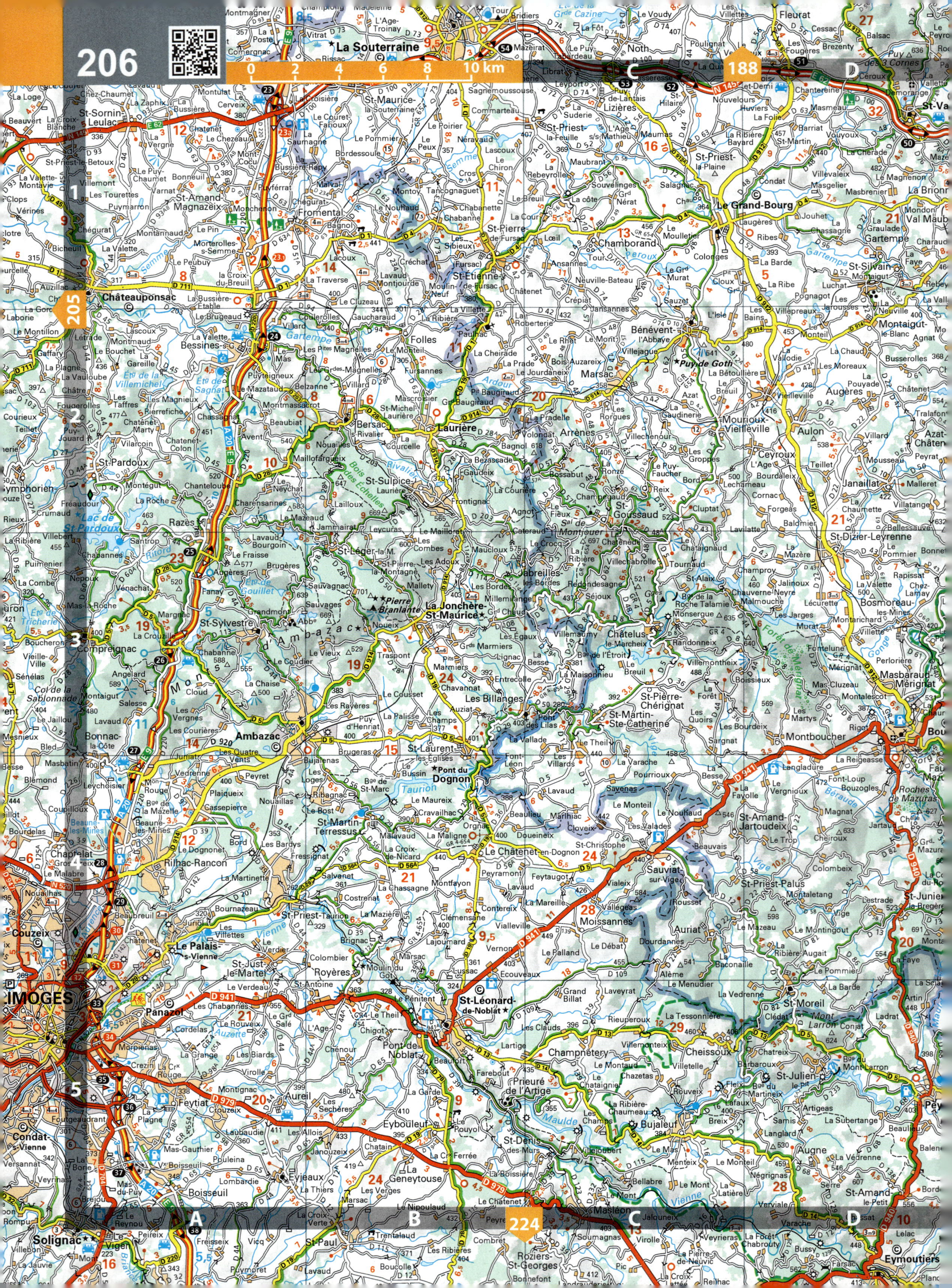
0 2 4 6 8 10 km
188
205
224
A
B
C
D
1
2
3
4
5
La Souterraine
Châteauponsac
Le Grand-Bourg
Bessines-s-Gartempe
Bersac
Laurière
St-Sulpice-Laurière
Bénévent-l'Abbaye
Marsac
Mourioux-Vieilleville
St-Pardoux
Lac de St-Pardoux
Razès
St-Sylvestre
Compreignac
Ambazac
Jabreilles-les-Bordes
La Jonchère-St-Maurice
Pierre Branlante
St-Goussaud
Châtelus-le-Marcheix
Les Billanges
St-Martin-Ste-Catherine
St-Pierre-Chérignat
St-Dizier-Leyrenne
Bourganeuf
Montboucher
St-Laurent-les-Églises
Pont du Dognon
St-Martin-Terressus
Le Châtenet-en-Dognon
Sauviat-sur-Vige
Moissannes
St-Amand-Jartoudeix
St-Priest-Palus
Le Palais-s-Vienne
St-Priest-Taurion
Royères
St-Léonard-de-Noblat
St-Just-le-Martel
Panazol
Limoges
Feytiat
Aureil
Eybouleuf
St-Denis-des-Murs
Champnétery
Cheissoux
St-Moreil
St-Julien
Peyrat
Bujaleuf
Eyjeaux
La Geneytouse
Boisseuil
Condat-s-Vienne
Solignac
Masléon
Eymoutiers
Couzeix
Rilhac-Rancon
Nieul
Masbaraud-Mérignat
Montaigut-le-Blanc
Augères
Aulon
Janaillat
Gartempe
St-Sornin-Leulac
St-Amand-Magnazeix
Fromental
Folles
St-Étienne-de-Fursac
St-Pierre-de-Fursac
Chamborand
Arrènes
Puy de Goth
St-Priest-la-Plaine
St-Léger-la-Montagne
Sauviat-sur-Vige
Roziers-St-Georges
St-Paul
Vigen

189
208
225
E
F
G
H
1
2
3
4
5
Guéret
Aubusson
Felletin
Gouzon
Chénérailles
Ahun
Moutier-d'Ahun
Pontarion
Sous-Parsat
Bourganeuf
Villemonteix
Jarnages
Ste-Feyre
La Saunière
St-Sulpice-le-Guérétois
Glénic
Ajain
St-Fiel
Parc animalier
Peyrabout
Savennes
St-Christophe
Maisonnisses
St-Éloi
Sardent
Vidaillat
Soubrebost
Pierre-aux-neuf-Gradins
St-Pardoux-Morterolles
Royère-de-Vassivière
Lac de Vassivière
Île de Vassivière
Auphelle
Gentioux-Pigerolles
Pont de Sénoueix
St-Marc-à-Loubaud
La Nouaille
Vallière
St-Yrieix-la-Montagne
Banize
Chavanat
St-Michel-de-Veisse
Blessac
Forêt de Blessac
Alleyrat
St-Amand
St-Alpinien
Néoux
Moutier-Rozeille
Crocq
Clairavaux
St-Quentin-la-Chabanne
Poussanges
Croze
Gioux
Magnat-l'Étrange
St-Georges-Nigremont
Mainsat
Champagnat
Peyrat-la-Nonière
Lavaveix-les-Mines
St-Martial-le-Mont
Issoudun-Létrieix
St-Médard-la-Rochette
La Rochette
Ars
Masgot
Franseches
St-Sulpice-les-Champs
St-Georges-la-Pouge
Le Donzeil
La Pouge
St-Hilaire-le-Château
Mazeirat
Pionnat
Vigeville
Cressat
St-Dizier-la-Tour
Parsac
Rimondeix
Lépinas
Signal du Pic
Le Condrot
Camp de la Courtine
N 145
D 941
D 942
D 990
D 982
D 997
D 940
D 912

0 2 4 6 8 10 km
190
207
226
A
B
C
D
1
2
3
4
5
Gouzon
Chambon-sur-Voueize
Évaux-les-Bains
Chambonchard
Marcillat-en-Combraille
Lussat
Tardes
Pierrefitte
St-Chabrais
St-Loup
Chénérailles
Villemonteix
St-Julien-le-Châtel
Le Chauchet
Sannat
St-Julien-la-Genête
Fontanières
Château-sur-Cher
Reterre
St-Priest
Arfeuille-Châtain
Mainsat
Rougnat
Auzances
Charron
St-Maurice-près-Pionsat
Bussières
Pionsat
St-Fargeol
St-Hilaire
Peyrat-la-Nonière
Puy-Malsignat
Champagnat
Bellegarde-en-Marche
Lupersat
St-Domet
Bussière-Nouvelle
Le Compas
Les Mars
Dontreix
Vergheas
Charensat
Tour
Sermur
Châtelard
Lioux-les-Monges
Chard
St-Maixant
St-Amand
St-Silvain-Bellegarde
Aubusson
Mautes
St-Alpinien
Moutier-Rozeille
Néoux
St-Pardoux-le-Neuf
St-Avit-de-Tardes
La Villetelle
St-Bard
La Villeneuve
Mérinchal
Montel-de-Gelat
Villosanges
Tralaigues
Felletin
Ste-Feyre-la-Montagne
St-Frion
Pontcharraud
St-Maurice-près-Crocq
Crocq
St-Pardoux-d'Arnet
St-Oradoux-près-Crocq
Basville
La Mazière-aux-Bons-Hommes
St-Avit
Landogne
Condat-en-Combraille
Combrailles
St-Georges-Nigremont
Montel-Guillaume
Poussanges
La Celle
Fernoël
Giat
Voingt
St-Étienne-des-Champs
Puy-St-Gulmier
Magnat-l'Étrange
St-Agnant-près-Crocq
Flayat
Verneugheol
Sauvagnat
Prondines
Clairavaux
Malleret
Herment
Camp de la Courtine
Étang des Landes
Forêt de Drouille
D 941
D 915
D 990
D 988
D 996
D 4
D 10
D 13
D 982
D 204
D 987

191
32
227
210
E
F
G
H
1
2
3
4
5
Montaigut
St-Eloy-les-Mines
Durmignat
Moureuille
Échassières
Lalizolle
Menat
Gorges de la Sioule
Gorges de Chouvigny
Chouvigny
Ébreuil
Gannat
Charroux
Bellenaves
Naves
Vicq
Bègues
St-Rémy-de-Blot
Pouzol
Neuf-Église
Lisseuil
St-Pardoux
Champs
Jozerand
Aigueperse
Artonne
St-Gervais-d'Auvergne
Châteauneuf-les-Bains
Manzat
Combronde
Davayat
Méandre de Queuille
Viaduc des Fades
Queuille
St-Georges-de-Mons
Châtel-Guyon
Mozac
RIOM
Ennezat
Volvic
Château de Tournoël
Châteaugay
Les Ancizes-Comps
Miremont
Montfermy
Pontgibaud
St-Ours
Vulcania
Puy de Dôme
Orcines
Chamalières
Cébazat
Gerzat
Blanzat
Montferrand
Aulnat
Pont-du-Château
CLERMONT-FERRAND
Royat
Beaumont
Aubière
Parc Naturel Régional des Volcans d'Auvergne
Lezoux

0 2 4 6 8 10 km
192
209
228
VICHY
Bellerive-sur-Allier
Cusset
St-Germain-des-Fossés
Gannat
Aigueperse
St-Yorre
Randan
Maringues
Puy-Guillaume
Thiers
Lezoux
Pont-du-Château
Ennezat
Châteldon
Le Mayet-de-Montagne
Ferrières-sur-Sichon
Courpière
Billezois
Seuilles
Molles
Arronnes
Mariol
Lachaux
Vollore-Ville
Peschadoires
Pont-de-Dore
Escoutoux
Celles-s/-Durolle
Chabreloche
Palladuc
St-Rémy-sur-Durolle
Effiat
Montpensier
Bas-et-Lezat
Limons
Luzillat
Vinzelles
Crevant-Laveine
Bulhon
Culhat
Seychalles
Moissat
Vertaizon
Cournon-d'Auvergne
CLERMONT-FERRAND
Abrest
Hauterive
Serbannes
Brugheas
Espinasse-Vozelle
Cognat-Lyonne
Charmeil
Creuzier-le-Vieux
Creuzier-le-Neuf
Vendat
Escurolles
Saulzet
Monteignet-s/-l'Andelot
Biozat
Charmes
St-Sylvestre-Pragoulin
St-Priest-Bramefant
Mons
Beaumont-lès-R.
St-André-le-Coq
St-Denis-Combarnazat
Thuret
Sardon
Surat
St-Ignat
Entraigues
St-Laure
Chappes
Joze
Lempty
Orléat
Noalhat
Dorat
Paslières
Charnat
Mariol
Ris
Busset
St-Victor-Montvianeix
Chateldon
Montagne Bourbonnaise
Bois Noirs
Margerides
Viscomtat
Ste-Agathe
Aubusson-d'Auvergne
Augerolles
Le Breuil
Isserpent
St-Christophe-en-Bourbonnais
St-Étienne-de-Vicq
Bost
Magnet
St-Félix
Billy
Marcenat
Le Vernet
Nizerolles
La Chapelle
Chervin
Gacon
Crépin
Arloings
Allier
Sioule
Morge
Dore
Jolan
Credogne
Durolle
Couzon
A 719
A 71
A 89
E 70
D 906
D 2089
D 2009
D 2209
D 1093
D 210
D 907
D 995
D 984
D 6
D 7
D 25
D 223
D 229

193
212
229
ROANNE
Le Coteau
Riorges
Mably
Perreux
Charlieu
St-Haon-le-Châtel
Renaison
St-Just-en-Chevalet
Noirétable
St-Germain-Laval
Balbigny
Feurs
Boën
St-Symphorien-de-Lay
Pouilly-sous-Charlieu
Ambierle
St-Jean-St-Maurice-s-Loire
Villerest
Neulise
Pommiers
Monts de la Madeleine
Loire

0 2 4 6 8 10 km
194
211
230
A
B
C
D
1
2
3
4
5
Beaujeu
Monsols
Belmont-de-la-Loire
Cours
Thizy-les-Bourgs
Amplepuis
Lamure-sur-Azergues
Villefranche-sur-Saône
Anse
Le Bois-d'Oingt
Tarare
L'Arbresle
Feurs
Balbigny
St-Laurent-de-Chamousset
Chambost-Allières
Grandris
St-Nizier-d'Azergues
Chénelette
Propières
Azolette
Les Ardillats
Quincié-en-Beaujolais
Régnié-Durette
Villié-Morgon
Fleurie
Chiroubles
Odenas
St-Étienne-des-Oullières
Le Perréon
Vaux-en-Beaujolais
Salles-Arbuissonnas-en-Beaujolais
Blacé
Denicé
Gleizé
Lacenas
Cogny
Rivolet
Montmelas-St-Sorlin
Jarnioux
Pommiers
Theizé
Oingt
Légny
Bagnols
Châtillon
Chessy
Bully
Savigny
Sain-Bel
Eveux
Lentilly
Fleurieux
Dommartin
Pontcharra
Joux
Violay
Bussières
St-Forgeux
St-Romain-de-Popey
Ancy
Montrottier
Bessenay
Brullioles
Chevinay
Vaugneray
Brindas
Grézieu-la-Varenne
Pollionnay
Montchal
Panissières
Chambost-Longessaigne
Villechenève
Longessaigne
Valsonne
Ternand
Létra
Ronno
Cublize
Régny
Pouilly-lès-Feurs
Salt-en-Donzy
Marcy-l'Étoile
La Tour-de-Salvagny
Charbonnières-les-Bains
St-Genis-les-Ollières
Col des Sauvages
Col de Favardy
Col du Pilon
Col des Écorbans
Forêt de Brou
Lac des Sapins
Azergues
Turdine
Brévenne

195
E
F
G
H
1
2
3
4
214
231
Châtillon-s-Chalaronne
St-Trivier-s-Moignans
Villars-les-Dombes
Chalamont
Pérouges
Meximieux
Montluel
Miribel
Rillieux-la-Pape
Caluire-et-Cuire
Villeurbanne
LYON
Vaulx-en-Velin
Meyzieu
Décines-Charpieu
Bron
Genas
St-Priest
Trévoux
Neuville-s-Saône
Dompierre-s-Chalaronne
Ambérieux-en-Dombes
Savigneux
Lapeyrouse
Marlieux
St-Paul-de-Varax
Versailleux
Joyeux
Birieux
Monthieux
St-Marcel-en-Dombes
St-André-de-Corcy
Mionnay
Tramoyes
Dagneux
Balan
Béligneux
Bressolles
Ste-Croix
Pizay
St-Maurice-de-Gourdans
Loyettes
Anthon
Chavanoz
Pont-de-Chéruy
Charvieu-Chavagneux
Villette-d'Anthon
Jonage
Pusignan
Colombier-Saugnieu
Jameyzieu
Crémieu
Ville-sous-Anthon
Parc archéologique de Larina
Châtillon-la-Palud
Villieu-Loyes-Mollon
Charnoz-sur-Ain
Blyes
Chazey-sur-Ain
Lagnieu
Ambérieu
Dompierre-sur-Veyle
Servas
Lent
St-Nizier-le-Désert
Ile de Miribel-Jonage
Parc des Oiseaux
Forêt de Seillon
Camp de la Valbonne
Parc de Parilly
St-Fons
Oullins
Sathonay
Fontaines
Collonges
Genay
Montanay
Reyrieux
Civrieux
Parcieux
Massieux
Relevant
Sandrans
Sulignat
Condeissiat
Neuville-les-Dames
Romans
St-Georges-sur-Renon
St-Germain-sur-Renon
Abbe de N.-D.-des-Dombes
Le Plantay
Montracol
Péronnas
Montagnat

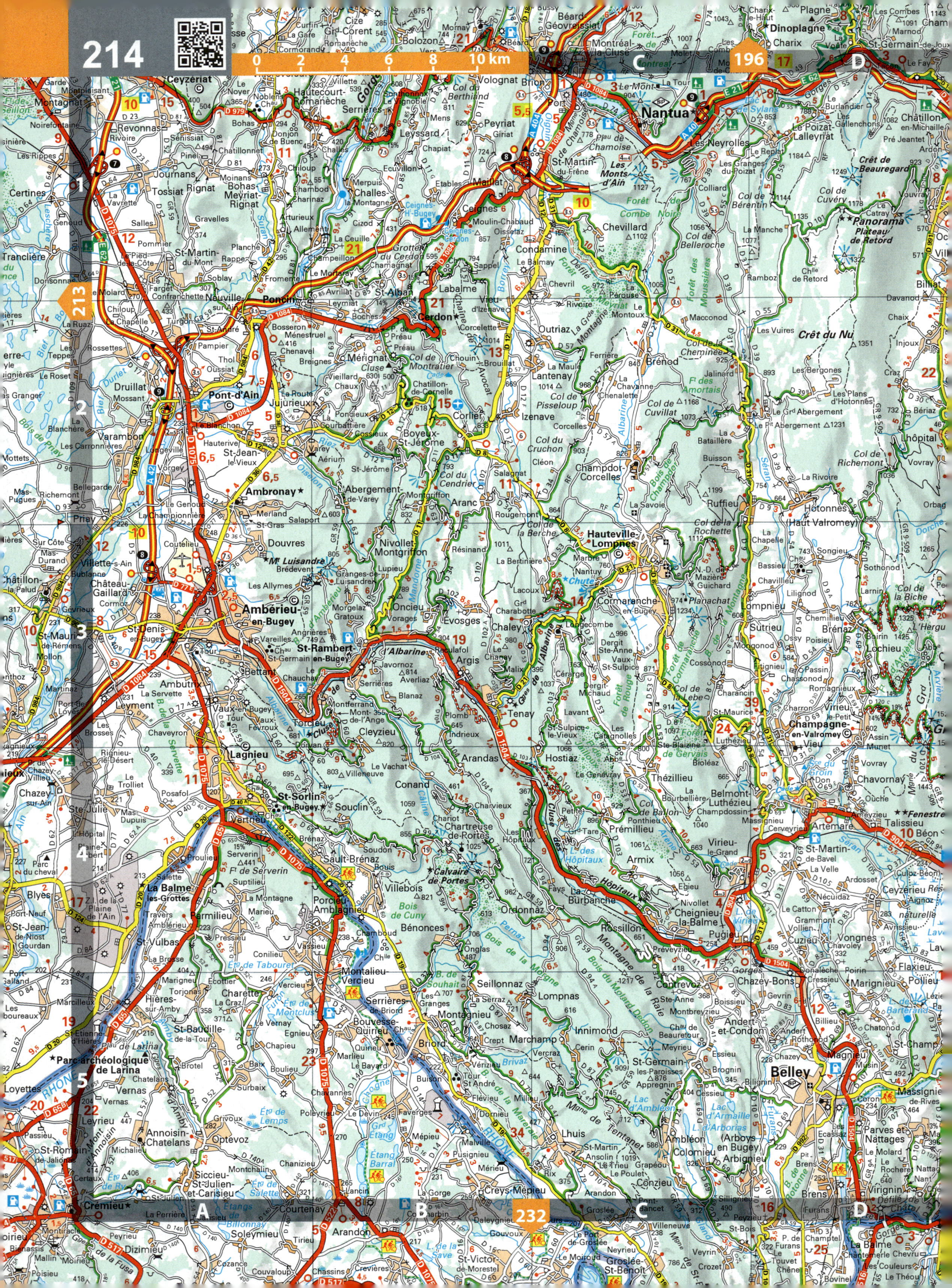
0 2 4 6 8 10 km
A
B
C
D
1
2
3
4
5
196
213
232
Ceyzériat
Montagnat
Revonnas
Journans
Tossiat
Certines
Hautecourt-Romanèche
Serrières-sur-Ain
Bolozon
Volognat
Peyriat
Nantua
Montréal-la-Cluse
Le Poizat-Lalleyriat
Dinoplagne
Charix
St-Germain-de-Joux
Les Neyrolles
St-Martin-du-Frêne
Maillat
Challes
Poncin
Cerdon
Labalme
Condamine
Chevillard
Col de Bérentin
Crêt de Beauregard
Panorama Plateau de Retord
Col de Cuvéry
Neuville-sur-Ain
Pont-d'Ain
Jujurieux
Mérignat
Boyeux-St-Jérôme
Corlier
Izenave
Lantenay
Outriaz
Brénod
Crêt du Nu
Le Grd Abergement
Hôpital
Varambon
Priay
Ambronay
Douvres
Ambérieu-en-Bugey
St-Rambert-en-Bugey
Château-Gaillard
Villette-s-Ain
St-Denis-en-Bugey
Aranc
Hauteville-Lompnes
Ruffieu
Hotonnes
Champagne-en-Valromey
Evosges
Argis
Tenay
Cormaranche-en-Bugey
Lagnieu
St-Sorlin-en-Bugey
Souclin
Conand
Arandas
Hostiaz
Thézillieu
Belmont-Luthézieu
Vieu
Artemare
Talissieu
Béon
Vertrieu
Sault-Brénaz
Villebois
Calvaire de Portes
Ordonnaz
Rossillon
Virieu-le-Grand
Pugieu
Chazey-Bons
Ceyzérieu
Culoz
La Balme-les-Grottes
Porcieu-Amblagnieu
Bénonces
Montalieu-Vercieu
Seillonnaz
Lompnas
Innimond
Contrevoz
Andert-et-Condon
Belley
Hières-sur-Amby
Parc archéologique de Larina
Briord
Serrières-de-Briord
Montagnieu
Marchamp
St-Germain-les-Paroisses
Massignieu-de-Rives
Parves et Nattages
Vernas
Annoisin-Chatelans
Optevoz
Lhuis
Colomieu
Arbignieu
Brens
Virignin
Crémieu
Courtenay
Soleymieu
Arandon
Creys-Mépieu
Groslée
St-Benoît
La Balme
Rhône

E
F
G
H
197
233
216
1
2
3
4
5
St-Julien-en-Genevois
Bellegarde-s-Valserine
Fort l'Écluse
Défilé de l'Écluse
RHÔNE
Frangy
Seyssel
Rumilly
ANNECY
Annecy-le-Vieux
Lac d'Annecy
Cruseilles
Le Salève
Sévrier
Menthon-St-Bernard
Talloires
Duingt
Faverges
La Roche-sur-Foron
Thorens-Glières
Alby-s-Chéran
Albens
Gresy-s-Aix
AIX-LES-BAINS
Lac du Bourget
Abbe de Hautecombe
Chanaz
Seynod
Montrottier
Chavanod
Crêt de Châtillon
Semnoz
Reignier-Esery
Carouge
Tête du Parmelan
Col de Leschaux
Pont du Diable
Vallières
Chindrieux
Ruffieux
St-Germain
St-Ferréol
Doussard
Chevaline
Bluffy
Alex
Veyrier
Poisy
Meythet
Cran-Gevrier
Epagny
Sillingy
Allonzier-la-Caille
Groisy
Evires
Arbusigny
Pers-Jussy
Collonges
Viry
Vulbens
Chêne-en-Semine
Clermont
Thusy
Vaulx
Hauteville
Marcellaz-Albanais
Sales
Boussy
Marigny-St-Marcel
Massingy
Bloye
Héry-s-Alby
Gruffy
Allèves
Lescheraines
Bellecombe-en-Bauges
Giez
Seythenex
Montmin
La Balme-de-Thuy
Dingy-St-Clair
Nâves-Parmelan
Villaz
St-Martin-Bellevue
Charvonnex
Argonay
Pringy
Choisy
Mésigny
Sallenôves
Musièges
Contamine-Sarzin
Chilly
Desingy
Usinens
Bassy
Droisy
Crempigny-Bonneguête
Menthonnex-s-Clermont
Jonzier-Epagny
Savigny
Chaumont
Chavannaz
Minzier
Marlioz
Vers
Présilly
Beaumont
Neydens
Feigères
Archamps
Bossey
Collonges
Le Sappey
Vovray-en-Bornes
Menthonnex-en-Bornes
Villy-le-Bouveret
Cuvat
La Balme-de-Sillingy
Nonglard
Lovagny
Montagny-les-Lanches
Chapeiry
Quintal
Viuz-la-Chiésaz
St-Eustache
La Chapelle-St-Maurice
Entrevernes
Lathuile
Vesonne
Col de la Forclaz
Tournette
St-Offenge
Trévignin
Pugny-Chatenod
Mouxy
St-Innocent
Brison
Conjux
Chanaz
Chevelu
Jongieux
Billième
Lucey
Yenne
St-Ours
Le Montcel
La Biolle
Cessens
Mures
Chainaz-les-Frasses
Cusy
Aiguebelette
Le Châtelard
Doucy-en-Bauges
L'Arcalod

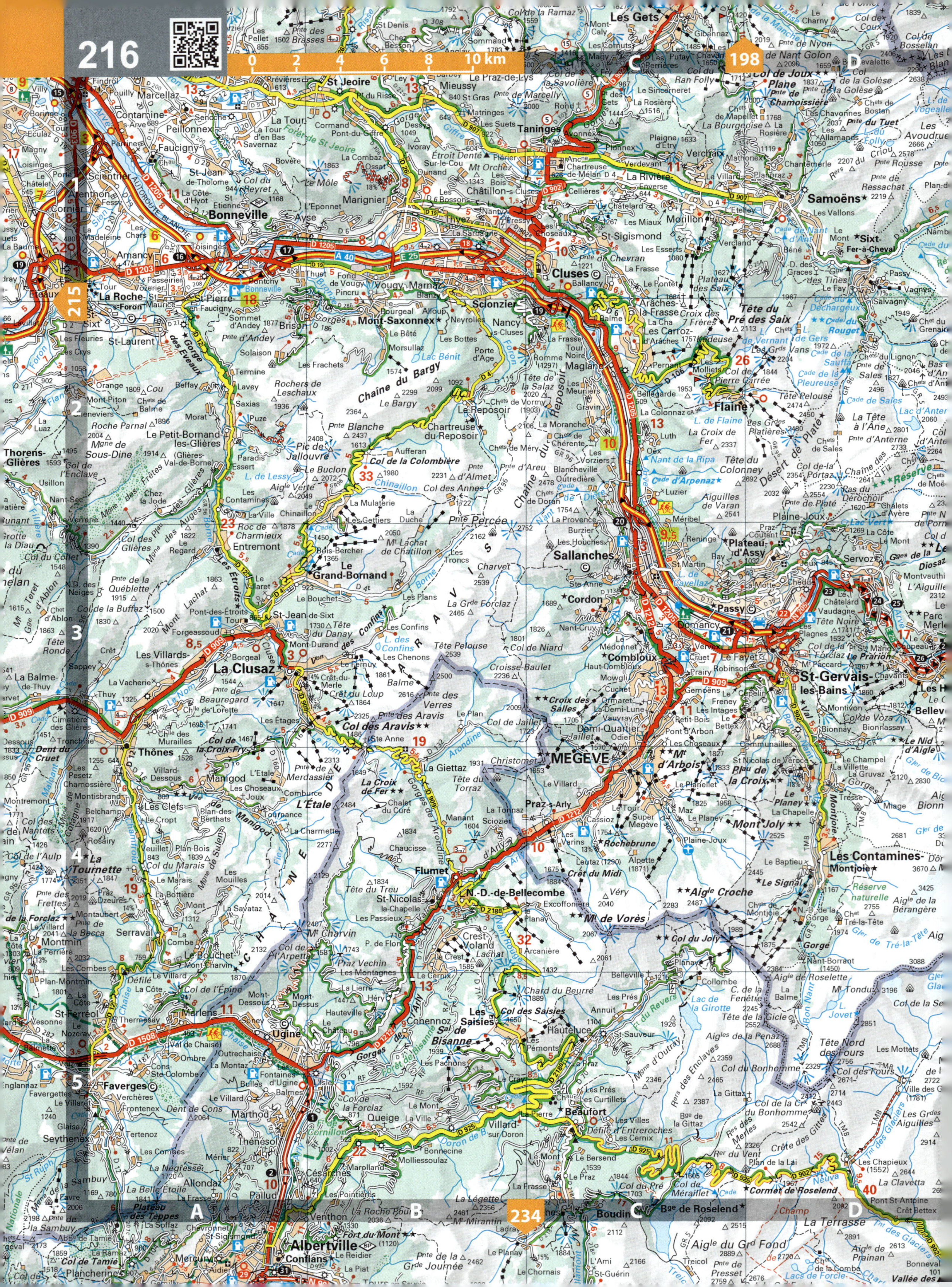

0 2 4 6 8 10 km
198
215
234
A
B
C
D
Les Gets
Taninges
Samoëns
Sixt-Fer-à-Cheval
St Jeoire
Mieussy
Marignier
Bonneville
Faucigny
La Roche-sur-Foron
Cluses
Scionzier
Thyez
Mont-Saxonnex
Le Reposoir
Chaîne du Bargy
Arâches-la-Frasse
Flaine
Tête du Pré des Saix
Magland
Sallanches
Cordon
Passy
Plateau-d'Assy
Servoz
Combloux
Megève
Demi-Quartier
St-Gervais-les-Bains
Le Fayet
Les Contamines-Montjoie
Le Grand-Bornand
St-Jean-de-Sixt
La Clusaz
Col des Aravis
Col de la Colombière
Thônes
Thorens-Glières
Manigod
Col de la Croix-Fry
La Giettaz
Praz-s-Arly
Flumet
N.-D.-de-Bellecombe
St-Nicolas-la-Chapelle
Crest-Voland
Les Saisies
Col des Saisies
Hauteluce
Beaufort
Villard-sur-Doron
Queige
Ugine
Marlens
Faverges
Serraval
La Tournette
Albertville
Conflans
Col du Joly
Mont Joly
Col du Bonhomme
Cormet de Roselend
Chaîne des Aravis
Désert de Platé

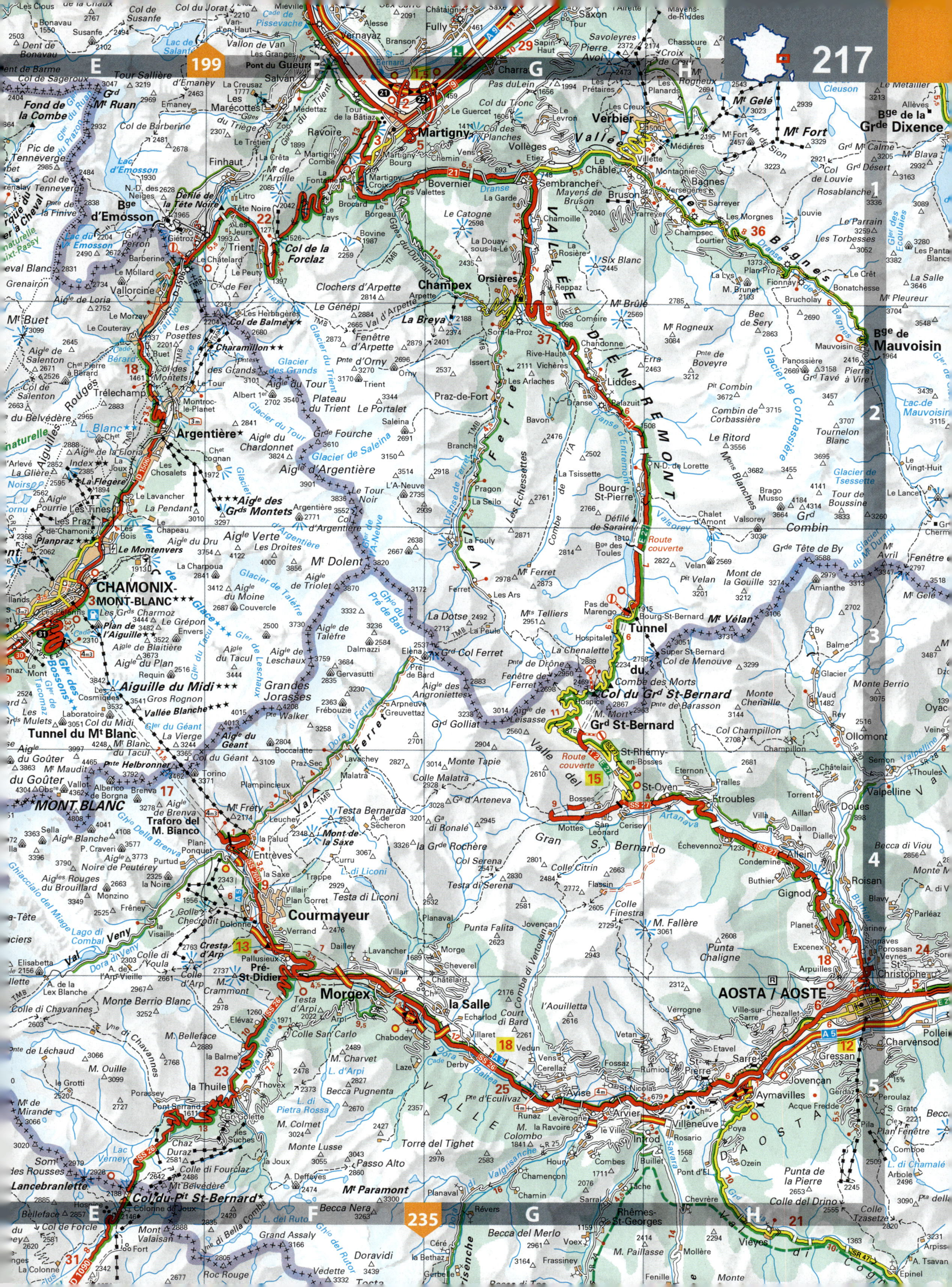
199
235
E
F
G
H
1
2
3
4
5
Martigny
Verbier
Champex
Orsières
La Breya
Bagnes
Fionnay
Bge de Mauvoisin
Grde Dixence
Bge d'Emosson
Vallorcine
Col de la Forclaz
Col de Balme
Argentière
Aigle d'Argentière
Aigle du Chardonnet
Aigle Verte
Les Droites
Mt Dolent
CHAMONIX-MONT-BLANC
Aiguille du Midi
Grandes Jorasses
Vallée Blanche
Tunnel du Mt Blanc
MONT BLANC
Traforo del M. Bianco
Entrèves
Courmayeur
Pré-St-Didier
Morgex
la Salle
la Thuile
Col du Pt St-Bernard
Val Ferret
Val Veny
Liddes
Bourg-St-Pierre
Tunnel
Col du Grd St-Bernard
Grd St-Bernard
St-Rhémy-en-Bosses
St-Oyen
Etroubles
Gignod
AOSTA / AOSTE
Sarre
Aymavilles
Villeneuve
Arvier
Avise
Valpelline
Grd Combin
Mt Vélan
Rhêmes-St-Georges
Mt Paramont
Lancebranlette
Vallée d'Entremont
Route couverte
Valle d'Aosta

0 2 4 6 8 10 km
200
236
A
B
C
D
1
2
3
4
5
Pointe de la Coubre
La Coubre
Bonne Anse
La Palmyre
Zoo
Forêt de la Coubre
Plage de la Palmyre
Plage de la Gde Côte
La Grande Côte
Phare de Terre-Nègre
St-Palais-s-Mer
St-Augustin
Arvert
Étaules
Les Mathes
L'Ile-d'Étaules
La Fouasse
La Baraque
Avallon
Le Maine-Aunoux
Chaillevette
Mornac-s-Seudre
Coulonges
La Passe
Le Billeau
Le Grallet
Breuillet
St-Sulpice-de-Royan
Taupignac
Champagnole
La Roche
Jaffe
Chatelard
Pousseau
Les Maries
Vaux-s-Mer
Nauzan
Pontaillac
Puyraveau
Courlay-s-Mer
La Palud
ROYAN
Bernon
Médis
Le Maine-des-Sables
Les Brandes
Didonne
Musson
La Valade
Puyrenaud
Semussac
Chênaumoine
Berceau
Compin
Beloire
Silo
Serres
Forêt de Suzac
St-Georges-de-Didonne
Grande Conche
Pte de Vallières
Pte de Suzac
Plage de Suzac
Plage de l'Arnèche
Plage des Vergnes
Plage des Nonnes
Meschers-s-Gironde
Talmont-s-Gironde
Port-Maranl
Cordouan
Pointe de Grave
Musée
Port Bloc
Fort du Verdon
Port Médoc
Le Verdon-sur-Mer
Le Logit
Le Royannais
Pte de la Chambrette
Grands-Maisons
ZONE PORTUAIRE
Les Huttes
Soulac-sur-Mer
Le Jeune Soulac
Neyran
Les Coustaux
L'Amélie-sur-Mer
Lillan
Banc des Olives
Pointe de la Négade
Lède de la Négade
Les Mattes
Talais
Pointe aux Oiseaux
Port-de-St Vivien
Richard
Grayan
Grayan-et-l'Hôpital
Les Eyres
Daugagnan
St-Vivien-de-Médoc
La Fosse
La Brasserie
Le Gurp
Lède du Gurp
Le Piquey
Étang de la Barreyre
Dépée
Euronat
L'Hôpital
Jau-Dignac-et-Loirac
La Hourcade
Dignac
Le Centre
Goulée
Port-de-Richard
Noaillac
Mayne
Gaudin
Lède de la Canillouse
Montalivet-les-Bains
Centre Hélio-Marin
Les Arrestieux
Vensac
Loirac
Sipian
La Gua
Mayan
Périgueys
Meugas
Semian
Lamac
Mouva
Courbian
Queyrac
La Hontane
Moulineyre
Vendays-Montalivet
Marais de la Perge
Forêt de Vendays
Cap-du-Prat
Sarnac
Les Ourmes
Lescapon
Blail
Meillan
Tremblecaux
Houreau
Pey-du-Haut
Coudessant
Cayrehours
Marais de Lespaut
Roudillac
Blanc
Bourgueyraud
Gaillan-en-Médoc
Prignac-en-Médoc
Blaignan
St-Trelody
Lesparre-Médoc
Bergenton
La Bresquette
Escot
Conneau
Bouries
Plassan
Gauron
Liard
St-Isidore
Le Pin-Sec
Forêt du Junca
Lizan
Naujac-sur-Mer
La Prise
Magagnan
St-Gaux
Lagune
Deyre
Forêt de la Flamand
Gironde

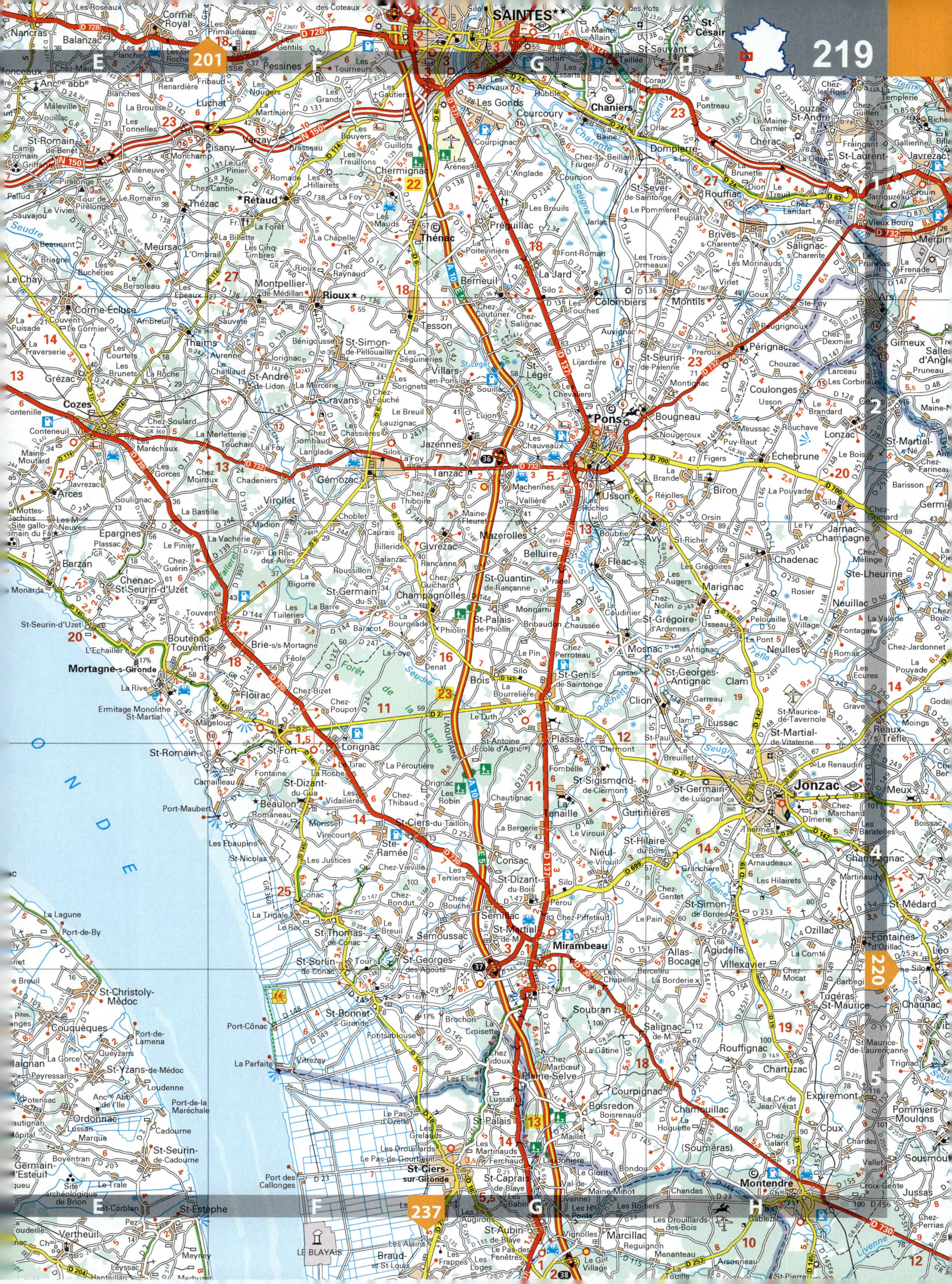
E
F
G
H
1
2
3
4
5
SAINTES
St-Césaire
St-Sauvant
Chaniers
Courcoury
Les Gonds
Pessines
Luchat
Pisany
Varzay
Chermignac
Thénac
Préguillac
Rétaud
Thézac
Meursac
Montpellier-de-Médillan
Rioux
Corme-Écluse
Thaims
Grézac
Cozes
Arces
Tesson
Berneuil
La Jard
Colombiers
Montils
Dompierre
Rouffiac
Brives-s-Charente
Salignac-s-Charente
Chérac
St-Laurent-de-C.
Javrezac
Ars
Pérignac
Gimeux
St-Seurin-de-Palenne
Coulonges
Pons
Bougneau
Échebrune
Lonzac
St-Léger
Villars-en-Pons
St-Simon-de-Pellouaille
St-André-de-Lidon
Cravans
Gémozac
Jazennes
Tanzac
Mazerolles
Belluire
Avy
Biron
Jarnac-Champagne
Chadenac
Marignac
Ste-Lheurine
Neuillac
Épargnes
Barzan
Chenac-St-Seurin-d'Uzet
Mortagne-s-Gironde
Boutenac-Touvent
Floirac
Brie-s-s-Mortagne
Givrezac
Rioux
St-Germain-du-S.
Champagnolles
St-Quentin-de-Rançanne
St-Palais-de-Phiolin
Mosnac
St-Grégoire-d'Ardennes
St-Georges-Antignac
Clam
Neulles
St-Genis-de-Saintonge
Bois
Lorignac
St-Fort-s-G.
St-Dizant-du-Gua
Plassac
Clion
Lussac
St-Martial-de-Vitaterne
Jonzac
St-Germain-de-Lusignan
Fléac-s-S.
Usson
St-Romain-s-G.
Port-Maubert
Beaulon
St-Ciers-du-Taillon
Ste-Ramée
Consac
St-Dizant-du-Bois
St-Sigismond-de-Clermont
Guitinières
Tenaille
Nieul-le-Virouil
St-Hilaire-du-Bois
Champagnac
St-Thomas-de-Conac
St-Sorlin-de-Conac
Semoussac
St-Georges-des-Agouts
Sémillac
St-Martial
Mirambeau
Allas-Bocage
Agudelle
Villexavier
Ozillac
Fontaines-d'Ozillac
St-Médard
Tugéras-St-Maurice
St-Bonnet-s-Gironde
Soubran
Salignac-de-M.
Rouffignac
Chartuzac
Expiremont
Pleine-Selve
St-Palais
Boisredon
Chamouillac
Coux
St-Ciers-sur-Gironde
St-Caprais-de-Blaye
Montendre
St-Aubin-de-Blaye
Marcillac
St-Christoly-Médoc
Couquèques
St-Yzans-de-Médoc
Ordonnac
St-Seurin-de-Cadourne
St-Estèphe
Vertheuil
LE BLAYAIS
Forêt de la Lande
GIRONDE
A 10
E 5
N 137
D 730
D 732
D 142
D 2
23
27
18
22
14
13
20
7,5
16
11
12
25
19
14
18
13
12
10

201
220
237

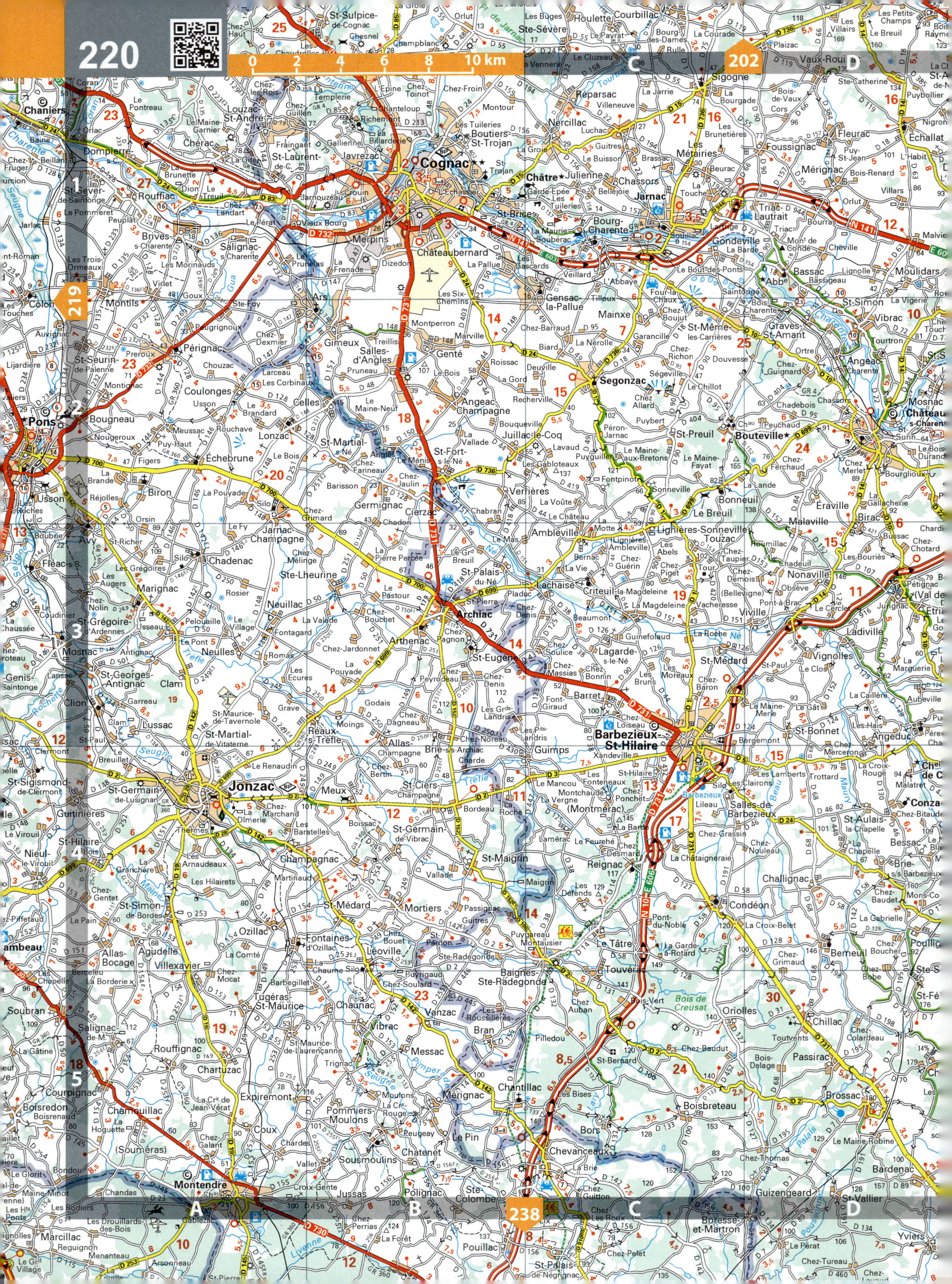
0 2 4 6 8 10 km
202
219
238
A
B
C
D
1
2
3
4
5
Cognac
Jarnac
Châteaubernard
Segonzac
Pons
Archiac
Jonzac
Barbezieux-St-Hilaire
Montendre
Brossac
Bouteville
St-Sulpice-de-Cognac
Javrezac
Merpins
Genté
Gimeux
Salles-d'Angles
Pérignac
Bougneau
Echebrune
Lonzac
Celles
St-Martial-s-Né
Ambleville
Lignières-Sonneville
Criteuil-la-Magdeleine
Lagarde-s-le-Né
Barret
St-Médard
Touzac
Vignolles
Ladiville
Baignes-Ste-Radegonde
Reignac
Condéon
Touvérac
Chevanceaux
St-Palais-de-Négrignac
Guizengeard
St-Vallier
Chaniers
Rouffiac
Sigogne
Triac-Lautrait
Mosnac
Clam
Lussac
Meux
St-Ciers-Champagne
St-Germain-de-Vibrac
Champagnac
Ozillac
Léoville
Vanzac
Messac
Mérignac
Chantillac
Coux
Sousmoulins
Chatenet
Polignac
Jussac
Bédenac
Vibrac
Chillac
Passirac
Salles-de-Barbezieux
Challignac
St-Bonnet
Guimps
Archiac
Germignac
Cierzac
Biron
Chadenac
Marignac
Neulles
Neuillac
St-Georges-Antignac
St-Simon-de-Bordes
Villexavier
Allas-Bocage
Agudelle
Rouffignac
Chartuzac
Expiremont
Tugéras-St-Maurice
Chaunac
Pommiers-Moulons
Fontaines-d'Ozillac
Mortiers
Brie-s-Archiac
Allas-Champagne
Réaux-s-Trèfle
St-Martial-de-Vitaterne
St-Maurice-de-Tavernole
Jarnac-Champagne
Ste-Lheurine
St-Eugène
Arthenac
St-Palais-du-Né
Lachaise
Verrières
Juillac-le-Coq
Angeac-Champagne
Bouteville
St-Preuil
Bonneuil
Malaville
Éraville
Nonaville
Angeac-Charente
Graves-St-Amant
St-Simon
Vibrac
Gondeville
Bassac
Mainxe
Bourg-Charente
Gensac-la-Pallue
St-Brice
Châtre
Julienne
Nercillac
Réparsac
Les Métairies
Chassors
Foussignac
Mérignac
Fleurac
Houlette
Courbillac
St-Laurent-de-C.
Cherac
Dompierre
Brives-s-Charente
Salignac-s-Charente
Ars
Montils
Colombiers
Coulonges
Usson
Belluire
St-Seurin-de-Palenne
Préguillac
Berneuil
Bessac
Oriolles
Boisbreteau
Le Tâtre
Pouillac
Boresse-et-Martron
Yviers
N 10
N 141
E 606
A 10
E 603

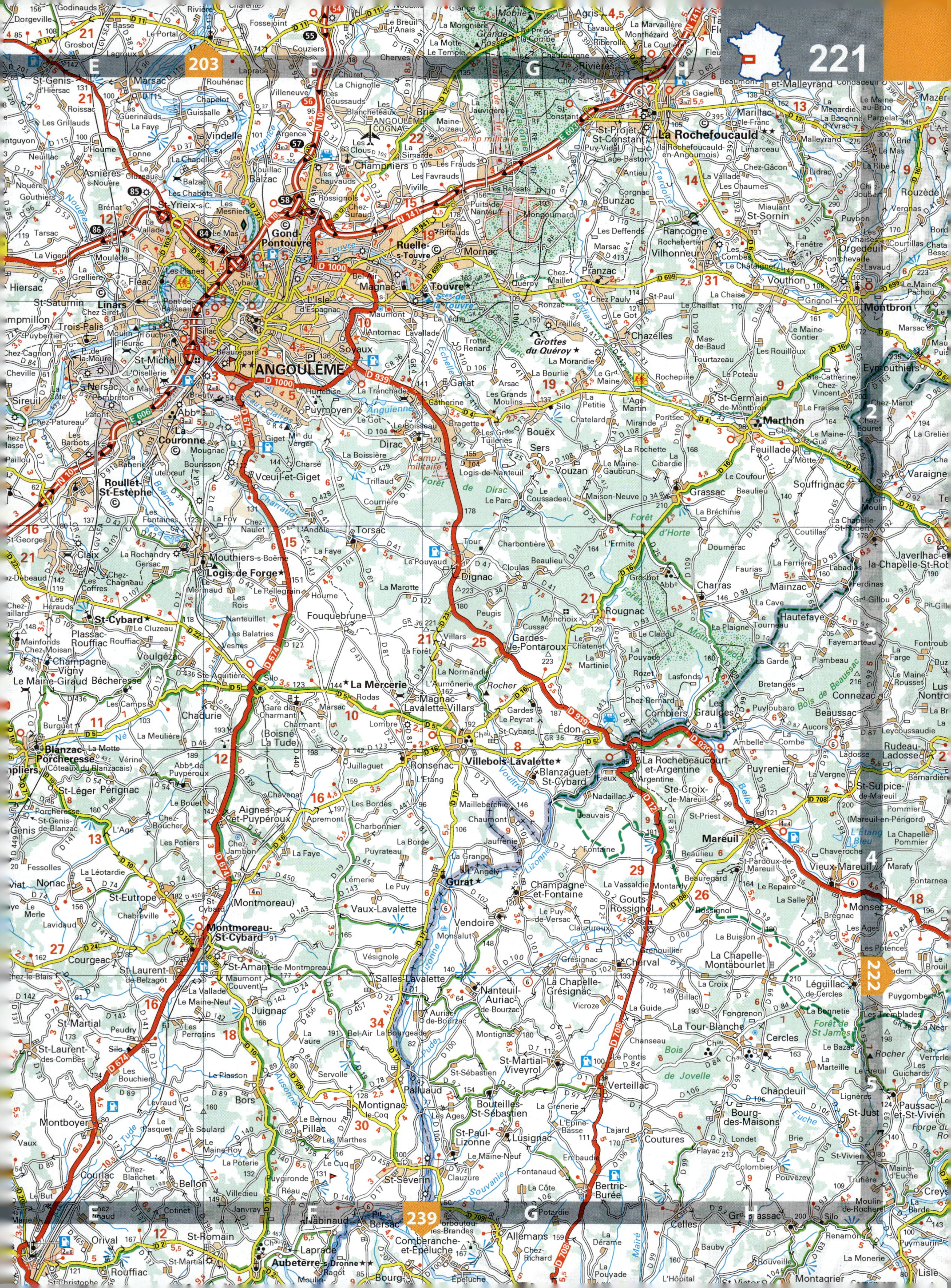
203
E
F
G
H
222
239
ANGOULÊME
La Rochefoucauld
Montbron
Marthon
Ruelle-sur-Touvre
Gond-Pontouvre
Soyaux
La Couronne
Roullet-St-Estèphe
Puymoyen
Vœuil-et-Giget
Dignac
Torsac
Mouthiers-sur-Boëme
Logis de Forge
La Mercerie
Villebois-Lavalette
Blanzaguet-St-Cybard
La Rochebeaucourt-et-Argentine
Mareuil
Gurat
Montmoreau-St-Cybard
Blanzac-Porcheresse
St-Cybard
Champagne-Vigny
Aignes-et-Puypéroux
Gardes-le-Pontaroux
Rougnac
Charras
Grassac
Vouzan
Bouëx
Grottes du Quéroy
Chazelles
Pranzac
Vilhonneur
Rancogne
Bunzac
Magnac
Touvre
Mornac
L'Isle-d'Espagnac
Fléac
Linars
St-Michel
Nersac
Sireuil
Champniers
Brie
Balzac
Vindelle
Asnières-sur-Nouère
St-Genis-d'Hiersac
Marsac
Vouthon
Rochebertier
Orgedeuil
Feuillade
Souffrignac
Mainzac
Hautefaye
Connezac
Beaussac
Combiers
Édon
Rudeau-Ladosse
St-Sulpice-de-Mareuil
Vieux-Mareuil
Monsec
Léguillac-de-Cercles
La Chapelle-Montabourlet
La Tour-Blanche
Cercles
Chapdeuil
Bourg-des-Maisons
Verteillac
Cherval
La Chapelle-Grésignac
Nanteuil-Auriac-de-Bourzac
Champagne-et-Fontaine
Vendoire
Salles-Lavalette
St-Amant-de-Montmoreau
Juignac
St-Laurent-de-Belzagot
St-Martial
Montboyer
Courlac
Bellon
Palluaud
Montignac-le-Coq
Bouteilles-St-Sébastien
St-Paul-Lizonne
Lusignac
Bertric-Burée
St-Séverin
Aubeterre-sur-Dronne
Allemans
Comberanche-et-Epeluche
Bors
Pillac
Orival
Rouffiac
St-Romain
Laprade
Nabinaud
Bersac
Celles
Forêt de Dirac
Forêt d'Horte
Bois de Jovelle
Camp militaire
La Touvre
Charraud
Anguienne
Boëme
Lizonne
Dronne
Tude
Belle
Nizonne
N 10
N 141
D 939
D 674
D 1000
D 708
D 709
D 4
D 5
D 16
E 606

0 2 4 6 8 10 km
204
221
240
La Rochefoucauld
Marillac-le-Franc
Mazerolles
Sauvagnac
Les Salles-Lavauguyon
Vayres
Rancogne
Vilhonneur
Roussines
Rouzède
Maisonnais-s-Tardoire
St-Mathieu
Cussac
Pranzac
St-Sornin
Orgedeuil
Ecuras
Busserolles
Champniers-et-Reilhac
Vouthon
Montbron
Bussière-Badil
Chazelles
Eymouthiers
Soudat
St-Barthélemy-de-Bussière
Marval
La Chapelle-Montbrandeix
St-Germain-de-Montbron
Marthon
Piégut-Pluviers
Pensol
Feuillade
Étouars
Grassac
Souffrignac
Varaignes
Teyjat
Le Bourdeix
St-Estèphe
Augignac
Abjat-s-Bandiat
Javerlhac-et-la-Chapelle-St-Robert
St-Martin-le-Pin
Charras
Mainzac
Rougnac
Hautefaye
Nontron
Savignac-de-Nontron
St-Saud-Lacoussière
Champs-Romain
Lussas-et-Nontronneau
Connezac
St-Martial-de-Valette
St-Pardoux-la-Rivière
Combiers
Beaussac
Rudeau-Ladosse
La Rochebeaucourt-et-Argentine
Puyrenier
St-Sulpice-de-Mareuil
Champeaux-et-la-Chapelle-Pommier
Sceau-St-Angel
St-Front-la-Rivière
Milhac-de-Nontron
Mareuil
La Chapelle-Montmoreau
Vieux-Mareuil
Quinsac
Puyguilhem
St-Jean-de-Côle
Monsec
St-Crépin-de-Richemont
St-Pancrace
Villars
Gouts-Rossignol
St-Félix-de-Bourdeilles
Richemont
Cantillac
Champagnac-de-Belair
La Chapelle-Montabourlet
Léguillac-de-Cercles
La Gonterie-Boulouneix
Condat-s-Trincou
La Chapelle-Faucher
La Tour-Blanche
Cercles
Brantôme-en-Périgord
St-Pierre-de-Côle
Vaunac
Verteillac
Chapdeuil
St-Just
Paussac-et-St-Vivien
Bourg-des-Maisons
Valeuil
Bourdeilles
Eyvirat
Sencenac-Puy-de-Fourches
Agonac
Lisle
Biras
PARC
NATUREL
RÉGIONAL
PÉRIGORD
LIMOUSIN

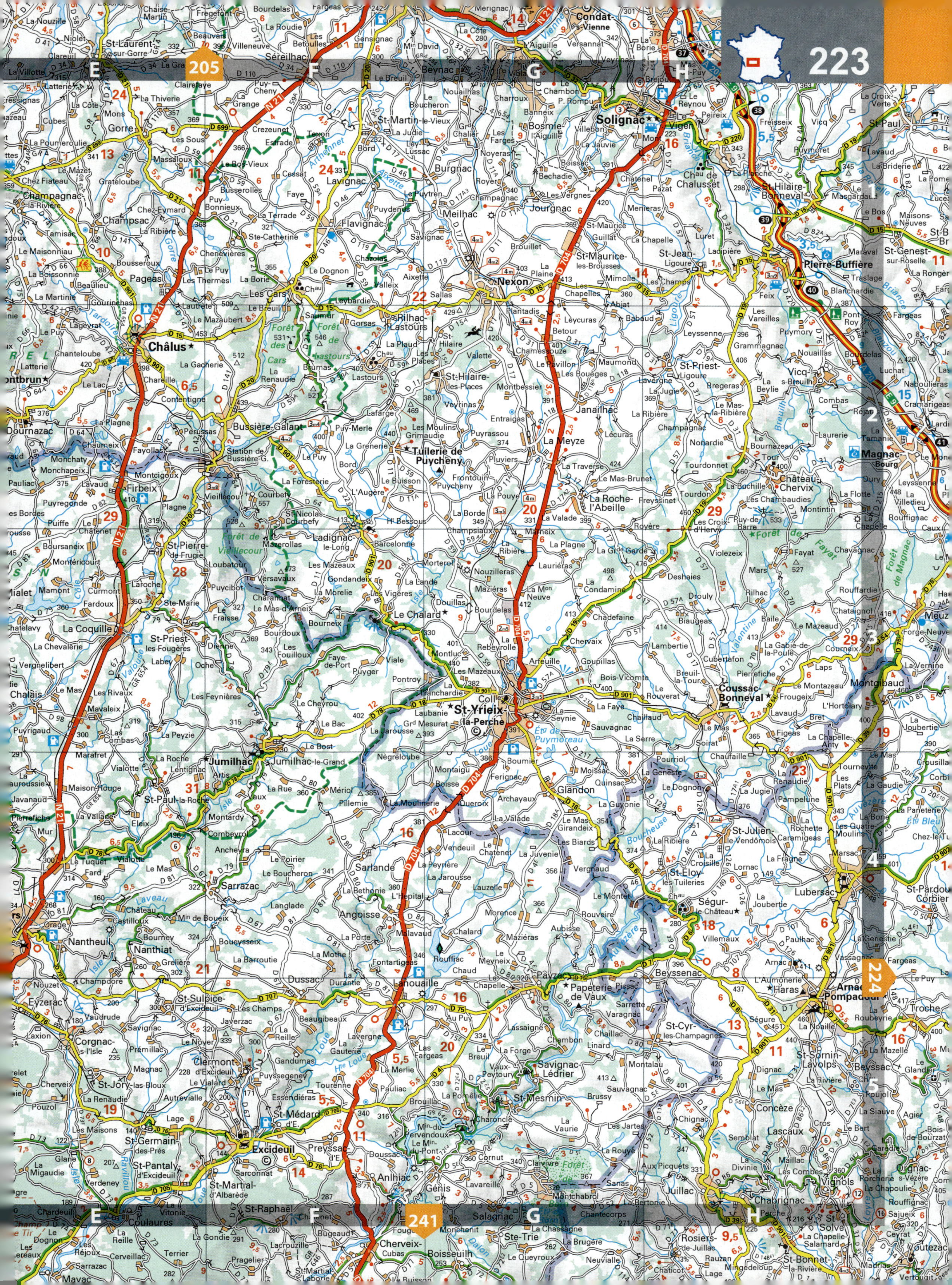

E
F
G
H
205
224
241
Châlus
Solignac
Nexon
Pierre-Buffière
St-Yrieix-la-Perche
Bussière-Galant
Jumilhac-le-Grand
Excideuil
Lanouaille
Payzac
Ségur-le-Château
Lubersac
Coussac-Bonneval
Arnac-Pompadour
Magnac-Bourg
Château-Chervix
St-Hilaire-Bonneval
St-Laurent-sur-Gorre
Sereilhac
Flavignac
Lavignac
Les Cars
Pageas
Dournazac
Firbeix
La Coquille
Chalais
St-Pierre-de-Frugie
St-Priest-les-Fougères
Ladignac-le-Long
Le Chalard
Sarrazac
Nanteuil
Nanthiat
Corgnac-s-l'Isle
St-Jory-las-Bloux
St-Germain-des-Prés
Savignac-Lédrier
St-Mesmin
Génis
Anlhiac
Juillac
Concèze
Beyssenac
Vigeois
Chabrignac
Forêt de Fayat
Forêt de Vieillecour
Tuilerie de Puycheny
Meilhac
Jourgnac
St-Maurice-les-Brousses
St-Jean-Ligoure
Janailhac
La Meyze
La Roche-l'Abeille
Glandon
St-Julien-le-Vendômois
Montgibaud
Benayes
Condat-sur-Vienne
Boisseuilh
Cherveix-Cubas
Salagnac
Ste-Trie

0 2 4 6 8 10 km
206
223
242
A
B
C
D
1
2
3
4
5
Solignac
St-Hilaire-Bonneval
Pierre-Buffière
St-Genest-sur-Roselle
St-Bonnet-Briance
Linards
Châteauneuf-la-Forêt
Neuvic-Entier
Eymoutiers
Masléon
Roziers-St-Georges
Glanges
St-Méard
Sussac
Domps
Magnac-Bourg
St-Germain-les-Belles
Mt Gargan
Surdoux
St-Gilles-les-Forêts
Chamberet
Château-Chervix
St-Priest-Ligoure
St-Jean-Ligoure
Janailhac
La Roche-l'Abeille
Meuzac
Masseret
Lamongerie
Meilhards
Soudaine-Lavinadière
Rilhac-Treignac
Affieux
Coussac-Bonneval
Montgibaud
Salon-la-Tour
Benayes
Peyrissac
St-Julien-le-Vendômois
Lubersac
St-Pardoux-Corbier
St-Martin-Sepert
St-Ybard
Condat-s-Ganaveix
Eyburie
Chamboulive
Uzerche
Espartignac
Pierrefitte
Ségur-le-Château
Beyssenac
Arnac-Pompadour
St-Sornin-Lavolps
Beyssac
Vigeois
Lagraulière
Seilhac
St-Clément
Juillac
Chabrignac
Orgnac-s-Vézère
Estivaux
Naves
Chanteix
Forêt de Fayat
Forêt de Magnac
Lac de Pontcharal

207
E
F
G
H
PARC NATUREL RÉGIONAL DE MILLEVACHES EN LIMOUSIN
Ussel
Meymac
Egletons
Bugeat
La Courtine
Sornac
Millevaches
Peyrelevade
Tarnac
Nedde
Neuvic
Eymoutiers
Gimel-les-Cascades
Chamberet
Treignac
St-Angel
Davignac
Soudeilles
Rosiers-d'Égletons
Montaignac-St-Hippolyte
Lapleau
St-Merd-les-Oussines
Toy-Viam
Lacelle
Viam
Pérols-s-Vézère
Ambrugeat
Combressol
Maussac
Darnets
Moustier-Ventadour
Ch.au de Ventadour
St-Yrieix-le-Déjalat
Chaumeil
Sarran
Corrèze
St-Augustin
Gourdon-Murat
Bonnefond
Chavanac
Féniers
Le Mas-d'Artige
Camp de La Courtine
Plateau de Millevaches
Suc-au-May
Mt Bessou
Tourbière du Longeyroux
Vestiges gallo-romains des Cars
Forêt de Bonnevaix
Chirac-Bellevue
Palisse
Mestes
Valiergues
Lamazière-Basse
Chapelle-Spinasse
St-Hilaire-Foissac
St-Pantaléon-de-Lapleau
St-Priest-de-Gimel
Champagnac-la-Noaille
Lafage-s-Sombre
Eyrein
La Dordogne
Rte des Ajustants
243
226

0 2 4 6 8 10 km
208
225
244
A
B
C
D
1
2
3
4
5
La Courtine
St-Oradoux-de-Chirouze
Forêt de Châteauvert
Camp militaire
Sornac
St-Martial-le-Vieux
St-Rémy
Bellechassagne
Courteix
Eygurande
Monestier-Merlines
Merlines
Aix
St-Pardoux-le-Neuf
St-Germain-Lavolps
St-Sulpice-les-Bois
St-Pardoux-le-Vieux
Alleyrat
Chaveroche
Ussel
St-Exupery-les-Roches
St-Fréjoux
Meymac
St-Angel
Mestes
Valiergues
Combressol
Maussac
Chirac-Bellevue
Palisse
Neuvic
St-Hilaire-Luc
Sérandon
Liginiac
Margerides
St-Victour
St-Étienne-la-Geneste
Ste-Marie-Lapanouze
Roche-le-Peyroux
Veyrières
Thalamy
St-Bonnet-près-Bort
Monestier-Port-Dieu
Confolent-Port-Dieu
Bort-les-Orgues
Ydes
Saignes
Vebret
Antignac
La Monselie
Champs-sur-Tarentaine-Marchal
Lanobre
Beaulieu
Labessette
Trémouille-St-Loup
Larodde
Singles
Tauves
Bagnols
Messeix
Savennes
Bourg-Lastic
St-Sulpice
Lastic
St-Germain-près-Herment
Herment
Tortebesse
Prondines
Puy-St-Gulmier
Avèze
St-Sauves-d'Auvergne
Cros
Site de St-Nazaire
Barrage
Val
Madic
Lamazière-Basse
St-Pantaléon-de-Lapleau
Lapleau
Arches
Sauvat
Le Monteil
Menet
Riom-ès-Montagnes
Forêt de Mirambe
PARC
Plateau

227
Clermont-Ferrand
Chamalières
Royat
Aubière
Beaumont
Cournon-d'Auvergne
Puy de Dôme
Orcines
Ceyssat
Puy de Pariou
Parc Naturel Régional des Volcans d'Auvergne
Rochefort-Montagne
Orcival
Roche Tuilière
Roche Sanadoire
La Banne d'Ordanche
La Bourboule
Le Mont-Dore
Puy de Sancy
Monts Dore
Super-Besse
Besse-et-St-Anastaise
Lac Chambon
Murol
St-Nectaire
Lac d'Aydat
Aydat
Montpeyroux
Champeix
Issoire
St-Floret
Plateau de Gergovie
La Roche Blanche
Veyre-Monton
Les Martres-de-Veyre
Lac Pavin
Puy de Montchal
Vassivière
Valbeleix
La Roche Nité
Gorges de Courgoul
Ardes
Blesle
Condat
Égliseneuve-d'Entraigues
Picherande
Compains
Cézallier
Le Luguet
Chastreix
Sauxillanges
Vodable
Solignat
Le Broc
Parentignat
Neschers
Coudes
Saurier
Creste
Verrières
Montaigut-le-Blanc
Chidrac
Apchat
Anzat-le-Luguet
Marcenat
Allanche

0 2 4 6 8 10 km
210
227
246
A
B
C
D
1
2
3
4
5
Billom
Courpière
Vertolaye
Issoire
Sauxillanges
Usson
Parentignat
Nonette
Ste-Florine
Brassac-les-Mines
Auzon
Brioude
Paulhac
La Chaise-Dieu
St-Germain-l'Herm
Montpeyroux
Vic-le-Comte
Busséol
Mauzun
Estandeuil
St-Dier-d'Auvergne
Cunlhat
Sauviat
Olliergues
Augerolles
Aulteribe
St-Amant-Roche-Savine
Fournols
Champagnac-le-Vieux
Sugères
Manglieu
PARC NATUREL RÉGIONAL
LIVRADOIS
MONTS DU LIVRADOIS
Gorges de l'Alagnon
Col des Fourches
D 906
D 996
A 75
N 102

211
E
F
G
H
Feurs
Boën
Montbrison
Ambert
St-Anthème
St-Jean-Soleymieux
St-Bonnet-le-Château
Usson-en-Forez
Craponne-sur-Arzon
Monistrol-sur-Loire
Bas-en-Basset
St-Just-St-Rambert
Andrézieux-Bouthéon
Sury-le-Comtal
St-Galmier
Chalmazel-Jeansagnière
St-Georges-en-Couzan
Ch.au de Couzan
Col du Béal
Pierre sur Haute
MONTS
DU
FOREZ
Col de la Croix de l'Homme Mort
St-Romain-le-Puy
Savigneux
Champdieu
Arlanc
Viverols
Estivareilles
Apinac
Aurec-sur-Loire
Plateau de la Danse
Cuzieu
Veauchette
Sail-s/s-Couzan
La Bastie-d'Urfé
Marcilly-le-Châtel
Lézigneux
Gumières
Saillant
Eglisolles
Malvalette
Rozier-Côtes-d'Aurec
Valprivas
St-Hilaire-Cusson-la-Valmitte
St-Pal-de-Chalencon
Tiranges
Chalencon
LOIRE
2
3
4
5
230
247

0 2 4 6 8 10 km
Feurs
Montrond-les-Bains
St-Galmier
Veauche
Andrézieux-Bouthéon
St-Just-St-Rambert
Chazelles-s-Lyon
St-Symphorien-sur-Coise
St-Laurent-de-Chamousset
Mornant
Rive-de-Gier
Lorette
La Grand-Croix
St-Chamond
Sorbiers
La Talaudière
St-Priest-en-Jarez
Villars
ST-ETIENNE
La Ricamarie
Le Chambon-Feugerolles
Firminy
Unieux
St-Genest-Malifaux
St-Jean-Bonnefonds
Pélussin
Bourg-Argental
Signal de St-André
Mont Pilat
Crêt de l'Œillon
Crêt de la Perdrix
Parc Naturel Régional du Pilat
Gouffre d'Enfer
Plateau de la Danse
Île de Grangent
Lac de Grangent
Loire
Furan
Gier
Coise
A
B
C
D
1
2
3
4
5

212
229
248

LYON
Bron
Chassieu
Décines-Charpieu
Genas
Pusignan
Janneyrias
Pont-de-Chéruy
Charvieu-Chavagneux
Tignieu-Jameyzieu
Crémieu
LYON-SAINT-EXUPÉRY
Colombier-Saugnieu
Ste-Foy-lès-Lyon
La Mulatière
Oullins
St-Fons
St-Priest
Vénissieux
St-Genis-Laval
Irigny
Corbas
Feyzin
Mions
Toussieu
St-Bonnet-de-Mure
St-Laurent-de-Mure
St-Pierre-de-Chandieu
Grenay
Satolas-et-Bonce
Chamagnieu
Villemoirieu
Dizimieu
Vourles
Charly
Vernaison
Solaize
St-Symphorien-d'Ozon
Chaponnay
Heyrieux
La Verpillière
St-Quentin-Fallavier
Villefontaine
L'Isle-d'Abeau
Frontonas
Panossas
Veyssilieu
St-Marcel-Bel-Accueil
Millery
Grigny
Simandres
Communay
Marennes
Valencin
Ternay
Villette-de-Vienne
Chuzelles
Luzinay
St-Just-Chaleyssin
Diémoz
Bonnefamille
Vaulx-Milieu
St-Alban-de-Roche
Roche
Four
Domarin
Bourgoin-Jallieu
Givors
Chasse-s-Rhône
Seyssuel
Serpaize
Septème
Oytier-St-Oblas
St-Georges-d'Espéranche
Charantonnay
Chèzeneuve
Crachier
St-Romain-en-Gal
Ste-Colombe
VIENNE
Pont-Évêque
Estrablin
Moidieu-Détourbe
Beauvoir-de-Marc
Royas
St-Jean-de-Bournay
Artas
Meyrieu-les-Étangs
Ste-Anne-s-Gervonde
Culin
Les Éparres
St-Agnin-s-Bion
Tramolé
St-Cyr-s-le-R.
Ampuis
Tupin-et-Semons
Jardin
Savas-Mépin
Villeneuve-de-Marc
Châtonnay
Eyzin-Pinet
Meyssiez
Lieudieu
Reventin-Vaugris
Chonas-l'Amballan
Les Côtes-d'Arey
St-Sorlin-de-Vienne
Chalon
Cour-et-Buis
Montseveroux
St-Julien-de-l'Herms
Forêt de Bonnevaux
Semons
Arzay
Bossieu
Nantoin
Commelle
La Côte-St-André
Les Roches-de-Condrieu
St-Prim
St-Clair-du-Rhône
Cheyssieu
Vernioz
Monsteroux-Milieu
St-Alban-de-Varèze
Auberives-s-Varèze
Clonas-s-Varèze
Assieu
La Chapelle-de-Surieu
St-Maurice-l'Exil
Primarette
Moissieu-sur-Dolon
Revel-Tourdan
Pisieu
Pommier-de-Beaurepaire
Faramans
Ornacieux
Balbins
Penol
Sardieu
Pajay
Le Péage-de-Roussillon
Roussillon
St-Romain-de-Surieu
Bellegarde-Poussieu
Ville-s-s-Anjou
Sonnay
Anjou
Salaise-s-Sanne
Agnin
Pact
Beaurepaire
St-Barthélemy
Lapeyrouse-Mornay
Marcilloles
St-Siméon-de-Bressieux
Sablons
Chanas
Bougé-Chambalud
Jarcieu
Épinouze
Beaufort
Thodure
Viriville
Marcollin
Lentiol
Châtenay
St-Pierre-de-B.
Manthes
Lens-Lestang
Moras-en-Valloire
St-Rambert-d'Albon
St-Sorlin-en-Valloire
Le Grand-Serre
Anneyron
Hauterives
Palais Idéal
Montfalcon
Roybon
Forêt des Blaches
Bois de Taravas
Camp de Chambaran

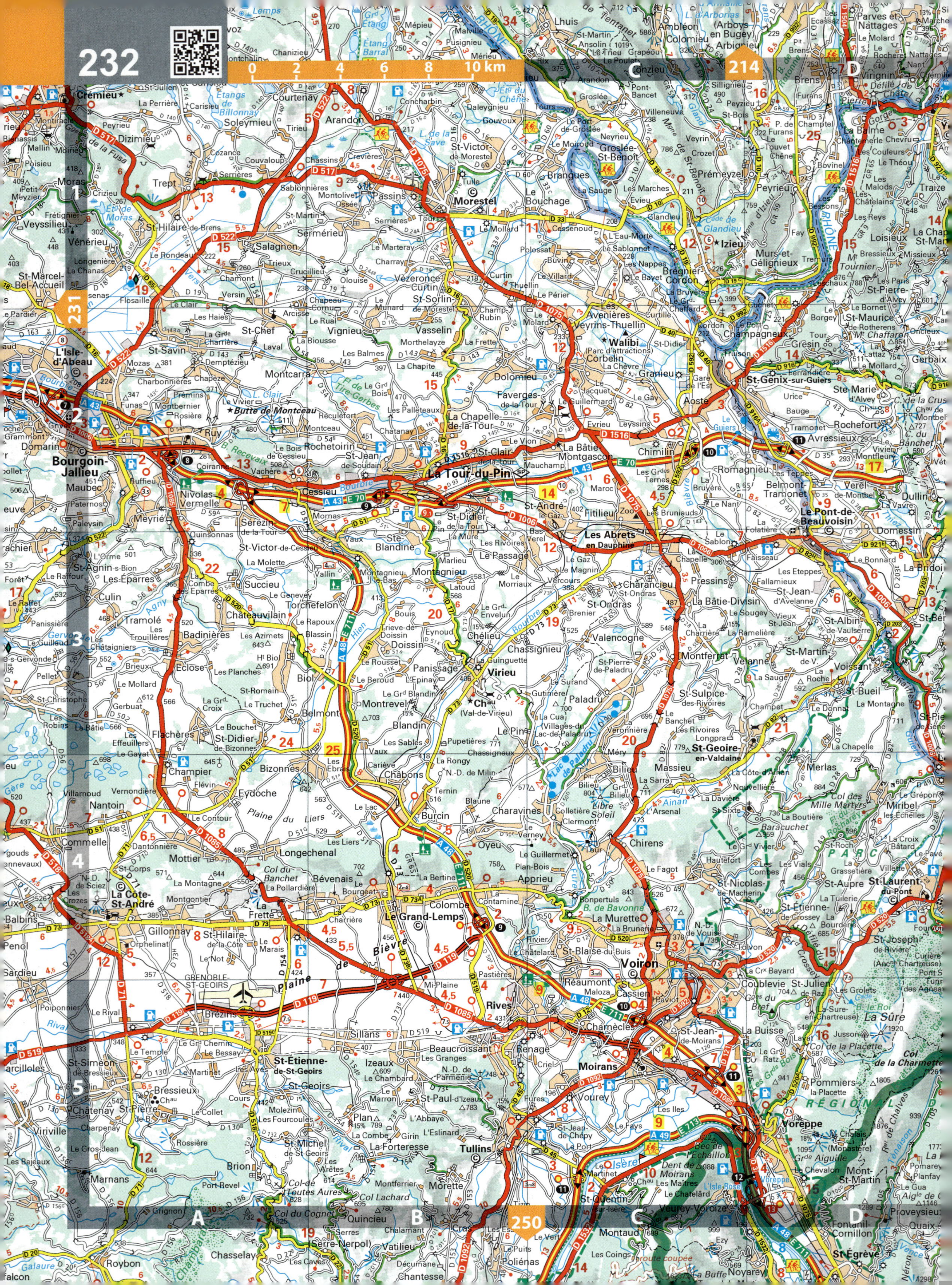

0 2 4 6 8 10 km
214
231
250
A
B
C
D
1
2
3
4
5
Crémieu
Courtenay
Soleymieu
Arandon
Morestel
St-Victor-de-Morestel
Brangues
Le Bouchage
Groslée-St-Benoît
Izieu
Brégnier-Cordon
Murs-et-Gélignieux
Les Avenières
Veyrins-Thuellin
Walibi
St-Genix-sur-Guiers
Aoste
Granieu
Chimilin
Romagnieu
Le Pont-de-Beauvoisin
Belmont-Tramonet
Avressieux
Rochefort
Dolomieu
Faverges-de-la-Tour
La Chapelle-de-la-Tour
La Tour-du-Pin
St-Clair-de-la-Tour
La Bâtie-Montgascon
Les Abrets en Dauphiné
Fitilieu
Pressins
La Bâtie-Divisin
St-Jean-d'Avelanne
Vézeronce-Curtin
St-Sorlin-de-Morestel
Vasselin
Montcarra
St-Chef
Vignieu
Salagnon
Sermérieu
St-Hilaire-de-Brens
Trept
Vénérieu
Veyssilieu
St-Marcel-Bel-Accueil
L'Isle-d'Abeau
Bourgoin-Jallieu
Domarin
Maubec
St-Savin
Ruy
Butte de Montceau
Rochetoirin
St-Jean-de-Soudain
Cessieu
Nivolas-Vermelle
Sérézin-de-la-Tour
St-Victor-de-Cessieu
St-Didier-de-la-Tour
Ste-Blandine
Le Passage
Montagnieu
Virieu
Chélieu
Chassignieu
Valencogne
Paladru
Charancieu
St-Ondras
Montferrat
Velanne
St-Sulpice-des-Rivoires
St-Geoire-en-Valdaine
Massieu
Merlas
Voissant
St-Bueil
Bilieu
Charavines
Chirens
Oyeu
Apprieu
Burcin
Chabons
Blandin
Montrevel
Doissin
Biol
Belmont
Torchefelon
Châteauvilain
Succieu
Badinières
Eclose
Tramolé
Culin
St-Agnin-sur-Bion
Meyrié
Flachères
St-Didier-de-Bizonnes
Bizonnes
Champier
Eydoche
Nantoin
Commelle
Mottier
Longechenal
Bévenais
Le Grand-Lemps
Colombe
La Frette
Châbons
La Côte-St-André
Gillonnay
St-Hilaire-de-la-Côte
Brézins
Sillans
Izeaux
Beaucroissant
Rives
Renage
Réaumont
Voiron
St-Blaise-du-Buis
La Murette
Coublevie
St-Julien-de-Ratz
St-Étienne-de-Crossey
St-Laurent-du-Pont
St-Joseph-de-Rivière
St-Aupre
St-Nicolas-de-Macherin
Miribel-les-Échelles
Moirans
Voreppe
Tullins
St-Quentin-sur-Isère
Veurey-Voroize
St-Égrève
Proveysieux
Mont-St-Martin
Pommiers-la-Placette
St-Jean-de-Moirans
Charnècles
Vourey
St-Paul-d'Izeaux
Plan
La Forteresse
St-Michel-de-St-Geoirs
St-Étienne-de-St-Geoirs
St-Geoirs
Bressieux
St-Siméon-de-Bressieux
Viriville
Marnans
Brion
Quincieu
Vatilieu
Serre-Nerpol
Chasselay
Roybon
Montaud
Morette
Poliénas
Lac de Paladru
B. de Bavonne
GRENOBLE-ST-GEOIRS
Plaine de Bièvre
Plaine du Liers
Le Rhône
Chartreuse
A 43
A 48
A 49
E 70
D 1006
D 1075
D 1085
D 1516
D 119
D 522
D 517

AIX-LES-BAINS
CHAMBÉRY
La Motte-Servolex
Le Bourget-du-Lac
Grésy-s-Aix
La Ravoire
Challes-les-Eaux
St-Alban-Leysse
Barberaz
Bassens
Cognin
Jacob-Bellecombette
St-Baldoph
Montmélian
Pontcharra
Allevard
Le Touvet
Crolles
Goncelin
Les Marches
Chapareillan
Myans
Apremont
Francin
St-Pierre-d'Albigny
Miolans
La Rochette
Aiton
Chamousset
Châteauneuf
Grésy-sur-Isère
St-Pierre-de-Chartreuse
Entremont-le-Vieux
St-Pierre-d'Entremont
Les Échelles
St-Christophe
Col du Granier
Cirque de St-Même
Mont Granier
PARC NATUREL RÉGIONAL DU MASSIF DES BAUGES
PARC NATUREL RÉGIONAL DE CHARTREUSE
BELLEDONNE
Lac du Bourget
Lac d'Aiguebelette
Lac Cottepens
Massif des Sept Laux
Le Rocher Blanc
Col du Glandon
Col de la Croix de Fer
Col du Frêne
Pic du Frêne
La Table
Bourgneuf
Hauteville
Villard-Sallet
La Croix-de-la-Rochette
Le Châtelard
Lescheraines
Pont du Diable
St-Rémy-de-Maurienne
St-Étienne-de-Cuines
La Chambre
Chamrousse
Brignoud
Villard-Bonnot
St-Ismier
Le Sappey-en-Chartreuse
Chamechaude
St-Pancrasse
St-Hilaire
Lumbin
La Terrasse
Tencin
Theys
Laval
St-Maximin
Avalon
La Chapelle-du-Bard
Le Moutaret
Aix
E
F
G
H
1
2
3
4
5
215
234
251

0 2 4 6 8 10 km
216
233
252
A
B
C
D
1
2
3
4
5
Albertville
Conflans
Grignon
Frontenex
Monthion
N.-D.-des-Millières
Ste-Hélène-s-Isère
Bonvillard
Bonvillaret
Randens
Aiguebelle
Montgilbert
Montsapey
Le Grand Filon
Argentine
St-Alban-d'Hurtières
St-Georges-d'Hurtières
Épierre
St-Léger
La Chapelle
St-François-Longchamp
Montgellafrey
Les Chavannes-en-Maurienne
Montaimont
N.-D.-du-Cruet
La Chambre
St-Martin-sur-la-Chambre
St-Avre
St-Étienne-de-Cuines
Ste-Marie-de-Cuines
Hermillon
St-Jean-de-Maurienne
Villargondran
St-Pancrace
Le Corbier
Fontcouverte-la Toussuire
La Toussuire
Albiez-le-Jeune
Albiez-Montrond
St-Julien-Mont-Denis
St-Martin-de-la-Porte
Montricher-Albanne
Col de la Madeleine
Le Cheval Noir
Crève Tête
Valmorel
Gd Pic de la Lauzière
Gd Arc
Col de Basmont
Mt Bellachat
La Lèchère
Bonneval
St-Oyen
Moûtiers
Salins-Fontaine
Brides-les-Bains
Aigueblanche
Feissons-sur-Isère
Cevins
Rognaix
La Bâthie
Tours-en-Savoie
Le Grd Mont
Lac de la Tempête
Beaufort
Boudin
Bge de Roselend
Aigle du Grd Fond
Le Roignais
Bourg-St-Maurice
Landry
Peisey-Nancroix
Aime-la-Plagne
Mâcot-la-Plagne
La Plagne
Hautecour
Montgirod
Champagny-en-Vanoise
Bozel
St-Bon-Tarentaise
Courchevel
1850
Courchevel 1550
La Tania
Méribel
Croix des Verdons
Mottaret
Sommet de la Saulire
Pralognan-la-Vanoise
Les Allues
St-Jean-de-Belleville
St-Martin-de-Belleville
Les Menuires
Val-Thorens
Aigle de Péclet
Cime de Caron
Mt de la Chambre
Roc des Trois Marches
Mt du Vallon
M A S S I F
Grand Perron des Encombres
Pte de la Masse
Lac du Lou
Col de Chavière
Aussois
Pte de l'Observatoire
PARC
Orelle
Le Pérouse

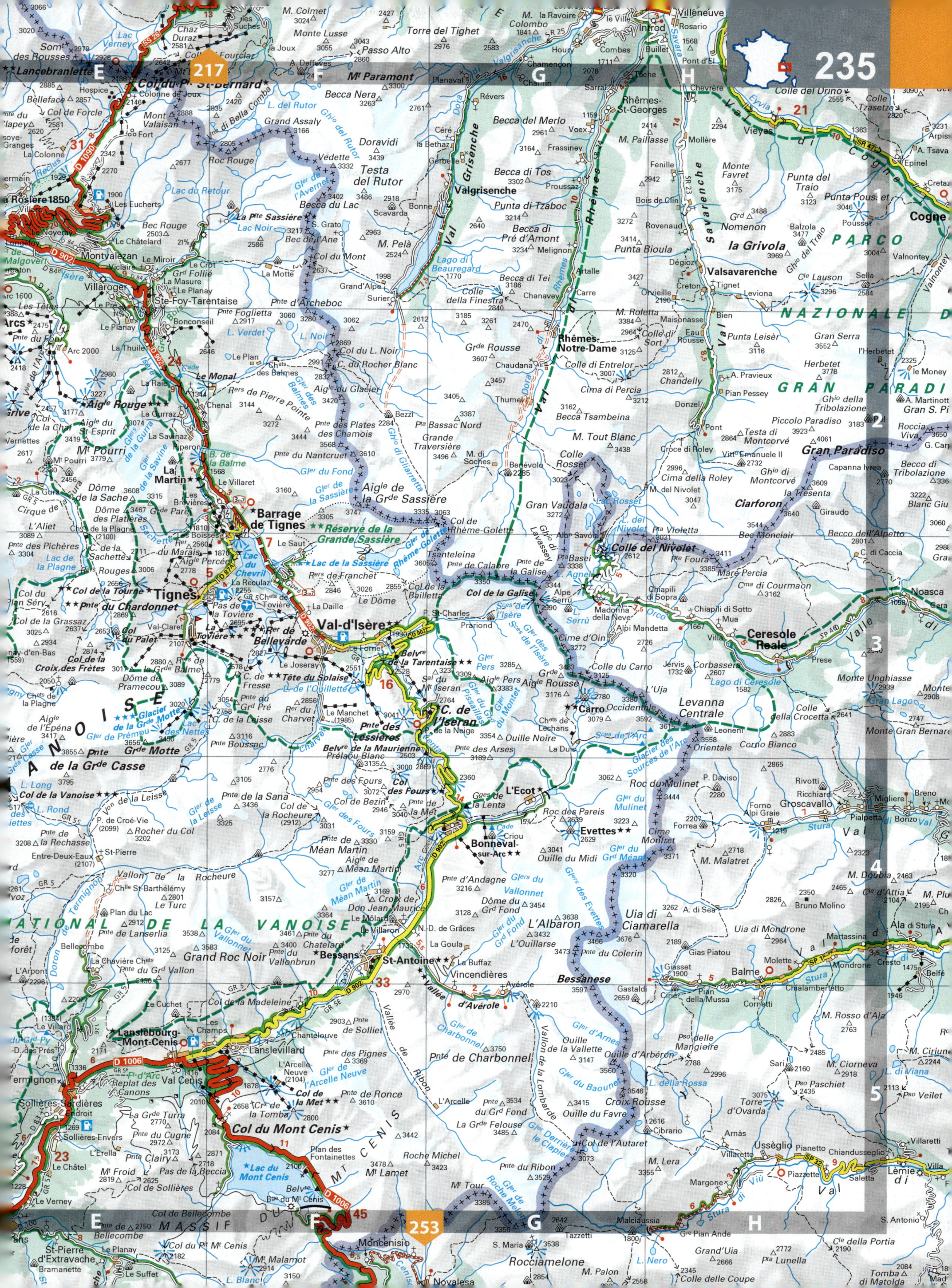
217
E
F
G
H
Col du Pt St-Bernard
Lancebranlette
La Rosière 1850
Montvalezan
Villaroger
Ste-Foy-Tarentaise
Tignes
Barrage de Tignes
Val-d'Isère
Lac du Chevril
Réserve de la Grande Sassière
Aigle Rouge
Mt Pourri
La Gurraz
Le Monal
Grand Assaly
Testa del Rutor
Doravidi
Valgrisenche
Lago di Beauregard
Becca di Tos
Rhêmes-St-Georges
Rhêmes-Notre-Dame
Val di Rhêmes
Valsavarenche
la Grivola
Cogne
PARCO NAZIONALE GRAN PARADISO
Gran Paradiso
Colle del Nivolet
Ceresole Reale
Lago di Ceresole
Noasca
Levanna Centrale
C. de l'Iseran
Col de la Galise
Pointe de la Sana
Col de la Vanoise
Aigle de la Grde Sassière
Grande Motte
Glacier de la Grde Motte
Col de la Rhême-Golette
Bonneval-sur-Arc
L'Ecot
Evettes
Col des Fours
Méan Martin
Bessans
St-Antoine
L'Albaron
Uia di Ciamarella
Bessanese
Groscavallo
Balme
Ala di Stura
Val d'Ala
Lanslebourg-Mont-Cenis
Lanslevillard
Val Cenis
Termignon
Sollières-Sardières
Col du Mont Cenis
Lac du Mont Cenis
MASSIF DU Mt CENIS
Pointe de Charbonnel
Vallée d'Avérole
Croix Rousse
Ussèglio
Lemie
Val di Viù
Rocciamelone
Moncenisio
Novalesa
Bramanette
St-Pierre d'Extravache
253
PARC NATIONAL DE LA VANOISE
Grand Roc Noir
Dôme de la Sache
Lac de la Sassière
Col de l'Iseran
Pointe de Charbonnel
Mt Tour
Roche Michel

0 2 4 6 8 10 km
218
254
A
B
C
D
1
2
3
4
5
Côte d'Argent
Lesparre-Médoc
Hourtin-Plage
Hourtin
Lac d'Hourtin-Carcans
Carcans-Plage
Carcans
Maubuisson
Bombannes
Lacanau-Océan
Lac de Lacanau
Lacanau
Le Porge-Océan
Le Porge
Lège-Cap Ferret
Grand Crohot Océan
Brach
Ste-Hélène
Saumos
Le Temple
Naujac-sur-Mer
Lande de Vignolles
PARC NATUREL RÉGIONAL DU MÉDOC
Réserve naturelle
Étang de Cousseau
Landes de Méogas
Landes du Bourg
Étang de Batejin
Étang de Batourtot
Étang de Lède Basse
Lande des Courtious Brûlés
Bois de Boutas
Forêt du Porge
Dunes du Hughey
Dunes de Partilot
Phares d'Hourtin
Pointe-Blanche
Ste-Hélène-de-Hourtin
Ste-Hélène-de-l'etang
Le Crohot de France
Le Crohot-des-Cavales
L'Alexandre
Le Lion
Le Gressier
La Jenny
Le Moutchic
Talaris
Mistre
Lacousteyre
Maisonneuve
Lauros
Laruau
Silo
Blagon
Mautans
Les Dorat
Maisonnieu
St-Isidore
Le Pin-Sec
Contaut
Cartignac
Lupian
Garthieu
Villeneuve
Couyras
Berdillan
Troussas
Mayne-Pauvre
Devinas
Grand Ludée
Petit Ludée
Constantenins
Le Devès
Taussac
Mejos
Narsot
Au Chalet
Planque-Peyre
Bedillon
Tronquats
Le Grand Courgas
Le Petit Courgas
Serigas
Sautuges
Lescarran
Petit Bos
Grand Bos
Le Crastieu
Glèyse Vielle
Vignas
Les Nerps
Longarisse
Le Bernos
D 3
D 6
D 101
D 107
D 207
D 104
D 5
D 1215

219
238
255
E
F
G
H
1
2
3
4
5
Pauillac
St-Julien-Beychevelle
Blaye
Citadelle
Bourg
St-Savin
St-Ciers-sur-Gironde
St-André-de-Cubzac
Castelnau-de-Médoc
Margaux
Ambarès-et-Lagrave
Blanquefort
Eysines
Le Bouscat
St-Médard-en-Jalles
Mérignac
BORDEAUX
Lormont
Cenon
Bassens
Parempuyre
Pessac
Talence
Libourne
Montussan
Planète Bordeaux
Yvrac
Carbon-Blanc
St-Loubès
Ste-Eulalie
Cubzac-les-Ponts
Virsac
St-Laurent-Médoc
Lesparre
Le Haillan
Martignas-sur-Jalle
Salaunes
Avensan
Moulis-en-Médoc
Listrac-Médoc
Lamarque
Cussac-Fort-Médoc
Fort-Médoc
Île de Patiras
Île Bouchaud
Nouvelle
Île Verte
Île du Nord
Bec d'Ambès
Ambès
GARONNE
Dordogne
Gironde
Étauliers
Reignac
Marcillac
Donnezac
Cavignac
Laruscade
Marsas
Gauriaguet
Saugon
Générac
Cars
Plassac
Villeneuve
Mombrier
Teuillac
Prignac-et-Marcamps
Pugnac
Tauriac
Peujard
Aubie-et-Espessas
St-Gervais
Macau
Ludon-Médoc
Le Pian-Médoc
Arsac
Soussans
Labarde
Cantenac
Mouton Rothschild
Lafite-Rothschild
Le Blayais
Bordeaux-Mérignac

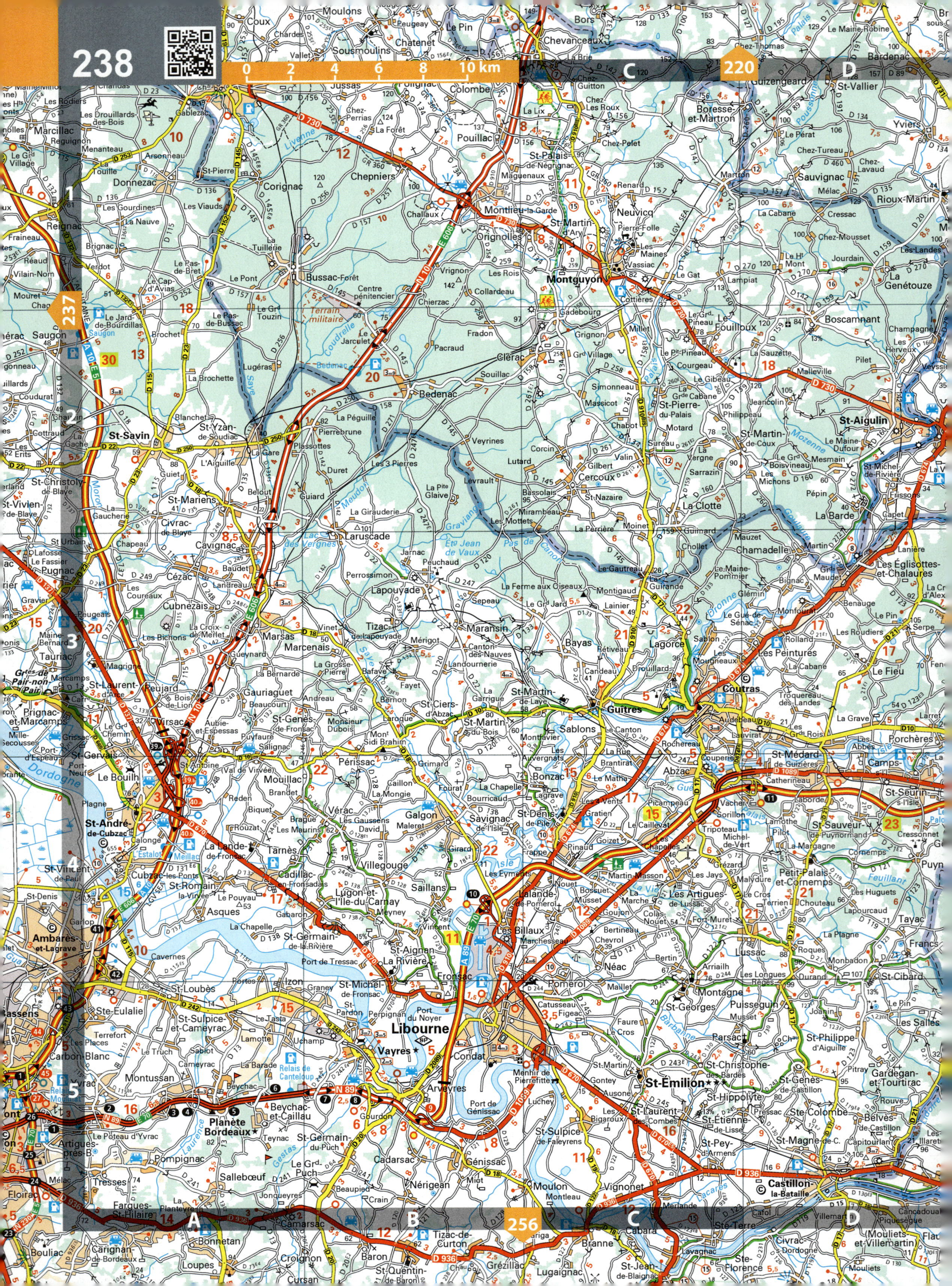
0 2 4 6 8 10 km
220
237
256
A
B
C
D
1
2
3
4
5
Moulons
Coux
Chardes
Sousmoulins
Chatenet
Le Pin
Bors
Chevanceaux
Bardenac
Guizengeard
St-Vallier
Yviers
Boresse-et-Martron
Polignac
Colombe
Pouillac
Clérac
Les Rodiers
Marcillac
Donnezac
Corignac
Chepniers
Montlieu-la-Garde
Orignolles
St-Palais-de-Négrignac
Neuvicq
Montguyon
Vassiac
Sauvignac
Mélac
Rioux-Martin
Cressac
Chez-Mousset
La Genétouze
Boscamnant
Bussac-Forêt
Terrain militaire
Tuillerie
Reignac
Saugon
Bedenac
Souillac
Fradon
Le Fouilloux
St-Martin-d'Ary
Le Bourg
Malleville
St-Aigulin
La Barde
St-Savin
St-Yzan-de-Soudiac
Pierrebrune
Plassottes
Duret
Les 3 Pierres
Veyrines
Cercoux
Valin
St-Nazaire
La Clotte
St-Pierre-du-Palais
Chabot
Motard
St-Martin-de-Coux
Le Maine-Dufour
Pépin
Chamadelle
Les Églisottes-et-Chalaures
St-Christoly-de-Blaye
St-Vivien-de-Blaye
St-Mariens
Cavignac
Cézac
Cubnezais
Laruscade
Lac des Vergnes
Jarnac
Peuchaud
Gravian
St-Jean de Vaux
Lapouyade
Pugnac
Marsas
Marcenais
Tizac-de-Lapouyade
Maransin
Bayas
Lagorce
Coutras
Les Peintures
Le Fieu
St-Laurent-d'Arce
Prignac-et-Marcamps
Gauriaguet
Peujard
Virsac
Aubie-et-Espessas
St-Genès-de-Fronsac
Salignac
St-Ciers-d'Abzac
St-Martin-du-Bois
St-Martin-de-Laye
Guîtres
Sablons
Abzac
St-Médard-de-Guizières
Camps
St-Seurin-sur-l'Isle
Porchères
St-Gervais
Le Bouilh
St-André-de-Cubzac
Mouillac
Périssac
Vérac
Galgon
Savignac-de-l'Isle
Bonzac
Lagrave
St-Denis-de-Pile
St-Sauveur-de-Puynormand
Petit-Palais-et-Cornemps
Cubzac-les-Ponts
St-Romain-la-Virvée
Tarnès
Cadillac-en-Fronsadais
Lugon-et-l'Île-du-Carnay
Villegouge
Saillans
Les Eymerits
Lalande-de-Pomerol
Les Billaux
Les Artigues-de-Lussac
Lussac
Tayac
Francs
Asques
St-Germain-de-la-Rivière
St-Aignan
La Rivière
Fronsac
Néac
Pomerol
Montagne
St-Georges
Puisseguin
St-Cibard
Ambarès-et-Lagrave
St-Loubès
Ste-Eulalie
St-Sulpice-et-Cameyrac
Izon
St-Michel-de-Fronsac
Libourne
Vayres
Arveyres
Condat
St-Émilion
Parsac
St-Christophe-des-Bardes
St-Philippe-d'Aiguille
Gardegan-et-Tourtirac
Les Salles
Carbon-Blanc
Montussan
Beychac-et-Caillau
Planète Bordeaux
St-Germain-du-Puch
Génissac
St-Sulpice-de-Faleyrens
St-Laurent-des-Combes
St-Hippolyte
St-Étienne-de-Lisse
St-Pey-d'Armens
St-Genès-de-Castillon
Ste-Colombe
Belvès-de-Castillon
St-Magne-de-C.
Castillon-la-Bataille
Artigues-près-Bordeaux
Pompignac
Sallebœuf
Le Grd Puch
Cadarsac
Nérigean
Moulon
Vignonet
Tresses
Fargues-St-Hilaire
Camarsac
Tizac-de-Curton
Branne
Cabara
Ste-Terre
Civrac-de-Dordogne
Moulets-et-Villemartin
Bouliac
Carignan-de-Bordeaux
Bonnetan
Loupes
Croignon
Baron
St-Quentin-de-Baron
Grézillac
Lugaignac
St-Jean-de-Blaignac
Ste-Florence
Dordogne
Isle
Lary
Palais
D 730
N 10
E 606
D 910
D 670
D 1089
D 936
N 89
A 10
A 89

221
240
257
E
F
G
H
2
3
4
5
Aubeterre-sur-Dronne
Ribérac
St-Aulaye-Puymangou
Parcoul-Chenaud
La Roche-Chalais
St-Astier
Neuvic
Mussidan
Montpon-Ménestérol
Ménesplet
Villamblard
Bergerac
Prigonrieux
Port-Ste-Foy-et-Ponchapt
Pineuilh
Gardonne
Le Fleix
Lunas
Ginestet
Vanxains
La Jemaye
Échourgnac
Servanches
St-Front-de-Pradoux
Sourzac
Bourgnac
Montréal
Issac
St-Géry
Les Lèches
Beaupouyet
St-Martial-d'Artenset
St-Laurent-des-Hommes
St-Michel-de-Double
St-Étienne-de-Puycorbier
Beauronne
Douzillac
St-Vincent-de-Connezac
St-Jean-d'Ataux
Siorac-de-Ribérac
Douchapt
Tocane-St-Apre
Montagrier
Celles
Allemans
Lusignac
Bertric-Burée
Villetoureix
Festalemps
Chassaignes
Cumond
Bonnes
Forêt de la Double
Forêt du Landais
Dronne
Isle
Crempse
Dordogne

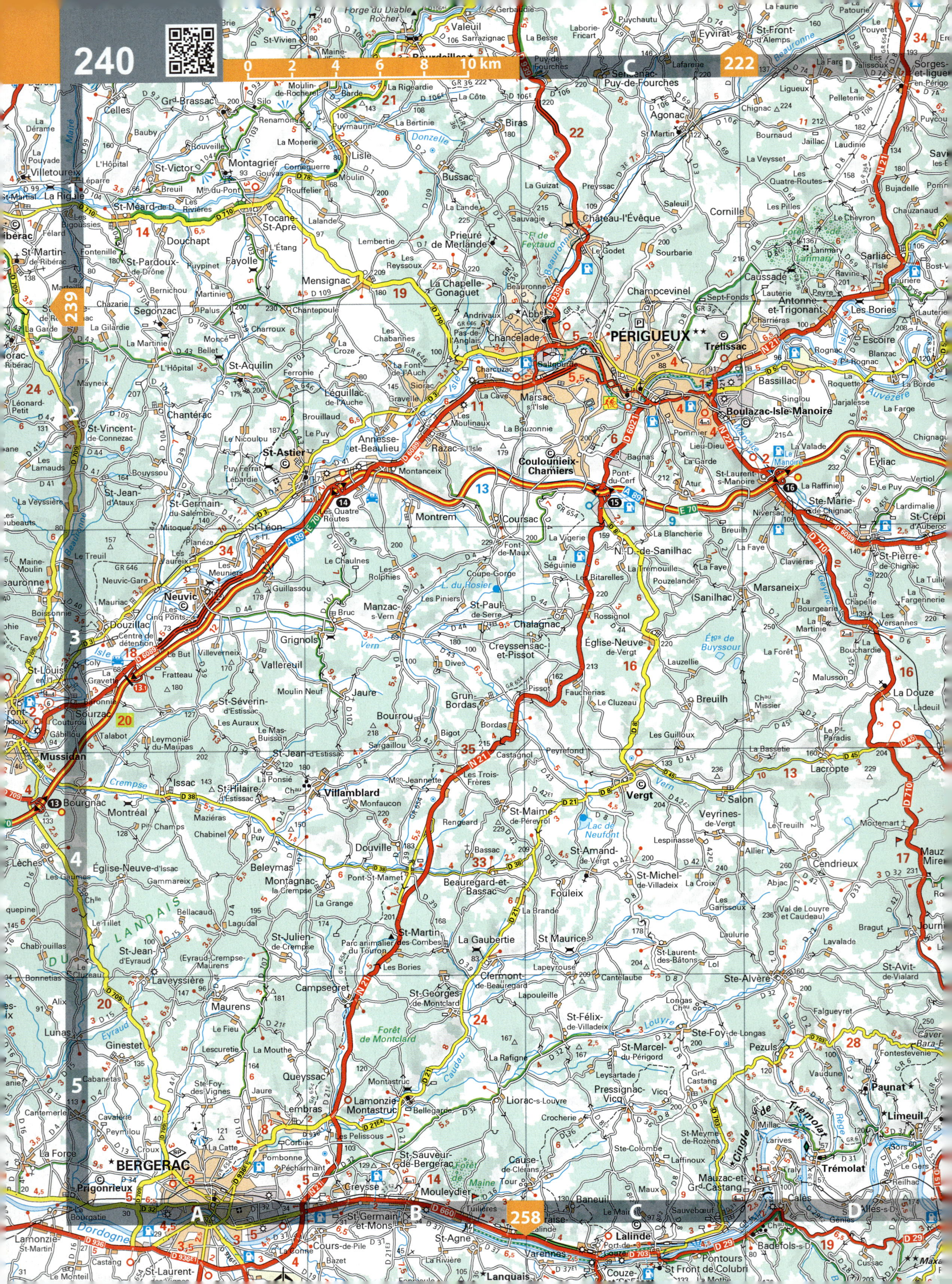
0 2 4 6 8 10 km
222
239
258
A
B
C
D
1
2
3
4
5
PÉRIGUEUX
Trélissac
Boulazac-Isle-Manoire
Coulounieix-Chamiers
Chancelade
Marsac-s-l'Isle
Razac-s-l'Isle
Annesse-et-Beaulieu
St-Astier
Château-l'Évêque
Agonac
Bussac
Biras
Lisle
Montagrier
Celles
Grd-Brassac
St-Victor
Villetoureix
Tocane-St-Apre
St-Méard-de-D.
Douchapt
St-Pardoux-de-Drône
Segonzac
Fayolle
Mensignac
La Chapelle-Gonaguet
Prieuré de Merlande
Champcevinel
Cornille
Sarliac
Antonne-et-Trigonant
Les Bories
Escoire
Bassillac
Eyliac
St-Laurent-s-Manoire
Ste-Marie-de-Chignac
St-Pierre-de-Chignac
St-Crépin-d'Auberoc
Notre-Dame-de-Sanilhac
Marsaneix
La Douze
Atur
Montrem
Coursac
Manzac-s-Vern
Grignols
Chalagnac
Creyssensac-et-Pissot
Église-Neuve-de-Vergt
St-Paul-de-Serre
Grun-Bordas
Vergt
Salon
Veyrines-de-Vergt
Cendrieux
St-Amand-de-Vergt
St-Michel-de-Villadeix
Fouleix
St-Maime-de-Péreyrol
Lac de Neufont
Beauregard-et-Bassac
Villamblard
Douville
St-Hilaire-d'Estissac
St-Jean-d'Estissac
Issac
Beleymas
Montagnac-la-Crempse
Neuvic
St-Léon-s-l'Isle
St-Germain-du-Salembre
Douzillac
St-Louis-en-l'Isle
Sourzac
Mussidan
Bourgnac
Montréal
Église-Neuve-d'Issac
Laveyssière
St-Jean-d'Eyraud
St-Julien-de-Crempse
Campsegret
St-Martin
St-Georges-de-Montclard
Clermont-de-Beauregard
La Gaubertie
St Maurice
Lapeyrouse
Cantelaube
St-Laurent-des-Bâtons
Ste-Alvère
St-Avit-de-Vialard
St-Félix-de-Villadeix
St-Marcel-du-Périgord
Ste-Foy-de-Longas
Pezuls
Paunat
Limeuil
Trémolat
Cingle de Trémolat
Pressignac-Vicq
Mauzac-et-Grd-Castang
Lalinde
Lanquais
Varennes
Couze
St-Agne
St-Germain-et-Mons
Mouleydier
Creysse
St-Sauveur-de-Bergerac
Lamonzie-Montastruc
Lembras
Queyssac
Maurens
Ginestet
Lunas
BERGERAC
Prigonrieux
Lamonzie-St-Martin
Dordogne
Forêt de Montclard
Forêt du Landais
Baneuil
Badefols-s-D.
Liorac-s-Louyre
Cause-de-Clérans
Bourrou
Jaure
Vallereuil
St-Séverin-d'Estissac
Fratteau
Neuvic-Gare
Chantérac
St-Aquilin
Léguillac-de-l'Auche
St-Vincent-de-Connezac
St-Jean-d'Ataux
Mayneix
Bourdeilles
Valeuil
Forge du Diable Rocher
Puy-de-Fourches
Sept-Fonds
Forêt de Lanmary
Étg de Buyssou
Crempse
Vern
Isle
Eyraud
Louyre
Caudau
Beauronne
N 21
N 221
A 89
E 70
D 709
D 710
D 6089

Excideuil
Hautefort
St-Robert
Ayen
Objat
Tourtoirac
Thenon
Azerat
Rastignac
La Bachellerie
Terrasson-Lavilledieu
Le Lardin-St-Lazare
Condat-s-Vézère
St-Pantaléon-de-Larche
Larche
Montignac
Lascaux
St-Amand-de-Coly
Coly
Le Thot
Losse
Thonac
St-Léon-s-Vézère
Sergeac
La Roque St-Christophe
Tursac
Les Eyzies-de-Tayac-Sireuil
Le Bugue
Campagne
Marquay
Ch^au de Commarque
Cabanes du Breuil
Sarlat-la-Canéda
St-Geniès
Salignac-Eyvigues
Jardins d'Eyrignac
Proissans
Carlux
St-Cyprien
Beynac-et-Cazenac
Carsac-Aillac
Montfort
Cingle de Montfort
Dordogne
Vézère
A 89
E 70
D 6089
D 704
D 47

223
242
259

224
241

0 2 4 6 8 10 km
A
B
C
D
1
2
3
4
5
TULLE
BRIVE-LA-GAILLARDE
Malemort
Ussac
Objat
Allassac
Donzenac
Ste-Féréole
St-Pantaléon-de-Larche
Terrasson-Lavilledieu
Larche
Mansac
St-Robert
Ayen
Puy d'Yssandon
Noailles
Gouffre de la Fage
Turenne
Collonges-la-Rouge
Meyssac
Beynat
Aubazine
Cornil
St-Hilaire-Peyroux
Naves
Chanteix
St-Germain-les-Vergnes
Sadroc
St-Pardoux-l'Ortigier
Nespouls
Brive-Vallée de la Dordogne
Cressensac
Martel
Souillac
Lachapelle-Auzac
Carennac
Vayrac
Floirac
Creysse
Meyronne
St-Sozy
Mayrac
Gignac
Salignac-Eyvigues
Jardins d'Eyrignac
Carlux
Peyrillac-et-Millac
Nadaillac
Jayac
Paulin
Borrèze
Archignac
St-Geniès
Chavagnac
La Dornac
Pazayac
Grèzes
Chasteaux
Lac du Causse
Jugeals-Nazareth
St-Julien-Maumont
Curemonte
Puy-d'Arnac
Sarrazac
Cavagnac
Les Quatre-Routes-du-Lot
Strenquels
Condat
St-Denis-lès-Martel
Baladou
Cuzance
Belvédère de Copeyre
Gouffre de Padirac
Grottes de Lacave
Lacave
Pinsac
Dordogne
Corrèze
Vézère
A 20
A 89
E 9
E 70
D 1089
D 6089
D 820
D 840
D 703
D 804
260

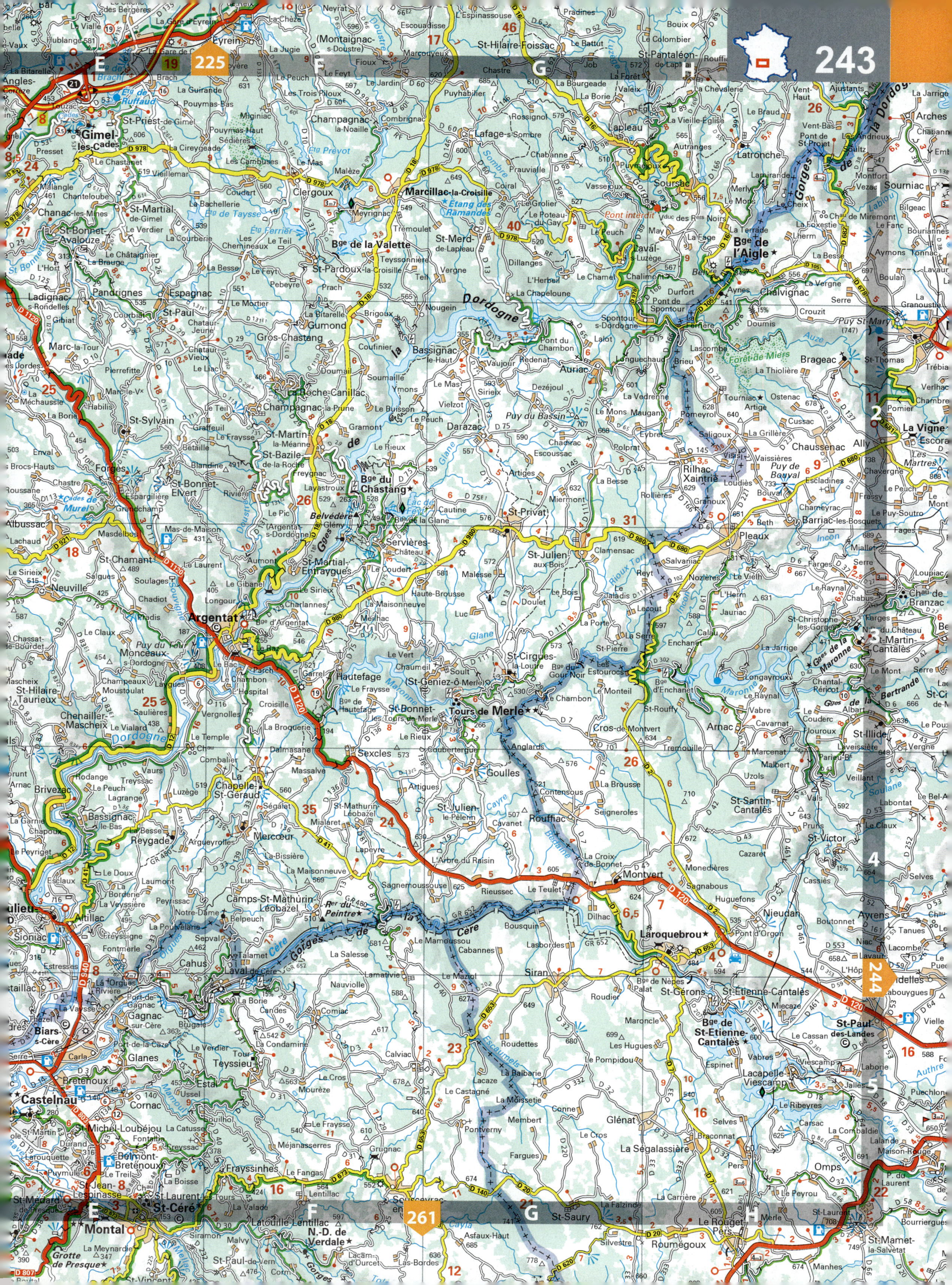
225
261
244
Gimel-les-Cascades
Marcillac-la-Croisille
Lapleau
Soursac
Bge de l'Aigle
Chalvignac
Dordogne
Bge de la Valette
St-Pardoux-la-Croisille
Gros-Chastang
La Roche-Canillac
Champagnac-la-Prune
St-Martin-la-Méanne
St-Bazile-de-la-Roche
Bge du Chastang
St-Privat
Darazac
Auriac
Rilhac-Xaintrie
Pleaux
Barriac-les-Bosquets
Argentat
St-Chamant
Forgès
St-Sylvain
Servières-le-Château
St-Martial-Entraygues
Hautefage
St-Geniez-ô-Merle
Tours de Merle
St-Cirgues-la-Loupe
Arnac
Goulles
Sexcles
Chapelle-St-Géraud
Mercœur
Reygade
Bassignac-le-Bas
Brivezac
Monceaux-sur-Dordogne
Camps-St-Mathurin-Léobazel
Montvert
Laroquebrou
St-Etienne-Cantalès
Bge de St-Etienne-Cantalès
St-Gérons
Siran
Nieudan
St-Paul-des-Landes
Glénat
La Ségalassière
Cère
Gorges de la Cère
Laval-de-Cère
Gagnac-sur-Cère
Biars-s-Cère
Bretenoux
Castelnau
St-Céré
Montal
St-Michel-Loubéjou
Teyssieu
Frayssinhes
Latouille-Lentillac
N.-D. de Verdale
St-Saury
Roumégoux
Le Rouget-Pers
St-Mamet-la-Salvetat
Omps
Lacapelle-Viescamp
Sansac
Ayrens
St-Santin-Cantalès
St-Victor
St-Martin-Cantalès
St-Christophe-les-Gorges
Brageac
Drugeac
Puy St-Mary
La Vigne
Sourniac
Mauriac
Arches
St-Illide
Cros-de-Montvert
Vieillevie
D 120
D 1120
D 980
D 978
D 940

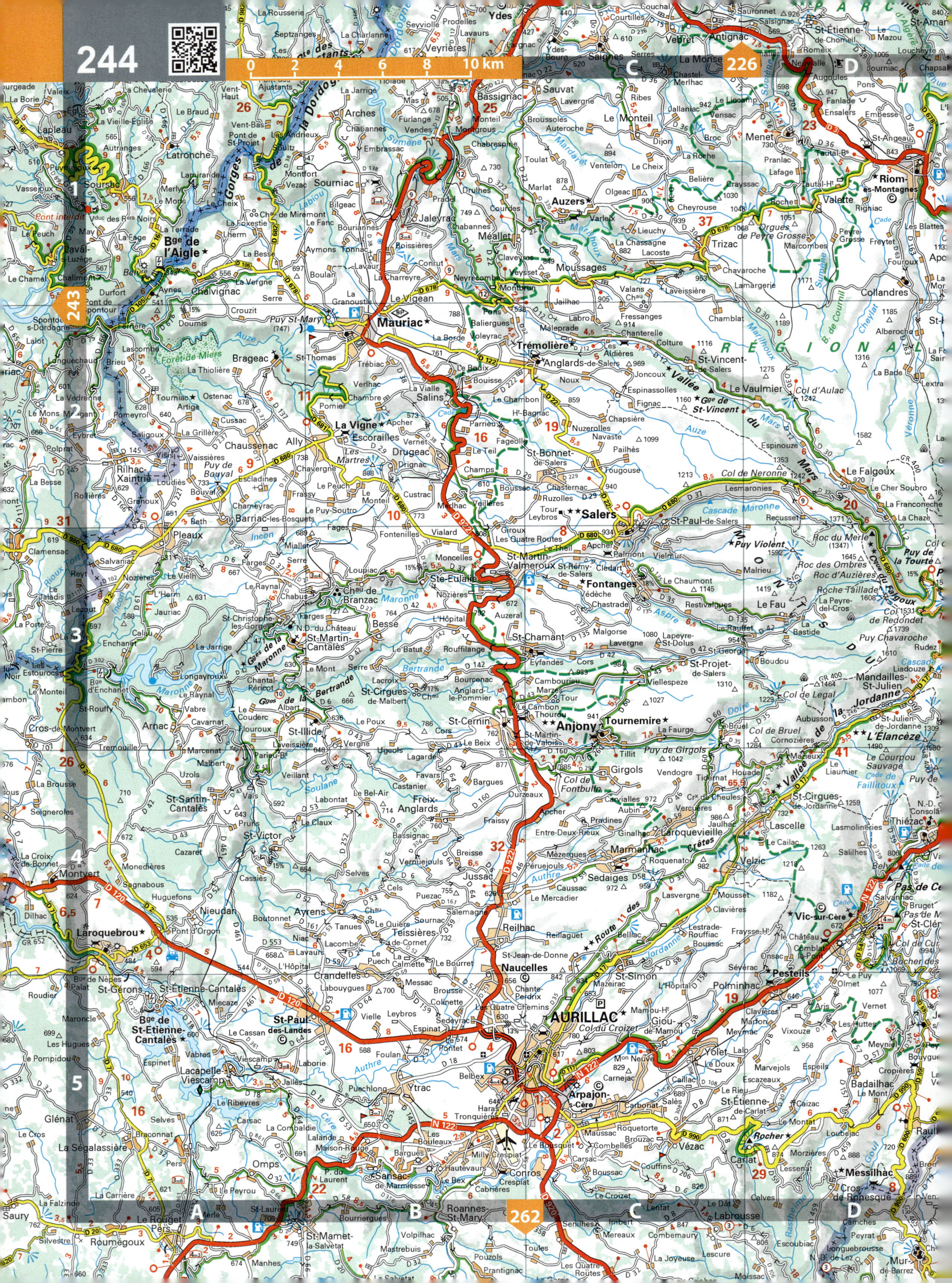
0 2 4 6 8 10 km
226
243
262
A
B
C
D
1
2
3
4
5
Ydes
Bassignac
Sauvat
Le Monteil
Antignac
Menet
Riom-ès-Montagnes
Trizac
Moussages
Auzers
Méallet
Jaleyrac
Sourniac
Arches
Bort-les-Orgues
Bge de l'Aigle
Chalvignac
Mauriac
Le Vigean
Anglards-de-Salers
Trémoulière
Salins
La Vigne
Ally
Drugeac
St-Bonnet-de-Salers
Salers
St-Paul-de-Salers
Fontanges
St-Martin-Valmeroux
Ste-Eulalie
St-Chamant
Anjony
Tournemire
St-Cernin
St-Martin-Cantalès
St-Illide
Pleaux
Barriac-les-Bosquets
Rilhac-Xaintrie
Brageac
Ch. de Branzac
Girgols
Marmanhac
Laroquevieille
Lascelle
Mandailles-St-Julien
L'Elancèze
Puy Violent
Col de Légal
Roc des Ombres
Col de Redondet
Puy Chavaroche
Col d'Aulac
Le Vaulmier
St-Vincent-de-Salers
Vallée de St-Vincent
Col de Néronne
Le Falgoux
Thiézac
Vic-sur-Cère
Polminhac
Pesteils
Yolet
Giou-de-Mamou
Col du Croizet
AURILLAC
Arpajon-sur-Cère
Naucelles
Reilhac
Jussac
Sedaiges
Crandelles
Ytrac
St-Paul-des-Landes
Laroquebrou
Nieudan
St-Etienne-Cantalès
Bge de St-Etienne-Cantalès
Lacapelle-Viescamp
Montvert
St-Gérons
Glénat
La Ségalassière
Omps
Sansac-de-Marmiesse
Crespiat
Roannes-St-Mary
St-Mamet-la-Salvetat
Vézac
Carlat
Rocher
Messilhac
Labrousse
Teissières-de-Cornet
St-Victor
St-Santin-Cantalès
Freix-Anglards
Ayrens
St-Projet-de-Salers
Vallée de la Jordanne
Route des Crêtes
Cascade de Salins
Cascade Maronne
Gorges de la Dordogne
Forêt de Miers
PARC NATUREL RÉGIONAL DES MONTS DU CANTAL
N 122
D 922
D 120
D 680
D 678

227
246
263
Condat
Marcenat
Allanche
Massiac
Murat
St-Flour
Neussargues-Moissac
Le Lioran
Super-Lioran
Plomb du Cantal
Viaduc de Garabit
Chaudes-Aigues
Pierrefort
Neuvéglise
Ségur-les-Villas
Chavagnac
Dienne
Laveissière
Valuéjols
Paulhac
Cussac
Ruynes-en-Margeride
Loubaresse
Chaliers
Faverolles
Anglards-de-St-Flour
Coltines
Talizat
Andelat
Roffiac
Les Ternes
Sériers
Tanavelle
Lastic
Montchamp
Vabres
Pont de Tréboul
Paulhenc
Narnhac
Brezons
Malbo
Cézens
Gourdièges
Oradour
Fridefont
Albaret-le-Comtal
Anterrieux
Lacapelle-Barrès
Thérondels
Lieutadès
Lussac
Cantoinet
Jabrun
Espinasse
Gorges de la Truyère
Monts du Cantal
Volcans d'Auvergne
Cézallier
Plateau du Limon
Col de Prat de Bouc
Col de la Fageole
Ste-Madeleine
Molompize
Charmensac
Ferrières-St-Mary
Peyrusse
Vèze
Molèdes
Laurie
Leyvaux
Pradiers
Landeyrat
St-Bonnet-de-Condat
St-Saturnin
Lugarde
Vernols
Chalinargues
Ste-Anastasie
Virargues
Celles
Laveissenet
Ussel
Mentières
Tiviers
Coren
Villedieu
Alleuze
Vedrines-St-Loup
Rézentières
Vieillespesse
St-Mary-le-Plain
Bonnac
St-Poncy
Auriac-l'Église
St-Étienne-sur-Blesle
Grenier-Montgon
Marzun
Anzat-le-Luguet
Montgreleix
Le Luguet
Chastel-sur-Murat
Albepierre-Bredons
Lavastrie
Belvédère de Mallet
Barrage de Grandval
Château d'Alleuze
Les Monts-Verts

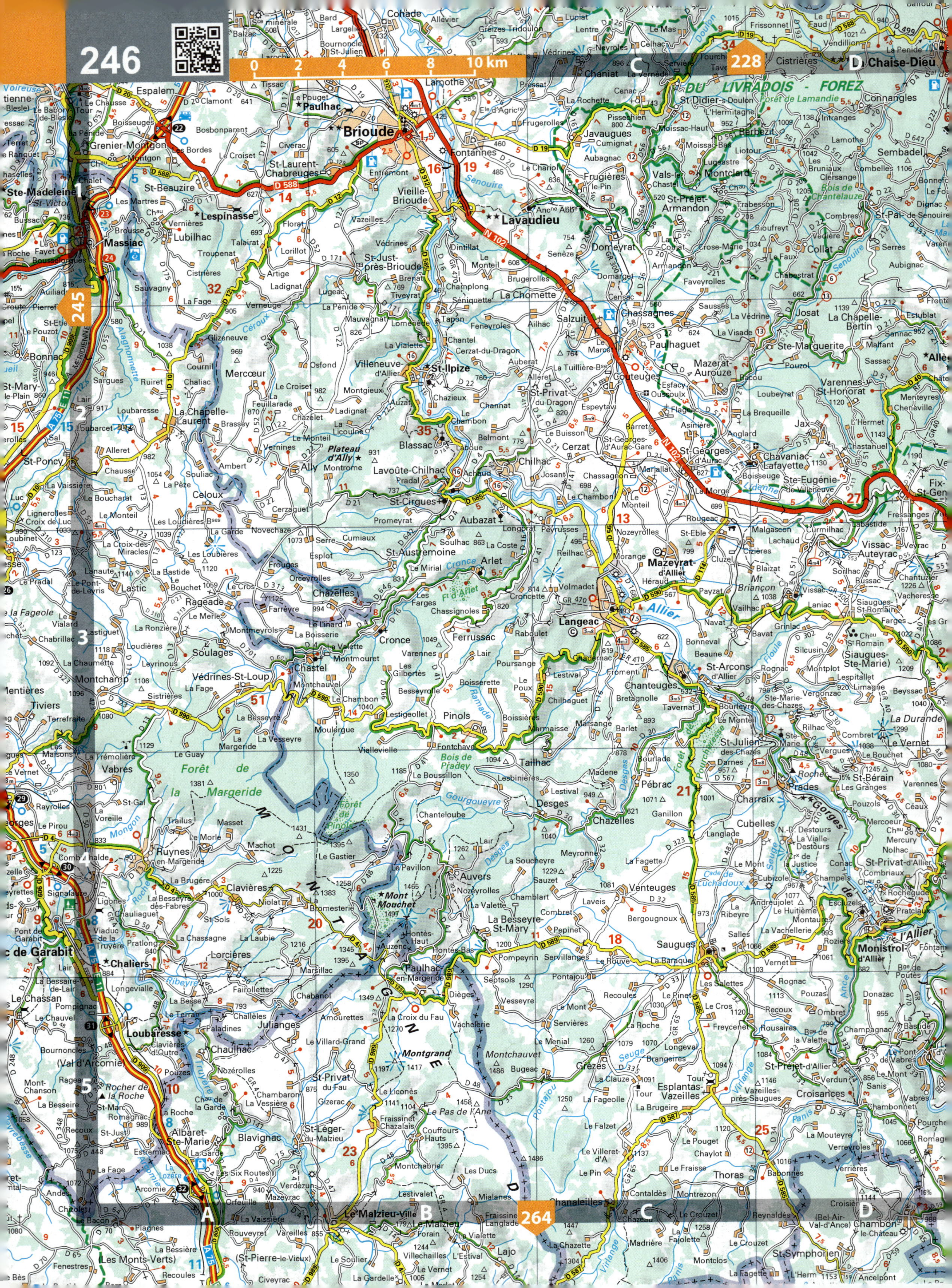
0 2 4 6 8 10 km
228
C
D Chaise-Dieu
DU LIVRADOIS - FOREZ
Forêt de Lamandie
245
264
A
B
C
D
1
2
3
4
5
Brioude
Paulhac
Lamothe
Fontannes
Vieille-Brioude
Lavaudieu
St-Laurent-Chabreuges
Lespinasse
Massiac
Ste-Madeleine
St-Victor
Espalem
Grenier-Montgon
Bosbonparent
St-Beauzire
Lubilhac
Javaugues
Frugières-le-Pin
Vals-le-Chastel
Montclard
St-Préjet-Armandon
Domeyrat
Collat
Connangles
Sembadel
St-Pal-de-Senouire
Josat
La Chapelle-Bertin
Ste-Marguerite
Chassagnes
Paulhaguet
Salzuit
Mazerat-Aurouze
Couteuges
St-Didier-s-Doulon
Berbezit
St-Just-près-Brioude
St-Ilpize
Villeneuve-d'Allier
St-Privat-du-Dragon
Cerzat
St-Georges-d'Aurac
Chavaniac-Lafayette
Ste-Eugénie-de-Villeneuve
Varennes-St-Honorat
Mercœur
La Chapelle-Laurent
Blassac
Lavoûte-Chilhac
Chilhac
Plateau d'Ally
Ally
St-Poncy
Celoux
St-Cirgues
Aubazat
Arlet
St-Austremoine
Mazeyrat-d'Allier
Langeac
Allier
Lastic
Rageade
Chazelles
Cronce
Ferrussac
Soulages
Chastel
Vèdrines-St-Loup
Montchamp
Tiviers
Pinols
Chanteuges
St-Arcons-d'Allier
Siaugues-Ste-Marie
St-Julien-des-Chazes
Prades
Vabres
Forêt de la Margeride
Tailhac
Desges
Pébrac
Chazelles
Charraix
Cubelles
Ruynes-en-Margeride
Clavières
Mont Mouchet
Auvers
Venteuges
Saugues
St-Privat-d'Allier
Monistrol-d'Allier
Chaliers
Loubaresse
Lorcières
Paulhac-en-Margeride
Julianges
Chaulhac
Montgrand
Montchauvet
Grèzes
Esplantas-Vazeilles
St-Préjet-d'Allier
Croisances
Blavignac
Albaret-Ste-Marie
St-Léger-du-Malzieu
St-Privat-du-Fau
Le Malzieu-Ville
Le Malzieu-Forain
Chanaleilles
Thoras
Chambon
St-Symphorien
Les Monts-Verts
N 102
D 588
D 590
D 585
A 75

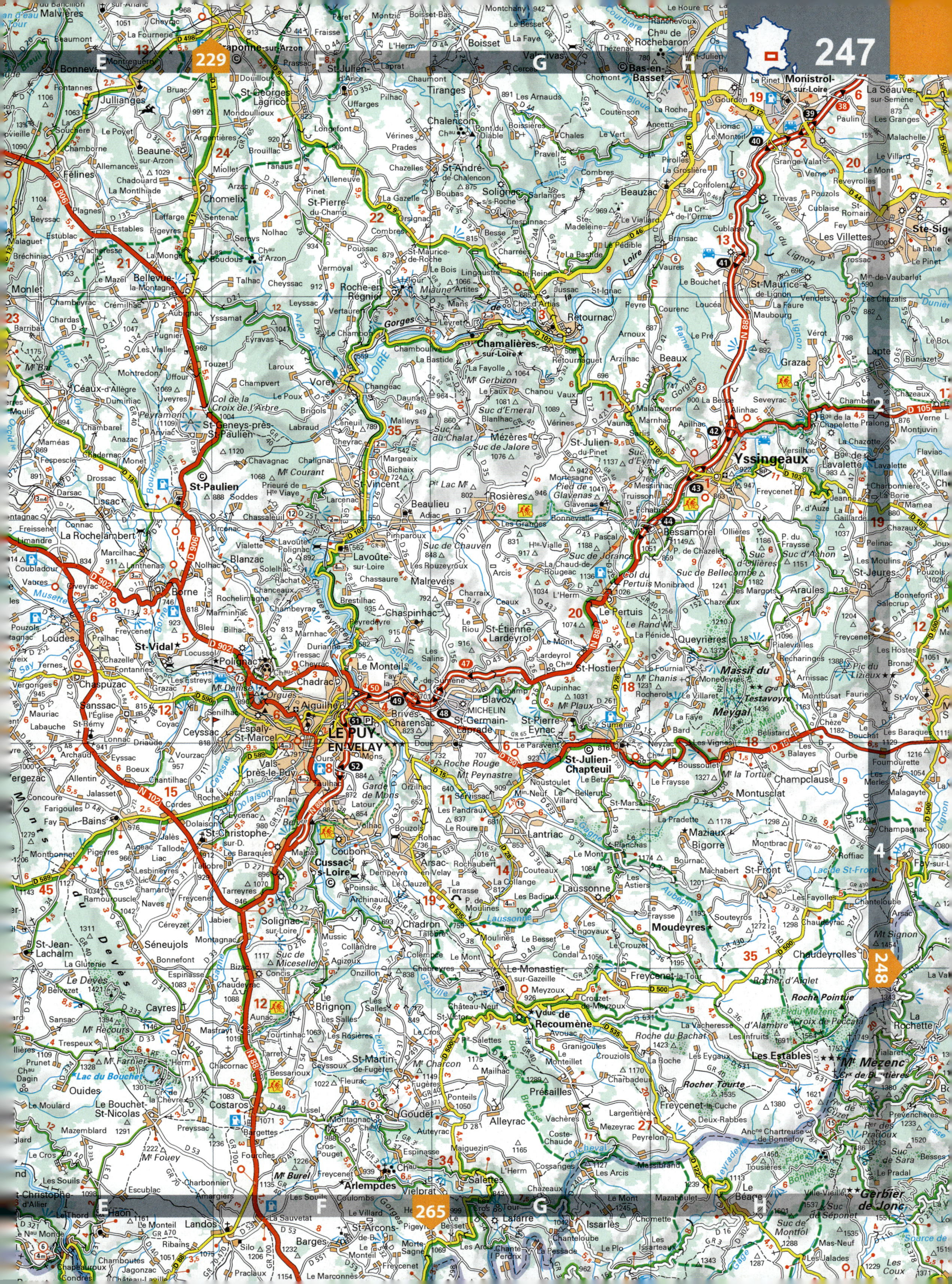
229
265
248
Le Puy-en-Velay
Yssingeaux
Monistrol-sur-Loire
Bas-en-Basset
Craponne-sur-Arzon
Retournac
Chamalières-sur-Loire
Vorey
St-Paulien
Polignac
Espaly-St-Marcel
Vals-près-le-Puy
Brives-Charensac
St-Julien-Chapteuil
Massif du Meygal
Mt Mézenc
Les Estables
Le Monastier-sur-Gazeille
Solignac-sur-Loire
Cussac-s-Loire
Costaros
Le Bouchet-St-Nicolas
Séneujols
Cayres
St-Jean-Lachalm
Landos
Arlempdes
Goudet
Présailles
Freycenet-la-Cuche
Fay-sur-Lignon
Gerbier de Jonc
Le Pertuis
St-Hostien
Lantriac
Laussonne
Moudeyres
Montusclat
Araules
Tence
St-Vidal
Loudes
Sanssac-l'Église
Chaspuzac
Blanzac
Lavoûte-sur-Loire
Beaulieu
Rosières
Bessamorel
Grazac
Beaux
Beauzac
St-Maurice-de-Lignon
Les Villettes
Bellevue-la-Montagne
Chomelix
Jullianges
Beaune-sur-Arzon

0 2 4 6 8 10 km
Annonay
Bourg-Argental
St-Marcel-lès-Annonay
Davézieux
Boulieu-lès-A.
Dunières
Montfaucon-en-Velay
Ste-Sigolène
St-Pal-de-Mons
Raucoules
Riotord
Montregard
St-Bonnet-le-Froid
St-Julien-Molhesabate
St-Sauveur-en-Rue
St-Julien-Vocance
Vanosc
Villevocance
Vocance
Satillieu
Lalouvesc
St-Romain-d'Ay
Quintenas
St-Alban-d'Ay
Préaux
Tence
Le Chambon-sur-Lignon
Mazet-St-Voy
St-Pierre-sur-Doux
St-André-en-Vivarais
Rochepaule
Devesset
St-Jeure-d'Andaure
Ch.au de Rochebloine
Lafarre
Pailharès
St-Félicien
Vaudevant
Col du Marchand
Col du Buisson
Nozières
Empurany
Arlebosc
Bozas
Boucieu-le-Roi
Lamastre
Désaignes
Labatie-d'Andaure
St-Agrève
Mars
Les Vastres
Fay-sur-Lignon
St-Clément
Chaneac
St-Martin-de-Valamas
Le Cheylard
St-Barthélemy-Grozon
St-Basile
St-Prix
St-Apollinaire-de-Rias
Châteauneuf-de-Vernoux
Vernoux-en-Vivarais
Ch.au de la Tourrette
Chalencon
Silhac
St-Julien-Labrousse
St-Michel-d'Aurance
Accons
Mariac
Arcens
St-Christol
Beauvène
St-Barthélemy-le-Meil
Gluiras
Dornas
Mt Mézenc
Gerbier de Jonc
Ch.au de Rochebonne
St-Jean-Roure
St-Cierge-sous-le-Cheylard
Intres
Borée
Les Estables
St-Martial
Sauveille
Le Béage
St-Pierreville
Dunières
PARC NATUREL
Col du Rouvey
Col de Fontay
Col de Juvenet
Col du Faux
Col des Baraques
Taillard
Pyfarat
Col de la Charousse
Suc de Vent
Rocher de Brion


230
247
266

E
F
G
H
231
250
267
1
2
3
4
5
Serrières
Chanas
Epinouze
Manthes
Lens-Lestang
Marcollin
Lentiol
Le Grand-Serre
St-Sorlin
St-Rambert-d'Albon
Anneyron
Moras-en-Valloire
Hauterives
Palais Idéal
St-Clair-sur-Galaure
Montfalcon
Roybon
St-Désirat
Andance
Andancette
Albon
Tour
Châteauneuf-de-Galaure
St-Martin-d'Août
Tersanne
Beausemblant
Laveyron
St-Vallier
Sarras
Mureils
La Motte-de-Galaure
St-Avit
Ratières
Montchenu
Bathernay
St-Christophe-et-le-Laris
Montrigaud
Miribel
Crépol
St-Bonnet-de-Valclérieux
St-Laurent-d'Onay
St-Antoine-l'Abbaye
Claveyson
Ponsas
St-Barthélemy-de-Vals
Ozon
Arras-sur-Rhône
Sécheras
Serves-sur-Rhône
Érôme
Gervans
Charmes-sur-l'Herbasse
Margès
Arthémonay
Le Chalon
St-Michel-sur-Savasse
Montmiral
Geyssans
St-Donat-sur-l'Herbasse
Bren
Marsaz
Chantemerle-les-Blés
Larnage
Crozes-Hermitage
Tain-l'Hermitage
Tournon-s-Rhône
Mercurol-Veaunes
Chavannes
Clérieux
St-Bardoux
Peyrins
Mours-St-Eusèbe
Romans-sur-Isère
Génissieux
Triors
Parnans
Châtillon-St-Jean
St-Paul-lès-Romans
Eymeux
St-Lattier
St-Hilaire-du-Rosier
Chanos-Curson
Granges-les-Beaumont
Bourg-de-Péage
Pizançon
Beaumont-Monteux
Châteauneuf-sur-Isère
Pont-de-l'Isère
Chatuzange-le-Goubet
Jaillans
Beauregard-Baret
St-Jean-en-Royans
Glun
La Roche-de-Glun
Plats
Châteaubourg
Panorama
Corniche du Rhône
St-Romain-de-Lerps
Cornas
St-Péray
St-Marcel-lès-Valence
Alixan
Besayes
Marches
Rochefort-Samson
Bourg-lès-Valence
Valence
Montélier
Charpey
St-Vincent-la-Commanderie
Barbières
Col de Tourniol
Guilherand-Granges
Chau de Crussol
Toulaud
Soyons
Malissard
Chabeuil
Peyrus
Léoncel
Col de la Bataille
Portes-lès-Valence
Montvendre
Combovin
Grotte de Soyons
Beauvallon
Montéléger
Beaumont-lès-Valence
Étoile-sur-Rhône
Chau de Pierre-Gourde
Beauchastel
La Baume-Cornillane
Plan-de-Baix
Upie
Ourches
La Voulte-s-Rhône
Forêt de Thivolet
Forêt de Gargamelle
Isère
Rhône

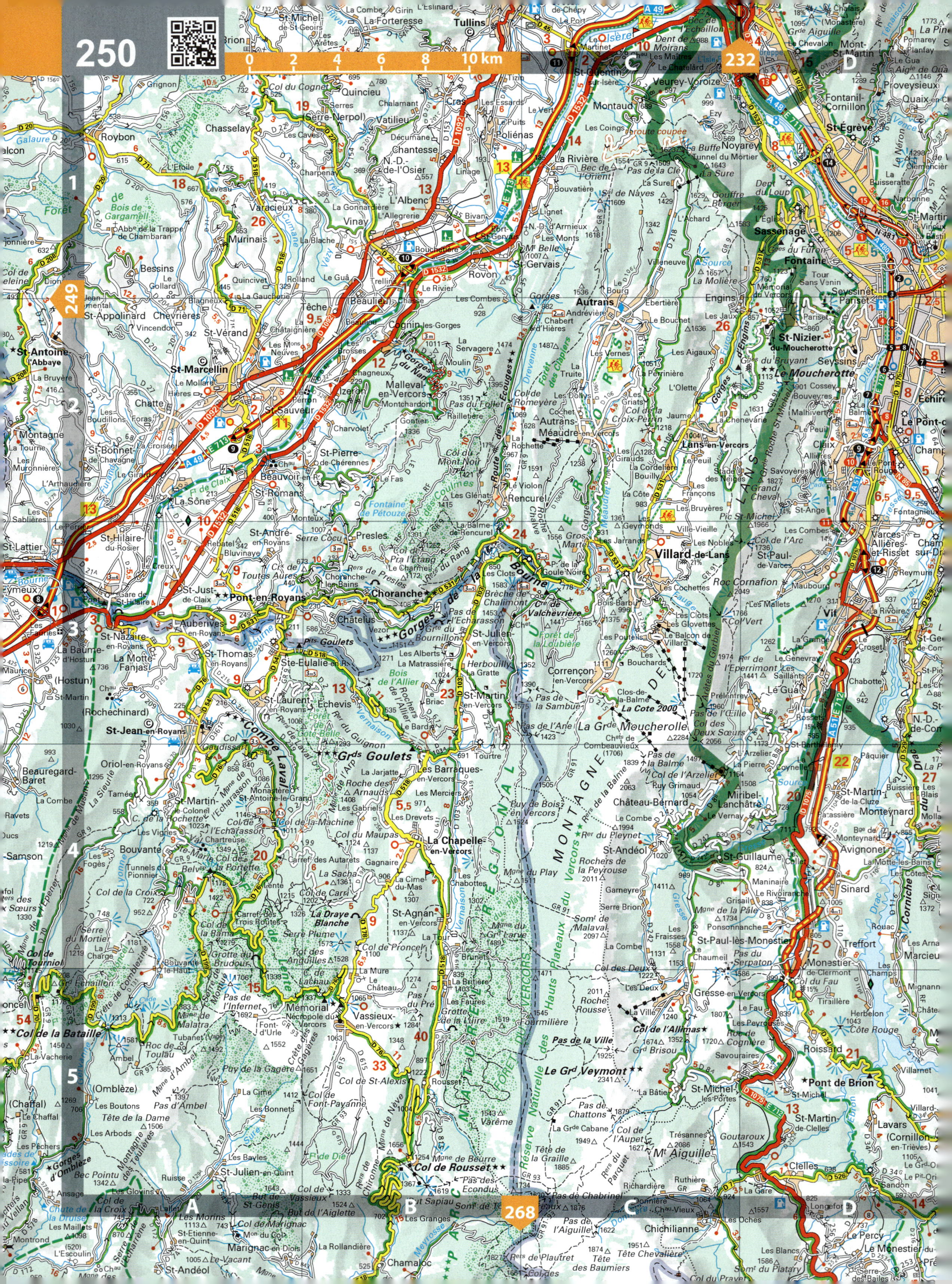
0 2 4 6 8 10 km
Tullins
St-Marcellin
Vinay
Pont-en-Royans
St-Jean-en-Royans
Villard-de-Lans
Lans-en-Vercors
Autrans
Méaudre
Sassenage
Fontaine
Seyssinet-Pariset
St-Égrève
St-Nizier-du-Moucherotte
Le Moucherotte
Varces-Allières-et-Risset
Vif
Monestier-de-Clermont
St-Martin-en-Vercors
La Chapelle-en-Vercors
Vassieux-en-Vercors
St-Agnan-en-Vercors
Col de Rousset
Chamaloc
Grds Goulets
Gorges de la Bourne
Combe Laval
Col de la Bataille
Le Grd Veymont
La Grde Moucherolle
Mt Aiguille
Pont de Brion
Gresse-en-Vercors
St-Michel-les-Portes
St-Andéol
Château-Bernard
Col de l'Arzelier
Miribel-Lanchâtre
St-Guillaume
Treffort
St-Martin-de-la-Cluze
Avignonet
Sinard
Roissard
St-Martin-de-Clelles
Clelles
Chichilianne
Choranche
Presles
Rencurel
Corrençon-en-Vercors
Réserve Naturelle des Hauts plateaux du Vercors
Parc Naturel Régional du Vercors
Forêt de Lente
Bouvante
St-Laurent-en-Royans
Ste-Eulalie-en-Royans
Auberives-en-Royans
St-Thomas-en-Royans
St-Nazaire-en-Royans
La Motte-Fanjas
Oriol-en-Royans
Beauregard-Baret
St-Hilaire-du-Rosier
St-Just-de-Claix
St-Sauveur
Chatte
Beauvoir-en-Royans
St-Romans
Cognin-les-Gorges
Malleval-en-Vercors
St-Pierre-de-Chérennes
Izeron
Roybon
Chasselay
Varacieux
Murinais
Bessins
St-Vérand
Têche
Beaulieu
Poliénas
L'Albenc
Chantesse
N.-D.-de-l'Osier
Cras
Vatilieu
Quincieu
Serre-Nerpol
Rovon
St-Gervais
St-Quentin-sur-Isère
Veurey-Voroize
Montaud
Noyarey
Engins
St-Antoine-l'Abbaye
St-Lattier
St-Appolinard
Chevrières
Montagne
St-Bonnet-de-Chavagne
La Sône
Rochechinard
Léoncel
Omblèze
Plan-de-Baix
St-Julien-en-Quint
Marignac-en-Diois
St-Andéol
A 49
A 48
A 480
A 51
D 1532
D 1092
D 1075
N 85
A
B
C
D
1
2
3
4
5

249
232
268

Grenoble
Meylan
Crolles
Bernin
Gières
Eybens
Uriage-les-Bains
Chamrousse
Vizille
Séchilienne
Laffrey
Le Bourg-d'Oisans
Alpe-d'Huez
Vaujany
Allemont
Les Deux-Alpes
Mont-de-Lans
Venosc
Bge du Chambon
Col du Glandon
Col de la Croix de Fer
Combe de Malaval
Pic du Lac Blanc
Pic de l'Etendard
Galibier-Grandes-Rousses
Chaîne de Belledonne
Grd Pic de Belledonne
Le Taillefer
Massif des Écrins
Parc National
Valbonnais
Entraigues
La Mure
Corps
Bge du Sautet
N.-D. de la Salette
La Chapelle-en-Valgaudemar
St-Christophe-en-Oisans
Le Râteau
Mens
St-Firmin
Monestier-d'Ambel
E
F
G
H
233
252
269

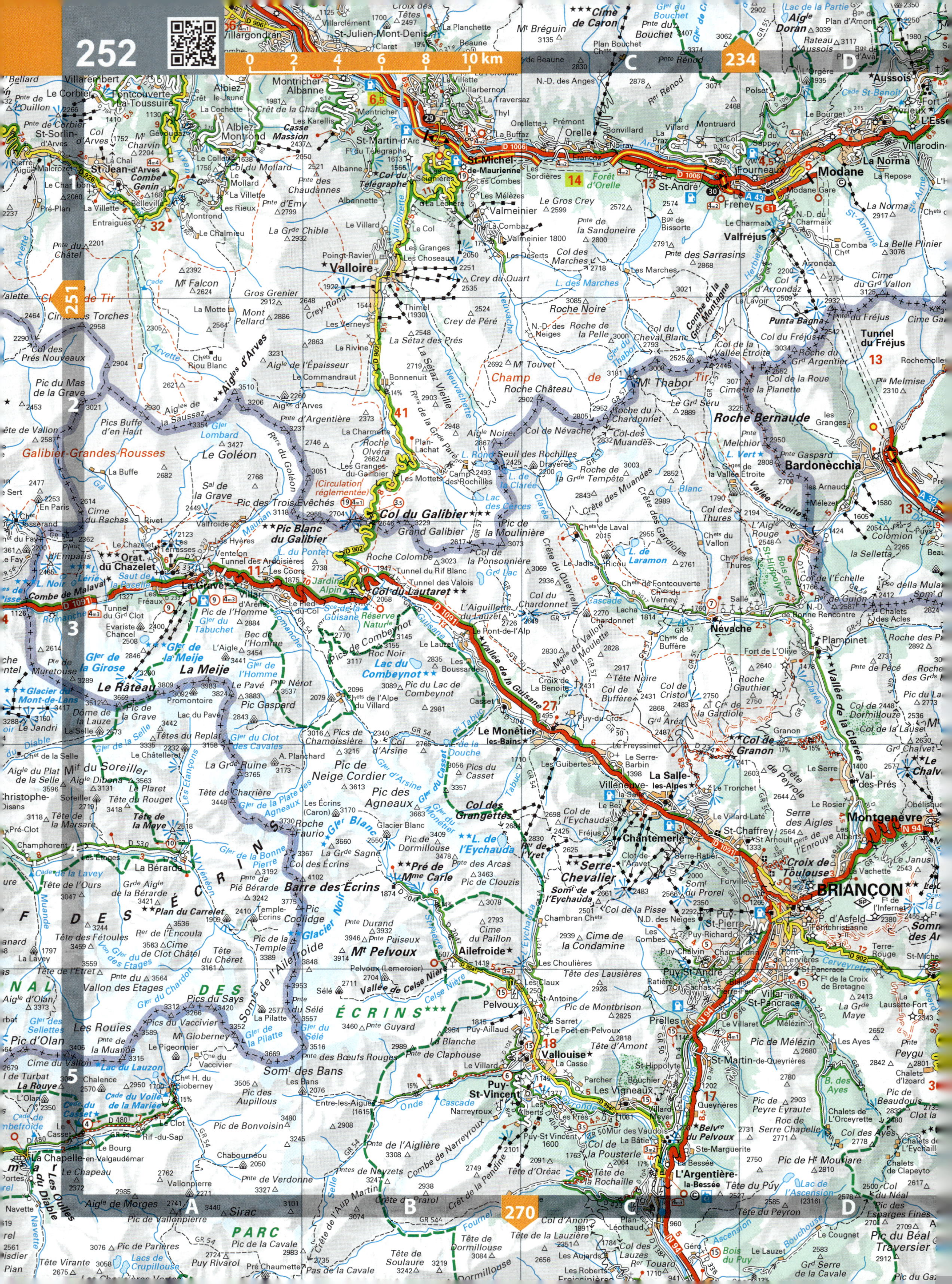
0 2 4 6 8 10 km
A
B
C
D
234
251
270
1
2
3
4
5
St-Jean-d'Arves
Villargondran
St-Julien-Mont-Denis
St-Michel-de-Maurienne
Valloire
Valmeinier
Orelle
Modane
Fourneaux
Aussois
Valfréjus
Tunnel du Fréjus
Col du Galibier
Col du Lautaret
Pic Blanc du Galibier
Galibier-Grandes-Rousses
Le Goléon
Aigles d'Arves
Mt Thabor
Roche Bernaude
Bardonècchia
Mt Falcon
Grand Galibier
Roche Colombe
Tunnel du Rif Blanc
Tunnel des Valois
Orat. du Chazelet
La Grave
Villar-d'Arène
La Meije
Le Râteau
Pic Gaspard
Lac du Combeynot
Le Lauzet
Le Monêtier-les-Bains
Vallée de la Guisane
La Salle-les-Alpes
Chantemerle
Serre-Chevalier
BRIANÇON
Montgenèvre
Névache
Plampinet
Vallée de la Clarée
Col des Granges
Pic de Neige Cordier
Pic des Agneaux
Barre des Écrins
Pic Coolidge
Glacier Noir
Mt Pelvoux
Ailefroide
Pelvoux
Vallouise
Puy-St-Vincent
Les Vigneaux
L'Argentière-la-Bessée
Puy-St-André
Villar-St-Pancrace
Prelles
St-Martin-de-Queyrières
La Bérarde
Plan du Carrelet
ÉCRINS
DES ÉCRINS
Sommet des Bans
Pic des Bœufs Rouges
Vallée de Celse Nière
Combe de Narreyroux
Pic de Bonvoisin
La Chapelle-en-Valgaudémar
Aigle de Morges
Sirac
PARC
Pic de Parières
Tête de Soulaure
Pas de la Cavale
Pic de la Cavale
Rochebrune
Combe de Malaval
Sommet du Prorel
Croix de Toulouse
Champ de Tir
Mont Pellard
Roche Noire
Mt Bréguin
Cime de Caron
Les Karellis
Albiez-Montrond
Col du Télégraphe
Col du Mollard
Col de la Croix de Fer
Entraigues
N 94
D 1091
D 1006
A 43
A 32
D 902
N 90

235
271
E
F
G
H
1
2
3
4
5
Lac du Mont Cenis
Col du Mont Cenis
Moncenisio
Novalesa
Rocciamelone
Col de l'Autaret
Pte du Ribon
Roche Michel
Mt Lamet
Col de Sollières
Pas de la Beccia
Pte de Clairy
Mt Froid
Pte du Cugne
Sollières-Envers
L'Erella
Le Châtel
Le Verney
Col de Bellecombe
MASSIF
Pnte de Bellecombe
Col du Pt Mt Cenis
Mt Malamot
Cime de Bard
Mt Giusalet
St-Pierre d'Extravache
Bramanette
Le Planay
Le Suffet
Vallon d'Etache
Roche d'Etache
St-Barthélemy
Chets de la Combe d'Etache
Dent d'Ambin
Col de Clapier
Mt d'Ambin
Vaccarone
Pta Mulatera
Venaus
Mompantero
Susa
Bussoleno
Giaglione
Chianocco
Bruzolo di Susa
S. Didero
Borgone Susa
Condove
Gravere
Meana di Susa
Mattie
S. Antonino di Susa
Vaie
Villar Focchiardo
Chiomonte
Exilles
Salbertrand
Oulx
Sauze d'Oulx
Colle delle Finestre
M. Orsiera
Usseaux
Fenestrelle
Pragelato
Sestriere
Colle del Sestriere
Cesana Torinese
Clavière
M. Fraiteve
Colle Basset
Colle Bourget
Colle Lauson
Colle Blegier
M. Genevris
Colle dell'Assietta
Testa dell'Assietta
Cima Ciantiplagna
Roure
Perosa Argentina
Pinasca
Villar Perosa
Pomaretto
Massello
Salza di Pinerolo
Perrero
Prali
Bric Ghinivert
M. Albergian
Punta Cornour
Torre Pellice
Luserna S. Giovanni
Villar Pellice
Bobbio Pellice
Bric Bouchet
Bric Froid
Pic du Grd Glaiza
Pic de Rochebrune
Col d'Izoard
Abriès
Aiguilles
Château-Ville-Vieille
Ville-Vieille
Château-Queyras
Forêt de Marassan
Ristolas
La Monta
Col de la Croix
Col de Malaure
Rorà
Porte
Angrogna
Sangone
Chisone
Germanasca
Pellice
S. Germano Chisone
Pramollo
Val Sargone
M. Cavallo
M. Frioland
PARC
A 32
E 70
SS 24
SS 25
SS 23
SR 23
D 947
D 1006
38
45
25
26
18
12
11
21
14
8
6
7

0 2 4 6 8 10 km
236
272
Grand Crohot Océan
Lège-Cap Ferret
Le Pas-du-Bouc
Lauros
Le Cousteau de la Machine
Réserve naturelle
Arès
La Pignada
Jane-de-Boy
Claouey
Andernos-les-Bains
Les Jacquets
BASSIN
D'ARCACHON
Le Mauret
Taussat
Le Truc Vert
Le Petit Piquey
Le Grand Piquey
Piraillan
Le Canon
L'Herbe
Villa-Algérienne
La Vigne
Ile aux Oiseaux
Parcs à huîtres
Le Renet
Pte de Branne
Cassy
Le Nan
Lanton
Certes
La Courbe
Audenge
Réservoirs à Poissons
Les Trucailles
Bas-Vallon
Vigneau
Biganos
Tagon
Belisaire
Cap Ferret
ARCACHON
Les Abatilles
Le Moulleau
Pyla-sur-Mer
Pte de l'Aiguillon
La Hume
Port de Larros
Gujan-Mestras
Parc ornithologique du Teich
Le Teich
Ruat
Les Bordes
Meyran
La Teste-de-Buch
Lamothe
Facture
Balanos
Mios
Le Voisin
Caze
Cap Ferret
Banc du Toulinguet
Pilat-Plage
Dune du Pilat
Réserve naturelle du Banc d'Arguin
Les Miquelots
Le Truc de la Truque
Le Courneau
Zoo
Montmorency
Forêt Nezer
Forêt usagère
Gaillouneys
Dunes de Ginestras
de la Teste
Le Petit Nice
Pointe d'Arcachon
La Salie-Nord
La Salie-Sud
Camp
Cazaux
de Tir
Étang de Cazaux
et de Sanguinet
Curepipe
Dunes des Places
Les Hautes Rives
Port-Maguide
Langeot
Bernon
Louse
Sanguinet
Lombard
Le Bouges
Méoule
Courneilley
Once
Le Clerc
Silo
Gare de Lugos
Forêt de Lugos
Lugos
Forêt de Salles
Sillac
Le Petit Lagnereau
Forêt de Lagnereau
Salles
Caudos
Le Caplanne
Biscarrosse-Plage
Petite Male
Ispes
En Mayotte
Navarrosse
La Broutasse
Goubern
En Belliard
Bosque
Millas
En Bergoin
Pit Étang de Biscarrosse
Trappe
En Hill
Narp
Biscarrosse
Hourtiquets
En Bonnet
Forêt de Biscarrosse
Canal
Forêt usagère de Biscarrosse
CENTRE D'ESSAIS
DES LANDES
Étang de Biscarrosse et de Parentis
Lahitte
Les Mouliès
Le Bôo
Naoutoy
Parentis-en-Born
Bourrque
Mothes
Malet
Les Dorat
Maisonnieu
Silo
Mautans
Blagon
Les Chalets
Les Nargues
Jossaume
La Huillarde
PARC NATUREL RÉGIONAL
Lubec
La Pointe
Hougueyra
La Possession
Les Argentières
Quartier-Bas
Lacanau-de-Mios
Florence
Les Douils
Petit Caudos
Moura
Peyot
Arnauton
Lillet
Hobre
Peylon
Larrieu
Peylahon
Gassian
Castandet
Arnautille
Paris
Le Mayne
Béguey
Bilos
Lanot
CENTRE D'ESSAIS
Bidaou
La Crabette
La Porte des Landes
Courtious Brûlés
Terrain militaire
A B C D
1 2 3 4 5

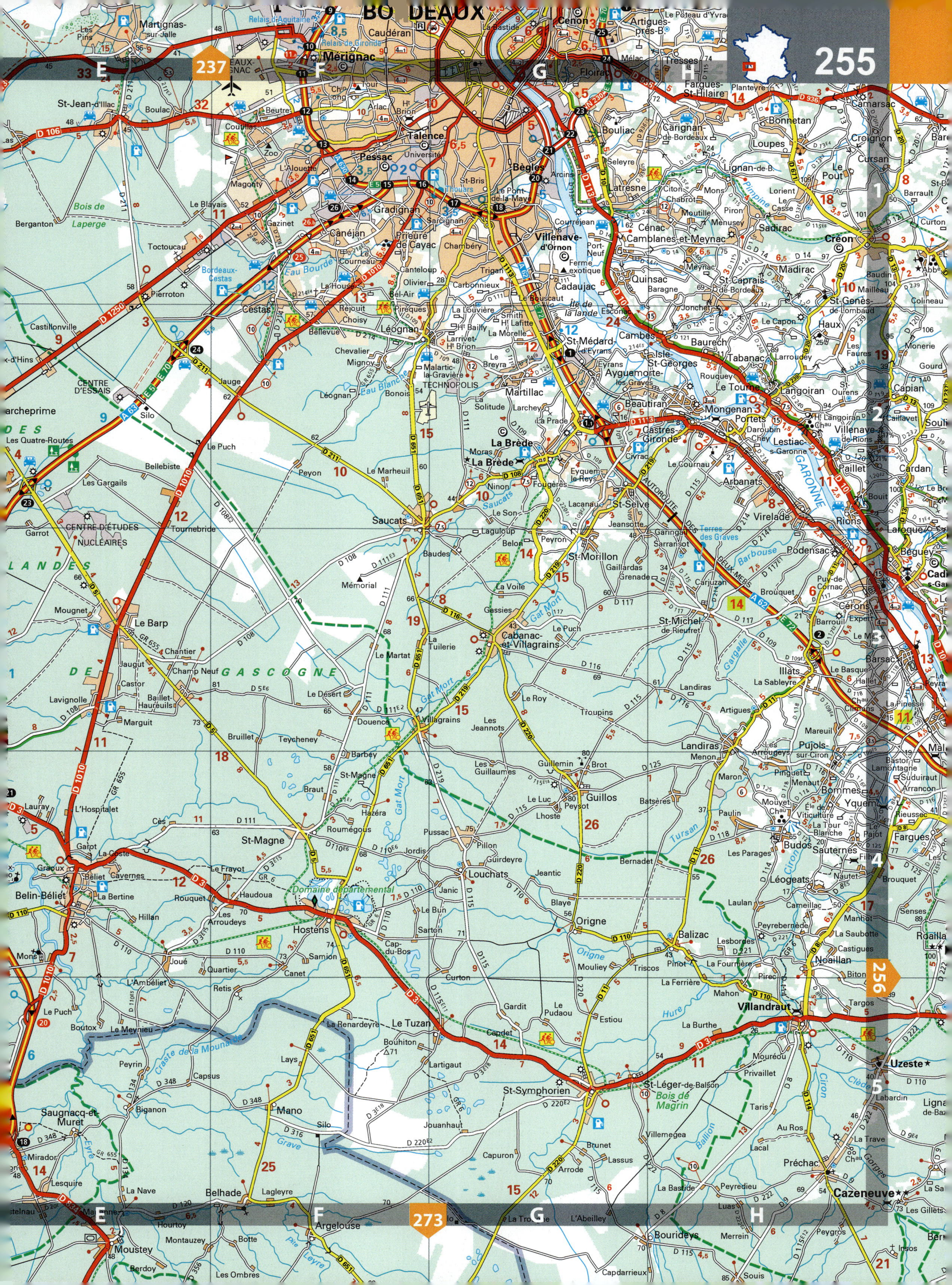
BORDEAUX
Mérignac
Caudéran
Cenon
Floirac
Talence
Pessac
Bègles
Gradignan
Villenave-d'Ornon
Canéjan
Cestas
Léognan
Cadaujac
St-Médard-d'Eyrans
Ayguemorte-les-Graves
Beautiran
Castres-Gironde
Portets
Martillac
La Brède
Saucats
St-Selve
St-Morillon
Cabanac-et-Villagrains
Villagrains
Le Barp
St-Magne
Belin-Béliet
Hostens
Louchats
Guillos
Origne
Balizac
Villandraut
St-Symphorien
St-Léger-de-Balson
Landiras
Illats
Podensac
Cérons
Barsac
Budos
Sauternes
Léognan
Noaillan
Préchac
Cazeneuve
Uzeste
Langon
Quinsac
Cambes
Langoiran
Tabanac
Baurech
Créon
Sadirac
Madirac
Haux
Lignan-de-B.
Latresne
Bouliac
Carignan-de-Bordeaux
St-Jean-d'Illac
Saugnacq-et-Muret
Moustey
Argelouse
Mano
Le Tuzan
Belhade
GARONNE
LANDES DE GASCOGNE
Domaine départemental
CENTRE D'ÉTUDES NUCLÉAIRES
CENTRE D'ESSAIS
237
273
256
E
F
G
H
1
2
3
4
5

0 2 4 6 8 10 km
Castillon-la-Bataille
Cadillac
Langon
St-Macaire
La Réole
Créon
Targon
Sauveterre-de-Guyenne
Podensac
Barsac
Sauternes
Villandraut
Uzeste
Bazas
Roquetaillade
Ste-Croix-du-Mont
Rions
Langoiran
Monségur
Branne
St-Jean-de-Blaignac
Pujols
Labarthe
Castelviel
Auros
Noaillan
Budos
Cazeneuve
Pompéjac
Gironde-sur-Dropt
Castets-en-Dorthe
St-Pierre-de-Mons
Toulenne
Preignac
Fargues
Bommes
Yquem
Cérons
Virelade
Portets
Castres-Gironde
Beautiran
Isle-St-Georges
Cambes
Quinsac
Camblanes-et-Meynac
Cénac
Latresne
Carignan-de-Bordeaux
Fargues-St-Hilaire
Sadirac
Madirac
Haux
Tabanac
Le Tourne
Paillet
Béguey
Loupiac
Verdelais
St-Maixant
Caudrot
Puybarban
Bassanne
Fontet
Hure
Noaillac
Savignac
Brannens
Aillas
Sigalens
Grignols
Masseilles
Cauvignac
Sendets
Birac
Gajac
Mitton
Lados
Gans
Labescau
Cudos
Bernos-Beaulac
Lavazan
Marions
Sillas
Cours-les-Bains
Préchac
Balizac
Léogeats
Landiras
Pujols-sur-Ciron
Illats
St-Michel-de-Rieufret
Guillos
Origne
St-Léger-de-Balson
Bois de Magrin
Ciron
Garonne
Dropt
Bassanne
A 62
A 65
N 524
D 936
D 10
D 11
D 655
D 3
E 72
AUTOROUTE DES DEUX-MERS
A
B
C
D
1
2
3
4
5

238
255
274

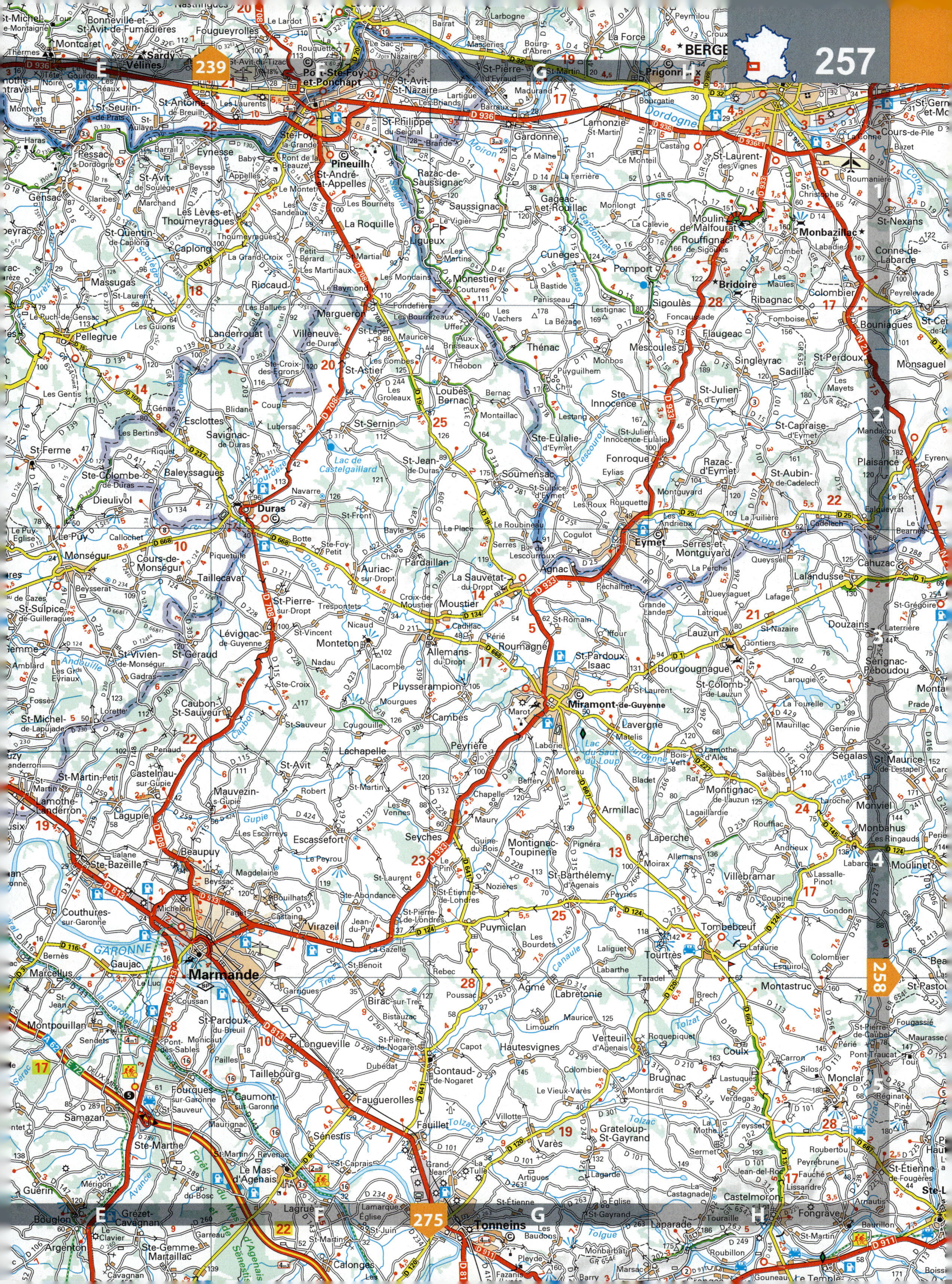
Ste-Foy-la-Grande
Port-Ste-Foy-et-Ponchapt
Pineuilh
Vélines
Bergerac
Prigonrieux
Monbazillac
Eymet
Duras
Miramont-de-Guyenne
Marmande
Tonneins
Castelmoron
Seyches
Lauzun
Allemans-du-Dropt
La Sauvetat-du-Dropt
Sigoulès
Issigeac
Dordogne
Garonne
Dropt
Lac de Castelgaillard
Lac du Saut du Loup
Pellegrue
Monségur
Cours-de-Monségur
Ste-Bazeille
Couthures-sur-Garonne
Gaujac
Montpouillan
Fourques-sur-Garonne
Caumont-sur-Garonne
Samazan
Ste-Marthe
Le Mas-d'Agenais
Fauillet
Grateloup-St-Gayrand
Tombebœuf
Tourtrès
Montastruc
Monclar
Verteuil-d'Agenais
Hautesvignes
Labretonie
Agmé
Puymiclan
St-Barthélemy-d'Agenais
Montignac-Toupinerie
Armillac
Lavergne
Bourgougnague
Miramont
Roumagne
Moustier
Cambes
Peyrière
Escassefort
Virazeil
Beaupuy
Longueville
Taillebourg
Fauguerolles
Gontaud-de-Nogaret
Birac-sur-Trec
Lagupie
Castelnau-sur-Gupie
Mauvezin-sur-Gupie
Lévignac-de-Guyenne
Monteton
St-Géraud
Caubon-St-Sauveur
Baleyssagues
Savignac-de-Duras
Esclottes
Dieulivol
Margueron
Landerrouat
Riocaud
La Roquille
Saussignac
Gageac-et-Rouillac
Monestier
Thénac
Loubès-Bernac
Soumensac
St-Jean-de-Duras
Auriac-sur-Dropt
Pardaillan
Serres-et-Montguyard
Razac-d'Eymet
Fonroque
Singleyrac
Ribagnac
Colombier
Bouniagues
Rouffignac-de-Sigoulès
Pomport
Cunèges
Monsaguel
Plaisance
Cahuzac
Lalandusse
Douzains
Montaut
Ségalas
Monviel
Monbahus
Moulinet
Lacaussade
Villebramar
Laperche
Labarthe
Coulx
Brugnac
Castelnau
A 62
D 933
D 708
D 668
D 813
D 936
D 933
D 124
D 120
239
275
258
E
F
G
H
1
2
3
4
5

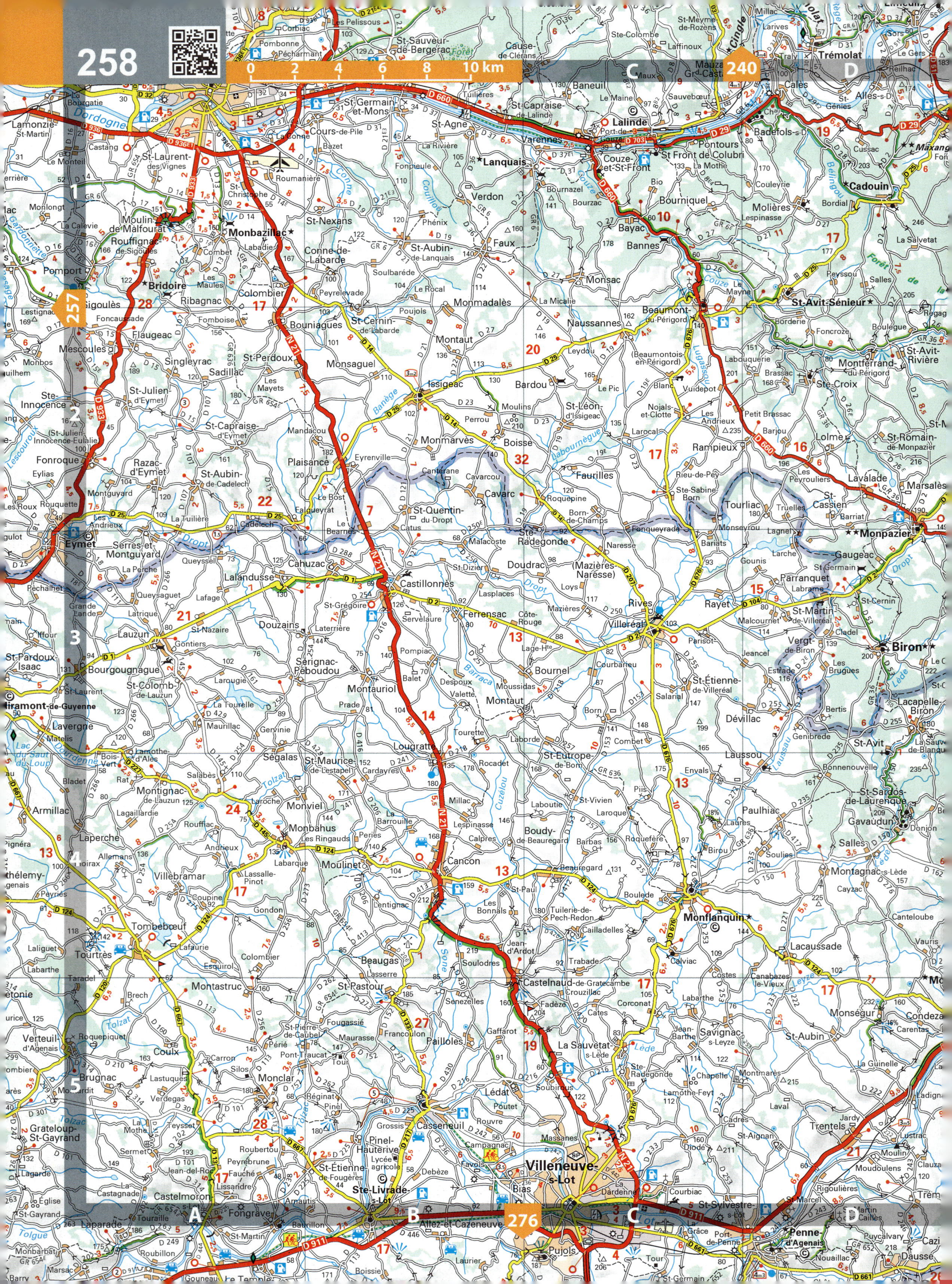
0 2 4 6 8 10 km
240
257
276
Dordogne
St-Germain-et-Mons
Lalinde
Trémolat
Cadouin
Lanquais
Monbazillac
Bridoire
Sigoulès
Issigeac
Beaumont-du-Périgord
St-Avit-Sénieur
Montferrand-du-Périgord
Monpazier
Eymet
Castillonnès
Villeréal
Biron
Lauzun
Miramont-de-Guyenne
Cancon
Monflanquin
Castelnaud-de-Gratecambe
Tombebœuf
Tourtrès
Casseneuil
Villeneuve-s-Lot
Ste-Livrade-s-Lot
Penne-d'Agenais
Pujols
Monclar
Castelmoron
Fongrave
Montaut
Lougratte
Monbahus
Seyches
Lalandusse
Cahuzac
Ferrensac
Doudrac
Rives
Rayet
Gavaudun
St-Sardos-de-Laurenque
Savignac-s-Leyze
Monségur
St-Pastour
Pailloles
Ledat
La Sauvetat-s-Lède

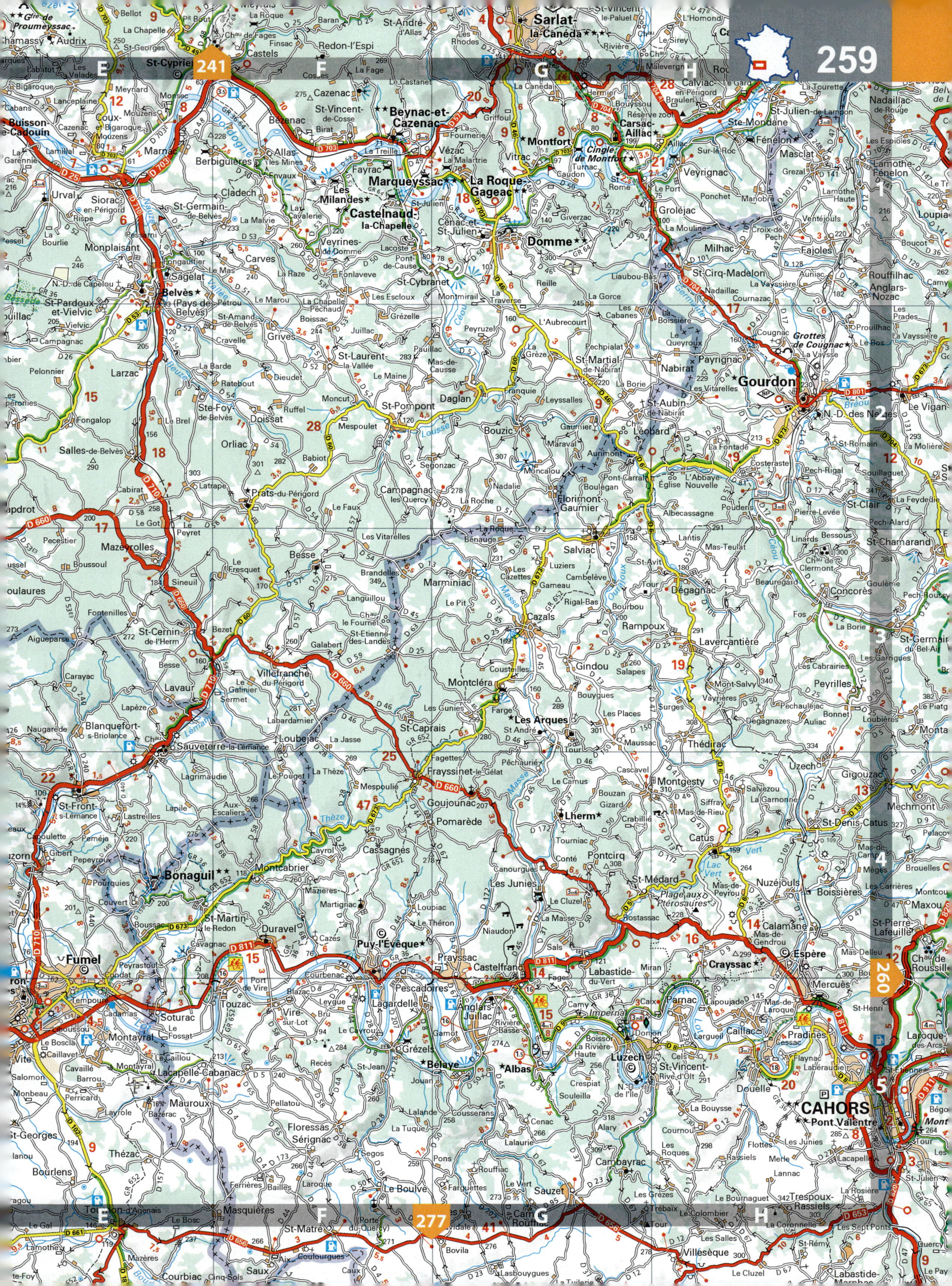

241
260
277
Sarlat-la-Canéda
St-Cyprien
Beynac-et-Cazenac
Marqueyssac
La Roque-Gageac
Castelnaud-la-Chapelle
Les Milandes
Domme
Montfort
Carsac-Aillac
Cingle de Montfort
Groléjac
Belvès
Siorac-en-Périgord
Le Buisson-de-Cadouin
Monplaisant
Sagelat
St-Pardoux-et-Vielvic
Larzac
Salles-de-Belvès
Mazeyrolles
Doissat
Orliac
Prats-du-Périgord
Daglan
St-Pompont
Bouzic
Campagnac-lès-Quercy
Florimont-Gaumier
Salviac
Gourdon
Grottes de Cougnac
Payrignac
Nabirat
St-Martial-de-Nabirat
St-Cirq-Madelon
Milhac
Fajoles
Anglars-Nozac
St-Chamarand
Concorès
Dégagnac
Lavercantière
Cazals
Marminiac
Besse
Villefranche-du-Périgord
St-Cernin-de-l'Herm
Sauveterre-la-Lémance
Blanquefort-s-Briolance
St-Front-s-Lémance
Bonaguil
Montcabrier
Fumel
Montayral
Soturac
Touzac
Duravel
Puy-l'Évêque
Prayssac
Castelfranc
Les Junies
Montcléra
Les Arques
Frayssinet-le-Gélat
Goujounac
Pomarède
Cassagnes
Lherm
Catus
Montgesty
Thédirac
Uzech
Peyrilles
Gigouzac
St-Denis-Catus
Mechmont
Nuzéjouls
Calamane
Espère
Mercuès
Crayssac
Labastide-du-Vert
St-Médard
Luzech
Albas
Bélaye
Grézels
Lagardelle
Pescadoires
Parnac
Douelle
Pradines
CAHORS
Pont Valentré
Laroque-des-Arcs
Trespoux-Rassiels
Cambayrac
Sauzet
Mauroux
Floressas
Sérignac
Thézac
Tournon-d'Agenais
Masquières
Villesèque
Bovila
Labastide-Marnhac
D 703
D 660
D 710
D 811
D 820
D 673
D 653
D 656
D 661

0 2 4 6 8 10 km
242
259
278
Rocamadour
Gramat
Gourdon
CAHORS
Pont Valentré
Mont St-Cyr
St-Cirq-Lapopie
Grotte du Pech-Merle
Cabrerets
Gouffre de Padirac
Gouffre de Cabouy
Grottes de Lacave
Lacave
Grottes de Cougnac
Labastide-Murat
Payrac
Souillac
Luzech
Catus
Cazals
Gigouzac
Montfaucon
Lalbenque
Concots
Limogne-en-Quercy
Marcilhac-sur-Célé
Sauliac-sur-Célé
Cénevières
Arcambal
Vers
Lamagdelaine
Bouziès
Espère
Mercuès
Crayssac
Calamane
Nuzéjouls
Francoulès
St-Pierre-Lafeuille
Cours
Valroufié
Nadillac
Lauzès
Sabadel-Lauzès
Cras
St-Martin-de-Vers
St-Cernin
Sénaillac-Lauzès
Caniac-du-Causse
Soulomès
Frayssinet
Ussel
Lamothe-Cassel
St-Germain-du-Bel-Air
Peyrilles
Thédirac
Dégagnac
Salviac
Concorès
St-Chamarand
Le Vigan
N.-D. des Neiges
St-Projet
Reilhaguet
Calès
Ginouillac
Séniergues
Vaillac
Couzou
Carlucet
Le Bastit
Reilhac
Fontanes-du-Causse
Quissac
Espédaillac
Blars
Livernon
Alvignac
Padirac
Miers
Thégra
Rignac
Lavergne
Issendolus
Flaujac-Gare
Lunegarde
Fénelon
Nadaillac-de-Rouge
Lamothe-Fénelon
Loupiac
Masclat
Milhac
Fajoles
Rouffilhac
Anglars-Nozac
St-Cirq-Madelon
Nabirat
Payrignac
St-Aubin-de-Nabirat
Léobard
Pech-Rigal
Souillaguet
St-Clair
Pech-Alard
Mechmont
St-Denis-Catus
Pontcirq
St-Médard
Montgesty
Boissières
Maxou
Laroque-des-Arcs
Bellefont-La Rauze
Bégoux
Cavanes
Flaujac-Poujols
Le Montat
Trespoux-Rassiels
Douelle
Parnac
Caillac
Pradines
St-Vincent-Rive-d'Olt
Labastide-du-Vert
Castelnau-Montratier
Laburgade
Cremps
Lugagnac
Esclauzels
Bergantys
Crégols
Tour-de-Faure
St-Martin-Labouval
Orniac
Cuzals (Écomusée)
Lentillac-du-Causse
PARC NATUREL RÉGIONAL DES CAUSSES DU QUERCY
Forêt des Singes
Jardin des Causses du Lot
Dordogne
Lot
Célé
Ouysse
Vert
Lac Vert
Plage aux Ptérosaures
A

243
262
279
E
F
G
H
1
2
3
4
5
St-Céré
Montal
Frayssinhes
Sousceyrac-en-Quercy
N.-D. de Verdale
Latouille-Lentillac
St-Saury
Le Rouget Pers
Roumégoux
Labastide-du-Haut-Mont
Sénaillac-Latronquière
Latronquière
Lac du Tolerme
Gorges
Bessonies
Parlan
Cayrols
St-Mamet-la-Salvetat
Vitrac
Marcolès
Boisset
Rouziers
St-Julien-de-Toursac
St-Hilaire
Quézac
Laureses
Montet-et-Bouxal
Sabadel-Latronquière
St-Cirgues
Leynhac
St-Étienne-de-Maurs
Maurs
Montmurat
Aynac
Leyme
Molières
Bannes
Saignes
Albiac
Rueyres
Espeyroux
Anglars
St-Maurice-en-Quercy
Labathude
Lacapelle-Marival
Rudelle
Théminettes
Le Bourg
Ste-Colombe
St-Bressou
Cardaillac
Assier
Issepts
Reyrevignes
Livernon
Fons
Fourmagnac
Camburat
Lissac-et-Mouret
Planioles
Prendeignes
St-Perdoux
Viazac
Bagnac-sur-Célé
Linac
St-Constant-Fournoulès
St-Santin-de-Maurs
St-Santin
St-Julien-de-Piganiol
Figeac
Cambes
Felzins
Lunan
St-Félix
St-Jean-Mirabel
Montredon
Flagnac
Livinhac-le-Haut
Boisse-Penchot
Decazeville
Capdenac
Capdenac Gare
Cuzac
Bouillac
Espagnac-Ste-Eulalie
Boussac
Camboulit
Béduer
Faycelles
Frontenac
Gréalou
Larroque-Toirac
St-Pierre-Toirac
Montbrun
Cajarc
Salvagnac-Cajarc
Saut de la Mounine
Ols-et-Rinhodes
Grottes de Foissac
Foissac
Balaguier-d'Olt
Ambeyrac
Causse-et-Diège
Salvagnac-St-Loup
Sonnac
Asprières
Naussac
Les Albres
Viviez
Aubin
Cransac
Site médiéval
Galgan
Peyrusse-le-Roc
Valzergues
Montbazens
Lugan
Roussennac
Drulhe
Salles-Courbatiès
Villeneuve
La Capelle-Balaguier
Ste-Croix
Lanuéjouls
Vaureilles
Privezac
Anglars-St-Félix
Rignac
Belcastel
Maleville
Toulonjac
Lot
Célé

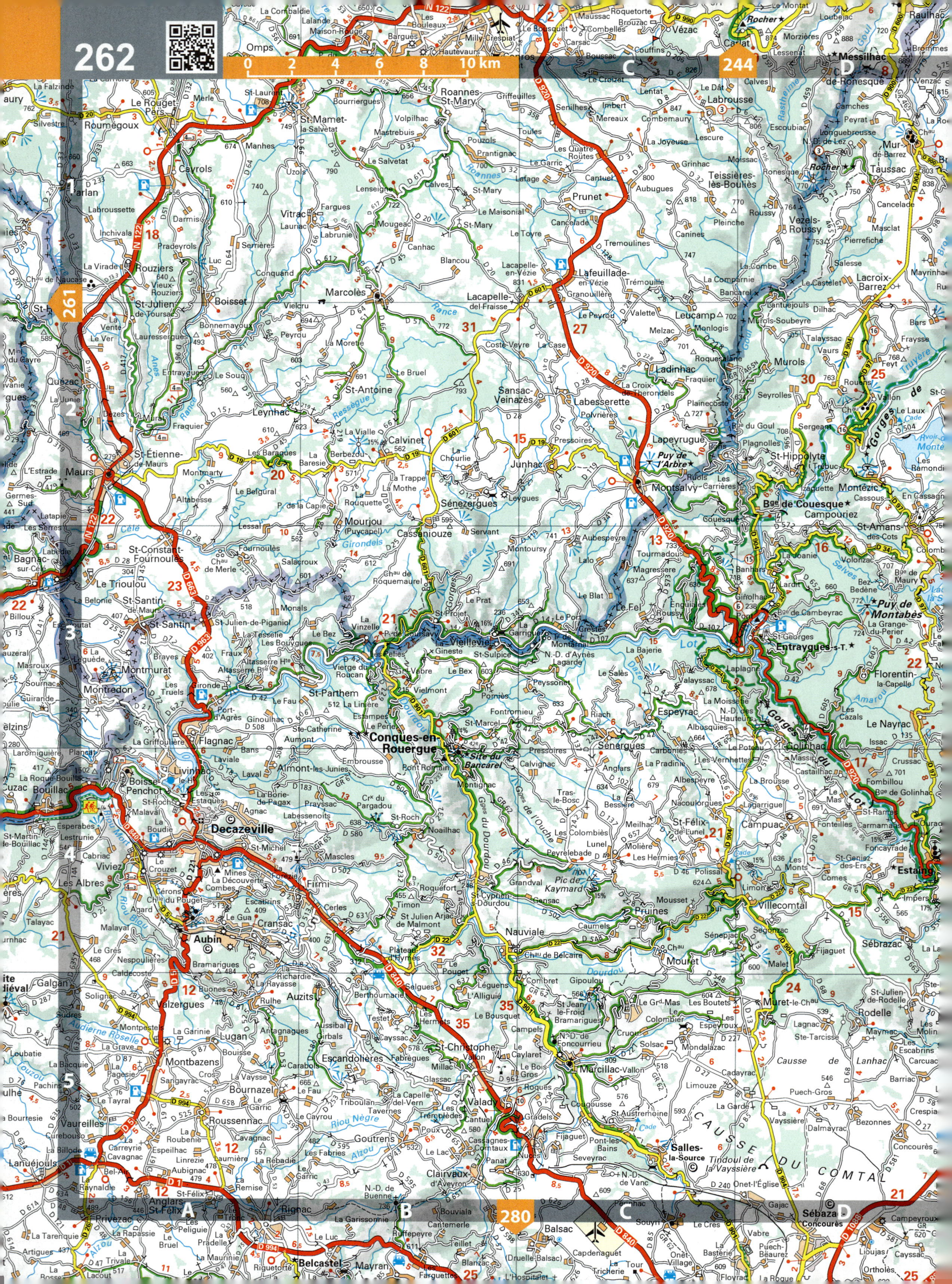
0 2 4 6 8 10 km
Conques-en-Rouergue
Decazeville
Aubin
Marcillac-Vallon
Entraygues-s-T.
Estaing
Maurs
Montsalvy
Marcolès
Salles-la-Source
Causse du Comtal
Lot
Dourdou
Puy de l'Arbre
Puy de Montabès
Pic de Kaymard
Gorges du Lot
Gorges de la Truyère
Site du Bancarel
Flagnac
Firmi
Cransac
Viviez
Nauviale
Villecomtal
Sénergues
Junhac
Calvinet
Leynhac
Saint-Mamet-la-Salvetat
Roannes-St-Mary
Vézac
Mur-de-Barrez
Messilhac
Sébazac-Concourès
Rignac
Belcastel
Balsac
Rodelle
Muret-le-Ch.au
Espeyrac
Golinhac
Montbazens
Valady
Clairvaux-d'Aveyron
St-Christophe-Vallon
Mourjou
Cassaniouze
Sénezergues
Lafeuillade-en-Vézie
Labesserette
Leucamp
Ladinhac
Prunet
St-Étienne-de-Maurs
Quézac
Montmurat
St-Santin
St-Parthem
Grand-Vabre
Vieillevie
Pruines
Mouret
Sénépjac
Lugan
Auzits
Goutrens
Escandolières
Roussennac
Vaureilles
Privezac
A B C D
1 2 3 4 5
244
261
280

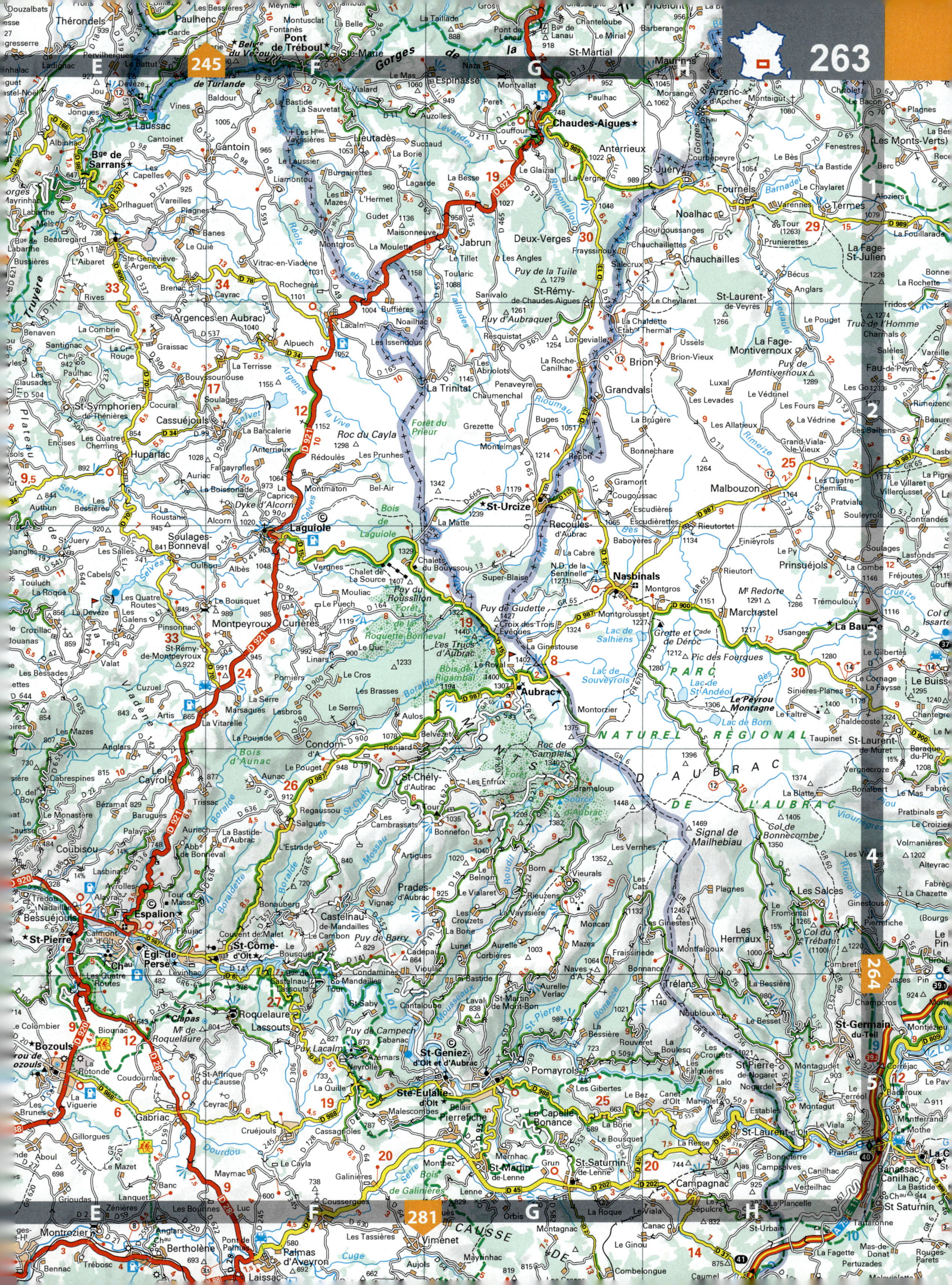
E
F
G
H
245
264
281
1
2
3
4
5
Chaudes-Aigues
Gorges de la Truyère
Bge de Sarrans
Lacalm
La Trinitat
St-Urcize
Laguiole
Nasbinals
Aubrac
Marchastel
Malbouzon
Fournels
Termes
Brion
Grandvals
Prinsuéjols
La Fage-Montivernoux
St-Laurent-de-Veyrès
Chauchailles
Noalhac
Anterrieux
Jabrun
Deux-Verges
St-Rémy-de-Chaudes-Aigues
Cantoin
Lieutadès
Espinasse
Paulhac
Soulages-Bonneval
Montpeyroux
Curières
Cassuéjouls
Huparlac
St-Symphorien-de-Thénières
Argences en Aubrac
Graissac
Condom-d'Aubrac
St-Chély-d'Aubrac
Prades-d'Aubrac
Castelnau-de-Mandailles
St-Côme-d'Olt
Espalion
Bessuéjouls
St-Pierre
Bozouls
Gabriac
Roquelaure
Lassouts
Ste-Eulalie-d'Olt
St-Geniez-d'Olt et d'Aubrac
Pomayrols
La Capelle-Bonance
St-Martin-de-Lenne
St-Saturnin-de-Lenne
Campagnac
St-Laurent-d'Olt
St-Pierre-de-Nogaret
Trélans
Les Hermaux
Les Salces
St-Germain-du-Teil
Banassac-Canilhac
La Canourgue
Palmas d'Aveyron
Laissac
Bertholène
Montrozier
PARC NATUREL RÉGIONAL DE L'AUBRAC
MONTS D'AUBRAC
Signal de Mailhebiau
Puy de Gudette
Roc du Cayla
Forêt du Prieur
Lac de Salhiens
Lac de Souveyrols
Lac de St-Andéol
Lac de Born
Col de Bonnecombe
Grotte et Cade de Déroc
Pic des Fourgues
Le Peyrou Montagne
Dyke d'Alcorn
Puy de la Tuile
Puy d'Aubraquet
Truc de l'Homme
Col d'Issarte
Col du Trébatut
CAUSSE DE

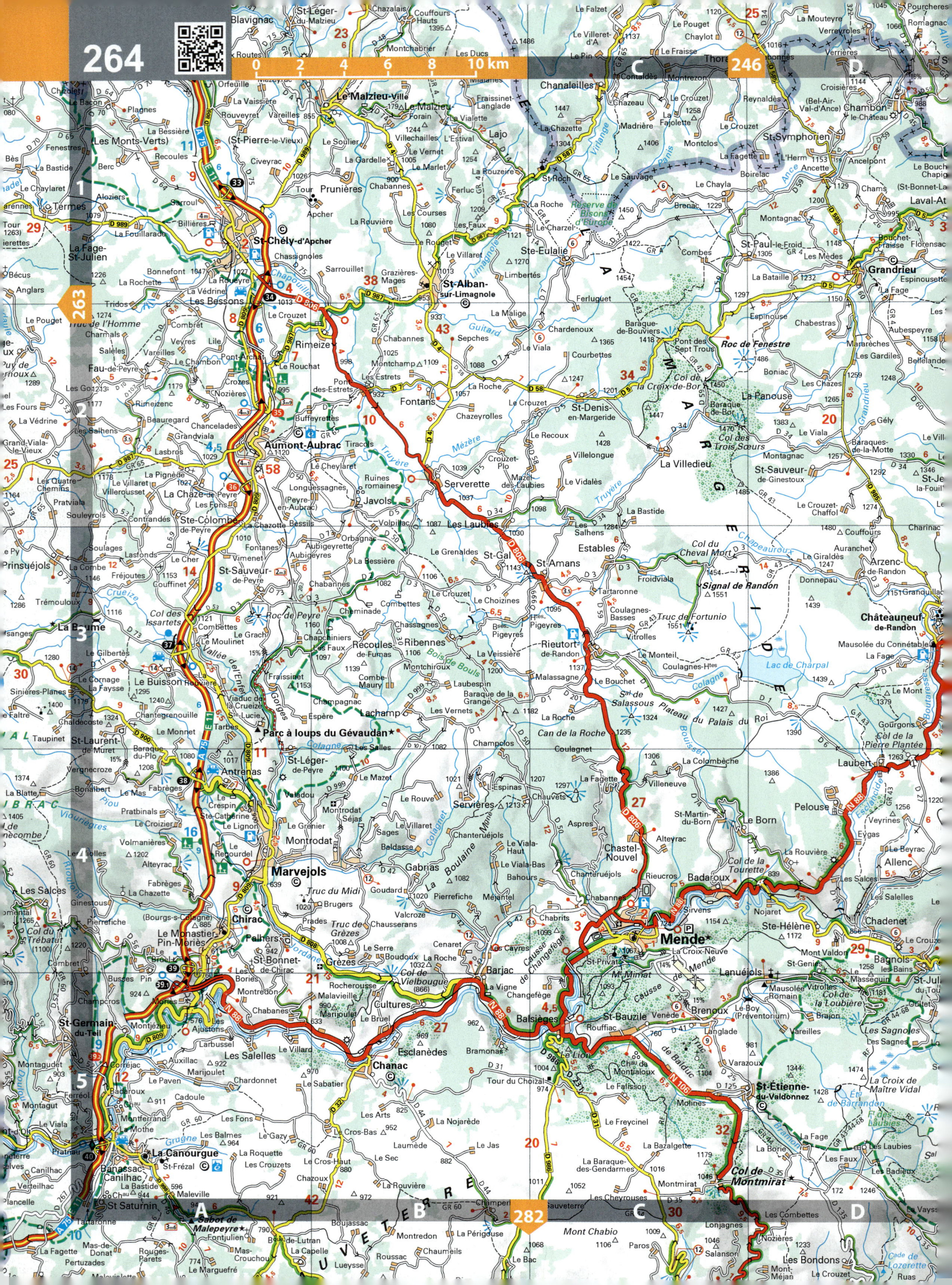
0 2 4 6 8 10 km
263
246
282
A
B
C
D
1
2
3
4
5
Blavignac
St-Léger-du-Malzieu
Le Malzieu-Ville
Le Malzieu-Forain
Chanaleilles
St-Symphorien
St-Chély-d'Apcher
Prunières
St-Alban-sur-Limagnole
Ste-Eulalie
Grandrieu
Les Bessons
Rimeize
Fontans
St-Denis-en-Margeride
Aumont-Aubrac
Serverette
La Villedieu
St-Sauveur-de-Ginestoux
Javols
Les Laubies
Ste-Colombe-de-Peyre
St-Gal
St-Amans
Estables
La Chaze-de-Peyre
St-Sauveur-de-Peyre
Roc de Peyre
Ribennes
Recoules-de-Fumas
Rieutort-de-Randon
Châteauneuf-de-Randon
Lac de Charpal
Le Buisson
St-Laurent-de-Muret
Parc à loups du Gévaudan
Lachamp
St-Léger-de-Peyre
Antrenas
Servières
Laubert
Pelouse
Montrodat
Marvejols
Chastel-Nouvel
Badaroux
Allenc
Gabrias
Chirac
Le Monastier-Pin-Moriès
Palhers
Grèzes
Barjac
Mende
Ste-Hélène
Chadenet
Bagnols-les-Bains
Lanuéjols
Balsièges
St-Bauzile
Brenoux
Esclanèdes
Chanac
Les Salelles
St-Germain-du-Teil
La Canourgue
Banassac
Canilhac
St-Étienne-du-Valdonnez
Col de Montmirat
St Saturnin
Sabot de Malepeyre
Mont Chabrio
Les Bondons
Roc de Fenestre
Signal de Randon
Truc de Fortunio
Plateau du Palais du Roi
Causse de Mende
Causse de Changefège
Réserve de Bisons d'Europe
MARGERIDE
CAUSSE DE SAUVETERRE

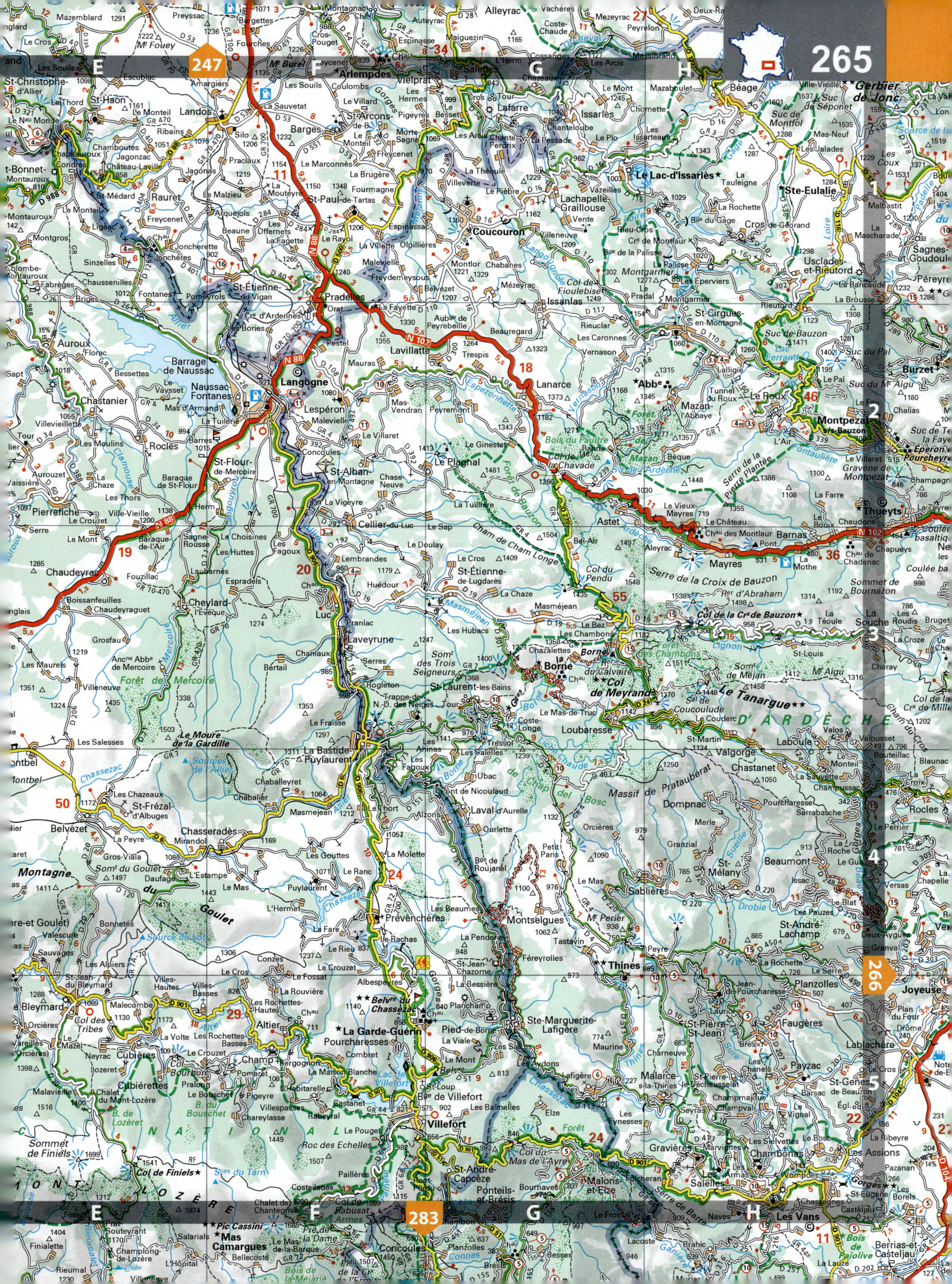
247
266
283
E
F
G
H
2
3
4
5
Arlempdes
Landos
Pradelles
Langogne
Naussac-Fontanes
Barrage de Naussac
St-Étienne-du-Vigan
Coucouron
Issanlas
Lanarce
Le Lac-d'Issarlès
Ste-Eulalie
Gerbier de Jonc
Usclades-et-Rieutord
Montpezat-s/s-Bauzon
Burzet
Thueyts
Barnas
Mayres
Mazan-l'Abbaye
Col de la Chavade
Le Plagnal
St-Alban-en-Montagne
Cellier-du-Luc
St-Étienne-de-Lugdarès
Laveyrune
Luc
Cheylard-l'Évêque
Chaudeyrac
Auroux
Châteauneuf-de-Randon
Rocles
St-Flour-de-Mercoire
Borne
Col de Meyrand
Loubaresse
Le Tanargue
Serre de la Croix de Bauzon
Col de la Cr. de Bauzon
Valgorge
Laboule
Chastanet
Dompnac
Beaumont
St-Mélany
Sablières
St-André-Lachamp
Joyeuse
Planzolles
Faugères
Lablachère
Payzac
St-Genest-de-Beauzon
Les Assions
Chambonas
Les Vans
Gravières
Thines
Malarce-sur-la-Thines
Montselgues
Ste-Marguerite-Lafigère
Villefort
La Garde-Guérin
Prévenchères
Pourcharesses
Altier
Cubières
Cubiérettes
La Bastide-Puylaurent
Chasseradès
Belvezet
Montagne du Goulet
St-Frézal-d'Albuges
Mas Camargues
Pic Cassini
Col de Finiels
Malons-et-Elze
Ponteils-et-Brésis
Berrias-et-Casteljau
N 88
N 102
D 906
D 901
Allier
Chassezac
Loire
ARDÈCHE
LOZÈRE
Forêt de Mercoire
Le Moure de la Gardille
Sommet de Finiels

0 2 4 6 8 10 km
Gerbier de Jonc
Ste-Eulalie
Usclades-et-Rieutord
Montpezat-s/s-Bauzon
Thueyts
Burzet
Mézilhac
Antraigues-s-Volane
Vals-les-Bains
Aubenas
Largentière
Joyeuse
Labeaume
Ruoms
Vallon-Pont-d'Arc
Grotte Chauvet 2-Ardèche
Vogüé
Villeneuve-de-Berg
Privas
St-Pierreville
Pranles
Lavilledieu
Rochecolombe
Balazuc
St-Montan
Bourg-St-Andéol
Viviers
Le Teil
Muséal
Chomérac
Berrias-et-Casteljau
Les Vans
Chandolas
Mirabel
Darbres
Freyssenet
Le Cheylard
Lalevade-d'Ardèche
Jaujac
Prades
Ucel
St-Privat
St-Sernin
Lanas
Uzer
Chassiers
Rosières
Montréal
St-Alban-Auriolles
Sampzon
Salavas
Gras
Larnas
St-Thomé
Valvignères
Alba-la-Romaine
St-Andéol-de-Berg
Lussas
Vesseaux
Genestelle
Issamoulenc
Marcols-les-Eaux
Gluiras
Beauvène
Chalencon
Les Ollières
Dunière
St-Vincent-de-Durfort
St-Fortunat
Coux
Alissas
Rochessauve
St-Bauzile
PARC NATUREL RÉGIONAL DES MONTS D'ARDÈCHE
Plateau du Coiron
Plateau des Gras


265
248
284

249
285
268
Beauvallon
Montéléger
Beaumont-lès-Valence
La Baume-Cornillane
Ourches
Plan-de-Baix
Gigors-et-Lozeron
Beaufort-sur-Gervanne
La Voulte-s-Rhône
Livron-sur-Drôme
Allex
Montoison
Ambonil
Upie
Eurre
Vaunaveys-la-Rochette
Cobonne
Suze
Montclar-sur-Gervanne
Le Pouzin
Loriol-sur-Drôme
Grane
Crest
Aouste-sur-Sye
Chabrillan
Divajeu
Mirabel-et-Blacons
Saillans
Baix
Saulce-s-Rhône
Mirmande
Autichamp
Piégros-la-Clastre
Aubenasson
Espenel
La Répara-Auriples
Les Tourrettes
Cruas
Marsanne
La Coucourde
Condillac
Puy-St-Martin
Roynac
Soyans
Saou
Francillon-sur-Roubion
Mornans
Le Poët-Célard
Bourdeaux
Bézaudun-sur-Bine
Sauzet
La Laupie
Cléon-d'Andran
Manas
Charols
Pont-de-Barret
Félines-s-Rimandoule
Rochebaudin
St-Marcel-lès-Sauzet
Bonlieu-sur-Roubion
St-Gervais-sur-R.
Montélimar
La Bâtie-Rolland
Salettes
Eyzahut
La Bégude-de-Mazenc
Souspierre
Le Poët-Laval
Dieulefit
Vesc
Montjoux
Espeluche
Puygiron
Portes-en-Valdaine
La Touche
Aleyrac
Allan
Malataverne
Châteauneuf-du-Rhône
Montjoyer
Salles-sous-Bois
Taulignan
Montbrison
Le Pègue
Teyssières
Donzère
Roussas
Réauville
Valaurie
Grignan
Rousset-les-Vignes
St-Pantaléon-les-Vignes
Venterol
Condorcet
La Garde-Adhémar
Chantemerle-lès-Grignan
Chamaret
Colonzelle
Grillon
Valréas
Clansayes
Montségur-sur-Lauzon
Nyons
Aubres
Les Pilles
Montagne de Couspeau

0 2 4 6 8 10 km
250
267
286
A
B
C
D
1
2
3
4
5
Die
Jardin des découvertes
Col de Rousset
Chamaloc
Marignac-en-Diois
St-Andéol
Vachères-en-Quint
Ponet-et-St-Auban
Ste-Croix
Pontaix
Barsac
Saillans
Espenel
Aurel
Vercheny
Montmaur-en-Diois
Molières-Glandaz
Laval-d'Aix
Aix-en-Diois
Châtillon-en-Diois
Cirque d'Archiane
Glandasse
Menglon
Recoubeau-Jansac
Barnave
Rimon-et-Savel
St-Benoit-en-Diois
Chastel-Arnaud
Pennes-le-Sec
Aucelon
Montlaur-en-Diois
Luc-en-Diois
Poyols
Lesches-en-Diois
Beaumont-en-Diois
Miscon
Val-Maravel
Beaurières
Col de Cabre
Glandage
Col de Grimone
Boulc
Toussière
Col de Menée
Clelles
Chichilianne
Mt Aiguille
St-Maurice-en-Trièves
Lalley
Col de la Croix Haute
Pradelle
Rochefourchat
Bezaudun-sur-Bîne
Brette
La Chaudière
Montagne de Couspeau
St-Nazaire-le-Désert
Volvent
Bellegarde-en-Diois
Jonchères
St-Dizier-en-Diois
Charens
Col de Prémol
Chalancon
La Motte-Chalancon
Gumiane
Arnayon
Establet
Rottier
La Charce
Valdrôme
La Piarre
Montmorin
Bruis
Ste-Marie
Cornillon-sur-l'Oule
Cornillac
Pommerol
Rémuzat
St-May
Sahune
Villeperdrix
Montréal-les-Sources
Verclause
Rosans
Moydans
Ribeyret
L'Épine
St-André-de-Rosans
Curnier
Les Pilles
Aubres
Nyons
Arpavon
Condorcet
Eyroles
Pelonne
Sorbiers
Montjay
Chanousse
D 93
D 94
D 994
D 1075
D 61
D 539
Drôme

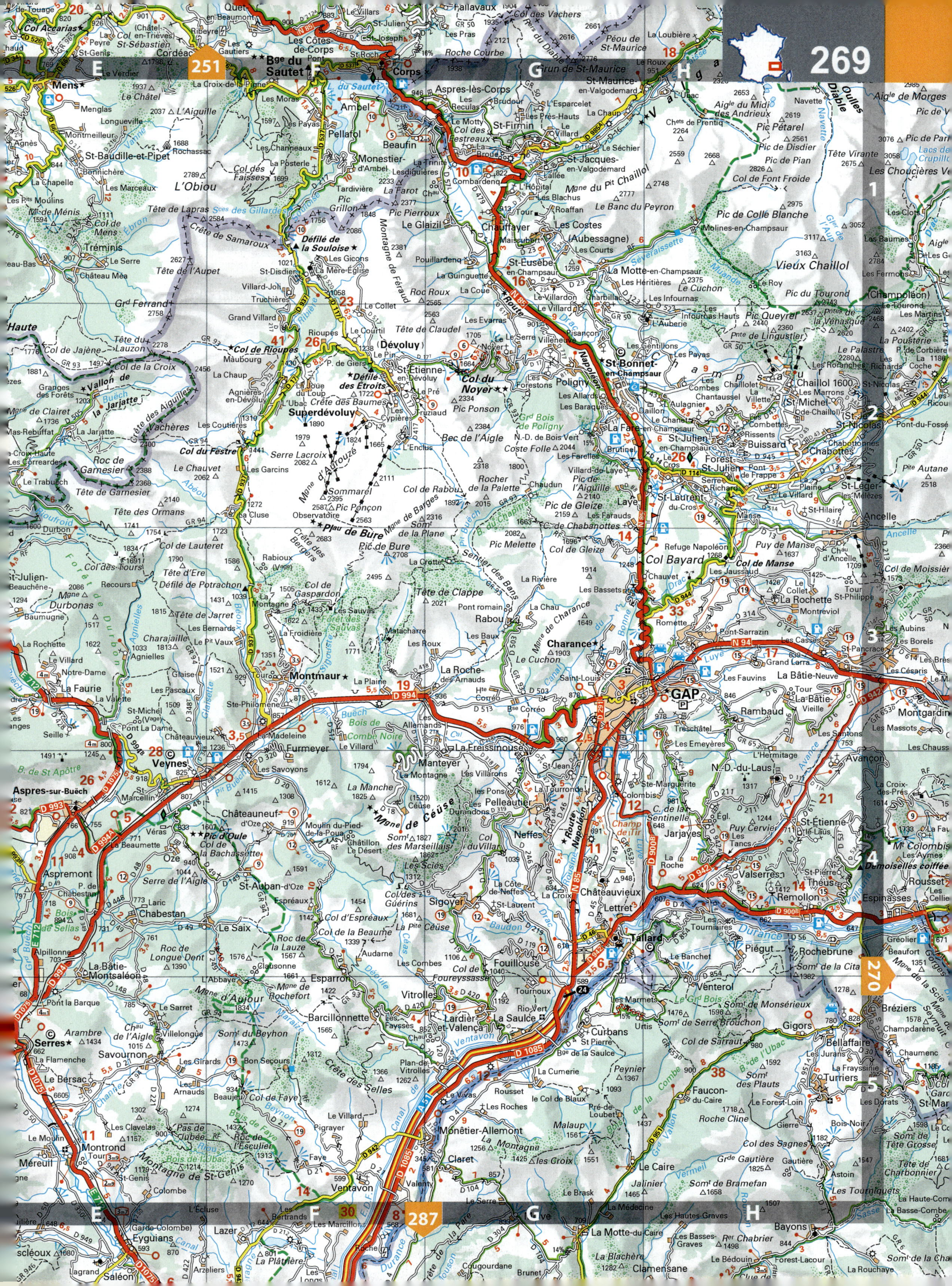

E
F
G
H
251
270
287
1
2
3
4
5
Mens
Corps
Col Accarias
Cordéac
St-Sébastien
Bge du Sautet
Les Côtes-de-Corps
Aspres-lès-Corps
St-Firmin
Grun de St-Maurice
St-Maurice-en-Valgodemard
St-Jacques-en-Valgodemard
Mgne du Pt Chaillol
Pic de Colle Blanche
Vieux Chaillol
Pic Pétarel
Aigle de Morges
Tête Virante
Les Choulières
Navette
Oulles du Diable
St-Baudille-et-Pipet
L'Obiou
Tréminis
Défilé de la Souloise
Pellafol
Ambel
Beaufin
Monestier-d'Ambel
Le Glaizil
Chauffayer
St-Eusèbe-en-Champsaur
Pic Grillon
Montagne de Féraud
Crête de Samaroux
Tête de l'Aupet
Grd Ferrand
St-Disdier
Col de Rioupes
Dévoluy
St-Étienne-en-Dévoluy
Col du Noyer
Défilé des Étroits
Superdévoluy
Pic Ponçon
Bec de l'Aigle
St-Bonnet-en-Champsaur
La Motte-en-Champsaur
Chaillol 1600
St-Michel-de-Chaillol
St-Nicolas
Pont-du-Fossé
St-Léger-les-Mélèzes
Ancelle
Forest-St-Julien
St-Julien-en-Champsaur
La Fare-en-Champsaur
Buissard
Chabottes
Vallon de la Jarjatte
Crête des Aiguilles
Vachères
Col du Festre
Roc de Garnesier
Tête de Garnesier
Serre Lacroix
Mgne d'Aurouze
Sommarel
Pic Ponçon
Col de Rabou
Rocher de la Palette
Pic de Gleize
Col de Gleize
Pic Melette
Plau de Bure
Crête des Bergers
Mgne de Barges
Sommet de la Plane
Laye
St-Laurent-du-Cros
Refuge Napoléon
Col Bayard
Col de Manse
Puy de Manse
Chau d'Ancelle
Col de Moissière
St-Julien-Beauchêne
Durbonas
Col des Tours
Tête d'Ère
Défilé de Potrachon
Col de Gaspardon
Forêt des Sauvas
Tête de Clappe
Rabou
Charance
Mgne de Charance
Romette
Pont-Sarrazin
La Rochette
St-Philippe
Grand Larra
La Bâtie-Neuve
La Bâtie-Vieille
Montgardin
Rambaud
St-Pancrace
Les Aubins
Les Borels
Charajaille
Agnielles
Montmaur
La Roche-des-Arnauds
Le Cuchon
GAP
Treschâtel
Les Emeyères
Veynes
La Faurie
Furmeyer
La Freissinouse
Manteyer
Pelleautier
N.-D.-du-Laus
Avançon
Aspres-sur-Buëch
Châteauneuf-d'Oze
Col d'Oule
Col de la Bachassette
Mgne de Céüse
Sommet des Marseillais
Neffes
Route Napoléon
Jarjayes
Puy Cervier
St-Étienne-le-Laus
Valserres
Remollon
Théus
Demoiselles coiffées
Espinasses
Aspremont
Serre de l'Aigle
St-Auban-d'Oze
Chabestan
Le Saix
Col d'Espréaux
Col de la Beaume
Sigoyer
Pic Céüse
Châteauvieux
Lettret
Tallard
Piégut
Rochebrune
Sommet de la Cita
Bois de Sellas
Roc de Longue Dent
Roc de la Lauze
Mgne de Rochefort
La Bâtie-Montsaléon
Esparron
Fouillouse
Vitrolles
Lardier-et-Valença
La Saulce
Curbans
Venterol
Sommet de Monsérieux
Sommet de Serre Brouchon
Col de Sarraut
Gigors
Bréziers
Bellaffaire
Turriers
Mgne d'Aujour
Barcillonnette
Crête des Selles
Serres
Savournon
Le Bersac
Sommet du Beyhon
Col de Faye
Pas de Jubéo
Bois de l'Ubac
Montagne de St-Genis
Monêtier-Allemont
Claret
Malaup
Rousset
Faucon-du-Caire
Roche Cline
Sommet des Plauts
Col des Sagnes
Sommet de Tête Grosse
Tête de Charbonnier
Montrond
Méreuil
Ventavon
Le Caire
Sommet de Bramefan
Les Touniquets
Sisteron
Eyguians
Lagrand
Saléon
Lazer
La Motte-du-Caire
Clamensane
Bayons
Sommet de la Cha
Les Hautes-Graves
Forest-Lacour
Le Bédouin
Durance
Buëch
Drac
Luye
Vançon

0 2 4 6 8 10 km
252
269
288
A
B
C
D
1
2
3
4
5
PARC NATIONAL DES ÉCRINS
L'Argentière-la-Bessée
Vallée de Freissinières
Freissinières
Dormillouse
Pic de Rochelaire
Orcières-Merlette
Orcières
Som^t Drouvet
Col de Prelles
Champoléon
Chaillol 1600
St-Léger-les-Mélèzes
Ancelle
Le Mourre Froid
Le Pain de Sucre
Le Carabrut
Mont-Dauphin
Guillestre
Risoul 1850
St-Clément-sur-Durance
Châteauroux-les-Alpes
Réallon
Embrun
Crévoux
Les Orres
Savines-le-Lac
Chorges
Montgardin
Puy-Sanières
St-Apollinaire
Prunières
Lac de Serre-Ponçon
B^ge de Serre-Ponçon
Demoiselles coiffées
Forêt de Boscodon
Abb^e de Boscodon
Crots
Baratier
St-Sauveur
Pic de Morgon
Le Lauzet-Ubaye
St-Vincent-les-Forts
Espinasses
Rochebrune
Turriers
Bréziers
Selonnet
Seyne
Les Thuiles
Méolans-Revel
St-Pons
Barcelonnette
Pra Loup
Col de Parpaillon
Grand Bérard
Pic de Chabrières
Gouffre de Gourfouran
N 94
D 900
D 902
D 954
D 944

Abriès
Ristolas
Château-Ville-Vieille
Château-Queyras
Molines-en-Queyras
PARC RÉGIONAL
QUEYRAS
St-Véran
Ceillac
Col Agnel
le Pain de Sucre
M. Viso
M. Granero
Grand Belvédère
Crissolo
Ostana
Oncino
Pontechianale
Casteldelfino
Valle Varaita
Sampeyre
Bellino
Elva
Stroppo
Macra
Prazzo
Acceglio
Valle Maira
Marmora
Castelmagno
Brec de Chambeyron
Aiguille de Chambeyron
Bric de Rubren
Tête de Sautron
Tête de Moïse
Col de Larche (Colle della Maddalena)
Larche
Meyronnes
St-Paul-sur-Ubaye
Pont du Châtelet
La Condamine-Châtelard
Jausiers
Tête de Siguret
Argentera
Pietraporzio
Sambuco
Vinadio
Aisone
Cime de la Bonette
Col de la Cayolle
Tête de l'Enchastraye
Rocca Cernauda
MERCANTOUR
NATIONAL
253
289

0 2 4 6 8 10 km
254
292
A
B
C
D
1
2
3
4
5
Côte d'Argent
Biscarrosse
Hourtiquets
En Bonnet
Étang de Biscarrosse et de Parentis
CENTRE D'ESSAIS DES LANDES
Zone militaire interdite
Lahitte
Les Mouliès
Le Bôo
Naoutoy
Bourruque
Parentis-en-Born
Le Lac
Les Espalanques
Poms
Herran
Les Forges
Gastes
Le Pourieau
Esleys
Hillan
Lucats
Dupouy
Maynage
Lafont
Pelouche
Mongaillard
Forêt de Piche
St-Trosse
Forêt de Ligautenx
Ste-Eulalie
P. de l'Oustaline
Ste-Eulalie-en-Born
Grand Ligautenx
Petit Ligautenx
Forêt de Ste-Eulalie
Lette de Sébiat
Souleyrau
Pontenx-les-Forges
Menaut
Guirosse
Bestaven
Étang d'Aureilhan
Aureilhan
Jean de Crabe
Bouricos
Baxente
Lüe
Cantaloup
Larrousseau
Mimizan-Plage
Merquedey
Vigon
Daricau
St-Paul-en-Born
La Barde
Haza
Médous
Gillet
Mimizan
Villenave
Ménèou
Terrenave
Cantaure
Baschoc
Réserve
Angoulin
Salin
Chéou
Estiang
Archus
Lette d'Esting
Leych
Gaye
Jouanicot
Escource
Bias
Jouanon
Bouheben
Capas
Lisacq
Forêt de St-Julien-en-Born
Larden
Salbert
Lestajaou
Contis-Plage
P. Rose
Lesbordes
Tuquelets du Nord
Contis-les-Marais
Tresse
La Lette
Le Cusson
Caoule
Guetch
Mézos
Onesse-Laharie
Courant de Contis
St-Julien-en-Born
Casteja
Lafitte
Tuquelets du Sud
Cap-de-l'Homy Plage
Laharie
Hourre
Le Cout
Lit-et-Mixe
Uza
Grand Coulin
Harenoin
Padouan
Sindères
Lévignacq
Moulin-Vieux
Miquéou
Lugadets
Naboude
Mixe
Vignacot
Carpit
Le Bouscat
Louise
Frouas
Bernadic
Lesperon
Le Souquet
Mathiouic
St-Girons
Caillaube
Boucaou
St-Girons-Plage
Cerboueyre
Forêt de Vielle-St-Girons
Bernadon
Labaste
Criéré
(Vielle-St-Girons)
L'Océan
Jeantot
Gracian
Péliou
Linxe
Gournau
Rion-des-Landes
Arnaoutchot
Mansenes
Vielle
Pouin
Leurteyroun
Huchet
Étang de Léon
Pas du Loup
Escalus
Castets
Pichelebe
(St-Michel-Escalus)
Réserve naturelle
Lestage
Boos
Autoroute des Landes

255
Bidaou
La Crabette
Mirador
Lesquire
La Nave
Belhade
Lagleyre
Argelouse
Castelnau
Marianne
Moustey
Hourtoy
Montauzey
Botte
Les Ombres
Berdoy
Vieux-Richet
Richet
Haut-Richet
Harribey
Barthe
Moucheruc
La Ville
Sore
Silo
La Trougne
L'Abeilley
Bourideys
Capdarrieux
Mothes
Malet
Bourdieu
Liposthey
Lavigne
Menroux
Pissos
Pignada
Escourssolles
Bern
Gruey
Traounquet
Barade de Raouzet
Pte Barade
Le Thus
Callen
Lagassey
Dumène
Grison
Naou
Luxey
Le Hallot
Daugnague
La Crotte
Silo
Cantegrit
Houssats
Bel-Air
Mahan
Lagavarre
PARC NATUREL RÉGIONAL
DES LANDES DE GASCOGNE
Forêt de Landes
Trensacq
Guisoua
Labrit
Guidenson
Labouheyre
Commensacq
Trensacq
La Gelère
Capbat
Sarroucas
Silo
Écomusée la Grande Lande (Marquèze)
Lesgoudies
Nan
Sabres
Perrègue
Mautoire
Las Broudes
Lompré
Le Sen
Pouybaquedis
Marais du Platiet
Peyticq
Silo
Labrit
La Place
Vert
Courtaes
Maguide
Pouy Blanc
Maurin
Luglon
Marais de l'Anguille
Marais du Brau de Pian
Peyrau
Cachen
Cornalis
Bélis
Sanglia
Bezin
Garein
Puy Luçon
Hourats
Brocas
Tauladon
Réserve de chasse d'Arjuzanx
Arjuzanx
Choux
Parc-de-Poussade
Branenx
Moulin Vieux
Morcenx-Bourg
Castelon
Arengosse
Bagatelle
La Chapelle
Barbet
Le Fruit
Pelegarie
Guillemensous
Canenx-et-Réaut
Cère
Ygos-St-Saturnin
Geloux
Lagraulet
Maisonnave
Villenave
Serroun
La Bastide
Ousse-Suzan
Marrouat
Matha
Réaut
Lucbardez-et-Bargues
Mougnoc
Suzan
Rey
Garbay
Birbe
Parentis-d'Uchacq
Bouniart
Piroc
St-Martin-d'Oney
Menjoulicq
St-Avit
Le Caloy
Beylongue
Silos
Pouy
Coumet
293
Mellan
Campet-et-Lamolère
Uchacq-et-Parentis
Lamolère
Base aérienne
MONT-DE-MARSAN
Raubet
St-Orens
Gaube
Centre
St-Yaguen
Quartier
274

0 2 4 6 8 10 km
256
273
294
A
B
C
D
1
2
3
4
5
La Trave
Mathalin
Marimbault
Pompéjac
Sauviac
Birac
Sendets
Cauvignac
Masseilles
Grignols
Romestaing
L'Abeilley
Bourideys
Luas
Merrein
Les Gillets
Libet
Cudos
St-Clément
Lavazan
Marions
Sillas
Flaujacq
Auzac
Cours-les-Bains
Capdarrieux
Souis
Peygros
Insos
Bernos-Beaulac
Beaulac
Bernatgé
Cazalis
Lucmau
Briel
Barthos
Ciron
Taves
Musset
Heulies
Antagnac
Ruffiac
La Rode
Pechon
Pètron
Beys
Mauriac
Lerm-et-Musset
Les Trisots
Les Bordes
Bialayre
St-Martin-Curton
Beauziac
Saurine
Carnine
Le Tren
Naou
Lagassey
Callen
Grison
Escaudes
Goualade
Destrac
Biret
Frayon
Castelnau
Paroipy
Pèjouans
Captieux
Coeur d'Aquitaine
Grd Lèbe
St-Michel-de-Castelnau
La Fille
RÉGIONAL
Peyronnet
Bouchon
Giscos
Pichon
Pindères
Rivedieu
Les Barbes
Lartigue
Pompogne
Maillas
Lagavarre
Parsol
Les Cultures
Champ de Tir
Chalan
Hourquey
Vidau
Lubans
St-Clair-de-Gouts
Sauméjan
Rieussout
Le Pont Long
Publanc
Monturon
Le Poteau
Allons
Houeillès
Luxuriguey
Capchicot
Thivet
Tourneuve
Silos
Étang de Graoulie
Las Broudes
Traverses
Pouybaquedis
Gratelloup
Bourriot-Bergonce
Silo
La Gare
Bergonce
Lubernos
Carref du Tremblant
Sen
Miquelot
Maurin
Le Bouche
Retjons
Vialote
Gouaillardet
Losse
Lubbon
Chau de Peyrebère
Lencouacq
Lussolle
Peyrebère
Chinanin
Lugazaut
Maison Neuve
Chicoy
Bélis
Cachen
Arue
Guinas
Nabias
Estampon
Lapeyrade
Tauladon
St-Gor
Vielle-Soubiran
Pijo
Perret
Roquefort
Cazaubon
Bellevue
Estigarde
Carrère
Rimbez
Maillères
Sarbazan
St-Martin-de-Noët
Laslangaches
Balen
Lou Maisouot
Canenx-et-Réaut
Loustalot
Le Jay
Corbleu
Arouille
Herré
Jourdan
Buros
Créon-d'Armagnac
Douzevielle
Parisot
Paguy
Réaut
Beillons
St-Justin
Fondat
Labrise
St-Julien-d'Armagnac
Gabarret
Lucbardez-et-Bargues
Bostens
Bernet
Labastide-d'Armagnac
Betbezer-d'Armagnac
Chicot
Cap-de-la-Hargue
Rouge
Pouydesseaux
Lagrange
Le Marais
Lasserre
Pillelardit
Noël
Sillo
N.-D.-des Cyclistes
Briat
Barbotan-les-Thermes
St-Avit
Gaillères
Lacquy
Mauvezin-d'Armagnac
Parleboscq
Le Galoy
Ste-Foy
Chateau-Garreau (Ecomusée)
Bégué
St-Cricq
Tavernes
Lacaze
La Bataille
Le Frêche
Cazaubon
Lac d'Uby
Mura
Monclar
St-Christau
Eglise
MONT-DE-MARSAN
Maureillan
St-Vidou
Brechan
Cucassé
Mauléon
Laballe
Ste-Fauste
Le Sentex
Centre
A 65
N 524
D 932
D 933
D 626
D 10
D 655
GR 654 Ouest

257
E
F
G
H
1
2
3
4
5
276
295
Tonneins
Casteljaloux
Aiguillon
Damazan
Port-Ste-Marie
Lavardac
Barbaste
Nérac
Condom
Mézin
Sos
Poudenas
Réaup-Lisse
Montréal-du-Gers
Fources
Francescas
Moncrabeau
Laplume
Astaffort
Layrac
Colayrac-St-Cirq
Roquefort
Estillac
Moirax
Bon-Encontre
Walibi Aquitaine
Sérignac-sur-Garonne
Montesquieu
Bruch
Feugarolles
Vianne
Xaintrailles
Buzet-s-Baïse
Thouars-s-G.
St-Laurent
Clermont-Dessous
Prayssac
Lusignan-Petit
Fongrave
Granges-sur-Lot
Clairac
Lafitte-sur-Lot
Bourran
Montpezat
Le Temple-s-Lot
Lacépède
Galapian
Frégimont
Bazens
Nicole
Monheurt
Villeton
Puch-d'Agenais
Villefranche-du-Queyran
Razimet
Calonges
Lagruère
Le Mas-d'Agenais
Sénestis
Ste-Marthe
Grézet-Cavagnan
Bouglon
Argenton
Ste-Gemme-Martaillac
Leyritz-Moncassin
Anzex
Caubeyres
Fargues-s-Ourbise
Pompiey
Durance
Boussès
Houeillès
Mongaillard
Ambrus
Espiens
Calignac
Moncaut
Saumont
Nomdieu
Fieux
Lamontjoie
St-Vincent-de-Lamontjoie
Ligardes
Gazaupouy
La Romieu
Castelnau-sur-l'Avignon
Lasserre
Cassaigne
Larroque-sur-l'Osse
Lannes
Fréchou
Andiran
Lisse
Le Fréchou
Sainte-Maure-de-Peyriac
St-Pé-St-Simon
Castelnau-d'Auzan
Larressingle
Beaumont
Marsolan
Fourcès
Garonne
Baïse
Gélise
Osse
Auvignon
Lot
D 911
D 813
D 930
D 931
D 656
D 655
A 62

0 2 4 6 8 10 km
258
275
296
A
B
C
D
1
2
3
4
5
Villeneuve-s-Lot
Penne-d'Agenais
Pujols
Ste-Colombe-de-Villeneuve
Grottes de Lastournelle
Laugnac
Hautefage-la-Tour
Laroque-Timbaut
Beauville
Prayssac
Lusignan-Petit
Foulayronnes
Bajamont
Colayrac-St-Cirq
AGEN
Bon-Encontre
Le Passage
Walibi Aquitaine
Roquefort
Estillac
Boé
Castelculier
Lafox
Puymirol
Moirax
Layrac
Sauveterre-St-Denis
St-Nicolas-de-la-Balerme
St-Sixte
Caudecoste
Lamagistère
Golfech
Valence-d'Agen
Laplume
Astaffort
Cuq
Dunes
Donzac
St-Loup
St-Cirice
Auvillar
Francescas
Lamontjoie
Ligardes
La Romieu
Castelnau-sur-l'Auvignon
Flamarens
Miradoux
Lachapelle
Castet-Arrouy
Ste-Mère
Castéra-Lectourois
Lectoure
Gramont
Montgaillard
Condom
Caussens
Montesquieu
Sérignac
Ste-Colombe-en-Bruilhois
Montagnac-s-Auvignon
Moncaut
Calignac
Nomdieu
St-Vincent-de-Lamontjoie
Marmont-Pachas
Pergain-Taillac
Fals
Sistels
Mansonville
Peyrecave
Tayrac
Perville
Grayssas
Clermont-Soubiran
Dondas
Engayrac
Cauzac
St-Maurin
Montpezat
Dolmayrac
Sembas
Castella
Monbalen
Frespech
Massels
Cassignas
St-Robert
Sauvagnas
St-Caprais-de-Lerm
Pont-du-Casse
Laparade
Fongrave
Granges-sur-Lot
Le Temple-sur-Lot
Allez-et-Cazeneuve
Lacépède
St-Sardos
Galapian
Clermont-Dessous
St-Laurent
Bruch
Fieux
Saumont
Lasserre
Gazaupouy
Marsolan
Berrac
St-Mézard
Sempesserre
St-Avit-Frandat
Plieux
Dalignac

Moissac
Castelsarrasin
MONTAUBAN
Lafrançaise
St-Nicolas-de-la-Grave
Caussade
Castelnau-Montratier
Montcuq-en-Quercy-Blanc
Lauzerte
Molières
Montpezat-de-Quercy
Tournon-d'Agenais
Villesèque
Cazes-Mondenard
Montech
Valence
Labastide-Marnhac
Lhospitalet
Bourg-de-Visa
St-Porquier
Albias
Nègrepelisse
La Ville-Dieu-du-Temple
Montbeton
Lamothe-Capdeville
Réalville
Tarn
Garonne
Lendou
Barguelonne
Lemboulas
Montricoux
Albefeuille-Lagarde
Fajolles
Castelsagrat
Touffailles
Belvèze
Montaigu-de-Quercy
Sauveterre
Tréjouls
St-Cyprien
St-Pantaléon
St-Daunès
Bagat-en-Quercy
Fargues
Carnac-Rouffiac
Lascabanes
Cézac
Montfermier
Labarthe
Vazerac
Puycornet
Piquecos
Villemade
Bressols
Corbarieu
St-Nauphary
Escatalens
Cordes-Tolosannes
Labourgade
Bourret
Garganvillar
St-Aignan
Castelmayran
Castelferrus
Angeville
Caumont
Merles
Malause
Boudou
Durfort-Lacapelette
Montesquieu
Miramont-de-Quercy
Montagudet
St-Amans-de-Pellagal
Ste-Juliette
Montlauzun
St-Laurent-Lolmie
Bouloc-en-Quercy
Saux
Montbarla
Forêt d'Agre

259
278
297

0 2 4 6 8 10 km
260
277
298
A
B
C
D
1
2
3
4
5
MONTAUBAN
Caussade
Septfonds
St-Antonin-Noble-Val
Caylus
Montpezat-de-Quercy
Castelnau-Montratier
Molières
Négrepelisse
Montricoux
Bruniquel
Albias
Réalville
Lalbenque
Limogne-en-Quercy
Aujols
Laburgade
Cieurac
Concots
Escamps
Vaylats
Lapenche
Puylaroque
Belmont-Ste-Foi
Mouillac
Lavaurette
Cayriech
Monteils
Labarthe
Piquecos
Lamothe-Capdeville
Villemade
Albefeuille-Lagarde
Léojac
Génébrières
Vaïssac
Puygaillard-de-Quercy
Puycelsi
Penne
Larroque
Monclar-de-Quercy
La Salvetat-Belmontet
St-Nauphary
Montdurausse
Corbarieu
Bressols
St-Etienne-de-Tulmont
Montfermier
Montalzat
Mirabel
Lafrançaise
Villesèque
Lhospitalet
Labastide-Marnhac
Flaujac-Poujols
Pern
Fontanes
Montdoumerc
Belfort-du-Quercy
Labastide-de-Penne
St-Projet
Lacapelle-Livron
Saillac
Varaire
Bach
Mas-de-Vers
Lugagnac
Causse de Limogne
Bois de Grézal
Bois d'Aubrelong
Phosphatières du Cloup d'Aural
Camp de Caylus
Forêt de la Garrigue
Forêt du Bretou
Gorges de l'Aveyron
Grotte du Capucin
Grotte du Bosc
Aveyron
Lemboulas
Lère
Tescou
Vère
Gouyre
Cande
Barguelonne
D 820
A 20
E 9
D 926
D 911
D 115
D 958
D 999
D 19
D 5

Villefranche-de-Rouergue
Rieupeyroux
Najac
Laguépie
Cordes-s-Ciel
Carmaux
ALBI
St-Michel-de-L.
St-Juéry
Monestiés
Mirandol-Bourgnounac
Pampelonne
Sauveterre-de-Rouergue
Belcastel
Caylus
St-Antonin-Noble-Val
Varen
Vaour
Penne
Castelnau-de-Montmiral
Castelnau-de-Lévis
Montirat
La Salvetat-Peyralès
Parisot
Puylagarde
Abbe de Beaulieu-en-Rouergue
Abbe de Loc-Dieu
Cornusson
Espinas
Vaïssac
Villeneuve
La Capelle-Balaguier
Toulonjac
Savignac
Morlhon-le-H
Sanvensa
Monteils
La Fouillade
St-André-de-Najac
St-Christophe
Lunac
Lescure-Jaoul
La Capelle-Bleys
Castanet
Bor-et-Bar
Jouqueviel
Crespin
Tanus
Valderiès
Blaye-les-Mines
Le Garric
Cagnac-les-Mines
Mailhoc
Milhavet
Noailles
Villeneuve-s-Vère
Cestayrols
Salles
St-Jacques
St-Benoît-de-C.
Almayrac
Ste-Gemme
Moularès
Rosières
Mouzieys-Panens
Labarthe-Bleys
Vindrac-Alayrac
Les Cabannes
Livers-Cazelles
Souel
Lacapelle-Ségalar
Laparrouquial
St-Marcel-Campes
Le Riols
St-Martin-Laguépie
Milhars
Marnaves
Montrosier
Itzac
Campagnac
Frausseilles
Alos
Le Cayla
Donnazac
Andillac
Vieux
Cahuzac
Mauriac
Fayssac
Senouillac
Bernac


261
280
299

0 2 4 6 8 10 km
279
262
299
RODEZ
Baraqueville
Rieupeyroux
Belcastel
Sauveterre-de-Rouergue
Naucelle
Viaduc du Viaur
Carmaux
Réquista
Luc-la-Primaube
Sébazac-Concourès
Cassagnes-Bégonhès
Salmiech
La Salvetat-Peyralès
Tanus
Valence-d'Albigeois
Brousse-le-Château
Ambialet
Pampelonne
Mirandol-Bourgnounac
Colombiès
Moyrazès
La Selve
Durenque
Villefranche-de-Rouergue
Olemps
Le Monastère
Flavin
Sainte-Radegonde
Montauriol
Lacapelle-Pinet
Saint-Jean-Delnous
Trébas
Crespin
Saint-Juéry
Arthès
Lédergues
Comps-la-Grand-Ville
Calmont
Camboulazet
Camjac
Tauriac-de-Naucelle
Mayran
Balsac
Druelle

263
300
282
Forêt des Palanges
Montrozier
Bertholène
Laissac
Palmas d'Aveyron
Causse de Séverac
Sévérac-l'Église
Gaillac-d'Aveyron
Sévérac-d'Aveyron
Parc Naturel Régional des Grands Causses
Col de Lagarde
Pont-de-Salars
Lac de Pont de Salars
Lac de Pareloup
Salles-Curan
Ségur
Vézins-de-Lévézou
Mt Seigne
Micropolis
Verrières
Compeyre
Lévézou
Comberoumal
St-Beauzély
Aguessac
Castelnau-Pégayrols
Cité de pierres de Montpellier-le-Vieux
Plateau du Lévézou
Millau
Viaduc de Millau
St-Georges-de-Luzençon
Creissels
St-Rome-de-Tarn
Ayssènes
Le Truel
Les Costes-Gozon
St-Victor-et-Melvieu
St-Rome-de-Cernon
La Cavalerie
Ste-Eulalie-de-Cernon
Roquefort-s-Soulzon
Tournemire
St-Affrique
Vabres
St-Izaire
La Roque-Ste-Marguerite
Mostuéjouls
Peyreleau
Cornich du Causse
Le Massegros
La Méridienne
Camp militaire du Larzac
Causse du Larzac

0 2 4 6 8 10 km
281
264
301
302
A
B
C
D
1
2
3
4
5
CAUSSE DE SAUVETERRE
CAUSSE MÉJEAN
CAUSSE NOIR
Ste-Énimie
Florac
Meyrueis
Le Vigan
Nant
Cantobre
Trèves
Valleraugue
L'Espérou
MONT AIGOUAL
Col du Minier
Col de la Serreyrède
Abîme de Bramabiau
Aven Armand
Chaos de Nîmes le Vieux
Grotte de Dargilan
Gorges de la Jonte
Gorges du Tarn
Point Sublime
Cirque de Pougnadoires
Cirque de St-Chély
Roc des Hourtous
Roc du Serre
Les Détroits
Corniche du Causse Noir
Cité de pierres de Montpellier-le-Vieux
Canyon de la Dourbie
Gorges de la Dourbie
Sabot de Malepeyre
Corniche des Cévennes
Ispagnac
Quézac
Castelbouc
La Malène
Les Vignes
Le Rozier
Peyreleau
Mostuéjouls
La Roque-Ste-Marguerite
Lanuéjols
Dourbies
St-Jean-du-Bruel
Sauclières
La Cavalerie
L'Hospitalet-du-Larzac
Hures-la-Parade
Fraissinet-de-Fourques
Gatuzières
Bassurels
Rousses
Vebron
Les Bondons
St-Georges-de-Lévéjac
Le Massegros
St-Rome-de-Dolan
Camprieu
St-Sauveur-Camprieu
Revens
Mandagout
Aulas
Arrigas
Aumessas
Alzon
PARC NATIONAL DES CÉVENNES
PARC NATUREL RÉGIONAL DES GRANDS CAUSSES
Camp militaire du Larzac

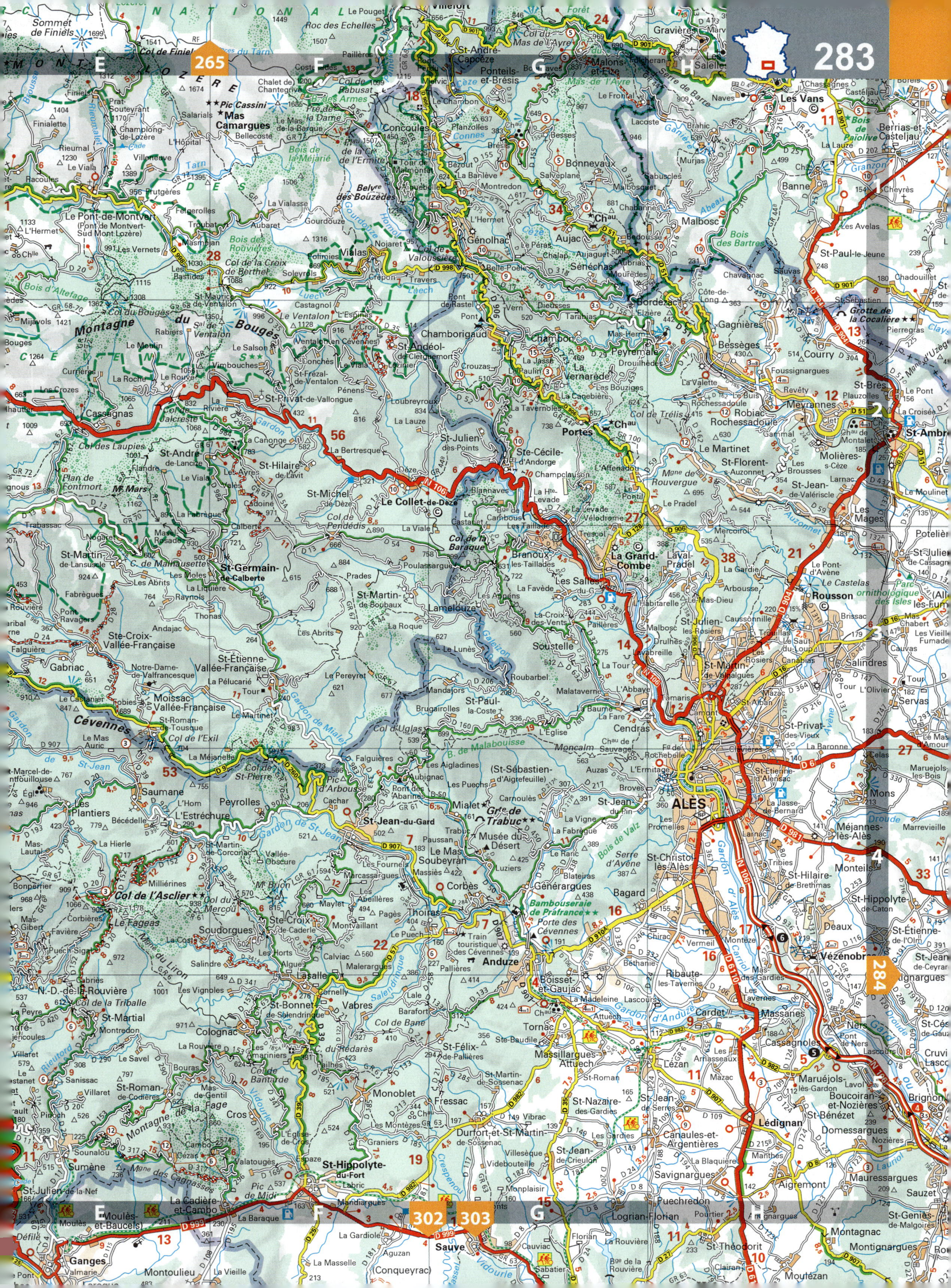
E
F
G
H
265
302
303
284
Mont Lozère
Pic Cassini
Mas Camargues
Col de Finiels
Le Pont-de-Montvert
Vialas
Génolhac
Concoules
Bonnevaux
Malons-et-Elze
Les Vans
Aujac
Sénéchas
Bordezac
Gagnières
Bessèges
Robiac-Rochessadoule
Montagne du Bougès
Cassagnas
St-Andéol-de-Clerguemort
Chamborigaud
Portes
St-Privat-de-Vallongue
St-Julien-des-Points
Ste-Cécile-d'Andorge
Le Collet-de-Dèze
St-André-de-Lancize
St-Hilaire-de-Lavit
St-Michel-de-Dèze
St-Germain-de-Calberte
Col de Pendédis
Col de la Baraque
Branoux-les-Taillades
La Grand-Combe
Laval-Pradel
Les Salles-du-Gardon
St-Martin-de-Boubaux
Lamelouze
Soustelle
Ste-Croix-Vallée-Française
St-Étienne-Vallée-Française
Gabriac
Moissac-Vallée-Française
Cévennes
St-Paul-la-Coste
Cendras
St-Jean-du-Pin
Alès
St-Martin-de-Valgalgues
St-Julien-les-Rosiers
Rousson
Salindres
St-Privat-des-Vieux
St-Christol-lès-Alès
Méjannes-lès-Alès
St-Jean-du-Gard
Mialet
Grotte de Trabuc
Musée du Désert
Corbès
Thoiras
Anduze
Bambouseraie de Prafrance
Générargues
Boisset-et-Gaujac
Vézénobres
Ribaute-les-Tavernes
Massanes
Cassagnoles
Maruéjols-lès-Gardon
Col de l'Asclier
Soudorgues
Lasalle
Vabres
St-Bonnet-de-Salendrinque
Colognac
St-Félix-de-Pallières
Tornac
Massillargues-Attuech
Lédignan
St-Martial
St-Roman-de-Codières
Cros
Monoblet
Fressac
Durfort-et-St-Martin-de-Sossenac
St-Nazaire-des-Gardies
Canaules-et-Argentières
Savignargues
Aigremont
Sumène
St-Hippolyte-du-Fort
Ganges
Sauve
Logrian-Florian
Montagnac
St-Ambroix
Molières-sur-Cèze
Les Mages
St-Florent-sur-Auzonnet
St-Jean-de-Valériscle
Le Martinet
Meyrannes
Courry
Grotte de la Cocalière
Berrias-et-Casteljau
Chadouillet
Brignon
Boucoiran-et-Nozières
St-Bénézet
Domessargues
Mauressargues
Lézan
Cardet
Quissac
Montoulieu

0 2 4 6 8 10 km
Vallon-Pont-d'Arc
Grotte Chauvet 2-Ardèche
Les Vans
Berrias-et-Casteljau
Beaulieu
Grospierres
Salavas
Plateau des Gras
Bourg-St-Andéol
Pierrelatte
Vagnas
Aven d'Orgnac
Barjac
Orgnac-l'Aven
St-Paul-le-Jeune
St-Ambroix
St-Privat-de-Champclos
St-Martin-d'Ardèche
Aiguèze
St-Just-d'Ardèche
Pont-St-Esprit
La Salamandre
Montclus
St-Jean-de-Maruéjols-et-Avéjan
Chartreuse de Valbonne
Goudargues
Rochegude
Méjannes-le-Clap
Bois de Goudargues
La Roque-sur-Cèze
Bagnols-sur-Cèze
Rousson
Chau d'Allègre
Les Concluses
Verfeuil
Lussan
Guidon du Bouquet
Sabran
Vallérargues
Mons
Méjannes-lès-Alès
Cavillargues
Laudun-l'Ardoise
Bois de St-Quentin
Bois de Vallabrix
Vallabrix
St-Quentin-la-Poterie
Vézénobres
Uzès
Pouzilhac
Forêt de Malmont
Argilliers
Castillon-du-Gard
Collias
Pont du Gard
Remoulins
St-Chaptes
Sauzet
Montignargues
Fournès
Rhône
Cèze
Ardèche
Gardon

266 283 303 304

267
La Garde-Adhémar
Grignan
Colonzelle
Grillon
Valréas
St-Pantaléon-les-Vignes
Nyons
St-Paul-Trois-Châteaux
Ferme aux crocodiles
Montségur-sur-Lauzon
Richerenches
Solérieux
La Baume-de-Transit
St-Restitut
Visan
Vinsobres
Mirabel-aux-Baronnies
Suze-la-Rousse
Bouchet
Tulette
St-Maurice-sur-Eygues
Villedieu
Bollène
Rochegude
Ste-Cécile-les-Vignes
Buisson
St-Roman-de-Malegarde
Vaison-la-Romaine
Mondragon
Cairanne
Rasteau
Roaix
Lagarde-Paréol
Séguret
Mornas
Sérignan-du-Comtat
Travaillan
Sablet
Malaucène
N.-D. du Groseau
Piolenc
Orange
Camaret-sur-Aigues
Violès
Gigondas
Lafare
Vacqueyras
N.-D. d'Aubune
Beaumes-de-Venise
Caderousse
Jonquières
Sarrians
Aubignan
Loriol-du-Comtat
Courthézon
Châteauneuf-du-Pape
Bédarrides
Carpentras
Roquemaure
Sauveterre
Sorgues
Monteux
Entraigues-sur-la-Sorgue
Pernes-les-Fontaines
Villeneuve-lès-Avignon
Le Pontet
Vedène
Venasque
St-Saturnin-lès-Avignon
Jonquerettes
L'Isle-sur-la-Sorgue
Avignon
Le Thor
Fontaine-de-Vaucluse
Abb. de Sénanque
Gordes
Village des Bories
286
304
305

285
268
305
306
Nyons
Aubres
Montréal-les-Sources
Rosans
Arpavon
Le Poët-Sigillat
Ste-Jalle
Montaulieu
Condorcet
Curnier
Les Pilles
Bellecombe-Tarendol
St-Sauveur-Gouvernet
Lemps
Montferrand-la-Fare
Rousieux
Chauvac-Laux-Montaux
Villebois-les-Pins
Ste-Cyrice
Montjay
Chanousse
Rochebrune
Châteauneuf-de-Bordette
Bésignan
Vercoiran
Ste-Euphémie-s-O.
Beauvoisin
Bénivay
St-Martin
Buis-les-Baronnies
La Roche-sur-le-Buis
St-Auban-sur-l'Ouvèze
La Rochette-du-Buis
Montguers
Montauban-sur-l'Ouvèze
Col de Perty
Laborel
Ste-Colombe
Propiac
Mérindol-les-Oliviers
Faucon
La Penne-sur-l'Ouvèze
Pierrelongue
Mollans-sur-Ouvèze
Plaisians
Eygaliers
Le Poët-en-Percip
Gorges
Izon-la-Bruisse
Ballons
Eygalayes
Lachau
Villefranche-le-Château
Aulan
Séderon
St-Léger-du-Ventoux
Brantes
Savoillan
Reilhanette
Montbrun-les-Bains
Barret-de-Lioure
Montfroc
Les Omergues
Curel
Entrechaux
Beaumont-du-Ventoux
Malaucène
N.-D. du Groseau
Mont Ventoux
Parc Naturel Régional du Mont-Ventoux
Col des Tempêtes
Aurel
Ferrassières
Bédoin
Flassan
Sault
St-Trinit
Revest-du-Bion
Mormoiron
Villes-sur-Auzon
Monieux
St-Christol
Banon
Gorges de la Nesque
Blauvac
Méthamis
Malemort-du-Comtat
Venasque
Simiane-la-Rotonde
Lagarde-d'Apt
Montsalier
St-Saturnin-lès-Apt
Murs
Gordes
Roussillon
Viens
Oppedette
Gignac
Rustrel
Villars
Abbaye de Sénanque
Village des Bories
Colorado de Rustrel
Vaucluse
Provençales

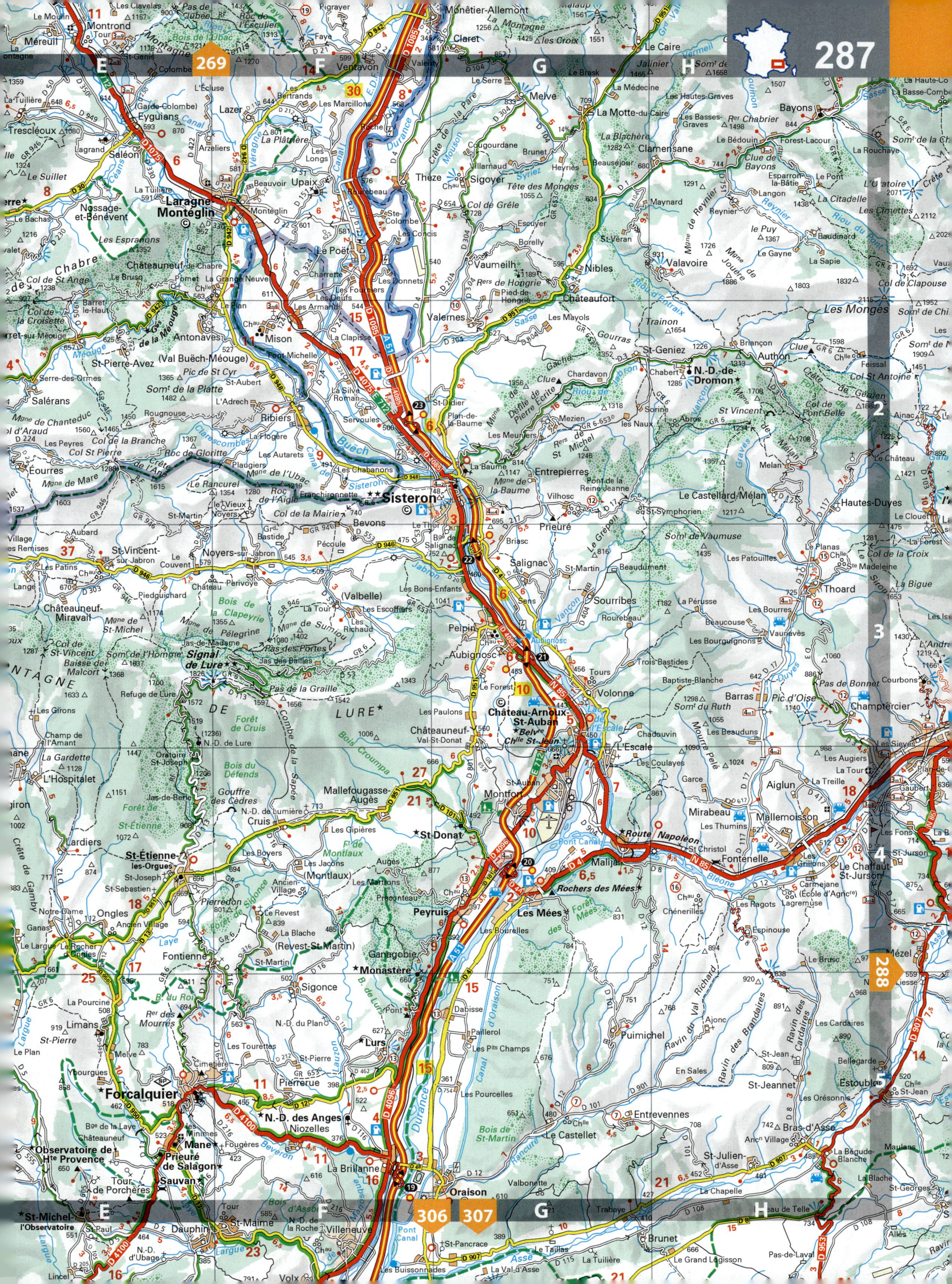
E
F
G
H
269
288
306
307
1
2
3
4
Laragne-Montéglin
Sisteron
Château-Arnoux-St-Auban
Forcalquier
Les Mées
Peyruis
Volonne
L'Escale
Mison
Ribiers
Upaix
Le Poët
Valernes
Sigoyer
Claret
Monêtier-Allemont
Ventavon
Eyguians
Lazer
Saléon
Antonaves
Salérans
Noyers-sur-Jabron
St-Vincent-sur-Jabron
Bevons
Salignac
Entrepierres
Sourribes
Aubignosc
Peipin
Châteauneuf-Val-St-Donat
Montfort
Malijai
Mallemoisson
Aiglun
Mirabeau
Fontenelle
Le Chaffaut-St-Jurson
Thoard
Barras
Champtercier
Hautes-Duyes
Le Castellard-Mélan
Authon
St-Geniez
N.-D.-de-Dromon
Nibles
Châteaufort
Valavoire
Bayons
Clamensane
La Motte-du-Caire
Melve
Thèze
Vaumeilh
Mallefougasse-Augès
Cruis
St-Étienne-les-Orgues
Ongles
Lardiers
Fontienne
Sigonce
Lurs
Ganagobie
Monastère
Pierrerue
Niozelles
N.-D. des Anges
La Brillanne
Villeneuve
Oraison
Mane
Prieuré de Salagon
Sauvan
Observatoire de Hte Provence
St-Michel-l'Observatoire
Dauphin
St-Maime
Le Castellet
Entrevennes
Puimichel
St-Jeannet
Estoublon
Bras-d'Asse
St-Julien-d'Asse
Mézel
Signal de Lure
Montagne de Lure
Pas de la Graille
Rochers des Mées
Route Napoléon
Durance
Bléone
Buëch
Jabron
Sasse
Vançon
Les Monges
Val Buëch-Méouge

0 2 4 6 8 10 km
287
270
308
Seyne
Selonnet
Col du Fanget
Col de Maure
Auzet
Verdaches
Barles
Le Vernet
Blayeul Somt
Clues de Barles
Site du vélodrome
Col du Labouret
Beaujeu
Prads-Haute-Bléone
La Javie
Site de l'Ichtyosaure
La Robine-sur-Galabre
Hautes-Duyes
Le Brusquet
Thoard
Marcoux
Draix
Archail
Dalle à ammonites
Champtercier
DIGNE-LES-BAINS
Entrages
St-Michel de Cousson
Châteauredon
Clue de Chabrières
Mézel
Chaudon-Norante
Barrême
Estoublon
Majastres
Senez
Route Napoléon
Clue de Taulanne
Blieux
St-Jurs
Col d'Allos
La Foux-d'Allos
Tête de l'Estrop
Allos
Val d'Allos
Colmars
Beauvezer
Villars-Colmars
Thorame-Haute
Thorame-Basse
Col de la Colle St-Michel
Méailles
Lambruisse
Moriez
St-André-les-Alpes
Allons
Angles
Vergons
Clue de Vergons
Notre-Dame de Valvert
St-Julien-du-Verdon
Lac de Castillon
Blaron
Demandolx
Lac de Chaudanne
Col des Robines
Col de Séoune
Col de Lachen
Col du Défend
Col de Corobin
Montagne de Coupe
Montagne du Cheval Blanc
Le Fugeret

Cime de la Bonette
Col de la Bonette
St-Dalmas-le-Selvage
Col de la Cayolle
St-Étienne-de-Tinée
Auron
Las Donnas
Isola
Isola 2000
Col de la Lombarde
Vinadio
M. Tenibre
Corborant
Entraunes
St-Martin-d'Entraunes
Châteauneuf-d'Entraunes
Villeneuve-d'Entraunes
Péone
Valberg
Beuil
Roubion
Roure
St-Sauveur-sur-Tinée
Rimplas
St-Dalmas (Valdeblore)
Guillaumes
Sauze
Mt St-Honorat
Dôme de Barrot
Gges de Daluis
Daluis
Gges du Cians
Pierlas
Ilonse
Marie
Clans
Bairols
Tournefort
Massoins
Villars-sur-Var
Malaussène
Touët-sur-Var
Puget-Théniers
Entrevaux
Pont de Gueydan
Clue de Rouaine
Annot
Col de St-Léger
Pont de St-Léger
La Croix
St-Léger
Castellet-lès-Sausses
Sausses
Braux
St-Benoît
Ascros
La Penne
St-Antonin
Cuébris
Toudon
Roquesteron
Sigale
Collongues
Les Mujouls
Sallagriffon
Aiglun
Clue d'Aiglun
Gars
Briançonnet
Clue de St-Auban
St-Auban
Conségudes
Les Ferres
Bonson
Gilette
Ubraye
Val-de-Chalvagne
Amirat
PARC NATIONAL DU MERCANTOUR
Gorges de Valabres
Mt Mounier
Col de la Couillole
Col de Crousette
Tête de Travers
Mt Vial
Quatre Cantons

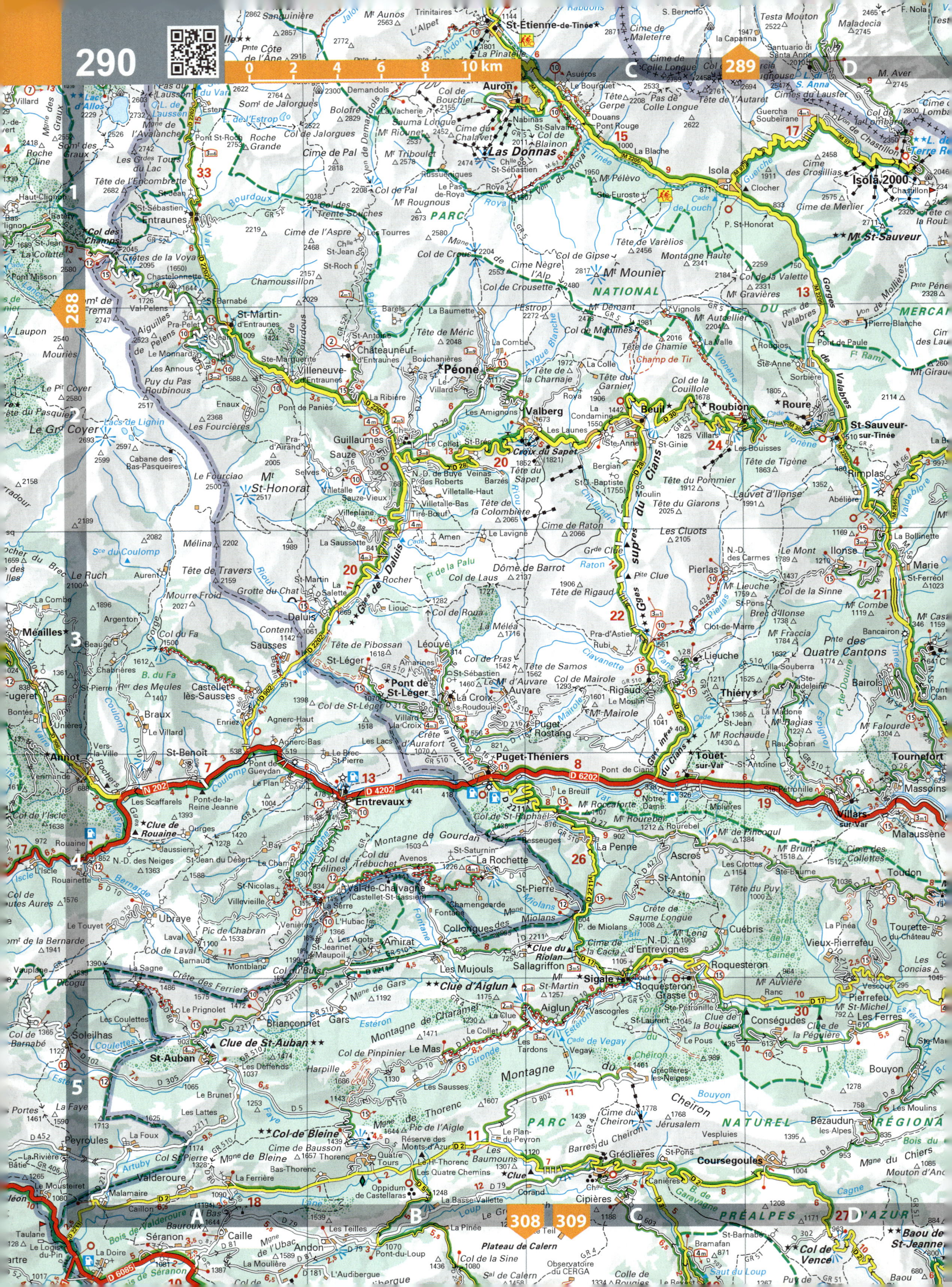
0 2 4 6 8 10 km
289
288
308
309
A
B
C
D
1
2
3
4
5
St-Étienne-de-Tinée
Auron
Las Donnas
Isola
Isola 2000
Mt St-Sauveur
St-Sauveur-sur-Tinée
Rimplas
Roure
Roubion
Beuil
Valberg
Péone
Châteauneuf-d'Entraunes
Entraunes
St-Martin-d'Entraunes
Villeneuve-d'Entraunes
Col des Champs
Col de Crousette
Mt Mounier
PARC NATIONAL DU MERCANTOUR
Guillaumes
Sauze
Daluis
Gges de Daluis
Croix du Sapet
Gges supres du Cians
Gges infres du Cians
Pierlas
Ilonse
Lieuche
Thiéry
Bairols
Touët-sur-Var
Puget-Théniers
Entrevaux
Annot
Méailles
Le Fugeret
St-Benoît
Castellet-lès-Sausses
Sausses
St-Léger
Pont de St-Léger
La Croix-sur-Roudoule
Puget-Rostang
Auvare
Villars-sur-Var
Malaussène
Massoins
Tournefort
Toudon
La Penne
Ascros
St-Antonin
Cuébris
Roquesteron
Sigale
Aiglun
Clue d'Aiglun
Sallagriffon
Collongues
Les Mujouls
Briançonnet
Gars
St-Auban
Clue de St-Auban
Soleilhas
Peyroules
Valderoure
Séranon
Caille
Andon
Col de Bleine
Thorenc
Gréolières
Coursegoules
Bézaudun-les-Alpes
Bouyon
Conségudes
Les Ferres
PARC NATUREL RÉGIONAL DES PRÉALPES D'AZUR
Montagne du Cheiron
Montagne de Thorenc
Plateau de Calern
Col de Vence
Baou de St-Jeanne
Ubraye
Val-de-Chalvagne
Clue de Rouaine
N 202
D 6202
D 4202
D 2202
D 6085

E
F
G
H
1
2
3
4
REGIONALE
ALPI MARITTIME
PARC NATIONAL DU MERCANTOUR
Limone-Piemonte
Col de Tende
Tunnel de Tende
Tunnel fermé
Tende
La Brigue
N.-D. des Fontaines
St-Dalmas-de-Tende
Le Boréon
St-Martin-Vésubie
Venanson
Roquebillière
Belvédère
Lantosque
La Bollène-Vésubie
Col de Turini
L'Authion
Saorge
(Traversée impossible)
Fontan
Breil-s-Roya
Pierre Plate
Peira-Cava
Col de Braus
Sospel
Lucéram
Utelle
La Madone d'Utelle
Levens
Coaraze
L'Escarène
Contes
Peille
Ste-Agnès
Gorbio
Peillon
Roquebrune-Cap-Martin
Tourrette-Levens
Carros
Colomars
Falicon
MENTON
Cap Martin
MONTE-CARLO
Beausoleil
La Condamine
Ventimiglia
Bordighera
Dolceacqua
Airole
Olivetta-San-Michele
Pigna
Apricale
Perinaldo
Isolabona
Rocchetta-Nervina
Camporosso
Vallecrosia
Castel Vittorio
Monte Gerbonte
Marguareis
Cime du Gélas
Mt Clapier
Mt Bégo
Cime du Diable
Mt Neillier
Cime de la Bonette
Vallée des Merveilles
Forêt de Turini
J ins Hanbury
Capo Mortola
309

0 2 4 6 8 10 km
272
312
A
B
C
D
1
2
3
4
5
(Vielle-St-Girons)
Vielle-St-Girons
Linxe
Castets
Taller
Huchet
Étang de Léon
Pichelèbe
Réserve naturelle
Léon
(St-Michel-Escalus)
Escalus
St-Michel
Camerade
Castillon
Moliets-Plage
Moliets-et-Maa
Le Village sous les Pins
Quartier-Laguain
Le Conte
Betoy
Chanchon
Minjouay
Étang de Laprade
Étang de Coidoum
Messanges-Plage
Messanges
Bayle
Étg de Moysan
Quartier-Caliot
Azur
Herm
Petit Marquis
Cluquetardit
Grangeon
Vieux-Boucau-les-Bains
Port d'Albret
Étg de Pinsolle
Tustète
Coudère
Étang de Soustons
Dinosaures Parc
Magescq
Larroze
Tastet
Candale
Le Houdin
Nerthe
Soustons
Leborde
Abbesse
Dolouets
La Bagnère
Duha
Guin
Plage des Casernes
Étang Hardy
Gaillou-de-Pountaout
Hardy
Étang Blanc
Réserve naturelle
Étang Noir
Seignosse-le-Penon
Seignosse-les-Estagnots
Seignosse
Frat
Tosse
Les Monts
N.-D. de Fatima
Gourby
St-Paul-lès-Dax
La Pince
Saas
Angoumé
Mées
Rivière-Saas-et-Gourby
Sports-Hossegor
Hossegor
Lac d'Hossegor
Capbreton
de Capbreton
Saubion
Lagrollet
St-Geours-de-Maremne
Thermes-de-Saubusse
Tercis-les-Bains
Seyre
St-Vincent-de-Xaintes
Pont d'Hiern
Angresse
St-Vincent-de-Tyrosse
Casablanca
Una
Saubusse
Vimport
Camp
Eyreluy
St-Pandelé
Étang thermal
Siest
Heugas
Bénesse-Maremne
St-Jean-de-Marsacq
Josse
Pont Lamarquèze
Orist
Petit Carrère
Mahourat
Silo
Puyau
Pey
Bernets
Castets
Mombet
La Mine
Labenne
Labenne-Océan
Réserve Naturelle du Marais d'Orx
Orx
Saubrigues
Gayrosse
Geloux
St-Lon-les-Mines
Ondres-Plage
Ondres
Ugne
Navachon
Montauzet
Lacarmenté
St-Étienne-d'Orthe
Bellegarde
Larrouy
Cagnotte
Tarnos-Plage
Lac d'Irieu
Monchoisi
Villenave
St-Martin-de-Hinx
Rasport
Le Moulin à Vent
Bélus
Lalanne
St-André-de-Seignanx
Camiade
Port-de-Lanne
St-Martin-de-Seignanx
Tarnos
La Pipette
Biarrotte
Biaudos
Bordus
Ste-Marie-de-Gosse
Le Bec du Gave
Horgave
Orthevielle
Peyrehorade
Gaves Réunis
Boucau
Vincennes
Quartier-Neuf
Monplaisir
Labadie
St-Laurent-de-Gosse
Benzin
Les Barthes
Hastingues
Abbe d'Arthous
Cauneille
Eyregave
Sordes-l'Abbaye
Chiberta
L. de Chiberta
St-Étienne
Grand Villenave
St-Barthélemy
Saubis
Sames
La Bourgade
Bordes-du-Haut
Anglet
Bayonne
Montpellier
Lissalde
Guiche
Bordes-du-Bas
Burre
Oyhanto
Lahonce
Quartier-du-Port
Urcuit
Urt
Lagaillardie
Lassarrade
Butte de Miremont
Lanusse
Chau de Gramont
Les Cinq Cantons
St-Pé-de-Léren
St-Pierre-d'Irube
Mouguerre
Briscous-les-Salines
Séquillon
Noguès
Bardos
Q. des Tisserands
Q. Lambert
Bidache
Came
La Galté
Bassussarry
Arcangues
Arbonne
Briscous
Abbaye de Belloc
Monastère des Bénédictines
La Bastide-Clairence
Mixe
Le Mech
La Ferrerie
Arancou
Labastide-Villefranche
Villefranque
Héguia
Elizaberry
Pilota-Plaza
L'Enseigne
Arrauntz
Herauritz
Ustaritz
Autoroute des Landes
Adour
Mesclaou
Ardanavy
Joyeuse
Bidouze

Rion-des-Landes
Piroc
Rey
Suzan
Garbay
St-Maurice-sur-Adour
Uchacq-et-Parentis
Gournau
Beylongue
Pouy
Coumet
Quartierot
Campet-et-Lamolère
Lamolère
Base aér.
Silos
Mellan
Raubet
St-Orens
Gaube
St-Jean-d'Août
Boos
Lestrage
Quartier-de-Marcel
St-Yaguen
Ricq
Patton
Cougnala
Carsen-Ponson
Pouy-des-Trucs
Meilhan
Burlac
Bertheuil
Le Caloy
St-Pierre-du-Mont
Le Cos
Ste-Croix
Laluque
Lesgor
St-Perdon
Campagne
Loustalet
Perichon
Cangrand
Ponson
Malet
Bourg-Neuf
Ronsacq
Candille
Tartas
Carcarès-Ste-Croix
Parpaillot
La Gare
Grd Candeles
Lestronques
Haut-Mauco
Sorbera
Bégaar
Bernadis
Le Leuy
Aurice
Guiroton
Le Cout
Jeanbidaou
Mugriet
Marrein
Petche
Pontonx-s-l'Adour
St-Jean-de-Lier
Audon
Pelin
Souprosse
St-Étienne
Lamothe
Deyouan
N.-D. de Buglose
Buglose
Gouts
Bas-Mauco
Gousse
Vicq-d'Auribat
Onard
Cauna
Durou
Gurgues
Goudosse
Gendarme
Lagastet
Ste-Eulalie
Berceau de St-Vincent-de-Paul
Établt thermal
Cassen
Poyanne
Laurede
Nerbis
Laguillon
Toulouzette
St-Sever
Préchacq-les-Bains
Louer
St-Geours-d'Auribat
Adour
Téthieu
Mugron
Augreilh
Loubart
St-Vincent-de-Paul
Gamarde-les-Bains
Boucosse
Arènes
Montaut
Arcet
Fleurus
Soustras
Escales
Goos
Banos
Hauriet
DAX
Yzosse
Lourquen
Nousse
Capitan
Labouyrie
Candresse
Mouras
Hinx
Montfort-en-Chalosse
Lahosse
Poyaller
Audignon
Eyres-Moncube
Narrosse
St-Aubin
Brocas
Sort-en-Chalosse
Laur
Beyrie
Larbey
Aules
Dumes
La Capère
Lapeyre
Poyartin
Gibret
Maylis
Doazit
Bégu
Baigts
Caupenne
Candale
Horsarrieu
Saugnac-et-Cambran
Garrey
Lurbe
Ste-Colombe
Bergouey
Marquebielle
Serreslous-et-Arribans
Téoulé
Castelnau-Chalosse
Ozourt
St-Laurent
Luy
Hagetmau
Aubagnan
Macouaou
Donzacq
Lamasquère
Lataulade
St-Cricq-Chalosse
St-Girons
Crypte
Bénesse-lès-Dax
Mimbaste
Clermont
Bastennes
Le Trait
Serres-Gaston
Cap-de-Monpeyroux
Pachiou
B. de Labarthe
Gaujacq
Pomarez
Labatjuzan
Vieux-Bourg
Le Pouy
Grotte du Pape
Brassempouy
Bellegarde
Agès
Lande d'Agès
Pouillon
Lembeye
Arènes
Cazalis
Labastide-Chalosse
Maréchal
Lamothe
Moulièron
Momuy
Lacrabe
Estibeaux
Castel-Sarrazin
Nassiet
Morganx
Misson
Le Bourgadot
Cazalon
Amou
Casenave
Monségur
Mouscardès
Arsague
Castaignos-Souslens
Argelos
Habas
Tilh
Villandrau
Argoubet
Marpaps
Poudenx
Peyre
Labatut
Ossages
St-Girons-en-Béarn
Bonnegarde
Beyries
Monget
Sault-de-Navailles
Basserclos
Castelner
Bonnut
Ste-Marie
Labeyrie
Arget
St-Cricq-du-Gave
Puyoô
Bellevue
St-Boès
Mastrot
Lahontan
N.-D. d'Abet
Lacadée
Loup
St-Médard
Sallespisse
Hagetaubin
Bellocq
Ramous
Baigts-de-Béarn
Mont du Gd Foy
Casteide-Candau
Morlanne
Orthez
Salles-Mongiscard
Bérenx
Castétarbe
Balansun
Mesplède
Mascouette
Cassabe
Qr du Bois
Pomps
Carresse-Cassaber
Qr du Guilhat
Sarrabère
Cazenave
Noarreu
Cazet
Marlat
Géus-d'Arzacq
Autevrive
Salies-de-Béarn
Ste-Suzanne
Baure
Castétis
N'Haux
Arthez-de-Béarn
Uzan
Castagnède
Lanneplaà
Le Cout
Mondrans
Biron
Lescloupé
Argagnon
Castillon
Arnos
Pène de Mu
Lasbordes
Saleys
Ploechot
Sarpourenx
Arrac
Caubin
Doazon
Escos
Oraàs
Beigmau
Trescoint
Lavie
Laà-Mondrans
Ozenx
E
F
G
H
273
293
294
313

0 2 4 6 8 10 km
MONT-DE-MARSAN
Villeneuve-de-Marsan
St-Cricq-Villeneuve
Perquie
Bougue
Mazerolles
Laglorieuse
Bretagne-de-Marsan
St-Pierre-du-Mont
St-Perdon
Benquet
Bascons
Artassenx
Maurrin
Castandet
Grenade-sur-l'Adour
Larrivière-St-Savin
St-Maurice-sur-Adour
Bordères-et-Lamensans
Cazères-sur-l'Adour
Le Vignau
Lussagnet
Hontanx
St-Gein
Pujo-le-Plan
Arthez-d'Armagnac
Lannemaignan
Montégut
Castex-d'Armagnac
Estang
Monguilhem
Toujouse
Maupas
Monlezun-d'Armagnac
Laujuzan
Le Houga
Magnan
Mormès
Perchède
Lanne-Soubiran
Vergoignan
Arblade-le-Bas
Barcelonne-du-Gers
Aire-sur-l'Adour
Duhort-Bachen
Renung
Eugénie-les-Bains
Classun
Buanes
Montgaillard
Fargues
Montsoué
Eyres-Moncube
Sarraziet
Coudures
Ste-Colombe
Aubagnan
Hagetmau
Serres-Gaston
Samadet
Vielle-Tursan
St-Loubouer
Bahus-Soubiran
Pécorade
Castelnau-Tursan
Urgons
Geaune
Payros-Cazautets
Clèdes
Sorbets
Latrille
Mauries
Miramont-Sensacq
Ségos
St-Agnet
Sarron
Projan
Aurensan
Labarthète
Riscle
Tarsac
St-Mont
Cannet
Viella
Maumusson-Laguian
Arbouavet
Puyol-Cazalet
Lacajunte
Philondenx
Pimbo
Arzacq-Arraziguet
Lauret
Garlin
Boueilh-Boueilho-Lasque
Castetpugon
Diusse
Aubous
Aydie
Mont-Disse
Conchez-de-Béarn
Tadousse-Ussau
Mascaraàs-Haron
Ribarrouy
Vialer
Lalonquette
Miossens-Lanusse
Carrère
Mouhous
Lannecaube
Lalongue
Gayon
Lespielle
Castillon
Uzan
Géus-d'Arzacq
Morlanne
Piets-Plasence-Moustrou
Louvigny
Vignes
Pouliacq
Méracq
Garlède-Mondebat
Claracq
Taron-Sadirac-Viellenave
St-Jean-Poudge
Burosse-Mendousse
Cadillon
Sémeacq-Blachon
Crouseilles
Lasserre
Monpezat
Arroses
Aurions-Idernes
Adour
Forêt de Géaune
A 65
D 824
D 834
D 933
D 935
D 931
D 30
D 946
D 944
D 932
293
274
314
A B C D
1 2 3 4 5

Parleboscq
Castelnau-d'Auzan
Montréal-du-Gers
Larressingle
Eauze
Bretagne-d'Armagnac
Cazeneuve
Gondrin
Mouchan
Cassaigne
Abbaye de Flaran
Valence-sur-Baïse
Busca-Maniban
Mansencôme
Courrensan
Roques
Lagardère
Beaucaire
Ayguetinte
Manciet
Ramouzens
Noulens
Lannepax
Justian
Bezolles
Castéra-Verduzan
Bascous
Mourède
Marambat
Nogaro
Dému
Vic-Fezensac
Saint-Paul-de-Baïse
Bonas
Cravencères
Séailles
Avéron-Bergelle
Loubédat
Sion
Préneron
Roquebrune
Margouët-Meymes
Sabazan
Aignan
Caillavet
Saint-Jean-Poutge
Bétous
Castillon-Debats
Belmont
Lupiac
Biran
Fustérouau
Termes-d'Armagnac
Castelnavet
Tudelle
Ordan-Larroque
Le Brouilh-Monbert
Pouydraguin
Loussous-Débat
Couloumé-Mondebat
Peyrusse-Grande
Peyrusse-Vieille
Cazaux-d'Anglès
Bazian
Riguepeu
Saint-Pierre-d'Aubézies
Callian
Castelnau-d'Anglès
Saint-Arailles
Barran
Plaisance
Galiax
Tasque
Lasserade
Gazax-et-Baccarisse
Mirannes
Beaumarchés
Louslitges
Montesquiou
L'Isle-de-Noé
Bassoues
Courties
Armous-et-Cau
Mouchès
Ju-Belloc
Saint-Aunix-Lengros
Ladevèze-Rivière
Scieurac-et-Flourès
Pouylebon
Estipouy
Tourdun
Mascaras
Monclar-sur-Losse
Juillac
Laveraët
Saint-Christaud
Marciac
Mirande
Armentieux
Pallanne
Saint-Martin
Saint-Médard
Auriébat
Ricourt
Tillac
Maubourguet
Sauveterre
Blousson-Sérian
Saint-Maur
Berdoues
N 124
D 931
D 924
D 943
D 939
D 930
N 21
275
296
315
E
F
G
H

0 2 4 6 8 10 km
276
295
316
A
B
C
D
1
2
3
4
5
Lectoure
Fleurance
AUCH
Gimont
Gramont
Lavardens
Preignan
Samatan
Castéra-Verduzan
Montestruc-sur-Gers
Pauilhac
St-Clar
Mauvezin
Montfort
Solomiac
Cologne
Marsan
Aubiet
Pessan
Montégut
Roquelaure
Jegun
Miramont-Latour
Puycasquier
Tourrenquets
Castelnau-Barbarens
Saramon
Seissan
Ornézan
Durban
Pavie
Barran
L'Isle-de-Noé
Mouchès
Miramont-d'Astarac
Idrac-Respaillès
St-Médard
Lamaguère
Tachoires
St-Élix-d'Astarac
Simorre
Boulaur
Tirent-Pontéjac
Aurimont
Juilles
L'Isle-Arné
Lussan
Haulies
Auterive
Lasseube-Propre
St-Jean-le-Comtal
Ordan-Larroque
Biran
Antras
Terraube
Marsolan
Roquepine
Mas-d'Auvignon
Lamothe-Goas
La Sauvetat
Réjaumont
Préchac
Puységur
Gavarret-sur-Aulouste
Urdens
Brugnens
Céran
Lalanne
Pis
Taybosc
Goutz
Bajonnette
Cadeilhan
Tournecoupe
Pessoulens
Avensac
Homps
Sérempuy
Mansempuy
Augnax
Nougaroulet
Blanquefort
Crastes
Mirepoix
Leboulin
Lahitte
N 21
N 124
D 930
D 928
D 654
D 953
D 7

277
298
317
Montech
Labastide-St-Pierre
Beaumont-de-Lomagne
Verdun-s-Garonne
Grisolles
Pompignan
Castelnau-d'Estrétefonds
Fronton
Bouloc
Villeneuve-lès-B.
Grenade
Cox
Cologne
Launac
Merville
Montaigut-s-Save
Lévignac
Mondonville
Cornebarrieu
Blagnac
Colomiers
Tournefeuille
Léguevin
L'Isle-Jourdain
Pujaudran
Plaisance-du-Touch
Cugnaux
Villeneuve-Tolosane
Portet-s-Garonne
Ramonville-St-Agne
Castelginest
Aucamville
Fenouillet
Gagnac
Seilh
Aussonne
Pibrac
La Salvetat-St-Gilles
Fonsorbes
St-Lys
Saiguède
Bonrepos-sur-Aussonnelle
Empeaux
St-Thomas
Monferran-Savès
Clermont-Savès
Castillon-Savès
Aurade
Endoufielle
Frouzins
Seysses
Roques
Pinsaguel
Saubens
Pins-Justaret
Lacroix-Falgarde
Vigoulet-Auzil
Castanet-Tolosan
Pechbusque
Vieille-Toulouse
Gratentour
St-Alban
Bruguières
St-Sauveur
Labastide-St-Sernin
Castelnau-d'Estrétefonds
St-Rustice
Campsas
Canals
Dieupentale
Bessens
Monbéqui
Montbartier
Finhan
Bourret
Mas-Grenier
St-Sardos
Belbèse
Sérignac
Larrazet
Labourgade
Escatalens
Fajolles
Garganvillar
Auterive
Comberouger
Bouillac
Savenès
Escazeaux
Faudoas
Gariès
Lagraulet-St-Nicolas
Le Burgaud
Bellesserre
Cabanac-Séguenville
Brignemont
Aucamville
St-Cézert
Drudas
Puysségur
Pelleport
Le Grès
Cadours
Caubiac
Laréole
Ardizas
Encausse
Thil
Bretx
St-Paul-s-Save
Daux
Menville
Garac
Bellegarde-Ste-Marie
Le Castéra
Vignaux
Thoux
St-Cricq
Monbrun
Ste-Livrade
Ségoufielle
Pradère-les-Bourguets
Lasserre
Mérenville
Brax
Forêt de Bouconne
Forêt de Montech
Lespinasse
Labastide-St-Pierre
Orgueil
Nohic
Reyniès
Corbarieu
St-Nauphary
Villaudric
Villemur
Ondes
Bessières
St-Jory
Toulouse-Blagnac
GARONNE
Save
Gimone
Aussonnelle
Touch

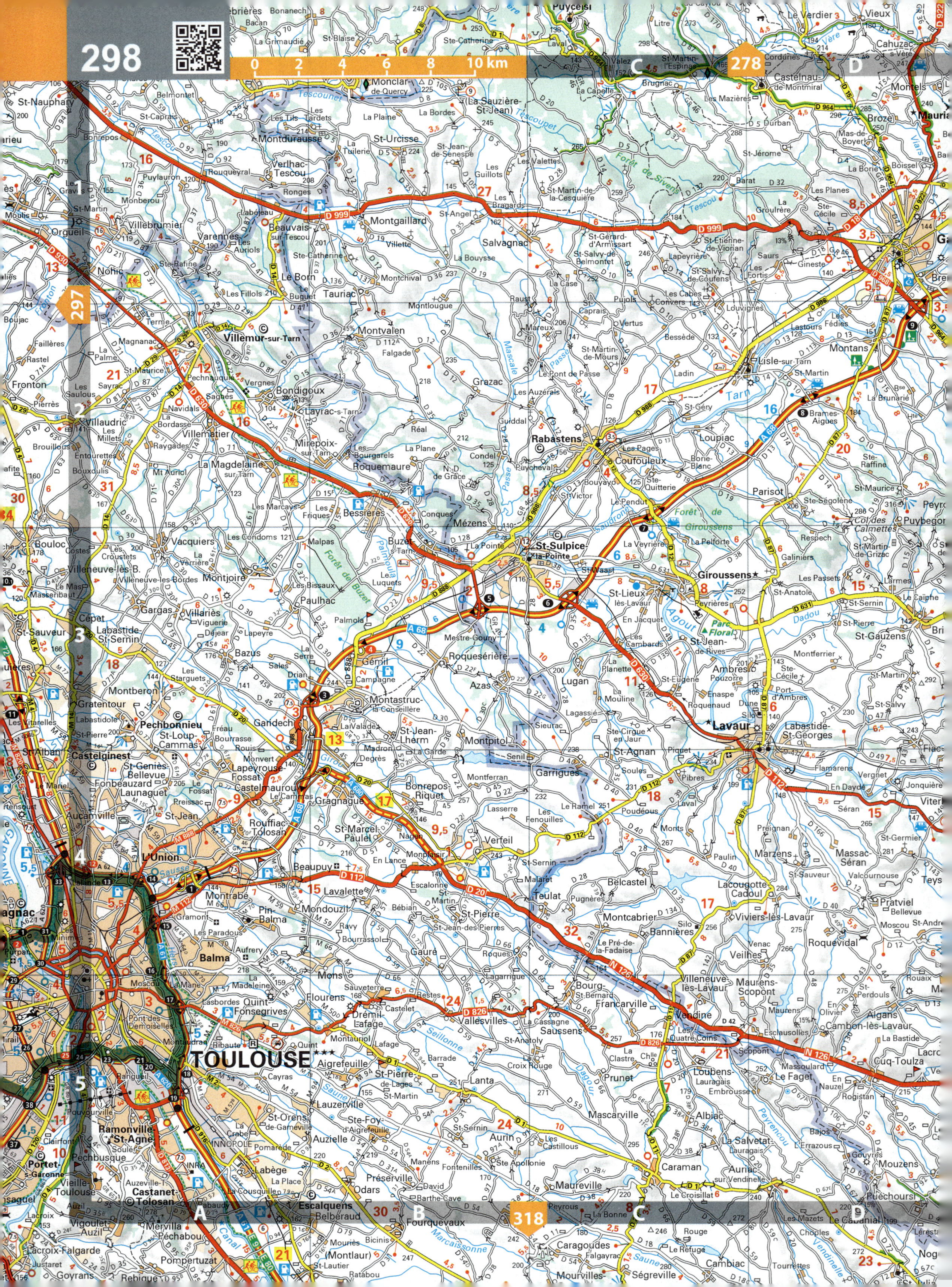
0 2 4 6 8 10 km
278
297
318
TOULOUSE
Villemur-sur-Tarn
Rabastens
St-Sulpice-la-Pointe
Lavaur
Giroussens
Lisle-sur-Tarn
Montastruc-la-Conseillère
L'Union
Balma
Castelginest
Montgaillard
Salvagnac
Bessières
Verfeil
Caraman
Labastide-St-Georges
St-Jean
Castanet-Tolosan
Ramonville-St-Agne
Pechbonnieu
Fronton
Bouloc
Villaudric
Monclar-de-Quercy
Puycelsi
Castelnau-de-Montmiral
Mondouzil
Montrabé
Quint-Fonsegrives
Lanta
Lavalette
Gragnague
Bourg-St-Bernard
Vendine
Loubens-Lauragais
Cuq-Toulza
Roquevidal
Marzens
Teulat
Bannières
Belcastel
Montcabrier
Villeneuve-lès-Lavaur
Ambres
Saint-Lieux-lès-Lavaur
Coufouleux
Mézens
Roquesérière
Azas
Lugan
Garrigues
Montpitol
Bazus
Gémil
Paulhac
Vacquiers
Montjoire
Bondigoux
La Magdelaine-sur-Tarn
Villematier
Mirepoix-sur-Tarn
Varennes
Tauriac
Montvalen
Grazac
D 999
A 68
A 61
N 126
D 888
D 112
D 20
D 826
D 630
D 988

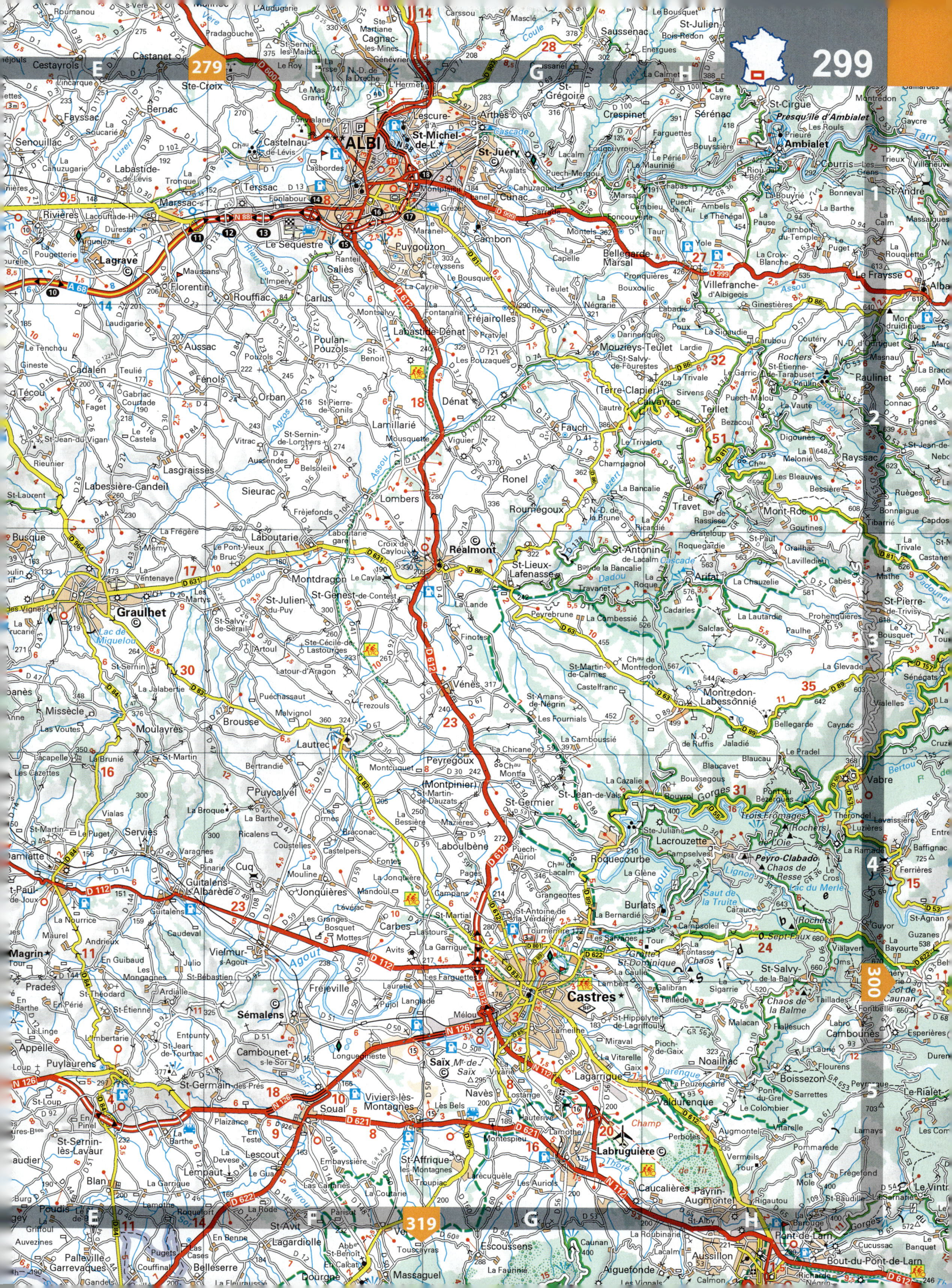
279
E
F
G
H
ALBI
St-Juéry
Lescure-
St-Michel-de-L.
Arthès
Ambialet
Castelnau-de-Lévis
Terssac
Marssac-s-T.
Rivières
Lagrave
Le Séquestre
Puygouzon
Cunac
Cambon
Saliès
Florentin
Rouffiac
Carlus
Fréjairolles
Labastide-Dénat
Poulan-Pouzols
Cadalen
Fénols
Orban
Dénat
Lamillarié
Villefranche-d'Albigeois
Le Fraysse
Bellegarde-Marsal
Mouzieys-Teulet
Teillet
Paulinet
Rayssac
Fauch
Ronel
Roumégoux
Lombers
Réalmont
St-Lieux-Lafenasse
Labessière-Candeil
Lasgraïsses
Sieurac
Laboutarie
Graulhet
Montdragon
St-Julien-du-Puy
St-Genest-de-Contest
St-Antonin-de-Lacalm
Arifat
Mont-Roc
Montredon-Labessonnié
Vènes
Lautrec
Brousse
Moulayrès
Missècle
Puycalvel
Peyregoux
Montpinier
St-Germier
Laboulbène
Roquecourbe
Vabre
Lacrouzette
Burlats
Castres
Serviès
Cuq
Guitalens-L'Albarède
Jonquières
Carbes
Vielmur-s-Agout
Fréjeville
Sémalens
Cambounet-s-le-Sor
Saïx
Navès
Magrin
Puylaurens
St-Germain-des-Prés
Soual
Viviers-lès-Montagnes
Lagarrigue
Valdurenque
Noailhac
Boissezon
St-Salvy-de-la-Balme
Labruguière
Caucalières
Payrin-Augmontel
St-Affrique-les-Montagnes
St-Sernin-lès-Lavaur
Lempaut
Lescout
Blan
Aussillon
Pont-de-Larn
Bout-du-Pont-de-Larn
Escoussens
Aiguefonde
Lagardiolle
Dourgne
Massaguel
Belleserre
Garrevaques
319
300
A 68
N 88
N 126
N 112
D 612
D 999
D 622
D 621

0 2 4 6 8 10 km
281
299
320
A
B
C
D
1
2
3
4
5
PARC NATUREL RÉGIONAL DES GRANDS CAUSSES
PARC NATUREL RÉGIONAL DU HAUT-LANGUEDOC
MONTS DE LACAUNE
MONTS DE L'ESPINOUSE
St-Affrique
Vabres-l'Abbaye
Brousse-le-Château
Plaisance
Balaguier
St-Sernin-s-Rance
Alban
Le Fraysse
Curvalle
St-André
Coupiac
Martrin
Montclar
Calmels-et-le-Viala
St-Juéry
Rebourguil
Belmont-s-Rance
Camarès
Montlaur
Combret
Pousthomy
Montfranc
Laval-Roquecezière
St-Salvi-de-Carcavès
Massals
Raulinet
Rayssac
Murasson
Barre
St-Sever-du-Moustier
Peux-et-Couffouleux
Lacaune
Gijounet
Berlats
Espérausses
Vabre
Viane
Escroux
Moulin-Mage
Murat-s-Vèbre
Nages
Brassac
Lamontélarié
La Salvetat-sur-Agout
Le Soulié
Anglès
Lasfaillades
Le Rialet
Cambounès
St-Pons-de-Thomières
Riols
Prémian
St-Étienne-d'Albagnan
St-Vincent-d'Olargues
Fraïsse-sur-Agout
Cambon-et-Salvergues
Salvergues
Rieu-Montagné
Lac du Laouzas
Lac de la Raviège
Bout-du-Pont-de-Larn
Le Vintrou
St-Pierre-de-Trivisy
Lacaze
Sénégats
Le Bez
Ferrières
Col de Sié
Col du Bouisson
Col de Picotalen
Roc de Montalet
Col de Fontfroide
Col du Poirier
Cap Redoundé
Pic de Concord
Col de la Bassine
D 999
D 902
D 622
D 607

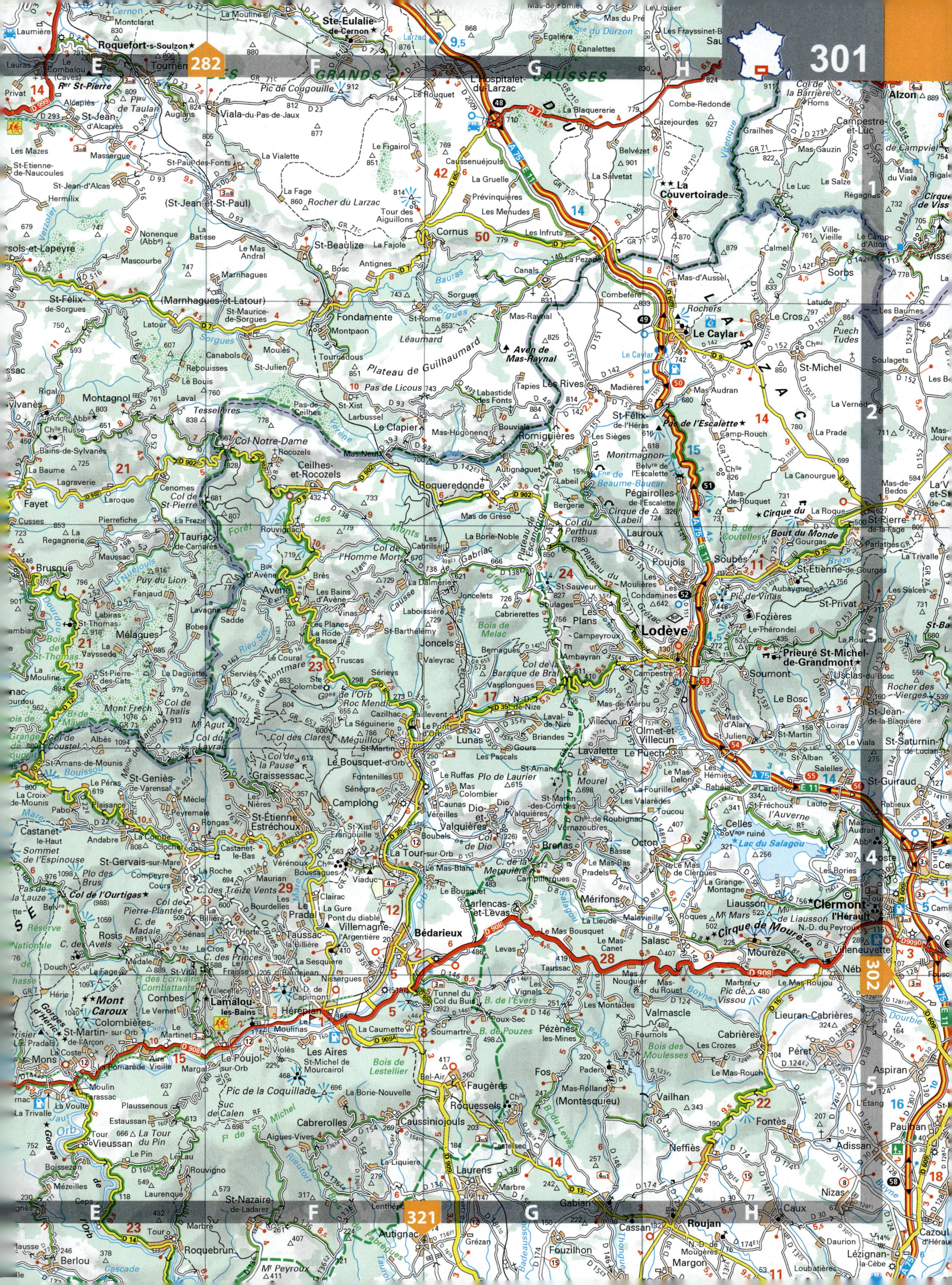

282
Roquefort-s-Soulzon
Ste-Eulalie-de-Cernon
L'Hospitalet-du-Larzac
GRANDS CAUSSES
Viala-du-Pas-de-Jaux
St-Jean-d'Alcapiès
La Couvertoirade
Cornus
Caussenuéjouls
St-Beaulize
Fondamente
Plateau de Guilhaumard
Aven de Mas-Raynal
Le Caylar
LARZAC
Pas de l'Escalette
Romiguières
Le Clapier
Col Notre-Dame
Ceilhes-et-Rocozels
Roqueredonde
Montagnol
Brusque
Mélagues
Tauriac-de-Camarès
Avène
Joncels
Lunas
Lodève
Soubès
Fozières
St-Privat
Prieuré St-Michel-de-Grandmont
Soumont
Le Bosc
St-Jean-de-la-Blaquière
St-Saturnin-de-Lucian
Salelles
St-Guiraud
St-Étienne-de-Gourgas
Olmet-et-Villecun
Le Puech
Lac du Salagou
Celles
Octon
Clermont-l'Hérault
Mérifons
Salasc
Cirque de Mourèze
Mourèze
Villeneuvette
Le Bousquet-d'Orb
Graissessac
Camplong
St-Étienne-Estréchoux
St-Gervais-sur-Mare
Col de l'Ourtigas
Castanet-le-Haut
Rosis
Combes
Mont Caroux
Lamalou-les-Bains
Hérépian
Bédarieux
Villemagne-l'Argentière
La Tour-sur-Orb
Dio-et-Valquières
Carlencas-et-Levas
Pézènes-les-Mines
Faugères
Roquessels
Caussiniojouls
Cabrerolles
Laurens
Gabian
Roujan
Caux
Neffiès
Vailhan
Fontès
Aspiran
Paulhan
Adissan
Nizas
Cabrières
Lieuran-Cabrières
Péret
Olargues
St-Nazaire-de-Ladarez
Roquebrun
Autignac
Cassan
Margon
Fouzilhon
Berlou
Vieussan
Colombières
St-Martin-de-l'Arçon
Mons
Lézignan-la-Cèbe
302
321

0 2 4 6 8 10 km
283
301
322
A
B
C
D
1
2
3
4
5
Alzon
Campestre-et-Luc
Cirque de Vissec
Vissec
Cirque de Navacelles ★★★
Blandas
Montdardier
Rogues
Gorniès
St-Bresson
Pommiers
St-Laurent-le-Minier
Cazilhac-le-Haut
Sumène
St-Julien-de-la-Nef
Ganges
Laroque
Grotte des Lauriers
Grotte des Demoiselles ★★★
Agonès
Brissac
St-Bauzille-de-Putois
Montoulieu
Pompignan
Ferrières-les-Verreries
St-Hippolyte-du-Fort
Claret
Lauret
Valflaunès
Pic St-Loup
Montagne de la Séranne
St-Maurice-Navacelles
Gorges de la Vis
St-André-de-Buèges
St-Jean-de-Buèges
Pégairolles-de-Buèges
Causse-de-la-Selle
St-Martin-de-Londres
Notre-Dame-de-Londres
Mas-de-Londres
Cazevieille
St-Mathieu-de-Tréviers
Les Matelles
Le Triadou
St-Vincent-de-Barbeyrargues
Prades-le-Lez
St-Clément-de-Rivière
St-Gély-du-Fesc
Murles
Viols-le-Fort
Viols-en-Laval
Combaillaux
Vailhauquès
Montarnaud
Argelliers
Puéchabon
St-Guilhem-le-Désert ★★
Grotte de Clamouse ★★★
Gorges de l'Hérault
Montpeyroux
St-Jean-de-Fos
Aniane
Arboras
St-Saturnin-de-Lucian
Jonquières
St-Guiraud
St-Félix-de-Lodez
Gignac
St-André-de-Sangonis
Ceyras
Clermont-l'Hérault
Brignac
Popian
Pouzols
St-Bauzille-de-la-Sylve
Vendémian
Le Pouget
Tressan
Puilacher
Plaissan
Bélarga
Aspiran
Paulhan
Usclas-d'Hérault
Campagnan
St-Pargoire
St-Pons-de-Mauchiens
Villeveyrac
Abbaye de Valmagne
Cazouls-d'Hérault
Lézignan-la-Cèbe
Nizas
Caux
Adissan
Nébian
Villeneuvette
Lacoste
Mourèze
Péret
La Boissière
St-Paul-et-Valmalle
Montbazin
Cournonterral
Cournonsec
Pignan
Murviel-lès-Montpellier
St-Georges-d'Orques
Juvignac
Grabels
Montferrier-sur-Lez
Clapiers
Lavérune
Saussan
Fabrègues
St-Jean-de-Védas
Villeneuve-lès-Maguelone
Gigean
Mireval
Vic-la-Gardiole
Hérault
Mosson
Étang de Vic

E
F
G
H
284
304
323
1
2
3
4
5
Durfort-et-St-Martin-de-Sossenac
Ledignan
Domessargues
Canaules-et-Argentières
St-Jean-de-Crieulon
Aigremont
Mauressargues
St-Chaptes
Puechredon
Logrian-Florian
St-Théodorit
Montagnac
St-Geniès-de-Malgoirès
La Rouvière
Dions
La Calmette
Ste-Anastasie
Russan
Poulx
Cabrières
Quissac
Moulézan
Bragassargues
Cannes-et-Clairan
Montmirat
St-Bauzély
Fons
Gajan
Orthoux-Sérignac-Quilhan
Liouc
Sardan
Crespian
St-Mamert-du-Gard
Parignargues
St-Pierre-de-Vacquière
Vallongue
Mas de Ponge
Pic de Guerre
Camp Militaire des Garrigues
Brouzet-lès-Quissac
Vic-le-Fesq
Combas
Montpezat
Les Hauts-de-Nîmes
NÎMES
Courbessac
St-Gervasy
Gailhan
Lecques
Fontanes
Salinelles
St-Clément
Carnas
Aspères
Souvignargues
St-Côme-et-Maruéjols
Clarensac
Caveirac
St-Césaire
Rodilhan
Bouillargues
St-Julien-de-Salinelles
Garrigues
Campagne
Sommières
Villevieille
Aujargues
Calvisson
St-Dionisy
Langlade
Milhaud
Caissargues
Nages-et-Solorgues
Boissières
Bernis
Garons
Junas
Congénies
Buzignargues
Galargues
Saussines
Aubais
Uchaud
Aubord
Vestric-et-Candiac
Nîmes-Arles-Camargue
St-Bauzille-de-Montmel
Boisseron
Aigues-Vives
Mus
Vergèze
Générac
St-Hilaire-de-Beauvoir
St-Jean-de-Cornies
Beaulieu
St-Christol
St-Sériès
Villetelle
Codognan
Beauvoisin
Puech de Dardaillon
St-Drézéry
Saturargues
Ambrussum
Gallargues-le-Montueux
Restinclières
Vérargues
Sussargues
Vauvert
St-Geniès-des-Mourgues
Aimargues
Lunel
Le Cailar
St-Gilles
Castries
Lunel-Viel
Vendargues
Baillargues
St-Brès
Valergues
Lansargues
St-Just
Marsillargues
St-Laurent-d'Aigouze
Mudaison
St-Aunès
St-Nazaire-de-Pézan
Candillargues
Étang de Scamandre
Étang du Charnier
MONTPELLIER
Mauguio
Aigues-Mortes
Étang de Mauguio ou de l'Or
La Grande-Motte
Carnon-Plage
Pérols
Palavas-les-Flots
Golfe d'Aigues-Mortes
Le Grau-du-Roi
Seaquarium
Port-Camargue
Pointe de l'Espiguette
L'Espiguette
Sylvéréal
Petite Camargue
Vidourle
Canal du Rhône à Sète
Petit Rhône
A 9
E 15
D 999
D 6110
D 6572
D 979
D 62
N 106
N 113
Montpellier-Méditerranée
Parc des Expositions

0 2 4 6 8 10 km
284
303
325
A
B
C
D
1
2
3
4
5
Vers-Pont-du-Gard
Rochefort-du-Gard
Villeneuve-lès-Avignon
Le Pontet
Morières-lès-Avignon
AVIGNON
Remoulins
Fournès
Estézargues
Domazan
Saze
Les Angles
Barbentane
Rognonas
Châteaurenard
Noves
St-Bonnet-du-Gard
Lédenon
Sernhac
Cabrières
Poulx
St-Gervasy
Bezouce
Meynes
Théziers
Aramon
Montfrin
Marguerittes
Redessan
Manduel
Rodilhan
Bouillargues
Jonquières-St-Vincent
Beaucaire
Tarascon
Vallabrègues
Comps
St-Pierre-de-Mézoargues
Boulbon
Graveson
Maillane
Eyragues
St-Rémy-de-Provence
Mas-Blanc-des-Alpilles
St-Étienne-du-Grès
Les Antiques
Glanum
Les Baux-de-Provence
Fontvieille
Maussane-les-Alpilles
Paradou
Mouriès
Garons
Bellegarde
St-Gilles
Fourques
ARLES
Abbe de Montmajour
Raphèle-lès-Arles
St-Martin-de-Crau
Musée de la Camargue
Albaron
Salin-de-Badon
Le Sambuc
Mas-Thibert
Étang de Vaccarès
PARC NATUREL RÉGIONAL DE CAMARGUE
PLAINE DE LA CAMARGUE
PLAINE DE LA CRAU
Marais du Vigueirat
Étang de Malagroy
Étang de Monro
Chaîne des Alpilles
La Montagnette
Grand Rhône
Petit Rhône
NÎMES-ARLES-CAMARGUE
Nîmes-Garons
Avignon
Gimeaux
Saliers
Méjanes
Les Bruns
Villeneuve
Gageron
Mas-de-Peint
Le Paty-de-la-Trinité
Pioch-Badet
Mas Giraud
L'Armellière
Beynes

E
F
G
H
285
286
306
326
2
3
4
5
St-Saturnin-lès-Avignon
Jonquerettes
L'Isle-sur-la-Sorgue
Le Thor
Caumont-sur-Durance
Chartreuse de Bonpas
Fontaine-de-Vaucluse
Saumane-de-Vaucluse
Abbé de Sénanque
Gordes
Village des Bories
Cabrières-d'Avignon
Lagnes
Joucas
Roussillon
Chaussée des Géants
Gargas
Apt
Saignon
St-Pantaléon
N.-D.-de-Lumières
Goult
Pont Julien
Beaumettes
Cavaillon
Robion
Taillades
Maubec
Oppède
Ménerbes
Lacoste
Bonnieux
Buoux
Sivergues
Oppède le Vieux
Petit Luberon
MONTAGNE DU LUBERON
Massif des Cèdres
Enclos des Bories
Plan-d'Orgon
Mollégès
St-Andiol
Cheval-Blanc
Orgon
Mérindol
Puget
Lauris
Lourmarin
Puyvert
Vaugines
Cucuron
Cadenet
Eygalières
Sénas
Mallemort
Charleval
Abbé de Silvacane
La Roque-d'Anthéron
Durance
Lamanon
Eyguières
Alleins
Vernègues
Temple romain
Aurons
St-Estève-Janson
Rognes
Lambesc
Salon-de-Provence
Pélissanne
La Barben
Zoo
St-Cannat
Château La Coste
Chaîne de la Trévaresse
Miramas
Grans
Lançon-Provence
La Fare-les-Oliviers
Coudoux
Éguilles
Ventabren
Velaux
Aqueduc de Roquefavour
Cornillon-Confoux
St-Chamas
Istres
ÉTANG DE BERRE
Berre-l'Étang
Rognac
Vitrolles
Aix-en-Provence
Bouc-Bel-Air
Les Milles
St-Mitre-les-Remparts
Camp militaire

0 2 4 6 8 10 km
305
287
327
A
B
C
D
1
2
3
4
5
Apt
Saignon
Villars
Gignac
Colorado de Rustrel
Caseneuve
Viens
Céreste
Reillanne
Oppedette
St-Michel-l'Observatoire
Observatoire de Hte Provence
Mane
Prieuré de Salagon
Sauvan
Niozelles
La Brillanne
Villeneuve
Dauphin
St-Maime
Volx
Manosque
Mont d'Or
Villemus
Montjustin
Montfuron
Pierrevert
Ste-Tulle
Corbières-en-Provence
Gréoux-les-Bains
Vinon-sur-Verdon
Verdon
Durance
PARC NATUREL RÉGIONAL DU LUBERON
Mourre Nègre
Grand Lubéron
Buoux
Sivergues
Auribeau
Castellet-en-Luberon
Cabrières-d'Aigues
Vitrolles-en-Luberon
Peypin-d'Aigues
La Bastide-des-Jourdans
Vaugines
Cucuron
La Motte-d'Aigues
St-Martin-de-la-Brasque
Grambois
Beaumont-de-Pertuis
Cadenet
Sannes
Ansouis
La Tour-d'Aigues
Villelaure
La Bastidonne
Pertuis
Mirabeau
St-Paul-lès-Durance
Centre d'Études de Cadarache (C.E.A.)
Ginasservis
Rognes
Le Puy-Ste-Réparade
Château la Coste
Meyrargues
Peyrolles-en-Provence
Jouques
Rians
Artigues
Esparron
Venelles
Vauvenargues
Montagne Ste-Victoire
La Croix de Provence
Puyloubier
Pourrières
AIX-EN-PROVENCE
Oppidum d'Entremont
Le Tholonet
Beaurecueil
Châteauneuf-le-Rouge
Rousset
Meyreuil
Gardanne
Bouc-Bel-Air
Fuveau
Trets
Peynier
Pourcieux
St-Maximin-la-Ste-Baume
Ollières
Seillons-Source-d'Argens
Mont Aurélien
Gorges de l'Infernet

Le Castellet
Bras-d'Asse
St-Julien-d'Asse
La Bégude-Blanche
Maulans
Majastres
Oraison
Valbonne
Trabaye
Brunet
Poteau de Telle
St-Georges
St-Jurs
Allès
Le Grand Logisson
Pas-de-Laval
Ravin de Balène
Naverre
Chiran
Montmuye
La Maurelière
Le Bas-Chadoul
Blieux
Clue de Taulanne
Taulanne
Pré Chauvin
La Tuilière
Mas St-Andrieux
Puimoisson
Ségriès
N.-D. de Beauvoir
Vincel
Le Grd Mourre
Valensole
PARC
NATUREL
RÉGIONAL
DU
VERDON
Mauroue
Grand-Arlane
St-Martin
Moustiers-Ste-Marie
Venascle
Le Pavillon
Les Brechiers
Les Louches
Mourre de Chanier
Crête des Traversières
Berbené
Chasteuil
Porte de St-Jean
Clue de Chasteuil
Le Règles
Les Subis
Mont-St-Maxime
Roumoules
Campagne
Les Mégis
Temple
Riez
Baptistère
St-Clair
Val d'Angouire
La Clue
Châteauneuf-lès-M.
Col de la Croix de Châteauneuf
Rougon
Clue de Carejuan
Point Sublime
Pontfrac
St-Jean
La Trinité
Bel-Air
Le Serre
Le Plan
Lioune
Le Galetas
Mayreste
Barbin
La Palud-sur-Verdon
Belvre de Mayreste
Col d'Illoire
Aiguines
GRAND CANYON DU VERDON
St-Antoine
Montagnac-Montpezat
Puberclaire
Ravin de Pinet
Pinet
Allemagne-en-Provence
Les Roux
Les Salles-sur-Verdon
Lac de Ste-Croix
Cirque de Vaumale
Corniche Sublime
Rte des Crêtes
Chalet Martel
Sentier Martel
Trigance
St-Martin-de-Brômes
Chautabrie
Lauris
Ste-Croix-du-Verdon
Les Bastides
Chanteraine
Grand Margès
La Médecine
Falaise des Cavaliers
Balcons de la Mescla
Pont de l'Artuby
Gréoux
Bellioux
Albiosc
Sorbiou
Esparron-de-Verdon
Montpezat
St-Saturnin
Bauduen
Tête du Fayet
CAMP
Grand Plan de Canjuers
MILITAIRE
Gorges du Verdon
La Chérine
St-Laurent-du-Verdon
N.-D. de Baudinard
Font-Castellan
Mocrouis
Basset
Les Bessons
La Barre
Canyon de l'Artuby
Les Puits-Neufs
Quinson
Baudinard-s-Verdon
La Colle
La Citerne
Serrière de Lagne
Le Logis-Neuf
Les Rouvières
Ste-Maxime
Artignosc-s-Verdon
Fontayne
Bois de Quinson
L'Eclou
Les Maisons
Les Bernes
La Ricarde
La Gde-Nouguière
Lagne
Les Mouches
St-Andrieux
Les Aumades
Collet de l'Aigle
Signal de l'Aigle
Pampelonne
Les Guis
La Mourotte
Villeneuve
Bois St-Jean
Mane de Barjaude
Bois de Malassoque
La Roquette
St-Jean
Moissac-Bellevue
N.-D. de Liesse
La Cabrière
Les Logis-d'Auveine
La Neuve
Le Pardigaou
La Grde-Bastide
Notre-Dame
Régusse
Vérignon
Mane de Beau-Soleil
Grd Blé
N.-D. d'Eglise
Montmeyan
Lauquier
La Basse-Nouguière
St-Priest
Lavelan
Verdière
St-Roch
Bois de Queiraud
Gros-Bec
Aups
Cresson
Mane des Espiguières
Les Vergelins
N.-D. de Spéluque
Couan
Bois des Prannes
Le Grand-Nans
Bois de Pelenq
Tour
N.-D. de Bellevue
Le Gros Bois
La Curnière
Fabrègues
Plérimond
Ampus
Châteaudo
Varages
St-Pothin
Tavernes
Le Grd Rougiers
La Bréguière
Cormeil
Tourtour
St-Pierre-de-Tourtour
Puy de la Sigue
Olves
Le Logis
Amphoux
Fox-Amphoux
Taurenne
St-Barthélemy
Villecroze
Florielle
La Grange
Rebouillon
La Serre
Les Annelles
Barras
Sillans-la-Cascade
Les Mandins
Le Villard
Rau des Ecrevisses
La Prégentière
St-Barnabé
Cascade
Bresque
Salernes
St-Romain
Thuerry
Les Plans
Le Figueiret
Les Marroliers
Barjols
Fauvery
Pontevès
Le Gaudran
Le Babadié
Antoulane
Le Flayosquet
Flayosc
Petit Bessillon
Gros Bessillon
Monastère-St-Joseph
Mane du Serre
Rifioran
Les Salgues
Mentone
Basse-Maure
Cantarelle
St-Sauveur
Les Riguards
Cotignac
Tours
Les Moulières
Val-Rose
Le Pigeonnier
Brue-Auriac
Bois de Bessillon
N.-D. de Grâces
Bouillidou
Entrecasteaux
St-Antonin-du-Var
Masseboeuf
Berne
Ermitage St-Ferréol
Font-Taillade
Notre-Dame
La Forêt
Margui
Bois de Correns
Nestuby
Ste-Foy
N.-D. de Benva
Lorgues
St-Estève
Châteauvert
Les Miquelets
La Clapière
Mappe
St-Jeaume
Rouvière
Robernier
Roubine
N.-D. de Florièye
Cadry
Doumet
Correns
Montfort-sur-Argens
Carcès
Les Camails
Les Féraudes
Abbe du Thoronet
Le Moutas
Pont d'Argens
Vignaubière
La Martinette
Les Maneous
Taradeau
Miraval
Lac de Carcès
Les Riaux
Bauxite
Forêt de la Darboussière
Le Thoronet
Les Germains
St-Louis
Bras
N.-D. d'Espérance
Font-Couverte
St-Étienne
Réal-Martin
Bauxite
La Grde Bastide
Le Val
Vins-sur-Caramy
St-Vincent
N.-D. du Glaive
Chau-Requier
Pomples
Mane des Ubacs
Les Bertrands
Cabasse
Mane de la Bouissière
Les Muraires
Entrayques
Vidauban
Notre-Dame
Vaubelle
Bois du Val
Ribeirotte
Caramy
Cauron
Argens
Asse
Colostre
Auvestre
Maurone
Verdon
Nartuby d'Ampus
Florieye
Cassole
Eau Salée
Von Sourn
A 8
E F G H
287 288
308
328

0 2 4 6 8 10 km
Castellane
Clue de Taulanne
Clue de Chasteuil
Point Sublime
Balcons de la Mescla
Pont de l'Artuby
Comps-sur-Artuby
Trigance
Châteauvieux
La Martre
Bargème
Brenon
Le Bourguet
Séranon
Valderoure
St-Auban
Clue de St-Auban
Col de Bleine
Brianconnet
Peyroules
Mons
Roche Taillée
Seillans
Fayence
Tourrettes
Callian
Montauroux
St-Cézaire-sur-Siagne
St-Vallier-de-Thiey
Grottes de St-Cézaire
Souterroscope de la Baume Obscure
CANJUERS
Col du Bel-Homme
Bargemon
Callas
Claviers
Montferrat
Châteaudouble
Ampus
Figanières
Draguignan
Flayosc
Lorgues
Les Arcs
Taradeau
Vidauban
Trans-en-Provence
La Motte
Le Muy
Roquebrune-sur-Argens
Fréjus
Fréjus-Plage
St-Raphaël
Boulouris
Agay
Bagnols-en-Forêt
St-Paul-en-Forêt
Mt Vinaigre
N.-D. de Jérusalem
Lac de St-Cassien
Route Napoléon
VERDON
A
B
C
D
1
2
3
4
5

307
289
329

289
290
E
F
G
H
1
2
3
4
5
Grasse
Coursegoules
Vence
St-Paul-de-Vence
Cagnes-s-M.
St-Laurent-du-Var
NICE
NICE CÔTE-D'AZUR
Villeneuve-Loubet
Biot
Valbonne
Sophia-Antipolis
Mouans-Sartoux
Mougins
Pégomas
Le Cannet
Vallauris
Golfe-Juan
Juan-les-Pins
ANTIBES
Cap d'Antibes
Marineland
Baie des Anges
CÔTE D'AZUR
CANNES
Golfe de la Napoule
Mandelieu-la-Napoule
La Napoule
Théoule-sur-Mer
Pte de l'Esquillon
Le Trayas
Pic du Cap Roux
Anthéor
Île Ste-Marguerite
Île St-Honorat
Îles de Lérins
l'Esterel
Carros
Gattières
Levens
Contes
L'Escarène
Peillon
Tourrette-Levens
Falicon
Èze
Beaulieu-sur-Mer
Villefranche-sur-Mer
St-Jean-Cap-Ferrat
Cap Ferrat
Cap-d'Ail
La Turbie
Beausoleil
MONTE-CARLO
MONACO
Cap-Martin
Gourdon
Tourrettes-sur-Loup
Le Bar-s-Loup
Gréolières
Cipières
Bézaudun-les-Alpes
Bouyon
Roquestéron
Gilette
PRÉALPES D'AZUR

0 2 4 6 8 10 km
C
292
D
Capbreton
Labenne-Océan
Labenne
Ondres-Plage
Ondres
Tarnos-Plage
Tarnos
Boucau
La Barre
Chiberta
L. de Chiberta
Chambre d'Amour
Pnte St-Martin
Rer de la Vierge
BIARRITZ
Anglet
BAYONNE
St-Pierre-d'Irube
Ilbarritz
L. de Mouriscot
Bidart
Ste-Madeleine
Les Embruns
Bassussarry
Arcangues
Arbonne
Plage de Parlementia
Guéthary
CÔTE BASQUE
ST-JEAN-DE-LUZ
Pnte de Ste-Barbe
Corniche Basque
Socoa
Ciboure
Ahetze
Ustaritz
Villefranque
I. Amuitz
Cabo Higer
Pnte de Ste-Anne
Punta Turulla
Na Sa de Guadalupe
Hendaye-Plage
Abbadie
Hendaye
Urrugne
Hondarribia
Alto del Jaizkibel
Monte Jaizkibel
Irun
Behobie
Biriatou
Col de Courlecou
Mt Choldocogagna
San Martzial
Olhette
Herboure
Ascain
St-Pée-s-Nivelle
Lac de St-Pée
Espelette
Souraïde
Larressore
Arnaga
Sare
Col de St-Ignace
La Rhune
Ainhoa
Itxassou
Col de Pinodiéta
Mt Ereby
Aubépine
Col des Trois-Croix
Pic du Mondarrain
Dantxarinea
Dancharia
Zugarramurdi
Urdazubi/Urdax
Grottes de Sare
Cuevas de Brujas
Pic Sayberri
Col des Trois Bornes
Col de Lizarrieta
Pic d'Ibantelli
Bera
Zalain
San Antón
Endarlatsa
Aiako Harria (Peñas de Aia)
Collado de Arichulegui
Mte Aguerregui
Oiartzun
Elizalde
Ergoien
Lesaka
Igantzi
Etxalar
Azkilarrea
Arantza
Bidasoa
Parque Natural Señorio de Bertiz
Legate
Oronoz-Mugairi
Puerto de Otxondo
Goizamendi
Pico Gorramakil
Amaiur/Maya
Erratzu
Baztan
Arizkun
Elizondo
Goizueta
Loizate
Montes
Sunbilla
Mendaur
Arano
Artikutza
Monte Urdaburu
Santiago
Lezo
Pasai Donibane
STIA/ EBASTIÁN
Rio Urumea
Rio Oiartzun
Rio Añarbe
Rio Bidasoa
Nivelle
A 63
E 80
E 70
D 810
D 918
N 121 A
A

292
293
330
313
St-Vincent-de-Tyrosse
Angresse
Saubusse
Bénesse-Maremne
St-Jean-de-Marsacq
Saubrigues
Orx
Port-de-Lanne
Orthevielle
Peyrehorade
Ch.au d'Aspremont
Cauneille
Labatut
Puyoo
Bellocq
Ramous
Pouillon
Habas
Gaas
Cagnotte
Bélus
St-Lon-les-Mines
St-Étienne-d'Orthe
Heugas
Siest
Biarrotte
Biaudos
St-Martin-de-Hinx
Ste-Marie-de-Gosse
St-Laurent-de-Gosse
St-André-de-Seignanx
St-Barthélemy
Urt
Urcuit
Briscous
Hastingues
Abb.e d'Arthous
Œyregave
Sorde-l'Abbaye
St-Cricq-du-Gave
Lahontan
Sames
Guiche
Bidache
Ch.au de Gramont
Came
St-Pé-de-Léren
St-Dos
Carresse-Cassaber
Salies-de-Béarn
Auterrive
Castagnède
Labastide-Villefranche
Escos
Oraàs
Abitain
Athos-Aspis
Sauveterre-de-Béarn
Orion
Burgaronne
Bardos
La Bastide-Clairence
Hasparren
Ayherre
Orègue
Arraute-Charritte
Masparraute
Bergouey-Viellenave
Ilharre
Labets-Biscay
Gabat
Arbouet-Sussaute
Osserain-Rivareyte
St-Gladie-Arrive-Munein
Guinarthe-Parenties
Autevielle-St-Martin-Bideren
Grottes d'Isturitz et d'Oxocelhaya
Isturits
St-Martin-d'Arberoue
Méharin
Amorots-Succos
Béguios
Luxe-Sumberraute
Amendeuix-Oneix
Garris
St-Palais
Aïcirits-Camou-Suhast
Arbérats-Sillègue
Domezain-Berraute
Etcharry
Aroue-Ithorots-Olhaiby
Mendionde
Macaye
Louhossoa
Hélette
Armendarits
Iholdy
Beyrie-sur-Joyeuse
Orsanco
Béhasque-Lapiste
Larribar-Sorhapuru
Uhart-Mixe
Lohitzun-Oyhercq
Ostabat-Asme
Arhansus
Aïnharp
Viodos-Abense-de-Bas
Mauléon-Licharre
Larceveau-Arros-Cibits
Pagolle
Bunus
Musculdy
Garindein
Irissarry
Suhescun
Ossès
St-Martin-d'Arrossa
Jaxu
Aïnhice-Mongelos
Gamarthe
Ibarrolle
St-Just-Ibarre
Col d'Osquich
Ordiarp
Irouléguy
Ascarat
St-Étienne-de-Baïgorry
Ispoure
Bussunarits-Sarrasquette
St-Jean-

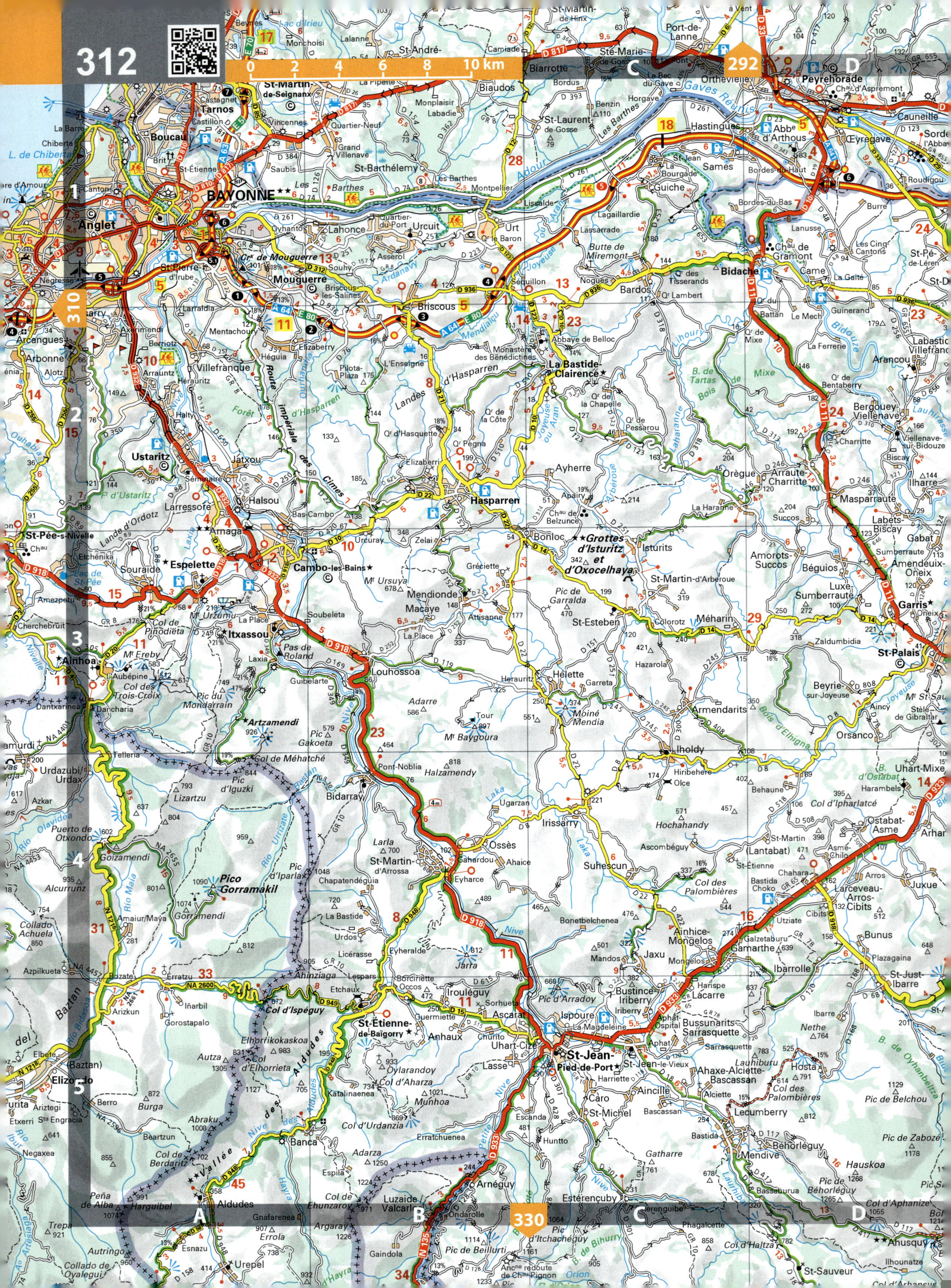

0 2 4 6 8 10 km
292
310
330
Bayonne
Anglet
Tarnos
Boucau
Biarritz
St-Martin-de-Seignanx
Biaudos
St-Laurent-de-Gosse
Peyrehorade
Hastingues
Sames
Guiche
Urt
Urcuit
Lahonce
Mouguerre
Briscous
Bardos
Bidache
Arcangues
Arbonne
Villefranque
Ustaritz
Jatxou
Halsou
Larressore
Hasparren
La Bastide-Clairence
Ayherre
Orègue
Arraute-Charritte
Masparraute
Labets-Biscay
Gabat
St-Pée-s-Nivelle
Espelette
Cambo-les-Bains
Souraïde
Ainhoa
Itxassou
Louhossoa
Mendionde
Macaye
Bonloc
Grottes d'Isturitz et d'Oxocelhaya
Isturits
St-Martin-d'Arberoue
Méharin
St-Esteben
Hélette
Iholdy
Armendarits
Garris
St-Palais
Béguios
Amorots-Succos
Bidarray
Ossès
St-Martin-d'Arrossa
Irissarry
Suhescun
Ostabat-Asme
Larceveau-Arros-Cibits
Bunus
Ibarrolle
Lacarre
Gamarthe
Jaxu
Ispoure
St-Jean-Pied-de-Port
Uhart-Cize
St-Étienne-de-Baïgorry
Anhaux
Lasse
Caro
St-Michel
Aincille
Ahaxe-Alciette-Bascassan
Lecumberry
Mendive
Béhorléguy
Estérençuby
Arnéguy
Banca
Aldudes
Urepel
Elizondo
Urdazubi/Urdax
Col d'Ispéguy
Col de Méhatché
Pico Gorramakil
Vallée des Aldudes
Mt Baygoura
Pic de Garralda
Col des Palombières
Pic de Béhorléguy
Hauskoa
Pic de Belchou
Ahusquy
St-Sauveur

293

E
F
G
H
1
2
3
4
5
Orthez
Mourenx
Navarrenx
Salies-de-Béarn
Sauveterre-de-Béarn
Mauléon-Licharre
Oloron-Ste-Marie
Puyoô
Bellocq
Lacq
Artix
Arthez-de-Béarn
Monein
Pardies
Noguères
Abidos
Lagor
Os-Marsillon
Labastide-Cézéracq
Bésingrand
Castétis
Argagnon
Maslacq
Sarpourenx
Baigts-de-Béarn
Ramous
Bérenx
Salles-Mongiscard
Lanneplaà
L'Hôpital-d'Orion
Orion
Ozenx-Montestrucq
Loubieng
Castetbon
Audaux
Bugnein
Méritein
Castetnau-Camblong
Susmiou
Sus
Dognen
Gurs
Préchacq-Josbaig
Préchacq-Navarrenx
Lay-Lamidou
Lucq-de-Béarn
Cardesse
Estos
Goès
Ledeux
Verdets
Moumour
Orin
Aren
Géronce
Geüs-d'Oloron
St-Goin
Poey-d'Oloron
Esquiule
Barcus
Féas
Ance
Aramits
Arette
Asasp
Lurbe-St-Christau
Gurmençon
Herrère
Escout
Précilhon
Estialescq
Lasseube
L'Hôpital-St-Blaise
Moncayolle-Larrory-Mendibieu
Arrast-Larrebieu
Espès-Undurein
Chéraute
Viodos-Abense-de-Bas
Berrogain-Laruns
Ordiarp
Gotein-Libarrenx
Idaux-Mendy
Sauguis-St-Étienne
Trois-Villes
Tardets-Sorholus
Alos-Sibas-Abense
Aussurucq
Musculdy
Garindein
Pagolle
Ainharp
Charritte-de-Bas
Lichos
Charre
Nabas
Rivehaute
Gestas
Araujuzon
Araux
Viellenave-de-Navarrenx
Montfort
Taballe-Usquain
Espiute
St-Gladie-Arrive-Munein
Osserain-Rivareyte
Guinarthe-Parenties
Autevielle-St-Martin-Bideren
Athos-Aspis
Burgaronne
Andrein
Barraute-Camu
Laàs
Narp
Ossenx
Orriule
Castagnède
Carresse-Cassaber
Labatut
Habas
Ossages
Tilh
Arsague
Amou
Castaignos-Souslens
Bonnegarde
Sault-de-Navailles
Labeyrie
Lacadée
Sallespisse
Hagetaubin
Balansun
Mesplède
Castillon
Doazon
Urdès
Serres-Ste-Marie
Castéide-Cami
Labastide-Monréjeau
Bougart
Denguin
Siros
Tarsacq
Abos
Lahourcade
Parbayse
Cuqueron
Artiguelouve
Lacommande
Aubertin
Laroin-Fray
Saucède
Vielleségure
Ogenne-Camptort
Lagor
Bois de Josbaig
Forêt de Bugangue
Col de Sustary
Pic Mail-Arrouy
Ste-Engrâce
Montory
Lichans-Sunhar
Laguinge-Restoue
Gave d'Oloron
Gave de Pau
Gave d'Ossau
Gave d'Aspe
A 64
E 80
D 817
D 947
D 933
D 936
D 9
D 24

314
331

0 2 4 6 8 10 km
313
294
332
PAU
Serres-Castet
Lescar
Lons
Billère
Jurançon
Gelos
Bizanos
Idron
Lée
Ousse
Artiguelouve
Laroin
Siros
Poey-de-Lescar
Denguin
Aussevielle
Arbus
Tarsacq
Beyrie-en-Béarn
Bougarber
Uzein
Caubios-Loos
Sauvagnon
Navailles-Angos
Montardon
Buros
Maucor
Morlaàs
Serres-Morlaàs
Ouillon
Espéchède
Andoins
Sendets
Artigueloutan
Nousty
Soumoulou
Gomer
Espoey
Lucgarier
Hours
Livron
Barzun
Lagos
Bordères
Bénéjacq
Labatmale
Pontacq
Coarraze
Nay
Igon
Asson
Lestelle-Bétharram
Montaut
St-Pé-de-Bigorre
Peyrouse
LOURDES
Loubajac
Bartrès
Barlest
St-Vincent
Mazères-Lezons
Uzos
Rontignon
Narcastet
Assat
Meillon
Angaïs
Bordes
Baliros
Boeil-Bezing
Pardies-Piétat
St-Abit
Baudreix
Mirepeix
Bourdettes
Arros-de-Nay
Haut-de-Bosdarros
Bosdarros
Gan
Rébénacq
Sévignacq-Meyracq
Arudy
Izeste
Ste-Colome
Buzy
Buziet
Herrère
Lasseubetat
Belair
Lasseube
Aubertin
St-Faust
Laroin
Cuqueron
Lacommande
Monein
Thèze
Auriac
Astis
Argelos
Doumy
Viven
Auga
Lème
Sévignacq
Lasclaveries
Barinque
St-Armou
Anos
St-Castin
Bernadets
Higuères-Souye
Riupeyrous
Escoubès
Monassut-Audiracq
Lussagnet-Lusson
Gerderest
Abère
St-Laurent-Bretagne
St-Jammes
Gabaston
Lespourcy
Sedzère
Urost
Lombia
Sedze-Maubecq
Séron
Saubole
Eslourenties-Daban
Lourenties
Limendous
Gardères
Luquet
Aast
Anoye
Baleix
Villenave-près-Béarn
Bédeille
Escaunets
Lembeye
Simacourbe
Samsons-Lion
Peyrelongue-Abos
Lucarré
Maspie-Lalonquère-Juillacq
Lalongue
Gayon
Lespielle
Escurès
Corbère-Abères
Sémeacq-Blachon
Castillon
Arricau-Bordes
Crouseilles
Monpezat
Lasserre
Aurions-Idernes
Cadillon
Conchez-de-Béarn
Mont-Disse
Aydie
Aubous
Diusse
Castetpugon
Portet
Moncla
Garlin
Boueilh-Boueilho-Lasque
Baliracq-Maumusson
Mascaraàs-Haron
Tadousse-Ussau
St-Jean-Poudge
Burosse-Mendousse
Vialer
Taron-Sadirac-Viellenave
Ribarrouy
Claracq
Lalonquette
Miossens-Lanusse
Carrère
Mouhous
Lannecaube
Cosledaà-Lube-Boast
Arzacq-Arraziguet
Coublucq
Pouliacq
Garlède-Mondebat
Méracq
Vignes
Mialos
Seby
Fichous-Riumayou
Louvigny
Garos
Bouillon
Larreule
Mazerolles
Uzan
Pomps
Morlanne
Piets-Plasence-Moustrou
Cabidos
Montagut
Malaussanne
Arget
Philondenx
Poursiugues-Boucou
Mialos
Aubin
Bournos
Momas
Cescau
Viellenave-d'Arthez
Labastide-Monréjeau
Labastide-Cézéracq
Bésingrand
Abos
Parbayse
Lacq
Lucq
Escout
Escou
Ogeu-les-Bains
Lys
Bruges-Capbis-Mifaget
Pont-de-Bigorre
Pyrénées
Aéroport Pau-Pyrénées
Forêt Bastard
Plateau de Ger
Miramont-Sensacq
Sarron
Ste-Anne
Projan
Vergus
Viella
Candelle
Lacajunte
Puyol-Cazalet
Pécheviri
Boucoue
Lauret

295
316
333
E
F
G
H
1
2
3
4
Plaisance
Marciac
Mirande
Maubourguet
Vic-en-Bigorre
Rabastens-de-Bigorre
Miélan
Trie-sur-Baïse
Tarbes
Aureilhan
Séméac
Soues
Barbazan-Debat
Tournay
Lannemezan
Capvern-les-Bains
Bassoues
Montesquiou
L'Isle-de-Noé
Puntous de Laguian
Castelnau-d'Anglès
Juillac
Courties
Tourdun
Armentieux
Estipouy
Mouchès
Miramont
Idrac-Respaillès
St-Médard
Berdoues
Belloc-St-Clamens
St-Élix-Theux
Ste-Dode
St-Michel
Bazugues
Laas
Tillac
Monpardiac
Troncens
Blousson-Sérian
Villecomtal-sur-Arros
Estampes
Castex
Montégut-Arros
Fréchède
Sénac
Mingot
Lacassagne
Mansan
Lescurry
Louit
Soréac
Marseillan
Chelle-Debat
Castelvieilh
Cabanac
Pouyastruc
Aubarède
Sère-Rustaing
Peyriguère
Coussan
Gonez
Oroix
Hourc
Sarrouilles
Souyeaux
Lizos
Orleix
Boulin
Bours
Chis
Dours
Oléac-Debat
Sabalos
Collongues
Laslades
Sinzos
Lespouey
Calavanté
Lhez
Peyraube
Bordes
Ozon
Lanespède
Burg
Bonrepos
Castelbajac
Galan
Tournous-Devant
Campuzan
Puydarrieux
Sadournin
Guizerix
Puntous
Barthe
Fontrailles
Lapeyre
Osmets
Luby-Betmont
Mun
Vidou
Lalanne-Trie
Sentous
Libaros
Villembits
Bonnefont
Montastruc
Bernadets-Dessus
Tournous-Darré
Lustar
Bugard
Sabarros
Recurt
Monlong
Clarens
Réjaumont
Uglas
Lutilhous
Lagrange
Bégole
Houeydets
Caharet
Ricaud
Hourquet
Péré
Chelle-Spou
Poumarous
Sinzos
Oléac-Dessus
Ouilloux
Hitte
Luc
Mascaras
Fréchou-Fréchet
Montignac
Allier
Bernac-Debat
Bernac-Dessus
Salles-Adour
Momères
Horgues
Odos
Laloubère
Juillan
Louey
Hibarette
St-Martin
Barry
Bénac
Lanne
Averan
Visker
Vielle-Adour
Arcizac-Adour
Montgaillard
Orincles
Loucrup
Layrisse
Julos
Paréac
Ordizan
Antist
Cieutat
Orignac
Bordères-sur-l'Échez
Ibos
Bazet
Oursbelille
Lagarde
Gayan
Andrest
Siarrouy
Sarniguet
Aurensan
Tostat
Marsac
Villenave-près-Marsac
Ugnouas
Escondeaux
Bazillac
Pujo
Camalès
Talazac
Montaner
St-Lézer
Caixon
Artagnan
Ségalas
Sarriac-Bigorre
Nouilhan
Gensac
Labatut
Monségur
Larreule
Lafitole
Monfaucon
Ansost
Liac
Barbachen
Haget
Betplan
Malabat
Beccas
Buzon
Cazaux-Villecomtal
Semboués
St-Justin
Ricault
Auriébat
Sauveterre
Estirac
Caussade-Rivière
Labatut-Rivière
Soublecause
Hères
Tieste-Uragnoux
Ladevèze-Rivière
Ladevèze-Ville
Ju-Belloc
St-Aunix-Lengros
Préchac-sur-Adour
Laveraët
St-Christaud
Pallanne
Monlezun
Marseillan
Monclar-sur-Losse
Pouylebon
Scieurac-et-Flourès
Mascaras
Armous-et-Cau
Courties
Sombrun
Villefranque
Lahitte-Toupière
Mirande

0
2
4
6
8
10 km
296
315
334
A
B
C
D
1
2
3
4
5
Gimont
Pessan
Lussan
L'Isle-Arné
Auterive
St-Jean-le-Comtal
Lasseube-Propre
Castelnau-Barbarens
Boucagnères
St-Caprais
Bédéchan
Aurimont
Montiron
St-André
Lahas
Béziéril
Noilhan
Tirent-Pontéjac
Haulies
Mirande
Miramont-d'Astarac
Labéjan
Durban
Orbessan
Traversères
Lartigue
Saramon
Polastron
St-Martin-Gimois
St-Soulan
Samatan
Idrac-Respailles
Ornézan
Sansan
Loubersan
Seissan
Monferran-Plavès
Faget-Abbatial
Lamaguère
Sémézies-Cachan
Mongausy
St-Élix-d'Astarac
Montamat
Gaujac
Lombez
St-Médard
Berdoues
Clermont-Pouyguillès
Labarthe
Tachoires
Pellefigue
Pouy-Loubrin
Lourties-Monbrun
Moncorneil-Grazan
Betcave-Aguin
Simorre
Sauveterre
Puylausic
Belloc-St-Clamens
Moncassin
Masseube
St-Arroman
Bellegarde
Meilhan
Villefranche
Tournan
Sabaillan
Espaon
Montadet
St-Élix-Theux
Esclassan-Labastide
Gaujac
Cadeillan
Boissède
Garravet
Lagarde-Hachan
Sère
Molas
Mirambeau
Frontignan-Savès
Montaut
Viozan
Samaran
Aujan-Mournède
Panassac
Bézues-Bajon
Monbardon
Monties
Martisserre
L'Isle-en-Dodon
Mauvezin
Ste-Aurence-Cazaux
Ponsan-Soubiran
Monlaur-Bernet
Arrouède
Aussos
Sarcos
Puymaurin
Agassac
Ambax
Cuélas
Chélan
Cabas-Loumassès
St-Blancard
Nénigan
Anan
Castelgaillard
Manent-Montané
Lalanne-Arqué
Lunax
St-Ferréol-de-Comminges
Montesquieu-Guittaut
Coueilles
Riolas
Guizerix
Peyret-St-André
Sariac-Magnoac
Mont-d'Astarac
Castéras (Castérets)
Thermes-Magnoac
Péguilhan
St-Frajou
St-Laurent
Fabas
Puntous
Larroque
Castelnau-Magnoac
Betbèze
Mondilhan
Montbernard
Salerm
Forêt de Fabas
Hachan
Barthe
Aries-Espénan
Lalanne
Boulogne-sur-Gesse
St-Pé-Delbosc
Escanecrabe
Castéra-Vignoles
Lilhac
St-André
Eoux
Peyrissas
Betpouy
Organ
Cizos
Devèze
Pouy
Blajan
Ciadoux
Esparron
Benque
Vieuzos
Caubous
Villemur
Gensac-de-Boulogne
St-Loup-en-Comminges
Montgaillard-sur-Save
Forêt de Mauboussin
Boussan
Sabarros
Monléon-Magnoac
Lespugue
Saman
Cassagnabère-Tournas
Montoulieu-St-Bernard
Alan
Gaussan
Bazordan
Nizan-Gesse
Montmaurin
Charlas
St-Lary-Boujean
Aurignac
Lassales
Sarrecave
Sarremezan
Recurt
Monlong
N.-D. de Garaison
Villa gallo-romaine
Cardeilhac
Peyrouzet
St-Élix-Séglan
Balesta
Larroque
Boudrac
Cazaril-Tambourès
St-Marcet
Aulon
Cazeneuve-Montaut
Bouzin
Le Fréchet
Lalouret-Laffiteau
Larcan
St-Plancard
Lodes
Réjaumont
Lécussan
Villeneuve-Lécussan
Sédeilhac
Loudet
St-Ignan
Saux-et-Pomarède
Lieoux
Latoue
Sepx
Proupiary
Auzas
Mancioux
Uglas
Lannemezan
Anquevielle
Le Cuing
Pomarède
La Serre-de-Villeneuve
Landorthe
St-Gaudens
Savarthès
Castillon-de-St-Martory
Arnaud-Guilhem
Lestelle-de-St-Martory
St-Martory
Ponlat-Taillebourg
Villeneuve-de-Rivière
Estancarbon
St-Médard
Escoulis
Le Bout-du-Tépé

297
335
318
L'Isle-Jourdain
Colomiers
Léguevin
Tournefeuille
Plaisance-du-Touch
La Salvetat-St-Gilles
Cugnaux
Villeneuve-Tolosane
Portet-s-Garonne
Ramonville-St-Agne
Pinsaguel
Roques
Roquettes
Pins-Justaret
Frouzins
Seysses
Muret
Saubens
Villate
Eaunes
Labarthe-sur-Lèze
Vernet
Lagardelle-sur-Lèze
Miremont
Auribail
Lagrâce-Dieu
Beaumont-sur-Lèze
Mauzac
Noé
Capens
Longages
Carbonne
Marquefave
Montgazin
Lacaugne
Lézat-sur-Lèze
St-Sulpice-sur-Lèze
St-Ybars
Rieux-Volvestre
Montesquieu-Volvestre
Salles-s-Garonne
Cazères
Martres-Tolosane
Palaminy
Mondavezan
Lavelanet-de-Comminges
Peyssies
Lafitte-Vigordane
Berat
Lherm
St-Hilaire
Labastidette
Lamasquère
St-Clar-de-Rivière
Poucharramet
Rieumes
Sabonnères
Bragayrac
St-Lys
Fonsorbes
Fontenilles
Saiguède
Empeaux
St-Thomas
Pompiac
Savignac-Mona
Monblanc
Montgras
Forgues
Lahage
Plagnole
Monès
Le Pin-Murelet
Montpézat
Sajas
Lautignac
Savères
Labastide-Clermont
Pouy-de-Touges
Gratens
Marignac-Lasclares
Le Fousseret
Montoussin
Sénarens
St-Araille
Frégouville
Monferran-Savès
Endoufielle
Aurade
Caumont
Ste-Croix-Volvestre
Cassagne
Cérizols
Daumazan-sur-Arize
Carla-Bayle
Artigat
Le Fossat
Durfort
Villeneuve-du-Latou
Massabrac
Ste-Suzanne
Latour
Castagnac
Bax
Canens
Lapeyrère
Fornex
Gouzens
Thouars-sur-Arize
La Bastide-de-Besplas
Méras
Sieuras
Castex
Montbrun-Bocage
Campagne-sur-Arize
Latrape
Mailholas
Goutevernisse
Gensac-s-Garonne
St-Christaud
Mauran
Montclar-de-Comminges
Plagne
Montberaud
Le Plan
Roquefort-s-Garonne
Ausseing
Belbèze-en-Comminges
Grazac
Puydaniel
Mauressac
Esperce
Gaillac-Toulza
Caujac
Cintegabelle
Auterive
Vigoulet-Auzil
Lacroix-Falgarde
Goyrans
Clermont-le-Fort
Venerque
Auragne
Grépiac
Labruyère-Dorsa
Rebigue
Espanès
E
F
G
H

0 2 4 6 8 10 km
298
317
336
A
B
C
D
1
2
3
4
5
TOULOUSE
Balma
Mondouzil
Bébian
St-Pierre
St-Jean-des-Pierres
Montcabrier
Bannières
Viviers-lès-Lavaur
Pratviel
Roquevidal
Mons
Flourens
Dremil-Lafage
Vallesvilles
Saussens
Bourg-St-Bernard
Francarville
Villeneuve-lès-Lavaur
Maurens-Scopont
Vendine
Quatre Coins
Cambon-lès-Lavaur
Algans
Cuq-Toulza
Lacroisille
Quint-Fonsegrives
Aigrefeuille
St-Pierre-de-Lages
Lanta
Prunet
Loubens-Lauragais
Le Faget
Ramonville-St-Agne
St-Orens-de-Gameville
Lauzerville
Ste-Foy-d'Aigrefeuille
Auzielle
Aurin
Mascarville
Albiac
La Salvetat-Lauragais
Auriac-sur-Vendinelle
Mouzens
Puéchoursi
Portet-Garonne
Pechbusque
Castanet-Tolosan
Labège
Escalquens
Belberaud
Odars
Préserville
Fourquevaux
Ste Apollonie
Caraman
Maureville
Le Cabanial
Vigoulet-Auzil
Lacroix-Falgarde
Mervilla
Pechabou
Pompertuzat
Tarabel
Caragoudes
Cambiac
Nogaret
Goyrans
Rebigue
Montlaur
Ségreville
St-Julia
Labastide-Beauvoir
Mourvilles-Basses
Toutens
Beauville
Falga
Deyme
Donneville
Corronsac
Clermont-le-Fort
Espanès
Montgiscard
Baziège
Varennes
Maurens
Roumens
Montbrun-Lauragais
Venerque
Pouze
Belbèze-de-Lauragais
Ayguesvives
Villenouvelle
Mauremont
St-Germier
Cessales
Juzes
Vaux
St-Félix-Lauragais
Trébons-sur-la-Grasse
St-Vincent
Bélesta-en-Lauragais
Montgaillard-Lauragais
Lux
Mourvilles-Hautes
Les Cassés
Issus
Noueilles
Montesquieu-Lauragais
St-Rome
Vallègue
Rieumajou
Grépiac
Labruyère-Dorsa
Vieillevigne
Villefranche-de-Lauragais
Folcarde
St-Paulet
Montmaur
St-Léon
Auragne
Gardouch
Renneville
St-Laurent
Soupex
Avignonet-Lauragais
Montferrand
Seuil de Naurouze
Airoux
Nailloux
Seyre
Montclar-Lauragais
Beauteville
Gourvieille
Obélisque de Riquet
Labastide-d'Anjou
Ricaud
Auterive
Mauvaisin
Montgeard
Monestrol
Lagarde
Caignac
St-Michel-de-Lanès
Baraigne
Molleville
Mas-Stes-Puelles
Puydaniel
Mauressac
Cintegabelle
Aignes
Marquein
Belflou
Cumiès
Grazac
Caujac
Calmont
Gibel
Salles-sur-l'Hers
Villeneuve-la-Comptal
Lissac
St-Quirc
Fajac-la-Relenque
La Louvière-Lauragais
Ste-Camelle
Montauriol
Payra-sur-l'Hers
Gaillac-Toulza
Labatut
Canté
Mazères
Mézerville
Peyrefitte-sur-l'Hers
Saverdun
Molandier
St-Sernin
Mayreville
Marliac
L'Hospitalet
St-Amans
Brie
Justiniac
Belpech
Pech-Luna
Esplas
Unzent
Le Vernet
Montaut
Gaudiès
Cahuzac
Ribouisse
St-Martin-d'Oydes
Bonnac
Villeneuve-du-Paréage
Plaigne
Villautou
Lafage
Lescousse
St-Amans
Bézac
Trémoulet
Lapenne
Plavilla
Artigat
St-Michel
La Bastide-de-Lordat
St-Félix-de-Tournegat
Camp militaire
Canal du Midi
Canal
Autoroute

299
337
320
Castres
Mazamet
Aussillon
Labruguière
Revel
Sorèze
Castelnaudary
Carcassonne
La Cité
Conques-sur-Orbiel
Villemoustaussou
Trèbes
Bram
Montréal
Fanjeaux
Saissac
Montolieu
Mas-Cabardès
Parc Naturel Régional
Forêt de Montaud
Pic de Montaud
Montagne Noire
Bassin de St-Ferréol
Les Cammazes
Durfort
Dourgne
Soual
Puylaurens
Sémalens
Lautrec
Pennautier
Alzonne
Ste-Eulalie
Villesèquelande
Caux-et-Sauzens
Lastours
Salsigne
Villardonnel
Aragon
Cuxac-Cabardès
Laprade
Arfons
Lacombe
Fontiers-Cabardès
Brousses-et-Villaret
Villepinte
Pexiora
Villasavary
Prouille
Villeneuve-lès-Montréal
Arzens
Alairac
Cazilhac
Palaja
Berriac
Villedubert
Bouilhonnac
Trassanel
Villeneuve-Minervois
Villegly
Montirat
Preixan
Rouffiac
Cavanac
Couffoulens
Leuc
Roquefère
Labastide-Esparbairenque
Fournes-Cabardès
Pradelles-Cabardès
Les Martys
Miraval-C.
Caudebronde
Fraisse-Cabardès
Moussoulens
Raissac
Pezens
Ventenac-Cabardès
Villegailhenc
Fontiès-d'Aude
Lasbordes
St-Martin-Lalande
St-Papoul
Issel
Verdun-en-Lauragais
Labécède-Lauragais
Les Brunels
Vaudreuille
St-Félix-Lauragais
Lempaut
Blan
Soual
Viviers-lès-Montagnes
St-Affrique-les-Montagnes
Verdalle
Escoussens
Massaguel
Lagardiolle
Belleserre
Cahuzac
St-Amancet
Noailhac
Valdurenque
Boissezon
Caucalières
Payrin-Augmontel
Pont-de-Larn
Bout-du-Pont-de-Larn
Hautpoul
Lacabarède
Terrain militaire
Champ de Tir

0 2 4 6 8 10 km
300
319
338
HAUT-LANGUEDOC
MONTS DE L'ESPINOUSE
HAUT LANGUEDOC
MONTAGNE NOIRE
La Salvetat-sur-Agout
St-Pons-de-Thomières
Labastide-Rouairoux
St-Amans-Soult
Bout-du-Pont-de-Larn
Mazamet
Riols
St-Chinian
Minerve
Rieussec
Ferrals-les-Montagnes
Félines-Minervois
Cesseras
Azillanet
Aigues-Vives
Olonzac
Homps
Peyriac-Minervois
Rieux-Minervois
Caunes-Minervois
Villeneuve-Minervois
Trèbes
Marseillette
Capendu
Puichéric
Lézignan-Corbières
Conilhac-Corbières
Fabrezan
Ferrals-les-Corbières
Ginestas
Argeliers
Mirepeisset
Villedaigne
Cruscades
Ornaisons
Bizanet
Lespinassière
Citou
Cabrespine
Castans
Pic de Nore
Mas-Cabardès
Salsigne
Villegly
Bagnoles
Villalier
Douzens
Moux
Fontiès-d'Aude
Montirat
Monze
Pradelles-en-Val
Mont-Alaric
Azille
Pépieux
Siran
Beaufort
Oupia
Pouzols-Minervois
Bize-Minervois
Agel
Assignan
Villespassans
Pierrerue
Cébazan
St-Jean-de-Minervois
La Livinière
Cazelles
Argens-Minervois
Roubia
Canet
Raissac-d'Aude
Paraza
Escales
Montbrun-des-Corbières
Homps
Tourouzelle
Castelnau-d'Aude
Roquecourbe-Minervois
Blomac
St-Couat-d'Aude
Barbaira
Floure
Badens
Rustiques
Aigues-Vives
Laure-Minervois
Villarzel-Cabardès
Bouilhonnac
St-Frichoux
Villedubert
Berriac
Canal du Midi
Étang asséché de Marseillette
AUTOROUTE DES DEUX MERS

Bédarieux
Lamalou-les-Bains
Hérépian
Mons
Colombières-sur-Orb
Le Poujol-sur-Orb
Les Aires
Faugères
Roquessels
Caussiniojouls
Cabrerolles
Laurens
Pézènes-les-Mines
Fos
Vailhan
Neffiès
Roujan
Caux
Gabian
Fouzilhon
Pouzolles
Magalas
Margon
Alignan-du-Vent
Puissalicon
Abeilhan
Coulobres
Espondeilhan
Servian
Valros
Tourbes
Pézenas
Montblanc
Bessan
Vias
Lieuran-lès-Béziers
Bassan
Boujan-sur-Libron
Autignac
St-Nazaire-de-Ladarez
Roquebrun
Causses-et-Veyran
Murviel-lès-Béziers
St-Geniès-de-Fontedit
Pailhès
Puimisson
Thézan-lès-Béziers
Corneilhan
Lignan-sur-Orb
Cazouls-lès-Béziers
Maraussan
Maureilhan
BÉZIERS
Villeneuve-lès-Béziers
Sauvian
Sérignan
Valras-Plage
Portiragnes
Cers
Cessenon-sur-Orb
Prades-sur-Vernazobre
Pierrerue
Cazedarnes
Cébazan
Creissan
Puisserguier
Quarante
Cruzy
Capestang
Montady
Colombiers
Nissan-lez-Enserune
Oppidum d'Ensérune
Poilhes
Montels
Lespignan
Vendres
Salles-d'Aude
Coursan
Fleury
Cuxac-d'Aude
Ouveillan
Sallèles-d'Aude
NARBONNE
Vinassan
Armissan
St-Pierre-la-Mer
Narbonne-Plage
Gruissan
Étang de Vendres
Écluses de Fonsérannes
BÉZIERS CAP D'AGDE
NATUREL
Mont Caroux
Pic de la Coquillade
Montagne de la Clape
Orb
Canal du Midi
Golfe du Lion

0 2 4 6 8 10 km
Bédarieux
Clermont-l'Hérault
Cirque de Mourèze
Lac du Salagou
Gignac
Aniane
Montpeyroux
St-André-de-Sangonis
Pézenas
Montagnac
Roujan
Servian
BÉZIERS
Écluses de Fonséranes
Sérignan
Valras-Plage
Portiragnes
Vias
Agde
Le Cap-d'Agde
Marseillan
Marseillan-Plage
Mèze
Loupian
Florensac
Bessan
St-Thibéry
Montblanc
Abbaye de Valmagne
Villeveyrac
Puissalicon
Magalas
Murviel-lès-Béziers
Thézan-lès-Béziers
Lignan-sur-Orb
Béziers-Cap d'Agde
Étang de Bagnas
BASSIN DE THAU
Grotte de Clamouse
Canal du Midi
A 75
A 9
E 11
E 15 - E 80
Lézignan-la-Cèbe
Paulhan
Aspiran
Nizas
Caux
Alignan-du-Vent
Tourbes
Valros
Nézignan-l'Évêque
Pomérols
Pinet
Castelnau-de-Guers
Cazouls-d'Hérault
Usclas-d'Hérault
Campagnan
St-Pargoire
Plaissan
Le Pouget
Vendémian
Tressan
Bélarga
Canet
Brignac
Ceyras
Nébian
Villeneuvette
Mourèze
Salasc
Octon
Péret
Cabrières
Fontès
Adissan
Neffiès
Vailhan
Gabian
Fos
Faugères
Laurens
Autignac
Cassan
Margon
Pouzolles
Coulobres
Espondeilhan
Abeilhan
Puimisson
Corneilhan
Bassan
Boujan-sur-Libron
Lieuran-lès-Béziers
Villeneuve-lès-Béziers
Cers
Sauvian
Vendres
Colombiers
Maureilhan
Nissan-lez-Enserune
Lespignan
Fleury
Portiragnes-Plage
Sérignan-Plage
Rochelongue
Fort Brescou
Rocher de la Lauze
Le Grau-d'Agde
La Tamarissière
Marseillan
Villa Loupian
Bouzigues
A B C D
302
321

E
F
G
H
1
2
3
4
5
303
324
MONTPELLIER
Lunel
Aimargues
Castries
Vendargues
Baillargues
St-Brès
Valergues
Lunel-Viel
Lansargues
Mudaison
St-Just
Marsillargues
St-Nazaire-de-Pézan
Candillargues
Mauguio
Le Crès
Castelnau-le-Lez
Clapiers
Jacou
Montferrier-sur-Lez
Prades-le-Lez
Assas
Teyran
St-Vincent-de-Barbeyrargues
Sussargues
St-Geniès-des-Mourgues
St-Gély
Murles
Combaillaux
Vailhauquès
Montarnaud
Grabels
Juvignac
St-Paul-et-Valmalle
St-Georges-d'Orques
Murviel-lès-Montpellier
Pignan
Lavérune
St-Jean-de-Védas
Saussan
Fabrègues
Lattes
Pérols
Carnon-Plage
La Grande-Motte
Le Grau-du-Roi
Seaquarium
Port-Camargue
Pointe de l'Espiguette
L'Espiguette
Palavas-les-Flots
Villeneuve-lès-Maguelone
Maguelone
Mireval
Vic-la-Gardiole
Gigean
Montbazin
Frontignan
Frontignan-Plage
Sète
La Corniche
Les Aresquiers
Le Mas Vieux
Mas des Dunes
MONTPELLIER-MÉDITERRANÉE
PARC DES EXPOSITIONS
Étang de Mauguio ou de l'Or
Étang de Pérols
Étang de Vic
Étang d'Ingril
Étang des Moures
Golfe d'Aigues-Mortes
GOLFE DU
Montagne de la Gardiole
Roc d'Anduze
Ancne Abbe de St-Félix de Montceau
Canal du Rhône à Sète

0 2 4 6 8 10 km
304
323
Vauvert
Lunel
Aimargues
Le Cailar
Marsillargues
St-Just
St-Laurent-d'Aigouze
Gallician
Franquevaux
Étang de Scamandre
Étang du Charnier
Étang de Grey
St-Gilles
Fourques
Arles
Mas de Julian
Saliers
Gimeaux
Stanislas
Figarès
Écluse de St-Gilles
Musée de la Camargue
Albaron
Signoret
Mas du Pt de Rousty
Ste Cécile
Montredon
Gageron
Le Grd Antonelle
Villeneuve
Mas d'Agon
Mas du Cabassolle
Grd Romieu
Méjanes
Le Paty-de-la-Trinité
Les Bruns
Les Pradaux
PARC NATUREL RÉGIONAL DE CAMARGUE
PLAINE DE LA
Étang de Vaccarès
La Capelière
Île de Mornes
Les Frignants
Marais de la Sigoulette
Le Ménage
Avignon
Mas de Capette
Tour Carbonnière
Aigues-Mortes
Le Perrier
Mas du Bosquet
Caves de Listel
Salins du Midi
Étang du Roi
Étg du Repausset
Ste-Anne
La Malgue
Mas des Sablons
Mas Ste-Cécile
Montcalm
La Souteyranne
Quatret
Sylvéréal
Petit Rhône
Mas Sénébier
Astouin
Mas de Pioch
Pioch-Badet
Cabanes de Cambon
Mas du Juge
Pin-Fourcat
Mas Badet
Mas d'Icard
Le Pt Sauvage
Pont-de-Gau
Parc ornithologique
Maguelonne
Le Ferradou
Le Grd-Radeau
Étang de l'Impérial
Étang de Malagroy
Étang de Monro
Bois des Rièges
Mas de Cacharel
Étg du Lion
Phare de la Gacholle
Étg du Fournelet
Fiélouse
Petite Camargue
Étang des Salants
Étg de Malégal
Étang de l'Arameau
Étg de Rollan
Plaine de St-Jean
L'Espiguette
Étang d'Icard
Étg des Launes
Musée
Stes-Maries-de-la-Mer
Port Gardian
Grau d'Orgon
Digue à la Mer
Étg du Tampan
Étang de Galabert
Golfe de Beauduc
Beauduc
Pointe du Sablon
Étg de Beauduc
L I O N
A B C D
1 2 3 4 5

Montmajour
Meunerie romaine
Tours de Castillon
Mouriès
Craponne
Les Paluds
Grd Brahis
La Jasse
Bois-Vert
La Calanque
La Fourbine
Aurons
Salon-de-Provence
Pélissanne
La Barben
Raphèle-lès-Arles
Moulès
St-Martin-de-Crau
St-Hippolyte
Tourniaire
Caphan
Vilpail
La Samatane
La Lieutenante
Poscros
Le Luquier
Le Merle (École d'Agric.re)
Centre de détention
Lançon-Provence
Marais de Meyranne
PLAINE
DE
LA
CRAU
La Dynamite
Pt Rouvian
Les Poulagères
Le Vallon
Suffren
Étang d'Entressen
Entressen
Camp militaire
Beauchamps
Grans
Miramas
La Ste-Croix
Belval
Le Pont-de-Rhaud
Contoux
Mas de l'Hoste
Mas de Lanau
Mas de Fray
Mas des Aulnes
Parc militaire de Baussenq
Le Grd Mas
Le Mas-Chauvet
Le Verry
CENTRE D'ESSAIS
Miramas-le-Vx
Cornillon-Confoux
Champ de Tir
La Fare-les-Oliviers
Mas de Perres
Étang des Aulnes
Bellan
Vergières
L'Armellière
Mas Giraud
Pt St-Jean
Capeau
Marais de Capeau
Mas-Thibert
Mas d'Icart
Canal d'Istres
Sulauze
St-Chamas
St-Léger
Pont-Flavien
Calissanne
Les Guigues
Les Baisses
Pont de la Fare
La Bayanne
ISTRES-LE-TUBÉ
Étg de l'Olivier
Oppidum du Castellan
Port de Beau Rivage
La Bosque
Le Sambuc
Marais du Vigueirat
Istres
Boucasson
Mauran
St-Estève
La Forêt
Le Retour-des-Aires
Port des Heures Claires
La Suzanne
Bouquet
Tour du Valat
Grd Boisviel
Le Pâtis
Étang du Landre
Rassuen
Les Quatre-Vents
ÉTANG
Mas de Peint
Musée
Tour de Parade
La Porcelette
La Pte Porcelette
Le Radeau
Marais du Retour
La Fossette
Le Ventillon
Ranquet
N.-D. de Caderot
Berre
Peaudure
Boisverdun
Rebatun
Feuillane
Les Bannes
Lavalduc
Étg de Lavalduc
Étg de Citis
Massane
DE
Port du Passet
Chatrouse
Le Relais
Les Carabins
Oppidum St-Blaise
Varage
St-Mitre-les-Remparts
Port de la Pointe
La Pointe
La Louisiane
Plan du Bourg
Salin du Relai
Valin
Étg de l'Estomac
Étg du Pourra
Étg d'Engrenier
BERRE
Pt Badon
Gd Badon
Le Vedeau
Salin du Caban
Fos-s-Mer
Chamone
Le Grd Ponche
La Bélugue
L'Eyssette
Étg de l'Oiseau
Terminal minéralier
Pointe de St-Gervais
Terminal méthanier
Plage-de-Fos
N.-D. des Marins
Martigues
Étg de Bolmon
Bac de Barcarin
Salin-de-Giraud
Faraman
Terminal pétrolier
Port de Fos
Terminal à Conteneurs
Port-de-Bouc
Croix-Ste
Cal de Caronte
La Mède
Les Tourels
Port-St-Louis-du-Rhône
Phare de St-Louis
La Lèque
Lavéra
Châteauneuf-les-Martigues
La Bastide-Blanche
Port pétrolier de Lavéra
Les Ventrons
Von de Valtrède
Bois de Châteauneuf
Chaîne de
Étang de Faraman
Salin de Giraud
La Palissade
GRAND RHÔNE
GOLFE
DE
FOS
Ponteau
Cal. des Renaires
St-Pierre
St-Julien-les-Martigues
Agut
Les Rouges
La Folie
Bois de Carry
Val-de-Ricard
Plage des Laurons
Pointe de Bonnieu
Les Ragues d'Arnette
La Couronne
Carro
Ste-Croix
Sausset-les-Pins
Carry-le-Rouet
Les Tamaris
Le Rouet-Plage
Cap Couronne
Ile Aragnon
Côte
They de la Gracieuse
They de Roustan
Étg de Grde Palun
Piémanson
Plage
Faraman
E
F
G
H
305
326
1
2
3
4
5

Istres
Port des Heures Claires
Rognac
Berre-l'Étang
Vitrolles
Aqueduc de Roquefavour
Aix-en-Provence T.G.V.
Cabriès
Les Pennes-Mirabeau
Marignane
MARSEILLE-PROVENCE
St-Victoret
Gignac-la-Nerthe
Le Rove
Fos-s-Mer
Port-de-Bouc
Port de Fos
Oppidum St-Blaise
St-Mitre-les-Remparts
Martigues
N.-D. des Marins
DE BERRE
Étang de Vaïne
La Mède
Châteauneuf-les-Martigues
Chaîne de l'Estaque
Ensuès-la-Redonne
Nïolon
L'Estaque
St-Antoine
Sausset-les-Pins
Carry-le-Rouet
Cap Couronne
Carro
GOLFE DE FOS
Rade de Marseille
MARSEILLE
Île Ratonneau
Île Pomègues
Îles du Frioul
Chau d'If
Cap Croisette
Île Tiboulen
Île Maire
Île de Planier
Île de Jarre
Phare de St-Louis
0 2 4 6 8 10 km
305
A B C D
1 2 3 4 5

306
328
E
F
G
H
St-Maximin-la-Ste-Baume
Gardanne
Bouc-Bel-Air
Simiane-Collongue
Mimet
Fuveau
Trets
Peynier
Belcodène
Gréasque
Cadolive
Peypin
St-Savournin
La Bouilladisse
Auriol
La Destrousse
Roquevaire
St-Zacharie
Nans-les-Pins
Rougiers
Plan-de-Cuques
Allauch
Aubagne
Plan-d'Aups-Ste-Baume
Gémenos
Cuges-les-Pins
St-Pilon
Massif de la Sainte Baume
Montagne de Regagnas
Oratoire St-Jean-du-Puy
Parc Naturel Régional
La Penne-sur-Huveaune
Carnoux-en-Provence
Roquefort-la-Bédoule
Cassis
Ceyreste
La Ciotat
Cap Canaille
Les Calanques
Parc National des Calanques
Les Lecques
St-Cyr-sur-Mer
La Cadière-d'Azur
Le Castellet
Le Beausset
Bandol
Île de Bendor
Sanary-sur-Mer
Six-Fours-les-Plages
Ollioules
Évenos
Signes
Riboux
Le Gros Cerveau
Îles des Embiez
N.-D. du Mai
Cap Sicié
Bec Sormiou
Île Verte
Cap de l'Aigle
Sémaphore
Institut Océanographique Paul Ricard
Circuit Paul-Ricard

0 2 4 6 8 10 km
307
327
A
B
C
D
1
2
3
4
5
Brignoles
Tourves
Le Val
La Celle
Camps-la-Source
Vins-sur-Caramy
Carcès
Correns
Montfort-sur-Argens
Abbaye du Thoronet
Le Thoronet
Cabasse
Le Luc
Le Cannet-des-Maures
Flassans-sur-Issole
Besse-sur-Issole
Ste-Anastasie-sur-Issole
Forcalqueiret
Garéoult
Rocbaron
Néoules
La Roquebrussanne
Mazaugues
Montagne de la Loube
Méounes-lès-Montrieux
Signes
Carnoules
Pignans
Gonfaron
N.-D. des Anges
Puget-Ville
Cuers
Pierrefeu-du-Var
Collobrières
Belgentier
Solliès-Toucas
Solliès-Pont
Solliès-Ville
La Farlède
La Crau
Hyères
La Londe-les-Maures
Bormes-les-Mimosas
Le Lavandou
M A S S I F  D E S  M A U R E S
La Valette-du-Var
La Garde
Le Pradet
Carqueiranne
TOULON
La Seyne-s-Mer
Six-Fours-les-Plages
St-Mandrier-sur-Mer
Presqu'île de St-Mandrier
Cap Cépet
Cap Sicié
N.-D. du Mai
Mt Faron
Golfe de Giens
Presqu'île de Giens
Giens
Hyères-Plage
La Capte
Salins des Pesquiers
RADE D'HYÈRES
ÎLES
Île de Porquerolles
Porquerolles
Cap d'Armes
Cap des Mèdes
Le Mourillon
Ste-Marguerite
Costebelle
L'Almanarre
Ayguade-Ceinturon
Les Salins-d'Hyères
Cap de Léoube
Cap de Brégançon
Bois de Garéoult
Barre de Cuers
Forêt des Morières
Plateau de Siou-Blanc
Mont Caume
Grand Cap
LA PROVENÇALE
A 8
E 80
A 57
A 570
D N7
D 97
D 98
D 554

308
E
F
G
H
1
2
3
4
5
Les Arcs
Taradeau
Vidauban
Roquebrune-sur-Argens
Fréjus
Fréjus-Plage
Golfe de Fréjus
Boulouris
Cap du Dramont
Sémaphore
Île d'Or
Corniche
St-Aygulf
Villepey
Pte de la Lauvette
La Gaillarde
Pte de la Calle
Les Calanques
Pte des Issambres
Les Issambres
San-Peïre-s-Mer
Val d'Esquières
La Nartelle
Cap des Sardinaux
Tourelle de la Sèche-à-l'Huile
Ste-Maxime
Golfe de St-Tropez
Beauvallon
ST-TROPEZ
Port-Grimaud
Plage des Graniers
Cap St-Pierre
Pte des Rabiou
Tourelle de la Moutte
Cap de St-Tropez
La Moutte
Plage des Salins
Pte de Capon
Cap du Pinet
Plage de Tahiti
Anse de Pampelonne
Plage de Pampelonne
Pte de la Bonne Terrasse
Phare de Camarat
Cap Camarat
Presqu'île de St-Tropez
Plage de l'Escalet
La Bastide-Blanche
Cap Taillat
Plage de la Briande
Cap Lardier
Pte Andati
Cap Cavalaire
Cavalaire-s-Mer
Baie de Cavalaire
La Croix-Valmer
Col de Collebasse
Gigaro
Ramatuelle
Gassin
Cogolin
Grimaud
La Garde-Freinet
Plan-de-la-Tour
Vidauban
MAURES
Forêt des Arcs
Collobrières
Monastère de la Verne
La Môle
Col du Canadel
Rayol-Canadel-s-Mer
Domaine du Rayol
Cavalière
Aiguebelle
Le Lavandou
Pramousquier
Cap Nègre
Pte de Layet
Corniche des Maures
Plage de la Favière
Port de Bormes-les-Mimosas
Baie de Gau
Pte de l'Esquillette
Cap Bénat
Cap Blanc
HYÈRES
Île de Port-Cros
(Parc National)
Île du Levant
Zone interdite
Pte de Calle-Rousse
Pte du Castellas
Phare du Titan
Pte de l'Areste
Calanque de l'Avis
Héliopolis
Le Grd Avis
Le Grd Cap
Pte Maupertuis
Pte du Vallon
Col des 4 Chemins
Rer de la Gabinière

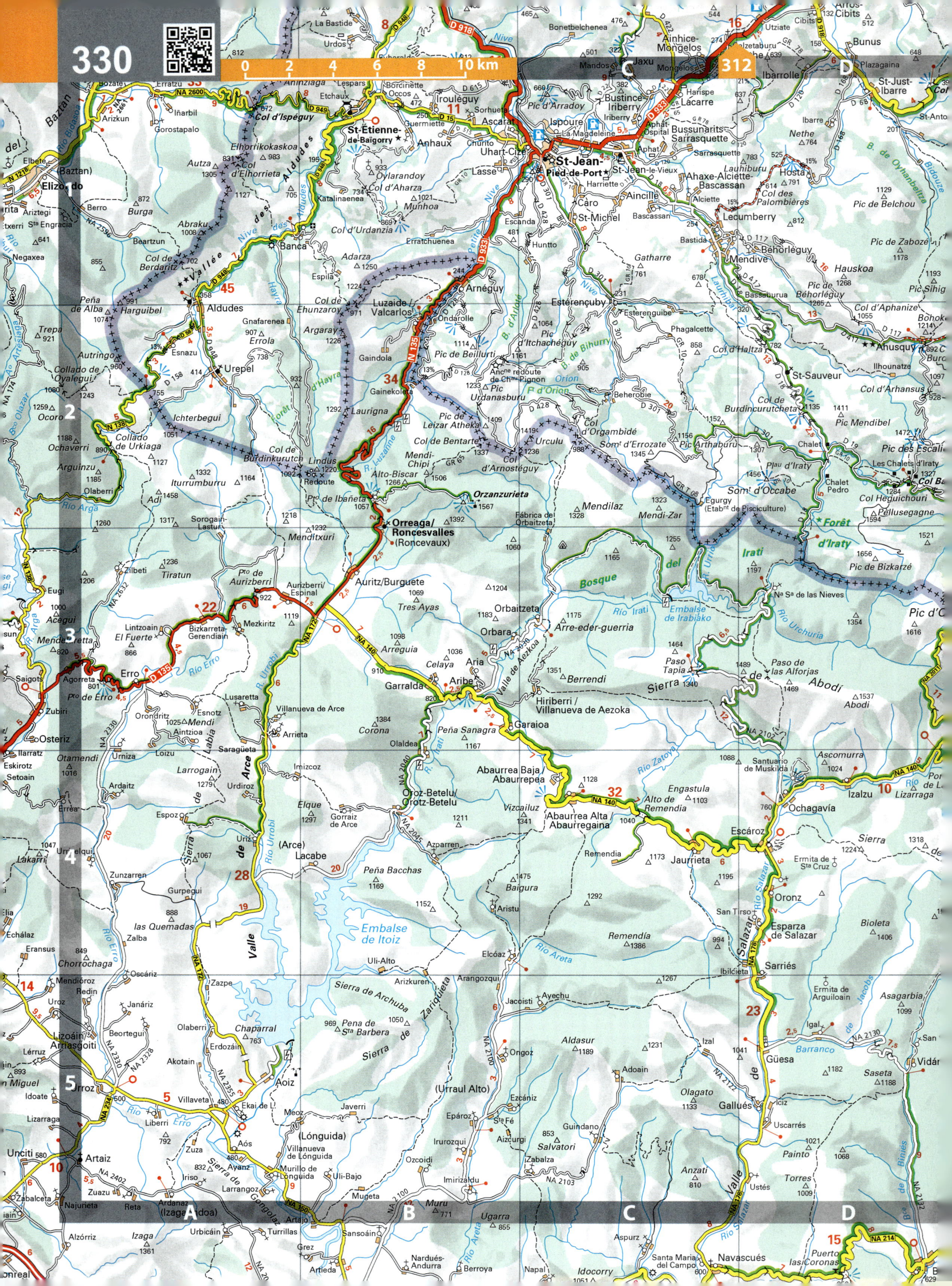
0 2 4 6 8 10 km
312
A
B
C
D
1
2
3
4
5
St-Étienne-de-Baïgorry
St-Jean-Pied-de-Port
St-Jean-le-Vieux
Ispoure
Uhart-Cize
Lasse
Anhaux
Irouléguy
Ascarat
Caro
St-Michel
Aincille
Bascassan
Bussunarits-Sarrasquette
Ahaxe-Alciette-Bascassan
Lecumberry
Mendive
Béhorléguy
Lacarre
Bustince-Iriberry
Jaxu
Mendionde
Aïnhice-Mongelos
Ibarrolle
St-Just-Ibarre
Bunus
Hosta
Col des Palombières
Pic de Belchou
Pic de Zaboze
Hauskoa
Pic de Béhorléguy
Col d'Aphanize
Ahusquy
St-Sauveur
Col d'Arhansus
Pic Mendibel
Pic des Escaliers
Les Chalets d'Iraty
Col Heguichouri
Forêt d'Iraty
Pic de Bizkarzé
Col d'Haltza
Phagalcette
Estérençuby
Pic d'Itchachéguy
Pic de Beillurti
Pic Urdanasburu
Col d'Orgambidé
Col d'Arnostéguy
Urculu
Pic Arthaburu
Som^t d'Occabe
Som^t d'Errozate
Egurgy
Mendi-Zar
Mendilaz
Orzanzurieta
Fábrica de Orbaitzeta
Bosque del Irati
Embalse de Irabiako
Rio Irati
N^a S^a de las Nieves
Arnéguy
Ondarolle
Luzaide/Valcarlos
Gaindola
Gainekoleta
Laurigna
Lindus
Col de Bentarte
Mendi-Chipi
Alto-Biscar
Pto de Ibañeta
Orreaga/Roncesvalles (Roncevaux)
Auritz/Burguete
Tres Ayas
Orbaitzeta
Orbara
Arre-eder-guerria
Arreguia
Celaya
Aria
Aribe
Garralda
Berrendi
Hiriberri / Villanueva de Aezkoa
Garaioa
Valle de Aezkoa
Peña Sanagra
Corona
Abaurrea Baja / Abaurrepea
Abaurrea Alta / Abaurregaina
Vizcaíluz
Paso Tapia
Sierra de Abodi
Paso de las Alforjas
Abodi
Santuario de Muskilda
Ascomurra
Ochagavía
Izalzu
Lizarraga
Escároz
Jaurrieta
Engastula
Alto de Remendia
Remendia
Oronz
Esparza de Salazar
Sarriés
Ibilcieta
San Tirso
Bioleta
Asagarbia
Ermita de Arguiloain
Igal
Güesa
Saseta
Vidángoz
Izal
Gallués
Iciz
Uscarrés
Paintoiz
Torres
Ustés
Navascués
Puerto de las Coronas
Valle de Salazar
Olagato
Anzati
Salvatori
Guindano
Aldasur
Adoain
Ongoz
Jacoisti
Ayechu
Arangozqui
Elcóaz
Aristu
Baigura
Peña Bacchas
Embalse de Itoiz
Uli-Alto
Arizkuren
Sierra de Archuba
Pena de S^ta Barbera
Sierra de Zariquieta
(Urraul Alto)
Ezcániz
Epároz
Aizcurgi
Irurozqui
Ozcoidi
Imirizaldu
Zabalza
Muru
Ugarra
Mugeta
Uli-Bajo
(Lónguida)
Villanueva de Lónguida
Murillo de Lónguida
Aoiz
Ekai de Lónguida
Aós
Ayanz
Sierra de Gongolaz
Artajo
Sansoáin
Grez
Artieda
Nardués-Andurra
Berroya
Napal
Idocorry
Aspurz
Santa María del Campo
Chaparral
Erdozáin
Zazpe
Akotain
Olaberri
Villaveta
Liberri
Zuza
Larrangoz
Iriso
Zuazu
Ardanaz (Izagaondoa)
Izaga
Urbicáin
Turrillas
Reta
Najurieta
Zabalceta
Artaiz
Unciti
Lizarraga
Idoate
Urroz
San Miguel
Lizoáin
Arriasgoiti
Beortegui
Janáriz
Redín
Mendioroz
Uroz
Chorrochaga
Eransus
Echálaz
Zalba
las Quemadas
Gurpegui
Zunzarren
Urrelqui
Lakarri
Espoz
Urdiroz
Larrogain
Sierra de Labia
Valle de Arce
Uriz
(Arce)
Lacabe
Imizcoz
Elque
Gorraiz de Arce
Oroz-Betelu / Orotz-Betelu
Azparren
Olaldea
Saragüeta
Arrieta
Villanueva de Arce
Lusarreta
Esnotz
Mendi Aintzioa
Orondritz
Loizu
Urniza
Ardaitz
Erro
Agorreta
Pto de Erro
Zubiri
Osteriz
Ilarratz
Eskirotz
Setoain
Otamendi
Saigots
Mendeorreta
Acegui
Eugi
Lintzoain
El Fuerte
Bizkarreta-Gerendiain
Mezkiritz
Aurizberri/Espinal
Pto de Aurizberri
Tiratun
Zilbeti
Mendixturi
Sorogain-Lastur
Iturrumburru
Adi
Olaberri
Arguinzu
Ochaverri
Collado de Urkiaga
Ocoro
Collado de Oyalegui
Autringo
Trepa
Peña de Alba
Harguibel
Ichterbegui
Urepel
Esnazu
Aldudes
Vallée des Aldudes
Col de Berdaritz
Banca
Burga
Abraku
Autza
Col d'Elhorrieta
Elhorrikakoska
Col d'Ispéguy
Aniniziaga
Lespars
Etchaux
Gorostapalo
Iñarbil
Arizkun
Bozate
Elizondo
Baztan
Berro
Ariztegi
Sta Engracia
Negaxea
Erratzu
La Bastide
Urdos
Col d'Urdanzia
Oylarandoy
Col d'Aharza
Munhoa
Adarza
Erratchuenea
Espilla
Col de Ehunzaroy
Argaray
Gnafarenea
Errola
Col de Burdinkurutch
Redoute
Katalinaenea
Escanda
Huntto
Guermiette
Sorhueta
Occos
Borciriette
Gatharre
Bastida
Bascassan
Nive
Rio Urrobi
Rio Erro
Rio Arga
Rio Areta
Rio Zatoya
Rio Salazar
Rio Urchuria
NA 135
NA 140
NA 172
NA 178
D 918
D 933
D 948
D 949

Mauléon-Licharre
Oloron-Ste-Marie
Goès
Précilhon
Escout
Escou
Estos
Verdets
Moumour
Orin
Esquiule
Barcus
Roquiague
Garindein
Musculdy
Ordiarp
Aussurucq
Idaux-Mendy
Gotein-Libarrenx
Libarrenx
Sauguis-St-Étienne
Menditte
Ossas-Suhare
Trois-Villes
Tardets-Sorholus
Alos-Sibas-Abense
Camou-Cihigue
Sunharette
Alçay-Alçabéhéty-Sunharette
Lichans-Sunhar
Laguinge-Restoue
Montory
Haux
Lacarry-Arhan-Charritte-de-Haut
Etchebar
Licq-Athérey
Lanne-en-Barétous
Aramits
Arette
Issor
Féas
Ance
Agnos
Gurmençon
Asasp
Eysus
Lurbe-St-Christau
Escot
Sarrance
Lourdios-Ichère
Bedous
Osse-en-Aspe
Accous
Lées-Athas
Lescun
Cette-Eygun
Etsaut
Borce
Fort du Portalet
Urdos
Col du Somport
Candanchú
Somport
Canfranc-Estación
Arette-Pierre-St-Martin
Ste-Engrâce
Larrau
Pic d'Anie
Table des trois Rois
Pic d'Ansabère
Col de la Pierre St-Martin
Pic Soulaing
Pic Montagnon
Pic de Sesques
Pic d'Arlet
Isaba
Uztárroz
Roncal
Urzainqui
Garde
Ansó
Siresa
Hecho
Fago
Zuriza
Sierra de Arrigorrieta
Monte Campanil
Visaurin
La Cuta
Petrechema
PARC NATIONAL DES PYRÉNÉES
VALLÉE D'ASPE
Forêt d'Issaux
Crevasses d'Holcarté
Gorges de Kakuetta
Gorges d'Ujarre
Portillo de Eraice
Col de Pau
Col de Marie-Blanque
Plateau de Bénou
Col d'Ichère
Col de Lie
Col de Bouezou
Col de Houratate
Col de Suscousse
Col de Soudet
Col de Labays
Col d'Ordaburu
Col de Lakurde
Col de Sustary
Ibón de Astanés
Tunnel du Somport

0 2 4 6 8 10 km
314
331
Rébénacq
Igon
Asson
St-Vincent
Lestelle-Bétharram
Sanctuaire
Montaut
Pouey-Mayou
Barlest
Loubajac
Arudy
Sévignacq-Meyracq
Parc Zoologique
Bois d'Arudy
Ste-Colome
Izeste
St-Pé-de-Bigorre
LOURDES
Bartrès
Peyrouse
Louvie-Juzon
Pé-de-Hourat
Pène-Peyrau
Arthez-d'Asson
Grottes de Bétharram
Col de Marie-Blanque
Plateau de Bénou
Castet
Col de Castet
Pène de la Hèche
Les Toupiettes
Forêt de St-Pé-de-Bigorre
Réserve Naturelle
Le Béout
Omex
Aspin
Bilhères
Bielle
Pic de l'Ourlène
Col d'Aran
Som de Sesenite
Le Mail
Pic Durban
Pic de Merdanson
Calibet
Pic de Monbula
Soum de Moulle
Pic de Pibeste
Ségus
Ossen
Lugagnan
Viger
Montagnon
Falaise aux Vautours
Pène de Béarn
Pic de Males Ores
Soum de Conques
Soum du Prat du Rey
Agos-Vidalos
Ouzous
Gère-Bélesten
Maïlh Massibe
Le Tousseau
Col de Jaout
Pic du Moulle de Jaout
Soum d'Arriste
Pic Mondragon
La Herrère
Pic de l'Estibète
Col d'Andorre
Sallès
Ayzac-Ost
Col de Mousté
Aste-Béon
Rochers des cinq-Monts
Pic d'Auzu
Soum de Granquet
Sère-en-L.
Boô-Silhen
Pic Bareilles
Col de Louvie
Etchartes
Ferrières
Col de Spandelles
St-Pastous
Aydius
Louvie-Soubiron
Col de Sieste
Béost
Arbéost
Pic de Bazès
Navaillo
Soum de Pène
Argelès-Gazost
Ayros-Arbouix
Vier-Bordes
Pic Lorry
Col d'Arrioutort
Laruns
Bagès
Assouste
Aas
Soum de Grum
Col d'Aubisque
Col de Couraduque
Gaillagos
Arras-en-Lavedan
Arcizans-Dessus
Lau-Balagnas
Pic de Bergon
Pic de la Gentiane
Montagnon d'Iseye
Eaux-Bonnes
Crêtes Blanches
Col de Soum
Cap d'Aout
Aucun
Bun
Sireix
Arcizans-Avant
St-Savin
Adast
Beaucens
Col d'Iseye
B. d'Assouste
Cirque du Litor
Corniche
Col du Soulor
Arrens-Marsous
Terre-Nère
Pierrefitte-Nestalas
Uz
Soulom
Villelongue
Pic Permayou
Les Eaux-Chaudes
Pont d'Enfer
Gourette
Pic de Gourzy
Pic de la Latte de Bazen
Pouey-Laun
Col des Bordères
Turon de Béne
Pic de Ger
Pène Médaa
Grd Gabizos
Artouech
Labat d'Aucun
Esplaus
Estaing
Pic de Cabaliros
Gorge de Luz
Pic de Sesques
Col de Lurdé
Pic de Goupey
Pène Blanque
Géougue d'Arre
Sanctus
Col d'Uzious
Vallée d'Arrens
Pic du Midi d'Arrens
Miaous
Col de Contente
Pont de Méyabat
Capéran de Sesques
Lac d'Estaing
Les Colonies
Vieillettes
Pic de Viscos
Viscos
Pic Gaziès
Pic de la Sagette
Soussouéou
Pic Estibère
Pic Arrouy
Tucoy
Moun Né
Cauterets
Chet de la Reine Hortense
P. de la Reine
Col de Riou
Pic Biscau
Gabas
Pic des Tourettes
Soum de Bassia du Hoo
Cambasque
Luz-Ardiden
Pic d'Auliou
Fabrèges
L. de Fabrèges
Pic Lavigne
Pic du Pt Lurien
Col d'Arrens
Soum de Grum
Cirque du Lys
Pic de Péguère
La Raillère
Grust
Sazos
Lac de Bious-Artigues
Pic d'Ayous
Le Lurien
Le Couraouas
Grd Barbat
Lac d'Ilhéou
Cascades
Lac d'Artouste
Lac de Suyen
Lacs d'Ayous
Pic Saoubiste
Col de Suzon
Col d'Arrious
Palas
Lac de Batcrabère
Balaïtous
Pont d'Espagne
Soum d'Arriou Né
Pic du Midi d'Ossau
Pic Peyreget
Pombie
Pont de Camps
A. Michaud
Glacier de las Néous
PARC NATIONAL DES PYRÉNÉES
Pic Arrouy
Val de Jéret
Soum de Peyre-Lance
La Fruitière
Soum de Naout Coste
Pic des Moines
Pic d'Arriel
Pic d'Ardiden
Pic de Gaube
Pic Mayouret
Lac de Gaube
Vallée du Lutour
Valle de Astún
Col du Pourtalet
Pic du Pourtalet
Pic de Soques
Aguas Limpias
Embalse de Respomuso
Lacs de Cambalès
Vallée du Marcadau
Marcadau (E. Wallon)
Pic de Chanchou
Col du Somport
Pic d'Anéou
Alfonso XIII
Grde Fache
Pic Araillous
Col de Culaous
Candanchú
Embalse de la Sarra
Port du Marcadau
Grd Pic de Péterneille
Pic Chabarrou
Pic d'Estibe Aute
L. d'Estom
Pico de Anayet
Anayet
Peña Foradada
Picos del Infierno
Embalse de Bachimaña
Embalses de Bramatuero
Pic d'Aratille
Pic des Oulettes
Hourquette d'Ossoue
Pic de Cestrède
L. d'Estom Soubiran
Malh Arrouy
Soum d'Aspé
El Formigal
Sallent de Gállego
Balneario de Panticosa
Picos del Serrato
Vignemale
Baysselance
Collado de Izas
Campo de Troya
Embalse de Gállego
Embalse de Lanuza
Lanuza
Pico de los Tres Hombres
Pasino
Peñas de Fenias
Soum Blanc de Secugnat
Vallée d'Ossoue
Canfranc-Estación
Ibón de Samán
Larrón
Pico de Escarra
Rio Escarra
Embalse del Escarra
Tarañones
Escarrilla
Garganta del Escalar
Embalse de Brazato
Pico del Brazato
Pico de Baldairan
Pico de Villá
Pic de Lourdes
Pena del Calcin
Ibón Tramacastilla
Sandinies
Panticosa
Pic de Lary
Embalse de Ip
Collarada
Rio Arguilero
Tramacastilla de Tena
El Pueyo de Jaca
Rio Bolática
Pico de Ferreras
Pic Gabiet
Pic de la Bernatoire
Pic de Tente
Peña Nevara
Peña Reiona
Embalse de Búbal
Pico de las Escuelas
Piedrafita de Jaca
Saqués
Hoz de Jaca
Búbal
Pena Telera
Ibón de Sabocos
Rio Otal
Bujaruelo
Port de Boucharo
le Taillon
Brèche de Roland
Villanúa
Sierra de Tendeñera
Monasterio de Sta Elena
Parque
A
B
C
D
1
2
3
4
5

315
334
E
F
G
H
Bagnères-de-Bigorre
Lannemezan
Capvern
Capvern-les-Bains
Tarbes
Lourdes
Campan
Ste-Marie-de-Campan
La Mongie
Barèges
Luz-St-Sauveur
Pic du Midi de Bigorre
Col du Tourmalet
Col d'Aspin
Arreau
Vielle-Aure
St-Lary-Soulan
Aragnouet
Bielsa
Tunnel d'Aragnouet-Bielsa
Pic de Néouvielle
MASSIF DE NÉOUVIELLE
PARC NATIONAL DES PYRÉNÉES
Cirque de Troumouse
Pic Long
Vallée de Lesponne
VALLÉE D'AURE
L'Arbizon
Gouffre d'Esparros
Forêt des Baronnies
Signal de Bassia
Sarrancolin
Ilhet
Bordères-Louron
Loudenvielle
Génos
Pic de la Munia
MONTE PERDIDO
Pic Schrader
Lac d'Oô
Peyragudes
Col de Peyresourde
Col d'Aubert
Lac Bleu
Lac de Cap de Long
Lac d'Orédon
Lac d'Aumar
Marboré
Sierra de Liena
Espierba
Parzan
Viados
Reserva

0 2 4 6 8 10 km
A
B
C
D
1
2
3
4
5
St-Gaudens
Montréjeau
Valentine
Miramont-de-Comminges
Estancarbon
Labarthe-Inard
Beauchalot
St-Martory
Montespan
Aspet
St-Bertrand-de-Comminges
Barbazan
Loures-Barousse
Izaut-de-l'Hôtel
Arbas
Milhas
Col des Ares
Frontignan-de-Comminges
Col de Portet-d'Aspet
Portet-d'Aspet
Sengouagnet
Arguenos
Juzet-d'Izaut
Marignac
St-Béat
Lez
Fos
Melles
Cierp-Gaud
Signac
Binos
Burgalays
Guran
Bagnères-de-Luchon
Montauban-de-Luchon
St-Mamet
Superbagnères
Col de Peyresourde
Col du Portillon
Pic de Bacanère
Bossòst
Les
Canejan
Era Bordeta
Arres
Vilamòs
Es Bòrdes
Vielha
Escunhau
Arties
Salardú
Montlude
Mont Né
Pic des Crabioules
Pic Perdiguère
Reserva Nacional
St-Lary
Augirein
Galey
Pic de Maubermé
Pic de la Calabasse
Cap de Gauch
Val d'Aran
A 64
N 125
N 230
D 618
D 817

316
333

317
336
E
F
G
H
1
2
3
4
5
St-Girons
St-Lizier
Massat
Oust
Seix
Aulus-les-Bains
Castillon-en-Couserans
La Bastide-de-Sérou
Le Mas-d'Azil
Daumazan-sur-Arize
Ste-Croix-Volvestre
Montjoie-en-Couserans
Moulis
Ercé
Couflens
Salau
Auzat
PARC NATUREL RÉGIONAL DES PYRÉNÉES ARIÉGEOISES
MASSIF
MONTAGNE
Grotte du Mas-d'Azil
Gorges de Ribaouto
Vallée du Garbet
Vallée d'Ustou
Vallée de Bethmale
Mont Valier
Col de Pause
Col de Port
Col d'Agnes
Col de Latrape
Col de la Crouzette
Col de Péguère
Somt de Portel
Pic de Montbéas
Pic des Trois Seigneurs
Pic Rouge de Bassiès
Pic de Certascan
Pico de Moredo
Pic de Soubirou
Mont Rouch
Pic de Montaud
Port d'Aula
Port de Salau
Pic de Fonta
Pic de Cayzardet
Pic d'Estibat
Pic de Turguilla
Pointe des Trois Comtes
Tuc de Quer Ner
Pic de Trémul
Pic des Trois Comtes
La Noguera Pallaresa
Vall del Noguera Pallaresa
Cabeza de Marimanya
Pic de Brougat

0 2 4 6 8 10 km
318
335
340
A
B
C
D
Pamiers
Foix
Mirepoix
Lavelanet
Varilhes
Montgaillard
Tarascon-s-Ariège
Parc de la Préhistoire
Montségur
Ax-les-Thermes
La Bastide-de-Sérou
Saurat
Vicdessos
Auzat
Les Cabannes
Laroque-d'Olmes
Dalou
Ségura
Pic de St-Barthélemy
Pic de Soularac
Col de Port
Massat
Crampagna
Montoulieu
Mercus-Garrabet
Ussat
Niaux
Lassur
Luzenac
Unac
Savignac-les-Ormeaux
Orgeix
Léran
Aigues-Vives
Dun
Vals
Manses
Teilhet
Le Carlaret
La Bastide-de-Lordat
Saint-Amadou
Rieucros
Coutens
Besset
Tourtrol
Vivies
Arvigna
Calzan
Malléon
Ventenac
Gudas
Arabaux
Prayols
St-Paul-de-Jarrat
Celles
Nalzen
Freychenet
Montferrier
Villeneuve-d'Olmes
Bénaix
Roquefort-les-Cascades
Leychert
Péreille
Raissac
Baulou
Loubières
Vernajoul
Cos
Brassac
Ganac
Bénac
Serres-sur-Arget
Alzen
Montels
Cadarcet
Suzan
Durban
Loubens
Rieux-de-Pelleport
Bénagues
St-Jean-du-Falga
Verniolle
Les Pujols
Les Issards
Coussa
St-Félix-de-Rieutord
Escosse
St-Amans
Bézac
Madière
Monesple
St-Victor-Rouzaud
Pailhès
Artigat
Lescousse
St-Michel
Gaudiès
Trémoulet
Lapenne
Ludiès
Sinsat
Aulos
Verdun
Bouan
Château-Verdun
Larcat
Aston
Caychax
Appy
Axiat
Lordat
Vèbre
Urs
Garanou
Bestiac
Caussou
Vaychis
Tignac
Sorgeat
Ascou
Orlu
Prades
Montaillou
Camurac
Comus
Fougax-et-Barrineuf
Surba
Bédeilhac-et-Aynat
Arignac
Rabat-les-Trois-Seigneurs
Gourbit
Génat
Quié
Capoulet-et-Junac
Miglos
Lapège
Illiers-et-Laramade
Gestiès
Siguer
Goulier
Sem
Suc-et-Sentenac
Orus
Pic des Trois Seigneurs
Pic de Fontfrède
Pic d'Estibat
Pic de Montcalm
Mont Fourcat
Pic de Bouirex
D 117
D 119
D 20
D 12
N 20
E 9

319
E
F
G
H
Lasserre-de-Prouille
Villeneuve-lès-Montréal
Alairac
Lavalette
Fenouillet-du-Razès
Orsans
Cailhavel
Goullens
Couffoulens
Ferran
Mazerolles-du-Razès
Gramazie
Cailhau
Villarzel-du-Razès
Preixan
Leuc
Roquemaure
La Courtète
Hounoux
Rebelle
Belvèze-du-Razès
Cambieure
Brugairolles
Montclar
Rouffiac-d'Aude
Verzeille
St-Gaudéric
Montgradail
Lauraguel
Malviès
La Montagnère
Mas-des-Cours
Villefloure
Fajac-en-Val
Escueillens-et-St-Just-de-Bélengard
Bellegarde-du-Razès
Routier
Alaigne
St-Martin-de-Villereglan
Cépie
Pomas
Ladern-sur-Lauquet
Lignairolles
Lauraguel
Gaja-et-Villedieu
Pieusse
St-Hilaire
Moulin-Neuf
Monthaut
Donazac
Pauligne
Villemartin
Roc des Trois Seigneurs
Greffeil
Labastide-en-Val
Peyrefitte-du-Razès
Loupia
Caudeval
Malras
N.-D. de Marceille
Limoux
Gardie
Villebazy
Tréziers
Corbières
Pomy
Villelongue-d'Aude
Pic de Balaguier
Ajac
La Digne-d'Aval
St-Polycarpe
Villar-St-Anselme
Courtauly
La Bezole
Castelreng
La Digne-d'Amont
Cournanel
Forêt des Corbières occidentales
Clermont-sur-Lauquet
Camon
Col de l'Espinas
Magrie
Belcastel-et-Buc
Caunette-s-Lauquet
Villardebelle
Sonnac-sur-l'Hers
St-Benoît
Tourreilles
Roquetaillade
Vendémies
Col de la Louviéro
Missègre
Col de Dieude
Etroit d'Alet
Alet-les-Bains
St-Salvayre
St-Couat-du-Razès
Roquetaillade
Bourdichou
Chalabre
Bourigeole
Bouriège
Col de St-Benoit
Véraza
Col de l'Espinas
Valmigère
Montbel
Montjardin
Conilhac-de-la-Montagne
Terroles
Festes-et-St-André
La Serpent
Mournac
Luc-s-Aude
Peyrolles
Arques
Villefort
Antugnac
Cassaignes
Sarrat Gros
Ste-Colombe-sur-l'Hers
Rivel
Ste-Cécile
Col de Festes
Montazels
Couiza
Serres
Albières
Rouvenac
Espéraza
Coustaussa
Pech Cardou
Puivert
Col des Tougnets
St-Jean-de-Paracol
Donjon
Rennes-le-Chau
Blanchefort
Bézis-Bas
Campagne-sur-Aude
Campagne-les-Bains
Rennes-les-Bains
Soubirous
Sougraigne
Fourtou
Col de la Babourade
Camp-Saure
Nébias
St-Ferriol
Granès
Col de la Fage
Forêt de Ste Colombe
Campgast
Camp-Sylvestre
Brenac
Quillan
St-Ferriol
St-Just-et-le-Bézu
Bugarach
Fc de Comefroide
Col du Portel
Ginoles
Laval
St-Julia-de-Bec
Col du Linas
Pic de Bugarach
Camps-sur-l'Agly
Coudons
Col de Coudons
Belvis
Pic Rodat
Belvianes-et-Cavirac
Cavirac
Trou du Curé
St-Louis-et-Parahou
Parahou-Grand
Plateau de Sault
Défilé de Pierre-Lys
St-Martin-Lys
Col de St-Louis
Caudiès-de-Fenouillèdes
Prugnanes
Belfort-s-Rebenty
Joucou
Serre des Buis
Quirbajou
Marsa
Roquefeuil
Espezel
Galinagues
Mazuby
Cailla
Axat
Lapradelle
Puilaurens
Fenouillet
Fosse
338
Niort-de-Sault
Rodome
Aunat
Bessède-de-Sault
Artigues
Gorges de St-Georges
Col de la Gamot
Pech des Carabates
Salvezines
Mérial
Défilé d'Adoukes
Fontanès-de-Sault
Le Clat
Gesse
Forêt de Gesse
Forêt de Navarre
Bac Estable
Gincla
Vira
La Fajolle
Campagna-de-Sault
Gorges de l'Aguzou
La Calm
Ste-Colombe-sur-Guette
Sarrat Naout
Le Vivier
Escouloubre
Le Bousquet
Roquefort-de-Sault
Montfort-sur-Boulzane
Counozouls
Rabouillet
Sournia
Mijanès
Rouze
Usson-les-Bains
Le Puch
Col de Moulis
Artigues
Le Pla
Carcanières-les-Bains
Escouloubre-les-Bains
Col d'Aussières
Pic Dourmidou
Forêt de Salvanère
Quérigut
Carcanières
Villeneuve-Rebis
341
Serre d'Escales
PARC
Roc Cornut
Roque Jalère
Col de Jau
Forêt de Lapazeuil
Tour de Mascara
La Coume
Rocher du Roussillou
P. de Balbonne

0 2 4 6 8 10 km
320
337
342
Monze
Pradelles-en-Val
Montlaur
Camplong-d'Aude
Fabrezan
Ferrals-les-Corbières
Boutenac
Ornaisons
Bizanet
Douzens
Moux
Roc de l'Aigle
N.-D. de Consolation
Villerouge-la-Crémade
Montséret
St-André-de-Roquelongue
Mas-des-Cours
Villefloure
Fajac-en-Val
Arquettes-en-Val
Serviès-en-Val
Villar-en-Val
Taurize
Rieux-en-Val
Villetritouls
Cabastide-en-Val
Mayronnes
Caunettes-en-Val
Ribaute
Lagrasse
Tournissan
St-Laurent-de-la-Cabrerisse
Thézan-des-Corbières
Talairan
Coustouge
Jonquières
Fontjoncouse
Villesèque-des-Corbières
Clermont-sur-Lauquet
Plateau de Lacamp
St-Martin-des-Puits
St-Pierre-des-Champs
Caunette-s-Lauquet
Villardebelle
Lairière
Chau de Durfort
Vignevieille
Termes
Villerouge-Termenès
Albas
Durban-Corbières
Félines-Termenès
Montjoi
Salza
Bouisse
Lanet
Mouthoumet
Davejean
Laroque-de-Fa
Palairac
Quintillan
Cascastel-des-Corbières
Villeneuve-les-Corbières
St-Jean-de-Barrou
Fraissé-des-Corbières
Embres-et-Castelmaure
Albières
Auriac
Dernacueillette
Massac
Maisons
Montgaillard
Tuchan
Chau d'Aguilar
Fourtou
Soulatgé
Rouffiac-des-Corbières
Chau de Peyrepertuse
Duilhac-s/s-Peyrepertuse
Cubières-sur-Cinoble
Padern
Paziols
Vingrau
Opoul-Périllos
Fort de Salses
Cucugnan
Chau de Quéribus
Grau de Maury
St-Paul-de-Fenouillet
Prugnanes
Maury
Lesquerde
Tautavel
Centre européen de Préhistoire
Rivesaltes
Espira-de-l'Agly
Cases-de-Pène
Estagel
Latour-de-France
Rasiguères
Planèzes
Lansac
St-Arnac
Ansignan
Felluns
St-Martin
Fenouillet
Fosse
Le Vivier
Prats-de-Sournia
Sournia
Pézilla-de-Conflent
Trilla
Caramany
Cassagnes
Montner
Força Réal
Calce
Baixas
Peyrestortes
St-Estève
Bélesta
Trévillach
Campoussy
Tarerach
Montalba-le-Château
Sybille
Néfiach
Millas
Corneilla-la-Rivière
Pézilla-la-Rivière
Villeneuve-la-Rivière
Baho
St-Féliu
PARC NATUREL RÉGIONAL CORBIÈRES-FENOUILLÈDES

Armissan
Vires
St-Pierre-la-Mer
Terrain militaire
Port de Brossolette
Moujan
L'Hospitalet
Pech Redon
Narbonne-Plage
Les Hauts de Narbonne
Lunes
Craboules
RÉGIONAL
Montagne de la Clape
Coffre de Pech Redon
Rouquette
Montfort
Les Monges
N.-D. des Auzils
Cimetière marin
Le Pech-Rouge
Les Ayguades
Montplaisir
Rochegrise
Fontfroide
La Nautique
Mandirac
Le Rec d'Argent
Étang de Mateille
Les Pesquis
Bages
Étang de Gruissan
Gruissan
Gruissan-Plage
Musée
Étang du Grazel
Estarac
Étang de Campignol
Île St-Martin
L'Évêque
Salin de St-Martin
Étang du Doul
Peyriac-de-Mer
Î. de Planasse
Étang de Bages
L'Ayrolle
Étang de L'Ayrolle
Réserve africaine
Île de l'Aute
LA NARBONNAISE
Le Hameau du Lac
Île Ste-Lucie
Grau de la Vieille Nouvelle
La Courtive
Villefalse
Les Cabanes
Gd Salin
Étang de Sigean
Salin de Ste-Lucie
Mattes
Sigean
Port-la-Nouvelle
Parc éolien des Corbières maritimes
Cap Romarin
Marbre
Roquefort-des-Corbières
La Palme
Salin de Lapalme
Étang de Lapalme
Les Cabanes-de-Lapalme
St-Pancrace
MÉDITERRANÉE
Grau de la Franqui
La Franqui
Caves
Treilles
Cap Leucate
Leucate
Leucate-Plage
Fitou
Les Cabanes-de-Fitou
Grau de Leucate
Port-Fitou
Pnte de la Corrège
Étang de Leucate ou de Salses
Port-Leucate
Aquamagic
Salses-le-Château
Grde Dosse
Paquebot Lydia (ensablé)
Garrieux
Île de la Coudalère
Luna Park
Port-Barcarès
Centre nautique
Camp militaire
Port St-Ange
Le Barcarès
St-Hippolyte
St-Laurent-de-la-Salanque
Torreilles-Plage
Claira
Agly
Jouègue
Torreilles
Villelongue-de-la-Salanque
Ste-Marie-la-Mer
Ste-Marie-Plage
Bompas
Têt
Canet-en-Roussillon
PERPIGNAN
Canet-Plage
L'Esparrou
Cabestany
E
F
G
H
321
343
1
2
3
4
5

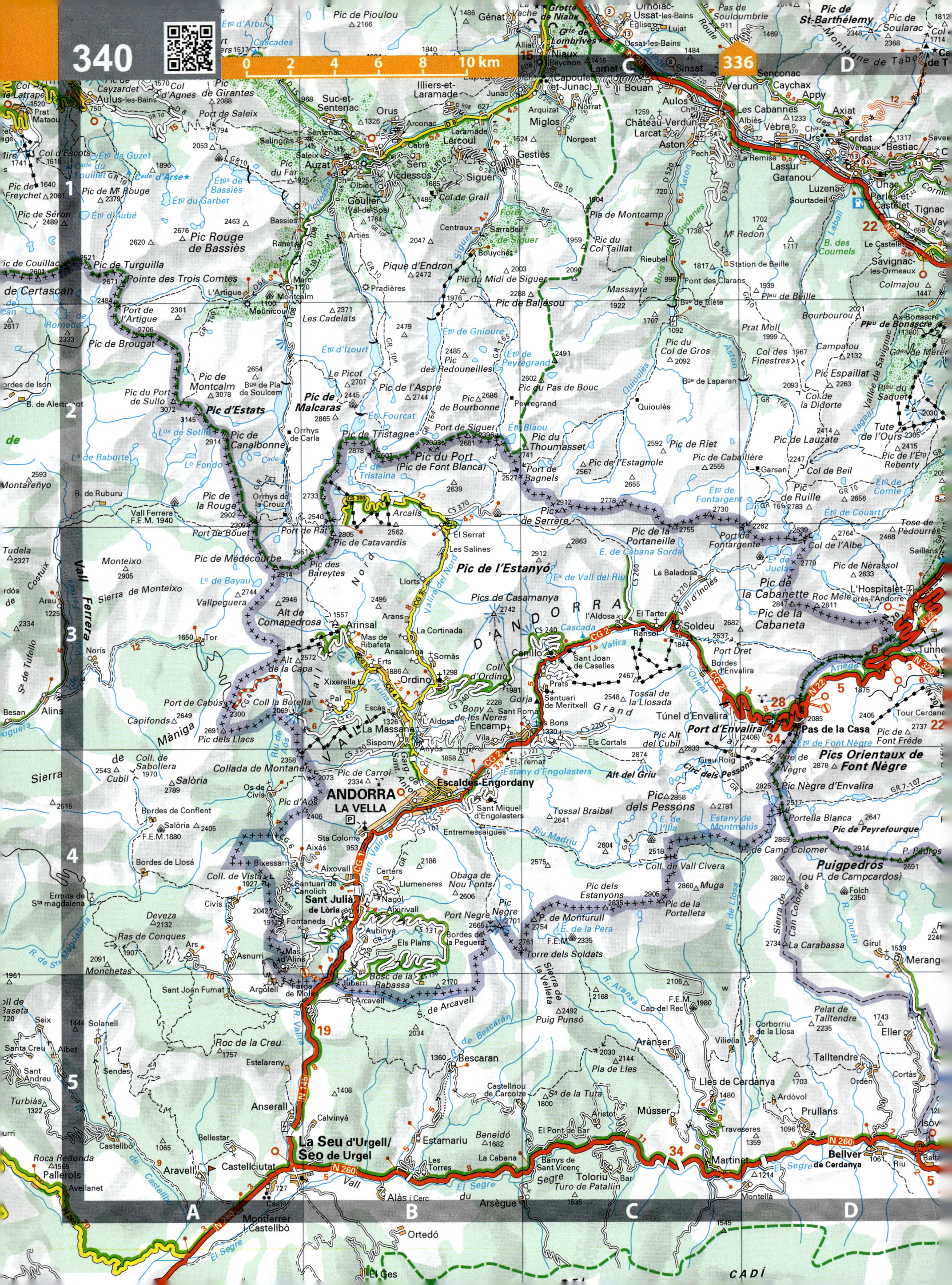
0 2 4 6 8 10 km
336
A
B
C
D
1
2
3
4
5
ANDORRA
LA VELLA
Escaldes-Engordany
Sant Julià de Lòria
La Massana
Ordino
Encamp
Canillo
Soldeu
El Tarter
Pas de la Casa
Port d'Envalira
Arinsal
La Seu d'Urgell/
Seo de Urgel
Vicdessos
Auzat
Aulus-les-Bains
Tarascon
Ax-les-Thermes
L'Hospitalet-près-l'Andorre
Pic de l'Estanyó
Pic de Médécourbe
Pic d'Estats
Pic de Montcalm
Pic de Malcaras
Pic Rouge de Bassiès
Pic de Tristagne
Pic du Port (Pic de Font Blanca)
Pic de Casamanya
Pics Orientaux de Font Nègre
Puigpedròs
Pic dels Pessons
Pic de Serrère
Pic de Comapedrosa
Pic de la Cabanette
Pic de la Cabaneta
Vall Ferrera
Sierra de Monteixo
Port de Cabús
Collada de Montaner
Tossal de la Llosada
Túnel d'Envalira
Estany d'Engolasters
Sierra de la Vellota
Puig Punsó
Bescaran
Estamariu
Castellciutat
Aravell
Anserall
Montferrer i Castellbò
Bellver de Cerdanya
Martinet
Lles de Cerdanya
Prullans
Aranser
Músser
Arsèguе
El Segre
Ortedó
Pic de Couillac
Pointe des Trois Comtes
Pic de Turguilla
Port de l'Artigue
Pic de Brougat
Pic de Canalbonne
Pic du Port de Sullo
Pic de Ruille
Pic de Lauzate
Pic de Caballière
Pic de Riet
Pic du Thoumasset
Pic de Baljésou
Pique d'Endron
Pic du Midi de Siguer
Pic des Redounelles
Pic de l'Aspre
Pic de Bourbonne
Pic de Gnioure
Port de Siguer
Port de Bagnels
Pic de Portaneille
Port de Fontargente
Montcalm
L'Artigue
Siguer
Lercoul
Goulier
Suc-et-Sentenac
Orus
Illiers-et-Laramade
Miglos
Norgeat
Château-Verdun
Aston
Les Cabannes
Verdun
Luzenac
Garanou
Lassur
Unac
Lordat
Bestiac
Vèbre
Urs
Axiat
Caychax
Senconac
Appy
Sinsat
Aulos
Bouan
Larcat
Quioulès
Savignac-les-Ormeaux
Pic de Bonascre
Col de la Didorte
Tute de l'Ours
Pic Espaillat
Campalou
Prat Moll
Col des Finestres
Pic du Col de Gros
Rieubel
Massayre
Col de Grail
Pla de Montcamp
Pic du Col Taillat
Mt Redon
Station de Beille
Pic de Séron
Pic de Mt Rouge
Étg du Garbet
Pic du Far
Salingres
Bassiès
Les Cadelats
Pic des Bareytes
Pic de la Rouge
Port de Rat
Port de Bouet
Monteixo
Vallpeguera
Àreu
Tor
Norís
Alins
Besan
Tudela
Mànige
Capifonds
Pic dels Llacs
Coll de la Botella
Pal
Xixerella
Erts
Sispony
Anyós
Aldosa
Prats
Santuari de Meritxell
Bordes d'Envalira
Port Dret
Grau Roig
Pic Alt del Cubil
Els Cortals
Alt del Griu
Tossal Braibal
Pic Nègre d'Envalira
Portella Blanca
Pic de Peyrefourque
Coll. de Vall Civera
Pics dels Estanyons
Pic de la Portelleta
Muga
Torre dels Soldats
P. de Monturull
Pic Negre
Port Negre
Bordes de la Peguera
Aubinyà
Els Plans
Fontaneda
Nagol
Certers
Llumeneres
Obaga de Nou Fonts
Entremesaigües
Sant Miquel d'Engolasters
Aixovall
Bixessarri
Aixàs
Sta Coloma
Santuari de Canolich
Civís
Coll. de Vista
Deveza
Ras de Conques
Monchetas
Asnurri
Argolell
Farga de Moles
Bosc de la Rabassa
S. de Arcavell
Arcavell
Sant Joan Fumat
Solanell
Roc de la Creu
Estelareny
Sendes
Turbiàs
Santa Creu
Albet
Seix
Sant Andreu
Bellestar
Calvinyà
Castellbò
Roca Redonda
Pallerols
Avellanet
Les Torres
Beneidó
La Cabana
Castellnou de Carcolze
Sa de la Tuta
Pla de Lles
Aristot
El Pont de Bar
Banys de Sant Vicenç
Toloriu
Turo de Patallin
Segre
Traveseres
Ardòvol
Talltendre
Pelat de Talltendre
Corborriu de la Llosa
Eller
Cortàs
Ordèn
Isòvol
Girul
La Carabassa
Merange
Folch
Serra de Cal Colomer
Pic de Font Frède
Tour Cerdane
Solàna
Pic de Sabollera
Cubil
Bordes de Conflent
Salòria
F.E.M. 1880
Bordes de Llosá
Ermita de Sta magdalena
Sierra
Cadí
El Ges
Montellà
Riu Madriu
Estany de Montmalús
Camp Colomer
Grand Valira
Valira del Nord
Gran Valira
Vall del Riu
Llorts
Arans
La Cortinada
Sornàs
Ansalonga
Coll d'Ordino
Bony de les Neres
Sant Romà
Gorja
Els Bons
Vila
El Serrat
Les Salines
Arcalís
Mas de Ribafeta
Alt de la Capa
Pic de Carroi
Pic d'Aos
Os de Civís
Cascada
Ransol
Sant Joan de Caselles
L'Aldosa
Pic de Nérassol
Roc Mele
Col de l'Albe
Saillens
La Baladosa
E. de Cabana Sorda
Tose de Pédourrès
Pic de Pioulou
Génat
Niaux
Ussat-les-Bains
Lujat
Lamat
Capoulet (et-Junac)
Junac
Arquizat
Gestiès
Pic de Saint-Barthélemy
Pic de Soularac
Pic de Girantes
Col d'Agnes
Cayzardet
Port de Saleix
Col d'Escots
Pic de Freychet
Col de Latrape
Prat Mataou
Cerdanya

337
342
E
F
G
H
1
2
3
4
5
Axat
Belcaire
Roquefeuil
Espezel
Galinagues
Joucou
Quirbajou
Marsa
Mazuby
Rodome
Aunat
Bessède-de-Sault
Le Clat
Artigues
Puilaurens
Prades
Montaillou
Niort-de-Sault
Mérial
La Fajolle
Fontanès-de-Sault
Campagna-de-Sault
Gesse
Forêt de Gesse
Forêt de Navarre
Ste-Colombe-sur-Guette
Montfort-sur-Boulzane
Gorges de St-Georges
Salvezines
Gincla
Sorgeat
Ascou
Ax-les-Thermes
Orlu
Orgeix
Mijanès
Rouze
Escouloubre
Le Bousquet
Roquefort-de-Sault
Counozouls
Le Puch
Le Pla
Carcanières
Quérigut
Pic Dourmidou
Forêt de Gravas
Col de Jau
Mérens-les-Vals
Le Roc Blanc
Pic de Ginèvre
Puyvalador
Rieutort
Fontrabiouse
Réal
Odeillo
Madrès
Urbanya
Nohèdes
Pic de la Pelade
Formiguères
Pic Peric
Pic Carlit
Pic Pedrous
Puymorens
Porté-Puymorens
Matemale
Les Angles
Sansa
Railleu
Ayguatébia-Talau
Caudiès-de-Conflent
Oreilla
Olette
Jujols
Serdinya
Villefranche-de-Conflent
Souanyas
Canaveilles
Nyer
Font-Romeu-Odeillo-Via
Ermitage
Mont-Louis
La Llagonne
Sauto
Fetges
Thuès-Entre-Valls
Gorges de la Carança
Fontpédrouse
Bolquère
La Cabanasse
St-Pierre-dels-Forcats
Planès
Targassonne
Égat
Dorres
Angoustrine
Villeneuve-des-Escaldes
Llívia
Estavar
Saillagouse
Llo
Eyne
Err
Puigcerdà
Bourg-Madame
Ste-Léocadie
Osséja
Nahuja
Palau
Col de Mantet
Mantet
Pic de Gallinas
Puigmal
Núria
Vall de Núria
Queralbs
La Molina
Bolvir
Guils de Cerdanya
Alp
Das
Urús
Valcebollère
PARC NATUREL RÉGIONAL DES PYRÉNÉES CATALANES
Pic de l'Orry
Pic Redoun
Pic de la Dona
Roc Colom
Setcases
Camprodon
Pic de Finestrelles
Pic de Sègre
Cambras d'Azé
Gorges du Sègre
Vilallonga de Ter
Llanars

0 2 4 6 8 10 km
338
341
CORBIÈRES
FENOUILLÈDES
Prugnanes
St-Paul-de-Fenouillet
Maury
Grau de Maury
Estagel
Tautavel
Centre europ. de Préhistoire
Caramany
Latour-de-France
Planèzes
Rasiguères
Cassagnes
Montner
Força Real
Bélesta
Trévillach
Montalba-le-Château
Ille-sur-Têt
Néfiach
Millas
Corneilla-la-Rivière
Pézilla-la-Rivière
St-Féliu-d'Amont
St-Féliu-d'Avall
Thuir
Castelnou
Ste-Colombe-de-la-Commanderie
Camélas
Corbère
St-Michel-de-Llotes
Bouleternère
Rodès
Vinça
Marquixanes
Eus
Prades
Molitg-les-Bains
Mosset
Campôme
Catllar
Codalet
Ria-Sirach
Villefranche-de-Conflent
Fort Libéria
Abb. St-Michel-de-Cuxa
Taurinya
Clara
Finestret
Joch
Glorianes
Estoher
Baillestavy
Prieuré de Serrabone
Boule-d'Amont
Prunet-et-Belpuig
La Bastide
St-Marsal
Taulis
Valmanya
Corneilla-de-Conflent
Vernet-les-Bains
Fillols
Sahorre
Castell
Abb. St-Martin
PIC DU CANIGOU
Ras del Prat Cabrera
MASSIF DU CANIGOU
PARC RÉGIONAL DES PYRÉNÉES CATALANES
Mantet
Col de Mantet
Py
Prats-de-Mollo-la-Preste
La Preste
Pic de Costabonne
Roc Colom
Col d'Ares
Lamanère
Serralongue
St-Laurent-de-Cerdans
Coustouges
Arles-sur-Tech
Amélie-les-Bains-Palalda
Palalda
Montbolo
Montferrer
Corsavy
Céret
Reynès
Taillet
Oms
Calmeilles
Llauro
Tordères
Montauriol
Fourques
Caixas
Vivès
Roc de France
Roc de Frausa
Mollo
Camprodon
Vilallonga de Ter
Llanars
Setcases
Comanegra
Sant Llorenç de la Muga
Can Damond
N 116
D 115
D 618
D 612
D 117
A
B
C
D
1
2
3
4
5

339
E
F
G
H
1
2
3
4
5
Rivesaltes
Port-Barcarès
Le Barcarès
St-Hippolyte
St-Laurent-de-la-Salanque
Torreilles-Plage
Torreilles
Ste-Marie-Plage
Ste-Marie-la-Mer
Villelongue-de-la-Salanque
Bompas
Canet-en-Roussillon
Canet-Plage
PERPIGNAN
Cabestany
St-Nazaire
Saleilles
Alénya
Théza
Corneilla-del-Vercol
St-Cyprien-Plage
St-Cyprien
Les Capellans
Aqualand
Latour-Bas-Elne
Elne
Montescot
Bages
Ortaffa
Palau-del-Vidre
Brouilla
Argelès-sur-Mer
Argelès-Plage
Port-Argelès
Racou-Plage
Fort Miradou
Collioure ★★
Port-Vendres
Cap Béar
Site de Paulilles ★
Cap Oullestreil
Banyuls-sur-Mer
Cap l'Abeille
Cap Réderis ★★
Cap Peyrefite
Cap Canadell
Cerbère
Cap Cerbère
C. des Balitres/ C. des Belitres
Portbou
Pta Clapé
Colera
Cap Lladró
Platja de Garbet
Cap de Ras
El Port de Llançà
Llançà
Cap Gros
Port de la Selva
CÔTE VERMEILLE
Peyrestortes
St-Estève
Pia
Claira
Baho
Toulouges
Canohès
Pollestres
Ponteilla
Villeneuve-de-la-Raho
Villemolaque
Banyuls-dels-Aspres
St-Jean-Lasseille
Tresserre
Villelongue-dels-Monts
Laroque-des-Albères
Sorède
St-Génis-des-Fontaines
St-André
Le Boulou
Montesquieu-des-Albères
St-Martin-de-Fenollar
Les Cluses
L'Albère
Le Perthus
Col du Perthus/ Coll del Pertús
Fort de Bellegarde
Pic des 3 Termes ★★
Pic Neulos
Col de l'Ouillat
Tour de la Massane
Tour Madeloc
Col de Banyuls
Puig de la Calme
La Jonquera
Cantallops
Capmany
Agullana
Darnius
Espolla
Rabós
Sant Climent Sescebes
Vilamaniscle
Masarac
Mollet de Peralada
Garriguella
Vilajuïga
Biure
Boadella d'Empordà
La Selva de Mar
Tudela
La Vall de Sta Creu
Paquebot Lydia (ensablé)
Port St-Ange
ROUSSILLON
PLAINE DU

0 2 4 6 8 10 km
C
D
1
2
3
4
5
A
B
C
D
FRANCE
ITALIE
Savona
Genova
Nice
Marseille
Toulon
Livorno
Piombino
Bastia
l'Île-Rousse
CORSE
Ajaccio
Propriano
Porto-Vecchio
MER MÉDITERRANÉE
MER TYRRHÉNIENNE
SARDEGNA
LIAISONS MARITIMES PERMANENTES
Anse de Pinzuta
Marine d'Alga
Pnta di Solche
Mte Orlando
Plage de l'Ostriconi
Anse de Peraiola
Ogliastro
Île de la Pietra
L'Île-Rousse
Lozari
Parc de Saleccia
Monticello
Pnta Vallitoni
Marine de Davia
Corbara
Bocca di Carbonaja
Algajola
Marine de St-Ambroggio
Sta-Reparata di-Balagna
S. Angelo
Pigna
Regino
Pnta di Spano
Tepina
Belgodere
Palasca
Capo Niellu
Cima lo Caigo
Mte Negro
St'Antonino
Baie d'Algaio
Pte de la Revellata
Pnta Caldano
346
Lavatoggio
Aregno
Calvi
Golfe de Calvi
Golfe de la Revellata
Col de Salvi
Avapessa
St-Rainier
Speloncato
Ville-di-Paraso
Grotte des Veaux Marins
Camp militaire

E
F
G
H
1
2
3
4
5
CAP CORSE
Î. de la Giraglia
(Réserve naturelle)
Pnta di Agnello
Capo Grosso
Tollare
Barcaggio
Cima di a Campana
Pnta di Corno di Becco
Mte Maggiore
Capo Bianco
Îles Finocchiarola
(Réserve naturelle)
Sta Maria
Baie de Tamarone
Poggio
(Ersa)
Granaggiolo
Col St-Nicolas
Belvre du Moulin Mattei
Cannelle
Rogliano
Macinaggio
Baie de Centuri
Centuri-Port
Î. de Capense
(Réserve naturelle)
Centuri
Annonciation
(ancien couvent)
Tomino
Morsiglia
Marine de Meria
Meria
Capo Corvoli
Mte Fornello
Pastina
Golfe d'Aliso
Pnta della Filetta Soprana
Mte Castello
Ancien couvent St-François
Col de Ste-Lucie
Luri
Pino
Tour de Sénèque
Campo
Sta-Severa
Mte Minervio
Marine de Luri
Pnta Minervio
Minervio
Mte Liccioli
Castiglione
Barrettali
Mte Castello
Cagnano
Marine de Porticciolo
Mte di St' Angelo
Tour de Losse
Marine de Giottani
Mte Alticcione
Conchiglio
Pietracorbara
Mte di a Croce
Marinca
Canari
Cortina
Marine de Pietracorbara
Punta di Canelle
Mte Cuccaro
Cima di e Folicce
St Michel
Marine de Canelle
Ogliastro
Sisco
Ste Catherine
Marine de Sisco
Rocher d'Albo
Olcani
Mte Corvo
Mte Merizatodio
Marine d'Albo
Monte Stello
Nonza
Bocca di Sta Maria
Sta-Maria-Assunta
Erbalunga
Brando
Mte Capra
GOLFE DE ST FLORENT
Olmeta-di-Capocorso
Lavasina
Sta-Maria-di-Lota
Marine de Negru
Mte Pruno
Mandriale
Miomo
Bocca di S Leonardo
Grigione
San Martino-di-Lota
Pietranera
Marine de Farinole
Farinole
Cima di Gratera
Ville-di-Pietrabugno
Ste-Lucie
Punta di Curza
Pnta di Santolino
Anse de Faggiola
Plage de Saleccia
Plage de Loto
Pnta Vecchiaia
P. de Patrimonio
Pnta Mortella
Serra di Pigno
Patrimonio
Col de S. Bernardino
Monserato
Citadelle
Mont Robbia
les Marines du Soleil
Barbaggio
BASTIA
Mte di Arazza
AGRIATES
DES
Mont Genova
Phare de Fornali
Mte Castagne
St-Florent
Mte Secco
Mte St' Angelo
Col de Teghime
Anne Cath. de Nebbio
Furiani
P. de Chiurlino
Mte Lavezzo
S. Pancrace
La Marana
Bocca di Vezzu
P. du Diable
Mte a Mazzola
Mte a Torra
Olivacce
Poggio-d'Oletta
Cima di Pedi Pilato
St-Francois
Etang
Mont Filetto
Oletta
Biguglia
Ruaghiola
Cima di u Zuccarello
Mte di Tuda
Défilé de Lancone
Pineto
Les Sables de Biguglia
Olmeta-di-Tuda
Mte Ambrica
Bocca di S. Pancrazio
Col de S. Stefano
Vallecalle
Sto-Pietro-di-Tenda
Réserve Naturelle
Cima a Muzelli
Mte Torricelle
San-Gavino-di-Tenda
Rapale
San Michele
Urtaca
Mte Asto
Sorio
Pieve
Murato
Rutali
Plage de la Marana
Cima di Mitilelli
St Laurent
Bocca a Croce
Lama
Cima di Taffoni
Borgo
BASTIA-PORETTA
Mte Buggientone
Plage de Pineto
Bocca di Tenda
347
La Canonica
Pietralba
Lucciana
San Parteo
Fouilles de Mariana
Vignale
Scolca
Casamozza
Col de Bigorno
Mte Reghia di Pozzo
Campitello
Mte Maggiore
Volpajola
Fontanone
Cap Sud

0 2 4 6 8 10 km
A
B
C
D
1
2
3
4
5
L'Île-Rousse
Île de la Pietra
Plage de l'Ostriconi
Anse de Peraïola
Anse de Pinzuta
Ogliastro
Lozari
Monticello
Corbara
Occiglioni
Pigna
Mte S. Angelo
Sta-Reparata-di-Balagna
Algajola
Lumio
Marine de Davia
Marine de St-Ambroggio
Pnta di Spano
Pnta Vallitoni
Bocca di Carbonaja
Tepina
Praoli
St-Antonino
la Trinité
Aregno
Cateri
Belgodère
Palasca
Costa
Occhiatana
Speloncato
Ville-di-Paraso
Calvi
Pte de la Revellata
Golfe de la Revellata
Golfe de Calvi
Pnta Caldano
Grotte des Veaux Marins
Anse de Recisa
N. D. de la Serra
Pietra Major
Camp militaire
Fiume Secco
Col de Salvi
Lavatoggio
Avapessa
Muro
St-Rainier
Nessa
Feliceto
Pioggiola
Olmi-Cappella
Vallica
Mausoléo
Montemaggiore
Zilia
Cassano
Lunghignano
(Montegrosso)
Cima Gazele
S. Parteo
Ste-Restitude
Calenzana
Moncale
Mte Grosso
Gorges de la Tartagine
Capu di a Veta
Champ de Tir
Baie de Nichiareto
Pnta di Cantaleli
Capo a u Cavallo
Sémaphore
Bocca Serria
Capo Rutalbo
Capo Piano
Suare
Mte Cintu
Pnta Radiche
Capo a Dente
Mte Padro
Asco
Pont Génois
Capo Porcarello
Capo Mondolo
San Quilico
Étg de Crovani
Baie de Crovani
Capo di a Morsetta
Argentella
Bocca di Marsolinu
Capo Ghinepaco
Chaos de Bocca Rezza
Bonifato
Cirque de Bonifato
Réserve de faune d'Asco
Réserve de Chasse
Capo di Vegno
Capo di l'Argentella
Feryola
Mte Martino
Bocca Bassa
Pnta Ciuttone
Golfe de Galéria
PARC
Santa Lucia
Prezzuna
Spasimata
Carozzu
Capo a u Ceppo
La Mufrella
Haut-Asco
La Caldane
Capo Bianco
Capo Razino
Pnta Jumentella
Pnta Stollo
Pnta Rossa
Capo Porcolicato
Galéria
Tour
Le Fango
Vallée du Fango
Crête de Chiumi
Chiornia
Tuarelli
Capo Stranciacone
Altore
Mte CINTO
Capo a u Perdato
Capo Terri Corscia
Pnta Validori
Capo Tondo
Colombo
Calca
Golfe de Focolara
Focolara
Pnta Nera
Punta Palazzu
Bocca di Fuata
Elbo
Ombria
Col de Palmarella
Girolata
Scandola
Réserve Naturelle
Golfe de Girolata
Punta Rossa
Pnta Muchillina
Pnta Scandola
Manso
Pirio
Capo Ovaggia
Forêt du Fango
Capo Rosso
Bardiana
Capo Bugello
Monte Estremo
Paglia Orba
Trouée du Tafonato
Capo Tafonato
Capo Uccello
Mte Albano
Grotte des Anges
Calasima
Albertacce
Calacuccia
Corscia
Lozzi
Poggio
Casamaccioli
Sidossi
Capo Manganello
Capo di a Media
Capo di Curzo
Col de Capronale
Col de la Croix
Osani
Partinello
Serriera
Capo Toso
Bergeries de Radule
Col de Cocavera
Col de Vergio
Vergio
Col de Salto
Forêt de Valdu Niellu
Pnta Artica
Capo d'Osani
Capo Senino
Mte Senino
Pnta a la Scopa
Plage de Gradelle
Plage de Caspio
Pnta Bianca
Plage de Bussaglia
GOLFE DE PORTO
Porto
Ota
P. de Pianella
Gges de Spelunca
Évisa
Cascades d'Aïtone
Capo Ferolata
Capo d'Ota
Mte Tozzo
Lac de Nino
Cimatella
Anse de Ficajola
Les Calanche
Piana
Capo Rosso
Capo Vardiola
Col d'Osini
Tour de Turghiu
Capo d'Orto
Les Roches bleues
P. de Cario
Tombalo
Chidazzo
Marignana
Col de Sevi
Cristinacce
Capo a la Tana
Capo S. Angelo
Renno
Letia
Soccia
Orto
Lac de Capitello
Lac de Creno
Mte Rao
Bocca di San Martino
Capo Macendole
Capo a la Forcella
Poggio
Guagno
Plage d'Arone
Pnta a i Tuselli
Golfe de Topiti
Pnta d'Orchino
Capu di Gelazzu
Balogna
Vico
Murzo
Guagno les Bains
Bocca di Sorru
348

345
349
E
F
G
H
1
2
3
4
5
St-Florent
Anc.ne Cath. de Nebbio
Col de Teghime
Barbaggio
Furiani
P. de Chiurlino
La Marana
Olivacce
Poggio-d'Oletta
Oletta
Biguglia
Col de S. Stefano
Défilé de Lancone
Pineto
Les Sables de Biguglia
Réserve Naturelle
San Michele
Murato
Rutali
Borgo
Camp militaire
BASTIA-PORETTA
Plage de la Marana
Plage de Pineto
La Canonica
Fouilles de Mariana
Lucciana
Vignale
Scolca
Casamozza
Cap Sud
Vescovato
Venzolasca
Loreto-di-Casinca
Sorbo-Ocagnano
Castellare-di-Casinca
Penta-di-Casinca
Folelli
Anghione
San-Pellegrino
Parc Galea
Taglio-Isolaccio
Pero-Casevecchie
Talasani
Poggio-Mezzana
Moriani-Plage
San-Nicolao
Sta-Lucia-di-Moriani
Sta-Maria-Poggio
Ste Christine
Valle-di-Campoloro
Port de Campoloro
Cervione
Prunete
San-Giuliano
Chiatra
Phare d'Alistro
Linguizzetta
Tox
Tallone
Bravone
Marine de Bravone
Champ de Tir
Étang de Terrenzana
Riva-Bella
Tallone
Chre Ste Marie
Tour
Étang de Diane
Plage de Padulone
Vaccaja
Cateraggio
Calviani
Campo-Quercio
La Gare
Casabertola
Frassiccia
Antisanti
Casevecchie
Fajo
Pont Génois
Giuncaggio
Pancheraccia
Pietraserena
Altiani
Erbajolo
Focicchia
Zuani
Zalana
Matra
Moïta
Campi
Piazzali
Novale
Pietra-di-Verde
Canale-di-Verde
Alesani
Ortale
Valle-d'Alesani
Felce
Piobetta
Pietricaggio
Perelli
Tarrano
Carcheto-Brustico
Piedipartino
Stazzona
Carpineto
Parata
Valle-d'Orezza
Piedicroce
Campana
Nocario
Couvent d'Orezza
Rapaggio
Monacia-d'Orezza
Piazzole
Verdèse
La Porta
Quercitello
Ficaja
Croce
Polveroso
Casabianca
Poggio-Marinaccio
Casalta
Giocatojo
Crocicchia
Ortiporio
Campile
Monte
Olmo
Prunelli-di-Casacconi
Volpajola
Campitello
Lento
Bigorno
Canavaggia
Castello-di-Rostino
Valle-di-Rostino
Ponte-Leccia
Morosaglia
Stretta
Saliceto
Gavignano
Castineta
S. Pietrone
Aïti
Lano
Érone
Rusio
San Quilico
Cambia
Carticasi
Omessa
Soveria
Tralonca
Castiglione
Popolasca
Prato-di-Giovellina
Piedigriggio
Moltifao
Asco
Castirla
Corte
Mte Cecu
Santa-Lucia-di-Mercurio
Sermano
Bustanico
Alando
Alzi
Mazzola
St-Andréa-di-Bozio
Favalello
Castellare-di-Mercurio
Col de Casardo
Col de San Cervone
Sant'Andréa-di-Cotone
Belvé
Riventosa
Poggio-di-Venaco
Col de Bellagranajo
Venaco
Casanova
Tavignano
Restonica
Sto-Pietro-di-Venaco
Mte Cardo
Vivario
Muracciole
Col de Morello
Noceta
Rospigliani
Vezzani
Pietroso
Col de Sorba
Mte d'Oro
Ghisoni
Lama
Urtaca
Mte Asto
Pietralba
Sorio
Pieve
Rapale
Sto-Pietro-di-Tenda
San-Gavino-di-Tenda
Mte Tevisi
Mont Genova
Bocca di Vezzu
Mte Lavezzo
Tattone
Canaglia
Col de Campo di Luppo

0 2 4 6 8 10 km
346
350
A
B
C
D
1
2
3
4
5
Piana
Capo Rosso
Bocca di San Martino
Capo Macendolé
Capo S. Angelo
Renno
Soccia
Orto
Lac de Capitello
Lac de Creno
Cascade de Piscia a l'Onda
Pnta a i Tuseli
Plage d'Arone
Golfe de Topiti
P. de Chiuni
Pnta d'Orchino
Plage de Chiuni
Golfe de Chiuni
Pnta d'Omigna
Plage de Pero
Golfe de Pero
Pnte de Cargèse
Cargèse
Plage de Ménasina
Pnta Molendino
Plage de Stagnoli
Revinda
Rondolino
Le Couvent
Rocca Marina
Cathédrale St'Appiano
Serra Camiola
Tour de Sagone
Sagone
Esigna
Capo a la Vetta
Capo a le Forbicelle
Capu di Calazzu
Capo a la Cuma
Balogna
Col de St Antoine
Vico
Couvent de St François
Murzo
Bocca di Sorru
Letia
Poggiolo
Guagno
Guagno-les-Bains
Muna
Arbori
Rosazia
Salice
Azzana
Rezza
Pastricciola
Lopigna
Coggia
Vedolacchia
Arro
Ambiegna
Casaglione
Sari-d'Orcino
S. Damiano
Piana Maio
Cannelle
St-Andréa-d'Orcino
Sarrola-Carcopino
Tavaco
Vero
Ucciani
Carbuccia
Statue-menhir de Tavera
Pnte Puntiglione
Port de Sagone
Plage du Liamone
Tiuccia
Pnta Capigliolo
Golfe de la Liscia
GOLFE DE SAGONE
Tour d'Ancone
Pnte de Palmentoio
Calcatoggio
Pevani
Col de S. Bastiano
Appietto
Valle-di-Mezzana
Peri
Mte St-Angelo
Mte Rosso
Pnte Parragiola
Port Provençal
Golfe de Lava
Pnta di Pietra Rossa
Villanova
Capo di Feno
Cala di Fico
Anse de Minaccia
Pnta Alta
Vignola
Scudo
Ariadne
Pnta Ficaggiola
Alata
Afa
Mezzavia
Cuttoli-Corticchiato
Tolla
Ocana
Col de Mercujo
Mte Aragnasco
Bastelicaccia
Cauro
Eccica-Suarella
Gorges du Prunelli
ÀJACCIO
AJACCIO NAPOLÉON BONAPARTE
Tour de Capitello
Marina Viva
Porticcio
Pnta Porticcio
Pnte de la Parata
Îles Sanguinaires
Sémaphore
Grande Sanguinaire
GOLFE D'AJACCIO
St-François
Molini
Plage d'Agosta
Pnte de Sette Nave (Presqu'île d'Isolella)
Col de Bellevalle
Pietrosella
Plage de Ruppione
Port de Chiavari
Forêt de Chiavari
Grosseto-Prugna
Albitreccia
Guargualé
Urbalacone
Cognocoli-Monticchi
Pila-Canale
Pnte di a Castagna
La Castagna
Golfe d'Arena Rossa
Col de Cortone
Coti-Chiavari
Saparella
Figoni
Acqua Doria
Cala di Cacao
Pnta Guardiola
Capu di Muru
Cala d'Orzo
Cala di Cigliu
Capu Neru
Plage de Cupabia
Baie de Cupabia
Serra-di-Ferro
Porto-Pollo
Pnta di Porto Pollo
Olmeto-Plage
Abbartello
Castello de Cuntorba
Olmeto
Site préhistorique de Filitosa
Sollacaro
Calvese
Casalabriva
Propriano
Golfe de Valinco
Sources thermales de Baracci
Col de Sta-Giulia
P. de Rena Bianca

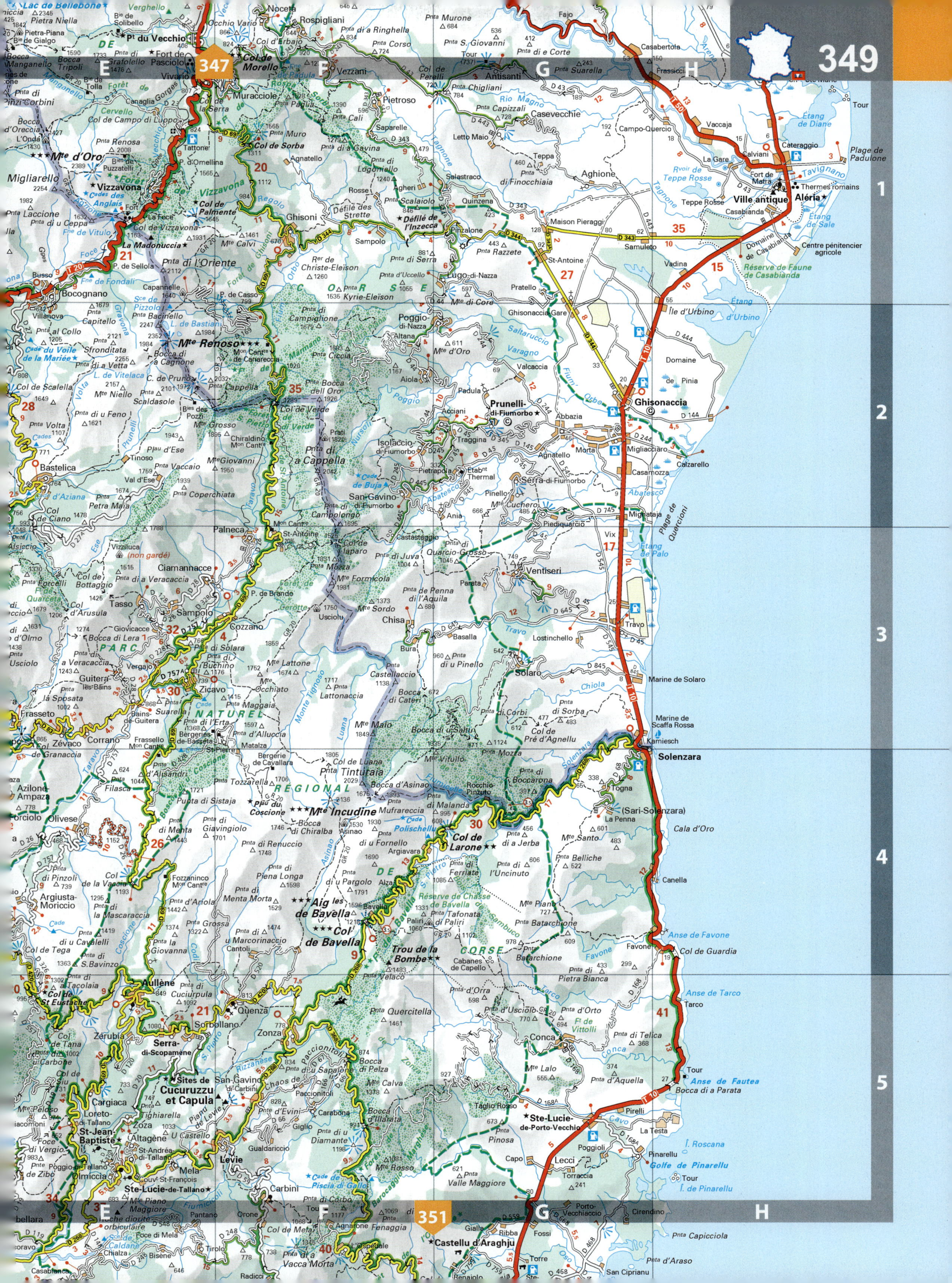

347
351
E
F
G
H
1
2
3
4
5
Vizzavona
Col de Vizzavona
Mte d'Oro
Bocognano
Mte Renoso
Bastelica
Ghisoni
Défilé de l'Inzecca
Col de Sorba
Col de Morello
Vezzani
Antisanti
Aléria
Ville antique
Étang de Diane
Étang d'Urbino
Ghisonaccia
Prunelli-di-Fiumorbo
Isolaccio-di-Fiumorbo
San-Gavino-di-Fiumorbo
Ventiseri
Travo
Solaro
Solenzara
Mte Incudine
Col de Larone
Aig les de Bavella
Col de Bavella
Trou de la Bombe
Quenza
Aullène
Zonza
Sites de Cucuruzzu et Capula
Levie
Ste-Lucie-de-Tallano
Ste-Lucie-de-Porto-Vecchio
Conca
Sari-Solenzara
Col de Verde
Plage de Padulone
Réserve de Faune de Casabianda
Anse de Favone
Anse de Tarco
Anse de Fautea
Golfe de Pinarellu
Castellu d'Araghju

0 2 4 6 8 10 km
A
B
C
D
1
2
3
4
5
348
Plage de Ruppione
Port de Chiavari
Acelasca
Forêt de Chiavari
Verghia
Pozzaccio
Portigliolo
Pnte di a Castagna
La Castagna
Golfe d'Arena Rossa
Campestra
Col de Cortone
Coti-Chiavari
Arbiezza
Saparella
Cala di Cacao
Fignoi
Monte Bianco
Pnta Guardiola
Tour
Cala d'Orzo
Pnta di Tavis
Pnta Tonda
Capu di Muru
Capu Neru
Cala di Cigliu
Acqua Doria
Marmontaja
Suara
Plage de Cupabia
Baie de Cupabia
Serra-di-Ferro
Tour de Capannella
Porto-Pollo
Pnta di Porto Pollo
Olmeto-Plage
Abbartello
Tour de Micalona
Castello de Cuntorba
Pietra Rossa
Pnta di Forcono
Favallello
Zivignola
Tassinca
Stiliccione
Pratayone
Col de Gradello
Sta-Manza
Pila-Canale
Marato
Bastiano
Cognocoli-Monticchi
Pnta di Pisola
Taccana
Ponte Vecchiu
Bicchisano
Petreto-Bicchisano
Pecorareccia
Mte S. Pietro
Furchicciol
Casalabriva
Col de Celaccia
Pnta Finocchiaia
Pnta Cavallini
Castello della Rocca
Sollacaro
Calvese
Contra Maiore
P. de Calzola
P. de Copala
Pnta dell'Orco
Taravo
Site préhistorique de Filitosa
P. du Taravo
Mte Barbato
Milucia
Pnta di Buturetto
Olmeto
Sources thermales de Baracci
Tour de la Calanca
Viggianello
Propriano
Col de Sta-Giulia
Vetaro
Pont Spin'a Cava
P. de Rena Bianca
Rizzanese
GOLFE DE VALINCO
Plage de Portigliolo
Portigliolo
Pnta di Cardicciani
Pnte de Campomoro
Campomoro
Tour
Belvédère
Belvédère-Campomoro
Tivolaggio
Pnta di u Turco
Pnta di Muro
Col de Bilia
Bilia
Bocca di Biscelli
Sartène
Pnta d'Arbolli
Bocca Albitrina
Col de Suara
Bocca di Piai
Pnta di Manna Molina
Pnta di Cuccari
Grossa
Alo-Bisucce
Zevoli
Pnta di u Monte
Cala di Agulia
Pnta d'Eccica
Pnta Quarciuqua
Avena
Castello di Cagalla
Cala di Conca
Tour de Senetosa
Punta di Senetosa
Pnta Capannaccia
Alignements de Palaggiu
Bocca di Capirossu
Pnta Pastania
Pnta di Castello
Bergerie
Mégalithes de Cauria
Pnta Cauria
Tizzano
Fort
Pnta Pietra Nera
Zivia
Pnta di Villa
Cap de Zivia
Golfe de Murtoli
Murtoli
Plage d'Erbaju
Rocher du Lion
Golfe de Roccapina
Cap de Roccapina
Îlots des Moines
RÉSER

349
E
F
G
H
1
2
3
4
5
Col de Bavella
Aig. les de Bavella
Trou de la Bombe
Aullène
Quenza
Zonza
Serra-di-Scopamene
Sites de Cucuruzzu et Capula
Levie
Carbini
St-Jean-Baptiste
Ste-Lucie-de-Tallano
Sorbollano
Conca
Ste-Lucie-de-Porto-Vecchio
Anse de Favone
Anse de Tarco
Anse de Fautea
Golfe de Pinarellu
Pinarellu
Lecci
Castellu d'Araghju
Porto-Vecchio
Golfe de Porto-Vecchio
Pta de la Chiappa
Col de Bacinu
L'Uomo di Cagna
Montagne de Cagna
Sotta
Figari
Figari-Sud Corse
Monacia-d'Aullène
Pianottoli-Caldarello
Plage de Palombaggia
Tamariccio
Plage de Sta-Giulia
Golfe de Sta-Giulia
Îles Cerbicale
Baie de Rondinara
Réserve Naturelle des Tre Padule de Suartone
Golfe de Sta Manza
Golfe de Ventilegne
Bonifacio
Capo Pertusato
Grte du Sdragonato
Ermitage de la Trinité
Île Cavallo
Île Lavezzi
Archipel des Lavezzi
Bouches de Bonifacio
Réserve Naturelle des Bouches de Bonifacio
Parc Marin International
Parco Nazionale dell' Arcipelago della Maddalena
Isola Maddalena
I. Budelli
I. Spargi
I. Rázzoli
I. Sta Maria
T 10
T 40
D 859

# FRANCE ADMINISTRATIVE

numéro – nom – chef-lieu

- **01** Ain - *Bourg-en-Bresse*
- **02** Aisne - *Laon*
- **03** Allier - *Moulins*
- **04** Alpes-de-Haute-Provence - *Digne-les-Bains*
- **05** Hautes-Alpes - *Gap*
- **06** Alpes-Maritimes - *Nice*
- **07** Ardèche - *Privas*
- **08** Ardennes - *Charleville-Mézières*
- **09** Ariège - *Foix*
- **10** Aube - *Troyes*
- **11** Aude - *Carcassonne*
- **12** Aveyron - *Rodez*
- **13** Bouches-du-Rhône - *Marseille*
- **14** Calvados - *Caen*
- **15** Cantal - *Aurillac*
- **16** Charente - *Angoulême*
- **17** Charente-Maritime - *La Rochelle*
- **18** Cher - *Bourges*
- **19** Corrèze - *Tulle*
- **2A** Corse-du-Sud - *Ajaccio*
- **2B** Haute-Corse - *Bastia*
- **21** Côte-d'Or - *Dijon*
- **22** Côtes-d'Armor - *St-Brieuc*
- **23** Creuse - *Guéret*
- **24** Dordogne - *Périgueux*
- **25** Doubs - *Besançon*
- **26** Drôme - *Valence*
- **27** Eure - *Évreux*
- **28** Eure-et-Loir - *Chartres*
- **29** Finistère - *Quimper*
- **30** Gard - *Nîmes*
- **31** Haute-Garonne - *Toulouse*
- **32** Gers - *Auch*
- **33** Gironde - *Bordeaux*
- **34** Hérault - *Montpellier*
- **35** Ille-et-Vilaine - *Rennes*
- **36** Indre - *Châteauroux*
- **37** Indre-et-Loire - *Tours*
- **38** Isère - *Grenoble*
- **39** Jura - *Lons-le-Saunier*
- **40** Landes - *Mont-de-Marsan*
- **41** Loir-et-Cher - *Blois*
- **42** Loire - *St-Étienne*
- **43** Haute-Loire - *Le Puy-en-Velay*
- **44** Loire-Atlantique - *Nantes*
- **45** Loiret - *Orléans*
- **46** Lot - *Cahors*
- **47** Lot-et-Garonne - *Agen*
- **48** Lozère - *Mende*
- **49** Maine-et-Loire - *Angers*
- **50** Manche - *St-Lô*
- **51** Marne - *Châlons-en-Champagne*
- **52** Haute-Marne - *Chaumont*
- **53** Mayenne - *Laval*
- **54** Meurthe-et-Moselle - *Nancy*
- **55** Meuse - *Bar-le-Duc*
- **56** Morbihan - *Vannes*
- **57** Moselle - *Metz*
- **58** Nièvre - *Nevers*
- **59** Nord - *Lille*
- **60** Oise - *Beauvais*
- **61** Orne - *Alençon*
- **62** Pas-de-Calais - *Arras*
- **63** Puy-de-Dôme - *Clermont-Ferrand*
- **64** Pyrénées-Atlantiques - *Pau*
- **65** Hautes-Pyrénées - *Tarbes*
- **66** Pyrénées-Orientales - *Perpignan*
- **67** Bas-Rhin - *Strasbourg*
- **68** Haut-Rhin - *Colmar*
- **69** Rhône - *Lyon*
- **70** Haute-Saône - *Vesoul*
- **71** Saône-et-Loire - *Mâcon*
- **72** Sarthe - *Le Mans*
- **73** Savoie - *Chambéry*
- **74** Haute-Savoie - *Annecy*
- **75** Ville de Paris - *Paris*
- **76** Seine-Maritime - *Rouen*
- **77** Seine-et-Marne - *Melun*
- **78** Yvelines - *Versailles*
- **79** Deux-Sèvres - *Niort*
- **80** Somme - *Amiens*
- **81** Tarn - *Albi*
- **82** Tarn-et-Garonne - *Montauban*
- **83** Var - *Toulon*
- **84** Vaucluse - *Avignon*
- **85** Vendée - *La Roche-sur-Yon*
- **86** Vienne - *Poitiers*
- **87** Haute-Vienne - *Limoges*
- **88** Vosges - *Épinal*
- **89** Yonne - *Auxerre*
- **90** Territoire-de-Belfort - *Belfort*
- **91** Essonne - *Évry-Courcouronnes*
- **92** Hauts-de-Seine - *Nanterre*
- **93** Seine-Saint-Denis - *Bobigny*
- **94** Val-de-Marne - *Créteil*
- **95** Val-d'Oise - *Pontoise*

## RESTRICTIONS DE CIRCULATION LIÉES À LA POLLUTION DANS LES VILLES

● Villes soumises à restrictions

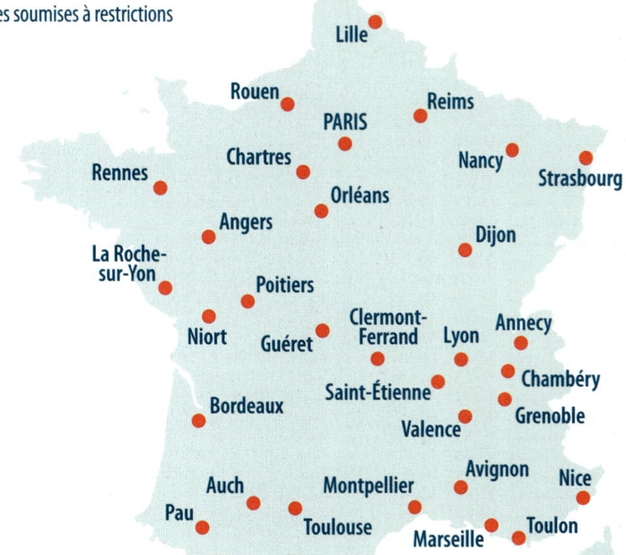


www.certificat-air.gouv.fr

*Sous réserve de l'adhésion d'autres métropoles ou territoires.*

Numéro de département — Numéro de page

Localité → Abainville 55 ........ 93 G2 ← Coordonnées de carroyage

## A

Aast 64 314 D4
Abainville 55 93 G2
Abancourt 59 14 B3
Abancourt 60 21 G4
Abaucourt 54 65 H3
Abaucourt-lès-Souppleville 55 44 C5
Abbans-Dessous 25 161 H5
Abbans-Dessus 25 161 H5
Abbaretz 44 126 D5
Abbécourt 02 24 A5
Abbecourt 60 38 A3
Abbenans 25 141 H5
Abbeville 80 11 G3
Abbéville-la-Rivière 91 87 F5
Abbéville-lès-Conflans 54 45 E5
Abbeville-Saint-Lucien 60 38 B1
Abbévillers 25 142 C5
Abeilhan 34 321 G2
Abelcourt 70 141 F2
L'Aber-Wrac'h 29 70 C4
Abère 64 314 C3
L'Abergement-Clémenciat 01 213 F1
L'Abergement-de-Cuisery 71 195 F1
L'Abergement-de-Varey 01 214 B2
Abergement-la-Ronce 39 178 D1
Abergement-le-Grand 39 179 F2
Abergement-le-Petit 39 179 F2
Abergement-lès-Thésy 39 179 H2
Abergement-Saint-Jean 39 178 D3
L'Abergement-Sainte-Colombe 71 178 A4
Abidos 64 313 H2
Abilly 37 169 H2
Abîme *Pont de l'* 74 215 G5
Abitain 64 311 H3
Abjat-sur-Bandiat 24 222 C2
Ablain-Saint-Nazaire 62 8 A5
Ablaincourt-Pressoir 80 23 F2
Ablainzevelle 62 13 G4
Ablancourt 51 62 C3
Ableiges 95 57 H1
Les Ableuvenettes 88 118 D2
Ablis 78 86 D3
Ablon 14 34 D2
Ablon-sur-Seine 94 58 C5
Aboën 42 229 H4
Aboncourt 54 94 C4
Aboncourt 57 46 B4
Aboncourt-Gesincourt 70 140 D3
Aboncourt-sur-Seille 57 66 B4
Abondance 74 198 C4
Abondant 28 56 D4
Abos 64 313 H3
Abreschviller 57 96 C1
Abrest 03 210 B2
Les Abrets en Dauphiné 38 232 C3
Abriès 05 253 F5
Abscon 59 14 C2
L'Absie 79 167 F5
Abzac 16 204 C2
Abzac 33 238 C4
Accarias *Col* 38 251 E5
Accia *Pont de l'* 2B 347 E4
Accolans 25 141 H5
Accolay 89 136 C4
Accons 07 248 B5
Accous 64 331 H3
Achain 57 66 D3
Achen 57 67 H1
Achenheim 67 97 G1
Achères 18 155 F4
Achères 78 58 A2
Achères-la-Forêt 77 88 A5
Achery 02 24 B4
Acheux-en-Amiénois 80 13 E5
Acheux-en-Vimeu 80 11 F4
Acheville 62 8 C5
Achey 70 140 A5
Achicourt 62 13 G2
Achiet-le-Grand 62 13 G4
Achiet-le-Petit 62 13 G4
Achun 58 157 G5
Achy 60 21 H5
Acigné 35 104 C3
Aclou 27 35 G5
Acon 27 56 B4
Acq 62 13 F2
Acqueville 14 53 G2
Acqueville 50 28 D3
Acquigny 27 36 B5
Acquin 62 3 E5
Acy 02 40 C3
Acy-en-Multien 60 39 G5
Acy-Romance 08 42 A1
Adaincourt 57 66 C2
Adainville 78 57 F5
Adam-lès-Passavant 25 162 C3
Adam-lès-Vercel 25 162 C4
Adamswiller 67 67 H3
Adast 65 332 D2
Adé 65 314 D5
Adelange 57 66 D2
Adelans-et-le-Val-de-Bithaine 70 141 G3
Adervielle 65 333 H4
Adilly 79 168 A5
Adinfer 62 13 F3
Adissan 34 302 A5
Les Adjots 16 203 F2
Adon 45 134 D3
Les Adrets 38 233 F5
Les Adrets-de-l'Esterel 83 308 D4
Adriers 86 187 F5
Aérocity *Parc* 07 266 B4
Afa 2A 348 C3
Affieux 19 224 D3
Affléville 54 45 E4
Affoux 69 212 B4
Affracourt 54 94 D3
Affringues 62 7 E2
Agassac 31 316 D3
Agay 83 329 H1
Agde 34 322 C5
Agel 34 320 D4
Agen 47 276 B3
Agen-d'Aveyron 12 280 D1
Agencourt 21 160 A5
Agenville 80 12 B4
Agenvillers 80 11 H2
Les Ageux 60 39 E3
Ageville 52 117 F3
Agey 21 159 G3
Aghione 2B 349 G1
Agincourt 54 65 H5
Agmé 47 257 G5
Agnac 47 257 G3
Agnat 43 228 B5
Agneaux 50 32 A5
Agnetz 60 38 C2
Agnez-lès-Duisans 62 13 F2
Agnicourt-et-Séchelles 02 25 F3
Agnières 62 8 A5
Agnières 80 21 H4
Agnières-en-Dévoluy 05 269 F2
Agnin 38 231 F5
Agnos 64 331 H1
Agny 62 13 G3
Agon-Coutainville 50 31 F5
Agonac 24 240 C1
Agonès 34 302 C1
Agonges 03 191 H1
Agonnay 17 201 F4
Agos-Vidalos 65 332 D2
Agris 16 203 G5
Agudelle 17 219 H4
Les Agudes 31 333 H4
Aguessac 12 281 H3
Aguilar *Château d'* 11 338 C3
Aguilcourt 02 41 G2
Aguts 81 298 D5
Agy 14 32 D3
Ahaxe-Alciette-Bascassan 64 330 C1
Ahetze 64 310 C3
Ahéville 88 94 D5
Ahuillé 53 105 H4
Ahun 23 207 F2
Ahusquy 64 330 D2
Ahuy 21 160 A2
Aibes 59 15 H3
Aibre 25 142 B4
Aïcirits 64 311 G4
Aiffres 79 185 E4
Aigaliers 30 284 B4
L'Aigle 61 55 F4
Aigle *Barrage de l'* 19 243 H1
Aiglemont 08 26 D3
Aiglepierre 39 179 G2
Aigleville 27 56 D1
Aiglun 04 287 H4
Aiglun 06 309 E1
Aignan 32 295 F3
Aignay-le-Duc 21 138 C4
Aigne 34 320 C4
Aigné 72 107 G4
Aignerville 14 32 C3
Aignes 31 318 B4
Aignes-et-Puypéroux 16 221 F4
Aigneville 80 11 F4
Aigny 51 61 H1
Aigonnay 79 185 F4
Aigoual *Mont* 48 282 D4
Aigre 16 203 E4
Aigrefeuille 31 298 B5
Aigrefeuille-d'Aunis 17 200 D1
Aigrefeuille-sur-Maine 44 147 H5
Aigremont 30 283 H5
Aigremont 52 118 A4
Aigremont 78 57 H3
Aigremont 89 136 D4
Aiguebelette-le-Lac 73 233 E2
Aiguebelle 73 234 A2
Aiguebelle 83 329 E4
Aigueblanche 73 234 B3
Aiguefonde 81 319 H2
Aigueperse 63 209 H3
Aigueperse 69 194 B5
Aigues-Juntes 09 336 A2
Aigues-Mortes 30 303 G5
Aigues-Vives 09 336 D2
Aigues-Vives 11 320 A5
Aigues-Vives 30 303 G3
Aigues-Vives 34 320 D4
Aiguèze 30 284 C2
Aiguilhe 43 247 F3
Aiguilles 05 253 F5
L'Aiguillon 09 336 D3
Aiguillon 47 275 G2
L'Aiguillon-sur-Mer 85 183 E4
L'Aiguillon-sur-Vie 85 165 E5
Aiguines 83 307 G2
Aigurande 36 189 F3
Ailefroide 05 252 B4
Ailhon 07 266 B3
Aillant-sur-Milleron 45 135 E3
Aillant-sur-Tholon 89 135 H2
Aillas 33 256 D5
Ailleux 42 211 F5
Aillevans 70 141 G4
Ailleville 10 116 A2
Aillevillers-et-Lyaumont 70 119 F5
Aillianville 52 93 G4
Aillières-Beauvoir 72 84 A4
Aillon-le-Jeune 73 233 G1
Aillon-le-Vieux 73 233 G1
Ailloncourt 70 141 G3
Ailly 27 36 C5
Ailly-le-Haut-Clocher 80 11 H4
Ailly-sur-Meuse 55 64 C4
Ailly-sur-Noye 80 22 C3
Ailly-sur-Somme 80 22 B1
Aimargues 30 303 G3
Aime-la-Plagne 73 234 C2
Ain *Source de l'* 39 180 A4
Ainac 04 288 A2
Ainay-le-Château 03 173 G5
Ainay-le-Vieil 18 173 F5
Aincille 64 330 C1
Aincourt 95 57 G1
Aincreville 55 43 G2
Aingeray 54 65 G5
Aingeville 88 118 A2
Aingoulaincourt 52 93 F3
Ainharp 64 311 H5
Ainhice-Mongelos 64 311 F5
Ainhoa 64 310 D4
Ainvelle 70 141 F2
Ainvelle 88 118 B4
Airaines 80 11 H5
Airan 14 34 A5
Aire 08 41 H1
Aire-sur-la-Lys 62 7 G2
Aire-sur-l'Adour 40 294 C3
Airel 50 32 B4
Les Aires 34 301 F5
Airion 60 38 C2
Airon-Notre-Dame 62 6 B5
Airon-Saint-Vaast 62 6 B5
Airoux 11 318 D3
Airvault 79 168 B3
Aiserey 21 160 B5
Aisey-et-Richecourt 70 118 C5
Aisey-sur-Seine 21 138 B3
Aisne 85 183 G3
Aisonville-et-Bernoville 02 24 C1
Aïssey 25 162 C3
Aisy-sous-Thil 21 158 C2
Aisy-sur-Armançon 89 137 G4
Aiti 2B 347 F3
Aiton 73 233 H2
Aix 19 226 B2
Aix *Île d'* 17 200 C2
Les Aix-d'Angillon 18 155 G5
Aix-en-Diois 26 268 B2
Aix-en-Ergny 62 6 D3
Aix-en-Issart 62 6 C4
Aix-en-Othe 10 114 B2
Aix-en-Pévèle 59 9 E4
Aix-en-Provence 13 306 A5
Aix-la-Fayette 63 228 C3
Aix-les-Bains 73 233 F1
Aix-Noulette 62 8 A5
Aixe-sur-Vienne 87 205 F5
Aizac 07 266 B2
Aizanville 52 116 C3
Aize 36 171 H1
Aizecourt-le-Bas 80 23 H1
Aizecourt-le-Haut 80 23 G1
Aizecq 16 203 G3
Aizelles 02 41 E1
Aizenay 85 165 G4
Aizier 27 35 F2
Aizy-Jouy 02 40 C2
Ajac 11 337 F2
Ajaccio 2A 348 B3
Ajain 23 207 F1
Ajat 24 241 E2
Ajoncourt 57 66 B4
Ajou 27 55 G2
Ajoux 07 266 C1
Alaigne 11 337 F1
Alaincourt 02 24 B3
Alaincourt 70 118 D5
Alaincourt-la-Côte 57 66 B3
Alairac 11 319 G5
Alaise 25 179 H1
Alan 31 316 D5
Alando 2B 347 F4
Alata 2A 348 B3
Alba-la-Romaine 07 266 D4
Alban 81 300 A1
Albaret-le-Comtal 48 245 H5
Albaret-Sainte-Marie 48 246 A5
Albarine *Gorges de l'* 01 214 C3
L'Albaron 13 304 A4
Albas 11 338 C2
Albas 46 259 G5
Albé 67 97 E4
Albefeuille-Lagarde 82 277 G5
L'Albenc 38 250 B1
Albens 73 215 F5
Albepierre-Bredons 15 245 F3
L'Albère 66 343 E4
Albert 80 13 F5
Albert-Louppe *Pont* 29 75 F2
Albertacce 2B 346 D4
Albertville 73 234 A1
Albestroff 57 67 F2
Albi 81 299 F1
Albiac 31 298 C5
Albiac 46 261 E2
Albias 82 278 B4
Albières 11 338 A3
Albiès 09 336 C5
Albiez-le-Jeune 73 252 A1
Albiez-le-Vieux 73 252 A1
Albignac 19 242 D2
Albigny 74 215 G3
Albigny-sur-Saône 69 213 E4
Albine 81 320 A2
Albiosc 04 307 E2
Albitreccia 2A 348 D4
Albon 26 249 E1
Albon-d'Ardèche 07 266 B1
Alboussière 07 249 E4
Les Albres 12 261 G4
Albussac 19 243 E3
Alby-sur-Chéran 74 215 F4
Alçay-Alçabéhéty-Sunharette 64 331 E2
Aldudes 64 330 A1
Alembon 62 2 D5
Alençon 61 83 G4
Alénya 66 343 F2
Aléria 2B 349 H1
Alès 30 283 H4
Alet-les-Bains 11 337 G2
Alette 62 6 C4
Aleu 09 335 G3
Alex 74 215 H3
Alexain 53 106 A2
Aleyrac 26 267 F4
Alfortville 94 58 C4
Algajola 2B 344 C5
Algans 81 298 D5
Algolsheim 68 121 G3
Algrange 57 45 G3
Alièze 39 196 C1
Alignan-du-Vent 34 321 H2
Alincourt 08 42 A2
Alincourt 60 37 G4
Alincthun 62 2 C5
Alise-Sainte-Reine 21 159 E1
Alissas 07 266 D2
Alix 69 212 D4
Alixan 26 249 G4
Alizay 27 36 B3
Allain 54 94 B2
Allaines 80 23 G1
Allaines-Mervilliers 28 110 D2
Allainville 28 56 C5
Allainville 78 86 D4
Allainville-en-Beauce 45 111 F2
Allaire 56 125 G4
Allamont 54 65 E1
Allamps 54 94 A2
Allan 26 267 E4
Allanche 15 245 F1
Alland'Huy-et-Sausseuil 08 42 C1
Allarmont 88 96 B2
Allas-Bocage 17 219 H4
Allas-Champagne 17 220 B3
Allas-les-Mines 24 259 F1
Allassac 19 242 B1
Allauch 13 327 E2
Allègre 43 247 E2
Allègre *Château d'* 30 284 A3
Allègre-les-Fumades 30 284 A3
Alleins 13 305 G3
Allemagne-en-Provence 04 307 E2
Allemanche-Launay-et-Soyer 51 90 B2
Allemans 24 239 G1
Allemans-du-Dropt 47 257 G3
Allemant 02 40 C1
Allemant 51 61 E4
Allemont 38 251 G2
Allenay 80 11 E3
Allenc 48 264 D4
Allenjoie 25 142 C4
Allennes-les-Marais 59 8 C4
Allenwiller 67 68 B5
Allerey 21 159 E5
Allerey-sur-Saône 71 178 A3
Allériot 71 178 A4
Allery 80 11 H5
Alles-sur-Dordogne 24 258 D1
L'Alleu 41 152 D2
Les Alleuds 49 149 H3
Les Alleuds 79 203 E1
Les Alleux 08 42 D1
Alleuze 15 245 H4
Allevard 38 233 G4
Allèves 74 215 G5
Allex 26 267 F1
Alleyrac 43 247 G5
Alleyras 43 246 D5
Alleyrat 19 225 H3
Alleyrat 23 207 G3
Allez-et-Cazeneuve 47 276 B1
Alliancelles 51 63 E3
Alliat 09 336 B4
Allibaudières 10 91 E2
Allichamps 52 92 C2
Allier 65 315 F5
Allières 09 335 H2
Les Alliés 25 180 D2
Alligny-Cosne 58 156 B2
Alligny-en-Morvan 58 158 C4
Allimas *Col de l'* 38 250 C5
Allineuc 22 78 A5
Allinges 74 198 B3
Allogny 18 155 E4
Allondans 25 142 B4
Allondaz 73 216 A5
Allondrelle-la-Malmaison 54 44 C1
Allonne 60 38 A2
Allonne 79 185 E1
Allonnes 28 86 C5
Allonnes 49 150 C3
Allonnes 72 107 G5
Allons 04 288 D4
Allons 47 274 D3
Allonville 80 22 C1
Allonzier-la-Caille 74 215 G2
Allos 04 288 D2
Allos *Col d'* 04 288 D1
Allouagne 62 7 H4
Alloue 16 204 B2
Allouis 18 154 D5
Allouville-Bellefosse 76 19 G5
Les Allues 73 234 C3
Les Alluets-le-Roi 78 57 H3
Alluy 58 175 G1
Alluyes 28 109 H2
Ally 15 244 B2
Ally 43 246 A2
Almayrac 81 279 G4
Almenêches 61 54 B5
Almont-les-Junies 12 261 H4
Alos 09 335 F3
Alos 81 279 E5
Alos-Sibas-Abense 64 331 F1
Alouettes *Mont des* 85 166 C2
Aloxe-Corton 21 177 H1
Alpe-d'Huez 38 251 G2
Alpuech 12 263 F2
Alquines 62 2 D5
Alrance 12 281 E4
Alsting 57 47 G5
Altagène 2A 349 E5
Alteckendorf 67 68 C4
Altenach 68 143 E3
Altenbach 68 120 C5
Altenheim 67 68 B4
Altenstadt 67 69 F1
Althen-des-Paluds 84 285 G5
Altiani 2B 347 F5
Altier 48 265 F5

Altillac 19 ... 243 E4
Altkirch 68 ... 143 F3
Altorf 67 ... 97 F2
Altrippe 57 ... 67 F1
Altviller 57 ... 67 E1
Altwiller 67 ... 67 G2
Aluze 71 ... 177 G3
Alvignac 46 ... 260 D1
Alvimare 76 ... 19 F5
Alzen 09 ... 336 A2
Alzi 2B ... 347 F4
Alzing 57 ... 46 C4
Alzon 30 ... 282 C5
Alzonne 11 ... 319 F4
Amage 70 ... 141 H2
Amagne 08 ... 42 B1
Amagney 25 ... 162 B3
Amailloux 79 ... 168 A4
Amance 10 ... 91 H5
Amance 54 ... 66 B5
Amance 70 ... 141 E2
Amancey 25 ... 180 A1
Amancy 74 ... 216 A1
Amange 39 ... 161 E4
Amanlis 35 ... 104 C4
Amanty 55 ... 93 H2
Amanvillers 57 ... 45 G5
Amanzé 71 ... 193 H4
Amareins 01 ... 213 E2
Amarens 81 ... 279 E5
Amathay-Vésigneux 25 ... 180 B1
Amayé-sur-Orne 14 ... 33 F5
Amayé-sur-Seulles 14 ... 32 D5
Amazy 58 ... 157 F3
Ambacourt 88 ... 94 D4
Ambarès-et-Lagrave 33 ... 237 G4
Ambax 31 ... 316 D3
Ambazac 87 ... 205 H3
Ambel 38 ... 269 F1
Ambenay 27 ... 55 G3
Ambérac 16 ... 203 E4
Ambérieu-en-Bugey 01 ... 214 A3
Ambérieux-d'Azergues 69 ... 212 D3
Ambérieux-en-Dombes 01 ... 213 F3
Ambernac 16 ... 204 B3
Amberre 86 ... 168 D4
Ambert 63 ... 229 E3
Ambès 33 ... 237 G3
Ambeyrac 12 ... 261 F4
Ambialet 81 ... 299 H1
Ambiegna 2A ... 348 C2
Ambierle 42 ... 211 F2
Ambiévillers 70 ... 118 D4
Ambillou 37 ... 151 F2
Ambillou-Château 49 ... 149 H4
Ambilly 74 ... 197 H5
Amblaincourt 55 ... 63 H2
Amblainville 60 ... 38 A4
Amblans-et-Velotte 70 ... 141 G3
Ambleny 02 ... 40 A2
Ambléon 01 ... 214 C5
Ambleteuse 62 ... 2 B4
Ambleville 16 ... 220 C3
Ambleville 95 ... 37 F5
Amblie 14 ... 33 F3
Amblimont 08 ... 27 F4
Ambloy 41 ... 131 F4
Ambly-Fleury 08 ... 42 B1
Ambly-sur-Meuse 55 ... 64 B2
Amboise 37 ... 152 C2
Ambon 56 ... 124 D4
Ambonil 26 ... 267 F1
Ambonnay 51 ... 61 H1
Ambonville 52 ... 92 D5
Ambourville 76 ... 35 H1
Ambrault 36 ... 172 B4
Ambres 81 ... 298 D3
Ambricourt 62 ... 7 F4
Ambrief 02 ... 40 B3
Ambrières 51 ... 63 E5
Ambrières-les-Vallées 53 ... 82 B4
Ambrines 62 ... 13 E2
Ambronay 01 ... 214 A2
Ambrugeat 19 ... 225 G3
Ambrumesnil 76 ... 20 A2
Ambrus 47 ... 275 F2
Ambutrix 01 ... 214 A3
Amécourt 27 ... 37 F2
Amel-sur-l'Étang 55 ... 44 D4
Amelécourt 57 ... 66 C4
Amélie-les-Bains-Palalda 66 ... 342 C4
L'Amélie-sur-Mer 33 ... 218 C3
Amendeuix-Oneix 64 ... 311 G4
Amenoncourt 54 ... 96 A1
Amenucourt 95 ... 37 F5
Ames 62 ... 7 G3
Amettes 62 ... 7 G4
Ameugny 71 ... 194 D2
Ameuvelle 88 ... 118 C5
Amfreville 14 ... 33 H3
Amfreville 50 ... 29 G5
Amfreville-Saint-Amand 27 ... 35 H4
Amfreville-la-Mi-Voie 76 ... 36 B2
Amfreville-les-Champs 27 ... 36 C3
Amfreville-les-Champs 76 ... 19 H4
Amfreville-sous-les-Monts 27 ... 36 C3
Amfreville-sur-Iton 27 ... 36 B5
Amfroipret 59 ... 15 F2
Amiens 80 ... 22 B2
Amifontaine 02 ... 41 F1
Amigny 50 ... 32 A4
Amigny-Rouy 02 ... 24 B5
Amillis 77 ... 60 A4
Amilly 28 ... 86 A4
Amilly 45 ... 112 C5
Amions 42 ... 211 G4
Amirat 06 ... 289 F5
Ammerschwihr 68 ... 121 E2
Ammertzwiller 68 ... 143 E2
Ammeville 14 ... 54 B2
Amné 72 ... 107 F4
Amnéville 57 ... 45 G4
Amoncourt 70 ... 141 E3
Amondans 25 ... 162 A5
Amont-et-Effreney 70 ... 119 G5
Amorots-Succos 64 ... 311 G4
Amou 40 ... 293 G4
Amphion-les-Bains 74 ... 198 B3
Ampiac 12 ... 280 C1
Ampilly-le-Sec 21 ... 138 A3
Ampilly-les-Bordes 21 ... 138 B5
Amplepuis 69 ... 212 A3
Amplier 62 ... 12 D4
Ampoigné 53 ... 128 A2
Amponville 77 ... 112 A2
Ampriani 2B ... 347 G5
Ampuis 69 ... 231 E3
Ampus 83 ... 307 H4
Amuré 79 ... 184 C5
Amy 60 ... 23 F4
Anais 16 ... 203 F5
Anais 17 ... 183 H5
Anan 31 ... 316 C3
Ance 64 ... 331 G1
Anceaumeville 76 ... 20 B5
Anceins 61 ... 55 E3
Ancelle 05 ... 269 H2
Ancemont 55 ... 64 B1
Ancenis 44 ... 148 B2
Ancerville 55 ... 63 G5
Ancerville 57 ... 66 B1
Ancerviller 54 ... 96 A2
Ancey 21 ... 159 H3
Anchamps 08 ... 26 D1
Anché 37 ... 151 E5
Anché 86 ... 186 B4
Anchenoncourt-et-Chazel 70 ... 141 E2
Ancienville 02 ... 40 A4
Ancier 70 ... 161 F1
Ancinnes 72 ... 83 H4
Ancizan 65 ... 333 G3
Les Ancizes-Comps 63 ... 209 E4
Ancône 26 ... 267 E3
Ancourt 76 ... 10 B5
Ancourteville-sur-Héricourt 76 ... 19 G4
Ancretiéville-Saint-Victor 76 ... 20 A4
Ancretteville-sur-Mer 76 ... 19 F3
Ancteville 50 ... 31 G5
Anctoville 14 ... 33 E5
Anctoville-sur-Boscq 50 ... 51 F3
Ancy 69 ... 212 C5
Ancy-Dornot 57 ... 65 G1
Ancy-le-Franc 89 ... 137 F3
Ancy-le-Libre 89 ... 137 F3
Andaine *Bec d'* 50 ... 51 F4
Andainville 80 ... 21 G2
Andance 07 ... 249 E1
Andancette 26 ... 249 E1
Andard 49 ... 149 H1
Andé 27 ... 36 C4
Andechy 80 ... 23 E4
Andel 22 ... 78 D3
Andelain 02 ... 24 B4
Andelaroche 03 ... 193 E5
Andelarre 70 ... 141 E5
Andelarrot 70 ... 141 E5
Andelat 15 ... 245 G3
Andelnans 90 ... 142 C3
Andelot 52 ... 117 F2
Andelot-en-Montagne 39 ... 179 H3
Andelot-lès-Saint-Amour 39 ... 196 A3
Andelu 78 ... 57 G3
Les Andelys 27 ... 36 D4
Andernay 55 ... 63 F4
Andernos-les-Bains 33 ... 254 C1
Anderny 54 ... 45 F3
Andert-et-Condon 01 ... 214 D5
Andevanne 08 ... 43 G2
Andeville 60 ... 38 A4
Andigné 49 ... 128 A4
Andillac 81 ... 279 E5
Andilly 17 ... 183 G5
Andilly 54 ... 65 F5
Andilly 74 ... 215 G2
Andilly 95 ... 58 B2
Andilly-en-Bassigny 52 ... 117 H5
Andiran 47 ... 275 F4
Andlau 67 ... 97 E3
Andoins 64 ... 314 C5
Andolsheim 68 ... 121 F3
Andon 06 ... 308 D2
Andonville 45 ... 111 E2
Andornay 70 ... 142 A3
Andouillé 53 ... 106 A2
Andouillé-Neuville 35 ... 80 C5
Andouque 81 ... 280 B5
Andrein 64 ... 311 H3
Andres 62 ... 2 D4
Andrest 65 ... 315 E3
Andrésy 78 ... 58 A2
Andrezé 49 ... 148 D4
Andrezel 77 ... 88 C2
Andrézieux-Bouthéon 42 ... 230 A3
Andryes 89 ... 157 E1
Anduze 30 ... 283 G4
Anéran-Camors 65 ... 333 H4
Anères 65 ... 333 H1
Anet 28 ... 56 D3
Anetz 44 ... 148 C2
Angaïs 64 ... 314 C4
Angé 41 ... 152 D3
Angeac-Champagne 16 ... 220 B2
Angeac-Charente 16 ... 220 D2
Angecourt 08 ... 27 F4
Angeduc 16 ... 220 D3
Angely 89 ... 137 E5
Angeot 90 ... 142 D2
Angers 49 ... 149 G1
Angerville 14 ... 34 A4
Angerville 91 ... 87 E5
Angerville-Bailleul 76 ... 19 E4
Angerville-la-Campagne 27 ... 56 B2
Angerville-la-Martel 76 ... 19 F3
Angerville-l'Orcher 76 ... 18 D5
Angervilliers 91 ... 87 F2
Angeville 82 ... 277 E5
Angevillers 57 ... 45 G3
Angey 50 ... 51 G4
Angicourt 60 ... 38 D3
Angiens 76 ... 19 H2
Angirey 70 ... 161 G1
Angivillers 60 ... 38 D1
Anglade 33 ... 237 F1
Anglards-de-Saint-Flour 15 ... 245 H4
Anglards-de-Salers 15 ... 244 C2
Anglars 46 ... 261 E2
Anglars-Juillac 46 ... 259 G5
Anglars-Nozac 46 ... 259 H1
Anglars-Saint-Félix 12 ... 261 H5
Anglefort 01 ... 215 E3
Anglemont 88 ... 95 H4
Angles 04 ... 288 D5
Les Angles 30 ... 285 E5
Les Angles 65 ... 333 E1
Les Angles 66 ... 341 G3
Anglès 81 ... 300 B5
Angles 85 ... 182 D3
Les Angles-sur-Corrèze 19 ... 243 E1
Angles-sur-l'Anglin 86 ... 170 B5
Anglesqueville-la-Bras-Long 76 ... 19 H3
Anglesqueville-l'Esneval 76 ... 18 D4
Anglet 64 ... 292 A5
Angliers 17 ... 183 G5
Angliers 86 ... 168 D2
Anglure 51 ... 90 C2
Anglure-sous-Dun 71 ... 194 A5
Anglus 52 ... 92 B4
Angluzelles-et-Courcelles 51 ... 61 F5
Angoisse 24 ... 223 F4
Angomont 54 ... 96 B2
Angos 65 ... 315 F5
Angoulême 16 ... 221 F2
Angoulins 17 ... 200 C1
Angoumé 40 ... 292 D3
Angous 64 ... 313 F4
Angoustrine 66 ... 341 F4
Angoville 14 ... 53 G2
Angoville-au-Plain 50 ... 32 A2
Angoville-en-Saire 50 ... 29 G2
Angoville-sur-Ay 50 ... 31 F3
Angres 62 ... 8 B5
Angresse 40 ... 292 B3
Angrie 49 ... 127 H5
Anguilcourt-le-Sart 02 ... 24 C4
Angviller-lès-Bisping 57 ... 67 F4
Angy 60 ... 38 C3
Anhaux 64 ... 330 B1
Anhiers 59 ... 9 E5
Aniane 34 ... 302 B4
Aniche 59 ... 14 B2
Anisy 14 ... 33 G3
Anizy-le-Château 02 ... 40 C1
Anjeux 70 ... 119 E5
Anjony *Château d'* 15 ... 244 C3
Anjou 38 ... 231 F5
Anjouin 36 ... 154 A5
Anjoutey 90 ... 142 C2
Anla 65 ... 334 A2
Anlezy 58 ... 175 F2
Anlhiac 24 ... 223 F5
Annay 58 ... 156 A1
Annay 62 ... 8 C4
Annay-la-Côte 89 ... 157 H1
Annay-sur-Serein 89 ... 137 E4
Annebault 14 ... 34 B3
Annebecq 14 ... 52 B2
Annecy 74 ... 215 G3
Annecy-le-Vieux 74 ... 215 G3
Annelles 08 ... 42 B2
Annemasse 74 ... 197 H5
Annéot 89 ... 157 H1
Annepont 17 ... 201 G4
Annequin 62 ... 8 A4
Annesse-et-Beaulieu 24 ... 240 B2
Annet-sur-Marne 77 ... 59 F2
Anneux 59 ... 14 A4
Anneville-en-Saire 50 ... 29 H3
Annéville-la-Prairie 52 ... 116 D2
Anneville-sur-Mer 50 ... 31 F5
Anneville-sur-Scie 76 ... 20 B2
Anneville-sur-Seine 76 ... 35 H1
Anneyron 26 ... 249 F1
Annezay 17 ... 201 F2
Annezin 62 ... 8 A4
Annœullin 59 ... 8 C4
Annoire 39 ... 178 C2
Annois 02 ... 24 A4
Annoisin-Chatelans 38 ... 214 A5
Annoix 18 ... 173 F2
Annonay 07 ... 248 D1
Annonville 52 ... 93 E4
Annot 04 ... 289 E5
Annouville-Vilmesnil 76 ... 19 E4
Annoux 89 ... 137 F5
Annoville 50 ... 51 F1
Anor 59 ... 15 H5
Anos 64 ... 314 B3
Anost 71 ... 176 B1
Anould 88 ... 120 B2
Anoux 54 ... 45 E4
Anoye 64 ... 314 D3
Anquetierville 76 ... 35 F1
Anrosey 52 ... 140 B2
Ansac-sur-Vienne 16 ... 204 C3
Ansacq 60 ... 38 C3
Ansan 32 ... 296 C3
Ansauville 54 ... 65 E4
Ansauvillers 60 ... 22 C5
Anse 69 ... 212 D3
Anserville 60 ... 38 B4
Ansignan 66 ... 338 A5
Ansigny 73 ... 215 F4
Ansost 65 ... 315 F2
Ansouis 84 ... 306 A3
Anstaing 59 ... 9 E3
Antagnac 47 ... 274 D1
Anterrieux 15 ... 263 G1
Anteuil 25 ... 163 E2
Antezant 17 ... 201 H3
Anthé 47 ... 277 E1
Anthelupt 54 ... 95 F1
Anthenay 51 ... 41 E5
Antheny 08 ... 26 A2
Anthéor 83 ... 309 E5
Antheuil 21 ... 159 G5
Antheuil-Portes 60 ... 39 F1
Anthien 58 ... 157 G3
Anthon 38 ... 213 H5
Anthy-sur-Léman 74 ... 198 A3
Antibes 06 ... 309 F4
Antibes *Cap d'* 06 ... 309 F4
Antichan 65 ... 334 A2
Antichan-de-Frontignes 31 ... 334 B2
Antignac 15 ... 226 C5
Antignac 17 ... 219 H3
Antignac 31 ... 334 A4
Antigny 85 ... 184 B1
Antigny 86 ... 187 F2
Antigny-la-Ville 21 ... 159 F5
Antilly 57 ... 45 H5
Antilly 60 ... 39 G5
Antin 65 ... 315 G3
Les Antiques 13 ... 304 D2
Antisanti 2B ... 347 G5
Antist 65 ... 333 F1
Antogny le Tillac 37 ... 169 G2
Antoigné 49 ... 168 B1
Antoigny 61 ... 82 D3
Antoingt 63 ... 227 H3
Antonaves 05 ... 287 E2
Antonne-et-Trigonant 24 ... 240 D2
Antony 92 ... 58 B4
Antorpe 25 ... 161 G4
Antraigues-sur-Volane 07 ... 266 B2
Antrain 35 ... 80 C3
Antran 86 ... 169 G3
Antras 09 ... 334 D4
Antras 32 ... 296 A3
Antrenas 48 ... 264 A4
Antugnac 11 ... 337 G3
Antully 71 ... 177 E3
Anvéville 76 ... 19 G4
Anville 16 ... 202 D5
Anvin 62 ... 7 F4
Any-Martin-Rieux 02 ... 25 H2
Anzat-le-Luguet 63 ... 227 G5
Anzeling 57 ... 46 C4
Anzême 23 ... 189 F5
Anzex 47 ... 275 E2
Anzin 59 ... 9 G5
Anzin-Saint-Aubin 62 ... 13 G2
Anzy-le-Duc 71 ... 193 G4
Aoste 38 ... 232 C2
Aougny 51 ... 41 E4
Aouste 08 ... 26 A3
Aouste-sur-Sye 26 ... 267 G2
Aouze 88 ... 94 B4
Apach 57 ... 46 B2
Apchat 63 ... 227 H5
Apchon 15 ... 245 E1
Apinac 42 ... 229 G5
Apothicairerie *Grotte de l'* 56 ... 144 B3
Appelle 81 ... 299 E5
Appenai-sous-Bellême 61 ... 84 C5
Appenans 25 ... 142 A5
Appenwihr 68 ... 121 F3
Appeville 50 ... 31 H2
Appeville-Annebault 27 ... 35 F3
Appietto 2A ... 348 C2
Appilly 60 ... 23 H5
Appoigny 89 ... 136 B2
Apprieu 38 ... 232 C4
Appy 09 ... 336 C5
Apremont 01 ... 196 C5
Apremont 08 ... 43 F3
Apremont 60 ... 38 D4
Apremont 70 ... 161 E2
Apremont 73 ... 233 F3
Apremont 85 ... 165 F4
Apremont-la-Forêt 55 ... 64 D4
Apremont-sur-Allier 18 ... 174 B3
Aprey 52 ... 139 F3
Apt 84 ... 305 H1
Arabaux 09 ... 336 B2
Arâches 74 ... 216 C2
Araghju *Castellu d'* 2A ... 351 G2
Aragnouet 65 ... 333 F4
Aragon 11 ... 319 H4
Aramits 64 ... 331 G1
Aramon 30 ... 304 C1
Aranc 01 ... 214 B2
Arance 64 ... 313 H2
Arancou 64 ... 311 G3
Arandas 01 ... 214 B4
Arandon 38 ... 232 B1
Araujuzon 64 ... 313 F3
Araules 43 ... 247 H3
Araux 64 ... 313 F3
Aravis *Col des* 74 ... 216 B4
Arbanats 33 ... 255 H2
Arbas 31 ... 334 D2
Arbecey 70 ... 140 D3
Arbellara 2A ... 351 E2
Arbent 01 ... 196 D4
Arbéost 65 ... 332 B2
Arbérats-Sillègue 64 ... 311 H4
Arbignieu 01 ... 214 D5
Arbigny 01 ... 195 F2
Arbigny-sous-Varennes 52 ... 140 A2
Arbin 73 ... 233 G3
Arbis 33 ... 256 B2
Arblade-le-Bas 32 ... 294 C3
Arblade-le-Haut 32 ... 294 D3
Arbois 39 ... 179 G2
Arbois *Mont d'* 74 ... 216 C4
Arbon 31 ... 334 C2
Arbonne 64 ... 310 C3
Arbonne-la-Forêt 77 ... 88 A4
Arboras 34 ... 302 A3
Arbori 2A ... 348 C1
Arbot 52 ... 139 E2
Arbouans 25 ... 142 B4
Arboucave 40 ... 294 A4
Arbouet-Sussaute 64 ... 311 H4
Arbourse 58 ... 156 C4
Arboussols 66 ... 342 B2
L'Arbresle 69 ... 212 C4
L'Arbret 62 ... 13 E3
Arbrissel 35 ... 105 E5
Arbus 64 ... 314 A3
Arbusigny 74 ... 215 H1
Arc 1800 73 ... 234 D2
Arc-en-Barrois 52 ... 116 D5
Arc-et-Senans 25 ... 179 G1
Arc-lès-Gray 70 ... 161 E1
Arc-sous-Cicon 25 ... 162 C5
Arc-sous-Montenot 25 ... 180 A2
Arc-sur-Tille 21 ... 160 B3
Arcachon 33 ... 254 B2
Arçais 79 ... 184 B4
Arcambal 46 ... 260 B5
Arcangues 64 ... 310 C3
Arçay 18 ... 173 E2
Arçay 86 ... 168 C2
Arceau 21 ... 160 B2
Arcenant 21 ... 159 H5
Arcens 07 ... 248 A5
Arces 17 ... 219 E2
Arces 89 ... 114 A4
Arcey 21 ... 159 H3
Arcey 25 ... 142 A4
Archail 04 ... 288 B3
Archamps 74 ... 215 G1
Archelange 39 ... 161 E5
Archéodrome 21 ... 177 H2
Arches 15 ... 244 B1
Arches 88 ... 119 G3
Archettes 88 ... 119 G2
Archiac 17 ... 220 B3
Archiane *Cirque d'* 26 ... 268 C1
Archignac 24 ... 241 H4
Archignat 03 ... 190 B4
Archigny 86 ... 169 H5
Archingeay 17 ... 201 F3
Archon 02 ... 25 H3
Arcier 25 ... 162 A3
Arcine 74 ... 215 E1
Arcinges 42 ... 212 A1
Arcins 33 ... 237 F3
Arcis-le-Ponsart 51 ... 41 E4
Arcis-sur-Aube 10 ... 91 E3
Arcizac-Adour 65 ... 315 E5
Arcizac-ez-Angles 65 ... 333 E1
Arcizans-Avant 65 ... 332 D2
Arcizans-Dessus 65 ... 332 C2
Arcomie 48 ... 246 A5
Arcomps 18 ... 173 E5
Arçon 25 ... 180 C2
Arcon 42 ... 211 F3
Arconcey 21 ... 159 E4
Arçonnay 72 ... 83 G4
Arconsat 63 ... 210 D4
Arconville 10 ... 116 A3
L'Arcouest *Pointe de* 22 ... 73 F2
Les Arcs 73 ... 234 D1
Les Arcs 83 ... 308 A5
Arcueil 94 ... 58 C4
Arcy-Sainte-Restitue 02 ... 40 C4
Arcy-sur-Cure 89 ... 136 C5
Ardelles 28 ... 85 G3
Ardelu 28 ... 87 E5
Ardenais 18 ... 190 B1
Ardenay-sur-Mérize 72 ... 108 A5
Ardengost 65 ... 333 H3
Ardenne *Abbaye d'* 14 ... 33 G4
Ardentes 36 ... 172 A5
Ardes-sur-Couze 63 ... 227 H5
Ardeuil-et-Montfauxelles 08 ... 42 D3

Ardevon 50 ... 51 G5
Ardiège 31 ... 334 B1
Les Ardillats 69 ... 212 C1
Ardilleux 79 ... 202 D2
Ardillières 17 ... 201 E2
Ardin 79 ... 184 C2
Ardizas 32 ... 297 E3
L'Ardoise 30 ... 285 E4
Ardoix 07 ... 249 E2
Ardon 39 ... 179 H4
Ardon 45 ... 133 E3
Ardouval 76 ... 20 C3
Ardres 62 ... 2 D4
Arèches 73 ... 234 C1
Aregno 2B ... 346 C2
Areines 41 ... 131 G3
Aren 64 ... 313 G4
Arenberg 59 ... 9 G5
Arengosse 40 ... 273 F5
Arenthon 74 ... 216 A1
Arès 33 ... 254 B1
Ares *Col d'* 66 ... 342 B5
Ares *Col des* 31 ... 334 B2
Aresches 39 ... 179 H2
Aressy 64 ... 314 B5
Arette 64 ... 331 G2
Arette-Pierre-Saint-Martin 64 ... 331 G3
Arfeuille-Châtain 23 ... 208 B2
Arfeuilles 03 ... 210 D1
Arfons 81 ... 319 F3
Argagnon 64 ... 313 G2
Arganchy 14 ... 32 D4
Argançon 10 ... 116 A2
Argancy 57 ... 45 H5
Argein 09 ... 335 E3
Argelès 65 ... 333 F1
Argelès-Gazost 65 ... 332 D2
Argelès-Plage 66 ... 343 G3
Argelès-sur-Mer 66 ... 343 F3
Argeliers 11 ... 320 D4
Argelliers 34 ... 302 C3
Argelos 40 ... 293 H4
Argelos 64 ... 314 B2
Argelouse 40 ... 273 G1
Argences 14 ... 33 H5
Argens 04 ... 288 C4
Argens-Minervois 11 ... 320 C5
Argent-sur-Sauldre 18 ... 155 F1
Argentan 61 ... 54 A4
Argentat 19 ... 243 F3
Argentenay 89 ... 137 F3
Argenteuil 95 ... 58 B2
Argenteuil-sur-Armançon 89 ... 137 F2
Argentière 74 ... 217 E2
L'Argentière-la-Bessée 05 ... 252 C5
Argentières 77 ... 59 G5
Argentine 73 ... 234 A3
Argentolles 52 ... 116 C2
Argenton 29 ... 70 A5
Argenton 47 ... 275 E1
Argenton-l'Église 79 ... 168 A1
Argenton-les-Vallées 79 ... 167 H2
Argenton-Notre-Dame 53 ... 128 C3
Argenton-sur-Creuse 36 ... 188 C1
Argentré 53 ... 106 B3
Argentré-du-Plessis 35 ... 105 F3
Argenvières 18 ... 156 B5
Argenvilliers 28 ... 109 F2
Argers 51 ... 63 E1
Arget 64 ... 294 A5
Argiésans 90 ... 142 B3
Argillières 70 ... 140 B4
Argilliers 30 ... 284 C5
Argilly 21 ... 178 A1
Argis 01 ... 214 B3
Argiusta-Moriccio 2A ... 349 E4
Argœuves 80 ... 22 B1
Argol 29 ... 75 F4
Argonay 74 ... 215 G3
Argouges 50 ... 80 D2
Argoules 80 ... 11 G1
Argueil 76 ... 37 E1
Arguel 25 ... 162 A4
Arguel 80 ... 21 G2
Arguenos 31 ... 334 C3
Argut-Dessous 31 ... 334 B3
Argut-Dessus 31 ... 334 C3
Argy 36 ... 171 F2
Arhansus 64 ... 311 G5
Aries-Espénan 65 ... 316 A4
Arifat 81 ... 299 H3
Arignac 09 ... 336 B4
Arinthod 39 ... 196 C3
Arith 73 ... 215 G5
Arjuzanx 40 ... 273 E5
Arlanc 63 ... 229 E4
Arlay 39 ... 179 E4
Arlebosc 07 ... 248 D3
Arlempdes 43 ... 247 F5
Arles 13 ... 304 B4
Arles-sur-Tech 66 ... 342 C4
Arlet 43 ... 246 B3
Arleuf 58 ... 176 B1
Arleux 59 ... 14 A2
Arleux-en-Gohelle 62 ... 8 C5
Arlos 31 ... 334 B3
Armaillé 49 ... 127 G3
Armancourt 60 ... 39 F2
Armancourt 80 ... 23 E4
Armaucourt 54 ... 66 B4
Armbouts-Cappel 59 ... 3 G3
Armeau 89 ... 113 G4
Armendarits 64 ... 311 F4
Armenonville-les-Gâtineaux 28 ... 86 C3
Armenteule 65 ... 333 H4
Armentières 59 ... 8 C2
Armentières-en-Brie 77 ... 59 H2
Armentières-sur-Avre 27 ... 55 G5
Armentières-sur-Ourcq 02 ... 40 B5
Armentieux 32 ... 295 F5
Armes 58 ... 157 F2
Armillac 47 ... 257 G4
Armissan 11 ... 321 F5
Armistice *Clairière de l'* 60 ... 39 G2
Armix 01 ... 214 C4
Armous-et-Cau 32 ... 295 F5
Armoy 74 ... 198 B3
Arnac 15 ... 243 H3
Arnac-la-Poste 87 ... 188 B5
Arnac-Pompadour 19 ... 223 H5
Arnac-sur-Dourdou 12 ... 301 E3
Arnage 72 ... 107 H5
Arnancourt 52 ... 92 C4
Arnas 69 ... 212 D2
Arnaud-Guilhem 31 ... 334 D1
Arnave 09 ... 336 B4
Arnaville 54 ... 65 G2
Arnay-le-Duc 21 ... 159 E5
Arnay-sous-Vitteaux 21 ... 159 E2
Arnayon 26 ... 268 A4
Arné 65 ... 316 A5
Arnéguy 64 ... 330 B1
Arnèke 59 ... 3 G4
Arnicourt 08 ... 26 A5
Arnières-sur-Iton 27 ... 56 B2
Arnoncourt-sur-Apance 52 ... 118 A4
Arnos 64 ... 313 H2
Arnouville-lès-Gonesse 95 ... 58 C2
Arnouville-lès-Mantes 78 ... 57 F3
Aroffe 88 ... 94 B4
Aromas 39 ... 196 B4
Aron 53 ... 82 B5
Arone *Plage d'* 2A ... 348 A1
Aroue 64 ... 311 H4
Aroz 70 ... 140 D4
Arpaillargues-et-Aureillac 30 ... 284 B5
Arpajon 91 ... 87 G2
Arpajon-sur-Cère 15 ... 244 C5
Arpavon 26 ... 286 A1
Arpenans 70 ... 141 G4
Arpenaz *Cascade d'* 74 ... 216 C2
Arpheuilles 18 ... 173 F4
Arpheuilles 36 ... 171 E3
Arpheuilles-Saint-Priest 03 ... 190 D5
Arphy 30 ... 282 D5
Arquenay 53 ... 106 B4
Arques 11 ... 337 H3
Arques 12 ... 281 E2
Les Arques 46 ... 259 G3
Arques 62 ... 3 G5
Arques-la-Bataille 76 ... 20 B2
Arquettes-en-Val 11 ... 338 A1
Arquèves 80 ... 13 E5
Arquian 58 ... 156 B1
Arrabloy 45 ... 134 D4
Arracourt 54 ... 66 D5
Arradon 56 ... 124 B4
Arraincourt 57 ... 66 C2
Arrancourt 91 ... 87 F5
Arrancy 02 ... 41 E1
Arrancy-sur-Crusne 55 ... 44 D2
Arrans 21 ... 137 H4
Arras 62 ... 13 G2
Arras-en-Lavedan 65 ... 332 D2
Arras-sur-Rhône 07 ... 249 E2
Arrast-Larrebieu 64 ... 313 F4
Arraute-Charritte 64 ... 311 G3
Arraye-et-Han 54 ... 66 B4
Arrayou-Lahitte 65 ... 333 E1
Arre 30 ... 282 C5
Arreau 65 ... 333 H3
Arrelles 10 ... 115 F4
Arrembécourt 10 ... 91 H2
Arrènes 23 ... 206 C2
Arrens *Porte d'* 65 ... 332 B3
Arrens-Marsous 65 ... 332 C2
Arrentès-de-Corcieux 88 ... 120 A2
Arrentières 10 ... 92 B5
Arrest 80 ... 11 F3
Arreux 08 ... 26 C2
Arriance 57 ... 66 C2
Arricau-Bordes 64 ... 314 D2
Arrien 64 ... 314 C4
Arrien-en-Bethmale 09 ... 335 E3
Arrigas 30 ... 282 C5
Arrigny 51 ... 92 A2
Arro 2A ... 348 C2
Arrodets 65 ... 333 G2
Arrodets-ez-Angles 65 ... 333 E1
Arromanches-les-Bains 14 ... 33 E2
Arronnes 03 ... 210 C2
Arronville 95 ... 38 A5
Arros-de-Nay 64 ... 314 B5
Arros-d'Oloron 64 ... 331 H1
Arrosès 64 ... 294 D5
Arrou 28 ... 109 G3
Arrouède 32 ... 316 B3
Arrout 09 ... 335 E3
Arry 57 ... 65 G2
Arry 80 ... 11 F1
Ars 16 ... 220 B2
Ars 23 ... 207 G3
Ars-en-Ré 17 ... 182 C5
Ars-Laquenexy 57 ... 65 H1
Ars-les-Favets 63 ... 209 E1
Ars-sur-Formans 01 ... 213 E3
Ars-sur-Moselle 57 ... 65 G1
Arsac 33 ... 237 F4
Arsac-en-Velay 43 ... 247 F4
Arsague 40 ... 293 F4
Arsans 70 ... 161 F2
L'Arsenal 42 ... 211 G2
Arsonval 10 ... 92 A5
Arsure-Arsurette 39 ... 180 A4
Les Arsures 39 ... 179 G2
Arsy 60 ... 39 E2
Art-sur-Meurthe 54 ... 95 E1
Artagnan 65 ... 315 E3
Artaise-le-Vivier 08 ... 27 E5
Artaix 71 ... 193 G5
Artalens-Souin 65 ... 332 D2
Artannes-sur-Indre 37 ... 151 H4
Artannes-sur-Thouet 49 ... 150 B4
Artas 38 ... 231 H3
Artassenx 40 ... 294 B2
Artemare 01 ... 214 D4
Artemps 02 ... 24 A3
Artenay 45 ... 110 D4
Arthaz-Pont-Notre-Dame 74 ... 197 H5
Arthel 58 ... 157 E4
Arthémonay 26 ... 249 G2
Arthenac 17 ... 220 B3
Arthenas 39 ... 196 B1
Arthès 81 ... 299 G1
Arthez-d'Armagnac 40 ... 294 C1
Arthez-d'Asson 64 ... 332 C1
Arthez-de-Béarn 64 ... 313 H2
Arthezé 72 ... 129 F3
Arthies 95 ... 57 G1
Arthon 36 ... 171 H5
Arthon-en-Retz 44 ... 146 D5
Arthonnay 89 ... 115 F5
Arthous *Abbaye d'* 40 ... 292 D5
Arthun 42 ... 211 G5
Artigat 09 ... 335 H1
Artige *Prieuré de l'* 87 ... 206 B5
Artignosc-sur-Verdon 83 ... 307 F3
Artigue 31 ... 334 B4
Artiguedieu 32 ... 316 A2
Artigueloutan 64 ... 314 C4
Artiguelouve 64 ... 314 A3
Artiguemy 65 ... 333 G1
Artigues 09 ... 337 E5
Artigues 11 ... 337 G4
Artigues 65 ... 333 E1
Artigues 83 ... 306 D4
Artigues-Campan 65 ... 333 F3
Les Artigues-de-Lussac 33 ... 238 C4
Artigues-près-Bordeaux 33 ... 237 G5
Artins 41 ... 131 E3
Artix 09 ... 336 A2
Artix 46 ... 260 C4
Artix 64 ... 313 H2
Artolsheim 67 ... 97 G5
Artonges 02 ... 60 D2
Artonne 63 ... 209 H3
Artres 59 ... 14 D2
Artuby *Pont de l'* 83 ... 307 H2
Artzenheim 68 ... 121 F2
Arudy 64 ... 332 A1
Arue 40 ... 274 A4
Arvant 43 ... 228 A5
Arvert 17 ... 200 C5
Arveyres 33 ... 238 B5
Arvieu 12 ... 280 D3
Arvieux 05 ... 271 E1
Arvigna 09 ... 336 C2
Arvillard 73 ... 233 G3
Arville 41 ... 109 E4
Arville 77 ... 112 A3
Arvillers 80 ... 23 E3
Arx 40 ... 275 E4
Arzacq-Arraziguet 64 ... 294 A5
Arzal 56 ... 125 E5
Arzano 29 ... 101 E4
Arzay 38 ... 231 H4
L'Arzelier *Col de* 38 ... 250 C4
Arzembouy 58 ... 157 E4
Arzenc-d'Apcher 48 ... 263 H1
Arzenc-de-Randon 48 ... 264 D3
Arzens 11 ... 319 G5
Arzillières-Neuville 51 ... 62 C5
Arzon 56 ... 124 A4
Arzviller 57 ... 67 H5
Asasp 64 ... 331 H1
Ascain 64 ... 310 C4
Ascarat 64 ... 330 B1
Aschbach 67 ... 69 F2
Aschères-le-Marché 45 ... 111 E3
Asclier *Col de l'* 30 ... 283 E4
Asco 2B ... 346 D3
Asco *Gorges de l'* 2B ... 347 E3
Ascou 09 ... 336 D5
Ascou-Pailhérès 09 ... 337 E5
Ascoux 45 ... 111 G3
Ascros 06 ... 289 G5
Asfeld 08 ... 41 H1
Aslonnes 86 ... 186 B3
Asnan 58 ... 157 F3
Asnans 39 ... 178 D2
Asnelles 14 ... 33 F2
Asnières 27 ... 35 E4
Asnières *Ancienne Abbaye d'* 49 ... 150 B5
Asnières-en-Bessin 14 ... 32 C2
Asnières-en-Montagne 21 ... 137 G4
Asnières-en-Poitou 79 ... 202 C1
Asnières-la-Giraud 17 ... 201 H4
Asnières-les-Bourges 18 ... 155 E5
Asnières-lès-Dijon 21 ... 160 A2
Asnières-sous-Bois 89 ... 157 G1
Asnières-sur-Blour 86 ... 204 D1
Asnières-sur-Nouère 16 ... 221 E1
Asnières-sur-Oise 95 ... 38 C5
Asnières-sur-Saône 01 ... 195 E3
Asnières-sur-Seine 92 ... 58 B3
Asnières-sur-Vègre 72 ... 129 F2
Asnois 58 ... 157 F2
Asnois 86 ... 203 H2
Aspach 57 ... 67 G5
Aspach 68 ... 143 F3
Aspach-le-Bas 68 ... 143 E1
Aspach-Michelbach 68 ... 143 E1
Aspères 30 ... 303 E2
Asperjoc 07 ... 266 B2
Aspet 31 ... 334 C2
Aspin *Col d'* 65 ... 333 G3
Aspin-Aure 65 ... 333 G3
Aspin-en-Lavedan 65 ... 332 D1
Aspiran 34 ... 302 A5
Aspremont 05 ... 269 E4
Aspremont 06 ... 291 E5
Les Aspres 61 ... 55 F5
Aspres-lès-Corps 05 ... 269 G1
Aspres-sur-Buëch 05 ... 269 E4
Aspret-Sarrat 31 ... 334 C1
Asprières 12 ... 261 G4
Asque 65 ... 333 G2
Asques 33 ... 237 H4
Asques 82 ... 277 E5
Asquins 89 ... 157 G1
Assac 81 ... 280 C5
Assainvillers 80 ... 23 E5
Assais 79 ... 168 B4
Assas 34 ... 302 D3
Assat 64 ... 314 B4
Assay 37 ... 169 E1
Assé-le-Bérenger 53 ... 106 D3
Assé-le-Boisne 72 ... 83 F5
Assé-le-Riboul 72 ... 107 G2
Assenay 10 ... 115 E3
Assencières 10 ... 91 F5
Assenoncourt 57 ... 67 F4
Assérac 44 ... 145 H3
Assevent 59 ... 15 H2
Assevillers 80 ... 23 F2
Assier 46 ... 261 E3
Assieu 38 ... 231 F4
Assignan 34 ... 320 D3
Assigny 18 ... 155 H2
Assigny 76 ... 10 C5
Les Assions 07 ... 265 H5
Assis-sur-Serre 02 ... 24 D4
Asson 64 ... 314 C5
Asswiller 67 ... 68 A3
Assy 14 ... 53 H1
Astaffort 47 ... 276 B4
Astaillac 19 ... 243 E5
Asté 65 ... 333 F2
Aste-Béon 64 ... 332 A2
Astérix *Parc* 60 ... 38 D5
Astet 07 ... 265 G2
Astillé 53 ... 105 H5
Astis 64 ... 314 B2
Astoin 04 ... 269 H5
Aston 09 ... 336 B5
Astugue 65 ... 333 E1
Athée 21 ... 160 D4
Athée 53 ... 105 G5
Athée-sur-Cher 37 ... 152 B3
Athesans 70 ... 141 H4
Athie 21 ... 137 G5
Athie 89 ... 158 A1
Athienville 54 ... 66 C5
Athies 62 ... 13 G2
Athies 80 ... 23 G2
Athies-sous-Laon 02 ... 24 D5
Athis 51 ... 61 H1
Athis-Mons 91 ... 58 C5
Athis-Val de Rouvre 61 ... 53 F3
Athos-Aspis 64 ... 311 H3
Athose 25 ... 162 C5
Attainville 95 ... 58 C1
Attancourt 52 ... 92 C3
Les Attaques 62 ... 2 D3
Attenschwiller 68 ... 143 G3
Attiches 59 ... 8 D4
Attichy 60 ... 39 H2
Attignat 01 ... 195 H4
Attignat-Oncin 73 ... 233 E3
Attignéville 88 ... 94 A4
Attigny 08 ... 42 C1
Attigny 88 ... 118 C3
Attilloncourt 57 ... 66 B4
Attilly 02 ... 24 A2
Attin 62 ... 6 C4
Atton 54 ... 65 G3
Attray 45 ... 111 F3
Attricourt 70 ... 160 D1
Atur 24 ... 240 C2
Aubagnan 40 ... 294 A3
Aubagne 13 ... 327 F2
Aubaine 21 ... 159 G5
Aubais 30 ... 303 F3
Aubarède 65 ... 315 G4
Aubas 24 ... 241 G3
Aubazat 43 ... 246 B2
Aubazines 19 ... 242 D2
Aube 57 ... 66 B2
Aube 61 ... 55 F4
Aubéguimont 76 ... 21 F3
Aubenas 07 ... 266 B3
Aubenas-les-Alpes 04 ... 287 E5
Aubenasson 26 ... 267 H2
Aubencheul-au-Bac 59 ... 14 B3
Aubencheul-aux-Bois 02 ... 14 B5
Aubenton 02 ... 25 H2
Aubepierre 77 ... 88 D2
Aubepierre-sur-Aube 52 ... 116 C5
L'Aubépin 39 ... 196 A3
Auberchicourt 59 ... 14 B2
Aubercourt 80 ... 22 D2
Aubergenville 78 ... 57 G2
Aubérive 51 ... 42 B4
Auberive 52 ... 139 E3
Auberives-en-Royans 38 ... 250 A3
Auberives-sur-Varèze 38 ... 231 E4
Aubermesnil-aux-Érables 76 ... 21 E2
Aubermesnil-Beaumais 76 ... 20 B2
Aubers 59 ... 8 B3
Aubertans 70 ... 162 B1
Aubertin 64 ... 314 A4
Auberville 14 ... 34 B3
Auberville-la-Campagne 76 ... 19 F5
Auberville-la-Manuel 76 ... 19 F2
Auberville-la-Renault 76 ... 19 E4
Aubervilliers 93 ... 58 C3
Aubeterre 10 ... 91 E4
Aubeterre-sur-Dronne 16 ... 239 F1
Aubeville 16 ... 220 D3
Aubevoye 27 ... 36 C5
Aubiac 33 ... 256 B5
Aubiac 47 ... 276 B3
Aubiat 63 ... 209 H3
Aubie-et-Espessas 33 ... 237 H3
Aubière 63 ... 227 H1
Les Aubiers 79 ... 167 F2
Aubiet 32 ... 296 C4
Aubignan 84 ... 285 G4
Aubignas 07 ... 266 D3
Aubigné 35 ... 80 B5
Aubigné 79 ... 202 D2
Aubigné-Racan 72 ... 130 A4
Aubigné-sur-Layon 49 ... 149 H4
Aubigney 70 ... 161 E3
Aubignosc 04 ... 287 G3
Aubigny 03 ... 174 C5
Aubigny 14 ... 53 H2
Aubigny 79 ... 168 B4
Aubigny 80 ... 23 H3
Aubigny-au-Bac 59 ... 14 B2
Aubigny-aux-Kaisnes 02 ... 23 H3
Aubigny-en-Artois 62 ... 13 F2
Aubigny-en-Laonnois 02 ... 41 E1
Aubigny-en-Plaine 21 ... 160 B5
Aubigny-la-Ronce 21 ... 177 F2
Aubigny-les Clouzeaux 85 ... 182 D1
Aubigny-les-Pothées 08 ... 26 B3
Aubigny-lès-Sombernon 21 ... 159 F3
Aubigny-sur-Nère 18 ... 155 E1
Aubilly 51 ... 41 F4
Aubin 12 ... 261 H4
Aubin 64 ... 314 A2
Aubin-Saint-Vaast 62 ... 6 D5
Aubinges 18 ... 155 G4
Aubisque *Col d'* 64 ... 332 B2
Auboncourt-Vauzelles 08 ... 26 B5
Aubonne 25 ... 180 C1
Aubord 30 ... 303 H3
Auboué 54 ... 45 F5
Aubous 64 ... 294 D5
Aubrac 12 ... 263 G3
Aubres 26 ... 285 H1
Aubréville 55 ... 43 G5
Aubrives 08 ... 17 E4
Aubrometz 62 ... 12 C2
Aubry-du-Hainaut 59 ... 9 G5
Aubry-en-Exmes 61 ... 54 B4
Aubry-le-Panthou 61 ... 54 C3
Aubure 68 ... 96 D5
Aubussargues 30 ... 284 B5
Aubusson 23 ... 207 G3
Aubusson 61 ... 53 F4
Aubusson-d'Auvergne 63 ... 228 D1
Aubvillers 80 ... 22 D4
Auby 59 ... 8 D5
Aucaleuc 22 ... 79 G4
Aucamville 31 ... 297 H4
Aucamville 82 ... 297 G2
Aucazein 09 ... 335 E3
Aucelon 26 ... 268 B3
Aucey-la-Plaine 50 ... 80 D2
Auch 32 ... 296 B4
Auchel 62 ... 7 H4
Auchonvillers 80 ... 13 F5
Auchy-au-Bois 62 ... 7 G3
Auchy-la-Montagne 60 ... 22 A5
Auchy-lès-Hesdin 62 ... 7 E5
Auchy-les-Mines 62 ... 8 B4
Auchy-lez-Orchies 59 ... 9 E4
Aucun 65 ... 332 C2
Audaux 64 ... 313 F3
Audéjos 64 ... 313 H2
Audelange 39 ... 161 E5
Audeloncourt 52 ... 117 G3
Audembert 62 ... 2 B4
Audencourt 59 ... 14 D4
Audenge 33 ... 254 C2
Auderville 50 ... 28 C2
Audes 03 ... 190 C3
Audeux 25 ... 161 G3
Audeville 45 ... 111 G2
Audierne 29 ... 99 E2
Audignicourt 02 ... 40 A1
Audignies 59 ... 15 F2
Audignon 40 ... 293 H3
Audigny 02 ... 24 D2
Audincourt 25 ... 142 C5
Audincthun 62 ... 7 E3
Audinghen 62 ... 2 B4
Audon 40 ... 293 F2

Audouville-la-Hubert **50** 29 H 5
Audrehem **62** 2 D 5
Audressein **09** 335 E 3
Audresselles **62** 2 A 4
Audrieu **14** 33 E 4
Audrix **24** 241 E 5
Audruicq **62** 3 E 4
Audun-le-Roman **54** 45 F 3
Audun-le-Tiche **57** 45 F 2
Auenheim **67** 69 F 3
Auffargis **78** 57 G 5
Auffay **76** 20 B 4
Aufferville **77** 112 B 2
Auffreville-Brasseuil **78** 57 F 2
Auflance **08** 27 H 4
Auga **64** 314 B 2
Augan **56** 103 E 5
Auge **08** 26 A 2
Auge **23** 190 B 5
Augé **79** 185 F 3
Auge-Saint-Médard **16** 202 D 4
Augea **39** 196 A 1
Auger-Saint-Vincent **60** 39 F 4
Augerans **39** 179 E 1
Augères **23** 206 D 2
Augerolles **63** 228 D 1
Augers-en-Brie **77** 60 B 5
Augerville-la-Rivière **45** 111 H 2
Augès **04** 287 F 4
Augeville **52** 93 F 4
Augicourt **70** 140 C 3
Augignac **24** 222 C 2
Augirein **09** 334 D 3
Augisey **39** 196 B 1
Augnat **63** 227 H 4
Augnax **32** 296 C 3
Augne **87** 206 D 5
Augny **57** 65 G 1
Auguaise **61** 55 F 5
Augy **02** 40 C 3
Augy **89** 136 B 3
Augy-sur-Aubois **18** 174 A 4
Aujac **17** 201 H 4
Aujac **30** 283 G 1
Aujan-Mournède **32** 316 A 3
Aujargues **30** 303 F 2
Aujeurres **52** 139 F 3
Aujols **46** 278 B 1
Aulac *Col d'* **15** 244 D 2
Aulan **26** 286 B 2
Aulas **30** 282 D 5
Aulhat-Flat **63** 228 A 3
Aulhat-Saint-Privat **63** 228 A 3
Aullène **2A** 349 E 5
Aulnat **63** 209 H 5
Aulnay **10** 91 G 3
Aulnay **17** 202 B 2
Aulnay **86** 168 D 3
Aulnay-aux-Planches **51** 61 G 3
Aulnay-la-Rivière **45** 111 H 3
Aulnay-l'Aître **51** 62 C 3
Aulnay-sous-Bois **93** 58 D 2
Aulnay-sur-Iton **27** 56 A 2
Aulnay-sur-Marne **51** 61 H 1
Aulnay-sur-Mauldre **78** 57 G 2
Les Aulneaux **72** 84 A 4
Aulnizeux **51** 61 F 3
Aulnois **88** 94 A 5
Aulnois-en-Perthois **55** 63 G 5
Aulnois-sous-Laon **02** 24 D 5
Aulnois-sous-Vertuzey **55** 64 D 5
Aulnois-sur-Seille **57** 66 B 3
Aulnoy **77** 59 H 3
Aulnoy-lez-Valenciennes **59** 14 D 2
Aulnoy-sur-Aube **52** 139 E 2
Aulnoye-Aymeries **59** 15 F 3
Aulon **23** 206 D 2
Aulon **31** 316 C 5
Aulon **65** 333 G 4
Aulos **09** 336 B 5
Ault **80** 10 D 3
Aulteribe *Château d'* **63** 210 C 5
Aulus-les-Bains **09** 335 H 5
Aulx-lès-Cromary **70** 162 A 2
Aumagne **17** 201 H 4
Aumale **76** 21 G 3
Aumâtre **80** 11 G 5
Aumelas **34** 302 B 4
Auménancourt **51** 41 G 2
Aumerval **62** 7 G 4
Aumes **34** 322 C 3
Aumessas **30** 282 C 5
Aumetz **57** 45 F 2
Aumeville-Lestre **50** 29 G 4
Aumont **39** 179 F 2
Aumont **80** 21 H 2
Aumont-Aubrac **48** 264 A 2
Aumont-en-Halatte **60** 38 D 4
Aumontzey **88** 120 A 2
Aumur **39** 178 D 1
Aunac **16** 203 F 4
Aunat **11** 337 F 5
Aunay-en-Bazois **58** 157 G 5
Aunay-les-Bois **61** 84 A 2
Aunay-sous-Auneau **28** 86 D 4
Aunay-sous-Crécy **28** 56 C 5
Aunay-sur-Odon **14** 53 E 1
Auneau-Bleury-
Saint-Symphorien **28** 86 D 4
Auneuil **60** 37 H 2
Aunou-le-Faucon **61** 54 B 4
Aunou-sur-Orne **61** 83 H 2
Auppegard **76** 20 A 2
Aups **83** 307 G 4
Auquainville **14** 54 C 1
Auquemesnil **76** 10 D 5
Auradé **32** 297 E 5
Auradou **47** 276 D 1
Auragne **31** 318 A 3
Auray **56** 124 A 3
Aure **08** 42 C 3
Aurec-sur-Loire **43** 229 H 5
Aureil **87** 205 H 5
Aureilhan **40** 272 B 2
Aureilhan **65** 315 F 4
Aureille **13** 305 E 3
Aurel **26** 268 A 2
Aurel **84** 286 B 3
Aurelle-Verlac **12** 263 G 5
Aurensan **32** 294 C 4
Aurensan **65** 315 E 4
Aureville **31** 318 A 2
Auriac **11** 338 A 3
Auriac **19** 243 G 2
Auriac **64** 314 B 2
Auriac-de-Bourzac **24** 221 F 5
Auriac-du-Périgord **24** 241 F 3
Auriac-Lagast **12** 280 D 4
Auriac-l'Église **15** 245 H 1
Auriac-sur-Dropt **47** 257 F 3
Auriac-sur-Vendinelle **31** 298 D 5
Auriat **23** 206 C 4
Auribail **31** 317 H 3
Auribeau **84** 306 A 1
Auribeau-sur-Siagne **06** 309 E 4
Aurice **40** 293 H 2
Auriébat **65** 315 F 2
Aurières **63** 227 F 1
Aurignac **31** 316 D 5
Aurillac **15** 244 C 5
Aurimont **32** 296 C 5
Aurin **31** 298 B 5
Auriol **13** 327 F 2
Auriolles **07** 266 B 5
Auriolles **33** 257 E 2
Aurions-Idernes **64** 294 D 5
Auris **38** 251 G 3
Auron **06** 289 F 2
Aurons **13** 305 F 4
Auros **33** 256 C 4
Aurouër **03** 174 D 5
Auroux **48** 265 E 2
Aussac **81** 299 E 2
Aussac-Vadalle **16** 203 F 5
Ausseing **31** 335 E 1
Aussevielle **64** 314 A 3
Aussillon **81** 319 H 2
Aussois **73** 252 D 1
Ausson **31** 334 B 1
Aussonce **08** 42 A 3
Aussonne **31** 297 H 4
Aussos **32** 316 B 3
Aussurucq **64** 331 E 1
Autainville **41** 132 B 2
Autechaux **25** 162 C 2
Autechaux-Roide **25** 142 C 5
Les Autels **02** 25 H 3
Les Autels-Saint-Bazile **14** 54 B 2
Les Autels-Villevillon **28** 109 F 3
Auterive **31** 318 A 3
Auterive **32** 296 B 5
Auterive **82** 297 E 2
Auterrive **64** 311 H 3
Autet **70** 140 B 5
Auteuil **60** 38 A 3
Auteuil **78** 57 G 3
Autevielle-Saint-Martin-
Bideren **64** 311 H 3
Authe **08** 43 E 1
Autheuil **28** 109 H 5
Autheuil **61** 84 C 2
Autheuil-Authouillet **27** 36 C 5
Autheuil-en-Valois **60** 39 H 5
Autheux **80** 12 C 4
Authevernes **27** 37 F 4
Authezat **63** 227 H 2
Authie **14** 33 G 4
Authie **80** 13 E 4
Authieule **80** 12 D 4
Les Authieux **27** 56 C 3
Les Authieux-du-Puits **61** 54 D 5
Les Authieux-Papion **14** 54 B 1
Authieux-Ratiéville **76** 20 B 5
Les Authieux-
sur-Calonne **14** 34 D 3
Les Authieux-sur-
le-Port-Saint-Ouen **76** 36 B 3
Authiou **58** 157 E 4
Authoison **70** 162 A 1
Authon **04** 287 H 2
Authon **17** 201 H 4
Authon **41** 131 F 5
Authon-du-Perche **28** 109 E 2
Authon-la-Plaine **91** 87 E 4
Authou **27** 35 G 4
Authuille **80** 13 F 5
Authume **39** 161 E 5
Authumes **71** 178 C 3
Autichamp **26** 267 G 2
Autignac **34** 321 G 2
Autigny **76** 19 H 3
Autigny-la-Tour **88** 94 A 4
Autigny-le-Grand **52** 92 D 3
Autigny-le-Petit **52** 92 D 3
Autingues **62** 2 D 4
Autoire **46** 261 E 1
Autoreille **70** 161 G 2
Autouillet **78** 57 G 3
Autrac **43** 227 H 5
Autrans **38** 250 C 2
Autrans-Méaudre-
en-Vercors **38** 250 C 2
Autrèche **37** 152 C 1
Autrechêne **90** 142 C 3
Autrêches **60** 39 H 2
Autrecourt-et-Pourron **08** 27 F 4
Autrécourt-sur-Aire **55** 63 G 1
Autremencourt **02** 25 E 4
Autrepierre **54** 96 A 1
Autreppes **02** 25 F 1
Autretot **76** 19 G 4
Autreville **02** 24 A 5
Autreville **88** 94 B 3
Autréville-
Saint-Lambert **55** 27 G 5
Autreville-
sur-la-Renne **52** 116 C 3
Autreville-sur-Moselle **54** 65 G 4
Autrey **54** 94 D 2
Autrey **88** 95 H 5
Autrey-le-Vay **70** 141 G 5
Autrey-lès-Cerre **70** 141 G 4
Autrey-lès-Gray **70** 161 E 1
Autricourt **21** 116 A 4
Autruche **08** 43 E 1
Autruy-sur-Juine **45** 111 F 2
Autry **08** 43 E 3
Autry-Issards **03** 191 H 2
Autry-le-Châtel **45** 134 C 5
Autun **71** 176 D 2
Auty **82** 278 B 3
Auvare **06** 289 F 4
Auve **51** 62 D 1
Auvernaux **91** 88 A 3
Auvers **43** 246 B 4
Auvers **50** 31 H 3
Auvers-le-Hamon **72** 106 D 5
Auvers-Saint-Georges **91** 87 G 3
Auvers-
sous-Montfaucon **72** 107 F 4
Auvers-sur-Oise **95** 58 B 1
Auverse **49** 150 D 1
Auvet-et-la-Chapelotte **70** 161 E 1
Auvillar **82** 276 D 4
Auvillars **14** 34 B 4
Auvillars-sur-Saône **21** 178 B 1
Auvillers-les-Forges **08** 26 A 2
Auvilliers **76** 21 E 3
Auvilliers-en-Gâtinais **45** 112 A 5
Aux-Aussat **32** 315 G 2
Aux Marais **60** 38 A 2
Auxais **50** 31 H 4
Auxange **39** 161 F 4
Auxant **21** 159 F 5
Auxelles-Bas **90** 142 B 2
Auxelles-Haut **90** 142 B 2
Auxerre **89** 136 B 3
Auxey-Duresses **21** 177 G 2
Auxi-le-Château **62** 12 B 3
Auxillac **48** 264 A 5
Auxon **10** 114 D 3
Auxon **70** 141 E 4
Auxon-Dessous **25** 161 H 3
Auxon-Dessus **25** 161 H 3
Auxonne **21** 160 D 4
Auxy **45** 112 A 3
Auxy **71** 176 D 2
Auzainvilliers **88** 118 B 2
Auzances **23** 208 C 3
Auzas **31** 316 D 5
Auzat **09** 336 A 5
Auzat-la-Combelle **63** 228 A 4
Auzay **85** 183 H 3
Auzebosc **76** 19 G 5
Auzécourt **55** 63 F 3
Auzelles **63** 228 C 2
Auzers **15** 244 C 1
Auzet **04** 288 B 1
Auzéville-en-Argonne **55** 43 G 5
Auzeville-Tolosane **31** 298 A 5
Auzielle **31** 298 B 5
Auzits **12** 262 B 5
Auzon **43** 228 B 5
Auzouer-en-Touraine **37** 152 B 1
Auzouville-Auberbosc **76** 19 F 5
Auzouville-l'Esneval **76** 19 H 4
Auzouville-sur-Ry **76** 36 C 2
Auzouville-sur-Saâne **76** 20 A 3
Availles-
en-Châtellerault **86** 169 G 4
Availles-Limouzine **86** 204 C 1
Availles-sur-Chizé **79** 202 B 1
Availles-sur-Seiche **35** 105 E 5
Availles-Thouarsais **79** 168 B 3
Avajan **65** 333 H 4
Avallon **89** 158 A 1
Les Avanchers-
Valmorel **73** 234 B 3
Avançon **05** 269 H 4
Avançon **08** 42 A 1
Avanne **25** 161 H 4
Avant-lès-Marcilly **10** 90 A 4
Avant-lès-Ramerupt **10** 91 F 4
Avanton **86** 169 E 5
Avapessa **2B** 346 C 2
Avaray **41** 132 C 4
Avaugour *Chapelle d'* **22** 77 G 2
Avaux **08** 41 G 1
Aveize **69** 230 B 1
Aveizieux **42** 230 B 3
Avelanges **21** 139 E 5
Avelesges **80** 11 H 5
Avelin **59** 8 D 3
Aveluy **80** 13 F 5
Aven Armand **48** 282 B 3
Avenas **69** 212 C 1
Avenay **14** 33 F 5
Avenay-Val-d'Or **51** 61 G 1
Avène **34** 301 F 3
Aveney **25** 161 H 4
Avenheim **67** 68 C 5
Les Avenières
Veyrins-Thuellin **38** 232 C 1
Avensac **32** 296 D 2
Avensan **33** 237 E 3
Aventignan **65** 334 A 1
Averan **65** 315 E 5
Averdoingt **62** 12 D 2
Averdon **41** 132 A 4
Avermes **03** 192 A 1
Avernes **95** 57 G 1
Avernes-Saint-Gourgon **61** 54 D 2
Avernes-sous-Exmes **61** 54 C 4
Avéron-Bergelle **32** 295 E 3
Averton **53** 83 E 5
Avesnelles **59** 15 G 4
Avesnes **62** 6 D 3
Avesnes-Chaussoy **80** 21 G 2
Avesnes-en-Bray **76** 37 F 1
Avesnes-en-Saosnois **72** 108 A 2
Avesnes-en-Val **76** 10 D 5
Avesnes-le-Comte **62** 13 E 2
Avesnes-le-Sec **59** 14 C 3
Avesnes-les-Aubert **59** 14 C 3
Avesnes-lès-Bapaume **62** 13 G 4
Avesnes-sur-Helpe **59** 15 G 4
Avessac **44** 125 H 4
Avessé **72** 106 D 5
Aveux **65** 334 A 2
Avezac-Prat **65** 333 G 1
Avezan **32** 296 C 1
Avèze **30** 282 D 5
Avèze **63** 226 D 2
Avezé **72** 108 C 2
Aviernoz **74** 215 H 2
Avignon **84** 285 F 5
Avignon-
lès-Saint-Claude **39** 197 E 3
Avignonet **38** 250 D 4
Avignonet-Lauragais **31** 318 C 3
Avillers **54** 44 D 3
Avillers **88** 94 D 5
Avillers-Sainte-Croix **55** 64 D 2
Avilley **25** 162 B 1
Avilly-Saint-Léonard **60** 38 D 4
Avion **62** 8 B 5
Avioth **55** 44 B 1
Aviré **49** 128 A 4
Avirey-Lingey **10** 115 F 4
Aviron **27** 56 B 1
Avize **51** 61 G 2
Avocourt **55** 43 G 4
Avoine **37** 150 D 4
Avoine **61** 54 A 5
Avoise **72** 129 F 2
Avolsheim **67** 97 F 1
Avon **77** 88 C 4
Avon **79** 185 H 3
Avon-la-Pèze **10** 90 B 4
Avon-les-Roches **37** 151 F 5
Avondance **62** 7 E 4
Avord **18** 173 G 1
Avoriaz **74** 198 D 5
Avosnes **21** 159 F 2
Avot **21** 139 E 5
Avoudrey **25** 162 D 4
Avrainville **52** 92 D 2
Avrainville **54** 65 F 5
Avrainville **88** 94 D 4
Avrainville **91** 87 G 2
Avranches **50** 51 H 4
Avranville **88** 93 G 4
Avrechy **60** 38 C 2
Avrecourt **52** 117 H 5
Avrée **58** 175 H 4
Avregny **74** 215 G 2
Avremesnil **76** 20 A 2
Avressieux **73** 232 D 2
Avreuil **10** 114 D 4
Avricourt **54** 96 A 1
Avricourt **57** 96 A 1
Avricourt **60** 23 G 4
Avrieux **73** 252 D 1
Avrigney **70** 161 G 3
Avrigny **60** 39 E 2
Avril **54** 45 F 4
Avril-sur-Loire **58** 175 E 4
Avrillé **49** 149 G 1
Avrillé **85** 182 C 2
Avrillé-les-Ponceaux **37** 151 E 2
Avrilly **03** 193 F 4
Avrilly **27** 56 B 2
Avrilly **61** 82 B 2
Avroult **62** 7 E 2
Avy **17** 219 G 3
Awoingt **59** 14 B 4
Ax-les-Thermes **09** 336 D 5
Axat **11** 337 G 4
Axiat **09** 336 C 5
Ay-Champagne **51** 61 G 1
Ay-sur-Moselle **57** 45 H 4
Ayat-sur-Sioule **63** 209 F 2
Aydat **63** 227 G 2
Aydie **64** 294 D 5
Aydius **64** 331 H 3
Aydoilles **88** 119 G 2
Ayen **19** 241 H 1
Ayencourt **80** 22 D 5
Ayette **62** 13 G 3
Ayguade-Ceinturon **83** 328 C 4
Ayguatébia-Talau **66** 341 H 3
Ayguemorte-les-Graves **33** 255 G 2
Ayguesvives **31** 318 B 2
Ayguetinte **32** 295 H 2
Ayherre **64** 311 F 3
Ayn **73** 232 D 2
Aynac **46** 261 E 1
Les Aynans **70** 141 H 4
Ayrens **15** 244 B 4
Ayron **86** 168 C 5
Ayros-Arbouix **65** 332 D 2
Ayse **74** 216 A 1
Ayssènes **12** 281 E 4
Aytré **17** 200 C 1
Les Ayvelles **08** 26 D 3
Ayzac-Ost **65** 332 D 2
Ayzieu **32** 295 E 2
Azannes-
et-Soumazannes **55** 44 C 4
Azans **39** 161 E 5
Azas **31** 298 B 3
Azat-Châtenet **23** 206 D 2
Azat-le-Ris **87** 187 H 4
Azay-le-Brûlé **79** 185 F 3
Azay-le-Ferron **36** 170 C 3
Azay-le-Rideau **37** 151 G 4
Azay-sur-Cher **37** 152 A 3
Azay-sur-Indre **37** 152 B 4
Azay-sur-Thouet **79** 185 E 1
Azé **41** 131 G 2
Azé **53** 128 B 2
Azé **71** 194 D 3
Azelot **54** 94 D 1
Azerables **23** 188 C 4
Azerailles **54** 95 H 2
Azerat **24** 241 F 2
Azérat **43** 228 B 5
Azereix **65** 315 E 5
Azet **65** 333 G 4
Azeville **50** 29 G 5
Azillanet **34** 320 C 4
Azille **11** 320 B 4
Azilone-Ampaza **2A** 349 E 4
Azincourt **62** 7 E 4
Azolette **69** 212 B 1
Azoudange **57** 67 F 5
Azur **40** 292 B 2
Azy **18** 155 H 5
Azy-le-Vif **58** 174 D 4
Azy-sur-Marne **02** 60 B 2
Azzana **2A** 348 D 1

## B

Baâlon **55** 43 H 1
Baâlons **08** 26 D 5
Babaou *Col de* **83** 328 D 3
Babeau-Bouldoux **34** 320 D 2
Babœuf **60** 23 H 5
Le Babory-de-Blesle **43** 245 H 1
Baby **77** 89 G 4
Baccarat **54** 95 H 3
Baccon **45** 132 C 2
Bach **46** 278 C 1
Bachant **59** 15 G 3
Bachas **31** 316 D 4
La Bachellerie **24** 241 F 2
Bachivillers **60** 37 H 3
Bachos **31** 334 B 3
Bachy **59** 9 E 3
Bacilly **50** 51 G 4
Le Bacon **48** 264 A 1
Baconnes **51** 42 A 5
La Baconnière **53** 105 H 2
Bacouël **60** 22 C 5
Bacouel-sur-Selle **80** 22 B 2
Bacourt **57** 66 C 3
Bacquepuis **27** 36 A 5
Bacqueville **27** 36 D 3
Bacqueville-en-Caux **76** 20 A 3
Badailhac **15** 244 D 5
Badaroux **48** 264 C 4
Badecon-le-Pin **36** 188 D 2
Badefols-d'Ans **24** 241 G 1
Badefols-
sur-Dordogne **24** 258 D 1
Baden **56** 124 A 4
Badens **11** 320 A 5
Badevel **25** 142 C 4
Badinières **38** 232 A 3
Badménil-aux-Bois **88** 95 G 5
Badonviller **54** 96 A 2
Badonvilliers **55** 93 H 2
Baerendorf **67** 67 H 3
Baerenthal **57** 68 C 2
La Baffe **88** 119 G 2
Baffie **63** 229 E 4
Bagard **30** 283 G 4
Bagargui *Col* **64** 330 D 2
Bagas **33** 256 D 3
Bagat-en-Quercy **46** 277 G 1
Bagatelle *Parc de* **62** 6 B 5
Bâgé-la-Ville **01** 195 F 4
Bâgé-le-Châtel **01** 195 F 4
Bagert **09** 335 F 1
Bages **11** 339 E 1
Bages **66** 343 E 3
Bagiry **31** 334 B 2
Bagnac-sur-célé **46** 261 G 3
Bagneaux **89** 114 A 2
Bagneaux-sur-Loing **77** 112 B 2
Bagnères-de-Bigorre **65** 333 F 1
Bagnères-de-Luchon **31** 334 A 4
Bagneux **02** 40 B 1
Bagneux **03** 191 H 1
Bagneux **36** 153 H 5
Bagneux **49** 150 B 4
Bagneux **51** 90 C 2
Bagneux **54** 94 B 2
Bagneux **79** 168 A 1
Bagneux **92** 58 B 4
Bagneux-la-Fosse **10** 115 F 5
Bagnizeau **17** 202 B 4

Bagnoles 11 ... 320 A4
Bagnoles-de-l'Orne 61 ... 82 C2
Bagnolet 93 ... 58 C3
Bagnols 63 ... 226 D3
Bagnols 69 ... 212 C4
Bagnols-en-Forêt 83 ... 308 C4
Bagnols-les-Bains 48 ... 264 D4
Bagnols-sur-Cèze 30 ... 284 D3
Bagnot 21 ... 178 B1
Baguer-Morvan 35 ... 80 A2
Baguer-Pican 35 ... 80 B2
Baho 66 ... 343 E2
Bahus-Soubiran 40 ... 294 B3
Baigneaux 28 ... 110 D3
Baigneaux 33 ... 256 C2
Baigneaux 41 ... 132 A3
Baignes 70 ... 141 E5
Baignes-Sainte-Radegonde 16 ... 220 C4
Baigneux-les-Juifs 21 ... 138 B5
Baignolet 28 ... 110 B3
Baigts 40 ... 293 G3
Baigts-de-Béarn 64 ... 293 F5
Baillargues 34 ... 303 E4
Baillé 35 ... 80 D4
Bailleau-le-Pin 28 ... 85 H5
Bailleau-l'Évêque 28 ... 86 A3
Bailleau-sous-Gallardon 28 ... 86 C3
Baillestavy 66 ... 342 B3
Baillet-en-France 95 ... 58 B1
Bailleul 59 ... 4 B5
Bailleul 61 ... 54 B4
Le Bailleul 72 ... 129 F3
Bailleul 80 ... 11 G4
Bailleul *Château de* 76 ... 19 E4
Bailleul-aux-Cornailles 62 ... 7 G5
Bailleul-la-Vallée 27 ... 35 E4
Bailleul-le-Soc 60 ... 38 D2
Bailleul-lès-Pernes 62 ... 7 G4
Bailleul-Neuville 76 ... 20 D3
Bailleul-Sir-Berthoult 62 ... 13 G2
Bailleul-sur-Thérain 60 ... 38 B2
Bailleulmont 62 ... 13 F3
Bailleulval 62 ... 13 F3
Bailleval 60 ... 38 D3
Baillolet 76 ... 20 D3
Baillou 41 ... 109 E5
Bailly 60 ... 39 G1
Bailly 78 ... 58 A3
Bailly-aux-Forges 52 ... 92 C3
Bailly-Carrois 77 ... 89 E2
Bailly-en-Rivière 76 ... 10 D5
Bailly-le-Franc 10 ... 92 A3
Bailly-Romainvilliers 77 ... 59 F3
Bain-de-Bretagne 35 ... 126 C2
Baincthun 62 ... 6 B2
Bainghen 62 ... 2 D5
Bains 43 ... 247 E4
Bains-de-Guitera 2A ... 349 E3
Bains-les-Bains 88 ... 119 E4
Bains-sur-Oust 35 ... 125 H3
Bainville-aux-Miroirs 54 ... 95 E3
Bainville-aux-Saules 88 ... 118 D2
Bainville-sur-Madon 54 ... 94 C2
Bairols 06 ... 289 H4
Bais 35 ... 105 E4
Bais 53 ... 106 D2
Baisieux 59 ... 9 E3
Baissey 52 ... 139 G3
Baives 59 ... 16 A5
Baix 07 ... 267 E2
Baixas 66 ... 338 D5
Baizieux 80 ... 22 D1
Le Baizil 51 ... 61 E2
Bajamont 47 ... 276 C2
Bajonnette 32 ... 296 C2
Bajus 62 ... 7 H5
Balacet 09 ... 335 E4
Baladou 46 ... 242 C5
Balagny-sur-Thérain 60 ... 38 C3
Balaguères 09 ... 335 E3
Balaguier d'Olt 12 ... 261 F4
Balaguier-sur-Rance 12 ... 300 B1
Balaine *Arboretum de* 03 ... 174 D5
Balaiseaux 39 ... 179 E2
Balaives-et-Butz 08 ... 26 D4
Balan 01 ... 213 G4
Balan 08 ... 27 F4
Balanod 39 ... 196 A2
Balansun 64 ... 293 G5
Balanzac 17 ... 201 E5
Balaruc-le-Vieux 34 ... 323 E3
Balaruc-les-Bains 34 ... 323 E3
Balâtre 80 ... 23 G4
Balazé 35 ... 105 E2
Balazuc 07 ... 266 B4
Balbigny 42 ... 211 H5
Balbins 38 ... 231 H4
Balbronn 67 ... 97 E1
Balcon de Merlet *Parc du* 74 ... 216 D3
Baldenheim 67 ... 97 F5
Baldersheim 68 ... 143 G1
La Baleine 50 ... 51 H2
Baleines *Phare des* 17 ... 182 C4
Baleix 64 ... 314 D3
Balesmes 37 ... 169 H2
Balesmes-sur-Marne 52 ... 139 G2
Balesta 31 ... 316 A5
Baleyssagues 47 ... 257 E2
Balgau 68 ... 121 G4
Balham 08 ... 41 H1
Balignac 82 ... 296 D1
Balignicourt 10 ... 91 G3
Bâlines 27 ... 56 A4
Balinghem 62 ... 2 D4
Baliracq-Maumusson 64 ... 294 C5
Baliros 64 ... 314 B4
Balizac 33 ... 255 H4
Balizy 91 ... 58 C5
Ballainvilliers 91 ... 58 B5
Ballaison 74 ... 197 H4
Ballan-Miré 37 ... 151 H3
Ballancourt-sur-Essonne 91 ... 87 H3
Ballans 17 ... 202 C5
Ballay 08 ... 42 D2
Balledent 87 ... 205 G2
Ballée 53 ... 106 C5
Balleray 58 ... 174 D1
Balleroy-sur-Drôme 14 ... 32 D4
Ballersdorf 68 ... 143 E3
Balléville 88 ... 94 B4
Ballon 17 ... 200 D2
Ballon de Servance 70 ... 142 B1
Ballon-Saint Mars 72 ... 107 H3
Ballons 26 ... 286 D2
Ballore 71 ... 194 A2
Ballots 53 ... 105 F5
Balloy 77 ... 89 F4
Balma 31 ... 298 A4
La Balme 73 ... 232 D1
La Balme-de-Sillingy 74 ... 215 F3
La Balme-de-Thuy 74 ... 215 H3
La Balme-d'Épy 39 ... 196 A3
La Balme-les-Grottes 38 ... 214 A4
Balmont 74 ... 215 G4
Balnot-la-Grange 10 ... 115 F5
Balnot-sur-Laignes 10 ... 115 G4
Balogna 2A ... 348 C1
Balot 21 ... 137 H3
Balsac 12 ... 280 C1
Balschwiller 68 ... 143 E2
Balsièges 48 ... 264 C5
Baltzenheim 68 ... 121 G2
Balzac 16 ... 221 F1
Bambecque 59 ... 3 H3
Bambiderstroff 57 ... 66 D1
Ban-de-Laveline 88 ... 96 C5
Ban-de-Sapt 88 ... 96 B4
Le Ban-Saint-Martin 57 ... 45 H5
Ban-sur-Meurthe-Clefcy 88 ... 120 B2
Banassac-Canilhac 48 ... 264 A5
Banat 09 ... 336 A4
Banca 64 ... 330 A1
Bancarel *Site du* 12 ... 262 B4
Bancigny 02 ... 25 G3
Bancourt 62 ... 13 H4
Bandol 83 ... 327 H4
Baneins 01 ... 213 F1
Baneuil 24 ... 258 C1
Bangor 56 ... 144 B4
Banhars 12 ... 262 D3
Banios 65 ... 333 G2
Banize 23 ... 207 F4
Bannalec 29 ... 100 C4
Bannans 25 ... 180 B2
Bannay 18 ... 156 A3
Bannay 51 ... 61 E3
Bannay 57 ... 46 C5
Banne 07 ... 283 H1
Bannegon 18 ... 173 H4
Bannes 46 ... 261 E1
Bannes 51 ... 61 F4
Bannes 52 ... 117 G5
Bannes 53 ... 106 D5
Banneville-la-Campagne 14 ... 33 H4
Bannières 81 ... 298 C4
Bannoncourt 55 ... 64 C3
Bannost 77 ... 60 A5
Banogne-Recouvrance 08 ... 25 H5
Banon 04 ... 286 D4
Banos 40 ... 293 H3
Bans 39 ... 179 E2
Bansat 63 ... 228 B4
Bantanges 71 ... 195 G1
Banteux 59 ... 14 B5
Banthelu 95 ... 37 G5
Bantheville 55 ... 43 G2
Bantigny 59 ... 14 B3
Bantouzelle 59 ... 14 B5
Bantzenheim 68 ... 121 F5
Banvillars 90 ... 142 B3
Banville 14 ... 33 F3
Banvou 61 ... 53 E5
Banyuls-dels-Aspres 66 ... 343 E3
Banyuls-sur-Mer 66 ... 343 G4
Baon 89 ... 137 F2
Baons-le-Comte 76 ... 19 G4
Baou de 4 Oures 83 ... 328 A4
Bapaume 62 ... 13 G4
Bapeaume-lès-Rouen 76 ... 36 A1
Bar 19 ... 225 E5
Bar-le-Duc 55 ... 63 H4
Bar-lès-Buzancy 08 ... 43 F1
Bar-sur-Aube 10 ... 116 A2
Le Bar-sur-Loup 06 ... 309 E2
Bar-sur-Seine 10 ... 115 G3
Baracé 49 ... 128 D4
Baracuchet *Col de* 63 ... 229 F3
Baraffles 62 ... 7 H5
Baraigne 11 ... 318 D4
Baraize 36 ... 188 D2
Baralle 62 ... 14 A3
Baraqueville 12 ... 280 B2
Barastre 62 ... 13 H5
Baratier 05 ... 270 C3
Barbachen 65 ... 315 F2
Barbaggio 2B ... 345 G4
Barbaira 11 ... 320 A5
Barbaise 08 ... 26 C4
Barbas 54 ... 96 A1
Barbaste 47 ... 275 F3
Barbâtre 85 ... 164 B2
Barbazan 31 ... 334 B2
Barbazan-Debat 65 ... 315 F5
Barbazan-Dessus 65 ... 315 F5
Barbechat 44 ... 148 A3
La Barben 13 ... 305 G4
Barbentane 13 ... 304 C1
Barberaz 73 ... 233 F2
Barberey-aux-Moines 10 ... 90 D5
Barberey-Saint-Sulpice 10 ... 90 D5
Barberier 03 ... 192 A5
Barbery 14 ... 53 G1
Barbery 60 ... 39 E4
Barbeville 14 ... 32 D3
Barbey 77 ... 89 E5
Barbey-Seroux 88 ... 120 A2
Barbezières 16 ... 202 D4
Barbezieux 16 ... 220 C4
Barbières 26 ... 249 H4
Barbirey-sur-Ouche 21 ... 159 G4
Barbizon 77 ... 88 B4
Barbonne-Fayel 51 ... 61 E5
Barbonval 02 ... 40 D2
Barbonville 54 ... 95 E2
Barbotan-les-Thermes 32 ... 274 D5
Le Barboux 25 ... 163 F5
Barbuise 10 ... 90 A2
Barby 08 ... 42 A1
Barby 73 ... 233 F2
Barc 27 ... 55 H1
Barcaggio 2B ... 345 F1
Le Barcarès 66 ... 339 E5
Barcelonne 26 ... 249 G5
Barcelonne-du-Gers 32 ... 294 C3
Barcelonnette 04 ... 270 D5
Barchain 57 ... 67 G5
Barchetta 2B ... 347 G2
Barcillonnette 05 ... 269 F5
Barcugnan 32 ... 315 H3
Barcus 64 ... 331 F1
Barcy 77 ... 59 G1
Bard 42 ... 229 G2
Bard-le-Régulier 21 ... 158 D5
Bard-lès-Époisses 21 ... 158 C1
Bard-lès-Pesmes 70 ... 161 F3
La Barde 17 ... 238 D2
Bardenac 16 ... 220 D5
Bardiana 2B ... 346 B4
Bardigues 82 ... 276 D5
Le Bardon 45 ... 132 D2
Bardos 64 ... 292 C5
Bardou 24 ... 258 C2
Bardouville 76 ... 35 H2
Barèges 65 ... 333 E3
Bareilles 65 ... 333 H3
Barembach 67 ... 96 D2
Baren 31 ... 334 B4
Barentin 76 ... 20 A5
Barenton 50 ... 81 H2
Barenton-Bugny 02 ... 24 D4
Barenton-Cel 02 ... 24 D4
Barenton-sur-Serre 02 ... 24 D4
Barésia-sur-l'Ain 39 ... 196 D1
Barfleur 50 ... 29 H2
Barfleur *Pointe de* 50 ... 29 H2
Bargème 83 ... 308 B2
Bargemon 83 ... 308 B3
Barges 21 ... 160 A4
Barges 43 ... 265 F1
Barges 70 ... 140 C2
Bargny 60 ... 39 G5
Barie 33 ... 256 C4
Les Barils 27 ... 55 H4
Barinque 64 ... 314 C2
Barisey-au-Plain 54 ... 94 B2
Barisey-la-Côte 54 ... 94 B2
Barisis 02 ... 24 B5
Barizey 71 ... 177 G4
Barjac 09 ... 335 F1
Barjac 30 ... 284 B2
Barjac 48 ... 264 B4
Barjols 83 ... 307 E4
Barjon 21 ... 138 D5
Barjouville 28 ... 86 A4
Barles 04 ... 288 A1
Barlest 65 ... 314 D5
Barleux 80 ... 23 G2
Barlieu 18 ... 155 G1
Barlin 62 ... 8 A4
Barly 62 ... 13 E3
Barly 80 ... 12 C3
Barmainville 28 ... 111 E2
Barnas 07 ... 265 H3
Barnave 26 ... 268 B2
Barnay 71 ... 176 D1
Barnenez *Tumulus de* 29 ... 71 H3
Barneville-Carteret 50 ... 31 E2
Barneville-la-Bertran 14 ... 34 C2
Barneville-sur-Seine 27 ... 35 H2
La Baroche-Gondouin 53 ... 82 C3
La Baroche-sous-Lucé 61 ... 82 B2
Les Baroches 54 ... 45 F4
Baromesnil 76 ... 10 D5
Baron 30 ... 284 A4
Baron 33 ... 256 B1
Baron 60 ... 39 F5
Baron 71 ... 194 A2
Baron-sur-Odon 14 ... 33 F5
Baronville 57 ... 66 D2
Barou-en-Auge 14 ... 54 A2
Baroville 10 ... 116 A2
Le Barp 33 ... 255 E3
La Barque 13 ... 306 B5
Barquet 27 ... 55 H1
Barr 67 ... 97 F3
Barracone 2A ... 348 D3
Barrais-Bussolles 03 ... 192 D5
Barran 32 ... 295 H4
Barrancoueu 65 ... 333 G3
Les Barraques-en-Vercors 26 ... 250 B4
Barras 04 ... 287 H3
Barraute-Camu 64 ... 313 F2
Barraux 38 ... 233 F4
La Barre 39 ... 161 F5
La Barre 70 ... 162 B2
Barre 81 ... 300 D3
La Barre-de-Monts 85 ... 164 C2
La Barre-de-Semilly 50 ... 32 B5
Barre-des-Cévennes 48 ... 282 D2
La Barre-en-Ouche 27 ... 55 F2
Barrême 04 ... 288 B5
Barret 16 ... 220 C3
Barret-de-Lioure 26 ... 286 C3
Barret-sur-Méouge 05 ... 287 E2
Barretaine 39 ... 179 F3
Barrettali 2B ... 345 F2
Barriac-les-Bosquets 15 ... 243 H2
Barricourt 08 ... 43 F1
Barro 16 ... 203 F3
Barrou 37 ... 170 A3
Le Barroux 84 ... 285 H3
Barry 65 ... 315 E5
Barry 84 ... 285 E1
Barry-d'Islemade 82 ... 277 G4
Bars 24 ... 241 F3
Bars 32 ... 295 G5
Barsac 26 ... 268 A1
Barsac 33 ... 256 B3
Barsanges 19 ... 225 F3
Barst 57 ... 67 F1
Bart 25 ... 142 B4
Bartenheim 68 ... 143 G3
Barthe 65 ... 316 A4
Barthe *Barrage de la* 12 ... 263 E1
La Barthe-de-Neste 65 ... 333 H1
Bartherans 25 ... 179 H1
Les Barthes 82 ... 277 F4
Bartrès 65 ... 332 D1
Barville 27 ... 35 E5
Barville 61 ... 84 A3
Barville 76 ... 19 G3
Barville 88 ... 94 A4
Barville-en-Gâtinais 45 ... 111 H3
Barzan 17 ... 219 E3
Barzun 64 ... 314 D5
Barzy-en-Thiérache 02 ... 15 F5
Barzy-sur-Marne 02 ... 60 D1
Bas-en-Basset 43 ... 229 H5
Bas-et-Lezat 63 ... 210 A3
Bas-Lieu 59 ... 15 G4
Bas-Mauco 40 ... 293 H2
Bas-Rupts 88 ... 120 B3
Bascons 40 ... 294 B2
Bascous 32 ... 295 F2
Baslieux 54 ... 45 E2
Baslieux-lès-Fismes 51 ... 41 E3
Baslieux-sous-Châtillon 51 ... 41 E5
Basly 14 ... 33 G3
Bassac 16 ... 220 D1
Bassan 34 ... 321 G3
Bassanne 33 ... 256 C4
Basse-Goulaine 44 ... 147 H4
Basse-Ham 57 ... 45 H3
Basse-Indre 44 ... 147 F4
Basse-Rentgen 57 ... 45 H2
Basse-sur-le-Rupt 88 ... 120 A4
La Basse-Vaivre 70 ... 118 D5
La Bassée 59 ... 8 B3
Bassemberg 67 ... 96 D4
Basseneville 14 ... 34 A4
Bassens 33 ... 237 G5
Bassens 73 ... 233 F2
Bassercles 40 ... 293 H5
Basses 86 ... 168 D1
Basseux 62 ... 13 F3
Bassevelle 77 ... 60 B2
Bassignac 15 ... 244 B1
Bassignac-le-Bas 19 ... 243 E4
Bassignac-le-Haut 19 ... 243 G2
Bassigney 70 ... 141 F2
Bassillac 24 ... 240 D2
Bassillon-Vauzé 64 ... 314 D2
Bassing 57 ... 67 F3
Bassoles-Aulers 02 ... 40 B1
Bassoncourt 52 ... 117 H3
Bassou 89 ... 114 A5
Bassoues 32 ... 295 G5
Bassu 51 ... 62 D3
Bassuet 51 ... 62 D4
Bassurels 48 ... 282 D3
Bassussarry 64 ... 310 D3
Bassy 74 ... 215 E3
Bastanès 64 ... 313 G3
Bastelica 2A ... 349 E2
Bastelicaccia 2A ... 348 C3
Bastennes 40 ... 293 G4
Bastia 2B ... 345 G4
La Bastide 66 ... 342 C3
La Bastide 83 ... 308 B2
La Bastide-Clairence 64 ... 311 F3
La Bastide-de-Besplas 09 ... 317 G5
La Bastide-de-Bousignac 09 ... 336 D2
La Bastide de Couloumat 11 ... 318 C5
La Bastide-de-Lordat 09 ... 336 C1
La Bastide-de-Sérou 09 ... 335 H2
La Bastide-d'Engras 30 ... 284 C4
La Bastide-des-Jourdans 84 ... 306 B2
La Bastide-du-Salat 09 ... 335 E2
La Bastide-l'Évêque 12 ... 279 G1
La Bastide-Pradines 12 ... 281 G5
La Bastide-Puylaurent 48 ... 265 F3
La Bastide-Solages 12 ... 300 A1
La Bastide-sur-l'Hers 09 ... 336 D3
La Bastidonne 13 ... 327 F3
La Bastidonne 84 ... 306 B3
La Bastie-d'Urfé *Château de* 42 ... 229 G1
Le Bastit 46 ... 260 C2
Basville 23 ... 208 B4
La Bataille 79 ... 202 D2
Bataille *Col de la* 26 ... 250 A5
La Batarelle 13 ... 327 E2
Bataville 57 ... 67 F5
Bathelémont 54 ... 66 D5
Bathernay 26 ... 249 G2
La Bâthie 73 ... 234 B1
La Bâtie-Crémezin 26 ... 268 D3
La Bâtie-des-Fonds 26 ... 268 D4
La Bâtie-Divisin 38 ... 232 C3
La Bâtie-Montgascon 38 ... 232 C2
La Bâtie-Montsaléon 05 ... 269 E5
La Bâtie-Neuve 05 ... 269 H3
La Bâtie-Rolland 26 ... 267 F4
La Bâtie-Vieille 05 ... 269 H3
Les Bâties 70 ... 161 G1
Batilly 54 ... 45 F5
Batilly 61 ... 53 H4
Batilly-en-Gâtinais 45 ... 111 H4
Batilly-en-Puisaye 45 ... 135 E5
Bats 40 ... 294 A4
Batsère 65 ... 333 G1
Battenans-les-Mines 25 ... 162 B1
Battenans-Varin 25 ... 163 F3
Battenheim 68 ... 121 E5
Battexey 88 ... 94 D4
Battigny 54 ... 94 C3
Battrans 70 ... 161 F2
Batz *Île de* 29 ... 71 G3
Batz-sur-Mer 44 ... 145 G5
Batzendorf 67 ... 68 D4
Baubigny 21 ... 177 G2
Baubigny 50 ... 28 D5
La Bauche 73 ... 233 E3
Baud 56 ... 101 H5
Baudement 51 ... 90 B2
Baudemont 71 ... 194 A5
Baudignan 40 ... 274 D4
Baudignécourt 55 ... 93 G2
Baudinard-sur-Verdon 83 ... 307 F3
Baudoncourt 70 ... 141 G2
Baudonvilliers 55 ... 63 F5
Baudre 50 ... 32 B5
Baudrecourt 52 ... 92 C4
Baudrecourt 57 ... 66 C2
Baudreix 64 ... 314 C5
Baudrémont 55 ... 64 B4
Baudres 36 ... 171 G1
Baudreville 28 ... 87 E5
Baudreville 50 ... 31 F2
Baudricourt 88 ... 94 C5
Baudrières 71 ... 178 A5
Bauduen 83 ... 307 G2
Baugé-en-Anjou 49 ... 129 F5
Baugy 18 ... 173 H1
Baugy 60 ... 39 F1
Baugy 71 ... 193 G5
Baulay 70 ... 140 D2
La Baule 44 ... 145 H5
Baule 45 ... 132 D3
La Baule-Escoublac 44 ... 145 H5
Baulme-la-Roche 21 ... 159 G3
Baulne 91 ... 87 H3
Baulne-en-Brie 02 ... 60 D2
Baulny 55 ... 43 F3
Baulon 35 ... 103 H4
Baulou 09 ... 336 A2
La Baume 74 ... 198 C4
Baume *Cirque de* 39 ... 179 F5
La Baume-Cornillane 26 ... 267 G1
La Baume-de-Transit 26 ... 285 F1
La Baume-d'Hostun 26 ... 249 H3
Baume-les-Dames 25 ... 162 C2
Baume-les-Messieurs 39 ... 179 F5
Bauné 49 ... 150 A1
Baupte 50 ... 31 H3
Bauquay 14 ... 53 E1
Baurech 33 ... 255 H2
La Baussaine 35 ... 79 H5
Bauvin 59 ... 8 C4
Les Baux-de-Breteuil 27 ... 55 H3
Les Baux-de-Provence 13 ... 304 D3
Les Baux-Sainte-Croix 27 ... 56 B2
Bauzemont 54 ... 66 D5
Bauzy 41 ... 153 G1
Bavans 25 ... 142 B5
Bavay 59 ... 15 F2
Bavelincourt 80 ... 22 D1
Bavella *Col de* 2A ... 349 F4
Bavent 14 ... 33 H4
Baverans 39 ... 161 E5
Bavilliers 90 ... 142 C3
Bavinchove 59 ... 3 H5
Bavincourt 62 ... 13 E3
Bax 31 ... 317 G5
Bay 08 ... 26 A3
Bay 70 ... 161 F3
Bay-sur-Aube 52 ... 139 E2
Bayac 24 ... 258 C1
Bayard *Château de* 38 ... 233 G4
Bayard *Col* 05 ... 269 G3
Bayas 33 ... 238 C3
Baye 29 ... 100 C5
Baye 51 ... 61 E3
Bayecourt 88 ... 95 G5

Bayel 10 116 B2
Bayencourt 80 13 E4
Bayenghem-lès-Éperlecques 62 3 E4
Bayenghem-lès-Seninghem 62 7 E2
Bayers 16 203 F4
Bayet 03 192 A5
Bayeux 14 33 E3
Bayon 54 95 E3
Bayon-sur-Gironde 33 237 G3
Bayonne 64 292 A5
Bayons 04 287 H1
Bayonville 08 43 F2
Bayonville-sur-Mad 54 65 G2
Bayonvillers 80 23 E2
Bazac 16 239 E1
Bazaiges 36 188 D2
Bazailles 54 45 E3
Bazainville 78 57 F4
Bazancourt 51 41 H2
Bazancourt 60 21 F5
Bazarnes 89 136 C4
Bazas 33 256 B5
Bazauges 17 202 C4
Bazegney 88 95 E5
Bazeilles 08 27 F4
Bazeilles-sur-Othain 55 44 B2
Bazelat 23 188 D4
Bazemont 78 57 G2
Bazens 47 275 G2
Bazentin 80 13 G5
Bazenville 14 33 E3
Bazet 65 315 E4
La Bazeuge 87 187 H5
Bazian 32 295 G4
Bazicourt 60 39 E3
Baziège 31 318 B2
Bazien 88 95 H3
Bazillac 65 315 F3
Bazincourt-sur-Epte 27 37 G3
Bazincourt-sur-Saulx 55 63 G5
Bazinghen 62 2 B4
Bazinval 76 11 E5
La Bazoche-Gouet 28 109 F3
Bazoches 58 157 H3
Bazoches-au-Houlme 61 53 H3
Bazoches-en-Dunois 28 110 B4
Bazoches-lès-Bray 77 89 F4
Bazoches-les-Gallerandes 45 111 F3
Bazoches-les-Hautes 28 110 D3
Bazoches-sur-Guyonne 78 57 G4
Bazoches-sur-Hoëne 61 84 B2
Bazoches-sur-le Betz 45 113 E3
Bazoches-sur-Vesles 02 40 D3
La Bazoge 50 52 B5
La Bazoge 72 107 G3
La Bazoge-Montpinçon 53 82 B5
Bazoges-en-Paillers 85 166 B2
Bazoges-en-Pareds 85 166 D5
Bazoilles-et-Ménil 88 94 D5
Bazoilles-sur-Meuse 88 93 H5
Bazolles 58 157 F5
Bazoncourt 57 66 B1
Bazonville 54 45 F3
La Bazoque 14 32 C4
La Bazoque 61 53 E3
Bazoques 27 35 F5
Bazordan 65 316 A5
La Bazouge-de-Chemeré 53 106 C4
La Bazouge-des-Alleux 53 106 B2
La Bazouge-du-Désert 35 81 F3
Bazougers 53 106 B4
Bazouges 53 128 B2
Bazouges-Cré-sur-Loir 72 129 F4
Bazouges-la-Pérouse 35 80 C3
Bazouges-sous-Hédé 35 80 A4
Bazouges-sur-le-Loir 72 129 F4
Bazuel 59 15 E4
Bazugues 32 315 H2
Bazus 31 298 A3
Bazus-Aure 65 333 G4
Bazus-Neste 65 333 H2
Le Béage 07 265 H1
Béal *Col du* 63 229 E1
Béalcourt 80 12 C3
Béalencourt 62 7 E5
Béard 58 174 D3
Béard-Géovreissiat 01 196 C5
Beaubec-la-Rosière 76 21 E4
Beaubery 71 194 B3
Beaubray 27 55 H2
Beaucaire 30 304 B2
Beaucaire 32 295 H2
Beaucamps-le-Jeune 80 21 G3
Beaucamps-le-Vieux 80 21 G2
Beaucamps-Ligny 59 8 C3
Beaucé 35 81 F4
Beaucens 65 332 D2
Le Beaucet 84 285 H5
Beauchalot 31 334 D1
Beauchamp 95 58 B1
Beauchamps 50 51 H3
Beauchamps 80 11 E4
Beauchamps-sur-Huillard 45 112 A5
Beaucharmoy 52 118 A4
Beauchastel 07 267 E1
Beauche 28 56 A5
Beauchemin 52 117 E5
Beauchêne 41 109 F5
Beauchêne 61 52 D5
Beauchery-Saint-Martin 77 89 H2
Beauclair 55 43 G1
Beaucoudray 50 52 A1
Beaucourt 90 142 C4
Beaucourt-en-Santerre 80 23 E3
Beaucourt-sur-l'Ancre 80 13 F5
Beaucourt-sur-l'Hallue 80 22 D1
Beaucouzé 49 149 F1
Beaucroissant 38 232 B5
Beaudéan 65 333 F2
Beaudéduit 60 22 A4
Beaudignies 59 15 E3
Beaudricourt 62 12 D3
Beaufai 61 55 E4
Beaufay 72 108 A3
Beauficel 50 52 B4
Beauficel-en-Lyons 27 37 E2
Beaufin 38 269 F1
Beaufort 31 317 F2
Beaufort 34 320 C4
Beaufort 38 231 H5
Beaufort 39 196 B1
Beaufort 59 15 G3
Beaufort 73 216 C5
Beaufort-Blavincourt 62 13 E2
Beaufort-en-Argonne 55 43 G1
Beaufort-en-Anjou 49 150 A2
Beaufort-en-Santerre 80 23 E3
Beaufort-sur-Gervanne 26 267 H1
Beaufou 85 165 G3
Beaufour 14 34 B4
Beaufremont 88 94 A5
Beaugas 47 258 B4
Beaugeay 17 200 D4
Beaugency 45 132 C3
Beaugies-sous-Bois 60 23 H4
Beaujeu 04 288 B2
Beaujeu 69 212 C1
Beaujeu-Saint-Vallier-et-Pierrejux 70 161 F1
Beaulac 33 274 B1
Beaulandais 61 82 B2
Beaulencourt 62 13 H5
Beaulieu 07 284 A1
Beaulieu 08 26 A1
Beaulieu 14 52 D2
Beaulieu 15 226 C4
Beaulieu 21 138 C3
Beaulieu 25 142 C5
Beaulieu 34 303 E3
Beaulieu 36 188 B4
Beaulieu 38 250 B1
Beaulieu 43 247 F3
Beaulieu 58 157 F4
Beaulieu 61 55 G5
Beaulieu 63 228 A4
Beaulieu-en-Argonne 55 63 G1
Beaulieu-en-Rouergue *Abbaye de* 82 279 E3
Beaulieu-les-Fontaines 60 23 G4
Beaulieu-lès-Loches 37 152 C5
Beaulieu-sous-Bressuire 79 167 G3
Beaulieu-sous-la-Roche 85 165 G5
Beaulieu-sous-Parthenay 79 185 F1
Beaulieu-sur-Dordogne 19 243 E4
Beaulieu-sur-Layon 49 149 G3
Beaulieu-sur-Loire 45 155 H1
Beaulieu-sur-Mer 06 309 H2
Beaulieu-sur-Oudon 53 105 G4
Beaulieu-sur-Sonnette 16 203 H4
Beaulon 03 192 D1
Beaumais 14 54 A2
Beaumarchés 32 295 F5
Beaumat 46 260 B3
Beaumé 02 25 H2
La Beaume 05 268 D3
Beauménil 88 119 H2
Beaumerie-Saint-Martin 62 6 C4
Beaumes-de-Venise 84 285 G3
Beaumesnil 14 52 B2
Beaumesnil 27 55 G1
Beaumettes 84 305 G1
Beaumetz 80 12 B4
Beaumetz-lès-Aire 62 7 F3
Beaumetz-lès-Cambrai 62 13 H4
Beaumetz-lès-Loges 62 13 F3
Beaumont 07 265 H4
Beaumont 19 225 E4
Beaumont 32 295 G1
Beaumont 43 246 B1
Beaumont 54 65 E4
Beaumont 63 227 G1
Beaumont 74 215 G1
Beaumont 86 169 F5
Beaumont 89 136 B2
Beaumont-de-Lomagne 82 297 E1
Beaumont-de-Pertuis 84 306 C3
Beaumont-du-Gâtinais 77 112 A3
Beaumont-du-Lac 87 207 E5
Beaumont-du-Périgord 24 258 C2
Beaumont-du-Ventoux 84 285 H3
Beaumont-en-Argonne 08 27 F5
Beaumont-en-Auge 14 34 C3
Beaumont-en-Beine 02 23 H4
Beaumont-en-Cambrésis 59 14 D4
Beaumont-en-Diois 26 268 C3
Beaumont-en-Verdunois 55 44 B4
Beaumont-en-Véron 37 150 D4
Beaumont-Hague 50 28 D2
Beaumont-Hamel 80 13 F5
Beaumont-la-Ferrière 58 156 C5
Beaumont-la-Ronce 37 130 D5
Beaumont-le-Hareng 76 20 C4
Beaumont-le-Roger 27 55 G1
Beaumont-les-Autels 28 109 F2
Beaumont-les-Nonains 60 37 H3
Beaumont-lès-Randan 63 210 B3
Beaumont-lès-Valence 26 249 F5
Beaumont-Monteux 26 249 F4
Beaumont-Pied-de-Bœuf 53 106 C5
Beaumont-Pied-de-Bœuf 72 130 B3
Beaumont-Sardolles 58 175 E3
Beaumont-sur-Dême 72 130 C4
Beaumont-sur-Grosne 71 177 H5
Beaumont-sur-Lèze 31 317 H3
Beaumont-sur-Oise 95 38 B5
Beaumont-sur-Sarthe 72 107 G2
Beaumont-sur-Vesle 51 41 H4
Beaumont-sur-Vingeanne 21 160 D1
Beaumont-Village 37 152 D5
Beaumontel 27 35 G5
Beaumotte-lès-Montbozon 70 162 B1
Beaumotte-lès-Pin 70 161 G3
Beaunay 51 61 F3
Beaune 21 177 H1
Beaune 73 234 B5
Beaune-d'Allier 03 191 F5
Beaune-la-Rolande 45 111 H4
Beaune-le-Chaud 63 227 G1
Beaune-le-Froid 63 227 F2
Beaune-les-Mines 87 205 H4
Beaune-sur-Arzon 43 247 E1
Beaunotte 21 138 C4
Beaupont 01 195 H3
Beauport *Abbaye de* 22 73 F3
Beaupouyet 24 239 F4
Beaupréau-en-Mauges 49 148 D4
Beaupuy 31 298 A4
Beaupuy 32 297 E4
Beaupuy 47 257 E4
Beaupuy 82 297 F2
Beauquesne 80 12 D5
Beaurain 59 14 D3
Beaurains 62 13 G2
Beaurains-lès-Noyon 60 23 G5
Beaurainville 62 6 D5
Beaurecueil 13 306 B5
Beauregard 01 212 D3
Beauregard 46 278 D1
Beauregard-Baret 26 249 H4
Beauregard-de-Terrasson 24 241 G2
Beauregard-et-Bassac 24 240 B4
Beauregard-l'Évêque 63 210 A5
Beauregard-Vendon 63 209 H3
Beaurepaire 38 231 G5
Beaurepaire 60 38 D3
Beaurepaire 76 18 C4
Beaurepaire 85 166 C2
Beaurepaire-en-Bresse 71 178 D5
Beaurepaire-sur-Sambre 59 15 F5
Beaurevoir 02 14 C5
Beaurières 26 268 C3
Beaurieux 02 41 E2
Beaurieux 59 16 A3
Beauronne 24 239 G3
Beausemblant 26 249 E1
Beausoleil 06 309 H5
Beaussac 24 221 H3
Beaussais-Vitré 79 185 G4
Beaussault 76 21 E4
Beausse 49 148 D3
Le Beausset 83 327 H3
Beauteville 31 318 C3
Beautheil 77 59 H4
Beautheil-Saints 77 59 H4
Beautiran 33 255 H2
Beautor 02 24 B4
Beautot 76 20 A4
Beauvain 61 82 D2
Beauvais 60 38 A2
Beauvais-sur-Matha 17 202 C4
Beauvais-sur-Tescou 81 298 B1
Beauval 80 12 D4
Beauval-en-Caux 76 20 A3
Beauvallon 26 249 F5
Beauvallon 83 329 F2
Beauvau 49 129 E5
Beauvène 07 248 C5
Beauvernois 71 178 D3
Beauvezer 04 288 D3
Beauville 31 318 C2
Beauville 47 276 D2
Beauvilliers 28 86 C5
Beauvilliers 41 132 A2
Beauvilliers 89 158 B2
Beauvoir 50 51 F5
Beauvoir 60 22 C5
Beauvoir 77 88 D2
Beauvoir 89 135 H3
Beauvoir *Château de* 03 192 D3
Beauvoir-de-Marc 38 231 G3
Beauvoir-en-Lyons 76 37 E1
Beauvoir-en-Royans 38 250 A2
Beauvoir-sur-Mer 85 164 C2
Beauvoir-sur-Niort 79 201 H1
Beauvoir-sur-Sarce 10 115 F5
Beauvoir-Wavans 62 12 C3
Beauvois 62 7 F5
Beauvois-en-Cambrésis 59 14 C4
Beauvois-en-Vermandois 02 23 H2
Beauvoisin 26 286 A1
Beauvoisin 30 303 H3
Beauvoisin 39 178 D2
Beaux 43 247 H2
Beauzac 43 247 H1
Beauzée-sur-Aire 55 63 H2
Beauzelle 31 297 H4
Beaziac 47 274 D1
Bébing 57 67 G5
Beblenheim 68 121 E2
Bec-de-Mortagne 76 19 E4
Le Bec-Hellouin 27 35 G4
Le Bec-Thomas 27 36 A4
Beccas 32 315 F2
Béceleuf 79 184 D2
Béchamps 54 45 E5
Bécherel 35 103 H1
Bécheresse 16 221 E3
Béchy 57 66 B2
Bécon-les-Granits 49 149 E1
Béconne 26 267 G4
Bécordel-Bécourt 80 23 E1
Bécourt 62 6 D2
Becquigny 02 14 D5
Becquigny 80 23 E4
Bédarieux 34 301 F4
Bédarrides 84 285 F4
Beddes 18 190 A1
Bédéchan 32 296 C5
Bédée 35 103 H2
Bédeilhac-et-Aynat 09 336 A4
Bédeille 09 335 F1
Bédeille 64 314 D3
Bedenac 17 238 B2
Bédoin 84 286 A3
Bédouès 48 282 D1
Bédouès-Cocurès 48 282 D1
Bedous 64 331 H3
Béduer 46 261 F4
Beffes 18 174 B1
Beffia 39 196 B2
Beffu-et-le-Morthomme 08 43 E2
Beg-Meil 29 99 H4
Bégaar 40 293 F2
Bégadan 33 218 D5
Béganne 56 125 F4
Bégard 22 72 D4
Bègles 33 255 G1
Begnécourt 88 118 D2
Bégole 65 315 G5
Bégrolles-en-Mauges 49 148 D5
La Bégude-de-Mazenc 26 267 F4
Bègues 03 209 H1
Béguey 33 256 B3
Béguios 64 311 G4
Béhagnies 62 13 G4
Béhasque-Lapiste 64 311 H4
Béhen 80 11 G4
Béhencourt 80 22 D1
Béhéricourt 60 23 H5
Behlenheim 67 68 D5
Béhobie 64 310 A4
Behonne 55 63 H3
Béhorléguy 64 330 D1
Béhoust 78 57 F3
Behren-lès-Forbach 57 47 F5
Béhuard 49 149 F2
Beignon 56 103 F4
Beillé 72 108 B4
Beine 89 136 C3
Beine-Nauroy 51 41 H4
Beinheim 67 69 G3
Beire-le-Châtel 21 160 B2
Beire-le-Fort 21 160 C4
Beissat 23 207 H5
Bel-Air 49 127 H3
Bel-Homme *Col du* 83 308 B3
Bélâbre 36 188 A2
Belan-sur-Ource 21 116 A5
Bélarga 34 302 A5
Bélaye 46 259 G5
Belberaud 31 318 B2
Belbèse 82 297 F1
Belbeuf 76 36 B2
Belbèze-de-Lauragais 31 318 A2
Belbèze-en-Comminges 31 335 E1
Belcaire 11 337 E4
Belcastel 12 280 B1
Belcastel 81 298 C4
Belcastel *Château de* 46 260 B1
Belcastel-et-Buc 11 337 H2
Belcodène 13 327 F1
Bélesta 09 336 D3
Bélesta 66 338 B5
Bélesta-en-Lauragais 31 318 D2
Beleymas 24 239 H4
Belfahy 70 142 B1
Belfays 25 163 G3
Belflou 11 318 C4
Belfonds 61 83 G2
Belfort 90 142 C3
Belfort-du-Quercy 46 278 B2
Belfort-sur-Rebenty 11 337 E4
Belgeard 53 82 B5
Belgentier 83 328 B3
Belgodère 2B 344 D5
Belhade 40 273 G1
Belhomert-Guéhouville 28 85 F3
Le Bélieu 25 163 E5
Béligneux 01 213 G4
Belin-Béliet 33 255 E4
Bélis 40 273 H4
Bellac 87 205 F2
Bellaffaire 04 269 H5
Bellagranajo *Col de* 2B 347 F5
Bellaing 59 9 G5
Bellancourt 80 11 H3
Bellange 57 66 D3
Bellavilliers 61 84 B4
Le Bellay-en-Vexin 95 37 G5
Belle-Église 60 38 B4
Belle-et-Houllefort 62 2 C5
Belle-Ile 56 144 B4
Belle-Isle-en-Terre 22 72 C5
Belleau 02 60 B1
Belleau 54 65 H4
Bellebat 33 256 B2
Bellebrune 62 2 C5
Bellechassagne 19 225 H2
Bellechaume 89 114 A4
Bellecombe 39 197 E4
Bellecombe 73 234 B3
Bellecombe-en-Bauges 73 215 G5
Bellecombe-Tarendol 26 286 B1
Bellefond 21 160 A2
Bellefond 33 256 C1
Bellefonds 86 186 D1
Bellefontaine 39 197 F1
Bellefontaine 50 52 B5
Bellefontaine 88 119 F4
Bellefontaine 95 38 D5
Bellefosse 67 96 D3
Bellegarde 30 304 A3
Bellegarde 32 316 B2
Bellegarde 45 111 H5
Bellegarde-du-Razès 11 337 E1
Bellegarde-en-Diois 26 268 B4
Bellegarde-en-Forez 42 230 A2
Bellegarde-en-Marche 23 207 H3
Bellegarde-Marsal 81 299 G1
Bellegarde-Poussieu 38 231 F5
Bellegarde-Sainte-Marie 31 297 F4
Bellegarde-sur-Valserine 01 215 E1
Belleherbe 25 163 E3
Bellemagny 68 142 D2
Bellême 61 84 C4
Bellenaves 03 209 G1
Bellencombre 76 20 C4
Belleneuve 21 160 C2
Bellenglise 02 24 A1
Bellengreville 14 33 H5
Bellengreville 76 10 C5
Bellenod-sous-Pouilly 21 138 B4
Bellenot-sous-Pouilly 21 159 E3
Bellentre 73 234 D2
Belleray 55 64 B1
Bellerive-sur-Allier 03 210 B2
Belleroche 42 212 B1
Belleserre 81 319 E2
Bellesserre 31 297 F2
Belleu 02 40 B3
Belleuse 80 22 A4
Bellevaux 74 198 B4
Bellevesvre 71 178 D3
Belleville-sur-Vie 85 165 H4
Belleville 54 65 G4
Belleville 69 212 D1
Belleville 79 201 H1
Belleville-en-Caux 76 20 A4
Belleville-sur-Bar 08 43 E1
Belleville-sur-Loire 18 156 A1
Belleville-sur-Mer 76 10 B5
Belleville-sur-Meuse 55 44 B5
Belleville-sur-Vie 85 165 H4
Bellevue 44 147 H3
Bellevue *Grotte de* 46 260 D4
Bellevue-Coëtquidan 56 103 F4
Bellevue-la-Montagne 43 247 E1
Belley 01 214 D5
Belley 10 91 E5
Belleydoux 01 196 D5
Bellicourt 02 24 A1
La Bellière 61 54 A5
La Bellière 76 21 E5
Bellignat 01 196 C5
Belligné 44 148 C1
Bellignies 59 15 F2
La Belliole 89 113 E3
Belloc 09 336 D2
Belloc-Saint-Clamens 32 315 H2
Bellocq 64 293 E5
Bellon 16 221 E5
Bellonne 62 14 A2
Bellot 77 60 B3
Bellou 14 54 C2
Bellou-en-Houlme 61 53 F5
Bellou-le-Trichard 61 108 B2
Bellou-sur-Huisne 61 84 D4
Belloy 60 37 H1
Belloy-en-France 95 58 C1
Belloy-en-Santerre 80 23 F2
Belloy-Saint-Léonard 80 11 H5
Belloy-sur-Somme 80 22 A1
Belluire 17 219 G3
Belmesnil 76 20 A3
Belmont 25 162 C4
Belmont 32 295 G3
Belmont 38 232 A3
Belmont 39 179 E1
Belmont 52 140 A3
Belmont 67 96 D3
Belmont 70 141 H2
Belmont-Bretenoux 46 243 E5
Belmont-d'Azergues 69 212 D4
Belmont-de-la-Loire 42 212 A1
Belmont-lès-Darney 88 118 C3
Belmont-Luthézieu 01 214 D4
Belmont-Sainte-Foi 46 278 C2
Belmont-sur-Buttant 88 96 A5

Belmont-sur-Rance 12 ... 300 C 2
Belmont-sur-Vair 88 ... 94 B 5
Belmont-Tramonet 73 ... 232 D 2
Belmontet 46 ... 277 F 1
Belon 29 ... 100 C 5
Belonchamp 70 ... 142 A 1
Belpech 11 ... 318 C 5
Belrain 55 ... 64 B 4
Belrupt 88 ... 118 D 3
Belrupt-en-Verdunois 55 ... 64 B 1
Bélus 40 ... 292 D 4
Belval 08 ... 26 C 3
Belval 50 ... 51 H 1
Belval 88 ... 96 C 3
Belval-Bois-des-Dames 08 ... 43 F 1
Belval-en-Argonne 51 ... 63 F 2
Belval-sous-Châtillon 51 ... 41 F 5
Belvédère 06 ... 291 F 3
Belvédère-Campomoro 2A ... 350 C 2
Belverne 70 ... 142 A 3
Belvès 24 ... 259 E 1
Belvès-de-Castillon 33 ... 238 D 5
Belvèze 82 ... 277 F 1
Belvèze-du-Razès 11 ... 337 F 1
Belvézet 30 ... 284 B 4
Belvezet 48 ... 265 E 4
Belvianes-et-Cavirac 11 ... 337 G 4
Belvis 11 ... 337 F 4
Belvoir 25 ... 163 E 2
Belz 56 ... 123 G 3
Bémécourt 27 ... 55 H 3
Bénac 09 ... 336 A 3
Bénac 65 ... 315 E 5
Benagues 09 ... 336 B 1
Benais 37 ... 151 E 3
Bénaix 09 ... 336 D 3
Bénaménil 54 ... 95 H 2
Bénarville 76 ... 19 E 4
Benassay 86 ... 185 H 1
La Benâte 17 ... 201 G 2
La Bénate 44 ... 165 G 2
Benauge *Château de* 33 ... 256 B 2
Benay 02 ... 24 B 3
Benayes 19 ... 224 B 3
Bendejun 06 ... 291 F 5
Bendor *Île de* 83 ... 327 H 4
Bendorf 68 ... 143 F 4
Bénéjacq 64 ... 314 C 5
Benerville-sur-Mer 14 ... 34 B 2
Bénesse-lès-Dax 40 ... 293 E 4
Bénesse-Maremne 40 ... 292 B 4
Benest 16 ... 203 H 2
Bénestroff 57 ... 67 E 3
Bénesville 76 ... 19 H 3
Benet 85 ... 184 C 3
Beneuvre 21 ... 138 D 4
Bénévent-l'Abbaye 23 ... 206 C 2
Beney-en-Woëvre 55 ... 65 E 2
Benfeld 67 ... 97 G 3
Bengy-sur-Craon 18 ... 173 H 2
Bénifontaine 62 ... 8 B 4
Béning-lès-Saint-Avold 57 ... 47 F 5
La Bénisson-Dieu 42 ... 211 G 1
Bénivay-Ollon 26 ... 285 H 1
Bennecourt 78 ... 57 E 1
Bennetot 76 ... 19 F 4
Benney 54 ... 94 D 2
Bennwihr 68 ... 121 E 2
Bénodet 29 ... 99 H 4
Benoisey 21 ... 137 H 5
Benoîtville 50 ... 28 D 4
Benon 17 ... 183 H 5
Bénonces 01 ... 214 B 4
Bénouville 14 ... 33 H 4
Bénouville 76 ... 18 D 3
Benque 31 ... 316 D 4
Benqué 65 ... 333 G 1
Benque-Dessous-et-Dessus 31 ... 334 A 4
Benquet 40 ... 294 A 2
Bentayou-Sérée 64 ... 314 D 3
Bény 01 ... 195 H 4
Le Bény-Bocage 14 ... 52 C 2
Bény-sur-Mer 14 ... 33 G 3
Béon 01 ... 214 D 4
Béon 89 ... 113 G 5
Béost 64 ... 332 A 2
La Bérarde 38 ... 252 A 4
Bérat 31 ... 317 F 3
Béraut 32 ... 295 H 1
Berbérust-Lias 65 ... 332 D 1
Berbezit 43 ... 246 D 1
Berbiguières 24 ... 259 F 1
Berc 48 ... 264 A 1
Bercenay-en-Othe 10 ... 114 C 2
Bercenay-le-Hayer 10 ... 90 A 5
Berche 25 ... 142 B 5
Berchères-la-Maingot 28 ... 86 A 3
Berchères-les-Pierres 28 ... 86 B 4
Berchères-sur-Vesgre 28 ... 57 E 3
Berck-Plage 62 ... 6 A 5
Berck-sur-Mer 62 ... 6 A 5
Bercloux 17 ... 201 H 4
Berd'Huis 61 ... 84 D 5
Berdoues 32 ... 315 H 2
Bérelles 59 ... 15 H 3
Bérengeville-la-Campagne 27 ... 36 A 5
Berentzwiller 68 ... 143 G 3
Bérenx 64 ... 293 F 5
Béréziat 01 ... 195 G 3
Berfay 72 ... 108 D 5
Berg 67 ... 67 H 3
Berg-sur-Moselle 57 ... 46 B 2
Berganty 46 ... 260 C 5
Bergbieten 67 ... 97 F 1
Bergerac 24 ... 257 H 1
Bergères 10 ... 116 A 2
Bergères-lès-Vertus 51 ... 61 G 3
Bergères-sous-Montmirail 51 ... 60 D 3
Bergesserin 71 ... 194 C 3
Bergheim 68 ... 97 E 5
Bergholtz 68 ... 120 D 4
Bergholtzzell 68 ... 120 D 4
Bergicourt 80 ... 22 A 3
Bergnicourt 08 ... 42 A 2
Bergonne 63 ... 228 A 3
Bergouey 40 ... 293 G 3
Bergouey 64 ... 311 G 3
La Bergue 74 ... 197 H 5
Bergueneuse 62 ... 7 F 4
Bergues 59 ... 3 G 3
Bergues-sur-Sambre 02 ... 15 F 5
Berguette 62 ... 7 H 3
Berhet 22 ... 72 D 3
Bérig-Vintrange 57 ... 67 E 2
Bérigny 50 ... 32 C 4
Berjou 61 ... 53 F 3
Berlaimont 59 ... 15 F 3
Berlancourt 02 ... 25 E 3
Berlancourt 60 ... 23 H 4
Berlats 81 ... 300 B 4
Berlencourt-le-Cauroy 62 ... 12 D 2
Berles-au-Bois 62 ... 13 F 3
Berles-Monchel 62 ... 13 E 2
La Berlière 08 ... 27 E 5
Berling 57 ... 68 A 4
Berlise 02 ... 25 H 4
Berlou 34 ... 321 E 2
Bermerain 59 ... 14 D 3
Berméricourt 51 ... 41 G 2
Bermeries 59 ... 15 F 2
Bermering 57 ... 67 E 2
Bermesnil 80 ... 21 F 2
Bermicourt 62 ... 7 F 5
Bermont 90 ... 142 C 3
Bermonville 76 ... 19 F 4
Bernac 16 ... 203 F 2
Bernac 81 ... 299 E 1
Bernac-Debat 65 ... 315 F 5
Bernac-Dessus 65 ... 315 F 5
Bernadets 64 ... 314 B 3
Bernadets-Debat 65 ... 315 G 3
Bernadets-Dessus 65 ... 315 G 5
Le Bernard 85 ... 182 C 2
La Bernardière 85 ... 166 A 1
Bernardswiller 67 ... 97 F 2
Bernardvillé 67 ... 97 E 3
Bernâtre 80 ... 12 B 3
Bernaville 80 ... 12 C 4
Bernay 17 ... 201 G 2
Bernay 27 ... 35 F 5
Bernay 72 ... 107 F 4
Bernay-en-Brie 77 ... 59 G 5
Bernay-en-Ponthieu 80 ... 11 F 1
Berné 56 ... 101 E 3
Bernécourt 54 ... 65 E 4
Bernède 32 ... 294 C 4
La Bernerie-en-Retz 44 ... 146 D 5
Bernes 80 ... 23 H 1
Bernes-sur-Oise 95 ... 38 B 5
Bernesq 14 ... 32 C 3
Berneuil 16 ... 220 D 4
Berneuil 17 ... 219 G 1
Berneuil 80 ... 12 C 4
Berneuil 87 ... 205 F 2
Berneuil-en-Bray 60 ... 38 A 3
Berneuil-sur-Aisne 60 ... 39 H 2
Berneval-le-Grand 76 ... 10 B 5
Berneville 62 ... 13 F 2
Bernex 74 ... 198 C 3
Bernienville 27 ... 56 A 1
Bernières 76 ... 19 E 4
Bernières-d'Ailly 14 ... 54 A 2
Bernières-le-Patry 14 ... 52 D 3
Bernières-sur-Mer 14 ... 33 G 3
Bernières-sur-Seine 27 ... 36 C 4
Bernieulles 62 ... 6 C 3
Bernin 38 ... 233 E 5
Bernis 30 ... 303 G 3
Bernolsheim 67 ... 68 D 4
Bernon 10 ... 114 D 5
Bernos-Beaulac 33 ... 274 B 1
Bernot 02 ... 24 C 2
Bernouil 89 ... 136 D 2
Bernouville 27 ... 37 F 3
Bernwiller 68 ... 143 E 2
Berny-en-Santerre 80 ... 23 F 2
Berny-Rivière 02 ... 40 A 2
Bérou-la-Mulotière 28 ... 56 A 4
Berrac 32 ... 275 H 5
Berre-les-Alpes 06 ... 291 F 5
Berre-l'Étang 13 ... 326 C 1
Berriac 11 ... 319 H 5
Berrias-et-Casteljau 07 ... 284 A 1
Berric 56 ... 124 D 4
Berrie 86 ... 168 B 1
Berrien 29 ... 76 C 2
Berrieux 02 ... 41 F 1
Berrogain-Laruns 64 ... 313 F 4
Berru 51 ... 41 H 3
Berrwiller 68 ... 120 D 5
Berry-au-Bac 02 ... 41 F 2
Berry-Bouy 18 ... 172 D 1
Le Bersac 05 ... 269 E 5
Bersac-sur-Rivalier 87 ... 206 B 2
Bersaillin 39 ... 179 F 3
Bersée 59 ... 8 D 4
Bersillies 59 ... 15 H 2
Berson 33 ... 237 G 2
Berstett 67 ... 68 D 5
Berstheim 67 ... 68 D 4
Bert 03 ... 192 D 4
Bertangles 80 ... 22 B 1
Bertaucourt-Epourdon 02 ... 24 B 5
Berteaucourt-les-Dames 80 ... 12 B 5
Berteaucourt-lès-Thennes 80 ... 22 D 3
Bertheauville 76 ... 19 F 3
Berthecourt 60 ... 38 B 3
Berthegon 86 ... 169 E 3
Berthelange 25 ... 161 G 4
Berthelming 57 ... 67 G 4
Berthen 59 ... 4 A 5
Berthenay 37 ... 151 G 3
Berthenicourt 02 ... 24 B 3
Berthenonville 27 ... 37 F 5
La Berthenoux 36 ... 189 H 1
Berthez 33 ... 256 C 4
Bertholène 12 ... 281 E 1
Berthouville 27 ... 35 F 4
Bertignat 63 ... 228 D 2
Bertignolles 10 ... 115 H 3
Bertincourt 62 ... 13 H 4
Bertoncourt 08 ... 26 B 5
Bertrambois 54 ... 96 B 1
Bertrancourt 80 ... 13 E 4
Bertrange 57 ... 45 H 3
Bertre 81 ... 298 D 5
Bertren 65 ... 334 B 2
Bertreville 76 ... 19 F 3
Bertreville-Saint-Ouen 76 ... 20 A 3
Bertric-Burée 24 ... 221 G 5
Bertrichamps 54 ... 96 A 3
Bertricourt 02 ... 41 G 2
Bertrimont 76 ... 20 A 4
Bertrimoutier 88 ... 96 C 5
Bertry 59 ... 14 D 4
Béru 89 ... 136 D 3
Béruges 86 ... 186 A 1
Bérulle 10 ... 114 B 3
Bérus 72 ... 83 G 4
Berven 29 ... 71 F 4
Berville 14 ... 54 B 1
Berville 76 ... 19 H 4
Berville 95 ... 38 A 4
Berville-en-Roumois 27 ... 35 H 3
Berville-la-Campagne 27 ... 55 H 1
Berville-sur-Mer 27 ... 34 D 2
Berville-sur-Seine 76 ... 35 H 1
Berviller-en-Moselle 57 ... 46 D 4
Berzé-la-Ville 71 ... 194 D 4
Berzé-le-Châtel 71 ... 194 D 3
Berzème 07 ... 266 C 3
Berzieux 51 ... 43 E 4
Berzy-le-Sec 02 ... 40 B 3
La Besace 08 ... 27 F 5
Besain 39 ... 179 G 4
Besançon 25 ... 162 A 3
Bésayes 26 ... 249 G 4
Bescat 64 ... 314 A 5
Bésignan 26 ... 286 B 1
Bésingrand 64 ... 313 H 3
Beslé 44 ... 126 A 3
La Beslière 50 ... 51 G 3
Beslon 50 ... 52 A 3
Besmé 02 ... 40 A 1
Besmont 02 ... 25 H 2
Besnans 70 ... 162 B 1
Besné 44 ... 146 C 1
Besneville 50 ... 31 F 2
Besny-et-Loizy 02 ... 24 D 5
Bessac 16 ... 220 D 4
Bessais-le-Fromental 18 ... 173 H 5
Bessamorel 43 ... 247 H 3
Bessan 34 ... 322 C 4
Bessancourt 95 ... 58 B 1
Bessans 73 ... 235 F 4
Bessas 07 ... 284 A 1
Le Bessat 42 ... 230 C 5
Bessay 85 ... 183 F 1
Bessay-sur-Allier 03 ... 192 B 3
Besse 15 ... 244 B 3
Bessé 16 ... 203 E 3
La Besse 19 ... 243 G 2
Besse 24 ... 259 F 3
Besse-en-Chandesse 63 ... 227 F 3
Besse-en-Oisans 38 ... 251 H 3
Bessé-sur-Braye 72 ... 131 E 2
Besse-sur-Issole 83 ... 328 C 2
Bessède-de-Sault 11 ... 337 F 5
Bessèges 30 ... 283 H 2
Bessenay 69 ... 212 C 5
Bessens 82 ... 297 G 1
Besset 09 ... 336 D 1
Bessey 42 ... 230 D 4
Bessey-en-Chaume 21 ... 177 G 1
Bessey-la-Cour 21 ... 159 F 5
Bessey-lès-Cîteaux 21 ... 160 B 5
La Besseyre-Saint-Mary 43 ... 246 B 4
Bessières 31 ... 298 B 2
Bessines 79 ... 184 D 4
Bessines-sur-Gartempe 87 ... 205 H 2
Bessins 38 ... 250 A 1
Besson 03 ... 192 A 3
Bessoncourt 90 ... 142 C 3
Bessonies 46 ... 261 G 1
Les Bessons 48 ... 264 A 2
Bessuéjouls 12 ... 263 E 4
Bessy 10 ... 90 D 2
Bessy-sur-Cure 89 ... 136 C 5
Bestiac 09 ... 336 C 5
Bétaille 46 ... 242 D 5
Betaucourt 70 ... 140 D 2
Betbèze 65 ... 316 A 5
Betbezer-d'Armagnac 40 ... 274 C 5
Betcave-Aguin 32 ... 316 B 2
Betchat 09 ... 335 E 1
Bétête 23 ... 189 H 4
Béthancourt-en-Valois 60 ... 39 G 3
Béthancourt-en-Vaux 02 ... 24 A 5
Bétharram *Grottes de* 64 ... 332 C 1
Béthelainville 55 ... 43 H 4
Béthemont-la-Forêt 95 ... 58 B 1
Béthencourt 59 ... 14 D 4
Béthencourt-sur-Mer 80 ... 11 E 4
Béthencourt-sur-Somme 80 ... 23 G 3
Bétheniville 51 ... 42 B 3
Bétheny 51 ... 41 G 3
Béthincourt 55 ... 43 H 3
Béthines 86 ... 187 G 2
Béthisy-Saint-Martin 60 ... 39 F 3
Béthisy-Saint-Pierre 60 ... 39 F 3
Bethmale 09 ... 335 E 3
Bethon 51 ... 90 A 2
Béthon 72 ... 83 G 4
Bethoncourt 25 ... 142 B 4
Béthonsart 62 ... 7 H 5
Béthonvilliers 28 ... 109 E 2
Bethonvilliers 90 ... 142 C 2
Béthune 62 ... 8 A 4
Bétignicourt 10 ... 91 G 4
Beton-Bazoches 77 ... 60 A 5
Betoncourt-lès-Brotte 70 ... 141 G 3
Betoncourt-les-Ménétriers 70 ... 140 C 4
Betoncourt-Saint-Pancras 70 ... 118 D 5
Betoncourt-sur-Mance 70 ... 140 B 2
Bétous 32 ... 295 E 3
Betplan 32 ... 315 F 2
Betpouey 65 ... 333 E 3
Betpouy 65 ... 315 H 4
Bétracq 64 ... 294 D 5
Betschdorf 67 ... 69 F 2
Bettaincourt-sur-Rognon 52 ... 93 E 5
Bettainvillers 54 ... 45 F 4
Bettancourt-la-Ferrée 52 ... 63 F 5
Bettancourt-la-Longue 51 ... 63 E 3
Bettange 57 ... 46 C 4
Bettant 01 ... 214 A 3
Bettborn 57 ... 67 G 4
Bettegney-Saint-Brice 88 ... 95 E 5
Bettelainville 57 ... 46 B 4
Bettembos 80 ... 21 G 3
Bettencourt-Rivière 80 ... 11 H 4
Bettencourt-Saint-Ouen 80 ... 12 B 5
Bettendorf 68 ... 143 F 3
Bettes 65 ... 333 F 1
Betteville 76 ... 19 H 5
Bettignies 59 ... 15 G 2
Betting 57 ... 47 E 5
Bettlach 68 ... 143 G 4
Betton 35 ... 104 B 2
Betton-Bettonet 73 ... 233 H 2
Bettoncourt 88 ... 94 D 4
Bettoncourt-le-Haut 52 ... 93 F 4
Bettrechies 59 ... 15 F 2
Bettviller 57 ... 68 A 1
Bettwiller 67 ... 67 H 3
Betz 60 ... 39 G 5
Betz-le-Château 37 ... 170 B 2
Beugin 62 ... 7 H 5
Beugnâtre 62 ... 13 H 4
Beugneux 02 ... 40 C 4
Beugnies 59 ... 15 H 4
Le Beugnon 79 ... 184 D 1
Beugnon 89 ... 114 C 4
Beugny 62 ... 13 H 4
Beuil 06 ... 289 G 3
Le Beulay 88 ... 96 C 4
Beulotte-Saint-Laurent 70 ... 119 H 5
Beure 25 ... 162 A 4
Beurey 10 ... 115 H 2
Beurey-Bauguay 21 ... 159 E 4
Beurey-sur-Saulx 55 ... 63 G 4
Beurières 63 ... 229 E 4
Beurizot 21 ... 159 E 3
Beurlay 17 ... 201 E 4
Beurville 52 ... 92 B 5
Beussent 62 ... 6 C 3
Beuste 64 ... 314 C 5
Beutal 25 ... 142 A 5
Beutin 62 ... 6 B 4
Beuvardes 02 ... 40 C 5
Beuveille 54 ... 44 D 2
Beuvezin 54 ... 94 C 4
Beuvillers 14 ... 34 C 5
Beuvillers 54 ... 45 F 3
Beuvrages 59 ... 9 G 5
Beuvraignes 80 ... 23 F 4
Beuvray *Mont* 71 ... 176 B 3
Beuvrequen 62 ... 2 B 5
Beuvreuil 76 ... 37 F 1
Beuvrigny 50 ... 52 B 1
Beuvron 58 ... 157 E 3
Beuvron-en-Auge 14 ... 34 A 4
Beuvry 62 ... 8 A 4
Beuvry-la-Forêt 59 ... 9 E 4
Beux 57 ... 66 B 2
Beuxes 86 ... 168 D 1
Beuzec-Cap-Sizun 29 ... 99 E 2
Beuzeville 27 ... 34 D 3
Beuzeville-au-Plain 50 ... 29 G 5
Beuzeville-la-Bastille 50 ... 31 H 2
Beuzeville-la-Grenier 76 ... 19 E 5
Beuzeville-la-Guérard 76 ... 19 F 4
Beuzevillette 76 ... 19 F 5
Bévenais 38 ... 232 B 4
Beveuge 70 ... 141 H 5
Béville-le-Comte 28 ... 86 C 4
Bévillers 59 ... 14 C 4
Bevons 04 ... 287 F 3
Bévy 21 ... 159 H 5
Bey 01 ... 195 E 5
Bey 71 ... 178 A 3
Bey-sur-Seille 54 ... 66 B 4
Beychac-et-Caillau 33 ... 237 H 5
Beychevelle 33 ... 237 F 2
Beylongue 40 ... 293 F 1
Beynac 87 ... 205 G 5
Beynac-et-Cazenac 24 ... 259 F 1
Beynat 19 ... 242 D 3
Beynes 04 ... 288 A 5
Beynes 78 ... 57 G 3
Beynost 01 ... 213 F 4
Beyrède *Col de* 65 ... 333 G 2
Beyrède-Jumet 65 ... 333 H 3
Beyren-lès-Sierck 57 ... 45 H 2
Beyrie-en-Béarn 64 ... 314 A 3
Beyrie-sur-Joyeuse 64 ... 311 G 4
Beyries 40 ... 293 H 4
Beyssac 19 ... 223 H 5
Beyssac *Château de* 24 ... 241 F 5
Beyssenac 19 ... 223 G 4
Le Bez 81 ... 300 A 5
Bez-et-Esparon 30 ... 282 C 5
Bézac 09 ... 336 B 1
Bezalles 77 ... 60 A 5
Bézancourt 76 ... 37 F 2
Bezange-la-Grande 54 ... 66 C 5
Bezange-la-Petite 57 ... 66 D 5
Bezannes 51 ... 41 G 4
Les Bézards 45 ... 134 D 3
Bézaudun-les-Alpes 06 ... 309 F 1
Bézaudun-sur-Bîne 26 ... 267 H 3
Bezaumont 54 ... 65 G 4
Bèze 21 ... 160 C 1
Bézenac 24 ... 259 F 1
Bézenet 03 ... 191 F 4
Bézéril 32 ... 296 D 5
Béziers 34 ... 321 G 3
Bezinghem 62 ... 6 C 3
Bezins-Garraux 31 ... 334 B 3
La Bezole 11 ... 337 F 2
Bezolles 32 ... 295 H 2
Bezons 95 ... 58 B 2
Bezonvaux 55 ... 44 C 5
Bezouce 30 ... 304 A 1
Bézouotte 21 ... 160 C 2
Bézu-la-Forêt 27 ... 37 F 2
Bézu-le-Guéry 02 ... 60 A 1
Bézu-Saint-Éloi 27 ... 37 F 3
Bézu-Saint-Germain 02 ... 40 C 5
Bézues-Bajon 32 ... 316 B 3
Biache-Saint-Vaast 62 ... 13 H 2
Biaches 80 ... 23 G 1
Bians-les-Usiers 25 ... 180 C 2
Biard 86 ... 186 B 1
Les Biards 50 ... 81 F 2
Biarne 39 ... 160 D 5
Biarre 80 ... 23 G 4
Biarritz 64 ... 310 C 2
Biarritz-Bayonne-Anglet *Aéroport de* 64 ... 310 C 2
Biarrotte 40 ... 292 C 4
Biars-sur-Cère 46 ... 243 E 5
Bias 40 ... 272 B 3
Bias 47 ... 258 B 5
Biaudos 40 ... 292 B 4
Bibiche 57 ... 46 C 3
Biblisheim 67 ... 69 E 2
Bibost 69 ... 212 C 5
Bichancourt 02 ... 24 A 5
Biches 58 ... 175 G 2
Bickenholtz 57 ... 67 H 4
Bicqueley 54 ... 94 B 1
Bidache 64 ... 292 D 5
Bidarray 64 ... 311 E 5
Bidart 64 ... 310 C 3
Bidestroff 57 ... 67 E 3
Biding 57 ... 67 E 1
Bidon 07 ... 284 C 1
Bidos 64 ... 331 H 1
Biécourt 88 ... 94 C 4
Biederthal 68 ... 143 G 4
Bief 25 ... 163 F 2
Bief-des-Maisons 39 ... 180 A 4
Bief-du-Fourg 39 ... 180 B 3
Biefmorin 39 ... 179 E 2
Biefvillers-lès-Bapaume 62 ... 13 G 4
Bielle 64 ... 332 A 1
Bielsa *Tunnel de* 65 ... 333 F 5
Bienassis *Château de* 22 ... 78 D 2
Biencourt 80 ... 11 F 5
Biencourt-sur-Orge 55 ... 93 F 2
Bienville 60 ... 39 F 2
Bienville-la-Petite 54 ... 95 F 1
Bienvillers-au-Bois 62 ... 13 F 3
Biermes 08 ... 42 B 1
Biermont 60 ... 23 F 5
Bierné 53 ... 128 C 2
Bierne 59 ... 3 G 3
Biernes 52 ... 92 C 5
Bierre-lès-Semur 21 ... 158 D 2
Bierry-les-Belles-Fontaines 89 ... 137 G 5
Biert 09 ... 335 G 3
Bierville 76 ... 36 C 1
Biesheim 68 ... 121 F 3
Biesles 52 ... 117 F 3
Bietlenheim 67 ... 69 E 4
Bieujac 33 ... 256 C 4
Bieuxy 02 ... 40 A 2
Bieuzy 56 ... 101 G 4
Bieuzy-Lanvaux 56 ... 124 A 2

Biéville 50 ... 32 C5
Biéville-Beuville 14 ... 33 G4
Biéville-en-Auge 14 ... 34 A5
Biéville-Quétiéville 14 ... 34 A5
Biéville-sur-Orne 14 ... 33 G4
Bièvres 02 ... 41 E1
Bièvres 08 ... 27 H5
Bièvres 91 ... 58 B4
Biffontaine 88 ... 96 A5
Biganos 33 ... 254 C2
Bignac 16 ... 203 E5
Bignan 56 ... 102 B5
Bignay 17 ... 201 G3
La Bigne 14 ... 52 D1
Bignicourt 08 ... 42 B2
Bignicourt-sur-Marne 51 ... 62 C5
Bignicourt-sur-Saulx 51 ... 63 E4
Le Bignon 44 ... 147 H5
Le Bignon-du-Maine 53 ... 106 B5
Le Bignon-Mirabeau 45 ... 112 D3
Bignoux 86 ... 186 C1
Bigny 18 ... 173 E4
Bigorno 2B ... 347 F2
La Bigottière 53 ... 105 H2
Biguglia 2B ... 345 G5
Bihucourt 62 ... 13 G4
Bilazais 79 ... 168 B2
Bile Pointe du 56 ... 145 G3
Bilhères 64 ... 332 A1
Bilia 2A ... 350 D2
Bilieu 38 ... 232 C4
Billac 19 ... 242 D5
Billancelles 28 ... 85 G3
Billancourt 80 ... 23 G3
Les Billanges 87 ... 206 C3
Billaude Cascade de la 39 ... 179 H5
Les Billaux 33 ... 238 B4
Billé 35 ... 81 E5
Billecul 39 ... 180 A4
Billère 64 ... 314 B3
Billey 21 ... 160 D5
Billezois 03 ... 210 C1
Billiat 01 ... 214 D2
Billième 73 ... 215 E5
Billière 31 ... 334 A4
Billiers 56 ... 124 D5
Billio 56 ... 102 C5
Billom 63 ... 228 B1
Billy 03 ... 192 B5
Billy 14 ... 33 H5
Billy 41 ... 153 G3
Billy-Berclau 62 ... 8 C4
Billy-Chevannes 58 ... 175 E2
Billy-le-Grand 51 ... 42 A5
Billy-lès-Chanceaux 21 ... 138 C5
Billy-Montigny 62 ... 8 C5
Billy-sous-les-Côtes 55 ... 64 D2
Billy-sous-Mangiennes 55 ... 44 C3
Billy-sur-Aisne 02 ... 40 B3
Billy-sur-Oisy 58 ... 157 E1
Billy-sur-Ourcq 02 ... 40 B4
Biltzheim 68 ... 121 E4
Bilwisheim 67 ... 68 D4
Bimont 62 ... 6 D3
Binarville 51 ... 43 E4
Binas 41 ... 132 B2
Bindernheim 67 ... 97 G4
Binges 21 ... 160 C3
Binic 22 ... 73 H5
Bining 57 ... 68 A1
Biniville 50 ... 29 F5
Binos 31 ... 334 B3
Binson-et-Orquigny 51 ... 41 E5
Bio 46 ... 260 D1
Biol 38 ... 232 B3
La Biolle 73 ... 215 F5
Biollet 63 ... 208 D3
Bion 50 ... 52 C5
Bioncourt 57 ... 66 B4
Bionville 54 ... 96 B2
Bionville-sur-Nied 57 ... 66 C1
Biot 06 ... 309 F3
Le Biot 74 ... 198 C4
Bioule 82 ... 278 B4
Bioussac 16 ... 203 G2
Biozat 03 ... 210 A2
Birac 16 ... 220 D2
Birac 33 ... 256 C5
Birac-sur-Trec 47 ... 257 F5
Biran 32 ... 295 H3
Biras 24 ... 240 B1
Biriatou 64 ... 310 B3
Birieux 01 ... 213 G3
Birkenwald 67 ... 68 B5
Birlenbach 67 ... 69 E1
Biron 17 ... 219 H2
Biron 24 ... 258 D3
Biron 64 ... 313 G2
Bisanne Signal de 73 ... 216 B5
Biscarrosse 40 ... 254 B5
Biscarrosse-Plage 40 ... 254 A5
Bischheim 67 ... 97 H1
Bischholtz 67 ... 68 C3
Bischoffsheim 67 ... 97 F2
Bischtroff-sur-Sarre 67 ... 67 G3
Bischwihr 68 ... 121 F2
Bischwiller 67 ... 69 E4
Bisel 68 ... 143 E4
Bisinao 2A ... 348 D4
Bisinchi 2B ... 347 F2
Bislée 55 ... 64 C4
Bisping 57 ... 67 F4
Bissert 67 ... 67 G2
Bisseuil 51 ... 61 H1
Bissey-la-Côte 21 ... 116 A5
Bissey-la-Pierre 21 ... 137 H2
Bissey-sous-Cruchaud 71 ... 177 G5
Bissezeele 59 ... 3 G3
Bissières 14 ... 34 A5
Bissy-la-Mâconnaise 71 ... 195 E2
Bissy-sous-Uxelles 71 ... 194 D1
Bissy-sur-Fley 71 ... 177 F5
Bisten-en-Lorraine 57 ... 46 D5
Bistroff 57 ... 67 E2
Bitche 57 ... 68 B1
Bitry 58 ... 156 B1
Bitry 60 ... 39 H2
Bitschhoffen 67 ... 68 D3
Bitschwiller-lès-Thann 68 ... 142 D1
Biver 13 ... 327 E1
Bivès 32 ... 296 C2
Biviers 38 ... 251 E1
Biville 50 ... 28 D3
Biville-la-Baignarde 76 ... 20 A3
Biville-la-Rivière 76 ... 20 A3
Biville-sur-Mer 76 ... 10 C5
Bivilliers 61 ... 84 C2
Bizanet 11 ... 320 D5
Bizanos 64 ... 314 B4
Bize 52 ... 140 A2
Bize 65 ... 334 A2
Bize-Minervois 11 ... 320 D4
Bizeneuille 03 ... 191 E3
Le Bizet 59 ... 8 C2
Biziat 01 ... 195 F5
Bizonnes 38 ... 232 B4
Le Bizot 25 ... 163 F4
Les Bizots 71 ... 176 D4
Bizou 61 ... 84 D3
Bizous 65 ... 333 H1
Blacé 69 ... 212 D2
Blaceret 69 ... 212 D2
Blacourt 60 ... 37 G1
Blacqueville 76 ... 19 H5
Blacy 51 ... 62 C4
Blacy 89 ... 137 F5
Blaesheim 67 ... 97 G2
Blagnac 31 ... 297 H4
Blagny 08 ... 27 G4
Blagny-sur-Vingeanne 21 ... 160 D2
Blaignac 33 ... 256 D4
Blaignan 33 ... 219 E5
Blain 44 ... 147 F1
Blaincourt-lès-Précy 60 ... 38 C4
Blaincourt-sur-Aube 10 ... 91 G4
Blainville-Crevon 76 ... 36 C1
Blainville-sur-l'Eau 54 ... 95 F2
Blainville-sur-Mer 50 ... 31 F5
Blainville-sur-Orne 14 ... 33 H4
Blairville 62 ... 13 F3
Blaise 08 ... 42 D2
Blaise 52 ... 92 C5
Blaise-sous-Arzillières 51 ... 62 C5
Blaison-Saint-Sulpice 49 ... 149 H2
Blaisy 52 ... 116 D2
Blaisy-Bas 21 ... 159 G2
Blaisy-Haut 21 ... 159 G3
Blajan 31 ... 316 B4
Blajoux 48 ... 282 C1
Blamont 25 ... 163 G2
Blâmont 54 ... 96 A1
Blan 81 ... 299 E5
Le Blanc 36 ... 187 H1
Blanc Lac 68 ... 120 C2
Le Blanc-Mesnil 93 ... 58 D2
Blanc-Misseron 59 ... 9 H5
Blanc-Nez Cap 62 ... 2 B3
Blancafort 18 ... 155 F1
Blancey 21 ... 159 E3
Blancfossé 60 ... 22 B4
Blanche-Église 57 ... 67 E4
Blanchefontaine 25 ... 163 F3
Blanchefosse 08 ... 25 H3
Blancherupt 67 ... 96 D3
Blancheville 52 ... 117 E2
Blandainville 28 ... 85 H5
Blandas 30 ... 302 A1
Blandin 38 ... 232 B3
Blandouet 53 ... 106 D4
Blandy 77 ... 88 C2
Blandy 91 ... 87 G5
Blangermont 62 ... 12 C2
Blangerval 62 ... 12 C2
Blangy-le-Château 14 ... 34 D4
Blangy-sous-Poix 80 ... 21 H3
Blangy-sur-Bresle 76 ... 11 F5
Blangy-sur-Ternoise 62 ... 7 F5
Blangy-Tronville 80 ... 22 C2
Blannay 89 ... 157 H1
Blanot 21 ... 158 C5
Blanot 71 ... 194 D2
Blanquefort 32 ... 296 C4
Blanquefort 33 ... 237 F5
Blanquefort-sur-Briolance 47 ... 259 E3
Blanzac 16 ... 221 E3
Blanzac 43 ... 247 F3
Blanzac 87 ... 205 F1
Blanzac-lès-Matha 17 ... 202 B4
Blanzaguet-Saint-Cybard 16 ... 221 G4
Blanzat 63 ... 209 G5
Blanzay 86 ... 186 B5
Blanzay-sur-Boutonne 17 ... 201 H2
Blanzée 55 ... 44 C5
Blanzy 71 ... 176 D5
Blanzy-la-Salonnaise 08 ... 41 H1
Blanzy-lès-Fismes 02 ... 40 D3
Blargies 60 ... 21 G4
Blarians 25 ... 162 B2
Blaringhem 59 ... 7 G2
Blars 46 ... 260 D4
Blaru 78 ... 56 D1
Blasimon 33 ... 256 D2
Blaslay 86 ... 169 E5
Blassac 43 ... 246 B2
Blaudeix 23 ... 189 H5
Blausasc 06 ... 291 F5
Blauvac 84 ... 286 A4
Blauzac 30 ... 284 B5
Blavignac 48 ... 246 A5
Blavozy 43 ... 247 G3
Blay 14 ... 32 D3
Blaye 33 ... 237 F2
Blaye-les-Mines 81 ... 279 G5
Blaymont 47 ... 276 D2
Blaziert 32 ... 296 A1
Blécourt 52 ... 92 D4
Blécourt 59 ... 14 B3
Blégiers 04 ... 288 B2
Bleigny-le-Carreau 89 ... 136 C2
Bleine Col de 06 ... 308 D1
Blémerey 54 ... 95 H1
Blémerey 88 ... 94 C4
Blendecques 62 ... 3 F5
Bléneau 89 ... 135 E4
Blennes 77 ... 113 E2
Blénod-lès-Pont-à-Mousson 54 ... 65 G3
Blénod-lès-Toul 54 ... 94 B1
Bléquin 62 ... 6 D2
Blérancourt 02 ... 40 A1
Blercourt 55 ... 43 H5
Bléré 37 ... 152 C3
Blériot-Plage 62 ... 2 C3
Bléruais 35 ... 103 G3
Blésignac 33 ... 256 B1
Blesle 43 ... 227 H5
Blesme 51 ... 63 E4
Blesmes 02 ... 60 C1
Blessac 23 ... 207 G3
Blessonville 52 ... 116 D4
Blessy 62 ... 7 G3
Blet 18 ... 173 H3
Bletterans 39 ... 179 E4
Bleurville 88 ... 118 C3
Bleury-Saint-Symphorien 28 ... 86 C3
Blevaincourt 88 ... 118 A3
Blèves 72 ... 84 A3
Blévy 28 ... 85 G2
Le Bleymard 48 ... 265 E5
Blicourt 60 ... 22 A5
Blienschwiller 67 ... 97 E4
Blies-Ébersing 57 ... 47 H5
Blies-Guersviller 57 ... 47 G5
Bliesbruck 57 ... 47 H5
Blieux 04 ... 307 H1
Blignicourt 10 ... 91 H3
Bligny 10 ... 116 A3
Bligny 51 ... 41 F4
Bligny-en-Othe 89 ... 114 A4
Bligny-le-Sec 21 ... 159 G2
Bligny-lès-Beaune 21 ... 177 H2
Bligny-sur-Ouche 21 ... 159 F5
Blincourt 60 ... 39 E2
Blingel 62 ... 7 E5
Blis-et-Born 24 ... 241 E2
Blismes 58 ... 157 H5
Blodelsheim 68 ... 121 G5
Blois 41 ... 132 A5
Blois-sur-Seille 39 ... 179 F4
Blomac 11 ... 320 B5
Blomard 03 ... 191 G5
Blombay 08 ... 26 B2
Blond 87 ... 205 F2
Blondefontaine 70 ... 118 B5
Blonville-sur-Mer 14 ... 34 B3
Blosseville 76 ... 19 H2
Blosville 50 ... 31 H2
Blot-l'Église 63 ... 209 G2
Blotzheim 68 ... 143 G3
Blou 49 ... 150 C2
Blousson-Sérian 32 ... 315 F2
La Bloutière 50 ... 52 A2
Bloye 74 ... 215 F4
Bluffy 74 ... 215 H4
Blumeray 52 ... 92 B4
Blussangeaux 25 ... 142 A5
Blussans 25 ... 142 A5
Blye 39 ... 179 F5
Blyes 01 ... 213 H4
Le Bô 14 ... 53 F2
Bobigny 93 ... 58 D3
Bobital 22 ... 79 G4
Le Bocasse 76 ... 20 B5
La Bocca 06 ... 309 E4
Bocca Bassa Col de 2B ... 346 A3
Bocca di Vezzu 2B ... 345 E5
Bocé 49 ... 150 C1
Bocognano 2A ... 349 E2
Bocquegney 88 ... 119 E2
Bocquencé 61 ... 55 E3
Le Bodéo 22 ... 78 A5
Bodilis 29 ... 71 F5
Boé 47 ... 276 B3
Boëcé 61 ... 84 B3
Boëge 74 ... 198 A5
Boeil-Bezing 64 ... 314 C4
Le Boël 35 ... 104 A4
Boën-sur-Lignon 42 ... 229 G1
Bœrsch 67 ... 97 E2
Boeschepe 59 ... 4 A5
Boëseghem 59 ... 7 G2
Bœsenbiesen 67 ... 97 G5
Boësse 79 ... 167 G2
Boëssé-le-Sec 72 ... 108 C3
Boësses 45 ... 112 A3
Bœurs-en-Othe 89 ... 114 B3
Boffles 62 ... 12 C3
Boffres 07 ... 248 D5
Bogève 74 ... 198 A5
Bogny-sur-Meuse 08 ... 26 D2
Bogros 63 ... 226 D2
Bogy 07 ... 249 E1
Bohain-en-Vermandois 02 ... 24 C1
Bohal 56 ... 125 E2
La Bohalle 49 ... 149 H2
Bohars 29 ... 75 E2
Bohas 01 ... 214 A1
Boigneville 91 ... 87 H5
Boigny-sur-Bionne 45 ... 111 E5
Boinville-en-Mantois 78 ... 57 F2
Boinville-en-Woëvre 55 ... 44 D5
Boinville-le-Gaillard 78 ... 86 D3
Boinvilliers 78 ... 57 F2
Boiry-Becquerelle 62 ... 13 G3
Boiry-Notre-Dame 62 ... 13 H2
Boiry-Saint-Martin 62 ... 13 G3
Boiry-Sainte-Rictrude 62 ... 13 G3
Bois 17 ... 219 G3
Le Bois 73 ... 234 B3
Bois-Anzeray 27 ... 55 G2
Bois-Arnault 27 ... 55 G4
Bois-Aubry Abbaye de 37 ... 169 G2
Bois-Bernard 62 ... 8 C5
Bois-Chenu Basilique du 88 ... 93 H3
Bois-Chevalier Château de 44 ... 165 G2
Bois-Colombes 92 ... 58 B3
Bois-d'Amont 39 ... 197 G1
Bois-d'Arcy 78 ... 58 A4
Bois-d'Arcy 89 ... 157 G1
Bois-de-Céné 85 ... 165 E2
Bois-de-Champ 88 ... 96 A5
Bois-de-Gand 39 ... 179 E3
Bois-de-la-Chaize 85 ... 164 B1
Bois-de-la-Pierre 31 ... 317 F3
Bois-d'Ennebourg 76 ... 36 C2
Le Bois-d'Oingt 69 ... 212 C4
Bois Dousset Château du 86 ... 186 D1
Bois-du-Four 12 ... 281 G2
Bois-Grenier 59 ... 8 C2
Bois-Guilbert 76 ... 20 D5
Bois-Guillaume-Bihorel 76 ... 36 B1
Le Bois-Hellain 27 ... 35 E3
Bois-Héroult 76 ... 20 D5
Bois-Herpin 91 ... 87 G5
Bois-Himont 76 ... 19 G5
Bois-Jérôme-Saint-Ouen 27 ... 37 E5
Bois-la-Ville 25 ... 162 C2
Bois-le-Roi 27 ... 56 C3
Bois-le-Roi 77 ... 88 B3
Bois-lès-Pargny 02 ... 24 D3
Bois-l'Évêque 76 ... 36 C2
Bois Noirs 42 ... 210 D4
Bois-Normand-près-Lyre 27 ... 55 G3
Le Bois-Plage-en-Ré 17 ... 182 D5
Le Bois-Robert 76 ... 20 B2
Bois-Sainte-Marie 71 ... 194 A4
Bois-Sir-Amé Château de 18 ... 173 F3
Bois-Thibault Château de 53 ... 82 C3
Boisbergues 80 ... 12 C4
Boisbreteau 16 ... 220 C5
Boiscommun 45 ... 111 H4
Boisdinghem 62 ... 3 E5
Boisdon 77 ... 60 A5
Boisemont 27 ... 37 E3
Boisemont 95 ... 57 H1
Boisgasson 28 ... 109 G4
Boisgervilly 35 ... 103 G2
Boisjean 62 ... 6 C5
Le Boisle 80 ... 11 H1
Boisleux-au-Mont 62 ... 13 G3
Boisleux-Saint-Marc 62 ... 13 G3
Boismé 79 ... 167 H4
Boismont 54 ... 44 D3
Boismont 80 ... 11 F3
Boismorand 45 ... 134 D3
Boisney 27 ... 35 F5
Boisrault 80 ... 21 G2
Boisredon 17 ... 219 G5
Boisroger 50 ... 31 F5
Boissay 76 ... 36 D1
La Boisse 01 ... 213 G4
Boisse 24 ... 258 B2
Boisse-Penchot 12 ... 261 H4
Boisseau 41 ... 132 A3
Boisseaux 45 ... 111 E2
Boissède 31 ... 316 C3
Boissei-la-Lande 61 ... 54 B5
Boisserolles 79 ... 201 H1
Boisseron 34 ... 303 F3
Les Boisses 73 ... 235 F2
Boisset 15 ... 261 H1
Boisset 34 ... 320 C3
Boisset 43 ... 229 G5
Boisset-et-Gaujac 30 ... 283 G5
Boisset-lès-Montrond 42 ... 229 H2
Boisset-les-Prévanches 27 ... 56 C2
Boisset-Saint-Priest 42 ... 229 H3
Boissets 78 ... 57 E3
Boissettes 77 ... 88 B3
Boisseuil 87 ... 205 H5
Boisseuilh 24 ... 241 G1
Boissey 01 ... 195 F3
Boissey 14 ... 54 B1
Boissey-le-Châtel 27 ... 35 G3
Boissezon 81 ... 299 H5
Boissia 39 ... 196 D1
La Boissière 14 ... 34 C5
La Boissière 27 ... 56 D2
La Boissière 34 ... 302 B4
La Boissière 39 ... 196 B3
La Boissière 53 ... 127 H3
La Boissière Ancienne Abbaye 49 ... 129 H5
La Boissière-d'Ans 24 ... 241 E1
La Boissière-de-Montaigu 85 ... 166 B2
La Boissière-des-Landes 85 ... 182 D1
La Boissière-du-Doré 44 ... 148 B4
La Boissière-École 78 ... 57 F5
La Boissière-en-Gâtine 79 ... 185 E1
La Boissière-sur-Èvre 49 ... 148 C3
Boissières 30 ... 303 G2
Boissières 46 ... 259 H4
Boissise-la-Bertrand 77 ... 88 B3
Boissise-le-Roi 77 ... 88 A3
Boissy-aux-Cailles 77 ... 88 A5
Boissy-en-Drouais 28 ... 56 C5
Boissy-Fresnoy 60 ... 39 G5
Boissy-la-Rivière 91 ... 87 F5
Boissy-l'Aillerie 95 ... 57 H1
Boissy-Lamberville 27 ... 35 F5
Boissy-le-Bois 60 ... 37 H4
Boissy-le-Châtel 77 ... 60 A4
Boissy-le-Cutté 91 ... 87 G3
Boissy-le-Repos 51 ... 60 D3
Boissy-le-Sec 91 ... 87 F3
Boissy-lès-Perche 28 ... 55 H5
Boissy-Mauvoisin 78 ... 57 E2
Boissy-Saint-Léger 94 ... 58 D4
Boissy-sans-Avoir 78 ... 57 G4
Boissy-sous-Saint-Yon 91 ... 87 G3
Boissy-sur-Damville 27 ... 56 B3
Boistrudan 35 ... 104 D4
Boisville-la-Saint-Père 28 ... 86 C5
Boisyvon 50 ... 52 A3
Boitron 61 ... 83 H2
Boitron 77 ... 60 B3
Bolandoz 25 ... 180 A1
Bolazec 29 ... 76 D2
Bolbec 76 ... 19 E5
Bollène 84 ... 285 E2
La Bollène-Vésubie 06 ... 291 F3
Bolleville 50 ... 31 F3
Bolleville 76 ... 19 F5
Bollezeele 59 ... 3 G4
La Bolline 06 ... 289 H3
Bollwiller 68 ... 121 E5
Bologne 52 ... 117 E2
Bolozon 01 ... 196 B5
Bolquère 66 ... 341 G4
Bolsenheim 67 ... 97 G3
Bombannes 33 ... 236 B2
Bombon 77 ... 88 D2
Bommes 33 ... 255 H4
Bommiers 36 ... 172 B4
Bompas 09 ... 336 B4
Bompas 66 ... 339 E5
Bomy 62 ... 7 F3
Bon-Encontre 47 ... 276 B3
Bona 58 ... 175 E1
Bonac-Irazein 09 ... 335 E4
Bonaguil Château de 47 ... 259 E4
Bonas 32 ... 295 H2
Bonascre Plateau de 09 ... 340 D2
Bonboillon 70 ... 161 F3
Boncé 28 ... 86 B5
Bonchamp-lès-Laval 53 ... 106 A3
Boncourt 02 ... 25 F5
Boncourt 27 ... 56 C1
Boncourt 28 ... 56 D3
Boncourt 54 ... 45 E5
Boncourt-le-Bois 21 ... 160 A5
Boncourt-sur-Meuse 55 ... 64 C4
Bondaroy 45 ... 111 G3
Bondeval 25 ... 142 C5
Bondigoux 31 ... 298 A2
Les Bondons 48 ... 282 D1
Bondoufle 91 ... 87 H2
Bondues 59 ... 8 D2
Bondy 93 ... 58 D3
Bonen 22 ... 77 F5
Bonette Cime de la 04 ... 289 E1
Bongheat 63 ... 228 B1
Le Bonhomme 68 ... 120 C2
Bonhomme Col du 88 ... 120 C2
Bonifacio 2A ... 351 F4
Bonifato Cirque de 2B ... 346 C3
Bonlier 60 ... 38 A1
Bonlieu 39 ... 197 E1
Bonlieu-sur-Roubion 26 ... 267 F3
Bonloc 64 ... 311 E4
Bonnac 09 ... 318 B5
Bonnac 15 ... 245 H2
Bonnac-la-Côte 87 ... 205 H4
Bonnal 25 ... 141 G5
Bonnard 89 ... 114 A5
Bonnat 23 ... 189 F4
Bonnatrait 74 ... 198 A3
Bonnaud 39 ... 196 A1
Bonnay 25 ... 162 A2
Bonnay 71 ... 194 C2
Bonnay 80 ... 22 D1
Bonne 74 ... 197 H5
Bonne-Fontaine 57 ... 68 A4
Bonne-Fontaine Château de 35 ... 80 C3
Bonnebosq 14 ... 34 B4
Bonnecourt 52 ... 117 G5
Bonnée 45 ... 134 A3
Bonnefamille 38 ... 231 H2
Bonnefoi 61 ... 55 F5

Bonnefond 19 225 F3
Bonnefont 65 315 H4
Bonnefontaine 39 179 G4
Bonnefontaine Ancienne Abbaye de 08 25 H3
Bonnegarde 40 293 G4
Bonneil 02 60 B1
Bonnelles 78 87 E2
Bonnemain 35 80 A3
Bonnemaison 14 53 E1
Bonnemazon 65 333 G1
Bonnencontre 21 178 B1
Bonnes 16 239 F1
Bonnes 86 186 D1
Bonnesvalyn 02 40 B5
Bonnet 55 93 G2
Bonnétable 72 108 B3
Bonnétage 25 163 F4
Bonnetan 33 255 H1
Bonneuil 16 220 C2
Bonneuil 36 188 A4
Bonneuil-en-France 95 58 C2
Bonneuil-en-Valois 60 39 G3
Bonneuil-les-Eaux 60 22 B4
Bonneuil-Matours 86 169 G5
Bonneuil-sur-Marne 94 58 D4
Bonneval 28 110 A3
Bonneval 43 247 E1
Bonneval 73 234 B2
Bonneval-en-Diois 26 268 D3
Bonneval-sur-Arc 73 235 G4
Bonnevaux 25 180 B3
Bonnevaux 30 283 G1
Bonnevaux 74 198 C4
Bonnevaux-le-Prieuré 25 162 B5
Bonneveau 41 131 E3
Bonnevent-Velloreille 70 161 H2
Bonneville 16 202 D4
La Bonneville 50 31 G2
Bonneville 74 216 A1
Bonneville 80 12 C5
Bonneville-Aptot 27 35 G4
Bonneville-et-Saint-Avit-de-Fumadières 24 239 E5
Bonneville-la-Louvet 14 34 D3
La Bonneville-sur-Iton 27 56 A2
Bonneville-sur-Touques 14 34 C3
Bonnières 60 37 H1
Bonnières 62 12 C3
Bonnières-sur-Seine 78 57 E1
Bonnieux 84 305 H2
Bonningues-lès-Ardres 62 2 D5
Bonningues-lès-Calais 62 2 C4
Bonnœil 14 53 G2
Bonnœuvre 44 127 F5
Bonnut 64 293 G5
Bonny-sur-Loire 45 156 A1
Le Bono 56 124 A3
Bonrepos 65 315 H5
Bonrepos-Riquet 31 298 B4
Bonrepos-sur-Aussonnelle 31 297 F5
Bons-en-Chablais 74 198 A4
Bons-Tassilly 14 53 H2
Bonsecours 76 36 B2
Bonsmoulins 61 55 E5
Bonson 06 291 E4
Bonson 42 229 H3
Bonvillard 73 234 A2
Bonvillaret 73 234 A2
Bonviller 54 95 F1
Bonvillers 60 22 C5
Bonvillet 88 118 C3
Bonvouloir Tour de 61 82 C2
Bony 02 24 A1
Bonzac 33 238 C4
Bonzée-en-Woëvre 55 64 D1
Boô-Silhen 65 332 D2
Boofzheim 67 97 G4
Boos 40 293 E1
Boos 76 36 B2
Bootzheim 67 97 G5
Boqueho 22 78 A3
Boquen Abbaye de 22 78 D5
Bor-et-Bar 12 279 G3
Boran-sur-Oise 60 38 C5
Borce 64 331 H4
Borcq-sur-Airvault 79 168 B3
Bord-Saint-Georges 23 190 A5
Bordeaux 33 237 G5
Bordeaux-en-Gâtinais 45 112 A4
Bordeaux-Mérignac Aéroport de 33 237 F5
Bordeaux-Saint-Clair 76 18 D4
Bordères 64 314 C5
Bordères-et-Lamensans 40 294 B2
Bordères-Louron 65 333 H3
Bordères-sur-l'Échez 65 315 E4
Les Bordes 36 172 B2
Les Bordes 45 134 A3
Bordes 64 314 B5
Bordes 65 315 G5
Les Bordes 71 178 A3
Les Bordes 89 113 H4
Les Bordes-Aumont 10 115 E2
Bordes-de-Rivière 31 334 B1
Les Bordes-sur-Arize 09 335 H1
Les Bordes-sur-Lez 09 335 E3
Bordezac 30 283 H2
Bords 17 201 E4
Borée 07 248 A5
Le Boréon 06 291 E2
Boresse-et-Martron 17 238 D1
Borest 60 39 E5
Borey 70 141 G4
Borgo 2B 347 G2
Bormes-les-Mimosas 83 328 D4
Le Born 31 298 A1
Le Born 48 264 C4
Born-de-Champs 24 258 C2
Bornambusc 76 18 D4
Bornay 39 196 B1
Borne 07 265 G3
La Borne 18 155 G4
Borne 43 247 E3
Bornel 60 38 B4
Borny 57 65 H1
Boron 90 142 D4
Borre 59 3 H5
Borrèze 24 241 H5
Bors 16 220 C5
Bors 16 221 F5
Bort-les-Orgues 19 226 C5
Bort-l'Étang 63 210 B5
Borville 54 95 F3
Le Bosc 09 336 A3
Le Bosc 34 301 H3
Bosc-Bénard-Commin 27 35 H3
Bosc-Bérenger 76 20 C4
Bosc-Bordel 76 20 D5
Bosc-Édeline 76 20 D5
Le Bosc du Theil 27 35 H4
Bosc-Guérard-Saint-Adrien 76 20 B5
Bosc-Hyons 76 37 F2
Bosc-le-Hard 76 20 B5
Bosc-Mesnil 76 20 D4
Le Bosc-Morel 27 55 F1
Le Bosc-Renoult 61 54 D2
Bosc-Renoult-en-Ouche 27 55 G2
Bosc-Renoult-en-Roumois 27 35 G3
Le Bosc-Roger-en-Roumois 27 35 H3
Bosc-Roger-sur-Buchy 76 20 D5
Boscamnant 17 238 D2
Boscherville 27 35 H3
Boscodon Abbaye de 05 270 C4
Bosdarros 64 314 B5
Bosgouet 27 35 H2
Bosguérard-de-Marcouville 27 35 H3
Bosjean 71 178 D4
Bosmie-l'Aiguille 87 223 G1
Bosmont-sur-Serre 02 25 F3
Bosmoreau-les-Mines 23 206 D3
Bosnormand 27 35 H3
Le Bosquel 80 22 B3
Bosquentin 27 37 E2
Bosrobert 27 35 G4
Bosroger 23 207 H3
Bossancourt 10 92 A5
Bossay-sur-Claise 37 170 B4
La Bosse 25 163 E4
La Bosse 41 132 A2
La Bosse 72 108 B3
La Bosse-de-Bretagne 35 104 B5
Bossée 37 152 A5
Bosselshausen 67 68 C3
Bossendorf 67 68 C4
Bosserville 54 94 D1
Bosset 24 239 G4
Bosseval-et-Briancourt 08 27 E3
Bossey 74 215 G1
Bossieu 38 231 H4
Les Bossons 74 217 E3
Bossugan 33 256 D1
Bossus-lès-Rumigny 08 26 A2
Bost 03 210 C1
Bostens 40 274 A5
Bostz Château du 03 192 A3
Bosville 76 19 G3
Botans 90 142 C3
Botforn 29 99 G4
Botmeur 29 76 A3
Botsorhel 29 72 B5
Les Bottereaux 27 55 F3
Botticella 2B 345 F1
Botz-en-Mauges 49 148 D3
Bou 45 133 G2
Bouafle 78 57 H2
Bouafles 27 36 D4
Bouan 09 336 B5
Les Bouards d'en Bas 45 134 B5
Les Bouards d'en Haut 45 134 B5
Bouaye 44 147 F4
Boubers-lès-Hesmond 62 6 D4
Boubers-sur-Canche 62 12 C2
Boubiers 60 37 G4
Bouc-Bel-Air 13 327 E1
Boucagnères 32 296 B5
Boucard Château de 18 155 G3
Boucau 64 292 A5
Boucé 03 192 C4
Boucé 61 54 A5
Boucey 50 80 C2
Le Bouchage 16 203 H2
Le Bouchage 38 232 C1
Bouchain 59 14 C2
Bouchamps-lès-Craon 53 127 H2
Le Bouchaud 03 193 F4
Le Bouchaud 39 179 F3
Bouchavesnes-Bergen 80 23 G1
Bouchemaine 49 149 G2
Boucheporn 57 46 D5
Bouchet 26 285 F2
Le Bouchet-Mont-Charvin 74 216 A4
Bouchet Château du 36 170 D5
Bouchet Lac du 43 247 E5
Le Bouchet-Saint-Nicolas 43 247 E5
Bouchevilliers 27 37 F2
Bouchoir 80 23 E3
Les Boucholeurs 17 200 C2
Bouchon 80 12 B5
Le Bouchon-sur-Saulx 55 63 H5
Les Bouchoux 39 197 E4
Bouchy-Saint-Genest 51 60 C5
Boucieu-le-Roi 07 248 D3
Bouclans 25 162 B3
Boucoiran-et-Nozières 30 284 A5
Bouconville 08 42 D3
Bouconville-sur-Madt 55 65 E4
Bouconville-Vauclair 02 41 E1
Bouconvillers 60 37 H5
Boucq 54 65 E5
Boudes 63 227 H4
Boudeville 76 19 H3
Boudin 73 234 C1
Boudou 82 277 E4
Boudrac 31 316 A5
Boudreville 21 116 B5
Boudy-de-Beauregard 47 258 B4
Boué 02 15 F5
Bouée 44 147 E2
Boueilh-Boueilho-Lasque 64 294 B5
Bouelles 76 21 E4
Bouër 72 108 C4
Bouère 53 128 D2
Bouessay 53 128 D2
Bouesse 36 189 E1
Bouëx 16 221 G2
La Bouëxière 35 104 D2
Bouffémont 95 58 B1
Boufféré 85 166 A2
Bouffignereux 02 41 F2
Boufflers 80 11 H2
Bouffry 41 109 F5
Bougainville 80 22 A2
Bougarber 64 314 A2
Bougé-Chambalud 38 231 F5
Bouges-le-Château 36 171 H1
Bougey 70 140 C3
Bougival 78 58 A3
Bouglainval 28 86 B2
Bougligny 77 112 B2
Bouglon 47 275 E1
Bougneau 17 219 G2
Bougnon 70 141 E3
Bougon 79 185 G4
Bougue 40 294 B1
Bouguenais 44 147 G4
Bougy 14 33 F5
Bougy-lez-Neuville 45 111 E4
Bouhans 71 178 C4
Bouhans-et-Feurg 70 161 E1
Bouhans-lès-Lure 70 141 G3
Bouhans-lès-Montbozon 70 162 B1
Bouhet 17 201 E1
Bouhey 21 159 F4
Bouhy 58 156 C1
Bouilh Château du 33 237 H4
Bouilh-Devant 65 315 G3
Bouilh-Péreuilh 65 315 F4
Bouilhonnac 11 320 A5
Bouillac 12 261 G4
Bouillac 24 259 E2
Bouillac 82 297 F2
La Bouilladisse 13 327 F1
Bouillancourt-en-Séry 80 11 F5
Bouillancourt-la-Bataille 80 22 D4
Bouillancy 60 39 G5
Bouilland 21 159 G5
Bouillargues 30 304 A2
La Bouille 76 36 A3
Bouillé-Courdault 85 184 B3
Bouillé-Loretz 79 168 A1
Bouillé-Ménard 49 127 H3
Bouillé-Saint-Paul 79 167 H1
La Bouillie 22 79 E2
Le Bouillon 61 83 G2
Bouillon 64 294 A5
Bouillonville 54 65 E3
Bouillouses Lac des 66 341 F3
Bouilly 10 114 D2
Bouilly 51 41 F4
Bouilly 89 114 B5
Bouilly-en-Gâtinais 45 111 G4
Bouin 62 6 D5
Bouin 79 203 E2
Bouin 85 164 D1
Bouin-Plumoison 62 6 D5
Bouisse 11 338 A2
Bouix 21 138 A2
Boujailles 25 180 A2
Boujan-sur-Libron 34 321 G3
Boujeons 25 180 B4
Boulages 10 90 C2
Boulaincourt 88 94 C4
Boulancourt 77 111 H2
Boulange 57 45 F3
Boulaur 32 296 C5
Le Boulay 37 131 F5
Le Boulay 88 119 H2
Boulay-les-Barres 45 110 D5
Boulay-les-Ifs 53 83 E4
Le Boulay-Morin 27 56 B1
Boulay-Moselle 57 46 C5
La Boulaye 71 176 B5
Boulazac-Isle-Manoire 24 240 C2
Boulbon 13 304 C1
Boulc 26 268 C2
Boule d'Amont 66 342 C3
Bouleternère 66 342 C2
Bouleurs 77 59 G3
Bouleuse 51 41 F4
Bouliac 33 255 G1
Boulieu-lès-Annonay 07 248 D1
Bouligneux 01 213 F2
Bouligney 70 119 E5
Bouligny 55 45 E4
Boulin 65 315 F4
Boullarre 60 39 H5
Le Boullay-les-Deux-Églises 28 85 H2
Boullay-les-Troux 91 58 A5
Le Boullay-Mivoye 28 56 D5
Le Boullay-Thierry 28 86 A2
Boulleret 18 156 A2
Boulleville 27 35 E2
Bouloc 31 297 H3
Bouloc-en-Quercy 82 277 F2
Boulogne 85 166 A3
Boulogne Château de 07 266 B2
Boulogne-Billancourt 92 58 B3
Boulogne-la-Grasse 60 23 E5
Boulogne-sur-Gesse 31 316 B4
Boulogne-sur-Helpe 59 15 G4
Boulogne-sur-Mer 62 2 B5
Bouloire 72 108 B5
Boulon 14 53 G1
Boulot 70 161 H2
Le Boulou 66 343 E4
Boulouris 83 329 H1
La Boulouze 50 52 A5
Boult 70 161 H2
Boult-aux-Bois 08 43 E1
Boult-sur-Suippe 51 41 H2
Le Boulvé 46 259 F5
Boulzicourt 08 26 D4
Boumois Château de 49 150 B3
Boumourt 64 314 A2
Bouniagues 24 257 H2
Le Boupère 85 166 D4
Bouquehault 62 2 D4
Bouquelon 27 35 E2
Bouquemaison 80 12 D3
Bouquemont 55 64 C2
Bouquet 30 284 A3
Bouquetot 27 35 G2
Bouqueval 95 58 C1
Bouranton 10 91 E5
Bouray-sur-Juine 91 87 G3
Bourbach-le-Bas 68 142 D1
Bourbach-le-Haut 68 142 D1
La Bourbansais Château de 35 79 H4
Bourberain 21 160 C1
Bourbévelle 70 118 C5
Bourbon-Lancy 71 193 E1
Bourbon-l'Archambault 03 191 G1
Bourbonne-les-Bains 52 118 A5
La Bourboule 63 227 E2
Bourbourg 59 3 F3
Bourbriac 22 77 G2
Bourcefranc-le-Chapus 17 200 C4
Bourcia 39 196 A4
Bourcq 08 42 C2
Bourdainville 76 20 A4
Bourdalat 40 294 C2
Bourdeau 73 233 E1
Bourdeaux 26 267 H3
Bourdeilles 24 222 B5
Le Bourdeix 24 222 B2
Bourdelles 33 256 D4
Bourdenay 10 90 A5
Le Bourdet 79 184 C5
Bourdettes 64 314 B5
Bourdic 30 284 B5
La Bourdinière-Saint-Loup 28 86 A5
Bourdon 80 22 A1
Bourdonnay 57 67 E5
Bourdonné 78 57 F4
Bourdons-sur-Rognon 52 117 F2
Bourecq 62 7 G3
Bouresches 02 60 B1
Bouresse 86 186 D4
Bouret-sur-Canche 62 12 D2
Boureuilles 55 43 F4
Bourg 33 237 G3
Le Bourg 46 261 E2
Bourg 52 139 G3
Bourg-Achard 27 35 H3
Bourg-Archambault 86 187 G4
Bourg-Argental 42 248 C1
Bourg-Beaudouin 27 36 C2
Bourg-Blanc 29 70 C5
Bourg-Bruche 67 96 C4
Bourg-Charente 16 220 C1
Le Bourg-d'Arud 38 251 H3
Bourg-de-Bigorre 65 333 G1
Bourg-de-Péage 26 249 G3
Bourg-de-Sirod 39 179 H4
Bourg-de-Thizy 69 212 A2
Bourg-de-Visa 82 277 E2
Bourg-des-Comptes 35 104 A5
Bourg-des-Maisons 24 221 H5
Le Bourg-d'Hem 23 189 F5
Le Bourg-d'Iré 49 127 H4
Le Bourg-d'Oisans 38 251 G3
Bourg-d'Oueil 31 334 A4
Bourg-du-Bost 24 239 F1
Le Bourg-Dun 76 19 H2
Bourg-en-Bresse 01 195 H5
Bourg-et-Comin 02 40 D2
Bourg-Fidèle 08 26 C1
Bourg-la-Reine 92 58 C4
Bourg-Lastic 63 226 C2
Bourg-le-Comte 71 193 F4
Bourg-le-Roi 72 83 G5
Bourg-lès-Valence 26 249 F4
Bourg-l'Évêque 49 127 H3
Bourg-Madame 66 341 F5
Bourg-Saint-Andéol 07 284 D1
Bourg-Saint-Bernard 31 298 C5
Bourg-Saint-Christophe 01 213 H4
Le Bourg-Saint-Léonard 61 54 B4
Bourg-Saint-Maurice 73 234 D1
Bourg-Sainte-Marie 52 117 H2
Bourg-sous-Châtelet 90 142 C2
Bourgaltroff 57 67 E3
Bourganeuf 23 206 D3
Bourgbarré 35 104 B4
Bourgeauville 14 34 B3
Bourges 18 173 E1
Le Bourget 93 58 C2
Le Bourget-du-Lac 73 233 E1
Bourget-en-Huile 73 233 H3
Bourgheim 67 97 F3
Bourghelles 59 9 E3
Bourgnac 24 239 G4
Bourgneuf 17 183 G5
Bourgneuf 73 233 H2
Bourgneuf-en-Mauges 49 149 E3
Bourgneuf-en-Retz 44 146 D5
Le Bourgneuf-la-Forêt 53 105 G2
Bourgogne 51 41 G3
Bourgoin-Jallieu 38 232 A2
Bourgon 53 105 F2
La Bourgonce 88 96 A4
La Bourgonnière Chapelle de 49 148 C2
Bourgougnague 47 257 G3
Bourguébus 14 33 H5
Bourgueil 37 150 D3
Bourguenolles 50 51 H3
Le Bourguet 83 308 A2
Bourguignon 25 142 B5
Bourguignon-lès-Conflans 70 141 E2
Bourguignon-lès-la-Charité 70 161 H1
Bourguignon-lès-Morey 70 140 B3
Bourguignon-sous-Coucy 02 24 A5
Bourguignon-sous-Montbavin 02 40 C1
Bourguignons 10 115 G3
Bourgvilain 71 194 C4
Bourideys 33 273 H1
Bouriège 11 337 F2
Bourigeole 11 337 F2
Bourisp 65 333 G4
Bourlens 47 259 E5
Bourlon 62 14 A3
Bourmont 52 117 H2
Bournainville-Faverolles 27 35 E5
Bournan 37 170 A1
Bournand 86 168 D1
Bournazel 12 261 H5
Bournazel 81 279 F4
Bourneau 85 184 B1
Bournel 47 258 C3
Bourneville-Sainte-Croix 27 35 F2
Bournezeau 85 166 B5
Bourniquel 24 258 C1
Bournois 25 141 H5
Bournoncle-Saint-Pierre 43 228 A5
Bournoncles 15 245 H5
Bournonville 62 6 C2
Bournos 64 314 B2
Bourogne 90 142 C4
Bourran 47 275 G1
Bourré 41 152 D3
Bourréac 65 333 E1
Bourret 82 297 F1
Bourriot-Bergonce 40 274 B3
Bourron-Marlotte 77 88 B5
Bourrou 24 240 B3
Bourrouillan 32 295 E2
Bours 62 7 G4
Bours 65 315 E4
Boursault 51 61 F1
Boursay 41 109 F4
Bourscheid 57 67 H4
Bourseul 22 79 F3
Bourseville 80 11 E3
Boursières 70 141 E4
Boursies 59 14 A4
Boursin 62 2 C5
Boursonne 60 39 H4
Bourth 27 55 G4
Bourthes 62 6 D3
Bourtzwiller 68 143 F1
Bourville 76 19 H3
Boury-en-Vexin 60 37 F4
Bousbach 57 47 F5
Bousbecque 59 4 D5
Le Bouscat 33 237 G5
Bousies 59 15 E4
Bousignies 59 9 F5
Bousignies-sur-Roc 59 16 A2
Le Bousquet 11 337 F5
Le Bousquet-d'Orb 34 301 F3
Boussac 12 280 B2
Boussac 23 190 A4
La Boussac 35 80 B2
Boussac 46 261 E3
Boussac-Bourg 23 190 A4
Boussais 79 168 A3
Boussan 31 316 D4
Boussay 37 170 B3
Boussay 44 166 B1

Bousse 57 45 H4
Bousse 72 129 G3
Bousselange 21 178 C2
Boussenac 09 335 H3
Boussenois 21 139 F4
Boussens 31 317 E5
Bousseraucourt 70 118 C5
Boussès 47 275 E3
Bousseviller 57 48 C5
Boussey 21 159 E2
Boussicourt 80 22 D4
Boussières 25 161 H4
Boussières-en-Cambrésis 59 14 C4
Boussières-sur-Sambre 59 15 G3
Boussois 59 15 H2
Boussy 74 215 F4
Boussy-Saint-Antoine 91 58 D5
Boust 57 45 H2
Boustroff 57 66 D2
Le Bout-d'Oye 62 3 E2
Bout-du-Lac 74 215 H4
Bout du Monde *Cirque du* 21 177 F2
Bout-du-Pont-de-Larn 81 319 H2
Boutancourt 08 26 D4
Boutavent 60 21 G4
La Bouteille 02 25 G2
Bouteilles-Saint-Sébastien 24 221 G5
Boutenac 11 338 C1
Boutenac-Touvent 17 219 F3
Boutencourt 60 37 G3
Boutervilliers 91 87 F4
Bouteville 16 220 C2
Bouthéon 42 230 A3
Boutiers-Saint-Trojan 16 220 B1
Boutigny 77 59 G2
Boutigny-sur-Essonne 91 87 H4
Boutigny-sur-Opton 28 57 E4
Bouttencourt 80 11 F5
Boutteville 50 32 A2
Boutx 31 334 C3
Bouvaincourt-sur-Bresle 80 11 E4
Bouvancourt 51 41 F3
Bouvante 26 250 A4
Bouvante-le-Haut 26 250 A5
Bouvelinghem 62 3 E5
Bouvellemont 08 26 D5
Bouvent 01 196 C4
Bouverans 25 180 B3
Bouvesse-Quirieu 38 214 B5
Bouvières 26 268 A4
Bouvignies 59 9 E5
Bouvigny-Boyeffles 62 8 A5
Bouville 28 110 A2
Bouville 76 19 H5
Bouville 91 87 G4
Bouvincourt-en-Vermandois 80 23 H2
Bouvines 59 9 E3
Bouvresse 60 21 G4
Bouvron 44 147 E1
Bouvron 54 65 F5
Boux-sous-Salmaise 21 159 F1
Bouxières-aux-Bois 88 95 E5
Bouxières-aux-Chênes 54 66 B4
Bouxières-aux-Dames 54 65 H5
Bouxières-sous-Froidmont 54 65 G2
Bouxurulles 88 95 E4
Bouxwiller 67 68 B3
Bouxwiller 68 143 F4
Bouy 51 42 A5
Bouy-Luxembourg 10 91 F4
Bouy-sur-Orvin 10 89 H4
Bouyon 06 309 F1
Le Bouyssou 46 261 F2
Bouzais 18 173 F5
Bouzancourt 52 92 C5
Bouzanville 54 94 D4
Bouze-lès-Beaune 21 177 G1
Bouzèdes *Belvédère des* 30 283 F1
Bouzel 63 210 A5
Bouzemont 88 95 E5
Bouzeron 71 177 G3
Bouzic 24 259 G2
Bouziès 46 260 C5
Bouzigues 34 322 D3
Bouzillé 49 148 C2
Bouzin 31 316 D5
Bouzincourt 80 13 F5
Bouzon-Gellenave 32 295 E3
Bouzonville 57 46 C4
Bouzonville-aux-Bois 45 111 G4
Bouzonville-en-Beauce 45 111 G2
Bouzy 51 61 H1
Bouzy-la-Forêt 45 134 A2
Bovée-sur-Barboure 55 93 G1
Bovel 35 103 H4
Bovelles 80 22 A2
Boves 80 22 C2
Boviolles 55 93 F1
Boyardville 17 200 B3
Boyaval 62 7 G4
Boyelles 62 13 G3
Boyer 42 211 H2
Boyer 71 195 E1
Boyeux-Saint-Jérôme 01 214 B2
Boynes 45 111 H3
Boz 01 195 F3
Bozas 07 248 D3
Bozel 73 234 C3
Bozouls 12 263 E5
Brabant-en-Argonne 55 43 G5
Brabant-le-Roi 55 63 F3
Brabant-sur-Meuse 55 43 H3
Brach 33 236 D3
Brachay 52 92 D4
Braches 80 22 D3
Brachy 76 20 A2
Bracieux 41 153 G1
Bracon 39 179 H2
Bracquemont 76 10 B5
Bracquetuit 76 20 B4
Bradiancourt 76 20 D4
Braffais 50 51 H4
Bragassargues 30 303 F1
Bragayrac 31 317 E2
Brageac 15 243 H2
Bragelogne 10 115 F5
Bragny-sur-Saône 71 178 A2
La Brague 06 309 F3
Brahic 07 283 H1
Braillans 25 162 A3
Brailly-Cornehotte 80 11 H2
Brain 21 159 E1
Brain-sur-Allonnes 49 150 D3
Brain-sur-l'Authion 49 149 H2
Brain-sur-Longuenée 49 128 A5
Brain-sur-Vilaine 35 126 A3
Brainans 39 179 F3
Braine 02 40 C3
Brains 44 147 F4
Brains-sur-Gée 72 107 F4
Brains-sur-les-Marches 53 105 E5
Brainville 50 31 G5
Brainville 54 65 E1
Brainville-sur-Meuse 52 117 H2
Braisnes-sur-Aronde 60 39 F1
Braize 03 173 G5
Bralleville 54 94 D4
Bram 11 319 F5
Bramabiau *Abîme du* 30 282 C4
Bramans 73 253 E1
Brametot 76 19 H3
Bramevaque 65 334 A2
Bran 17 220 B5
Branceilles 19 242 D4
Branches 89 136 A2
Brancion 71 195 E2
Brancourt-en-Laonnois 02 40 C1
Brancourt-le-Grand 02 24 B1
Brandérion 56 123 G2
Brandeville 55 43 H2
Brandivy 56 124 A2
Brando 2B 345 G3
Brandon 71 194 C4
Brandonnet 12 279 G1
Brandonvillers 51 91 H2
Branféré *Parc zoologique de* 56 125 E4
Branges 02 40 C4
Branges 71 178 B5
Brangues 38 232 C1
Brannay 89 113 F2
Branne 25 162 D2
Branne 33 256 C1
Brannens 33 256 C4
Branoux-les-Taillades 30 283 G3
Brans 39 161 E4
Bransat 03 192 A4
Branscourt 51 41 F3
Bransles 77 112 C3
Brantes 84 286 B3
Brantigny 88 95 E4
Brantôme-en-Périgord 24 222 C5
Branville 14 34 B3
Branville-Hague 50 28 D3
Braquis 55 44 D5
Bras 83 307 E5
Bras-d'Asse 04 287 H5
Bras-sur-Meuse 55 44 B5
Brasc 12 280 D5
Brasles 02 60 C1
Braslou 37 169 F2
Brasparts 29 76 A3
Brassac 09 336 A3
Brassac 81 300 A4
Brassac 82 277 E3
Brassac-les-Mines 63 228 A4
Brasseitte 55 64 C4
Brassempouy 40 293 G4
Brasseuse 60 39 E4
Brassy 58 158 A4
Brassy 80 22 A3
Bratte 54 65 H4
Braucourt 52 92 B2
Braud-et-Saint-Louis 33 237 F1
Braus *Col de* 06 291 F4
Brauvilliers 55 92 D2
Braux 04 289 E4
Braux 08 26 D2
Braux 10 91 H3
Braux 21 159 E2
Braux-le-Châtel 52 116 C3
Braux-Saint-Remy 51 63 E1
Braux-Sainte-Cohière 51 43 E5
Bravone 2B 347 H5
Brax 31 297 G4
Brax 47 275 H3
Bray 27 35 H5
Bray 71 194 D2
Bray-Dunes 59 3 H1
Bray-en-Val 45 134 A3
Bray-et-Lû 95 37 F5
Bray-la-Campagne 14 33 H5
Bray-lès-Mareuil 80 11 G4
Bray-Saint-Christophe 02 24 A3
Bray-sur-Seine 77 89 F4
Bray-sur-Somme 80 23 E1
Braye 02 40 B2
Braye-en-Laonnois 02 40 D2
Braye-en-Thiérache 02 25 F3
Braye-sous-Faye 37 169 F2
Braye-sur-Maulne 37 130 A5
Brazey-en-Morvan 21 158 D5
Brazey-en-Plaine 21 160 C5
Bréal-sous-Montfort 35 103 H3
Bréal-sous-Vitré 35 105 F3
Bréançon 95 37 H5
Bréau 77 88 D2
Bréau-et-Salagosse 30 282 D5
Bréauté 76 19 E4
Bréban 51 91 G2
Brebières 62 14 A2
Brebotte 90 142 D3
Brécé 35 104 C3
Brecé 53 82 A4
Brécey 50 52 A4
Brech 56 124 A2
Brechainville 88 93 G4
Bréchamps 28 57 E5
Bréchaumont 68 142 D2
Brèche au Diable 14 53 H2
Brèches 37 130 B5
Breconchaux 25 162 B2
Brectouville 50 52 B1
Brécy 02 40 C5
Brécy 18 155 G5
Brécy-Brières 08 42 D3
La Brède 33 255 G2
Brée 53 106 B3
La Brée-les-Bains 17 200 A2
Bréel 61 53 G3
Brégnier-Cordon 01 232 C1
Brégy 60 59 G1
Bréhain 57 66 D3
Bréhain-la-Ville 54 45 E2
Bréhal 50 51 G2
Bréhan 56 102 B3
Bréhand 22 78 C4
Bréhat *Île de* 22 73 G2
Bréhec-en-Plouha 22 73 G3
Bréhémont 37 151 F3
Bréhéville 55 43 H2
Breidenbach 57 48 C5
Breil 49 150 D1
Le Breil-sur-Mérize 72 108 B4
Breil-sur-Roya 06 291 G3
La Breille-les-Pins 49 150 D3
Breilly 80 22 B1
Breistroff-la-Grande 57 45 H2
Breitenau 67 96 D4
Breitenbach 67 96 D4
Breitenbach-Haut-Rhin 68 120 C3
Brélès 29 70 B5
Brélidy 22 73 E4
Brem-sur-Mer 85 165 E5
Bréménil 54 96 B2
Brêmes 62 2 D4
Bremmelbach 67 69 E1
Brémoncourt 54 95 E3
Bremondans 25 162 C3
Brémontier-Merval 76 37 E1
Brémoy 14 52 D1
Brémur-et-Vaurois 21 138 B3
Bren 26 249 F2
Brenac 11 337 F3
Brenas 34 301 G4
Brenat 63 228 A3
Brénaz 01 214 D3
Brenelle 02 40 C2
Brengues 46 261 E4
Brennes 52 139 G3
Brennilis 29 76 B3
Brénod 01 214 C2
Brenon 83 308 B2
Brenouille 60 38 D3
Brenoux 48 264 C5
Brens 01 214 D5
Brens 81 298 D1
Brenthonne 74 198 A4
Breny 02 40 B4
La Bréole 04 270 A4
Brères 25 179 G1
Bréry 39 179 E4
Bresdon 17 202 C4
Les Bréseux 25 163 G3
Bresilley 70 161 F3
Bresle 80 22 D1
Bresles 60 38 B2
Bresnay 03 192 A3
Bresolettes 61 84 C2
La Bresse 88 120 B4
Bresse-sur-Grosne 71 194 D1
Bressey-sur-Tille 21 160 B3
Bressieux 38 232 A5
Bressolles 01 213 G4
Bressolles 03 192 A2
Bressols 82 277 H5
Bresson 38 251 E2
Bressoncourt 52 93 F3
Bressuire 79 167 G3
Brest 29 75 E2
Brestot 27 35 G3
Bretagne 36 171 H2
Bretagne 90 142 D3
Bretagne-d'Armagnac 32 295 F1
Bretagne-de-Marsan 40 294 A1
Bretagnolles 27 56 D2
Breteau 45 135 E4
Breteil 35 103 H2
Bretenière 21 160 B4
La Bretenière 25 162 B2
La Bretenière 39 161 F5
Bretenières 39 179 E2
Bretenoux 46 243 E5
Breteuil 60 22 B5
Breteuil *Château de* 78 57 H5
Breteuil-sur-Iton 27 55 H3
Brethel 61 55 F5
Brethenay 52 117 E3
Le Brethon 03 191 E2
Bretigney 25 142 A5
Bretigney-Notre-Dame 25 162 C3
Bretignolles 79 167 F3
Brétignolles *Château de* 37 151 E5
Bretignolles-le-Moulin 53 82 C3
Bretignolles-sur-Mer 85 165 E5
Bretigny 21 160 B2
Brétigny 27 35 G4
Brétigny 60 23 H5
Brétigny-sur-Orge 91 87 H2
Bretoncelles 61 85 E4
La Bretonnière-La Claye 85 183 E2
Bretonvillers 25 163 E4
Brette 26 268 A3
Brette-les-Pins 72 108 A5
Bretten 68 142 D2
Brettes 16 203 E3
Bretteville 50 29 F3
Bretteville-du-Grand-Caux 76 19 E4
Bretteville-le-Rabet 14 53 H1
Bretteville-l'Orgueilleuse 14 33 F4
Bretteville-Saint-Laurent 76 19 H3
Bretteville-sur-Ay 50 31 F3
Bretteville-sur-Dives 14 54 A1
Bretteville-sur-Laize 14 53 G1
Bretteville-sur-Odon 14 33 G4
Brettnach 57 46 C4
Bretx 31 297 G3
Breuches 70 141 G2
Breuchotte 70 141 H2
Breugnon 58 157 E2
Le Breuil 03 210 D1
Le Breuil 51 60 D2
Le Breuil 69 212 C4
Le Breuil 71 177 E4
Breuil 80 23 G3
Breuil-Barret 85 167 F5
Le Breuil-Bernard 79 167 G5
Breuil-Bois-Robert 78 57 F2
Breuil-Chaussée 79 167 G3
Le Breuil-en-Auge 14 34 C4
Le Breuil-en-Bessin 14 32 C3
Breuil-la-Réorte 17 201 F2
Breuil-le-Sec 60 38 D2
Breuil-le-Vert 60 38 C3
Breuil-Magné 17 200 D3
Breuil-Mingot *Château du* 86 186 C1
Le Breuil-sous-Argenton 79 167 H2
Le Breuil-sur-Couze 63 228 A4
Breuil-sur-Marne 52 92 D3
Breuil-sur-Vesle 51 41 E3
Breuilaufa 87 205 F2
Breuilh 24 240 C3
Breuillet 17 218 C1
Breuillet 91 87 G2
Breuilpont 27 56 D2
Breurey-lès-Faverney 70 141 E3
Breuschwickersheim 67 97 G1
Breuvannes 52 117 H3
Breuvery-sur-Coole 51 62 A3
Breuville 50 29 E4
Breux 55 44 B1
Breux-Jouy 91 87 G2
Breux-sur-Avre 27 56 B4
Brévainville 41 109 H5
Bréval 78 57 E2
Brévands 50 32 A2
Brevans 39 161 E5
Le Brévedent 14 34 D4
Brèves 58 157 F2
Les Bréviaires 78 57 G5
Bréviandes 10 115 E2
La Brévière 14 54 C2
Bréville 14 33 H4
Bréville 16 202 C5
Bréville-sur-Mer 50 51 F2
Brévillers 62 11 H1
Brévillers 80 12 D3
Brevilliers 70 142 B3
Brévilly 08 27 G4
Brévonnes 10 91 G5
Bréxent-Énocq 62 6 B4
Brey-et-Maison-du-Bois 25 180 C4
Brézal *Moulin de* 29 71 F5
Brézé 49 150 C5
Brézellec *Pointe de* 29 98 D2
Bréziers 05 270 A5
Brézilhac 11 319 F5
Brézins 38 232 A5
Brézolles 28 56 A5
Brezons 15 245 E4
Le Brézouard 68 96 C5
Briançon 05 252 D4
Briançonnet 06 308 C1
Brianny 21 158 D2
Briant 71 193 H4
Briantes 36 189 G2
Briare 45 134 D5
Briarres-sur-Essonne 45 111 H2
Brias 62 7 G5
Briastre 59 14 D4
Briatexte 81 298 D3
Briaucourt 52 117 E2
Briaucourt 70 141 F2
Bricon 52 116 C4
Briconville 28 86 A3
Bricot-la-Ville 51 60 D5
Bricquebec-en-Cotentin 50 29 E5
Bricquebosq 50 28 D4
Bricqueville 14 32 C3
Bricqueville-la-Blouette 50 51 G1
Bricqueville-sur-Mer 50 51 F2
Bricy 45 110 D5
Brides-les-Bains 73 234 C3
La Bridoire 73 232 D3
Bridoire *Château de* 24 257 H1
Bridoré 37 170 C1
Brie 02 24 C5
Brie 09 318 A5
Brie 16 221 F1
Brie 35 104 C5
Brie 79 168 C2
Brie 80 23 G2
Brie-Comte-Robert 77 59 E5
Brié-et-Angonnes 38 251 E2
Brie-sous-Archiac 17 220 B3
Brie-sous-Barbezieux 16 220 D4
Brie-sous-Chalais 16 220 D5
Brie-sous-Matha 17 202 C5
Brie-sous-Mortagne 17 219 F3
Briec 29 100 A2
Briel-sur-Barse 10 115 G2
Brielles 35 105 F4
Brienne 71 195 F1
Brienne-la-Vieille 10 91 H4
Brienne-le-Château 10 91 H4
Brienne-sur-Aisne 08 41 G2
Briennon 42 211 G1
Brienon-sur-Armançon 89 114 A5
Brières-les-Scellés 91 87 F4
Brieuil-sur-Chizé 79 202 B1
Brieulles-sur-Bar 08 43 E1
Brieulles-sur-Meuse 55 43 G2
Brieux 61 54 A3
Briey 54 45 F4
Briffons 63 226 D1
Brignac 34 302 A4
Brignac 56 103 E2
Brignac 87 206 B4
Brignac-la-Plaine 19 241 H2
Brignais 69 231 E1
Brignancourt 95 37 H5
Brigné 49 149 H4
Brignemont 31 297 E3
Brignogan-Plages 29 71 E3
Brignoles 83 328 B1
Brignon 30 284 A5
Le Brignon 43 247 F5
Brignoud 38 251 F1
La Brigue 06 291 H2
Brigueil-le-Chantre 86 187 H3
Brigueuil 16 204 D3
Briis-sous-Forges 91 87 F2
Brillac 16 204 D2
La Brillanne 04 287 F5
Brillecourt 10 91 G3
Brillevast 50 29 G3
Brillon 59 9 F5
Brillon-en-Barrois 55 63 G4
Brimeux 62 6 C4
Brimont 51 41 G3
Brin-sur-Seille 54 66 B4
Brinay 18 154 C5
Brinay 58 175 G2
Brinckheim 68 143 G3
Brindas 69 230 D1
Bringolo 22 73 F5
Brinon-sur-Beuvron 58 157 E4
Brinon-sur-Sauldre 18 154 D1
Briod 39 179 F5
Briollay 49 128 C5
Brion 01 214 C1
Brion 36 171 H2
Brion 38 232 A5
Brion 48 263 H2
Brion 49 150 B2
Brion 71 176 C3
Brion 86 186 C4
Brion 89 113 H5
Brion *Pont de* 38 250 D5
Brion-près-Thouet 79 168 B1
Brion-sur-Ource 21 116 A5
La Brionne 23 206 D1
Brionne 27 35 G4
Briord 01 214 B5
Briosne-lès-Sables 72 108 A3
Briot 60 21 H4
Briou 41 132 B3
Brioude 43 246 B1
Brioux-sur-Boutonne 79 202 C1
Briouze 61 53 G5
Briquemesnil-Floxicourt 80 22 A2
Briquenay 08 43 E2
Briscous 64 292 B5
Brison 73 215 E5
Brison-Saint-Innocent 73 215 E5
Brissac 34 302 C1
Brissac *Château de* 49 149 H3
Brissac-Quincé 49 149 H3
Brissarthe 49 128 D4
Brissay-Choigny 02 24 B3
Brissy-Hamégicourt 02 24 B3
Brive-la-Gaillarde 19 242 B2
Brives 36 172 B4
Brives-Charensac 43 247 F3
Brives-sur-Charente 17 219 H1
Brivezac 19 243 E4
Brix 50 29 E4
Brixey-aux-Chanoines 55 94 A3
Brizambourg 17 201 H5
Brizay 37 169 F1

Brizeaux 55 63 G1
Brizon 74 216 B2
Le Broc 06 291 E5
Broc 49 129 H5
Le Broc 63 228 A3
Brocas 40 273 H4
Brochon 21 160 A4
Brocottes 14 34 A4
Brocourt 80 21 G2
Brocourt-en-Argonne 55 43 G5
Broglie 27 55 F1
Brognard 25 142 C4
Brognon 08 26 A1
Brognon 21 160 B2
Broin 21 178 B1
Broindon 21 160 A4
Broissia 39 196 B3
Brombos 60 21 G4
Bromeilles 45 112 A3
Brommat 12 262 D1
Bromont-Lamothe 63 209 E5
Bron 69 231 F1
Broncourt 52 140 B3
Bronvaux 57 45 G5
Broons 22 79 F5
Broons-sur-Vilaine 35 104 D3
La Broque 67 96 D2
Broquiers 60 21 G4
Broquiès 12 281 E5
Brossac 16 220 D5
Brossainc 07 230 D5
Brossay 49 150 A5
La Brosse-Montceaux 77 89 E5
Brosses 89 157 G1
Brosville 27 36 B5
Brotonne Pont de 76 35 G1
Brotte-lès-Luxeuil 70 141 G3
Brotte-lès-Ray 70 140 B5
Brottes 52 117 E3
Brou 01 195 H5
Brou 28 109 G2
Brou-sur-Chantereine 77 59 E3
Brouage 17 200 C4
Brouains 50 52 B4
Broualan 35 80 B3
Brouay 14 33 F4
Brouchaud 24 241 E2
Brouchy 80 23 H4
Brouck 57 46 C5
Brouckerque 59 3 F3
Brouderdorff 57 67 H5
Broué 28 57 E4
Brouennes 55 27 H5
Le Brouilh-Monbert 32 295 H4
Brouilla 66 343 E3
Brouillet 51 41 E4
Brouis Col de 06 291 G4
Brouqueyran 33 256 C4
La Brousse 17 202 B4
Brousse 23 208 C3
Brousse 63 228 B2
Brousse 81 299 F3
Brousse-le-Château 12 280 D5
Brousses-et-Villaret 11 319 G3
Brousseval 52 92 C3
Broussey-en-Blois 55 93 G1
Broussey-en-Woëvre 55 64 D4
Broussy-le-Grand 51 61 F4
Broussy-le-Petit 51 61 F4
Broût-Vernet 03 210 A1
Brouthières 52 93 F4
Brouvelieures 88 95 H5
Brouville 54 95 H2
Brouviller 57 67 H4
Brouy 91 87 G5
Brouzet-lès-Alès 30 284 A3
Brouzet-lès-Quissac 30 303 E2
Les Brouzils 85 166 A2
Brovès 83 308 B3
Broxeele 59 3 G4
Broye 71 176 D3
Broye-les-Loups-et-Verfontaine 70 160 D1
Broye-lès-Pesmes 70 161 E3
Broyes 51 61 E4
Broyes 60 22 D5
Broze 81 298 D1
Brû 88 95 H4
Bruailles 71 195 H1
Bruay-la-Buissière 62 7 H4
Bruay-sur-l'Escaut 59 9 G5
Bruc-sur-Aff 35 125 H2
Brucamps 80 12 B5
Bruch 47 275 G3
Brucheville 50 32 A2
Brucourt 14 34 A4
Brue-Auriac 83 307 E5
Bruebach 68 143 F2
Brueil-en-Vexin 78 57 G1
Bruère-Allichamps 18 173 E4
La Bruère-sur-Loir 72 130 B4
La Bruffière 85 166 B1
Brugairolles 11 337 F1
Le Brugeron 63 228 D1
Bruges 33 237 F5
Bruges 64 332 B1
Brugheas 03 210 B2
Brugnac 47 257 H5
Brugnens 32 296 C2
Brugny-Vaudancourt 51 61 F1
La Bruguière 30 284 B4
Bruguières 31 297 H3
Bruille-lez-Marchiennes 59 9 E5
Bruille-Saint-Amand 59 9 G4
Bruis 05 268 C4
Brûlain 79 185 E5
Les Brulais 35 103 G5
Brulange 57 66 D2
La Brûlatte 53 105 G3
Bruley 54 65 F5
Brullemail 61 54 D5
Brullioles 69 212 C5
Brûlon 72 107 E5
Brumath 67 68 D4
Brumetz 02 40 A5
Brunehamel 02 25 H3
Brunelles 28 85 E5
Les Brunels 11 319 E3
Brunembert 62 2 D5
Brunémont 59 14 A2
Brunet 04 307 E1
Bruniquel 82 278 C5
Brunissard 05 253 E5
Brunoy 91 58 D5
Brunstatt-Didenheim 68 143 F2
Brunville 76 10 C5
Brunvillers-la-Motte 60 22 D5
Le Brusc 83 327 H5
Brusque 12 301 E3
Le Brusquet 04 288 B3
Brussey 70 161 G3
Brussieu 69 230 C1
Brusson 51 62 D4
Brusvily 22 79 G4
Brutelles 80 11 E3
Bruville 54 65 F1
Brux 86 186 A5
La Bruyère 70 141 H2
Bruyères 88 95 H5
Bruyères-et-Montbérault 02 40 D1
Bruyères-le-Châtel 91 87 G2
Bruyères-sur-Fère 02 40 C4
Bruyères-sur-Oise 95 38 C5
Bruys 02 40 D3
Bruz 35 104 A4
Bry 59 15 E2
Bry-sur-Marne 94 58 D3
Bû 28 57 E4
Le Bû-sur-Rouvres 14 53 H1
Buais-les-Monts 50 81 G2
Buanes 40 294 A3
Bubertré 61 84 C2
Bubry 56 101 G4
Buc 78 58 A4
Buc 90 142 B3
Bucamps 60 38 C1
Bucéels 14 33 E4
Bucey-en-Othe 10 114 C2
Bucey-lès-Gy 70 161 G2
Bucey-lès-Traves 70 140 D4
Buchelay 78 57 F2
Buchères 10 115 E2
Buchey 52 92 C5
Buchy 57 66 B2
Buchy 76 20 D5
Bucilly 02 25 G2
Bucquoy 62 13 F4
Bucy-le-Long 02 40 B2
Bucy-le-Roi 45 111 E4
Bucy-lès-Cerny 02 24 C5
Bucy-lès-Pierrepont 02 25 F4
Bucy-Saint-Liphard 45 110 C5
Budelière 23 190 C5
Buding 57 46 B3
Budling 57 46 B3
Budos 33 255 H4
Bué 18 155 H3
Bueil 27 56 D2
Bueil-en-Touraine 37 130 C5
Buellas 01 195 G5
Le Buet 74 217 E2
Buethwiller 68 143 E2
Buffard 25 179 G1
Buffières 71 194 C3
Buffignécourt 70 140 D2
Buffon 21 137 G4
Bugarach 11 337 H4
Bugard 65 315 G5
Bugeat 19 225 F2
Bugnein 64 313 F3
Bugnicourt 59 14 B2
Bugnières 52 116 D5
Bugny 25 180 C1
Le Bugue 24 241 E5
Buhl 67 69 F2
Buhl 68 120 D4
Buhl-Lorraine 57 67 H5
Buhy 95 37 F4
Buicourt 60 37 G1
Buigny-l'Abbé 80 11 H3
Buigny-lès-Gamaches 80 11 E4
Buigny-Saint-Maclou 80 11 G3
Buire 02 25 G1
Buire-au-Bois 62 12 B3
Buire-Courcelles 80 23 H1
Buire-le-Sec 62 6 C5
Buire-sur-l'Ancre 80 23 E1
Buironfosse 02 25 E1
Le Buis 87 205 G2
Buis-les-Baronnies 26 286 A2
Buis-sur-Damville 27 56 B3
Buissard 05 269 H2
La Buisse 38 232 C5
La Buissière 38 233 F4
Le Buisson 48 264 A3
Le Buisson 51 62 D4
Buisson 84 285 G2
Le Buisson-de-Cadouin 24 258 D1
Buissoncourt 54 66 B5
Buissy 62 14 A3
Bujaleuf 87 206 C5
Bulainville 55 63 H1
Bulan 65 333 G2
Bulat-Pestivien 22 77 F2
Bulcy 58 156 B4
Buléon 56 102 B4
Bulgnéville 88 118 B2
Bulhon 63 210 B4
Bullainville 28 110 B3
Bulle 25 180 B2
Bullecourt 62 13 H3
Bulles 60 38 C1
Bulligny 54 94 B2
Bullion 78 87 E2
Bullou 28 109 H2
Bully 14 33 G5
Bully 42 211 G4
Bully 69 212 C4
Bully 76 20 D3
Bully-les-Mines 62 8 A4
Bulson 08 27 E4
Bult 88 95 G5
Bun 65 332 C2
Buncey 21 138 A2
Buneville 62 12 D2
Buno-Bonnevaux 91 87 H5
Bunodière Hêtre de la 76 37 E1
Bunus 64 311 G5
Bunzac 16 221 G1
Buoux 84 305 H2
Burbach 67 67 H3
La Burbanche 01 214 C4
Burbure 62 7 H3
Burcin 38 232 B4
Burcy 14 52 D3
Burcy 77 112 A2
Burdignes 42 248 C1
Burdignin 74 198 A5
Bure 55 93 F3
Bure 57 45 F2
Buré 61 84 A3
Bure-les-Templiers 21 138 D3
Burelles 02 25 F3
Bures 54 66 D5
Bures 61 84 A2
Bures-en-Bray 76 20 C3
Bures-les-Monts 14 52 C2
Bures-sur-Dives 14 33 H4
Bures-sur-Yvette 91 58 A5
Le Buret 53 106 B5
Burey 27 56 A2
Burey-en-Vaux 55 93 H2
Burey-la-Côte 55 94 A3
Burg 65 315 G5
Burgalays 31 334 B3
Burgaronne 64 311 H3
Le Burgaud 31 297 F2
Burgille 25 161 G3
Burgnac 87 223 G1
Burgy 71 195 E3
Burie 17 201 H5
Buriville 54 95 H2
Burlats 81 299 H4
Burlioncourt 57 66 D3
Burnand 71 194 C1
Burnevillers 25 163 H2
Burnhaupt-le-Bas 68 143 E2
Burnhaupt-le-Haut 68 143 E2
Buron 63 228 A2
Buros 64 314 B3
Burosse-Mendousse 64 294 C5
Burret 09 336 A3
Bursard 61 83 H3
Burthecourt-aux-Chênes 54 95 E1
Burtoncourt 57 46 B4
Bury 60 38 C3
Burzet 07 266 A2
Burzy 71 194 C1
Bus 62 13 H5
Bus-la-Mésière 80 23 E4
Bus-lès-Artois 80 13 E4
Bus-Saint-Rémy 27 37 F5
Busca-Maniban *Château de* 32 295 G1
Buschwiller 68 143 H3
Busigny 59 14 D5
Busloup 41 131 H2
Busnes 62 7 H3
Busque 81 299 E3
Bussac 24 240 B1
Bussac-Forêt 17 237 H1
Bussac-sur-Charente 17 201 G5
Bussaglia *Plage de* 2A 346 B5
Bussang 88 120 B5
Bussang *Col de* 88 120 B5
Le Busseau 79 184 C1
Busseau-sur-Creuse 23 207 F2
Busseaut 21 138 B3
Busséol 63 228 A1
Busserolles 24 222 C1
Busserotte-et-Montenaille 21 139 E4
Busset 03 210 C2
Bussiares 02 60 A1
La Bussière 45 134 D4
La Bussière 86 187 F1
Bussière-Badil 24 222 B2
Bussière-Boffy 87 204 D2
Bussière-Dunoise 23 189 E5
Bussière-Galant 87 223 F2
Bussière-Nouvelle 23 208 B3
Bussière-Poitevine 87 187 G5
Bussière-Saint-Georges 23 189 H3
La Bussière-sur-Ouche 21 159 G4
Bussières 21 138 D4
Bussières 42 212 A5
Bussières 63 208 D2
Bussières 70 161 H2
Bussières 71 194 D4
Bussières 77 60 A2
Bussières 89 158 B2
Bussières-et-Pruns 63 210 A3
Busson 52 93 F5
Bussu 80 23 G1
Bussunarits-Sarrasquette 64 330 C1
Bussurel 70 142 B4
Bussus-Bussuel 80 11 H3
Bussy 18 173 G3
Bussy 60 23 G5
Bussy-Albieux 42 211 G5
Bussy-en-Othe 89 114 A4
Bussy-la-Côte 55 63 G3
Bussy-la-Pesle 21 159 G2
Bussy-la-Pesle 58 157 E4
Bussy-le-Château 51 62 C1
Bussy-le-Grand 21 138 A5
Bussy-le-Repos 51 63 E2
Bussy-le-Repos 89 113 F4
Bussy-lès-Daours 80 22 C1
Bussy-lès-Poix 80 21 H2
Bussy-Lettrée 51 62 A4
Bussy-Rabutin *Château de* 21 138 A5
Bussy-Saint-Georges 77 59 E3
Bussy-Saint-Martin 77 59 E3
Bust 67 68 A3
Bustanico 2B 347 F4
Bustince-Iriberry 64 330 C1
Buswiller 67 68 C3
Busy 25 161 H4
Butgnéville 55 64 D1
Buthiers 70 162 A2
Buthiers 77 111 H2
Butot 76 20 A5
Butot-Vénesville 76 19 F2
Butry-sur-Oise 95 58 B1
Butteaux 89 114 C5
Butten 67 68 A2
Buverchy 80 23 G3
Buvilly 39 179 F3
La Buxerette 36 189 F2
Buxerolles 21 138 D3
Buxerolles 86 186 C1
Buxerulles 55 64 D3
Buxeuil 10 115 G4
Buxeuil 36 153 H5
Buxeuil 86 169 H2
Buxières-d'Aillac 36 189 E1
Buxières-lès-Clefmont 52 117 G3
Buxières-les-Mines 03 191 G3
Buxières-lès-Villiers 52 116 D3
Buxières-sous-les-Côtes 55 64 D3
Buxières-sous-Montaigut 63 209 F1
Buxières-sur-Arce 10 115 H3
Buxy 71 177 G5
Buysscheure 59 3 G4
Buzan 09 335 E3
Buzançais 36 171 F3
Buzancy 02 40 B3
Buzancy 08 43 F2
Buzeins 12 281 G1
Buzet-sur-Baïse 47 275 F2
Buzet-sur-Tarn 31 298 B3
Buziet 64 314 A5
Buzignargues 34 303 E3
Buzon 65 315 F2
Buzy 55 44 D5
Buzy 64 314 A5
By 25 179 H1
Byans-sur-Doubs 25 161 G5

## C

Cabanac 65 315 G4
Cabanac-Cazaux 31 334 C2
Cabanac-et-Villagrains 33 255 G3
Cabanac-Séguenville 31 297 E2
La Cabanasse 66 341 G4
Cabanès 12 279 H3
Cabanès 81 299 E3
Les Cabanes-de-Fitou 11 339 E3
Le Cabanial 31 318 D2
Les Cabannes 09 336 B5
Cabannes 13 305 E1
Les Cabannes 81 279 F4
Cabara 33 256 C1
Cabariot 17 201 E3
Cabas-Loumassès 32 316 B3
Cabasse 83 328 C1
Cabasson 83 328 D4
Le Cabellou 29 100 A4
Cabestany 66 343 F2
Cabidos 64 294 A5
Cabourg 14 34 A3
Cabre *Col de* 05 268 D4
Cabrerets 46 260 C5
Cabrerolles 34 301 F5
Cabrespine 11 320 A3
Cabrières 30 304 A1
Cabrières 34 301 H5
Cabrières-d'Aigues 84 306 A2
Cabrières-d'Avignon 84 305 F1
Cabriès 13 326 D1
Cabris 06 308 D3
Cachan 94 58 C4
Cachen 40 274 A4
Cachy 80 22 D2
Cadalen 81 299 E2
Cadarache *Barrage de* 13 306 C3
Cadarcet 09 336 A2
Cadarsac 33 238 B5
Cadaujac 33 255 G1
Cadéac 65 333 G3
Cadeilhan 32 296 C2
Cadeilhan-Trachère 65 333 G4
Cadeillan 32 316 D2
Cademène 25 162 A5
Caden 56 125 F4
Les Cadeneaux 13 326 D1
Cadenet 84 305 H3
Caderousse 84 285 E4
La Cadière-d'Azur 83 327 H4
La Cadière-et-Cambo 30 302 D1
Cadillac-sur-Garonne 33 256 B3
Cadillac-en-Fronsadais 33 237 H4
Cadillon 64 294 D5
Cadix 81 280 C5
Cadolive 13 327 F1
Cadouin 24 258 D1
Cadours 31 297 E3
Cadrieu 46 261 E5
Caen 14 33 G4
Caëstre 59 4 A5
Caffiers 62 2 C4
Cagnac-les-Mines 81 279 G5
Cagnano 2B 345 G2
Cagnes-sur-Mer 06 309 G3
Cagnicourt 62 13 H3
Cagnoncles 59 14 C3
Cagnotte 40 292 D4
Cagny 14 33 H5
Cagny 80 22 C2
Cahagnes 14 32 D5
Cahagnolles 14 32 D4
Cahaignes 27 37 E4
Cahan 61 53 F3
Caharet 65 315 G5
Cahon 80 11 F3
Cahors 46 260 B5
Cahus 46 243 E5
Cahuzac 11 318 D5
Cahuzac 47 258 B3
Cahuzac 81 319 F2
Cahuzac-sur-Adour 32 295 E4
Cahuzac-sur-Vère 81 279 E5
Caignac 31 318 C4
Le Cailar 30 303 G4
Cailhau 11 337 F1
Cailhavel 11 319 F5
Cailla 11 337 G4
Caillac 46 259 H5
Caillavet 32 295 H3
Caille 06 308 C2
Caille *Ponts de la* 74 215 G2
La Caillère 85 183 H1
Cailleville 76 19 G2
Caillouël-Crépigny 02 23 H5
Caillouet-Orgeville 27 56 C1
Cailloux-sur-Fontaines 69 213 E4
Cailly 76 20 C5
Cailly-sur-Eure 27 36 C5
La Caine 14 53 F1
Cairanne 84 285 F2
Le Caire 04 269 G5
Cairon 14 33 F4
Caisnes 60 39 H1
Caissargues 30 303 H2
Caix 80 23 E2
Caixas 66 342 D3
Caixon 65 315 E2
Cajarc 46 261 E5
Cala Rossa 2A 351 G2
Calacuccia 2B 346 D4
Calais 62 2 C3
Calamane 46 259 H4
Calan 56 101 E5
Calanhel 22 77 E2
Calas 13 326 D1
Calavanté 65 315 F5
Calcatoggio 2A 348 C2
Calce 66 338 C5
Caldégas 66 341 F4
Calenzana 2B 346 C2
Calès 24 258 D1
Calès 46 260 B1
Calignac 47 275 G4
Caligny 61 53 E3
Callac 22 77 E3
Callac 56 124 D2
Callas 83 308 B4
Callen 40 273 H1
Callengeville 76 21 E2
Calleville 27 35 G4
Calleville-les-Deux-Églises 76 20 A4
Callian 32 295 G4
Callian 83 308 C3
Calmeilles 66 342 D3
Calmels-et-le-Viala 12 300 C1
La Calmette 30 303 G1
Calmont 12 280 C2
Calmont 31 318 B4
Calmoutier 70 141 F4
Caloire 42 230 A4
Calonges 47 275 F1
Calonne-Ricouart 62 7 H4
Calonne-sur-la-Lys 62 8 A3
Calorguen 22 79 G4
La Calotterie 62 6 B4
Caluire-et-Cuire 69 213 E5
Calvaire des Dunes 50 28 D3
Calvi 2B 346 B2
Calviac 46 243 F5
Calviac-en-Périgord 24 259 H1
Calvignac 46 260 D5
Calvinet 15 262 B2
Calvisson 30 303 G2

Calzan 09 336 C 2
Camalès 65 315 E 3
Camarade 09 335 G 1
Camarès 12 300 D 2
Camaret-sur-Aigues 84 285 F 3
Camaret-sur-Mer 29 74 D 3
Camarsac 33 255 H 1
Cambayrac 46 259 G 5
La Cambe 14 32 B 2
Cambernard 31 317 F 2
Cambernon 50 31 H 5
Cambes 33 255 H 2
Cambes 46 261 F 3
Cambes 47 257 F 3
Cambes-en-Plaine 14 33 G 4
Cambia 2B 347 F 4
Cambiac 31 318 C 2
Cambieure 11 337 F 1
Camblain-Châtelain 62 7 H 4
Camblain-l'Abbé 62 8 A 5
Camblanes-et-Meynac 33 255 G 1
Cambligneul 62 8 A 5
Cambo-les-Bains 64 310 D 4
Cambon 81 299 G 1
Cambon-et-Salvergues 34 300 D 4
Cambon-lès-Lavaur 81 298 D 5
Camboulazet 12 280 C 3
Camboulit 46 261 F 4
Cambounès 81 300 A 5
Cambounet-sur-le-Sor 81 299 F 5
Le Cambout 22 102 C 3
Cambrai 59 14 B 3
Cambremer 14 34 B 5
Cambrin 62 8 B 4
Cambron 80 11 G 3
Cambronne-lès-Clermont 60 38 C 3
Cambronne-lès-Ribécourt 60 39 G 1
Camburat 46 261 F 3
Came 64 292 D 5
Camélas 66 342 D 2
Camelin 02 40 A 1
Camembert 61 54 C 3
Cametours 50 31 H 5
Camiac-et-Saint-Denis 33 256 B 1
Camiers 62 6 B 3
Camiran 33 256 D 3
Camjac 12 280 B 3
Camlez 22 72 D 3
Les Cammazes 81 319 F 3
Camoël 56 125 E 5
Camon 09 337 E 2
Camon 80 22 C 2
Camors 56 101 H 5
Camou-Cihigue 64 331 E 1
Camou-Mixe-Suhast 64 311 H 4
Camous 65 333 H 3
Le Camp-du-Castellet 83 327 G 3
Campagna-de-Sault 11 337 E 5
Campagnac 12 263 H 5
Campagnac 81 279 E 5
Campagnac-lès-Quercy 24 259 G 2
Campagnan 34 302 A 5
Campagne 24 241 E 5
Campagne 34 303 E 2
Campagne 40 293 H 1
Campagne 60 23 G 4
Campagne-d'Armagnac 32 295 E 1
Campagne-lès-Boulonnais 62 6 D 3
Campagne-lès-Guînes 62 2 D 4
Campagne-lès-Hesdin 62 6 C 5
Campagne-lès-Wardrecques 62 3 G 5
Campagne-sur-Arize 09 335 H 1
Campagne-sur-Aude 11 337 G 3
Campagnolles 14 52 C 2
Campan 65 333 F 2
Campana 2B 347 G 3
Campandré-Valcongrain 14 53 E 1
Camparan 65 333 G 4
Campbon 44 146 D 1
Campeaux 14 52 C 2
Campeaux 60 21 G 5
Campel 35 103 G 5
Campénéac 56 103 E 4
Campes 81 279 F 4
Campestre-et-Luc 30 301 H 1
Campet-et-Lamolère 40 293 H 1
Camphin-en-Carembault 59 8 C 4
Camphin-en-Pévèle 59 9 E 3
Campi 2B 347 G 4
Campigneulles-les-Grandes 62 6 B 5
Campigneulles-les-Petites 62 6 B 4
Campigny 14 32 D 3
Campigny 27 35 F 3
Campile 2B 347 G 2
Campistrous 65 315 H 5
Campitello 2B 347 F 2
Camplong 34 301 F 4
Camplong-d'Aude 11 338 B 1
Campneuseville 76 21 F 2
Campo 2A 348 D 3
Campoloro Port de 2B 347 H 4
Campôme 66 342 A 2
Campouriez 12 262 D 2
Campoussy 66 342 B 2
Campremy 60 22 C 5
Camprond 50 31 H 5
Camps 19 243 F 4
Camps-en-Amiénois 80 21 H 2
Camps-la-Source 83 328 B 1
Camps-sur-l'Agly 11 338 A 4
Camps-sur-l'Isle 33 238 D 4
Campsas 82 297 H 1
Campsegret 24 240 B 5
Campuac 12 262 D 4
Campugnan 33 237 G 2
Campuzan 65 315 H 4
Camurac 11 336 D 5
Can Parterre 66 342 C 4
Canadel Col du 83 329 E 4
Canadel-sur-Mer 83 329 E 4
Canaille Cap 13 327 F 4
Canale-di-Verde 2B 347 H 4
Canals 82 297 G 2
Canaples 80 12 C 5
Canappeville 27 36 B 5
Canapville 14 34 C 3
Canapville 61 54 D 2
Canari 2B 345 F 2
Canaules-et-Argentières 30 283 H 5
Canavaggia 2B 347 F 2
Canaveilles 66 341 H 3
Cancale 35 50 D 4
Canchy 14 32 C 2
Canchy 80 11 G 2
Cancon 47 258 B 4
Candas 80 12 C 4
Candé 49 127 G 5
Candé-sur-Beuvron 41 153 E 1
Candes-Saint-Martin 37 150 D 4
Candillargues 34 303 F 4
Candor 60 23 G 5
Candresse 40 293 E 3
Canehan 76 10 D 5
Canéjan 33 255 F 1
Canens 31 317 H 5
Canenx-et-Réaut 40 273 H 5
Canet 11 320 D 5
Canet 34 302 A 5
Canet-de-Salars 12 281 E 3
Canet-en-Roussillon 66 343 F 2
Canet-Plage 66 343 F 2
Canettemont 62 12 D 2
Cangey 37 152 C 2
Caniac-du-Causse 46 260 C 3
Canigou Pic du 66 342 B 3
Canihuel 22 77 G 4
Canilhac 48 263 H 5
Canisy 50 32 A 5
Canlers 62 7 E 4
Canly 60 39 E 2
Cannectancourt 60 23 G 5
Cannelle 2A 348 C 2
Cannelle 2B 345 F 1
Cannes 06 309 F 4
Cannes-Écluse 77 89 E 5
Cannes-et-Clairan 30 303 F 1
Cannessières 80 11 G 5
Le Cannet 06 309 F 4
Cannet 32 294 D 4
Le Cannet-des-Maures 83 328 D 1
Canny-sur-Matz 60 23 F 5
Canny-sur-Thérain 60 21 F 5
Canohès 66 343 E 2
Canon 14 34 A 5
Le Canon 33 254 B 2
La Canonica 2B 347 H 2
La Canonica Ancienne Cathédrale de 2B 347 H 2
La Canourgue 48 264 A 5
Canouville 76 19 F 2
Cantaing-sur-Escaut 59 14 B 4
Cantaous 65 333 H 1
Cantaron 06 309 H 2
Canté 09 318 A 4
Cantebonne 54 45 F 2
Canteleu 76 36 A 2
Canteleux 62 12 D 3
Canteloup 14 34 A 5
Canteloup 50 29 G 3
Cantenac 33 237 F 3
Cantenay-Épinard 49 128 C 5
Cantiers 27 37 E 4
Cantigny 80 22 D 4
Cantillac 24 222 B 4
Cantin 59 14 A 2
Cantobre 12 282 B 5
Cantoin 12 263 F 1
Cantois 33 256 B 2
Canville-la-Rocque 50 31 F 2
Canville-les-Deux-Églises 76 19 H 3
Cany-Barville 76 19 F 3
Caorches-Saint-Nicolas 27 35 F 5
Caouënnec-Lanvézéac 22 72 D 3
Caours 80 11 G 3
Cap Corse 2B 345 G 1
Cap-Coz 29 100 A 4
Le Cap-d'Agde 34 322 C 5
Cap-d'Ail 06 309 H 5
Cap-de-l'Homy-Plage 40 272 A 4
Cap-de-Long Barrage de 65 333 F 4
Cap Ferrat 06 309 H 2
Cap-Ferret 33 254 A 3
Cap-Martin 06 309 H 5
Cap Sizun Réserve du 29 98 D 2
Capbis 64 332 B 1
Capbreton 40 292 A 3
Capdenac 46 261 G 4
Capdenac-Gare 12 261 G 4
Capdrot 24 259 E 2
La Capelle 02 25 F 1
La Capelle 48 282 B 1
Capelle 59 14 D 3
La Capelle-Balaguier 12 261 F 5
La Capelle-Bleys 12 279 H 2
La Capelle-Bonance 12 263 G 5
La Capelle-et-Masmolène 30 284 C 4
Capelle-Fermont 62 13 F 2
La Capelle-lès-Boulogne 62 2 B 5
Capelle-les-Grands 27 55 E 1
Capelle-lès-Hesdin 62 11 H 1
Capendu 11 320 B 5
Capens 31 317 G 3
Capestang 34 321 E 4
Capian 33 256 B 2
Capinghem 59 8 C 2
Caplong 33 257 E 1
Capoulet-et-Junac 09 336 B 5
Cappel 57 67 F 1
Cappelle-Brouck 59 3 F 3
Cappelle-en-Pévèle 59 9 E 4
Cappelle-la-Grande 59 3 G 2
Cappy 80 23 F 1
La Capte 83 328 C 5
Captieux 33 274 B 2
Capula Castello de 2A 349 F 5
Capvern 65 333 G 1
Capvern-les-Bains 65 333 G 1
Carabès Col de 05 268 D 4
Caradeuc Château de 35 103 H 1
Caragoudes 31 318 C 2
Caraman 31 298 C 5
Caramany 66 338 B 5
Carantec 29 71 H 3
Carantilly 50 32 A 5
Carayac 46 261 E 4
Carbay 49 127 F 3
Carbes 81 299 F 4
Carbini 2A 351 F 2
Carbon-Blanc 33 237 G 5
Carbonne 31 317 G 4
Carbuccia 2A 348 D 2
Carcagny 14 33 E 4
Carcanières 09 337 F 5
Carcans 33 236 C 3
Carcans-Plage 33 236 B 2
Carcarès-Sainte-Croix 40 293 G 1
Carcassonne 11 319 H 5
Carcen-Ponson 40 293 F 1
Carcès 83 307 G 5
Carcheto-Brustico 2B 347 G 3
Cardaillac 46 261 F 3
Cardan 33 255 H 2
Cardeilhac 31 316 B 5
Cardesse 64 313 H 4
Cardet 30 283 H 5
Cardo-Torgia 2A 348 D 4
Cardonnette 80 22 C 1
Le Cardonnois 80 22 D 5
Cardonville 14 32 B 2
Cardroc 35 103 H 1
Careil 44 145 H 4
Carelles 53 81 H 4
Carency 62 8 A 5
Carennac 46 242 D 5
Carentan 50 32 A 3
Carentoir 56 125 G 2
Cargèse 2A 348 A 1
Cargiaca 2A 349 E 5
Carhaix-Plouguer 29 76 D 4
Carignan 08 27 G 4
Carignan-de-Bordeaux 33 255 G 1
Carisey 89 114 C 5
Carla-Bayle 09 335 H 1
Carla-de-Roquefort 09 336 C 3
Le Carlaret 09 336 C 1
Carlat 15 244 D 5
Carlencas-et-Levas 34 301 G 4
Carlepont 60 39 H 1
Carling 57 47 E 5
Carlipa 11 319 F 4
Carlucet 24 241 H 4
Carlucet 46 260 C 2
Carlus 81 299 F 1
Carlux 24 241 H 5
Carly 62 6 B 2
Carmaux 81 279 G 5
Carnac 56 123 H 4
Carnac-Plage 56 123 H 4
Carnac-Rouffiac 46 277 G 1
Carnas 30 303 E 2
La Carneille 61 53 F 4
Carnet 50 80 D 2
Carnetin 77 59 E 3
Carneville 50 29 F 2
Carnières 59 14 C 3
Carnin 59 8 C 4
Carniol 04 286 D 5
Carnoët 22 76 D 3
Carnon-Plage 34 303 E 5
Carnoules 83 328 C 2
Carnoux-en-Provence 13 327 F 3
Carnoy 80 23 F 1
Caro 56 103 E 5
Caro 64 330 C 1
Carolles 50 51 F 4
Caromb 84 285 H 4
Carpentras 84 285 G 4
Carpineto 2B 347 G 4
Carpiquet 14 33 F 4
Carquebut 50 31 H 2
Carquefou 44 147 H 3
Carqueiranne 83 328 B 5
La Carquois 22 79 E 1
Carrépuis 80 23 F 4
Carrère 64 314 C 2
Carresse 64 293 E 5
Carri Col de 26 250 B 4
Carrières-sous-Bois 78 58 A 2
Carrières-sous-Poissy 78 58 A 2
Carrières-sur-Seine 78 58 B 3
Carro 13 325 H 4
Carros 06 309 G 2
Carrouges 61 83 E 2
Les Carroz-d'Arâches 74 216 C 2
Carry-le-Rouet 13 326 C 2
Cars 33 237 F 2
Les Cars 87 223 F 1
Les Cars Ruines gallo-romaines 19 225 F 2
Carsac-Aillac 24 259 G 1
Carsac-de-Gurson 24 239 E 4
Carsan 30 284 D 2
Carsix 27 35 G 5
Carspach 68 143 E 3
Cartelègue 33 237 G 2
Carteret 50 31 E 2
Carticasi 2B 347 F 4
Cartignies 59 15 G 4
Cartigny 80 23 H 1
Cartigny-l'Épinay 14 32 B 3
Carves 24 259 F 1
Carville 14 52 C 2
Carville-la-Folletière 76 19 H 5
Carville-Pot-de-Fer 76 19 G 3
Carvin 62 8 C 4
Cas Château de 82 278 D 3
Casabianca 2B 347 G 3
Casaglione 2A 348 C 2
Casalabriva 2A 348 D 5
Casalta 2B 347 G 3
Casamaccioli 2B 346 D 4
Casamozza 2B 347 G 2
Casanova 2B 347 E 5
Casardo Col de 2B 347 F 4
Casatorra 2B 345 G 5
Cascastel-des-Corbières 11 338 C 2
Casefabre 66 342 C 3
Caseneuve 84 306 A 1
Cases-de-Pène 66 338 C 5
Casevecchie 2B 349 G 1
Cassaber 64 293 E 5
Cassagnabère-Tournas 31 316 C 5
Cassagnas 48 283 E 2
La Cassagne 24 241 H 3
Cassagne 31 335 E 1
Cassagnes 46 259 F 4
Cassagnes 66 338 B 5
Cassagnes-Bégonhès 12 280 C 3
Cassagnoles 30 283 H 5
Cassagnoles 34 320 B 3
La Cassaigne 11 319 E 5
Cassaigne 32 295 H 1
Cassaignes 11 337 G 3
Cassaniouze 15 262 B 2
Cassano 2B 346 C 2
Cassel 59 3 H 5
Cassen 40 293 F 2
Casseneuil 47 258 B 5
Les Cassés 11 318 D 3
Casset Cascade du 05 252 A 5
Casseuil 33 256 C 3
Cassignas 47 276 C 2
La Cassine 08 27 E 5
Cassis 13 327 F 3
Casson 44 147 G 2
Cassuéjouls 12 263 F 2
Cast 29 75 H 5
Castagnac 31 317 H 5
Castagnède 31 335 E 2
Castagnède 64 311 H 3
Castagniers 06 291 E 5
Castaignos-Souslens 40 293 H 4
Castandet 40 294 B 2
Castanet 12 279 H 2
Castanet 81 279 F 5
Castanet 82 279 F 2
Castanet-le-Haut 34 301 E 4
Castanet-Tolosan 31 318 A 2
Castans 11 320 A 3
Casteide-Cami 64 314 A 2
Casteide-Candau 64 293 H 5
Casteide-Doat 64 315 E 3
Casteil 66 342 A 4
Castel-Sarrazin 40 293 F 4
Castel Vendon Rocher du 50 28 D 2
Castelbajac 65 315 H 5
Castelbiague 31 334 D 2
Castelbouc Château de 48 282 C 1
Castelculier 47 276 C 3
Le Castelet 09 336 C 5
Castelferrus 82 277 F 5
Castelfranc 46 259 G 5
Castelgaillard 31 316 D 3
Castelginest 31 297 H 4
Casteljaloux 47 275 E 1
Casteljau 07 284 A 1
Castella 47 276 C 2
Castellane 04 308 A 1
Castellar 06 291 G 5
Le Castellard-Mélan 04 287 H 2
Castellare-di-Casinca 2B 347 G 2
Castellare-di-Mercurio 2B 347 F 4
Le Castellet 04 287 G 5
Le Castellet 83 327 H 3
Castellet-en-Luberon 84 306 A 1
Castellet-les-Sausses 04 289 E 4
Castelli Pointe du 44 145 G 4
Castello 2B 345 F 2
Castello-di-Rostino 2B 347 F 3
Castelmary 12 279 H 3
Castelmaurou 31 298 A 4
Castelmayran 82 277 E 5
Castelmoron-d'Albret 33 256 D 2
Castelmoron-sur-Lot 47 275 H 1
Castelnau-Barbarens 32 296 C 5
Castelnau-Bretenoux Château de 46 243 E 5
Castelnau-Chalosse 40 293 F 3
Castelnau-d'Anglès 32 295 G 4
Castelnau-d'Arbieu 32 296 C 1
Castelnau-d'Aude 11 320 B 5
Castelnau-d'Auzan-Labarrère 32 275 E 5
Castelnau-de-Brassac 81 300 A 4
Castelnau-de-Guers 34 322 C 3
Castelnau-de-Lévis 81 299 F 1
Castelnau-de-Mandailles 12 263 F 4
Castelnau-de-Médoc 33 237 E 3
Castelnau-de-Montmiral 81 298 D 1
Castelnau-d'Estrétefonds 31 297 H 3
Castelnau-Durban 09 335 H 2
Castelnau-le-Lez 34 302 D 4
Castelnau-Magnoac 65 316 A 4
Castelnau-Montratier 46 277 H 2
Castelnau-Pégayrols 12 281 F 4
Castelnau-Picampeau 31 317 E 4
Castelnau-Rivière-Basse 65 295 E 5
Castelnau-sur-Gupie 47 257 E 4
Castelnau-sur-l'Auvignon 32 275 H 5
Castelnau-Tursan 40 294 B 4
Castelnau-Valence 30 284 A 5
Castelnaud-de-Gratecambe 47 258 C 4
Castelnaud-la-Chapelle 24 259 F 1
Castelnaudary 11 319 E 4
Castelnavet 32 295 F 4
Castelner 40 293 H 5
Castelnou 66 342 D 3
Castelpers 12 280 B 4
Castelreng 11 337 F 2
Castels 24 241 F 5
Castelsagrat 82 277 E 3
Castelsarrasin 82 277 F 5
Castelvieilh 65 315 F 4
Castelviel 33 256 C 2
Castennec Site de 56 101 H 4
Le Castéra 31 297 F 4
Castéra-Bouzet 82 276 D 5
Castéra-Lanusse 65 315 G 5
Castéra-Lectourois 32 276 B 5
Castéra-Lou 65 315 F 3
Castéra-Loubix 64 314 D 3
Castéra-Verduzan 32 295 H 2
Castéra-Vignoles 31 316 C 4
Castéras 09 335 H 1
Casterets 65 316 B 4
Castéron 32 296 D 1
Castet 64 332 A 1
Castet-Arrouy 32 276 C 5
Castetbon 64 313 F 2
Castétis 64 313 G 2
Castetnau-Camblong 64 313 F 3
Castetner 64 313 G 2
Castetpugon 64 294 C 5
Castets 40 292 D 1
Castets-en-Dorthe 33 256 C 4
Castex 09 317 G 5
Castex 32 315 G 3
Castex-d'Armagnac 32 294 D 1
Casties-Labrande 31 317 E 4
Castifao 2B 347 E 2
Castiglione 2B 347 E 3
Castillon 06 291 G 5
Castillon 14 32 D 4
Castillon 64 313 H 2
Castillon 64 314 D 2
Castillon 65 333 F 1
Castillon Barrage de 04 308 B 1
Castillon Col de 06 291 G 5
Castillon-de-Castets 33 256 C 4
Castillon-de-Larboust 31 334 A 4
Castillon-de-Saint-Martory 31 334 D 1
Castillon-Debats 32 295 G 3
Castillon-du-Gard 30 284 D 5
Castillon-en-Auge 14 54 B 1
Castillon-en-Couserans 09 335 E 3
Castillon-la-Bataille 33 238 D 5
Castillon-Massas 32 296 A 3
Castillon-Savès 32 297 E 5
Castillonnès 47 258 B 3
Castilly 14 32 B 3
Castin 32 296 A 3
Castineta 2B 347 F 3
Castirla 2B 347 E 4
Castres 02 24 A 3
Castres 81 299 G 5
Castres-Gironde 33 255 H 2
Castries 34 303 E 4
Le Cateau-Cambrésis 59 14 D 4
Le Catelet 02 14 B 5
Le Catelier 76 20 B 3
Catenay 76 36 C 1
Catenoy 60 38 D 2
Cateri 2B 346 C 2
Cathervielle 31 334 A 4
Catheux 60 22 A 4
Catigny 60 23 G 4

Catillon-Fumechon 60 ... 38 C1
Catillon-sur-Sambre 59 ... 15 E5
Catllar 66 ... 342 A2
Les Catons 73 ... 233 E1
Catonvielle 32 ... 297 E4
Cattenières 59 ... 14 C4
Cattenom 57 ... 45 H2
Catteville 50 ... 31 F2
Catus 46 ... 259 H4
Catz 50 ... 32 A3
Caubeyres 47 ... 275 F2
Caubiac 31 ... 297 F3
Caubios-Loos 64 ... 314 B2
Caubon-Saint-Sauveur 47 ... 257 F3
Caubous 31 ... 334 A4
Caubous 65 ... 316 A4
Caucalières 81 ... 299 H5
La Cauchie 62 ... 13 F3
Cauchy-à-la-Tour 62 ... 7 H4
Caucourt 62 ... 7 H5
Caudan 56 ... 101 E5
Caudebec-en-Caux 76 ... 35 G1
Caudebec-lès-Elbeuf 76 ... 36 A3
Caudebronde 11 ... 319 H3
Caudecoste 47 ... 276 C4
Caudéran 33 ... 237 F5
Caudeval 11 ... 337 E1
Caudiès-de-Conflent 66 ... 341 G3
Caudiès-de-Fenouillèdes 66 ... 337 H4
Caudon-de-Vitrac 24 ... 259 G1
Caudos 33 ... 254 C3
Caudrot 33 ... 256 C3
Caudry 59 ... 14 C4
Cauffry 60 ... 38 D3
Caugé 27 ... 56 A1
Caujac 31 ... 318 A4
Caulaincourt 02 ... 23 H2
Le Caule-Sainte-Beuve 76 ... 21 E3
Caulières 80 ... 21 G3
Caullery 59 ... 14 C4
Caulnes 22 ... 103 F1
La Caume *Panorama de* 13 ... 304 D3
Caumont 02 ... 24 A5
Caumont 09 ... 335 F2
Caumont 27 ... 35 H2
Caumont 32 ... 294 D3
Caumont 33 ... 256 D2
Caumont 62 ... 12 B2
Caumont 82 ... 277 E5
Caumont *Château de* 32 ... 297 E5
Caumont-l'Éventé 14 ... 32 D5
Caumont-sur-Durance 84 ... 305 E1
Caumont-sur-Garonne 47 ... 257 F5
Caumont-sur-Orne 14 ... 53 F2
Cauna 40 ... 293 H2
Caunay 79 ... 185 H5
Cauneille 40 ... 292 D5
Caunes-Minervois 11 ... 320 A4
La Caunette 34 ... 320 C3
Caunette-sur-Lauquet 11 ... 337 H2
Caunettes-en-Val 11 ... 338 B2
Caupenne 40 ... 293 G3
Caupenne-d'Armagnac 32 ... 294 D2
La Caure 51 ... 61 E2
Caurel 22 ... 77 H5
Caurel 51 ... 41 H3
Cauria *Mégalithes de* 2A ... 350 D3
Cauro 2A ... 348 D3
Cauroir 59 ... 14 C3
Cauroy 08 ... 42 B3
Cauroy-lès-Hermonville 51 ... 41 F3
Le Causé 82 ... 297 E2
Cause-de-Clérans 24 ... 240 C5
Caussade 82 ... 278 B3
Caussade-Rivière 65 ... 295 E5
Causse-Bégon 30 ... 282 B4
Causse-de-la-Selle 34 ... 302 B2
Causse Noir *Corniche du* 12 ... 282 A3
Caussens 32 ... 295 H1
Causses-et-Veyran 34 ... 321 F2
Caussidières 31 ... 318 B3
Caussiniojouls 34 ... 301 F5
Caussols 06 ... 309 E2
Caussou 09 ... 336 C5
Cauterets 65 ... 332 D3
Cauverville-en-Roumois 27 ... 35 F3
Cauvicourt 14 ... 53 H1
Cauvignac 33 ... 256 C5
Cauvigny 60 ... 38 B3
Cauville 14 ... 53 E2
Cauville-sur-Mer 76 ... 18 C5
La Cauvinière *Haras* 14 ... 54 D1
Caux 34 ... 321 H2
Caux-et-Sauzens 11 ... 319 G5
Cauzac 47 ... 276 D2
Cavagnac 46 ... 242 C4
Cavaillon 84 ... 305 F2
Cavalaire-sur-Mer 83 ... 329 F3
La Cavalerie 12 ... 281 H5
Cavalière 83 ... 329 E4
Cavaliers *Falaise des* 83 ... 307 H2
Cavan 22 ... 72 D4
Cavanac 11 ... 319 H5
Cavarc 47 ... 258 B2
Caveirac 30 ... 303 G2
Caves 11 ... 339 E3
Cavignac 33 ... 237 H3
Cavigny 50 ... 32 B4
Cavillargues 30 ... 284 C4
Cavillon 80 ... 22 A1
Cavron-Saint-Martin 62 ... 6 D5
Caychax 09 ... 336 C5
Cayeux-en-Santerre 80 ... 23 E2
Cayeux-sur-Mer 80 ... 11 E2
Le Cayla *Musée* 81 ... 279 E5
Le Caylar 34 ... 301 H2
Caylus 82 ... 278 D3
La Cayolle *Col de* 06 ... 289 E1
Cayrac 82 ... 278 B4
Cayres 43 ... 247 E5
Cayriech 82 ... 278 C3
Le Cayrol 12 ... 263 E4
Cayrols 15 ... 261 H1
Cazac 31 ... 316 D3
Cazalis 33 ... 274 A1
Cazalis 40 ... 293 H4
Cazalrenoux 11 ... 319 E5
Cazals 46 ... 259 G3
Cazals 82 ... 278 D4
Cazals-des-Baylès 09 ... 337 E1
Cazaril-Laspènes 31 ... 334 A4
Cazaril-Tambourès 31 ... 316 A5
Cazarilh 65 ... 334 A3
Cazats 33 ... 256 B5
Cazaubon 32 ... 294 D1
Cazaugitat 33 ... 256 D2
Cazaunous 31 ... 334 C2
Cazaux 09 ... 336 A2
Cazaux 33 ... 254 B4
Cazaux-d'Anglès 32 ... 295 G4
Cazaux-Debat 65 ... 333 H3
Cazaux-Fréchet 65 ... 333 H4
Cazaux-Layrisse 31 ... 334 B4
Cazaux-Savès 32 ... 297 E5
Cazaux-Villecomtal 32 ... 315 F2
Cazavet 09 ... 335 E2
La Caze *Château de* 48 ... 282 B1
Cazeaux-de-Larboust 31 ... 334 A4
Cazedarnes 34 ... 321 E3
Cazenave-Serres-et-Allens 09 ... 336 B4
Cazeneuve 32 ... 295 F1
Cazeneuve-Montaut 31 ... 316 D5
Cazères 31 ... 317 F5
Cazères-sur-l'Adour 40 ... 294 B2
Cazes-Mondenard 82 ... 277 G3
Cazevieille 34 ... 302 C3
Cazideroque 47 ... 277 E1
Cazilhac 11 ... 319 H5
Cazilhac 34 ... 302 C1
Cazilhac *Château de* 34 ... 301 F3
Cazillac 46 ... 242 C4
Cazoulès 24 ... 242 B5
Cazouls-d'Hérault 34 ... 322 C3
Cazouls-lès-Béziers 34 ... 321 F3
Ceaucé 61 ... 82 B3
Ceaulmont 36 ... 188 D2
Céaux 50 ... 51 G5
Céaux-d'Allègre 43 ... 247 E2
Ceaux-en-Couhé 86 ... 186 B4
Ceaux-en-Loudun 86 ... 169 E1
Cébazan 34 ... 321 E3
Cébazat 63 ... 209 H5
Ceccia *Site préhistorique* 2A ... 351 G3
Ceffia 39 ... 196 B4
Ceffonds 52 ... 92 B3
Ceignac 12 ... 280 C2
Ceignes 01 ... 214 B1
Ceilhes-et-Rocozels 34 ... 301 F2
Ceillac 05 ... 271 E2
Ceilloux 63 ... 228 C2
Ceintrey 54 ... 94 D2
La Celette 18 ... 190 C1
La Celle 03 ... 191 E5
La Celle 18 ... 173 F4
Cellé 41 ... 131 E2
La Celle 63 ... 208 C5
La Celle 83 ... 328 B1
La Celle-Condé 18 ... 172 D4
La Celle-Dunoise 23 ... 189 E4
La Celle-en-Morvan 71 ... 176 C2
La Celle-Guenand 37 ... 170 B2
La Celle-les-Bordes 78 ... 87 E2
Celle-Lévescault 86 ... 186 A3
La Celle-Saint-Avant 37 ... 169 H1
La Celle-Saint-Cloud 78 ... 58 A3
La Celle-Saint-Cyr 89 ... 113 G5
La Celle-sous-Chantemerle 51 ... 90 B2
La Celle-sous-Gouzon 23 ... 207 H1
La Celle-sous-Montmirail 02 ... 60 C3
La Celle-sur-Loire 58 ... 156 A2
La Celle-sur-Morin 77 ... 59 G4
La Celle-sur-Nièvre 58 ... 156 C4
La Celle-sur-Seine 77 ... 88 C4
Cellefrouin 16 ... 203 H4
Celles 09 ... 336 B3
Celles 15 ... 245 G3
Celles 17 ... 220 B2
Celles 24 ... 239 H1
Celles 34 ... 301 H4
Celles-en-Bassigny 52 ... 117 H5
Celles-lès-Condé 02 ... 60 D1
Celles-sur-Aisne 02 ... 40 C2
Celles-sur-Belle 79 ... 185 F5
Celles-sur-Durolle 63 ... 210 D4
Celles-sur-Ource 10 ... 115 G4
Celles-sur-Plaine 88 ... 96 B3
La Cellette 23 ... 189 G3
La Cellette 63 ... 209 E2
Cellettes 16 ... 203 F4
Cellettes 41 ... 153 F1
Le Cellier 44 ... 148 A3
Cellier-du-Luc 07 ... 265 F2
Celliers 73 ... 234 B3
Cellieu 42 ... 230 C3
Cellule 63 ... 209 H3
Celon 36 ... 188 C2
Celony 13 ... 306 A5
Celoux 15 ... 246 A2
Celsoy 52 ... 139 H2
Cély 77 ... 88 A4
Cemboing 70 ... 140 C2
Cempuis 60 ... 21 H4
Cénac 33 ... 255 H1
Cénac-et-Saint-Julien 24 ... 259 G1
Cenans 70 ... 162 B1
Cendras 30 ... 283 H3
Le Cendre 63 ... 227 H1
Cendrecourt 70 ... 140 D2
Cendrey 25 ... 162 B2
Cendrieux 24 ... 240 D4
Cénevières 46 ... 260 D5
Cenne-Monestiés 11 ... 319 F4
Cenomes 12 ... 301 E2
Cenon 33 ... 237 G5
Cenon-sur-Vienne 86 ... 169 G4
Censeau 39 ... 180 A3
Censerey 21 ... 158 D4
Censy 89 ... 137 F4
Les Cent-Acres 76 ... 20 B3
Centeilles *Chapelle de* 34 ... 320 B4
Centrès 12 ... 280 B3
Centuri 2B ... 345 F1
Centuri-Port 2B ... 345 F1
Cenves 69 ... 194 D5
Cépet 31 ... 297 H3
Cépie 11 ... 337 G1
Cepoy 45 ... 112 C4
Céran 32 ... 296 B2
Cérans-Foulletourte 72 ... 129 H2
Cerbère 66 ... 343 H4
Cerbois 18 ... 172 C1
Cercié 69 ... 212 D1
Cercier 74 ... 215 F2
Cercles 24 ... 221 H5
Cercottes 45 ... 110 D5
Cercoux 17 ... 238 C2
Le Cercueil 61 ... 83 G2
Cercy-la-Tour 58 ... 175 G3
Cerdon 01 ... 214 B2
Cerdon 45 ... 134 A5
Cerdon *Grottes du* 01 ... 214 B1
Cère 40 ... 273 H5
Cère *Pas de* 15 ... 244 D4
Céré-la-Ronde 37 ... 152 D4
Cerelles 37 ... 151 H1
Cérences 50 ... 51 G2
Céreste 04 ... 306 B1
Céret 66 ... 342 D4
Cerfontaine 59 ... 15 H2
Le Cergne 42 ... 212 A1
Cergy 95 ... 58 A1
Cergy-Pontoise *Ville nouvelle* 95 ... 58 A1
Cérilly 03 ... 191 E1
Cérilly 21 ... 138 A2
Cérilly 89 ... 114 A3
Cerisé 61 ... 83 G4
Cerisières 52 ... 92 D5
Cerisiers 89 ... 113 H3
Cerisy 80 ... 23 E2
Cerisy-Belle-Étoile 61 ... 53 E3
Cerisy-Buleux 80 ... 11 F5
Cerisy-la-Forêt 50 ... 32 C4
Cerisy-la-Salle 50 ... 51 H1
Cerizay 79 ... 167 F3
Cérizols 09 ... 335 E1
Cerizy 02 ... 24 B3
La Cerlangue 76 ... 35 E1
La Cerleau 08 ... 26 A2
Cernans 39 ... 179 H2
Cernay 14 ... 54 D1
Cernay 28 ... 85 H4
Cernay 68 ... 143 E1
Cernay 86 ... 169 E3
Cernay-en-Dormois 51 ... 42 D4
Cernay-la-Ville 78 ... 57 H5
Cernay-l'Église 25 ... 163 G3
Cernay-lès-Reims 51 ... 41 H4
Cerneux 77 ... 60 B5
Cernex 74 ... 215 F2
Cerniébaud 39 ... 180 B4
Cernion 08 ... 26 B3
Cernon 39 ... 196 C3
Cernon 51 ... 62 A3
Cernoy 60 ... 38 D2
Cernoy-en-Berry 45 ... 155 G1
Cernusson 49 ... 149 G4
Cerny 91 ... 87 H3
Cerny-en-Laonnois 02 ... 40 D2
Cerny-lès-Bucy 02 ... 24 D5
Céron 71 ... 193 F5
Cérons 33 ... 256 B3
Cerqueux 14 ... 54 D1
Les Cerqueux 49 ... 167 F1
Les Cerqueux-sous-Passavant 49 ... 149 G5
Cerre-lès-Noroy 70 ... 141 G4
Cers 34 ... 321 H4
Cersay 79 ... 167 H1
Cerseuil 02 ... 40 C3
Cersot 71 ... 177 F5
Certémery 39 ... 179 G2
Certilleux 88 ... 94 A5
Certines 01 ... 213 H1
Cervens 74 ... 198 A4
Cervières 05 ... 252 D5
Cervières 42 ... 211 E5
Cerville 54 ... 66 B5
Cervione 2B ... 347 H4
Cervon 58 ... 157 G4
Cerzat 43 ... 246 C2
Cesancey 39 ... 196 B1
Césarches 73 ... 216 A5
Césarville-Dossainville 45 ... 111 G2
Cescau 09 ... 335 E3
Cescau 64 ... 314 A2
Cesny-aux-Vignes 14 ... 34 A5
Cesny-Bois-Halbout 14 ... 53 G1
Cessac 33 ... 256 C2
Cessales 31 ... 318 C2
Cesse 55 ... 43 G1
Cesseins 01 ... 213 E2
Cessenon-sur-Orb 34 ... 321 F2
Cessens 73 ... 215 E5
Cesseras 34 ... 320 C4
Cesset 03 ... 192 A5
Cesseville 27 ... 36 A4
Cessey 25 ... 161 H5
Cessey-sur-Tille 21 ... 160 C3
Cessières 02 ... 24 C5
Cessieu 38 ... 232 A2
Cesson 22 ... 78 B3
Cesson 77 ... 88 B2
Cesson-Sévigné 35 ... 104 B3
Cessoy-en-Montois 77 ... 89 F3
Cessy 01 ... 197 F4
Cessy-les-Bois 58 ... 156 C3
Cestas 33 ... 255 F1
Cestayrols 81 ... 279 F5
Ceton 61 ... 108 D2
Cette-Eygun 64 ... 331 H4
Céüze 05 ... 269 F4
Cevins 73 ... 234 B2
Ceyras 34 ... 302 A4
Ceyrat 63 ... 227 G1
Ceyreste 13 ... 327 G3
Ceyroux 23 ... 206 D2
Ceyssac 43 ... 247 F4
Ceyssat 63 ... 227 F1
Ceyzériat 01 ... 214 A1
Ceyzérieu 01 ... 214 D4
Cézac 33 ... 237 H3
Cézac 46 ... 277 H1
Cezais 85 ... 184 B1
Cézan 32 ... 296 A2
Cezay 42 ... 211 F5
Cézens 15 ... 245 F4
Cézia 39 ... 196 C3
Cézy 89 ... 113 G5
Chaalis *Abbaye de* 60 ... 39 E5
Chabanais 16 ... 204 C4
La Chabanne 03 ... 211 E3
La Chabasse *Église de* 63 ... 228 D1
Chabestan 05 ... 269 E4
Chabeuil 26 ... 249 G5
Chablis 89 ... 136 D3
Chabons 38 ... 232 B4
La Chabossière 44 ... 147 F4
La Chabotterie *Château de* 85 ... 165 H2
Chabottes 05 ... 269 H2
Chabournay 86 ... 169 E5
Chabrac 16 ... 204 C4
Chabreloche 63 ... 210 D4
Chabrières 04 ... 288 A4
Chabrignac 19 ... 223 H5
Chabrillan 26 ... 267 F2
Chabris 36 ... 153 H4
Chacé 49 ... 150 B4
Chacenay 10 ... 115 H3
Chacrise 02 ... 40 B3
Chadeleuf 63 ... 227 H3
Chadenac 17 ... 219 H3
Chadenet 48 ... 264 D4
Chadrac 43 ... 247 F3
Chadron 43 ... 247 F4
Chadurie 16 ... 221 F3
Le Chaffal 26 ... 249 H5
Le Chaffaut-Saint-Jurson 04 ... 287 H4
Chaffois 25 ... 180 C2
Chagey 70 ... 142 B3
Chagnolet 17 ... 183 F5
Chagnon 42 ... 230 C3
Chagny 08 ... 26 D5
Chagny 71 ... 177 G2
Chahaignes 72 ... 130 C3
Chahains 61 ... 83 F2
Chaignay 21 ... 160 A1
Chaignes 27 ... 56 D1
Chail 79 ... 185 G5
Chaillac 36 ... 188 B3
Chaillac-sur-Vienne 87 ... 204 D4
Chailland 53 ... 105 H2
Chaillé-les-Marais 85 ... 183 G3
Chaillé-sous-les-Ormeaux 85 ... 182 D1
Chailles 41 ... 153 E1
Chaillevette 17 ... 200 C5
Chaillevois 02 ... 40 C1
Chailley 89 ... 114 B4
Chaillol 05 ... 269 H2
Chaillon 55 ... 64 D3
Chailloué 61 ... 54 C5
Chailly-en-Bière 77 ... 88 B4
Chailly-en-Brie 77 ... 60 A4
Chailly-en-Gâtinais 45 ... 112 A5
Chailly-lès-Ennery 57 ... 45 H5
Chailly-sur-Armançon 21 ... 159 E4
Chainaz-les-Frasses 74 ... 215 F5
Chaînée-des-Coupis 39 ... 178 D2
Chaingy 45 ... 133 E2
Chaintré 71 ... 194 D5
Chaintreaux 77 ... 112 C2
Chaintrix-Bierges 51 ... 61 H3
La Chaise 10 ... 92 A4
La Chaise-Baudouin 50 ... 51 H4
La Chaise-Dieu 43 ... 228 D5
Chaise-Dieu-du-Theil 27 ... 55 G4
Chaix 85 ... 183 H3
La Chaize-Giraud 85 ... 165 E5
La Chaize-le-Vicomte 85 ... 166 A5
Chalabre 11 ... 337 E2
Chalagnac 24 ... 240 C3
Chalain *Lac de* 39 ... 179 G5
Chalain-d'Uzore 42 ... 229 G1
Chalain-le-Comtal 42 ... 229 H2
Chalaines 55 ... 93 H1
Chalais 16 ... 239 E1
Chalais 24 ... 223 E3
Chalais 36 ... 188 A2
Chalais 86 ... 168 D2
Chalam *Crêt de* 01 ... 197 E5
Chalamont 01 ... 213 H3
Chalampé 68 ... 121 G5
Chalancey 52 ... 139 F4
Chalancon 26 ... 268 B4
Chalandray 86 ... 168 C5
Chalandrey 50 ... 52 A5
Chalandry 02 ... 24 D4
Chalandry-Elaire 08 ... 26 D3
Le Chalange 61 ... 84 A2
Le Chalard 87 ... 223 F3
Chalautre-la-Grande 77 ... 89 H3
Chalautre-la-Petite 77 ... 89 G3
Chalautre-la-Reposte 77 ... 89 E3
Chalaux 58 ... 158 A3
La Chaldette 48 ... 263 G2
Chaleins 01 ... 213 E2
Chalencon 07 ... 248 C5
Chalencon *Château de* 43 ... 247 G1
Les Chalesmes 39 ... 180 A5
Châlette-sur-Loing 45 ... 112 C5
Chalette-sur-Voire 10 ... 91 G4
Chaley 01 ... 214 B3
Chalèze 25 ... 162 A3
Chalezeule 25 ... 162 A3
Chaliers 15 ... 246 A4
Chalifert 77 ... 59 F3
Chaligny 54 ... 94 C1
Chalinargues 15 ... 245 F2
Chalindrey 52 ... 139 H2
Chalivoy-Milon 18 ... 173 H3
Challain-la-Potherie 49 ... 127 G4
Challans 85 ... 165 E3
Challement 58 ... 157 F3
Challerange 08 ... 42 D3
Challes 72 ... 108 A5
Challes-la-Montagne 01 ... 214 B1
Challes-les-Eaux 73 ... 233 F2
Challet 28 ... 86 A2
Challex 01 ... 197 F5
Challignac 16 ... 220 D4
Challonges 74 ... 215 E2
Challuy 58 ... 174 C2
Chalmaison 77 ... 89 G3
Chalmazel-Jeansagnière 42 ... 229 F1
Chalmessin 52 ... 139 E4
Chalmoux 71 ... 193 E1
Chalo-Saint-Mars 91 ... 87 F4
Le Chalon 26 ... 249 G2
Chalon 38 ... 231 F4
Chalon-sur-Saône 71 ... 177 H4
Chalonnes-sous-le-Lude 49 ... 129 H5
Chalonnes-sur-Loire 49 ... 149 E2
Chalons 17 ... 200 D5
Châlons-du-Maine 53 ... 106 B2
Châlons-en-Champagne 51 ... 62 B2
Châlons-sur-Vesle 51 ... 41 F3
Châlonvillars 70 ... 142 B3
Chalou-Moulineux 91 ... 87 E4
La Chalp 05 ... 271 E1
Chaltrait 51 ... 61 F2
Chalus 63 ... 228 A4
Châlus 87 ... 223 E2
Chalusset *Château de* 87 ... 223 H1
Chalvignac 15 ... 243 H1
Chalvraines 52 ... 117 G2
Chamadelle 33 ... 238 D3
Chamagne 88 ... 95 E3
Chamagnieu 38 ... 231 H1
Chamalières 63 ... 209 G5
Chamalières-sur-Loire 43 ... 247 G2
Chamaloc 26 ... 268 B1
Chamant 60 ... 39 E4
Chamarande 91 ... 87 G3
Chamarandes 52 ... 117 E3
Chamaret 26 ... 267 F5
La Chamba 42 ... 229 E1
Chambain 21 ... 138 D3
Chambeire 21 ... 160 C3
Chambellay 49 ... 128 B4
Chambéon 42 ... 229 H1
Chambérat 03 ... 190 B3
Chamberaud 23 ... 207 F2
Chamberet 19 ... 224 D3
Chambéria 39 ... 196 B2
Chambéry 73 ... 233 F2
Chambéry-le-Vieux 73 ... 233 F2
Chambeugle 89 ... 135 F2
Chambezon 43 ... 228 A5
Chambilly 71 ... 193 G5
Chamblac 27 ... 55 F2
Chamblanc 21 ... 178 B1
Chamblay 39 ... 179 F1
Chambles 42 ... 230 A4
Chamblet 03 ... 191 E4
Chambley-Bussières 54 ... 65 F1
Chambly 60 ... 38 B5
Chambœuf 21 ... 159 H4
Chambœuf 42 ... 230 A2

A B C D E F G H I J K L M N O P Q R S T U V W X Y Z

Chambois 61 ... 54 B4
Chambolle-Musigny 21 ... 160 A4
Le Chambon 07 ... 266 A1
Chambon 17 ... 201 E1
Chambon 18 ... 173 E4
Chambon 30 ... 283 G2
Chambon 37 ... 170 A3
Chambon *Barrage du* 38 ... 251 H3
Chambon *Lac* 63 ... 227 F3
Chambon *Lac de* 36 ... 188 D3
Le Chambon-Feugerolles 42 ... 230 A4
Chambon-la-Forêt 45 ... 111 G4
Chambon-le-Château 48 ... 264 D1
Chambon-Sainte-Croix 23 ... 189 E4
Chambon-sur-Cisse 41 ... 152 D1
Chambon-sur-Dolore 63 ... 228 D3
Chambon-sur-Lac 63 ... 227 F3
Le Chambon-sur-Lignon 43 ... 248 A3
Chambon-sur-Voueize 23 ... 208 B1
Chambonas 07 ... 265 H5
Chambonchard 23 ... 208 C1
La Chambonie 42 ... 229 E1
Chamborand 23 ... 206 C1
Chambord 27 ... 55 F3
Chambord 41 ... 132 C5
Chamboret 87 ... 205 F3
Chamborigaud 30 ... 283 G2
Chambornay-lès-Bellevaux 70 ... 162 A2
Chambornay-lès-Pin 70 ... 161 H2
Chambors 60 ... 37 G4
Chambost-Allières 69 ... 212 B3
Chambost-Longessaigne 69 ... 212 B5
La Chambotte 73 ... 215 E5
Chamboulive 19 ... 224 D4
Chambourcy 78 ... 58 A3
Chambourg-sur-Indre 37 ... 152 B5
Chambray 27 ... 56 A3
Chambray 27 ... 56 C1
Chambray-lès-Tours 37 ... 151 H3
La Chambre 73 ... 234 A4
Chambrecy 51 ... 41 F4
Les Chambres 50 ... 51 G4
Chambretaud 85 ... 166 D2
Chambrey 57 ... 66 C4
Chambroncourt 52 ... 93 F4
Chambroutet 79 ... 167 G3
Chambry 02 ... 24 D5
Chambry 77 ... 59 G2
Chaméane 63 ... 228 B3
Chamelet 69 ... 212 C3
Chameroy 52 ... 139 F2
Chamery 51 ... 41 G5
Chamesey 25 ... 163 E3
Chamesol 25 ... 163 G2
Chamesson 21 ... 138 A3
Chameyrat 19 ... 242 D1
Chamigny 77 ... 60 A2
Chamilly 71 ... 177 G3
Chammes 53 ... 106 C4
Chamole 39 ... 179 G3
Chamonix-Mont-Blanc 74 ... 217 E3
Chamouillac 17 ... 219 H5
Chamouille 02 ... 40 D1
Chamouilley 52 ... 92 D2
Chamousset 73 ... 233 H2
Chamoux 89 ... 157 G2
Chamoux-sur-Gelon 73 ... 233 H2
Chamoy 10 ... 114 D3
Champ de Bataille *Château du* 27 ... 35 H5
Le Champ-de-la-Pierre 61 ... 83 E2
Champ-d'Oiseau 21 ... 137 H5
Champ-Dolent 27 ... 56 A2
Champ-Dolent *Menhir de* 35 ... 80 B2
Champ-du-Boult 14 ... 52 B3
Champ du Feu 67 ... 96 D3
Champ-Haut 61 ... 54 D4
Champ-Laurent 73 ... 233 H3
Champ-le-Duc 88 ... 119 H2
Le Champ-près-Froges 38 ... 233 F5
Le Champ-Saint-Père 85 ... 182 D2
Champ-sur-Barse 10 ... 115 G2
Champ-sur-Drac 38 ... 250 D3
Le Champ-sur-Layon 49 ... 149 G3
Champagnac 15 ... 226 B5
Champagnac 17 ... 219 H4
Champagnac-de-Belair 24 ... 222 C5
Champagnac-la-Noaille 19 ... 243 F1
Champagnac-la-Prune 19 ... 243 F2
Champagnac-la-Rivière 87 ... 223 E1
Champagnac-le-Vieux 43 ... 228 C5
Champagnat 23 ... 207 H3
Champagnat 71 ... 196 A2
Champagnat-le-Jeune 63 ... 228 B4
Champagne 07 ... 249 E1
Champagne 17 ... 201 E4
Champagne 28 ... 57 E4
Champagné 72 ... 108 A4
Champagne-au-Mont-d'Or 69 ... 213 E5
Champagne-en-Valromey 01 ... 214 D3
Champagne-et-Fontaine 24 ... 221 G4
Champagné-le-Sec 86 ... 203 F1
Champagné-les-Marais 85 ... 183 F3
Champagne-Mouton 16 ... 203 H3
Champagné-Saint-Hilaire 86 ... 186 B4
Champagne-sur-Loue 39 ... 179 G1
Champagne-sur-Oise 95 ... 38 B5
Champagne-sur-Seine 77 ... 88 C4
Champagne-sur-Vingeanne 21 ... 160 D1
Champagne-Vigny 16 ... 221 E3
Champagneux 73 ... 232 D2
Champagney 25 ... 161 H3
Champagney 39 ... 161 E3
Champagney 70 ... 142 A2
Champagnier 38 ... 250 D2
Champagnole 39 ... 179 H4
Champagnolles 17 ... 219 G3
Champagny 21 ... 159 G1
Champagny 39 ... 179 H2
Champagny-en-Vanoise 73 ... 234 D3
Champagny-sous-Uxelles 71 ... 194 D1
Champallement 58 ... 157 E4
Champanges 74 ... 198 B3
Champaubert 51 ... 61 E3
Champcella 05 ... 270 C1
Champcenest 77 ... 60 B5
Champcerie 61 ... 53 H4
Champcervon 50 ... 51 G3
Champcevinel 24 ... 240 C2
Champcevrais 89 ... 135 E4
Champcey 50 ... 51 G4
Champclause 43 ... 247 H4
Champcourt 52 ... 92 C5
Champcueil 91 ... 88 A3
Champdeniers 79 ... 185 E2
Champdeuil 77 ... 88 C2
Champdieu 42 ... 229 G2
Champdivers 39 ... 178 D1
Champdolent 17 ... 201 E3
Champdor-Corcelles 01 ... 214 C2
Champdôtre 21 ... 160 C4
Champdray 88 ... 120 A2
Champeau-en-Morvan 21 ... 158 B4
Champeaux 35 ... 105 E2
Champeaux 50 ... 51 F4
Les Champeaux 61 ... 54 C3
Champeaux 77 ... 88 C2
Champeaux 79 ... 185 E2
Champeaux-et-la-Chapelle-Pommier 24 ... 222 B4
Champeaux-sur-Sarthe 61 ... 84 B2
Champeix 63 ... 227 H2
Champenard 27 ... 36 C5
La Champenoise 36 ... 172 A2
Champenoux 54 ... 66 B5
Champéon 53 ... 82 C4
Champétières 63 ... 228 D3
Champey 70 ... 142 A3
Champey-sur-Moselle 54 ... 65 G2
Champfleur 72 ... 83 G4
Champfleury 10 ... 90 D2
Champfleury 51 ... 41 G4
Champforgeuil 71 ... 177 H3
Champfrémont 53 ... 83 F4
Champfromier 01 ... 197 E5
Champgenéteux 53 ... 82 D5
Champguyon 51 ... 60 D4
Champhol 28 ... 86 B3
Champien 80 ... 23 F4
Champier 38 ... 232 A4
Champigné 49 ... 128 C4
Champignelles 89 ... 135 F3
Champigneul-Champagne 51 ... 61 H2
Champigneul-sur-Vence 08 ... 26 C4
Champigneulle 08 ... 43 F2
Champigneulles 54 ... 65 H5
Champigneulles-en-Bassigny 52 ... 117 H3
Champignol-lez-Mondeville 10 ... 116 A3
Champignolles 21 ... 177 F1
Champignolles 27 ... 55 G2
Champigny 51 ... 41 G3
Champigny 89 ... 89 F5
Champigny-en-Beauce 41 ... 132 A4
Champigny-la-Futelaye 27 ... 56 C3
Champigny-le-Sec 86 ... 168 D5
Champigny-lès-Langres 52 ... 117 F5
Champigny-sous-Varennes 52 ... 140 A2
Champigny-sur-Aube 10 ... 91 E2
Champigny-sur-Marne 94 ... 58 D4
Champigny-sur-Veude 37 ... 169 E1
Champillet 36 ... 189 H2
Champillon 51 ... 61 G1
Champis 07 ... 249 E4
Champlan 91 ... 58 B5
Champlat-et-Boujacourt 51 ... 41 F5
Champlay 89 ... 113 H5
Champlecy 71 ... 193 H3
Champlemy 58 ... 156 D4
Champlieu 71 ... 194 D1
Champlieu *Ruines gallo-romaines de* 60 ... 39 F3
Champlin 08 ... 26 A2
Champlin 58 ... 157 E4
Champlitte-et-le-Prélot 70 ... 140 A4
Champlitte-la-Ville 70 ... 140 A5
Champlive 25 ... 162 B3
Champlon 55 ... 64 D1
Champlost 89 ... 114 B4
Champmillon 16 ... 221 E2
Champmotteux 91 ... 87 H5
Champnétery 87 ... 206 C5
Champneuville 55 ... 44 B5
Champniers 16 ... 221 F1
Champniers 86 ... 186 B5
Champniers-et-Reilhac 24 ... 222 C1
Champoléon 05 ... 270 A1
Champoly 42 ... 211 E4
Champosoult 61 ... 54 C3
Champougny 55 ... 94 A2
Champoulet 45 ... 135 E4
Champoux 25 ... 162 A2
Champrenault 21 ... 159 F2
Champrepus 50 ... 51 H3
Champrond 72 ... 108 D4
Champrond-en-Gâtine 28 ... 85 F4
Champrond-en-Perchet 28 ... 85 E5
Champrosay 91 ... 58 C5
Champrougier 39 ... 179 E3
Champs 02 ... 40 A1
Champs 61 ... 84 C2
Champs 63 ... 209 H2
Champs *Col des* 06 ... 289 E2
Les Champs-de-Losque 50 ... 32 A4
Les Champs-Géraux 22 ... 79 H4
Champs-Romain 24 ... 222 D3
Champs-sur-Marne 77 ... 59 E3
Champs-sur-Tarentaine 15 ... 226 C5
Champs-sur-Yonne 89 ... 136 B4
Champsac 87 ... 223 E1
Champsanglard 23 ... 189 F5
Champsecret 61 ... 82 B2
Champseru 28 ... 86 C3
Champsevraine 52 ... 140 A3
Champtercier 04 ... 287 H3
Champtocé-sur-Loire 49 ... 149 E2
Champtoceaux 49 ... 148 B2
Champtonnay 70 ... 161 F2
Champvallon 89 ... 113 G5
Champvans 39 ... 160 D5
Champvans 70 ... 161 E2
Champvans-les-Baume 25 ... 162 C2
Champvans-les-Moulins 25 ... 161 H3
Champvert 58 ... 175 F3
Champvoisy 51 ... 40 D5
Champvoux 58 ... 156 B5
Chamrousse 38 ... 251 F2
Chamvres 89 ... 113 G5
Chanac 48 ... 264 B5
Chanac-les-Mines 19 ... 243 E1
Chanaleilles 43 ... 264 C1
Chanas 38 ... 231 E5
Chanat-la-Mouteyre 63 ... 209 G5
Chanay 01 ... 214 D2
Chanaz 73 ... 215 E4
Chançay 37 ... 152 B2
Chancé 35 ... 104 D4
Chanceaux 21 ... 159 G1
Chanceaux-près-Loches 37 ... 152 B5
Chanceaux-sur-Choisille 37 ... 151 H1
Chancelade 24 ... 240 C2
Chancenay 52 ... 63 F5
Chancey 70 ... 161 F3
Chancia 39 ... 196 C4
Chandai 61 ... 55 G4
Chandolas 07 ... 284 A1
Chandon 42 ... 211 H1
Chanéac 07 ... 248 A5
Chaneins 01 ... 213 E2
Chânes 71 ... 194 D5
Le Change 24 ... 240 D2
Changé 53 ... 105 H3
Change 71 ... 177 F2
Changé 72 ... 107 H5
Changey 52 ... 117 F5
Changis-sur-Marne 77 ... 59 H2
Changy 42 ... 211 F1
Changy 51 ... 62 D4
Changy-Tourny 71 ... 193 H3
Chaniat 43 ... 228 C5
Chaniaux 48 ... 265 F3
Chaniers 17 ... 219 G1
Channay 21 ... 137 H2
Channay-sur-Lathan 37 ... 151 E1
Channes 10 ... 115 F5
Chanonat 63 ... 227 H1
Chanos-Curson 26 ... 249 F3
Chanousse 05 ... 286 D1
Chanoy 52 ... 117 F5
Chanoz-Châtenay 01 ... 213 F1
Chanteau 45 ... 111 E5
Chantecoq 45 ... 112 D4
Chantecorps 79 ... 185 G2
Chanteheux 54 ... 95 G1
Chanteix 19 ... 242 C1
Chantelle 03 ... 191 H5
Chanteloup 27 ... 56 A3
Chanteloup 35 ... 104 B4
Chanteloup 50 ... 51 G2
Chanteloup 79 ... 167 G4
Chanteloup *Pagode de* 37 ... 152 B2
Chanteloup-en-Brie 77 ... 59 F3
Chanteloup-les-Bois 49 ... 149 F5
Chanteloup-les-Vignes 78 ... 57 H2
Chantelouve 38 ... 251 E4
Chantemerle 05 ... 252 C4
Chantemerle 51 ... 90 A2
Chantemerle-les-Blés 26 ... 249 F2
Chantemerle-lès-Grignan 26 ... 267 F5
Chantemerle-sur-la-Soie 17 ... 201 G3
Chantemesle 95 ... 57 F1
Chantenay-Saint-Imbert 58 ... 174 C5
Chantenay-Villedieu 72 ... 107 E5
Chantepie 35 ... 104 B3
Chantérac 24 ... 239 H2
Chanterelle 15 ... 227 E5
Chantes 70 ... 140 D4
Chantesse 38 ... 250 B1
Chanteuges 43 ... 246 C3
Chantillac 16 ... 220 B5
Chantilly 60 ... 38 D4
Chantôme 36 ... 188 D3
Chantonnay 85 ... 166 C5
Chantraine 88 ... 119 F2
Chantraines 52 ... 117 E2
Chantrans 25 ... 180 B1
Chantrigné 53 ... 82 B4
Chanturgue *Plateau de* 63 ... 209 H5
Chanu 61 ... 53 E4
Chanville 57 ... 66 C1
Chanzeaux 49 ... 149 F3
Chaon 41 ... 133 H5
Chaouilley 54 ... 94 C3
Chaource 10 ... 115 E4
Chaourse 02 ... 25 G4
Chapaize 71 ... 194 D1
Chapareillan 38 ... 233 F3
Chaparon 74 ... 215 H4
Chapdes-Beaufort 63 ... 209 F4
Chapdeuil 24 ... 221 H5
Chapeau 03 ... 192 C2
Chapeauroux 48 ... 265 E1
Chapeiry 74 ... 215 F4
Chapelaine 51 ... 91 H2
La Chapelaude 03 ... 190 C3
La Chapelle 03 ... 210 C2
La Chapelle 08 ... 27 F3
La Chapelle 16 ... 203 E4
La Chapelle 19 ... 225 H4
La Chapelle 73 ... 234 A4
La Chapelle-Achard 85 ... 182 B1
La Chapelle-Agnon 63 ... 228 D2
La Chapelle-Anthenaise 53 ... 106 A3
La Chapelle-au-Mans 71 ... 193 F1
La Chapelle-au-Moine 61 ... 53 E4
La Chapelle-au-Riboul 53 ... 82 C5
La Chapelle-Aubareil 24 ... 241 G4
La Chapelle-aux-Bois 88 ... 119 F4
La Chapelle-aux-Brocs 19 ... 242 C2
La Chapelle-aux-Chasses 03 ... 175 F5
La Chapelle-aux-Choux 72 ... 130 A5
La Chapelle-aux-Filtzméens 35 ... 80 A4
La Chapelle-aux-Lys 85 ... 184 C1
La Chapelle-aux-Naux 37 ... 151 F3
La Chapelle-aux-Saints 19 ... 242 D4
La Chapelle-Baloue 23 ... 188 D4
La Chapelle-Basse-Mer 44 ... 148 A3
La Chapelle-Bâton 17 ... 201 H2
La Chapelle-Bâton 79 ... 185 E2
La Chapelle-Bâton 86 ... 203 H1
La Chapelle-Bayvel 27 ... 35 E3
La Chapelle-Bertin 43 ... 246 D2
La Chapelle-Bertrand 79 ... 185 G1
La Chapelle-Biche 61 ... 53 E4
La Chapelle-Blanche 22 ... 103 G1
La Chapelle-Blanche 73 ... 233 G3
La Chapelle-Blanche-Saint-Martin 37 ... 170 A1
La Chapelle-Bouëxic 35 ... 103 H5
La Chapelle-Caro 56 ... 102 D5
La Chapelle-Cécelin 50 ... 52 A3
La Chapelle-Chaussée 35 ... 80 A5
La Chapelle-Craonnaise 53 ... 105 G5
La Chapelle-d'Abondance 74 ... 198 D4
La Chapelle-d'Alagnon 15 ... 245 F3
La Chapelle-d'Aligné 72 ... 129 E3
La Chapelle-d'Andaine 61 ... 82 C2
La Chapelle-d'Angillon 18 ... 155 E3
La Chapelle-d'Armentières 59 ... 8 C2
La Chapelle-d'Aunainville 28 ... 86 D4
La Chapelle-d'Aurec 43 ... 229 H5
La Chapelle-de-Bragny 71 ... 194 D1
La Chapelle-de-Brain 35 ... 126 A3
La Chapelle-de-Guinchay 71 ... 194 D5
La Chapelle-de-la-Tour 38 ... 232 B2
La Chapelle-de-Mardore 69 ... 212 A2
La Chapelle-de-Surieu 38 ... 231 F4
Chapelle-des-Bois 25 ... 197 G1
La Chapelle-des-Fougeretz 35 ... 104 A2
La Chapelle-des-Marais 44 ... 146 B1
La Chapelle-des-Pots 17 ... 201 G5
La Chapelle-devant-Bruyères 88 ... 120 A2
Chapelle-d'Huin 25 ... 180 B2
La Chapelle-du-Bard 38 ... 233 G4
La Chapelle-du-Bois 72 ... 108 C2
La Chapelle-du-Bois-des-Faulx 27 ... 36 B5
La Chapelle-du-Bourgay 76 ... 20 B2
La Chapelle-du-Châtelard 01 ... 213 G2
La Chapelle-du-Chêne 85 ... 129 E2
La Chapelle-du-Fest 50 ... 32 C5
La Chapelle-du-Genêt 49 ... 148 C4
La Chapelle-du-Lou-du-Lac 35 ... 103 H1
La Chapelle-du-Mont-de-France 71 ... 194 C3
La Chapelle-du-Mont-du-Chat 73 ... 233 E1
La Chapelle-du-Noyer 28 ... 109 H4
La Chapelle-en-Juger 50 ... 32 A5
La Chapelle-en-Lafaye 42 ... 229 G4
La Chapelle-en-Serval 60 ... 38 D5
La Chapelle-en-Valgaudémar 05 ... 251 H5
La Chapelle-en-Vercors 26 ... 250 B4
La Chapelle-en-Vexin 95 ... 37 F5
La Chapelle-Enchérie 41 ... 131 H3
La Chapelle-Engerbold 14 ... 53 E2
La Chapelle-Erbrée 35 ... 105 F3
La Chapelle-Faucher 24 ... 222 C5
La Chapelle-Felcourt 51 ... 62 D1
La Chapelle-Forainvilliers 28 ... 57 E5
La Chapelle-Fortin 28 ... 55 H5
La Chapelle-Gaceline 56 ... 125 G2
La Chapelle-Gaudin 79 ... 167 H2
La Chapelle-Gaugain 72 ... 130 D3
La Chapelle-Gauthier 27 ... 55 E2
La Chapelle-Gauthier 77 ... 88 D3
La Chapelle-Geneste 43 ... 228 D5
La Chapelle-Glain 44 ... 127 F4
La Chapelle-Gonaguet 24 ... 240 B1
La Chapelle-Grésignac 24 ... 221 G4
Chapelle-Guillaume 28 ... 109 E3
La Chapelle-Hareng 27 ... 35 E5
La Chapelle-Haute-Grue 14 ... 54 C2
La Chapelle-Hermier 85 ... 165 F5
La Chapelle-Heulin 44 ... 148 A4
La Chapelle-Hugon 18 ... 174 A3
La Chapelle-Hullin 49 ... 127 G3
La Chapelle-Huon 72 ... 131 E2
La Chapelle-Iger 77 ... 59 H5
La Chapelle-Janson 35 ... 81 F4
La Chapelle-la-Reine 77 ... 88 A5
La Chapelle-Largeau 79 ... 167 E2
La Chapelle-Lasson 51 ... 90 C2
La Chapelle-Launay 44 ... 146 D2
La Chapelle-Laurent 15 ... 246 A2
La Chapelle-lès-Luxeuil 70 ... 141 G2
La Chapelle-Marcousse 63 ... 227 H4
La Chapelle-Montabourlet 24 ... 221 H4
La Chapelle-Montbrandeix 87 ... 222 D2
La Chapelle-Monthodon 02 ... 60 D1
La Chapelle-Montligeon 61 ... 84 C3
La Chapelle-Montlinard 18 ... 156 B5
La Chapelle-Montmartin 41 ... 153 H4
La Chapelle-Montmoreau 24 ... 222 B4
La Chapelle-Montreuil 86 ... 186 A2
Chapelle-Morthemer 86 ... 186 D2
La Chapelle-Moulière 86 ... 186 D1
La Chapelle-Moutils 77 ... 60 B4
La Chapelle-Naude 71 ... 195 H1
La Chapelle-Neuve 22 ... 77 E2
La Chapelle-Neuve 56 ... 101 H5
La Chapelle-Onzerain 45 ... 110 B4
La Chapelle-Orthemale 36 ... 171 F4
La Chapelle-Palluau 85 ... 165 G3
La Chapelle-Péchaud 24 ... 259 F1
La Chapelle-Pouilloux 79 ... 203 E1
La Chapelle-près-Sées 61 ... 83 H2
La Chapelle-Rablais 77 ... 88 D3
La Chapelle-Rainsouin 53 ... 106 B3
La Chapelle-Rambaud 74 ... 215 H1
La Chapelle-Réanville 27 ... 36 D5
La Chapelle-Rousselin 49 ... 149 E4
Chapelle-Royale 28 ... 109 F3
La Chapelle-Saint-André 58 ... 156 D2
La Chapelle-Saint-Aubert 35 ... 81 E5
La Chapelle-Saint-Aubin 72 ... 107 G4
La Chapelle-Saint-Étienne 79 ... 167 F5
La Chapelle-Saint-Florent 49 ... 148 C3
La Chapelle-Saint-Fray 72 ... 107 G3
La Chapelle-Saint-Géraud 19 ... 243 F4
La Chapelle-Saint-Jean 24 ... 241 G2
La Chapelle-Saint-Laud 49 ... 129 E5
La Chapelle-Saint-Laurent 79 ... 167 G4
La Chapelle-Saint-Laurian 36 ... 172 A1
La Chapelle-Saint-Luc 10 ... 90 D5
La Chapelle-Saint-Martial 23 ... 207 F3
La Chapelle-Saint-Martin 73 ... 232 D1
La Chapelle-Saint-Martin-en-Plaine 41 ... 132 B4
La Chapelle-Saint-Maurice 74 ... 215 G5
La Chapelle-Saint-Mesmin 45 ... 133 E2
La Chapelle-Saint-Ouen 76 ... 36 D1
La Chapelle-Saint-Quillain 70 ... 161 G1

La Chapelle-Saint-Rémy *72* ..... 108 B 3
La Chapelle-Saint-Sauveur *44* ..... 148 D 1
La Chapelle-Saint-Sauveur *71* ..... 178 C 3
La Chapelle-Saint-Sépulcre *45* ..... 112 D 4
La Chapelle-Saint-Sulpice *77* ..... 89 F 3
La Chapelle-Saint-Ursin *18* . 173 E 1
La Chapelle-Souëf *61* ..... 84 C 5
La Chapelle-sous-Brancion *71* ..... 195 E 2
La Chapelle-sous-Dun *71* .. 194 A 5
La Chapelle-sous-Orbais *51* ..... 61 E 2
La Chapelle-sous-Uchon *71* ..... 176 C 3
Chapelle-Spinasse *19* ..... 225 F 5
La Chapelle-sur-Aveyron *45* ..... 135 E 2
La Chapelle-sur-Chézy *02* ... 60 B 2
La Chapelle-sur-Coise *69* .. 230 C 2
La Chapelle-sur-Crécy *77* .... 59 G 3
La Chapelle-sur-Dun *76* ..... 19 H 2
La Chapelle-sur-Erdre *44* ... 147 G 3
La Chapelle-sur-Furieuse *39* ..... 179 G 1
La Chapelle-sur-Loire *37* ... 151 E 4
La Chapelle-sur-Oreuse *89* .. 89 G 5
La Chapelle-sur-Oudon *49* ..... 128 A 4
La Chapelle-sur-Usson *63* . 228 B 4
La Chapelle-sur-Vire *50* ..... 52 B 1
La Chapelle-Taillefert *23* ... 207 E 2
La Chapelle-Thècle *71* ..... 195 G 1
La Chapelle-Thémer *85* ..... 183 G 1
La Chapelle-Thireuil *79* ..... 184 D 1
La Chapelle-Thouarault *35* . 103 H 2
La Chapelle-Urée *50* ..... 52 A 5
Chapelle-Vallon *10* ..... 90 D 4
La Chapelle-Vaupelteigne *89* ..... 136 C 2
La Chapelle-Vendômoise *41* ..... 131 H 4
La Chapelle-Vicomtesse *41* ..... 109 F 5
La Chapelle-Viel *61* ..... 55 F 5
La Chapelle-Villars *42* ..... 230 D 3
Chapelle-Viviers *86* ..... 187 E 2
Chapelle-Voland *39* ..... 178 D 4
La Chapelle-Yvon *14* ..... 54 D 1
Les Chapelles *53* ..... 82 D 3
Les Chapelles *73* ..... 234 D 2
Les Chapelles-Bourbon *77* .. 59 F 4
Chapelon *45* ..... 112 B 4
La Chapelotte *18* ..... 155 G 3
Chapet *78* ..... 57 H 2
Les Chapieux *73* ..... 216 D 5
Chapois *39* ..... 179 H 3
Chaponnay *69* ..... 231 F 2
Chaponost *69* ..... 230 D 1
Chaponost *Arches de 69* ..... 231 E 1
Chappes *03* ..... 191 F 4
Chappes *08* ..... 26 A 5
Chappes *10* ..... 115 F 3
Chappes *63* ..... 210 A 4
Chaptelat *87* ..... 205 G 4
Chaptuzat *63* ..... 209 H 3
Charade *63* ..... 227 G 1
Charancieu *38* ..... 232 C 3
Charancin *01* ..... 214 C 3
Charantonnay *38* ..... 231 G 3
Charavines *38* ..... 232 C 4
Charbogne *08* ..... 42 C 1
Charbonnat *71* ..... 176 B 4
Charbonnier-les-Mines *63* ..... 228 A 4
Charbonnières *28* ..... 109 E 2
Charbonnières *71* ..... 195 E 3
Charbonnières-les-Bains *69* ..... 212 D 5
Charbonnières-les-Sapins *25* ..... 162 B 4
Charbonnières-les-Varennes *63* ..... 209 G 4
Charbonnières-les-Vieilles *63* ..... 209 G 3
Charbuy *89* ..... 136 A 3
La Charce *26* ..... 268 C 4
Charcé-Saint-Ellier-sur-Aubance *49* ..... 149 H 3
Charcenne *70* ..... 161 G 2
Charchigné *53* ..... 82 C 4
Charchilla *39* ..... 196 D 2
Charcier *39* ..... 179 G 5
Chard *23* ..... 208 C 4
Chardeny *08* ..... 42 C 2
Chardes *17* ..... 219 H 5
Chardogne *55* ..... 63 G 3
Chardonnay *71* ..... 195 E 2
Chareil-Cintrat *03* ..... 192 A 5
Charencey *21* ..... 159 F 2
Charency *39* ..... 180 A 4
Charency-Vezin *54* ..... 44 C 2
Charens *26* ..... 268 C 4
Charensat *63* ..... 208 D 3
Charentay *69* ..... 212 D 2
Charentenay *70* ..... 140 C 5
Charentenay *89* ..... 136 B 5
Charentilly *37* ..... 151 H 1
Charenton *58* ..... 156 B 4
Charenton-du-Cher *18* ..... 173 G 5
Charenton-le-Pont *94* ..... 58 C 4
Charentonnay *18* ..... 156 A 5
Charette *38* ..... 214 A 5
Charette-Varennes *71* ..... 178 C 2
Charey *54* ..... 65 F 2
Charézier *39* ..... 196 D 1
Chargé *37* ..... 152 C 2
Chargey-lès-Gray *70* ..... 161 E 1
Chargey-lès-Port *70* ..... 140 D 3
Chariez *70* ..... 141 E 4
Charigny *21* ..... 158 D 2
La Charité-sur-Loire *58* ..... 156 B 5
Charix *01* ..... 196 D 5
Charlas *31* ..... 316 B 5
Charleval *13* ..... 305 G 3
Charleval *27* ..... 36 D 2
Charleville *51* ..... 61 E 4
Charleville-Mézières *08* ..... 26 D 3
Charleville-sous-Bois *57* ..... 46 B 5
Charlieu *42* ..... 211 H 1
Charly *18* ..... 173 H 3
Charly *69* ..... 231 E 2
Charly-Oradour *57* ..... 45 H 5
Charly-sur-Marne *02* ..... 60 B 2
Charmant *16* ..... 221 F 3
Charmauvillers *25* ..... 163 G 3
Charmé *16* ..... 203 F 3
La Charme *39* ..... 179 E 3
Le Charme *45* ..... 135 F 3
La Charmée *71* ..... 177 G 5
Charmeil *03* ..... 210 B 1
Le Charmel *02* ..... 40 D 5
Charmensac *15* ..... 245 H 2
Charmentray *77* ..... 59 F 2
Charmes *02* ..... 24 B 4
Charmes *03* ..... 210 A 2
Charmes *21* ..... 160 C 2
Charmes *52* ..... 117 F 5
Charmes *88* ..... 95 E 4
Charmes-en-l'Angle *52* ..... 92 D 4
Charmes-la-Côte *54* ..... 94 A 1
Charmes-la-Grande *52* ..... 92 C 4
Charmes-Saint-Valbert *70* . 140 B 3
Charmes-sur-l'Herbasse *26* ..... 249 G 2
Charmes-sur-Rhône *07* ..... 249 E 5
Charmette *Col de la 38* ..... 232 D 5
Les Charmettes *73* ..... 233 F 2
Charmoille *25* ..... 163 F 3
Charmoille *70* ..... 141 E 4
Charmoilles *52* ..... 117 F 5
Charmois *54* ..... 95 F 2
Charmois *90* ..... 142 C 3
Charmois-devant-Bruyères *88* ..... 119 G 2
Charmois-l'Orgueilleux *88* ..... 119 E 3
Charmont *51* ..... 63 E 3
Charmont *95* ..... 37 G 5
Charmont-en-Beauce *45* ... 111 F 2
Charmont-sous-Barbuise *10* ..... 91 E 4
Les Charmontois *51* ..... 63 F 2
Charmoy *10* ..... 90 A 4
Charmoy *52* ..... 140 A 2
Charmoy *71* ..... 176 D 4
Charmoy *89* ..... 113 H 5
Charnas *07* ..... 231 E 5
Charnat *63* ..... 210 B 3
Charnay *25* ..... 161 H 5
Charnay *69* ..... 212 D 4
Charnay-lès-Chalon *71* ..... 178 B 2
Charnay-lès-Mâcon *71* ..... 195 E 4
Charnècles *38* ..... 232 C 5
Charnizay *37* ..... 170 B 3
Charnod *39* ..... 196 B 4
Charnois *08* ..... 17 F 4
Charnoz-sur-Ain *01* ..... 213 H 4
Charny *21* ..... 159 E 3
Charny *77* ..... 59 F 2
Charny-Orée-de-Puisaye *89* ..... 135 F 2
Charny-le-Bachot *10* ..... 90 D 2
Charny-sur-Meuse *55* ..... 44 B 5
Charolles *71* ..... 194 A 3
Charols *26* ..... 267 G 3
Charonville *28* ..... 109 H 2
Chârost *18* ..... 172 C 2
Charousse *74* ..... 216 C 3
Charpentry *55* ..... 43 F 3
Charpey *26* ..... 249 G 4
Charpont *28* ..... 56 D 5
Charquemont *25* ..... 163 G 3
Charrais *86* ..... 168 D 5
Charraix *43* ..... 246 C 4
Charras *16* ..... 221 H 3
Charray *28* ..... 109 H 5
Charre *64* ..... 313 F 3
Charrecey *71* ..... 177 F 3
Charrey-sur-Saône *21* ..... 160 B 5
Charrey-sur-Seine *21* ..... 115 H 5
Charrin *58* ..... 175 F 4
Charritte-de-Bas *64* ..... 313 F 3
Charron *17* ..... 183 F 4
Charron *23* ..... 208 C 2
Charroux *03* ..... 209 H 1
Charroux *86* ..... 203 H 1
Chars *95* ..... 37 H 5
Charsonville *45* ..... 110 B 5
Chartainvilliers *28* ..... 86 B 3
Chartèves *02* ..... 60 C 1
La Chartre-sur-le-Loir *72* ..... 130 C 4
Chartrené *49* ..... 150 B 1
Chartres *28* ..... 86 A 4
Chartres-de-Bretagne *35* .. 104 B 3
Chartrettes *77* ..... 88 B 3
Chartrier-Ferrière *19* ..... 242 B 3
Chartronges *77* ..... 60 B 4
Chartuzac *17* ..... 219 H 5
Charvieu-Chavagneux *38* .. 213 H 5
Charvonnex *74* ..... 215 G 2
Chas *63* ..... 228 A 1
Chaserey *10* ..... 115 E 5
Chasnais *85* ..... 183 E 2
Chasnans *25* ..... 162 C 5
Chasnay *58* ..... 156 C 4
Chasné-sur-Illet *35* ..... 80 C 5
Chaspinhac *43* ..... 247 F 3
Chaspuzac *43* ..... 247 E 3
La Chassagne *39* ..... 179 E 3
Chassagne *63* ..... 227 H 4
Chassagne-Montrachet *21* ..... 177 G 2
Chassagne-Saint-Denis *25* ..... 162 A 5
Chassagnes *07* ..... 265 H 5
Chassagnes *43* ..... 246 C 2
Chassagny *69* ..... 230 D 2
Chassaignes *24* ..... 239 F 1
Chassal *39* ..... 196 D 3
Chassant *28* ..... 85 F 5
Chassé *72* ..... 83 H 4
Chasse-sur-Rhône *38* ..... 231 E 2
Chasseguey *50* ..... 52 B 5
Chasselas *71* ..... 194 D 5
Chasselay *38* ..... 250 A 1
Chasselay *69* ..... 213 E 4
Chassemy *02* ..... 40 C 2
Chassenard *03* ..... 193 F 3
Chasseneuil *36* ..... 188 C 1
Chasseneuil-du-Poitou *86* ..... 186 C 1
Chasseneuil-sur-Bonnieure *16* ..... 203 H 5
Chassenon *16* ..... 204 D 4
Chasseradès *48* ..... 265 F 4
Chassey *21* ..... 159 E 1
Chassey-Beaupré *55* ..... 93 G 3
Chassey-le-Camp *71* ..... 177 G 3
Chassey-lès-Montbozon *70* ..... 141 G 5
Chassey-lès-Scey *70* ..... 140 D 4
Chassezac *Belvédère du 48* ..... 265 F 5
Chassiecq *16* ..... 203 H 3
Chassiers *07* ..... 266 A 4
Chassieu *69* ..... 213 F 5
Chassignelles *89* ..... 137 G 3
Chassignieu *38* ..... 232 B 3
Chassignolles *36* ..... 189 G 2
Chassignolles *43* ..... 228 C 5
Chassigny *52* ..... 139 H 3
Chassigny-sous-Dun *71* ..... 194 A 5
Chassillé *72* ..... 107 E 4
Chassiron *Phare de 17* ..... 200 A 2
Chassors *16* ..... 220 C 1
Chassy *18* ..... 174 A 1
Chassy *71* ..... 193 G 1
Chassy *89* ..... 135 H 2
Le Chastang *19* ..... 242 D 2
Chastang *Barrage du 19* ..... 243 F 2
Chastanier *48* ..... 265 E 2
Chasteaux *19* ..... 242 B 3
Chastel *43* ..... 246 B 3
Chastel-Arnaud *26* ..... 268 A 2
Chastel-Nouvel *48* ..... 264 C 4
Chastel-sur-Murat *15* ..... 245 F 3
Chastellux-sur-Cure *89* ..... 157 H 2
Chastenay *89* ..... 136 A 4
Chasteuil *04* ..... 308 A 1
Chastreix *63* ..... 227 E 3
La Châtaigneraie *85* ..... 167 E 5
Chatain *86* ..... 203 H 2
Châtaincourt *28* ..... 56 C 5
Châtas *88* ..... 96 C 4
Château *71* ..... 194 C 3
Château-Arnoux-Saint-Auban *04* ..... 287 G 3
Château-Bas *13* ..... 305 G 3
Château-Bernard *38* ..... 250 C 4
Château-Bréhain *57* ..... 66 C 3
Château-Chalon *39* ..... 179 F 4
Château-Chervix *87* ..... 223 H 2
Château-Chinon *58* ..... 176 A 1
Le Château-d'Almenêches *61* ..... 54 B 5
Château-des-Prés *39* ..... 197 E 2
Le Château-d'Oléron *17* .... 200 B 4
Château-d'Olonne *85* ..... 182 A 1
Château-du-Loir *72* ..... 130 B 4
Château-Farine *25* ..... 161 H 4
Château-Gaillard *01* ..... 214 A 3
Château Gaillard *27* ..... 36 D 4
Château-Gaillard *28* ..... 111 E 3
Château-Garnier *86* ..... 186 C 5
Château-Gombert *13* ..... 327 E 2
Château-Gontier *53* ..... 128 B 2
Château-Guibert *85* ..... 183 E 1
Château-Guillaume *36* ..... 188 A 3
Château-la-Vallière *37* ..... 151 F 1
Château-l'Abbaye *59* ..... 9 G 4
Château-Lambert *70* ..... 120 A 5
Château-Landon *77* ..... 112 B 3
Château-Larcher *86* ..... 186 B 3
Château-l'Évêque *24* ..... 240 C 1
Château-l'Hermitage *72* ..... 130 A 3
Château-Porcien *08* ..... 42 A 1
Château-Queyras *05* ..... 271 E 1
Château-Regnault *08* ..... 26 D 2
Château-Renard *45* ..... 112 D 5
Château-Renault *37* ..... 131 F 5
Château-Rouge *57* ..... 46 D 4
Château-Salins *57* ..... 66 C 4
Château-sur-Allier *03* ..... 174 B 4
Château-sur-Cher *63* ..... 208 C 2
Château-sur-Epte *27* ..... 37 F 4
Château-Thébaud *44* ..... 147 H 5
Château-Thierry *02* ..... 60 C 1
Château-Verdun *09* ..... 336 B 5
Château-Ville-Vieille *05* ..... 271 E 1
Château-Voué *57* ..... 66 D 3
Châteaubernard *16* ..... 220 B 1
Châteaubleau *77* ..... 89 E 2
Châteaubourg *07* ..... 249 E 4
Châteaubourg *35* ..... 104 D 3
Châteaubriant *44* ..... 127 E 3
Châteaudouble *26* ..... 249 G 5
Châteaudouble *83* ..... 308 A 4
Châteaudun *28* ..... 109 H 4
Châteaufort *04* ..... 287 G 1
Châteaufort *78* ..... 58 A 5
Châteaugay *63* ..... 209 H 5
Châteaugiron *35* ..... 104 C 3
Châteaulin *29* ..... 75 H 5
Châteaumeillant *18* ..... 190 A 2
Châteauneuf *21* ..... 159 F 4
Châteauneuf *39* ..... 161 F 4
Châteauneuf *42* ..... 230 D 3
Châteauneuf *71* ..... 194 A 5
Châteauneuf *73* ..... 233 H 2
Châteauneuf *85* ..... 164 D 2
Châteauneuf-de-Bordette *26* ..... 285 H 1
Châteauneuf-de-Chabre *05* ..... 287 F 1
Châteauneuf-de-Gadagne *84* ..... 305 E 1
Châteauneuf-de-Galaure *26* ..... 249 F 1
Châteauneuf-de-Randon *48* ..... 264 D 3
Châteauneuf-de-Vernoux *07* ..... 248 D 5
Châteauneuf-d'Entraunes *06* ..... 289 F 3
Châteauneuf-d'Ille-et-Vilaine *35* ..... 79 H 3
Châteauneuf-d'Oze *05* ..... 269 F 4
Châteauneuf-du-Faou *29* ..... 76 B 5
Châteauneuf-du-Pape *84* .. 285 F 4
Châteauneuf-du-Rhône *26* .. 267 E 4
Châteauneuf-en-Thymerais *28* ..... 85 H 2
Châteauneuf-Grasse *06* ..... 309 E 3
Châteauneuf-la-Forêt *87* ... 224 C 1
Châteauneuf-le-Rouge *13* . 306 B 5
Châteauneuf-les-Bains *63* . 209 F 3
Châteauneuf-les-Martigues *13* ..... 326 C 2
Châteauneuf-lès-Moustiers *04* ..... 307 H 1
Châteauneuf-Miravail *04* .. 287 E 3
Châteauneuf-sur-Charente *16* ..... 220 D 2
Châteauneuf-sur-Cher *18* .. 173 E 3
Châteauneuf-sur-Isère *26* .. 249 F 4
Châteauneuf-sur-Loire *45* . 133 H 2
Châteauneuf-sur-Sarthe *49* ..... 128 D 4
Châteauneuf-Val-de-Bargis *58* ..... 156 C 4
Châteauneuf-Val-Saint-Donat *04* ..... 287 G 3
Châteauneuf-Villevieille *06* ..... 291 F 5
Châteauponsac *87* ..... 205 H 1
Châteauredon *04* ..... 288 A 4
Châteaurenard *13* ..... 304 D 1
Châteaurenaud *71* ..... 178 C 5
Châteauroux *36* ..... 171 H 4
Châteauroux-les-Alpes *05* . 270 C 2
Châteauvert *83* ..... 307 F 5
Châteauvieux *05* ..... 269 G 4
Châteauvieux *41* ..... 153 E 4
Châteauvieux *83* ..... 308 B 2
Châteauvieux-les-Fossés *25* ..... 162 B 5
Châteauvilain *38* ..... 232 A 3
Châteauvillain *52* ..... 116 C 4
Le Châtel *73* ..... 234 A 5
Châtel *74* ..... 198 D 4
Châtel-Censoir *89* ..... 157 F 1
Chatel-Chéhéry *08* ..... 43 F 3
Châtel-de-Joux *39* ..... 196 D 2
Châtel-de-Neuvre *03* ..... 192 A 3
Châtel-Gérard *89* ..... 137 F 5
Châtel-Guyon *63* ..... 209 G 4
Châtel-Montagne *03* ..... 210 D 2
Châtel-Moron *71* ..... 177 F 4
Châtel-Saint-Germain *57* .... 65 G 1
Châtel-sur-Moselle *88* ..... 95 F 4
Châtelaillon-Plage *17* ..... 200 C 2
Châtelain *53* ..... 128 C 2
La Châtelaine *39* ..... 179 G 3
Châtelais *49* ..... 127 H 3
Châtelard *23* ..... 208 C 3
Châtelard *38* ..... 251 G 3
Le Châtelard *73* ..... 233 G 1
Châtelaudren *22* ..... 73 G 5
Chatelay *39* ..... 179 F 1
Châtelblanc *25* ..... 180 B 5
Châteldon *63* ..... 210 C 3
Le Châtelet *18* ..... 190 A 1
Châtelet *Pont du 04* ..... 271 E 3
Le Châtelet-en-Brie *77* ..... 88 C 3
Le Châtelet-sur-Retourne *08* ..... 42 A 2
Le Châtelet-sur-Sormonne *08* ..... 26 B 2
Les Châtelets *28* ..... 56 A 5
Le Chateley *39* ..... 179 E 3
Le Châtelier *51* ..... 63 F 2
Châtellenot *21* ..... 159 E 4
Châtellerault *86* ..... 169 G 4
Le Châtellier *35* ..... 81 E 3
Le Châtellier *61* ..... 53 E 5
Les Châtelliers-Châteaumur *85* ..... 167 E 3
Les Châtelliers-Notre-Dame *28* ..... 85 G 5
Châtelneuf *39* ..... 179 H 5
Châtelneuf *42* ..... 229 G 2
Chateloy *03* ..... 191 E 2
Châtelperron *03* ..... 192 D 3
Châtelraould-Saint-Louvent *51* ..... 62 C 5
Châtelus *03* ..... 211 E 1
Châtelus *38* ..... 250 B 3
Châtelus *42* ..... 230 B 2
Châtelus-le-Marcheix *23* ... 206 C 3
Châtelus-Malvaleix *23* ..... 189 G 5
Châtenay *01* ..... 213 H 2
Châtenay *28* ..... 86 D 5
Châtenay *38* ..... 231 H 5
Châtenay *71* ..... 194 A 5
Châtenay-en-France *95* ..... 58 D 1
Chatenay-Mâcheron *52* ..... 139 H 2
Châtenay-Malabry *92* ..... 58 B 4
Châtenay-sur-Seine *77* ..... 89 E 4
Chatenay-Vaudin *52* ..... 139 H 2
Chatenet *17* ..... 220 B 5
Le Châtenet-en-Dognon *87* ..... 206 B 4
Châteney *70* ..... 141 G 3
Châtenois *39* ..... 161 E 5
Châtenois *67* ..... 97 E 4
Châtenois *70* ..... 141 G 3
Châtenois *88* ..... 94 B 5
Châtenois-les-Forges *90* ... 142 C 4
Châtenoy *45* ..... 134 A 2
Châtenoy *77* ..... 112 B 2
Châtenoy-en-Bresse *71* ..... 177 H 4
Châtenoy-le-Royal *71* ..... 177 H 4
Châtignac *16* ..... 220 D 5
Chatignonville *91* ..... 87 E 3
Châtillon *03* ..... 191 H 3
Châtillon *39* ..... 179 G 5
Châtillon *69* ..... 212 D 4
Châtillon *86* ..... 186 A 4
Châtillon *92* ..... 58 B 4
Châtillon *Crêt de 74* ..... 215 G 4
Châtillon-Coligny *45* ..... 135 E 3
Châtillon-en-Bazois *58* ..... 175 G 1
Châtillon-en-Diois *26* ..... 268 C 2
Châtillon-en-Dunois *28* ..... 109 G 3
Châtillon-en-Michaille *01* .. 214 D 1
Châtillon-en-Vendelais *35* . 105 F 2
Châtillon-Guyotte *25* ..... 162 B 2
Châtillon-la-Borde *77* ..... 88 C 3
Châtillon-la-Palud *01* ..... 213 H 3
Châtillon-le-Duc *25* ..... 161 H 3
Châtillon-le-Roi *45* ..... 111 F 3
Châtillon-lès-Sons *02* ..... 24 D 3
Châtillon-Saint-Jean *26* ..... 249 H 3
Châtillon-sous-les-Côtes *55* ..... 44 C 5
Châtillon-sur-Bar *08* ..... 43 E 1
Châtillon-sur-Broué *51* ..... 92 A 2
Châtillon-sur-Chalaronne *01* ..... 213 F 1
Châtillon-sur-Cher *41* ..... 153 F 4
Châtillon-sur-Cluses *74* ..... 216 C 1
Châtillon-sur-Colmont *53* .. 82 A 5
Châtillon-sur-Indre *36* ..... 170 D 2
Châtillon-sur-Lison *25* ..... 161 H 5
Châtillon-sur-Loire *45* ..... 134 D 5
Châtillon-sur-Marne *51* ..... 41 E 5
Châtillon-sur-Morin *51* ..... 60 D 5
Châtillon-sur-Oise *02* ..... 24 C 3
Châtillon-sur-Saône *88* ..... 118 B 5
Châtillon-sur-Seine *21* ..... 138 A 2
Châtillon-sur-Thouet *79* ..... 168 A 5
Châtin *58* ..... 175 H 1
Chatoillenot *52* ..... 139 G 4
Châtonnay *38* ..... 231 H 3
Chatonnay *39* ..... 196 B 3
Chatonrupt *52* ..... 92 D 3
Chatou *78* ..... 58 A 3
La Châtre *36* ..... 189 G 1
La Châtre-Langlin *36* ..... 188 B 3
Châtres *10* ..... 90 C 3
Châtres *24* ..... 241 G 2
Châtres *77* ..... 59 F 5
Châtres-la-Forêt *53* ..... 106 C 3
Châtres-sur-Cher *41* ..... 154 A 4
Châtrices *51* ..... 63 F 1
Chattancourt *55* ..... 43 H 4
Chatte *38* ..... 250 A 2
Chatuzange-le-Goubet *26* ..... 249 G 4
Chaucenne *25* ..... 161 H 3
Chauchailles *48* ..... 263 H 1
Chauché *85* ..... 166 A 3
Le Chauchet *23* ..... 208 B 2
Chauchigny *10* ..... 90 D 4
Chauconin *77* ..... 59 F 2
Chauconin-Neufmontiers *77* ..... 59 F 2
Chaucre *17* ..... 200 A 2
Chaudanne *Barrage de 04* ..... 308 B 1
Chaudardes *02* ..... 41 E 2
Chaudebonne *26* ..... 268 A 4
Chaudefonds-sur-Layon *49* ..... 149 F 3
Chaudefontaine *25* ..... 162 B 2
Chaudefontaine *51* ..... 43 E 5

Chaudenay 52 139 H2
Chaudenay 71 177 G2
Chaudenay-la-Ville 21 159 F5
Chaudenay-le-Château 21 159 F5
Chaudeney-sur-Moselle 54 94 B1
Chaudes-Aigues 15 263 G1
Chaudeyrac 48 265 E3
Chaudeyrolles 43 247 H4
La Chaudière 26 268 A3
Chaudière *Col de la* 26 267 H3
Chaudon 28 57 E5
Chaudon-Norante 04 288 B5
Chaudrey 10 91 F3
Chaudron-en-Mauges 49 148 D3
Chaudun 02 40 B3
Chauffailles 71 194 A5
Chauffayer 05 269 G1
Chauffecourt 88 94 D4
Chauffour-lès-Bailly 10 115 G2
Chauffour-lès-Étréchy 91 87 F3
Chauffour-sur-Vell 19 242 C4
Chauffours 28 85 H4
Chauffourt 52 117 G5
Chauffry 77 60 A4
Chaufour-lès-Bonnières 78 56 D1
Chaufour-Notre-Dame 72 107 G4
Chaugey 21 178 C1
Chaulgnes 58 156 C5
Chaulhac 48 246 A5
Chaulieu 50 52 C4
La Chaulme 63 229 F4
Chaulnes 80 23 F2
Chaum 31 334 B3
Chaumard 58 158 A5
La Chaume 21 138 C2
La Chaume 85 182 A1
Chaume-et-Courchamp 21 139 G5
Chaume-lès-Baigneux 21 138 B5
Chaumeil 19 225 E4
Chaumercenne 70 161 F3
Chaumeré 35 104 D4
Chaumergy 39 179 E3
Chaumes-en-Brie 77 59 F5
Chaumesnil 10 91 H4
Chaumont 18 173 H4
Chaumont 39 197 E3
Chaumont 52 117 E3
Chaumont 61 54 D3
Chaumont 74 215 F2
Chaumont 89 89 E5
Chaumont *Château de* 71 194 B2
Chaumont-d'Anjou 49 129 E5
Chaumont-devant-Damvillers 55 44 B4
Chaumont-en-Vexin 60 37 G4
Chaumont-la-Ville 52 117 H3
Chaumont-le-Bois 21 115 H5
Chaumont-le-Bourg 63 229 E4
Chaumont-Porcien 08 26 A4
Chaumont-sur-Aire 55 63 H2
Chaumont-sur-Loire 41 152 D1
Chaumont-sur-Tharonne 41 133 F5
Chaumontel 95 38 C5
Chaumot 58 157 G4
Chaumot 89 113 F4
Chaumousey 88 119 E2
Chaumoux-Marcilly 18 155 H5
Chaumussay 37 170 A3
La Chaumusse 39 197 E1
Chaumuzy 51 41 F5
Chaunac 17 220 B5
Chaunay 86 186 A5
Chauny 02 24 A5
Chauray 79 185 E4
Chauriat 63 228 A1
Chausey *Îles* 50 50 D2
La Chaussade 23 207 H3
La Chaussaire 49 148 B4
Chaussan 69 230 D2
La Chaussée 76 20 B2
La Chaussée 86 168 D3
La Chaussée-d'Ivry 28 56 D3
La Chaussée-Saint-Victor 41 132 A5
La Chaussée-sur-Marne 51 62 C3
La Chaussée-Tirancourt 80 22 A1
Chaussenac 15 243 H2
Chaussenans 39 179 G3
Chausseterre 42 211 E4
Chaussin 39 178 D2
Chaussoy-Epagny 80 22 C3
Chaussy 45 111 E3
Chaussy 95 37 F5
Le Chautay 18 174 B2
Chauvac 26 286 C1
Chauvé 44 146 D4
Chauve d'Aspremont *Mont* 06 291 E5
Chauvency-le-Château 55 27 H5
Chauvency-Saint-Hubert 55 27 H5
Chauvigné 35 80 D4
Chauvigny 86 187 E1
Chauvigny-du-Perche 41 109 F5
Chauvincourt 27 37 F3
Chauvirey-le-Châtel 70 140 B2
Chauvirey-le-Vieil 70 140 B3
Chauvoncourt 55 64 C3
Chauvry 95 58 B1
Chaux 21 159 H5
La Chaux 25 180 D1
La Chaux 61 83 E2
La Chaux 71 178 C3
Chaux 90 142 B2
Chaux-Champagny 39 179 H2
Chaux-des-Crotenay 39 180 A5
Chaux-des-Prés 39 197 E2
La Chaux-du-Dombief 39 197 E1
La Chaux-en-Bresse 39 179 E3
Chaux-la-Lotière 70 161 H2
Chaux-lès-Clerval 25 162 D2
Chaux-lès-Passavant 25 162 C3
Chaux-lès-Port 70 140 D3
Chaux-Neuve 25 180 B5
Chauzon 07 266 B5
Chavagnac 15 245 F2
Chavagnac 24 241 H3
Chavagne 35 104 A3
Chavagnes 49 149 H3
Chavagnes-en-Paillers 85 166 A2
Chavagnes-les-Redoux 85 166 D4
Chavagneux-Montbertand 38 231 H1
Chavaignes 49 150 C1
Chavanac 19 225 G2
Chavanat 23 207 F3
Chavanatte 90 142 D3
Chavanay 42 231 E4
Chavanges 10 91 H3
Chavaniac-Lafayette 43 246 D2
Chavannaz 74 215 F2
Chavanne 39 179 E5
Chavanne 70 142 A4
La Chavanne 73 233 G3
Chavannes 18 173 E3
Chavannes 26 249 F3
Les Chavannes-en-Maurienne 73 234 A4
Chavannes-les-Grands 90 142 D3
Chavannes-sur-l'Étang 68 142 D3
Chavannes-sur-Reyssouze 01 195 F3
Chavannes-sur-Suran 01 196 B5
Chavanod 74 215 F4
Chavanoz 38 213 H5
Les Chavants 74 216 D3
Chavaroux 63 210 A5
La Chavatte 80 23 F3
Chaveignes 37 169 F1
Chavelot 88 95 F5
Chavenat 16 221 F4
Chavenay 78 57 H3
Chavençon 60 37 H4
Chavenon 03 191 F3
Chavéria 39 196 C2
Chaveroche 19 225 H3
Chaveyriat 01 195 G5
Chavignol 18 155 H3
Chavignon 02 40 C1
Chavigny 02 40 B2
Chavigny 54 94 D1
Chavigny *Château de* 37 150 D5
Chavigny-Bailleul 27 56 B3
Chaville 92 58 B4
Chavin 36 188 D2
Chavoire 74 215 G3
Chavonne 02 40 D2
Chavornay 01 214 D4
Chavot-Courcourt 51 61 F1
Chavoy 50 51 H4
Chavroches 03 192 C4
Le Chay 17 219 E1
Chay 25 179 G1
Chazay-d'Azergues 69 212 D4
La Chaze-de-Peyre 48 264 A2
Chazé-Henry 49 127 G3
Chazé-sur-Argos 49 127 H4
Chazeaux 07 266 A3
Le Chazelet 05 252 A3
Chazelet 36 188 C2
Chazelles 15 246 B3
Chazelles 16 221 G2
Chazelles 39 196 A3
Chazelles 43 246 C4
Chazelles-sur-Albe 54 96 A1
Chazelles-sur-Lavieu 42 229 G3
Chazelles-sur-Lyon 42 230 B2
Chazelot 25 162 C1
Chazemais 03 190 C3
Chazeuil 21 139 G5
Chazeuil 58 157 E4
Chazey-Bons 01 214 D5
Chazey-sur-Ain 01 213 H4
Chazilly 21 159 F5
Chazot 25 163 E2
Chazoy 25 161 G3
La Chebuette 44 147 H3
Chécy 45 133 F2
Chedde 74 216 D3
Chédigny 37 152 C4
Chef-Boutonne 79 202 D1
Chef-du-Pont 50 31 H2
Chef-Haut 88 94 C4
Cheffes 49 128 C5
Cheffois 85 167 E5
Cheffreville-Tonnencourt 14 54 C1
Le Chefresne 50 52 A2
Chéhéry 08 27 E4
Cheignieu-la-Balme 01 214 C4
Cheillé 37 151 F4
Cheilly-lès-Maranges 71 177 F3
Chein-Dessus 31 334 D2
Cheissoux 87 206 C5
Le Cheix 63 209 H3
Le Cheix 63 227 G3
Cheix-en-Retz 44 147 E4
Chélan 32 316 A3
Chelers 62 7 H5
Chélieu 38 232 B3
Chelle-Debat 65 315 G4
Chelle-Spou 65 333 G1
Chelles 60 39 H3
Chelles 77 59 E3
Chelun 35 127 F2
Chemaudin 25 161 H4
Chemault 45 111 H4
Chemazé 53 128 A3
Chemellier 49 149 H3
Chemenot 39 179 E3
Chéméré 44 146 D5
Chémeré-le-Roi 53 106 C5
Chémery 41 153 F3
Chémery 57 66 D2
Chémery-Chéhéry 08 27 E5
Chémery-les-Deux 57 46 C3
Chemilla 39 196 C3
Chemillé-en-Anjou 49 149 F4
Chemillé-sur-Dême 37 130 D4
Chemillé-sur-Indrois 37 152 D5
Chemilli 61 84 B4
Chemilly 03 192 A2
Chemilly 70 140 D4
Chemilly-sur-Serein 89 136 D3
Chemilly-sur-Yonne 89 136 B2
Chemin 39 178 C2
Le Chemin 51 63 F1
Chemin-d'Aisey 21 138 A3
Cheminas 07 249 E2
Cheminon 51 63 F4
Cheminot 57 65 H2
Chemiré-en-Charnie 72 107 E4
Chemiré-le-Gaudin 72 107 F5
Chemiré-sur-Sarthe 49 128 D3
Chemy 59 8 C4
Chenac-Saint-Seurin-d'Uzet 17 219 E3
Chenailler-Mascheix 19 243 E3
La Chenalotte 25 163 F5
Chénas 69 194 D5
Chenaud 24 239 E1
Chenay 51 41 F3
Chenay 72 83 H3
Chenay 79 185 G4
Chenay-le-Châtel 71 193 F5
Le Chêne 10 91 E2
Chêne-Arnoult 89 135 F2
Chêne-Bernard 39 179 E2
Chêne-Chenu 28 85 H2
Chêne-en-Semine 74 215 E2
Chêne-Sec 39 178 D3
Chenebier 70 142 B3
Chenecey-Buillon 25 161 H5
Cheneché 86 169 E4
Chênedollé 14 52 D3
Chênedouit 61 53 G4
Chênehutte-les-Tuffeaux 49 150 B3
Chénelette 69 212 B1
Chénérailles 23 207 H2
Chenereilles 42 229 G4
Chenereilles 43 248 A2
Chénerilles 04 287 H4
Chenevelles 86 169 H5
Chenevières 54 95 G2
Chenevrey-et-Morogne 70 161 F3
Chênex 74 215 F1
Cheney 89 137 E2
Chenicourt 54 66 B3
Chenières 54 45 E2
Chéniers 23 189 F4
Cheniers 51 62 A3
Chenillé-Champteussé 49 128 B4
Chenillé-Changé 49 128 B4
Cheniménil 88 119 G2
Chennebrun 27 55 G5
Chennegy 10 114 C2
Chennevières 55 93 F1
Chennevières-lès-Louvres 95 58 D1
Chennevières-sur-Marne 94 58 D4
Chenois 57 66 C2
Chenoise-Cucharmoy 77 89 F2
Chenommet 16 203 G3
Chenon 16 203 G3
Chenonceau *Château de* 37 152 C3
Chenonceaux 37 152 C3
Chenou 77 112 B3
Chenôve 21 160 A3
Chenôves 71 177 G5
Chens-sur-Léman 74 197 H4
Chenu 72 130 B5
Cheny 89 114 A5
Chepniers 17 238 B1
Chepoix 60 22 C5
La Cheppe 51 62 C1
Cheppes-la-Prairie 51 62 B3
Cheppy 55 43 G4
Cheptainville 91 87 G3
Chepy 51 62 B3
Chépy 80 11 F4
Chérac 17 219 H1
Chérancé 53 127 H2
Chérancé 72 83 H5
Chéraute 64 313 F4
Chéray 17 200 A3
Cherbonnières 17 202 B3
Cherbourg-en-Cotentin 50 29 E3
Chérence 95 57 F1
Chérencé-le-Héron 50 52 A3
Chérencé-le-Roussel 50 52 B4
Chéreng 59 9 E3
Les Chères 69 212 D4
Chérêt 02 40 D1
Chériennes 62 12 B2
Cherier 42 211 F3
Chérigné 79 202 C1
Les Chéris 50 51 H5
Chérisay 72 83 G5
Chérisey 57 65 H2
Cherisy 28 56 D4
Chérisy 62 13 H3
Chérizet 71 194 C2
Chermignac 17 219 F1
Chermisey 88 93 H4
Chermizy-Ailles 02 41 E1
Chéronnac 87 204 D5
Chéronvilliers 27 55 G4
Chéroy 89 113 E2
Cherré 49 128 C4
Cherré 72 108 C3
Cherreau 72 108 C2
Cherrueix 35 51 E5
Cherval 24 221 G4
Cherveix-Cubas 24 241 F1
Cherves 86 168 C5
Cherves-Châtelars 16 204 B5
Cherves-de-Cognac 16 202 B5
Chervettes 17 201 F2
Cherveux 79 185 E3
Chervey 10 115 H3
Cherville 51 61 H1
Chervinges 69 212 D3
Chéry 18 154 C5
Chéry-Chartreuve 02 40 D4
Chéry-lès-Pouilly 02 24 D4
Chéry-lès-Rozoy 02 25 G3
Chesley 10 115 E5
Le Chesnay-Rocquencourt 78 58 A3
Le Chesne 08 42 D1
Le Chesne 27 56 A3
Chesnel 16 202 B5
Chesnois-Auboncourt 08 26 C5
Chesny 57 65 H1
Chessenaz 74 215 E2
Chessy 69 212 C4
Chessy 77 59 F3
Chessy-les-Prés 10 114 C4
Chéu 89 114 B5
Cheuge 21 160 D2
Cheust 65 333 E1
Cheux 14 33 F4
Chevagnes 03 192 C1
Chevagny-les-Chevrières 71 194 D4
Chevagny-sur-Guye 71 194 B2
Chevaigné 35 104 B2
Chevaigné-du-Maine 53 82 D4
Le Chevain 72 83 G4
Cheval-Blanc 84 305 F2
La Chevalerie 17 200 B4
Chevaline 74 215 H5
La Chevallerais 44 147 G1
Le Chevalon 38 232 D5
Chevanceaux 17 220 C5
Chevannay 21 159 F2
Chevannes 21 159 H5
Chevannes 45 112 D3
Chevannes 89 136 A3
Chevannes 91 88 A3
Chevannes-Changy 58 157 E4
Chevennes 02 25 E2
Chevenon 58 174 D3
Chevenoz 74 198 C3
Cheverny 41 153 F1
Cheveuges 08 27 E4
Chevières 08 43 E3
Chevigney 70 161 E3
Chevigney-lès-Vercel 25 162 C4
Chevigney-sur-l'Ognon 25 161 G3
Chevigny 39 161 E4
Chevigny-en-Valière 21 178 A2
Chevigny-Saint-Sauveur 21 160 B3
Chevillard 01 214 C1
Chevillé 72 107 E5
Chevillon 52 92 D2
Chevillon 89 135 G2
Chevillon-sur-Huillard 45 112 B5
La Chevillotte 25 162 B4
Chevilly 45 110 D4
Chevilly-Larue 94 58 C4
Chevinay 69 212 C5
Chevincourt 60 39 F1
Cheviré-le-Rouge 49 129 F5
Chevrainvilliers 77 112 B2
Chèvre *Cap de la* 29 75 E5
Chevreaux 39 196 A2
Chevregny 02 40 D1
Chèvremont 90 142 C3
La Chèvrerie 16 203 F2
Chèvrerie *Vallon de la* 74 198 B5
Chevresis-les-Dames 02 24 C3
Chevresis-Monceau 02 24 D3
Chevreuse 78 58 A5
Chèvreville 50 52 B5
Chèvreville 60 39 G5
Chevrier 74 215 E1
Chevrières 38 250 A2
Chevrières 42 230 B2
Chevrières 60 39 E3
Chevroches 58 157 F2
La Chevrolière 44 147 G5
Chevrotaine 39 179 H5
Chevroux 01 195 F3
Chevroz 25 161 H2
Chevru 77 60 A4
Chevry 01 197 F4
Chevry 39 196 D3
Chevry 50 52 A1
Chevry-Cossigny 77 59 E5
Chevry-en-Sereine 77 112 D2
Chevry-sous-le-Bignon 45 112 D3
Chey 79 185 G4
Cheylade 15 245 E2
Le Cheylard 07 248 B5
Cheylard-l'Évêque 48 265 E3
Le Cheylas 38 233 F4
Cheyssieu 38 231 E4
Chezal-Benoît 18 172 C4
La Chèze 22 102 C2
Chèze 65 332 D3
Chézeaux 52 140 B2
Chezelle 03 191 H5
Chezelles 36 171 G3
Chezelles 37 169 F1
Chézeneuve 38 231 H2
Chézery-Forens 01 197 E5
Chézy 03 192 B1
Chézy-en-Orxois 02 40 A5
Chézy-sur-Marne 02 60 B2
Chiappa *Pointe de la* 2A 351 G2
Chiatra 2B 347 H4
Chiché 79 167 H4
Chicheboville 14 33 H5
Chichée 89 136 D3
Chichery 89 136 B2
Chichey 51 61 E5
Chichilianne 38 268 C1
Chicourt 57 66 C3
Chiddes 58 176 A3
Chiddes 71 194 B3
Chidrac 63 227 H3
Chierry 02 60 C1
Chieulles 57 45 H5
Chigné 49 129 H5
Chignin 73 233 F2
La Chignolle 16 203 F5
Chigny 02 25 E1
Chigny-les-Roses 51 41 G5
Chigy 89 113 H2
Chilhac 43 246 B2
Chillac 16 220 D5
Chille 39 179 E5
Chilleurs-aux-Bois 45 111 F4
Le Chillou 79 168 B4
Chilly 08 26 B2
Chilly 74 215 F2
Chilly 80 23 F3
Chilly-le-Vignoble 39 179 E5
Chilly-Mazarin 91 58 C5
Chilly-sur-Salins 39 179 H2
Chimilin 38 232 C2
Le Chinaillon 74 216 B2
Chindrieux 73 215 E4
Chinon 37 151 E5
Chioula *Col de* 09 336 D5
Chipilly 80 23 E1
Chirac 16 204 C4
Chirac 48 264 A4
Chirac-Bellevue 19 226 B4
Chirassimont 42 212 A4
Chirat-l'Église 03 191 G5
Chiré-en-Montreuil 86 186 A1
Chirens 38 232 C4
Chirmont 80 22 C4
Chirols 07 266 A2
Chiroubles 69 212 D1
Chiry-Ourscamp 60 23 G5
Chis 65 315 F4
Chisa 2B 349 F3
Chissay-en-Touraine 41 152 D3
Chisseaux 37 152 C3
Chisséria 39 196 C3
Chissey-en-Morvan 71 158 C5
Chissey-lès-Mâcon 71 194 D2
Chissey-sur-Loue 39 179 F1
Chitenay 41 153 E1
Chitray 36 188 B1
Chitry 89 136 C3
Chitry-les-Mines 58 157 G4
Chiuni *Plage de* 2A 348 A1
Chives 17 202 D3
Chivres 21 178 B2
Chivres-en-Laonnois 02 25 F4
Chivres-Val 02 40 C2
Chivy-lès-Étouvelles 02 40 D1
Chizé 79 202 B1
Chocques 62 7 H3
Choignes 52 117 E3
Choilley 52 139 G4
Choisel 78 57 H5
Choiseul 52 117 H4
Choisey 39 178 D1
Choisies 59 15 H3
Choisy 74 215 G2
Choisy-au-Bac 60 39 G2
Choisy-en-Brie 77 60 A4
Choisy-la-Victoire 60 39 E2
Choisy-le-Roi 94 58 C4
Cholet 49 166 D1
Cholonge 38 251 E3
Choloy-Ménillot 54 94 A1
Chomelix 43 247 E1
Chomérac 07 266 D2
La Chomette 43 246 C1
Chonas-l'Amballan 38 231 E4
Chonville 55 64 C5
Chooz 08 17 E4
Choqueuse-les-Bénards 60 22 A4

Choranche 38 250 B 3
Chorey-lès-Beaune 21 177 H 1
Chorges 05 270 A 3
Chouain 14 33 E 4
Chouday 36 172 C 3
Choue 41 109 E 5
Chougny 58 175 H 1
Chouilly 51 61 G 1
Chouppes 86 168 D 4
Chourgnac 24 241 F 1
Choussy 41 153 E 3
Chouvigny 03 209 G 2
Chouvigny *Gorges de* 63 209 G 2
Choux 39 196 D 4
Les Choux 45 134 C 3
Chouy 02 40 A 4
Chouzé-sur-Loire 37 150 D 4
Chouzelot 25 161 H 5
Chouzy-sur-Cisse 41 152 D 1
Choye 70 161 G 2
Chozeau 38 231 H 1
Chuelles 45 112 D 5
Chuffilly-Roche 08 42 C 1
Chuignes 80 23 F 2
Chuignolles 80 23 F 2
Chuisnes 28 85 G 4
Chusclan 30 285 E 3
Chuyer 42 230 D 4
Chuzelles 38 231 F 2
Ciadoux 31 316 C 4
Ciamannacce 2A 349 E 3
Cians *Gorges du* 06 289 G 5
Ciboure 64 310 B 3
Cideville 76 19 H 5
Ciel 71 178 A 3
Cier-de-Luchon 31 334 B 4
Cier-de-Rivière 31 334 B 1
Cierges 02 40 D 5
Cierges-sous-Montfaucon 55 43 G 3
Cierp-Gaud 31 334 B 3
Cierrey 27 56 C 1
Cierzac 17 220 B 2
Cieurac 46 278 B 1
Cieutat 65 333 F 1
Cieux 87 205 F 3
Ciez 58 156 C 2
Cigné 53 82 B 4
Cigogné 37 152 B 4
Cilly 02 25 F 3
Cinais 37 150 D 5
Cindré 03 192 C 4
Cinq-Chemins 74 198 A 3
Cinq-Mars-la-Pile 37 151 G 3
Cinquétral 39 197 E 3
Cinqueux 60 38 D 3
Cintegabelle 31 318 A 4
Cintheaux 14 53 H 1
Cintray 27 55 H 4
Cintray 28 86 A 4
Cintré 35 103 H 3
Cintrey 70 140 B 3
La Ciotat 13 327 F 4
Cipières 06 309 E 1
Ciral 61 83 E 3
Ciran 37 170 B 1
Circourt 88 95 E 5
Circourt-sur-Mouzon 88 94 A 5
Ciré-d'Aunis 17 200 D 2
Cirès 31 334 A 4
Cires-lès-Mello 60 38 C 4
Cirey 21 177 F 2
Cirey 70 162 A 2
Cirey-lès-Mareilles 52 117 F 2
Cirey-lès-Pontailler 21 160 C 3
Cirey-sur-Blaise 52 92 C 5
Cirey-sur-Vezouze 54 96 B 1
Cirfontaines-en-Azois 52 116 C 3
Cirfontaines-en-Ornois 52 93 F 3
Cirières 79 167 F 3
Ciron 36 188 A 1
Cirque *Belvédère du* 05 271 G 1
Ciry-le-Noble 71 194 A 1
Ciry-Salsogne 02 40 C 2
Cisai-Saint-Aubin 61 54 D 4
Cisery 89 158 B 1
Cissac-Médoc 33 237 E 1
Cissé 86 169 E 5
Cisternes-la-Forêt 63 209 E 5
Cistrières 43 228 D 5
Cîteaux *Abbaye de* 21 160 B 5
Citerne 80 11 G 5
Citers 70 141 G 3
Citey 70 161 G 1
Citou 11 320 A 3
Citry 77 60 A 2
Civaux 86 187 E 3
Civens 42 212 A 5
Civières 27 37 E 5
Civrac-de-Blaye 33 237 H 2
Civrac-en-Médoc 33 218 D 5
Civrac-sur-Dordogne 33 256 D 1
Civray 18 172 D 2
Civray 86 203 G 1
Civray-de-Touraine 37 152 C 3
Civray-sur-Esves 37 169 H 1
Civrieux 01 213 E 3
Civrieux-d'Azergues 69 212 D 4
Civry 28 110 A 4
Civry-en-Montagne 21 159 F 3
Civry-la-Forêt 78 57 E 3
Civry-sur-Serein 89 137 E 5
Cizancourt 80 23 G 2
Cizay-la-Madeleine 49 150 B 4
Cize 01 196 B 5
Cize 39 179 H 4
Cizely 58 175 E 2
Cizos 65 316 A 4
Clacy-et-Thierret 02 24 D 5
Cladech 24 259 F 1
Claira 66 339 E 5
Clairac 47 275 G 1
Clairavaux 23 207 G 5
Clairefontaine-en-Yvelines 78 87 E 2
Clairefougère 61 52 D 3
Clairegoutte 70 142 A 3
Clairfayts 59 16 A 4
Clairfontaine 02 25 G 1
Clairmarais 62 3 F 5
Clairoix 60 39 F 2
Clairvaux 10 116 B 3
Clairvaux-d'Aveyron 12 262 B 5
Clairvaux-les-Lacs 39 196 D 1
Clairvivre 24 223 H 5
Clairy-Saulchoix 80 22 B 2
Clais 76 20 D 3
Claix 16 221 E 3
Claix 38 250 D 2
Clam 17 219 H 3
Clamanges 51 61 H 3
Clamart 92 58 B 4
Clamecy 02 40 B 2
Clamecy 58 157 F 2
Clamensane 04 287 H 1
Clamerey 21 159 E 2
Clamouse *Grotte de* 34 302 B 3
Clans 06 289 H 4
Clans 70 141 E 4
Clansayes 26 285 E 1
Le Claon 55 43 F 5
Claouey 33 254 B 1
Le Clapier 12 301 F 2
Clapiers 34 302 D 4
La Claquette 67 96 D 3
Clara 66 342 B 3
Clarac 31 334 B 1
Clarac 65 315 G 5
Claracq 64 294 B 5
Clarafond 74 215 E 2
Clarbec 14 34 C 4
Clarens 65 315 H 5
Clarensac 30 303 G 2
Claret 04 269 G 5
Claret 34 302 D 2
Clarques 62 7 F 2
La Clarté 22 72 C 2
Clary 59 14 C 5
Classun 40 294 B 3
Clastres 02 24 A 3
Clasville 76 19 F 3
Le Clat 11 337 F 5
Claudon 88 118 C 4
Les Claux 05 270 D 3
Le Claux 15 245 E 2
Clavans-en-Haut-Oisans 38 251 H 3
Clavé 79 185 F 2
Claveisolles 69 212 B 2
Clavette 17 200 D 1
Claveyson 26 249 F 2
Clavières 15 246 A 4
Claviers 83 308 B 4
Claville 27 56 A 1
Claville-Motteville 76 20 B 5
Clavy-Warby 08 26 C 3
La Claye 85 183 E 2
Claye-Souilly 77 59 E 2
Clayes 35 104 A 2
Les Clayes-sous-Bois 78 57 H 4
La Clayette 71 194 A 5
Clayeures 54 95 F 3
Clazay 79 167 G 4
Clécy 14 53 F 2
Cléden-Cap-Sizun 29 98 D 2
Cléden-Poher 29 76 C 4
Cléder 29 71 F 3
Clèdes 40 294 B 4
Cleebourg 67 69 E 1
Clefmont 52 117 G 3
Clefs-Val-d'Anjou 49 129 G 5
Les Clefs 74 216 A 4
Cléguer 56 101 E 5
Cléguérec 56 101 H 2
Clelles 38 250 D 5
Clémencey 21 159 H 4
Clémensat 63 227 H 3
Clémery 54 65 H 3
Clémont 18 133 H 5
Clénay 21 160 B 2
Clenleu 62 6 C 4
Cléon 76 36 A 3
Cléon-d'Andran 26 267 F 3
Cleppé 42 211 H 5
Clérac 17 238 C 2
Cléré-du-Bois 36 170 C 3
Cléré-les-Pins 37 151 F 2
Cléré-sur-Layon 49 149 H 5
Clères 76 20 B 5
Clérey 10 115 F 2
Clérey-la-Côte 88 94 A 3
Clérey-sur-Brenon 54 94 D 2
Clergoux 19 243 F 1
Clérieux 26 249 F 3
Les Clérimois 89 113 H 2
Le Clerjus 88 119 F 4
Clerlande 63 209 H 4
Clermain 71 194 C 4
Clermont 09 335 G 2
Clermont 40 293 E 4
Clermont 60 38 C 2
Clermont 74 215 E 3
Clermont *Abbaye de* 53 105 G 3
Clermont-Créans 72 129 G 4
Clermont-de-Beauregard 24 240 B 4
Clermont-Dessous 47 275 G 2
Clermont-d'Excideuil 24 223 F 5
Clermont-en-Argonne 55 43 G 5
Clermont-en-Auge 14 34 B 4
Clermont-Ferrand 63 209 H 5
Clermont-le-Fort 31 317 H 2
Clermont-les-Fermes 02 25 F 4
Clermont-l'Hérault 34 302 A 4
Clermont-Pouyguillès 32 316 A 2
Clermont-Savès 32 297 E 4
Clermont-Soubiran 47 276 D 3
Clermont-sur-Lauquet 11 337 H 2
Cléron 25 162 A 5
Clerques 62 2 D 5
Clerval 25 162 D 2
Cléry 21 161 E 3
Cléry 73 234 A 1
Cléry-en-Vexin 95 37 G 5
Cléry-le-Grand 55 43 G 2
Cléry-le-Petit 55 43 G 2
Cléry-Saint-André 45 132 D 3
Cléry-sur-Somme 80 23 G 1
Clesles 51 90 C 3
Clessé 71 195 E 3
Clessé 79 167 H 5
Clessy 71 193 G 2
Cléty 62 7 F 2
Cleurie 88 119 H 3
Cleuville 76 19 F 4
Cléville 14 34 A 5
Cléville 76 19 F 5
Clévilliers 28 86 A 3
Cleyrac 33 256 D 2
Cleyzieu 01 214 B 3
Clézentaine 88 95 G 3
Clichy 92 58 C 3
Clichy-sous-Bois 93 58 D 3
Climbach 67 69 E 1
Le Climont 67 96 D 4
Clinchamp 52 117 G 2
Clinchamps-sur-Orne 14 33 G 5
Clion 17 219 H 3
Clion 36 170 D 2
Le Clion-sur-Mer 44 146 C 5
Cliousclat 26 267 F 2
Cliponville 76 19 G 4
Cliron 08 26 C 2
Clis 44 145 G 4
La Clisse 17 201 F 5
Clisson 44 148 A 5
Clitourps 50 29 G 3
Clohars-Carnoët 29 100 C 5
Clohars-Fouesnant 29 99 H 4
Le Cloître-Pleyben 29 76 B 4
Le Cloître-Saint-Thégonnec 29 76 B 2
Clomot 21 159 E 4
Clonas-sur-Varèze 38 231 E 4
Clos *Futaie des* 72 130 C 3
Clos-Fontaine 77 89 E 2
La Clotte 17 238 C 2
Clouange 57 45 G 4
Cloué 86 186 A 3
Les Clouzeaux 85 165 G 5
Cloyes-sur-le-Loir 28 109 G 5
Cloyes-sur-Marne 51 62 D 5
Clucy 39 179 H 2
Clugnat 23 189 H 4
Cluis 36 189 E 2
Clumanc 04 288 B 4
Cluny 71 194 D 3
La Clusaz 74 216 A 3
La Cluse 01 214 C 1
La Cluse 05 269 F 2
La Cluse-et-Mijoux 25 180 D 2
Les Cluses 66 343 E 4
Cluses 74 216 C 1
Clussais-la-Pommeraie 79 203 E 1
Clux 71 178 B 2
Coadout 22 73 E 5
Coaraze 06 291 F 4
Coarraze 64 314 C 5
Coat-Méal 29 70 C 5
Coatascorn 22 73 E 4
Coatfrec *Château de* 22 72 C 3
Coatréven 22 72 D 3
Cobonne 26 267 G 1
Cobrieux 59 9 E 3
Cocalière *Grotte de la* 30 283 H 2
La Cochère 61 54 C 4
Cocherel 27 56 C 1
Cocherel 77 59 H 1
Cocheren 57 47 F 5
Coclois 10 91 F 3
Cocquerel 80 11 H 4
Cocumont 47 256 D 5
Codalet 66 342 A 3
Codognan 30 303 G 3
Codolet 30 285 E 3
Coémont 72 130 B 4
Coësmes 35 104 D 5
Coëtlogon 22 102 C 2
Coëtmieux 22 78 C 3
Coëtquidan-Saint-Cyr *Camp de* 56 103 F 4
Cœuilly 94 58 D 4
Cœuvres-et-Valsery 02 40 A 3
Coëx 85 165 E 4
Coggia 2A 348 B 1
Coglès 35 80 D 3
Cogna 39 196 D 1
Cognac 16 220 B 1
Cognac-la-Forêt 87 205 E 5
Cognat-Lyonne 03 210 A 2
Cogners 72 130 D 2
Cognet 38 251 E 5
Cognières 70 162 C 1
Cognin 73 233 E 2
Cognin-les-Gorges 38 250 B 2
Cognocoli-Monticchi 2A 348 D 4
Cogny 18 173 G 3
Cogny 69 212 C 3
Cogolin 83 329 F 3
Cohade 43 228 B 5
Cohan 02 40 D 4
Cohennoz 73 216 B 5
Cohiniac 22 78 A 3
Cohons 52 139 G 3
Coiffy-le-Bas 52 118 A 5
Coiffy-le-Haut 52 118 A 5
Coigneux 80 13 E 4
Coignières 78 57 H 4
Coigny 50 31 H 2
Coimères 33 256 B 4
Coin-lès-Cuvry 57 65 H 1
Coin-sur-Seille 57 65 H 2
Coinces 45 110 C 5
Coinches 88 96 C 5
Coincourt 54 66 D 5
Coincy 02 40 C 5
Coincy 57 66 B 1
Coings 36 171 H 3
Coingt 02 25 G 3
Coirac 33 256 C 2
Coise 69 230 B 2
Coise-Saint-Jean-Pied-Gauthier 73 233 G 2
Coiserette 39 197 E 4
Coisevaux 70 142 B 3
Coisia 39 196 C 4
Coisy 80 22 C 1
Coivert 17 201 H 2
Coivrel 60 22 D 5
Coizard-Joches 51 61 F 3
Colayrac-Saint-Cirq 47 275 H 3
Colembert 62 2 C 5
Coligny 01 196 A 3
Coligny 51 61 G 3
Colincamps 80 13 F 4
Collan 89 136 D 2
La Collancelle 58 157 G 5
Collandres 15 244 D 1
Collandres-Quincarnon 27 55 H 1
Collanges 63 228 A 4
Collat 43 246 D 1
La Colle-sur-Loup 06 309 F 2
Collégien 77 59 E 3
Collemiers 89 113 F 3
Colleret 59 15 H 2
Le Collet 88 120 C 3
Le Collet-d'Allevard 38 233 G 4
Le Collet-de-Dèze 48 283 F 2
Colletot 27 35 F 3
Colleville 76 19 E 3
Colleville-Montgomery 14 33 H 3
Colleville-sur-Mer 14 32 D 2
Collias 30 284 C 5
Colligis-Crandelain 02 40 D 1
Colligny 57 66 B 1
Colline-Beaumont 62 11 F 1
Collinée 22 78 D 5
Collioure 66 343 G 4
Collobrières 83 328 D 3
Collonge-en-Charollais 71 194 C 1
Collonge-la-Madeleine 71 177 E 2
Collonges 01 215 E 1
Collonges-au-Mont-d'Or 69 213 E 5
Collonges-la-Rouge 19 242 C 3
Collonges-lès-Bévy 21 159 H 5
Collonges-lès-Premières 21 160 C 4
Collonges-sous-Salève 74 215 G 1
Collongues 06 289 F 5
Collongues 65 315 F 4
Collorec 29 76 B 4
Collorgues 30 284 A 5
Colmar 68 121 E 3
Colmars 04 288 D 2
Colmen 57 46 C 3
Colméry 58 156 D 3
Colmesnil-Manneville 76 20 A 2
Colmey 54 44 C 2
Colmier-le-Bas 52 138 D 3
Colmier-le-Haut 52 138 D 3
Colognac 30 283 F 5
Cologne 32 297 E 3
Colomars 06 309 G 2
Colombe 38 232 B 4
La Colombe 41 132 B 2
La Colombe 50 52 A 2
Colombé-la-Fosse 10 92 B 5
Colombé-le-Sec 10 116 B 2
Colombe-lès-Bithaine 70 141 G 3
Colombe-lès-Vesoul 70 141 F 4
Colombelles 14 33 H 4
Colombes 92 58 B 2
Colombey-les-Belles 54 94 B 2
Colombey-lès-Choiseul 52 117 H 3
Colombey-les-Deux-Églises 52 116 C 2
Colombier 03 191 E 5
Colombier 21 159 F 5
Colombier 24 257 H 1
Colombier 42 230 D 5
Colombier 70 141 F 4
Colombier-Châtelot 25 142 A 5
Colombier-en-Brionnais 71 194 A 4
Colombier-Fontaine 25 142 B 5
Colombier-le-Cardinal 07 249 E 1
Colombier-le-Jeune 07 248 D 4
Colombier-le-Vieux 07 248 D 3
Colombier-Saugnieu 69 231 G 1
Colombière *Col de la* 74 216 B 2
Colombières 14 32 C 3
Colombières-sur-Orb 34 301 E 5
Colombiers 17 219 G 2
Colombiers 18 173 F 5
Colombiers 34 321 F 4
Colombiers 61 83 G 3
Colombiers 86 169 F 4
Colombiers-du-Plessis 53 81 H 4
Colombiers-sur-Seulles 14 33 F 3
Colombiès 12 280 B 1
Colombotte 70 141 F 4
Colomby 50 29 F 5
Colomby-Anguerny 14 33 G 3
Colomby de Gex *Mont* 01 197 F 4
Colomby-sur-Thaon 14 33 G 3
Colomiers 31 297 H 4
Colomieu 01 214 C 5
Colonard-Corubert 61 84 C 4
Colondannes 23 188 D 5
Colonfay 02 25 E 2
Colonne 39 179 E 3
Colonzelle 26 267 F 5
Colpo 56 102 A 5
Colroy-la-Grande 88 96 C 4
Colroy-la-Roche 67 96 D 3
Coltainville 28 86 B 3
Coltines 15 245 G 3
Coly 24 241 G 3
Combaillaux 34 302 C 4
Combas 30 303 F 2
La Combe-de-Lancey 38 251 F 1
La Combe des Eparres 38 232 A 3
Combe Laval 26 249 H 4
Combeaufontaine 70 140 C 3
Combefa 81 279 G 5
La Combelle 63 228 A 4
Comberanche-et-Épeluche 24 239 G 1
Comberjon 70 141 F 4
Comberouger 82 297 F 2
Combéroumal *Prieuré de* 12 281 G 3
Combertault 21 177 H 2
Les Combes 25 163 E 5
Combes 34 301 F 5
Combiers 16 221 H 3
Comblanchien 21 159 H 5
Combles 80 13 H 5
Combles-en-Barrois 55 63 G 4
Comblessac 35 103 G 5
Combleux 45 133 F 2
Comblot 61 84 C 3
Combloux 74 216 C 3
Combon 27 35 H 5
Combourg 35 80 A 3
Combourtillé 35 81 E 5
Combovin 26 249 G 5
Combrailles 63 208 D 5
Combrand 79 167 F 3
Combray 14 53 F 2
Combre 42 212 A 2
Combrée 49 127 G 3
Combres 28 85 F 5
Combres-sous-les-Côtes 55 64 D 1
Combressol 19 225 G 4
Combret 12 300 B 2
Combreux 45 111 H 5
Combrimont 88 96 C 5
Combrit 29 99 G 4
Combronde 63 209 H 3
Combs-la-Ville 77 58 D 5
La Comelle 71 176 B 3
Comiac 46 243 F 5
Comigne 11 320 B 5
Comines 59 4 C 5
Commana 29 76 A 2
Commarin 21 159 F 4
Commeaux 61 54 A 4
Commelle 38 231 H 4
Commelle-Vernay 42 211 G 3
Commenailles 39 178 D 4
Commenchon 02 24 A 4
Commensacq 40 273 E 2
Commentry 03 191 E 5
Commeny 95 37 G 5
Commequiers 85 165 E 4
Commer 53 106 B 2
Commercy 55 64 D 5
Commerveil 72 84 A 5
Commes 14 32 D 2
Commissey 89 137 F 2
Communailles-en-Montagne 39 180 A 3
Communay 69 231 E 2
Compaing *Pas de* 15 245 E 4
Compains 63 227 F 4
Compainville 76 21 E 4
Compans 77 59 E 2
Le Compas 23 208 C 3
Compertrix 51 62 A 2
Compeyre 12 281 H 3
Compiègne 60 39 F 2
Compigny 89 89 G 5
Compolibat 12 279 H 1
La Compôte 73 233 H 1
Comprégnac 12 281 G 4

A B C D E F G H I J K L M N O P Q R S T U V W X Y Z

Compreignac 87 205 H 3
Comps 26 267 H 4
Comps 30 304 B 2
Comps 33 237 G 3
Comps-la-Grand-Ville 12 280 D 3
Comps-sur-Artuby 83 308 A 2
La Comté 62 7 H 5
Comus 11 336 D 4
Conan 41 132 A 3
Conand 01 214 B 4
Conat 66 342 A 3
Conca 2A 349 G 5
Concarneau 29 100 A 4
Concevreux 02 41 E 2
Concèze 19 223 H 5
Conches-en-Ouche 27 56 A 2
Conches-sur-Gondoire 77 59 F 3
Conchez-de-Béarn 64 294 C 5
Conchil-le-Temple 62 6 B 5
Conchy-les-Pots 60 23 F 5
Conchy-sur-Canche 62 12 C 2
Les Concluses 30 284 B 3
Concorès 46 259 H 3
Concoret 56 103 F 3
Concots 46 278 C 1
Concoules 30 283 G 1
Concourson-sur-Layon 49 149 H 5
Concremiers 36 187 H 1
Concressault 18 155 G 1
Concriers 41 132 B 3
Condac 16 203 F 2
Condal 71 195 H 2
Condamine 01 214 C 1
Condamine 39 178 D 5
La Condamine-Châtelard 04 271 E 4
Condat 15 227 E 5
Condat 46 242 C 4
Condat-en-Combraille 63 208 C 5
Condat-lès-Montboissier 63 228 C 3
Condat-sur-Ganaveix 19 224 C 4
Condat-sur-Trincou 24 222 C 5
Condat-sur-Vézère 24 241 G 3
Condat-sur-Vienne 87 205 G 5
Condé 36 172 B 3
Condé-en-Barrois 55 63 H 3
Condé-en-Brie 02 60 D 1
Condé-Folie 80 11 H 4
Condé-lès-Autry 08 43 E 3
Condé-lès-Herpy 08 41 H 1
Condé-Northen 57 46 C 5
Condé-Sainte-Libiaire 77 59 F 3
Condé-sur-Aisne 02 40 C 2
Condé-sur-Ifs 14 54 A 1
Condé-sur-Iton 27 56 A 3
Condé-sur-l'Escaut 59 9 H 4
Condé-sur-Marne 51 61 H 1
Condé-sur-Noireau 14 53 F 3
Condé-sur-Risle 27 35 F 3
Condé-sur-Sarthe 61 83 G 4
Condé-sur-Seulles 14 33 E 4
Condé-sur-Suippe 02 41 F 2
Condé-sur-Vesgre 78 57 F 4
Condé-sur-Vire 50 32 B 5
Condeau 61 85 E 4
Condécourt 95 57 H 1
Condeissiat 01 213 G 1
Condéon 16 220 C 4
Condes 39 196 C 4
Condes 52 117 E 3
Condette 62 6 B 2
Condezaygues 47 258 D 5
Condillac 26 267 E 3
Condom 32 275 G 5
Condom-d'Aubrac 12 263 F 5
Condorcet 26 268 A 5
Condren 02 24 B 5
Condrieu 69 231 E 4
Conflandey 70 141 E 3
Conflans-en-Jarnisy 54 45 E 5
Conflans-Sainte-Honorine 78 58 A 2
Conflans-sur-Anille 72 108 D 5
Conflans-sur-Lanterne 70 141 F 2
Conflans-sur-Loing 45 112 C 5
Conflans-sur-Seine 51 90 B 2
Confolens 16 204 C 3
Confolens Cascade de 38 251 G 4
Confolent-Port-Dieu 19 226 C 3
Confort 01 215 E 1
Confort-Meilars 29 99 E 2
Confracourt 70 140 C 4
Confrançon 01 195 G 5
Congé-sur-Orne 72 107 H 2
Congénies 30 303 F 2
Congerville 91 87 E 4
Congerville-Thionville 91 87 E 4
Congis-sur-Thérouanne 77 59 G 1
Congrier 53 127 G 2
Congy 51 61 F 3
Conie-Molitard 28 110 A 3
Conilhac-Corbières 11 320 C 5
Conilhac-de-la-Montagne 11 337 G 3
Conjux 73 215 E 5
Conlie 72 107 F 3
Conliège 39 179 F 5
Connac 12 280 D 5
Connangles 43 246 D 1
Connantray-Vaurefroy 51 61 G 4
Connantre 51 61 F 5
Connaux 30 284 D 4
Conne-de-Labarde 24 258 B 1
Connelles 27 36 C 4
Connerré 72 108 B 4
Connezac 24 222 B 3
Connigis 02 60 C 1
Conquereuil 44 126 B 4
Conque-en-Rouergue 12 262 B 4
Conques-sur-Orbiel 11 319 H 4
Le Conquet 29 74 C 2
Conqueyrac 30 302 D 1
Cons-la-Grandville 54 44 D 2
Cons-Sainte-Colombe 74 216 A 5
Consac 17 219 G 4
Conségudes 06 309 F 1
Consenvoye 55 43 H 3
Consigny 52 117 G 2
Consolation Cirque de 25 163 E 4
Consolation-Maisonnettes 25 163 E 4
Contalmaison 80 13 G 5
Contamine-Sarzin 74 215 F 2
Contamine-sur-Arve 74 216 A 1
Les Contamines-Montjoie 74 216 D 4
Contault 51 63 E 2
Contay 80 13 E 5
Conte 39 180 A 4
Contes 06 291 F 5
Contes 62 6 D 5
Contescourt 02 24 A 3
Contest 53 82 B 5
Conteville 14 33 H 5
Conteville 27 35 E 2
Conteville 60 22 A 4
Conteville 76 21 F 4
Conteville 80 12 B 3
Conteville-en-Ternois 62 7 G 5
Conteville-lès-Boulogne 62 2 B 5
Conthil 57 66 D 3
Contigné 49 128 C 3
Contigny 03 192 A 4
Contilly 72 84 A 4
Continvoir 37 151 E 2
Contis-Plage 40 272 A 3
Contoire 80 22 D 4
Contrazy 09 335 G 2
Contré 17 202 B 2
Contre 80 22 A 3
Contréglise 70 140 D 2
Contremoulins 76 19 E 3
Contres 18 173 F 3
Contres 41 153 F 2
Contreuve 08 42 C 2
Contrevoz 01 214 C 5
Contrexéville 88 118 B 2
Contrières 50 51 G 1
Contrisson 55 63 F 3
Conty 80 22 A 3
Contz-les-Bains 57 46 B 2
Conzieu 01 214 C 5
Coole 51 62 B 4
Coolus 51 62 B 2
La Copechagnière 85 166 A 3
Copponex 74 215 G 2
Coq Col du 38 233 E 5
Coquainvilliers 14 34 C 4
Coquelles 62 2 C 3
La Coquille 24 223 E 3
Corancez 28 86 B 5
Corancy 58 176 A 1
Coray 29 100 B 2
Corbara 2B 344 C 5
Corbarieu 82 297 H 1
Corbas 69 231 F 1
Corbehem 62 14 A 2
Corbeil 51 91 G 2
Corbeil-Cerf 60 38 A 3
Corbeil-Essonnes 91 88 A 2
Corbeilles 45 112 A 4
Corbel 73 233 E 4
Corbelin 38 232 C 2
Corbenay 70 119 F 5
Corbeny 02 41 F 1
Corbère 66 342 C 2
Corbère-Abères 64 314 D 2
Corbère-les-Cabanes 66 342 D 2
Corberon 21 178 A 1
Corbès 30 283 G 4
Corbie 80 22 D 2
Le Corbier 73 252 A 1
La Corbière 70 141 H 2
Corbières 11 337 E 2
Corbières-en-Provence 04 306 C 2
Corbigny 58 157 G 4
Corbon 14 34 A 5
Corbon 61 84 C 4
Corbonod 01 215 E 3
Corbreuse 91 87 E 3
Corcelle-Mieslot 25 162 B 2
Corcelles 01 214 C 2
Corcelles 58 174 B 2
Corcelles 70 142 A 4
Corcelles-en-Beaujolais 69 212 D 1
Corcelles-Ferrières 25 161 G 4
Corcelles-les-Arts 21 177 G 2
Corcelles-lès-Cîteaux 21 160 B 5
Corcelles-les-Monts 21 159 H 3
Corcieux 88 120 B 2
Corcondray 25 161 G 4
Corconne 30 303 E 1
Corcoué-sur-Logne 44 165 G 1
Corcy 02 40 A 4
Cordéac 38 251 E 5
Cordebugle 14 34 D 5
Cordelle 42 211 G 3
Cordemais 44 147 E 3
Cordes-sur-Ciel 81 279 F 4
Cordes-Tolosannes 82 277 F 5
Cordesse 71 176 D 1
Cordey 14 53 H 3
Cordieux 01 213 G 4
Cordiron 25 161 G 3
Cordon 74 216 C 3
Cordonnet 70 161 H 2
Coren 15 245 H 3
Corenc 38 251 E 1
Corent 63 227 H 2
Corfélix 51 61 E 3
Corgengoux 21 178 A 2
Corgenon 01 195 G 5
Corgirnon 52 139 H 2
Corgnac-sur-l'Isle 24 223 E 5
Corgoloin 21 177 H 1
Corignac 17 237 H 1
Corlay 22 77 H 4
Corlée 52 139 G 2
Corlier 01 214 B 2
Cormainville 28 110 B 3
Cormaranche-en-Bugey 01 214 C 3
Cormatin 71 194 D 2
Corme-Écluse 17 219 E 1
Corme-Royal 17 201 E 5
Cormeilles 27 34 D 4
Cormeilles 60 22 B 4
Cormeilles-en-Parisis 95 58 B 2
Cormeilles-en-Vexin 95 37 H 5
Cormelles-le-Royal 14 33 G 5
Le Cormenier 79 184 D 5
Cormenon 41 109 E 5
Cormeray 41 153 F 1
Cormeray 50 80 D 2
Cormery 37 152 A 4
Cormes 72 108 D 3
Cormet de Roselend 73 216 D 5
Cormicy 51 41 F 2
Le Cormier 27 56 C 2
Cormolain 14 32 C 5
Cormont 62 6 B 3
Cormontreuil 51 41 G 4
Cormoranche-sur-Saône 01 195 E 5
Cormost 10 115 E 3
Cormot-le-Grand 21 177 F 2
Cormoyeux 51 41 F 5
Cormoz 01 195 H 3
Corn 46 261 E 3
Cornac 46 243 E 5
Cornant 89 113 F 3
Cornas 07 249 F 4
Cornay 08 43 F 3
Corné 49 149 H 1
Cornebarrieu 31 297 H 4
Corneilhan 34 321 G 3
Corneilla-de-Conflent 66 342 A 3
Corneilla-del-Vercol 66 343 F 2
Corneilla-la-Rivière 66 342 D 2
Corneillan 32 294 C 4
Corneuil 27 56 B 3
Corneville-la-Fouquetière 27 55 G 1
Corneville-sur-Risle 27 35 F 3
Cornier 74 215 H 1
Corniéville 55 64 D 5
Cornil 19 242 D 2
Cornillac 26 268 B 5
Cornille 24 240 D 1
Cornillé 35 105 E 3
Cornillé-les-Caves 49 150 A 1
Cornillon 30 284 C 2
Cornillon-Confoux 13 305 F 5
Cornillon-en-Trièves 38 250 D 5
Cornillon-sur-l'Oule 26 268 B 5
Cornimont 88 120 A 4
Cornod 39 196 B 4
Cornot 70 140 C 4
La Cornuaille 49 148 D 1
Cornus 12 301 G 1
Cornusse 18 173 H 2
Cornusson Château de 82 279 E 3
Corny 27 36 D 3
Corny-Machéroménil 08 26 B 5
Corny-sur-Moselle 57 65 G 2
Coron 49 149 F 5
Corong Gorges du 22 77 E 3
Corpe 85 183 F 2
Corpeau 21 177 G 2
Corpoyer-la-Chapelle 21 159 F 1
Corps 38 251 F 5
Corps-Nuds 35 104 B 4
Corquilleroy 45 112 B 4
Corquoy 18 172 D 3
Corrano 2A 349 E 3
Corravillers 70 119 H 5
Corre 70 118 C 5
Corrençon-en-Vercors 38 250 C 3
Correns 83 307 F 5
Corrèze 19 225 E 5
Corribert 51 61 E 2
Corrobert 51 60 D 2
Corrombles 21 158 C 1
Corronsac 31 318 A 2
Corroy 51 61 F 5
Corsaint 21 158 C 1
Corsavy 66 342 C 4
Corscia 2B 346 D 4
Corsen Pointe de 29 74 C 2
Corsept 44 146 C 3
Corseul 22 79 F 3
Cortambert 71 194 D 2
Corte 2B 347 E 4
Cortevaix 71 194 C 2
Cortone Col de 2A 348 C 5
Cortrat 45 134 D 2
Les Corvées-les-Yys 28 85 G 5
Corveissiat 01 196 B 5
Corvol-d'Embernard 58 157 E 4
Corvol-l'Orgueilleux 58 157 E 2
Corzé 49 128 D 5
Cos 09 336 A 2
Cosges 39 178 D 4
Coslédaà-Lube-Boast 64 314 C 2
Cosmes 53 105 H 5
Cosnac 19 242 C 3
Cosne-d'Allier 03 191 F 3
Cosne-sur-Loire 58 156 A 2
Cosnes-et-Romain 54 44 D 1
Cosqueville 50 29 G 2
Cossaye 58 175 E 5
Cossé-d'Anjou 49 149 F 5
Cossé-en-Champagne 53 106 D 5
Cossé-le-Vivien 53 105 H 5
Cossesseville 14 53 F 2
Cosswiller 67 97 E 1
Costa 2B 346 D 2
Costaros 43 247 F 5
Les Costes 05 269 G 1
Les Costes-Gozon 12 281 E 5
La Côte 70 141 H 3
Cote 304 55 43 H 4
La Côte-d'Aime 73 234 D 2
La Côte-d'Arbroz 74 198 C 5
La Côte-en-Couzan 42 211 E 5
La Côte-Saint-André 38 232 A 4
Le Coteau 42 211 G 3
Côtebrune 25 162 C 3
Les Côtes-d'Arey 38 231 F 4
Les Côtes-de-Corps 38 251 F 5
Coti-Chiavari 2A 348 C 5
Cotignac 83 307 G 5
La Cotinière 17 200 A 3
Cottance 42 212 A 5
Cottenchy 80 22 C 3
Cottévrard 76 20 C 4
Cottier 25 161 G 4
Cottun 14 32 D 3
Cou Col de 74 198 A 4
La Couarde 79 185 G 4
La Couarde-sur-Mer 17 182 D 5
Couargues 18 156 A 4
Coubert 77 59 E 5
Coubeyrac 33 257 E 1
Coubisou 12 263 E 4
Coubjours 24 241 G 1
Coublanc 52 139 H 4
Coublanc 71 212 A 1
Coublevie 38 232 C 5
Coublucq 64 294 B 5
Coubon 43 247 F 4
La Coubre Phare de 17 218 B 1
Coubron 93 58 D 3
Couches 71 177 F 3
Couchey 21 160 A 4
La Coucourde 26 267 E 3
Coucouron 07 265 G 1
Coucy 08 42 B 1
Coucy-la-Ville 02 40 B 1
Coucy-le-Château-Auffrique 02 40 B 1
Coucy-lès-Eppes 02 25 E 5
Couddes 41 153 F 3
Coudehard 61 54 C 3
Coudekerque-Branche 59 3 G 2
Coudekerque-Village 59 3 G 2
Coudes 63 228 A 2
Coudeville-sur-Mer 50 51 F 2
Le Coudon 83 328 B 4
Coudons 11 337 F 4
Coudoux 13 305 G 4
Coudray 27 37 E 3
Le Coudray 28 86 B 4
Le Coudray 44 126 A 5
Coudray 45 111 H 2
Coudray 53 128 B 3
Coudray-au-Perche 28 109 E 2
Le Coudray-Macouard 49 150 B 4
Le Coudray-Montceaux 91 88 A 2
Coudray-Rabut 14 34 C 3
Le Coudray-Saint-Germer 60 37 G 2
Coudray-Salbart Château de 79 184 D 3
Le Coudray-sur-Thelle 60 38 A 3
La Coudre 79 167 G 2
Les Coudreaux 77 59 E 3
Coudreceau 28 85 E 5
Coudrecieux 72 108 C 5
Coudres 27 56 C 3
Coudroy 45 134 B 2
Coudun 60 39 F 1
Coudures 40 294 A 3
Coueilles 31 316 D 3
Couëlan Château de 22 103 F 1
Couëron 44 147 F 4
Couesmes 37 130 B 5
Couesmes-en-Froulay 53 82 A 3
Couesque Barrage de 12 262 D 2
Les Couets 44 147 G 4
Couffé 44 148 A 2
Couffoulens 11 337 G 1
Couffy 41 153 F 4
Couffy-sur-Sarsonne 19 226 B 2
Couflens 09 335 F 5
Coufouleux 81 298 C 2
Cougnac Grottes de 46 259 H 2
Couhé 86 186 A 4
Couilly-Pont-aux-Dames 77 59 G 3
Couin 62 13 E 4
Couiza 11 337 G 3
Couladère 31 317 F 5
Coulaines 72 107 H 4
Coulandon 03 192 A 2
Coulangeron 89 136 A 4
Coulanges 03 193 E 2
Coulanges 41 152 D 1
Coulanges-la-Vineuse 89 136 B 4
Coulanges-lès-Nevers 58 174 C 2
Coulanges-sur-Yonne 89 157 F 1
Coulans-sur-Gée 72 107 F 4
Coulans-sur-Lizon 25 180 A 1
Coulaures 24 241 E 1
Couledoux 31 334 C 3
Couleuvre 03 174 A 5
Coulevon 70 141 F 4
Coulgens 16 203 G 5
Coulimer 61 84 B 3
Coullemelle 80 22 C 4
Coullemont 62 13 E 3
Coullons 45 134 B 5
Coulmer 61 54 D 4
Coulmier-le-Sec 21 138 A 3
Coulmiers 45 110 C 5
Coulobres 34 321 G 2
Coulogne 62 2 D 3
Couloisy 60 39 H 2
Coulombiers 72 83 G 5
Coulombiers 86 186 A 2
Coulombs 14 33 F 3
Coulombs 28 57 E 5
Coulombs-en-Valois 77 60 A 1
Coulomby 62 6 D 2
Coulommes 77 59 G 3
Coulommes-et-Marqueny 08 42 C 1
Coulommes-la-Montagne 51 41 F 4
Coulommiers 77 59 H 4
Coulommiers-la-Tour 41 131 H 3
Coulon 79 184 C 4
Coulonces 14 52 C 3
Coulonces 61 54 B 3
La Coulonche 61 53 F 5
Coulongé 72 130 A 4
Coulonge-sur-Charente 17 201 F 4
Coulonges 16 203 E 4
Coulonges 17 219 H 2
Coulonges 27 56 B 3
Coulonges 86 188 A 3
Coulonges-Cohan 02 40 D 4
Coulonges-les-Sablons 61 85 E 4
Coulonges-sur-l'Autize 79 184 C 2
Coulonges-sur-Sarthe 61 84 A 3
Coulonges-Thouarsais 79 167 H 2
Coulonvillers 80 11 H 3
Couloumé-Mondebat 32 295 F 4
Coulounieix-Chamiers 24 240 C 2
Coulours 89 114 A 3
Couloutre 58 156 C 2
Coulouvray-Boisbenâtre 50 52 A 3
Coulvain 14 52 D 1
Coulx 47 257 H 5
Coume 57 46 D 5
Counozouls 11 337 G 5
Coupelle-Neuve 62 7 E 4
Coupelle-Vieille 62 7 E 4
Coupesarte 14 54 B 1
Coupetz 51 62 B 3
Coupéville 51 62 D 2
Coupiac 12 300 B 1
Coupray 52 116 C 5
Coupru 02 60 B 1
Couptrain 53 82 D 3
Coupvray 77 59 F 3
Couquèques 33 219 E 5
Cour-Cheverny 41 153 F 1
Cour-et-Buis 38 231 G 4
Cour-l'Évêque 52 116 C 5
La Cour-Marigny 45 134 C 2
Cour-Maugis-sur-Maugis 61 84 D 4
Cour-Saint-Maurice 25 163 F 3
Cour-sur-Loire 41 132 B 5
Courances 91 88 A 4
Courant 17 201 G 2
Courban 21 116 B 5
La Courbe 61 53 H 4
Courbehaye 28 110 B 3
Courbépine 27 35 F 5
Courbes 02 24 C 4
Courbesseaux 54 66 C 5
Courbette 39 196 B 1
Courbeveille 53 105 H 4
Courbevoie 92 58 B 3
Courbiac 47 277 E 1
Courbillac 16 202 C 5
Courboin 02 60 C 2
Courbons 04 288 A 3
Courbouzon 39 179 E 5
Courbouzon 41 132 C 4
Courboyer Manoir de 61 84 C 4
Courçais 03 190 B 3
Courçay 37 152 B 4
Courceaux 89 89 G 4
Courcebœufs 72 107 H 3
Courcelette 80 13 G 5
Courcelle 91 58 A 5
Courcelles 17 201 H 3
Courcelles 25 161 H 5
Courcelles 54 94 C 4
Courcelles 58 157 E 2
Courcelles 90 142 D 4
Courcelles-au-Bois 80 13 F 4
Courcelles-Chaussy 57 66 B 1
Courcelles-de-Touraine 37 151 E 1
Courcelles-en-Barrois 55 64 C 4
Courcelles-en-Bassée 77 89 E 4

Courcelles-
en-Montagne 52 .......... 139 F2
Courcelles-Epayelles 60 ...... 23 E5
Courcelles-Frémoy 21 ....... 158 C2
Courcelles-la-Forêt 72 ....... 129 G3
Courcelles-le-Comte 62 ...... 13 G4
Courcelles-le-Roi 45 ........ 111 H4
Courcelles-lès-Gisors 60 ...... 37 F4
Courcelles-lès-Lens 62 ........ 8 D5
Courcelles-
lès-Montbard 21 ........... 137 H5
Courcelles-
lès-Montbéliard 25 ........ 142 B4
Courcelles-lès-Semur 21 ... 158 D2
Courcelles-Sapicourt 51 ...... 41 F4
Courcelles-
sous-Châtenois 88 .......... 94 B4
Courcelles-
sous-Moyencourt 80 ....... 22 A3
Courcelles-sous-Thoix 80 .... 22 A4
Courcelles-sur-Aire 55 ........ 63 H2
Courcelles-sur-Aujon 52 ...... 139 E2
Courcelles-sur-Blaise 52 ...... 92 C4
Courcelles-sur-Nied 57 ....... 66 B1
Courcelles-sur-Seine 27 ...... 36 D5
Courcelles-sur-Vesle 02 ...... 40 D3
Courcelles-sur-Viosne 95 ...... 57 H1
Courcelles-sur-Voire 10 ...... 91 H3
Courcelles-
Val-d'Esnoms 52 ........... 139 F4
Courcemain 51 .......... 90 C2
Courcemont 72 .......... 108 A3
Courcerac 17 .......... 202 B4
Courcerault 61 .......... 84 C4
Courceroy 10 .......... 89 H3
Courchamp 21 .......... 139 H5
Courchamp 77 .......... 89 G2
Courchamps 02 .......... 40 A5
Courchamps 49 .......... 150 B4
Courchapon 25 .......... 161 G3
Courchaton 70 .......... 141 H5
Courchelettes 59 .......... 8 D5
Courchevel 73 .......... 234 C4
Courcité 53 .......... 83 E5
Courcival 72 .......... 108 A2
Courcôme 16 .......... 203 F3
Courçon 17 .......... 183 H5
Courcoué 37 .......... 169 F1
Courcouronnes 91 .......... 87 H2
Courcoury 17 .......... 219 G1
Courcuire 70 .......... 161 G2
Courcy 14 .......... 54 A2
Courcy 50 .......... 31 G5
Courcy 51 .......... 41 G3
Courcy-aux-Loges 45 .......... 111 G4
Courdemanche 27 .......... 56 C4
Courdemanche 72 .......... 130 C3
Courdemanges 51 .......... 62 C5
Courdimanche 95 .......... 57 H1
Courdimanche-
sur-Essonne 91 .......... 87 H4
Couret 31 .......... 334 C2
Courgains 72 .......... 83 H5
Courgeac 16 .......... 221 E4
Courgenard 72 .......... 108 D3
Courgenay 89 .......... 90 A5
Courgent 78 .......... 57 F3
Courgeon 61 .......... 84 C3
Courgeoût 61 .......... 84 B3
Courgis 89 .......... 136 C3
Courgivaux 51 .......... 60 C5
Courgoul 63 .......... 227 G3
Courjeonnet 51 .......... 61 F3
Courlac 16 .......... 221 E5
Courlandon 51 .......... 41 E3
Courlans 39 .......... 179 E5
Courlaoux 39 .......... 179 E5
Courlay 79 .......... 167 G4
Courlay-sur-Mer 17 .......... 218 C1
Courléon 49 .......... 150 D2
Courlon 21 .......... 139 E4
Courlon-sur-Yonne 89 .......... 89 F5
Courmangoux 01 .......... 196 A4
Courmas 51 .......... 41 F4
Courmelles 02 .......... 40 B3
Courmemin 41 .......... 153 G2
Courménil 61 .......... 54 C4
Courmes 06 .......... 309 E2
Courmont 02 .......... 40 D5
Courmont 70 .......... 142 A3
Cournanel 11 .......... 337 G2
La Courneuve 93 .......... 58 C2
Courniou 34 .......... 320 C2
Cournols 63 .......... 227 G2
Cournon 56 .......... 125 G3
Cournon-d'Auvergne 63 .... 227 H1
Cournonsec 34 .......... 302 C5
Cournonterral 34 .......... 302 C5
La Couronne 13 .......... 325 H4
La Couronne 16 .......... 221 E2
Courouvre 55 .......... 64 B3
Courpalay 77 .......... 59 G5
Courpiac 33 .......... 256 C1
Courpière 63 .......... 228 C1
Courpignac 17 .......... 219 H5
Courquetaine 77 .......... 59 F5
Courrensan 32 .......... 295 G2
Courrières 62 .......... 8 C4
Courris 81 .......... 299 H1
Courry 30 .......... 283 H2
Cours 46 .......... 260 B4
Cours 47 .......... 276 B1
Le Cours 56 .......... 124 D2
Cours 58 .......... 156 B2
Cours 69 .......... 212 A2
Cours 79 .......... 185 E2
Cours-de-Monségur 33 .... 257 E3
Cours-de-Pile 24 .......... 258 B1
Cours-les-Bains 33 .......... 274 D1
Cours-les-Barres 18 .......... 174 B2
Coursac 24 .......... 240 B2
Coursan 11 .......... 321 F5
Coursan-en-Othe 10 .......... 114 C4
Coursegoules 06 .......... 309 F1
Courset 62 .......... 6 C2
Courseulles-sur-Mer 14 .......... 33 F3
Courson 14 .......... 52 B3
Courson *Château de* 91 .......... 87 F2
Courson-les-Carrières 89 .... 136 A5
Courson-Monteloup 91 .......... 87 F2
Courtacon 77 .......... 60 B5
Courtagnon 51 .......... 41 F5
Courtalain 28 .......... 109 G4
Courtangis *Château de* 72 . 108 D3
Courtanvaux
*Château de* 72 .......... 131 E2
Courtaoult 10 .......... 114 C4
Courtauly 11 .......... 337 E2
Courtavon 68 .......... 143 E5
Courtefontaine 25 .......... 163 G2
Courtefontaine 39 .......... 161 G5
Courteilles 27 .......... 56 A5
Courteix 19 .......... 226 B2
Courtelevant 90 .......... 142 D4
Courtemanche 80 .......... 22 D4
Courtemaux 45 .......... 112 D4
Courtémont 51 .......... 43 E5
Courtemont-Varennes 02 .... 60 D1
Courtempierre 45 .......... 112 B4
Courtenay 38 .......... 214 A5
Courtenay 45 .......... 113 E4
Courtenot 10 .......... 115 F3
Courteranges 10 .......... 115 F2
Courteron 10 .......... 115 G4
Courtes 01 .......... 195 G2
Courtesoult-et-Gatey 70 .... 140 A4
Courtetain-et-Salans 25 .... 162 D3
La Courtète 11 .......... 337 E1
Courteuil 60 .......... 38 D4
Courthézon 84 .......... 285 F4
Courthiézy 51 .......... 60 D1
Courties 32 .......... 295 F5
Courtieux 60 .......... 39 H2
Courtillers 72 .......... 129 E3
Courtils 50 .......... 51 G5
La Courtine 23 .......... 225 H1
Courtisols 51 .......... 62 C2
Courtivron 21 .......... 139 E5
Courtoin 89 .......... 113 E3
Courtois-sur-Yonne 89 .......... 113 G2
Courtomer 61 .......... 84 A2
Courtomer 77 .......... 59 G5
Courtonne-la-Meurdrac 14 . 34 D5
Courtonne-
les-Deux-Églises 14 .......... 34 D5
Courtrizy-et-Fussigny 02 .... 41 E1
Courtry 77 .......... 59 E2
Courvaudon 14 .......... 53 E1
Courvières 25 .......... 180 A3
Courville 51 .......... 41 E3
Courville-sur-Eure 28 .......... 85 H4
Courzieu 69 .......... 230 C1
Cousance 39 .......... 196 A2
Cousances-au-Bois 55 .......... 64 C5
Cousances-les-Forges 55 .... 92 D2
Cousolre 59 .......... 16 A3
Coussa 09 .......... 336 B2
Coussac-Bonneval 87 .......... 223 H3
Coussan 65 .......... 315 F4
Coussay 86 .......... 168 D3
Coussay-les-Bois 86 .......... 170 A4
Coussegrey 10 .......... 114 D5
Coussergues 12 .......... 281 F1
Coussey 88 .......... 94 A4
Coust 18 .......... 173 G5
Coustaussa 11 .......... 337 G3
Coustellet 84 .......... 305 F1
Coustouge 11 .......... 338 C2
Coustouges 66 .......... 342 C5
Coutances 50 .......... 31 G5
Coutansouze 03 .......... 209 G1
Coutarnoux 89 .......... 137 E5
Coutençon 77 .......... 89 E3
Coutens 09 .......... 336 D1
Couterne 61 .......... 82 C3
Couternon 21 .......... 160 B3
Couteuges 43 .......... 246 C2
Coutevroult 77 .......... 59 G3
Couthenans 70 .......... 142 B3
Couthures-
sur-Garonne 47 .......... 257 E4
Coutiches 59 .......... 9 E4
Coutières 79 .......... 185 G2
Coutouvre 42 .......... 211 H2
Coutras 33 .......... 238 C3
Couture 16 .......... 203 G3
La Couture 62 .......... 8 A3
La Couture 85 .......... 183 E1
La Couture-Boussey 27 .......... 56 D3
Couture-d'Argenson 79 .... 202 D3
Couture-sur-Loir 41 .......... 130 D3
Couturelle 62 .......... 13 E3
Coutures 24 .......... 221 G5
Coutures 33 .......... 256 D3
Coutures 49 .......... 149 H2
Coutures 57 .......... 66 C4
Coutures 82 .......... 297 E1
Couvains 50 .......... 32 B4
Couvains 61 .......... 55 F3
La Couvertoirade 12 .......... 301 H1
Couvertpuis 55 .......... 93 F2
Couvignon 10 .......... 116 A2
Couville 50 .......... 29 E4
Couvonges 55 .......... 63 G4
Couvrelles 02 .......... 40 C3
Couvron-
et-Aumencourt 02 .......... 24 C4
Couvrot 51 .......... 62 C4
Coux 07 .......... 266 D2
Coux 17 .......... 219 H5
Coux et Bigaroque
-Mouzens 24 .......... 259 E1
Couy 18 .......... 173 H1
La Couyère 35 .......... 104 C5
Couzan *Château de* 42 .......... 229 F1
Couze-et-Saint-Front 24 .... 258 C1
Couzeix 87 .......... 205 G4
Couziers 37 .......... 150 D5
Couzon 03 .......... 191 H1
Couzon-au-Mont-d'Or 69 .. 213 E4
Couzou 46 .......... 260 C2
Cox 31 .......... 297 E3
Coye-la-Forêt 60 .......... 38 D5
Coyecques 62 .......... 7 F3
Coyolles 02 .......... 39 H4
Coyrière 39 .......... 197 E4
Coyron 39 .......... 196 D2
Coyviller 54 .......... 95 E1
Cozes 17 .......... 219 E2
Cozzano 2A .......... 349 F3
Crac'h 56 .......... 124 A4
Craches 78 .......... 86 D2
Crachier 38 .......... 231 H3
Crain 89 .......... 157 F1
Craincourt 57 .......... 66 B3
Craintilleux 42 .......... 230 A2
Crainvilliers 88 .......... 118 B3
Cramaille 02 .......... 40 C4
Cramans 39 .......... 179 G1
Cramant 51 .......... 61 G2
Cram-Chaban 17 .......... 184 B5
Craménil 61 .......... 53 G4
Cramoisy 60 .......... 38 C4
Cramont 80 .......... 12 B4
Crampagna 09 .......... 336 B2
Cran-Gevrier 74 .......... 215 G3
Crancey 10 .......... 90 A3
Crançot 39 .......... 179 F5
Crandelles 15 .......... 244 B4
Crannes-
en-Champagne 72 .......... 107 F5
Crans 01 .......... 213 H3
Crans 39 .......... 180 A4
Cransac 12 .......... 261 H4
Crantenoy 54 .......... 95 E3
Cranves-Sales 74 .......... 197 H5
Craon 53 .......... 127 H2
Craon 86 .......... 168 C4
Craonne 02 .......... 41 E2
Craonnelle 02 .......... 41 E2
Crapeaumesnil 60 .......... 23 F4
Craponne 69 .......... 230 D1
Craponne-sur-Arzon 43 .... 229 F5
Cras 38 .......... 250 B1
Cras 46 .......... 260 B4
Cras-sur-Reyssouze 01 .......... 195 G4
Crastatt 67 .......... 68 B5
Crastes 32 .......... 296 C3
Crasville 27 .......... 36 B4
Crasville 50 .......... 29 G4
Crasville-la-Mallet 76 .......... 19 G3
Crasville-la-Rocquefort 76 .. 19 H3
La Crau 83 .......... 328 B4
Cravanche 90 .......... 142 C3
Cravans 17 .......... 219 F2
Cravant 45 .......... 132 C3
Cravant 89 .......... 136 C4
Cravant-les-Côteaux 37 .... 151 F5
Cravencères 32 .......... 295 E3
Cravent 78 .......... 57 E2
Crayssac 46 .......... 259 H4
Craywick 59 .......... 3 F3
Craz 01 .......... 214 D2
Crazannes 17 .......... 201 F4
Cré-sur-Loir 72 .......... 129 F4
Créac'h *Phare de* 29 .......... 74 A1
Créances 50 .......... 31 F4
Créancey 21 .......... 159 F4
Créancey 52 .......... 116 C4
Crécey-sur-Tille 21 .......... 139 F5
La Crèche 79 .......... 185 E4
Crêches-sur-Saône 71 .......... 195 E5
Créchets 65 .......... 334 A2
Créchy 03 .......... 192 B5
Crécy-au-Mont 02 .......... 40 B1
Crécy-Couvé 28 .......... 56 C5
Crécy-en-Ponthieu 80 .......... 11 G2
Crécy-la-Chapelle 77 .......... 59 G3
Crécy-sur-Serre 02 .......... 24 D4
Crédin 56 .......... 102 B3
Crégols 46 .......... 260 D5
Crégy-lès-Meaux 77 .......... 59 G2
Créhange 57 .......... 66 D1
Créhen 22 .......... 79 F3
Creil 60 .......... 38 D4
Creissan 34 .......... 321 E3
Creissels 12 .......... 281 H4
Crémarest 62 .......... 6 C2
Cremeaux 42 .......... 211 F4
Crémery 80 .......... 23 F3
Crémieu 38 .......... 231 H1
Crempigny-
Bonneguête 74 .......... 215 E3
Cremps 46 .......... 278 C1
Crenans 39 .......... 196 D2
Crenay 52 .......... 117 E4
Creney-près-Troyes 10 .......... 91 E5
Crennes-sur-Fraubée 53 .... 82 D4
Creno *Lac de* 2A .......... 346 D5
Créon 33 .......... 255 H1
Créon-d'Armagnac 40 .......... 274 C5
Créot 71 .......... 177 F2
Crépand 21 .......... 137 H5
Crépey 54 .......... 94 C2
Crépieux-la-Pape 69 .......... 213 F5
Crépion 55 .......... 44 B4
Crépol 26 .......... 249 G2
Crépon 14 .......... 33 F3
Crépy 02 .......... 24 C5
Crépy 62 .......... 7 F4
Crépy-en-Valois 60 .......... 39 G4
Créquy 62 .......... 7 E4
Le Crès 34 .......... 303 E4
Cresancey 70 .......... 161 F2
Crésantignes 10 .......... 114 D3
Les Cresnays 50 .......... 52 A4
Crespian 30 .......... 303 F1
Crespières 78 .......... 57 H3
Crespin 12 .......... 279 H3
Crespin 59 .......... 9 H5
Crespin 81 .......... 279 H5
Crespinet 81 .......... 299 G1
Crespy-le-Neuf 10 .......... 91 H4
Cressac-Saint-Genis 16 .......... 221 E4
Cressanges 03 .......... 191 H3
Cressat 23 .......... 207 G1
La Cresse 12 .......... 281 H3
Cressé 17 .......... 202 C4
Cressely 78 .......... 58 A5
Cressensac 46 .......... 242 B4
Cresserons 14 .......... 33 G3
Cresseveuille 14 .......... 34 B4
Cressia 39 .......... 196 B2
Cressin-Rochefort 01 .......... 214 D5
La Cressonnière 14 .......... 54 D1
Cressonsacq 60 .......... 38 D1
Cressy 76 .......... 20 B3
Cressy-Omencourt 80 .......... 23 G4
Cressy-sur-Somme 71 .......... 175 H5
Crest 26 .......... 267 G2
Le Crest 63 .......... 227 H1
Crest-Voland 73 .......... 216 B4
Creste 63 .......... 227 G3
Le Crestet 07 .......... 248 D4
Crestet 84 .......... 285 H2
Crestot 27 .......... 36 A4
Créteil 94 .......... 58 D4
Créton 27 .......... 56 B3
Cretteville 50 .......... 31 H2
Creuë 55 .......... 64 D2
Creully 14 .......... 33 F3
La Creuse 70 .......... 141 G4
Creuse 80 .......... 22 A2
Le Creusot 71 .......... 177 E4
Creutzwald 57 .......... 46 D4
Creuzier-le-Neuf 03 .......... 210 B1
Creuzier-le-Vieux 03 .......... 210 B1
Crevans-et-la-Chapelle-
lès-Granges 70 .......... 142 A4
Crevant 36 .......... 189 G3
Crevant-Laveine 63 .......... 210 B4
Crévéchamps 54 .......... 95 E2
Crèvecœur-en-Auge 14 .......... 34 B5
Crèvecœur-en-Brie 77 .......... 59 G4
Crèvecœur-le-Grand 60 .......... 22 A5
Crèvecœur-le-Petit 60 .......... 22 D5
Crèvecœur-sur-l'Escaut 59 .. 14 B4
Creveney 70 .......... 141 F3
Crévic 54 .......... 95 F1
Crévin 35 .......... 104 B5
Crévoux 05 .......... 270 D3
Creys-Mépieu 38 .......... 214 B5
Creyssac 24 .......... 222 B5
Creysse 24 .......... 240 B5
Creysse 46 .......... 242 C5
Creysseilles 07 .......... 266 C2
Creyssensac-et-Pissot 24 .. 240 C3
Crézançay-sur-Cher 18 .......... 173 E4
Crézancy 02 .......... 60 C1
Crézancy-en-Sancerre 18 .. 155 H3
Crézières 79 .......... 202 D2
Crézilles 54 .......... 94 B2
Cricquebœuf 14 .......... 34 C2
Cricqueville-en-Auge 14 .......... 34 A4
Cricqueville-en-Bessin 14 .... 32 C2
Criel-sur-Mer 76 .......... 10 C4
Crillat 39 .......... 196 D1
Crillon 60 .......... 37 H1
Crillon-le-Brave 84 .......... 285 H3
Crimolois 21 .......... 160 B3
Crion 54 .......... 95 G1
La Crique 76 .......... 20 B4
Criquebeuf-en-Caux 76 .......... 18 D3
Criquebeuf-
la-Campagne 27 .......... 36 A4
Criquebeuf-sur-Seine 27 .......... 36 B3
Criquetot-
le-Mauconduit 76 .......... 19 F3
Criquetot-l'Esneval 76 .......... 18 D4
Criquetot-
sur-Longueville 76 .......... 20 B3
Criquetot-sur-Ouville 76 .......... 19 H4
Criquiers 76 .......... 21 F4
Crisenoy 77 .......... 88 C2
Crisolles 60 .......... 23 H5
Crissay-sur-Manse 37 .......... 151 G5
Crissé 72 .......... 107 F3
Crissey 39 .......... 179 E1
Crissey 71 .......... 177 H4
Cristinacce 2A .......... 346 C5
Cristot 14 .......... 33 E4
Criteuil-la-Magdeleine 16 . 220 C3
Critot 76 .......... 20 C5
Croce 2B .......... 347 G3
Crochte 59 .......... 3 G3
Crocicchia 2B .......... 347 G2
Crocq 23 .......... 208 B4
Le Crocq 60 .......... 22 B5
Crocy 14 .......... 54 A3
Crœttwiller 67 .......... 69 F2
Croignon 33 .......... 255 H1
Croisances 43 .......... 246 D5
Croisette 62 .......... 12 C2
La Croisette 74 .......... 215 G1
Le Croisic 44 .......... 145 G4
La Croisière 23 .......... 205 H1
La Croisille 27 .......... 56 A2
La Croisille-sur-Briance 87 . 224 C2
Croisilles 14 .......... 53 F1
Croisilles 28 .......... 57 E5
Croisilles 61 .......... 54 C4
Croisilles 62 .......... 13 H3
Croismare 54 .......... 95 G1
Croissanville 14 .......... 34 A5
Croissy-Beaubourg 77 .......... 59 E3
Croissy-sur-Celle 60 .......... 22 B4
Croissy-sur-Seine 78 .......... 58 A3
Le Croisty 56 .......... 101 E2
Croisy 18 .......... 173 H2
Croisy-sur-Andelle 76 .......... 36 D1
Croisy-sur-Eure 27 .......... 56 C1
Croix 59 .......... 9 E2
Croix 90 .......... 142 D5
Croix *Col de la* 2A .......... 346 A4
Croix *Plateau de la* 74 .......... 216 D4
La Croix-aux-Bois 08 .......... 43 E2
La Croix-aux-Mines 88 .......... 96 C5
La Croix-Avranchin 50 .......... 80 D2
La Croix-Blanche 47 .......... 276 C2
La Croix-Blanche 71 .......... 194 D4
Croix-Caluyau 59 .......... 15 E4
Croix-Chapeau 17 .......... 200 D1
La Croix-Comtesse 17 .......... 201 H2
Croix-de-Bauzon
*Col de la* 07 .......... 265 H3
La Croix-de-Berny 92 .......... 58 C4
La Croix-de-Fer *Col de* 73 .... 251 H1
La Croix-
de-la-Rochette 73 .......... 233 G3
Croix-de-l'Homme-Mort
*Col de la* 42 .......... 229 F3
Croix-de-Vie 85 .......... 164 D4
Croix-du-Bac 59 .......... 8 B2
La Croix-du-Perche 28 .......... 109 F2
La Croix-en-Brie 77 .......... 89 E2
La Croix-
en-Champagne 51 .......... 62 D1
Croix-en-Ternois 62 .......... 7 F5
La Croix-en-Touraine 37 .... 152 C3
Croix-Fonsomme 02 .......... 24 B1
La Croix-Fry *Col de* 74 .......... 216 A3
Croix-Haute *Col de la* 26 .... 268 D2
La Croix-Helléan 56 .......... 102 D4
Croix-Mare 76 .......... 19 H5
Croix-Moligneaux 80 .......... 23 H2
Croix-Morand ou de Diane
*Col de la* 63 .......... 227 F2
Croix-Rampau 69 .......... 213 E4
La Croix-Saint-Leufroy 27 .... 36 C5
Croix-Saint-Robert
*Col de la* 63 .......... 227 F3
Croix Saint-Thomas 21 .......... 158 D3
Croix-Sainte 13 .......... 325 G3
La Croix-sur-Gartempe 87 . 205 E1
La Croix-sur-Ourcq 02 .......... 40 B5
La Croix-sur-Roudoule 06 .. 289 F4
La Croix-Valmer 83 .......... 329 F3
Croixanvec 56 .......... 102 A2
Croixdalle 76 .......... 20 D2
La Croixille 53 .......... 105 G2
Croixrault 80 .......... 21 H3
Croizet-sur-Gand 42 .......... 211 H4
Crolles 38 .......... 233 F5
Crollon 50 .......... 80 D2
Cromac 87 .......... 188 B4
Cromary 70 .......... 162 A2
Cronat 71 .......... 175 G5
Cronce 43 .......... 246 B3
La Cropte 53 .......... 106 C5
Cropus 76 .......... 20 B3
Cros 30 .......... 283 F5
Le Cros 34 .......... 301 H2
Cros 63 .......... 226 D4
Cros-de-Cagnes 06 .......... 309 G3
Cros-de-Géorand 07 .......... 265 H1
Cros-de-Montvert 15 .......... 243 G3
Cros-de-Ronesque 15 .......... 244 D5
Crosey-le-Grand 25 .......... 162 D2
Crosey-le-Petit 25 .......... 162 D2
Crosmières 72 .......... 129 F3
Crosne 91 .......... 58 D5
Crossac 44 .......... 146 C1
Crosses 18 .......... 173 G2
Crosville-la-Vieille 27 .......... 36 A5
Crosville-sur-Douve 50 .......... 31 G2
Crosville-sur-Scie 76 .......... 20 B2
Crotelles 37 .......... 152 A1
Crotenay 39 .......... 179 G4
Croth 27 .......... 56 D3
Le Crotoy 80 .......... 11 F2
Crots 05 .......... 270 C3
Crottes-en-Pithiverais 45 .... 111 F3
Crottet 01 .......... 195 E5
Le Crouais 35 .......... 103 F1
Crouay 14 .......... 32 D3
La Croupte 14 .......... 54 D1
Crouseilles 64 .......... 294 D5
Croutelle 86 .......... 186 B2
Les Croûtes 10 .......... 114 C5
Croutoy 60 .......... 39 H2
Crouttes 61 .......... 54 C2
Crouttes-sur-Marne 02 .......... 60 A2

Crouy 02 40 B2
Crouy 80 22 A1
Crouy-en-Thelle 60 38 C4
Crouy-sur-Cosson 41 132 C5
Crouy-sur-Ourcq 77 59 H1
Le Crouzet 25 180 B4
Crouzet-Migette 25 180 A2
La Crouzille 63 209 E1
La Crouzille 87 205 H3
Crouzilles 37 151 F5
Crozant 23 188 D4
Croze 23 207 G5
Crozes-Hermitage 26 249 F3
Crozet 01 197 F4
Le Crozet 42 211 E1
Les Crozets 39 196 D2
Crozon 29 75 E4
Crozon-sur-Vauvre 36 189 F2
Cruas 07 267 E3
Crucey 28 56 A5
Crucheray 41 131 G4
Cruéjouls 12 263 F5
Cruet 73 233 G3
Crugey 21 159 F5
Crugny 51 41 E4
Cruguel 56 102 C5
Cruis 04 287 F4
Crulai 61 55 F5
Crupies 26 267 H4
Crupilly 02 25 E1
Cruscades 11 320 D5
Cruseilles 74 215 G2
Crusnes 54 45 F2
Crussol Château de 07 249 F4
Cruviers-Lascours 30 284 A5
Crux-la-Ville 58 157 F5
Cruzille 71 195 E2
Cruzilles-lès-Mépillat 01 195 E5
Cruzy 34 321 E3
Cruzy-le-Châtel 89 137 G2
Cry 89 137 G4
Cubelles 43 246 D4
Cubières 48 265 E5
Cubières-sur-Cinoble 11 338 A4
Cubiérettes 48 265 E5
Cubjac 24 241 E1
Cublac 19 241 H2
Cublize 69 212 B3
Cubnezais 33 237 H3
Cubrial 25 162 C1
Cubry 25 162 D1
Cubry-lès-Faverney 70 141 E2
Cubry-lès-Soing 70 140 D4
Cubzac-les-Ponts 33 237 H4
Cucharmoy 77 89 F2
Cucheron Col du 38 233 E4
Cuchery 51 41 F5
Cucq 62 6 B4
Cucugnan 11 338 B4
Cucuron 84 306 A2
Cucuruzzu Castellu de 2A 349 F5
Cudos 33 274 B1
Cudot 89 113 F5
Cuébris 06 289 G5
Cuélas 32 315 H3
Cuers 83 328 B3
Cuffies 02 40 B2
Cuffy 18 174 B2
Cugand 85 148 A5
Cuges-les-Pins 13 327 G3
Cugnaux 31 297 H5
Cugney 70 161 F2
Cugny 02 24 A4
Cugny-lès-Crouttes 02 40 C4
Cuguen 35 80 B3
Cuguron 31 334 A1
Cuhon 86 168 D4
Cuignières 60 38 D2
Cuigy-en-Bray 60 37 G2
Cuillé 53 105 F4
Cuinchy 62 8 B4
Cuincy 59 8 D5
Le Cuing 31 316 B5
Cuinzier 42 212 A1
Cuirieux 02 25 E4
Cuiry-Housse 02 40 C3
Cuiry-lès-Chaudardes 02 41 E2
Cuiry-lès-Iviers 02 25 H3
Cuis 51 61 G2
Cuise-la-Motte 60 39 H2
Cuiseaux 71 196 A2
Cuiserey 21 160 C2
Cuisery 71 195 F1
Cuisia 39 196 A1
Cuisiat 01 196 A4
Cuisles 51 41 E5
Cuissai 61 83 G3
Cuissy-et-Geny 02 41 E2
Cuisy 55 43 G3
Cuisy 77 59 F1
Cuisy-en-Almont 02 40 A2
La Cula 42 230 C3
Culan 18 190 B2
Culêtre 21 159 F5
Culey 55 63 H4
Culey-le-Patry 14 53 F2
Culhat 63 210 A4
Culin 38 232 A3
Culles-les-Roches 71 177 F5
Cully 14 33 F3
Culmont 52 139 H2
Culoison 10 91 E5
Culoz 01 214 D4
Cult 70 161 F3
Cultures 48 264 B5
Cumières 51 61 F1
Cumières-le-Mort-Homme 55 43 H4
Cumiès 11 318 D4
Cumont 82 296 D1
Cunac 81 299 G1
Cunault 49 150 B3
Cuncy-lès-Varzy 58 157 E3
Cunèges 24 257 G1
Cunel 55 43 G2
Cunelières 90 142 D3
Cunfin 10 116 A4
Cunlhat 63 228 C2
Cuntorba Castello de 2A 348 D5
Cuon 49 150 B1
Cuperly 51 62 B1
Cuq 47 276 C4
Cuq 81 299 F4
Cuq-Toulza 81 298 D5
Cuqueron 64 313 H3
Curac 16 239 E1
Curan 12 281 F3
Curbans 04 269 G5
Curbigny 71 194 A4
Curçay-sur-Dive 86 168 C1
Curchy 80 23 F3
Curciat-Dongalon 01 195 G2
Curcy-sur-Orne 14 53 F1
Curdin 71 193 F1
La Cure 39 197 F2
Curebourse Col de 15 244 D4
Curel 04 286 D3
Curel 52 92 D3
Curemonte 19 242 D4
Cures 72 107 F3
Curey 50 80 D2
Curgies 59 15 E2
Curgy 71 176 D2
Curienne 73 233 F2
Curières 12 263 F3
Curis-au-Mont-d'Or 69 213 E4
Curley 21 159 H4
Curlu 80 23 F1
Curmont 52 92 C5
Curnier 26 268 A5
Cursan 33 256 B1
Curtafond 01 195 G5
Curtil-Saint-Seine 21 159 H1
Curtil-sous-Buffières 71 194 C3
Curtil-sous-Burnand 71 194 C1
Curtil-Vergy 21 159 H5
Le Curtillard 38 233 G5
Curtin 38 232 B1
Curvalle 81 300 A1
Curzay-sur-Vonne 86 185 H2
Curzon 85 183 E2
Cusance 25 162 D2
Cuse-et-Adrisans 25 162 C1
Cusey 52 139 G4
Cussac 15 245 F4
Cussac 87 222 D1
Cussac-Fort-Médoc 33 237 F2
Cussac-sur-Loire 43 247 F4
Cussangy 10 115 E4
Cussay 37 170 A1
Cusset 03 210 B1
Cussey-les-Forges 21 139 E4
Cussey-sur-Lison 25 161 H5
Cussey-sur-l'Ognon 25 161 H2
Cussy 14 32 D3
Cussy-en-Morvan 71 176 C1
Cussy-la-Colonne 21 177 F1
Cussy-le-Châtel 21 159 F5
Cussy-les-Forges 89 158 A1
Custines 54 65 H4
Cusy 74 215 F5
Cusy 89 137 F3
Cutry 02 40 A3
Cutry 54 44 D2
Cuts 60 39 H1
Cutting 57 67 F3
Cuttoli-Corticchiato 2A 348 D3
Cuttura 39 196 D3
Cuvat 74 215 G2
Cuve 70 119 E5
Cuvergnon 60 39 H5
Cuverville 14 33 H4
Cuverville 27 36 D3
Cuverville 76 18 D4
Cuverville-sur-Yères 76 10 D5
Cuvéry Col de 01 214 D1
Cuves 50 52 A4
Cuves 52 117 G3
Cuvier 39 180 A3
Cuvillers 59 14 B3
Cuvilly 60 23 E5
Cuvry 57 65 H1
Cuxac-Cabardès 11 319 G3
Cuxac-d'Aude 11 321 E5
Cuy 60 23 G5
Cuy 89 113 G2
Cuy-Saint-Fiacre 76 37 F1
Cuzac 46 261 G4
Cuzals Musée de 46 260 D4
Cuzance 46 242 B4
Cuzieu 01 214 D4
Cuzieu 42 230 A2
Cuzion 36 188 D3
Cuzorn 47 259 E4
Cuzy 71 176 B4
Cys-la-Commune 02 40 D2
Cysoing 59 9 E3

## D

Dabisse 04 287 G5
Dabo 57 68 A5
Dabo Rocher de 57 68 A5
Dachstein 67 97 F1
Dadonville 45 111 G3
Daglan 24 259 G2
Dagneux 01 213 G4
Dagny 77 60 A5
Dagny-Lambercy 02 25 G3
Dagonville 55 64 B4
La Daguenière 49 149 H2
Dahlenheim 67 97 F1
Daignac 33 256 B1
Daigny 08 27 F3
Daillancourt 52 92 C5
Daillecourt 52 117 G3
Dainville 62 13 F2
Dainville-Bertheléville 55 93 G3
Daix 21 160 A3
Dalem 57 46 D4
Dalhain 57 66 D3
Dalhunden 67 69 F4
Dallet 63 210 A5
Dallon 02 24 A2
Dalou 09 336 B2
Dalstein 57 46 B3
Daluis 06 289 F4
Damas-aux-Bois 88 95 F3
Damas-et-Bettegney 88 119 E2
Damazan 47 275 F2
Dambach 67 68 C1
Dambach-la-Ville 67 97 E4
Dambelin 25 163 E2
Dambenois 25 142 C4
Dambenoît-lès-Colombe 70 141 G3
Damblain 88 117 H3
Damblainville 14 54 A2
Dambron 28 110 D3
Dame-Marie 27 56 A4
Dame-Marie 61 84 C5
Dame-Marie-les-Bois 37 152 C1
Damelevières 54 95 F2
Daméraucourt 60 21 H4
Damerey 71 178 A3
Damery 51 61 F1
Damery 80 23 F3
Damgan 56 124 D5
Damiatte 81 299 E4
Damigny 61 83 G3
Damloup 55 44 C5
Dammard 02 40 A5
Dammarie 28 86 A5
Dammarie-en-Puisaye 45 135 E5
Dammarie-les-Lys 77 88 B3
Dammarie-sur-Loing 45 135 E3
Dammarie-sur-Saulx 55 93 E2
Dammartin-en-Goële 77 59 E1
Dammartin-en-Serve 78 57 E3
Dammartin-les-Templiers 25 162 B3
Dammartin-Marpain 39 161 E3
Dammartin-sur-Meuse 52 117 H4
Dammartin-sur-Tigeaux 77 59 G4
Damousies 59 15 H3
Damouzy 08 26 D2
Damparis 39 178 D1
Dampierre 10 91 G2
Dampierre 14 52 C1
Dampierre 39 161 G5
Dampierre 52 117 G5
Dampierre-au-Temple 51 62 B1
Dampierre-en-Bray 76 37 F1
Dampierre-en-Bresse 71 178 C3
Dampierre-en-Burly 45 134 B3
Dampierre-en-Crot 18 155 G2
Dampierre-en-Graçay 18 154 B5
Dampierre-en-Montagne 21 159 E2
Dampierre-en-Yvelines 78 57 H5
Dampierre-et-Flée 21 160 D1
Dampierre-le-Château 51 63 E1
Dampierre-les-Bois 25 142 C4
Dampierre-lès-Conflans 70 141 F2
Dampierre-Saint-Nicolas 76 20 C2
Dampierre-sous-Bouhy 58 156 C1
Dampierre-sous-Brou 28 109 G2
Dampierre-sur-Avre 28 56 B4
Dampierre-sur-Blévy 28 85 G2
Dampierre-sur-Boutonne 17 201 H2
Dampierre-sur-le-Doubs 25 142 B5
Dampierre-sur-Linotte 70 141 F5
Dampierre-sur-Loire 49 150 C4
Dampierre-sur-Moivre 51 62 C3
Dampierre-sur-Salon 70 140 B5
Dampjoux 25 163 F2
Dampleux 02 40 A4
Dampmart 77 59 F3
Dampniat 19 242 C2
Damprichard 25 163 G3
Les Damps 27 36 B3
Dampsmesnil 27 37 F5
Dampvalley-lès-Colombe 70 141 F4
Dampvalley-Saint-Pancras 70 119 E5
Dampvitoux 54 65 E2
Damrémont 52 117 H5
Damville 27 56 A3
Damvillers 55 44 B3
Damvix 85 184 B4
Dancé 42 211 G4
Dancé 61 84 D5
Dancevoir 52 116 C5
Dancharia 64 310 C4
Dancourt 76 21 E2
Dancourt-Popincourt 80 23 F4
Dancy 28 110 A3
Danestal 14 34 B3
Dangé-Saint-Romain 86 169 H2
Dangeau 28 109 H2
Dangers 28 85 H3
Dangeul 72 107 H2
Dangolsheim 67 97 F1
Dangu 27 37 F4
Dangy 50 52 A1
Danizy 02 24 B4
Danjoutin 90 142 C3
Danne-et-Quatre-Vents 57 68 A4
Dannelbourg 57 68 A4
Dannemarie 25 142 C5
Dannemarie 68 143 E3
Dannemarie 78 57 E4
Dannemarie-sur-Crète 25 161 G4
Dannemoine 89 137 E2
Dannemois 91 88 A4
Dannes 62 6 B3
Dannevoux 55 43 H3
Danvou-la-Ferrière 14 53 E2
Danzé 41 131 G2
Daon 53 128 B3
Daoulas 29 75 G3
Daoulas Gorges du 22 77 G5
Daours 80 22 D2
Darazac 19 243 G2
Darbonnay 39 179 F3
Darbres 07 266 C3
Darcey 21 138 B5
Dardenac 33 256 B1
Dardenay 52 139 G4
Dardez 27 56 B1
Dardilly 69 213 E5
Dareizé 69 212 B4
Dargies 60 21 H4
Dargilan Grotte de 48 282 B3
Dargnies 80 11 E4
Dargoire 42 230 D3
Darmannes 52 117 E2
Darmont 55 44 D5
Darnac 87 187 G5
Darnétal 76 36 B2
Darnets 19 225 G4
Darney 88 118 C3
Darney-aux-Chênes 88 94 B5
Darnieulles 88 119 F2
Darois 21 159 H2
Darvault 77 112 C2
Darvoy 45 133 G2
Dasle 25 142 C4
Daubensand 67 97 H3
Daubeuf-la-Campagne 27 36 A4
Daubeuf-près-Vatteville 27 36 C4
Daubeuf-Serville 76 19 E4
Daubèze 33 256 C2
Dauendorf 67 68 D3
Daumazan-sur-Arize 09 335 G1
Daumeray 49 128 D4
Dauphin 04 306 C1
Dausse 47 276 D1
Daux 31 297 G4
Dauzat-sur-Vodable 63 227 H4
Davayat 63 209 H4
Davayé 71 194 D4
Davejean 11 338 B3
Davenescourt 80 23 E4
Davézieux 07 248 D1
Davignac 19 225 G4
Davrey 10 114 D4
Davron 78 57 H3
Dax 40 292 D3
Deauville 14 34 B2
Deaux 30 283 H4
Débats-Rivière-d'Orpra 42 211 F5
Decazeville 12 261 H4
Dechy 59 8 D5
Décines-Charpieu 69 213 F5
Decize 58 175 E4
Dédeling 57 66 D3
La Défense 92 58 B3
Dégagnac 46 259 H3
Degré 72 107 G4
Dehault 72 108 C2
Dehéries 59 14 C5
Dehlingen 67 67 H2
Deinvillers 88 95 G3
Delain 70 140 B5
Delettes 62 7 F3
Delincourt 60 37 G4
Delle 90 142 D4
Delme 57 66 B3
Delouze 55 93 G2
Le Déluge 60 38 A3
Delut 55 44 B3
Deluz 25 162 B3
Demandolx 04 308 B1
Demange-aux-Eaux 55 93 G2
Demangevelle 70 118 C5
Demi-Quartier 74 216 C3
La Demie 70 141 F5
Demigny 71 177 H2
Demoiselle Coiffée 05 271 E1
Demoiselles Grotte des 34 302 C1
Demoiselles Coiffées 05 269 H4
Démouville 14 33 H4
Dému 32 295 F3
Démuin 80 22 D2
Denain 59 14 C2
Dénat 81 299 G2
Denazé 53 128 A2
Dénécourt Tour 77 88 C4
Denée 49 149 G2
Dénestanville 76 20 B3
Deneuille-lès-Chantelle 03 191 H5
Deneuille-les-Mines 03 191 E4
Deneuvre 54 95 H3
Denèvre 70 140 B5
Dénezé-sous-Doué 49 150 A4
Dénezé-sous-le-Lude 49 150 D1
Denezières 39 196 D1
Denguin 64 314 A3
Denicé 69 212 D3
Denier 62 13 E2
Denipaire 88 96 B4
Dennebrœucq 62 7 E3
Dennemont 78 57 F1
Denneville 50 31 F2
Dennevy 71 177 F3
Denney 90 142 C2
Denone Château de 63 210 A2
Denonville 28 86 D4
Denting 57 46 C5
Déols 36 171 H4
Der-Chantecoq Lac du 51 92 A2
Derbamont 88 95 E5
Dercé 86 169 E2
Derchigny 76 10 C5
Dercy 02 24 D4
Dernacueillette 11 338 B3
Dernancourt 80 23 E1
Derval 44 126 C4
Désaignes 07 248 C4
Désandans 25 142 A4
Descartes 37 169 H2
Le Deschaux 39 179 E2
Le Désert 14 52 D2
Le Désert 38 251 G5
Désertines 03 190 D4
Désertines 53 81 H3
Les Déserts 73 233 F1
Déservillers 25 180 A1
Desges 43 246 C4
Desingy 74 215 E2
Desmonts 45 112 A2
Desnes 39 179 E4
Desseling 57 67 F4
Dessenheim 68 121 F4
Dessia 39 196 B3
Destord 88 95 H5
La Destrousse 13 327 F2
Destry 57 66 D2
Desvres 62 6 C2
Détain-et-Bruant 21 159 G5
Détrier 73 233 G3
Le Détroit 14 53 G3
Les Détroits 48 282 A2
Dettey 71 176 C4
Dettwiller 67 68 B4
Deuil-la-Barre 95 58 C2
Deuillet 02 24 B4
Deûlémont 59 4 C5
Les Deux-Alpes 38 251 H3
Deux Amants Côte des 27 36 C3
Deux-Chaises 03 191 G4
Deux-Évailles 53 106 B2
Les Deux-Fays 39 179 E3
Deux-Jumeaux 14 32 C2
Deux-Verges 15 263 G1
Les Deux-Villes 08 27 H4
Deuxnouds-aux-Bois 55 64 D2
Deuxnouds-devant-Beauzée 55 63 H1
Deuxville 54 95 F1
Devay 58 175 F4
Devecey 25 161 H3
Devesset 07 248 B3
Devèze 65 316 A4
Devèze Grotte de la 34 320 C2
Deviat 16 221 E4
Dévillac 47 258 D3
Deville 08 26 D1
Déville-lès-Rouen 76 36 A1
La Devinière Musée 37 150 D5
Devise 80 23 H2
Devrouze 71 178 B4
Deycimont 88 119 H2
Deyme 31 318 A2
Deyvillers 88 119 G2
Le Dézert 50 32 A4
Dezize-lès-Maranges 71 177 F3
Dhuisy 77 60 A1
Dhuizel 02 40 D2
Dhuizon 41 132 D5
Diable Roche du 88 120 B3
Diable Roches du 29 100 D4
Diancey 21 158 D5
Diane-Capelle 57 67 G5
Diant 77 113 E2
Diarville 54 94 D4
Le Diben 29 71 H3
Diconne 71 178 B4
Dicy 89 113 E5
Didenheim 68 143 F2
Die 26 268 B1
Diebling 57 47 F5
Diebolsheim 67 97 G4
Diedendorf 67 67 G3
Dieffenbach-au-Val 67 97 E4
Dieffenbach-lès-Wœrth 67 69 E2
Dieffenthal 67 97 E4
Diefmatten 68 143 E2
Dielette 50 28 C4
Dième 69 212 B3
Diemeringen 67 67 H2
Diémoz 38 231 G2
Diénay 21 160 A1
Dienne 15 245 E2
Dienné 86 186 D3

Diennes-Aubigny 58 175 F3
Dienville 10 91 H5
Dieppe 76 10 B5
Dieppe-sous-Douaumont 55 44 C5
Dieppedalle-Croisset 76 36 A2
Dierre 37 152 B3
Dierrey-Saint-Julien 10 90 C5
Dierrey-Saint-Pierre 10 90 C5
Diesen 57 46 D5
Dietwiller 68 143 G2
Dieudonné 60 38 B4
Dieue-sur-Meuse 55 64 B1
Dieulefit 26 267 G4
Dieulivol 33 257 E2
Dieulouard 54 65 G4
Dieupentale 82 297 G2
Dieuze 57 67 E4
Diéval 62 7 H5
Diffembach-lès-Hellimer 57 67 F2
Diges 89 136 A4
Digna 39 196 A2
Dignac 16 221 G3
La Digne-d'Amont 11 337 F2
La Digne-d'Aval 11 337 F2
Digne-les-Bains 04 288 A3
Dignonville 88 95 G5
Digny 28 85 G3
Digoin 71 193 F2
Digoine *Château de* 71 193 H2
Digosville 50 29 F3
Digulleville 50 28 C2
Dijon 21 160 A3
Dilo 89 114 A4
Dimancheville 45 111 H2
Dimbsthal 67 68 B5
Dimechaux 59 15 H3
Dimont 59 15 H3
Dinan 22 79 G4
Dinan *Pointe de* 29 75 E4
Dinard 35 50 B5
Dinéault 29 75 G4
Dingé 35 80 B4
Dingsheim 67 68 D5
Dingy-en-Vuache 74 215 F1
Dingy-Saint-Clair 74 215 H3
Dinozé 88 119 G2
Dinsac 87 187 H5
Dinsheim 67 97 E1
Dinteville 52 116 B4
Dio-et-Valquières 34 301 G4
Dionay 38 249 H1
Dions 30 303 G1
Diors 36 172 A4
Diou 03 193 E2
Diou 36 172 B1
Dirac 16 221 F2
Dirinon 29 75 G2
Dirol 58 157 G3
Disneyland Paris 77 59 F3
Dissais 85 183 F1
Dissangis 89 137 E5
Dissay 86 169 F5
Dissay-sous-Courcillon 72 130 C4
Dissé-sous-Ballon 72 108 A2
Dissé-sous-le-Lude 72 129 H5
Distré 49 150 B4
Distroff 57 45 H3
Diusse 64 294 C5
Divajeu 26 267 G2
Dives 60 23 G5
Dives-sur-Mer 14 34 A3
Divion 62 7 H4
Divonne-les-Bains 01 197 G3
Dixmont 89 113 H4
Dizimieu 38 232 A1
Dizy 51 61 G1
Dizy-le-Gros 02 25 G4
Doazit 40 293 H3
Doazon 64 313 H2
Docelles 88 119 H2
Doëlan 29 100 C5
Dœuil-sur-le-Mignon 17 201 G1
Dognen 64 313 G4
Dogneville 88 95 F5
Dohem 62 7 F2
Dohis 02 25 H3
Doignies 59 14 A4
Doingt 80 23 G1
Doissat 24 259 F2
Doissin 38 232 B3
Doix-lès-Fontaines 85 184 B3
Doizieux 42 230 C4
Dol-de-Bretagne 35 80 A2
Dolaincourt 88 94 B4
Dolancourt 10 92 A5
Dolcourt 54 94 C3
Dole 39 161 E5
Dolignon 02 25 G3
Dolleren 68 142 C1
Dollon 72 108 C4
Dollot 89 113 E2
Dolmayrac 47 276 B1
Dolo 22 79 E4
Dolomieu 38 232 B2
Dolus-d'Oléron 17 200 B3
Dolus-le-Sec 37 152 B5
Dolving 57 67 G4
Dom-le-Mesnil 08 27 E4
Domagné 35 104 D3
Domaize 63 228 C1
Domalain 35 105 E4
Domancy 74 216 C3
Domarin 38 231 H2
Domart-en-Ponthieu 80 12 B5
Domart-sur-la-Luce 80 22 D2
Domats 89 113 E3
Domazan 30 304 B1
Dombasle-devant-Darney 88 118 D3
Dombasle-en-Argonne 55 43 H5
Dombasle-en-Xaintois 88 94 C5
Dombasle-sur-Meurthe 54 95 E1
Domblain 52 92 C3
Domblans 39 179 F4
Dombras 55 44 B3
Dombrot-le-Sec 88 118 B2
Dombrot-sur-Vair 88 94 B5
Domecy-sur-Cure 89 157 H2
Domecy-sur-le-Vault 89 157 H1
Doméliers 60 22 A5
Domène 38 251 E1
Domérat 03 190 C4
Domesmont 80 12 B4
Domessargues 30 283 H5
Domessin 73 232 D2
Domèvre-en-Haye 54 65 F4
Domèvre-sous-Montfort 88 94 C5
Domèvre-sur-Avière 88 119 F2
Domèvre-sur-Durbion 88 95 F5
Domèvre-sur-Vezouze 54 96 A2
Domeyrat 43 246 C1
Domeyrot 23 189 H5
Domezain-Berraute 64 311 H4
Domfaing 88 96 A5
Domfessel 67 67 H2
Domfront 60 22 D5
Domfront-en-Poiraie 61 82 B2
Domfront-en-Champagne 72 107 G3
Domgermain 54 94 A1
La Dominelais 35 126 C3
Domino 17 200 A3
Dominois 80 11 G1
Domjean 50 52 B1
Domjevin 54 95 H1
Domjulien 88 94 C5
Domléger 80 12 B4
Domloup 35 104 C3
Dommarie-Eulmont 54 94 C3
Dommarien 52 139 G4
Dommartemont 54 65 H5
Dommartin 01 195 F4
Dommartin 25 180 C2
Dommartin 58 175 H1
Dommartin 69 212 D5
Dommartin 80 22 C3
Dommartin-aux-Bois 88 119 E2
Dommartin-Dampierre 51 43 E5
Dommartin-la-Chaussée 54 65 F2
Dommartin-la-Montagne 55 64 D2
Dommartin-le-Coq 10 91 G3
Dommartin-le-Franc 52 92 C4
Dommartin-le-Saint-Père 52 92 C4
Dommartin-lès-Cuiseaux 71 195 H2
Dommartin-lès-Remiremont 88 119 H4
Dommartin-lès-Toul 54 94 B1
Dommartin-lès-Vallois 88 118 D2
Dommartin-Lettrée 51 62 A4
Dommartin-sous-Amance 54 66 B5
Dommartin-sous-Hans 51 43 E5
Dommartin-sur-Vraine 88 94 B4
Dommartin-Varimont 51 63 E2
Dommary-Baroncourt 55 44 D4
Domme 24 259 G1
Dommery 08 26 B4
Dommiers 02 40 A3
Domnom-lès-Dieuze 57 67 F3
Domont 95 58 C1
Dompaire 88 119 E2
Dompcevrin 55 64 C3
Dompierre 60 22 D5
Dompierre 61 53 E5
Dompierre 88 95 G5
Dompierre-aux-Bois 55 64 D2
Dompierre-Becquincourt 80 23 F1
Dompierre-du-Chemin 35 81 F5
Dompierre-en-Morvan 21 158 C2
Dompierre-les-Églises 87 188 A5
Dompierre-les-Ormes 71 194 B4
Dompierre-les-Tilleuls 25 180 B3
Dompierre-sous-Sanvignes 71 176 C5
Dompierre-sur-Authie 80 11 H1
Dompierre-sur-Besbre 03 192 D2
Dompierre-sur-Chalaronne 01 213 F1
Dompierre-sur-Charente 17 219 H1
Dompierre-sur-Helpe 59 15 G4
Dompierre-sur-Héry 58 157 F4
Dompierre-sur-Mer 17 183 G5
Dompierre-sur-Mont 39 196 C1
Dompierre-sur-Nièvre 58 156 D4
Dompierre-sur-Veyle 01 213 H2
Dompierre-sur-Yon 85 165 H4
Dompnac 07 265 H4
Domprel 25 162 D4
Dompremy 51 62 D4
Domprix 54 45 E3
Domps 87 224 D2
Domptail 88 95 G3
Domptail-en-l'Air 54 95 E2
Domptin 02 60 B1
Domqueur 80 12 B4
Domremy-aux-Bois 55 64 B5
Domremy-en-Ornois 52 93 E4
Domremy-la-Canne 55 44 D4
Domrémy-la-Pucelle 88 93 H3
Domsure 01 195 H3
Domvallier 88 94 D5
Domvast 80 11 H2
Don 59 8 C3
Donazac 11 337 F1
Donchery 08 27 E4
Doncières 88 95 H3
Doncourt-aux-Templiers 55 64 D1
Doncourt-lès-Conflans 54 45 F5
Doncourt-lès-Longuyon 54 44 D2
Doncourt-sur-Meuse 52 117 H3
Dondas 47 276 D2
Donges 44 146 C2
Donjeux 52 93 E4
Donjeux 57 66 C3
Le Donjon 03 193 E4
Donnay 14 53 G2
Donnazac 81 279 F5
Donnelay 57 67 E4
Donnemain-Saint-Mamès 28 110 A3
Donnemarie 52 117 G3
Donnemarie-Dontilly 77 89 F3
Donnement 10 91 G3
Donnenheim 67 68 D4
Donnery 45 133 G2
Donneville 31 318 A2
Donnezac 33 237 H1
Donon *Col du* 67 96 C2
Dontreix 23 208 C3
Dontrien 51 42 B4
Donville-les-Bains 50 51 F2
Donzac 33 256 B3
Donzac 82 276 D4
Donzacq 40 293 F3
Le Donzeil 23 207 F3
Donzenac 19 242 B1
Donzère 26 267 E5
Donzy 58 156 C3
Donzy-le-National 71 194 C3
Donzy-le-Pertuis 71 194 D3
Donzy-le-Pré 58 156 C3
Doranges 63 228 D4
Dorans 90 142 C3
Dorat 63 210 C4
Le Dorat 87 187 H5
Dorceau 61 84 D4
Dordives 45 112 C3
Dore-l'Église 63 229 E5
La Dorée 53 81 G3
Dorengt 02 24 D1
Dorignies 59 8 D5
Dorlisheim 67 97 F2
Dormans 51 60 D1
Dormelles 77 88 D5
Dormillouse 05 270 B1
La Dornac 24 241 H3
Dornas 07 248 B5
Dornecy 58 157 F2
Dornes 58 175 E5
Dornot 57 65 G1
Dorres 66 341 E4
Dortan 01 196 C4
Dosches 10 91 F5
Dosnon 10 91 F2
Dossenheim-Kochersberg 67 68 C5
Dossenheim-sur-Zinsel 67 68 B4
Douadic 36 170 C5
Douai 59 8 D5
Douains 27 56 D1
Douarnenez 29 99 F2
Douaumont 55 44 B5
Doubs 25 180 C2
Doucelles 72 107 H2
Douchapt 24 239 H1
Douchy 02 23 H3
Douchy-Montcorbon 45 113 E5
Douchy-lès-Ayette 62 13 F3
Douchy-les-Mines 59 14 C2
Doucier 39 179 G5
Doucy 73 234 B3
Doucy-en-Bauges 73 233 H1
Doudeauville 62 6 C3
Doudeauville 76 21 F5
Doudeauville-en-Vexin 27 37 E3
Doudelainville 80 11 G4
Doudeville 76 19 H3
Doudrac 47 258 C3
Doue 77 60 A3
Doué-la-Fontaine 49 150 A4
Douelle 46 259 H5
Le Douhet 17 201 G5
Douillet 72 83 F5
Douilly 80 23 H3
Doulaincourt 52 93 E5
Doulaize 25 179 H1
Doulcon 55 43 G2
Doulevant-le-Château 52 92 C4
Doulevant-le-Petit 52 92 C3
Doulezon 33 256 D1
Le Doulieu 59 8 A2
Doullens 80 12 D4
Doumely-Bégny 08 26 A4
Doumy 64 314 B2
Dounoux 88 119 F3
Les Dourbes 04 288 B4
Dourbies 30 282 C4
Dourdain 35 104 D2
Dourdan 91 87 E3
Dourges 62 8 C5
Dourgne 81 319 F2
Douriez 62 11 G1
Dourlers 59 15 G3
Le Dourn 81 280 C5
Dournazac 87 223 E2
Dournon 39 179 H2
Dours 65 315 F4
Doussard 74 215 H5
Doussay 86 169 E3
Douvaine 74 197 H4
Douville 24 240 B4
Douville-en-Auge 14 34 B3
Douville-sur-Andelle 27 36 C3
Douvrend 76 20 C2
Douvres 01 214 A3
Douvres-la-Délivrande 14 33 G3
Douvrin 62 8 B4
Doux 08 42 B1
Doux 79 168 C4
Douy 28 109 H4
Douy-la-Ramée 77 59 G1
Douzains 47 257 H3
Douzat 16 221 E1
La Douze 24 240 D3
Douzens 11 320 B5
Douzies 59 15 G2
Douzillac 24 239 H3
Douzy 08 27 F4
Doville 50 31 G2
Doye 39 180 A4
La Doye 39 197 F2
Doyet 03 191 E4
Dozulé 14 34 A4
Dracé 69 212 D1
Draché 37 169 H1
Drachenbronn 67 69 E1
Dracy 89 135 H3
Dracy-le-Fort 71 177 G4
Dracy-lès-Couches 71 177 F3
Dracy-Saint-Loup 71 176 D1
Dragey 50 51 G4
Draguignan 83 308 A4
Draillant 74 198 A4
Drain 49 148 B2
Draix 04 288 B3
Draize 08 26 A4
Drambon 21 160 D3
Dramelay 39 196 B3
Le Dramont 83 329 H1
Drancy 93 58 D2
Drap 06 309 H2
Dravegny 02 40 D4
Draveil 91 58 C5
Drée 21 159 G3
Drée *Château de* 71 194 A4
Drefféac 44 146 D1
Drémil-Lafage 31 298 B5
Le Drennec 29 70 D5
Dreslincourt 60 39 G1
Dreuil-Hamel 80 11 H5
Dreuil-lès-Amiens 80 22 B1
Dreuil-lès-Molliens 80 22 A2
Dreuilhe 09 336 D3
Dreux 28 56 D4
Drevant 18 173 F5
Dricourt 08 42 C2
Driencourt 80 23 H1
Drignac 15 244 B2
Drincham 59 3 G3
Drocourt 62 8 C5
Drocourt 78 57 G1
Droisy 27 56 B4
Droisy 74 215 E3
Droitaumont 54 45 F5
Droitfontaine 25 163 F3
Droiturier 03 192 D5
Droizy 02 40 B3
Drom 01 196 A5
Dromesnil 80 21 G2
Drosay 76 19 G3
Drosnay 51 92 A2
Droué 41 109 F4
Droue-sur-Drouette 28 86 C2
Drouges 35 105 E5
Drouilly 51 62 C4
Droupt-Saint-Basle 10 90 D3
Droupt-Sainte-Marie 10 90 C3
Drouville 54 66 C5
Drouvin-le-Marais 62 8 A4
Droux 87 205 G1
Droyes 52 92 A3
Drubec 14 34 C4
Drucat 80 11 G3
Drucourt 27 35 E5
Drudas 31 297 F3
Druelle 12 280 C1
Drugeac 15 244 B2
Druillat 01 214 A2
Drulhe 12 261 G5
Drulingen 67 67 H3
Drumettaz-Clarafond 73 233 F1
Drusenheim 67 69 F4
Druval 14 34 B4
Druy-Parigny 58 175 E3
Druye 37 151 G3
Druyes-les-Belles-Fontaines 89 157 E1
Dry 45 132 D3
Duault 22 77 E3
Ducey-les-Chéris 50 51 H5
Duclair 76 35 H1
Ducy-Sainte-Marguerite 14 33 E4
Le Duer 56 124 C5
Duerne 69 230 C1
Duesme 21 138 B4
Duffort 32 315 H3
Dugny 93 58 C2
Dugny-sur-Meuse 55 64 B1
Duhort-Bachen 40 294 B3
Duilhac-sous-Peyrepertuse 11 338 B4
Duingt 74 215 H4
Duisans 62 13 F2
Dullin 73 232 D2
Dumes 40 293 H3
Dun 09 336 C2
Dun-le-Palestel 23 189 E4
Dun-le-Poëlier 36 153 H5
Dun-les-Places 58 158 A4
Dun-sur-Auron 18 173 G3
Dun-sur-Grandry 58 175 H1
Dun-sur-Meuse 55 43 G2
Duneau 72 108 B4
Dunes 82 276 C4
Dunet 36 188 B3
Dung 25 142 B4
Dunière-sur-Eyrieux 07 266 D1
Dunières 43 248 B1
Dunkerque 59 3 G2
Duntzenheim 67 68 C5
Duppigheim 67 97 G2
Duran 32 296 A4
Durance 47 275 E3
Duranus 06 291 E4
Duranville 27 35 E5
Duras 47 257 F2
Duravel 46 259 F4
Durban 32 296 A5
Durban-Corbières 11 338 D2
Durban-sur-Arize 09 335 H2
Durbans 46 260 D3
Durbelière *Château de la* 79 167 F2
Durcet 61 53 F4
Durdat-Larequille 03 191 E5
Dureil 72 129 F2
Durenque 12 280 D4
Durette 69 212 C1
Durfort 09 318 A5
Durfort 81 319 F2
Durfort-et-Saint-Martin-de-Sossenac 30 283 G5
Durfort-Lacapelette 82 277 F3
Durlinsdorf 68 143 F4
Durmenach 68 143 F4
Durmignat 63 209 F1
Durnes 25 162 B5
Durningen 67 68 C5
Durrenbach 67 69 E2
Durrenentzen 68 121 F2
Durstel 67 67 H3
Durtal 49 129 E4
Durtol 63 209 G5
Dury 02 23 H3
Dury 62 14 A3
Dury 80 22 B2
Dussac 24 223 F5
Duttlenheim 67 97 F2
Duvy 60 39 G4
Duzey 55 44 D3
Dyé 89 136 D2
Dyo 71 194 A4

## E

Eancé 35 127 F2
Eaubonne 95 58 B2
Eaucourt-sur-Somme 80 11 H4
Eaunes 31 317 H3
Eaux-Bonnes 64 332 A2
Eaux-Chaudes 64 332 A2
Eaux-Puiseaux 10 114 C3
Eauze 32 295 F1
Ébange 57 45 G3
Ébaty 21 177 G2
Ebaupinaye *Château d'* 79 167 H1
Ebblinghem 59 3 G5
Ébéon 17 201 H4
Eberbach-Seltz 67 69 G2
Eberbach-Wœrth 67 68 D2
Ebersheim 67 97 F4
Ebersmunster 67 97 F4
Ébersviller 57 46 B4
Éblange 57 46 C4
Ébouleau 02 25 F4
Ébréon 16 203 E3
Ébreuil 03 209 H2
L'Écaille 08 41 H2
Écaillon 59 9 E5
Écajeul 14 54 A1
Ecalgrain *Baie d'* 50 28 C2
Écalles-Alix 76 19 H5
Écaquelon 27 35 G3
Écardenville-la-Campagne 27 35 H5
Écardenville-sur-Eure 27 36 C5
Écausseville 50 29 G5
Écauville 27 36 A5
Eccica-Suarella 2A 348 D3
Eccles 59 15 H3
Échalas 69 230 D3
Échallat 16 220 D1
Échallon 01 196 D5
Échalot 21 138 D5
Échalou 61 53 F4
Échandelys 63 228 C3
Échannay 21 159 F3
Écharcon 91 87 H2
Les Écharmeaux 69 212 B1
Échassières 03 209 F1
Échauffour 61 54 D4
Échavanne 70 142 B3
Échay 25 179 H1
Échebrune 17 219 H2
L'Échelle 08 26 B2

L'Échelle-Saint-Aurin 80 ... 23 E4
Les Échelles 73 ... 232 D4
Échemines 10 ... 90 C4
Échemiré 49 ... 129 F5
Échenans 25 ... 142 B4
Échenans-sous-Mont-Vaudois 70 ... 142 B3
Échenay 52 ... 93 F3
Échenevex 01 ... 197 F4
Échenon 21 ... 160 C5
Échenoz-la-Méline 70 ... 141 E4
Échenoz-le-Sec 70 ... 141 E5
Échery 68 ... 96 D5
Les Échets 01 ... 213 F4
Échevanne 70 ... 161 F2
Échevannes 21 ... 160 B1
Échevannes 25 ... 162 B5
Échevis 26 ... 250 B3
Échevronne 21 ... 159 H5
Échigey 21 ... 160 B4
Échillais 17 ... 200 D4
Échilleuses 45 ... 112 A3
Echinghen 62 ... 6 B2
Échiré 79 ... 185 E3
Échirolles 38 ... 250 D2
Échouboulains 77 ... 88 D4
Échourgnac 24 ... 239 F2
Eckartswiller 67 ... 68 B4
Eckbolsheim 67 ... 97 G1
Eckmühl *Phare d'* 29 ... 99 F5
Eckwersheim 67 ... 68 D5
Éclaibes 59 ... 15 G3
Éclaires 51 ... 63 F1
Éclance 10 ... 92 A5
Éclans 39 ... 161 E5
Eclaron 52 ... 92 B2
Eclassan 07 ... 249 E2
Écleux 39 ... 179 G1
Éclimeux 62 ... 7 F5
Eclose 38 ... 232 A3
Écluse *Défilé de l'* 74 ... 215 E1
Éclusier-Vaux 80 ... 23 F1
Écluzelles 28 ... 56 D5
Écly 08 ... 26 A5
Écoche 42 ... 212 A1
Écoivres 62 ... 12 C2
École 73 ... 233 H1
École-Valentin 25 ... 161 H3
Écollemont 51 ... 92 A2
Écoman 41 ... 132 A2
Écommoy 72 ... 130 A2
Écomusée de Haute-Alsace 68 ... 121 E5
Écoquenéauville 50 ... 31 H2
Écorcei 61 ... 55 F5
Les Écorces 25 ... 163 G3
Écorches 61 ... 54 B3
Écordal 08 ... 26 C5
Écorpain 72 ... 108 C5
Écos 27 ... 37 E5
Écot 25 ... 142 B5
Ecot-la-Combe 52 ... 117 F2
Écotay-l'Olme 42 ... 229 G2
Écots 14 ... 54 B1
Écouché 61 ... 54 A4
Écouen 95 ... 58 C1
Écouflant 49 ... 149 G1
Écouis 27 ... 36 D3
Écourt-Saint-Quentin 62 ... 14 A3
Écoust-Saint-Mein 62 ... 13 H3
Écouves *Forêt d'* 61 ... 83 G2
Écouviez 55 ... 44 B1
L'Écouvotte 25 ... 162 B2
Écoyeux 17 ... 201 H5
Ecquedecques 62 ... 7 H3
Ecques 62 ... 7 F2
Ecquetot 27 ... 36 A5
Ecquevilly 78 ... 57 H2
Écrainville 76 ... 18 D4
Écrammeville 14 ... 32 C2
Les Écrennes 77 ... 88 D3
Écretteville-lès-Baons 76 ... 19 G4
Écretteville-sur-Mer 76 ... 19 E3
Écriennes 51 ... 62 D5
Écrille 39 ... 196 C2
Écromagny 70 ... 141 H2
Écrosnes 28 ... 86 C3
Écrouves 54 ... 94 B1
Ectot-l'Auber 76 ... 20 A4
Ectot-lès-Baons 76 ... 19 H4
Écublé 28 ... 85 H2
Écueil 51 ... 41 G4
Écueillé 36 ... 171 E1
Écuélin 59 ... 15 G3
Écuelle 70 ... 140 A5
Écuelles 71 ... 178 A2
Écuelles 77 ... 88 C5
Écuillé 49 ... 128 C5
Écuires 62 ... 6 C4
Écuisses 71 ... 177 F4
Éculleville 50 ... 28 D2
Écully 69 ... 213 E5
Écuras 16 ... 222 B1
Écurat 17 ... 201 F5
Écurcey 25 ... 142 B5
Écurey-en-Verdunois 55 ... 44 B3
Écurie 62 ... 13 G2
Écury-le-Repos 51 ... 61 G4
Écury-sur-Coole 51 ... 62 A3
Écutigny 21 ... 177 F1
Écuvilly 60 ... 23 G4
Edern 29 ... 100 A2
Édon 16 ... 221 G3
Les Éduts 17 ... 202 C3
Eecke 59 ... 4 A5
Effiat 63 ... 210 A2
Effincourt 52 ... 93 E3
Effry 02 ... 25 G1
Égat 66 ... 341 F4
Égleny 89 ... 135 H3
Égletons 19 ... 225 F5
Égligny 77 ... 89 F4
Eglingen 68 ... 143 E2
L'Église-aux-Bois 19 ... 225 E2
Église-Neuve-de-Vergt 24 ... 240 C3
Église-Neuve-d'Issac 24 ... 239 H4
Égliseneuve-d'Entraigues 63 ... 227 F5
Égliseneuve-des-Liards 63 ... 228 B3
Égliseneuve-près-Billom 63 ... 228 B1
Les Églises d'Argenteuil 17 ... 201 H3
Églisolles 63 ... 229 F4
Les Églisottes-et-Chalaures 33 ... 238 D3
Égly 91 ... 87 G2
Égreville 77 ... 112 D3
Égriselles-le-Bocage 89 ... 113 F3
Égry 45 ... 111 H4
Éguelshardt 57 ... 68 B1
Eguenigue 90 ... 142 C2
L'Éguille 17 ... 218 D1
Éguilles 13 ... 305 H5
Éguilly 21 ... 159 E3
Éguilly-sous-Bois 10 ... 115 H3
Éguisheim 68 ... 121 E3
Éguzon 36 ... 188 D3
Éguzon *Barrage d'* 36 ... 188 D3
Éhuns 70 ... 141 G2
Eichhoffen 67 ... 97 F3
Eincheville 57 ... 66 D2
Einvaux 54 ... 95 F2
Einville-au-Jard 54 ... 95 F1
Eix 55 ... 44 C5
Élan 08 ... 26 D4
Élancourt 78 ... 57 H4
Elbach 68 ... 142 D3
Elbeuf 76 ... 36 A3
Elbeuf-en-Bray 76 ... 37 F1
Elbeuf-sur-Andelle 76 ... 36 D1
Élencourt 60 ... 21 H4
Élesmes 59 ... 15 H2
Életot 76 ... 19 E3
Éleu-Dit-Leauwette 62 ... 8 B5
Élincourt 59 ... 14 C5
Élincourt-Sainte-Marguerite 60 ... 39 F1
Élisabethville 78 ... 57 G2
Élise-Daucourt 51 ... 63 E1
Elizaberry 64 ... 310 D3
Ellecourt 76 ... 21 F3
Elliant 29 ... 100 A3
Ellon 14 ... 33 E4
Elne 66 ... 343 F3
Elnes 62 ... 7 E2
Éloie 90 ... 142 C2
Éloise 74 ... 215 E1
Éloyes 88 ... 119 H3
Elsenheim 67 ... 121 F2
Elvange 57 ... 66 D1
Elven 56 ... 124 D3
Elzange 57 ... 45 H3
Émagny 25 ... 161 G3
Émalleville 27 ... 36 B5
Émancé 78 ... 86 C2
Émanville 27 ... 55 H1
Émanville 76 ... 20 A5
Emberménil 54 ... 95 H1
Embourie 16 ... 203 E2
Embres-et-Castelmaure 11 ... 338 D3
Embreville 80 ... 11 E4
Embrun 05 ... 270 C3
Embry 62 ... 6 D4
Émerainville 77 ... 59 E4
Émerchicourt 59 ... 14 B2
Émeringes 69 ... 194 D5
Éméville 60 ... 39 H3
Émiéville 14 ... 33 H5
Emlingen 68 ... 143 F3
Emmerin 59 ... 8 C3
Émondeville 50 ... 29 G5
Empeaux 31 ... 297 F5
Empurany 07 ... 248 D4
Empuré 16 ... 203 E2
Empury 58 ... 157 H3
Encausse 32 ... 297 E3
Encausse-les-Thermes 31 ... 334 C2
Enchanet *Barrage d'* 15 ... 243 H3
Enchastrayes 04 ... 271 E5
Enchenberg 57 ... 68 A1
L'Enclave-de-la-Martinière 79 ... 185 G4
Encourtiech 09 ... 335 F3
Encrenaz *Col de l'* 74 ... 198 C5
Endoufielle 32 ... 297 E5
Énencourt-le-Sec 60 ... 37 H3
Énencourt-Léage 60 ... 37 G3
Enfer *Gouffre d'* 42 ... 230 B4
Enfer *Portes d'* 86 ... 187 G4
Enfonvelle 52 ... 118 B5
Engarran *Château de l'* 34 ... 302 D5
Engayrac 47 ... 276 D2
Engayresque *Col d'* 12 ... 281 G2
Engente 10 ... 92 B5
Engenthal 67 ... 68 A5
Engenville 45 ... 111 G2
Enghien-les-Bains 95 ... 58 C2
Engins 38 ... 250 D2
Englancourt 02 ... 25 E1
Englebelmer 80 ... 13 F5
Englefontaine 59 ... 15 E3
Englesqueville-en-Auge 14 ... 34 C3
Englesqueville-la-Percée 14 ... 32 C2
Englos 59 ... 8 C2
Engomer 09 ... 335 E3
Engraviès 09 ... 336 C2
Enguinegatte 62 ... 7 F3
Engwiller 67 ... 68 C3
Ennemain 80 ... 23 G2
Ennery 57 ... 45 H4
Ennery 95 ... 58 A1
Ennetières-en-Weppes 59 ... 8 C2
Ennevelin 59 ... 8 D3
Ennezat 63 ... 210 A4
Ennordres 18 ... 155 E2
Enquin-les-Mines 62 ... 7 F3
Enquin-sur-Baillons 62 ... 6 C3
Ens 65 ... 333 G4
Ensérune *Oppidum d'* 34 ... 321 F5
Ensigné 79 ... 202 C2
Ensisheim 68 ... 121 E5
Ensuès-la-Redonne 13 ... 326 C2
Entrages 04 ... 288 A4
Entraigues 38 ... 251 F4
Entraigues 63 ... 210 A4
Entraigues-sur-la-Sorgue 84 ... 285 G5
Entrains-sur-Nohain 58 ... 156 D2
Entrammes 53 ... 106 A4
Entrange 57 ... 45 G2
Entraunes 06 ... 289 E2
Entraygues-sur-Truyère 12 ... 262 D3
Entre-deux-Eaux 88 ... 96 B5
Entre-deux-Guiers 38 ... 232 D4
Entre-deux-Monts 39 ... 180 A5
Entrecasteaux 83 ... 307 G5
Entrechaux 84 ... 285 H2
Entremont 74 ... 216 A3
Entremont-le-Vieux 73 ... 233 E3
Entrepierres 04 ... 287 G2
Entressen 13 ... 305 E4
Entrevaux 04 ... 289 F5
Entrevennes 04 ... 287 G5
Entrevernes 74 ... 215 H4
Entzheim 67 ... 97 G1
Enval 63 ... 209 G4
Enveitg 66 ... 341 E4
Envermeu 76 ... 20 C2
Envronville 76 ... 19 G4
Eoulx 04 ... 308 B1
Éourres 05 ... 287 E2
Eoux 31 ... 316 D4
Épagne 10 ... 91 G4
Épagne-Epagnette 80 ... 11 G4
Épagny 02 ... 40 A1
Épagny 21 ... 160 A1
Épagny-Metz-Tessy 74 ... 215 G3
Épaignes 27 ... 35 E3
Épaney 14 ... 53 H2
Épannes 79 ... 184 C5
Éparcy 02 ... 25 G2
Les Éparges 55 ... 64 D1
Épargnes 17 ... 219 E3
Les Éparres 38 ... 232 A3
Epau *Abbaye de l'* 72 ... 107 H5
Épaumesnil 80 ... 11 G5
Épaux-Bézu 02 ... 40 B5
Épeautrolles 28 ... 85 H5
Épécamps 80 ... 12 B4
Épégard 27 ... 35 H4
Épehy 80 ... 14 A5
Épeigné-les-Bois 37 ... 152 C4
Épeigné-sur-Dême 37 ... 130 D4
Épénancourt 80 ... 23 G2
Épenède 16 ... 204 B2
Épenouse 25 ... 162 C4
Épenoy 25 ... 162 C5
Épense 51 ... 63 E2
Épercieux-Saint-Paul 42 ... 211 H5
Éperlecques 62 ... 3 E4
Épernay 51 ... 61 G1
Épernay-sous-Gevrey 21 ... 160 A4
Épernon 28 ... 86 C2
Éperrais 61 ... 84 B4
Épersy 73 ... 215 F5
Épertully 71 ... 177 F2
Épervans 71 ... 177 H4
Les Epesses 85 ... 166 D3
Épeugney 25 ... 162 A5
Epfig 67 ... 97 F4
Épiais 41 ... 132 A3
Épiais-lès-Louvres 95 ... 58 D1
Épiais-Rhus 95 ... 38 A5
Épieds 02 ... 40 C5
Épieds 27 ... 56 D2
Épieds 49 ... 150 C5
Épieds-en-Beauce 45 ... 110 B5
Épierre 73 ... 234 A3
Épiez-sur-Chiers 54 ... 44 C2
Épiez-sur-Meuse 55 ... 93 H2
Épinac 71 ... 177 E2
Épinal 88 ... 119 F2
Épinant 52 ... 117 G4
Épinay 27 ... 55 F2
Épinay-Champlâtreux 95 ... 58 C1
L'Épinay-le-Comte 61 ... 81 H3
Épinay-sous-Sénart 91 ... 58 D5
Épinay-sur-Duclair 76 ... 35 H1
Épinay-sur-Odon 14 ... 33 E5
Épinay-sur-Orge 91 ... 58 C5
Épinay-sur-Seine 93 ... 58 C2
L'Épine 05 ... 268 D5
L'Épine 51 ... 62 B2
L'Épine 85 ... 164 B1
Épine *Col de l'* 73 ... 233 E2
L'Épine-aux-Bois 02 ... 60 C3
Épineau-les-Voves 89 ... 113 H5
Épineu-le-Chevreuil 72 ... 107 E4
Épineuil 89 ... 137 E2
Épineuil-le-Fleuriel 18 ... 190 D2
Épineuse 60 ... 38 D2
Épineux-le-Seguin 53 ... 106 D5
Épiniac 35 ... 80 B2
Épinonville 55 ... 43 G3
Épinouze 26 ... 231 F5
Épinoy 62 ... 14 B3
Épire 49 ... 149 F2
Épiry 58 ... 157 G5
Épisy 77 ... 88 C5
Épizon 52 ... 93 F4
Éplessier 80 ... 21 H3
Éply 54 ... 65 H3
Époisses 21 ... 158 C1
Épône 78 ... 57 G2
Épothémont 10 ... 92 A4
Épouville 76 ... 18 C5
Époye 51 ... 42 A3
Eppe-Sauvage 59 ... 16 A4
Eppes 02 ... 25 E5
Eppeville 80 ... 23 H3
Epping 57 ... 48 B5
Épretot 76 ... 18 D5
Épreville 76 ... 19 E4
Épreville-en-Lieuvin 27 ... 35 F4
Épreville-en-Roumois 27 ... 35 G3
Épreville-près-le-Neubourg 27 ... 35 H5
Épron 14 ... 33 G4
Eps 62 ... 7 F4
Épuisay 41 ... 131 F2
Équancourt 80 ... 14 A5
Équemauville 14 ... 34 C2
Équennes-Éramecourt 80 ... 21 H3
Équeurdreville-Hainneville 50 ... 29 E3
Équevilley 70 ... 141 F3
Équevillon 39 ... 179 H4
Équihen-Plage 62 ... 6 A2
Équilly 50 ... 51 G3
Équirre 62 ... 7 F4
Éragny 95 ... 58 A1
Éragny-sur-Epte 60 ... 37 G3
Eraines 14 ... 53 H2
Éramecourt 80 ... 21 H4
Éraville 16 ... 220 D2
Erbajolo 2B ... 347 F5
Erbalunga 2B ... 345 G3
Erbéviller-sur-Amezule 54 ... 66 C5
Erbray 44 ... 127 E4
Erbrée 35 ... 105 F3
Ercé 09 ... 335 G4
Ercé-en-Lamée 35 ... 126 D2
Ercé-près-Liffré 35 ... 80 C5
Erceville 45 ... 111 F2
Erches 80 ... 23 E4
Ercheu 80 ... 23 G4
Erchin 59 ... 14 B2
Erching 57 ... 48 B5
Erckartswiller 67 ... 68 B3
Ercourt 80 ... 11 F4
Ercuis 60 ... 38 B4
Erdeven 56 ... 123 G3
Erdre-en-Anjou 49 ... 128 A5
Éréac 22 ... 103 E1
Ergersheim 67 ... 97 F1
Ergnies 80 ... 12 B4
Ergny 62 ... 6 D3
Ergué-Gabéric 29 ... 99 H3
Érigné 49 ... 149 G2
Érin 62 ... 7 F5
Éringes 21 ... 138 A5
Eringhem 59 ... 3 G3
Ériseul 52 ... 139 E2
Érize-la-Brûlée 55 ... 63 H3
Érize-la-Grande 55 ... 63 H2
Érize-la-Petite 55 ... 63 H2
Érize-Saint-Dizier 55 ... 63 H3
Erlon 02 ... 25 E3
Erloy 02 ... 25 E1
Ermenonville 60 ... 39 E5
Ermenonville-la-Grande 28 ... 86 A5
Ermenonville-la-Petite 28 ... 85 H5
Ermenouville 76 ... 19 H3
Ermitage-du-Frère-Joseph 88 ... 120 B5
Ermont 95 ... 58 B2
Ernecourt 55 ... 64 B5
Ernée 53 ... 81 G5
Ernemont-Boutavent 60 ... 21 G5
Ernemont-la-Villette 76 ... 37 F1
Ernemont-sur-Buchy 76 ... 36 D1
Ernes 14 ... 54 A1
Ernestviller 57 ... 67 G1
Ernolsheim-Bruche 67 ... 97 F1
Ernolsheim-lès-Saverne 67 ... 68 B4
Erny-Saint-Julien 62 ... 7 F3
Érôme 26 ... 249 E2
Érondelle 80 ... 11 G4
Érone 2B ... 347 F3
Éroudeville 50 ... 29 G5
Erp 09 ... 335 F3
Erquery 60 ... 38 D2
Erquières 62 ... 12 B2
Erquinghem-le-Sec 59 ... 8 C3
Erquinghem-Lys 59 ... 8 B2
Erquinvillers 60 ... 38 D1
Erquy 22 ... 78 D2
Err 66 ... 341 F5
Erre 59 ... 9 F5
Errevet 70 ... 142 B2
Errouville 54 ... 45 F2
Ersa 2B ... 345 F1
Erstein 67 ... 97 G3
Erstroff 57 ... 67 E2
Ervauville 45 ... 113 E4
Ervillers 62 ... 13 G4
Ervy-le-Châtel 10 ... 114 C4
Esbareich 65 ... 334 A3
Esbarres 21 ... 160 C5
Esbly 77 ... 59 F3
Esboz-Brest 70 ... 141 G2
Escala 65 ... 333 H1
Escalans 40 ... 274 D5
Les Escaldes 66 ... 341 F4
L'Escale 04 ... 287 G4
Escales 11 ... 320 C5
Escalette *Pas de l'* 34 ... 301 H2
Escalles 62 ... 2 B3
Escalquens 31 ... 318 A2
Escames 60 ... 21 G5
Escamps 46 ... 278 C1
Escamps 89 ... 136 A4
Escandolières 12 ... 262 B5
Escanecrabe 31 ... 316 C4
Escardes 51 ... 60 C5
L'Escarène 06 ... 291 F5
Escarmain 59 ... 14 D3
Escaro 66 ... 342 A3
Escassefort 47 ... 257 F4
Escatalens 82 ... 277 G5
Escaudain 59 ... 14 C2
Escaudes 33 ... 274 B1
Escaudœuvres 59 ... 14 B3
Escaufourt 59 ... 14 D5
Escaunets 65 ... 314 D3
Escautpont 59 ... 9 G5
Escazeaux 82 ... 297 E2
Eschau 67 ... 97 G2
Eschbach 67 ... 68 D3
Eschbach-au-Val 68 ... 120 D3
Eschbourg 67 ... 68 A3
Eschêne-Autrage 90 ... 142 C3
Eschentzwiller 68 ... 143 G2
Escherange 57 ... 45 G2
Esches 60 ... 38 A4
Eschwiller 67 ... 67 H3
Esclagne 09 ... 336 D2
Esclainvillers 80 ... 22 C4
Esclanèdes 48 ... 264 B5
Esclangon 04 ... 288 A2
Esclassan-Labastide 32 ... 316 A2
Esclauzels 46 ... 260 C5
Esclavelles 76 ... 20 D4
Esclavolles-Lurey 51 ... 90 A2
Escles 88 ... 118 D3
Escles-Saint-Pierre 60 ... 21 G3
Esclimont 28 ... 86 D3
Esclottes 47 ... 257 E2
Escobecques 59 ... 8 C2
Escœuilles 62 ... 2 D5
Escoire 24 ... 240 D2
Escolives-Sainte-Camille 89 ... 136 B4
Escombres-et-le-Chesnois 08 ... 27 G4
Esconac 33 ... 255 G2
Escondeaux 65 ... 315 F3
Esconnets 65 ... 333 G1
Escorailles 15 ... 244 B2
Escornebœuf 32 ... 296 D4
Escorpain 28 ... 56 B5
Escos 64 ... 311 H3
Escosse 09 ... 336 A1
Escot 64 ... 331 H2
Escots 65 ... 333 G1
Escou 64 ... 331 H1
Escoubès 64 ... 314 C2
Escoubès-Pouts 65 ... 333 E1
Escoublère *Manoir de l'* 53 ... 128 C3
Escoulis 31 ... 335 E1
Escouloubre 11 ... 337 F5
Escource 40 ... 272 D3
Escoussans 33 ... 256 B2
Escoussens 81 ... 319 G2
Escout 64 ... 331 H1
Escoutoux 63 ... 210 C5
Escoville 14 ... 33 H4
Escragnolles 06 ... 308 D2
Escrennes 45 ... 111 G3
Escrignelles 45 ... 134 D4
Escrinet *Col de l'* 07 ... 266 C2
Escroux 81 ... 300 B3
Escueillens 11 ... 337 E1
Escurès 64 ... 314 D2
Escures-sur-Favières 14 ... 54 A1
Escurolles 03 ... 210 A1
Ésery 74 ... 215 H1
Eslettes 76 ... 20 A5
Esley 88 ... 118 C2
Eslourenties-Daban 64 ... 314 D4
Esmans 77 ... 88 D5
Esmery-Hallon 80 ... 23 H4
Esmoulières 70 ... 119 H5
Esmoulins 70 ... 161 E2
Esnandes 17 ... 183 F5
Esnans 25 ... 162 C2
Esnes 59 ... 14 C4
Esnes-en-Argonne 55 ... 43 H4
Esnoms-au-Val 52 ... 139 F4
Esnon 89 ... 114 A5
Esnouveaux 52 ... 117 F3
Espagnac 19 ... 243 E1
Espagnac-Sainte-Eulalie 46 ... 261 E4
Espagnols *Pointe des* 29 ... 75 E3
Espalais 82 ... 276 D4
Espalem 43 ... 246 A1

Espalion 12 263 E4
Espaly-Saint-Marcel 43 247 F3
Espanès 31 318 A2
Espaon 32 316 D3
Esparron 05 269 F4
Esparron 31 316 C4
Esparron 83 306 D4
Esparron-de-Verdon 04 307 E2
Esparron-la-Bâtie 04 287 H1
Esparros 65 333 G2
Esparsac 82 297 E1
Espartignac 19 224 C4
Espas 32 295 E2
Espaubourg 60 37 G2
Espèche 65 333 G1
Espéchède 64 314 C3
Espédaillac 46 260 D3
Espelette 64 310 D4
Espeluche 26 267 F4
Espenel 26 268 A2
Espérausses 81 300 A4
Espéraza 11 337 G3
Esperce 31 317 H4
Espère 46 259 H4
L'Espérou 30 282 C4
Espès-Undurein 64 313 F4
Espeyrac 12 262 C3
Espeyroux 46 261 E2
Espezel 11 337 E4
Espieilh 65 333 G1
Espiens 47 275 G3
Espiet 33 256 B1
Espinas 82 279 E3
Espinasse 15 245 G5
Espinasse 63 209 E3
Espinasse-Vozelle 03 210 A2
Espinasses 05 270 A4
Espinchal 63 227 F5
Espinoux 04 287 H4
Espins 14 53 G1
Espira-de-Conflent 66 342 B3
Espira-de-l'Agly 66 338 D5
Espirat 63 228 B1
Espiute 64 311 H4
Esplantas-Vazeilles 43 246 C5
Esplas 09 318 A5
Esplas-de-Sérou 09 335 H3
Espoey 64 314 C4
Espondeilhan 34 321 G2
Esprels 70 141 G5
Esquay-Notre-Dame 14 33 F5
Esquay-sur-Seulles 14 33 E3
Esquéhéries 02 25 E1
Esquelbecq 59 3 G4
Esquennoy 60 22 B4
Esquerchin 59 8 D5
Esquerdes 62 7 F2
Esquibien 29 98 D2
Esquièze-Sère 65 333 E3
Esquillon *Pointe de l'* 06 309 E5
Esquiule 64 331 G1
Essalois *Château d'* 42 230 A4
Les Essards 16 239 E1
Les Essards 17 201 F5
Les Essards 37 151 E3
Les Essards-Taignevaux 39 178 D2
Essarois 21 138 C3
Essars 62 8 A3
Les Essarts 27 56 A3
Les Essarts 41 131 E4
Les Essarts 76 36 A3
Les Essarts 85 166 B4
Les Essarts-le-Roi 78 57 G5
Les Essarts-le-Vicomte 51 60 D5
Les Essarts-lès-Sézanne 51 60 D4
Les Essarts-Varimpré 76 21 E2
Essavilly 39 180 A4
Essay 61 83 H2
Esse 16 204 C2
Essé 35 104 D5
Essegney 88 95 E4
Les Esseintes 33 256 D3
Essert 89 136 D5
Essert 90 142 B3
Essert-Romand 74 198 C5
Essertaux 80 22 B3
Essertenne 71 177 F4
Essertenne-et-Cecey 70 160 D2
Essertines-en-Châtelneuf 42 229 G2
Essertines-en-Donzy 42 212 A5
Esserts-Blay 73 234 B1
Esserts-Salève 74 215 H1
Esserval-Combe 39 180 A3
Esserval-Tartre 39 180 A3
Essey 21 159 E4
Essey-et-Maizerais 54 65 E3
Essey-la-Côte 54 95 F3
Essey-les-Eaux 52 117 G4
Essey-lès-Nancy 54 65 H5
Essey-les-Ponts 52 116 C4
Essia 39 196 B1
Essigny-le-Grand 02 24 B3
Essigny-le-Petit 02 24 B2
Essises 02 60 C2
Essômes-sur-Marne 02 60 B1
Esson 14 53 F2
Essoyes 10 115 H4
Essuiles 60 38 B1
Les Estables 43 247 H5
Estables 48 264 C3
Establet 26 268 B4
Estadens 31 334 D2
Estagel 66 338 C5
Estaing 12 262 D4
Estaing 65 332 C3
Estaires 59 8 B2
Estal 46 243 E5
Estampes 32 315 G3
Estampures 65 315 G3
Estancarbon 31 334 C1
Estandeuil 63 228 B1
Estang 32 294 D1
L'Estaque 13 326 D2
Estarvielle 65 333 H4
Estavar 66 341 F4
Esteil 63 228 B4
Estenc 06 289 E2
Esténos 31 334 B3
Estensan 65 333 G4
Estérençuby 64 330 C1
Esternay 51 60 D4
Esterre 65 333 E3
Estevelles 62 8 C4
Esteville 76 20 C5
Estézargues 30 304 B1
Estialescq 64 313 H4
Estibeaux 40 293 F4
Estigarde 40 274 C5
Estillac 47 276 B3
Estipouy 32 295 H5
Estirac 65 295 E5
Estissac 10 114 C2
Estivals 19 242 B4
Estivareilles 03 190 D3
Estivareilles 42 229 G4
Estivaux 19 242 B1
Estoher 66 342 B3
Estos 64 331 H1
Estoublon 04 288 A5
Estouches 91 87 F5
Estourmel 59 14 C4
Éstouteville-Écalles 76 20 C5
Estouy 45 111 H3
Estrablin 38 231 F3
Estramiac 32 296 D2
Estrebay 08 26 A2
Estrébœuf 80 11 F3
L'Estréchure 30 283 E4
Estrée 62 6 C4
Estrée-Blanche 62 7 G3
Estrée-Cauchy 62 8 A5
Estrée-Wamin 62 12 D2
Estréelles 62 6 C4
Estrées 02 24 B1
Estrées 59 14 A2
Estrées-Deniécourt 80 23 F2
Estrées-en-Chaussée 80 23 H2
Estrées-la-Campagne 14 53 H1
Estrées-lès-Crécy 80 11 H2
Estrées-Saint-Denis 60 39 E2
Estrées-sur-Noye 80 22 C3
Estrennes 88 94 C5
Estreux 59 9 H5
Estrun 59 14 C3
Estry 14 52 D2
Esves-le-Moutier 37 170 B1
Esvres 37 152 A4
Eswars 59 14 B3
Étable 73 233 H3
Étables 07 249 E3
Étables-sur-Mer 22 73 H4
Étagnac 16 204 D4
Étaimpuis 76 20 B4
Étain 55 44 D5
Étaing 62 13 H2
Étainhus 76 18 D5
Étais 21 137 H4
Étais-la-Sauvin 89 156 D1
Étalans 25 162 C4
Étalante 21 138 C4
Étalle 08 26 B2
Étalleville 76 19 H3
Étalon 80 23 F3
Étalondes 76 10 D4
Étampes 91 87 F4
Étampes-sur-Marne 02 60 C1
L'Étang-Bertrand 50 29 E5
L'Étang-la-Ville 78 58 A3
Étang-sur-Arroux 71 176 C3
L'Étang-Vergy 21 159 H5
Les Étangs 57 46 B5
Étaples 62 6 B4
Étaule 89 158 A1
Étaules 17 200 C5
Étaules 21 159 H2
Étauliers 33 237 G1
Étaves-et-Bocquiaux 02 24 C1
Étavigny 60 39 G5
Etcharry 64 311 H4
Etchebar 64 331 E2
Eteaux 74 215 H1
Éteignières 08 26 B2
Eteimbes 68 142 D2
Étel 56 123 G3
Ételfay 80 23 E4
L'Etelon 03 190 D1
Étercy 74 215 F3
Éternoz 25 180 A1
Éterpigny 62 13 H3
Éterpigny 80 23 G2
Éterville 14 33 G5
Étevaux 21 160 C3
Eth 59 15 E2
Étienville 50 31 G2
Étigny 89 113 G3
Les Étilleux 28 108 D2
Étinehem 80 23 E1
Étiolles 91 88 A2
Étival 39 196 D2
Étival-Clairefontaine 88 96 A4
Étival-lès-le-Mans 72 107 G5
Étivey 89 137 F4
Étobon 70 142 A3
Étoges 51 61 F3
L'Étoile 39 179 E4
L'Étoile 80 12 B5
Étoile-Saint-Cyrice 05 286 D1
Étoile-sur-Rhône 26 267 F1
Éton 55 44 D4
Étormay 21 138 B5
Étouars 24 222 B2
Étourvy 10 115 E5
Étoutteville 76 19 G4
Étouvans 25 142 B5
Étouvelles 02 40 D1
Étouvy 14 52 C2
Étouy 60 38 C2
Étrabonne 25 161 G4
Étrappe 25 142 A5
L'Étrat 42 230 B3
Étray 25 162 C5
Étraye 55 44 B3
Étréaupont 02 25 F1
Étrechet 36 172 A4
Étréchy 18 155 H5
Étréchy 51 61 G3
Étréchy 91 87 G3
Étréham 14 32 D3
Étreillers 02 24 A2
Étréjust 80 11 H5
Étrelles 35 105 E3
Étrelles-et-la-Montbleuse 70 161 G1
Étrelles-sur-Aube 10 90 C2
Étrembières 74 197 H5
Étrépagny 27 37 E3
Étrepigney 39 161 F5
Étrépigny 08 26 D4
Étrépilly 02 60 B1
Étrépilly 77 59 G1
Étrepy 51 63 E4
Étretat 76 18 C3
Étreux 02 15 E5
Étreval 54 94 C3
Étréville 27 35 F2
Étrez 01 195 H4
Étriac 16 220 D3
Étriché 49 128 D4
Étricourt-Manancourt 80 13 H5
Étrigny 71 195 E1
Étrochey 21 138 A2
Étrœungt 59 15 G5
Étroitefontaine 70 141 H5
Étroussat 03 192 A5
Étrun 62 13 F2
Etsaut 64 331 H4
Ettendorf 67 68 C3
Etting 57 67 H1
Étueffont 90 142 C2
Étupes 25 142 C4
Éturqueraye 27 35 G2
Étusson 79 167 G1
Étuz 70 161 H2
Etzling 57 47 F5
Eu 76 10 D4
Euffigneix 52 116 D3
Eugénie-les-Bains 40 294 B3
Euilly-et-Lombut 08 27 G4
Eulmont 54 65 H5
Eup 31 334 B3
Eurre 26 267 G1
Eurville-Bienville 52 92 D2
Eus 66 342 B2
Euvezin 54 65 E3
Euville 55 64 D5
Euvy 51 61 G5
Euzet 30 284 A4
Évaillé 72 130 D2
Évans 39 161 G4
Évaux-et-Ménil 88 95 E4
Évaux-les-Bains 23 208 C1
Ève 60 59 E1
Évecquemont 78 57 H1
Évenos 83 327 H4
Évergnicourt 02 41 G2
Everly 77 89 G3
Évette-Salbert 90 142 B2
Éveux 69 212 D5
Évian-les-Bains 74 198 B3
Évigny 08 26 D3
Évillers 25 180 B1
Évin-Malmaison 62 8 D5
Évires 74 215 H2
Évisa 2A 346 C5
Évosges 01 214 B3
Évran 22 79 H5
Évrange 57 45 H1
Évrecy 14 33 F5
Èvres 55 63 G1
Évreux 27 56 B1
Évricourt 60 23 G5
Évriguet 56 102 D3
Évron 53 106 C3
Évry 89 113 G2
Évry-Courcouronnes 91 87 H2
Évry-Grégy-sur-Yerres 77 59 E5
Excenevex 74 198 A3
Excideuil 24 223 F5
Exermont 08 43 F3
Exideuil-sur-Vienne 16 204 C4
Exincourt 25 142 C4
Exireuil 79 185 F3
Exmes 61 54 C4
Exoudun 79 185 G4
Expiremont 17 220 B5
Expo Faune Lorraine 88 120 B3
Eybens 38 251 E2
Eybouleuf 87 206 B5
Eyburie 19 224 C4
Eycheil 09 335 F3
Eydoche 38 232 A4
Eygalayes 26 286 D2
Eygalières 13 305 E2
Eygaliers 26 286 A2
Eygliers 05 270 D2
Eygluy-Escoulin 26 267 H1
Eyguians 05 287 E1
Eyguières 13 305 E3
Eygurande 19 226 C2
Eygurande-Gardedeuil 24 239 E3
Eyharce 64 311 E5
Eyjeaux 87 205 H5
Eyliac 24 240 D2
Eymet 24 257 G3
Eymeux 26 249 H3
Eymouthiers 16 222 B2
Eymoutiers 87 224 D1
Eyne 66 341 G4
Eyne 2600 66 341 G4
Eynesse 33 257 E1
Eyragues 13 304 D2
Eyrans 33 237 G2
Eyrein 19 225 F5
Eyrenville 24 258 B2
Eyres-Moncube 40 293 H3
Eyrignac *Jardins d'* 24 241 H5
Eyroles 26 268 A5
Eysines 33 237 F5
Eysson 25 162 D4
Eysus 64 331 H1
Eyvirat 24 222 C5
Eywiller 67 67 H3
Eyzahut 26 267 G4
Eyzerac 24 223 E5
Les Eyzies-de-Tayac 24 241 E5
Eyzin-Pinet 38 231 G3
Ézanville 95 58 C1
Èze 06 309 H2
Ézy-sur-Eure 27 56 D3

## F

Fa 11 337 G3
Fabas 09 335 F1
Fabas 31 316 D4
Fabas 82 297 H2
Fabras 07 266 A3
Fabrègues 34 302 C5
Fabrezan 11 338 C1
Faches-Thumesnil 59 8 D3
Fâchin 58 176 A2
Facture 33 254 C2
Fades *Viaduc des* 63 209 E3
Fage *Gouffre de la* 19 242 B3
La Fage-Montivernoux 48 263 H2
La Fage-Saint-Julien 48 264 A1
Fageole *Col de la* 15 245 H3
Le Faget 31 298 D5
Faget-Abbatial 32 316 B2
Fagnières 51 62 A2
Fagnon 08 26 C3
Fahy-lès-Autrey 70 160 D1
Failly 57 45 H5
Faimbe 25 142 A5
Fain-lès-Montbard 21 137 H5
Fain-lès-Moutiers 21 137 G5
Fains 27 56 D2
Fains-la-Folie 28 110 C2
Fains-les-Sources 55 63 G4
Fains-Véel 55 63 G4
Faissault 08 26 B5
Fajac-en-Val 11 338 A1
Fajac-la-Relenque 11 318 C4
Fajoles 46 259 H1
La Fajolle 11 337 E5
Fajolles 82 277 E5
Falaise 08 42 D2
Falaise 14 53 H2
La Falaise 78 57 G2
Falck 57 46 D4
Faleyras 33 256 B1
Falga 31 318 D2
Le Falgoux 15 244 D2
Falgueyrat 24 257 H2
Falicon 06 309 H2
Falkwiller 68 143 E2
Fallencourt 76 21 E2
Fallerans 25 162 C5
Falleron 85 165 F2
Falletans 39 161 E5
Fallières 88 119 G4
Fallon 70 141 H5
La Faloise 80 22 C4
Fals 47 276 B4
Falvy 80 23 G2
Famars 59 14 D2
Famechon 62 13 E4
Famechon 80 22 A3
Fameck 57 45 G4
Familly 14 54 D2
Fampoux 62 13 H2
Fanget *Col du* 04 288 B1
Fanjeaux 11 319 E5
Fanlac 24 241 F3
Le Faou 29 75 G3
Le Faouët 22 73 F4
Le Faouët 56 100 D3
Faramans 01 213 G4
Faramans 38 231 H4
Farbus 62 8 B5
Farceaux 27 37 E3
Farcheville *Château de* 91 87 G4
La Fare-en-Champsaur 05 269 G2
La Fare-les-Oliviers 13 305 G5
Farébersviller 57 47 F5
Fareins 01 213 E2
Faremoutiers 77 59 H4
Farges 01 197 E5
Les Farges 24 241 G3
Farges-Allichamps 18 173 E4
Farges-en-Septaine 18 173 G1
Farges-lès-Chalon 71 177 H3
Farges-lès-Mâcon 71 195 E2
Fargniers 02 24 B4
Fargues 33 256 B4
Fargues 40 294 A3
Fargues 46 277 G1
Fargues-Saint-Hilaire 33 255 H1
Fargues-sur-Ourbise 47 275 E2
Farincourt 52 140 B4
Farinole 2B 345 F4
La Farlède 83 328 B4
Farnay 42 230 C3
Faron *Mont* 83 328 A4
Faronville 45 111 F2
Farrou 12 279 F1
Farschviller 57 67 F1
Fatines 72 108 A4
Fatouville-Grestain 27 34 D2
Le Fau 15 244 D3
Fau-de-Peyre 48 264 A2
Fauch 81 299 G2
Faucigny 74 216 A1
La Faucille *Col de* 01 197 F3
Faucogney-et-la-Mer 70 141 H2
Faucompierre 88 119 H2
Faucon 84 285 H2
Faucon-de-Barcelonnette 04 270 D5
Faucon-du-Caire 04 269 H5
Fauconcourt 88 95 G4
Faucoucourt 02 40 C1
Faudoas 82 297 E2
Le Fauga 31 317 G3
Faugères 07 265 H5
Faugères 34 301 G5
Fauguernon 14 34 D4
Fauguerolles 47 257 F5
Fauillet 47 257 F5
Le Faulq 14 34 D4
Faulquemont 57 66 D1
Faulx 54 65 H4
Faumont 59 8 D4
Fauquembergues 62 7 E3
La Faurie 05 269 E3
Faurilles 24 258 C2
Fauroux 82 277 E2
Faussergues 81 280 C5
La Faute-sur-Mer 85 183 E4
Fauverney 21 160 B4
Fauville 27 56 B1
Fauville-en-Caux 76 19 F4
Faux 08 26 B5
Faux 24 258 B1
Faux de Verzy 51 41 H5
Faux-Fresnay 51 61 G5
Faux-la-Montagne 23 225 F1
Faux-Mazuras 23 206 D4
Faux-Vésigneul 51 62 B4
Faux-Villecerf 10 90 B5
Favalello 2B 347 F4
Favars 19 242 D1
La Favède 30 283 G3
Faveraye-Mâchelles 49 149 G4
Faverdines 18 190 C1
Faverelles 45 135 E5
Faverges-Seythenex 74 216 A5
Faverges-de-la-Tour 38 232 C2
Faverney 70 141 E3
Faverois 90 142 D4
Faverolles 02 40 A4
Faverolles 15 245 H5
Faverolles 28 57 E5
Faverolles 52 117 E5
Faverolles 61 53 G5
Faverolles 80 23 E4
Faverolles-en-Berry 36 153 F5
Faverolles-et-Coëmy 51 41 E4
Faverolles-la-Campagne 27 55 H1
Faverolles-lès-Lucey 21 138 D2
Faverolles-les-Mares 27 35 E5
Faverolles-sur-Cher 41 152 D3
La Favière 39 180 A4
La Favière 83 329 E4
La Favière *Plage de* 83 329 E4
Favières 28 85 H3
Favières 54 94 B3
Favières 77 59 F4
Favières 80 11 F2
Favone 2A 349 H4
Favresse 51 62 D4
Favreuil 62 13 G4
Favrieux 78 57 F2
Le Favril 27 35 F4
Le Favril 28 85 G3
Le Favril 59 15 F4
Fay 61 55 E5
Le Fay 71 178 D5
Fay 72 107 G4
Fay 80 23 F2
Fay-aux-Loges 45 111 F5
Fay-de-Bretagne 44 147 F1
Fay-en-Montagne 39 179 G4
Fay-le-Clos 26 249 F1
Fay-les-Étangs 60 37 H4
Fay-lès-Marcilly 10 90 A4
Fay-lès-Nemours 77 112 B2
Le Fay-Saint-Quentin 60 38 B2

Fay-sur-Lignon 43 248 A4
Faycelles 46 261 F4
La Faye 16 203 F2
Faye 41 131 H3
La Faye *Pas de* 06 308 D2
Faye-d'Anjou 49 149 G3
Faye-la-Vineuse 37 169 F2
Faye-l'Abbesse 79 167 H3
Faye-sur-Ardin 79 184 D3
Le Fayel 60 39 E2
Fayence 83 308 C3
Fayet 02 24 A2
Fayet 12 301 E2
Le Fayet 74 216 D3
Fayet-le-Château 63 228 B1
Fayet-Ronaye 63 228 C4
Fayl-Billot 52 140 A3
Faymont 70 142 A3
Faymoreau 85 184 C1
Fayrac 24 259 F1
Fays 52 92 D3
Fays 88 119 H2
Fays-la-Chapelle 10 114 D3
Fayssac 81 299 E1
Féas 64 331 G1
Febvin-Palfart 62 7 G3
Fécamp 76 19 E3
Féchain 59 14 B2
Fêche-l'Église 90 142 D4
La Féclaz 73 233 F1
Fécocourt 54 94 C4
Fédry 70 140 C4
Fegersheim 67 97 G2
Fégréac 44 125 H4
Feigères 74 215 G1
Feigneux 60 39 G4
Feignies 59 15 G2
Feillens 01 195 E4
Feings 41 153 E2
Feings 61 84 C2
Feins 35 80 B4
Feins-en-Gâtinais 45 135 E4
Feissons-sur-Isère 73 234 B2
Feissons-sur-Salins 73 234 C3
Le Fel 12 262 C3
Fel 61 54 B4
Felce 2B 347 G4
Feldbach 68 143 F4
Feldkirch 68 121 E5
Feliceto 2B 346 C2
Félines 07 231 E5
Félines 43 247 E1
Félines-Minervois 34 320 B4
Félines-sur-Rimandoule 26 267 G3
Félines-Termenès 11 338 B2
Felleries 59 15 H4
Fellering 68 120 B5
Felletin 23 207 G4
Felluns 66 338 A5
Felon 90 142 D2
Felzins 46 261 G3
Fenain 59 9 F5
Fénay 21 160 A4
Fendeille 11 319 E4
Fénery 79 167 H5
Fénétrange 57 67 G3
Feneu 49 128 C5
Féneyrols 82 279 E4
Féniers 23 225 G1
Féniers *Abbaye de* 15 227 E5
Fenioux 17 201 G4
Fenioux 79 184 D2
Fenneviller 54 96 A2
Fénols 81 299 E2
Le Fenouiller 85 164 D4
Fenouillet 31 297 H4
Fenouillet 66 337 H5
Fenouillet *Sommet du* 83 328 B4
Fenouillet-du-Razès 11 337 E1
Fépin 08 17 E5
Fer à Cheval *Cirque du* 74 217 E1
Ferayola 2B 346 B3
Fercé 44 127 E2
Fercé-sur-Sarthe 72 129 G2
Ferdrupt 88 119 H5
La Fère 02 24 B4
Fère *Château de* 02 40 C4
Fère-Champenoise 51 61 G4
Fère-en-Tardenois 02 40 C4
Fèrebrianges 51 61 F3
La Férée 08 26 A3
Férel 56 125 E5
Ferfay 62 7 G4
Féricy 77 88 C4
Férin 59 14 A2
Fermanville 50 29 F2
Ferme de Navarin *Monument de la* 51 42 C4
La Fermeté 58 174 D2
Ferney-Voltaire 01 197 G4
Fernoël 63 208 B5
Férolles 45 133 G3
Férolles-Attilly 77 59 E5
Féron 59 15 H5
Ferques 62 2 C4
Ferrals-les-Corbières 11 338 C1
Ferrals-les-Montagnes 34 320 B3
Ferran 11 337 F1
Ferrassières 26 286 C3
Le Ferré 35 81 E3
Ferrensac 47 258 B3
Ferrère 65 334 A3
Les Ferres 06 309 F1
Ferrette 68 143 F4
Ferreux 10 90 A4
La Ferrière 22 102 C2
La Ferrière 37 131 E5
La Ferrière 38 233 G5
La Ferrière 85 166 A4
La Ferrière-Airoux 86 186 C4
La Ferrière-au-Doyen 14 52 D1
La Ferrière-au-Doyen 61 55 E5
La Ferrière-aux-Étangs 61 53 F5
La Ferrière-Béchet 61 83 G2
La Ferrière-Bochard 61 83 F4
La Ferrière-de-Flée 49 128 A3
La Ferrière-Duval 14 53 E2
La Ferrière-en-Parthenay 79 168 B5
Ferrière-et-Lafolie 52 92 D4
La Ferrière-Harang 14 52 C1
Ferrière-la-Grande 59 15 H2
Ferrière-la-Petite 59 15 H3
Ferrière-Larçon 37 170 B2
Ferrière-sur-Beaulieu 37 152 C5
La Ferrière-sur-Risle 27 55 G2
Ferrières 17 183 H5
Ferrières 50 81 G2
Ferrières 54 95 E2
Ferrières 60 22 D5
Ferrières 65 332 B2
Ferrières 74 215 G3
Ferrières 80 22 B2
Ferrières 81 300 A4
Ferrières-en-Bray 76 37 F1
Ferrières-en-Brie 77 59 E4
Ferrières-en-Gâtinais 45 112 C4
Ferrières-Haut-Clocher 27 56 A1
Ferrières-la-Verrerie 61 54 D5
Ferrières-le-Lac 25 163 G3
Ferrières-les-Bois 25 161 G4
Ferrières-lès-Ray 70 140 C5
Ferrières-lès-Scey 70 140 D4
Ferrières-les-Verreries 34 302 C1
Ferrières-Poussarou 34 320 D2
Ferrières-Saint-Hilaire 27 55 F1
Ferrières-Saint-Mary 15 245 G2
Ferrières-sur-Ariège 09 336 B3
Ferrières-sur-Sichon 03 210 D3
Ferrussac 43 246 B3
Fertans 25 180 A1
La Ferté 39 179 F2
La Ferté-Alais 91 87 H3
La Ferté-Beauharnais 41 154 A1
La Ferté-Bernard 72 108 C2
La Ferté-Chevresis 02 24 D3
La Ferté-en-Ouche 61 55 E3
La Ferté-Gaucher 77 60 B4
La Ferté-Hauterive 03 192 A3
La Ferté-Imbault 41 154 B3
La Ferté-Loupière 89 135 G2
La Ferté-Macé 61 82 D2
La Ferté-Milon 02 39 H5
La Ferté-Saint-Aubin 45 133 F4
La Ferté-Saint-Cyr 41 132 D4
La Ferté-Saint-Samson 76 21 E5
La Ferté-sous-Jouarre 77 60 A2
La Ferté-sur-Chiers 08 27 H5
La Ferté-Vidame 28 85 E2
La Ferté-Villeneuil 28 109 H5
Fertrève 58 175 F2
Fervaches 50 52 B1
Fervaques 14 54 D1
Fescamps 80 23 E4
Fesches-le-Châtel 25 142 C4
Fesmy-le-Sart 02 15 E5
Fesques 76 21 E3
Fessanvilliers-Mattanvilliers 28 56 A5
Fessenheim 68 121 G4
Fessenheim-le-Bas 67 68 C5
Fessevillers 25 163 G3
Les Fessey 70 141 H2
Fessy 74 198 A4
Festalemps 24 239 F1
Festes-et-Saint-André 11 337 F3
Festieux 02 41 E1
Festigny 51 61 E1
Festigny 89 157 F1
Festre *Col du* 05 269 F2
Festubert 62 8 B3
Le Fête 21 159 E5
Féternes 74 198 B3
Fétigny 39 196 C2
Feucherolles 78 57 H3
Feuchy 62 13 G2
Feugarolles 47 275 G3
Feugères 50 31 H4
Feuges 10 91 E4
Feuguerolles 27 36 A5
Feuguerolles-Bully 14 33 G5
Feuguerolles-sur-Seulles 14 33 E5
Feuilla 11 338 D3
Feuillade 16 221 H2
La Feuillade 24 241 H3
La Feuillée 29 76 B3
Feuillères 80 23 F1
La Feuillie 50 31 G4
La Feuillie 76 37 E1
Feule 25 163 F2
Feuquières 60 21 G4
Feuquières-en-Vimeu 80 11 E4
Feurs 42 229 H1
Feusines 36 189 H2
Feux 18 156 A4
Fèves 57 45 G5
Féy 57 65 G2
Fey-en-Haye 54 65 F3
Feyt 19 226 C1
Feytiat 87 205 H5
Feyzin 69 231 E1
Fiac 81 298 D3
Ficaja 2B 347 G3
Ficajola 2A 346 A5
Ficheux 62 13 G3
Fichous-Riumayou 64 294 A5
Le Fidelaire 27 55 H2
Le Fied 39 179 G4
Le Fief-Sauvin 49 148 C4
Fieffes 80 12 C5
Fiefs 62 7 G4
Fiennes 62 2 C4
Fienvillers 80 12 C4
Fier *Gorges du* 74 215 F3
Fierville-la-Campagne 14 53 H1
Fierville-les-Mines 50 29 E5
Fierville-les-Parcs 14 34 C4
Le Fieu 33 238 D3
Fieulaine 02 24 C2
Fieux 47 275 G4
Figanières 83 308 A4
Figareto 2B 347 H3
Figari 2A 351 F3
Figarol 31 334 D1
Figeac 46 261 F3
Fignévelle 88 118 B4
Fignières 80 23 E4
Filain 02 40 D1
Filain 70 141 F5
Filitosa (Station Préhistorique de) 2A 348 D5
Fillé 72 129 H2
Fillières 54 45 E3
Fillièvres 62 12 B2
Fillinges 74 198 A5
Fillols 66 342 A3
Filstroff 57 46 C3
Fiménil 88 119 H2
Findrol 74 215 H1
Finestret 66 342 B3
Finhan 82 297 G1
Finiels *Col de* 48 265 E5
Les Fins 25 163 E5
Fins 80 14 A5
Fiquefleur-Équainville 27 34 D2
Firbeix 24 223 E2
Firfol 14 34 D5
Firmi 12 262 B4
Firminy 42 230 A5
Fislis 68 143 G4
Fismes 51 40 D3
Fitignieu 01 214 D3
Fitilieu 38 232 C2
Fitou 11 339 E3
Fitz-James 60 38 C2
Fix-Saint-Geneys 43 246 D2
Fixem 57 45 H2
Fixin 21 160 A4
Flabas 55 44 B4
Flacé-lès-Mâcon 71 195 E4
Flacey 21 160 B2
Flacey 28 109 H3
Flacey-en-Bresse 71 196 A1
La Flachère 38 233 F4
Flachères 38 232 A3
Flacourt 78 57 F2
Flacy 89 114 A2
Flagey 25 180 A1
Flagey 52 139 G3
Flagey-Echézeaux 21 160 A5
Flagey-lès-Auxonne 21 160 D5
Flagey-Rigney 25 162 B1
Flagnac 12 261 H3
Flagy 70 141 F3
Flagy 71 194 C2
Flagy 77 88 D5
Flaignes-Havys 08 26 B2
Flaine 74 216 C2
Flainval 54 95 F1
Flamanville 50 28 C4
Flamanville 76 19 H4
Flamarens 32 276 C5
La Flamengrie 02 15 G5
La Flamengrie 59 15 F2
Flamets-Frétils 76 21 E3
Flammerans 21 160 D4
Flammerécourt 52 92 D4
Flancourt-Catelon 27 35 G3
Flancourt-Crescy-en-Roumois 27 35 H3
Flangebouche 25 162 D4
Flaran *Abbaye de* 32 295 H1
Flassan 84 286 A4
Flassans-sur-Issole 83 328 C1
Flassigny 55 44 B2
Flastroff 57 46 C3
Flaucourt 80 23 G1
Flaugeac 24 257 H2
Flaujac-Gare 46 260 D2
Flaujac-Poujols 46 278 B1
Flaujagues 33 257 E1
Flaumont-Waudrechies 59 15 G4
Flaux 30 284 C5
Flavacourt 60 37 G3
Flaviac 07 266 D2
Flavignac 87 223 F1
Flavignerot 21 159 H3
Flavigny 18 173 H2
Flavigny 51 61 G2
Flavigny-le-Grand-et-Beaurain 02 24 D2
Flavigny-sur-Moselle 54 94 D2
Flavigny-sur-Ozerain 21 159 E1
Flavin 12 280 D2
Flavy-le-Martel 02 24 A4
Flavy-le-Meldeux 60 23 H4
Flaxieu 01 214 D4
Flaxlanden 68 143 F2
Flayat 23 208 B5
Flayosc 83 308 A5
Fléac 16 221 E1
Fléac-sur-Seugne 17 219 G3
La Flèche 72 129 G4
Fléchères *Château de* 01 212 D2
Fléchin 62 7 F3
Fléchy 60 22 B4
Fleckenstein *Château de* 67 68 D1
Flée 21 158 D2
Flée 72 130 C3
Fleigneux 08 27 F3
Fleisheim 57 67 H4
Le Fleix 24 239 F5
Fleix 86 187 F2
Fléré-la-Rivière 36 170 C2
Flers 61 53 E4
Flers 62 12 C2
Flers 80 13 G5
Flers-en-Escrebieux 59 8 D5
Flers-sur-Noye 80 22 B3
Flesquières 59 14 A4
Flesselles 80 12 C5
Flétrange 57 66 D1
Flêtre 59 4 A5
Fléty 58 176 A4
Fleurac 16 220 D1
Fleurac 24 241 E4
Fleurance 32 296 B2
Fleurat 23 189 E5
Fleurbaix 62 8 B2
Fleuré 61 54 A5
Fleuré 86 186 D2
Fleurey 25 163 F2
Fleurey-lès-Faverney 70 141 E3
Fleurey-lès-Lavoncourt 70 140 C4
Fleurey-lès-Saint-Loup 70 119 E5
Fleurey-sur-Ouche 21 159 H3
Fleurie 69 212 D1
Fleuriel 03 191 H5
Fleurieu-sur-Saône 69 213 E4
Fleurieux-sur-l'Arbresle 69 212 D4
Fleurigné 35 81 F4
Fleurigny 89 89 G5
Fleurines 60 39 E4
Fleurville 71 195 E3
Fleury 02 40 A4
Fleury 11 321 F5
Fleury 50 51 H3
Fleury 57 65 H1
Fleury 60 37 H4
Fleury 62 7 F5
Fleury 80 22 A3
Fleury-devant-Douaumont 55 44 B5
Fleury-en-Bière 77 88 A4
Fleury-la-Forêt 27 37 E2
Fleury-la-Montagne 71 211 H1
Fleury-la-Rivière 51 41 F5
Fleury-la-Vallée 89 136 A2
Fleury-les-Aubrais 45 111 E5
Fleury-Mérogis 91 87 H2
Fleury-sur-Aire 55 63 G1
Fleury-sur-Andelle 27 36 D2
Fleury-sur-Loire 58 174 D4
Fleury-sur-Orne 14 33 G5
Flévieu 01 214 B5
Fléville 08 43 F3
Fléville-devant-Nancy 54 94 D1
Fléville-Lixières 54 45 E4
Flévy 57 45 H4
Flexanville 78 57 F3
Flexbourg 67 97 E1
Fley 71 177 F5
Fleys 89 136 D3
Flez-Cuzy 58 157 F3
Fligny 08 26 A2
Flin 54 95 H2
Flines-lès-Mortagne 59 9 G4
Flines-lez-Raches 59 9 E5
Flins-Neuve-Église 78 57 E3
Flins-sur-Seine 78 57 G2
Flipou 27 36 C3
Flirey 54 65 E3
Flixecourt 80 12 B5
Flize 08 26 D4
La Flocellière 85 166 D3
Flocourt 57 66 C2
Flocques 76 10 D4
Flogny-la-Chapelle 89 114 C5
Floing 08 27 E3
Floirac 17 219 F3
Floirac 33 237 G5
Floirac 46 242 C5
Florac 48 282 D1
Florange 57 45 G3
Florémont 88 95 E4
Florensac 34 322 C4
Florent-en-Argonne 51 43 F5
Florentia 39 196 A3
Florentin 81 299 E1
Florentin-la-Capelle 12 262 D3
Floressas 46 259 F5
Florimont 90 142 D4
Florimont-Gaumier 24 259 G2
Floringhem 62 7 G4
Flornoy 52 92 C3
La Flotte 17 183 E5
Flottemanville 50 29 F5
Flottemanville-Hague 50 28 D3
Floudès 33 256 D4
Floure 11 320 A5
Flourens 31 298 A5
Floursies 59 15 G3
Floyon 59 15 G5
Flumet 73 216 B4
Fluquières 02 24 A3
Fluy 80 22 A2
Foameix 55 44 D4
Foce 2A 351 E2
Focicchia 2B 347 F5
Foëcy 18 154 C5
Le Fœil 22 78 A4
Foisches 08 17 E4
Foissac 12 261 F4
Foissac 30 284 A4
Foissiat 01 195 H3
Foissy 21 159 F5
Foissy-lès-Vézelay 89 157 G2
Foissy-sur-Vanne 89 113 H2
Foix 09 336 B3
Folcarde 31 318 C3
Folelli 2B 347 H3
Folembray 02 40 B1
Folgensbourg 68 143 G3
Le Folgoët 29 71 E4
La Folie 14 32 C3
Folies 80 23 E3
Folkling 57 47 F5
Follainville-Dennemont 78 57 F1
Folles 87 206 B2
La Folletière 76 19 H5
La Folletière *Château de* 27 56 D2
La Folletière-Abenon 14 55 E2
Folleville 27 35 E5
Folleville 80 22 C4
Folligny 50 51 G3
Folpersviller 57 47 H5
Folschviller 57 66 D1
Fomerey 88 119 E2
Fomperron 79 185 G2
Fonbeauzard 31 298 A4
Foncegrive 21 139 F5
Fonches-Fonchette 80 23 F3
Foncine-le-Bas 39 180 A5
Foncine-le-Haut 39 180 A5
Foncquevillers 62 13 F4
Fond-de-France 38 233 G5
Fondamente 12 301 F1
Fondettes 37 151 H2
Fondremand 70 162 A1
Fongalop 24 259 E2
Fongrave 47 275 H1
Fongueusemare 76 18 D4
Fonroque 24 257 H2
Fons 07 266 B3
Fons 30 303 G1
Fons 46 261 F3
Fons-sur-Lussan 30 284 B3
Fonsomme 02 24 B1
Fonsorbes 31 297 G5
Font-Romeu-Odeillo-Via 66 341 F4
Fontain 25 162 A4
Fontaine 10 116 A2
Fontaine 38 250 D1
Fontaine 90 142 D2
Fontaine-au-Bois 59 15 E4
Fontaine-au-Pire 59 14 C4
Fontaine-Bellenger 27 36 C4
Fontaine-Bonneleau 60 22 A4
Fontaine-Chaalis 60 39 E5
Fontaine-Chalendray 17 202 C3
Fontaine-Couverte 53 105 F5
Fontaine-Daniel 53 82 A5
Fontaine-de-Vaucluse 84 305 F1
Fontaine-Denis-Nuisy 51 90 B2
Fontaine-en-Bray 76 20 D4
Fontaine-en-Dormois 51 42 D4
Fontaine-Étoupefour 14 33 F5
Fontaine-Fourches 77 89 H4
Fontaine-Française 21 160 D1
Fontaine-Guérard *Abbaye de* 27 36 C3
Fontaine-Guérin 49 150 B1
Fontaine-Henry 14 33 F3
Fontaine-Heudebourg 27 36 C5
Fontaine-la-Gaillarde 89 113 G2
Fontaine-la-Guyon 28 85 H3
Fontaine-la-Louvet 27 35 E5
Fontaine-la-Mallet 76 18 C5
Fontaine-la-Rivière 91 87 F5
Fontaine-la-Soret 27 35 G5
Fontaine-l'Abbé 27 35 G5
Fontaine-Lavaganne 60 21 H5
Fontaine-le-Bourg 76 20 B5
Fontaine-le-Comte 86 186 B2
Fontaine-le-Dun 76 19 H2
Fontaine-le-Pin 14 53 H2
Fontaine-le-Port 77 88 C3
Fontaine-le-Puits 73 234 B3
Fontaine-le-Sec 80 11 G5
Fontaine-les-Bassets 61 54 B3
Fontaine-lès-Boulans 62 7 F4
Fontaine-lès-Cappy 80 23 F2
Fontaine-lès-Clercs 02 24 A3
Fontaine-lès-Clerval 25 162 D1
Fontaine-les-Coteaux 41 131 E3
Fontaine-lès-Croisilles 62 13 H3
Fontaine-lès-Dijon 21 160 A3
Fontaine-les-Grès 10 90 C4
Fontaine-lès-Hermans 62 7 G4
Fontaine-lès-Luxeuil 70 141 G2
Fontaine-les-Ribouts 28 56 C5
Fontaine-lès-Vervins 02 25 F2
Fontaine-l'Étalon 62 12 B2
Fontaine-Luyères 10 91 E4
Fontaine-Mâcon 10 89 H3
Fontaine-Notre-Dame 02 24 C2
Fontaine-Notre-Dame 59 14 B4
Fontaine-Raoul 41 109 G5
Fontaine-Saint-Lucien 60 38 A1

La Fontaine-
Saint-Martin *72* 129 H3
Fontaine-Simon *28* 85 F3
Fontaine-sous-Jouy *27* 56 C1
Fontaine-
sous-Montaiguillon *77* 89 H2
Fontaine-sous-Montdidier *80* 22 D4
Fontaine-sous-Préaux *76* 36 B1
Fontaine-sur-Ay *51* 61 G1
Fontaine-sur-Coole *51* 62 B4
Fontaine-sur-Maye *80* 11 H2
Fontaine-sur-Somme *80* 11 H4
Fontaine-Uterte *02* 24 B1
Fontainebleau *77* 88 B4
Fontainebrux *39* 178 D5
Fontaines *71* 177 G3
Fontaines *85* 183 H3
Fontaines *89* 135 H4
Fontaines-d'Ozillac *17* 219 H4
Fontaines-en-Duesmois *21* 138 A4
Fontaines-en-Sologne *41* 153 G1
Fontaines-les-Sèches *21* 137 H3
Fontaines-Saint-Clair *55* 43 H2
Fontaines-Saint-Martin *69* 213 E4
Fontaines Salées
*Fouilles des 89* 157 H2
Fontaines-sur-Marne *52* 92 D2
Fontaines-sur-Saône *69* 213 E4
Les Fontainettes *60* 37 H2
Fontains *77* 89 E3
Fontan *06* 291 H3
Fontanès *30* 303 F2
Fontanès *34* 302 D2
Fontanes *42* 230 B3
Fontanes *46* 278 B2
Fontanes *48* 265 E1
Fontanès-de-Sault *11* 337 F5
Fontanes-du-Causse *46* 260 C3
Fontanges *15* 244 C3
Fontangy *21* 158 D3
Fontanières *23* 208 C2
Fontanil-Cornillon *38* 250 D1
Fontannes *43* 246 B1
Fontans *48* 264 B2
Fontarèches *30* 284 C4
Fontcaude *Abbaye de 34* 321 F3
Fontclaireau *16* 203 F4
Fontcouverte *11* 320 C5
Fontcouverte *17* 201 G5
Fontcouverte-
la-Toussuire *73* 252 A1
Fontdouce *Abbaye de 17* 201 H5
La Fontelaye *76* 20 A4
Fontenai-les-Louvets *61* 83 F3
Fontenai-sur-Orne *61* 54 A4
Fontenailles *77* 88 D2
Fontenailles *89* 136 A5
Fontenay *27* 37 E4
Fontenay *36* 171 H1
Fontenay *50* 52 B5
Fontenay *71* 194 A2
Fontenay *76* 18 C5
Fontenay *88* 95 G5
Fontenay *Abbaye de 21* 137 H5
Fontenay-aux-Roses *92* 58 B4
Fontenay-de-Bossery *10* 89 H4
Fontenay-en-Parisis *95* 58 D1
Fontenay-le-Comte *85* 184 B2
Fontenay-le-Fleury *78* 58 A4
Fontenay-le-Marmion *14* 33 G5
Fontenay-le-Pesnel *14* 33 E4
Fontenay-le-Vicomte *91* 87 H3
Fontenay-lès-Briis *91* 87 F2
Fontenay-Mauvoisin *78* 57 F2
Fontenay-près-Chablis *89* 136 D2
Fontenay-près-Vézelay *89* 157 G2
Fontenay-Saint-Père *78* 57 F1
Fontenay-sous-Bois *94* 58 D3
Fontenay-
sous-Fouronnes *89* 136 B5
Fontenay-sur-Conie *28* 110 C3
Fontenay-sur-Eure *28* 86 A4
Fontenay-sur-Loing *45* 112 C4
Fontenay-sur-Mer *50* 29 E4
Fontenay-sur-Vègre *72* 107 E5
Fontenay-Torcy *60* 21 G5
Fontenay-Trésigny *77* 59 G5
Fontenelle *02* 15 G5
Fontenelle *21* 160 D1
La Fontenelle *35* 80 C3
La Fontenelle *41* 109 F4
Fontenelle *90* 142 C3
Fontenelle *Château de 04* 287 H4
Fontenelle-en-Brie *02* 60 C2
Fontenelle-Montby *25* 162 C1
Les Fontenelles *25* 163 F4
Fontenelles *Abbaye des 85* 165 G5
Fontenermont *14* 52 A3
Fontenet *17* 201 H4
Fontenille *16* 203 F4
Fontenille *79* 202 D1
Fontenilles *31* 297 F5
Les Fontenis *70* 162 A1
Fontenois-la-Ville *70* 118 D5
Fontenois-
lès-Montbozon *70* 162 B1
Fontenotte *25* 162 C2
Fontenouilles *89* 135 F2
Fontenoy *02* 40 A2
Fontenoy *89* 135 H5
Fontenoy-la-Joûte *54* 95 H3
Fontenoy-le-Château *88* 119 E4
Fontenoy-sur-Moselle *54* 65 G5
Fontenu *39* 179 G5
Fonteny *39* 179 H2
Fonteny *57* 66 C3
Fonters-du-Razès *11* 318 D5
Fontès *34* 301 H5
Fontet *33* 256 D4
Fontette *10* 116 A4
Fontevraud-l'Abbaye *49* 150 C5
Fontfreide *63* 227 G2
Fontfroide *Abbaye de 11* 338 D1
Fontgombault *36* 170 B5
Fontguenand *36* 153 G4
Fontienne *04* 287 E4
Fontiers-Cabardès *11* 319 G3
Fontiès-d'Aude *11* 320 A4
Fontjoncouse *11* 338 C2
Fontoy *57* 45 F3
Fontpédrouse *66* 341 G4
Fontrabiouse *66* 341 G2
Fontrailles *65* 315 H3
Fontvannes *10* 90 C5
Fontvieille *13* 304 C3
Forbach *57* 47 F5
Força Réal *Ermitage de 66* 338 C5
Forcalqueiret *83* 328 B2
Forcalquier *04* 287 E5
La Force *11* 319 F5
La Force *24* 239 G5
Forcé *53* 106 A4
Forcelles-Saint-Gorgon *54* 94 D3
Forcelles-sous-Gugney *54* 94 C4
Forceville *80* 13 E5
Forceville-en-Vimeu *80* 11 G5
Forcey *52* 117 F3
Forciolo *2A* 349 E4
La Forclaz *74* 198 C3
Forclaz *Col de la 74* 215 H4
Forest-en-Cambrésis *59* 15 E4
Forest-l'Abbaye *80* 11 G2
La Forest-Landerneau *29* 75 G2
Forest-Montiers *80* 11 F2
Forest-Saint-Julien *05* 269 H2
Forest-sur-Marque *59* 9 E2
Foreste *02* 23 H3
La Forestière *51* 60 D5
Forestière *Aven de la 30* 284 B1
La Forêt *33* 237 F5
La Forêt-Auvray *61* 53 G3
La Forêt-de-Tessé *16* 203 E2
La Forêt-du-Parc *27* 56 C2
La Forêt-du-Temple *23* 189 F3
La Forêt-Fouesnant *29* 100 A4
Forêt-la-Folie *27* 37 E4
La Forêt-le-Roi *91* 87 F3
La Forêt-Sainte-Croix *91* 87 G4
La Forêt-sur-Sèvre *79* 167 F4
Forfry *77* 59 F1
La Forge *88* 119 H3
Forges *17* 201 E1
Forgès *19* 243 E2
Les Forges *23* 207 H1
Forges *49* 150 A4
Les Forges *56* 102 C3
Forges *61* 83 G3
Forges *77* 88 D4
Les Forges *79* 185 H2
Les Forges *88* 119 F2
Les Forges-
de-Paimpont *35* 103 F4
Forges-la-Forêt *35* 127 F2
Forges-les-Bains *91* 87 F2
Forges-les-Eaux *76* 21 E5
Forges-sur-Meuse *55* 43 H3
Forgevieille *23* 188 D4
Forgues *31* 317 E2
La Forie *63* 229 E2
Forléans *21* 158 C1
Formentin *14* 34 C4
Formerie *60* 21 F4
Formigny *14* 32 C2
Formiguères *66* 341 G3
Fornex *09* 317 G5
Fors *79* 185 E5
Forstfeld *67* 69 G3
Forstheim *67* 68 D2
Fort-Bloqué *56* 123 E2
Fort-du-Plasne *39* 180 A5
Fort-Louis *67* 69 G3
Fort-Mahon-Plage *80* 11 E1
Fort-Mardyck *59* 3 G2
Fort-Médoc *33* 237 F2
Fort-Moville *27* 35 E3
Fortan *41* 131 F2
Fortel-en-Artois *62* 12 C3
La Forteresse *38* 232 B5
Fortschwihr *68* 121 F2
Fos *31* 334 C4
Fos *34* 301 G5
Fos-sur-Mer *13* 325 G3
Le Fossat *09* 317 H5
Fossé *08* 43 F1
Fossé *41* 132 A5
Fosse *66* 338 A5
Le Fossé *76* 21 E5
La Fosse *Hameau*
*troglodytique de 49* 150 A4
La Fosse Arthour *50* 52 D5
La Fosse-Corduan *10* 90 A4
La Fosse-de-Tigné *49* 149 H4
Fossemagne *24* 241 E3
Fossemanant *80* 22 B3
Les Fosses *79* 202 B1
Fosses *95* 58 D1
Fossès-et-Baleyssac *33* 257 E3
La Fossette *83* 329 E4
Fosseuse *60* 38 B4
Fosseux *62* 13 E3
Fossieux *57* 66 B3
Fossoy *02* 60 C1
Fou *Gorges de la 66* 342 C4
Foucarmont *76* 21 E2
Foucart *76* 19 F5
Foucarville *50* 29 H5
Foucaucourt-en-Santerre *80* 23 F2
Foucaucourt-Hors-Nesle *80* 11 F5
Foucaucourt-sur-Thabas *55* 63 G1
Fouchécourt *70* 140 D2
Fouchécourt *88* 118 B4
Foucherans *25* 162 B4
Foucherans *39* 160 D5
Fouchères *10* 115 F3
Fouchères *89* 113 F3
Fouchères-aux-Bois *55* 63 H5
Foucherolles *45* 113 E4
Fouchy *67* 96 D4
Foucrainville *27* 56 C2
Fouday *67* 96 D3
Fouencamps *80* 22 C2
Fouesnant *29* 99 H4
Foufflin-Ricametz *62* 12 D2
Foug *54* 94 A1
Fougaron *31* 334 D2
Fougax-et-Barrineuf *09* 336 D4
Fougeré *49* 129 F5
Fougeré *85* 166 A5
Fougères *35* 81 F4
Fougères-sur-Bièvre *41* 153 E2
Les Fougerêts *56* 125 G3
Fougerolles *36* 189 F2
Fougerolles *70* 119 F5
Fougerolles-du-Plessis *53* 81 G3
Fougueyrolles *24* 239 F5
La Fouillade *12* 279 F3
Fouilleuse *60* 38 D2
Fouillouse *05* 269 G4
La Fouillouse *42* 230 A3
Le Fouilloux *17* 238 C2
Fouillouze *04* 271 E3
Fouilloy *60* 21 G3
Fouilloy *80* 22 D2
Fouju *77* 88 C2
Foulain *52* 117 E4
Foulangues *60* 38 C4
Foulayronnes *47* 276 B2
Foulbec *27* 35 E2
Foulcrey *57* 96 A1
Fouleix *24* 240 C4
Foulenay *39* 179 E3
Fouligny *57* 66 C1
Foulognes *14* 32 D5
Foulzy *08* 26 A2
Fouquebrune *16* 221 F3
Fouquenies *60* 38 A1
Fouquereuil *62* 8 A4
Fouquerolles *60* 38 B1
Fouquescourt *80* 23 F3
Fouqueure *16* 203 E4
Fouqueville *27* 36 A4
Fouquières-lès-Béthune *62* 8 A4
Fouquières-lès-Lens *62* 8 C5
Four *38* 231 H2
Fouras-les-Bains *17* 200 C3
Fourbanne *25* 162 C2
Fourcatier-
et-Maison-Neuve *25* 180 C4
Fourcès *32* 275 F5
Fourchambault *58* 174 B2
Fourchaud *Château de 03* 192 A3
Fourches *14* 54 A3
Fourcigny *80* 21 G3
Fourdrain *02* 24 C5
Fourdrinoy *80* 22 A1
Fourg *25* 161 G5
Fourges *27* 37 F5
Les Fourgs *25* 180 D3
Fourilles *03* 191 H5
Fourmagnac *46* 261 F3
Fourmetot *27* 35 F2
Fourmies *59* 15 H5
Fournaudin *89* 114 A3
Fourneaux *23* 207 G3
Fourneaux *42* 212 A3
Fourneaux *45* 133 E2
Fourneaux *50* 52 B1
Fourneaux *73* 252 D1
Fourneaux-le-Val *14* 53 H3
Fournels *48* 263 H1
Fournès *30* 304 B1
Fournes-Cabardès *11* 319 H3
Fournes-en-Weppes *59* 8 C3
Le Fournet *14* 34 B4
Fournet-Blancheroche *25* 163 G4
Fournets-Luisans *25* 163 E5
Fourneville *14* 34 C2
Fournival *60* 38 C1
Fournols *63* 228 D3
Fournoulès *15* 261 H3
Fouronnes *89* 136 B5
Fourques *30* 304 B3
Fourques *66* 342 D3
Fourques-sur-Garonne *47* 257 E5
Fourqueux *78* 58 A3
Fourquevaux *31* 318 B2
Fours *33* 237 F2
Fours *58* 175 G4
Fours-en-Vexin *27* 37 E4
Fourtou *11* 337 H3
Foussais-Payré *85* 184 C2
Foussemagne *90* 142 D3
Le Fousseret *31* 317 E4
Foussignac *16* 220 D1
Foussignargues *30* 283 H2
Fouvent-le-Bas *70* 140 B4
Fouvent-le-Haut *70* 140 B4
La Foux *83* 329 F2
La Foux-d'Allos *04* 288 D1
Fouzilhon *34* 321 G2
Foville *57* 66 B3
Fox-Amphoux *83* 307 F4
La Foye-Monjault *79* 184 D5
Fozières *34* 301 H3
Fozzano *2A* 349 E5
Fragnes-La Loyère *71* 177 H3
Frahier-et-Chatebier *70* 142 B3
Fraignot-et-Vesvrotte *21* 138 D4
Fraillicourt *08* 25 H4
Fraimbois *54* 95 G2
Frain *88* 118 B3
Frais *90* 142 D3
Frais-Marais *59* 8 D5
Fraisans *39* 161 G5
Fraisnes-en-Saintois *54* 94 C4
Fraisse *24* 239 G5
Fraisse-Cabardès *11* 319 G4
Fraissé-des-Corbières *11* 338 D3
Fraisse-sur-Agout *34* 300 C5
Fraisses *42* 230 A5
Fraissines *81* 300 A1
Fraissinet-de-Fourques *48* 282 C3
Fraissinet-de-Lozère *48* 283 E1
Fraize *88* 120 B2
Fralignes *10* 115 G3
La Framboisière *28* 85 F2
Frambouhans *25* 163 F3
Framecourt *62* 12 D2
Framerville-Rainecourt *80* 23 E2
Framicourt *80* 11 F5
Framont *70* 140 A5
Frampas *52* 92 B3
Francalmont *70* 141 F2
Francaltroff *57* 67 E2
Francardo *2B* 347 E3
Francarville *31* 298 C5
Francastel *60* 22 A5
Françay *41* 131 H5
Francazal *31* 335 E2
Francescas *47* 275 G4
Francheleins *01* 213 E2
Franchesse *03* 191 G1
Francheval *08* 27 F3
Franchevelle *70* 141 H3
La Francheville *08* 26 D3
Francheville *21* 159 H1
Francheville *27* 55 H4
Francheville *39* 179 E3
Francheville *51* 62 C3
Francheville *54* 65 F5
Francheville *61* 54 A5
Francheville *69* 231 E1
Francières *60* 39 E2
Francières *80* 11 H4
Francillon *36* 171 G2
Francillon-sur-Roubion *26* 267 H3
Francilly-Selency *02* 24 A2
Francin *73* 233 G3
Franclens *74* 215 E2
François *79* 185 E3
Francon *31* 317 E4
Franconville *54* 95 F2
Franconville *95* 58 B2
Francoulès *46* 260 B4
Francourt *70* 140 B4
Francourville *28* 86 C4
Francs *33* 238 D4
Francueil *37* 152 C3
Franey *25* 161 G3
Frangy *74* 215 F2
Frangy-en-Bresse *71* 178 D4
Franken *68* 143 F3
Franleu *80* 11 F3
Franois *25* 161 H4
Franquevielle *31* 334 A1
Franqueville *02* 25 E2
Franqueville *27* 35 G4
Franqueville *80* 12 B4
Franqueville-Saint-Pierre *76* 36 B2
La Franqui *11* 339 E3
Frans *01* 213 E3
Fransart *80* 23 F3
Fransèches *23* 207 F3
Fransu *80* 12 B4
Fransures *80* 22 B4
Franvillers *80* 22 D1
Franxault *21* 178 C1
Frapelle *88* 96 C4
Fraquelfing *57* 96 B1
Fraroz *39* 180 A4
Frasnay-Reugny *58* 175 F2
Frasne *25* 180 B3
Frasne-le-Château *70* 161 H1
Frasne-les-Meulières *39* 161 E4
La Frasnée *39* 196 D1
Le Frasnois *39* 179 H5
Frasnoy *59* 15 E2
La Frasse *74* 216 C1
Frasseto *2A* 349 E3
Frauenberg *57* 47 H5
Frausseilles *81* 279 E5
Fravaux *10* 116 A2
Le Fraysse *81* 299 H1
Frayssinet *46* 260 B3
Frayssinet-le-Gélat *46* 259 F4
Frayssinhes *46* 243 F5
Frazé *28* 109 G2
Fréauville *76* 20 D2
Frebécourt *88* 93 H4
Frébuans *39* 179 E5
Le Frêche *40* 294 C1
Fréchède *65* 315 G3
Fréchencourt *80* 22 C1
Fréchendets *65* 333 G1
Le Fréchet *31* 316 D5
Fréchet-Aure *65* 333 H3
Le Fréchou *47* 275 G4
Fréchou-Fréchet *65* 315 F5
Frécourt *52* 117 G5
Frédéric-Fontaine *70* 142 A3
La Frédière *17* 201 G4
Frédille *36* 171 F2
Frégimont *47* 275 H2
Frégouville *32* 297 E5
Fréhel *22* 79 E2
Fréhel *Cap 22* 79 E1
Freigné *49* 127 G5
Freissinières *05* 270 C1
La Freissinouse *05* 269 G4
Freistroff *57* 46 C4
Freix-Anglards *15* 244 B4
Fréjairolles *81* 299 G1
Fréjeville *81* 299 F5
Fréjus *83* 329 G1
Fréjus *Parc zoologique 83* 308 C5
Fréjus *Tunnel du 73* 252 D1
Fréland *68* 120 D2
Frelinghien *59* 4 C5
Frémainville *95* 57 G1
Frémécourt *95* 37 H5
Fréménil *54* 95 H2
Frémeréville-
sous-les-Côtes *55* 64 D4
Frémery *57* 66 C3
Frémestroff *57* 67 E1
Frémicourt *62* 13 H4
Fremifontaine *88* 95 H5
Frémontiers *80* 22 A3
Frémonville *54* 96 A1
La Frénaye *76* 35 F1
Frencq *62* 6 B3
Frêne *Col du 73* 233 G2
Frenelle-la-Grande *88* 94 D4
Frenelle-la-Petite *88* 94 C4
Frênes *61* 53 E4
Freneuse *76* 36 B3
Freneuse *78* 57 E1
Freneuse-sur-Risle *27* 35 G4
Freney *73* 252 C1
Le Freney-d'Oisans *38* 251 H3
Fréniches *60* 23 H4
Frénois *21* 159 H1
Frénois *88* 118 D2
Frénouse *Musée de la 53* 105 H5
Frénouville *14* 33 H5
Frépillon *95* 58 B1
Fresles *76* 20 D3
La Fresnaie-Fayel *61* 54 C3
La Fresnais *35* 50 D5
Fresnay *10* 92 B5
Fresnay-en-Retz *44* 165 E1
Fresnay-le-Comte *28* 86 A5
Fresnay-le-Gilmert *28* 86 A3
Fresnay-le-Long *76* 20 B4
Fresnay-le-Samson *61* 54 C3
Fresnay-l'Evêque *28* 110 D2
Fresnay-sur-Sarthe *72* 83 G5
La Fresnaye-au-Sauvage *61* 53 H4
La Fresnaye-
sur-Chédouet *72* 83 H4
Le Fresne *27* 56 A2
Le Fresne *51* 62 D2
Le Fresne-Camilly *14* 33 F3
Fresne-Cauverville *27* 35 E4
Fresné-la-Mère *14* 54 A2
Fresne-l'Archevêque *27* 36 D3
Fresne-le-Plan *76* 36 C2
Fresne-Léguillon *60* 37 H4
Le Fresne-Poret *50* 52 C4
Fresne-Saint-Mamès *70* 140 C5
Le Fresne-sur-Loire *44* 148 D2
Fresneaux-Montchevreuil *60* 37 H3
Fresnes *21* 138 A5
Fresnes *41* 153 F2
Fresnes *89* 137 E3
Fresnes *94* 58 C4
Fresnes-au-Mont *55* 64 B3
Fresnes-en-Saulnois *57* 66 C4
Fresnes-en-Tardenois *02* 40 D5
Fresnes-en-Woëvre *55* 64 D1
Fresnes-lès-Montauban *62* 13 H2
Fresnes-lès-Reims *51* 41 H3
Fresnes-Mazancourt *80* 23 G2
Fresnes-sous-Coucy *02* 24 B5
Fresnes-sur-Apance *52* 118 B5
Fresnes-sur-Escaut *59* 9 H5
Fresnes-sur-Marne *77* 59 F2
Fresnes-Tilloloy *80* 11 G5
Fresneville *80* 21 G2
Fresney *27* 56 C2
Fresney-le-Puceux *14* 53 G1
Fresney-le-Vieux *14* 53 G1
Fresnicourt-le-Dolmen *62* 8 A5
Fresnières *60* 23 F5
Fresnois-la-Montagne *54* 44 D2
Fresnoy *62* 7 E5
Fresnoy-Andainville *80* 11 G5
Fresnoy-au-Val *80* 22 A2
Fresnoy-en-Bassigny *52* 118 A4
Fresnoy-en-Chaussée *80* 23 E3
Fresnoy-en-Gohelle *62* 8 C5
Fresnoy-en-Thelle *60* 38 B4
Fresnoy-Folny *76* 20 D2
Fresnoy-la-Rivière *60* 39 G3
Fresnoy-le-Château *10* 115 F2
Fresnoy-le-Grand *02* 24 B1
Fresnoy-le-Luat *60* 39 F4
Fresnoy-lès-Roye *80* 23 F3
Frespech *47* 276 D2
Fresquiennes *76* 20 A5
Fressac *30* 283 F5
Fressain *59* 14 B2

Fressancourt 02 24 C4
Fresse 70 142 A1
Fresse-sur-Moselle 88 120 A5
Fresselines 23 189 E4
Fressenneville 80 11 E4
Fressies 59 14 B3
Fressin 62 7 E4
Fressines 79 185 E4
Le Frestoy-Vaux 60 23 E5
Fresville 50 29 G5
Le Fret 29 75 E3
Fréterive 73 233 H2
Fréteval 41 131 H2
Fréthun 62 2 C3
Fretigney-et-Velloreille 70 161 H1
Frétigny 28 85 F4
Fretin 59 8 D3
Frétoy 77 60 A5
Frétoy-le-Château 60 23 G4
La Frette 38 232 A4
La Frette 71 178 A5
La Frette-sur-Seine 95 58 B2
Frettecuisse 80 11 G5
Frettemeule 80 11 F4
Frettemolle 80 21 G3
Fretterans 71 178 C2
Frettes 70 140 A4
Le Fréty 08 26 A3
Freulleville 76 20 C2
Frévent 62 12 C2
Fréville 76 19 H5
Fréville 88 93 H5
Fréville-du-Gâtinais 45 112 A4
Frévillers 62 7 H5
Frévin-Capelle 62 13 F2
Freybouse 57 67 E2
Freycenet-la-Cuche 43 247 H5
Freycenet-la-Tour 43 247 G5
Freychenet 09 336 C3
Freyming-Merlebach 57 47 E5
Freyssenet 07 266 C2
Friaize 28 85 G4
Friardel 14 54 D1
Friaucourt 80 11 E3
Friauville 54 45 E5
Fribourg 57 67 F4
Fricamps 80 21 H2
Frichemesnil 76 20 B5
Fricourt 80 13 F5
Fridefont 15 245 H5
Friedolsheim 67 68 C5
Frières-Faillouël 02 24 A4
Friesen 68 143 E3
Friesenheim 67 97 G4
Frignicourt 51 62 C5
Le Friolais 25 163 F3
Frise 80 23 F1
Friville-Escarbotin 80 11 E3
Frizon 88 95 F5
Froberville 76 18 D3
Frocourt 60 38 A2
Frœningen 68 143 F2
Frœschwiller 67 68 D2
Froges 38 233 F5
Frohen-le-Grand 80 12 C3
Frohen-le-Petit 80 12 C3
Frohmuhl 67 68 A2
Froideconche 70 141 G2
Froidefontaine 39 180 B4
Froidefontaine 90 142 C4
Froidestrées 02 25 F1
Froideterre 70 141 H3
Froidevaux 25 163 F3
Froideville 39 179 E3
Froidfond 85 165 F2
Froidmont-Cohartille 02 25 E4
Froidos 55 63 G1
Froissy 60 22 B5
Frôlois 21 159 F1
Frolois 54 94 D2
Fromelennes 08 17 F4
Fromelles 59 8 B3
Fromental 87 205 H1
Fromentières 51 61 E3
Fromentières 53 128 B2
Fromentine 85 164 C2
Fromentine *Pont de* 85 164 C2
Fromeréville-les-Vallons 55 43 H4
Fromezey 55 44 C5
Fromont 77 112 A2
Fromy 08 27 H5
Froncles-Buxières 52 93 E5
Fronsac 31 334 B3
Fronsac 33 238 B5
Frontenac 33 256 C2
Frontenac 46 261 F4
Frontenard 71 178 B2
Frontenas 69 212 C3
Frontenaud 71 195 H1
Frontenay 39 179 F4
Frontenay-Rohan-Rohan 79 184 D5
Frontenay-sur-Dive 86 168 C3
Frontenex 73 234 A1
Frontignan 34 323 E3
Frontignan-de-Comminges 31 334 B2
Frontignan-Plage 34 323 E3
Frontignan-Savès 31 316 D3
Fronton 31 297 H2
Frontonas 38 231 H1
Fronville 52 93 E4
Frossay 44 146 D3
Frotey-lès-Lure 70 141 H4
Frotey-lès-Vesoul 70 141 F4
Frouard 54 65 H5
Frouville 95 38 A5
Frouzins 31 317 H2
Froville 54 95 E3
Froyelles 80 11 H2
Frozes 86 168 D5
Frucourt 80 11 G4
Frugères-les-Mines 43 228 A5
Fruges 62 7 E4
Frugières-le-Pin 43 246 C1
Fruncé 28 85 H4
Fry 76 37 E1
Fuans 25 163 E5
Fublaines 77 59 G2
Le Fugeret 04 288 D4
Le Fuilet 49 148 C3
Fuilla 66 342 A3
Fuissé 71 194 D5
Fuligny 10 92 A5
Fulleren 68 143 E3
Fultot 76 19 H3
Fulvy 89 137 F3
Fumay 08 17 E5
Fumel 47 259 E5
Fumichon 14 34 D4
Furchhausen 67 68 B4
Furdenheim 67 97 F1
Fures 38 232 B5
Furiani 2B 345 G4
Furmeyer 05 269 F4
Fussey 21 159 H5
Fussy 18 155 E5
La Fuste 04 306 D2
Fustérouau 32 295 E3
Fustignac 31 317 E4
Futeau 55 43 F5
Futuroscope 86 169 F5
Fuveau 13 327 F1
Fyé 72 83 G5
Fyé 89 136 D3

## G

Gaas 40 292 D4
Gabarnac 33 256 B3
Gabarret 40 274 D5
Gabas 64 332 A3
Gabaston 64 314 C3
Gabat 64 311 G4
Gabian 34 321 G2
Gabillou 24 241 F2
Gabre 09 335 H1
Gabriac 12 263 E5
Gabriac 48 283 E3
Gabrias 48 264 B4
Gacé 61 54 D4
La Gacilly 56 125 G2
Gâcogne 58 157 H4
Gadancourt 95 57 G1
Gadencourt 27 56 D2
Gaël 35 103 F2
Gageac-et-Rouillac 24 257 G1
Gages-le-Haut 12 281 E1
Gagnac-sur-Cère 46 243 E5
Gagnac-sur-Garonne 31 297 H3
Gagnières 30 283 H2
Gagny 93 58 D3
Gahard 35 80 C5
Gailhan 30 303 E2
Gaillac 81 298 D1
Gaillac-d'Aveyron 12 281 F1
Gaillac-Toulza 31 318 A4
Gaillagos 65 332 C2
Gaillan-en-Médoc 33 218 D5
Gaillard 74 197 H5
Gaillardbois-Cressenville 27 36 D3
La Gaillarde 76 19 H2
Gaillefontaine 76 21 F4
Gaillères 40 274 A5
Gaillon 27 36 C5
Gaillon-sur-Montcient 78 57 G1
Gainneville 76 34 D1
Gaja-et-Villedieu 11 337 G1
Gaja-la-Selve 11 318 D5
Gajac 33 256 C5
Gajan 09 335 F2
Gajan 30 303 G1
Gajoubert 87 204 D2
Galametz 62 12 B2
Galamus *Gorges de* 11 338 A4
Galan 65 315 H5
Galapian 47 275 G2
Galargues 34 303 E3
La Galère 06 309 E5
Galéria 2B 346 A3
Galey 09 334 D3
Galez 65 315 H5
Galfingue 68 143 E2
Galgan 12 261 G5
Galgon 33 238 B4
Galiax 32 295 E4
Galibier *Col du* 05 252 B3
Galié 31 334 B2
Galinagues 11 337 E4
Gallardon 28 86 C3
Gallargues-le-Montueux 30 303 F3
Gallerande *Château de* 72 129 G4
Le Gallet 60 22 A5
Galluis 78 57 G4
Gamaches 80 11 E5
Gamaches-en-Vexin 27 37 F4
Gamarde-les-Bains 40 293 F3
Gamarthe 64 311 F5
Gambais 78 57 F4
Gambaiseuil 78 57 F4
Gambsheim 67 69 F5
Gan 64 314 B4
Ganac 09 336 A3
Ganagobie 04 287 F4
Ganagobie *Prieuré de* 04 287 F5
Gancourt-Saint-Étienne 76 21 F5
Gandelain 61 83 F3
Gandelu 02 40 A5
Gandrange 57 45 G4
Ganges 34 302 C1
Gannat 03 209 H2
Gannay-sur-Loire 03 175 F5
Gannes 60 22 C5
Les Gannes 63 226 C2
Gans 33 256 C5
Ganties 31 334 C1
Ganzeville 76 19 E3
Gap 05 269 H3
Gapennes 80 11 H2
Gâprée 61 84 A2
Garabit *Viaduc de* 15 245 H4
Garac 31 297 F4
Garancières 78 57 F4
Garancières-en-Beauce 28 87 E4
Garancières-en-Drouais 28 56 C5
Garanou 09 336 C5
Garat 16 221 G2
Garcelles-Secqueville 14 33 H5
Garche 57 45 H3
Garches 92 58 B3
Garchizy 58 174 C1
Garchy 58 156 B4
Gardanne 13 327 E1
La Garde 04 308 B1
La Garde 38 251 G3
La Garde 48 246 A5
La Garde 83 328 B4
La Garde-Adhémar 26 285 E1
La Garde-Freinet 83 329 E2
La Garde-Guérin 48 265 F5
Gardefort 18 155 H4
Gardegan-et-Tourtirac 33 238 D5
Gardères 65 314 D4
Les Gardes 49 149 E5
Gardes-le-Pontaroux 16 221 G3
Gardie 11 337 G1
Gardonne 24 257 G1
Gardouch 31 318 B3
Garein 40 273 G4
Garencières 27 56 C2
La Garenne-Colombes 92 58 B3
Garennes-sur-Eure 27 56 D3
Garentreville 77 112 A2
Garéoult 83 328 B2
La Garette 79 184 C4
Gargan *Mont* 87 224 C2
Garganvillar 82 277 F5
Gargas 31 298 A3
Gargas 84 305 H1
Gargenville 78 57 G2
Garges-lès-Gonesse 95 58 C2
Gargilesse-Dampierre 36 188 D2
Garidech 31 298 A3
Gariès 82 297 E2
Garigny 18 174 A1
Garin 31 334 A4
Garindein 64 311 H5
Garlan 29 72 A4
Garlède-Mondebat 64 294 B5
Garlin 64 294 C5
Le Garn 30 284 C2
La Garnache 85 165 E2
Garnat-sur-Engièvre 03 192 D1
Garnay 28 56 C5
Garnerans 01 195 E5
Garnetot 14 54 B2
La Garonne 83 328 B5
Garons 30 304 A2
Garos 64 294 A5
Garravet 32 316 D3
Garrebourg 57 68 A5
Garrevaques 81 319 E2
Garrey 40 293 F3
Le Garric 81 279 G5
Garrigues 34 303 E2
Garrigues 81 298 C4
Garrigues-Sainte-Eulalie 30 284 B5
Garris 64 311 G4
Garrosse 40 273 E5
Gars 06 308 D1
Gartempe 23 206 D1
Gas 28 86 C2
Gaschney 68 120 C3
Gasny 27 57 E1
Gasques 82 276 D3
Gassin 83 329 F3
Le Gast 14 52 B3
Gastes 40 272 C1
Gastines 53 105 F3
Gastins 77 89 E2
Gasville-Oisème 28 86 B3
Gâtelles 28 85 H3
Gatey 39 178 D2
Gathemo 50 52 B4
Gatteville-le-Phare 50 29 H2
Gattières 06 309 G2
Gatuzières 48 282 C3
Gaubertin 45 111 H3
La Gaubretière 85 166 C2
Gauchin-Légal 62 7 H5
Gauchin-Verloingt 62 7 G5
Gauchy 02 24 A2
Gauciel 27 56 C1
La Gaudaine 28 85 E5
La Gaude 06 309 G2
Gaudechart 60 21 H5
Gaudent 65 334 A2
Gaudiempré 62 13 E3
Gaudiès 09 318 C5
Gaudonville 32 296 D1
Gaudreville-la-Rivière 27 56 A2
Gaugeac 24 258 D3
Gaujac 30 284 D4
Gaujac 32 316 D2
Gaujac 47 257 E4
Gaujacq 40 293 G4
Gaujan 32 316 C3
Le-Gault-du-Perche 41 109 F4
Le Gault-Saint-Denis 28 110 A2
Le Gault-Soigny 51 60 D4
Gauré 31 298 B4
Gauriac 33 237 G3
Gauriaguet 33 237 H3
Gaussan 65 316 A5
Gausson 22 78 B5
Les Gautherets 71 194 A1
Gauville 61 55 F3
Gauville 80 21 G3
Gauville-la-Campagne 27 56 B1
Gavarnie 65 332 D5
Gavarnie-Gèdre 65 333 E4
Gavarnie *Port de* 65 332 D5
Gavarret-sur-Aulouste 32 296 B3
Gavaudun 47 258 D4
Gavet 38 251 F3
Gavignano 2B 347 F3
Gavisse 57 45 H2
La Gavotte 13 326 D2
Gavray 50 51 H2
Le Gâvre 44 126 B5
Gavrelle 62 13 H2
Gâvres 56 123 F3
Gavrinis *Cairn de* 56 124 A4
Gavrus 14 33 F5
Gayan 65 315 E4
Gaye 51 61 F5
Gayon 64 314 C2
Gazaupouy 32 275 H5
Gazave 65 333 H2
Gazax-et-Baccarisse 32 295 F4
Gazeran 78 86 D2
Gazinet 33 255 E1
Gazost 65 333 E2
Geaune 40 294 B4
Geay 17 201 F4
Geay 79 167 H3
Gée 49 150 A1
Gée-Rivière 32 294 C3
Geffosses 50 31 F4
Géfosse-Fontenay 14 32 B2
Gehée 36 171 F1
Geishouse 68 120 C5
Geispitzen 68 143 G2
Geispolsheim 67 97 G2
Geiswasser 68 121 G4
Geiswiller 67 68 C4
Gélacourt 54 95 H2
Gélannes 10 90 B3
Gélaucourt 54 94 C3
Gellainville 28 86 B4
Gellenoncourt 54 66 C5
Gelles 63 209 E5
Gellin 25 180 C4
Gelos 64 314 B4
Geloux 40 273 G5
Gelucourt 57 67 E4
Gelvécourt-et-Adompt 88 118 D2
Gémages 61 84 C5
Gemaingoutte 88 96 C5
Gembrie 65 334 A2
Gemeaux 21 160 B1
Gémenos 13 327 F2
Gémigny 45 110 C5
Gémil 31 298 B3
Gemmelaincourt 88 94 C5
Gémonval 25 142 A4
Gémonville 54 94 B4
Gémozac 17 219 F2
Genac-Bignac 16 203 E5
Genainville 95 37 F5
Genas 69 231 G1
Génat 09 336 A4
Genay 21 158 C1
Genay 69 213 E4
Gençay 86 186 C4
Gendreville 88 118 A2
Gendrey 39 161 F4
Gené 49 128 A4
Génébrières 82 278 B5
Genech 59 9 E3
Génelard 71 193 H1
Générac 30 303 H3
Générac 33 237 G2
Générargues 30 283 G4
Générest 65 334 A2
Generville 11 318 D5
Geneslay 61 82 C3
Le Genest 53 105 H3
Genestelle 07 266 B2
Geneston 44 147 H5
La Genête 71 195 F1
La Genétouze 17 238 D1
La Genétouze 85 165 G4
Genêts 50 51 G4
Les Genettes 61 55 F5
Geneuille 25 161 H3
La Genevraie 61 54 D5
La Genevraye 77 88 C5
Genevreuille 70 141 G4
Genevrey 70 141 G3
Genevrières 52 140 A3
La Genevroye 52 92 D5
Geney 25 142 A5
La Geneytouse 87 206 B5
Génicourt 95 58 A1
Génicourt-sous-Condé 55 63 G3
Génicourt-sur-Meuse 55 64 B2
Genilac 42 230 C3
Genillé 37 152 C5
Genin *Lac* 01 196 D5
Génis 24 223 G5
Génissac 33 238 B5
Génissiat *Barrage de* 01 215 E2
Génissieux 26 249 G3
Genlis 21 160 C4
Gennes 25 162 A3
Gennes 49 150 A3
Gennes-Ivergny 62 12 B2
Gennes-sur-Glaize 53 128 C2
Gennes-sur-Seiche 35 105 F4
Genneteil 49 129 H5
Gennetines 03 192 B1
Genneton 79 167 H1
Genneville 14 34 D2
Gennevilliers 92 58 B2
Genod 39 196 B4
Génois *Pont* 2B 346 D3
Génois *Pont* 2B 347 F5
Génolhac 30 283 G1
Génos 31 334 B2
Génos 65 333 H4
Genouillac 16 204 B4
Genouillac 23 189 G4
Genouillé 17 201 F2
Genouillé 86 203 G2
Genouilleux 01 213 E1
Genouilly 18 154 A5
Genouilly 71 177 F5
Genrupt 52 118 A5
Gensac 33 257 E1
Gensac 65 315 E2
Gensac 82 297 E1
Gensac-de-Boulogne 31 316 B4
Gensac-la-Pallue 16 220 C1
Gensac-sur-Garonne 31 317 F5
Genté 16 220 B2
Gentelles 80 22 D2
Gentilly 94 58 C4
Gentioux 23 207 F5
Genvry 60 23 G5
Georfans 70 141 H5
Géovreisset 01 196 C5
Ger 50 52 D5
Ger 64 314 D4
Ger 65 332 D1
Geraise 39 179 H2
Gérardmer 88 120 B3
Géraudot 10 91 F5
Gérauvilliers 55 93 H2
Gerbaix 73 232 D2
Gerbamont 88 120 A4
Gerbécourt 57 66 C3
Gerbécourt-et-Haplemont 54 94 D3
Gerbépal 88 120 B2
Gerberoy 60 37 G1
Gerbéviller 54 95 G2
Gerbier de Jonc *Mont* 07 266 A1
Gercourt-et-Drillancourt 55 43 H3
Gercy 02 25 F2
Gerde 65 333 F1
Gerderest 64 314 C2
Gère-Bélesten 64 332 A2
Gergny 02 25 F1
Gergovie *Plateau de* 63 227 H1
Gergueil 21 159 H4
Gergy 71 178 A3
Gerland 21 160 A5
Germ 65 333 H4
Germagnat 01 196 B4
Germagny 71 177 F5
Germaine 02 23 H3
Germaine 51 41 G5
Germaines 52 139 E3
Germainville 28 56 D4
Germainvilliers 52 117 H3
Germay 52 93 F4
Germéfontaine 25 162 D3
Germenay 58 157 F4
Germignac 17 220 B2
Germigney 39 179 F1
Germigney 70 161 E2
Germignonville 28 110 C3
Germigny 51 41 F4
Germigny 89 114 C5
Germigny-des-Prés 45 133 H2
Germigny-l'Évêque 77 59 G2
Germigny-l'Exempt 18 174 A3
Germigny-sous-Coulombs 77 60 A1
Germigny-sur-Loire 58 174 B1
Germinon 51 61 H3
Germiny 54 94 C2
Germisay 52 93 F4
Germolles *Château de* 71 177 G4
Germolles-sur-Grosne 71 194 C5
Germond-Rouvre 79 185 E3
Germondans 25 162 B2
Germont 08 43 E1
Germonville 54 94 D3
Germs-sur-l'Oussouet 65 333 E1
Gernelle 08 27 E3
Gernicourt 02 41 F2
Géronce 64 313 G4
Gerponville 76 19 F3
Gerrots 14 34 B4
Gerstheim 67 97 G3

Gertwiller 67 ... 97 F3
Geruge 39 ... 179 E5
Gervans 26 ... 249 E3
Gerville 76 ... 18 D4
Gerville-la-Forêt 50 ... 31 G3
Géry 55 ... 63 H4
Gerzat 63 ... 209 H5
Gesnes 53 ... 106 B3
Gesnes-en-Argonne 55 ... 43 G3
Gesnes-le-Gandelin 72 ... 83 G5
Gespunsart 08 ... 27 E2
Gestas 64 ... 313 F3
Gesté 49 ... 148 C4
Gestel 56 ... 100 D5
Gestiès 09 ... 336 A5
Gesvres 53 ... 83 E4
Gesvres-le-Chapitre 77 ... 59 G1
Gétigné 44 ... 148 B5
Les Gets 74 ... 198 C5
Geu 65 ... 332 D2
Geudertheim 67 ... 69 E4
Géus-d'Arzacq 64 ... 294 A5
Geüs-d'Oloron 64 ... 313 G4
Gévezé 35 ... 80 A5
Gevigney-et-Mercey 70 ... 140 D2
Gevingey 39 ... 179 E5
Gevresin 25 ... 180 A2
Gevrey-Chambertin 21 ... 160 A4
Gevrolles 21 ... 116 B5
Gevry 39 ... 178 D1
Gex 01 ... 197 F4
Geyssans 26 ... 249 G2
Gez 65 ... 332 D2
Gez-ez-Angles 65 ... 333 E1
Gézaincourt 80 ... 12 D4
Gezier-et-Fontenelay 70 ... 161 H2
Gézoncourt 54 ... 65 G4
Ghisonaccia 2B ... 349 G2
Ghisoni 2B ... 349 F1
Ghissignies 59 ... 15 E3
Ghyvelde 59 ... 3 H2
Giat 63 ... 208 C5
Gibeaumeix 54 ... 94 A2
Gibel 31 ... 318 B4
Gibercourt 02 ... 24 B3
Giberville 14 ... 33 H4
Gibles 71 ... 194 A4
Gibourne 17 ... 202 B3
Gibret 40 ... 293 F3
Le Gicq 17 ... 202 C3
Gidy 45 ... 110 D5
Giel-Courteilles 61 ... 53 H4
Gien 45 ... 134 C4
Gien-sur-Cure 58 ... 158 B5
Giens 83 ... 328 C5
Gières 38 ... 251 E1
La Giettaz 73 ... 216 B4
Giéville 50 ... 52 B1
Gièvres 41 ... 153 H4
Giey-sur-Aujon 52 ... 116 D5
Giez 74 ... 215 H5
Gif-sur-Yvette 91 ... 58 A5
Giffaumont-
Champaubert 51 ... 92 B2
Gigean 34 ... 323 E3
Gignac 34 ... 302 B4
Gignac 46 ... 242 B4
Gignac 84 ... 306 A1
Gignac-la-Nerthe 13 ... 326 C1
Gignat 63 ... 228 A4
Gignéville 88 ... 118 B3
Gigney 88 ... 95 E5
Gigny 39 ... 196 B2
Gigny 89 ... 137 G3
Gigny-Bussy 51 ... 91 H2
Gigny-sur-Saône 71 ... 178 A5
Gigondas 84 ... 285 G3
Gigors 04 ... 269 H5
Gigors-et-Lozeron 26 ... 267 H1
Gigouzac 46 ... 260 B4
Gijounet 81 ... 300 B3
Gildwiller 68 ... 143 E2
Gilette 06 ... 291 E5
Gilhac-et-Bruzac 07 ... 249 E5
Gilhoc-sur-Ormèze 07 ... 248 D4
Gillancourt 52 ... 116 C3
Gillaumé 52 ... 93 F3
Gilles 28 ... 57 E3
Gilley 25 ... 162 D5
Gilley 52 ... 140 A4
Gillois 39 ... 180 A4
Gillonnay 38 ... 232 A4
Gilly-lès-Cîteaux 21 ... 160 A5
Gilly-sur-Isère 73 ... 234 A1
Gilly-sur-Loire 71 ... 193 E2
Gilocourt 60 ... 39 G3
Gimat 82 ... 297 E2
Gimbrède 32 ... 276 C5
Gimbrett 67 ... 68 D5
Gimeaux 63 ... 209 H4
Gimécourt 55 ... 64 B4
Gimel-les-Cascades 19 ... 243 E1
Gimeux 16 ... 220 B2
La Gimond 42 ... 230 B3
Gimont 32 ... 296 D4
Gimouille 58 ... 174 B2
Ginai 61 ... 54 C4
Ginals 82 ... 279 E3
Ginasservis 83 ... 306 D3
Ginchy 80 ... 13 G5
Gincla 11 ... 337 H5
Gincrey 55 ... 44 C4
Gindou 46 ... 259 G3
Ginestas 11 ... 320 D4
Ginestet 24 ... 239 H5
Gingsheim 67 ... 68 C4
Ginoles 11 ... 337 F4
Ginouillac 46 ... 260 B2
Gintrac 46 ... 242 D5
Giocatojo 2B ... 347 G3
Gionges 51 ... 61 G2
Giou-de-Mamou 15 ... 244 C5
Gioux 23 ... 207 G5
Gipcy 03 ... 191 G2
Girac 46 ... 243 E5
Girancourt 88 ... 119 E2
Giraumont 54 ... 45 F5
Giraumont 60 ... 39 F1
Girauvoisin 55 ... 64 D4
Gircourt-lès-Viéville 88 ... 94 D4
Girecourt-sur-Durbion 88 ... 95 G5
Girefontaine 70 ... 118 D5
Giremoutiers 77 ... 59 H3
Girgols 15 ... 244 C4
Giriviller 54 ... 95 F3
Girmont 88 ... 95 F5
Girmont-Val-d'Ajol 88 ... 119 G4
Girolles 45 ... 112 C4
Girolles 89 ... 157 H1
Giromagny 90 ... 142 B2
Giron 01 ... 196 D5
Gironcourt-sur-Vraine 88 ... 94 B5
Gironde-sur-Dropt 33 ... 256 C3
Girondelle 08 ... 26 B2
Gironville 77 ... 112 A3
Gironville-et-Neuville 28 ... 86 A2
Gironville-
sous-les-Côtes 55 ... 64 D4
Gironville-sur-Essonne 91 ... 87 H5
Le Girouard 85 ... 182 C1
Giroussens 81 ... 298 C3
Giroux 36 ... 172 B1
Girovillers-
sous-Montfort 88 ... 94 C5
Giry 58 ... 157 E4
Gisay-la-Coudre 27 ... 55 F2
Giscaro 32 ... 296 D4
Giscos 33 ... 274 C2
Gisors 27 ... 37 G3
Gissac 12 ... 301 E2
Gissey-le-Vieil 21 ... 159 E3
Gissey-sous-Flavigny 21 ... 159 F1
Gissey-sur-Ouche 21 ... 159 G4
Gisy-les-Nobles 89 ... 113 F2
Giuncaggio 2B ... 347 G5
Giuncheto 2A ... 350 D3
Givardon 18 ... 173 H4
Givarlais 03 ... 190 D3
Givenchy-en-Gohelle 62 ... 8 B5
Givenchy-le-Noble 62 ... 13 E2
Givenchy-lès-la-Bassée 62 ... 8 B4
Giverny 27 ... 57 E1
Giverville 27 ... 35 F4
Givet 08 ... 17 F4
Givonne 08 ... 27 F3
Givors 69 ... 231 E2
Givraines 45 ... 111 H3
Givrand 85 ... 164 D5
Givrauval 55 ... 93 F1
Le Givre 85 ... 182 D2
Givrezac 17 ... 219 G3
Givron 08 ... 26 A4
Givry 08 ... 42 C1
Givry 71 ... 177 G4
Givry 89 ... 157 H1
Givry-en-Argonne 51 ... 63 E2
Givry-lès-Loisy 51 ... 61 F3
Givrycourt 57 ... 67 F2
Gizaucourt 51 ... 63 E1
Gizay 86 ... 186 C3
Gizeux 37 ... 151 E2
Gizia 39 ... 196 A2
Gizy 02 ... 25 E5
La Glacerie 50 ... 29 E3
Glacière Grotte de la 25 ... 162 C3
Glageon 59 ... 15 H5
Glaignes 60 ... 39 F4
Glainans 25 ... 163 E2
Glaine-Montaigut 63 ... 228 B1
Glaire 08 ... 27 E3
Le Glaizil 05 ... 269 G1
Glamondans 25 ... 162 C3
Gland 02 ... 60 C1
Gland 89 ... 137 G3
Glandage 26 ... 268 D2
Glandon 87 ... 223 G4
Glandon Col du 73 ... 251 H1
Glanes 46 ... 243 E5
Glanges 87 ... 224 B2
Glannes 51 ... 62 C5
Glanon 21 ... 178 B1
Glanville 14 ... 34 B3
Glatens 82 ... 296 D1
Glatigny 50 ... 31 F3
Glatigny 57 ... 46 B5
Glatigny 60 ... 37 H1
Glay 25 ... 142 C5
Gleizé 69 ... 212 D3
Glénac 56 ... 125 G3
Glénat 15 ... 243 H5
Glénay 79 ... 168 A3
Glénic 23 ... 189 G5
Glennes 02 ... 41 E3
Glénouze 86 ... 168 C2
Glère 25 ... 163 H2
Glicourt 76 ... 10 C5
Glisolles 27 ... 56 A2
Glisy 80 ... 22 C2
Glomel 22 ... 77 E5
Glonville 54 ... 95 H3
Glorianes 66 ... 342 C3
Glos 14 ... 34 D5
Glos-la-Ferrière 61 ... 55 F3
Glos-sur-Risle 27 ... 35 G3
Gluges 46 ... 242 C5
Gluiras 07 ... 266 C1
Glun 07 ... 249 E4
Glux-en-Glenne 58 ... 176 B2
Goas 82 ... 297 E2
La Godefroy 50 ... 51 H4
Godenvillers 60 ... 22 D5
Goderville 76 ... 19 E4
Godewaersvelde 59 ... 4 A5
Godisson 61 ... 54 C5
La Godivelle 63 ... 227 F5
Godoncourt 88 ... 118 B4
Gœrlingen 67 ... 67 H4
Gœrsdorf 67 ... 69 E2
Goès 64 ... 331 H1
Goetzenbruck 57 ... 68 B2
Gœulzin 59 ... 14 A2
Gogney 54 ... 96 A1
Gognies-Chaussée 59 ... 15 G2
La Gohannière 50 ... 51 H4
Gohier 49 ... 149 H2
Gohory 28 ... 109 H3
Goin 57 ... 65 H2
Goincourt 60 ... 38 A2
Golancourt 60 ... 23 H4
Golbey 88 ... 119 F2
Goldbach 68 ... 120 C5
Golfe-Juan 06 ... 309 F4
Golfech 82 ... 276 D4
Golinhac 12 ... 262 D3
Golleville 50 ... 29 F5
Gombergean 41 ... 131 G5
Gomelange 57 ... 46 C4
Gomené 22 ... 102 D2
Gomer 64 ... 314 C4
Gometz-la-Ville 91 ... 58 A5
Gometz-le-Châtel 91 ... 58 A5
Gomiécourt 62 ... 13 G4
Gommecourt 62 ... 13 F4
Gommecourt 78 ... 57 E1
Gommegnies 59 ... 15 F2
Gommenec'h 22 ... 73 F4
Gommersdorf 68 ... 143 E3
Gommerville 28 ... 87 E5
Gommerville 76 ... 18 D5
Gomméville 21 ... 115 H5
Gomont 08 ... 41 H1
Gonaincourt 52 ... 117 H2
Goncelin 38 ... 233 F5
Goncourt 52 ... 117 H2
Gond-Pontouvre 16 ... 221 F1
Gondecourt 59 ... 8 C3
Gondenans-
les-Moulins 25 ... 162 C1
Gondenans-Montby 25 ... 162 D1
Gondeville 16 ... 220 C1
Gondrecourt-Aix 54 ... 45 E4
Gondrecourt-
le-Château 55 ... 93 G3
Gondreville 45 ... 112 B4
Gondreville 54 ... 65 F5
Gondreville 60 ... 39 G4
Gondrexange 57 ... 67 G5
Gondrexon 54 ... 95 H1
Gondrin 32 ... 295 G1
Les Gonds 17 ... 219 G1
Gonesse 95 ... 58 D2
Gonez 65 ... 315 F4
Gonfaron 83 ... 328 D2
Gonfreville 50 ... 31 H3
Gonfreville-Caillot 76 ... 19 E4
Gonfreville-l'Orcher 76 ... 34 C1
La Gonfrière 61 ... 55 E3
Gonnehem 62 ... 7 H3
Gonnelieu 59 ... 14 B5
Gonnetot 76 ... 19 H3
Gonneville-Le Theil 50 ... 29 F3
Gonneville-en-Auge 14 ... 33 H3
Gonneville-la-Mallet 76 ... 18 C4
Gonneville-
sur-Honfleur 14 ... 34 D2
Gonneville-sur-Mer 14 ... 34 A3
Gonneville-sur-Scie 76 ... 20 B3
Gonsans 25 ... 162 C4
Gontaud-de-Nogaret 47 ... 257 F5
La Gonterie-
Boulouneix 24 ... 222 B5
Gonvillars 70 ... 142 A4
Gonzeville 76 ... 19 H3
Goos 40 ... 293 F3
Gorbio 06 ... 291 G5
Gorcy 54 ... 44 D1
Gordes 84 ... 305 G1
Gorenflos 80 ... 12 B4
Gorges 44 ... 148 A5
Gorges 50 ... 31 G3
Gorges 80 ... 12 C4
La Gorgue 59 ... 8 A2
Gorhey 88 ... 119 E2
Gornac 33 ... 256 C2
Gorniès 34 ... 302 B1
Gorre 87 ... 223 E1
Gorrevod 01 ... 195 F3
Gorron 53 ... 81 H4
Gorses 46 ... 261 F1
Gorze 57 ... 65 G1
Gosnay 62 ... 7 H4
Gosné 35 ... 80 D5
Gosselming 57 ... 67 G4
Gotein-Libarrenx 64 ... 331 E1
Gottenhouse 67 ... 68 B5
Gottesheim 67 ... 68 C4
Gouaix 77 ... 89 G3
Goualade 33 ... 274 C1
Gouarec 22 ... 77 G5
Gouaux 65 ... 333 H4
Gouaux-de-Larboust 31 ... 334 A4
Gouaux-de-Luchon 31 ... 334 B4
Goubervile 50 ... 29 G2
Gouchaupre 76 ... 10 C5
Goudargues 30 ... 284 C3
Goudelancourt-
lès-Berrieux 02 ... 41 F1
Goudelancourt-
lès-Pierrepont 02 ... 25 F4
Goudelin 22 ... 73 F5
Goudet 43 ... 247 F5
Goudex 31 ... 317 E3
Goudon 65 ... 315 G4
Goudourville 82 ... 276 D4
Gouesnach 29 ... 99 H4
La Gouesnière 35 ... 50 D5
Gouesnou 29 ... 70 C5
Gouex 86 ... 187 E4
Gouézec 29 ... 76 A5
Gougenheim 67 ... 68 C5
Gouhelans 25 ... 162 C1
Gouhenans 70 ... 141 H4
Gouillons 28 ... 86 D5
Gouise 03 ... 192 B3
Goujounac 46 ... 259 G4
La Goulafrière 27 ... 55 E2
Goulaine Château de 44 ... 147 H4
Goulet 61 ... 54 A4
Goulien 29 ... 98 D2
Goulier 09 ... 336 A5
Goulles 19 ... 243 G4
Les Goulles 21 ... 138 D2
Gouloux 58 ... 158 B4
Goult 84 ... 305 G1
Goulven 29 ... 71 E4
Goumois 25 ... 163 H3
Goupillières 14 ... 53 F1
Goupillières 27 ... 35 G5
Goupillières 76 ... 20 A5
Goupillières 78 ... 57 G3
Gouraincourt 55 ... 44 D4
Le Gouray 22 ... 78 D5
Gourbera 40 ... 292 D2
Gourbesville 50 ... 29 G5
Gourbit 09 ... 336 A4
Gourchelles 60 ... 21 G3
Gourdan-Polignan 31 ... 334 A1
Gourdièges 15 ... 245 F5
Gourdon 06 ... 309 E2
Gourdon 07 ... 266 B2
Gourdon 46 ... 259 H2
Gourdon 71 ... 194 B1
Gourdon-Murat 19 ... 225 E3
Gourette 64 ... 332 B2
Gourfaleur 50 ... 32 B5
Gourfouran Gouffre de 05 ... 270 C1
Gourgançon 51 ... 61 G5
Gourgé 79 ... 168 B5
Gourgeon 70 ... 140 C3
Gourgue 65 ... 333 G1
Gourhel 56 ... 103 E4
Gourin 56 ... 76 C5
Gourlizon 29 ... 99 G2
Gournay 36 ... 189 E1
Gournay 76 ... 34 C1
Gournay 79 ... 202 D1
Gournay-en-Bray 76 ... 37 F1
Gournay-le-Guérin 27 ... 55 G5
Gournay-sur-Aronde 60 ... 39 E1
Gournay-sur-Marne 93 ... 58 D3
Les Gours 16 ... 202 D3
Gours 33 ... 238 D4
Gourvieille 11 ... 318 C4
Gourville 16 ... 202 D5
Gourvillette 17 ... 202 C4
Goury 50 ... 28 C2
Gourzon 52 ... 92 D2
Goussaincourt 55 ... 94 A3
Goussainville 28 ... 57 E4
Goussainville 95 ... 58 D1
Goussancourt 02 ... 40 D5
Gousse 40 ... 293 F2
Goussonville 78 ... 57 G2
Goustranville 14 ... 34 A4
La Goutelle 63 ... 209 E5
Goutevernisse 31 ... 317 F5
Goutrens 12 ... 262 B5
Gouts 40 ... 293 F2
Gouts 82 ... 277 E1
Gouts-Rossignol 24 ... 221 G4
Gouttières 27 ... 55 G1
Gouttières 63 ... 209 E2
Goutz 32 ... 296 C2
Gouvernes 77 ... 59 E3
Gouves 62 ... 13 F2
Gouvets 50 ... 52 B2
Gouvieux 60 ... 38 C4
Gouville 27 ... 56 A3
Gouville-sur-Mer 50 ... 31 F5
Gouvix 14 ... 53 G1
Goux 32 ... 295 E4
Goux 39 ... 179 E1
Goux-lès-Dambelin 25 ... 163 E2
Goux-les-Usiers 25 ... 180 C1
Goux-sous-Landet 25 ... 161 H5
Gouy 02 ... 14 B5
Gouy 76 ... 36 B3
Gouy-en-Artois 62 ... 13 F3
Gouy-en-Ternois 62 ... 12 D2
Gouy-les-Groseillers 60 ... 22 B4
Gouy-l'Hôpital 80 ... 21 H2
Gouy-Saint-André 62 ... 6 D5
Gouy-Servins 62 ... 8 A5
Gouy-sous-Bellonne 62 ... 14 A2
Gouzangrez 95 ... 37 H5
Gouze 64 ... 313 G2
Gouzeaucourt 59 ... 14 A5
Gouzens 31 ... 317 F5
Gouzon 23 ... 207 H1
Gouzougnat 23 ... 207 H1
Goven 35 ... 104 A4
Goviller 54 ... 94 C3
Goxwiller 67 ... 97 F3
Goyencourt 80 ... 23 F3
Goyrans 31 ... 317 H2
Grabels 34 ... 302 D4
Graçay 18 ... 154 A5
Grâce-Uzel 22 ... 102 B1
Grâces 22 ... 73 E5
Gradignan 33 ... 255 F1
Graffigny-Chemin 52 ... 117 H2
Gragnague 31 ... 298 B4
Graignes 50 ... 32 A3
Grailhen 65 ... 333 H4
Graimbouville 76 ... 18 D5
Graincourt-
lès-Havrincourt 62 ... 14 A4
Grainville 27 ... 36 D3
Grainville-la-Teinturière 76 ... 19 F3
Grainville-Langannerie 14 ... 53 H1
Grainville-sur-Odon 14 ... 33 F5
Grainville-sur-Ry 76 ... 36 C1
Grainville-Ymauville 76 ... 19 E4
Le Grais 61 ... 53 G5
Graissac 12 ... 263 E2
Graissessac 34 ... 301 F4
Graix 42 ... 230 C5
Le Grallet 17 ... 218 C1
Gramat 46 ... 260 D2
Gramazie 11 ... 337 F1
Grambois 84 ... 306 B2
Grammond 42 ... 230 B3
Grammont 70 ... 141 H5
Gramond 12 ... 280 B2
Gramont 82 ... 296 C1
Granace 2A ... 351 E2
Grancey-le-Château 21 ... 139 E4
Grancey-sur-Ource 21 ... 116 A4
Granchain 27 ... 55 G1
Grand 88 ... 93 G4
Le Grand-Abergement 01 ... 214 D2
Grand-Auverné 44 ... 127 E5
Grand-Ballon 68 ... 120 C5
Grand Bois ou de
la République Col du 42 ... 230 C5
Le Grand-Bornand 74 ... 216 A3
Le Grand-Bourg 23 ... 206 C1
Grand-Bourgtheroulde 27 ... 35 H3
Grand-Brassac 24 ... 239 H1
Grand-Camp 27 ... 55 E1
Grand-Camp 76 ... 19 F5
Grand-Castang 24 ... 240 C5
Le Grand-Celland 50 ... 52 A5
Grand-Champ 56 ... 124 B2
Grand-Charmont 25 ... 142 C4
Grand-Châtel 39 ... 196 D3
La Grand-Combe 30 ... 283 G3
Grand-Corent 01 ... 196 B5
Grand-Couronne 76 ... 36 A3
La Grand-Croix 42 ... 230 C3
Grand-Failly 54 ... 44 C2
Grand-Fayt 59 ... 15 F4
Grand Fenestrez 01 ... 214 D4
Grand-Fort-Philippe 59 ... 3 E2
Grand-Fougeray 35 ... 126 B3
Grand-Laviers 80 ... 11 G3
Le Grand-Lemps 38 ... 232 B4
Le Grand-Lucé 72 ... 130 C2
Le Grand-Madieu 16 ... 203 H3
Grand Phare 85 ... 164 A4
Le Grand Piquey 33 ... 254 B2
Le Grand-Pressigny 37 ... 170 A3
Grand-Puch
Château du 33 ... 238 B5
Le Grand-Quevilly 76 ... 36 A2
Grand-Rozoy 02 ... 40 B4
Grand-Rullecourt 62 ... 13 E3
Le Grand-Serre 26 ... 249 G1
Grand Taureau 25 ... 180 D2
Grand-Vabre 12 ... 262 B3
Le Grand-Valtin 88 ... 120 B3
Grand-Verly 02 ... 24 D1
Le Grand-
Village-Plage 17 ... 200 B4
Grandcamp-Maisy 14 ... 32 B2
Grandchamp 08 ... 26 B4
Grandchamp 52 ... 139 H3
Grandchamp 72 ... 83 H5
Grandchamp 78 ... 57 E5
Grandchamp 89 ... 135 G3
Grandchamp-
des-Fontaines 44 ... 147 G2
Grandchamp-
le-Château 14 ... 34 B5
Grand'Combe-
Châteleu 25 ... 181 E1
Grand'Combe-
des-Bois 25 ... 163 G4
Grandcourt 76 ... 11 E5
Grandcourt 80 ... 13 F5
Grande Chartreuse
Couvent de la 38 ... 233 E5
La Grande-Fosse 88 ... 96 C4
La Grande-Motte 34 ... 303 F5
La Grande-Paroisse 77 ... 88 D4
La Grande-Résie 70 ... 161 E3
Grande-Rivière 39 ... 197 E1
Grande-Synthe 59 ... 3 F2
La Grande-Verrière 71 ... 176 B2
Grandecourt 70 ... 140 C4
Les Grandes-Armoises 08 ... 27 E5
Les Grandes-Chapelles 10 ... 90 D3

A B C D E F G H I J K L M N O P Q R S T U V W X Y Z

Les Grandes-Dalles 76 … 19 F 2
Les Grandes-Loges 51 … 62 A 1
Les Grandes-Rivières 17 … 183 G 5
Les Grandes-Ventes 76 … 20 C 3
Grandeyrolles 63 … 227 G 3
Grandfontaine 25 … 161 H 4
Grandfontaine 67 … 96 C 2
Grandfontaine-sur-Creuse 25 … 162 D 4
Grandfresnoy 60 … 39 E 2
Grandham 08 … 43 E 3
Grandjean 17 … 201 G 4
Grand'Landes 85 … 165 F 3
Grandlup-et-Fay 02 … 25 E 4
Grandmesnil 14 … 54 B 2
Grandmesnil 54 … 94 A 1
Grandouet 14 … 34 B 5
Grandpré 08 … 43 E 3
Grandpuits 77 … 88 D 2
Grandrieu 48 … 264 D 1
Grandrieux 02 … 25 H 3
Grandrif 63 … 229 E 3
Grandris 69 … 212 B 2
Grandrû 60 … 23 H 5
Grandrupt 88 … 96 C 4
Grandrupt-de-Bains 88 … 118 D 3
Les Grands-Chézeaux 87 … 188 B 4
Grandsaigne 19 … 225 E 4
Grandval 63 … 228 D 2
Grandval *Barrage de* 15 … 245 H 5
Grandvals 48 … 263 G 2
Grandvaux 71 … 194 A 2
Grandvelle-et-le-Perrenot 70 … 161 H 1
Grandvillars 90 … 142 D 4
La Grandville 08 … 26 D 3
Grandville 10 … 91 F 2
Grandvillers 88 … 95 H 5
Grandvillers-aux-Bois 60 … 39 E 2
Grandvilliers 27 … 56 A 4
Grandvilliers 60 … 21 H 4
Grane 26 … 267 F 2
Granès 11 … 337 G 3
La Grange 25 … 163 E 3
Grange-de-Vaivre 39 … 179 G 1
Grange-le-Bocage 89 … 89 H 5
Grangent *Barrage de* 42 … 230 A 4
Grangermont 45 … 111 H 3
Granges 01 … 196 B 5
Les Granges 10 … 115 E 4
Granges 71 … 177 G 4
Granges-Aumontzey 88 … 120 A 2
Les Granges *Château* 58 … 156 B 3
Granges-d'Ans 24 … 241 F 2
Granges-de-Vienney 25 … 162 B 4
Les Granges-Gontardes 26 … 267 E 5
Granges-la-Ville 70 … 142 A 4
Granges-le-Bourg 70 … 142 A 4
Les Granges-le-Roi 91 … 87 E 3
Granges-l'Église 25 … 180 C 2
Granges-les-Beaumont 26 … 249 G 3
Granges-Maillot 25 … 180 B 1
Granges-Narboz 25 … 180 C 2
Granges-Sainte-Marie 25 … 180 C 3
Granges-sur-Aube 51 … 90 C 2
Granges-sur-Baume 39 … 179 F 4
Granges-sur-Lot 47 … 275 H 1
Les Grangettes 25 … 180 C 3
Grangues 14 … 34 A 3
Granier 73 … 234 C 2
Granier *Col du* 73 … 233 F 3
Granieu 38 … 232 C 2
Granon *Col de* 05 … 252 C 4
Grans 13 … 305 F 4
Granville 50 … 51 F 3
Granzay-Gript 79 … 184 D 5
Gras 07 … 266 C 5
Les Gras 25 … 181 E 1
Gras *Plateau des* 07 … 284 C 1
Grassac 16 … 221 H 2
Grasse 06 … 309 E 3
Grassendorf 67 … 68 C 3
Grateloup-Saint-Gayrand 47 … 257 G 5
Gratens 31 … 317 F 4
Gratentour 31 … 297 H 3
Gratibus 80 … 22 D 4
Gratot 50 … 31 G 5
Gratreuil 51 … 42 D 4
Grattepanche 80 … 22 B 3
Le Gratteris 25 … 162 B 4
Grattery 70 … 141 E 4
Le Grau-d'Agde 34 … 322 C 5
Grau de Maury 66 … 338 B 4
Le Grau-du-Roi 30 … 303 F 5
Graufthal 67 … 68 A 3
Les Graulges 24 … 221 H 3
Graulhet 81 … 299 E 3
Grauves 51 … 61 G 2
Graval 76 … 21 E 3
La Grave 05 … 252 A 3
La Grave 06 … 291 F 5
Grave *Pointe de* 33 … 218 C 2
Gravelines 59 … 3 E 2
La Gravelle 53 … 105 G 3
Gravelotte 57 … 65 G 1
La Graverie 14 … 52 C 2
Graveron-Sémerville 27 … 36 A 5
Graves-Saint-Amant 16 … 220 D 2
Graveson 13 … 304 C 2
Gravières 07 … 265 H 5
Gravigny 27 … 56 B 1
Gravon 77 … 89 F 4
Gray 70 … 161 E 1
Gray-la-Ville 70 … 161 E 1
Grayan-et-l'Hôpital 33 … 218 C 4
Graye-et-Charnay 39 … 196 B 2
Graye-sur-Mer 14 … 33 F 3
Grayssas 47 … 276 D 3
Grazac 31 … 318 A 4
Grazac 43 … 247 H 2
Grazac 81 … 298 B 2
Grazay 53 … 82 C 5
Gréalou 46 … 261 E 4
Gréasque 13 … 327 F 1
Grébault-Mesnil 80 … 11 F 4
Grécourt 80 … 23 G 3
Gredisans 39 … 161 E 5
La Grée-Penvins 56 … 124 C 5
La Grée-Saint-Laurent 56 … 102 D 4
Gréez-sur-Roc 72 … 108 D 3
Greffeil 11 … 337 H 1
Grèges 76 … 10 B 5
Grégy-sur-Yerres 77 … 59 E 5
Grémecey 57 … 66 C 4
Grémévillers 60 … 21 H 5
Gremilly 55 … 44 C 4
Grémonville 76 … 19 H 4
Grenade 31 … 297 G 3
Grenade-sur-l'Adour 40 … 294 A 2
Grenant 52 … 139 H 3
Grenant-lès-Sombernon 21 … 159 G 4
Grenay 38 … 231 G 1
Grenay 62 … 8 B 4
Grendelbruch 67 … 97 E 2
Greneville-en-Beauce 45 … 111 F 3
Grenier-Montgon 43 … 245 H 1
Gréning 57 … 67 F 2
Grenoble 38 … 250 D 1
Grenois 58 … 157 F 3
Grentheville 14 … 33 H 5
Grentzingen 68 … 143 F 3
Greny 76 … 10 C 5
Gréolières 06 … 309 E 1
Gréolières-les-Neiges 06 … 309 E 1
Gréoux-les-Bains 04 … 306 D 2
Grépiac 31 … 318 A 3
Le Grès 31 … 297 F 3
Grésigny-Sainte-Reine 21 … 138 A 5
Gresin 73 … 232 D 2
La Gresle 42 … 212 A 2
Gresse-en-Vercors 38 … 250 C 5
Gressey 78 … 57 E 3
Gresswiller 67 … 97 E 2
Gressy 77 … 59 E 2
Grésy-sur-Aix 73 … 215 F 5
Grésy-sur-Isère 73 … 233 H 2
Gretz-Armainvilliers 77 … 59 F 4
Greucourt 70 … 140 C 5
Greuville 76 … 19 H 2
Greux 88 … 93 H 3
La Grève-sur-Mignon 17 … 184 B 5
Les Grèves 22 … 78 C 3
Gréville-Hague 50 … 28 D 2
Grévillers 62 … 13 G 4
Grevilly 71 … 195 E 2
Grez 60 … 21 H 4
Le Grez 72 … 107 E 2
Grez-en-Bouère 53 … 128 C 2
Grez-Neuville 49 … 128 B 5
Grez-sur-Loing 77 … 88 B 5
Grézac 17 … 219 E 2
Grézels 46 … 259 F 5
Grèzes 24 … 241 H 3
Grèzes 43 … 246 C 5
Grèzes 46 … 261 E 3
Grèzes 48 … 264 B 4
Grézet-Cavagnan 47 … 275 E 1
Grézian 65 … 333 G 4
Grézieu-la-Varenne 69 … 212 D 5
Grézieu-le-Marché 69 … 230 B 2
Grézieux-le-Fromental 42 … 229 H 2
Grézillac 33 … 256 C 1
Grézillé 49 … 149 H 3
Grézolles 42 … 211 F 4
Gricourt 02 … 24 A 2
Grièges 01 … 195 E 5
La Grière 85 … 182 D 3
Gries 67 … 69 E 4
Griesbach 67 … 68 D 2
Griesbach-au-Val 68 … 120 D 3
Griesbach-le-Bastberg 67 … 68 B 3
Griesheim-près-Molsheim 67 … 97 F 2
Griesheim-sur-Souffel 67 … 68 D 5
Grignan 26 … 267 F 5
Grigneuseville 76 … 20 B 4
Grignols 24 … 240 B 3
Grignols 33 … 274 D 1
Grignon 21 … 137 H 5
Grignon 73 … 234 A 1
Grignoncourt 88 … 118 B 5
Grigny 62 … 7 E 5
Grigny 69 … 231 E 2
Grigny 91 … 58 C 5
La Grigonnais 44 … 126 C 5
Grillemont *Château de* 37 … 170 A 1
Grillon 84 … 267 F 5
Grilly 01 … 197 G 4
Grimaucourt-en-Woëvre 55 … 44 C 5
Grimaucourt-près-Sampigny 55 … 64 C 4
Grimaud 83 … 329 F 2
La Grimaudière 86 … 168 C 4
Grimault 89 … 137 E 4
Grimbosq 14 … 53 F 1
Grimesnil 50 … 51 H 1
Grimone 26 … 268 D 2
Grimone *Col de* 26 … 268 D 2
Grimonviller 54 … 94 C 4
Grincourt-lès-Pas 62 … 13 E 4
Grindorff-Bizing 57 … 46 C 2
Gripp 65 … 333 F 3
La Gripperie-Saint-Symphorien 17 … 200 D 5
Gripport 54 … 95 E 3
Gris-Nez *Cap* 62 … 2 A 4
Griscourt 54 … 65 G 4
Griselles 21 … 137 H 2
Griselles 45 … 112 C 4
Grisolles 02 … 40 B 5
Grisolles 82 … 297 G 2
Grisy 14 … 54 A 1
Grisy-les-Plâtres 95 … 38 A 5
Grisy-Suisnes 77 … 59 E 5
Grisy-sur-Seine 77 … 89 G 4
La Grive 38 … 231 H 2
Grives 24 … 259 F 2
Grivesnes 80 … 22 D 4
Grivillers 80 … 23 E 4
Grivy-Loisy 08 … 42 C 2
Groffliers 62 … 6 B 5
La Groise 59 … 15 E 5
Groises 18 … 155 H 4
Groissiat 01 … 196 C 5
Groisy 74 … 215 G 2
Groix 56 … 123 E 3
Groléjac 24 … 259 H 1
Gron 18 … 155 H 5
Gron 89 … 113 G 3
Gronard 02 … 25 F 3
Le Gros Cerveau 83 … 327 H 4
Gros-Chastang 19 … 243 F 2
Gros-Réderching 57 … 67 H 1
Grosbliederstroff 57 … 47 G 5
Grosbois 25 … 162 C 2
Grosbois *Château de* 94 … 58 D 5
Grosbois-en-Montagne 21 … 159 F 3
Grosbois-lès-Tichey 21 … 178 C 1
Grosbreuil 85 … 182 B 1
Les Groseillers 79 … 185 E 2
Groslay 95 … 58 C 2
Groslée 01 … 232 C 1
Groslée-Saint-Benoit 01 … 232 C 1
Grosley-sur-Risle 27 … 55 H 1
Grosmagny 90 … 142 C 2
Grosne 90 … 142 D 3
Grospierres 07 … 284 A 1
Grosrouvre 78 … 57 F 4
Grosrouvres 54 … 65 E 4
Grossa 2A … 350 D 2
Grosseto-Prugna 2A … 348 D 4
Grossœuvre 27 … 56 B 2
Grossouvre 18 … 174 A 3
Grostenquin 57 … 67 E 2
Grosville 50 … 28 D 4
Le Grouanec 29 … 70 D 4
Grouches-Luchuel 80 … 12 D 3
Grougis 02 … 24 C 1
Grouin *Pointe du* 35 … 50 D 4
La Groulais *Château de* 44 … 147 F 1
La Groutte 18 … 173 F 5
Grozon 39 … 179 F 2
Gruchet-le-Valasse 76 … 19 E 5
Gruchet-Saint-Siméon 76 … 19 H 2
Grues 85 … 183 E 3
Gruey-lès-Surance 88 … 118 D 4
Gruffy 74 … 215 G 5
Grugé-l'Hopital 49 … 127 G 3
Grugies 02 … 24 A 3
Grugny 76 … 20 B 5
Gruissan 11 … 339 F 1
Gruissan-Plage 11 … 339 F 1
Grumesnil 76 … 21 F 5
Grun-Bordas 24 … 240 B 3
Grundviller 57 … 67 G 1
Gruny 80 … 23 F 3
Grury 71 … 176 A 5
Gruson 59 … 9 E 3
Grusse 39 … 196 B 1
Grussenheim 68 … 121 F 2
Grust 65 … 332 D 3
Gruyères 08 … 26 C 3
Le Gua 17 … 200 D 5
Le Gua 38 … 250 D 3
Guagno 2A … 348 D 1
Guagno-les-Bains 2A … 348 C 1
Guainville 28 … 57 E 2
Guarbecque 62 … 7 H 3
Guargualé 2A … 348 D 4
Guchan 65 … 333 G 4
Guchen 65 … 333 G 4
Gudas 09 … 336 B 2
Gudmont 52 … 93 E 5
Le Gué-d'Alleré 17 … 183 H 5
Le Gué-de-la-Chaîne 61 … 84 B 4
Le Gué-de-Longroi 28 … 86 C 3
Le Gué-de-Velluire 85 … 183 H 3
Gué-d'Hossus 08 … 26 C 1
Le Gué-du-Loir 41 … 131 F 3
Le Gué-Lian 72 … 107 G 2
Guebenhouse 57 … 67 F 1
Gueberschwihr 68 … 121 E 3
Guébestroff 57 … 67 E 4
Guéblange-lès-Dieuze 57 … 67 E 4
Guébling 57 … 67 E 3
Guebwiller 68 … 120 D 5
Guécélard 72 … 129 H 2
Le Guédéniau 49 … 150 C 1
Guégon 56 … 102 C 4
Guéhébert 50 … 51 H 1
Guéhenno 56 … 102 C 5
Gueltas 56 … 102 B 2
Guémappe 62 … 13 H 3
Guémar 68 … 97 E 5
Guémené-Penfao 44 … 126 A 4
Guémené-sur-Scorff 56 … 101 F 2
Guémicourt 80 … 21 F 3
Guemps 62 … 2 D 3
Guénange 57 … 45 H 4
Guengat 29 … 99 G 2
Guénin 56 … 101 H 4
Guénouvry 44 … 126 B 4
Guenroc 22 … 79 G 5
Guenrouet 44 … 125 H 5
Guentrange 57 … 45 G 3
Guenviller 57 … 47 E 5
Guêprei 61 … 54 B 3
Guer 56 … 103 F 5
Guérande 44 … 145 H 4
Guérard 77 … 59 G 4
Guerbigny 80 … 23 E 4
La Guerche 37 … 170 A 3
La Guerche-de-Bretagne 35 … 105 E 5
La Guerche-sur-l'Aubois 18 … 174 A 2
Guercheville 77 … 112 A 2
Guerchy 89 … 136 A 2
Guéreins 01 … 213 E 1
Guéret 23 … 207 E 1
Guerfand 71 … 178 A 4
Guérigny 58 … 174 C 1
Guérin 47 … 257 E 5
La Guérinière 85 … 164 B 1
Guerlédan *Lac de* 22 … 77 H 5
Guerlesquin 29 … 72 B 5
Guermange 57 … 67 F 4
Guermantes 77 … 59 E 3
Guern 56 … 101 G 3
Guernanville 27 … 55 H 3
Guernes 78 … 57 F 1
Le Guerno 56 … 125 E 4
Guerny 27 … 37 F 4
Guéron 14 … 33 E 3
La Guéroulde 27 … 55 H 4
Guerpont 55 … 63 H 4
Guerquesalles 61 … 54 C 2
Les Guerreaux 71 … 193 F 2
Guerstling 57 … 46 D 3
Guerting 57 … 46 D 5
Guerville 76 … 11 E 5
Guerville 78 … 57 F 2
Guéry *Col de* 63 … 227 F 2
Gueschart 80 … 11 H 2
Guesnain 59 … 8 D 5
Guesnes 86 … 168 D 2
Guessling-Hémering 57 … 66 D 1
Guéthary 64 … 310 C 3
Le Guétin 18 … 174 B 2
Gueudecourt 80 … 13 G 5
Gueugnon 71 … 193 G 1
Gueures 76 … 20 A 2
Gueutteville 76 … 20 A 4
Gueutteville-les-Grès 76 … 19 G 2
Gueux 51 … 41 F 4
Guevenatten 68 … 142 D 2
Guewenheim 68 … 142 D 1
Gueynard 33 … 237 H 3
Gueytes-et-Labastide 11 … 337 E 2
Gueyze 47 … 275 E 4
Gugnécourt 88 … 95 H 5
Gugney 54 … 94 C 4
Gugney-aux-Aulx 88 … 95 E 5
Guibermesnil 80 … 21 G 2
Guibeville 91 … 87 G 2
Guichainville 27 … 56 B 2
Guiche 64 … 292 C 5
La Guiche 71 … 194 B 2
Guichen 35 … 104 A 4
Guiclan 29 … 71 G 5
Guidel 56 … 100 D 5
Guidon du Bouquet 30 … 284 A 3
La Guierche 72 … 107 H 3
Guignecourt 60 … 38 A 1
Guignemicourt 80 … 22 B 2
Guignen 35 … 103 H 5
Guignes 77 … 88 C 2
Guigneville 45 … 111 G 2
Guigneville-sur-Essonne 91 … 87 H 3
Guignicourt 02 … 41 G 2
Guignicourt-sur-Vence 08 … 26 C 4
La Guignière 37 … 151 H 2
Guignonville 45 … 111 F 3
Guigny 62 … 11 H 1
Guilberville 50 … 52 C 1
Le Guildo 22 … 50 A 5
Guiler-sur-Goyen 29 … 99 F 2
Guilers 29 … 75 E 2
Guilherand-Granges 07 … 249 F 4
Guillac 33 … 256 C 1
Guillac 56 … 102 D 5
Guillaucourt 80 … 23 E 2
Guillaumes 06 … 289 F 3
Guillemont 80 … 13 G 5
La Guillermie 03 … 210 D 3
Guillerval 91 … 87 F 5
Guillestre 05 … 270 D 2
Guilleville 28 … 110 D 2
Guilliers 56 … 102 D 3
Guilligomarc'h 29 … 101 E 4
Guillon 89 … 158 B 1
Guillon-les-Bains 25 … 162 C 2
Guillonville 28 … 110 C 4
Guillos 33 … 255 G 4
Guilly 36 … 171 H 1
Guilly 45 … 133 H 3
Guilmécourt 76 … 10 C 5
Guilvinec 29 … 99 F 5
Guimaëc 29 … 72 A 4
Guimiliau 29 … 71 G 5
Guimps 16 … 220 C 4
Guinarthe-Parenties 64 … 311 H 3
Guincourt 08 … 26 C 5
Guindrecourt-aux-Ormes 52 … 92 D 3
Guindrecourt-sur-Blaise 52 … 92 C 5
Guinecourt 62 … 12 C 2
Guînes 62 … 2 C 4
Guingamp 22 … 73 E 5
Guinglange 57 … 66 C 1
Guinkirchen 57 … 46 C 4
Guinzeling 57 … 67 F 3
Guipavas 29 … 75 F 2
Guipel 35 … 80 B 5
Guipronvel 29 … 70 C 5
Guipry-Messac 35 … 126 A 2
Guipy 58 … 157 F 4
Guirlange 57 … 46 C 4
Guiry-en-Vexin 95 … 37 G 5
Guiscard 60 … 23 H 4
Guiscriff 56 … 100 C 2
Guise 02 … 24 D 1
Guiseniers 27 … 37 E 4
Le Guislain 50 … 52 A 1
Guissény 29 … 70 D 4
Guisy 62 … 6 D 5
Guitalens 81 … 299 E 4
Guitera-les-Bains 2A … 349 E 3
Guitinières 17 … 219 G 4
Guitrancourt 78 … 57 G 1
Guîtres 33 … 238 C 3
Guitry 27 … 37 E 4
Guitté 22 … 103 G 1
Guivry 02 … 23 H 4
Guizancourt 80 … 21 H 3
Guizengeard 16 … 220 D 5
Guizerix 65 … 315 H 4
Gujan-Mestras 33 … 254 C 2
Gumbrechtshoffen 67 … 68 D 2
Gumery 10 … 89 H 4
Gumiane 26 … 268 A 4
Gumières 42 … 229 G 3
Gumond 19 … 243 F 2
Gundershoffen 67 … 68 D 2
Gundolsheim 68 … 121 E 4
Gungwiller 67 … 67 H 3
Gunsbach 68 … 120 D 3
Gunstett 67 … 69 E 2
Guntzviller 57 … 67 H 5
Guny 02 … 40 A 1
Guran 31 … 334 B 3
Gurat 16 … 221 G 4
Gurcy-le-Châtel 77 … 89 E 3
Gurgy 89 … 136 B 2
Gurgy-la-Ville 21 … 138 D 2
Gurgy-le-Château 21 … 138 D 2
Gurmençon 64 … 331 H 1
Gurs 64 … 313 G 4
Gurunhuel 22 … 72 D 5
Gury 60 … 23 F 5
Gussainville 55 … 44 D 5
Gussignies 59 … 15 F 2
Guyancourt 78 … 58 A 4
Guyans-Durnes 25 … 162 B 5
Guyans-Vennes 25 … 163 E 4
Guyencourt 02 … 41 F 2
Guyencourt-Saulcourt 80 … 14 A 5
Guyencourt-sur-Noye 80 … 22 C 3
La Guyonnière 85 … 166 A 2
Guyonvelle 52 … 140 B 2
Guzargues 34 … 303 E 3
Guzet-Neige 09 … 335 G 5
Gy 70 … 161 G 2
Gy-en-Sologne 41 … 153 G 3
Gy-les-Nonains 45 … 112 D 5
Gy-l'Évêque 89 … 136 B 4
Gye 54 … 94 B 1
Gyé-sur-Seine 10 … 115 G 4

## H

Habarcq 62 … 13 F 2
Habas 40 … 293 E 4
Habère-Lullin 74 … 198 B 4
Habère-Poche 74 … 198 B 4
L'Habit 27 … 56 D 3
L'Habitarelle 48 … 264 D 3
L'Habitarelle 48 … 265 F 5
Hablainville 54 … 95 H 2
Habloville 61 … 53 H 4
Habonville 54 … 45 F 5
Haboudange 57 … 66 D 3
Habsheim 68 … 143 G 1
Hachan 65 … 315 H 4
Hâcourt 52 … 117 H 2
Hacqueville 27 … 37 E 3
Hadancourt-le-Haut-Clocher 60 … 37 G 5
Hadigny-les-Verrières 88 … 95 F 4
Hadol 88 … 119 G 3
Hadonville-lès-Lachaussée 55 … 65 E 1
Haegen 67 … 68 B 5
Hagécourt 88 … 94 D 5
Hagedet 65 … 295 E 5
Hagen 57 … 45 H 1
Hagenbach 68 … 143 E 2
Hagenthal-le-Bas 68 … 143 G 4
Hagenthal-le-Haut 68 … 143 G 4
Haget 32 … 315 F 2
Hagetaubin 64 … 293 H 5
Hagetmau 40 … 293 H 4
Hagéville 54 … 65 F 2
Hagnéville-et-Roncourt 88 … 94 A 5
Hagnicourt 08 … 26 C 5
Hagondange 57 … 45 H 4
La Hague *Usine atomique de* 50 … 28 C 2
Haguenau 67 … 69 E 3

La Haie-Fouassière 44 147 H 4
La Haie-Longue 49 149 F 3
La Haie-Traversaine 53 82 B 4
Les Haies 69 231 E 3
Haigneville 54 95 E 3
Haillainville 88 95 F 4
Le Haillan 33 237 F 5
Hailles 80 22 C 3
Haillicourt 62 7 H 4
Haimps 17 202 C 4
Haims 86 187 G 2
Hainvillers 60 23 E 5
Haironville 55 63 G 5
Haisnes 62 8 B 4
Haleine 61 82 C 3
Halinghen 62 6 B 3
Hallencourt 80 11 G 5
Hallennes-
lez-Haubourdin 59 8 C 3
Hallering 57 46 D 5
Les Halles 69 230 B 1
Halles-sous-les-Côtes 55 43 G 1
Hallignicourt 52 63 E 5
Hallines 62 7 F 2
Halling-lès-Boulay 57 46 C 5
Hallivillers 80 22 B 4
La Hallotière 76 36 D 1
Halloville 54 96 A 2
Halloy 60 21 H 4
Halloy 62 12 D 4
Halloy-lès-Pernois 80 12 C 5
Hallu 80 23 F 3
Halluin 59 4 D 5
Halsou 64 310 D 3
Halstroff 57 46 C 2
Le Ham 14 34 A 4
Le Ham 50 29 G 5
Le Ham 53 82 D 4
Ham 80 23 H 3
Ham *Roches de* 50 52 B 1
Ham-en-Artois 62 7 H 3
Ham-les-Moines 08 26 C 2
Ham-sous-Varsberg 57 46 D 5
Ham-sur-Meuse 08 17 E 4
Hamars 14 53 F 1
Hambach 57 67 G 1
Hambers 53 106 C 2
Hamblain-les-Prés 62 13 H 2
Hambye 50 51 H 2
Hambye *Abbaye de* 50 51 H 2
Hameau-de-la-Mer 50 29 E 2
Hamel 59 14 A 2
Le Hamel 60 21 H 4
Le Hamel 80 22 D 2
Hamelet 80 22 D 1
Hamelin 50 81 F 2
Hamelincourt 62 13 G 3
Hames-Boucres 62 2 C 4
Hammeville 54 94 C 2
Hamonville 54 65 E 4
Hampigny 10 91 H 3
Hampont 57 66 D 4
Han-devant-Pierrepont 54 44 D 3
Han-lès-Juvigny 55 43 H 1
Han-sur-Meuse 55 64 C 4
Han-sur-Nied 57 66 C 2
Hanau *Étang de* 57 68 C 1
Hanc 79 203 E 2
Hanches 28 86 C 2
Hancourt 80 23 H 1
Handschuheim 67 97 F 1
Hangard 80 22 D 2
Hangenbieten 67 97 G 1
Hangest-en-Santerre 80 23 E 3
Hangest-sur-Somme 80 22 A 1
Hangviller 57 68 A 4
Hannaches 60 37 G 1
Hannapes 02 24 D 1
Hannappes 08 25 H 2
Hannescamps 62 13 F 4
Hannocourt 57 66 C 3
Hannogne-Saint-Martin 08 27 E 4
Hannogne-Saint-Rémy 08 25 H 5
Hannonville-
sous-les-Côtes 55 64 D 2
Hannonville-Suzémont 54 65 E 1
Le Hanouard 76 19 G 3
Hans 51 42 D 5
Hantay 59 8 B 3
Hantz *Col du* 88 96 C 3
Hanvec 29 75 H 3
Hanviller 57 48 C 5
Hanvoile 60 37 G 1
Haplincourt 62 13 H 4
Happencourt 02 24 A 3
Happonvilliers 28 85 G 5
Harambels 64 311 G 5
Haramont 02 39 H 3
Haraucourt 08 27 F 4
Haraucourt 54 95 E 1
Haraucourt-sur-Seille 57 66 D 4
Haraumont 55 43 H 2
Haravesnes 62 12 B 2
Haravilliers 95 38 A 5
Harbonnières 80 23 E 2
Harbouey 54 96 A 1
Harcanville 76 19 G 3
Harchéchamp 88 94 A 4
Harcigny 02 25 G 3
Harcourt 27 35 G 5
Harcy 08 26 C 2
Hardancourt 88 95 G 4
Hardanges 53 82 C 5
Hardecourt-aux-Bois 80 23 F 1
Hardelot-Plage 62 6 A 2
Hardencourt-Cocherel 27 56 C 1
Hardifort 59 3 H 4
Hardinghen 62 2 C 5
Hardinvast 50 29 E 3
Hardivillers 60 22 C 5
Hardivillers-en-Vexin 60 37 H 3
La Hardoye 08 25 H 4
Hardricourt 78 57 G 1
La Harengère 27 36 A 4
Haréville 88 118 C 2
Harfleur 76 34 C 1
Hargarten-aux-Mines 57 46 D 4
Hargeville 78 57 F 3
Hargeville-sur-Chée 55 63 H 3
Hargicourt 02 24 A 1
Hargicourt 80 22 D 4
Hargnies 08 17 E 5
Hargnies 59 15 G 2
Haricourt 27 37 E 5
Harly 02 24 B 2
Harméville 52 93 F 3
Harmonville 88 94 B 3
La Harmoye 22 77 H 4
Harnes 62 8 C 4
Harol 88 119 E 2
Haroué 54 94 D 3
Harponville 80 13 E 5
Harprich 57 66 D 2
Harquency 27 37 E 4
Harreberg 57 67 H 5
Harréville-les-Chanteurs 52 93 H 5
Harricourt 08 43 F 1
Harricourt 52 92 C 5
Harsault 88 119 E 3
Harskirchen 67 67 G 2
Hartennes-et-Taux 02 40 B 3
Hartmannswiller 68 120 D 5
Hartzviller 57 67 H 5
Harville 55 65 E 1
Hary 02 25 F 3
Haselbourg 57 68 A 5
Hasnon 59 9 F 5
Hasparren 64 311 E 3
Haspelschiedt 57 48 C 5
Haspres 59 14 C 3
Hastingues 40 292 D 5
Hatrize 54 45 F 5
Hatten 67 69 F 2
Hattencourt 80 23 F 3
Hattenville 76 19 F 4
Hattigny 57 96 B 1
Hattmatt 67 68 B 4
Hattonchâtel 55 64 D 2
Hattonville 55 64 D 2
Hattstatt 68 121 E 3
Hauban 65 333 F 1
Haubourdin 59 8 C 3
Hauconcourt 57 45 H 4
Haucourt 60 37 H 1
Haucourt 62 13 H 3
Haucourt 76 21 F 4
Haucourt-
en-Cambrésis 59 14 C 4
Haucourt-la-Rigole 55 44 D 4
Haucourt-Moulaine 54 45 E 2
Haudainville 55 64 B 1
Haudiomont 55 64 C 1
Haudivillers 60 38 B 1
Haudonville 54 95 G 2
Haudrecy 08 26 C 3
Haudricourt 76 21 F 3
Haulchin 59 14 D 2
Haulies 32 296 B 5
Haulmé 08 26 D 2
Haumont-
lès-Lachaussée 55 65 E 2
Haumont-
près-Samogneux 55 44 B 4
Hauriet 40 293 G 3
Hausgauen 68 143 F 3
Haussez 76 21 F 5
Haussignémont 51 63 E 4
Haussimont 51 61 H 4
Haussonville 54 95 E 2
Haussy 59 14 D 3
Haut-Asco 2B 346 C 3
Haut-Barr *Château du* 67 68 B 4
Haut-Clocher 57 67 G 4
Le Haut-Corlay 22 77 H 4
Haut-de-Bosdarros 64 314 B 5
Le Haut-du-Them 70 142 B 1
Haut-Kœnigsbourg
*Château du* 67 97 E 5
Haut-Lieu 59 15 G 4
Haut-Loquin 62 2 D 5
Haut-Maînil 62 12 B 2
Haut-Mauco 40 293 H 2
Le Haut Planet *Balcon* 78 57 F 5
Hautaget 65 333 H 1
Hautbos 60 21 G 5
Haute-Avesnes 62 13 F 2
La Haute-Beaume 05 268 D 3
La Haute-Chapelle 61 82 B 2
Haute-Epine 60 21 H 5
Haute-Goulaine 44 147 H 4
Haute-Isle 95 57 F 1
Haute-Kontz 57 46 B 2
La Haute-Maison 77 59 H 3
Haute Provence
*Observatoire de* 04 287 E 5
Haute-Rivoire 69 230 B 1
Haute-Vigneulles 57 66 D 1
Hautecloque 62 12 D 2
Hautecombe
*Abbaye de* 73 215 E 5
Hautecôte 62 12 C 2
Hautecour 39 196 D 1
Hautecour 73 234 C 3
Hautecourt-lès-Broville 55 44 C 5
Hautecourt-
Romanèche 01 214 B 1
Hautefage 19 243 F 3
Hautefage-la-Tour 47 276 C 1
Hautefaye 24 221 H 3
Hautefeuille 77 59 G 4
Hautefond 71 193 H 3
Hautefontaine 60 39 H 2
Hautefort 24 241 F 1
Hauteluce 73 216 C 5
Hautepierre-
le-Châtelet 25 180 C 1
Hauterive 03 210 B 2
Hauterive 61 83 H 3
Hauterive 89 114 A 5
Hauterive-la-Fresse 25 180 D 1
Hauterives 26 249 G 1
Hauteroche 21 159 F 1
Hautes-Duyes 04 287 H 2
Les Hautes-Rivières 08 27 E 1
Hautesvignes 47 257 G 5
Hautevelle 70 141 F 2
Hautevesnes 02 40 A 5
Hauteville 02 24 C 2
Hauteville 08 26 A 5
Hauteville 51 63 E 5
Hauteville 62 13 E 2
Hauteville 73 233 H 2
La Hauteville 78 57 E 5
Hauteville-Gondon 73 234 D 1
Hauteville-la-Guichard 50 31 H 5
Hauteville-lès-Dijon 21 160 A 2
Hauteville-Lompnes 01 214 C 3
Hauteville-sur-Fier 74 215 F 3
Hauteville-sur-Mer 50 51 F 1
L'Hautil 78 57 H 2
Haution 02 25 F 2
Hautmont 59 15 G 3
Hautmougey 88 119 E 4
Hautot-l'Auvray 76 19 G 3
Hautot-le-Vatois 76 19 G 4
Hautot-Saint-Sulpice 76 19 G 4
Hautot-sur-Mer 76 20 A 2
Hautot-sur-Seine 76 36 A 2
Hautteville-Bocage 50 29 F 5
Hautvillers 51 61 F 1
Hautvillers-Ouville 80 11 G 3
Hauville 27 35 G 2
Hauviné 08 42 B 3
Haux 33 255 H 2
Haux 64 331 F 2
Havange 57 45 F 3
Havelu 28 57 E 4
Haveluy 59 9 F 5
Havernas 80 12 C 5
Haverskerque 59 7 H 2
Le Havre 76 34 C 1
Le Havre-Antifer
*Port pétrolier* 76 18 C 4
Havrincourt 62 14 A 4
Havys 08 26 B 2
L'Hay-les-Roses 94 58 C 4
Hayange 57 45 G 3
Haybes 08 17 E 5
La Haye 76 36 D 1
La Haye 88 119 E 3
La Haye-Aubrée 27 35 G 2
La Haye-Bellefond 50 52 A 1
La Haye-de-Calleville 27 35 G 4
La Haye-de-Routot 27 35 G 2
La Haye-d'Ectot 50 28 D 5
La Haye-du-Puits 50 31 F 3
La Haye-du-Theil 27 35 H 4
La Haye-le-Comte 27 36 B 4
La Haye-Malherbe 27 36 A 4
La Haye-Pesnel 50 51 G 3
La Haye-Saint-Sylvestre 27 55 F 2
Les Hayes 41 131 E 4
Hayes 57 46 B 5
Haynecourt 59 14 B 3
Les Hays 39 178 D 2
Hazebrouck 59 3 H 5
Hazembourg 57 67 F 2
Héas 65 333 E 5
Le Heaulme 95 37 H 5
Héauville 50 28 D 3
Hébécourt 27 37 F 3
Hébécourt 80 22 B 3
Hébécrevon 50 32 A 5
Héberville 76 19 H 3
Hébuterne 62 13 F 4
Hèches 65 333 H 2
Hecken 68 143 E 2
Hecmanville 27 35 F 4
Hécourt 27 56 D 2
Hécourt 60 37 G 1
Hecq 59 15 E 3
Hectomare 27 36 A 4
Hédauville 80 13 E 5
Hédé-Bazouges 35 80 A 5
Hédouville 95 38 B 5
Hegeney 67 68 D 2
Hégenheim 68 143 H 3
Heidolsheim 67 97 F 5
Heidwiller 68 143 F 2
Heiligenberg 67 97 E 2
Heiligenstein 67 97 F 3
Heillecourt 54 94 D 1
Heilles 60 38 B 3
Heilly 80 22 D 1
Heiltz-le-Hutier 51 63 E 5
Heiltz-le-Maurupt 51 63 E 4
Heiltz-l'Évêque 51 62 D 4
Heimersdorf 68 143 F 3
Heimsbrunn 68 143 E 2
Heining-lès-Bouzonville 57 46 D 3
Heippes 55 63 H 1
Heiteren 68 121 G 4
Heiwiller 68 143 F 3
Hélesmes 59 9 F 5
Hélette 64 311 F 4
Helfaut 62 7 F 2
Helfrantzkirch 68 143 G 3
Helléan 56 102 D 4
Hellemmes-Lille 59 8 D 2
Hellenvilliers 27 56 B 4
Hellering-lès-
Fénétrange 57 67 G 4
Helleville 50 28 D 4
Hellimer 57 67 F 2
Héloup 61 83 G 4
Helstroff 57 46 C 5
Hem 59 9 E 2
Hem-Hardinval 80 12 C 4
Hem-Lenglet 59 14 B 3
Hem-Monacu 80 23 F 1
Hémevez 50 29 F 5
Hémévillers 60 39 E 1
Hémilly 57 66 C 1
Héming 57 67 G 5
Hémonstoir 22 102 A 2
Hénaménil 54 66 D 5
Hénanbihen 22 79 E 2
Hénansal 22 79 E 3
Hendaye 64 310 A 3
Hendecourt-
lès-Cagnicourt 62 13 H 3
Hendecourt-lès-Ransart 62 13 G 3
Hénencourt 80 13 E 5
Henflingen 68 143 F 3
Hengoat 22 73 E 3
Hengwiller 67 68 B 5
Hénin-Beaumont 62 8 C 5
Hénin-sur-Cojeul 62 13 G 3
Héninel 62 13 G 3
Hennebont 56 101 F 5
Hennecourt 88 119 E 2
Hennemont 55 64 D 1
Henneveux 62 2 C 5
Hennezel 88 118 D 3
Hennezis 27 36 D 4
Hénon 22 78 C 4
Hénonville 60 38 A 4
Hénouville 76 36 A 1
Henrichemont 18 155 F 3
Henridorff 57 68 A 4
Henriville 57 67 F 1
Hénu 62 13 E 4
Henvic 29 71 H 4
Hérange 57 67 H 4
L'Herbaudière 85 164 B 1
Herbault 41 131 H 5
Herbeauvilliers 77 112 A 2
Herbécourt 80 23 F 1
Herbelles 62 7 F 2
L'Herbergement 85 165 H 2
Herbeuval 08 27 H 4
Herbeuville 55 64 D 2
Herbeville 78 57 G 3
Herbéviller 54 95 H 2
Herbeys 38 251 E 2
Les Herbiers 85 166 C 3
Herbignac 44 146 B 1
Herbinghen 62 2 D 5
Herbisse 10 91 E 2
Herbitzheim 67 67 G 1
Herblay-sur-Seine 95 58 A 2
Herbsheim 67 97 G 4
Hercé 53 81 H 4
Herchies 60 37 H 1
La Hérelle 60 22 C 5
Hérenguerville 50 51 G 1
Hérépian 34 301 F 5
Hères 65 295 E 5
Hergnies 59 9 G 4
Hergugney 88 94 D 4
Héric 44 147 G 1
Héricourt 62 12 C 2
Héricourt 70 142 B 3
Héricourt-en-Caux 76 19 G 4
Héricourt-sur-Thérain 60 21 G 5
Héricy 77 88 C 4
La Hérie 02 25 G 2
Le Hérie-la-Viéville 02 24 D 2
Hériménil 54 95 F 2
Hérimoncourt 25 142 C 5
Hérin 59 9 G 5
Hérissart 80 12 D 5
Hérisson 03 191 E 2
Hérisson
*Cascades du* 39 179 H 5
Herleville 80 23 F 2
La Herlière 62 13 E 3
Herlies 59 8 B 3
Herlin-le-Sec 62 7 G 5
Herlincourt 62 12 C 2
Herly 62 6 D 3
Herly 80 23 G 3
L'Herm 09 336 B 3
Herm 40 292 D 2
L'Herm *Château de* 24 241 E 3
Hermanville 76 20 A 2
Hermanville-sur-Mer 14 33 G 3
Les Hermaux 48 263 H 4
Hermaville 62 13 F 2
Hermé 77 89 G 3
Hermelange 57 67 G 5
Hermelinghen 62 2 C 5
L'Hermenault 85 183 H 2
Herment 63 226 D 1
Hermeray 78 86 C 2
Hermerswiller 67 69 F 2
Hermes 60 38 B 3
Hermeville 76 18 D 5
Herméville-en-Woëvre 55 44 C 5
Hermies 62 14 A 4
Hermillon 73 234 A 5
Hermin 62 7 H 5
L'Hermitage 35 104 A 2
L'Hermitage-Lorge 22 78 A 5
Les Hermites 37 131 E 4
L'Hermitière 61 84 C 5
Hermival-les-Vaux 14 34 D 5
Hermonville 51 41 F 3
Hernicourt 62 7 G 5
Herny 57 66 C 2
Le Héron 76 36 D 1
Héronchelles 76 36 D 1
Hérouville-en-Vexin 95 38 A 5
Hérouville-Saint-Clair 14 33 G 4
Hérouvillette 14 33 H 4
Herpelmont 88 119 H 2
La Herpinière *Moulin* 49 150 C 4
Herpont 51 62 D 1
Herpy-l'Arlésienne 08 41 H 1
Herqueville 27 36 C 4
Herqueville 50 28 C 2
Herran 31 334 D 2
Herré 40 274 D 5
Herrère 64 331 H 1
Herrin 59 8 C 3
Herrlisheim 67 69 F 4
Herrlisheim-
près-Colmar 68 121 E 3
Herry 18 156 A 4
Hersbach 67 96 D 2
Herserange 54 45 E 1
Hersin-Coupigny 62 8 A 4
Hertzing 57 67 G 5
Hervelinghen 62 2 B 4
Hervilly 80 23 H 1
Héry 58 157 F 4
Héry 89 136 B 2
Héry-sur-Alby 74 215 F 5
Herzeele 59 3 H 4
Hesbécourt 80 23 H 1
Hescamps-Saint-Clair 80 21 G 3
Hesdigneul-lès-Béthune 62 8 A 4
Hesdigneul-lès-Boulogne 62 6 B 2
Hesdin 62 7 E 5
Hesdin-l'Abbé 62 6 B 2
Hésingue 68 143 H 3
Hesmond 62 6 D 4
Hesse 57 67 G 5
Hessenheim 67 97 F 5
Hestroff 57 46 C 4
Hestrud 59 16 A 3
Hestrus 62 7 G 4
Hétomesnil 60 22 A 5
Hettange-Grande 57 45 G 2
Hettenschlag 68 121 F 3
Heubécourt-Haricourt 27 37 E 5
Heuchin 62 7 F 4
Heucourt-Croquoison 80 11 G 5
Heudebouville 27 36 C 4
Heudicourt 27 37 F 3
Heudicourt 80 14 A 5
Heudicourt-
sous-les-Côtes 55 64 D 3
Heudreville-en-Lieuvin 27 35 E 4
Heudreville-sur-Eure 27 36 B 5
Heugas 40 292 D 3
Heugleville-sur-Scie 76 20 B 3
Heugnes 36 171 F 2
Heugon 61 54 D 3
Heugueville-sur-Sienne 50 31 G 5
Heuilley-Cotton 52 139 G 3
Heuilley-le-Grand 52 139 H 3
Heuilley-sur-Saône 21 160 D 3
Heuland 14 34 B 3
Heume-l'Église 63 227 E 1
La Heunière 27 56 D 1
Heuqueville 27 36 C 3
Heuqueville 76 18 C 5
Heuringhem 62 7 F 2
Heurteauville 76 35 H 2
Heurtevent 14 54 C 2
Heussé 50 81 H 3
Heutrégiville 51 42 A 3
Heuzecourt 80 12 C 4
Hévilliers 55 93 F 2
Heyrieux 38 231 G 2
Hézecques 62 7 F 4
Le Hézo 56 124 C 4
Hibarette 65 315 E 5
Hières-sur-Amby 38 214 A 5
Hierges 08 17 E 4
Hiermont 80 12 B 3
Hiers-Brouage 17 200 C 4
Hiersac 16 221 E 1
Hiesse 16 204 B 2
Hiesville 50 32 A 2
Hiéville 14 54 B 1
Higuères-Souye 64 314 C 3
Hiis 65 315 F 5
Hilbesheim 57 67 H 4
Hillion 22 78 C 3
Hilsenheim 67 97 G 4
Hilsprich 57 67 F 1
Hinacourt 02 24 B 3
Hinckange 57 46 C 5
Hindisheim 67 97 G 2
Hindlingen 68 143 E 3
Hinges 62 8 A 3
Le Hinglé 22 79 G 4
Hinsbourg 67 68 A 2
Hinsingen 67 67 G 2
Hinx 40 293 E 3

Hipsheim 67 97 G2
Hirel 35 50 D5
Hirmentaz 74 198 B4
Hirschland 67 67 H3
Hirsingue 68 143 F3
Hirson 02 25 G1
Hirtzbach 68 143 E3
Hirtzfelden 68 121 F4
His 31 335 E1
Hitte 65 315 F5
Hoc *Pointe du* 14 32 C2
Hochfelden 67 68 C4
Hochstatt 68 143 F2
Hochstett 67 68 D4
Hocquigny 50 51 G3
Hocquincourt 80 11 G4
Hocquinghen 62 2 D5
Hodenc-en-Bray 60 37 H1
Hodenc-l'Évêque 60 38 A3
Hodeng-au-Bosc 76 21 F2
Hodeng-Hodenger 76 37 E1
Hodent 95 37 G5
Hœdic 56 144 D4
Hœnheim 67 69 E5
Hœrdt 67 69 E5
Hoéville 54 66 C5
Hoffen 67 69 F2
Les Hogues 27 36 D2
La Hoguette 14 53 H3
Hohatzenheim 67 68 D4
Hohengœft 67 68 C5
Hohfrankenheim 67 68 C4
Hohneck 68 120 C3
Hohrod 68 120 C3
Hohrodberg 68 120 C3
Le Hohwald 67 97 E3
Hohwiller 67 69 F2
Holacourt 57 66 C2
Holling 57 46 C4
Holnon 02 24 A2
Holque 59 3 F4
Holtzheim 67 97 G1
Holtzwihr 68 121 F2
Holving 57 67 G1
Hombleux 80 23 G3
Homblières 02 24 B2
Hombourg 68 143 G1
Hombourg-Budange 57 46 B4
Hombourg-Haut 57 47 E5
L'Hôme-Chamondot 61 84 D2
Homécourt 54 45 F4
Hommarting 57 67 H4
L'Homme-d'Armes 26 267 E3
Hommert 57 67 H5
Hommes 37 151 E2
Le Hommet-d'Arthenay 50 32 A4
Homps 11 320 C4
Homps 32 296 D2
Hon-Hergies 59 15 F2
Hondainville 60 38 B3
Hondeghem 59 3 H5
Hondevilliers 77 60 B3
Hondouville 27 36 B5
Hondschoote 59 3 H2
Honfleur 14 34 C2
Honguemare-Guenouville 27 35 H2
Honnechy 59 14 D5
Honnecourt-sur-Escaut 59 14 B5
L'Honor-de-Cos 82 277 H4
Honskirch 57 67 G2
Hontanx 40 294 C2
L'Hôpital 22 78 C4
L'Hôpital 48 283 E1
L'Hôpital 57 47 E5
Hôpital-Camfrout 29 75 G3
L'Hôpital-d'Orion 64 313 F2
L'Hôpital-du-Grosbois 25 162 B4
L'Hôpital-le-Grand 42 229 H2
L'Hôpital-le-Mercier 71 193 G3
L'Hôpital-Saint-Blaise 64 313 F4
L'Hôpital-Saint-Lieffroy 25 162 D2
L'Hôpital-sous-Rochefort 42 211 F5
L'Hôpital-sur-Rhins 42 211 H3
Les Hôpitaux-Neufs 25 180 D4
Les Hôpitaux-Vieux 25 180 D3
Horbourg 68 121 E3
Hordain 59 14 C2
La Horgne 08 26 D4
Horgues 65 315 E5
L'Horme 42 230 C3
Hornaing 59 9 F5
Hornoy 80 21 H2
Le Horps 53 82 C4
Horsarrieu 40 293 H3
Hortes 52 140 A2
Horville-en-Ornois 55 93 G3
L'Hosmes 27 56 A4
Hospice de France 31 334 B5
L'Hospitalet 04 287 E4
L'Hospitalet 46 260 C1
L'Hospitalet-du-Larzac 12 282 A5
L'Hospitalet-près-l'Andorre 09 340 D3
Hossegor 40 292 A3
Hosta 64 330 D1
Hoste 57 67 F1
Hostens 33 255 F4
Hostias 01 214 C4
Hostun 26 249 H3
L'Hôtellerie 14 35 E5
L'Hôtellerie-de-Flée 49 128 A3
Hotonnes 01 214 D2
Hotot-en-Auge 14 34 A4
Hottot-les-Bagues 14 33 E4
Hottviller 57 68 A1
La Houblonnière 14 34 B5
Les Houches 74 216 D3
Houchin 62 8 A4
Houdain 62 7 H4
Houdain-lez-Bavay 59 15 F2
Houdan 78 57 E4
Houdancourt 60 39 E3
Houdelaincourt 55 93 G2
Houdelaucourt-sur-Othain 55 44 D4
Houdelmont 54 94 C2
Houdemont 54 94 D1
Houdetot 76 19 H2
Houdilcourt 08 41 H2
Houdreville 54 94 D2
Houécourt 88 94 B5
Houeillès 47 274 D3
Houesville 50 31 H2
Houetteville 27 36 B5
Houéville 88 94 A4
Houeydets 65 315 H5
Le Houga 32 294 C2
Houilles 78 58 B2
Houlbec-Cocherel 27 56 D1
Houlbec-près-le-Gros-Theil 27 35 H4
Houldizy 08 26 D2
Houlette 16 202 C5
Houlgate 14 34 A3
Houlle 62 3 F5
Le Houlme 76 36 A1
L'Houmeau 17 183 F5
Hounoux 11 337 E1
Houplin-Ancoisne 59 8 C3
Houplines 59 8 C2
Houppeville 76 36 B1
Houquetot 76 19 E5
Hourc 65 315 F4
Le Hourdel 80 11 E2
Hourges 51 41 E3
Hours 64 314 C4
Hourtin 33 236 C1
Hourtin-Plage 33 236 B1
Hourtous *Roc des* 48 282 A2
Houry 02 25 F3
Houssay 41 131 F3
Houssay 53 106 A5
La Houssaye 27 55 H2
La Houssaye-Béranger 76 20 B4
La Houssaye-en-Brie 77 59 G4
Le Housseau 53 82 C3
Houssen 68 121 E2
Housseras 88 95 H4
Housset 02 25 E3
Housséville 54 94 D3
La Houssière 88 120 A2
La Houssoye 60 37 H3
Houtaud 25 180 C2
Houtkerque 59 4 A4
Houtteville 50 31 H2
Houville-en-Vexin 27 36 D3
Houville-la-Branche 28 86 C4
Houvin-Houvigneul 62 12 D2
Houx 28 86 B2
Hoymille 59 3 H3
Huanne-Montmartin 25 162 C1
Hubersent 62 6 B3
Hubert-Folie 14 33 G5
Huberville 50 29 F4
Huby-Saint-Leu 62 7 E5
Huchenneville 80 11 G4
Huclier 62 7 G5
Hucqueliers 62 6 D3
Hudimesnil 50 51 G2
Hudiviller 54 95 F1
Huelgoat 29 76 C3
Huest 27 56 B1
Huêtre 45 110 D4
Huez 38 251 G2
Hugier 70 161 F3
Hugleville-en-Caux 76 20 A4
Huillé 49 129 E4
Huilliécourt 52 117 H2
Huilly-sur-Seille 71 195 G1
Huiron 51 62 C5
Huismes 37 151 E4
Huisnes-sur-Mer 50 51 G5
D'Huison-Longueville 91 87 H4
Huisseau-en-Beauce 41 131 G4
Huisseau-sur-Cosson 41 132 B5
Huisseau-sur-Mauves 45 132 D2
L'Huisserie 53 106 A4
Hulluch 62 8 B4
Hultehouse 57 68 A5
Humbauville 51 62 B5
Humbécourt 52 92 C2
Humbercamps 62 13 E3
Humbercourt 80 13 E3
Humbert 62 6 D4
Humberville 52 93 F5
Humbligny 18 155 G4
La Hume 33 254 B2
Humerœuille 62 7 F5
Humes 52 117 F5
Humières 62 7 F5
Hunaudaye *Château de la* 22 79 E3
Hunawihr 68 121 E2
Hundling 57 47 G5
Hundsbach 68 143 F3
Huningue 68 143 H3
Hunspach 67 69 F2
Hunting 57 46 B2
Huos 31 334 B1
Huparlac 12 263 E2
Huppain 14 32 D2
Huppy 80 11 G4
Hurbache 88 96 B4
Hure 33 256 D4
Hurecourt 70 118 D5
Hures 48 282 B2
Huriel 03 190 C4
Hurigny 71 195 E4
Hurtières 38 233 F5
Hurtigheim 67 97 F1
Husseren-les-Châteaux 68 121 E3
Husseren-Wesserling 68 120 C5
Hussigny-Godbrange 54 45 E2
Husson 50 81 H2
La Hutte 72 83 G5
Huttendorf 67 68 D3
Huttenheim 67 97 G3
Hyds 03 191 F5
Hyémondans 25 163 E2
Hyencourt-le-Grand 80 23 F2
Hyenville 50 51 G1
Hyères 83 328 C4
Hyères-Plage 83 328 C5
Hyet 70 162 A1
Hyèvre-Magny 25 162 D2
Hyèvre-Paroisse 25 162 D2
Hymont 88 94 D5

## I

Ibarrolle 64 311 G5
Ibarron 64 310 C4
Ibigny 57 96 A1
Ibos 65 315 E4
Ichtratzheim 67 97 G2
Ichy 77 112 A2
Idaux-Mendy 64 331 E1
Idrac-Respaillès 32 296 A5
Idron 64 314 B4
Ids-Saint-Roch 18 172 D5
If *Château d'* 13 326 D3
Iffendic 35 103 G2
Les Iffs 35 80 A5
Ifs 14 33 G5
Les Ifs 76 19 E4
Igé 61 84 B5
Igé 71 194 D3
Ignaucourt 80 22 D2
Ignaux 09 336 D5
Igney 54 96 A1
Igney 88 95 F5
Ignol 18 174 A2
Igny 70 161 G1
Igny 91 58 B4
Igny-Comblizy 51 61 E1
Igon 64 314 C5
Igornay 71 176 D1
Igoville 27 36 B3
Iguerande 71 193 G5
Iholdy 64 311 F5
Ilay 39 179 H5
Ile-aux-Moines 56 124 B4
L'Ile-Bouchard 37 151 F5
Ile-d'Aix 17 200 C2
Ile-d'Arz 56 124 B4
Ile-de-Batz 29 71 G3
Ile-de-Bréhat 22 73 G2
Ile-de-Sein 29 98 B2
L'Ile-d'Elle 85 183 G4
Ile-d'Houat 56 144 D3
L'Ile-d'Olonne 85 182 A1
L'Île-d'Yeu 85 164 A4
Ile-Molène 29 74 B2
L'Ile-Rousse 2B 344 C5
L'Ile-Saint-Denis 93 58 C2
Ile-Tudy 29 99 G4
Ilhan 65 333 H3
Ilharre 64 311 G3
Ilhat 09 336 C3
Les Ilhes 11 319 H3
Ilhet 65 333 H2
Ilheu 65 334 B2
Illange 57 45 H3
Illartein 09 335 E3
Las Illas 66 342 D5
Illats 33 255 H3
Ille-sur-Têt 66 342 C2
Illeville-sur-Montfort 27 35 G3
Illfurth 68 143 F2
Illhaeusern 68 97 F5
Illiat 01 213 E1
Illier-et-Laramade 09 336 A5
Illiers-Combray 28 85 H5
Illiers-l'Évêque 27 56 C4
Illies 59 8 B3
Illifaut 22 103 E2
Illkirch-Graffenstaden 67 97 G1
Illois 76 21 F3
Illoud 52 117 H2
Illy 08 27 F3
Illzach 68 143 F1
Ilonse 06 289 H4
Imbleville 76 20 A4
Imbsheim 67 68 B4
Imécourt 08 43 F2
Imling 57 67 G5
Immonville 54 45 E4
Imphy 58 174 D3
Imsthal *Étang d'* 67 68 A3
Inaumont 08 26 A5
Incarville 27 36 B4
Incheville 76 11 E4
Inchy 59 14 D4
Inchy-en-Artois 62 14 A3
Incourt 62 7 E5
Indevillers 25 163 H2
Indre 44 147 F4
Ineuil 18 172 D4
Les Infournas 05 269 H2
Infreville 27 35 H3
Ingenheim 67 68 C4
Ingersheim 68 121 E2
Inghem 62 7 F2
Inglange 57 46 B3
Ingolsheim 67 69 F1
Ingouville 76 19 G2
Ingrandes 36 187 G1
Ingrandes 86 169 G3
Ingrandes-de-Touraine 37 151 E3
Ingrandes-Le Fresne-sur-Loire 49 148 D2
Ingrannes 45 111 G5
Ingré 45 133 E2
Inguiniel 56 101 F3
Ingwiller 67 68 B3
Injoux-Génissiat 01 215 E2
Innenheim 67 97 F2
Innimond 01 214 C5
Inor 55 27 G5
Insming 57 67 F2
Insviller 57 67 F3
Intraville 76 10 C5
Intres 07 248 B4
Intréville 28 87 E5
Intville-la-Guétard 45 111 G2
Inval-Boiron 80 21 G2
Inxent 62 6 C3
Inzinzac-Lochrist 56 101 F5
Ippécourt 55 63 H1
Ippling 57 47 G5
Irai 61 55 G5
Irais 79 168 B3
Irancy 89 136 C4
Iré-le-Sec 55 44 B2
Iré-les-Prés 55 44 B2
Irigny 69 231 E1
Irissarry 64 311 F5
Irles 80 13 G4
Irmstett 67 97 F1
Irodouër 35 103 H1
Iron 02 24 D1
Irouléguy 64 330 B1
Irreville 27 36 B5
Irvillac 29 75 G3
Is-en-Bassigny 52 117 G4
Is-sur-Tille 21 160 B1
Isbergues 62 7 H2
Isches 88 118 B4
Isdes 45 133 H4
Isenay 58 175 G3
Iseran *Col de l'* 73 235 F3
Isigny-le-Buat 50 52 A5
Isigny-sur-Mer 14 32 B3
Island 89 157 H1
Isle 87 205 G5
L'Isle-Adam 95 38 B5
L'Isle-Arné 32 296 C4
Isle-Aubigny 10 91 F3
Isle-Aumont 10 115 E2
L'Isle-Bouzon 32 296 C1
L'Isle-Briand *Haras de l'* 49 128 B4
L'Isle-d'Abeau 38 231 H2
L'Isle-d'Abeau *Ville nouvelle* 38 231 H2
L'Isle-de-Noé 32 295 H5
L'Isle-d'Espagnac 16 221 F1
L'Isle-en-Dodon 31 316 D3
Isle-et-Bardais 03 173 H5
L'Isle-Jourdain 32 297 F4
L'Isle-Jourdain 86 187 E5
Isle-Saint-Georges 33 255 G2
Isle-Savary *Château d'* 36 170 D2
L'Isle-sur-la-Sorgue 84 305 F1
L'Isle-sur-le-Doubs 25 142 A5
Isle-sur-Marne 51 62 D5
L'Isle-sur-Serein 89 137 E5
Les Isles-Bardel 14 53 G3
Isles-les-Meldeuses 77 59 H2
Isles-lès-Villenoy 77 59 F3
Isles-sur-Suippe 51 41 H2
Les Islettes 55 43 F5
Isneauville 76 36 B1
Isola 06 289 G2
Isola 2000 06 289 H2
Isolaccio-di-Fiumorbo 2B 349 F2
Isômes 52 139 G4
Ispagnac 48 282 C1
Ispe 40 254 B5
Ispoure 64 330 C1
Isques 62 6 B2
Issac 24 239 H4
Les Issambres 83 329 G1
Issamoulenc 07 266 C1
Issancourt-et-Rumel 08 27 E3
Issanlas 07 265 G2
Issans 25 142 B4
Les Issards 09 336 C1
Issarlès 07 265 G1
Issé 44 126 D4
Isse 51 61 H1
Issel 11 319 E3
Issendolus 46 260 D2
Issenhausen 67 68 C3
Issenheim 68 120 D5
Issepts 46 261 F3
Isserpent 03 210 D1
Isserteaux 63 228 B2
Issigeac 24 258 B2
Issirac 30 284 C2
Issoire 63 228 A3
Issolud *Puy d'* 46 242 D4
Issoncourt 55 63 H2
Issor 64 331 G2
Issou 78 57 G2
Issoudun 36 172 B2
Issoudun-Létrieix 23 207 G2
Issus 31 318 A3
Issy-les-Moulineaux 92 58 B4
Issy-l'Évêque 71 176 A5
Istres 13 305 E5
Les Istres-et-Bury 51 61 H2
Isturits 64 311 F4
Itancourt 02 24 B3
Iteuil 86 186 B2
Ithorots-Olhaïby 64 311 H4
Ittenheim 67 97 G1
Itterswiller 67 97 E3
Itteville 91 87 H3
Itxassou 64 310 D4
Itzac 81 279 E5
Ivergny 62 12 D3
Iverny 77 59 F2
Iviers 02 25 H3
Iville 27 35 H5
Ivors 60 39 H4
Ivory 39 179 H2
Ivoy-le-Pré 18 155 F3
Ivrey 39 179 H1
Ivry *Obélisque d'* 27 56 D2
Ivry-en-Montagne 21 177 F1
Ivry-la-Bataille 27 56 D3
Ivry-le-Temple 60 37 H4
Ivry-sur-Seine 94 58 C4
Iwuy 59 14 C3
Izaourt 65 334 B2
Izaut-de-l'Hôtel 31 334 C2
Izaux 65 333 H1
Izé 53 106 D2
Izeaux 38 232 B5
Izel-lès-Équerchin 62 8 C5
Izel-les-Hameaux 62 13 E2
Izenave 01 214 B2
Izernore 01 196 C5
Izeron 38 250 B2
Izeste 64 332 A1
Izeure 21 160 B5
Izier 21 160 B3
Izieu 01 232 C1
Izoard *Col d'* 05 253 E5
Izon 33 237 H5
Izon-la-Bruisse 26 286 D2
Izotges 32 295 E4
Izy 45 111 F3

## J

Jablines 77 59 F2
Jabreilles-les-Bordes 87 206 B3
Jabrun 15 263 G1
Jacob-Bellecombette 73 233 F2
Jacou 34 302 D4
Jacque 65 315 F3
Jagny-sous-Bois 95 58 D1
Jaignes 77 59 H2
Jaillans 26 249 H3
La Jaille-Yvon 49 128 B3
Jaillon 54 65 F5
Jailly 58 175 E1
Jailly-les-Moulins 21 159 F1
Jainvillotte 88 94 A5
Jalesches 23 189 H5
Jaleyrac 15 244 B1
Jaligny-sur-Besbre 03 192 C4
Jallais 49 148 D4
Jallanges 21 178 B2
Jallans 28 110 A4
Jallaucourt 57 66 B4
Jallerange 25 161 F3
Jalognes 18 155 H4
Jalogny 71 194 C3
Jâlons 51 61 H1
La Jalousie 14 33 G5
Jambles 71 177 G4
Jambville 78 57 G1
Jaméricourt 60 37 G3
Jametz 55 44 B2
Jameyzieu 38 231 H1
Janailhac 87 223 G2
Janaillat 23 206 D2
Jancigny 21 160 D2
Jandun 08 26 C4
Janneyrias 38 213 G5
Jans 44 126 C4
Jansac 26 268 B3
Janville 14 34 A4
Janville 28 110 D2
Janville 60 39 G1
Janville-sur-Juine 91 87 G3
Janvilliers 51 60 D3
Janvry 51 41 F4
Janvry 91 58 A5
Janzé 35 104 C4
Jarcieu 38 231 F5
La Jard 17 219 G1
Jard-sur-Mer 85 182 C2
Le Jardin 19 225 F5
Jardin 38 231 F3
Jardres 86 186 D1
Jargeau 45 133 G2
Jarjayes 05 269 H4
Jarménil 88 119 G3
Jarnac 16 220 C1
Jarnac-Champagne 17 219 H2
Jarnages 23 207 G1
La Jarne 17 200 C1
Jarnioux 69 212 C3
Jarnosse 42 211 H2
Jarny 54 45 F5
Jarret 65 333 E1

La Jarrie 17 200 D1
Jarrie 38 251 E2
La Jarrie-Audouin 17 201 H2
Jarrier 73 234 A5
Jars 18 155 G2
Jarsy 73 233 H1
Jarville-la-Malgrange 54 94 D1
Jarzé Villages 49 129 E5
Jas 42 230 A1
Jasney 70 118 D5
Jassans-Riottier 01 213 E3
Jasseines 10 91 G3
Jasseron 01 196 A5
Jasses 64 313 G3
Jatxou 64 310 D3
Jau *Col de* 11 341 H2
Jau-Dignac-et-Loirac 33 218 D4
Jaucourt 10 116 A2
La Jaudonnière 85 166 D5
Jaudrais 28 85 G2
Jaujac 07 266 A3
Jauldes 16 203 G5
Jaulges 89 114 C5
Jaulgonne 02 60 C1
Jaulnay 37 169 F2
Jaulnes 77 89 G4
Jaulny 54 65 F2
Jaulzy 60 39 H2
Jaunac 07 248 B5
Jaunay-Clan 86 169 F5
Jaures 24 240 B3
Jausiers 04 271 E5
Jaux 60 39 F2
Jauzé 72 108 A2
Javaugues 43 246 C1
Javené 35 81 E5
Javerdat 87 205 E3
Javerlhac-et-la-Chapelle-Saint-Robert 24 222 B3
Javernant 10 114 D3
La Javie 04 288 B2
Javols 48 264 B2
Javrezac 16 220 B1
Javron 53 82 D4
Jax 43 246 D2
Jaxu 64 311 F5
Jayac 24 241 H4
Jayat 01 195 G3
Jazeneuil 86 185 H3
Jazennes 17 219 G2
Jeancourt 02 24 A1
Jeandelaincourt 54 65 H4
Jeandelize 54 45 E5
Jeanménil 88 95 H4
Jeansagnière 42 229 E1
Jeantes 02 25 G3
Jebsheim 68 121 F2
Jegun 32 296 A3
La Jemaye 24 239 F2
Jenlain 59 15 E2
Jenzat 03 209 H1
Jésonville 88 118 D3
Jessains 10 91 H5
Jetterswiller 67 68 B5
Jettingen 68 143 G3
Jeu-les-Bois 36 172 A5
Jeu-Maloches 36 171 F1
Jeufosse 78 57 E1
Jeugny 10 114 D3
Jeumont 59 15 H2
Jeurre 39 196 D3
Jeux-lès-Bard 21 158 C1
Jeuxey 88 119 G2
Jevoncourt 54 94 D3
Jezainville 54 65 G3
Jézeau 65 333 H3
Joannas 07 266 A4
Job 63 229 E2
Jobourg 50 28 C2
Jobourg *Nez de* 50 28 C2
Joch 66 342 B3
Jœuf 54 45 G4
Joganville 50 29 G5
Joigny 89 113 H5
Joigny-sur-Meuse 08 26 D2
Joinville 52 92 D3
Joinville-le-Pont 94 58 D4
Joiselle 51 60 C4
Jolimetz 59 15 E3
Jolivet 54 95 G1
Jonage 69 213 G5
Joncels 34 301 G3
La Jonchère 85 182 D2
La Jonchère-Saint-Maurice 87 206 B3
Jonchères 26 268 B3
Joncherey 90 142 D4
Jonchery 52 116 D3
Jonchery-sur-Suippe 51 42 B5
Jonchery-sur-Vesle 51 41 E3
Joncourt 02 24 B1
Joncreuil 10 92 A3
Joncy 71 194 C1
Jongieux 73 215 E5
Jonquerets-de-Livet 27 55 F1
Jonquerettes 84 285 G5
Jonquery 51 41 E5
Jonquières 11 338 C2
Jonquières 34 302 A4
Jonquières 60 39 F2
Jonquières 81 299 F4
Jonquières 84 285 F4
Jonquières-Saint-Vincent 30 304 B2
Jons 69 213 G5
Jonval 08 26 D5
Jonvelle 70 118 C5
Jonville-en-Woëvre 55 65 E1
Jonzac 17 219 H4
Jonzier-Épagny 74 215 F2
Jonzieux 42 230 B5
Joppécourt 54 45 E3
Jorquenay 52 117 F5
Jort 14 54 A2
Jorxey 88 95 E5
Josat 43 246 D2
Josnes 41 132 C3
Josse 40 292 C4
Josselin 56 102 C4
Jossigny 77 59 F3
Jou-sous-Monjou 15 244 D5
Jouac 87 188 A4
Jouaignes 02 40 C3
Jouancy 89 137 E4
Jouarre 77 60 A2
Jouars-Pontchartrain 78 57 H4
Jouaville 54 45 F5
Joucas 84 305 G1
Joucou 11 337 F4
Joudes 71 196 A2
Joudreville 54 45 E4
Joué-du-Bois 61 83 E2
Joué-du-Plain 61 54 A5
Joué-en-Charnie 72 107 E4
Joué-Étiau 49 149 F4
Joué-l'Abbé 72 107 H3
Joué-lès-Tours 37 151 H3
Joué-sur-Erdre 44 147 H1
Jouet-sur-l'Aubois 18 174 B1
Jouey 21 159 E5
Jougne 25 180 D4
Jouhe 39 161 E5
Jouhet 86 187 F2
Jouillat 23 189 G5
Jouques 13 306 B4
Jouqueviel 81 279 G3
Jourgnac 87 223 G1
Journans 01 214 A1
Journet 86 187 G3
Journiac 24 240 D4
Journy 62 2 D5
Jours-en-Vaux 21 177 F1
Jours-lès-Baigneux 21 138 B5
Joursac 15 245 G2
Joussé 86 186 C5
Jouvençon 71 195 G1
La Jouvente 35 50 C5
Joux 69 212 B4
Joux *Château de* 25 180 C2
Joux *Forêt de la* 39 180 A3
Joux-la-Ville 89 136 D5
Joux Plane *Col de la* 74 216 D1
Joux Verte *Col de la* 74 198 D5
Jouy 28 86 B3
Jouy 89 112 D3
Jouy-aux-Arches 57 65 G1
Jouy-en-Argonne 55 43 H5
Jouy-en-Josas 78 58 B4
Jouy-en-Pithiverais 45 111 F3
Jouy-le-Châtel 77 60 A5
Jouy-le-Moutier 95 58 A1
Jouy-le-Potier 45 133 E3
Jouy-lès-Reims 51 41 F4
Jouy-Mauvoisin 78 57 F2
Jouy-sous-les-Côtes 55 64 D5
Jouy-sous-Thelle 60 37 H3
Jouy-sur-Eure 27 56 C1
Jouy-sur-Morin 77 60 B4
Joyeuse 07 266 A5
Joyeux 01 213 G3
Joze 63 210 A4
Jozerand 63 209 H3
Jû-Belloc 32 295 E5
Juan-les-Pins 06 309 F4
Juaye-Mondaye 14 33 E4
Jubainville 88 94 A3
La Jubaudière 49 148 D4
Jubécourt 55 43 G5
Jublains 53 106 C2
Le Juch 29 99 G2
Jugazan 33 256 C1
Jugeals-Nazareth 19 242 C3
Jugon-les-Lacs 22 79 E4
Jugy 71 195 E1
Juicq 17 201 G4
Juif 71 178 B5
Juignac 16 221 F5
Juigné-des-Moutiers 44 127 F4
Juigné-sur-Loire 49 149 G2
Juigné-sur-Sarthe 72 129 E2
Juignettes 27 55 F3
Juillac 19 223 H5
Juillac 32 295 F5
Juillac 33 257 E1
Juillac-le-Coq 16 220 B2
Juillaguet 16 221 F4
Juillan 65 315 E5
Juillé 16 203 F3
Juillé 72 107 G2
Juillé 79 202 C1
Juillenay 21 158 C3
Juilles 32 296 D4
Juilley 50 51 H5
Juilly 21 158 D1
Juilly 77 59 E1
Jujols 66 341 H3
Jujurieux 01 214 B2
Julianges 48 246 A5
Juliénas 69 194 D5
Julienne 16 220 C1
Julienrupt 88 119 H3
Jullianges 43 247 E1
Jullié 69 194 D5
Jullouville 50 51 F3
Jully 89 137 G3
Jully-lès-Buxy 71 177 G5
Jully-sur-Sarce 10 115 F3
Julos 65 333 E1
Julvécourt 55 43 H5
Jumeauville 78 57 G3
Jumeaux 63 228 B4
Les Jumeaux 79 168 B4
Jumel 80 22 C3
Jumelles 27 56 B2
Jumelles 49 150 B2
La Jumellière 49 149 F3
Jumencourt 02 40 B1
Jumièges 76 35 H2
Jumigny 02 41 E2
Jumilhac-le-Grand 24 223 F3
Junas 30 303 F3
Junay 89 137 E2
Juncalas 65 333 E1
Jungholtz 68 120 D5
Junhac 15 262 C2
Les Junies 46 259 G4
Juniville 08 42 B2
Jupilles 72 130 B3
Jurançon 64 314 B4
Juranville 45 112 A4
Juré 42 211 F4
Jurignac 16 220 D3
Jurques 14 52 D1
Jurvielle 31 334 A4
Jury 57 65 H1
Juscorps 79 185 E5
Jusix 47 257 E4
Jussac 15 244 B4
Jussarupt 88 120 A2
Jussas 17 238 B1
Jussecourt-Minecourt 51 63 E4
Jussey 70 140 C2
Jussy 02 24 A4
Jussy 57 65 G1
Jussy 74 215 G2
Jussy 89 136 B4
Jussy-Champagne 18 173 G2
Jussy-le-Chaudrier 18 156 A5
Justian 32 295 G2
Justine-Herbigny 08 26 A5
Justiniac 09 318 A5
Jutigny 77 89 F3
Juvaincourt 88 94 C4
Juvancourt 10 116 B3
Juvanzé 10 91 H5
Juvardeil 49 128 C4
Juvelize 57 66 D4
Juvignac 34 302 D4
Juvigné 53 105 G2
Juvignies 60 38 A1
Juvigny 02 40 B2
Juvigny 51 62 A1
Juvigny 74 197 H5
Juvigny-en-Perthois 55 93 E2
Juvigny-le-Tertre 50 52 B5
Juvigny-sous-Andaine 61 82 C2
Juvigny-sur-Loison 55 44 B2
Juvigny-sur-Orne 61 54 B4
Juvigny-sur-Seulles 14 33 E4
Juville 57 66 B3
Juvinas 07 266 A2
Juvincourt-et-Damary 02 41 F2
Juvisy-sur-Orge 91 58 C5
Juvrecourt 54 66 D5
Juxue 64 311 G5
Juzanvigny 10 91 H4
Juzennecourt 52 116 C2
Juzes 31 318 C2
Juzet-de-Luchon 31 334 B4
Juzet-d'Izaut 31 334 C2
Juziers 78 57 G2

## K

Kalhausen 57 67 H1
Kaltenhouse 67 69 E3
Kanfen 57 45 G2
Kappelen 68 143 G3
Kappelkinger 57 67 F2
Les Karellis 73 252 B1
Katzenthal 68 121 E2
Kauffenheim 67 69 F3
Kaysersberg 68 120 D2
Kédange-sur-Canner 57 46 B3
Keffenach 67 69 E2
Kembs 68 143 G2
Kembs-Loéchlé 68 143 H2
Kemplich 57 46 B3
Kerazan *Manoir de* 29 99 G4
Kerbach 57 47 F5
Kerbors 22 73 E2
Kerdéniel *Pointe de* 29 75 F3
Kerdévot *Chapelle de* 29 100 A3
Kerfany-les-Pins 29 100 B5
Kerfons *Chapelle de* 22 72 C3
Kerfot 22 73 F3
Kerfourn 56 102 A3
Kergloff 29 76 D4
Kergonadeac'h *Château de* 29 71 F4
Kergrist 56 101 H2
Kergrist *Château de* 22 72 C4
Kergrist-Moëlou 22 77 F4
Kergroadès *Château de* 29 70 B5
Kerguehennec *Château de* 56 102 B5
Kerien 22 77 G3
Kérity 29 99 F5
Kerjean *Château de* 29 71 F4
Kerjouanno 56 124 A4
Kerlaz 29 99 G2
Kerling-lès-Sierck 57 46 B2
Kerlouan 29 70 D3
Kermaria 56 102 A5
Kermaria *Chapelle* 22 73 G4
Kermaria-Sulard 22 72 D3
Kermoroc'h 22 73 E4
Kernascléden 56 101 F3
Kernével 29 100 B3
Kernilis 29 70 D4
Kernouës 29 70 D4
Kérouzéré *Château de* 29 71 G3
Kerpape 56 123 F2
Kerpert 22 77 G3
Kerprich-aux-Bois 57 67 G4
Kersaint 29 70 B4
Kersaint-Plabennec 29 70 D5
Kertzfeld 67 97 F3
Kervignac 56 123 G2
Keskastel 67 67 G2
Kesseldorf 67 69 G2
Kienheim 67 68 C5
Kientzheim 68 121 E2
Kientzville 67 97 F4
Kiffis 68 143 G5
Killem 59 3 H3
Kilstett 67 69 E5
Kindwiller 67 68 C3
Kingersheim 68 143 F1
Kintzheim 67 97 E5
Kirchberg 68 142 C1
Kirchheim 67 97 F1
Kirrberg 67 67 G3
Kirrwiller 67 68 C3
Kirsch-lès-Sierck 57 46 B2
Kirschnaumen 57 46 B2
Kirviller 57 67 G2
Klang 57 46 B3
Kleinfrankenheim 67 68 C5
Kleingœft 67 68 B5
Klingenthal 67 97 E2
Knœringue 68 143 G3
Knœrsheim 67 68 B5
Knutange 57 45 G3
Koeking 57 45 H2
Kœnigsmacker 57 45 H2
Kœstlach 68 143 F4
Kœtzingue 68 143 G2
Kœur-la-Grande 55 64 C4
Kœur-la-Petite 55 64 C4
Kogenheim 67 97 F4
Kolbsheim 67 97 F1
Krautergersheim 67 97 F2
Krautwiller 67 68 D4
Le Kremlin-Bicêtre 94 58 C4
Kreuzweg *Col du* 67 96 D3
Kriegsheim 67 68 D4
Kruth 68 120 B4
Kuhlendorf 67 69 F2
Kunheim 68 121 F3
Kuntzig 57 45 H3
Kurtzenhouse 67 69 E4
Kuttolsheim 67 68 C5
Kutzenhausen 67 69 E2

## L

Laà-Mondrans 64 313 G2
Laas 32 315 G2
Laas 45 111 G3
Laàs 64 313 F3
Labalme 01 214 B1
Labarde 33 237 F3
Labaroche 68 120 D2
Labarrère 32 275 E5
Labarthe 32 316 B2
Labarthe 82 277 H3
Labarthe *Moulin de* 33 256 D1
Labarthe-Bleys 81 279 E4
Labarthe-Inard 31 334 D1
Labarthe-Rivière 31 334 B1
Labarthe-sur-Lèze 31 317 H2
Labarthète 32 294 D4
Labassère 65 333 E1
Labastide 65 333 H2
Labastide-Beauvoir 31 318 B2
Labastide-Castel-Amouroux 47 275 E1
Labastide-Cézéracq 64 313 H3
Labastide-Chalosse 40 293 H4
Labastide-Clermont 31 317 F3
Labastide-d'Anjou 11 318 D3
Labastide-d'Armagnac 40 274 B5
Labastide-de-Lévis 81 299 E1
Labastide-de-Penne 82 278 C2
Labastide-de-Virac 07 284 B1
Labastide-Dénat 81 299 G2
Labastide-du-Haut-Mont 46 261 G1
Labastide-du-Temple 82 277 G4
Labastide-du-Vert 46 259 G4
Labastide-en-Val 11 338 A1
Labastide-Esparbairenque 11 319 H3
Labastide-Gabausse 81 279 G5
Labastide-Marnhac 46 277 H1
Labastide-Monréjeau 64 314 A2
Labastide-Murat 46 260 C3
Labastide-Paumès 31 316 D3
Labastide-Rouairoux 81 320 B2
Labastide-Saint-Georges 81 298 D3
Labastide-Saint-Pierre 82 297 H1
Labastide-Saint-Sernin 31 298 A3
Labastide-Savès 32 297 E5
Labastide-sur-Bésorgues 07 266 A2
Labastide-Villefranche 64 311 G3
Labastidette 31 317 G2
Labathude 46 261 F2
Labatie-d'Andaure 07 248 C4
Labatmale 64 314 C5
Labatut 09 318 A4
Labatut 40 293 E5
Labatut 64 315 E2
Labatut-Rivière 65 295 E5
Labbeville 95 38 A5
Labeaume 07 266 A5
Labécède-Lauragais 11 319 E3
Labège 31 298 A5
Labégude 07 266 B3
Labéjan 32 296 A5
Labenne 40 292 A4
Labenne-Océan 40 292 A4
Labergement-du-Navois 25 180 A1
Labergement-Foigney 21 160 C4
Labergement-lès-Auxonne 21 160 D5
Labergement-lès-Seurre 21 178 B2
Labergement-Sainte-Marie 25 180 C4
Laberlière 60 23 F5
Labescau 33 256 C5
Labesserette 15 262 C2
Labessette 63 226 C4
Labessière-Candeil 81 299 E2
Labets-Biscay 64 311 G3
Labeuville 55 65 E1
Labeuvrière 62 7 H4
Labeyrie 64 293 H5
Lablachère 07 266 A5
Laboissière-en-Santerre 80 23 E4
Laboissière-en-Thelle 60 38 A3
Laboissière-Saint-Martin 80 21 G2
Laborde 65 333 G2
Laborel 26 286 D1
Labosse 60 37 H3
Labouheyre 40 273 E2
Labouiche *Rivière souterraine de* 09 336 B2
Laboulbène 81 299 G4
Laboule 07 265 H3
Labouquerie 24 258 D2
Labouret *Col du* 04 288 B2
Labourgade 82 297 F1
Labourse 62 8 A4
Laboutarie 81 299 F3
Labretonie 47 257 G5
Labrihe 32 296 D3
Labrit 40 273 H4
Labroquère 31 334 A2
Labrosse 45 111 H2
Labrousse 15 262 C1
Labroye 62 11 H1
Labruguière 81 299 G5
Labruyère 21 178 B1
Labruyère 60 38 D3
Labruyère-Dorsa 31 318 A3
Labry 54 45 F5
Labuissière 62 7 H4
Laburgade 46 278 B1
Lac-des-Rouges-Truites 39 197 F1
Le Lac-d'Issarlès 07 265 H1
Lacabarède 81 320 B2
Lacadée 64 293 H5
Lacajunte 40 294 A4
Lacalm 12 263 F2
Lacam-d'Ourcet 46 261 F1
Lacanau 33 236 C4
Lacanau-de-Mios 33 254 D2
Lacanau-Océan 33 236 B3
Lacanche 21 177 F1
Lacapelle-Barrès 15 245 E5
Lacapelle-Biron 47 258 D3
Lacapelle-Cabanac 46 259 F5
Lacapelle-del-Fraisse 15 262 C1
Lacapelle-Livron 82 278 D2
Lacapelle-Marival 46 261 E2
Lacapelle-Pinet 81 280 B4
Lacapelle-Ségalar 81 279 F4
Lacapelle-Viescamp 15 243 H5
Lacarre 64 330 C1
Lacarry-Arhan-Charritte-de-Haut 64 331 E2
Lacassagne 65 315 F3
Lacaugne 31 317 G4
Lacaune 81 300 C3
Lacaussade 47 258 D4
Lacave 09 335 E2
Lacave 46 260 C1
Lacaze 81 300 A3
Lacelle 19 225 E2
Lacenas 69 212 D3
Lacépède 47 275 H1
Lachaise 16 220 C3
Lachalade 55 43 F4
Lachambre 57 67 E1
Lachamp 48 264 B3
Lachamp-Raphaël 07 266 A1
Lachapelle 47 257 F4
Lachapelle 54 96 A3
Lachapelle 80 21 H3
Lachapelle 82 276 D5
Lachapelle-aux-Pots 60 37 H2
Lachapelle-Auzac 46 242 B5
Lachapelle-en-Blaisy 52 116 C2
Lachapelle-Graillouse 07 265 G1
Lachapelle-Saint-Pierre 60 38 B4
Lachapelle-sous-Aubenas 07 266 B4

Lachapelle-sous-Chanéac 07 248 A4
Lachapelle-sous-Chaux 90 142 B2
Lachapelle-sous-Gerberoy 60 37 G1
Lachapelle-sous-Rougemont 90 142 D2
Lachassagne 69 212 D3
Lachau 26 286 D2
Lachaussée 55 65 E2
Lachaussée-du-Bois-d'Écu 60 22 B5
Lachaux 63 210 C3
Lachelle 60 39 F2
Lachy 51 61 E4
Lacollonge 90 142 C2
Lacombe 11 319 G3
Lacommande 64 314 A4
Lacoste 34 302 A4
Lacoste 84 305 G2
Lacougotte-Cadoul 81 298 D4
Lacour 82 277 E2
Lacour-d'Arcenay 21 158 C3
Lacourt 09 335 F3
Lacourt-Saint-Pierre 82 277 G5
Lacq 64 313 H2
Lacquy 40 274 B5
Lacrabe 40 293 H4
Lacres 62 6 C3
Lacroisille 81 298 D5
Lacroix-Barrez 12 262 D1
Lacroix-Falgarde 31 317 H2
Lacroix-Saint-Ouen 60 39 F3
Lacroix-sur-Meuse 55 64 C2
Lacropte 24 240 D4
Lacrost 71 195 F1
Lacrouzette 81 299 H4
Lacs 36 189 G1
Ladapeyre 23 189 H5
Ladaux 33 256 B2
Ladern-sur-Lauquet 11 337 H1
Ladevèze-Rivière 32 295 E5
Ladevèze-Ville 32 295 E5
Ladignac-le-Long 87 223 F2
Ladignac-sur-Rondelles 19 243 E1
Ladinhac 15 262 C2
Ladirat 46 261 F1
Ladiville 16 220 D3
Ladoix 21 177 H1
Ladoix-Serrigny 21 177 H1
Ladon 45 112 A5
Lados 33 256 C5
Ladoye-sur-Seille 39 179 F4
Laduz 89 136 A2
Lafage 11 318 D5
Lafage-sur-Sombre 19 243 G1
Lafare 84 285 G3
Lafarre 07 248 C3
Lafarre 43 265 G1
Lafat 23 188 D4
Lafauche 52 93 G5
Laféline 03 191 H4
Laferté-sur-Amance 52 140 B2
Laferté-sur-Aube 52 116 B3
Lafeuillade-en-Vézie 15 262 C1
Laffaux 02 40 C2
Laffite-Toupière 31 316 D5
Laffrey 38 251 E3
Lafite Rothschild *Château de* 33 237 E1
Lafitole 65 315 E2
Lafitte 82 277 F5
Lafitte-sur-Lot 47 275 H1
Lafitte-Vigordane 31 317 F4
Lafosse 33 237 G3
Lafox 47 276 C3
Lafrançaise 82 277 G4
Lafraye 60 38 B1
Lafresnoye 80 21 G2
Lafrimbolle 57 96 B1
Lagamas 34 302 A4
Lagarde 09 336 D2
Lagarde 31 318 C3
Lagarde 32 275 H5
Lagarde 57 67 E5
Lagarde 65 315 E4
Lagarde d'Apt 84 286 C5
Lagarde-Enval 19 243 E2
Lagarde-Hachan 32 316 A3
Lagarde-Paréol 84 285 F2
Lagarde-sur-le-Né 16 220 C3
Lagardelle 46 259 F5
Lagardelle-sur-Lèze 31 317 H3
Lagardère 32 295 H2
Lagardiolle 81 319 F2
Lagarrigue 47 275 G2
Lagarrigue 81 299 G5
Lagatjar *Alignements de* 29 74 D3
Lageon 79 168 A4
Lagery 51 41 E4
Lagesse 10 115 E4
Laghet 06 309 H2
Lagleygeolle 19 242 D3
Laglorieuse 40 294 B1
Lagnes 84 305 F1
Lagney 54 65 F5
Lagnicourt-Marcel 62 13 H4
Lagnieu 01 214 A4
Lagny 60 23 G5
Lagny-le-Sec 60 59 F1
Lagny-sur-Marne 77 59 E3
Lagor 64 313 H3
Lagorce 07 266 B5
Lagorce 33 238 C3
Lagord 17 183 F5
Lagos 64 314 C5
Lagrâce-Dieu 31 317 H3
Lagrand 05 287 E1
Lagrange 40 274 C5
Lagrange 65 333 H1
Lagrange 90 142 D2
Lagrasse 11 338 B1
Lagraulas 32 295 G3
Lagraulet-du-Gers 32 295 G1
Lagraulet-Saint-Nicolas 31 297 F2
Lagraulière 19 224 C5
Lagrave 81 299 E1
Lagruère 47 275 F1
Laguenne 19 242 D1
Laguépie 82 279 F4
Laguian-Mazous 32 315 G2
Laguinge-Restoue 64 331 F2
Laguiole 12 263 F3
Lagupie 47 257 E4
Lahage 31 317 E2
Laharie 40 272 D4
Laharmand 52 116 D3
Lahas 32 296 D5
Lahaye-Saint-Romain 80 21 H4
Lahaymeix 55 64 B3
Lahayville 55 65 E3
Laheycourt 55 63 F2
Lahitère 31 335 F1
Lahitte 32 296 B4
Lahitte 65 333 G1
Lahitte-Toupière 65 315 E2
Lahonce 64 292 B5
Lahontan 64 293 E5
Lahosse 40 293 F3
Lahourcade 64 313 H3
Lahoussoye 80 22 D1
Laifour 08 26 D1
La Laigne 17 184 B5
Laigné 53 128 A2
Laigné-en-Belin 72 130 A2
Laignelet 35 81 F4
Laignes 21 137 H2
Laigneville 60 38 C3
Laigny 02 25 F2
Laillé 35 104 A4
Lailly 89 114 A2
Lailly-en-Val 45 132 D3
Laimont 55 63 G3
Lain 89 135 H5
Laines-aux-Bois 10 114 D2
Lains 39 196 B3
Lainsecq 89 156 D1
Lainville-en-Vexin 78 57 G1
Laire 25 142 B4
Laires 62 7 F3
Lairière 11 338 A2
Lairoux 85 183 E2
Laissac-Sévérac-l'Eglise 12 281 F1
Laissaud 73 233 G3
Laissey 25 162 B3
Laître-sous-Amance 54 66 B5
Laives 71 177 H5
Laix 54 45 E2
Laiz 01 195 E5
Laizé 71 195 E3
Laize-la-Ville 14 33 G5
Laizy 71 176 C3
Lajo 48 264 B1
Lajoux 39 197 F3
Lalacelle 61 83 E3
Lalande 89 135 H4
Lalande-de-Pomerol 33 238 C4
Lalande-en-Son 60 37 G2
Lalandelle 60 37 G2
Lalandusse 47 257 H3
Lalanne 32 296 B2
Lalanne 65 316 A4
Lalanne-Arqué 32 316 B3
Lalanne-Trie 65 315 H4
Lalaye 67 96 D4
Lalbarède 81 299 E4
Lalbenque 46 278 B1
Laleu 61 84 A2
Laleu 80 11 H5
Lalevade-d'Ardèche 07 266 A3
Lalheue 71 177 H5
Lalinde 24 258 C1
Lalizolle 03 209 G1
Lallaing 59 9 E5
Lalleu 35 126 D2
Lalley 38 268 D1
Lalobbe 08 26 A4
Lalœuf 54 94 C3
Lalongue 64 314 C2
Lalonquette 64 294 B5
Laloubère 65 315 E5
Lalouret-Laffiteau 31 316 B5
Lalouvesc 07 248 C2
Laluque 40 293 E1
Lama 2B 345 E5
Lamadeleine-Val-des-Anges 90 142 C1
Lamagdelaine 46 260 B5
Lamagistère 82 276 D4
Lamaguère 32 316 B2
Lamaids 03 190 B5
Lamairé 79 168 B4
Lamalou-les-Bains 34 301 F5
Lamancine 52 116 D2
Lamanère 66 342 B5
Lamanon 13 305 F3
Lamarche 88 118 A3
Lamarche-en-Woëvre 55 65 E3
Lamarche-sur-Saône 21 160 D3
Lamargelle 21 159 H1
Lamargelle-aux-Bois 52 139 E4
Lamaronde 80 21 H3
Lamarque 33 237 F2
Lamarque-Pontacq 65 314 D5
Lamarque-Rustaing 65 315 G4
Lamasquère 31 317 G2
Lamastre 07 248 C4
Lamath 54 95 F2
Lamativie 46 243 F5
Lamayou 64 315 E3
Lamazère 32 295 H5
Lamazière-Basse 19 225 G5
Lamazière-Haute 19 226 B2
Lambach 57 68 A1
Lambader 29 71 G4
Lamballe 22 78 D3
Lambersart 59 8 D2
Lambert 04 288 A2
Lamberville 50 32 C5
Lamberville 76 20 A3
Lambesc 13 305 G4
Lamblore 28 85 E2
Lambres 62 7 G3
Lambres-lez-Douai 59 8 D5
Lambrey 70 140 D3
Lambruisse 04 288 C4
Laméac 65 315 G3
Lamécourt 60 38 D2
Lamelouze 30 283 G3
Lamenay-sur-Loire 58 175 F4
Lamérac 16 220 C4
Lametz 08 26 D5
Lamillarié 81 299 F2
Lammerville 76 20 A3
Lamnay 72 108 D3
Lamongerie 19 224 C3
Lamontélarié 81 300 B4
Lamontgie 63 228 B4
Lamontjoie 47 275 H4
Lamonzie-Montastruc 24 240 B5
Lamonzie-Saint-Martin 24 257 G1
Lamorlaye 60 38 C5
Lamorville 55 64 C3
Lamothe 40 293 H2
Lamothe 43 246 B1
Lamothe-Capdeville 82 277 H4
Lamothe-Cassel 46 260 B3
Lamothe-Cumont 82 296 D1
Lamothe-en-Blaisy 52 116 C2
Lamothe-Fénelon 46 259 H1
Lamothe-Goas 32 296 A2
Lamothe-Landerron 33 257 E4
Lamothe-Montravel 24 238 D5
Lamotte-Beuvron 41 133 F5
Lamotte-Brebière 80 22 C2
Lamotte-Buleux 80 11 G2
Lamotte-du-Rhône 84 284 D2
Lamotte-Warfusée 80 23 E2
Lamouilly 55 27 H5
Lamoura 39 197 F3
Lampaul 29 74 A1
Lampaul-Guimiliau 29 71 G5
Lampaul-Plouarzel 29 70 A5
Lampaul-Ploudalmézeau 29 70 B4
Lampertheim 67 68 D5
Lampertsloch 67 69 E2
Lamure-sur-Azergues 69 212 B2
Lanans 25 162 D3
Lanarce 07 265 G2
Lanarvily 29 70 D4
Lanas 07 266 B4
Lancé 41 131 G4
Lanchères 80 11 E3
Lanches-Saint-Hilaire 80 12 B4
Lanchy 02 23 H2
Lancié 69 212 D1
Lancieux 22 50 B5
Lancôme 41 131 H5
Lançon 08 43 E3
Lançon 65 333 H3
Lançon-Provence 13 305 F4
Lancrans 01 215 E1
Landal *Château de* 35 80 B2
Landange 57 67 G5
Landas 59 9 F4
Landaul 56 123 H2
Landaville 88 94 A5
Landavran 35 105 E2
La Lande-Chasles 49 150 C1
La Lande-d'Airou 50 51 H3
La Lande-de-Fronsac 33 237 H4
La Lande-de-Goult 61 83 F2
La Lande-de-Lougé 61 53 H5
La Lande-Patry 61 53 E4
La Lande-Saint-Léger 27 34 D3
La Lande-Saint-Siméon 61 53 F3
La Lande-sur-Drôme 14 32 C5
La Lande-sur-Eure 61 85 E2
La Lande-Vaumont 14 52 C4
Landéan 35 81 F4
Landebaëron 22 73 E4
Landébia 22 79 E3
La Landec 22 79 F4
Landécourt 54 95 F2
Landéda 29 70 C4
Landéhen 22 78 D4
Landeleau 29 76 C4
Landelles 28 85 G3
Landelles-et-Coupigny 14 52 B2
Landemont 49 148 B3
Landepéreuse 27 55 F1
Landerneau 29 75 G2
Landeronde 85 165 G5
Landerrouat 33 257 E2
Landerrouet-sur-Ségur 33 256 D3
Landersheim 67 68 C5
Landes 17 201 G3
Les Landes-Genusson 85 166 B2
Landes-le-Gaulois 41 131 H5
Landes-sur-Ajon 14 33 E5
Landes-Vieilles-et-Neuves 76 21 F3
Landévant 56 123 H2
Landévennec 29 75 G3
Landevieille 85 165 E5
Landéville 52 93 F4
Landeyrat 15 245 F1
Landifay-et-Bertaignemont 02 24 D2
Landigou 61 53 F4
Le Landin 27 35 H2
Landiras 33 255 H3
Landisacq 61 53 E4
Landivisiau 29 71 F5
Landivy 53 81 G3
Landogne 63 208 D4
Landonvillers 57 46 B5
Landorthe 31 334 C1
Landos 43 265 F1
Landouge 87 205 G5
Landouzy-la-Cour 02 25 G2
Landouzy-la-Ville 02 25 G2
Landrais 17 201 E2
Le Landreau 44 148 A4
Landrecies 59 15 E4
Landrecourt 55 64 B1
Landrellec 22 72 C2
Landremont 54 65 H4
Landres 54 45 E3
Landres-et-Saint-Georges 08 43 F2
Landresse 25 162 D3
Landrethun-le-Nord 62 2 C4
Landrethun-lès-Ardres 62 2 D4
Landrévarzec 29 99 H2
Landreville 10 115 H4
Landrichamps 08 17 F4
Landricourt 02 40 B1
Landricourt 51 92 B2
Landroff 57 66 D2
Landry 73 234 D2
Landser 68 143 G2
Landudal 29 100 A2
Landudec 29 99 F3
Landujan 35 103 H1
Landunvez 29 70 B4
Lanéria 39 196 A3
Lanespède 65 315 G5
Lanessan *Château de* 33 237 E2
Lanester 56 123 F2
Lanet 11 338 A3
Laneuvelle 52 118 A5
Laneuvelotte 54 66 B5
Laneuveville-aux-Bois 54 95 H1
Laneuveville-derrière-Foug 54 65 E5
Laneuveville-devant-Bayon 54 95 E3
Laneuveville-devant-Nancy 54 94 D1
Laneuveville-en-Saulnois 57 66 C3
Laneuveville-lès-Lorquin 57 67 G5
Laneuville-à-Bayard 52 92 D2
Laneuville-à-Rémy 52 92 C3
Laneuville-au-Bois 52 93 G4
Laneuville-au-Pont 52 63 E5
Laneuville-au-Roi 52 116 C3
Laneuville-au-Rupt 55 64 D5
Laneuville-sur-Meuse 55 43 G1
Laneuvilleroy 60 38 D1
Lanfains 22 78 A4
Lanfroicourt 54 66 B4
Langan 35 80 A5
Langast 22 78 C5
Langatte 57 67 G4
Langé 36 171 F1
Langeac 43 246 C3
Langeais 37 151 F3
Langensoultzbach 67 68 D2
Langeron 58 174 B4
Langesse 45 134 C3
Langey 28 109 G4
Langlade 30 303 G2
Langley 88 95 E4
Langoat 22 72 D3
Langoëlan 56 101 F2
Langogne 48 265 F2
Langoiran 33 255 H2
Langolen 29 100 A2
Langon 33 256 B4
Langon 35 126 A3
Langon-sur-Cher 41 154 A4
Le Langon 85 183 G3
Langonnet 56 100 D2
Langonnet *Abbaye de* 56 101 E2
Langouet 35 80 A5
Langourla 22 78 D5
Langres 52 139 G2
Langrolay-sur-Rance 22 79 H3
Langrune-sur-Mer 14 33 G3
Languédias 22 79 F4
Languenan 22 79 G3
Langueux 22 78 B3
Languevoisin-Quiquery 80 23 G3
Languidic 56 101 G5
Languidou *Chapelle de* 29 99 F4
Languimberg 57 67 F4
Languivoa *Chapelle de* 29 99 F4
Langy 03 192 C5
Lanhélin 35 80 A3
Lanhères 55 44 D5
Lanhouarneau 29 71 E4
Lanildut 29 70 A5
Laning 57 67 E1
Laniscat 22 77 G5
Laniscourt 02 24 C5
Lanleff 22 73 F4
Lanloup 22 73 G3
Lanmérin 22 72 D3
Lanmeur 29 72 A4
Lanmodez 22 73 F2
Lann-Bihoué 56 123 F2
Lanne 65 315 E5
Lanne-en-Barétous 64 331 F2
Lanne-Soubiran 32 294 D3
Lannéanou 29 76 C2
Lannebert 22 73 F4
Lannecaube 64 314 C2
Lannédern 29 76 B4
Lannemaignan 32 294 C1
Lannemezan 65 333 H1
Lannepax 32 295 G2
Lanneplaà 64 313 F2
Lanneray 28 109 H4
Lannes 47 275 F5
Lannes 52 117 F5
Lanneuffret 29 71 E5
Lannilis 29 70 C4
Lannion 22 72 C3
Lannoy 59 9 E2
Lannoy-Cuillère 60 21 F4
Lannux 32 294 C4
Lano 2B 347 F3
Lanobre 15 226 C4
Lanouaille 24 223 F5
Lanouée 56 102 C4
Lanoux 09 335 H1
Lanquais 24 258 C1
Lanques-sur-Rognon 52 117 F3
Lanquetot 76 19 F5
Lanrelas 22 103 E1
Lanrigan 35 80 B4
Lanrivain 22 77 G3
Lanrivoaré 29 70 B5
Lanrodec 22 77 H2
Lans 71 177 H4
Lans-en-Vercors 38 250 C2
Lansac 33 237 G3
Lansac 65 315 F5
Lansac 66 338 B5
Lansargues 34 303 F4
Lanslebourg-Mont-Cenis 73 235 E5
Lanslevillard 73 235 F5
Lanta 31 298 B5
Lantabat 64 311 G5
Lantages 10 115 F4
Lantan 18 173 G3
Lantéfontaine 54 45 F4
Lantenay 01 214 C2
Lantenay 21 159 H3
Lantenne-Vertière 25 161 G4
Lantenot 70 141 H3
La Lanterne-et-les-Armonts 70 141 H2
Lanteuil 19 242 C3
Lanthenans 25 163 E2
Lanthes 21 178 C1
Lantheuil 14 33 F3
Lantic 22 73 G5
Lantignié 69 212 C1
Lantillac 56 102 B4
Lantilly 21 158 D1
Lanton 33 254 C2
Lantosque 06 291 F3
Lantriac 43 247 G4
Lanty 58 175 H4
Lanty-sur-Aube 52 116 B4
Lanuéjols 30 282 B4
Lanuéjols 48 264 D5
Lanuéjouls 12 261 G5
Lanvallay 22 79 G4
Lanvaudan 56 101 F4
Lanvellec 22 72 B4
Lanvénégen 56 100 D3
Lanvéoc 29 75 E3
Lanvézéac 22 72 D3
Lanvollon 22 73 G4
Lanzac 46 242 B5
Laon 02 24 D5
Laons 28 56 B5
Laouzas *Barrage de* 81 300 C4
Lapalisse 03 192 D5
Lapalud 84 284 D1
Lapan 18 172 D3
Lapanouse 12 281 G1
Lapanouse-de-Cernon 12 281 H5
Laparade 47 275 H1
Laparrouquial 81 279 F4
Lapège 09 336 A4
Lapenche 82 278 C3
Lapenne 09 336 C1
Lapenty 50 81 G2
Laperche 47 257 G4
Laperrière-sur-Saône 21 160 D5
Lapeyre 65 315 H3
Lapeyrère 31 317 G5
Lapeyrouse 01 213 F3
Lapeyrouse 63 191 F5
Lapeyrouse-Fossat 31 298 A4
Lapeyrouse-Mornay 26 231 G5
Lapeyrugue 15 262 C2
Lapleau 19 243 G1
Laplume 47 275 H4
Lapoutroie 68 120 D2

Lapouyade 33 .......... 238 B3
Lappion 02 .......... 25 G5
Laprade 11 .......... 319 G2
Laprade 16 .......... 239 F1
Lapradelle 11 .......... 337 G4
Laprugne 03 .......... 211 E3
Laps 63 .......... 228 A2
Lapte 43 .......... 248 A2
Lapugnoy 62 .......... 7 H4
Laquenexy 57 .......... 66 B1
Laqueuille 63 .......... 227 E2
Laragne-Montéglin 05 .......... 287 F1
Larajasse 69 .......... 230 C2
Laramière 46 .......... 279 E1
Laran 65 .......... 316 A5
Larbey 40 .......... 293 G3
Larbont 09 .......... 335 H2
Larbroye 60 .......... 23 G5
Larcan 31 .......... 316 C5
Larcat 09 .......... 336 B5
Larçay 37 .......... 152 A3
Larceveau-Arros-Cibits 64 .......... 311 G5
Larchamp 53 .......... 81 G4
Larchamp 61 .......... 53 E5
Larchant 77 .......... 112 B2
Larche 04 .......... 271 F4
Larche 19 .......... 241 H3
Larche *Col de* 04 .......... 271 F4
Le Larderet 39 .......... 179 H3
Lardier-et-Valença 05 .......... 269 G5
Lardiers 04 .......... 287 E4
Le Lardin-Saint-Lazare 24 .......... 241 G3
Lardy 91 .......... 87 G3
Larée 32 .......... 295 E1
Laréole 31 .......... 297 E3
Largeasse 79 .......... 167 G5
Largentière 07 .......... 266 A4
Largillay-Marsonnay 39 .......... 196 C1
Largitzen 68 .......... 143 E3
Largny-sur-Automne 02 .......... 39 H4
Largoët *Forteresse de* 56 .......... 124 D3
Larians-et-Munans 70 .......... 162 B1
Larivière 90 .......... 142 D2
Larivière-sur-Apance 52 .......... 118 A4
Larmor-Baden 56 .......... 124 A4
Larmor-Plage 56 .......... 123 F2
Larnage 26 .......... 249 F3
Larnagol 46 .......... 260 D5
Larnas 07 .......... 266 D5
Larnat 09 .......... 336 B5
Larnaud 39 .......... 179 E5
Larnod 25 .......... 161 H4
Laroche-près-Feyt 19 .......... 226 C1
Laroche-Saint-Cydroine 89 .......... 113 H5
Larochemillay 58 .......... 176 A3
Larodde 63 .......... 226 C3
Laroin 64 .......... 314 A4
Larone *Col de* 2A .......... 349 G4
Laronxe 54 .......... 95 G2
Laroque 33 .......... 256 B2
Laroque 34 .......... 302 C1
Laroque-de-Fa 11 .......... 338 B3
Laroque-des-Albères 66 .......... 343 F4
Laroque-des-Arcs 46 .......... 260 B5
Laroque-d'Olmes 09 .......... 336 D3
Laroque-Timbaut 47 .......... 276 C2
Laroquebrou 15 .......... 243 H4
Laroquevieille 15 .......... 244 C4
Larouillies 59 .......... 15 G5
Larra 31 .......... 297 G3
Larrau 64 .......... 331 E3
Larrazet 82 .......... 297 F1
Larré 56 .......... 124 D3
Larré 61 .......... 83 H3
Larressingle 32 .......... 295 G1
Larressore 64 .......... 310 D3
Larret 29 .......... 70 B5
Larret 70 .......... 140 A2
Larreule 64 .......... 314 A2
Larreule 65 .......... 315 E2
Larrey 21 .......... 137 H2
Larribar-Sorhapuru 64 .......... 311 H4
Larringes 74 .......... 198 B3
Larrivière-Saint-Savin 40 .......... 294 A2
Larrivoire 39 .......... 196 D4
Larroque 31 .......... 316 B5
Larroque 65 .......... 316 A4
Larroque 81 .......... 278 D5
Larroque-Engalin 32 .......... 275 H5
Larroque-Saint-Sernin 32 .......... 296 A2
Larroque-sur-l'Osse 32 .......... 275 F5
Larroque-Toirac 46 .......... 261 F4
Lartigue 32 .......... 296 C5
Lartigue 33 .......... 274 C2
Laruns 64 .......... 332 A2
Laruscade 33 .......... 238 B2
Larzac 24 .......... 259 E2
Larzicourt 51 .......... 62 D5
Lasalle 30 .......... 283 F5
Lasbordes 11 .......... 319 E4
Lascabanes 46 .......... 277 H1
Lascaux 19 .......... 223 H5
Lascaux *Grotte de* 24 .......... 241 G3
Lascazères 65 .......... 295 E5
Lascelle 15 .......... 244 D4
Laschamps-de-Chavanat 23 .......... 207 E1
Lasclaveries 64 .......... 314 B2
Lasfaillades 81 .......... 300 A5
Lasgraisses 81 .......... 299 E2
Laslades 65 .......... 315 F5
Lassales 65 .......... 316 A5
Lassay-les-Châteaux 53 .......... 82 C3
Lassay-sur-Croisne 41 .......... 153 G3
Lasse 49 .......... 150 C1
Lasse 64 .......... 330 B1
Lasserade 32 .......... 295 E4
Lasséran 32 .......... 296 A5
Lasserre 09 .......... 335 F1
Lasserre 31 .......... 297 F4
Lasserre 47 .......... 275 G4
Lasserre 64 .......... 294 D5
Lasserre-de-Prouille 11 .......... 319 F5
Lasseube 64 .......... 314 A4
Lasseube-Propre 32 .......... 296 B5
Lasseubetat 64 .......... 314 A5
Lassicourt 10 .......... 91 H4
Lassigny 60 .......... 23 F5
Lasson 14 .......... 33 F4
Lasson 89 .......... 114 C4
Lassouts 12 .......... 263 F5
Lassur 09 .......... 336 C5
Lassy 14 .......... 53 E2
Lassy 35 .......... 103 H4
Lassy 95 .......... 38 D5
Lastelle 50 .......... 31 G3
Lastic 15 .......... 246 A3
Lastic 63 .......... 226 D1
Lastioulles *Barrage de* 15 .......... 226 D5
Lastours 11 .......... 319 H4
Lataule 60 .......... 39 E1
Le Latet 39 .......... 179 H3
La Latette 39 .......... 180 A4
Lathuile 74 .......... 215 H5
Lathus 86 .......... 187 G4
Latillé 86 .......... 185 H1
Latilly 02 .......... 40 B5
Latoue 31 .......... 316 C5
Latouille-Lentillac 46 .......... 261 F1
Latour 31 .......... 317 G5
Latour-Bas-Elne 66 .......... 343 F3
Latour-de-Carol 66 .......... 341 E4
Latour-de-France 66 .......... 338 B5
Latour-en-Woëvre 55 .......... 65 E1
Latrape 31 .......... 317 G5
Latrecey 52 .......... 116 C5
Latresne 33 .......... 255 G1
Latrille 40 .......... 294 C4
Latronche 19 .......... 243 H1
Latronquière 46 .......... 261 G1
Lattainville 60 .......... 37 G4
La Latte *Fort* 22 .......... 50 A4
Lattes 34 .......... 302 D5
Lattre-Saint-Quentin 62 .......... 13 E2
Lau-Balagnas 65 .......... 332 D2
Laubach 67 .......... 68 D3
Laubert 48 .......... 264 D4
Les Laubies 48 .......... 264 B2
Laubressel 10 .......... 91 F5
Laubrières 53 .......... 105 F5
La Lauch *Lac de* 68 .......... 120 C4
Laucourt 80 .......... 23 F4
Laudrefang 57 .......... 66 D1
Laudun-l'Ardoise 30 .......... 284 D4
Laugnac 47 .......... 276 B2
Laujuzan 32 .......... 294 D2
Laulne 50 .......... 31 G3
Laumesfeld 57 .......... 46 C3
Launac 31 .......... 297 F3
Launaguet 31 .......... 298 A4
Launay 27 .......... 35 G5
Launay-Villiers 53 .......... 105 G3
Launois-sur-Vence 08 .......... 26 C4
Launoy 02 .......... 40 B4
Launstroff 57 .......... 46 C2
La Laupie 26 .......... 267 F3
Laurabuc 11 .......... 319 E5
Laurac 11 .......... 319 E5
Laurac-en-Vivarais 07 .......... 266 A4
Lauraët 32 .......... 295 G1
Lauraguel 11 .......... 337 F1
Laure-Minervois 11 .......... 320 A4
Laurède 40 .......... 293 G2
Laurenan 22 .......... 102 D1
Laurens 34 .......... 301 G5
Lauresses 46 .......... 261 G2
Lauret 34 .......... 302 D2
Lauret 40 .......... 294 B5
Laurie 15 .......... 245 H1
Laurière 24 .......... 240 D1
Laurière 87 .......... 206 B2
Lauris 84 .......... 305 H3
Lauroux 34 .......... 301 G3
Laussac 12 .......... 263 E1
Laussonne 43 .......... 247 G4
Laussou 47 .......... 258 D4
Lautaret *Col du* 05 .......... 252 B3
Lautenbach 68 .......... 120 D4
Lautenbachzell 68 .......... 120 D4
Lauterbourg 67 .......... 69 H1
Lauthiers 86 .......... 187 E1
Lautignac 31 .......... 317 E3
Lautrec 81 .......... 299 F3
Lauw 68 .......... 142 D1
Lauwin-Planque 59 .......... 8 D5
Laux-Montaux 26 .......... 286 C1
Lauzach 56 .......... 124 D4
Lauzerte 82 .......... 277 F2
Lauzerville 31 .......... 298 B5
Lauzès 46 .......... 260 C4
Le Lauzet-Ubaye 04 .......... 270 B5
Lauzières 17 .......... 183 F5
Lauzun 47 .......... 257 H3
Lava *Col de* 2A .......... 346 A5
Lava *Golfe de* 2A .......... 348 B3
Lavacquerie 60 .......... 22 A4
Laval 38 .......... 251 F1
Laval 53 .......... 106 A3
Laval *Chalets de* 05 .......... 252 C3
Laval-Atger 48 .......... 264 D1
Laval-d'Aix 26 .......... 268 B2
Laval-d'Aurelle 07 .......... 265 G4
Laval-de-Cère 46 .......... 243 F5
Laval-du-Tarn 48 .......... 282 B1
Laval-en-Brie 77 .......... 89 E4
Laval-en-Laonnois 02 .......... 40 D1
Laval-le-Prieuré 25 .......... 163 E4
Laval-Morency 08 .......... 26 B2
Laval-Pradel 30 .......... 283 H3
Laval-Roquecezière 12 .......... 300 B2
Laval-Saint-Roman 30 .......... 284 C2
Laval-sur-Doulon 43 .......... 228 C5
Laval-sur-Luzège 19 .......... 243 G1
Laval-sur-Tourbe 51 .......... 42 D5
Laval-sur-Vologne 88 .......... 119 H2
Lavalade 24 .......... 258 D2
Lavaldens 38 .......... 251 F4
Lavalette 11 .......... 319 G5
Lavalette 31 .......... 298 B4
Lavalette 34 .......... 301 G4
Lavalette *Barrage de* 43 .......... 247 H2
Lavallée 55 .......... 64 B4
Le Lavancher 74 .......... 217 E2
Lavancia-Epercy 39 .......... 196 C4
Le Lavandou 83 .......... 329 E4
Lavangeot 39 .......... 161 F5
Lavannes 51 .......... 41 H3
Lavans-lès-Dole 39 .......... 161 F5
Lavans-lès-Saint-Claude 39 .......... 196 D3
Lavans-Quingey 25 .......... 161 H5
Lavans-sur-Valouse 39 .......... 196 C4
Lavans-Vuillafans 25 .......... 162 B5
Lavaqueresse 02 .......... 25 E1
Lavardac 47 .......... 275 F3
Lavardens 32 .......... 296 A3
Lavardin 41 .......... 131 F3
Lavardin 72 .......... 107 G4
Lavaré 72 .......... 108 C4
Lavars 38 .......... 250 D5
Lavasina 2B .......... 345 G3
Lavastrie 15 .......... 245 G5
Lavatoggio 2B .......... 346 C2
Lavau 10 .......... 91 E5
Lavau 89 .......... 135 F5
Lavau-sur-Loire 44 .......... 146 D3
Lavaudieu 43 .......... 246 C1
Lavaufranche 23 .......... 190 A4
Lavault-de-Frétoy 58 .......... 176 A1
Lavault-Sainte-Anne 03 .......... 190 D4
Les Lavaults 89 .......... 158 B3
Lavaur 24 .......... 259 E3
Lavaur 81 .......... 298 D3
Lavaurette 82 .......... 278 C3
Lavausseau 86 .......... 185 H1
Lavaveix-les-Mines 23 .......... 207 G2
Lavazan 33 .......... 256 C5
Laveissenet 15 .......... 245 F3
Laveissière 15 .......... 245 E3
Lavelanet 09 .......... 336 D3
Lavelanet-de-Comminges 31 .......... 317 F4
Laveline-devant-Bruyères 88 .......... 120 A2
Laveline-du-Houx 88 .......... 119 H2
Lavenay 72 .......... 130 D3
Laventie 62 .......... 8 B2
Lavéra 13 .......... 325 G4
Laveraët 32 .......... 295 G5
Lavercantière 46 .......... 259 H3
Laverdines 18 .......... 173 H1
Lavergne 46 .......... 260 D1
Lavergne 47 .......... 257 G3
Lavernat 72 .......... 130 B4
Lavernay 25 .......... 161 G3
Lavernhe 12 .......... 281 G2
Lavernose-Lacasse 31 .......... 317 G3
Lavernoy 52 .......... 117 H5
Laverrière 60 .......... 21 H4
Laversine 02 .......... 40 A3
Laversines 60 .......... 38 B2
Lavérune 34 .......... 302 D5
Laveyron 26 .......... 249 E1
Laveyrune 07 .......... 265 F3
Laveyssière 24 .......... 239 H5
Lavieu 42 .......... 229 G3
Laviéville 80 .......... 22 D1
Lavigerie 15 .......... 245 E2
Lavignac 87 .......... 223 F1
Lavignéville 55 .......... 64 D3
Lavigney 70 .......... 140 C3
Lavignolle 33 .......... 255 E3
Lavigny 39 .......... 179 F4
Lavillatte 07 .......... 265 G2
Laville-aux-Bois 52 .......... 117 E3
Lavilledieu 07 .......... 266 C4
Lavilleneuve 52 .......... 117 G4
Lavilleneuve-au-Roi 52 .......... 116 C3
Lavilleneuve-aux-Fresnes 52 .......... 116 B2
Lavilletertre 60 .......... 37 H4
Lavincourt 55 .......... 63 G5
Laviolle 07 .......... 266 B1
Laviron 25 .......... 163 E3
Lavit-de-Lomagne 82 .......... 296 D1
Lavoine 03 .......... 210 D3
Lavoncourt 70 .......... 140 C4
Lavours 01 .......... 214 D4
Lavoûte-Chilhac 43 .......... 246 B2
Lavoûte-sur-Loire 43 .......... 247 F3
Lavoux 86 .......... 186 D1
Lavoye 55 .......... 63 G1
Lawarde-Mauger-l'Hortoy 80 .......... 22 B4
Laxou 54 .......... 65 H5
Lay 42 .......... 211 H3
Lay-Lamidou 64 .......... 313 G4
Lay-Saint-Christophe 54 .......... 65 H5
Lay-Saint-Remy 54 .......... 94 A1
Laye 05 .......... 269 G2
Laymont 32 .......... 317 E3
Layrac 47 .......... 276 B4
Layrac-sur-Tarn 31 .......... 298 A2
Layrisse 65 .......... 315 E5
Lays-sur-le-Doubs 71 .......... 178 C2
Laz 29 .......... 76 B5
Lazenay 18 .......... 172 C1
Lazer 05 .......... 287 F1
Léalvillers 80 .......... 13 E5
Léaupartie 14 .......... 34 B4
Léaz 01 .......... 215 E1
Lebetain 90 .......... 142 D4
Lebeuville 54 .......... 95 E3
Lebiez 62 .......... 6 D4
Leboulin 32 .......... 296 B4
Lebreil 46 .......... 277 F1
Lebucquière 62 .......... 13 H4
Lécaude 14 .......... 34 B5
Lecci 2A .......... 349 G5
Lecelles 59 .......... 9 F4
Lecey 52 .......... 139 H2
Lechâtelet 21 .......... 178 B1
Léchelle 62 .......... 13 H5
Léchelle 77 .......... 89 G2
La Léchère 73 .......... 234 B2
Les Lèches 24 .......... 239 G4
Lechiagat 29 .......... 99 F5
Lécluse 59 .......... 14 A2
Lécourt 52 .......... 117 H4
Lécousse 35 .......... 81 E4
Lecques 30 .......... 303 F2
Les Lecques 83 .......... 327 G4
Lect 39 .......... 196 C3
Lectoure 32 .......... 296 B1
Lecumberry 64 .......... 330 C1
Lécussan 31 .......... 316 A5
Lédas-et-Penthiès 81 .......... 280 B4
le Lédat 47 .......... 258 B5
Lédenon 30 .......... 304 A1
Lédergues 12 .......... 280 C4
Lederzeele 59 .......... 3 G4
Ledeuix 64 .......... 313 H4
Lédignan 30 .......... 283 H5
Ledinghem 62 .......... 6 D2
Ledringhem 59 .......... 3 G4
Lée 64 .......... 314 B4
Leers 59 .......... 9 E2
Lées-Athas 64 .......... 331 H3
Lefaux 62 .......... 6 B3
Leffard 14 .......... 53 G2
Leffincourt 08 .......... 42 C2
Leffond 70 .......... 139 H4
Leffonds 52 .......... 117 E5
Leffrinckoucke 59 .......... 3 G2
Leforest 62 .......... 8 D5
Lège 31 .......... 334 B3
Legé 44 .......... 165 G2
Lège-Cap-Ferret 33 .......... 254 B1
Légéville-et-Bonfays 88 .......... 118 D2
Léglantiers 60 .......... 38 D1
Légna 39 .......... 196 C3
Légny 69 .......... 212 C4
Léguevin 31 .......... 297 G5
Léguillac-de-Cercles 24 .......... 221 H5
Léguillac-de-l'Auche 24 .......... 240 B2
Lehaucourt 02 .......... 24 B1
Léhélec *Château de* 56 .......... 125 F4
Léhon 22 .......... 79 G4
Leigné-les-Bois 86 .......... 169 H4
Leigné-sur-Usseau 86 .......... 169 G3
Leignes-sur-Fontaine 86 .......... 187 F2
Leigneux 42 .......... 229 G1
Leimbach 68 .......... 142 D1
Leintrey 54 .......... 95 H1
Leiterswiller 67 .......... 69 F2
Lélex 01 .......... 197 E4
Lelin-Lapujolle 32 .......... 294 D3
Lelling 57 .......... 67 E1
Lemainville 54 .......... 94 D2
Lembach 67 .......... 69 E1
Lemberg 57 .......... 68 B1
Lembeye 64 .......... 314 D2
Lembras 24 .......... 239 H5
Lemé 02 .......... 25 E2
Lème 64 .......... 294 B5
Leménil-Mitry 54 .......... 95 E3
Lémeré 37 .......... 169 E1
Lemmecourt 88 .......... 94 A5
Lemmes 55 .......... 43 H5
Lemoncourt 57 .......... 66 B3
Lempaut 81 .......... 299 F5
Lempdes 63 .......... 209 H5
Lempdes-sur-Allagnon 43 .......... 228 A5
Lempire 02 .......... 24 A1
Lempire-aux-Bois 55 .......... 43 H5
Lemps 07 .......... 249 E3
Lemps 26 .......... 286 B1
Lempty 63 .......... 210 A5
Lempzours 24 .......... 222 D5
Lemud 57 .......... 66 B1
Lemuy 39 .......... 179 H2
Lénault 14 .......... 53 E2
Lenax 03 .......... 193 E4
Lencloître 86 .......... 169 E4
Lencouacq 40 .......... 274 A4
Lendresse 64 .......... 313 G2
Lengelsheim 57 .......... 48 C5
Lengronne 50 .......... 51 G2
Lenharrée 51 .......... 61 H4
Léning 57 .......... 67 E2
Lénizeul 52 .......... 117 H4
Lennon 29 .......... 76 A5
Lenoncourt 54 .......... 95 E1
Lens 62 .......... 8 B5
Lens-Lestang 26 .......... 231 G5
Lent 01 .......... 213 H1
Lent 39 .......... 180 A4
Lentigny 42 .......... 211 G3
Lentillac-Lauzès 46 .......... 260 C4
Lentillac-Saint-Blaise 46 .......... 261 G4
Lentillères 07 .......... 266 A3
Lentilles 10 .......... 92 A3
Lentilly 69 .......... 212 D5
Lentiol 38 .......... 231 G5
Lento 2B .......... 347 F2
Léobard 46 .......... 259 H2
Léogeats 33 .......... 255 H4
Léognan 33 .......... 255 F2
Léojac 82 .......... 277 H5
Léon 40 .......... 292 B1
Léoncel 26 .......... 249 H5
Léotoing 43 .......... 228 A5
Léouville 45 .......... 111 F2
Léoville 17 .......... 220 B4
Lépanges-sur-Vologne 88 .......... 119 H2
Lépaud 23 .......... 190 B5
Lépin-le-Lac 73 .......... 233 E2
Lépinas 23 .......... 207 F2
Lépine 62 .......... 6 B5
Lépron-les-Vallées 08 .......... 26 B3
Lepuix 90 .......... 142 B1
Lepuix-Neuf 90 .......... 143 E4
Léran 09 .......... 336 D2
Lercoul 09 .......... 336 A5
Léré 18 .......... 156 A2
Léren 64 .......... 292 D5
Lérigneux 42 .......... 229 F2
Lerm-et-Musset 33 .......... 274 C1
Lerné 37 .......... 150 D5
Lérouville 55 .......... 64 C4
Lerrain 88 .......... 118 D2
Léry 21 .......... 138 D5
Léry 27 .......... 36 B3
Lerzy 02 .......... 25 F1
Lesbœufs 80 .......... 13 H5
Lesbois 53 .......... 81 H3
Lescar 64 .......... 314 A3
Leschaux 74 .......... 215 G5
Leschelle 02 .......... 25 E1
Lescheraines 73 .......... 215 G5
Leschères 39 .......... 197 E2
Leschères-sur-le-Blaiseron 52 .......... 92 D5
Lescherolles 77 .......... 60 B4
Lescheroux 01 .......... 195 G3
Lesches 77 .......... 59 F3
Lesches-en-Diois 26 .......... 268 C3
Lesconil 29 .......... 99 G5
Lescouët-Gouarec 22 .......... 77 F5
Lescouët-Jugon 22 .......... 79 E4
Lescousse 09 .......... 336 A1
Lescout 81 .......... 299 F5
Lescun 64 .......... 331 G4
Lescuns 31 .......... 317 E5
Lescure 09 .......... 335 G2
Lescure-d'Albigeois 81 .......... 299 F1
Lescure-Jaoul 12 .......... 279 G3
Lescurry 65 .......... 315 F3
Lesdain 59 .......... 14 B4
Lesdins 02 .......... 24 B2
Lesges 02 .......... 40 C3
Lesgor 40 .......... 293 F1
Lésigny 77 .......... 59 E4
Lésigny 86 .......... 170 A3
Le Leslay 22 .......... 78 A4
Lesme 71 .......... 192 D1
Lesménils 54 .......... 65 G3
Lesmont 10 .......... 91 G4
Lesneven 29 .......... 71 E4
Lesparre-Médoc 33 .......... 218 D5
Lesparrou 09 .......... 336 D3
Lespéron 07 .......... 265 F2
Lesperon 40 .......... 272 C5
Lespesses 62 .......... 7 G3
Lespielle 64 .......... 314 D2
Lespignan 34 .......... 321 G4
Lespinasse 31 .......... 297 H3
Lespinasse *Château de* 43 .......... 246 A1
Lespinassière 11 .......... 320 A3
Lespinoy 62 .......... 6 D5
Lespiteau 31 .......... 334 C1
Lesponne 65 .......... 333 F2
Lespouey 65 .......... 315 F5
Lespourcy 64 .......... 314 D3
Lespugue 31 .......... 316 B5
Lesquerde 66 .......... 338 A4
Lesquielles-Saint-Germain 02 .......... 24 D1
Lesquin 59 .......... 8 D3
Lessac 16 .......... 204 C2
Lessard-en-Bresse 71 .......... 178 B4
Lessard-et-le-Chêne 14 .......... 54 C1
Lessard-le-National 71 .......... 177 H3
Lessay 50 .......... 31 G3
Lesse 57 .......... 66 C2
Lesseux 88 .......... 96 C4
Lesson 85 .......... 184 C3
Lessy 57 .......... 65 G1
Lestanville 76 .......... 20 A3
Lestards 19 .......... 225 E3
Lestelle-Bétharram 64 .......... 314 C5
Lestelle-de-Saint-Martory 31 .......... 334 D1
Lesterps 16 .......... 204 D3
Lestiac-sur-Garonne 33 .......... 255 H2
Lestiou 41 .......... 132 C4
Lestrade-et-Thouels 12 .......... 280 D5
Lestre 50 .......... 29 G4
Lestrem 62 .......... 8 A2
Létanne 08 .......... 27 G5
Léthuin 28 .......... 86 D5

A
B
C
D
E
F
G
H
I
J
K
L
M
N
O
P
Q
R
S
T
U
V
W
X
Y
Z

Letia 2A 348 C1
Létra 69 212 C3
Létricourt 54 66 B3
Letteguives 27 36 C2
Lettret 05 269 G4
Leubringhen 62 2 B4
Leuc 11 337 H1
Leucamp 15 262 C2
Leucate 11 339 E3
Leucate-Plage 11 339 F3
Leuchey 52 139 F3
Leudeville 91 87 H2
Leudon-en-Brie 77 60 B4
Leuglay 21 138 C2
Leugny 86 169 H3
Leugny 89 136 A4
Leugny *Château de* 37 152 B3
Leuhan 29 100 B2
Leuilly-sous-Coucy 02 40 B1
Leulinghem 62 3 F5
Leulinghen-Bernes 62 2 B4
Leurville 52 93 F5
Leury 02 40 B2
Leutenheim 67 69 F3
Leuville-sur-Orge 91 87 G2
Leuvrigny 51 61 E1
Le Leuy 40 293 H2
Leuze 02 25 H2
La Levade 30 283 G2
Levainville 28 86 C3
Leval 59 15 F3
Leval 90 142 D2
Levallois-Perret 92 58 B3
Levant *Île du* 83 329 E5
Levaré 53 81 H4
Levécourt 52 117 H3
Levens 06 291 E4
Levergies 02 24 B1
Levernois 21 177 H2
Lèves 28 86 A3
Les Lèves-et-Thoumeyragues 33 257 F1
Levesville-la-Chenard 28 86 D5
Levet 18 173 E3
Levie 2A 349 F5
Levier 25 180 B2
Lévignac 31 297 G4
Lévignac-de-Guyenne 47 257 F3
Lévignacq 40 272 C4
Lévignen 60 39 G4
Lévigny 10 92 A5
Levis 89 135 H5
Lévis-Saint-Nom 78 57 H5
Levoncourt 55 64 B4
Levoncourt 68 143 E5
Levroux 36 171 G2
Lewarde 59 14 B2
Lexos 82 279 E4
Lexy 54 44 D1
Ley 57 66 D5
Leychert 09 336 C3
Leydé *Pointe de* 29 75 F5
Leyme 46 261 E1
Leymen 68 143 G4
Leyment 01 214 A3
Leynes 71 194 D5
Leynhac 15 261 H2
Leyr 54 66 B4
Leyrat 23 190 A4
Leyrieu 38 213 H5
Leyritz-Moncassin 47 275 E1
Leyssard 01 214 B1
Leyvaux 15 245 G1
Leyviller 57 67 F1
Lez 31 334 B3
Lez-Fontaine 59 15 H3
Lézan 30 283 G5
Lézardrieux 22 73 F3
Lézat 39 197 E2
Lézat-sur-Lèze 09 317 H5
Lezay 79 185 H5
Lezennes 59 8 D3
Lezéville 52 93 F3
Lezey 57 66 D4
Lézignac-Durand 16 204 C5
Lézignan 65 333 E1
Lézignan-Corbières 11 320 C5
Lézignan-la-Cèbe 34 322 C3
Lézigné 49 129 E4
Lézigneux 42 229 G3
Lézinnes 89 137 F3
Lezoux 63 210 B5
Lhéraule 60 37 H1
Lherm 31 317 G2
Lherm 46 259 G4
Lhéry 51 41 E4
Lhez 65 315 F5
Lhommaizé 86 186 D3
Lhomme 72 130 C3
Lhôpital 01 214 D2
Lhor 57 67 F3
Lhospitalet 46 277 H1
Lhoumois 79 168 B5
Lhuis 01 214 C5
Lhuître 10 91 F2
Lhuys 02 40 D3
Liac 65 315 F2
Liancourt 60 38 D3
Liancourt-Fosse 80 23 F3
Liancourt-Saint-Pierre 60 37 H4
Liart 08 26 A3
Lias 32 297 F5
Lias-d'Armagnac 32 294 D1
Liausson 34 301 H4
Libaros 65 315 H4
Libération *Croix de la* 71 176 D2
Libercourt 62 8 C4
Libermont 60 23 G4
Libourne 33 238 B5
Librecy 08 26 B3
Licey-sur-Vingeanne 21 160 D1
Lichans-Sunhar 64 331 F2
Lichères 16 203 F4
Lichères-près-Aigremont 89 136 D4
Lichères-sur-Yonne 89 157 F1
Lichos 64 313 F3
Lichtenberg 67 68 B2
Licourt 80 23 G2
Licq-Athérey 64 331 E2
Licques 62 2 D5
Licy-Clignon 02 40 B5
Lidrezing 57 67 E3
Liebenswiller 68 143 G4
Liebsdorf 68 143 F4
Liebvillers 25 163 F2
Liederschiedt 57 48 C5
Lieffrans 70 140 D5
Le Liège 37 152 C4
Liéhon 57 65 H2
Liencourt 62 13 E2
Lieoux 31 316 C5
Lièpvre 68 96 D5
Liéramont 80 14 A5
Liercourt 80 11 H4
Lières 62 7 G3
Liergues 69 212 D3
Liernais 21 158 C4
Liernolles 03 193 E3
Lierval 02 40 D1
Lierville 60 37 G4
Lies 65 333 F1
Liesle 25 179 G1
Liesse-Notre-Dame 02 25 E5
Liessies 59 15 H4
Liesville-sur-Douve 50 31 H2
Liettres 62 7 G3
Lieu-Saint-Amand 59 14 C2
Lieuche 06 289 G4
Lieucourt 70 161 F2
Lieudieu 38 231 H4
Lieurac 09 336 C2
Lieuran-Cabrières 34 301 H5
Lieuran-lès-Béziers 34 321 G3
Lieurey 27 35 E4
Lieuron 35 103 H5
Lieury 14 54 B1
Lieusaint 50 29 F5
Lieusaint 77 88 A2
Lieutadès 15 263 F1
Lieuvillers 60 38 D1
Liévans 70 141 G4
Liévin 62 8 B5
Lièvremont 25 180 D1
Liez 02 24 B4
Liez 85 184 B3
Liézey 88 120 A3
Liffol-le-Grand 88 93 H5
Liffol-le-Petit 52 93 G5
Liffré 35 104 C2
Ligardes 32 275 H5
Ligescourt 80 11 G1
Liget *Chartreuse du* 37 152 D5
Liginiac 19 226 B4
Liglet 86 187 H2
Lignac 36 188 A3
Lignairolles 11 337 E1
Lignan-de-Bazas 33 256 B5
Lignan-de-Bordeaux 33 255 H1
Lignan-sur-Orb 34 321 F3
Lignareix 19 225 H2
Ligné 16 203 E4
Ligné 44 148 A2
Lignères 61 54 D4
Lignereuil 62 13 E2
Lignerolles 03 190 D5
Lignerolles 21 138 D2
Lignerolles 27 56 C3
Lignerolles 36 189 H2
Lignerolles 61 84 C2
Lignéville 88 118 C2
Ligneyrac 19 242 C3
Lignières 10 114 D5
Lignières 18 172 D5
Lignières 41 131 H2
Lignières 80 23 E4
Lignières-Châtelain 80 21 G3
Lignières-de-Touraine 37 151 F3
Lignières-en-Vimeu 80 11 F5
Lignières-la-Carelle 72 83 H4
Lignières-Orgères 53 83 E2
Lignières-Sonneville 16 220 C3
Lignières-sur-Aire 55 64 B4
Lignol 56 101 F3
Lignol-le-Château 10 116 B2
Lignon 51 91 H2
Lignorelles 89 136 C2
Lignou 61 53 G5
Ligny-en-Barrois 55 93 F1
Ligny-en-Brionnais 71 193 H5
Ligny-en-Cambrésis 59 14 C4
Ligny-le-Châtel 89 136 C2
Ligny-le-Ribault 45 133 E4
Ligny-lès-Aire 62 7 G3
Ligny-Saint-Flochel 62 7 G5
Ligny-sur-Canche 62 12 C2
Ligny-Thilloy 62 13 G4
Ligré 37 151 E5
Ligron 72 129 G3
Ligsdorf 68 143 F4
Ligueil 37 170 A1
Ligueux 24 240 D1
Ligueux 33 257 F1
Ligugé 86 186 B2
Lihons 80 23 F2
Lihus 60 22 A5
Les Lilas 93 58 C3
Lilhac 31 316 C4
Lilignod 01 214 D3
Lille 59 8 D2
Lillebonne 76 35 F1
Lillemer 35 80 A2
Lillers 62 7 H3
Lilly 27 37 E2
Limalonges 79 203 F1
Limans 04 287 E5
Limanton 58 175 G2
Limas 69 212 D3
Limay 78 57 F2
Limbrassac 09 336 D2
Limé 02 40 D3
Limeil-Brévannes 94 58 D4
Limendous 64 314 C4
Limeray 37 152 C2
Limersheim 67 97 G2
Limerzel 56 125 E4
Limésy 76 20 A5
Limetz-Villez 78 57 E1
Limeuil 24 240 D5
Limeux 18 172 C1
Limeux 80 11 G4
Limey-Remenauville 54 65 F3
Limeyrat 24 241 E2
Limoges 87 205 G5
Limoges-Fourches 77 88 B2
Limogne-en-Quercy 46 278 D1
Limoise 03 174 B5
Limon 58 175 E2
Limonest 69 213 E4
Limons 63 210 B3
Limont-Fontaine 59 15 G3
Limony 07 231 E5
Limours-en-Hurepoix 91 87 F2
Limousis 11 319 H4
Limoux 11 337 G2
La Limouzinière 44 165 G1
La Limouzinière 85 166 A5
Limpiville 76 19 E4
Linac 46 261 G3
Linard 23 189 F4
Linards 87 224 C1
Linars 16 221 E1
Linas 91 87 G2
Linay 08 27 H4
Linazay 86 203 F1
Lincel 04 306 C1
Lincheux-Hallivillers 80 21 H2
Lindebeuf 76 19 H4
Le Lindois 16 222 B1
Lindre-Basse 57 67 E4
Lindre-Haute 57 67 E4
Lindry 89 136 A3
Linexert 70 141 H3
Lingé 36 170 C4
Lingeard 50 52 B4
Lingèvres 14 33 E4
Linghem 62 7 G3
Lingolsheim 67 97 G1
Lingreville 50 51 F1
Linguizzetta 2B 347 H4
Linières-Bouton 49 150 D1
Liniers 86 186 D1
Liniez 36 171 H2
Linsdorf 68 143 G4
Linselles 59 4 D5
Linthal 68 120 C4
Linthelles 51 61 F5
Linthes 51 61 F4
Lintot 76 19 F5
Lintot-les-Bois 76 20 B3
Linxe 40 272 B5
Liny-devant-Dun 55 43 H2
Linzeux 62 12 C2
Liocourt 57 66 B3
Liomer 80 21 G2
Le Lion-d'Angers 49 128 B4
Lion-devant-Dun 55 43 H2
Lion-en-Beauce 45 111 E3
Lion-en-Sullias 45 134 B4
Lion-sur-Mer 14 33 G3
Liorac-sur-Louyre 24 240 B5
Le Lioran 15 245 E3
Liouc 30 303 E1
Le Liouquet 13 327 G4
Liourdres 19 243 E5
Liouville 55 64 D4
Lioux 84 286 B5
Lioux-les-Monges 23 208 C3
Liposthey 40 273 E1
Lipsheim 67 97 G2
Lirac 30 285 E4
Liré 49 148 B2
Lirey 10 114 D3
Lironcourt 88 118 B4
Lironville 54 65 F3
Liry 08 42 D3
Lisbourg 62 7 F4
Liscia *Golfe de la* 2A 348 B2
Lisieux 14 34 C5
Lisle 24 240 B1
Lisle 41 131 H2
Lisle-en-Barrois 55 63 G2
L'Isle-en-Rigault 55 63 G4
Lisle-sur-Tarn 81 298 C2
Lislet 02 25 G4
Lison 14 32 B3
Lison *Source du* 25 180 A2
Lisores 14 54 C2
Lisors 27 36 D3
Lissac 09 318 A4
Lissac 43 247 E2
Lissac-et-Mouret 46 261 F3
Lissac-sur-Couze 19 242 B3
Lissay-Lochy 18 173 E2
Lisse 47 275 F4
Lisse-en-Champagne 51 62 D3
Lisses 91 87 H2
Lisseuil 63 209 F2
Lissey 55 44 B3
Lissieu 69 212 D4
Lissy 77 88 B2
Listrac-de-Durèze 33 257 E1
Listrac-Médoc 33 237 E3
Lit-et-Mixe 40 272 B4
Lithaire 50 31 G3
Litteau 14 32 C4
Littenheim 67 68 C4
Littry 14 32 C4
Litz 60 38 C2
Livaie 61 83 F3
Livarot-Pays-d'Auge 14 54 C1
Liverdun 54 65 G5
Liverdy-en-Brie 77 59 F5
Livernon 46 261 E3
Livers-Cazelles 81 279 F5
Livet 53 106 C3
Livet-en-Saosnois 72 83 H4
Livet-et-Gavet 38 251 F2
Livet-sur-Authou 27 35 F4
Livilliers 95 58 A1
Livinhac-le-Haut 12 261 H4
La Livinière 34 320 B4
Livré-la-Touche 53 105 G5
Livré-sur-Changeon 35 104 D2
Livron 64 314 D4
Livron-sur-Drôme 26 267 F1
Livry 14 32 D5
Livry 58 174 B4
Livry-Gargan 93 58 D2
Livry-Louvercy 51 42 A5
Livry-sur-Seine 77 88 B3
Lixhausen 67 68 C4
Lixheim 57 67 H4
Lixières 54 65 H3
Lixing-lès-Rouhling 57 47 G5
Lixing-lès-Saint-Avold 57 67 E1
Lixy 89 113 E2
Lizac 82 277 F4
Lizant 86 203 G2
Lizeray 36 172 A2
Lizières 23 206 C1
Lizine 25 180 A1
Lizines 77 89 F3
Lizio 56 102 C5
Lizos 65 315 F4
Lizy 02 40 C1
Lizy-sur-Ourcq 77 59 H1
La Llagonne 66 341 G4
Llauro 66 342 D3
Llo 66 341 F4
Llous 66 341 F5
Llupia 66 342 D2
Lobsann 67 69 E2
Loc-Brévalaire 29 70 D4
Loc Dieu *Ancienne Abbaye de* 12 279 E1
Loc-Eguiner 29 71 F5
Loc-Eguiner-Saint-Thégonnec 29 76 A2
Loc-Envel 22 72 C5
Locarn 22 77 E4
Loché 71 194 D5
Loché-sur-Indrois 37 170 D1
Loches 37 152 C5
Loches-sur-Ource 10 115 H4
Le Locheur 14 33 F5
Lochieu 01 214 D3
Lochwiller 67 68 B5
Locmalo 56 101 G2
Locmaria 22 72 C5
Locmaria 56 144 C4
Locmaria *Chapelle de* 29 70 D5
Locmaria-Berrien 29 76 C3
Locmaria-Grand-Champ 56 124 B2
Locmaria-Plouzané 29 74 D2
Locmariaquer 56 124 A4
Locmélar 29 75 H2
Locminé 56 102 A5
Locmiquélic 56 123 F2
Locoal-Mendon 56 123 H3
Locon 62 8 A3
Loconville 60 37 H4
Locqueltas 56 124 B2
Locquémeau 22 72 B3
Locquénolé 29 71 H4
Locquignol 59 15 F3
Locquirec 29 72 B3
Locronan 29 99 G2
Loctudy 29 99 G5
Locunolé 29 100 D4
Loddes 03 193 E5
Lodes 31 316 B5
Lodève 34 301 H3
Lods 25 180 B1
Lœuilley 70 160 D1
Lœuilly 80 22 B3
Loëx 74 197 H5
Loffre 59 9 E5
La Loge 62 7 E5
La Loge-aux-Chèvres 10 91 G5
La Loge des Gardes 03 211 E3
Loge-Fougereuse 85 184 C1
La Loge-Pomblin 10 114 D4
Logelbach 68 121 E3
Logelheim 68 121 F3
Les Loges 14 52 D1
Les Loges 52 139 H3
Les Loges 72 108 C5
Les Loges 76 18 D4
Les Loges-en-Josas 78 58 A4
Les Loges-Marchis 50 81 F2
Les Loges-Margueron 10 115 E4
Les Loges-Saulces 14 53 G3
Les Loges-sur-Brécey 50 52 A4
Le Logis-du-Pin 06 308 B2
Le Logis-Neuf 01 195 G5
Le Logis-Neuf 13 327 E2
Lognes 77 59 E3
Logny-Bogny 08 26 B3
Logny-lès-Aubenton 02 25 H2
Logny-lès-Chaumont 08 25 H4
Logonna-Daoulas 29 75 G3
Lograin-Florian 30 303 E1
Logron 28 109 H3
Loguivy-de-la-Mer 22 73 F2
Loguivy-Plougras 22 72 C5
Lohéac 35 103 H5
Lohitzun-Oyhercq 64 311 H5
Lohr 67 68 A3
Lohuec 22 76 D2
Loigné-sur-Mayenne 53 128 B2
Loigny-la-Bataille 28 110 C3
Loiré 49 127 H4
Loire-les-Marais 17 200 D2
Loiré-sur-Nie 17 202 B3
Loire-sur-Rhône 69 231 E3
Loiron-Ruillé 53 105 G4
Loisail 61 84 C3
Loisey-Culey 55 63 H4
Loisia 39 196 B2
Loisieux 73 232 D1
Loisin 74 197 H4
Loison 55 44 D4
Loison-sous-Lens 62 8 C5
Loison-sur-Créquoise 62 6 D5
Loisy 54 65 G3
Loisy 71 195 F1
Loisy-en-Brie 51 61 F3
Loisy-sur-Marne 51 62 C4
Loivre 51 41 G3
Loix 17 182 D5
Loizé 79 202 D1
Lolif 50 51 G4
Lolme 24 258 D2
Lombard 25 161 G5
Lombard 39 179 E4
Lombers 81 299 F2
Lombez 32 316 D2
Lombia 64 314 D3
Lombray 02 39 H1
Lombrès 65 334 A1
Lombreuil 45 112 B5
Lombron 72 108 A4
Lomener 56 123 E2
Lomme 59 8 C2
Lommerange 57 45 F3
Lommoye 78 57 E2
Lomné 65 333 G2
Lomont 70 142 A3
Lomont-sur-Crête 25 162 D2
Lompnas 01 214 B5
Lompnieu 01 214 D3
Lompret 59 8 C2
Lonçon 64 314 A2
La Londe 76 36 A3
La Londe-les-Maures 83 328 D4
Londigny 16 203 F2
Londinières 76 20 D2
Long 80 11 H4
Longages 31 317 G3
Longaulnay 35 79 H5
Longavesnes 80 23 H1
Longchamp 21 160 C4
Longchamp 52 117 G3
Longchamp 73 234 A4
Longchamp 88 95 G5
Longchamp-sous-Châtenois 88 94 B5
Longchamp-sur-Aujon 10 116 B3
Longchamps 02 24 D1
Longchamps 27 37 F3
Longchamps-sur-Aire 55 64 B3
Longchaumois 39 197 E2
Longcochon 39 180 A4
Longeau 52 139 G3
Longeault 21 160 C4
Longeaux 55 93 F1
Longechaux 25 162 D4
Longechenal 38 232 A4
Longecourt-en-Plaine 21 160 B4
Longecourt-lès-Culêtre 21 159 F5
Longefoy 73 234 C2
Longemaison 25 162 D5
Longemer 88 120 B3
Longepierre 71 178 C2
Le Longeron 49 166 C1
Longes 69 230 D3
Longessaigne 69 212 B5
Longevelle 70 141 H4
Longevelle-lès-Russey 25 163 E3
Longevelle-sur-Doubs 25 142 A5
Longèves 17 183 G5
Longèves 85 183 H2
La Longeville 25 180 D1
Longeville 25 180 B1
Longeville-en-Barrois 55 63 H4
Longeville-lès-Metz 57 65 G1
Longeville-lès-Saint-Avold 57 46 D5
Longeville-sur-la-Laines 52 92 A3

Longeville-sur-Mer 85 182 C2
Longeville-sur-Mogne 10 115 E3
Longevilles-Mont-d'Or 25 180 C4
Longfossé 62 6 C2
La Longine 70 119 H5
Longjumeau 91 58 B5
Longlaville 54 45 E1
Longmesnil 76 21 E5
Longnes 72 107 F4
Longnes 78 57 E2
Longny-au-Perche 61 84 D3
Longperrier 77 59 E1
Longpont 02 40 A4
Longpont-sur-Orge 91 87 G2
Longpré-le-Sec 10 115 H2
Longpré-les-Corps-Saints 80 11 H4
Longraye 14 33 E4
Longré 16 203 E3
Longroy 76 11 E5
Longsols 10 91 F4
Longué 49 150 B2
Longueau 80 22 C2
Longuefuye 53 128 C2
Longueil 76 20 A2
Longueil-Annel 60 39 G1
Longueil-Sainte-Marie 60 39 F3
Longuenesse 62 3 F5
Longuenoë 61 83 F3
Longuerue 76 20 C5
Longues 63 228 A2
Longues-sur-Mer 14 33 E2
Longuesse 95 57 H1
Longueval 80 13 G5
Longueval-Barbonval 02 40 D3
Longueville 14 32 C2
Longueville 47 257 F5
Longueville 50 51 F2
La Longueville 59 15 G2
Longueville 62 2 D5
Longueville 77 89 F3
Longueville-sur-Aube 10 90 C2
Longueville-sur-Scie 76 20 B3
Longuevillette 80 12 C4
Longuyon 54 44 C2
Longvic 21 160 A3
Longvillers 14 53 E1
Longvillers 80 12 B4
Longvilliers 62 6 B3
Longvilliers 78 87 E2
Longwé 08 43 E2
Longwy 54 45 E1
Longwy-sur-le-Doubs 39 178 D2
Lonlay-l'Abbaye 61 52 D5
Lonlay-le-Tesson 61 53 G5
Lonnes 16 203 F3
Lonny 08 26 C2
Lonrai 61 83 G3
Lons 64 314 A3
Lons-le-Saunier 39 179 E5
Lonzac 17 219 H2
Le Lonzac 19 224 D4
Looberghe 59 3 F3
Loon-Plage 59 3 F2
Loos 59 8 C3
Loos-en-Gohelle 62 8 B4
Looze 89 113 H5
Lopérec 29 75 H4
Loperhet 29 75 G2
Lopigna 2A 348 C1
Loqueffret 29 76 B3
Lor 02 41 G1
Loray 25 162 D4
Lorcières 15 246 A4
Lorcy 45 112 A4
Lordat 09 336 C5
Loré 61 82 B3
Lorentzen 67 67 H2
Loreto-di-Casinca 2B 347 G2
Loreto-di-Tallano 2A 349 E5
Lorette 42 230 C3
Le Loreur 50 51 G2
Loreux 41 154 A2
Le Lorey 50 31 H5
Lorey 54 95 E2
Lorges 41 132 B3
Lorgies 62 8 B3
Lorgues 83 307 H5
La Lorie *Château de* 49 128 A4
Lorient 56 123 F2
Loriges 03 192 B5
Lorignac 17 219 F3
Lorigné 79 203 E1
Loriol-du-Comtat 84 285 G4
Loriol-sur-Drôme 26 267 E1
Lorlanges 43 228 A5
Lorleau 27 37 E2
Lormaison 60 38 A4
Lormaye 28 57 E5
Lormes 58 157 H4
Lormont 33 237 G5
Lornay 74 215 E3
Loromontzey 54 95 F3
Le Loroux 35 81 G4
Le Loroux-Bottereau 44 148 A4
Lorp-Sentaraille 09 335 F2
Lorquin 57 67 G5
Lorrez-le-Bocage 77 112 D2
Lorris 45 134 B2
Lorry-lès-Metz 57 45 G5
Lorry-Mardigny 57 65 G2
Lortet 65 333 H2
Loscouët-sur-Meu 22 103 F2
Losne 21 160 C5
Losse 40 274 C4
Lostanges 19 242 D3
Lostroff 57 67 F3
Lothey 29 75 H5
Lottinghen 62 6 D2
Le Lou-du-Lac 35 103 H2
Louailles 72 129 E3
Louan 77 89 H2
Louannec 22 72 D2
Louans 37 152 A5
Louargat 22 72 D5
Louâtre 02 40 A4
Loubajac 65 332 D1
Loubaresse 07 265 G3
Loubaresse 15 246 A5
Loubaut 09 317 G5
Loubédat 32 295 E3
Loubejac 24 259 F4
Loubens 09 336 A2
Loubens 33 256 D3
Loubens-Lauragais 31 298 C5
Loubers 81 279 E5
Loubersan 32 316 A2
Loubès-Bernac 47 257 G2
Loubeyrat 63 209 G4
Loubieng 64 313 G2
La Loubière 12 280 D1
Loubières 09 336 B2
Loubigné 79 202 D2
Loubillé 79 202 D2
Loublande 79 167 E2
Loubressac 46 243 E5
Loucé 61 54 A5
Loucelles 14 33 E4
Louchats 33 255 G4
Louches 62 2 D4
Louchy-Montfand 03 192 A4
Loucrup 65 333 E1
Loudéac 22 102 B2
Loudenvielle 65 333 H4
Loudervielle 65 333 H4
Loudes 43 247 E3
Loudet 31 316 A5
Loudrefing 57 67 F3
Loudun 86 168 D2
Loué 72 107 E4
La Loue *Source de* 25 180 C1
Louens 33 237 F4
Louer 40 293 F2
Louerre 49 150 A3
Louesme 21 138 C2
Louesme 89 135 G3
Louestault 37 130 D5
Loueuse 60 21 G5
Louey 65 315 E5
Lougé-sur-Maire 61 53 H5
Lougratte 47 258 B4
Lougres 25 142 B5
Louhans-Châteaurenaud 71 178 C5
Louhossoa 64 311 E4
Louignac 19 241 G1
Louin 79 168 B4
Louisfert 44 126 D4
Louit 65 315 F4
Loulans-Verchamp 70 162 B1
Loulay 17 201 H2
Loulle 39 179 H4
La Loupe 28 85 F3
Loupeigne 02 40 C4
Loupershouse 57 67 F1
Loupes 33 255 H1
Loupfougères 53 82 D5
Loupia 11 337 F2
Loupiac 12 261 F4
Loupiac 15 244 B3
Loupiac 33 256 B3
Loupiac 46 260 B1
Loupiac 81 298 C2
Loupiac-de-la-Réole 33 256 D4
Loupian 34 322 D3
Louplande 72 107 G5
Loupmont 55 64 D3
Louppy-le-Château 55 63 G3
Louppy-sur-Chée 55 63 G3
Louppy-sur-Loison 55 44 B2
Loups du Gévaudan *Parc des* 48 264 A3
La Louptière-Thénard 10 89 H4
Lourches 59 14 C2
Lourde 31 334 B2
Lourdes 65 332 D1
Lourdios-Ichère 64 331 G2
Lourdoueix-Saint-Michel 36 189 E3
Lourdoueix-Saint-Pierre 23 189 F3
Lourenties 64 314 C4
Loures-Barousse 65 334 B2
Louresse-Rochemenier 49 150 A4
Lourmais 35 80 B3
Lourmarin 84 305 H2
Lournand 71 194 D3
Lourouer-Saint-Laurent 36 189 G1
Le Louroux 37 152 A5
Le Louroux-Béconnais 49 148 D1
Louroux-Bourbonnais 03 191 F2
Louroux-de-Beaune 03 191 F5
Louroux-de-Bouble 03 191 G5
Louroux-Hodement 03 191 E3
Lourquen 40 293 G3
Lourties-Monbrun 32 316 A2
Loury 45 111 F5
Louslitges 32 295 F4
Loussous-Débat 32 295 E4
Loutehel 35 103 G4
Loutremange 57 46 C5
Loutzviller 57 48 C5
Louvagny 14 54 A2
Louvaines 49 128 A4
Louvatange 39 161 F4
Louveciennes 78 58 A3
Louvemont 52 92 C2
Louvemont-Côte-du-Poivre 55 44 B5
Louvencourt 80 13 E4
Louvenne 39 196 B3
Louvergny 08 26 D5
Louverné 53 106 A3
Le Louverot 39 179 F4
Louversey 27 55 H2
Louvetot 76 19 G5
Louvie-Juzon 64 332 A1
Louvie-Soubiron 64 332 A2
La Louvière-Lauragais 11 318 C4
Louvières 14 32 C2
Louvières 52 117 F4
Louvières-en-Auge 61 54 B3
Louviers 27 36 B4
Louvigné 53 106 B4
Louvigné-de-Bais 35 104 D4
Louvigné-du-Désert 35 81 F3
Louvignies-Bavay 59 15 F2
Louvignies-Quesnoy 59 15 E3
Louvigny 14 33 G4
Louvigny 57 65 H2
Louvigny 64 294 A5
Louvigny 72 83 H5
Louvil 59 9 E3
Louville-la-Chenard 28 86 D5
Louvilliers-en-Drouais 28 56 C5
Louvilliers-lès-Perche 28 85 F2
Louvois 51 41 H5
Louvrechy 80 22 C3
Louvres 95 58 D1
Louvroil 59 15 G2
Louye 27 56 C4
Louzac 16 219 H1
Louze 52 92 A4
Louzes 72 84 A4
Louzignac 17 202 C4
Louzouer 45 112 D4
Louzy 79 168 B1
Lovagny 74 215 F3
Loxéville 55 64 B5
Loyat 56 103 E4
La Loye 39 179 E1
Loye-sur-Arnon 18 190 B1
Loyettes 01 213 H5
Lozanne 69 212 D4
Lozari 2B 344 D5
Lozay 17 201 G2
Loze 82 278 D2
Lozère *Mont* 48 265 E5
Lozinghem 62 7 H4
Lozon 50 31 H4
Lozzi 2B 346 D4
Luant 36 171 G5
Le Luart 72 108 C4
Lubbon 40 274 D4
Lubécourt 57 66 C3
Lubersac 19 223 H4
Lubey 54 45 E4
Lubilhac 43 246 A1
Lubine 88 96 C4
Lublé 37 151 E1
Lubret-Saint-Luc 65 315 G4
Luby-Betmont 65 315 G4
Luc 48 265 F3
Luc 65 315 F5
Le Luc 83 328 D1
Luc-Armau 64 314 D2
Luc-en-Diois 26 268 B3
Luc-la-Primaube 12 280 C2
Luc-sur-Aude 11 337 G3
Luc-sur-Mer 14 33 G3
Luc-sur-Orbieu 11 320 C5
Lucarré 64 314 D2
Luçay-le-Libre 36 172 A1
Luçay-le-Mâle 36 153 F5
Lucbardez-et-Bargues 40 274 A5
Lucciana 2B 347 G2
Lucé 28 86 A4
Lucé 61 82 B2
Lucé-sous-Ballon 72 107 H2
Luceau 72 130 B4
Lucelle 68 143 F5
Lucenay 69 212 D4
Lucenay-le-Duc 21 138 A5
Lucenay-lès-Aix 58 175 F5
Lucenay-l'Évêque 71 176 C1
Lucéram 06 291 F4
Lucerne *Abbaye de la* 50 51 G3
La Lucerne-d'Outremer 50 51 G3
Lucey 21 138 D2
Lucey 54 65 E5
Lucey 73 215 E5
Lucgarier 64 314 C5
Luchapt 86 204 D1
Luchat 17 219 F1
Luché-Pringé 72 129 H4
Luché-sur-Brioux 79 202 D1
Luché-Thouarsais 79 167 H3
Lucheux 80 12 D3
Luchy 60 22 A5
Lucinges 74 197 H5
Lucmau 33 274 B1
Luçon 85 183 F2
Lucq-de-Béarn 64 313 G4
Lucquy 08 26 B5
Les Lucs-sur-Boulogne 85 165 H3
Lucy 51 61 F2
Lucy 57 66 C2
Lucy 76 20 D3
Lucy-le-Bocage 02 60 B1
Lucy-le-Bois 89 157 H1
Lucy-sur-Cure 89 136 C5
Lucy-sur-Yonne 89 157 F1
Le Lude 72 129 H4
Ludes 51 41 G5
Ludesse 63 227 H2
Ludiès 09 336 C1
Ludon-Médoc 33 237 G4
Ludres 54 94 D1
Lüe 40 272 D2
Lué-en-Baugeois 49 150 A1
Luemschwiller 68 143 F2
Luère *Col de la* 69 212 D5
Lugagnac 46 278 D1
Lugagnan 65 332 D1
Lugaignac 33 256 C1
Lugan 12 261 H5
Lugan 81 298 C3
Lugarde 15 245 E1
Lugasson 33 256 C1
Luglon 40 273 F4
Lugny 02 25 E3
Lugny 71 195 E2
Lugny-Bourbonnais 18 173 H3
Lugny-Champagne 18 155 H5
Lugny-lès-Charolles 71 193 H3
Lugo-di-Nazza 2B 349 G1
Lugon-et-l'Île-du-Carnay 33 238 B4
Lugos 33 254 D4
Lugrin 74 198 C3
Lugy 62 7 F4
Le Luhier 25 163 E4
Luigné 49 149 H3
Luigny 28 109 F2
Luisans 25 163 E5
Luisant 28 86 A4
Luisetaines 77 89 F3
Luitré 35 81 F5
Lullin 74 198 B4
Lully 74 198 A4
Lumbin 38 233 F5
Lumbres 62 7 E2
Lumeau 28 110 D3
Lumes 08 26 D3
Luméville-en-Ornois 55 93 G3
Lumigny 77 59 G4
Lumio 2B 346 C2
Lunac 12 279 G3
Lunan 46 261 G3
Lunaret *Zoo de* 34 302 D4
Lunas 24 239 G5
Lunas 34 301 G3
Lunax 31 316 B3
Lunay 41 131 F3
Luneau 03 193 F4
Lunegarde 46 260 D2
Lunel 34 303 F4
Lunel-Viel 34 303 F4
Luneray 76 19 H2
Lunery 18 172 D3
Lunéville 54 95 F1
Le Luot 50 51 H4
Lupcourt 54 94 D1
Lupé 42 230 D5
Lupersat 23 208 B3
Lupiac 32 295 F3
Luplanté 28 86 A5
Luppé-Violles 32 294 D3
Luppy 57 66 B2
Lupsault 16 202 D3
Lupstein 67 68 C4
Luquet 65 314 D4
Lurais 36 170 B5
Luray 28 56 D5
Lurbe-Saint-Christau 64 331 H2
Lurcy 01 213 E2
Lurcy-le-Bourg 58 157 E5
Lurcy-Lévis 03 174 A5
Luré 42 211 F4
Lure 70 141 H3
Lureuil 36 170 C5
Luri 2B 345 G2
Luriecq 42 229 G4
Lurs 04 287 F5
Lury-sur-Arnon 18 154 C5
Lus-la-Croix-Haute 26 268 D2
Lusanger 44 126 C4
Lusans 25 162 B2
Luscan 31 334 B2
Lusignac 24 221 G5
Lusignan 86 186 A3
Lusignan-Petit 47 275 H2
Lusigny 03 192 C1
Lusigny-sur-Barse 10 115 F2
Lusigny-sur-Ouche 21 177 F1
Lussac 16 203 H4
Lussac 17 219 H3
Lussac 33 238 D4
Lussac-les-Châteaux 86 187 E3
Lussac-les-Églises 87 188 A4
Lussagnet 40 294 C2
Lussagnet-Lusson 64 314 C2
Lussan 30 284 B3
Lussan 32 296 C4
Lussan-Adeilhac 31 316 D4
Lussant 17 201 E3
Lussas 07 266 C3
Lussas-et-Nontronneau 24 222 B3
Lussat 23 208 B1
Lussat 63 210 A5
Lussault-sur-Loire 37 152 B2
Lusse 88 96 C4
Lusseray 79 202 C1
Lustar 65 315 G4
Lustrac *Moulin de* 47 258 D5
Luthenay-Uxeloup 58 174 D3
Luthézieu 01 214 D3
Lutilhous 65 333 G1
Luttange 57 46 B4
Luttenbach-près-Munster 68 120 C3
Lutter 68 143 G4
Lutterbach 68 143 F1
Lutz-en-Dunois 28 110 A4
Lutzelbourg 57 68 A4
Lutzelhouse 67 96 D2
Luvigny 88 96 C2
Lux 21 160 B1
Lux 31 318 C2
Lux 71 177 H4
Luxé 16 203 F4
Luxe-Sumberraute 64 311 G4
Luxémont-et-Villotte 51 62 D5
Luxeuil-les-Bains 70 141 G2
Luxey 40 273 H2
Luxiol 25 162 C2
Luyères 10 91 F4
Luynes 13 306 A5
Luynes 37 151 G2
Luz-Ardiden 65 332 D3
Luz-Saint-Sauveur 65 333 E3
Luzancy 77 60 A2
Luzarches 95 38 C5
Luzay 79 168 A2
Luzé 37 169 F1
Luze 70 142 B3
Luzech 46 259 G5
Luzenac 09 336 C5
Luzeret 36 188 B2
La Luzerne 50 32 B4
Luzillat 63 210 B3
Luzillé 37 152 C4
Luzinay 38 231 F2
Luzoir 02 25 F1
Luzy 58 176 A4
Luzy-Saint-Martin 55 27 G5
Luzy-sur-Marne 52 117 E4
Ly-Fontaine 02 24 B3
Lyas 07 266 D1
Lyaud 74 198 B3
Lye 36 153 F4
Lynde 59 7 G2
Lyoffans 70 142 A3
Lyon 69 213 E5
Lyon-Saint-Exupéry *Aéroport de* 69 231 G1
Lyons-la-Forêt 27 36 D2
Lys 58 157 F3
Lys 64 314 B5
Lys-Chantilly 60 38 C5
Lys-lez-Lannoy 59 9 E2
Lys-Saint-Georges 36 189 F1

## M

Maast-et-Violaine 02 40 C3
Maâtz 52 139 H4
Mably 42 211 G2
Macau 33 237 F3
Macaye 64 311 E4
Macé 61 54 C5
Macey 10 90 C5
Macey 50 80 D2
Machault 08 42 B2
Machault 77 88 C4
Maché 85 165 F4
Machecoul-Saint-Même 44 165 E1
Mâchecourt 02 25 F4
Machemont 60 39 G1
Macheren 57 67 E1
Machézal 42 212 A4
Machiel 80 11 G1
Machilly 74 197 H4
La Machine 58 175 E3
Machine *Col de la* 26 250 A4
Machy 10 114 D3
Machy 80 11 G1
Macinaggio 2B 345 G1
Mackenheim 67 97 G5
Mackwiller 67 67 H2
Maclas 42 230 D5
Maclaunay 51 60 D3
Macogny 02 40 A5
Mâcon 71 195 E4
Maconcourt 52 93 E4
Maconcourt 88 94 B4
Maconge 21 159 F4
Macornay 39 179 E5
Mâcot-la-Plagne 73 234 D2
Macqueville 17 202 C5
Macquigny 02 24 C2
Madaillan 47 276 B2
Madecourt 88 94 D5
Madegney 88 95 E5
La Madelaine-sous-Montreuil 62 6 C4
La Madeleine 44 147 H3
La Madeleine 54 95 E1
La Madeleine 59 8 D2
Madeleine *Col de la* 73 234 A3
Madeleine *Grotte de la* 07 284 C1
La Madeleine-Bouvet 61 85 E3
La Madeleine-de-Nonancourt 27 56 B4
La Madeleine-sur-Loing 77 112 B2
La Madeleine-Villefrouin 41 132 B3
Madeloc *Tour* 66 343 G4

A B C D E F G H I J K L M N O P Q R S T U V W X Y Z

Madic 15 226 C5
Madière 09 336 A1
Madières 34 302 B2
Madirac 33 255 H1
Madiran 65 294 D5
Madone de Fenestre 06 291 F2
Madonne-et-Lamerey 88 119 E2
La Madrague 83 327 G4
La Madrague-de-la-Ville 13 326 D2
La Madrague-de-Montredon 13 326 D3
Madranges 19 224 D4
Madré 53 82 D3
Madriat 63 227 H4
Maël-Carhaix 22 77 E4
Maël-Pestivien 22 77 F3
Maennolsheim 67 68 B5
Maffliers 95 58 C1
Maffrécourt 51 43 E5
Magagnosc 06 309 E3
Magalas 34 321 G2
La Magdeleine 16 203 E2
La Magdeleine *Chapelle de* 44 126 B5
La Magdeleine-sur-Tarn 31 298 A2
Le Mage 61 84 D3
Magenta 51 61 G1
Les Mages 30 283 H2
Magescq 40 292 C2
Magland 74 216 C2
Magnac-Bourg 87 224 B2
Magnac-Laval 87 188 A5
Magnac-Lavalette-Villars 16 221 F3
Magnac-sur-Touvre 16 221 F1
Magnan 32 294 D2
Magnant 10 115 G3
Magnanville 78 57 F2
Magnas 32 296 C1
Magnat-l'Étrange 23 207 H5
Magné 79 184 D4
Magné 86 186 C4
Magnet 03 192 C5
Magneux 51 41 E3
Magneux 52 92 C3
Magneux-Haute-Rive 42 229 H1
Magneville 50 29 F5
Magnicourt 10 91 G3
Magnicourt-en-Comte 62 7 H5
Magnicourt-sur-Canche 62 12 D2
Magnien 21 159 E5
Magnières 54 95 G3
Magnieu 01 214 D5
Les Magnils-Reigniers 85 183 E2
Magnivray 70 141 H2
Magnoncourt 70 119 E5
Le Magnoray 70 141 E5
Magny 28 85 H5
Le Magny 36 189 G2
Magny 68 142 D3
Les Magny 70 141 H5
Le Magny 88 118 D4
Magny 89 158 A1
Magny-Châtelard 25 162 C4
Magny-Cours 58 174 C3
Magny-Danigon 70 142 A2
Magny-en-Bessin 14 33 E3
Magny-en-Vexin 95 37 G5
Magny-Fouchard 10 115 H2
Magny-Jobert 70 142 A3
Magny-la-Campagne 14 54 A1
Magny-la-Fosse 02 24 A1
Magny-la-Ville 21 158 D1
Magny-Lambert 21 138 B4
Magny-le-Désert 61 82 D2
Magny-le-Freule 14 34 A5
Magny-le-Hongre 77 59 F3
Magny-lès-Aubigny 21 160 B5
Magny-les-Hameaux 78 58 A4
Magny-lès-Jussey 70 140 D2
Magny-lès-Villers 21 159 H5
Magny-Lormes 58 157 G3
Magny-Montarlot 21 160 D4
Magny-Saint-Médard 21 160 C2
Magny-sur-Tille 21 160 B3
Magny-Vernois 70 141 H4
Magny-Village 78 58 A4
Magoar 22 77 G3
Magrie 11 337 G2
Magrin 81 298 D5
Magstatt-le-Bas 68 143 G2
Magstatt-le-Haut 68 143 G3
Maguelone 34 302 D5
Mahalon 29 99 E2
Mahéru 61 55 E5
Maîche 25 163 G3
Maidières 54 65 G3
Maignaut-Tauzia 32 295 H1
Maigné 72 107 F5
Maignelay-Montigny 60 22 D5
Mailhac 11 320 D4
Mailhac-sur-Benaize 87 188 B4
Mailhoc 81 279 G5
Mailholas 31 317 G4
Maillane 13 304 C2
Maillas 40 274 B2
Maillat 01 214 B1
Maillé 37 169 G1
Maillé 85 184 B4
Maillé 86 168 D5
Maillé *Château de* 29 71 F4
Maillebois 28 85 G2
La Mailleraye-sur-Seine 76 35 G1
Maillères 40 273 H4
Mailleroncourt-Charette 70 141 F3
Mailleroncourt-Saint-Pancras 70 118 D5
Maillet 03 190 D3
Maillet 36 189 E2
Mailley-et-Chazelot 70 141 E5
Maillezais 85 184 B3
Maillot 89 113 G3
Mailly 71 193 G5
Mailly-Champagne 51 41 H5
Mailly-la-Ville 89 136 C5
Mailly-le-Camp 10 61 H5
Mailly-le-Château 89 136 B5
Mailly-Maillet 80 13 F5
Mailly-Raineval 80 22 D3
Mailly-sur-Seille 54 65 H3
Les Maillys 21 160 C5
Maimbeville 60 38 D2
Mainbresson 08 25 H3
Mainbressy 08 25 H4
Maincourt-sur-Yvette 78 57 H5
Maincy 77 88 B3
Maine-de-Boixe 16 203 F4
Mainfonds 16 221 E3
Maing 59 14 D2
Mainneville 27 37 F2
Mainsat 23 208 B2
Maintenay 62 6 C5
Maintenon 28 86 B2
Mainterne 28 56 B5
Mainville 54 45 E4
Mainvillers 57 66 D2
Mainvilliers 28 86 A4
Mainvilliers 45 87 G5
Mainxe 16 220 C2
Mainzac 16 221 H3
Mairé 86 170 A3
Mairé-Levescault 79 203 E1
Mairieux 59 15 H2
Mairy 08 27 F4
Mairy-Mainville 54 45 E4
Mairy-sur-Marne 51 62 B3
Maisdon-sur-Sèvre 44 148 A5
Maisey-le-Duc 21 138 B2
Maisières-Notre-Dame 25 162 A5
Maisnières 80 11 F4
Le Maisnil 59 8 C3
Maisnil 62 12 D2
Maisnil-lès-Ruitz 62 8 A4
Maisod 39 196 C2
Maison-des-Champs 10 115 H2
La Maison-Dieu 58 157 G2
Maison-du-Roy 05 270 D2
Maison-Feyne 23 189 E4
Maison-Jeannette 24 240 B4
Maison-Maugis 61 84 D4
Maison-Neuve 07 284 A1
Maison-Neuve 16 221 G2
Maison-Ponthieu 80 12 B3
Maison-Roland 80 11 H3
Maison-Rouge 77 89 F2
Maisoncelle 62 7 E4
Maisoncelle-et-Villers 08 27 E5
Maisoncelle-Saint-Pierre 60 38 A1
Maisoncelle-Tuilerie 60 22 B5
Maisoncelles 52 117 G3
Maisoncelles 72 108 C5
Maisoncelles-du-Maine 53 106 A5
Maisoncelles-en-Brie 77 59 H3
Maisoncelles-en-Gâtinais 77 112 B3
Maisoncelles-la-Jourdan 14 52 C3
Maisoncelles-Pelvey 14 53 E1
Maisoncelles-sur-Ajon 14 53 F1
Maisonnais 18 190 A1
Maisonnais 79 202 D1
Maisonnais-sur-Tardoire 87 222 C1
Maisonneuve 86 168 C5
Maisonnisses 23 207 E2
Maisons 11 338 B3
Maisons 14 32 D3
Maisons 28 86 D4
Maisons-Alfort 94 58 C4
Les Maisons Blanches 79 203 F1
Maisons-du-Bois 25 180 D1
Maisons-en-Champagne 51 62 C4
Maisons-Laffitte 78 58 A2
Maisons-lès-Chaource 10 115 E4
Maisons-lès-Soulaines 10 92 B5
Maisonsgoutte 67 96 D4
Maisontiers 79 168 A4
Maisse 91 87 H4
Maissemy 02 24 A2
Maixe 54 95 F1
Maizeray 55 64 D1
Maizeroy 57 66 B1
Maizery 57 66 B1
Maizet 14 33 F5
Maizey 55 64 C3
Maizicourt 80 12 B3
Maizière 58 156 B4
Maizières 14 53 H1
Maizières 52 92 D3
Maizières 54 94 C2
Maizières 62 13 E2
Maizières 70 161 H1
Maizières-la-Grande-Paroisse 10 90 B3
Maizières-lès-Brienne 10 91 H4
Maizières-lès-Metz 57 45 H4
Maizières-lès-Vic 57 67 E5
Maizières-sur-Amance 52 140 A2
Maizilly 42 211 H1
Maizy 02 41 E2
Majastres 04 288 B5
Malabat 32 315 F2
La Malachère 70 162 A1
Malafretaz 01 195 G4
Mâlain 21 159 G3
Malaincourt 88 118 A2
Malaincourt-sur-Meuse 52 117 H2
Malakoff 92 58 B4
Malancourt 55 43 G4
Malancourt-la-Montagne 57 45 G5
Malandry 08 27 G5
Malange 39 161 F4
Malans 25 180 A1
Malans 70 161 E3
Malansac 56 125 F3
Malarce-sur-la-Thines 07 265 H5
Malataverne 26 267 E4
Malaucène 84 285 H3
Malaucourt-sur-Seille 57 66 B4
Malaumont 55 64 C5
Malaunay 76 36 A1
Malause 82 277 E4
Malaussanne 64 294 A5
Malaussène 06 289 H5
Malauzat 63 209 G5
Malaville 16 220 D3
Malavillers 54 45 E3
Malay 71 194 D1
Malay-le-Grand 89 113 G3
Malay-le-Petit 89 113 H3
Malbo 15 245 E4
Malbosc 07 283 H1
Malbouhans 70 142 A2
Malbouzon 48 263 H2
Malbrans 25 162 A5
Malbuisson 25 180 C3
Mâle 61 108 D2
Malegoude 09 336 D1
Malemort 19 242 C2
Malemort-du-Comtat 84 285 H5
La Malène 48 282 B2
Malepeyre *Sabot de* 48 282 A1
Malesherbes 45 87 H5
Malestroit 56 125 E2
Malétable 61 84 D2
Maleville 12 279 G1
Malfalco *Anse de* 2B 345 E4
Malguénac 56 101 H2
Malherbe-sur-Ajon 14 33 F5
La Malhoure 22 78 D4
Malicornay 36 188 D1
Malicorne 03 191 E5
Malicorne 89 135 F3
Malicorne-sur-Sarthe 72 129 G2
Maligny 21 177 E1
Maligny 89 136 C2
Malijai 04 287 G4
Malincourt 59 14 C5
Malintrat 63 209 H5
Malissard 26 249 F5
Malle *Château de* 33 256 B4
Mallefougasse 04 287 F4
Malleloy 54 65 H4
Mallemoisson 04 287 H4
Mallemort 13 305 G3
Malléon 09 336 C2
Malleret 23 226 B1
Malleret-Boussac 23 189 H4
Mallerey 39 179 E5
Mallet *Belvédère de* 15 245 H5
Malleval 42 230 D4
Malleval-en-Vercors 38 250 B2
Malleville-les-Grès 76 19 F2
Malleville-sur-le-Bec 27 35 G4
Mallièvre 85 166 D2
Malling 57 45 H2
Malloué 14 52 C2
La Malmaison 02 41 G1
Malmerspach 68 120 C5
Malmy 51 43 E4
Malnoue 77 59 E3
Malo-les-Bains 59 3 G2
Malons-et-Elze 30 265 G5
Malouy 27 35 E5
Malpart 80 22 D4
Malpas 25 180 C3
Malras 11 337 F2
Malrevers 43 247 G3
Malromé *Château de* 33 256 B3
Malroy 57 45 H5
Maltat 71 175 H5
Maltot 14 33 G5
Malval 23 189 F4
Malval *Col de* 69 212 C5
Malvalette 43 229 H5
Malves-en-Minervois 11 320 A4
Malvezie 31 334 B2
Malvières 43 229 E5
Malviès 11 337 G1
Malville 44 147 E2
Malvillers 70 140 C3
Malzéville 54 65 H5
Le Malzieu-Forain 48 264 B1
Le Malzieu-Ville 48 264 B1
Malzy 02 25 E1
Mambouhans 25 163 E2
Mamers 72 84 A5
Mametz 62 7 G2
Mametz 80 13 G5
Mamey 54 65 F3
Mamirolle 25 162 B4
Manas 26 267 G3
Manas-Bastanous 32 315 H3
Manaurie 24 241 E4
Mance 54 45 F4
La Mancelière 28 56 A5
La Mancellière 50 52 A5
La Mancellière-sur-Vire 50 32 B5
Mancenans 25 162 D1
Mancenans-Lizerne 25 163 F3
Mancey 71 195 E1
Manchecourt 45 111 H2
Manciet 32 295 E2
Mancieulles 54 45 F4
Mancioux 31 316 D5
Mancy 51 61 F2
Mandacou 24 258 B2
Mandagout 30 282 D5
Mandailles-Saint-Julien 15 244 D3
Mandelieu-la-Napoule 06 309 E4
Manderen 57 46 B2
Mandeure 25 142 B5
Mandeville 27 36 A4
Mandeville-en-Bessin 14 32 C3
Mandray 88 96 B5
Mandres 27 55 H4
Mandres-aux-Quatre-Tours 54 65 E4
Mandres-en-Barrois 55 93 F3
Mandres-la-Côte 52 117 F4
Mandres-les-Roses 94 58 D5
Mandres-sur-Vair 88 118 B2
Mandrevillars 70 142 B3
Manduel 30 304 A2
Mane 04 287 E5
Mane 31 334 D1
Manéglise 76 18 D5
Manéhouville 76 20 B2
Manent-Montané 32 316 B3
Manerbe 14 34 C4
Mangiennes 55 44 C3
Manglieu 63 228 B2
Mangonville 54 95 E3
Manhac 12 280 C2
Manheulles 55 64 D1
Manhoué 57 66 B4
Manicamp 02 24 A5
Manicourt 80 23 G3
Manigod 74 216 A4
Manin 62 13 E2
Maninghem 62 6 D3
Maninghen-Henne 62 2 B5
Maniquerville 76 18 D4
Manlay 21 158 D5
Manneville-ès-Plains 76 19 G2
Manneville-la-Goupil 76 18 D5
Manneville-la-Pipard 14 34 C3
Manneville-la-Raoult 27 34 D2
Manneville-sur-Risle 27 35 F2
Mannevillette 76 18 C5
Mano 40 255 F5
Le Manoir 14 33 E3
Le Manoir 27 36 B3
Manois 52 93 F5
Manom 57 45 H3
Manoncourt-en-Vermois 54 95 E1
Manoncourt-en-Woëvre 54 65 F4
Manoncourt-sur-Seille 54 65 H3
Manonville 54 65 F4
Manonviller 54 95 H1
Manosque 04 306 C1
Manot 16 204 C3
Manou 28 85 F3
Manre 08 42 D3
Le Mans 72 107 H4
Mansac 19 241 H2
Mansan 65 315 F3
Mansat-la-Courrière 23 207 E3
Manse *Col de* 05 269 H3
Mansempuy 32 296 C3
Mansencôme 32 295 H1
Manses 09 336 C1
Mansigné 72 129 H3
Mansle 16 203 F4
Manso 2B 346 B4
Mansonville 82 276 D5
Manspach 68 143 E3
Mant 40 294 A4
Mantaille *Château de* 26 249 F1
Mantallot 22 72 D3
Mantenay-Montlin 01 195 G3
Mantes-la-Jolie 78 57 F2
Mantes-la-Ville 78 57 F2
Mantet 66 341 H4
Manteyer 05 269 G4
Manthelan 37 152 A5
Manthelon 27 56 A2
Manthes 26 231 G5
Mantilly 61 82 A2
Mantoche 70 161 E2
Mantry 39 179 E4
Manvieux 14 33 E2
Many 57 66 C2
Manzac-sur-Vern 24 240 B3
Manzat 63 209 F3
Manziat 01 195 F4
Maquens 11 319 H5
Marac 52 117 E5
Marainville-sur-Madon 88 94 D4
Marainviller 54 95 G1
Le Marais *Château* 91 87 F2
Le Marais-la-Chapelle 14 54 A3
Marais-Vernier 27 35 E2
Marambat 32 295 G2
Marandeuil 21 160 C3
Marange-Silvange 57 45 G5
Marange-Zondrange 57 66 C1
Marangea 39 196 C2
Marans 17 183 G4
Marans 49 128 A4
Maransin 33 238 B3
Marant 62 6 C4
Maranville 52 116 C3
Maranwez 08 26 A3
Marast 70 141 G5
Marat 63 228 D2
Marat-la-Grande 55 63 H3
Marault 52 116 D2
Maraussan 34 321 F3
Maravat 32 296 C3
Maray 41 154 A4
Maraye-en-Othe 10 114 C3
Marbache 54 65 G4
Marbaix 59 15 F4
Marbeuf 27 36 A5
Marbéville 52 92 D5
Marbotte 55 64 D4
Marboué 28 109 H3
Marboz 01 195 H4
Marby 08 26 B2
Marc-la-Tour 19 243 E2
Marçais 18 173 E5
Marçay 37 151 E5
Marçay 86 186 B3
Marcé 49 129 E5
Marcé-sur-Esves 37 169 H1
Marcei 61 54 B5
Marcelcave 80 22 D2
Marcellaz 74 216 A1
Marcellaz-Albanais 74 215 F4
Marcellois 21 159 F3
Marcellus 47 257 E5
Marcenais 33 238 B3
Marcenat 03 192 B5
Marcenat 15 245 F1
Marcenay 21 137 H2
Marcenod 42 230 B2
Marcevol 66 342 B2
Marcey-les-Grèves 50 51 G4
Marchainville 61 85 E2
Marchais 02 25 E5
Marchais-Beton 89 135 F3
Marchais-en-Brie 02 60 C3
Marchal 15 226 D4
Marchamp 01 214 C5
Marchampt 69 212 C1
Marchastel 15 245 E1
Marchastel 48 263 H3
Marchaux 25 162 A3
La Marche 58 156 B5
Marché-Allouarde 80 23 G3
Marchélepot 80 23 G2
Marchemaisons 61 84 A3
Marchémoret 77 59 F1
Marchenoir 41 132 B3
Marcheprime 33 254 D2
Marches 26 249 H4
Les Marches 73 233 F3
Marcheseuil 21 158 D5
Marchésieux 50 31 H4
Marchéville 28 85 H5
Marcheville 80 11 H2
Marchéville-en-Woëvre 55 64 D1
Marchezais 28 57 E4
Marchiennes 59 9 E5
Marchon 01 196 C4
Marciac 32 295 F5
Marcieu 38 250 D4
Marcieux 73 232 D2
Marcigny 71 193 G5
Marcigny-sous-Thil 21 158 D2
Marcilhac-sur-Célé 46 260 D4
Marcillac 33 237 G1
Marcillac-la-Croisille 19 243 F1
Marcillac-la-Croze 19 242 D4
Marcillac-Lanville 16 203 E4
Marcillac-Saint-Quentin 24 241 G4
Marcillac-Vallon 12 262 C5
Marcillat 63 209 G2
Marcillat-en-Combraille 03 208 D1
Marcillé-la-Ville 53 82 C5
Marcillé-Raoul 35 80 C4
Marcillé-Robert 35 104 D5
Marcilloles 38 231 H5
Marcilly 50 51 H5
Marcilly 77 59 G1
Marcilly-d'Azergues 69 212 D4
Marcilly-en-Bassigny 52 117 H5
Marcilly-en-Beauce 41 131 G3
Marcilly-en-Gault 41 154 A2
Marcilly-en-Villette 45 133 F3
Marcilly-et-Dracy 21 159 E2
Marcilly-la-Campagne 27 56 B3
Marcilly-la-Gueurce 71 194 A3
Marcilly-le-Châtel 42 229 G1
Marcilly-le-Hayer 10 90 A5
Marcilly-lès-Buxy 71 177 F5
Marcilly-Ogny 21 158 D4
Marcilly-sur-Eure 27 56 C3
Marcilly-sur-Maulne 37 130 A5
Marcilly-sur-Seine 51 90 B2
Marcilly-sur-Tille 21 160 B1
Marcilly-sur-Vienne 37 169 G1
Marck 62 2 D3
Marckolsheim 67 121 F2
Marclopt 42 229 H2
Marcoing 59 14 B4
Marcolès 15 262 B1
Marcollin 38 231 G5
Marcols-les-Eaux 07 266 B1

Marçon 72 130 C 4
Marconnay *Château de* 86 185 H 2
Marconne 62 7 E 5
Marconnelle 62 6 D 5
Marcorignan 11 321 E 5
Marcoule 30 285 E 3
Marcoussis 91 87 G 2
Marcoux 04 288 A 3
Marcoux 42 229 G 1
Marcq 08 43 F 3
Marcq 78 57 G 3
Marcq-en-Barœul 59 8 D 2
Marcq-en-Ostrevant 59 14 B 2
Marcy 02 24 B 2
Marcy 58 157 E 3
Marcy 69 212 D 4
Marcy-l'Étoile 69 212 D 5
Marcy-sous-Marle 02 25 E 3
Mardeuil 51 61 F 1
Mardié 45 133 G 2
Mardilly 61 54 D 3
Mardor 52 139 F 2
Mardore 69 212 A 2
Mardyck 59 3 F 2
La Mare-d'Ovillers 60 38 B 4
Mareau-aux-Bois 45 111 G 4
Mareau-aux-Prés 45 133 E 2
Marèges *Barrage de* 19 226 B 5
Mareil-en-Champagne 72 107 E 5
Mareil-en-France 95 58 C 1
Mareil-le-Guyon 78 57 G 4
Mareil-Marly 78 58 A 3
Mareil-sur-Loir 72 129 G 4
Mareil-sur-Mauldre 78 57 G 3
Mareilles 52 117 F 2
Marenla 62 6 C 4
Marennes 17 200 C 4
Marennes 69 231 F 2
Maresché 72 107 G 2
Maresches 59 15 E 2
Maresquel-Ecquemicourt 62 6 D 5
Marest 62 7 G 4
Marest-Dampcourt 02 24 A 5
Marest-sur-Matz 60 39 F 1
Marestaing 32 297 E 5
Marestmontiers 80 22 D 4
Maresville 62 6 B 4
Les Marêts 77 60 B 5
Maretz 59 14 C 5
Mareugheol 63 227 H 4
Mareuil 16 202 C 5
Mareuil 24 221 H 4
Mareuil-Caubert 80 11 G 4
Mareuil-en-Brie 51 61 E 2
Mareuil-en-Dôle 02 40 D 4
Mareuil-la-Motte 60 39 F 1
Mareuil-le-Port 51 61 E 1
Mareuil-lès-Meaux 77 59 G 2
Mareuil-sur-Arnon 18 172 C 3
Mareuil-sur-Ay 51 61 G 1
Mareuil-sur-Cher 41 153 E 4
Mareuil-sur-Lay 85 183 E 1
Mareuil-sur-Ourcq 60 39 H 5
Marey 88 118 B 3
Marey-lès-Fussey 21 159 H 5
Marey-sur-Tille 21 139 E 5
Marfaux 51 41 F 5
Marfontaine 02 25 E 3
Margaux 33 237 F 3
Margencel 74 198 A 3
Margency 95 58 B 2
Margerides 19 226 B 4
Margerie-Chantagret 42 229 G 3
Margerie-Hancourt 51 91 H 2
Margès 26 249 G 2
Margilley 70 140 A 5
Margival 02 40 B 2
Le Margnès 81 300 B 4
Margny 08 27 H 4
Margny 51 60 D 2
Margny-aux-Cerises 60 23 G 4
Margny-lès-Compiègne 60 39 F 2
Margny-sur-Matz 60 39 F 1
Margon 28 85 E 5
Margon 34 321 H 2
Margouët-Meymes 32 295 F 3
Margueray 50 52 A 2
Marguerittes 30 304 A 2
Margueron 33 257 F 1
Marguestau 32 295 E 1
Margut 08 27 H 5
Mariac 07 248 B 5
Mariaud 04 288 C 1
Maricourt 80 23 F 1
Marie 06 289 H 4
Marienthal 67 69 E 4
Marieulles 57 65 G 2
Marieux 80 12 D 4
Marigna-sur-Valouse 39 196 B 3
Marignac 17 219 H 3
Marignac 31 334 B 3
Marignac 82 296 D 2
Marignac-en-Diois 26 268 A 1
Marignac-Lasclares 31 317 F 4
Marignac-Laspeyres 31 317 E 5
Marignana 2A 346 C 5
Marignane 13 326 C 1
Marigné 49 128 C 3
Marigné-Laillé 72 130 B 3
Marigné-Peuton 53 128 A 2
Marignier 74 216 B 1
Marignieu 01 214 D 5
Marigny 03 191 H 1
Marigny 39 179 G 5
Marigny 51 61 F 5
Marigny 71 177 E 5
Marigny 79 185 E 5
Marigny-Brizay 86 169 F 4
Marigny-Chemereau 86 186 A 3
Marigny-en-Orxois 02 60 A 1
Marigny-le-Cahouët 21 159 E 1
Marigny-le-Châtel 10 90 B 4
Marigny-le-Lozon 50 32 A 5
Marigny-l'Église 58 158 A 3
Marigny-lès-Reullée 21 178 A 1
Marigny-les-Usages 45 111 E 5
Marigny-Marmande 37 169 G 2
Marigny-Saint-Marcel 74 215 F 4
Marigny-sur-Yonne 58 157 G 4
Marillac-le-Franc 16 221 H 1
Le Marillais 49 148 C 2
Marillet 85 184 C 1
Marimbault 33 256 B 5
Marimont-lès-Bénestroff 57 67 E 3
Marin 74 198 B 3
Marines 95 37 H 5
Les Marines-de-Cogolin 83 329 F 2
Maringes 42 230 A 2
Maringues 63 210 A 4
Mariol 03 210 C 3
Marions 33 274 C 1
Marissel 60 38 A 2
Marizy-Saint-Mard 02 40 A 5
Marizy-Sainte-Geneviève 02 40 A 5
Le Markstein 68 120 C 4
Marle 02 25 E 3
Marlemont 08 26 A 3
Marlenheim 67 97 F 1
Marlens 74 216 A 5
Marlers 80 21 G 3
Marles-en-Brie 77 59 G 5
Marles-les-Mines 62 7 H 4
Marles-sur-Canche 62 6 C 4
Marlhes 42 248 B 1
Marliac 31 318 A 5
Marliens 21 160 B 4
Marlieux 01 213 G 2
Marlioz 74 215 F 2
Marly 57 65 H 1
Marly 59 9 G 5
Marly-Gomont 02 25 E 1
Marly-la-Ville 95 58 D 1
Marly-le-Roi 78 58 A 3
Marly-sous-Issy 71 176 A 5
Marly-sur-Arroux 71 193 H 1
Marmagne 18 172 D 1
Marmagne 21 137 H 5
Marmagne 71 176 D 3
Marmande 47 257 E 4
Marmanhac 15 244 C 4
Marmeaux 89 137 F 5
Marmesse 52 116 C 4
Marminiac 46 259 G 3
Marmont-Pachas 47 276 B 4
Marmouillé 61 54 C 5
Marmoutier 67 68 B 5
Marnac 24 259 E 1
Marnand 69 212 A 2
Marnans 38 231 H 5
Marnaves 81 279 E 4
Marnay 70 161 G 3
Marnay 71 178 A 5
Marnay 86 186 B 3
Marnay-sur-Marne 52 117 E 4
Marnay-sur-Seine 10 90 A 3
Marnaz 74 216 B 1
La Marne 44 165 F 1
Marne-la-Vallée 11 59 E 3
Marnefer 61 55 F 3
Marnes 79 168 C 3
Marnes-la-Coquette 92 58 B 3
Marnézia 39 196 C 1
Marnhagues-et-Latour 12 301 F 2
Marnoz 39 179 G 2
Marœuil 62 13 F 2
Maroilles 59 15 F 4
La Marolle-en-Sologne 41 133 E 5
Marolles 14 34 D 5
Marolles 41 132 A 5
Marolles 51 62 D 5
Marolles 60 39 H 5
Marolles-en-Beauce 91 87 G 5
Marolles-en-Brie 77 60 A 4
Marolles-en-Brie 94 58 D 5
Marolles-en-Hurepoix 91 87 G 2
Marolles-lès-Bailly 10 115 G 2
Marolles-les-Braults 72 108 A 2
Marolles-les-Buis 28 85 E 5
Marolles-lès-Saint-Calais 72 108 D 5
Marolles-sous-Lignières 10 114 D 5
Marolles-sur-Seine 77 89 E 4
Marollette 72 84 A 4
Marols 42 229 G 4
Maromme 76 36 A 1
Mâron 36 172 A 4
Maron 54 94 C 1
Maroncourt 88 94 D 5
Maroué 22 78 D 4
Maroutière *Château de la* 53 128 B 2
Marpain 39 161 E 3
Marpaps 40 293 G 4
Marpent 59 15 H 2
Marpiré 35 104 D 2
Marquaix 80 23 H 1
Marquay 24 241 F 5
Marquay 62 7 G 5
Marquefave 31 317 G 4
Marquéglise 60 39 F 1
Marquein 11 318 C 4
Marquenterre *Parc du* 80 11 E 1
Marquerie 65 315 F 4
Marques 76 21 F 3
Marquette-en-Ostrevant 59 14 B 2
Marquette-lez-Lille 59 8 D 2
Marquigny 08 26 D 5
Marquillies 59 8 C 3
Marquion 62 14 A 3
Marquise 62 2 B 4
Marquivillers 80 23 E 4
Marquixanes 66 342 B 2
Marray 37 130 D 5
La Marre 39 179 F 4
Marre 55 43 H 4
Mars 07 248 A 4
Les Mars 23 208 C 3
Mars 30 282 D 5
Mars 42 212 A 1
Mars-la-Tour 54 65 F 1
Mars-sous-Bourcq 08 42 C 2
Mars-sur-Allier 58 174 B 3
Marsa 11 337 F 4
Marsac 16 221 E 1
Marsac 23 206 C 2
Marsac 65 315 E 3
Marsac 82 296 D 1
Marsac-en-Livradois 63 229 E 4
Marsac-sur-Don 44 126 C 4
Marsac-sur-l'Isle 24 240 C 2
Marsainvilliers 45 111 G 2
Marsais 17 201 G 1
Marsais-Sainte-Radégonde 85 183 H 1
Marsal 57 66 D 4
Marsal 81 299 G 1
Marsalès 24 258 D 2
Marsan 32 296 C 4
Marsaneix 24 240 D 3
Marsangis 51 90 C 2
Marsangy 89 113 G 3
Marsannay-la-Côte 21 160 A 3
Marsannay-le-Bois 21 160 B 2
Marsanne 26 267 F 3
Marsas 33 237 H 3
Marsas 65 333 G 1
Marsat 63 209 H 4
Marsaz 26 249 F 2
Marseillan 32 315 G 2
Marseillan 34 322 C 4
Marseillan 65 315 F 4
Marseillan-Plage 34 322 D 5
Marseille 13 326 D 3
Marseille-en-Beauvaisis 60 21 H 5
Marseille-lès-Aubigny 18 174 B 1
Marseillette 11 320 A 5
Marsillargues 34 303 G 4
Marsilly 17 183 F 5
Marsilly 57 66 B 1
Marsinval 78 57 H 2
Marsolan 32 296 A 1
Marson 51 62 C 2
Marson-sur-Barboure 55 93 G 1
Marsonnas 01 195 G 4
Marsoulas 31 335 E 1
Marsous 65 332 C 2
Marspich 57 45 G 3
Marssac-sur-Tarn 81 299 E 1
Martagny 27 37 F 2
Martailly-lès-Brancion 71 195 E 2
Martainneville 80 11 F 4
Martainville 14 53 G 2
Martainville 27 35 E 3
Martainville-Épreville 76 36 C 1
Martaizé 86 168 C 3
Martel 46 242 C 5
Marthemont 54 94 C 2
Marthille 57 66 D 3
Marthod 73 216 A 5
Marthon 16 221 H 2
Martiel 12 279 E 1
Martigna 39 196 D 3
Martignac 46 259 F 4
Martignargues 30 284 A 5
Martignas-sur-Jalle 33 237 E 5
Martignat 01 196 C 5
Martigné-Briand 49 149 H 4
Martigné-Ferchaud 35 127 E 2
Martigné-sur-Mayenne 53 106 A 2
Martigny 02 25 H 2
Martigny 50 52 A 5
Martigny 76 20 B 2
Martigny-Courpierre 02 40 D 1
Martigny-le-Comte 71 194 A 2
Martigny-les-Bains 88 118 B 3
Martigny-les-Gerbonvaux 88 94 A 3
Martigny-sur-l'Ante 14 53 H 2
Martigues 13 325 H 3
Martillac 33 255 G 2
Martimpré *Col de* 88 120 B 3
Martin-Église 76 10 B 5
Martincourt 54 65 F 4
Martincourt 60 37 H 1
Martincourt-sur-Meuse 55 27 G 5
Le Martinet 30 283 H 2
Martinet 85 165 F 5
Martinpuich 62 13 G 5
Martinvast 50 29 E 3
Martinvelle 88 118 C 4
Martisserre 31 316 D 3
Martizay 36 170 C 4
Martot 27 36 A 3
Martragny 14 33 E 3
La Martre 83 308 B 2
Martres 33 256 C 2
Les Martres-d'Artière 63 210 A 5
Martres-de-Rivière 31 334 B 1
Les Martres-de-Veyre 63 227 H 1
Martres-sur-Morge 63 210 A 4
Martres-Tolosane 31 317 E 5
Martrin 12 300 B 1
Martrois 21 159 E 3
La Martyre 29 75 H 2
Les Martys 11 319 G 3
Maruéjols-lès-Gardon 30 283 H 5
Marval 87 222 D 2
Marvaux-Vieux 08 42 D 3
Marvejols 48 264 A 4
Marvelise 25 142 A 4
Marville 55 44 B 2
Marville-les-Bois 28 85 H 2
Marville-Moutiers-Brûlé 28 56 D 5
Mary 71 194 B 1
Mary-sur-Marne 77 59 H 1
Marzal *Aven de* 07 284 C 1
Marzan 56 125 F 5
Marzens 81 298 D 4
Marzy 58 174 C 2
Le Mas 06 308 D 1
Mas-Blanc-des-Alpilles 13 304 C 2
Mas-Cabardès 11 319 H 3
Mas Camargues 48 283 F 1
Le Mas-d'Agenais 47 257 F 5
Le Mas-d'Artige 23 225 H 1
Mas-d'Auvignon 32 296 A 1
Le Mas-d'Azil 09 335 H 1
Mas-d'Azil *Grotte du* 09 335 H 1
Mas-de-Londres 34 302 C 2
Le Mas-de-Tence 43 248 B 3
Mas-des-Cours 11 337 H 1
Mas-d'Orcières 48 265 E 5
Mas-Grenier 82 297 G 1
Mas-Saint-Chély 48 282 B 2
Mas-Saintes-Puelles 11 318 D 4
Le Mas-Soubeyran 30 283 G 4
Mas-Thibert 13 304 C 5
Masbaraud-Mérignat 23 206 D 3
Mascaraàs-Haron 64 294 C 5
Mascaras 32 295 G 5
Mascaras 65 315 F 5
Mascarville 31 298 C 5
Masclat 46 259 H 1
Masevaux-Niederbruck 68 142 D 1
Maslacq 64 313 G 2
Masléon 87 224 C 1
Maslives 41 132 B 5
Masmejan 48 283 E 1
Le Masnau-Massuguiès 81 300 A 3
Masnières 59 14 B 4
Masny 59 9 E 5
Los Masos 66 342 B 3
Masparraute 64 311 G 3
Maspie-Lalonquère-Juillacq 64 314 D 2
Masquières 47 277 E 1
Massabrac 31 317 H 5
Massac 11 338 B 3
Massac 17 202 C 4
Massac-Séran 81 298 D 4
Massaguel 81 319 F 2
Massais 79 167 H 1
Massals 81 300 A 2
Massanes 30 283 H 5
Massangis 89 137 E 5
Massat 09 335 H 3
Massay 18 154 B 5
Le Massegros 48 281 H 2
Masseilles 33 256 D 5
Massels 47 276 D 2
Massérac 44 126 A 4
Masseret 19 224 B 3
Masseube 32 316 A 2
Massiac 15 246 A 1
Massieu 38 232 C 4
Massieux 01 213 E 4
Massiges 51 42 D 4
Massignac 16 204 C 5
Massignieu-de-Rives 01 214 D 5
Massillargues-Attuech 30 283 G 5
Massilly 71 194 D 2
Massingy 21 116 A 5
Massingy 74 215 F 4
Massingy-lès-Semur 21 158 D 1
Massingy-lès-Vitteaux 21 159 F 2
Massognes 86 168 C 4
Massoins 06 289 H 5
Massongy 74 198 A 4
Massoulès 47 276 D 1
Massugas 33 257 E 1
Massy 71 194 C 2
Massy 76 20 D 4
Massy 91 58 B 5
Mastaing 59 14 C 2
Matafelon-Granges 01 196 C 5
Les Matelles 34 302 D 3
Matemale 66 341 G 3
Matha 17 202 B 4
Mathaux 10 91 H 4
Mathay 25 142 B 5
Mathenay 39 179 F 2
Les Mathes 17 200 C 5
Mathieu 14 33 G 3
Mathons 52 92 D 4
Mathonville 76 20 D 5
Matignicourt-Goncourt 51 62 D 5
Matignon 22 50 A 5
Matigny 80 23 H 3
Matougues 51 62 A 2
Matour 71 194 B 4
Matra 2B 347 G 4
Matringhem 62 7 F 3
Mattaincourt 88 94 D 5
Mattexey 54 95 G 3
Matton-et-Clémency 08 27 G 4
Mattstall 67 68 D 1
Matzenheim 67 97 G 3
Maubec 38 232 A 2
Maubec 82 296 D 2
Maubec 84 305 F 1
Maubert-Fontaine 08 26 B 2
Maubeuge 59 15 G 2
Maubourguet 65 315 E 2
Maubuisson 33 236 B 3
Mauchamps 91 87 G 3
Maucomble 76 20 C 4
Maucor 64 314 B 3
Maucourt 60 23 H 4
Maucourt 80 23 F 3
Maucourt-sur-Orne 55 44 C 4
Maudétour-en-Vexin 95 37 G 5
Mauguio 34 303 E 4
Maulain 52 117 H 4
Maulais 79 168 B 2
Maulan 55 63 H 5
Maulay 86 169 E 2
Maulde 59 9 G 4
Maule 78 57 G 3
Mauléon 79 167 E 2
Mauléon-Barousse 65 334 A 3
Mauléon-d'Armagnac 32 294 D 1
Mauléon-Licharre 64 311 H 5
Maulers 60 22 A 5
Maulette 78 57 E 4
Maulévrier 49 167 E 1
Maulévrier-Sainte-Gertrude 76 19 G 5
Maulichères 32 294 D 3
Maumusson 44 148 C 1
Maumusson 82 296 D 1
Maumusson-Laguian 32 294 D 4
Mauny 76 35 H 2
Maupas 10 115 E 3
Le Maupas 21 158 D 4
Maupas 32 294 D 2
Maupas *Château de* 18 155 G 4
Mauperthuis 77 59 H 4
Maupertuis 50 52 A 1
Maupertus-sur-Mer 50 29 F 3
Mauprévoir 86 204 B 1
Mauquenchy 76 20 D 5
Mauran 31 317 E 5
Maure 64 314 D 3
Maure *Col de* 04 288 B 1
Maure-de-Bretagne 35 103 G 5
Maurecourt 78 58 A 2
Mauregard 77 59 E 1
Mauregny-en-Haye 02 41 E 1
Maureilhan 34 321 F 3
Maureillas-las-Illas 66 343 E 4
Mauremont 31 318 B 2
Maurens 24 239 H 5
Maurens 31 318 C 2
Maurens 32 296 D 5
Maurens-Scopont 81 298 C 5
Maurepas 78 57 H 4
Maurepas 80 23 F 1
Mauressac 31 317 H 4
Mauressargues 30 283 H 5
Maureville 31 298 C 5
Mauriac 15 244 B 2
Mauriac 33 256 D 2
Mauries 40 294 B 4
Maurin 04 271 F 3
Maurin 34 302 D 5
Maurines 15 245 H 5
Maurois 59 14 D 5
Mauron 56 103 E 3
Mauroux 32 296 C 1
Mauroux 46 259 E 5
Maurrin 40 294 B 2
Maurs 15 261 H 2
Maurupt-le-Montois 51 63 E 4
Maury 66 338 B 4
Maury *Barrage de* 12 262 D 3
Mausoléo 2B 346 D 2
Maussac 19 225 G 4
Maussane-les-Alpilles 13 304 D 3
Maussans 70 162 B 1
Mausson *Château de* 53 81 G 3
Mautes 23 208 B 4
Mauvages 55 93 G 2
Mauvaisin 31 318 A 3
Mauves 07 249 E 3
Mauves-sur-Huisne 61 84 C 4
Mauves-sur-Loire 44 148 A 3
Mauvezin 31 316 D 3
Mauvezin 32 296 D 3
Mauvezin 65 333 G 1
Mauvezin-d'Armagnac 40 274 C 5
Mauvezin-de-Prat 09 335 E 2
Mauvezin-de-Sainte-Croix 09 335 G 1
Mauvezin-sur-Gupie 47 257 E 4
Mauvières 36 187 H 2
Mauvilly 21 138 B 4
Maux 58 175 H 1
Mauzac 31 317 G 3
Mauzac-et-Saint-Meyme-de-Rozens 24 240 D 5
Mauzé-sur-le-Mignon 79 184 C 5
Mauzé-Thouarsais 79 168 A 2
Mauzens-et-Miremont 24 241 E 4
Mauzun 63 228 B 1

Mavaleix 24 223 E3
Maves 41 132 A4
Mavilly-Mandelot 21 177 G1
La Maxe 57 45 H5
Maxent 35 103 G4
Maxéville 54 65 H5
Maxey-sur-Meuse 88 94 A3
Maxey-sur-Vaise 55 93 H2
Maxilly-sur-Léman 74 198 C3
Maxilly-sur-Saône 21 160 D3
Maxou 46 260 B4
Maxstadt 57 67 E1
May-en-Multien 77 59 H1
Le May-sur-Èvre 49 148 D5
May-sur-Orne 14 33 G5
Mayac 24 241 E1
Mayenne 53 82 B5
Mayet 72 130 A3
Le Mayet-de-Montagne 03 210 D2
Le Mayet-d'École 03 210 A1
Maylis 40 293 G3
Maynal 39 196 A1
Les Mayons 83 328 D2
Mayot 02 24 B4
Mayrac 46 242 C5
Mayran 12 280 B1
La Mayrand 63 227 G4
Mayrègne 31 334 A4
Mayres 07 248 D4
Mayres 07 265 H3
Mayres 63 228 D5
Mayres-Savel 38 250 D5
Mayreste *Belvédère de* 04 307 H2
Mayreville 11 318 D5
Mayrinhac-Lentour 46 261 E1
Mayronnes 11 338 A2
Maysel 60 38 C4
Mazamet 81 319 H2
Mazan 84 285 H4
Mazan-l'Abbaye 07 265 H2
Mazangé 41 131 F3
Mazaugues 83 328 A2
Mazaye 63 209 F5
Mazé-Milon 49 150 A1
Le Mazeau 85 184 C4
Mazeirat 23 207 F1
Mazeley 88 95 E5
Mazerat-Aurouze 43 246 C2
Mazeray 17 201 G4
Mazères 09 318 B4
Mazères 33 256 B4
Mazères *Église de* 65 295 E5
Mazères-de-Neste 65 334 A1
Mazères-Lezons 64 314 B4
Mazères-sur-Salat 31 335 E1
Mazerier 03 209 H2
Mazerny 08 26 C5
Mazerolles 16 222 B1
Mazerolles 17 219 G3
Mazerolles 40 294 A1
Mazerolles 64 314 A2
Mazerolles 65 315 G3
Mazerolles 86 187 E3
Mazerolles-du-Razès 11 337 F1
Mazerolles-le-Salin 25 161 G4
Mazerulles 54 66 B5
Mazet-Saint-Voy 43 248 A3
Mazeuil 86 168 D4
Mazeyrat-d'Allier 43 246 C3
Mazeyrolles 24 259 E3
La Mazière-aux-Bons-Hommes 23 208 C4
Mazières 16 204 B5
Mazières-de-Touraine 37 151 F2
Mazières-en-Gâtine 79 185 E2
Mazières-en-Mauges 49 167 E1
Mazières-Naresse 47 258 C3
Mazières-sur-Béronne 79 185 F5
Mazille 71 194 C3
Mazingarbe 62 8 A4
Mazinghem 62 7 G3
Mazinghien 59 15 E5
Mazion 33 237 G2
Mazirat 03 190 C5
Mazirot 88 94 D4
Le Mazis 80 21 G2
Mazoires 63 227 G5
Mazouau 65 333 H2
Mazuby 11 337 E4
Les Mazures 08 26 C1
Mazzola 2B 347 F4
Méailles 04 288 D4
Méallet 15 244 B1
Méasnes 23 189 E3
Meaucé 28 85 F3
La Meauffe 50 32 B4
La Méaugon 22 78 B3
Meaulne 03 190 D1
Méaulte 80 23 E1
Méautis 50 31 H3
Meaux 77 59 G2
Meaux-la-Montagne 69 212 B2
Meauzac 82 277 G4
Mecé 35 81 E5
Mechmont 46 260 B4
Mécleuves 57 65 H1
Mecquignies 59 15 F2
Mécrin 55 64 C4
Mécringes 51 60 C3
Médan 78 57 H2
Médavy 61 54 B5
La Mède 13 325 H4
Medeyrolles 63 229 E4
Médière 25 142 A5
Médillac 16 239 E1
Médis 17 218 D1
Médonnet *Chapelle du* 74 216 C3
Médonville 88 118 A2
Médous *Grotte de* 65 333 F2
Médréac 35 103 G1
Le Mée 28 110 A5
Mée 53 128 A2
Le Mée-sur-Seine 77 88 B3
Les Mées 04 287 G4
Mées 40 292 D3
Les Mées 72 83 H5
Mégange 57 46 C4
Megève 74 216 C4
Mégevette 74 198 B5
Mégrit 22 79 F5
Méharicourt 80 23 F3
Méharin 64 311 F4
Méhers 41 153 F3
Méhoncourt 54 95 F2
Méhoudin 61 82 D3
Mehun-sur-Yèvre 18 154 D5
La Meignanne 49 149 F1
Meigné 49 150 A4
Meigné-le-Vicomte 49 151 E1
Meigneux 77 89 E3
Meigneux 80 21 H3
Meilhac 87 223 G1
Meilhan 32 316 B2
Meilhan 40 293 G1
Meilhan-sur-Garonne 47 256 D4
Meilhards 19 224 C3
Meilhaud 63 227 H3
Meillac 35 80 A3
Meillant 18 173 F4
Meillard 03 192 A4
Le Meillard 80 12 C4
La Meilleraie-Tillay 85 166 D4
Meilleray 77 60 C4
La Meilleraye-de-Bretagne 44 127 E5
Meillerie 74 198 C2
Meillers 03 191 H2
Meillier-Fontaine 08 26 D2
Meillon 64 314 B4
Meillonnas 01 196 A5
Meilly-sur-Rouvres 21 159 F4
Meisenthal 57 68 A2
Meistratzheim 67 97 F2
Le Meix 21 138 D5
Le Meix-Saint-Epoing 51 60 D5
Le Meix-Tiercelin 51 62 B5
Méjanes 13 304 A5
Méjannes-le-Clap 30 284 B2
Méjannes-lès-Alès 30 283 H4
Mela 2A 349 E5
Mélagues 12 301 E3
Mélamare 76 19 E5
Melan 04 287 H2
Melay 49 149 F4
Melay 52 118 B5
Melay 71 193 G5
Le Mêle-sur-Sarthe 61 84 A3
Mélecey 70 141 H5
Melesse 35 104 B2
Melgven 29 100 B4
Mélicocq 60 39 F1
Mélicourt 27 55 E2
Méligny-le-Grand 55 93 G1
Méligny-le-Petit 55 93 G1
Melin 70 140 C3
Melincourt 70 118 D5
Mélisey 70 142 A2
Mélisey 89 115 E5
Meljac 12 280 C4
Mellac 29 100 D4
Mellé 35 81 E3
Melle 79 185 G5
Mellecey 71 177 G4
Melleran 79 203 E1
Melleray 72 108 D3
Melleray *Abbaye de* 44 127 E5
Melleray-la-Vallée 53 82 B3
Melleroy 45 135 E2
Melles 31 334 C4
Melleville 76 11 E5
Mellionnec 22 77 F5
Mello 60 38 C4
Meloisey 21 177 G1
Melrand 56 101 G4
Melsheim 67 68 C4
Melun 77 88 B3
Melve 04 287 G1
Melz-sur-Seine 77 89 H3
Membrey 70 140 B5
La Membrolle-sur-Choisille 37 151 H2
La Membrolle-sur-Longuenée 49 128 B5
Membrolles 41 110 A5
Méménil 88 95 G5
Memmelshoffen 67 69 E2
Le Mémont 25 163 F4
Mémorial Canadien 62 8 B5
Menades 89 157 H2
Ménarmont 88 95 H3
Menars 41 132 B5
Menat 63 209 F2
Menaucourt 55 93 F1
Mencas 62 7 E3
Menchhoffen 67 68 C3
Mende 48 264 C4
Mendionde 64 311 E4
Menditte 64 331 E1
Mendive 64 330 C1
Ménéac 56 102 D2
Menée *Col de* 38 268 D1
Ménerbes 84 305 G2
Ménerval 76 21 F5
Ménerville 78 57 E2
Menesble 21 138 D3
Méneslies 80 11 E4
Ménesplet 24 239 E4
Ménesqueville 27 36 D2
Ménessaire 21 158 B5
Menestreau 58 156 D2
Ménestreau-en-Villette 45 133 F4
Menet 15 244 D1
Menetou-Couture 18 174 A1
Menetou-Râtel 18 155 H3
Menetou-Salon 18 155 F4
Menetou-sur-Nahon 36 153 H4
Ménétréol-sous-Sancerre 18 156 A3
Ménétréol-sur-Sauldre 18 155 E2
Ménétréols-sous-Vatan 36 172 A2
Ménetreuil 71 195 G1
Ménétreux-le-Pitois 21 138 A5
Ménétrol 63 209 H4
Menétru-le-Vignoble 39 179 F4
Menétrux-en-Joux 39 179 G5
Ménévillers 60 39 E1
Ménez-Bré 22 72 D5
Ménez-Hom 29 75 G4
Ménez-Meur *Domaine de* 29 75 H3
Menglon 26 268 C2
Ménigoute 79 185 G2
Ménil 53 128 B3
Le Ménil 88 120 A5
Ménil-Annelles 08 42 B1
Ménil-aux-Bois 55 64 C4
Le Ménil-Bérard 61 55 E5
Le Ménil-Broût 61 83 H3
Le Ménil-Ciboult 61 52 D4
Le Ménil-de-Briouze 61 53 G5
Ménil-de-Senones 88 96 B3
Ménil-en-Xaintois 88 94 C5
Ménil-Erreux 61 83 H3
Ménil-Froger 61 54 D4
Ménil-Glaise 61 53 H4
Ménil-Gondouin 61 53 G4
Le Ménil-Guyon 61 84 A2
Ménil-Hermei 61 53 G3
Ménil-Hubert-en-Exmes 61 54 C3
Ménil-Hubert-sur-Orne 61 53 G3
Ménil-Jean 61 53 H4
Ménil-la-Horgne 55 64 C5
Ménil-la-Tour 54 65 F5
Ménil-Lépinois 08 42 A2
Le Ménil-Scelleur 61 83 F2
Ménil-sur-Belvitte 88 95 H3
Ménil-sur-Saulx 55 63 H5
Le Ménil-Vicomte 61 54 D4
Ménil-Vin 61 53 G3
Ménilles 27 56 D1
Ménillot 54 94 A1
La Ménitré 49 150 A2
Mennecy 91 87 H2
Mennessis 02 24 A4
Mennetou-sur-Cher 41 154 A4
Menneval 27 35 F5
Menneville 02 41 G2
Menneville 62 6 C2
Mennevret 02 24 D1
Mennouveaux 52 117 G3
Ménoire 19 242 D3
Menomblet 85 167 E4
Menoncourt 90 142 C2
Ménonval 76 21 E3
Menotey 39 161 E5
Menou 58 156 D3
Menouville 95 38 A5
Le Menoux 36 188 D2
Menoux 70 141 E2
Mens 38 251 E5
Mensignac 24 240 B1
Menskirch 57 46 B3
Mentheville 76 19 E4
Menthon-Saint-Bernard 74 215 H4
Menthonnex-en-Bornes 74 215 G2
Menthonnex-sous-Clermont 74 215 F3
Mentières 15 245 H3
Menton 06 291 G5
Mentque-Nortbécourt 62 3 E5
Menucourt 95 57 H1
Les Menuires 73 234 C5
Les Menus 61 85 E3
Menville 31 297 G4
Méobecq 36 171 F5
Méolans 04 270 C5
Méolans-Revel 04 270 C5
Méon 49 150 D1
Méounes-lès-Montrieux 83 328 A2
Mépieu 38 214 B5
Mer 41 132 C4
Mer de Sable *La* 60 39 E5
Méracq 64 294 B5
Méral 53 105 G5
Méras 09 317 G5
Mercatel 62 13 G3
Mercenac 09 335 E2
Merceuil 21 177 H2
Mercey 21 159 E5
Mercey 27 56 D1
Mercey-le-Grand 25 161 F4
Mercey-sur-Saône 70 140 B5
Mercin-et-Vaux 02 40 B2
Merck-Saint-Liévin 62 7 E3
Merckeghem 59 3 F4
Mercœur 19 243 F4
Mercœur 43 246 A2
Mercuer 07 266 B3
Mercuès 46 259 H5
Mercurey 71 177 G3
Mercurol-Veaunes 26 249 F3
Mercury 73 234 A1
Mercus-Garrabet 09 336 B4
Mercy 03 192 C3
Mercy 89 114 A4
Mercy-le-Bas 54 45 E3
Mercy-le-Haut 54 45 E3
Merdrignac 22 102 D1
Méré 78 57 G4
Méré 89 136 D2
Méreau 18 154 C5
Méréaucourt 80 21 H3
Méréglise 28 85 G5
Mérélessart 80 11 G5
Mérens 32 296 A3
Mérens-les-Vals 09 341 E2
Mérenvielle 31 297 F4
Méreuil 05 269 E5
Méréville 54 94 D1
Méréville 91 87 F5
Merey 27 56 D2
Mérey-sous-Montrond 25 162 A4
Mérey-Vieilley 25 162 A2
Merfy 51 41 F3
Mergey 10 90 D4
Meria 2B 345 G2
Mérial 11 337 E5
Méribel 73 234 C4
Méribel-Mottaret 73 234 C4
Méricourt 62 8 B5
Méricourt 78 57 F1
Méricourt-en-Vimeu 80 21 H2
Méricourt-l'Abbé 80 22 D1
Méricourt-sur-Somme 80 23 E1
Mériel 95 58 B1
Mérifons 34 301 G4
Mérignac 16 220 D1
Mérignac 17 220 B5
Mérignac 33 237 F5
Mérignas 33 256 D1
Mérignat 01 214 B3
Mérignies 59 8 D4
Mérigny 36 187 G1
Mérigon 09 335 F1
Mérilheu 65 333 F1
Mérillac 22 103 E1
Mérinchal 23 208 C4
Mérindol 84 305 G3
Mérindol-les-Oliviers 26 285 H2
Mérinville 45 112 D4
Le Mériot 10 89 H3
Méritein 64 313 G3
Merkwiller-Pechelbronn 67 69 E2
Merlande *Prieuré de* 24 240 B1
Merlas 38 232 D4
La Merlatière 85 166 A4
Merlaut 51 62 D4
Merle *Tours de* 19 243 G3
Merle-Leignec 42 229 G5
Merléac 22 78 A5
Le Merlerault 61 54 D5
Merles 82 277 E4
Merles-sur-Loison 55 44 C3
Merlette 05 270 A2
Merlevenez 56 123 G2
Merlieux-et-Fouquerolles 02 40 C1
Merlimont 62 6 B4
Merlimont-Plage 62 6 A4
Merlines 19 226 C2
Mernel 35 103 H5
Mérobert 91 87 E4
Méron 49 150 B5
Mérona 39 196 C1
Mérouville 28 86 D5
Meroux 90 142 C3
Merpins 16 220 B1
Merrey 52 117 H4
Merrey-sur-Arce 10 115 G3
Merri 61 54 A3
Merris 59 4 A5
Merry-la-Vallée 89 135 H3
Merry-Sec 89 136 A4
Merry-sur-Yonne 89 136 C5
Mers-les-Bains 80 10 D4
Mers-sur-Indre 36 189 F1
Merschweiller 57 46 B2
Mersuay 70 141 E2
Merten 57 46 D4
Mertrud 52 92 C4
Mertzen 68 143 E3
Mertzwiller 67 68 D3
Méru 60 38 A4
Merval 02 41 E3
Mervans 71 178 B4
Mervent 85 184 B2
Merviel 09 336 C2
Mervilla 31 318 A2
Merville 31 297 G3
Merville 59 8 A2
Merville-Franceville-Plage 14 33 H3
Merviller 54 96 A2
Merxheim 68 121 E5
Méry 73 233 F1
Méry-Corbon 14 34 A5
Méry-ès-Bois 18 155 E3
Méry-la-Bataille 60 23 E5
Méry-Prémecy 51 41 F4
Méry-sur-Cher 18 154 B4
Méry-sur-Marne 77 60 A2
Méry-sur-Oise 95 58 B1
Méry-sur-Seine 10 90 C3
Le Merzer 22 73 F5
Mésandans 25 162 C1
Mésanger 44 148 B1
Mésangueville 76 21 E5
Mesbrecourt-Richecourt 02 24 C4
Meschers-sur-Gironde 17 218 D2
Mescla *Balcons de la* 04 307 H2
Mescoules 24 257 H2
Le Mesge 80 22 A1
Mesgrigny 10 90 C3
Mésigny 74 215 F2
Meslan 56 101 E3
Mesland 41 152 D1
Meslay 14 53 G2
Meslay 41 131 G3
Meslay *Grange de* 37 152 A2
Meslay-du-Maine 53 106 B5
Meslay-le-Grenet 28 86 A5
Meslay-le-Vidame 28 110 A2
Meslières 25 142 C5
Meslin 22 78 C4
Mesmay 25 179 G1
Mesmont 08 26 B5
Mesmont 21 159 G3
Mesnac 16 202 B5
Mesnard-la-Barotière 85 166 C3
Mesnay 39 179 G2
Les Mesneux 51 41 G4
La Mesnière 61 84 B3
Mesnières-en-Bray 76 20 D3
Le Mesnil 50 31 E2
Le Mesnil-Adelée 50 52 B4
Le Mesnil-Amand 50 51 H2
Le Mesnil-Amelot 77 59 E1
Le Mesnil-Amey 50 32 A5
Le Mesnil-Angot 50 32 A4
Le Mesnil-au-Grain 14 53 E1
Le Mesnil-au-Val 50 29 F3
Le Mesnil-Aubert 50 51 G2
Le Mesnil-Aubry 95 58 C1
Le Mesnil-Auzouf 14 52 D1
Le Mesnil-Bacley 14 54 C1
Le Mesnil-Benoist 14 52 B3
Le Mesnil-Bœufs 50 52 A5
Le Mesnil-Bonant 50 51 H2
Mesnil-Bruntel 80 23 G2
Le Mesnil-Caussois 14 52 B3
Mesnil-Clinchamps 14 52 B3
Le Mesnil-Conteville 60 22 A4
Mesnil-Domqueur 80 12 B4
Le Mesnil-Drey 50 51 G3
Le Mesnil-Durand 14 54 C1
Le Mesnil-Durdent 76 19 G2
Mesnil-en-Arrouaise 80 13 H5
Le Mesnil-en-Thelle 60 38 B5
Le Mesnil-en-Vallée 49 148 D2
Le Mesnil-Esnard 76 36 B2
Le Mesnil-Eudes 14 34 C5
Le Mesnil-Eudin 80 21 F2
Le Mesnil-Eury 50 32 A4
Mesnil-Follemprise 76 20 C3
Le Mesnil-Fuguet 27 56 B1
Le Mesnil-Garnier 50 51 H2
Le Mesnil-Germain 14 54 C1
Le Mesnil-Gilbert 50 52 B4
Le Mesnil-Guillaume 14 34 D5
Le Mesnil-Hardray 27 56 A2
Le Mesnil-Herman 50 52 A1
Le Mesnil-Hue 50 51 H2
Le Mesnil-Jourdain 27 36 B5
Mesnil-la-Comtesse 10 91 E3
Le Mesnil-le-Roi 78 58 A2
Mesnil-Lettre 10 91 F3
Le Mesnil-Lieubray 76 37 E1
Mesnil-Martinsart 80 13 F5
Le Mesnil-Mauger 14 34 B5
Mesnil-Mauger 76 21 E4
Le Mesnil-Opac 50 52 B1
Le Mesnil-Ozenne 50 51 H5
Mesnil-Panneville 76 19 H5
Le Mesnil-Patry 14 33 F4
Le Mesnil-Rainfray 50 52 B5
Mesnil-Raoul 76 36 C2
Le Mesnil-Raoult 50 52 B1
Le Mesnil-Réaume 76 10 D5
Le Mesnil-Robert 14 52 C3
Le Mesnil-Rogues 50 51 G2
Mesnil-Rousset 27 55 F3
Le Mesnil-Rouxelin 50 32 B4
Le Mesnil-Saint-Denis 78 57 H4
Le Mesnil-Saint-Firmin 60 22 C5
Mesnil-Saint-Georges 80 22 D4
Mesnil-Saint-Laurent 02 24 B2
Mesnil-Saint-Loup 10 90 B5
Mesnil-Saint-Nicaise 80 23 G3
Mesnil-Saint-Père 10 115 G2
Mesnil-Sellières 10 91 F5
Le Mesnil-Simon 14 34 B5
Le Mesnil-Simon 28 57 E3
Le Mesnil-sous-Jumièges 76 35 H2
Mesnil-sous-les-Côtes 55 64 C1
Mesnil-sous-Vienne 27 37 F2
Le Mesnil-sur-Blangy 14 34 D3
Le Mesnil-sur-Bulles 60 38 C1
Mesnil-sur-l'Estrée 27 56 C4
Le Mesnil-sur-Oger 51 61 G2
Le Mesnil-Thébault 50 52 A5
Le Mesnil-Théribus 60 37 H3
Le Mesnil-Thomas 28 85 G2
Le Mesnil-Tôve 50 52 B4
Mesnil-Val 76 10 D4
Le Mesnil-Véneron 50 32 A4

Mesnil-Verclives 27 36 D3
Le Mesnil-Vigot 50 31 H4
Le Mesnil-Villeman 50 51 H2
Le Mesnil-Villement 14 53 G3
Le Mesnilbus 50 31 H4
Le Mesnillard 50 52 B5
Mesnois 39 196 C1
Les Mesnuls 78 57 G4
Mespaul 29 71 G4
Mesplède 64 293 G5
Mesples 03 190 B3
Mespuits 91 87 G5
Mesquer 44 145 H3
Messac 17 220 B5
Messac 35 126 B2
Messais 86 168 C3
Messanges 21 159 H5
Messanges 40 292 B2
Messas 45 132 C3
Messé 79 186 A5
Messei 61 53 F4
Messein 54 94 D1
Messeix 63 226 C2
Messemé 86 168 D1
Messery 74 197 H3
Messeux 16 203 G2
Messey-sur-Grosne 71 177 G5
Messia-sur-Sorne 39 179 E5
Messigny-et-Vantoux 21 160 A2
Messilhac *Château de* 15 244 D5
Messimy 69 230 D1
Messimy-sur-Saône 01 213 E2
Messincourt 08 27 G4
Messon 10 114 C2
Messy 77 59 E2
Mesterrieux 33 256 D3
Mestes 19 226 B3
Mesves-sur-Loire 58 156 B4
Mesvres 71 176 C3
Métabief 25 180 C4
Les Métairies 16 220 C1
Métairies-Saint-Quirin 57 96 B1
Méteren 59 4 A5
Méthamis 84 286 A5
Métigny 80 11 H5
Metting 57 68 A4
Mettray 37 151 H2
Metz 57 65 H1
Metz-en-Couture 62 14 A5
Metz-le-Comte 58 157 G2
Metz-Robert 10 115 E4
Metz-Tessy 74 215 G3
Metzeral 68 120 C4
Metzeresche 57 46 B4
Metzervisse 57 45 H5
Metzing 57 47 F5
Meucon 56 124 B3
Meudon 92 58 B4
Meuilley 21 159 H5
Meulan 78 57 H1
Meulers 76 20 C2
Meulin 71 194 B4
Meulles 14 54 D2
Meulson 21 138 B4
Meunet-Planches 36 172 B4
Meunet-sur-Vatan 36 172 A1
Meung-sur-Loire 45 132 D3
Meurcé 72 107 H2
Meurchin 62 8 C4
Meurcourt 70 141 F3
La Meurdraquière 50 51 G3
Meures 52 116 D2
Meurival 02 41 E3
Meursac 17 219 E1
Meursanges 21 178 A2
Meursault 21 177 G2
Meurville 10 116 A2
Meuse 52 117 H4
Meusnes 41 153 F4
Meussia 39 196 D2
Meuvaines 14 33 F3
Meuvy 52 117 H3
Meux 17 220 B4
Le Meux 60 39 F2
Meuzac 87 224 B3
Mévoisins 28 86 B3
Mévouillon 26 286 C2
Meximieux 01 213 H4
Mexy 54 45 E1
Mey 57 45 H5
Meyenheim 68 121 E4
Meylan 38 251 E1
Meylan 47 275 E4
Meymac 19 225 G3
Meynes 30 304 B1
Meyrals 24 241 F5
Meyrand *Col de* 07 265 H3
Meyrannes 30 283 H2
Meyrargues 13 306 B4
Meyras 07 266 A2
Meyreuil 13 306 A5
Meyriat 01 214 A1
Meyrié 38 232 A2
Meyrieu-les-Étangs 38 231 H3
Meyrieux-Trouet 73 233 E1
Meyrignac-l'Église 19 225 E5
Meyronne 46 242 C5
Meyronnes 04 271 E4
Meyrueis 48 282 B3
Meys 69 230 B1
Meyssac 19 242 D3
Meysse 07 267 E3
Meyssiez 38 231 G3
Meythet 74 215 G3
La Meyze 87 223 G2
Meyzieu 69 213 G5
Mézangers 53 106 C2
Mèze 34 322 D3
Mézel 04 288 A4
Mezel 63 228 A1
Mézenc *Mont* 43 247 H5
Mézens 81 298 B3
Mézeray 72 129 G2
Mézères 43 247 G2
Mézériat 01 195 G5
Mézerolles 80 12 C3
Mézerville 11 318 C4
Mézidon 14 34 A5
La Mézière 35 104 A2
Mézières-au-Perche 28 109 H2
Mézières-en-Brenne 36 170 D4
Mézières-en-Drouais 28 56 D5
Mézières-en-Gâtinais 45 112 A4
Mézières-en-Santerre 80 22 D3
Mézières-en-Vexin 27 37 E5
Mézières-lez-Cléry 45 133 E3
Mézières-sous-Lavardin 72 107 G3
Mézières-sur-Couesnon 35 80 D5
Mézières-sur-Issoire 87 205 E2
Mézières-sur-Oise 02 24 B3
Mézières-
sur-Ponthouin 72 108 A2
Mézières-sur-Seine 78 57 G2
Mézilhac 07 266 B1
Mézilles 89 135 G4
Mézin 47 275 F4
Méziré 90 142 C4
Mézos 40 272 C4
Mézy-Moulins 02 60 C1
Mézy-sur-Seine 78 57 G2
Mezzavia 2A 348 C3
Mhère 58 157 H4
Mialet 24 223 E3
Mialet 30 283 G4
Mialos 64 294 B5
Miannay 80 11 F3
Michaugues 58 157 F4
Michelbach 68 143 E1
Michelbach-le-Bas 68 143 G3
Michelbach-le-Haut 68 143 G3
Michery 89 89 F5
Midi de Bigorre *Pic du* 65 333 F3
Midrevaux 88 93 H4
Mièges 39 180 A4
Miel *Maison du* 63 209 G4
Miélan 32 315 G2
Miellin 70 142 B1
Miermaigne 28 109 F2
Miers 46 260 D1
Miéry 39 179 F3
Mietesheim 67 68 D3
Mieussy 74 216 B1
Mieuxcé 61 83 G4
Mifaget 64 332 B1
Migé 89 136 B4
Migennes 89 114 A5
Miglos 09 336 B5
Mignafans 70 141 H5
Mignaloux-Beauvoir 86 186 C2
Mignavillers 70 141 H5
Migné 36 171 E5
Migné-Auxances 86 186 B1
Mignères 45 112 B4
Mignerette 45 112 B4
Mignéville 54 96 A2
Mignières 28 86 A5
Mignovillard 39 180 B3
Migny 36 172 C2
Migré 17 201 G2
Migron 17 201 H5
Mijanès 09 337 E5
Mijoux 01 197 F3
La Milesse 72 107 G4
Milhac 46 259 H1
Milhac-d'Auberoche 24 241 E3
Milhac-de-Nontron 24 222 D4
Milhaguet 87 222 D2
Milhars 81 279 E4
Milhas 31 334 C2
Milhaud 30 303 H2
Milhavet 81 279 F5
Milizac 29 70 C5
Millac 86 204 C1
Millam 59 3 F4
Millançay 41 153 H2
Millas 66 342 D2
Millau 12 281 H4
Millay 58 176 A3
Millebosc 76 11 E5
Millemont 78 57 F4
Millencourt 80 13 F5
Millencourt-
en-Ponthieu 80 11 H3
Millery 21 158 D1
Millery 54 65 H4
Millery 69 231 E2
Les Milles 13 305 H5
Millevaches 19 225 G2
Millières 50 31 G4
Millières 52 117 G3
Millonfosse 59 9 F5
Milly 50 52 B5
Milly 89 136 C3
Milly-la-Forêt 91 88 A4
Milly-Lamartine 71 194 D4
Milly-sur-Bradon 55 43 H2
Milly-sur-Thérain 60 37 H1
Milon-la-Chapelle 78 58 A5
Mimbaste 40 293 E4
Mimet 13 327 E1
Mimeure 21 159 E5
Mimizan 40 272 B2
Mimizan-Plage 40 272 B2
Minard *Pointe de* 22 73 G3
Minaucourt-le-Mesnil-
lès-Hurlus 51 42 D4
Mindin 44 146 C3
Minerve 34 320 C3
Mingot 65 315 F3
Mingoval 62 7 H5
Miniac-Morvan 35 79 H3
Miniac-sous-Bécherel 35 103 H1
Minier *Col du* 30 282 C4
Les Minières 27 56 B3
Le Minihic-sur-Rance 35 50 C5
Minihy-Tréguier 22 73 E3
Minorville 54 65 F4
Minot 21 138 D4
Minversheim 67 68 D4
Minzac 24 239 E4
Minzier 74 215 F2
Miolans *Château de* 73 233 H2
Miolles 81 300 A1
Miomo 2B 345 G4
Mionnay 01 213 F4
Mions 69 231 F1
Mios 33 254 D3
Miossens-Lanusse 64 314 B2
Mirabeau 04 287 H4
Mirabeau 84 306 C3
Mirabel 07 266 C3
Mirabel 82 277 H4
Mirabel
*Parc d'attractions* 63 209 H4
Mirabel-aux-Baronnies 26 285 H1
Mirabel-et-Blacons 26 267 H2
Miradoux 32 276 C5
Miramar 06 309 E5
Miramas 13 305 E5
Mirambeau 17 219 G4
Mirambeau 31 316 D3
Miramont-d'Astarac 32 296 A5
Miramont-
de-Comminges 31 334 C1
Miramont-de-Guyenne 47 257 G3
Miramont-de-Quercy 82 277 F3
Miramont-Latour 32 296 B3
Miramont-Sensacq 40 294 B4
Mirande 32 295 H5
Mirandol-Bourgnounac 81 279 G4
Mirannes 32 295 H4
Miraumont 80 13 G4
Miraval-Cabardès 11 319 H3
Mirbel 52 92 D5
Miré 49 128 D3
Mirebeau 86 168 D4
Mirebeau-sur-Bèze 21 160 C2
Mirebel 39 179 G5
Mirecourt 88 94 D5
Mirefleurs 63 228 A1
Miremont 31 317 H3
Miremont 63 209 E4
Mirepeisset 11 320 D4
Mirepeix 64 314 C5
Mirepoix 09 336 D1
Mirepoix 32 296 B3
Mirepoix-sur-Tarn 31 298 B2
Mireval 34 323 F3
Mireval-Lauragais 11 319 E4
Miribel 01 213 F5
Miribel 26 249 H1
Miribel-Lanchâtre 38 250 D4
Miribel-les-Échelles 38 232 D4
Mirmande 26 267 F2
Le Miroir 71 196 A2
Miromesnil *Château de* 76 20 B2
Mirvaux 80 12 D5
Mirville 76 19 E5
Miscon 26 268 C3
Miserey 27 56 C1
Miserey-Salines 25 161 H3
Misérieux 01 213 E3
Misery 80 23 G2
Mison 04 287 F2
Missé 79 168 A2
Missècle 81 299 E3
Missègre 11 337 H2
Missery 21 158 D3
Missillac 44 125 G5
Missiriac 56 103 E5
Misson 40 293 E4
Missy 14 33 F5
Missy-aux-Bois 02 40 A3
Missy-lès-Pierrepont 02 25 E4
Missy-sur-Aisne 02 40 C2
Misy-sur-Yonne 77 89 E5
Mitry-le-Neuf 77 59 E2
Mitry-Mory 77 59 E2
Mitschdorf 67 69 E2
Mittainville 78 57 F5
Mittainvilliers-Vérigny 28 85 H3
Mittelbergheim 67 97 F3
Mittelbronn 57 68 A4
Mittelhausbergen 67 97 G1
Mittelhausen 67 68 D5
Mittelschaeffolsheim 67 68 D5
Mittelwihr 68 121 E2
Mittersheim 57 67 F3
Mittlach 68 120 C4
Mittois 14 54 B1
Mitzach 68 120 C5
Mizérieux 42 211 H5
Mizoën 38 251 H3
Mobecq 50 31 G3
Moca-Croce 2A 349 E4
Modane 73 252 D1
Modène 84 285 H4
Moëlan-sur-Mer 29 100 C5
Les Moëres 59 3 H2
Mœrnach 68 143 F4
Moëslains 52 92 C2
Mœurs-Verdey 51 61 E5
Mœuvres 59 14 A4
Moëze 17 200 D3
Moffans-et-Vacheresse 70 141 H4
La Mogère *Château de* 34 303 E4
Mogeville 55 44 C4
Mognard 73 215 F5
Mogneneins 01 213 E1
Mognéville 55 63 F4
Mogneville 60 38 D3
Mogues 08 27 H4
Mohon 56 102 D3
Moidieu-Détourbe 38 231 G3
Moidrey 50 80 C2
Moigné 35 104 A3
Moigny-sur-École 91 88 A4
Moimay 70 141 G5
Moineville 54 45 F5
Moings 17 220 B3
Moingt 42 229 G2
Moinville-la-Jeulin 28 86 C4
Moirans 38 232 C5
Moirans-en-Montagne 39 196 D3
Moirax 47 276 B3
Moiré 69 212 C3
Moiremont 51 43 E5
Moirey 55 44 B4
Moiron 39 179 E5
Moiry 08 27 H5
Moisdon-la-Rivière 44 127 E4
Moisenay 77 88 C2
Moislains 80 23 G1
Moissac 82 277 F4
Moissac-Bellevue 83 307 G3
Moissac-
Vallée-Française 48 283 E3
Moissannes 87 206 C4
Moissat 63 210 B5
Moisselles 95 58 C1
Moissey 39 161 E4
Moissieu-sur-Dolon 38 231 G4
Moisson 78 57 F1
Moissy-Cramayel 77 88 B2
Moissy-Moulinot 58 157 G3
Moisville 27 56 B3
Moisy 41 132 A2
Moïta 2B 347 G4
Les Moitiers-d'Allonne 50 28 D5
Les Moitiers-
en-Bauptois 50 31 G2
Moitron 21 138 C4
Moitron-sur-Sarthe 72 107 G2
Moivre 51 62 D2
Moivrons 54 65 H4
Molac 56 125 E3
Molagnies 76 37 F1
Molain 02 14 D5
Molain 39 179 G3
Molamboz 39 179 F2
Molandier 11 318 C5
Molas 31 316 C3
Molay 39 178 D1
Molay 70 140 B3
Môlay 89 137 E4
Le Molay-Littry 14 32 C3
La Môle 83 329 E3
Moléans 28 110 A3
Molèdes 15 245 G1
Molène *Île* 29 74 B2
Molère 65 333 G1
Molesme 21 115 G5
Molesmes 89 136 A3
Molezon 48 282 D3
Moliens 60 21 G4
Molières 24 258 D1
Molières 46 261 F1
Molières 82 277 H3
Les Molières 91 58 A5
Molières-Cavaillac 30 282 D5
Molières-Glandaz 26 268 B2
Molières-sur-Cèze 30 283 H2
Moliets-et-Maa 40 292 B1
Moliets-Plage 40 292 B1
Molinchart 02 24 C5
Molines-en-Queyras 05 271 E1
Molinet 03 193 F3
Molineuf 41 131 H5
Molinges 39 196 D3
Molinghem 62 7 G3
Molinons 89 114 A2
Molinot 21 177 F1
Molins-sur-Aube 10 91 G4
Molitg-les-Bains 66 342 A2
Mollans 70 141 G4
Mollans-sur-Ouvèze 26 285 H2
Mollard *Col du* 73 252 A1
Mollau 68 120 B5
Mollégès 13 305 E2
Molles 03 210 C2
Les Mollettes 73 233 G3
Molleville 11 318 D4
Molliens-au-Bois 80 22 C1
Molliens-Dreuil 80 21 H2
La Mollière 80 11 E2
Mollkirch 67 97 E2
Molompize 15 245 H1
Molosmes 89 137 E2
Moloy 21 159 H1
Molphey 21 158 C3
Molpré 39 180 A4
Molring 57 67 F3
Molsheim 67 97 F1
Moltifao 2B 347 E2
Les Molunes 39 197 E3
Momas 64 314 A2
Mombrier 33 237 G3
Momères 65 315 E5
Momerstroff 57 46 C5
Mommenheim 67 68 D4
Momuy 40 293 H4
Momy 64 314 D3
Mon Idée 08 26 A2
Monacia-d'Aullène 2A 351 E3
Monacia-d'Orezza 2B 347 G3
Monaco MCO 309 H5
Monampteuil 02 40 D1
Monassut-Audiracq 64 314 C2
Le Monastère 12 280 D1
Le Monastier 48 264 A4
Le Monastier-
sur-Gazeille 43 247 G5
Monay 39 179 F3
Monbadon 33 238 D4
Monbahus 47 257 H4
Monbalen 47 276 C2
Monbardon 32 316 B3
Monbazillac 24 257 H1
Monbéqui 82 297 G1
Monblanc 32 317 E2
Monbos 24 257 G2
Monbouan *Château de* 35 104 D4
Monbrun 32 297 E4
Moncale 2B 346 C2
Moncassin 32 316 A2
Moncaup 31 334 B2
Moncaup 64 314 D2
Moncaut 47 275 H3
Moncayolle-Larrory-
Mendibieu 64 313 F4
Moncé-en-Belin 72 130 A2
Moncé-en-Saosnois 72 84 A5
Monceau-le-Neuf-
et-Faucouzy 02 24 D3
Monceau-le-Waast 02 25 E5
Monceau-lès-Leups 02 24 C4
Monceau-Saint-Waast 59 15 G3
Monceau-sur-Oise 02 25 E1
Les Monceaux 14 34 C5
Monceaux 60 38 D3
Monceaux-au-Perche 61 84 D3
Monceaux-en-Bessin 14 33 E3
Monceaux-l'Abbaye 60 21 G4
Monceaux-le-Comte 58 157 G3
Monceaux-
sur-Dordogne 19 243 E3
Moncel-lès-Lunéville 54 95 G1
Moncel-sur-Seille 54 66 C4
Moncel-sur-Vair 88 94 A4
La Moncelle 08 27 F4
Moncetz-l'Abbaye 51 62 D5
Moncetz-Longevas 51 62 B2
Moncey 25 162 A2
Monchaux 80 11 E1
Monchaux-Soreng 76 11 E5
Monchaux-sur-Écaillon 59 14 D2
Moncheaux 59 8 D4
Moncheaux-lès-Frévent 62 12 D2
Monchecourt 59 14 B2
Monchel-sur-Canche 62 12 C2
Moncheux 57 66 B3
Monchiet 62 13 F3
Monchy-au-Bois 62 13 F3
Monchy-Breton 62 7 H5
Monchy-Cayeux 62 7 F5
Monchy-Humières 60 39 F1
Monchy-Lagache 80 23 H2
Monchy-le-Preux 62 13 H2
Monchy-Saint-Éloi 60 38 D3
Monchy-sur-Eu 76 10 D4
Moncla 64 294 C4
Monclar 32 294 D1
Monclar 47 257 H5
Monclar-de-Quercy 82 278 C5
Monclar-sur-Losse 32 295 H5
Moncley 25 161 H3
Moncontour 22 78 C4
Moncontour 86 168 C3
Moncorneil-Grazan 32 316 B2
Moncourt 57 66 D5
Moncoutant 79 167 F4
Moncrabeau 47 275 G5
Moncy 61 53 E3
Mondavezan 31 317 E5
Mondelange 57 45 H4
Mondement-
Montgivroux 51 61 E4
Mondescourt 60 23 H5
Mondevert 35 105 F3
Mondeville 14 33 H4
Mondeville 91 87 H3
Mondicourt 62 13 E4
Mondigny 08 26 C3
Mondilhan 31 316 B4
Mondion 86 169 G2
Mondon 25 162 C1
Mondonville 31 297 G4
Mondonville-Saint-Jean 28 86 D5
Mondorff 57 45 H1
Mondoubleau 41 109 E5
Mondouzil 31 298 A4
Mondragon 84 285 E2
Mondrainville 14 33 F5
Mondrecourt 55 63 H1
Mondrepuis 02 25 G1
Mondreville 77 112 B3
Mondreville 78 57 E3
Monein 64 313 H3
Monès 31 317 E3
Monesple 09 336 A1
Monestier 03 191 H5
Monestier 07 248 C2

Monestier *24* 257 G1
Le Monestier *63* 228 D3
Monestier-d'Ambel *38* 269 F1
Monestier-de-Clermont *38* 250 D4
Le Monestier-du-Percy *38* 268 D1
Monestier-Merlines *19* 226 C2
Monestier-Port-Dieu *19* 226 C4
Monestiés *81* 279 G4
Monestrol *31* 318 B4
Monétay-sur-Allier *03* 192 A4
Monétay-sur-Loire *03* 193 E3
Monéteau *89* 136 B2
Monêtier-Allemont *05* 269 F5
Le Monêtier-les-Bains *05* 252 C3
Monfaucon *24* 239 F5
Monfaucon *65* 315 F2
Monferran-Plavès *32* 316 B2
Monferran-Savès *32* 297 E5
Monflanquin *47* 258 C4
Monfort *32* 296 D2
Monfréville *14* 32 B3
Mongaillard *47* 275 F3
Mongausy *32* 316 C2
Mongauzy *33* 256 D4
Monget *40* 294 A5
La Mongie *65* 333 F3
Monguilhem *32* 294 C1
Monheurt *47* 275 G1
Monhoudou *72* 84 A5
Monieux *84* 286 B4
Monistrol-d'Allier *43* 246 D4
Monistrol-sur-Loire *43* 247 H1
Monlaur-Bernet *32* 316 A3
Monléon-Magnoac *65* 316 A4
Monlet *43* 247 E2
Monlezun *32* 315 G2
Monlezun-d'Armagnac *32* 294 D2
Monlong *65* 315 H5
Monmadalès *24* 258 B1
Monmarvès *24* 258 B2
Monnai *61* 55 E3
Monnaie *37* 152 A1
Monneren *57* 46 B3
La Monnerie-le-Montel *63* 210 D4
Monnerville *91* 87 F5
Monnes *02* 40 A5
Monnet-la-Ville *39* 179 G4
Monnetay *39* 196 B2
Monnetier-Mornex *74* 197 H5
Monneville *60* 37 H4
Monnières *39* 160 D5
Monnières *44* 148 A5
Monoblet *30* 283 F5
Monpardiac *32* 315 G2
Monpazier *24* 258 D2
Monpezat *64* 294 D5
Monplaisant *24* 259 E1
Monprimblanc *33* 256 B3
Mons *16* 202 D4
Mons *17* 202 B5
Mons *30* 283 H4
Mons *31* 298 B4
Mons *34* 301 E5
Mons *63* 210 B3
Mons *83* 308 C3
Mons-Boubert *80* 11 F3
Mons-en-Barœul *59* 8 D2
Mons-en-Chaussée *80* 23 H2
Mons-en-Laonnois *02* 40 D1
Mons-en-Montois *77* 89 F3
Mons-en-Pévèle *59* 8 D4
Monsac *24* 258 C1
Monsaguel *24* 258 B2
Monsec *24* 222 B4
Monségur *33* 257 E3
Monségur *40* 293 H4
Monségur *47* 258 D5
Monségur *64* 315 E2
La Monselie *15* 226 C5
Monsempron-Libos *47* 259 E5
Monsireigne *85* 166 D4
Monsols *69* 194 C5
Monsteroux-Milieu *38* 231 F4
Monsures *80* 22 B4
Monswiller *67* 68 B4
Mont *64* 313 H2
Mont *65* 333 H4
Mont *71* 193 E1
Le Mont *88* 96 B3
Mont *Signal de 71* 193 E1
Mont-Bernanchon *62* 8 A3
Mont-Bertrand *14* 52 C1
Mont Blanc *Tunnel du 74* 217 E3
Mont-Bonvillers *54* 45 E3
Le Mont-Caume *83* 328 A4
Mont-Cauvaire *76* 20 B5
Mont-Cenis *Col du 73* 235 F5
Mont-Cindre *69* 213 E5
Mont-d'Astarac *32* 316 A4
Mont-Dauphin *05* 270 D2
Mont-de-Galié *31* 334 B2
Mont-de-Lans *38* 251 H3
Mont-de-Laval *25* 163 E4
Mont-de-l'If *76* 19 H5
Mont-de-Marrast *32* 315 H3
Mont-de-Marsan *40* 294 A1
Mont-de-Vougney *25* 163 F3
Mont des Cats *59* 4 A5
Mont-devant-Sassey *55* 43 G2
Le Mont-Dieu *08* 27 E5
Mont-Disse *64* 294 D5
Mont-Dol *35* 80 A2
Le Mont-Dore *63* 227 E3
Mont-d'Origny *02* 24 C2
Mont du Chat *73* 233 E1
Mont-et-Marré *58* 175 G1
Mont-Laurent *08* 42 B1
Mont-le-Franois *70* 140 A5
Mont-le-Vernois *70* 141 E4
Mont-le-Vignoble *54* 94 B1
Mont-lès-Lamarche *88* 118 B4
Mont-lès-Neufchâteau *88* 93 H4
Mont-lès-Seurre *71* 178 B2
Mont-l'Étroit *54* 94 A3
Mont-l'Évêque *60* 39 E4
Mont-Louis *66* 341 G4
Mont Noir *59* 4 A5
Mont-Notre-Dame *02* 40 D3
Mont-Ormel *61* 54 C3
Mont-près-Chambord *41* 153 F1
Mont-Roc *81* 299 H2
Mont Roland *Sanctuaire du 39* 161 E5
Mont-Rond *Sommet du 01* 197 F3
Le Mont-Saint-Adrien *60* 37 H2
Mont-Saint-Aignan *76* 36 B1
Mont-Saint-Éloi *62* 8 A5
Mont-Saint-Jean *02* 25 H3
Mont-Saint-Jean *21* 158 D3
Mont-Saint-Jean *72* 107 F2
Mont-Saint-Léger *70* 140 C4
Mont-Saint-Martin *02* 40 D3
Mont-Saint-Martin *08* 42 D3
Mont-Saint-Martin *38* 232 D5
Mont-Saint-Martin *54* 45 E1
Le Mont-Saint-Michel *50* 51 F5
Mont-Saint-Père *02* 60 C1
Mont-Saint-Remy *08* 42 B2
Mont-Saint-Sulpice *89* 114 A5
Mont-Saint-Vincent *71* 194 B1
Mont-Saxonnex *74* 216 B2
Mont-sous-Vaudrey *39* 179 F1
Mont-sur-Courville *51* 41 E4
Mont-sur-Meurthe *54* 95 F2
Mont-sur-Monnet *39* 179 G4
Mont Thou *69* 213 E4
Mont-Villers *55* 64 C1
Montabard *61* 54 A3
Montabès *Puy de 12* 262 D3
Montabon *72* 130 B4
Montabot *50* 52 A2
Montacher-Villegardin *89* 113 E3
Montadet *32* 316 D2
Montady *34* 321 F5
Montagagne *09* 335 H3
Montagna-le-Reconduit *39* 196 A2
Montagna-le-Templier *39* 196 B4
Montagnac *04* 307 F2
Montagnac *30* 303 F1
Montagnac *34* 322 C3
Montagnac-d'Auberoche *24* 241 E2
Montagnac-la-Crempse *24* 240 B4
Montagnac-sur-Auvignon *47* 275 H3
Montagnac-sur-Lède *47* 258 D4
Montagnat *01* 213 H1
Montagne *33* 238 C5
Montagne *38* 249 H2
La Montagne *44* 147 F4
La Montagne *70* 119 H5
Montagne de Dun *71* 194 A5
Montagne-Fayel *80* 11 H5
Montagney *25* 162 C1
Montagney *70* 161 F3
Montagnieu *01* 214 B5
Montagnieu *38* 232 B3
Montagnol *12* 301 E2
Montagnole *73* 233 F2
Montagny *42* 211 H2
Montagny *69* 231 E2
Montagny *73* 234 C3
Montagny-en-Vexin *60* 37 G4
Montagny-lès-Beaune *21* 177 H2
Montagny-lès-Buxy *71* 177 G5
Montagny-les-Lanches *74* 215 G4
Montagny-lès-Seurre *21* 178 C1
Montagny-près-Louhans *71* 178 C5
Montagny-Sainte-Félicité *60* 39 F5
Montagny-sur-Grosne *71* 194 C4
Montagoudin *33* 256 D3
Montagrier *24* 239 H1
Montagudet *82* 277 F2
Montagut *64* 294 A5
Montaignac-Saint-Hippolyte *19* 225 F5
Montaigu *02* 41 F1
Montaigu *39* 179 E5
Montaigu *85* 166 A1
Montaigu *Butte de 53* 106 C2
Montaigu-de-Quercy *82* 277 E1
Montaigu-la-Brisette *50* 29 G4
Montaigu-le-Blin *03* 192 C5
Montaigu-les-Bois *50* 51 H2
Montaiguët-en-Forez *03* 193 E5
Montaigut *63* 209 E1
Montaigut-le-Blanc *23* 206 D2
Montaigut-le-Blanc *63* 227 H3
Montaigut-sur-Save *31* 297 G4
Montaillé *72* 108 C5
Montailleur *73* 233 H1
Montaillou *09* 336 D5
Montaimont *73* 234 A4
Montain *39* 179 E4
Montaïn *82* 297 F1
Montainville *28* 110 B2
Montainville *78* 57 G3
Montal *Château de 46* 261 E1
Montalba-d'Amélie *66* 342 D4
Montalba-le-Château *66* 342 C2
Montalembert *79* 203 F1
Montalet-le-Bois *78* 57 G1
Montalieu-Vercieu *38* 214 B5
Montalivet-les-Bains *33* 218 B4
Montalzat *82* 278 B3
Montamat *32* 316 D2
Montambert *58* 175 G4
Montamel *46* 260 B3
Montamisé *86* 186 C1
Montamy *14* 52 D1
Montanay *69* 213 E4
Montanceix *24* 240 B2
Montancy *25* 163 H2
Montandon *25* 163 G2
Montanel *50* 80 D3
Montaner *64* 315 E3
Montanges *01* 214 D1
Montangon *10* 91 G4
Montans *81* 298 D2
Montapas *58* 175 F1
Montarcher *42* 229 G4
Montardit *09* 335 F1
Montardon *64* 314 B3
Montaren-et-Saint-Médiers *30* 284 B5
Montargis *45* 112 C5
Montarlot *77* 88 D5
Montarlot-lès-Champlitte *70* 140 A4
Montarlot-lès-Rioz *70* 161 H2
Montarnaud *34* 302 C4
Montaron *58* 175 G3
Montastruc *47* 257 H5
Montastruc *65* 315 H5
Montastruc *82* 277 G4
Montastruc-de-Salies *31* 334 D2
Montastruc-la-Conseillère *31* 298 B3
Montastruc-Savès *31* 317 E3
Le Montat *46* 278 B1
Montataire *60* 38 C4
Montauban *82* 277 H5
Montauban-de-Bretagne *35* 103 G2
Montauban-de-Luchon *31* 334 B4
Montauban-de-Picardie *80* 13 G5
Montauban-sur-l'Ouvèze *26* 286 C2
Montaud *34* 303 E3
Montaud *38* 250 C1
Montaudin *53* 81 G4
Montaulieu *26* 286 A1
Montaulin *10* 115 E2
Montaure *27* 36 B4
Montauriol *11* 318 D4
Montauriol *47* 258 B3
Montauriol *66* 342 D3
Montauriol *81* 280 B4
Montauroux *83* 308 D3
Montaut *09* 318 B5
Montaut *24* 258 B2
Montaut *31* 317 G3
Montaut *32* 315 H3
Montaut *40* 293 H3
Montaut *47* 258 C3
Montaut *64* 314 C5
Montaut-les-Créneaux *32* 296 B3
Montautour *35* 105 F2
Montauville *54* 65 G3
Montay *59* 14 D4
Montayral *47* 259 E5
Montazeau *24* 239 E5
Montazels *11* 337 G3
Montbard *21* 137 H5
Montbarla *82* 277 F3
Montbarrey *39* 179 F1
Montbarrois *45* 111 H4
Montbartier *82* 297 G1
Montbavin *02* 40 C1
Montbazens *12* 261 H5
Montbazin *34* 302 C5
Montbazon *37* 151 H4
Montbel *09* 337 E3
Montbel *48* 265 E4
Montbéliard *25* 142 B4
Montbéliardot *25* 163 E4
Montbellet *71* 195 E2
Montbenoît *25* 180 D1
Montberaud *31* 317 F5
Montbernard *31* 316 C4
Montberon *31* 298 A3
Montbert *44* 147 H5
Montberthault *21* 158 B1
Montbertrand *38* 231 H1
Montbeton *82* 277 G5
Montbeugny *03* 192 C2
Montbizot *72* 107 H3
Montblainville *55* 43 F4
Montblanc *04* 289 E5
Montblanc *34* 321 H3
Montboillon *70* 161 H2
Montboissier *28* 110 A2
Montbolo *66* 342 C4
Montbonnot-Saint-Martin *38* 251 E1
Montboucher *23* 206 D3
Montboucher-sur-Jabron *26* 267 E4
Montboudif *15* 227 E5
Montbouton *90* 142 C5
Montbouy *45* 134 D2
Montboyer *16* 221 E5
Montbozon *70* 162 B1
Montbrand *05* 268 D3
Montbras *55* 94 A2
Montbray *50* 52 B2
Montbré *51* 41 G4
Montbrehain *02* 24 B1
Montbrison *26* 267 G5
Montbrison *42* 229 G2
Montbron *16* 221 H1
Montbronn *57* 68 A1
Montbrun *46* 261 E5
Montbrun *48* 282 C1
Montbrun *Château de 87* 223 E2
Montbrun-Bocage *31* 335 G1
Montbrun-des-Corbières *11* 320 C5
Montbrun-Lauragais *31* 318 A2
Montbrun-les-Bains *26* 286 C3
Montcabrier *46* 259 F4
Montcabrier *81* 298 C4
Montcaret *24* 239 E5
Montcarra *38* 232 B2
Montcavrel *62* 6 C4
Montceau *38* 232 A2
Montceau-et-Écharnant *21* 177 F1
Montceau-les-Mines *71* 176 D5
Montceaux *01* 213 E2
Montceaux-lès-Meaux *77* 59 H2
Montceaux-lès-Provins *77* 60 C5
Montceaux-lès-Vaudes *10* 115 E3
Montceaux-l'Étoile *71* 193 G4
Montceaux-Ragny *71* 195 E1
Montcel *63* 209 G3
Le Montcel *73* 215 F5
Montcenis *71* 176 D4
Montcet *01* 195 G5
Montcey *70* 141 F4
Montchaboud *38* 251 E2
Montchal *42* 212 A5
Montchâlons *02* 41 E1
Montchamp *14* 52 D2
Montchamp *15* 246 A3
Montchanin *71* 177 E4
Montcharvot *52* 118 A5
Montchaton *50* 51 G1
Montchaude *16* 220 C4
Montchauvet *14* 52 D2
Montchauvet *78* 57 F3
Montchauvrot *39* 179 E3
Montchavin *73* 234 D2
Montchenot *51* 41 G5
Montchenu *26* 249 G1
Montcheutin *08* 43 E3
Montchevrel *61* 84 A2
Montchevrier *36* 189 E3
Montclar *04* 270 B5
Montclar *11* 337 G1
Montclar *12* 300 B1
Montclar-de-Comminges *31* 317 E5
Montclar-Lauragais *31* 318 C3
Montclar-sur-Gervanne *26* 267 H1
Montclard *43* 246 C1
Montcléra *46* 259 G3
Montclus *05* 268 D5
Montclus *30* 284 B2
Montcombroux-les-Mines *03* 192 D4
Montcony *71* 178 C5
Montcorbon *45* 113 E5
Montcornet *02* 25 G4
Montcornet *08* 26 C2
Montcourt *70* 118 C5
Montcourt-Fromonville *77* 88 B5
Montcoy *71* 178 A4
Montcresson *45* 134 D2
Montcuit *50* 31 H5
Montcuq-en-Quercy-Blanc *46* 277 G1
Montcusel *39* 196 C3
Montcy-Notre-Dame *08* 26 D3
Montdardier *30* 302 B1
Montdauphin *77* 60 C3
Montdidier *57* 67 F2
Montdidier *80* 22 D4
Montdoré *70* 118 D5
Montdoumerc *46* 278 B2
Montdragon *81* 299 F3
Montdurausse *81* 298 A1
Monte *2B* 347 G2
Monte Cecu *2B* 347 E4
Monte d'Oro *2A* 349 E1
Monteaux *41* 152 D1
Montebourg *50* 29 G4
Montech *82* 297 G1
Montech *Pente d'eau de 82* 277 G5
Montécheroux *25* 163 G2
Montegrosso *2B* 346 C2
Montégut *32* 296 B4
Montégut *40* 294 C1
Montégut *65* 334 A1
Montégut-Arros *32* 315 F3
Montégut-Bourjac *31* 317 E4
Montégut-en-Couserans *09* 335 F2
Montégut-Lauragais *31* 318 D2
Montégut-Plantaurel *09* 336 A1
Montégut-Savès *32* 317 E2
Monteignet-sur-l'Andelot *03* 210 A2
Le Monteil *15* 244 C1
Le Monteil *43* 247 F3
Le Monteil-au-Vicomte *23* 207 F4
Monteille *14* 34 B5
Monteils *12* 279 F2
Monteils *30* 284 A4
Monteils *82* 278 C3
Montel-de-Gelat *63* 208 D4
Montéléger *26* 249 F5
Montélier *26* 249 G4
Montélimar *26* 267 E4
Le Montellier *01* 213 G3
Montels *09* 336 A2
Montels *34* 321 E4
Montels *81* 298 D1
Montemaggiore *2B* 346 C2
Montembœuf *16* 204 B5
Montenach *57* 46 B2
Montenay *53* 81 H5
Montendre *17* 219 H5
Montendry *73* 233 H2
Montenescourt *62* 13 F2
Monteneuf *56* 103 F5
Montenils *77* 60 C3
Montenois *25* 142 A4
Montenoison *58* 157 E4
Montenoy *54* 65 H4
Montépilloy *60* 39 E4
Monteplain *39* 161 F4
Montépreux *51* 61 H5
Monterblanc *56* 124 C2
Montereau *45* 134 B2
Montereau-Fault-Yonne *77* 88 D4
Montereau-sur-le-Jard *77* 88 B2
Monterfil *35* 103 H3
Montérolier *76* 20 D4
Monterrein *56* 103 E5
Montertelot *56* 102 D5
Montescot *66* 343 F3
Montescourt-Lizerolles *02* 24 A3
Montespan *31* 334 D1
Montesquieu *34* 301 G5
Montesquieu *47* 275 H3
Montesquieu *82* 277 F3
Montesquieu-Avantès *09* 335 F2
Montesquieu-des-Albères *66* 343 E4
Montesquieu-Guittaut *31* 316 C3
Montesquieu-Lauragais *31* 318 B3
Montesquieu-Volvestre *31* 317 G5
Montesquiou *32* 295 G5
Montessaux *70* 141 H3
Montesson *52* 140 B2
Montesson *78* 58 A3
Montestruc-sur-Gers *32* 296 B2
Montestrucq *64* 313 F2
Le Montet *03* 191 G3
Montet-et-Bouxal *46* 261 F2
Monteton *47* 257 F3
Montets *Col des 74* 217 E2
Monteux *84* 285 G4
Montévrain *77* 59 F3
Monteynard *38* 250 D4
Montézic *12* 262 D2
Montfa *09* 335 G1
Montfa *81* 299 G4
Montfalcon *38* 249 H1
Montfarville *50* 29 H3
Montfaucon *02* 60 C2
Montfaucon *25* 162 A4
Montfaucon *30* 285 E4
Montfaucon *46* 260 C2
Montfaucon-d'Argonne *55* 43 G3
Montfaucon-en-Velay *43* 248 A2
Montfaucon-montigné *49* 148 B5
Montfavet *84* 304 D1
Montfermeil *93* 58 D3
Montfermier *82* 277 H3
Montfermy *63* 209 E4
Montferney *25* 162 C1
Montferrand *11* 318 D3
Montferrand *63* 209 H5
Montferrand-du-Périgord *24* 258 D2
Montferrand-la-Fare *26* 286 C1
Montferrand-le-Château *25* 161 H4
Montferrat *38* 232 C3
Montferrat *83* 308 A4
Montferrer *66* 342 C5
Montferrier *09* 336 C3
Montferrier-sur-Lez *34* 302 D4
Montfey *10* 114 C4
Montfiquet *14* 32 C4
Montfleur *39* 196 B4
Montflours *53* 106 A2
Montflovin *25* 180 D1
Montfort *04* 287 G4
Montfort *24* 259 G1
Montfort *25* 179 H1
Montfort *49* 150 A4
Montfort *64* 313 F3
Montfort-en-Chalosse *40* 293 F3
Montfort-l'Amaury *78* 57 G4
Montfort-le-Gesnois *72* 108 A4
Montfort-sur-Argens *83* 307 F5
Montfort-sur-Boulzane *11* 337 H5
Montfort-sur-Meu *35* 103 H2
Montfort-sur-Risle *27* 35 G3
Montfranc *12* 300 B2
Montfrin *30* 304 B1
Montfroc *26* 286 D3
Montfuron *04* 306 C1
Montgaillard *09* 336 B3
Montgaillard *11* 338 B3
Montgaillard *40* 294 A3

Montgaillard *65* 333 F1
Montgaillard *81* 298 B1
Montgaillard *82* 296 D1
Montgaillard-de-Salies *31* 334 D2
Montgaillard-Lauragais *31* 318 C2
Montgaillard-sur-Save *31* 316 C4
Montgardin *05* 270 A3
Montgardon *50* 31 F3
Montgaroult *61* 54 A4
Montgauch *09* 335 E2
Montgaudry *61* 84 A4
Montgazin *31* 317 G4
Montgé-en-Goële *77* 59 F1
Montgeard *31* 318 B3
Montgellafrey *73* 234 A4
Montgenèvre *05* 252 D4
Montgenost *51* 90 A2
Montgeoffroy *Château de* *49* 150 A1
Montgérain *60* 38 D1
Montgermont *35* 104 B2
Montgeron *91* 58 D5
Montgeroult *95* 57 H1
Montgesoye *25* 162 B5
Montgesty *46* 259 G4
Montgey *81* 318 D2
Montgibaud *19* 224 B3
Montgilbert *73* 234 A2
Montgirod *73* 234 C2
Montgiscard *31* 318 B2
Montgivray *36* 189 G1
Montgobert *02* 40 A3
Montgon *08* 42 D1
Montgothier *50* 52 A5
Montgradail *11* 337 E1
Montgras *31* 317 E2
Montgreleix *15* 227 F5
Montgru-Saint-Hilaire *02* 40 B4
Montguers *26* 286 C2
Montgueux *10* 90 D5
Montguillon *49* 128 B3
Montguyon *17* 238 C1
Les Monthairons *55* 64 B2
Montharville *28* 109 H3
Monthault *35* 81 F2
Monthaut *11* 337 F1
Monthelie *21* 177 G2
Monthelon *51* 61 F2
Monthelon *71* 176 C2
Monthenault *02* 40 D1
Montheries *52* 116 C3
Montherlant *60* 38 A3
Monthermé *08* 26 D1
Monthiers *02* 40 B5
Monthieux *01* 213 F3
Monthion *73* 234 A1
Monthodon *37* 131 E4
Monthoiron *86* 169 H5
Monthois *08* 42 D3
Montholier *39* 179 F2
Monthou-sur-Bièvre *41* 153 E1
Monthou-sur-Cher *41* 153 E3
Monthuchon *50* 31 G5
Monthurel *02* 60 D1
Monthureux-le-Sec *88* 118 C2
Monthureux-sur-Saône *88* 118 C4
Monthyon *77* 59 F1
Monti *06* 291 G5
Monticello *2B* 344 C5
Montier-en-Der *52* 92 B3
Montier-en-l'Isle *10* 116 A2
Montiéramey *10* 115 F2
Montierchaume *36* 171 H3
Montiers *60* 38 D1
Montiers-sur-Saulx *55* 93 E2
Monties *32* 316 B3
Montignac *24* 241 F3
Montignac *33* 256 B2
Montignac *65* 315 F5
Montignac-Charente *16* 203 F5
Montignac-de-Lauzun *47* 257 H4
Montignac-le-Coq *16* 221 F5
Montignac-Toupinerie *47* 257 G4
Montignargues *30* 303 G1
Montigné *16* 202 D5
Montigné *79* 185 F5
Montigné-le-Brillant *53* 105 H4
Montigné-lès-Rairies *49* 129 F5
Montigné-sur-Moine *49* 148 B5
Montigny *14* 53 F1
Montigny *18* 155 G4
Montigny *45* 111 F3
Montigny *50* 52 A5
Montigny *54* 96 A2
Montigny *72* 83 H3
Montigny *76* 36 A1
Montigny *79* 167 F4
Montigny-aux-Amognes *58* 174 D1
Montigny-devant-Sassey *55* 43 G1
Montigny-en-Arrouaise *02* 24 C1
Montigny-en-Cambrésis *59* 14 C4
Montigny-en-Gohelle *62* 8 C5
Montigny-en-Morvan *58* 157 H5
Montigny-en-Ostrevant *59* 9 E5
Montigny-la-Resle *89* 136 C2
Montigny-l'Allier *02* 39 H5
Montigny-le-Bretonneux *78* 57 H4
Montigny-le-Chartif *28* 85 G5
Montigny-le-Franc *02* 25 F4
Montigny-le-Gannelon *28* 109 H5
Montigny-le-Guesdier *77* 89 G4
Montigny-le-Roi *52* 117 G4
Montigny-Lencoup *77* 89 E4
Montigny-Lengrain *02* 39 H2
Montigny-lès-Arsures *39* 179 G2
Montigny-lès-Cherlieu *70* 140 C2
Montigny-lès-Condé *02* 60 D2
Montigny-lès-Cormeilles *95* 58 B2
Montigny-les-Jongleurs *80* 12 B3
Montigny-lès-Metz *57* 65 H1
Montigny-les-Monts *10* 114 D3
Montigny-lès-Vaucouleurs *55* 93 H2
Montigny-lès-Vesoul *70* 141 E4
Montigny-Montfort *21* 137 H5
Montigny-Saint-Barthélemy *21* 158 C2
Montigny-sous-Marle *02* 25 E3
Montigny-sur-Armançon *21* 158 D2
Montigny-sur-Aube *21* 116 B5
Montigny-sur-Avre *28* 56 A5
Montigny-sur-Canne *58* 175 G3
Montigny-sur-Chiers *54* 44 D2
Montigny-sur-Crécy *02* 24 D4
Montigny-sur-l'Ain *39* 179 G4
Montigny-sur-l'Hallue *80* 22 D1
Montigny-sur-Loing *77* 88 C5
Montigny-sur-Meuse *08* 17 E5
Montigny-sur-Vence *08* 26 C4
Montigny-sur-Vesle *51* 41 E3
Montigny-sur-Vingeanne *21* 139 H5
Montilliers *49* 149 G4
Montillot *89* 157 G1
Montilly *03* 192 A1
Montilly-sur-Noireau *61* 53 E3
Montils *17* 219 H1
Les Montils *41* 153 E1
Montipouret *36* 189 F1
Montirat *11* 320 A5
Montirat *81* 279 G3
Montireau *28* 85 F4
Montiron *32* 296 D5
Montivernage *25* 162 D2
Montivilliers *76* 18 C5
Montjardin *11* 337 E2
Montjaux *12* 281 F4
Montjavoult *60* 37 G4
Montjay *05* 286 D1
Montjay *71* 178 C4
Montjay-la-Tour *77* 59 E3
Montjean *16* 203 F2
Montjean *53* 105 G4
Montjean-sur-Loire *49* 149 E2
Montjézieu *48* 264 A5
Montjoi *11* 338 A2
Montjoi *82* 276 D3
Montjoie *63* 209 E1
Montjoie-en-Couserans *09* 335 F2
Montjoie-le-Château *25* 163 G2
Montjoie-Saint-Martin *50* 81 E2
Montjoire *31* 298 A3
Montjouvent *39* 196 C2
Montjoux *26* 267 H4
Montjoyer *26* 267 F5
Montjustin *04* 306 B1
Montjustin-et-Velotte *70* 141 G4
Montlandon *28* 85 F4
Montlandon *52* 139 H2
Montlaur *11* 338 B1
Montlaur *12* 300 D1
Montlaur *31* 318 B2
Montlaur-en-Diois *26* 268 B3
Montlaux *04* 287 F4
Montlauzun *46* 277 G2
Montlay-en-Auxois *21* 158 C3
Montlebon *25* 181 E1
Montlegun *11* 319 H5
Montlevicq *36* 189 H2
Montlevon *02* 60 D2
Montlhéry *91* 87 G2
Montliard *45* 111 H4
Montlieu-la-Garde *17* 238 B1
Montlignon *95* 58 B1
Montliot-et-Courcelles *21* 138 A2
Montlivault *41* 132 B5
Montlognon *60* 39 E5
Montloué *02* 25 G4
Montlouet *28* 86 C3
Montlouis *18* 172 D4
Montlouis-sur-Loire *37* 152 A2
Montluçon *03* 190 D4
Montluel *01* 213 G4
Montmachoux *77* 89 E5
Montmacq *60* 39 G1
Montmagny *95* 58 C2
Montmahoux *25* 180 A1
Montmain *21* 178 A1
Montmain *76* 36 C2
Montmajour *Abbaye de* *13* 304 C3
Montmalin *39* 179 F2
Montmançon *21* 160 D2
Montmarault *03* 191 G4
Montmarlon *39* 179 H3
Montmarquet *80* 21 G3
Montmartin *60* 39 E1
Montmartin-en-Graignes *50* 32 A3
Montmartin-le-Haut *10* 115 H2
Montmartin-sur-Mer *50* 51 F1
Montmaur *05* 269 F3
Montmaur *11* 318 D3
Montmaur-en-Diois *26* 268 B2
Montmaurin *31* 316 B5
Montmédy *55* 44 B1
Montmeillant *08* 26 A4
Montmelard *71* 194 B4
Montmelas-Saint-Sorlin *69* 212 C3
Montmélian *73* 233 G3
Montmerle-sur-Saône *01* 212 D2
Montmerrei *61* 54 B5
Montmeyan *83* 307 F3
Montmeyran *26* 267 G1
Montmin *74* 215 H4
Montmirail *51* 60 D3
Montmirail *72* 108 D3
Montmiral *26* 249 H2
Montmirat *30* 303 F1
Montmirat *Col de* *48* 264 C5
Montmirey-la-Ville *39* 161 E4
Montmirey-le-Château *39* 161 E4
Montmoreau-Saint-Cybard *16* 221 E4
Montmorency *95* 58 C2
Montmorency-Beaufort *10* 91 H3
Montmorillon *86* 187 F3
Montmorin *05* 268 C5
Montmorin *63* 228 B1
Montmorot *39* 179 E5
Montmort *51* 61 F2
Montmort *71* 176 B5
Montmotier *88* 118 D4
Montmoyen *21* 138 C3
Montmuran *Château de* *35* 80 A5
Montmurat *15* 261 H3
Montner *66* 338 C5
Montoillot *21* 159 F4
Montoir-de-Bretagne *44* 146 C2
Montoire-sur-le-Loir *41* 131 F3
Montois-la-Montagne *57* 45 G5
Montoison *26* 267 F1
Montoldre *03* 192 B4
Montolieu *11* 319 G4
Montolivet *77* 60 C3
Montonvillers *80* 22 B1
Montord *03* 192 A5
Montory *64* 331 F2
Montot *21* 160 C5
Montot *70* 140 A5
Montot-sur-Rognon *52* 93 F5
Montouliers *34* 320 D4
Montoulieu *09* 336 B3
Montoulieu *34* 302 C1
Montoulieu-Saint-Bernard *31* 316 D5
Montournais *85* 167 E4
Montours *35* 81 E3
Montourtier *53* 106 B2
Montoussé *65* 333 H1
Montoussin *31* 317 E4
Montoy-Flanville *57* 66 B1
Montpascal *73* 234 A5
Montpellier *34* 302 D4
Montpellier-de-Médillan *17* 219 F2
Montpellier-la-Paillade *34* 302 D4
Montpellier-le-Vieux *Chaos de* *12* 282 A4
Montpensier *63* 210 A2
Montperreux *25* 180 C3
Montpeyroux *12* 263 F3
Montpeyroux *24* 239 E5
Montpeyroux *34* 302 A3
Montpeyroux *63* 228 A2
Montpezat *04* 307 F2
Montpezat *30* 303 F2
Montpézat *32* 317 E3
Montpezat-d'Agenais *47* 275 H1
Montpezat-de-Quercy *82* 278 B2
Montpezat-sous-Bauzon *07* 266 A2
Montpinchon *50* 51 H1
Montpinçon *14* 54 B2
Montpinier *81* 299 G4
Montpitol *31* 298 B3
Montplonne *55* 63 H5
Montpollin *49* 129 F5
Montpon-Ménestérol *24* 239 F4
Montpont-en-Bresse *71* 195 G1
Montpothier *10* 89 H2
Montpouillan *47* 257 E5
Montpoupon *Château de* *37* 152 D4
Montrabé *31* 298 A4
Montrabot *50* 32 C5
Montracol *01* 195 G5
Montravers *79* 167 E3
Montréal *07* 266 A4
Montréal *11* 319 F5
Montréal-du-Gers *32* 275 F5
Montréal *89* 158 B1
Montréal *Château de* *24* 239 H4
Montréal-la-Cluse *01* 196 C5
Montréal-les-Sources *26* 268 A5
Montrécourt *59* 14 D3
Montredon *11* 319 H5
Montredon *46* 261 H3
Montredon-des-Corbières *11* 321 E5
Montredon-Labessonnié *81* 299 H3
Montregard *43* 248 B2
Montréjeau *31* 334 A1
Montrelais *44* 148 D2
Montrelet *80* 12 C4
Montrem *24* 240 B2
Montrésor *37* 152 D5
Montret *71* 178 B5
Montreuil *28* 56 D4
Montreuil *53* 82 C4
Montreuil-sur-Mer *62* 6 C4
Montreuil *85* 183 H3
Montreuil *93* 58 D3
Montreuil-au-Houlme *61* 53 H5
Montreuil-aux-Lions *02* 60 A1
Montreuil-Bellay *49* 150 B5
Montreuil-Bonnin *86* 186 A2
Montreuil-des-Landes *35* 81 E5
Montreuil-en-Auge *14* 34 B4
Montreuil-en-Caux *76* 20 B4
Montreuil-en-Touraine *37* 152 B1
Montreuil-Juigné *49* 149 G1
Montreuil-la-Cambe *61* 54 B3
Montreuil-l'Argillé *27* 55 E2
Montreuil-le-Chétif *72* 107 F2
Montreuil-le-Gast *35* 80 B5
Montreuil-le-Henri *72* 130 D2
Montreuil-sous-Pérouse *35* 105 E2
Montreuil-sur-Barse *10* 115 F2
Montreuil-sur-Blaise *52* 92 C3
Montreuil-sur-Brêche *60* 38 B1
Montreuil-sur-Epte *95* 37 F5
Montreuil-sur-Ille *35* 80 B5
Montreuil-sur-Loir *49* 128 D5
Montreuil-sur-Lozon *50* 32 A4
Montreuil-sur-Maine *49* 128 B4
Montreuil-sur-Thérain *60* 38 B2
Montreuil-sur-Thonnance *52* 93 E3
Montreuillon *58* 157 H5
Montreux *54* 96 A2
Montreux-Château *90* 142 D3
Montreux-Jeune *68* 142 D3
Montreux-Vieux *68* 142 D3
Montrevault-sur-Èvre *49* 148 C3
Montrevel *38* 232 B3
Montrevel *39* 196 B3
Montrevel-en-Bresse *01* 195 G4
Montrichard-Val-de-Cher *41* 152 D3
Montricher-Albanne *73* 252 B1
Montricoux *82* 278 C4
Montrieux-en-Sologne *41* 153 H1
Montrigaud *26* 249 H1
Montriond *74* 198 C5
Montriond *Lac de* *74* 198 D5
Montroc-le-Planet *74* 217 E2
Montrodat *48* 264 B4
Montrol-Sénard *87* 205 E3
Montrollet *16* 205 E3
Montromant *69* 230 C1
Montrond *05* 269 E5
Montrond *39* 179 G4
Montrond *73* 252 A1
Montrond-le-Château *25* 162 B5
Montrond-les-Bains *42* 230 A2
Montrosier *81* 279 E4
Montrottier *69* 212 B5
Montroty *76* 37 F2
Montrouge *92* 58 C4
Montrouveau *41* 131 E4
Montroy *17* 200 D1
Montrozier *12* 281 E1
Montry *77* 59 F3
Monts *37* 151 H4
Monts *60* 37 H4
Monts-de-Vaux *39* 179 G3
les Monts d'Olmes *09* 336 C4
Monts-en-Bessin *14* 33 E5
Monts-en-Ternois *62* 12 D2
Monts-sur-Guesnes *86* 169 E2
Montsalès *12* 261 F5
Montsalier *04* 286 D4
Montsalvy *15* 262 C2
Montsaon *52* 116 D3
Montsapey *73* 234 A2
Montsauche-les-Settons *58* 158 B4
Montsaugeon *52* 139 G4
Montsaunès *31* 334 D1
Montsec *55* 65 E3
Montsecret *61* 53 E3
Montségur *09* 336 D4
Montségur-sur-Lauzon *26* 285 F1
Montselgues *07* 265 G4
Montséret *11* 338 D1
Montsérié *65* 333 H2
Montseron *09* 335 G2
Montseugny *70* 161 E2
Montseveroux *38* 231 F4
Montsoreau *49* 150 C4
Montsoué *40* 294 A3
Montsoult *95* 58 C1
Montsûrs *53* 106 B3
Montsurvent *50* 31 G5
Montsuzain *10* 91 E4
Montureux-et-Prantigny *70* 161 F1
Montureux-lès-Baulay *70* 140 D2
Montursin *25* 163 H2
Montusclat *43* 247 H4
Montussaint *25* 162 C1
Montussan *33* 237 H5
Montvalen *81* 298 B2
Montvalent *46* 242 C5
Montvalezan *73* 235 E1
Montvendre *26* 249 G5
Montverdun *42* 229 G1
Montvernier *73* 234 A5
Montvert *15* 243 G4
Montvicq *03* 191 E4
Montviette *14* 54 B1
Montville *76* 20 B5
Montviron *50* 51 G4
Montzéville *55* 43 H4
Monviel *47* 257 H4
Monze *11* 338 A1
Moon-sur-Elle *50* 32 B4
Moosch *68* 120 C5
Mooslargue *68* 143 E4
Moraches *58* 157 F4
Moragne *17* 201 E3
Morains *51* 61 G4
Morainville *28* 86 D4
Morainville-Jouveaux *27* 35 E4
Morainvilliers *78* 57 H2
Morancé *69* 212 D4
Morancez *28* 86 A4
Morancourt *52* 92 C4
Morand *37* 131 G5
Morangis *51* 61 F2
Morangis *91* 58 C5
Morangles *60* 38 B4
Morannes-sur-Sarthe *49* 128 D3
Moranville *55* 44 C5
Moras *38* 231 H1
Moras-en-Valloire *26* 231 G5
Morbecque *59* 7 H2
Morbier *39* 197 F1
Morcenx *40* 273 E4
Morchain *80* 23 G3
Morchamps *25* 162 C1
Morchies *62* 13 H4
Morcourt *02* 24 B2
Morcourt *80* 23 E2
Mordelles *35* 104 A3
Moréac *56* 102 A4
Morée *41* 131 H2
Moreilles *85* 183 F3
Morello *Col de* *2B* 347 F5
Morelmaison *88* 94 B5
Morembert *10* 91 F3
Moréno *Col de la* *63* 227 G1
Morestel *38* 232 B1
Moret-Loing-et-Orvanne *77* 88 C5
Morêtel-de-Mailles *38* 233 G4
Morette *38* 232 B5
Moreuil *80* 22 D3
Morey *54* 65 H4
Morey *70* 140 B3
Morey *71* 177 F4
Morey-Saint-Denis *21* 160 A4
Morez *39* 197 F1
Morfontaine *54* 45 E2
Morganx *40* 293 H4
Morgat *29* 75 E4
Morgemoulin *55* 44 C4
Morgny *27* 37 E2
Morgny-en-Thiérache *02* 25 G3
Morgny-la-Pommeraye *76* 36 C1
Morhange *57* 66 D3
Moriani-Plage *2B* 347 H3
Moriat *63* 228 A4
Morienne *76* 21 F3
Morienval *60* 39 G3
Morières-lès-Avignon *84* 285 F5
Moriers *28* 110 A2
Morieux *22* 78 C3
Moriez *04* 288 C5
Morigny *50* 52 B2
Morigny-Champigny *91* 87 G4
Morillon *74* 216 C1
Morimond *Abbaye de* *52* 118 A4
Moringhem *62* 3 E5
Moriond *73* 234 D4
Morionvilliers *52* 93 G4
Morisel *80* 22 D3
Moriville *88* 95 F4
Moriviller *54* 95 F3
Morizécourt *88* 118 B3
Morizès *33* 256 C3
Morlaàs *64* 314 C3
Morlac *18* 173 E5
Morlaincourt *55* 93 F1
Morlaix *29* 71 H4
Morlancourt *80* 23 E1
Morlanne *64* 293 H5
Morlet *71* 177 E2
Morley *55* 93 E2
Morlhon-le-Haut *12* 279 G2
Morlincourt *60* 23 H5
Mormaison *85* 165 H2
Mormant *77* 88 D2
Mormant-sur-Vernisson *45* 112 C5
Mormès *32* 294 D2
Mormoiron *84* 286 A4
Mornac *16* 221 G1
Mornac-sur-Seudre *17* 218 D1
Mornand-en-Forez *42* 229 H1
Mornans *26* 267 H3
Mornant *69* 230 D2
Mornas *84* 285 E3
Mornay *21* 139 H5
Mornay *71* 194 A2
Mornay-Berry *18* 174 A1
Mornay-sur-Allier *18* 174 B4
Moroges *71* 177 G4
Morogues *18* 155 G4
Morosaglia *2B* 347 F3
Morre *25* 162 A4
Morsain *02* 40 A2
Morsains *51* 60 D4
Morsalines *50* 29 G4
Morsan *27* 35 F4
Morsang-sur-Orge *91* 58 C5
Morsang-sur-Seine *91* 88 A2
Morsbach *57* 47 F5
Morsbronn-les-Bains *67* 68 D2

Morschwiller 67 68 D3
Morschwiller-le-Bas 68 143 F1
Morsiglia 2B 345 F1
Le Mort-Homme 55 43 H4
Mortagne 88 96 A5
Mortagne-au-Perche 61 84 C3
Mortagne-du-Nord 59 9 G4
Mortagne-sur-Gironde 17 219 E3
Mortagne-sur-Sèvre 85 166 D1
Mortain-Bocage 50 52 C5
Mortcerf 77 59 G4
La Morte 38 251 F3
Morteau 25 163 E5
Morteaux-Couliboeuf 14 54 A2
Mortefontaine 02 39 H3
Mortefontaine 60 39 E5
Mortefontaine-en-Thelle 60 38 B4
Mortemart 87 205 E2
Mortemer 60 23 E5
Mortemer 76 21 E3
Mortemer *Abbaye de* 27 37 E2
Morterolles-sur-Semme 87 205 H1
Mortery 77 89 G2
Morthemer 86 186 D3
Morthomiers 18 172 D1
Mortiers 02 24 D4
Mortiers 17 220 B4
Morton 86 150 C5
Mortrée 61 54 B5
Mortroux 23 189 F4
Mortzwiller 68 142 D2
Morval 39 196 B3
Morval 62 13 H5
Morvillars 90 142 C4
Morville 50 29 F5
Morville 88 118 A2
Morville-en-Beauce 45 111 G2
Morville-lès-Vic 57 66 D4
Morville-sur-Andelle 76 36 D1
Morville-sur-Nied 57 66 C2
Morville-sur-Seille 54 65 H3
Morvillers 60 21 G5
Morvillers-Saint-Saturnin 80 21 G3
Morvilliers 10 92 A4
Morvilliers 28 55 H5
Mory 62 13 G4
Mory-Montcrux 60 22 C5
Morzine 74 198 C5
Mosles 14 32 D3
Moslins 51 61 F2
Mosnac 16 220 D2
Mosnac 17 219 G3
Mosnay 36 188 D1
Mosnes 37 152 C2
Mosset 66 342 A2
Mosson 21 116 A5
Mostuéjouls 12 282 A3
Motey-Besuche 70 161 F3
Motey-sur-Saône 70 140 B5
La Mothe-Achard 85 165 F5
La Mothe-Saint-Héray 79 185 G4
Mothern 67 69 G2
Motreff 29 76 D5
La Motte 22 102 B1
La Motte 83 308 B5
La Motte-au-Bois 59 7 H2
La Motte-Chalancon 26 268 B4
La Motte-d'Aigues 84 306 A2
La Motte-d'Aveillans 38 251 E4
La Motte-de-Galaure 26 249 F2
La Motte-du-Caire 04 287 G1
La Motte-en-Bauges 73 233 G1
La Motte-en-Champsaur 05 269 G1
La Motte-Fanjas 26 250 A3
La Motte-Feuilly 36 189 H2
La Motte-Fouquet 61 82 D2
La Motte-Saint-Jean 71 193 F2
La Motte-Saint-Martin 38 250 D4
La Motte-Servolex 73 233 E2
La Motte-Ternant 21 158 D3
La Motte-Tilly 10 89 H3
Mottereau 28 109 G2
Motteville 76 19 H4
Mottier 38 232 A4
Motz 73 215 E3
Mouacourt 54 66 D5
Mouais 44 126 C3
Mouans-Sartoux 06 309 E3
Mouaville 54 45 E5
Mouazé 35 80 B5
Mouchamps 85 166 C4
Mouchan 32 295 G1
Mouchard 39 179 G1
La Mouche 50 51 H3
Mouchès 32 295 H5
Mouchin 59 9 F4
Mouchy-le-Châtel 60 38 B3
Moudeyres 43 247 H4
Mouen 14 33 F5
Mouettes 27 56 D3
Mouffy 89 136 B4
Mouflaines 27 37 E4
Mouflers 80 12 B5
Mouflières 80 11 F5
Mougins 06 309 E4
Mougon 79 185 F4
Mouguerre 64 292 A5
Mouhers 36 189 E2
Mouhet 36 188 C4
Mouhous 64 294 C5
Mouillac 33 238 B4
Mouillac 82 278 C2
La Mouille 39 197 F2
Mouilleron 52 139 F4
Mouilleron-Saint-Germain 85 166 D5
Mouilleron-le-Captif 85 165 H4
Mouilly 55 64 C2
Moulainville 55 44 C5
Moularès 81 279 H4
Moulay 53 82 B5
Moulayrès 81 299 E3
Moulédous 65 315 G5
Moulès 13 304 C4
Moulès-et-Baucels 34 302 C1
Mouleydier 24 240 B5
Moulézan 30 303 F1
Moulhard 28 109 F2
Moulicent 61 84 D2
Moulidars 16 220 D1
Mouliets-et-Villemartin 33 256 D1
Mouliherne 49 150 C1
Moulin *Château du* 41 153 G3
Moulin-Chabaud 01 214 B1
Le Moulin-des-Ponts 01 196 A4
Moulin-Mage 81 300 D3
Moulin-Neuf 09 337 E1
Moulin-Neuf 24 239 E4
Moulin-Neuf *Petit Musée auvergnat* 63 227 G3
Moulin-sous-Touvent 60 39 H1
Moulineaux 76 36 A3
Moulines 14 53 G1
Moulines 50 81 G2
Moulinet 06 291 G3
Moulinet 47 258 B4
Le Moulinet-sur-Solin 45 134 C2
Moulins 02 41 E2
Moulins 03 192 A2
Moulins 35 104 D4
Moulins 79 167 E2
Moulins-en-Tonnerrois 89 137 E4
Moulins-Engilbert 58 175 H2
Moulins-la-Marche 61 55 E5
Moulins-le-Carbonnel 72 83 F4
Moulins-lès-Metz 57 65 G1
Moulins-Saint-Hubert 55 27 G5
Moulins-sur-Céphons 36 171 G2
Moulins-sur-Orne 61 54 A4
Moulins-sur-Ouanne 89 135 H4
Moulins-sur-Yèvre 18 173 F1
Moulis 09 335 F3
Moulis-en-Médoc 33 237 E3
Moulismes 86 187 F4
Moulle 62 3 F5
Le Moulleau 33 254 B2
Moulon 33 238 B5
Moulon 45 112 B4
Moulot 58 157 E2
Moulotte 55 65 E1
Moult 14 33 H5
Moumoulous 65 315 G3
Moumour 64 313 G4
Mounes-Prohencoux 12 300 D3
Mourède 32 295 G2
Mourens 33 256 C3
Mourenx 64 313 H3
Mouret 12 262 C4
Moureuille 63 209 F1
Mourèze 34 301 H4
Mouriès 13 304 D3
Mouriez 62 11 H1
Le Mourillon 83 328 A4
Mourioux-Vieilleville 23 206 C2
Mourjou 15 262 B2
Mourmelon-le-Grand 51 42 B5
Mourmelon-le-Petit 51 42 A5
Mournans-Charbonny 39 180 A4
Mouron 08 43 E3
Mouron-sur-Yonne 58 157 G5
Mouroux 77 59 H4
Mours 95 38 B5
Mours-Saint-Eusèbe 26 249 G3
Le Mourtis 31 334 C3
Mourvilles-Basses 31 318 C2
Mourvilles-Hautes 31 318 D3
Mouscardès 40 293 F4
Moussac 30 284 A5
Moussac 86 187 E5
Moussages 15 244 C1
Moussan 11 321 E5
Moussé 35 105 E5
Les Mousseaux 78 57 G4
Mousseaux-lès-Bray 77 89 F4
Mousseaux-Neuville 27 56 C3
Mousseaux-sur-Seine 78 57 F1
Moussey 10 115 E2
Moussey 57 67 E5
Moussey 88 96 B3
Les Moussières 39 197 E4
Mousson 54 65 G3
Moussonvilliers 61 84 D2
Moussoulens 11 319 G4
Moussy 51 61 F1
Moussy 58 157 E5
Moussy 95 37 H5
Moussy-le-Neuf 77 59 E1
Moussy-le-Vieux 77 59 E1
Moussy-Verneuil 02 40 D2
Moustajon 31 334 A4
Mousterlin 29 99 H4
Moustéru 22 73 E5
Moustey 40 273 F1
Le Moustier 24 241 F4
Moustier 47 257 G3
Moustier-en-Fagne 59 16 A4
Moustier-Ventadour 19 225 G5
Moustiers-Sainte-Marie 04 307 G1
Le Moustoir 22 76 D4
Moustoir-Ac 56 102 A5
Moustoir-Remungol 56 102 A3
La Moutade 63 209 H3
Moutaine 39 179 H2
Moutardon 16 203 G2
Le Moutaret 38 233 G4
Moutchic 33 236 B3
Mouterhouse 57 68 B2
Mouterre-Silly 86 168 C2
Mouterre-sur-Blourde 86 204 D1
Mouthe 25 180 B4
Le Moutherot 25 161 F4
Mouthier-en-Bresse 71 178 D3
Mouthier-Haute-Pierre 25 180 C1
Mouthiers-sur-Boëme 16 221 E3
Mouthoumet 11 338 A3
Moutier-d'Ahun 23 207 G2
Moutier-Malcard 23 189 G4
Moutier-Rozeille 23 207 H4
Moutiers 28 86 D5
Moutiers 35 105 E4
Moutiers 54 45 F4
Moûtiers 73 234 C3
Moutiers-au-Perche 61 85 E3
Les Moutiers-en-Auge 14 54 B2
Les Moutiers-en-Cinglais 14 53 G1
Moutiers-en-Puisaye 89 135 G5
Les Moutiers-en-Retz 44 146 D5
Les Moutiers-Hubert 14 54 D2
Moutiers-les-Mauxfaits 85 182 D2
Moutiers-Saint-Jean 21 137 G5
Moutiers-sous-Argenton 79 167 H2
Moutiers-sous-Chantemerle 79 167 F5
Moutiers-sur-le-Lay 85 183 F1
Mouton 16 203 F4
Mouton Rothschild *Château de* 33 237 E1
Moutonne 39 196 B2
La Moutonne 83 328 B4
Moutonneau 16 203 F4
Moutoux 39 179 H4
Moutrot 54 94 B1
Mouvaux 59 8 D2
Moux 11 320 B5
Moux-en-Morvan 58 158 C5
Mouxy 73 233 F1
Mouy 60 38 C3
Mouy-sur-Seine 77 89 F4
Mouzay 37 170 B1
Mouzay 55 43 H1
Mouzeil 44 148 A1
Mouzens 24 259 E1
Mouzens 81 298 D5
Mouzeuil-Saint-Martin 85 183 G2
Mouzieys-Panens 81 279 E4
Mouzieys-Teulet 81 299 G2
Mouzillon 44 148 A5
Mouzon 08 27 G4
Mouzon 16 204 B5
Moval 90 142 C3
Moy-de-l'Aisne 02 24 B3
Moyaux 14 34 D4
Moydans 05 268 C5
Moye 74 215 E4
Moyemont 88 95 G4
Moyen 54 95 G3
Moyencourt 80 23 G4
Moyencourt-lès-Poix 80 22 A3
Moyenmoutier 88 96 B3
Moyenneville 60 39 E1
Moyenneville 62 13 G3
Moyenneville 80 11 G4
Moyenvic 57 66 D4
Moyeuvre-Grande 57 45 G4
Moyeuvre-Petite 57 45 G4
Moyon Villages 50 52 A1
Moyrazès 12 280 C1
Moyvillers 60 39 E2
Mozac 63 209 H4
Mozé-sur-Louet 49 149 G2
Muchedent 76 20 B3
Mudaison 34 303 E4
Muel 35 103 F2
Muespach 68 143 G4
Muespach-le-Haut 68 143 G4
Mugron 40 293 G2
Muhlbach-sur-Bruche 67 96 D2
Muhlbach-sur-Munster 68 120 C3
Muides-sur-Loire 41 132 C4
Muidorge 60 38 A1
Muids 27 36 C4
Muille-Villette 80 23 H3
Muirancourt 60 23 H4
Muizon 51 41 F3
Les Mujouls 06 289 F5
La Mulatière 69 231 E1
Mulcent 78 57 F3
Mulcey 57 67 E4
Mulhausen 67 68 C3
Mulhouse 68 143 F1
Mulsanne 72 130 A2
Mulsans 41 132 B4
Mun 65 315 G4
Munchhausen 67 69 G2
Munchhouse 68 121 F5
Muncq-Nieurlet 62 3 E4
Mundolsheim 67 68 D5
Muneville-le-Bingard 50 31 G5
Muneville-sur-Mer 50 51 G2
Le Mung 17 201 F4
Munster 57 67 F3
Munster 68 120 D3
Muntzenheim 68 121 F2
Munwiller 68 121 E4
Mur-de-Barrez 12 262 D1
Mûr-de-Bretagne 22 77 H5
Mur-de-Sologne 41 153 G2
Muracciole 2B 349 F1
Murasson 12 300 C3
Murat 03 191 F3
Murat 15 245 F3
Murat-le-Quaire 63 227 E2
Murat-sur-Vèbre 81 300 D4
Murato 2B 345 F5
La Muraz 74 215 H1
Murbach 68 120 D4
La Mure 04 288 C4
La Mure 38 251 E4
Mureaumont 60 21 G5
Les Mureaux 78 57 H2
Mureils 26 249 F1
Mûres 74 215 G4
Muret 31 317 H2
Le Muret 40 255 E5
Muret-et-Crouttes 02 40 C3
Muret-le-Château 12 262 D5
La Murette 38 232 C4
Murianette 38 251 E1
Murinais 38 250 A1
Murles 34 302 C4
Murlin 58 156 C5
Muro 2B 346 C2
Murol 63 227 F3
Murols 12 262 D2
Muron 17 201 E2
Murs 36 170 D3
Murs 84 286 A5
Mûrs-Erigné 49 149 G2
Murs-et-Gélignieux 01 232 D1
Murtin-et-Bogny 08 26 C2
Murvaux 55 43 H2
Murviel-lès-Béziers 34 321 F2
Murviel-lès-Montpellier 34 302 C4
Murville 54 45 E3
Murzo 2A 348 C1
Mus 30 303 G3
Muscourt 02 41 E2
Musculdy 64 331 E1
Musièges 74 215 F2
Musigny 21 159 E5
Musseau 52 139 F4
Mussey 55 63 G3
Mussey-sur-Marne 52 93 E4
Mussidan 24 239 G3
Mussig 67 97 F5
Mussy-la-Fosse 21 159 E1
Mussy-sous-Dun 71 194 A5
Mussy-sur-Seine 10 115 H5
Mutigney 39 161 E3
Mutigny 51 61 G1
Mutrécy 14 53 G1
Muttersholtz 67 97 F4
Mutzenhouse 67 68 C4
Mutzig 67 97 F2
Le Muy 83 308 B5
Muzeray 55 44 D3
Muzillac 56 124 D5
Muzy 27 56 C4
Myans 73 233 F3
Myennes 58 156 A2
Myon 25 179 H1

## N

Nabas 64 313 F3
Nabinaud 16 239 F1
Nabirat 24 259 H2
Nabringhen 62 2 C5
Nachamps 17 201 G2
Nadaillac 24 241 H4
Nadaillac-de-Rouge 46 260 B1
Nades 03 209 G1
Nadillac 46 260 B4
Naftel 50 52 A5
Nagel-Séez-Mesnil 27 55 H2
Nages 81 300 C4
Nages-et-Solorgues 30 303 G2
Nahuja 66 341 F5
Nailhac 24 241 F1
Naillat 23 188 D5
Nailloux 31 318 B3
Nailly 89 113 F2
Naintré 86 169 G4
Nainville-les-Roches 91 88 A3
Naisey 25 162 B4
Naives-devant-Bar 55 63 H3
Naives-en-Blois 55 93 G1
Naix-aux-Forges 55 93 F1
Naizin 56 102 A4
Najac 12 279 F3
Nalliers 85 183 G2
Nalliers 86 187 F1
Nalzen 09 336 C3
Nambsheim 68 121 G4
Nampcel 60 39 H1
Nampcelles-la-Cour 02 25 G3
Nampont-Saint-Martin 80 11 G1
Namps-au-Mont 80 22 A3
Namps-au-Val 80 22 A3
Nampteuil-sous-Muret 02 40 C3
Nampty 80 22 B3
Nan-Sous-Thil 21 158 D2
Nanc-lès-Saint-Amour 39 196 A3
Nançay 18 154 D3
Nance 39 178 D4
Nances 73 233 E2
Nanclars 16 203 F4
Nançois-le-Grand 55 64 B5
Nançois-sur-Ornain 55 64 B5
Nancras 17 201 E5
Nancray 25 162 B3
Nancray-sur-Rimarde 45 111 H4
Nancuise 39 196 B2
Nancy 54 65 H5
Nancy-sur-Cluses 74 216 C2
Nandax 42 211 H2
Nandy 77 88 A2
Nangeville 45 87 H5
Nangis 77 89 E2
Nangy 74 197 H5
Nannay 58 156 C4
Nans 25 162 C1
Les Nans 39 179 H4
Nans-les-Pins 83 327 H2
Nans-sous-Sainte-Anne 25 180 A1
Nant 12 282 A5
Nant-le-Grand 55 63 H5
Nant-le-Petit 55 63 H5
Nanteau-sur-Essonne 77 87 H5
Nanteau-sur-Lunain 77 112 C2
Nanterre 92 58 B3
Nantes 44 147 G4
Nantes-en-Ratier 38 251 E4
Nanteuil 79 185 F3
Nanteuil-Auriac-de-Bourzac 24 221 G5
Nanteuil-en-Vallée 16 203 G3
Nanteuil-la-Forêt 51 41 F5
Nanteuil-la-Fosse 02 40 C2
Nanteuil-le-Haudouin 60 39 F5
Nanteuil-lès-Meaux 77 59 G2
Nanteuil-Notre-Dame 02 40 C4
Nanteuil-sur-Aisne 08 42 A1
Nanteuil-sur-Marne 77 60 A2
Nantey 39 196 A3
Nantheuil 24 223 E4
Nanthiat 24 223 E4
Nantiat 87 205 G3
Nantillé 17 201 H4
Nantillois 55 43 G3
Nantilly 70 161 E1
Nantoin 38 232 A4
Nantois 55 93 F1
Nanton 71 195 E1
Nantouard 70 161 F1
Nantouillet 77 59 E2
Nantoux 21 177 G1
Nantua 01 214 C1
Naours 80 12 C5
La Napoule 06 309 E4
Napt 01 196 B5
Narbéfontaine 57 46 C5
Narbief 25 163 F4
Narbonne 11 321 E5
Narbonne-Plage 11 321 G5
Narcastet 64 314 B4
Narcy 52 92 D2
Narcy 58 156 B4
Nargis 45 112 C3
Narnhac 15 245 E5
Narp 64 313 F3
Narrosse 40 293 E3
La Nartelle 83 329 G2
Narthoux 81 279 F4
Nasbinals 48 263 G3
Nassandres 27 35 G5
Nassiet 40 293 G4
Nassigny 03 190 D2
Nastringues 24 239 E5
Nattages 01 214 D5
Natzwiller 67 96 D3
Naucelle 12 280 B3
Naucelles 15 244 B4
Naujac-sur-Mer 33 236 C1
Naujan-et-Postiac 33 256 C1
Naurouze *Seuil de* 11 318 D3
Nauroy 02 24 A1
Naussac 12 261 G4
Naussac-Fontanes 48 265 F2
Naussac *Barrage de* 48 265 F2
Naussannes 24 258 C2
Nauvay 72 108 A2
Nauviale 12 262 B4
Nauzan 17 218 C1
Navacelles 30 284 A3
Navacelles *Cirque de* 34 302 A1
Navailles-Angos 64 314 B2
Navarosse 40 254 B5
Navarrenx 64 313 G3
Naveil 41 131 G3
Navenne 70 141 F4
Naves 03 209 H1
Naves 07 283 H1
Naves 19 242 D1
Naves 59 14 C3
Naves 73 234 B2
Navès 81 299 G5
Nâves-Parmelan 74 215 H3
Navilly 71 178 B2
Nay 50 31 H3
Nay 64 314 C5
Nayemont-les-Fosses 88 96 B4
Le Nayrac 12 262 D3
Nazelles-Négron 37 152 B2
Néac 33 238 C4
Néant-sur-Yvel 56 103 E4
Neau 53 106 C3
Neaufles-Auvergny 27 55 G3
Neaufles-Saint-Martin 27 37 F3
Neauphe-sous-Essai 61 83 H2
Neauphe-sur-Dive 61 54 B3

Neauphle-le-Château 78 .... 57 H4
Neauphle-le-Vieux 78 .... 57 G4
Neauphlette 78 .... 57 E2
Neaux 42 .... 211 H3
Nébian 34 .... 302 A4
Nébias 11 .... 337 F3
Nébing 57 .... 67 F3
Nébouzat 63 .... 227 F1
Nécy 61 .... 54 A3
Nedde 87 .... 225 E1
Nédon 62 .... 7 G4
Nédonchel 62 .... 7 G4
Neewiller-près-Lauterbourg 67 .... 69 G2
Neffes 05 .... 269 G4
Neffiès 34 .... 301 H5
Néfiach 66 .... 342 C2
Nègrepelisse 82 .... 278 B4
Négreville 50 .... 29 F4
Négron 37 .... 152 B2
Négrondes 24 .... 222 D5
Néhou 50 .... 29 F5
Nehwiller 67 .... 68 D2
Nelling 57 .... 67 F2
Nemours 77 .... 112 B2
Nempont-Saint-Firmin 62 .... 6 B5
Nénigan 31 .... 316 B3
Nenon 39 .... 161 E5
Néons-sur-Creuse 36 .... 170 B5
Néoules 83 .... 328 B2
Néoux 23 .... 207 H4
Nepvant 55 .... 27 H5
Nérac 47 .... 275 G3
Nerbis 40 .... 293 G2
Nercillac 16 .... 220 C1
Néré 17 .... 202 C3
Néret 36 .... 189 H2
Nérigean 33 .... 238 B5
Nérignac 86 .... 187 E5
Néris-les-Bains 03 .... 190 D5
Nermier 39 .... 196 C2
Nernier 74 .... 197 H3
Néron 28 .... 86 B2
Néronde 42 .... 212 A5
Néronde-sur-Dore 63 .... 210 C5
Nérondes 18 .... 173 H2
Ners 30 .... 283 H5
Nersac 16 .... 221 E2
Nervieux 42 .... 211 H5
Nerville-la-Forêt 95 .... 58 B1
Néry 60 .... 39 F3
Neschers 63 .... 227 H2
Nescus 09 .... 335 H2
Nesle 80 .... 23 G3
Nesle-et-Massoult 21 .... 137 H3
Nesle-Hodeng 76 .... 21 E4
Nesle-la-Reposte 51 .... 90 A2
Nesle-le-Repons 51 .... 61 E1
Nesle-l'Hôpital 80 .... 11 F5
Nesle-Normandeuse 76 .... 11 F5
Nesles 62 .... 6 B2
Nesles 77 .... 59 G5
Nesles-la-Montagne 02 .... 60 C1
Nesles-la-Vallée 95 .... 38 B5
Neslette 80 .... 11 F5
Nesmy 85 .... 182 D1
Nesploy 45 .... 111 H5
Nespouls 19 .... 242 B3
Nessa 2B .... 346 C2
Nestier 65 .... 334 A1
Nettancourt 55 .... 63 F3
Netzenbach 67 .... 96 D2
Neublans 39 .... 178 C2
Neubois 67 .... 97 E4
Le Neubourg 27 .... 35 H5
Neuchâtel-Urtière 25 .... 163 F2
Neuf-Berquin 59 .... 8 A2
Neuf-Brisach 68 .... 121 F3
Neuf-Église 63 .... 209 F2
Neuf-Marché 76 .... 37 F2
Neuf-Mesnil 59 .... 15 G2
Neufbosc 76 .... 20 D4
Le Neufbourg 50 .... 52 C5
Neufchâteau 88 .... 94 A4
Neufchâtel-en-Bray 76 .... 20 D3
Neufchâtel-en-Saosnois 72 .... 83 H4
Neufchâtel-Hardelot 62 .... 6 B3
Neufchâtel-sur-Aisne 02 .... 41 G2
Neufchef 57 .... 45 G3
Neufchelles 60 .... 39 H5
Neuffons 33 .... 256 D3
Neuffontaines 58 .... 157 G3
Neufgrange 57 .... 67 G1
Neuflieux 02 .... 24 A5
Neuflize 08 .... 42 A2
Neufmaison 08 .... 26 B3
Neufmaisons 54 .... 96 A3
Neufmanil 08 .... 26 D2
Neufmesnil 50 .... 31 G2
Neufmoulin 80 .... 11 H3
Neufmoulins 57 .... 67 G5
Neufmoutiers-en-Brie 77 .... 59 F4
Le Neufour 55 .... 43 F5
Neufvillage 57 .... 67 E2
Neufvy-sur-Aronde 60 .... 39 E1
Neugartheim 67 .... 68 C5
Neugartheim-Ittlenheim 67 .... 68 C5
Neuhaeusel 67 .... 69 G3
Neuil 37 .... 151 G5
Neuilh 65 .... 333 E1
Neuillac 17 .... 219 H3
Neuillay-les-Bois 36 .... 171 F4
Neuillé 49 .... 150 C3
Neuillé-le-Lierre 37 .... 152 B1
Neuillé-Pont-Pierre 37 .... 151 G1
Neuilly 27 .... 56 D2
Neuilly 58 .... 157 F4
Neuilly 89 .... 136 A2
Neuilly-en-Donjon 03 .... 193 F4
Neuilly-en-Dun 18 .... 173 H4
Neuilly-en-Sancerre 18 .... 155 G3
Neuilly-en-Thelle 60 .... 38 B4
Neuilly-en-Vexin 95 .... 37 H5
Neuilly-la-Forêt 14 .... 32 B3
Neuilly-le-Bisson 61 .... 83 H3
Neuilly-le-Brignon 37 .... 170 A2
Neuilly-le-Dien 80 .... 12 B3
Neuilly-le-Malherbe 14 .... 33 F5
Neuilly-le-Réal 03 .... 192 B3
Neuilly-le-Vendin 53 .... 82 D3
Neuilly-lès-Dijon 21 .... 160 B3
Neuilly-l'Évêque 52 .... 117 G5
Neuilly-l'Hôpital 80 .... 11 G3
Neuilly-Plaisance 93 .... 58 D3
Neuilly-Saint-Front 02 .... 40 A5
Neuilly-sous-Clermont 60 .... 38 C3
Neuilly-sur-Eure 61 .... 85 E3
Neuilly-sur-Marne 93 .... 58 D3
Neuilly-sur-Seine 92 .... 58 B3
Neuilly-sur-Suize 52 .... 117 E4
Neulette 62 .... 7 F5
Neulise 42 .... 211 H4
Neulles 17 .... 219 H3
Neulliac 56 .... 101 H2
Neung-sur-Beuvron 41 .... 154 A1
Neunhoffen 67 .... 68 C1
Neunkirchen-lès-Bouzonville 57 .... 46 C3
Neure 03 .... 174 B5
Neurey-en-Vaux 70 .... 141 F3
Neurey-lès-la-Demie 70 .... 141 F5
Neussargues-Moissac 15 .... 245 G3
Neuve-Chapelle 62 .... 8 B3
Neuve-Eglise 67 .... 97 E4
La Neuve-Grange 27 .... 37 E2
La Neuve-Lyre 27 .... 55 G2
Neuve-Maison 02 .... 25 G1
Neuvecelle 74 .... 198 C3
Neuvéglise 15 .... 245 G5
Neuvelle-lès-Champlitte 70 .... 140 A5
Neuvelle-lès-Cromary 70 .... 162 A2
Neuvelle-lès-Grancey 21 .... 139 E4
Neuvelle-lès-la-Charité 70 .... 140 D5
La Neuvelle-lès-Lure 70 .... 141 H3
La Neuvelle-lès-Scey 70 .... 140 D3
Neuvelle-lès-Voisey 52 .... 140 C2
Neuves-Maisons 54 .... 94 D1
La Neuveville-devant-Lépanges 88 .... 119 H2
La Neuveville-sous-Châtenois 88 .... 94 B5
La Neuveville-sous-Montfort 88 .... 118 C2
Neuvic 19 .... 225 H5
Neuvic 24 .... 239 H3
Neuvic-Entier 87 .... 224 C1
Neuvicq 17 .... 238 C1
Neuvicq-le-Château 17 .... 202 C5
Neuvillalais 72 .... 107 F3
Neuville 03 .... 191 F3
Neuville 19 .... 243 E3
La Neuville 59 .... 8 D4
Neuville 63 .... 228 B1
La Neuville-à-Maire 08 .... 27 E5
Neuville-au-Bois 80 .... 11 G5
Neuville-au-Cornet 62 .... 12 D2
Neuville-au-Plain 50 .... 29 G5
La Neuville-au-Pont 51 .... 43 E5
Neuville-aux-Bois 45 .... 111 F4
La Neuville-aux-Bois 51 .... 63 E2
La Neuville-aux-Joûtes 08 .... 25 H1
La Neuville-aux-Larris 51 .... 41 F5
La Neuville-aux-Tourneurs 08 .... 26 A2
Neuville-Bosc 60 .... 37 H4
La Neuville-Bosmont 02 .... 25 F4
Neuville-Bourjonval 62 .... 14 A5
La Neuville-Chant-d'Oisel 76 .... 36 C2
Neuville-Coppegueule 80 .... 21 G2
La Neuville-d'Aumont 60 .... 38 A3
Neuville-Day 08 .... 42 D1
Neuville-de-Poitou 86 .... 169 E5
La Neuville-du-Bosc 27 .... 35 H4
Neuville-en-Avesnois 59 .... 15 E3
Neuville-en-Beaumont 50 .... 31 F2
La Neuville-en-Beine 02 .... 24 A4
Neuville-en-Ferrain 59 .... 5 E5
La Neuville-en-Hez 60 .... 38 C2
La Neuville-en-Tourne-à-Fuy 08 .... 42 B3
Neuville-en-Verdunois 55 .... 63 H2
Neuville-Ferrières 76 .... 20 D4
La Neuville-Garnier 60 .... 38 A3
La Neuville-Housset 02 .... 25 E3
La Neuville-lès-Bray 80 .... 23 E1
Neuville-les-Dames 01 .... 213 F1
Neuville-lès-Decize 58 .... 174 D4
Neuville-lès-Dieppe 76 .... 10 B5
La Neuville-lès-Dorengt 02 .... 24 D1
Neuville-lès-Lœuilly 80 .... 22 B3
Neuville-lès-This 08 .... 26 C3
Neuville-lès-Vaucouleurs 55 .... 93 H2
La Neuville-lès-Wasigny 08 .... 26 A4
Neuville-lez-Beaulieu 08 .... 26 A2
Neuville-près-Sées 61 .... 54 C5
Neuville-Saint-Amand 02 .... 24 B2
La Neuville-Saint-Pierre 60 .... 38 B1
Neuville-Saint-Rémy 59 .... 14 B3
Neuville-Saint-Vaast 62 .... 8 B5
La Neuville-Sire-Bernard 80 .... 22 D3
Neuville-sous-Arzillières 51 .... 62 D5
Neuville-sous-Montreuil 62 .... 6 C4
Neuville-sur-Ailette 02 .... 41 E1
Neuville-sur-Ain 01 .... 214 A2
Neuville-sur-Authou 27 .... 35 F4
Neuville-sur-Brenne 37 .... 131 F5
Neuville-sur-Escaut 59 .... 14 C2
La Neuville-sur-Essonne 45 .... 111 H3
Neuville-sur-Margival 02 .... 40 B1
Neuville-sur-Oise 95 .... 58 A1
Neuville-sur-Ornain 55 .... 63 G3
La Neuville-sur-Oudeuil 60 .... 21 H5
La Neuville-sur-Ressons 60 .... 23 F5
Neuville-sur-Saône 69 .... 213 E4
Neuville-sur-Sarthe 72 .... 107 H4
Neuville-sur-Seine 10 .... 115 G4
Neuville-sur-Touques 61 .... 54 D3
Neuville-sur-Vanne 10 .... 114 B2
La Neuville-Vault 60 .... 37 H1
Neuville-Vitasse 62 .... 13 G3
Neuviller-la-Roche 67 .... 96 D3
Neuviller-lès-Badonviller 54 .... 96 A2
Neuviller-sur-Moselle 54 .... 95 E3
Neuvillers-sur-Fave 88 .... 96 C5
Neuvillette 02 .... 24 C2
La Neuvillette 51 .... 41 G3
Neuvillette 80 .... 12 D3
Neuvillette-en-Charnie 72 .... 107 E3
Neuvilley 39 .... 179 F2
Neuvilly 59 .... 14 D4
Neuvilly-en-Argonne 55 .... 43 G4
Neuvireuil 62 .... 8 C5
Neuvizy 08 .... 26 C4
Neuvy 03 .... 192 A2
Neuvy 41 .... 153 G1
Neuvy 51 .... 60 C4
Neuvy-au-Houlme 61 .... 53 H3
Neuvy-Bouin 79 .... 167 G5
Neuvy-deux-Clochers 18 .... 155 G4
Neuvy-en-Beauce 28 .... 110 D2
Neuvy-en-Champagne 72 .... 107 F4
Neuvy-en-Dunois 28 .... 110 B2
Neuvy-en-Mauges 49 .... 149 E3
Neuvy-en-Sullias 45 .... 133 H3
Neuvy-Grandchamp 71 .... 193 F1
Neuvy-le-Barrois 18 .... 174 B3
Neuvy-le-Roi 37 .... 130 D5
Neuvy-Pailloux 36 .... 172 A3
Neuvy-Saint-Sépulchre 36 .... 189 F1
Neuvy-Sautour 89 .... 114 C4
Neuvy-sur-Barangeon 18 .... 154 D3
Neuvy-sur-Loire 58 .... 156 A1
Neuwiller 68 .... 143 H4
Neuwiller-lès-Saverne 67 .... 68 B3
Neuzy 71 .... 193 G2
Névache 05 .... 252 C3
Nevers 58 .... 174 C2
Névez 29 .... 100 B5
Névian 11 .... 320 D5
Néville 76 .... 19 G2
Néville-sur-Mer 50 .... 29 G2
Nevoy 45 .... 134 C4
Nevy-lès-Dole 39 .... 179 E1
Nevy-sur-Seille 39 .... 179 F4
Nexon 87 .... 223 G1
Ney 39 .... 179 H4
Neydens 74 .... 215 G1
Neyrac-les-Bains 07 .... 266 A3
Les Neyrolles 01 .... 214 C1
Neyron 01 .... 213 F5
Nézel 78 .... 57 G2
Nézignan-l'Évêque 34 .... 321 H3
Niafles 53 .... 127 H2
Niaux 09 .... 336 B4
Niaux *Grotte de* 09 .... 336 B4
Nibas 80 .... 11 E3
Nibelle 45 .... 111 H4
Nibles 04 .... 287 G1
Nice 06 .... 309 H2
Nicey 21 .... 137 H2
Nicey-sur-Aire 55 .... 64 B3
Nicole 47 .... 275 G1
Nicorps 50 .... 51 G1
Nideck *Château et Cascade du* 67 .... 96 D1
Niderhoff 57 .... 96 B1
Niderviller 57 .... 67 H5
Niederbronn-les-Bains 67 .... 68 D2
Niederbruck 68 .... 142 C1
Niederentzen 68 .... 121 E4
Niederhaslach 67 .... 97 E2
Niederhausbergen 67 .... 68 D5
Niederhergheim 68 .... 121 F4
Niederlarg 68 .... 143 E4
Niederlauterbach 67 .... 69 G1
Niedermodern 67 .... 68 D3
Niedermorschwihr 68 .... 120 D2
Niedernai 67 .... 97 F2
Niederrœdern 67 .... 69 G2
Niederschaeffolsheim 67 .... 68 D4
Niederseebach 67 .... 69 F2
Niedersoultzbach 67 .... 68 B3
Niedersteinbach 67 .... 68 D1
Niederstinzel 57 .... 67 G3
Niedervisse 57 .... 46 D5
Nielles-lès-Ardres 62 .... 2 D4
Nielles-lès-Bléquin 62 .... 7 E2
Nielles-lès-Calais 62 .... 2 C3
Le Nieppe 59 .... 3 G5
Nieppe 59 .... 8 B2
Niergnies 59 .... 14 B4
Nieudan 15 .... 243 H4
Nieuil 16 .... 203 H4
Nieuil-l'Espoir 86 .... 186 C2
Nieul 87 .... 205 G4
Nieul-le-Dolent 85 .... 182 C1
Nieul-le-Virouil 17 .... 219 G4
Nieul-lès-Saintes 17 .... 201 F5
Nieul-sur-l'Autise 85 .... 184 C3
Nieul-sur-Mer 17 .... 183 F5
Nieulle-sur-Seudre 17 .... 200 D5
Nieurlet 59 .... 3 F5
Niévroz 01 .... 213 G4
Niffer 68 .... 143 H2
Niherne 36 .... 171 G4
Nijon 52 .... 117 H2
Nilvange 57 .... 45 G3
Nîmes 30 .... 303 H2
Ninville 52 .... 117 G3
Niort 79 .... 184 D4
Niort-de-Sault 11 .... 337 E4
Niort-la-Fontaine 53 .... 82 B3
Niozelles 04 .... 287 F5
Nissan-lez-Enserune 34 .... 321 F4
Nistos 65 .... 334 A2
Nitry 89 .... 136 D4
Nitting 57 .... 67 G5
Nivelle 59 .... 9 G4
Nivillac 56 .... 125 F5
Nivillers 60 .... 38 A2
Nivolas-Vermelle 38 .... 232 A2
Nivollet-Montgriffon 01 .... 214 B3
Nixéville 55 .... 43 H5
Le Nizan 33 .... 256 B5
Nizan-Gesse 31 .... 316 B5
Nizas 32 .... 317 E2
Nizas 34 .... 321 H2
Nizerolles 03 .... 210 D2
Nizon 29 .... 100 B4
Nizy-le-Comte 02 .... 25 G5
Noailhac 12 .... 262 B4
Noailhac 19 .... 242 C3
Noailhac 81 .... 299 H5
Noaillac 33 .... 256 D4
Noaillan 33 .... 255 H4
Noailles 19 .... 242 B3
Noailles 60 .... 38 B3
Noailles 81 .... 279 F5
Noailly 42 .... 211 G1
Noalhac 48 .... 263 H1
Noalhat 63 .... 210 B4
Noards 27 .... 35 E4
Nocario 2B .... 347 G3
Nocé 61 .... 84 C4
Noceta 2B .... 347 F5
Nochize 71 .... 193 H3
La Nocle-Maulaix 58 .... 175 H4
Nod-sur-Seine 21 .... 138 A3
Nods 25 .... 162 C5
Noé 31 .... 317 G3
Noé 89 .... 113 H3
Noé-les-Mallets 10 .... 115 H3
La Noë-Blanche 35 .... 126 B2
La Noë-Poulain 27 .... 35 E3
Noël-Cerneux 25 .... 163 F5
Noëllet 49 .... 127 G4
Noërs 54 .... 44 C2
Les Noës 42 .... 211 E2
Les Noës-près-Troyes 10 .... 90 D5
Nœux-lès-Auxi 62 .... 12 C3
Nœux-les-Mines 62 .... 8 A4
Nogaret 31 .... 318 D2
Nogaro 32 .... 295 E3
Nogent 52 .... 117 F4
Nogent-en-Othe 10 .... 114 C3
Nogent-l'Abbesse 51 .... 41 H4
Nogent-l'Artaud 02 .... 60 B2
Nogent-le-Bernard 72 .... 108 B2
Nogent-le-Phaye 28 .... 86 B4
Nogent-le-Roi 28 .... 57 E5
Nogent-le-Rotrou 28 .... 84 D5
Nogent-le-Sec 27 .... 56 A2
Nogent-lès-Montbard 21 .... 137 H5
Nogent-sur-Aube 10 .... 91 F3
Nogent-sur-Eure 28 .... 86 A4
Nogent-sur-Loir 72 .... 130 B4
Nogent-sur-Marne 94 .... 58 D3
Nogent-sur-Oise 60 .... 38 D3
Nogent-sur-Seine 10 .... 89 H3
Nogent-sur-Vernisson 45 .... 134 D2
Nogentel 02 .... 60 C1
Nogna 39 .... 196 C1
Noguères 64 .... 313 H3
Nohan 08 .... 27 E1
Nohanent 63 .... 209 G5
Nohant-en-Goût 18 .... 173 G1
Nohant-en-Graçay 18 .... 154 A5
Nohant-Vic 36 .... 189 G1
Nohèdes 66 .... 341 H3
Nohic 82 .... 298 A1
Noidan 21 .... 158 D3
Noidans-le-Ferroux 70 .... 140 D5
Noidans-lès-Vesoul 70 .... 141 E4
Noidant-Chatenoy 52 .... 139 G3
Noidant-le-Rocheux 52 .... 139 G2
Noilhan 32 .... 296 D5
Nointel 60 .... 38 D2
Nointel 95 .... 38 B5
Nointot 76 .... 19 E5
Noir *Lac* 68 .... 120 C2
Noircourt 02 .... 25 G4
Noirefontaine 25 .... 163 F2
Noirémont 60 .... 22 B5
Noirétable 42 .... 211 E5
Noirlac *Abbaye de* 18 .... 173 F5
Noirlieu 51 .... 63 E2
Noirlieu 79 .... 167 H2
Noirmoutier-en-l'Île 85 .... 164 B1
Noiron 70 .... 161 F2
Noiron-sous-Gevrey 21 .... 160 B4
Noiron-sur-Bèze 21 .... 160 C2
Noiron-sur-Seine 21 .... 115 H5
Noironte 25 .... 161 G3
Noirpalu 50 .... 51 H3
Noirterre 79 .... 167 H3
Noirval 08 .... 43 E1
Noiseau 94 .... 58 D4
Noisiel 77 .... 59 E3
Noisseville 57 .... 45 H5
Noisy-le-Grand 93 .... 58 D3
Noisy-le-Roi 78 .... 58 A3
Noisy-le-Sec 93 .... 58 D3
Noisy-Rudignon 77 .... 88 D5
Noisy-sur-École 77 .... 88 A5
Noisy-sur-Oise 95 .... 38 C5
Noizay 37 .... 152 B2
Noizé 79 .... 168 B3
Nojals-et-Clotte 24 .... 258 C2
Nojeon-en-Vexin 27 .... 37 E3
Nolay 21 .... 177 F2
Nolay 58 .... 156 D5
Nolléval 76 .... 37 E1
Nollieux 42 .... 211 G5
Nomain 59 .... 9 E4
Nomdieu 47 .... 275 H4
Nomécourt 52 .... 92 D3
Nomeny 54 .... 65 H3
Nomexy 88 .... 95 F5
Nommay 25 .... 142 C4
Nompatelize 88 .... 96 A4
Nonac 16 .... 221 E4
Nonancourt 27 .... 56 B4
Nonant 14 .... 33 E3
Nonant-le-Pin 61 .... 54 C5
Nonards 19 .... 243 E4
Nonaville 16 .... 220 D3
Noncourt-sur-le-Rongeant 52 .... 93 E4
Nonette-Orsonnette 63 .... 228 A4
Nonglard 74 .... 215 F3
Nonhigny 54 .... 96 A2
Nonières 07 .... 248 C5
Les Nonières 26 .... 268 C1
Nonsard 55 .... 65 E3
Nontron 24 .... 222 C3
Nonville 77 .... 112 C2
Nonville 88 .... 118 C3
Nonvilliers-Grandhoux 28 .... 85 G5
Nonza 2B .... 345 F3
Nonzeville 88 .... 95 H5
Noordpeene 59 .... 3 G4
Nordausques 62 .... 3 E4
Nordheim 67 .... 68 C5
Nordhouse 67 .... 97 G2
Nore *Pic de* 11 .... 320 A3
Noreuil 62 .... 13 H4
Norges-la-Ville 21 .... 160 A2
La Norma 73 .... 252 D1
Normandel 61 .... 55 G5
Normandie *Pont de* 14 .... 34 D2
Normanville 27 .... 56 B1
Normanville 76 .... 19 F4
Normée 51 .... 61 G4
Normier 21 .... 159 E3
Norolles 14 .... 34 C4
Noron-la-Poterie 14 .... 32 D4
Noron-l'Abbaye 14 .... 53 H2
Noroy 60 .... 38 D2
Noroy-le-Bourg 70 .... 141 G4
Noroy-lès-Jussey 70 .... 140 C2
Noroy-sur-Ourcq 02 .... 40 A4
Norrent-Fontes 62 .... 7 G3
Norrey-en-Auge 14 .... 54 B2
Norrey-en-Bessin 14 .... 33 F4
Norrois 51 .... 62 D5
Norroy 88 .... 118 B2
Norroy-le-Sec 54 .... 45 E4
Norroy-le-Veneur 57 .... 45 G5
Norroy-lès-Pont-à-Mousson 54 .... 65 G3
Nort-Leulinghem 62 .... 3 E5
Nort-sur-Erdre 44 .... 147 H1
Nortkerque 62 .... 3 E4
Norville 76 .... 35 F1
La Norville 91 .... 87 G2
Nossage-et-Bénévent 05 .... 287 E1
Nossoncourt 88 .... 95 H3
Nostang 56 .... 123 G2
Noth 23 .... 188 D5
Nothalten 67 .... 97 E4
Notre-Dame-d'Aiguebelle *Abbaye de* 26 .... 267 F5
Notre-Dame-d'Aliermont 76 .... 20 C2
Notre-Dame-d'Allençon 49 .... 149 H3
Notre-Dame-d'Aurès 12 .... 281 E3
Notre-Dame d'Ay *Sanctuaire de* 07 .... 248 D2
Notre-Dame-de-Bellecombe 73 .... 216 B4
Notre-Dame-de-Bliquetuit 76 .... 35 G1
Notre-Dame-de-Boisset 42 .... 211 H3
Notre-Dame-de-Bondeville 76 .... 36 A1
Notre-Dame-de-Briançon 73 .... 234 B2
Notre-Dame de Buglose 40 .... 293 E2
Notre-Dame-de-Cenilly 50 .... 51 H1
Notre-Dame de Clausis 05 .... 271 F2

A B C D E F G H I J K L M **N** O P Q R S T U V W X Y Z

Notre-Dame-de-Commiers 38 .... 250 D3
Notre-Dame-de-Courson 14 .... 54 D1
Notre-Dame-de-Fresnay 14 .... 54 B2
Notre-Dame-de-Garaison 65 .... 316 A5
Notre-Dame-de-Grace 44 .... 126 A5
Notre-Dame-de-Gravenchon 76 .... 35 F1
Notre-Dame de Kérinec *Chapelle* 29 .... 99 F2
Notre-Dame-de-la-Cour 22 .... 73 G5
Notre-Dame de la Gorge 74 .... 216 D4
Notre-Dame-de-la-Grainetière *Abbaye de* 85 .... 166 C3
Notre-Dame-de-la-Mer 78 .... 57 E1
Notre-Dame-de-la-Rouvière 30 .... 283 E5
Notre-Dame-de-la-Salette 38 .... 251 G5
Notre Dame de la Serra *Belvédère de* 2B .... 346 B2
Notre-Dame-de-l'Aillant 71 .... 176 B1
Notre-Dame-de-Laus 05 .... 269 H4
Notre-Dame-de-l'Espérance 22 .... 73 H4
Notre-Dame-de-l'Isle 27 .... 36 D5
Notre-Dame-de-Livaye 14 .... 34 B5
Notre-Dame-de-Livoye 50 .... 52 A4
Notre-Dame-de-Londres 34 .... 302 C2
Notre-Dame-de-Lorette 62 .... 8 A5
Notre-Dame de l'Ormeau *Chapelle* 83 .... 308 C3
Notre-Dame-de-l'Osier 38 .... 250 B1
Notre-Dame de Lure *Monastère de* 04 .... 287 E3
Notre-Dame-de-Mésage 38 .... 251 E3
Notre-Dame-de-Montplacé *Chapelle* 49 .... 129 F5
Notre-Dame-de-Monts 85 .... 164 C3
Notre-Dame-de-Piétat *Chapelle de* 64 .... 314 B5
Notre-Dame-de-Riez 85 .... 164 D4
Notre-Dame-de-Sanilhac 24 .... 240 C3
Notre-Dame-de-Timadeuc *Abbaye de* 56 .... 102 B3
Notre-Dame-de-Tréminou *Chapelle* 29 .... 99 F4
Notre-Dame-de-Tronoën 29 .... 99 F4
Notre-Dame de Valvert *Chapelle de* 04 .... 288 D5
Notre-Dame-de-Vaulx 38 .... 251 E4
Notre-Dame de Vie *Ermitage* 06 .... 309 E4
Notre-Dame-d'Elle 50 .... 32 C5
Notre-Dame-d'Épine 27 .... 35 F4
Notre-Dame-des-Anges *Prieuré* 83 .... 328 D2
Notre-Dame-des-Dombes *Abbaye de* 01 .... 213 G2
Notre-Dame des Fontaines *Chapelle* 06 .... 291 H2
Notre-Dame-des-Landes 44 .... 147 F2
Notre-Dame-des-Millières 73 .... 234 A1
Notre-Dame-des-Misères *Chapelle de* 82 .... 278 B4
Notre-Dame-d'Estrées 14 .... 34 B5
Notre-Dame-d'Igny *Abbaye* 51 .... 41 E4
Notre-Dame-d'Oé 37 .... 151 H2
Notre-Dame-d'Or 86 .... 168 C4
Notre-Dame-du-Bec 76 .... 18 C5
Notre-Dame-du-Crann *Chapelle* 29 .... 76 C5
Notre-Dame-du-Cruet 73 .... 234 A4
Notre-Dame-du-Groseau *Chapelle* 84 .... 285 H3
Notre-Dame-du-Guildo 22 .... 50 A5
Notre-Dame-du-Hamel 27 .... 55 E3
Notre-Dame du Haut *Chapelle* 22 .... 78 C5
Notre-Dame-du-Mai *Chapelle* 83 .... 327 H5
Notre-Dame-du-Parc 76 .... 20 B3
Notre-Dame-du-Pé 72 .... 129 E3
Notre-Dame-du-Pré 73 .... 234 C2
Notre-Dame-du-Rocher 61 .... 53 G4
Notre-Dame-du-Touchet 50 .... 81 G2
Nottonville 28 .... 110 B3
La Nouaille 23 .... 207 G5
Nouaillé-Maupertuis 86 .... 186 C2
Nouainville 50 .... 29 E3
Nouan-le-Fuzelier 41 .... 154 B1
Nouan-sur-Loire 41 .... 132 C4
Nouans 72 .... 107 H2
Nouans-les-Fontaines 37 .... 153 E5
Nouart 08 .... 43 F1
Nouâtre 37 .... 169 G1
La Nouaye 35 .... 103 H2
La Noue 17 .... 200 A1
La Noue 51 .... 60 D4
Noueilles 31 .... 318 A3
Nougaroulet 32 .... 296 C3
Nouhant 23 .... 190 B5
Nouic 87 .... 205 E2
Nouilhan 65 .... 315 E2
Les Nouillers 17 .... 201 F3
Nouillonpont 55 .... 44 D3
Nouilly 57 .... 45 H5
Noulens 32 .... 295 F2
Nourard-le-Franc 60 .... 38 C1
Nourray 41 .... 131 G4
Nousse 40 .... 293 F3
Nousseviller-lès-Bitche 57 .... 48 B5
Nousseviller-Saint-Nabor 57 .... 47 G5
Nousty 64 .... 314 C4
Nouvelle-Église 62 .... 3 E3
Nouvion-en-Ponthieu 80 .... 11 G2
Le Nouvion-en-Thiérache 02 .... 15 F5
Nouvion-et-Catillon 02 .... 24 C4
Nouvion-le-Comte 02 .... 24 C4
Nouvion-le-Vineux 02 .... 40 D1
Nouvion-sur-Meuse 08 .... 26 D4
Nouvoitou 35 .... 104 C4
Nouvron-Vingré 02 .... 40 A2
Nouzerines 23 .... 189 H4
Nouzerolles 23 .... 189 E4
Nouziers 23 .... 189 G3
Nouzilly 37 .... 152 A1
Nouzonville 08 .... 26 D2
Novacelles 63 .... 228 D4
Novalaise 73 .... 233 E2
Novale 2B .... 347 G4
Novéant-sur-Moselle 57 .... 65 G2
Novel 74 .... 198 D3
Novella 2B .... 345 E5
Noves 13 .... 304 D1
Noviant-aux-Prés 54 .... 65 F4
Novillard 90 .... 142 D3
Novillars 25 .... 162 A3
Novillers 60 .... 38 B4
Novion-Porcien 08 .... 26 B5
Novy-Chevrières 08 .... 26 B5
Noyal 22 .... 78 D4
Noyal-Châtillon-sur-Seiche 35 .... 104 B3
Noyal-Muzillac 56 .... 125 E4
Noyal-Pontivy 56 .... 102 A3
Noyal-sous-Bazouges 35 .... 80 B3
Noyal-sur-Brutz 44 .... 127 E3
Noyal-sur-Vilaine 35 .... 104 C3
Noyales 02 .... 24 C2
Noyalo 56 .... 124 C4
Noyant 49 .... 150 D1
Noyant-d'Allier 03 .... 191 H3
Noyant-de-Touraine 37 .... 151 G5
Noyant-et-Aconin 02 .... 40 B3
Noyant-la-Gravoyère 49 .... 127 H3
Noyant-la-Plaine 49 .... 149 H3
Noyarey 38 .... 250 D1
Noyelle-Vion 62 .... 13 E2
Noyelles-en-Chaussée 80 .... 11 H2
Noyelles-Godault 62 .... 8 C5
Noyelles-lès-Humières 62 .... 7 F5
Noyelles-lès-Seclin 59 .... 8 D3
Noyelles-lès-Vermelles 62 .... 8 A4
Noyelles-sous-Bellonne 62 .... 14 A2
Noyelles-sous-Lens 62 .... 8 B5
Noyelles-sur-Escaut 59 .... 14 B4
Noyelles-sur-Mer 80 .... 11 F2
Noyelles-sur-Sambre 59 .... 15 F4
Noyelles-sur-Selle 59 .... 14 C2
Noyellette 62 .... 13 F2
Noyen-sur-Sarthe 72 .... 129 F2
Noyen-sur-Seine 77 .... 89 G4
Le Noyer 05 .... 269 G2
Le Noyer 14 .... 34 D2
Le Noyer 18 .... 155 G3
Le Noyer 73 .... 233 G1
Noyer *Col du* 05 .... 269 G2
Le Noyer-en-Ouche 27 .... 55 G1
Noyers 27 .... 37 F4
Noyers 45 .... 134 B2
Noyers 52 .... 117 G4
Noyers 89 .... 137 E4
Noyers-Missy 14 .... 33 F5
Noyers-le-Val 55 .... 63 F3
Noyers-Pont-Maugis 08 .... 27 F4
Noyers-Saint-Martin 60 .... 22 B5
Noyers-sur-Cher 41 .... 153 F4
Noyers-sur-Jabron 04 .... 287 F3
Noyon 60 .... 23 H5
Nozay 10 .... 91 E3
Nozay 44 .... 126 C5
Nozay 91 .... 58 B5
Nozeroy 39 .... 180 A4
Nozières 07 .... 248 C3
Nozières 18 .... 173 E5
Nuaillé 49 .... 149 E5
Nuaillé-d'Aunis 17 .... 183 H5
Nuaillé-sur-Boutonne 17 .... 201 H2
Nuars 58 .... 157 G2
Nubécourt 55 .... 63 H1
Nuces 12 .... 262 C5
Nucourt 95 .... 37 G5
Nueil-les-Aubiers 79 .... 167 F2
Nueil-sous-Faye 86 .... 169 E2
Nueil-sur-Argent 79 .... 167 F2
Nueil-sur-Layon 49 .... 149 H5
Nuelles 69 .... 212 C4
Nuillé-le-Jalais 72 .... 108 B4
Nuillé-sur-Ouette 53 .... 106 B4
Nuillé-sur-Vicoin 53 .... 105 H4
Nuisement-sur-Coole 51 .... 62 A3
Nuits 89 .... 137 G4
Nuits-Saint-Georges 21 .... 160 A5
Nullemont 76 .... 21 F3
Nully 52 .... 92 B4
Nuncq 62 .... 12 C2
Nuret-le-Ferron 36 .... 171 F5
Nurieux-Volognat 01 .... 214 B1
Nurlu 80 .... 14 A5
Nuzéjouls 46 .... 259 H4
Nyer 66 .... 341 H3
Nyoiseau 49 .... 127 H3
Nyons 26 .... 285 H1

## O

O *Château d'* 61 .... 54 B5
Obenheim 67 .... 97 G3
Oberbronn 67 .... 68 C2
Oberbruck 68 .... 142 C1
Oberdorf 68 .... 143 F3
Oberdorf-Spachbach 67 .... 69 E2
Oberdorff 57 .... 46 D4
Oberentzen 68 .... 121 E4
Obergailbach 57 .... 47 H5
Oberhaslach 67 .... 97 E1
Oberhausbergen 67 .... 97 G1
Oberhergheim 68 .... 121 E4
Oberhoffen-lès-Wissembourg 67 .... 69 F1
Oberhoffen-sur-Moder 67 .... 69 E4
Oberkutzenhausen 67 .... 69 E2
Oberlarg 68 .... 143 F5
Oberlauterbach 67 .... 69 G2
Obermodern 67 .... 68 C3
Obermorschwihr 68 .... 121 E3
Obermorschwiller 68 .... 143 F2
Obernai 67 .... 97 F2
Oberrœdern 67 .... 69 F2
Obersaasheim 68 .... 121 G4
Oberschaeffolsheim 67 .... 97 G1
Obersoultzbach 67 .... 68 B3
Obersteigen 67 .... 68 A5
Obersteinbach 67 .... 68 D1
Oberstinzel 57 .... 67 G4
Obervisse 57 .... 46 D5
Obies 59 .... 15 F2
Objat 19 .... 241 H1
Oblinghem 62 .... 8 A3
Obrechies 59 .... 15 H3
Obreck 57 .... 66 D3
Obsonville 77 .... 112 A2
Obterre 36 .... 170 C3
Obtrée 21 .... 115 H5
Ocana 2A .... 348 D3
Occagnes 61 .... 54 A4
Occey 52 .... 139 G5
Occhiatana 2B .... 346 D2
Occoches 80 .... 12 C4
Ochancourt 80 .... 11 F3
Oches 08 .... 43 F1
Ochey 54 .... 94 B2
Ochiaz 01 .... 214 D1
Ochtezeele 59 .... 3 G4
Ocquerre 77 .... 59 H1
Ocqueville 76 .... 19 G3
Octeville 50 .... 29 E3
Octeville-l'Avenel 50 .... 29 G4
Octeville-sur-Mer 76 .... 18 C5
Octon 34 .... 301 H4
Odars 31 .... 298 B5
Odeillo 66 .... 341 F4
Odenas 69 .... 212 D2
Oderen 68 .... 120 B5
Odival 52 .... 117 F4
Odomez 59 .... 9 G4
Odos 65 .... 315 E5
Odratzheim 67 .... 97 F1
Oeillon *Crêt de l'* 42 .... 230 D4
Oëlleville 88 .... 94 C4
Oermingen 67 .... 67 H2
Œting 57 .... 47 F5
Oëtre *Roche d'* 61 .... 53 G3
Œuf-en-Ternois 62 .... 7 F5
Œuilly 02 .... 41 E2
Œuilly 51 .... 61 E1
Œutrange 57 .... 45 G2
Oëy 55 .... 93 F1
Oeyregave 40 .... 292 D5
Oeyreluy 40 .... 292 D3
Offekerque 62 .... 3 E3
Offemont 90 .... 142 C2
Offendorf 67 .... 69 F4
Offignies 80 .... 21 G3
Offin 62 .... 6 D4
Offlanges 39 .... 161 E4
Offoy 60 .... 22 A4
Offoy 80 .... 23 H3
Offranville 76 .... 20 A2
Offrethun 62 .... 2 B5
Offroicourt 88 .... 94 C5
Offwiller 67 .... 68 C2
Ogenne-Camptort 64 .... 313 G3
Oger 51 .... 61 G2
Ogeu-les-Bains 64 .... 314 A4
Ogéviller 54 .... 95 H2
Ogliastro 2B .... 345 F2
Ognes 02 .... 24 A5
Ognes 51 .... 61 F5
Ognes 60 .... 39 F5
Ognéville 54 .... 94 C3
Ognolles 60 .... 23 G4
Ognon 60 .... 39 E4
Ogy 57 .... 66 B1
Ohain 59 .... 16 A5
Oherville 76 .... 19 G3
Ohis 02 .... 25 G1
Ohlungen 67 .... 68 D3
Ohnenheim 67 .... 97 F5
L'Oie 85 .... 166 B3
Oigney 70 .... 140 C3
Oignies 62 .... 8 C4
Oigny 21 .... 138 C5
Oigny 41 .... 109 E4
Oigny-en-Valois 02 .... 40 A4
Oingt 69 .... 212 C3
Oinville-Saint-Liphard 28 .... 111 E2
Oinville-sous-Auneau 28 .... 86 C3
Oinville-sur-Montcient 78 .... 57 G1
Oiron 79 .... 168 B2
Oiry 51 .... 61 G1
Oiselay-et-Grachaux 70 .... 161 H2
Oisemont 80 .... 11 G5
Oisilly 21 .... 160 D2
Oisly 41 .... 153 E2
Oison 45 .... 111 E3
Oisseau 53 .... 82 A4
Oisseau-le-Petit 72 .... 83 G5
Oissel 76 .... 36 B3
Oissery 77 .... 59 F1
Oissy 80 .... 22 A1
Oisy 02 .... 15 E5
Oisy 58 .... 157 E1
Oisy 59 .... 9 G5
Oisy-le-Verger 62 .... 14 A3
Oizé 72 .... 129 H3
Oizon 18 .... 155 F2
OK Corral *Parc d'attractions* 13 .... 327 G3
Olargues 34 .... 300 D5
Olby 63 .... 227 F1
Olcani 2B .... 345 F2
Oléac-Debat 65 .... 315 F4
Oléac-Dessus 65 .... 315 F5
Olemps 12 .... 280 C1
Olendon 14 .... 53 H2
Oléron *Île d'* 17 .... 200 B4
Oléron *Viaduc d'* 17 .... 200 C4
Oletta 2B .... 345 F5
Olette 66 .... 341 H3
Olhain *Château d'* 62 .... 8 A5
Olivese 2A .... 349 E4
Olivet 45 .... 133 E2
Olivet 53 .... 105 H3
Olizy 08 .... 42 D2
Olizy 51 .... 41 E5
Olizy-sur-Chiers 55 .... 27 H5
Ollainville 88 .... 94 A5
Ollainville 91 .... 87 G2
Ollans 25 .... 162 B1
Ollé 28 .... 85 H4
Ollencourt 60 .... 39 H1
Olley 54 .... 45 E5
Ollezy 02 .... 24 A3
Ollières 55 .... 44 D3
Les Ollières 74 .... 215 H2
Ollières 83 .... 306 D5
Les Ollières-sur-Eyrieux 07 .... 266 D1
Olliergues 63 .... 228 D1
Ollioules 83 .... 327 H4
Olloix 63 .... 227 G2
Les Olmes 69 .... 212 C4
Olmet 63 .... 228 D1
Olmet-et-Villecun 34 .... 301 H3
Olmeta-di-Capocorso 2B .... 345 F3
Olmeta-di-Tuda 2B .... 345 F5
Olmeto 2A .... 348 D5
Olmi-Cappella 2B .... 346 D2
Olmiccia 2A .... 349 E5
Olmo 2B .... 347 G2
Olonne-sur-Mer 85 .... 182 A1
Olonzac 34 .... 320 C4
Oloron-Sainte-Marie 64 .... 331 H1
Ols-et-Rinhodes 12 .... 261 F5
Oltingue 68 .... 143 G4
Olwisheim 67 .... 68 D5
Omaha Beach 14 .... 32 D2
Omblèze 26 .... 250 A5
Omécourt 60 .... 21 G5
Omelmont 54 .... 94 D2
Les Omergues 04 .... 286 D3
Omerville 95 .... 37 F5
Omessa 2B .... 347 F4
Omet 33 .... 256 B3
Omex 65 .... 332 D1
Omey 51 .... 62 C3
Omicourt 08 .... 27 E4
Omiécourt 80 .... 23 F3
Omissy 02 .... 24 B2
Omméel 61 .... 54 C4
Ommeray 57 .... 67 E5
Ommoy 61 .... 54 A3
Omont 08 .... 26 D5
Omonville 76 .... 20 A3
Omonville-la-Petite 50 .... 28 C2
Omonville-la-Rogue 50 .... 28 D2
Omps 15 .... 243 H5
Oms 66 .... 342 D3
Onans 25 .... 142 A4
Onard 40 .... 293 F2
Onay 70 .... 161 F2
Oncieu 01 .... 214 B3
Oncourt 88 .... 95 F5
Oncy-sur-École 91 .... 88 A4
Ondefontaine 14 .... 53 E1
Ondes 31 .... 297 G3
Ondres 40 .... 292 A4
Ondreville-sur-Essonne 45 .... 111 H2
Onesse-Laharie 40 .... 272 C4
Onet-le-Château 12 .... 280 D1
Oneux 80 .... 11 H3
Ongles 04 .... 287 E4
Onglières 39 .... 180 A3
Onival 80 .... 10 D3
Onjon 10 .... 91 F4
Onlay 58 .... 176 A2
Onnaing 59 .... 9 H5
Onnion 74 .... 198 B5
Onoz 39 .... 196 C2
Ons-en-Bray 60 .... 37 H2
Ontex 73 .... 215 E5
Onville 54 .... 65 F2
Onvillers 80 .... 23 E5
Oô 31 .... 334 A4
Oost-Cappel 59 .... 4 A3
Opio 06 .... 309 E3
Opme 63 .... 227 H1
Opoul-Périllos 66 .... 338 D4
Oppède 84 .... 305 G2
Oppède-le-Vieux 84 .... 305 F2
Oppedette 04 .... 286 D5
Oppenans 70 .... 141 G4
Oppy 62 .... 13 H2
Optevoz 38 .... 214 A5
Or *Mont d'* 25 .... 180 C4
Oraàs 64 .... 311 H3
Oradour 15 .... 245 F5
Oradour 16 .... 202 D4
Oradour-Fanais 16 .... 204 D2
Oradour-Saint-Genest 87 .... 187 H5
Oradour-sur-Glane 87 .... 205 F4
Oradour-sur-Vayres 87 .... 222 D1
Orain 21 .... 139 H5
Orainville 02 .... 41 G2
Oraison 04 .... 287 G5
Orange 84 .... 285 F3
Orbagna 39 .... 196 B1
Orbais-l'Abbaye 51 .... 61 E2
Orban 81 .... 299 F2
Orbec 14 .... 55 E1
Orbeil 63 .... 228 A3
Orbessan 32 .... 296 B5
Orbey 68 .... 120 D2
Orbigny 37 .... 152 D4
Orbigny-au-Mont 52 .... 139 H2
Orbigny-au-Val 52 .... 139 H2
Orbois 14 .... 33 E5
L'Orbrie 85 .... 184 B2
Orçay 41 .... 154 C4
Orcemont 78 .... 86 D2
Orcenais 18 .... 173 E5
Orcet 63 .... 227 H1
Orcevaux 52 .... 139 G3
Orchaise 41 .... 131 H5
Orchamps 39 .... 161 F5
Orchamps-Vennes 25 .... 163 E5
Orches 86 .... 169 E3
Orchies 59 .... 9 E4
Orcier 74 .... 198 B4
Orcières 05 .... 270 A2
Orcinas 26 .... 267 H4
Orcines 63 .... 209 G5
Orcival 63 .... 227 F1
Orconte 51 .... 62 D5
Ordan-Larroque 32 .... 296 A3
Ordiarp 64 .... 331 E1
Ordizan 65 .... 333 F1
Ordonnac 33 .... 219 E5
Ordonnaz 01 .... 214 C4
Ore 31 .... 334 B2
Orègue 64 .... 311 G3
Oreilla 66 .... 341 H3
Orelle 73 .... 252 C1
Oresmaux 80 .... 22 B3
Orezza *Couvent d'* 2B .... 347 G3
Organ 65 .... 316 A4
Orgeans 25 .... 163 F3
Orgedeuil 16 .... 221 H1
Orgeix 09 .... 341 E2
Orgelet 39 .... 196 C2
Orgères 35 .... 104 B4
Orgères 61 .... 54 D4
Orgères-en-Beauce 28 .... 110 C3
Orgères-la-Roche 53 .... 83 E2
Orgerus 78 .... 57 F3
Orges 52 .... 116 C3
Orgeux 21 .... 160 B2
Orgeval 02 .... 41 E1
Orgeval 78 .... 57 H2
Orgibet 09 .... 334 D3
Orglandes 50 .... 29 F5
Orgnac *Aven d'* 07 .... 284 B1
Orgnac-l'Aven 07 .... 284 B2
Orgnac-sur-Vézère 19 .... 224 B5
Orgon 13 .... 305 F2
Orgueil 82 .... 297 H1
Oricourt 70 .... 141 G4
Orient *Forêt d'* 10 .... 91 G5
Orieux 65 .... 315 G5
Orignac 65 .... 333 F1
Origne 33 .... 255 G4
Origné 53 .... 106 A5
Orignolles 17 .... 238 C1
Origny 21 .... 138 B4
Origny-en-Thiérache 02 .... 25 G1
Origny-le-Butin 61 .... 84 B4
Origny-le-Roux 61 .... 84 A5
Origny-le-Sec 10 .... 90 B3
Origny-Sainte-Benoite 02 .... 24 C2
Orin 64 .... 313 G4
Orincles 65 .... 333 E1
Oriocourt 57 .... 66 C3
Oriol-en-Royans 26 .... 250 A4
Oriolles 16 .... 220 C5
Orion 64 .... 313 F2
Oris-en-Rattier 38 .... 251 F4
Orist 40 .... 292 C4
Orival 16 .... 239 E1
Orival 76 .... 36 A3
Orival 80 .... 21 G3
Orléans 45 .... 133 E2
Orléat 63 .... 210 B4
Orleix 65 .... 315 F5

Orliac *24* 259 F2
Orliac-de-Bar *19* 224 D5
Orliaguet *24* 241 H5
Orliénas *69* 230 D1
Orlu *09* 341 E2
Orlu *28* 87 E5
Orly *94* 58 C4
Orly-sur-Morin *77* 60 A3
Ormancey *52* 117 E5
Ormeaux *77* 59 H5
Ormenans *70* 162 B1
Ormersviller *57* 48 B5
Ormes *10* 91 E2
Ormes *27* 56 A1
Ormes *45* 110 D5
Ormes *51* 41 G4
Ormes *71* 195 F1
Les Ormes *86* 169 H2
Les Ormes *89* 135 H2
Ormes-et-Ville *54* 94 D3
Les Ormes-sur-Voulzie *77* 89 F3
Ormesson *77* 112 B2
Ormesson-sur-Marne *94* 58 D4
Ormoiche *70* 141 F2
Ormoy *28* 86 A2
Ormoy *70* 118 C5
Ormoy *89* 114 A5
Ormoy *91* 88 A2
Ormoy-la-Rivière *91* 87 F4
Ormoy-le-Davien *60* 39 G4
Ormoy-lès-Sexfontaines *52* 116 D2
Ormoy-sur-Aube *52* 116 B4
Ormoy-Villers *60* 39 F4
Ornacieux *38* 231 H4
Ornaisons *11* 320 D5
Ornans *25* 162 B5
Ornel *55* 44 D4
Ornes *55* 44 C4
Ornex *01* 197 G4
Ornézan *32* 296 B5
Orniac *46* 260 C4
Ornolac-Ussat-les-Bains *09* 336 B4
Ornon *38* 251 F3
Ornon *Col d'* *38* 251 F3
Orny *57* 65 H2
Oroër *60* 38 A1
Oroix *65* 314 D4
Oron *57* 66 C3
Oroux *79* 168 B5
Orphin *78* 86 D2
Orpierre *05* 287 E1
Orquevaux *52* 93 F5
Les Orres *05* 270 C4
Orret *21* 138 C5
Orriule *64* 313 F2
Orrouer *28* 85 H4
Orrouy *60* 39 G3
Orry-la-Ville *60* 38 D5
Ors *59* 15 E4
Orsan *30* 284 D3
Orsanco *64* 311 G4
Orsans *11* 319 E5
Orsans *25* 162 C3
Orsay *91* 58 B5
Orschwihr *68* 120 D4
Orschwiller *67* 97 E5
Orsennes *36* 189 E3
Orsinval *59* 15 E2
Orsonnette *63* 228 A4
Orsonville *78* 86 D3
Ortaffa *66* 343 F3
Ortale *2B* 347 G4
Orthevielle *40* 292 D5
Orthez *64* 293 G5
Orthoux-Sérignac-Quilhan *30* 303 E1
Ortillon *10* 91 F3
Ortiporio *2B* 347 G3
Orto *2A* 348 D1
Orval-sur-Sienne *88* 95 G4
Orus *09* 336 A5
Orval *18* 173 F5
Orval *50* 51 G1
Orvault *44* 147 G3
Orvaux *27* 56 A2
Orve *25* 163 E2
Orveau *91* 87 G4
Orveau-Bellesauve *45* 111 H2
Orville *21* 139 F5
Orville *36* 154 A5
Orville *45* 111 H2
Orville *61* 54 D3
Orville *62* 12 D4
Orvillers-Sorel *60* 23 E5
Orvilliers *78* 57 F3
Orvilliers-Saint-Julien *10* 90 C4
Orx *40* 292 B4
Os-Marsillon *64* 313 H2
Osani *2A* 346 A4
Osches *55* 63 H1
Osenbach *68* 120 D4
Oslon *71* 177 H4
Osly-Courtil *02* 40 A2
Osmanville *14* 32 B2
Osmery *18* 173 G3
Osmets *65* 315 G4
Osmoy *18* 173 F1
Osmoy *78* 57 F3
Osmoy-Saint-Valery *76* 20 C3
Osne-le-Val *52* 93 E3
Osnes *08* 27 G4
Osny *95* 58 A1
L'Ospédale *2A* 351 F2
Osquich *Col d'* *64* 311 G5
Ossages *40* 293 F5
Ossas-Suhare *64* 331 E1
Osse *25* 162 B3
Ossé *35* 104 D3
Osse-en-Aspe *64* 331 H3
Osséja *66* 341 F5
Osselle *Grottes d'* *25* 161 G5
Osselle-Routelle *25* 161 G5
Ossen *65* 332 D1
Ossenx *64* 313 F3
Osserain-Rivareyte *64* 311 H4
Ossès *64* 311 E5
Ossey-les-Trois-Maisons *10* 90 B4
Ossun *65* 314 D5
Ossun-ez-Angles *65* 333 E1
Ostabat-Asme *64* 311 G5
Ostel *02* 40 D2
Ostheim *68* 121 E2
Osthoffen *67* 97 F1
Osthouse *67* 97 G3
Ostreville *62* 7 G5
Ostricourt *59* 8 D4
Ostwald *67* 97 H1
Ota *2A* 346 B5
Othe *54* 44 B2
Othis *77* 59 E1
Ottange *57* 45 F2
Ottersthal *67* 68 B4
Otterswiller *67* 68 B4
Ottmarsheim *68* 143 G1
Ottonville *57* 46 C4
Ottrott *67* 97 E2
Ottwiller *67* 68 A3
Ouagne *58* 157 E2
Ouainville *76* 19 F3
Ouanne *89* 136 A4
Ouarville *28* 86 D5
Les Oubeaux *14* 32 B3
Ouchamps *41* 153 E2
Ouches *42* 211 G3
Oucques *41* 132 A3
Oudalle *76* 34 D1
Oudan *58* 156 D3
Oudeuil *60* 21 H5
Oudezeele *59* 3 H4
Oudincourt *52* 116 D2
Oudon *44* 148 A2
Oudrenne *57* 46 B3
Oudry *71* 193 H1
Oueilloux *65* 315 F5
Ouerre *28* 56 D5
Ouessant *Île d'* *29* 74 A1
Ouézy *14* 34 A5
Ouffières *14* 53 F1
Ouge *70* 140 B2
Ouges *21* 160 A4
Ougney *39* 161 F4
Ougney-Douvot *25* 162 C2
Ougny *58* 175 G1
Ouhans *25* 180 C1
Ouides *43* 247 E5
Ouillat *Col de l'* *66* 343 F4
Ouillon *64* 314 C3
Ouilly-du-Houley *14* 34 D5
Ouilly-le-Tesson *14* 53 H1
Ouilly-le-Vicomte *14* 34 C4
Ouistreham-Riva-Bella *14* 33 H3
Oulches *36* 188 B1
Oulches-la-Vallée-Foulon *02* 41 E2
Oulchy-la-Ville *02* 40 B4
Oulchy-le-Château *02* 40 B4
Oulins *28* 56 D3
Oulles *38* 251 F3
Oullins *69* 231 E1
Oulmes *85* 184 C3
Oulon *58* 157 E5
Ounans *39* 179 F1
Oupia *34* 320 C4
Our *39* 161 F5
Ourcel-Maison *60* 22 B5
Ourches *26* 267 G1
Ourches-sur-Meuse *55* 94 A1
Ourde *65* 334 A3
Ourdis-Cotdoussan *65* 333 E2
Ourdon *65* 333 E2
Ourouër *58* 174 D1
Ourouer-les-Bourdelins *18* 173 H3
Ouroux *69* 194 C5
Ouroux-en-Morvan *58* 158 A5
Ouroux-sous-le-Bois-Sainte-Marie *71* 194 A4
Ouroux-sur-Saône *71* 178 A5
Oursbelille *65* 315 E4
Ourscamps *Abbaye d'* *60* 39 G1
Les Oursinières *83* 328 B5
Ourtigas *Col de l'* *34* 301 E4
Ourton *62* 7 H4
Ourville-en-Caux *76* 19 F3
Ousse *64* 314 C4
Ousse-Suzan *40* 273 F5
Oussières *39* 179 E2
Ousson-sur-Loire *45* 134 D5
Oussoy-en-Gâtinais *45* 134 C2
Oust *09* 335 G4
Oust-Marest *80* 10 D4
Ousté *65* 333 E1
Outarville *45* 111 E2
Outines *51* 92 A2
Outreau *62* 6 A2
Outrebois *80* 12 C3
Outremécourt *52* 118 A2
Outrepont *51* 62 D4
Outriaz *01* 214 C2
Outtersteene *59* 4 A5
Ouvans *25* 162 D3
Ouve-Wirquin *62* 7 E2
Ouveillan *11* 321 E4
Ouville *50* 51 H1
Ouville-la-Bien-Tournée *14* 54 A1
Ouville-la-Rivière *76* 20 A2
Ouville-l'Abbaye *76* 19 H4
Ouvrouer-les-Champs *45* 133 H3
Ouzilly *86* 169 F4
Ouzilly-Vignolles *86* 168 C3
Ouzouer-des-Champs *45* 134 C2
Ouzouer-le-Doyen *41* 109 H5
Ouzouer-le-Marché *41* 132 C2
Ouzouer-sous-Bellegarde *45* 112 A5
Ouzouer-sur-Loire *45* 134 B3
Ouzouer-sur-Trézée *45* 134 D4
Ouzous *65* 332 D2
Ovanches *70* 140 D4
Ovillers-la-Boisselle *80* 13 F5
Oxelaëre *59* 3 H5
Oxocelhaya et Isturits *Grottes d'* *64* 311 F4
Oyé *71* 193 H4
Oye-et-Pallet *25* 180 C3
Oye-Plage *62* 3 E3
Oyes *51* 61 E4
Oyeu *38* 232 B4
Oyonnax *01* 196 C5
Oyré *86* 169 H3
Oyrières *70* 140 A5
Oysonville *28* 87 E4
Oytier-Saint-Oblas *38* 231 G2
Oz *38* 251 G2
Ozan *01* 195 F3
Oze *05* 269 E4
Ozenay *71* 195 E2
Ozenx *64* 313 F2
Ozerailles *54* 45 E4
Ozeville *50* 29 G4
Ozières *52* 117 G2
Ozillac *17* 219 H4
Ozoir-la-Ferrière *77* 59 E4
Ozoir-le-Breuil *28* 110 A5
Ozolles *71* 194 A4
Ozon *07* 249 E2
Ozon *65* 315 G5
Ozouer-le-Repos *77* 88 D2
Ozouer-le-Voulgis *77* 59 F5
Ozourt *40* 293 F4

## P

Paars *02* 40 D3
Pabu *22* 73 E5
La Pacaudière *42* 211 F1
Pacé *35* 104 A2
Pacé *61* 83 F3
Pact *38* 231 G5
Pacy-sur-Armançon *89* 137 F3
Pacy-sur-Eure *27* 56 D1
Padern *11* 338 B4
Padiès *81* 280 B5
Padirac *46* 260 D1
Padirac *Gouffre de* *46* 260 D1
Padoux *88* 95 G5
Pageas *87* 223 E1
Pagney *39* 161 F3
Pagney-derrière-Barine *54* 65 F5
Pagnoz *39* 179 G2
Pagny-la-Blanche-Côte *55* 94 A2
Pagny-la-Ville *21* 178 B1
Pagny-le-Château *21* 178 B1
Pagny-lès-Goin *57* 65 H2
Pagny-sur-Meuse *55* 94 A1
Pagny-sur-Moselle *54* 65 G2
Pagolle *64* 311 H5
Pailhac *65* 333 H3
Pailharès *07* 248 C3
Pailhères *Port de* *09* 337 E5
Pailherols *15* 244 D5
Pailhès *09* 335 H1
Pailhès *34* 321 G2
Paillart *60* 22 C4
Paillé *17* 202 B3
Paillencourt *59* 14 B3
Paillet *33* 255 H2
Pailloles *47* 258 B5
Le Pailly *52* 139 H3
Pailly *89* 89 G5
Paimbœuf *44* 146 D3
Paimpol *22* 73 F3
Paimpont *35* 103 F3
Pain de Sucre *14* 53 F2
Painblanc *21* 159 F5
Pair-et-Grandrupt *88* 96 B5
Pairis *68* 120 C2
Paissy *02* 41 E2
Paisy-Cosdon *10* 114 B2
Paizay-le-Chapt *79* 202 C2
Paizay-le-Sec *86* 187 F1
Paizay-le-Tort *79* 202 C1
Paizay-Naudouin *16* 203 E2
Pajay *38* 231 H5
le Pal *Parc d'attractions et animalier* *03* 192 D2
Paladru *38* 232 C3
Palagaccio *2B* 345 G4
Palaggiu *Alignements de* *2A* 350 D3
Palairac *11* 338 B3
Le Palais *56* 144 B4
Le Palais-sur-Vienne *87* 205 H4
Palaiseau *91* 58 B5
Palaiseul *52* 139 H3
Palaja *11* 319 H5
Palaminy *31* 317 E5
Palante *70* 142 A3
Palantine *25* 161 H5
Palasca *2B* 344 D5
Palau-de-Cerdagne *66* 341 F5
Palau-del-Vidre *66* 343 F3
Palavas-les-Flots *34* 303 E5
Palazinges *19* 242 D2
Paley *77* 112 D2
Paleyrac *24* 259 E1
Palhers *48* 264 A4
Palinges *71* 193 H2
Pâlis *10* 90 B5
Palise *25* 162 A2
Palisse *19* 225 H4
Palladuc *63* 210 D4
Pallanne *32* 295 G5
Palleau *71* 178 A2
Pallegney *88* 95 F5
Le Pallet *44* 148 A5
Palleville *81* 319 E2
La Pallice *17* 200 B1
La Pallu *53* 82 D3
Palluau *85* 165 G3
Palluau-sur-Indre *36* 171 E2
Palluaud *16* 221 F5
Pallud *73* 234 A1
Palluel *62* 14 A2
Palmas d'Aveyron *12* 281 F1
La Palme *11* 339 E3
La Palmyre *17* 218 B1
Palneca *2A* 349 F3
Palogneux *42* 229 F1
Palombaggia *Plage de* *2A* 351 G3
La Palud-sur-Verdon *04* 307 H2
Paluden *29* 70 C4
Paluel *76* 19 F2
Pamfou *77* 88 D4
Pamiers *09* 336 B1
Pampelonne *81* 279 H4
Pamplie *79* 184 D2
Pamproux *79* 185 G3
Panassac *32* 316 A3
Panazol *87* 205 H5
Pancé *35* 104 B5
Pancheraccia *2B* 347 G5
Pancy-Courtecon *02* 40 D1
Pandrignes *19* 243 E2
Pange *57* 66 B1
Panges *21* 159 G2
Panilleuse *27* 37 E5
Panissage *38* 232 B3
Panissières *42* 212 A5
Panjas *32* 294 D2
Panlatte *27* 56 A4
Pannecé *44* 148 B1
Pannecières *45* 87 F5
Pannes *45* 112 B4
Pannes *54* 65 E3
Pannesière-Chaumard *Barrage de* *58* 157 H5
Pannessières *39* 179 F5
Panon *72* 84 A5
Panossas *38* 231 H1
La Panouse *48* 264 D2
Pansey *52* 93 F3
Pantin *93* 58 C3
Panzoult *37* 151 F5
Papleux *02* 15 G5
La Pâquelais *44* 147 F2
Paradou *13* 304 C3
Paramé *35* 50 C5
Parassy *18* 155 F4
Parata *2B* 347 G3
Parata *Pointe de la* *2A* 348 B4
Paray-Douaville *78* 86 D4
Paray-le-Frésil *03* 192 C1
Paray-le-Monial *71* 193 G3
Paray-sous-Briailles *03* 192 B5
Paray-Vieille-Poste *91* 58 C5
Paraza *11* 320 D4
Parbayse *64* 313 H3
Parc-d'Anxtot *76* 19 E5
Parçay-les-Pins *49* 150 D2
Parçay-Meslay *37* 152 A2
Parçay-sur-Vienne *37* 151 G5
Parcé *35* 81 E5
Parcé-sur-Sarthe *72* 129 F2
Parcey *39* 179 E1
Parcieux *01* 213 E4
Parcoul-Chenaud *24* 239 E2
Le Parcq *62* 7 E5
Parcy-et-Tigny *02* 40 B4
Pardailhan *34* 320 D2
Pardaillan *47* 257 F3
Pardies *64* 313 H3
Pardies-Piétat *64* 314 B5
Pardines *63* 227 H3
Paréac *65* 333 E1
Pareid *55* 64 D1
Parempuyre *33* 237 F4
Parennes *72* 107 E3
Parent *63* 228 A2
Parentignat *63* 228 A3
Parentis-en-Born *40* 272 D1
Parenty *62* 6 C3
Parey-Saint-Césaire *54* 94 C2
Parey-sous-Montfort *88* 94 C5
Parfondeval *02* 25 H3
Parfondeval *61* 84 B3
Parfondru *02* 41 E1
Parfondrupt *55* 44 D5
Parfouru-l'Éclin *14* 32 D5
Parfouru-sur-Odon *14* 33 E5
Pargnan *02* 41 E2
Pargny *80* 23 G3
Pargny-Filain *02* 40 D1
Pargny-la-Dhuys *02* 60 D2
Pargny-les-Bois *02* 24 D3
Pargny-lès-Reims *51* 41 F4
Pargny-Resson *08* 42 B1
Pargny-sous-Mureau *88* 93 H4
Pargny-sur-Saulx *51* 63 E4
Pargues *10* 115 F4
Parignargues *30* 303 F1
Parigné *35* 81 F3
Parigné-le-Pôlin *72* 129 H2
Parigné-l'Évêque *72* 108 A5
Parigné-sur-Braye *53* 82 B5
Parigny *42* 211 G3
Parigny *50* 81 G2
Parigny-la-Rose *58* 157 E3
Parigny-les-Vaux *58* 174 C1
Pariou *Puy de* *63* 209 G5
Paris *75* 58 C3
Paris-Charles-de-Gaulle *Aéroport* *95* 58 D1
Paris-l'Hôpital *71* 177 F2
Paris-Orly *Aéroport de* *91* 58 C5
Parisot *81* 298 D2
Parisot *82* 279 E2
Parlan *15* 261 G1
Parleboscq *40* 274 D5
Parly *89* 135 H3
Parmain *95* 38 B5
Parmilieu *38* 214 A4
Parnac *36* 188 C3
Parnac *46* 259 H5
Parnans *26* 249 H2
Parnay *18* 173 G3
Parnay *49* 150 C4
Parné-sur-Roc *53* 106 A4
Parnes *60* 37 F4
Parnot *52* 117 H4
Les Paroches *55* 64 C3
Parois *55* 43 G5
Paron *89* 113 F3
Paroy *25* 179 H1
Paroy *77* 89 F3
Paroy-en-Othe *89* 114 A4
Paroy-sur-Saulx *52* 93 E3
Paroy-sur-Tholon *89* 113 H5
Parpeçay *36* 153 H4
Parpeville *02* 24 C3
Parranquet *47* 258 D3
Parroy *54* 66 D5
Pars-lès-Chavanges *10* 91 H3
Pars-lès-Romilly *10* 90 B3
Parsac *33* 238 D5
Parsac-Rimondeix *23* 207 G1
Parthenay *79* 168 A5
Parthenay-de-Bretagne *35* 104 A2
Partinello *2A* 346 B4
Parux *54* 96 B2
Parves-et-Nattages *01* 214 D5
Parville *27* 56 B1
Parvillers-le-Quesnoy *80* 23 F3
Parzac *16* 203 H3
Les Pas *50* 51 G5
Le Pas *53* 82 A3
Pas-de-Jeu *79* 168 C2
Pas de la Graille *04* 287 F3
Pas de l'Echelle *74* 197 G5
Pas de l'Ours *11* 336 D4
Pas-des-Lanciers *13* 326 C1
Pas-en-Artois *62* 13 E4
Le Pas-Saint-l'Homer *61* 85 E3
Pasciolo *Fort de* *2B* 347 E5
Pasilly *89* 137 F4
Paslières *63* 210 C4
Pasly *02* 40 B2
Pasques *21* 159 H2
Le Pasquier *39* 179 H3
Passa *66* 343 E3
Le Passage *38* 232 C3
Le Passage *47* 276 B3
Passais-la-Conception *61* 82 A2
Passavant *25* 162 C3
Passavant-en-Argonne *51* 63 F1
Passavant-la-Rochère *70* 118 C4
Passavant-sur-Layon *49* 149 H5
Passay *44* 147 G5
Passel *60* 23 G5
Passenans *39* 179 F4
Passin *01* 214 D3
Passins *38* 232 B1
Passirac *16* 220 D5
Passonfontaine *25* 162 D5
Passy *71* 194 C2
Passy *74* 216 C3
Passy *89* 113 G3
Passy-en-Valois *02* 40 A5
Passy-Grigny *51* 41 E5
Passy-sur-Marne *02* 60 D1
Passy-sur-Seine *77* 89 G4
Pastricciola *2A* 348 D1
Patay *45* 110 C4
Patornay *39* 196 D1
Patrimonio *2B* 345 F4
Pau *64* 314 B5
Paucourt *45* 112 C4
Paudy *36* 172 B1
Paugnat *63* 209 G4
Pauilhac *32* 296 B1
Pauillac *33* 237 E1
Paule *22* 77 E4
Paulhac *15* 245 F4
Paulhac *31* 298 A3
Paulhac *43* 246 B1
Paulhac-en-Margeride *48* 246 B5
Paulhaguet *43* 246 C2

Paulhan 34 302 A 5
Paulhe 12 281 H 3
Paulhenc 15 245 F 5
Paulhiac 47 258 D 4
Pauliac *Puy de* 19 242 D 2
Pauligne 11 337 F 1
Paulin 24 241 H 4
La Pauline 83 328 B 4
Paulinet 81 300 A 2
Paulmy 37 170 A 2
Paulnay 36 170 D 3
Paulx 44 165 F 1
Paunat 24 240 D 5
Pause *Col de* 09 335 F 5
Paussac-et-Saint-Vivien 24 222 B 5
Pautaines-Augeville 52 93 F 4
Pauvres 08 42 B 2
Pavant 02 60 B 2
Pavezin 42 230 D 4
Pavie 32 296 B 4
Pavillon *Col du* 69 212 A 2
Le Pavillon-Sainte-Julie 10 90 C 4
Les Pavillons-sous-Bois 93 58 D 3
Pavilly 76 20 A 5
Pavin *Lac* 63 227 F 3
Payns 10 90 D 4
Payra-sur-l'Hers 11 318 D 4
Payrac 46 260 B 1
Payré 86 186 A 4
Payrignac 46 259 H 2
Payrin-Augmontel 81 319 H 2
Payros-Cazautets 40 294 B 4
Payroux 86 186 C 5
Payssous 31 334 B 2
Payzac 07 265 H 5
Payzac 24 223 G 5
Pazayac 24 241 H 3
Paziols 11 338 C 4
Pazy 58 157 G 4
Le Péage 38 231 G 2
Le Péage-de-Roussillon 38 231 E 5
Péas 51 61 E 4
Peaugres 07 249 E 1
Péaule 56 125 E 4
Péault 85 183 E 2
Pébées 32 317 E 2
Pébrac 43 246 C 4
Pech 09 336 B 5
Pech-Luna 11 318 D 5
Pech Merle *Grotte du* 46 260 C 4
Péchabou 31 318 A 2
Pécharic-et-le-Py 11 318 D 5
Péchaudier 81 299 E 5
Pechbonnieu 31 298 A 3
Pechbusque 31 298 A 5
Le Pêchereau 36 188 D 1
Pécorade 40 294 B 4
Le Pecq 78 58 A 3
Pecquencourt 59 9 E 5
Pecqueuse 91 87 F 2
Pécy 77 59 H 5
Pédernec 22 72 D 5
Pégairolles-de-Buèges 34 302 B 2
Pégairolles-de-l'Escalette 34 301 H 2
Pégomas 06 309 E 4
Le Pègue 26 267 G 5
Péguilhan 31 316 C 4
Peigney 52 139 G 2
Peillac 56 125 G 3
Peille 06 291 G 5
Peillon 06 291 F 5
Peillonnex 74 216 A 1
Peintre 39 161 E 4
Les Peintures 33 238 D 3
Peipin 04 287 G 3
Peïra-Cava 06 291 F 4
Peisey-Nancroix 73 234 D 2
Pel-et-Der 10 91 G 4
Pélissanne 13 305 F 4
Pellafol 38 269 F 1
Pelleautier 05 269 G 4
Pellefigue 32 316 C 2
Pellegrue 33 257 E 2
Pelleport 31 297 F 3
Pellerey 21 159 G 1
Le Pellerin 44 147 F 4
La Pellerine 49 150 D 1
La Pellerine 53 81 G 5
Pellevoisin 36 171 F 2
Pellouailles-les-Vignes 49 149 H 1
Pelonne 26 268 B 5
Pelouse 48 264 D 4
Pelousey 25 161 H 3
Peltre 57 65 H 1
Pélussin 42 230 D 4
Pelves 62 13 H 2
Pelvoux 05 252 C 5
Pelvoux *Belvédère du* 05 252 C 5
Pen-Guen 22 50 A 5
Pen-Lan *Pointe de* 56 124 D 5
Pencadénic 56 124 C 5
Penchard 77 59 G 2
Pencran 29 75 G 2
Pendé 80 11 E 3
Pendu *Col du* 07 265 G 3
Pénestin 56 124 D 5
Penguily 22 78 D 4
Penhir *Pointe de* 29 74 D 4
Penhors 29 99 E 3
Penin 62 13 E 2
Penly 76 10 C 5
Penmarch 29 99 F 5
Pennautier 11 319 H 5
La Penne 06 289 G 5
Penne 81 278 D 4
Penne-d'Agenais 47 276 D 1
La Penne-sur-Huveaune 13 327 F 3
La Penne-sur-l'Ouvèze 26 286 A 2
Pennedepie 14 34 C 2
Pennes-le-Sec 26 268 A 3
Les Pennes-Mirabeau 13 326 D 1
Pennesières 70 162 A 1
Penol 38 231 H 4
Pensol 87 222 D 2
Penta-Acquatella 2B 347 G 2
Penta-di-Casinca 2B 347 G 2
Penthièvre 56 123 H 4
Pentrez-Plage 29 75 F 4
Penvénan 22 72 D 2
Penvins *Pointe de* 56 124 C 5
Péone 06 289 F 3
Pépieux 11 320 C 4
Pérassay 36 189 H 3
Peray 72 108 A 2
Perceneige 89 89 H 5
Percey 89 114 C 5
Percey-le-Grand 70 139 H 5
Percey-le-Pautel 52 139 G 3
Percey-sous-Montormentier 52 139 G 5
Le Perchay 95 37 H 5
La Perche 18 190 D 1
Perchède 32 294 D 2
Le Percy 38 268 D 1
Percy-en-Auge 14 54 A 1
Percy-en-Normandie 50 52 A 2
Perdreauville 78 57 F 2
Perdrix *Crêt de la* 42 230 C 5
Péré 17 201 E 1
Péré 65 333 G 1
Péréandre *Roche* 07 248 D 1
Péreille 09 336 C 3
Perelli 2B 347 G 4
Pérenchies 59 8 C 2
Péret 34 301 H 5
Péret-Bel-Air 19 225 F 4
Péreuil 16 220 D 3
Péreyres 07 266 A 1
Pergain-Taillac 32 276 B 4
Peri 2A 348 D 2
Le Périer 38 251 F 4
Périers 50 31 G 4
Périers-en-Auge 14 34 A 3
Périers-sur-le-Dan 14 33 G 3
Pérignac 16 221 E 4
Pérignac 17 219 H 2
Pérignat-lès-Sarliève 63 227 H 1
Pérignat-sur-Allier 63 228 A 1
Périgné 79 202 C 1
Périgneux 42 229 H 4
Périgny 03 192 C 5
Périgny 14 53 E 2
Périgny 17 200 C 1
Périgny 41 131 H 4
Périgny 94 58 D 5
Périgny-la-Rose 10 90 A 3
Périgueux 24 240 C 2
Périllos 66 338 D 3
Périssac 33 238 B 3
Perles 02 40 D 3
Perles-et-Castelet 09 336 C 5
Pern 46 277 H 1
Pernand-Vergelesses 21 177 H 1
Pernant 02 40 A 2
Pernay 37 151 G 2
La Pernelle 50 29 G 3
Pernes 62 7 G 4
Pernes-lès-Boulogne 62 2 B 5
Pernes-les-Fontaines 84 285 H 5
Pernois 80 12 C 5
Pero *Plage de* 2A 348 A 1
Pero-Casevecchie 2B 347 G 3
Pérols 34 303 E 5
Pérols-sur-Vézère 19 225 F 3
Péron 01 197 E 5
Péronnas 01 213 H 1
Péronne 71 195 E 3
Péronne 80 23 G 1
Péronne-en-Mélantois 59 9 E 3
Péronville 28 110 B 4
Pérouges 01 213 H 4
La Pérouille 36 171 F 5
Pérouse 90 142 C 3
Pérouse *Rocher de la* 89 158 A 3
Péroy-les-Gombries 60 39 F 5
Perpezac-le-Blanc 19 241 H 2
Perpezac-le-Noir 19 224 C 5
Perpezat 63 227 E 1
Perpignan 66 343 E 2
Les Perques 50 29 E 5
Perquie 40 294 C 1
Perrancey-les-Vieux-Moulins 52 139 G 2
Le Perray-en-Yvelines 78 57 G 5
Perrecy-les-Forges 71 193 H 1
La Perrena 39 180 A 5
Le Perréon 69 212 C 2
Perret 22 77 G 5
Perreuil 71 177 F 4
Perreuse 89 156 C 1
Perreux 42 211 H 2
Perreux 89 135 G 2
Le Perreux-sur-Marne 94 58 D 3
Perrex 01 195 F 5
Perrier 63 227 H 3
Le Perrier 85 164 D 3
La Perrière 61 84 B 4
La Perrière 73 234 C 3
Perrières 14 54 A 2
Perriers-en-Beauficel 50 52 B 4
Perriers-la-Campagne 27 35 G 5
Perriers-sur-Andelle 27 36 D 2
Perrignier 74 198 A 4
Perrigny 39 179 F 5
Perrigny 89 136 B 3
Perrigny-lès-Dijon 21 160 A 4
Perrigny-sur-Armançon 89 137 G 4
Perrigny-sur-l'Ognon 21 160 D 3
Perrigny-sur-Loire 71 193 E 2
Perrogney 52 139 F 2
Le Perron 50 32 C 5
Perros-Guirec 22 72 C 2
Perrou 61 82 B 2
Perrouse 70 162 A 2
Perroy 58 156 C 2
Perruel 27 36 D 2
Perrusse 52 117 G 3
Perrusson 37 170 C 1
Pers 15 243 H 5
Pers 79 185 H 5
Pers-en-Gâtinais 45 112 D 3
Pers-Jussy 74 215 H 1
Persac 86 187 E 4
Persan 95 38 B 5
Perse *Église de* 12 263 E 4
Persquen 56 101 G 3
Pertain 80 23 G 3
Perthes 08 42 A 1
Perthes 52 63 E 5
Perthes 77 88 A 3
Perthes-lès-Brienne 10 91 H 4
Pertheville-Ners 14 54 A 3
Le Perthus 66 343 E 4
Le Pertre 35 105 G 4
Le Pertuis 43 247 G 3
Pertuis 84 306 A 3
Pertuis *Col du* 63 210 D 5
Le Pertuiset 42 230 A 4
Perty *Col de* 26 286 C 1
La Péruse 16 204 B 4
La Pérusse 04 287 H 3
Pervenchères 61 84 B 4
Perville 82 276 D 3
Pescadoires 46 259 F 5
Peschadoires 63 210 C 5
Le Pescher 19 242 D 3
Péseux 25 163 F 2
Peseux 39 178 D 1
Peslières 63 228 C 4
Pesmes 70 161 E 3
Pessac 33 255 F 1
Pessac-sur-Dordogne 33 257 E 1
Pessan 32 296 B 4
Pessans 25 161 H 5
Pessat-Villeneuve 63 209 H 4
La Pesse 39 197 E 4
Pessines 17 201 F 5
Pessoulens 32 296 D 2
Pesteils *Château de* 15 244 D 5
Petersbach 67 68 A 3
Le Petit-Abergement 01 214 C 2
Petit-Appeville 76 10 A 5
Petit-Auverné 44 127 F 4
Petit Ballon 68 120 C 4
Petit-Bersac 24 239 F 1
Le Petit-Bornand-les-Glières 74 216 A 2
Le Petit-Celland 50 52 A 4
Petit-Cœur 73 234 B 2
Petit-Couronne 76 36 A 2
Petit-Croix 90 142 D 3
Le Petit Drumont 88 120 B 5
Petit-Ébersviller 57 67 E 1
Petit-Failly 54 44 C 2
Petit-Fayt 59 15 F 4
Petit-Fort-Philippe 59 3 E 2
Le Petit-Fougeray 35 104 B 5
Petit-Landau 68 143 H 1
Petit-Mars 44 147 H 2
Le Petit-Mercey 39 161 G 4
Petit-Mesnil 10 91 H 5
Petit Minou *Pointe du* 29 74 D 3
Petit-Noir 39 178 D 2
Petit-Palais-et-Cornemps 33 238 D 4
Le Petit-Pressigny 37 170 B 3
Le Petit-Quevilly 76 36 A 2
Petit-Réderching 57 68 A 1
Petit Saint-Bernard *Col du* 73 217 E 5
Petit-Tenquin 57 67 F 2
Petit-Verly 02 24 C 1
Petit-Xivry 54 44 C 2
La Petite-Boissière 79 167 E 3
Petite-Chaux 25 180 B 5
Petite-Forêt 59 9 G 5
La Petite-Fosse 88 96 C 4
La Petite-Marche 03 208 D 1
La Petite-Pierre 67 68 A 3
La Petite-Raon 88 96 B 3
Petite-Rosselle 57 47 F 4
Petite-Synthe 59 3 G 2
La Petite-Verrière 71 176 C 1
Petitefontaine 90 142 D 2
Les Petites-Armoises 08 43 E 1
Les Petites-Dalles 76 19 F 2
Les Petites-Loges 51 42 A 5
Petitmagny 90 142 C 2
Petitmont 54 96 B 1
Les Petits-Robins 26 267 E 1
Petiville 14 33 H 4
Petiville 76 35 F 1
Petosse 85 183 H 2
Petreto-Bicchisano 2A 348 D 5
Pettoncourt 57 66 C 4
Pettonville 54 95 H 2
Peujard 33 237 H 3
Peumerit 29 99 F 3
Peumerit-Quintin 22 77 F 3
Peuplingues 62 2 C 3
Peuton 53 128 A 2
Peuvillers 55 44 B 3
Peux-et-Couffouleux 12 300 D 3
Pévange 57 66 D 3
Pévy 51 41 F 3
Pexiora 11 319 E 4
Pexonne 54 96 A 2
Pey 40 292 C 4
Peymeinade 06 308 D 3
Peynier 13 327 G 1
Peypin 13 327 F 1
Peypin-d'Aigues 84 306 B 2
Peyrabout 23 207 E 2
La Peyrade 34 323 E 3
Le Peyrat 09 336 D 3
Peyrat-de-Bellac 87 205 F 1
Peyrat-la-Nonière 23 207 H 2
Peyrat-le-Château 87 206 D 5
La Peyratte 79 168 B 5
Peyraube 65 315 G 5
Peyraud 07 231 E 5
Peyre 40 293 H 5
Peyre-Haute *Table d'orientation de* 05 270 D 2
Peyrecave 32 276 D 5
Peyrefitte-du-Razès 11 337 E 2
Peyrefitte-sur-l'Hers 11 318 D 5
Peyregoux 81 299 G 4
Peyrehorade 40 292 D 5
Peyreleau 12 282 A 3
Peyrelevade 19 225 G 1
Peyrelongue-Abos 64 314 D 2
Peyremale 30 283 H 2
Peyrens 11 319 E 3
Peyrepertuse *Château de* 11 338 B 4
Peyresourde 65 333 H 4
Peyresourde *Col de* 31 333 H 4
Peyrestortes 66 338 D 5
Peyret-Saint-André 65 316 A 4
Peyriac-de-Mer 11 339 E 1
Peyriac-Minervois 11 320 B 4
Peyriat 01 214 B 1
Peyrière 47 257 G 4
Peyrieu 01 232 D 1
Peyrignac 24 241 G 2
Peyriguère 65 315 G 4
Peyrilhac 87 205 F 3
Peyrillac-et-Millac 24 241 H 5
Peyrilles 46 259 H 3
Peyrins 26 249 G 3
Peyrissac 19 224 D 3
Peyrissas 31 316 D 4
Peyro-Clabado *Rocher* 81 299 H 4
Peyrol *Pas de* 15 244 D 3
Peyrole 81 298 D 2
Peyrolles 11 337 H 3
Peyrolles 30 283 F 4
Peyrolles-en-Provence 13 306 B 4
Peyroules 04 308 B 1
Peyrouse 65 332 D 1
Peyrouzet 31 316 D 5
Peyruis 04 287 G 4
Peyrun 65 315 F 3
Peyrus 26 249 H 5
Peyrusse 15 245 G 2
Peyrusse-Grande 32 295 G 4
Peyrusse-le-Roc 12 261 G 5
Peyrusse-Massas 32 296 A 3
Peyrusse-Vieille 32 295 F 4
Peyssies 31 317 F 4
Peyzac-le-Moustier 24 241 F 4
Peyzieux-sur-Saône 01 213 E 1
Pézarches 77 59 H 4
Pezé-le-Robert 72 107 F 2
Pézenas 34 322 C 3
Pézènes-les-Mines 34 301 G 5
Pezens 11 319 G 4
Pézilla-de-Conflent 66 338 A 5
Pézilla-la-Rivière 66 342 D 2
Pezou 41 131 H 2
Pezuls 24 240 D 5
Pézy 28 86 B 5
Pfaffenheim 68 121 E 4
Pfaffenhoffen 67 68 C 3
Pfalzweyer 67 68 A 4
Pfastatt 68 143 F 1
Pfetterhouse 68 143 E 4
Pfettisheim 67 68 D 5
Pfulgriesheim 67 68 D 5
Phaffans 90 142 C 2
Phalempin 59 8 D 4
Phalsbourg 57 68 A 4
Philippsbourg 57 68 C 1
Philondenx 40 294 A 5
Phlin 54 66 B 3
Pia 66 339 E 5
Piacé 72 107 G 2
Le Pian-Médoc 33 237 F 4
Le Pian-sur-Garonne 33 256 B 3
Piana 2A 346 A 5
Pianella *Pont de* 2A 346 B 5
Pianello 2B 347 G 4
Piano 2B 347 G 3
Pianottoli-Caldarello 2A 351 E 3
Les Piards 39 197 E 2
La Piarre 05 268 D 4
Piau-Engaly 65 333 F 4
Piazzali 2B 347 G 4
Piazzole 2B 347 G 3
Piblange 57 46 B 4
Pibrac 31 297 G 4
Picarreau 39 179 G 4
Picarrou 31 318 B 4
Picauville 50 31 H 2
Pichanges 21 160 B 1
Picherande 63 227 E 4
Picquigny 80 22 A 1
Pie-d'Orezza 2B 347 G 3
Pied-de-Borne 48 265 G 5
Pied-la-Viste *Table d'orientation de* 05 270 D 2
Piedicorte-di-Gaggio 2B 347 G 5
Piedicroce 2B 347 G 3
Piedigriggio 2B 347 E 3
Piedipartino 2B 347 G 3
Piégon 26 285 H 1
Piégros-la-Clastre 26 267 H 2
Piégut 04 269 H 4
Piégut-Pluviers 24 222 C 2
Piémanson *Plage de* 13 325 F 4
Piencourt 27 35 E 5
Piennes 54 45 E 4
Piennes 80 23 E 5
Piépape 52 139 G 3
Pierlas 06 289 G 4
La Pierre 38 233 F 5
Pierre-Bénite 69 231 E 1
Pierre-Buffière 87 223 H 1
Pierre-Carrée *Col de la* 74 216 C 2
Pierre-Châtel 38 251 E 4
La Pierre Couverte *Dolmen de* 49 129 G 5
Pierre d'Avenon 83 329 E 4
Pierre-de-Bresse 71 178 C 3
Pierre Frite *Menhir de* 49 127 F 3
Pierre-Gourde *Château de* 07 249 E 5
Pierre-la-Treiche 54 94 B 1
Pierre-Levée 77 59 H 3
Pierre-Morains 51 61 G 3
Pierre-Percée 54 96 B 2
Pierre-Perthuis 89 157 H 2
La Pierre Plantée 48 264 D 4
Pierre-Plantée *Col de la* 48 264 D 3
Pierre-qui-Vire *Abbaye de la* 89 158 B 3
Pierreclos *Château de* 71 194 D 4
Pierrecourt 70 140 A 4
Pierrecourt 76 21 F 2
Pierrefaites 52 140 B 2
Pierrefeu 06 309 F 1
Pierrefeu-du-Var 83 328 C 3
Pierrefiche 12 263 G 5
Pierrefiche 48 265 E 2
Pierrefiques 76 18 D 4
Pierrefitte 19 224 C 4
Pierrefitte 23 207 H 1
Pierrefitte 79 168 A 3
Pierrefitte 88 118 D 2
Pierrefitte-en-Auge 14 34 C 3
Pierrefitte-en-Beauvaisis 60 37 H 1
Pierrefitte-en-Cinglais 14 53 G 2
Pierrefitte-ès-Bois 45 155 H 1
Pierrefitte-Nestalas 65 332 D 2
Pierrefitte-sur-Aire 55 64 B 3
Pierrefitte-sur-Loire 03 193 E 2
Pierrefitte-sur-Sauldre 41 154 C 1
Pierrefitte-sur-Seine 93 58 C 2
Pierrefonds 60 39 G 3
Pierrefontaine-lès-Blamont 25 163 G 2
Pierrefontaine-les-Varans 25 163 E 4
Pierrefontaines 52 139 F 3
Pierrefort 15 245 F 5
Pierregot 80 12 D 5
Pierrelatte 26 285 E 1
Pierrelaye 95 58 A 1
Pierrelongue 26 286 A 2
Pierremande 02 24 A 5
Pierremont 62 7 F 5
Pierrepont 02 25 E 4
Pierrepont 14 53 G 2
Pierrepont 54 44 D 2
Pierrepont-sur-Avre 80 22 D 4
Pierrepont-sur-l'Arentèle 88 95 H 5
Pierrerue 04 287 F 5
Pierrerue 34 321 E 2
Pierres 14 52 D 3
Pierres 28 86 B 2
Pierreval 76 20 C 5
Pierrevert 04 306 C 2
Pierreville 50 28 D 5
Pierreville 54 94 D 2
Pierrevillers 57 45 G 4
Pierric 44 126 B 3
Pierry 51 61 F 1
Pietra-di-Verde 2B 347 G 4
Pietracorbara 2B 345 G 3
Pietralba 2B 347 E 2
Pietranera 2B 345 G 4
Pietraserena 2B 347 G 5
Pietricaggio 2B 347 G 4
Pietrosella 2A 348 C 4
Pietroso 2B 349 F 1
Piets-Plasence-Moustrou 64 294 A 5
Pieusse 11 337 G 1
Les Pieux 50 28 D 4
Piève 2B 345 F 5
Piffonds 89 113 F 4
Le Pigeon 46 242 B 5
Pigeonnier *Col du* 67 69 E 1
Pigerolles 23 207 G 5

Pigna 2B 344 C5
Pignan 34 302 C5
Pignans 83 328 C2
Pignicourt 02 41 G2
Pignols 63 228 A2
Pigny 18 155 F5
Pihem 62 7 F2
Pihen-lès-Guînes 62 2 C4
Pila-Canale 2A 348 D4
Pilat Mont 42 230 C4
Pilat-Plage 33 254 B3
Le Pilhon 26 268 D3
Pillac 16 221 F5
Pillemoine 39 179 H5
Les Pilles 26 285 H1
Pillon 55 44 C3
Pimbo 40 294 B5
Pimelles 89 137 G2
Pimorin 39 196 B2
Pimprez 60 39 G1
Le Pin 03 193 F3
Le Pin 14 34 D4
Le Pin 17 220 B5
Le Pin 30 284 C4
Le Pin 38 232 C3
Le Pin 39 179 E5
Le Pin 44 127 F5
Pin 70 161 G3
Le Pin 77 59 E3
Le Pin 79 167 F3
Le Pin 82 277 E5
Pin Haras du 61 54 C4
Le Pin-au-Haras 61 54 C4
Pin-Balma 31 298 A4
Le Pin-en-Mauges 49 148 D4
Le Pin-la-Garenne 61 84 B4
Pin-Moriès 48 264 A5
Le Pin-Murelet 31 317 E3
Pinarellu 2A 349 G5
Pinas 65 333 H1
Pinay 42 211 H4
Pincé 72 128 D3
Pinçon Mont 14 53 E1
Pindères 47 274 D2
Pindray 86 187 F2
Les Pineaux 85 183 F1
Pinel-Hauterive 47 258 B5
Pinet 34 322 C4
Pineuilh 33 257 F1
Piney 10 91 G4
Pino 2B 345 F2
Pinols 43 246 B3
Pinon 02 40 C1
Les Pins 16 203 H5
Pins-Justaret 31 317 H2
Pinsac 46 260 B1
Pinsaguel 31 317 H2
Pinsot 38 233 G4
Pintac 65 315 E4
Pinterville 27 36 B4
Pintheville 55 64 D1
Les Pinthières 28 57 E5
Piobetta 2B 347 G4
Pioggiola 2B 346 D2
Piolenc 84 285 E3
Pionnat 23 207 F1
Pionsat 63 208 D2
Pioussay 79 203 E2
Pipriac 35 126 A2
Piquecos 82 277 H4
Pirajoux 01 196 A3
Piré-sur-Seiche 35 104 D4
Pirey 25 161 H3
Piriac-sur-Mer 44 145 G3
Pirmil 72 107 F5
Pirou 50 31 F4
Pis 32 296 C2
Pisany 17 219 E1
Piscop 95 58 C1
Piseux 27 56 A4
Pisieu 38 231 G4
Pisse Cascade de la 38 251 H3
Pisseleu 60 38 A1
Pisseleux 02 39 H4
Pisseloup 52 140 B2
La Pisseure 70 141 F2
Pissos 40 273 F1
Pissotte 85 184 B2
Pissy 80 22 A2
Pissy-Pôville 76 36 A1
Pisy 89 158 B1
Pitgam 59 3 G3
Pithiviers 45 111 G3
Pithiviers-le-Vieil 45 111 G3
Pithon 02 23 H3
Pîtres 27 36 C3
Pittefaux 62 2 B5
Pizançon 26 249 G3
Pizay 01 213 G4
Pizieux 72 84 A5
Le Pizou 24 239 E4
Le Pla 09 337 F5
Pla-d'Adet 65 333 G4
Plabennec 29 70 D5
Placé 53 82 A5
Les Places 27 35 E5
La Placette Col de 38 232 D5
Placey 25 161 G3
Plachy-Buyon 80 22 B2
Placy 14 53 G1
Placy-Montaigu 50 52 C1
Le Plagnal 07 265 G2
Plagne 01 196 D5
Plagne 31 317 E5
La Plagne 73 234 D2
Plagnole 31 317 E3
Plagny 58 174 C2
Plaigne 11 318 C5
Plailly 60 39 E5
Plaimbois-du-Miroir 25 163 E4
Plaimbois-Vennes 25 163 E4
Plaimpied-Givaudins 18 173 F2
La Plaine 49 167 F1
Plaine 67 96 C3
Plaine-de-Walsch 57 67 H5
Plaine-Haute 22 78 A3
Plaine-Joux 74 216 D2
La Plaine-sur-Mer 44 146 B4
Plainemont 70 141 F2
Plaines-Saint-Lange 10 115 H5
Plainfaing 88 120 C2
Plainoiseau 39 179 E4
Plainpalais Col de 73 233 F1
Les Plains-et-Grands-Essarts 25 163 G2
Plaintel 22 78 B4
Plainval 60 38 C1
Plainville 27 35 E5
Plainville 60 22 D5
Plaisance 12 300 A1
Plaisance 24 258 B2
Plaisance 32 295 E4
Plaisance 34 301 E4
Plaisance 86 187 F4
Plaisance-du-Touch 31 297 G5
Plaisia 39 196 C1
Plaisians 26 286 B2
Plaisir 78 57 H4
Plaisir Fontaine Grotte de 25 162 B5
Plaissan 34 302 A5
Plaizac 16 202 D5
Plampinet 05 252 D3
Le Plan 31 317 F5
Plan 38 232 B5
Plan-d'Aups 83 327 G2
Plan-de-Baix 26 267 H1
Plan-de-Campagne 13 326 D1
Plan-de-Cuques 13 327 E2
Le Plan-de-Grasse 06 309 E3
Le Plan-de-la-Tour 83 329 F2
Plan-d'Orgon 13 305 E2
Plan-du-Var 06 291 E5
Planaise 73 233 G3
Planay 21 137 H3
Planay 73 234 D3
La Planche 44 165 H1
Plancher-Bas 70 142 B2
Plancher-les-Mines 70 142 B1
Plancherine 73 234 A1
Les Planches 27 36 B5
Planches 61 54 D5
Les Planches-en-Montagne 39 180 A5
Les Planches-près-Arbois 39 179 G3
Planchez 58 158 A5
Plancoët 22 79 F3
Plancy-l'Abbaye 10 90 D2
La Planée 25 180 C3
Planès 66 341 G4
Planèzes 66 338 B5
Planfoy 42 230 B5
Planguenoual 22 78 C3
Planioles 46 261 F3
Le Planois 71 178 D4
Le Planquay 27 35 E5
Planquery 14 32 D4
Planques 62 7 E4
Las Planques Église de 81 279 H4
Planrupt 52 92 B3
Les Plans 30 284 A3
Les Plans 34 301 G3
Le Plantay 01 213 G2
Les Plantiers 30 283 E4
Le Plantis 61 84 A2
Planty 10 114 A2
Planzolles 07 265 H5
Plappeville 57 45 G5
Plascassier 06 309 E3
Plasne 39 179 F3
Plasnes 27 35 F5
Plassac 17 219 G3
Plassac 33 237 F2
Plassac-Rouffiac 16 221 E3
Plassay 17 201 F4
Plateau-d'Assy 74 216 D3
Plats 07 249 E4
Plaudren 56 124 C2
Plauzat 63 227 H2
Plavilla 11 336 D1
Plazac 24 241 F4
Pleaux 15 243 H3
Pléboulle 22 79 E2
Pléchâtel 35 104 A5
Plédéliac 22 79 E4
Plédran 22 78 B4
Pléguien 22 73 G4
Pléhédel 22 73 F4
Pleine-Fougères 35 80 C2
Pleine-Selve 02 24 C3
Pleine-Selve 33 219 G5
Pleine-Sève 76 19 G2
Pleines-Œuvres 14 52 B2
Plélan-le-Grand 35 103 G4
Plélan-le-Petit 22 79 F4
Plélauff 22 77 G5
Plélo 22 73 G5
Plémet 22 102 C2
Plémy 22 78 C5
Plénée-Jugon 22 79 E5
Pléneuf Pointe de 22 78 D2
Pléneuf-Val-André 22 78 D2
Plénise 39 180 A3
Plénisette 39 180 A3
Plerguer 35 80 A2
Plérin 22 78 B3
Plerneuf 22 78 A3
Plescop 56 124 B3
Plesder 35 79 H4
Plésidy 22 77 G2
Pleslin 22 79 G3
Plesnois 57 45 G5
Plesnoy 52 117 G5
Plessala 22 78 C5
Plessé 44 126 A5
Plessier-de-Roye 60 23 F5
Le Plessier-Huleu 02 40 B4
Le Plessier-Rozainvillers 80 22 D3
Le Plessier-sur-Bulles 60 38 C1
Le Plessier-sur-Saint-Just 60 38 D1
Le Plessis-aux-Bois 77 59 F2
Plessis-Barbuise 10 90 A2
Le Plessis-Belleville 60 59 F1
Le Plessis-Bouchard 95 58 B2
Le Plessis Bourré Château 49 128 C5
Le Plessis-Brion 60 39 G1
Le Plessis-Chenet 91 88 A2
Le Plessis-Dorin 41 109 E4
Plessis-du-Mée 89 89 G5
Le Plessis-Feu-Aussoux 77 59 H5
Le Plessis-Gassot 95 58 C1
Le Plessis-Grammoire 49 149 H1
Le Plessis-Grimoult 14 53 E2
Le Plessis-Grohan 27 56 B2
Le Plessis-Hébert 27 56 D2
Le Plessis-Josso Château 56 124 D4
Le Plessis-Lastelle 50 31 G3
Le Plessis-l'Échelle 41 132 B3
Le Plessis-l'Évêque 77 59 F1
Le Plessis-Luzarches 95 38 D5
Le Plessis-Macé 49 128 B5
Le Plessis-Pâté 91 87 H2
Le Plessis-Patte-d'Oie 60 23 H4
Le Plessis-Picard 77 88 B2
Le Plessis-Placy 77 59 H1
Le Plessis-Robinson 92 58 B4
Plessis-Saint-Benoist 91 87 E4
Plessis-Saint-Jean 89 89 G5
Le Plessis-Sainte-Opportune 27 55 H1
Le Plessis-Trévise 94 58 D4
Plessix-Balisson 22 79 G3
Plestan 22 78 D4
Plestin-les-Grèves 22 72 B4
Pleubian 22 73 F2
Pleucadeuc 56 125 E2
Pleudaniel 22 73 E3
Pleudihen-sur-Rance 22 79 H3
Pleugriffet 56 102 B4
Pleugueneuc 35 79 H4
Pleumartin 86 170 A5
Pleumeleuc 35 103 H2
Pleumeur-Bodou 22 72 C2
Pleumeur-Gautier 22 73 E2
Pleure 39 178 D2
Pleurs 51 61 F5
Pleurtuit 35 50 B5
Pleuven 29 99 H4
Pleuvezain 88 94 B4
Pleuville 16 204 B2
Pléven 22 79 E3
Plévenon 22 79 E1
Plévin 22 76 D5
Pleyben 29 76 A4
Pleyber-Christ 29 71 H5
Le Pleyney 38 233 G5
Pliboux 79 203 F1
Plichancourt 51 62 D4
Plieux 32 296 C1
Plivot 51 61 G1
Ploaré 29 99 F2
Plobannalec-Lesconil 29 99 G5
Plobsheim 67 97 H2
Ploemel 56 123 H3
Ploemeur 56 123 F2
Ploërdut 56 101 F2
Ploeren 56 124 B3
Ploërmel 56 102 D4
Ploeuc-L'Hermitage 22 78 B5
Ploëven 29 75 G5
Ploëzal 22 73 E3
Plogastel-Saint-Germain 29 99 F3
Plogoff 29 98 D2
Plogonnec 29 99 G2
Ploisy 02 40 B3
Plomb 50 51 H4
Plombières-les-Bains 88 119 G4
Plombières-lès-Dijon 21 160 A3
Plomelin 29 99 G3
Plomeur 29 99 F4
Plomion 02 25 G2
Plomodiern 29 75 G5
Plonéis 29 99 G2
Plonéour-Lanvern 29 99 F4
Plonévez-du-Faou 29 76 B4
Plonévez-Porzay 29 75 G5
Plorec-sur-Arguenon 22 79 E3
Plottes 71 195 E2
Plou 18 172 C1
Plouagat 22 73 F5
Plouaret 22 72 C4
Plouarzel 29 74 C2
Plouasne 22 103 H1
Plouay 56 101 E4
Ploubalay 22 50 B5
Ploubazlanec 22 73 F2
Ploubezre 22 72 C3
Ploudalmézeau 29 70 B4
Ploudaniel 29 71 E5
Ploudiry 29 75 H2
Plouëc-du-Trieux 22 73 E4
Plouédern 29 71 E5
Plouégat-Guérand 29 72 A4
Plouégat-Moysan 29 72 B5
Plouénan 29 71 G4
Plouër-sur-Rance 22 79 H3
Plouescat 29 71 F3
Plouézec 22 73 G3
Plouezoc'h 29 71 H4
Ploufragan 22 78 B3
Plougar 29 71 F4
Plougasnou 29 72 A3
Plougastel-Daoulas 29 75 F2
Plougonvelin 29 74 C3
Plougonven 29 76 B1
Plougonver 22 77 F2
Plougoulm 29 71 G3
Plougoumelen 56 124 A3
Plougourvest 29 71 F5
Plougras 22 72 B5
Plougrescant 22 73 E2
Plouguenast 22 78 B5
Plouguerneau 29 70 C4
Plouguernével 22 77 F5
Plouguiel 22 73 E2
Plouguin 29 70 C5
Plouha 22 73 G4
Plouharnel 56 123 H4
Plouhinec 29 99 E2
Plouhinec 56 123 G3
Plouider 29 71 E4
Plouigneau 29 72 A5
Plouisy 22 73 E5
Ploulec'h 22 72 C3
Ploumagoar 22 73 E5
Ploumanach 22 72 C2
Ploumilliau 22 72 C4
Ploumoguer 29 74 D2
Plounéour-Ménez 29 76 B2
Plounéour-Trez 29 71 E3
Plounérin 22 72 B5
Plounéventer 29 71 E5
Plounévez-Lochrist 29 71 E4
Plounévez-Moëdec 22 72 C5
Plounévez-Quintin 22 77 F4
Plounévézel 29 76 D4
Plourac'h 22 76 D2
Plouray 56 101 E2
Plourhan 22 73 G4
Plourin 29 70 B5
Plourin-lès-Morlaix 29 72 A5
Plourivo 22 73 F3
Plouvain 62 13 H2
Plouvara 22 78 A3
Plouvien 29 70 D5
Plouvorn 29 71 G4
Plouyé 29 76 C3
Plouzané 29 74 D2
Plouzélambre 22 72 B4
Plouzévédé 29 71 F4
Plovan 29 99 F3
Ployart-et-Vaurseine 02 41 E1
Le Ployron 60 23 E5
Plozévet 29 99 E3
Pludual 22 73 G4
Pluduno 22 79 F3
Plufur 22 72 B4
Pluguffan 29 99 G3
Pluherlin 56 125 E3
Plumaudan 22 79 G5
Plumaugat 22 103 F1
Plumelec 56 102 C5
Pluméliau 56 101 H4
Plumelin 56 102 A5
Plumergat 56 124 A2
Plumetot 14 33 G3
Plumieux 22 102 C2
Plumont 39 161 F5
Pluneret 56 124 A3
Plurien 22 79 E2
Plusquellec 22 77 E3
Plussulien 22 77 H4
Pluvault 21 160 C4
Pluvet 21 160 C4
Pluvigner 56 124 A2
Pluzunet 22 72 D4
Pocancy 51 61 H2
Pocé-les-Bois 35 105 E3
Pocé-sur-Cisse 37 152 C2
Podensac 33 255 H3
Le Poët 05 287 F1
Le Poët-Célard 26 267 H3
Le Poët-en-Percip 26 286 B2
Le Poët-Laval 26 267 G4
Le Poët-Sigillat 26 286 A1
Pœuilly 80 23 H2
Poey-de-Lescar 64 314 A3
Poey-d'Oloron 64 313 G4
Poëzat 03 210 A2
Poggio-di-Nazza 2B 349 G2
Poggio-di-Venaco 2B 347 F5
Poggio-d'Oletta 2B 345 G5
Poggio-Marinaccio 2B 347 G3
Poggio-Mezzana 2B 347 H3
Poggiolo 2A 348 D1
Pogny 51 62 B3
Poids-de-Fiole 39 196 C1
Poigny 77 89 G3
Poigny-la-Forêt 78 57 F5
Le Poil 04 288 A5
Poil 58 176 B3
Poilcourt-Sydney 08 41 H2
Poilhes 34 321 F4
Poillé-sur-Vègre 72 106 D5
Poilley 35 81 E3
Poilley 50 51 H5
Poilly 51 41 F4
Poilly-lez-Gien 45 134 C4
Poilly-sur-Serein 89 136 D3
Poilly-sur-Tholon 89 136 A2
Poinchy 89 136 C3
Poinçon-lès-Larrey 21 137 H2
Le Poinçonnet 36 171 H4
Poincy 77 59 G2
Poinsenot 52 139 E4
Poinson-lès-Fayl 52 140 A3
Poinson-lès-Grancey 52 139 E4
Poinson-lès-Nogent 52 117 F4
Point Sublime 04 307 H2
Point-Sublime 48 282 A2
Pointel 61 53 G5
Pointis-de-Rivière 31 334 B1
Pointis-Inard 31 334 C1
Pointre 39 161 E4
Pointvillers 25 161 H5
Poinville 28 111 E3
Le Poiré-sur-Velluire 85 183 H3
Le Poiré-sur-Vie 85 165 G4
Poiroux 85 182 C2
Poisat 38 251 E2
Poiseul 52 117 G5
Poiseul-la-Grange 21 138 C5
Poiseul-la-Ville-et-Laperrière 21 138 B5
Poiseul-lès-Saulx 21 139 E5
Poiseux 58 156 D5
Poisieux 18 172 C1
Le Poislay 41 109 F4
Poisoux 39 196 A3
Poisson 71 193 H4
Poissons 52 93 E4
Poissy 78 58 A2
Poisvilliers 28 86 A3
Poisy 74 215 G3
La Poitevinière 49 148 D4
Poitiers 86 186 B1
Poivres 10 62 A5
Poix 51 62 C2
Poix-de-Picardie 80 21 H3
Poix-du-Nord 59 15 E3
Poix-Terron 08 26 C4
Le Poizat-Lalleyriat 01 214 D1
Pol Chapelle 29 71 E3
Polaincourt-et-Clairefontaine 70 118 D5
Polastron 31 317 E4
Polastron 32 296 D5
Poleymieux-au-Mont-d'Or 69 213 E4
Poliénas 38 250 B1
Polignac 17 238 B1
Polignac 43 247 F3
Poligné 35 104 B5
Poligny 05 269 G2
Poligny 10 115 G3
Poligny 39 179 F3
Poligny 77 112 C2
Polincove 62 3 E4
Polisot 10 115 G4
Polisy 10 115 G4
Pollestres 66 343 E2
Polliat 01 195 G5
Pollieu 01 214 D5
Pollionnay 69 212 D5
Polminhac 15 244 D5
Polveroso 2B 347 G3
Pomacle 51 41 H3
La Pomarède 11 319 E3
Pomarède 46 259 F4
Pomarez 40 293 F4
Pomas 11 337 G1
Pomay Château de 03 192 B1
Pomayrols 12 263 G5
Pomerol 33 238 C4
Pomérols 34 322 C4
Pomeys 69 230 B2
Pommard 21 177 G1
Pommera 62 12 D4
La Pommeraie-sur-Sèvre 85 167 E3
La Pommeraye 14 53 F2
La Pommeraye 49 149 E2
Pommeret 22 78 C3
Pommereuil 59 15 E4
Pommereux 76 21 F5
Pommeréval 76 20 C3
Pommerieux 53 128 A2
Pommérieux 57 65 H2
Pommerit-Jaudy 22 73 E3
Pommerit-le-Vicomte 22 73 F4
Pommerol 26 268 C5
Pommeuse 77 59 H4
Pommevic 82 276 D4
Pommier 62 13 F3
Pommier-de-Beaurepaire 38 231 H4
Pommiers 02 40 B2
Pommiers 30 302 B1
Pommiers 36 189 E2
Pommiers 42 211 G5
Pommiers 69 212 D3
Pommiers-la-Placette 38 232 D5
Pommiers-Moulons 17 220 B5
Pomoy 70 141 G4
Pompaire 79 185 F1
Pompéjac 33 256 B5

Pompertuzat 31 318 A2
Pompey 54 65 H4
Pompiac 32 317 E2
Le Pompidou 48 282 D3
Pompierre 88 94 A5
Pompierre-sur-Doubs 25 162 D1
Pompiey 47 275 F3
Pompignac 33 237 H5
Pompignan 30 302 D1
Pompignan 82 297 G2
Pompogne 47 274 D2
Pomponne 77 59 E3
Pomport 24 257 H1
Pomps 64 293 H5
Pomy 11 337 F2
Poncé-sur-le-Loir 72 130 D3
Poncey-lès-Athée 21 160 D4
Poncey-sur-l'Ignon 21 159 G1
Le Ponchel 62 12 B3
Ponches-Estruval 80 11 H1
Ponchon 60 38 B3
Poncin 01 214 A2
Poncins 42 229 H1
Pondaurat 33 256 C4
Le Pondy 18 173 G4
Ponet-et-Saint-Auban 26 268 A1
Ponlat-Taillebourg 31 334 B1
Pons 12 262 C2
Pons 17 219 G2
Ponsampère 32 315 H2
Ponsan-Soubiran 32 316 A3
Ponsas 26 249 E2
Ponson-Debat-Pouts 64 314 D3
Ponson-Dessus 64 314 D3
Ponsonnas 38 251 E5
Pont 21 160 C4
Pont-à-Bucy 02 24 C4
Pont-à-la-Planche 87 205 E4
Pont-à-Marcq 59 8 D4
Pont-à-Mousson 54 65 G3
Pont-à-Vendin 62 8 C4
Pont-Arcy 02 40 D2
Pont-Audemer 27 35 E2
Pont-Authou 27 35 G4
Pont-aux-Moines 45 133 G2
Pont-Aven 29 100 B5
Pont-Bellanger 14 52 B2
Pont-Calleck *Château et Forêt de* 56 101 E3
Pont-Château 44 146 C1
Le Pont-Chrétien-Chabenet 36 188 C1
Pont-Croix 29 99 E2
Pont-d'Ain 01 214 A2
Pont-d'Arc 07 284 B1
Le Pont-d'Ardres 62 2 D3
Pont-de-Barret 26 267 G3
Le Pont-de-Beauvoisin 38 232 D3
Le Pont-de-Beauvoisin 73 232 D3
Pont-de-Braye 72 130 D3
Pont-de-Briques 62 6 B2
Pont-de-Buis-lès-Quimerch 29 75 H4
Pont-de-Chazey-Villieu 01 213 H4
Pont-de-Chéruy 38 213 H5
Le Pont-de-Claix 38 250 D2
Pont-de-Crau 13 304 B4
Pont-de-Dore 63 210 C5
Pont de Gau (Parc ornithologique du) 13 324 B3
Pont-de-la-Chaux 39 179 H5
Pont-de-la-Maye 33 255 G1
Pont-de-Labeaume 07 266 A3
Pont-de-l'Arche 27 36 B3
Pont-de-Larn 81 319 H2
Pont-de-l'Étoile 13 327 F2
Pont-de-l'Isère 26 249 F4
Pont-de-Lunel 34 303 G3
Pont-de-Menat 63 209 F2
Pont-de-Metz 80 22 B2
Le Pont-de-Montvert 48 283 E1
Pont-de-Pany 21 159 G3
Le Pont-de-Planches 70 140 D5
Pont-de-Poitte 39 196 C1
Pont-de-Roide 25 163 F2
Pont-de-Ruan 37 151 G4
Pont-de-Salars 12 281 E2
Pont-de-Vaux 01 195 F3
Pont-de-Veyle 01 195 E5
Pont-des-Pierres 01 215 E1
Pont-d'Espagne 65 332 C4
Pont-d'Hérault 30 283 E5
Pont-d'Héry 39 179 H3
Pont-d'Ouche 21 159 G5
Pont-d'Ouilly 14 53 G3
Pont-du-Bois 70 118 D4
Pont-du-Casse 47 276 B2
Pont-du-Château 63 210 A5
Pont-du-Châtel 29 71 E4
Pont du Diable *Gorges du* 74 198 C4
Pont du Dognon 87 206 B4
Pont-du-Fossé 05 270 A2
Pont du Gard 30 304 A1
Pont-du-Loup 06 309 E2
Pont-du-Navoy 39 179 G4
Pont-en-Royans 38 250 A3
Pont-et-Massène 21 158 D1
Pont-Évêque 38 231 F3
Pont-Farcy 50 52 B2
Pont-Hébert 50 32 A4
Pont-James 44 165 G1
Pont-la-Ville 52 116 C3
Pont-l'Abbé 29 99 G4
Pont-l'Abbé 50 31 G2
Pont-l'Abbé-d'Arnoult 17 201 E4
Pont-lès-Bonfays 88 118 D2
Pont-les-Moulins 25 162 C2
Pont-l'Évêque 14 34 C3
Pont-l'Évêque 60 23 G5
Pont-Melvez 22 77 F2
Pont-Noyelles 80 22 C1
Pont-Péan 35 104 B4
Pont-Réan 35 104 A4
Pont-Remy 80 11 H4
Pont-Royal 13 305 G3
Pont-Saint-Esprit 30 284 D2
Pont-Saint-Mard 02 40 B1
Pont-Saint-Martin 44 147 G5
Pont-Saint-Pierre 27 36 C3
Pont-Saint-Vincent 54 94 D1
Pont-Sainte-Marie 10 91 E5
Pont-Sainte-Maxence 60 39 E3
Pont-Salomon 43 230 A5
Pont-Scorff 56 101 E5
Pont-sur-l'Ognon 70 141 G5
Pont-sur-Madon 88 94 D4
Pont-sur-Meuse 55 64 C4
Pont-sur-Sambre 59 15 G3
Pont-sur-Seine 10 90 A3
Pont-sur-Vanne 89 113 H3
Pont-sur-Yonne 89 89 F5
Pont-Trambouze 69 212 A2
Pontacq 64 314 D5
Pontaillac 17 218 C1
Pontailler-sur-Saône 21 160 D3
Pontaix 26 268 A1
Pontamafrey 73 234 A5
Pontanevaux 71 195 E5
Pontarion 23 207 E3
Pontarlier 25 180 C2
Pontarmé 60 38 D5
Pontaubault 50 51 H5
Pontaubert 89 157 H1
Pontault-Combault 77 59 E4
Pontaumur 63 208 D4
Pontavert 02 41 F2
Pontcarré 77 59 E4
Pontcey 70 140 D4
Pontchardon 61 54 D2
Pontcharra 38 233 G4
Pontcharra-sur-Turdine 69 212 B4
Pontcharraud 23 207 H4
Pontchartrain 78 57 H4
Pontcirq 46 259 G4
Ponte-Leccia 2B 347 E3
Ponte Nuovo 2B 347 F2
Pontécoulant 14 53 E3
Ponteilla 66 343 E2
Ponteils-et-Brésis 30 283 G1
Pontempeyrat 43 229 F5
Pontenx-les-Forges 40 272 C2
Le Pontet 33 237 G2
Le Pontet 73 233 H3
Le Pontet 84 285 F5
Les Pontets 25 180 B4
Pontevès 83 307 F4
Ponteyraud 24 239 F2
Pontfaverger-Moronvilliers 51 42 A3
Pontgibaud 63 209 F5
Pontgouin 28 85 G3
Ponthévrard 78 87 E3
Ponthierry 77 88 A3
Ponthion 51 62 D4
Ponthoile 80 11 F2
Le Ponthou 29 72 B5
Ponthoux 39 196 D3
Pontiacq-Viellepinte 64 314 D3
Pontigné 49 129 G5
Pontigny 89 136 C2
Pontis 04 270 B4
Pontivy 56 101 H3
Pontlevoy 41 153 E2
Pontlieue 72 107 H5
Pontmain 53 81 G3
Pontoise 95 58 A1
Pontoise-lès-Noyon 60 23 H5
Pontonx-sur-l'Adour 40 293 E2
Pontorson 50 80 C2
Pontours 24 258 C1
Pontoux 71 178 B2
Pontoy 57 66 B2
Pontpierre 57 66 D1
Pontpoint 60 39 E3
Pontrieux 22 73 E4
Pontru 02 24 A1
Pontruet 02 24 A1
Ponts 50 51 H4
Les Ponts-de-Cé 49 149 G2
Ponts-et-Marais 76 10 D4
Les Ponts-Neufs 22 78 C3
Pontvallain 72 130 A3
Popian 34 302 A4
Popolasca 2B 347 E3
Porcaro 56 103 F5
Porcelette 57 46 D5
Porchères 33 238 D3
Porcheresse 16 221 E4
La Porcherie 87 224 C3
Porcheux 60 37 H3
Porcheville 78 57 G2
Porcieu-Amblagnieu 38 214 B4
Pordic 22 73 H5
Le Porge 33 236 C5
Pornic 44 146 C5
Pornichet 44 145 H5
Porquéricourt 60 23 G5
Porquerolles *Île de* 83 328 C5
Porri 2B 347 G3
Pors-Even 22 73 F2
Porsmilin 29 74 D2
Porspoder 29 70 A5
Port 01 214 C1
Le Port 09 335 H4
Port *Col de* 09 336 A3
Port-à-Binson 51 61 E1
Port-Bail 50 31 E2
Port-Barcarès 66 339 E4
Port-Blanc 22 72 D2
Port-Brillet 53 105 G3
Port-Camargue 30 303 F5
Port-Coton *Aiguilles de* 56 144 B4
Port-Cros *Île de* 83 329 E5
Port-d'Atelier 70 140 D3
Port-de-Bouc 13 325 G3
Port-de-Carhaix 29 76 D4
Port-de-Gagnac 46 243 E5
Port-de-Groslée 01 232 C1
Port-de-la-Meule 85 164 A4
Port-de-Lanne 40 292 C4
Port-de-Miramar 83 328 D4
Port-de-Piles 86 169 H2
Port-d'Envaux 17 201 F4
Port-des-Barques 17 200 C3
Port-Donnant 56 144 B4
Port-du-Salut *Trappe du* 53 106 A4
Port-en-Bessin 14 32 D2
Port-Goulphar 56 144 B4
Port-Grimaud 83 329 F2
Port-Haliguen 56 123 H5
Port-Jérôme 76 35 F1
Port-Joinville 85 164 A4
Port-la-Nouvelle 11 339 F2
Port-Launay 29 75 H4
Port-Lauragais 31 318 C3
Port-le-Grand 80 11 G3
Port-Lesney 39 179 G1
Port-Leucate 11 339 F4
Port-Louis 56 123 F2
Port-Manech 29 100 B5
Port-Maria 56 144 C4
Le Port-Marly 78 58 A3
Port-Miou 13 327 F3
Port-Mort 27 36 D5
Port-Navalo 56 124 A4
Port Royal des Champs *Abbaye de* 78 57 H4
Port-Saint-Louis-du-Rhône 13 325 F4
Port-Saint-Père 44 147 F5
Port-Sainte-Foy-et-Ponchapt 24 257 F1
Port-Sainte-Marie 47 275 G2
Port-sur-Saône 70 141 E4
Port-sur-Seille 54 65 H3
Port-Vendres 66 343 G4
Port-Villez 78 57 E1
Porta 66 341 E4
La Porta 2B 347 G3
Porte *Col de* 38 233 E5
Porte-Joie 27 36 C4
Porté-Puymorens 66 341 E3
Le Portel 62 6 A2
Portel *Sommet de* 09 335 H3
Portel-des-Corbières 11 338 D2
Portes 27 56 A1
Portes 30 283 G2
Portes *Calvaire de* 01 214 B4
Portes *Chartreuse de* 01 214 B4
Les Portes-en-Ré 17 182 C4
Portes-en-Valdaine 26 267 F4
Portes-lès-Valence 26 249 F5
Portet 64 294 C5
Portet-d'Aspet 31 334 D3
Portet d'Aspet *Col de* 31 334 D3
Portet-de-Luchon 31 334 A4
Portet-sur-Garonne 31 297 H5
Portets 33 255 H2
Porticcio 2A 348 C4
Porticciolo *Marine de* 2B 345 G2
Portieux 88 95 E4
Portiragnes 34 321 H4
Portiragnes-Plage 34 321 H4
Portivy 56 123 G5
Porto 2A 346 B5
Porto-Pollo 2A 348 C5
Porto-Vecchio 2A 351 G2
Ports 37 169 G1
Portsall 29 70 B4
Posanges 21 159 E2
Poses 27 36 C3
Possesse 51 63 E3
La Possonnière 49 149 F2
La Possonnière *Manoir* 41 130 D3
La Postolle 89 113 H2
Postroff 57 67 H3
Potangis 51 90 A2
Potelières 30 284 A3
Potelle 59 15 E3
La Poterie 22 78 D3
La Poterie-au-Perche 61 84 D2
La Poterie-Cap-d'Antifer 76 18 C4
La Poterie-Mathieu 27 35 E4
Pothières 21 115 H5
Potigny 14 53 H2
Potte 80 23 G3
Pouan-les-Vallées 10 90 D3
Pouançay 86 168 B1
Pouancé 49 127 F3
Pouant 86 169 E2
Poubeau 31 334 A4
Poucharramet 31 317 F3
Pouchergues 65 333 H4
Poudenas 47 275 F4
Poudenx 40 293 H4
Poudis 81 299 E5
Poudrey *Gouffre de* 25 162 B4
Poueyferré 65 332 D1
La Pouëze 49 128 A5
Pouffonds 79 185 G5
La Pouge 23 207 F3
Le Pouget 34 302 A5
Pougnadoires *Cirque de* 48 282 B1
Pougnadoresse 30 284 C4
Pougné 16 203 G3
Pougne-Hérisson 79 167 H5
Pougny 01 215 F1
Pougny 58 156 B3
Pougues-les-Eaux 58 174 C1
Pougy 10 91 G4
Pouillac 17 238 B1
Pouillat 01 196 B4
Pouillé 41 153 E3
Pouillé 85 183 H2
Pouillé 86 186 D2
Pouillé-les-Côteaux 44 148 B1
Pouillenay 21 159 E1
Pouilley-Français 25 161 G4
Pouilley-les-Vignes 25 161 H3
Pouillon 40 293 E4
Pouillon 51 41 F3
Pouilloux 71 194 A1
Pouilly 57 65 H1
Pouilly 60 38 A4
Pouilly-en-Auxois 21 159 F4
Pouilly-en-Bassigny 52 117 H4
Pouilly-le-Fort 77 88 B2
Pouilly-le-Monial 69 212 D3
Pouilly-lès-Feurs 42 211 H5
Pouilly-les-Nonains 42 211 E2
Pouilly-sous-Charlieu 42 211 G1
Pouilly-sur-Loire 58 156 A4
Pouilly-sur-Meuse 55 27 G5
Pouilly-sur-Saône 21 178 B1
Pouilly-sur-Serre 02 24 D4
Pouilly-sur-Vingeanne 21 139 H5
Le Poujol-sur-Orb 34 301 F5
Poujols 34 301 H3
Poul-Fétan 56 101 G4
Poulaines 36 153 H5
Poulains *Pointe des* 56 144 B3
Poulainville 80 22 C1
Poulan-Pouzols 81 299 F2
Poulangy 52 117 E4
Poulay 53 82 C4
Pouldavid 29 99 F2
Pouldergat 29 99 F2
Pouldouran 22 73 E3
Pouldreuzic 29 99 F3
Le Pouldu 29 123 E2
Poule-les-Écharmeaux 69 212 B1
Pouliacq 64 294 B5
Les Poulières 88 120 A2
Pouligney 25 162 B2
Pouligny-Notre-Dame 36 189 G3
Pouligny-Saint-Martin 36 189 G2
Pouligny-Saint-Pierre 36 170 C5
Le Pouliguen 44 145 H5
Poullan-sur-Mer 29 99 E2
Poullaouen 29 76 C3
Poullignac 16 220 D4
Poulx 30 303 H1
Poumarous 65 315 F5
Poupas 82 276 D5
Poupry 28 110 D4
Pouques-Lormes 58 157 H3
Pourcharesses 48 265 F5
Pourchères 07 266 C2
Pourcieux 83 306 D5
Pourcy 51 41 F5
Pourlans 71 178 C2
Pournoy-la-Chétive 57 65 H2
Pournoy-la-Grasse 57 65 H2
Pourrain 89 136 A3
Pourrières 83 306 C5
Poursac 16 203 G3
Poursay-Garnaud 17 201 H3
Poursiugues-Boucoue 64 294 B5
Pourtalet *Col du* 64 332 A4
Pouru-aux-Bois 08 27 G3
Pouru-Saint-Remy 08 27 G4
Pourville-sur-Mer 76 10 A5
Poussan 34 323 E3
Poussanges 23 207 H5
Poussay 88 94 D4
Pousseaux 58 157 F1
Poussignac 47 275 E1
Poussy-la-Campagne 14 33 H5
Pousthomy 12 300 B2
Le Pout 33 255 H1
Pouvrai 61 84 B5
Pouxeux 88 119 G3
Pouy 65 316 A4
Pouy-de-Touges 31 317 E3
Pouy-Loubrin 32 316 B2
Pouy-Roquelaure 32 275 H5
Pouy-sur-Vannes 10 90 A5
Pouyastruc 65 315 F4
Pouydesseaux 40 274 A5
Pouydraguin 32 295 E4
Pouylebon 32 295 G5
Pouzac 65 333 F1
Le Pouzat 07 248 B4
Pouzauges 85 166 D4
Pouzay 37 169 G1
Pouze 31 318 A2
Pouzilhac 30 284 D4
Le Pouzin 07 267 E1
Pouzioux 86 187 E2
Pouzol 63 209 G2
Pouzolles 34 321 G2
Pouzols 34 302 A4
Pouzols-Minervois 11 320 D4
Pouzy-Mésangy 03 174 B5
Poyanne 40 293 F2
Poyans 70 160 D1
Poyartin 40 293 F3
Poyols 26 268 B3
Pozières 80 13 G5
Pra Loup 04 270 D5
Le Pradal 34 301 F4
Les Pradeaux 63 228 A3
Pradeaux *Col des* 63 229 E3
Pradel *Col du* 11 336 D5
Pradelle 26 268 A3
Pradelles 43 265 F1
Pradelles 59 4 A5
Pradelles-Cabardès 11 320 A3
Pradelles-en-Val 11 338 A1
Pradère-les-Bourguets 31 297 F4
Prades 07 266 A3
Prades 09 336 D5
Prades 43 246 D4
Prades 48 282 C1
Prades 66 342 A3
Prades 81 299 E4
Prades-d'Aubrac 12 263 G4
Prades-de-Salars 12 281 E2
Prades-le-Lez 34 302 D3
Prades-sur-Vernazobre 34 321 E2
Le Pradet 83 328 B4
Pradettes 09 336 C2
Pradières 09 336 B3
Pradiers 15 245 F1
Pradinas 12 279 H3
Pradines 19 225 E3
Pradines 42 211 H3
Pradines 46 259 H5
Pradons 07 266 B5
Prads 04 288 C2
Prafrance *Bambouseraie de* 30 283 G4
Pragnères *Centrale de* 65 333 E4
Prahecq 79 185 E5
Prailles 79 185 F4
Pralognan-la-Vanoise 73 234 D4
Prâlon 21 159 G3
Pralong 42 229 G2
Pramousquier 83 329 E4
Pramouton 05 270 C4
Prangey 52 139 G3
Pranles 07 266 C1
Pranzac 16 221 G1
Prapoutel-les-Sept-Laux 38 251 F1
Le Prarion 74 216 D3
Praslay 52 139 F3
Praslin 10 115 F4
Prasville 28 110 C2
Prat 22 72 D4
Prat-Bonrepaux 09 335 E2
Prat de Bouc 15 245 E3
Prato-di-Giovellina 2B 347 E3
Prats-de-Carlux 24 241 H5
Prats-de-Mollo-la-Preste 66 342 B5
Prats-de-Sournia 66 338 A5
Prats-du-Périgord 24 259 F2
Pratviel 81 298 D4
Pratz 39 196 D3
Pratz 52 116 C2
Prauthoy 52 139 G4
Pray 41 131 H4
Praye 54 94 D3
Prayet *Col du* 38 268 D1
Prayols 09 336 B3
Prayssac 46 259 G5
Prayssas 47 275 H2
La Praz 73 252 C1
Le Praz 73 234 C3
Praz-Coutant 74 216 D3
Les Praz-de-Chamonix 74 217 E3
Praz-sur-Arly 74 216 C4
Le Pré-d'Auge 14 34 C5
Pré de Madame Carle 05 252 B4
Pré-en-Pail-Saint-Samson 53 83 E3
Pré-Saint-Évroult 28 110 A3
Le Pré-Saint-Gervais 93 58 C3
Pré-Saint-Martin 28 110 A2
Préaux 07 248 D2
Les Préaux 27 35 E3
Préaux 36 171 E2
Préaux 53 106 C5
Préaux 76 36 C1
Préaux 77 112 D2
Préaux-Bocage 14 53 F1
Préaux-du-Perche 61 84 D5
Préaux-Saint-Sébastien 14 54 D2
Prébois 38 268 D1
Précey 50 51 G5
Préchac 32 296 B2
Préchac 33 255 H5
Préchac 65 332 D2
Préchac-sur-Adour 32 295 E4
Préchacq-Josbaig 64 313 G4
Préchacq-les-Bains 40 293 F2
Préchacq-Navarrenx 64 313 G4
Précieux 42 229 H2
Précigné 72 129 E3
Précilhon 64 331 H1
Précorbin 50 32 C5
Précy 18 174 A1
Précy-le-Sec 89 136 D5
Précy-Notre-Dame 10 91 G4
Précy-Saint-Martin 10 91 G4
Précy-sous-Thil 21 158 D2

Précy-sur-Marne 77 ... 59 F2
Précy-sur-Oise 60 ... 38 C4
Précy-sur-Vrin 89 ... 113 G5
Prédefin 62 ... 7 F4
Préfailles 44 ... 146 B4
Préfontaines 45 ... 112 B3
Prégilbert 89 ... 136 C5
Préguillac 17 ... 219 G1
Préhy 89 ... 136 C3
Preignac 33 ... 256 B3
Preignan 32 ... 296 B3
Preigney 70 ... 140 C3
Preixan 11 ... 337 G1
Prélenfrey 38 ... 250 D3
Prelles 05 ... 252 C5
Prémanon 39 ... 197 F2
Premeaux-Prissey 21 ... 159 H5
Prémery 58 ... 156 D5
Prémesques 59 ... 8 C2
Prémeyzel 01 ... 232 D1
Prémian 34 ... 300 D5
Premières 21 ... 160 C4
Prémierfait 10 ... 90 D3
Prémilhat 03 ... 190 C4
Prémillieu 01 ... 214 C4
Prémont 02 ... 14 C5
Prémontré 02 ... 24 C5
Prendeignes 46 ... 261 G2
Préneron 32 ... 295 G3
La Prénessaye 22 ... 102 C1
Prenois 21 ... 159 H2
Prénouvellon 41 ... 110 B5
Prénovel 39 ... 197 E2
Prény 54 ... 65 G2
Préporché 58 ... 175 H3
Prépotin 61 ... 84 C2
Les Prés 26 ... 268 D4
Présailles 43 ... 247 G5
Préseau 59 ... 15 E2
Présentevillers 25 ... 142 B4
Préserville 31 ... 298 B5
Présilly 39 ... 196 C1
Présilly 74 ... 215 G1
Presle 70 ... 141 F5
Presle 73 ... 233 G3
Presles 14 ... 52 D3
Presles 38 ... 250 B3
Presles 95 ... 38 B5
Presles-en-Brie 77 ... 59 F5
Presles-et-Boves 02 ... 40 D2
Presles-et-Thierny 02 ... 40 D1
Presly 18 ... 155 E2
Presnoy 45 ... 112 A5
Presque *Grotte de* 46 ... 261 E1
Pressac 86 ... 204 B1
Pressagny-l'Orgueilleux 27 ... 36 D5
Pressiat 01 ... 196 A4
Pressignac 16 ... 204 C5
Pressignac-Vicq 24 ... 240 C5
Pressigny 52 ... 140 B3
Pressigny 79 ... 168 B4
Pressigny-les-Pins 45 ... 134 D2
Pressins 38 ... 232 C3
Pressy 62 ... 7 G4
Pressy-sous-Dondin 71 ... 194 B2
La Preste 66 ... 342 A5
La Prétière 25 ... 142 A5
Pretin 39 ... 179 G2
Prétot-Sainte-Suzanne 50 ... 31 G2
Prétot-Vicquemare 76 ... 19 H3
Prêtreville 14 ... 54 D1
Préty 71 ... 195 F2
Pretz-en-Argonne 55 ... 63 G2
Preuilly 18 ... 172 D1
Preuilly *Abbaye de* 77 ... 89 E4
Preuilly-la-Ville 36 ... 170 B5
Preuilly-sur-Claise 37 ... 170 B3
Preures 62 ... 6 C3
Preuschdorf 67 ... 69 E2
Preuseville 76 ... 21 E2
Preutin-Higny 54 ... 45 E3
Preux-au-Bois 59 ... 15 E4
Preux-au-Sart 59 ... 15 E2
Préval 72 ... 108 C2
Prévelles 72 ... 108 B3
Prévenchères 48 ... 265 F4
Préveranges 18 ... 190 A3
Prévessin-Moëns 01 ... 197 G4
La Prévière 49 ... 127 F3
Prévillers 60 ... 21 H5
Prévinquières 12 ... 279 H1
Prévocourt 57 ... 66 C3
Prey 27 ... 56 C2
Prey 88 ... 119 H2
Preyssac-d'Excideuil 24 ... 223 F5
Prez 08 ... 26 A2
Prez-sous-Lafauche 52 ... 93 G5
Prez-sur-Marne 52 ... 92 D2
Priaires 79 ... 201 G1
Priay 01 ... 214 A2
Priez 02 ... 40 B5
Prignac 17 ... 202 B4
Prignac-en-Médoc 33 ... 218 D5
Prignac-et-Marcamps 33 ... 237 G3
Prigonrieux 24 ... 239 G5
Primarette 38 ... 231 G4
Primat 08 ... 42 D2
La Primaube 12 ... 280 D2
Primel-Trégastel 29 ... 72 A3
Primelin 29 ... 98 D2
Primelles 18 ... 172 D3
Prin-Deyrançon 79 ... 184 C5
Prinçay 86 ... 169 E2
Princé 35 ... 105 F2
Pringé 72 ... 129 H4
Pringy 51 ... 62 C4
Pringy 74 ... 215 G3
Pringy 77 ... 88 A3
Prinquiau 44 ... 146 D2
Prinsuéjols 48 ... 263 H3
Printzheim 67 ... 68 C4
Prisces 02 ... 25 F3
Prisches 59 ... 15 F4
Prissac 36 ... 188 B2
Prissé 71 ... 194 D4
Prissé-la-Charrière 79 ... 201 H1
Pritz 53 ... 106 A3
Privas 07 ... 266 D2
Privezac 12 ... 279 H1
Prix-lès-Mézières 08 ... 26 D3
Priziac 56 ... 101 E2
Prizy 71 ... 193 H4
La Proiselière-
et-Langle 70 ... 141 H2
Proissans 24 ... 241 G5
Proisy 02 ... 25 E1
Proix 02 ... 24 D1
Projan 32 ... 294 C4
Promilhanes 46 ... 279 E1
Prompsat 63 ... 209 H4
Prondines 63 ... 226 D1
Pronleroy 60 ... 38 D1
Pronville-en-Artois 62 ... 13 H3
Propiac 26 ... 286 A2
Propières 69 ... 212 B1
Propriano 2A ... 350 D2
Prosnes 51 ... 42 A4
Prouais 28 ... 57 E5
Prouilly 51 ... 41 F3
Proumeyssac
*Gouffre de* 24 ... 241 E5
Proupiary 31 ... 316 D5
Proussy 14 ... 53 F2
Prouvais 02 ... 41 G1
Prouville 80 ... 12 B4
Prouvy 59 ... 14 D2
Prouzel 80 ... 22 B2
Provemont 27 ... 37 F3
Provenchère 25 ... 163 E3
Provenchère 70 ... 141 E3
Provenchères-
lès-Darney 88 ... 118 C3
Provenchères-et-Colroy 88 ... 96 C4
Provenchères-
sur-Marne 52 ... 92 D5
Provenchères-
sur-Meuse 52 ... 117 H4
Provency 89 ... 158 A1
Proverville 10 ... 116 A2
Proveysieux 38 ... 250 D1
Proville 59 ... 14 B4
Provin 59 ... 8 C4
Provins 77 ... 89 G2
Proviseux-et-Plesnoy 02 ... 41 G1
Proyart 80 ... 23 E2
Prudemanche 28 ... 56 B5
Prudhomat 46 ... 243 E5
Prugnanes 66 ... 338 A4
Prugny 10 ... 114 D2
Pruillé 49 ... 128 B5
Pruillé-le-Chétif 72 ... 107 G5
Pruillé-l'Éguillé 72 ... 130 B2
Pruines 12 ... 262 C4
Prunay 51 ... 41 H4
Prunay-Belleville 10 ... 90 B5
Prunay-Cassereau 41 ... 131 F4
Prunay-en-Yvelines 78 ... 86 D3
Prunay-le-Gillon 28 ... 86 C5
Prunay-le-Temple 78 ... 57 F3
Prunay-sur-Essonne 91 ... 87 H5
Prunelli-di-Casacconi 2B ... 347 G2
Prunelli-di-Fiumorbo 2B ... 349 G2
Prunet 07 ... 266 A3
Prunet 15 ... 262 C1
Prunet 31 ... 298 C5
Prunet-et-Belpuig 66 ... 342 C3
Prunete 2B ... 347 H4
Prunières 05 ... 270 A3
Prunières 38 ... 251 E5
Prunières 48 ... 264 B1
Pruniers 36 ... 172 C4
Pruniers 49 ... 149 G1
Pruniers-en-Sologne 41 ... 153 H3
Pruno 2B ... 347 G3
Prunoy 89 ... 135 G2
Prusly-sur-Ource 21 ... 138 B2
Prusy 10 ... 114 D5
Pruzilly 71 ... 194 D5
Puberg 67 ... 68 A2
Publier 74 ... 198 B3
Publy 39 ... 179 F5
Puceul 44 ... 126 C5
Le Puch 09 ... 337 F5
Puch-d'Agenais 47 ... 275 F1
Puchay 27 ... 37 E3
Puchevillers 80 ... 12 D5
Le Puech 34 ... 301 H4
Puéchabon 34 ... 302 B3
Puéchoursi 81 ... 318 D2
Puechredon 30 ... 303 F1
Puellemontier 52 ... 92 A3
Puessans 25 ... 162 C1
Puget 84 ... 305 G2
Puget-Rostang 06 ... 289 G4
Puget-sur-Argens 83 ... 308 C5
Puget-Théniers 06 ... 289 F5
Puget-Ville 83 ... 328 C2
Pugey 25 ... 161 H4
Pugieu 01 ... 214 C4
Puginier 11 ... 318 D3
Pugnac 33 ... 237 G3
Pugny 79 ... 167 G4
Pugny-Chatenod 73 ... 233 F1
Puichéric 11 ... 320 B5
Le Puid 88 ... 96 C3
Puigmal 66 ... 341 G5
Puihardy 79 ... 184 D2
Puilacher 34 ... 302 A5
Puilaurens 11 ... 337 G5
Puilboreau 17 ... 183 F5
Puilly-et-Charbeaux 08 ... 27 H4
Puimichel 04 ... 287 G5
Puimisson 34 ... 321 G2
Puimoisson 04 ... 307 F1
La Puisaye 28 ... 85 F2
Puiseaux 45 ... 112 A2
Puiselet-le-Marais 91 ... 87 G4
Puisenval 76 ... 21 E2
Le Puiset 28 ... 110 D2
Le Puiset-Doré 49 ... 148 C4
Puiseux 08 ... 26 C5
Puiseux 28 ... 86 A2
Puiseux-en-Bray 60 ... 37 G2
Puiseux-en-France 95 ... 58 D1
Puiseux-en-Retz 02 ... 40 A3
Puiseux-le-Hauberger 60 ... 38 B4
Puiseux-Pontoise 95 ... 57 H1
Puisieulx 51 ... 41 H4
Puisieux 62 ... 13 F4
Puisieux 77 ... 59 G1
Puisieux-et-Clanlieu 02 ... 24 D2
Puissalicon 34 ... 321 G2
Puisseguin 33 ... 238 D5
Puisserguier 34 ... 321 E3
Puits 21 ... 138 A3
Le Puits-des-Mèzes 52 ... 117 F3
Puits-et-Nuisement 10 ... 115 H2
Puits-la-Vallée 60 ... 22 B5
Puivert 11 ... 337 E3
Pujaudran 32 ... 297 F5
Pujaut 30 ... 285 E5
Pujo 65 ... 315 E3
Pujo-le-Plan 40 ... 294 B1
Les Pujols 09 ... 336 C1
Pujols 33 ... 256 D1
Pujols 47 ... 276 C1
Pujols-sur-Ciron 33 ... 255 H4
Le Puley 71 ... 177 F5
Puligny-Montrachet 21 ... 177 G2
Pullay 27 ... 55 H4
Pulligny 54 ... 94 D2
Pulney 54 ... 94 C4
Pulnoy 54 ... 66 B5
Pulvérières 63 ... 209 F4
Pulversheim 68 ... 121 E5
Punchy 80 ... 23 F3
Punerot 88 ... 94 A3
Puntous 65 ... 316 A4
Puntous de Laguian 32 ... 315 G2
Pupillin 39 ... 179 G3
Pure 08 ... 27 G4
Purgerot 70 ... 140 D3
Pusey 70 ... 141 E4
Pusignan 69 ... 213 G5
Pussay 91 ... 87 E5
Pussigny 37 ... 169 G2
Pussy 73 ... 234 B2
Pusy-et-Épenoux 70 ... 141 E4
Putanges-le-Lac 61 ... 53 H4
Puteaux 92 ... 58 B3
Putot-en-Auge 14 ... 34 A4
Putot-en-Bessin 14 ... 33 F4
Puttelange-aux-Lacs 57 ... 67 F1
Puttelange-
lès-Thionville 57 ... 45 H1
Puttigny 57 ... 66 D3
Puxe 54 ... 45 E5
Puxieux 54 ... 65 F1
Le Puy 25 ... 162 B2
Le Puy 33 ... 257 E3
Puy Crapaud 85 ... 167 E4
Puy-d'Arnac 19 ... 242 D4
Puy de Dôme 63 ... 209 G5
Puy-de-Serre 85 ... 184 C1
Puy du Fou
*Château du* 85 ... 166 D2
Puy-du-Lac 17 ... 201 F3
Le Puy-en-Velay 43 ... 247 F3
Puy-Guillaume 63 ... 210 C3
Puy-l'Évêque 46 ... 259 F4
Puy-Malsignat 23 ... 207 H3
Le Puy-Notre-Dame 49 ... 150 A5
Puy-Saint-André 05 ... 252 C4
Le Puy-Saint-Bonnet 49 ... 166 D1
Puy-Saint-Eusèbe 05 ... 270 B3
Puy-Saint-Gulmier 63 ... 208 D5
Puy-Saint-Martin 26 ... 267 G3
Puy-Saint-Pierre 05 ... 252 D4
Puy-Saint-Vincent 05 ... 252 C5
Le Puy-
Sainte-Réparade 13 ... 306 A3
Puy-Sanières 05 ... 270 C3
Puybarban 33 ... 256 D4
Puybegon 81 ... 298 D2
Puybrun 46 ... 242 D5
Puycalvel 81 ... 299 F4
Puycasquier 32 ... 296 C3
Puycelsi 81 ... 278 D5
Puycornet 82 ... 277 H3
Puydaniel 31 ... 317 H4
Puydarrieux 65 ... 315 H4
Puydrouard 17 ... 201 E1
La Puye 86 ... 187 F1
Puygaillard-
de-Lomagne 82 ... 276 D5
Puygaillard-de-Quercy 82 ... 278 C5
Puygiron 26 ... 267 F4
Puygouzon 81 ... 299 F1
Puygros 73 ... 233 G2
Puyguilhem 24 ... 257 G2
Puyguilhem
*Château de* 24 ... 222 C4
Puyjourdes 46 ... 279 E1
Puylagarde 82 ... 279 E2
Puylaroque 82 ... 278 C2
Puylaurens 81 ... 299 E5
Puylausic 32 ... 316 D2
Puyloubier 13 ... 306 C5
Puymangou 24 ... 239 E2
Puymartin *Château de* 24 ... 241 F5
Puymaurin 31 ... 316 C3
Puyméras 84 ... 285 H2
Puymiclan 47 ... 257 G4
Puymirol 47 ... 276 C3
Puymorens *Col de* 66 ... 340 D3
Puymoyen 16 ... 221 F2
Puynormand 33 ... 238 D4
Puyol-Cazalet 40 ... 294 B4
Puyoô 64 ... 293 E5
Puyravault 17 ... 201 E1
Puyravault 85 ... 183 F3
Puyréaux 16 ... 203 F4
Puyrenier 24 ... 221 H4
Puyricard 13 ... 306 A4
Puyrolland 17 ... 201 G2
Puys 76 ... 10 B5
Puységur 32 ... 296 B3
Puysségur 31 ... 297 E3
Puysserampion 47 ... 257 G3
Puyvalador 66 ... 341 G2
Puyvert 84 ... 305 H2
Puzeaux 80 ... 23 F3
Puzieux 57 ... 66 B3
Puzieux 88 ... 94 D4
Py 66 ... 342 A4
Pyla-sur-Mer 33 ... 254 B2
La Pyle 27 ... 35 H4
Pyrénées 2000 66 ... 341 F4
Pys 80 ... 13 G4

## Q

Quaëdypre 59 ... 3 H3
Quaix-en-Chartreuse 38 ... 250 D1
Quantilly 18 ... 155 F4
Quarante 34 ... 321 E3
Quarouble 59 ... 9 H5
Quarré-les-Tombes 89 ... 158 A3
La Quarte 70 ... 140 B3
Le Quartier 63 ... 209 E2
Quasquara 2A ... 349 E3
Quatre-Champs 08 ... 42 D1
Les Quatre Chemins 85 ... 183 F2
Quatre-Routes-
d'Albussac 19 ... 242 D3
Les Quatre-Routes-
du-Lot 46 ... 242 C4
Quatre Vios *Col des* 07 ... 266 B1
Quatremare 27 ... 36 B4
Quatzenheim 67 ... 68 C5
Quéant 62 ... 13 H3
Queaux 86 ... 187 E4
Québriac 35 ... 80 A4
Quédillac 35 ... 103 F1
Queige 73 ... 216 B5
Quelaines-Saint-Gault 53 ... 105 H5
Les Quelles 67 ... 96 C3
Quelmes 62 ... 3 E5
Quelneuc 56 ... 125 H2
Quéménéven 29 ... 75 H5
Quemigny-Poisot 21 ... 159 H4
Quemigny-sur-Seine 21 ... 138 B4
Quemper-Guézennec 22 ... 73 F3
Quemperven 22 ... 72 D3
Quend 80 ... 11 F1
Quend-Plage-les-Pins 80 ... 11 E1
Quenne 89 ... 136 C3
Quenoche 70 ... 162 A1
Quenza 2A ... 349 F5
Quercamps 62 ... 3 E5
Querciolo 2B ... 347 H2
Quercitello 2B ... 347 G3
Quérénaing 59 ... 14 D2
Quéribus *Château de* 11 ... 338 B4
Quérigut 09 ... 341 G2
Quernes 62 ... 7 G3
Quéroy *Grottes du* 16 ... 221 G2
Querqueville 50 ... 29 E2
Querré 49 ... 128 C4
Querrien 29 ... 100 D4
Querrieu 80 ... 22 C1
Quers 70 ... 141 G3
Quesmy 60 ... 23 H4
Quesnay-Guesnon 14 ... 32 D4
Le Quesne 80 ... 21 G2
Le Quesnel 80 ... 23 E3
Le Quesnel-Aubry 60 ... 38 C1
Le Quesnoy 59 ... 15 E3
Le Quesnoy 80 ... 23 E3
Le Quesnoy-en-Artois 62 ... 12 B2
Quesnoy-le-Montant 80 ... 11 F3
Quesnoy-sur-Airaines 80 ... 11 H5
Quesnoy-sur-Deûle 59 ... 4 C5
Quesques 62 ... 6 D2
Quessigny 27 ... 56 C2
Quessoy 22 ... 78 C4
Quessy 02 ... 24 B4
Questembert 56 ... 125 E3
Questrecques 62 ... 6 C2
Quet-en-Beaumont 38 ... 251 F5
Quetigny 21 ... 160 B3
Quettehou 50 ... 29 G3
Quettetot 50 ... 29 E4
Quetteville 14 ... 34 D3
Quettreville-sur-Sienne 50 ... 51 G1
Queudes 51 ... 61 E5
La Queue-en-Brie 94 ... 58 D4
La Queue-les-Yvelines 78 ... 57 G4
Queuille 63 ... 209 F3
Quevauvillers 80 ... 22 A2
Quéven 56 ... 101 E5
Quévert 22 ... 79 G4
Quevillon 76 ... 36 A2
Quevilloncourt 54 ... 94 D3
Quévreville-la-Poterie 76 ... 36 B3
Queyrac 33 ... 218 D4
Queyrières 43 ... 247 H3
Queyssac 24 ... 240 B5
Queyssac-les-Vignes 19 ... 242 D4
Quézac 15 ... 261 H2
Quézac 48 ... 282 C1
Quiberon 56 ... 123 H5
Quiberville 76 ... 20 A2
Quibou 50 ... 32 A5
Quié 09 ... 336 B4
Quiers 77 ... 88 D2
Quiers-sur-Bézonde 45 ... 111 H5
Quiéry-la-Motte 62 ... 8 C5
Quierzy 02 ... 24 A5
Quiestède 62 ... 7 G2
Quiévelon 59 ... 15 H3
Quiévrechain 59 ... 9 H5
Quièvrecourt 76 ... 20 D3
Quiévy 59 ... 14 D4
Quilen 62 ... 6 D4
Quilinen *Calvaire de* 29 ... 99 H2
Quillan 11 ... 337 F4
Quillane *Col de* 66 ... 341 G3
Quillebeuf-sur-Seine 27 ... 35 F1
Le Quillio 22 ... 102 A1
Quilly 08 ... 42 C2
Quilly 44 ... 146 D1
Quily 56 ... 102 D5
Quimerch 29 ... 75 H4
Quimiac 44 ... 145 G3
Quimper 29 ... 99 H3
Quimperlé 29 ... 100 D4
Quincampoix 76 ... 36 B1
Quincampoix-Fleuzy 60 ... 21 G3
Quinçay 86 ... 186 B1
Quincerot 21 ... 137 G5
Quincerot 89 ... 115 E5
Quincey 10 ... 90 A3
Quincey 21 ... 160 A5
Quincey 70 ... 141 F4
Quincié-en-Beaujolais 69 ... 212 C1
Quincieu 38 ... 250 B1
Quincieux 69 ... 213 E4
Quincy 18 ... 154 C5
Quincy-Basse 02 ... 40 B1
Quincy-Landzécourt 55 ... 43 H1
Quincy-le-Vicomte 21 ... 137 G5
Quincy-sous-le-Mont 02 ... 40 D3
Quincy-sous-Sénart 91 ... 58 D5
Quincy-Voisins 77 ... 59 G3
Quinéville 50 ... 29 G4
Quingey 25 ... 161 H5
Quinquempoix 60 ... 22 C5
Quins 12 ... 280 B3
Quinsac 24 ... 222 C4
Quinsac 33 ... 255 G1
Quinsac 87 ... 223 G4
Quinson 04 ... 307 F3
Quinssaines 03 ... 190 C4
Quint-Fonsegrives 31 ... 298 A5
Quintal 74 ... 215 G4
La Quinte 72 ... 107 G4
Quintenas 07 ... 248 D2
Quintenic 22 ... 79 E3
Quintigny 39 ... 179 E4
Quintillan 11 ... 338 C3
Quintin 22 ... 78 A4
Le Quiou 22 ... 79 H5
Quirbajou 11 ... 337 F4
Quiry-le-Sec 80 ... 22 C4
Quissac 30 ... 303 E1
Quissac 46 ... 260 D3
Quistinic 56 ... 101 G4
Quittebeuf 27 ... 36 A5
Quitteur 70 ... 140 B5
Quivières 80 ... 23 H2
Quœux-Haut-Maînil 62 ... 12 B2

## R

Rabastens 81 ... 298 C2
Rabastens-de-Bigorre 65 ... 315 F3
Rabat-
les-Trois-Seigneurs 09 ... 336 A4
La Rabatelière 85 ... 166 A3
Rablay-sur-Layon 49 ... 149 G3
Rabodanges 61 ... 53 G3
Rabodanges *Barrage de* 61 ... 53 G4
Le Rabot 41 ... 133 F5
Rabou 05 ... 269 G3
Rabouillet 66 ... 337 H5
Racécourt 88 ... 94 D5
Rachecourt-sur-Marne 52 ... 92 D3
Rachecourt-Suzémont 52 ... 92 C3
Raches 59 ... 8 D5
Racines 10 ... 114 C4
La Racineuse 71 ... 178 B3
Racou-Plage 66 ... 343 G3
Racquinghem 62 ... 7 G2
Racrange 57 ... 67 E3
Raddon-et-Chapendu 70 ... 141 H2
Radenac 56 ... 102 B4
Radepont 27 ... 36 C3
Radinghem 62 ... 7 E3
Radinghem-en-Weppes 59 ... 8 C3
Radon 61 ... 83 G3
Radonvilliers 10 ... 91 H4
Radule *Bergeries de* 2B ... 346 C4
Raedersdorf 68 ... 143 G4

Raedersheim 68 ... 121 E5
Raffetot 76 ... 19 F5
Rageade 15 ... 246 A3
Raguenez 29 ... 100 B5
Rahart 41 ... 131 G2
Rahay 72 ... 108 D5
Rahling 57 ... 67 H2
Rahon 25 ... 163 E2
Rahon 39 ... 178 D1
Rai 61 ... 55 F4
Raids 50 ... 31 H4
Raillencourt-Sainte-Olle 59 ... 14 B3
Railleu 66 ... 341 G3
Raillicourt 08 ... 26 C4
Raillimont 02 ... 25 H4
Raimbeaucourt 59 ... 8 D4
Rainans 39 ... 161 E5
Raincheval 80 ... 12 D5
Raincourt 70 ... 140 C2
Le Raincy 93 ... 58 D3
Rainfreville 76 ... 20 A3
Rainneville 80 ... 22 C1
Rainsars 59 ... 15 H5
Rainville 88 ... 94 B4
Rainvillers 60 ... 37 H2
Les Rairies 49 ... 129 F4
Raismes 59 ... 9 G5
Raissac 09 ... 336 C3
Raissac-d'Aude 11 ... 320 D5
Raissac-sur-Lampy 11 ... 319 F4
Raix 16 ... 203 F3
Raizeux 78 ... 86 C2
Ramasse 01 ... 196 A5
Ramatuelle 83 ... 329 G3
Ramaz *Col de la* 74 ... 198 B5
Rambaud 05 ... 269 H3
Rambervillers 88 ... 95 H4
Rambluzin-et-Benoite-Vaux 55 ... 64 B2
Rambouillet 78 ... 86 D2
Rambucourt 55 ... 65 E4
Ramburelles 80 ... 11 F5
Rambures 80 ... 11 F5
Ramecourt 62 ... 7 G5
Ramecourt 88 ... 94 D5
Ramerupt 10 ... 91 F3
Ramicourt 02 ... 24 B1
Ramillies 59 ... 14 B3
Rammersmatt 68 ... 142 D1
Ramonchamp 88 ... 120 A5
Ramonville-Saint-Agne 31 ... 298 A5
Ramoulu 45 ... 111 G2
Ramous 64 ... 293 F5
Ramousies 59 ... 15 H4
Ramouzens 32 ... 295 F2
Rampan 50 ... 32 A4
Rampieux 24 ... 258 D2
Rampillon 77 ... 89 E3
Rampont 55 ... 43 H5
Rampoux 46 ... 259 H3
Rancé 01 ... 213 E3
Rancenay 25 ... 161 H4
Rancennes 08 ... 17 E4
Rances 10 ... 91 H3
Ranchal 69 ... 212 B1
Ranchette 39 ... 196 D3
Ranchicourt 62 ... 7 H5
Ranchot 39 ... 161 F5
Ranchy 14 ... 32 D3
Rancogne 16 ... 221 H1
Rançon 76 ... 19 G5
Rancon 87 ... 205 G1
Rançonnières 52 ... 117 H5
Rancoudray 50 ... 52 C5
Rancourt 80 ... 13 H5
Rancourt 88 ... 118 D2
Rancourt-sur-Ornain 55 ... 63 F3
Rancy 71 ... 195 G1
Randan 63 ... 210 B3
Randanne 63 ... 227 F1
Randens 73 ... 234 A2
Randevillers 25 ... 162 D3
Randonnai 61 ... 55 F5
Rânes 61 ... 53 H5
Rang 25 ... 142 A5
Rang-du-Fliers 62 ... 6 B5
Rangecourt 52 ... 117 G4
Rangen 67 ... 68 C5
Ranguevaux 57 ... 45 G4
Rannée 35 ... 105 E5
Ranrupt 67 ... 96 D3
Rans 39 ... 161 F5
Ransart 62 ... 13 F3
Ranspach 68 ... 120 C5
Ranspach-le-Bas 68 ... 143 G3
Ranspach-le-Haut 68 ... 143 G3
Rantechaux 25 ... 162 C5
Rantigny 60 ... 38 D3
Ranton 86 ... 168 C2
Rantzwiller 68 ... 143 G2
Ranville 14 ... 33 H4
Ranville-Breuillaud 16 ... 202 D4
Ranzevelle 70 ... 118 C5
Ranzières 55 ... 64 C2
Raon-aux-Bois 88 ... 119 G3
Raon-lès-Leau 54 ... 96 C2
Raon-l'Étape 88 ... 96 A3
Raon-sur-Plaine 88 ... 96 C2
Rapaggio 2B ... 347 G3
Rapale 2B ... 345 F5
Rapey 88 ... 95 E4
Raphèle-les-Arles 13 ... 304 C4
Rapilly 14 ... 53 G3
Rapsécourt 51 ... 63 E1
Raray 60 ... 39 F4
Rarécourt 55 ... 43 G5
Rasiguères 66 ... 338 B5
Raslay 86 ... 150 C5
Rasteau 84 ... 285 G2
Le Rat 19 ... 225 F1
Ratenelle 71 ... 195 F2
Ratières 26 ... 249 F2
Ratilly *Château de* 89 ... 156 C1
Ratte 71 ... 178 C5
Ratzwiller 67 ... 68 A2
Raucoules 43 ... 248 A2
Raucourt 54 ... 65 H3
Raucourt-au-Bois 59 ... 15 E3
Raucourt-et-Flaba 08 ... 27 F5
Raulecourt 55 ... 65 E4
Raulhac 15 ... 244 D5
Rauret 43 ... 265 E1
Rauville-la-Bigot 50 ... 29 E4
Rauville-la-Place 50 ... 31 G2
Rauwiller 67 ... 67 H4
Rauzan 33 ... 256 C1
Raveau 58 ... 156 B5
Ravel 63 ... 210 B5
Ravel 69 ... 230 D2
Ravel-et-Ferriers 26 ... 268 C2
Ravenel 60 ... 38 D1
Ravennefontaines 52 ... 117 H4
Ravenoville 50 ... 29 H5
Raves 88 ... 96 C5
Raviège *Lac de la* 81 ... 300 B5
Ravières 89 ... 137 G4
Ravigny 53 ... 83 F3
Raville 57 ... 66 C1
Raville-sur-Sânon 54 ... 95 F1
Ravilloles 39 ... 196 D3
La Ravoire 73 ... 233 F2
Ray-sur-Saône 70 ... 140 C5
Raye-sur-Authie 62 ... 11 H1
Rayet 47 ... 258 C3
Raymond 18 ... 173 G2
Raynans 25 ... 142 B4
Rayol-Canadel-sur-Mer 83 ... 329 E4
Rayssac 81 ... 299 H2
Raz *Pointe du* 29 ... 98 C2
Razac-de-Saussignac 24 ... 257 F1
Razac-d'Eymet 24 ... 257 H2
Razac-sur-l'Isle 24 ... 240 B2
Raze 70 ... 140 D5
Razecueillé 31 ... 334 C3
Razengues 32 ... 297 E4
Razès 87 ... 205 H3
Razimet 47 ... 275 F1
Razines 37 ... 169 F2
Ré *Île de* 17 ... 182 D5
Réal 66 ... 341 G2
Réalcamp 76 ... 21 F2
Réallon 05 ... 270 B3
Réalmont 81 ... 299 G3
Réalville 82 ... 278 B4
Réans 32 ... 295 E1
Réau 77 ... 88 B2
Réau (Ancienne Abbaye de la) 86 ... 204 B1
Réaumont 38 ... 232 C4
Réaumur 85 ... 167 E4
Réaup 47 ... 275 E4
Réauville 26 ... 267 F5
Réaux-sur-Trèfle 17 ... 220 B3
Les Réaux *Château* 37 ... 150 D4
Rebais 77 ... 60 A3
Rebecques 62 ... 7 G2
Rébénacq 64 ... 314 A5
Rebergues 62 ... 2 D5
Rebets 76 ... 36 D1
Rebeuville 88 ... 94 A4
Rebigue 31 ... 318 A2
Rebouc 65 ... 333 H2
Rebouillon 83 ... 308 A4
Rebourguil 12 ... 300 C1
Rebourseaux 89 ... 114 B5
Reboursin 36 ... 172 A1
Rebréchien 45 ... 111 F5
Rebreuve-Ranchicourt 62 ... 7 H5
Rebreuve-sur-Canche 62 ... 12 D2
Rebreuviette 62 ... 12 D3
Recanoz 39 ... 179 E3
Recey-sur-Ource 21 ... 138 D3
Réchésy 90 ... 143 E4
Réchicourt 55 ... 44 D3
Réchicourt-la-Petite 54 ... 66 D5
Réchicourt-le-Château 57 ... 67 F5
Récicourt 55 ... 43 G5
Réclainville 28 ... 86 C5
Reclesne 71 ... 176 C1
Reclinghem 62 ... 7 F3
Réclonville 54 ... 95 H2
Recloses 77 ... 88 B5
Recologne 25 ... 161 G3
Recologne 70 ... 140 C5
Recologne-lès-Rioz 70 ... 161 H1
Recoubeau-Jansac 26 ... 268 B2
Recoules-d'Aubrac 48 ... 263 G2
Recoules-de-Fumas 48 ... 264 B3
Recoules-Prévinquières 12 ... 281 G1
Récourt 52 ... 117 G5
Récourt 62 ... 14 A3
Récourt-le-Creux 55 ... 64 B2
La Recousse 62 ... 3 E4
Recouvrance 90 ... 142 D3
Le Recoux 48 ... 281 H1
Recques-sur-Course 62 ... 6 C4
Recques-sur-Hem 62 ... 3 E4
Recquignies 59 ... 15 H2
Le Reculey 14 ... 52 C2
Reculfoz 25 ... 180 B4
Recurt 65 ... 315 H5
Recy 51 ... 62 A2
Rédange 57 ... 45 F2
Rédené 29 ... 100 D5
Réderis *Cap* 66 ... 343 G4
Redessan 30 ... 304 A2
Réding 57 ... 67 H4
Redon 35 ... 125 G4
La Redorte 11 ... 320 B4
Redortiers 04 ... 286 D4
Réez-Fosse-Martin 60 ... 39 G5
Reffannes 79 ... 185 F2
Reffroy 55 ... 93 G1
Reffuveille 50 ... 52 A5
Refranche 25 ... 180 A1
Régades 31 ... 334 C2
Régat 09 ... 336 D2
Regnauville 62 ... 11 H1
Regnévelle 88 ... 118 C4
Regnéville-sur-Mer 50 ... 51 F1
Regnéville-sur-Meuse 55 ... 44 B4
Regney 88 ... 95 E5
Régnié-Durette 69 ... 212 D1
Regnière-Écluse 80 ... 11 G1
Regniowez 08 ... 26 B1
Regny 02 ... 24 C2
Régny 42 ... 211 H3
La Regrippière 44 ... 148 B4
Réguiny 56 ... 102 B4
Réguisheim 68 ... 121 E5
Régusse 83 ... 307 F3
Rehaincourt 88 ... 95 F4
Rehainviller 54 ... 95 F2
Rehaupal 88 ... 119 H2
Reherrey 54 ... 95 H2
Réhon 54 ... 45 E1
Reichsfeld 67 ... 97 E3
Reichshoffen 67 ... 68 D2
Reichstett 67 ... 69 E5
Reignac 16 ... 220 C4
Reignac 33 ... 237 G1
Reignac-sur-Indre 37 ... 152 B4
Reignat 63 ... 228 B1
Reigneville-Bocage 50 ... 29 F5
Reignier-Ésery 74 ... 215 H1
Reigny 18 ... 190 B2
Reilhac 15 ... 244 B4
Reilhac 43 ... 246 C3
Reilhac 46 ... 260 D2
Reilhaguet 46 ... 260 B2
Reilhanette 26 ... 286 C3
Reillanne 04 ... 306 B1
Reillon 54 ... 95 H1
Reilly 60 ... 37 G4
Reimerswiller 67 ... 69 E2
Reims 51 ... 41 G4
Reims-la-Brûlée 51 ... 62 D4
Reine Jeanne *Pont de la* 04 ... 287 G2
Reinhardsmunster 67 ... 68 A5
Reiningue 68 ... 143 E1
Reipertswiller 67 ... 68 B2
Reithouse 39 ... 196 B1
Reitwiller 67 ... 68 D5
Réjaumont 32 ... 296 A2
Réjaumont 65 ... 315 H5
Rejet-de-Beaulieu 59 ... 15 E5
Relanges 88 ... 118 C3
Relans 39 ... 179 E4
Le Relecq-Kerhuon 29 ... 75 F2
Relevant 01 ... 213 F2
Rely 62 ... 7 G3
Remaisnil 80 ... 12 C3
Rémalard-en-Perche 61 ... 84 D4
Remaucourt 02 ... 24 B2
Remaucourt 08 ... 25 H5
La Remaudière 44 ... 148 B4
Remaugies 80 ... 23 E5
Remauville 77 ... 112 C2
Rembercourt-aux-Pots 55 ... 63 H2
Rembercourt-sur-Mad 54 ... 65 F2
Rémécourt 60 ... 38 D2
Remelange 57 ... 45 G3
Rémelfang 57 ... 46 C4
Rémelfing 57 ... 47 G5
Rémeling 57 ... 46 C2
Remennecourt 55 ... 63 F3
Remenoville 54 ... 95 F3
Rémérangles 60 ... 38 B2
Réméréville 54 ... 66 C5
Rémering 57 ... 46 D4
Rémering-lès-Puttelange 57 ... 67 F1
Remicourt 51 ... 63 E2
Remicourt 88 ... 94 C5
Remiencourt 80 ... 22 C3
Remies 02 ... 24 C4
La Remigeasse 17 ... 200 B3
Remigny 02 ... 24 B4
Remigny 71 ... 177 G3
Rémilly 57 ... 66 B2
Rémilly 58 ... 175 H4
Remilly-Aillicourt 08 ... 27 F4
Remilly-en-Montagne 21 ... 159 G3
Remilly-les-Pothées 08 ... 26 C3
Remilly-sur-Lozon 50 ... 32 A4
Remilly-sur-Tille 21 ... 160 B3
Remilly-Wirquin 62 ... 7 F2
Réminiac 56 ... 103 F5
Remiremont 88 ... 119 G4
Remoiville 55 ... 44 B2
Remollon 05 ... 269 H4
Remomeix 88 ... 96 B5
Remoncourt 54 ... 67 E5
Remoncourt 88 ... 94 C5
Rémondans-Vaivre 25 ... 163 F2
Rémonville 08 ... 43 F2
Remoray-Boujeons 25 ... 180 C4
Remouillé 44 ... 166 A1
Remoulins 30 ... 304 B1
Removille 88 ... 94 B4
Rempnat 87 ... 225 E1
La Remuée 76 ... 35 E1
Remungol 56 ... 102 A4
Rémuzat 26 ... 268 B5
Remy 60 ... 39 E2
Rémy 62 ... 13 H3
Renac 35 ... 125 H3
Renage 38 ... 232 B5
Renaison 42 ... 211 F2
La Renaissance 17 ... 200 D3
Renansart 02 ... 24 C3
Renaucourt 70 ... 140 C4
La Renaudie 63 ... 229 E1
La Renaudière 49 ... 148 C5
Renauvoid 88 ... 119 F2
Renay 41 ... 131 H2
Renazé 53 ... 127 G2
Rencurel 38 ... 250 B2
René 72 ... 83 H5
Renédale 25 ... 180 C1
Renescure 59 ... 3 G5
Renève 21 ... 160 D2
Réning 57 ... 67 F2
Rennemoulin 78 ... 58 A3
Rennepont 52 ... 116 B3
Rennes 35 ... 104 B3
Rennes-en-Grenouilles 53 ... 82 C3
Rennes-le-Château 11 ... 337 G3
Rennes-les-Bains 11 ... 337 H3
Rennes-sur-Loue 25 ... 179 G1
Renneval 02 ... 25 G3
Renneville 08 ... 25 H4
Renneville 27 ... 36 C2
Renneville 31 ... 318 C3
Renno 2A ... 346 C5
Le Renouard 61 ... 54 B2
Rentières 63 ... 227 H4
Renty 62 ... 7 E3
Renung 40 ... 294 B3
Renwez 08 ... 26 C2
La Réole 33 ... 256 D3
La Réorthe 85 ... 183 G1
Réotier 05 ... 270 D2
Repaix 54 ... 96 A1
La Répara-Auriples 26 ... 267 G3
Réparsac 16 ... 220 C1
Repel 88 ... 94 C4
Repentigny 14 ... 34 B4
Replonges 01 ... 195 E4
Le Reposoir 74 ... 216 B2
Les Repôts 39 ... 178 D5
Reppe 90 ... 142 D2
Requeil 72 ... 129 H3
Réquista 12 ... 280 C5
Résenlieu 61 ... 54 D4
La Résie-Saint-Martin 70 ... 161 E3
Résigny 02 ... 25 H3
Resson 55 ... 63 H4
Ressons-l'Abbaye 60 ... 38 A3
Ressons-le-Long 02 ... 40 A2
Ressons-sur-Matz 60 ... 39 F1
Les Ressuintes 28 ... 85 E2
Restigné 37 ... 151 E4
Restinclières 34 ... 303 E3
Restonica *Gorges de la* 2B ... 347 E5
Le Retail 79 ... 184 D1
Rétaud 17 ... 219 F1
Reterre 23 ... 208 C2
Rethel 08 ... 42 A1
Retheuil 02 ... 39 H3
Rethondes 60 ... 39 G2
Rethonvillers 80 ... 23 G3
Réthoville 50 ... 29 G2
Retiers 35 ... 104 D5
Retjons 40 ... 274 B4
Retonfey 57 ... 46 B5
Rétonval 76 ... 21 E2
Retournac 43 ... 247 G2
Retournemer *Lac de* 88 ... 120 B3
Retschwiller 67 ... 69 E2
Rettel 57 ... 46 B2
Rety 62 ... 2 C5
Retzwiller 68 ... 142 D3
Reugney 25 ... 180 B1
Reugny 03 ... 190 D3
Reugny 37 ... 152 B1
Reuil 51 ... 61 E1
Reuil-en-Brie 77 ... 60 A2
Reuil-sur-Brêche 60 ... 38 B1
Reuilly 27 ... 56 C1
Reuilly 36 ... 172 C1
Reuilly-Sauvigny 02 ... 60 D1
Reulle-Vergy 21 ... 159 H4
Reumont 59 ... 14 D4
La Réunion 47 ... 275 E2
Reutenbourg 67 ... 68 B5
Reuves 51 ... 61 F4
Reuville 76 ... 19 H3
Reux 14 ... 34 C3
Revard *Mont* 73 ... 233 F1
Réveillon 51 ... 60 C4
Réveillon 61 ... 84 C3
Revel 31 ... 319 E2
Revel 38 ... 251 F1
Revel-Tourdan 38 ... 231 G4
Revelles 80 ... 22 A2
Revémont 54 ... 44 D2
Revens 30 ... 282 A4
Reventin-Vaugris 38 ... 231 E4
Revercourt 28 ... 56 B5
Revest-des-Brousses 04 ... 287 E5
Revest-du-Bion 04 ... 286 C4
Le Revest-les-Eaux 83 ... 328 A4
Revest-les-Roches 06 ... 289 H5
Revest-Saint-Martin 04 ... 287 F4
La Revêtizon 79 ... 184 D5
Reviers 14 ... 33 F3
Revigny 39 ... 179 F5
Revigny-sur-Ornain 55 ... 63 F3
Réville 50 ... 29 H3
Réville-aux-Bois 55 ... 44 B3
Révillon 02 ... 41 E2
Revin 08 ... 26 C1
Revollat *Croix de* 38 ... 251 F1
Revonnas 01 ... 214 A1
Rexingen 67 ... 67 H3
Rexpoëde 59 ... 3 H3
Reyersviller 57 ... 68 B1
Reygade 19 ... 243 E4
Reynel 52 ... 93 F5
Reynès 66 ... 342 D4
Reynier 04 ... 287 H1
Reyniès 82 ... 297 H1
Reyrevignes 46 ... 261 E3
Reyrieux 01 ... 213 E3
Les Reys-de-Saulce 26 ... 267 E2
Reyssouze 01 ... 195 F3
Reyvroz 74 ... 198 B3
Rezay 18 ... 172 D5
Rezé 44 ... 147 G4
Rézentières 15 ... 245 H3
Rezonville 57 ... 65 F1
Rezza 2A ... 348 D1
Rhèges 10 ... 90 D2
Le Rheu 35 ... 104 A3
Le Rhien 70 ... 142 A2
Rhinau 67 ... 97 H4
Rhodes 57 ... 67 F4
Rhodon 41 ... 132 A3
Rhodon 78 ... 58 A5
Rhuis 60 ... 39 E3
Ri 61 ... 54 A4
Ria-Sirach 66 ... 342 A3
Riaillé 44 ... 127 E5
Le Rialet 81 ... 300 A5
Rians 18 ... 155 G5
Rians 83 ... 306 C4
Riantec 56 ... 123 F2
Riau *Château du* 03 ... 192 A1
Riaucourt 52 ... 117 E2
Riaville 55 ... 64 D1
Ribagnac 24 ... 257 H1
Ribarrouy 64 ... 294 C5
Ribaute 11 ... 338 B1
Ribaute-les-Tavernes 30 ... 283 H5
Le Ribay 53 ... 82 C4
Ribeaucourt 55 ... 93 F2
Ribeaucourt 80 ... 12 B4
Ribeauville 02 ... 25 H2
Ribeauvillé 68 ... 97 E5
Ribécourt 60 ... 39 G1
Ribécourt-la-Tour 59 ... 14 A4
Ribemont 02 ... 24 C3
Ribemont-sur-Ancre 80 ... 22 D1
Ribennes 48 ... 264 B3
Ribérac 24 ... 239 G1
Ribes 07 ... 266 A5
Ribeyret 05 ... 268 C5
Ribiers 05 ... 287 F2
Ribouisse 11 ... 318 D5
Riboux 83 ... 327 H2
La Ricamarie 42 ... 230 B4
Ricarville 76 ... 19 F4
Ricarville-du-Val 76 ... 20 C3
Ricaud 11 ... 318 D3
Ricaud 65 ... 315 G5
Les Riceys 10 ... 115 G5
La Richardais 35 ... 50 C5
Richardménil 54 ... 94 D1
Richarville 91 ... 87 E4
La Riche 37 ... 151 H2
Riche 57 ... 66 D3
Richebourg 52 ... 116 D4
Richebourg 62 ... 8 B3
Richebourg 78 ... 57 F4
Richecourt 55 ... 65 E3
Richelieu 37 ... 169 E1
Richeling 57 ... 67 G1
Richemont 16 ... 220 B1
Richemont 57 ... 45 H4
Richemont 76 ... 21 F3
Richemont *Col de* 01 ... 214 D2
Richerenches 84 ... 285 F1
Richet 40 ... 273 F1
Richeval 57 ... 96 A1
Richeville 27 ... 37 E4
Richtolsheim 67 ... 97 G5
Richwiller 68 ... 143 F1
Ricourt 32 ... 315 F2
Ricquebourg 60 ... 23 F5
Riec-sur-Belon 29 ... 100 C5
Riedheim 67 ... 68 C3
Riedisheim 68 ... 143 F1
Riedseltz 67 ... 69 F1
Riedwihr 68 ... 121 F2
Riel-les-Eaux 21 ... 116 A5
Riencourt 80 ... 22 A1
Riencourt-lès-Bapaume 62 ... 13 H4
Riencourt-lès-Cagnicourt 62 ... 13 H3
Riervescemont 90 ... 142 C1
Riespach 68 ... 143 F4
Rieucazé 31 ... 334 C1
Rieucros 09 ... 336 C1
Rieulay 59 ... 9 E5
Rieumajou 31 ... 318 C3
Rieumes 31 ... 317 F3
Rieupeyroux 12 ... 279 H2
Rieussec 34 ... 320 C3

Rieutort-de-Randon 48 264 C 3
Rieux 31 317 G 4
Rieux 51 60 C 3
Rieux 56 125 G 4
Rieux 60 38 D 3
Rieux 62 7 H 3
Rieux 76 11 E 5
Rieux-de-Pelleport 09 336 B 2
Rieux-en-Cambrésis 59 14 C 3
Rieux-en-Val 11 338 A 1
Rieux-Minervois 11 320 B 4
Riez 04 307 F 1
Rigarda 66 342 B 2
Rigaud 06 289 G 4
Rignac 12 279 H 1
Rignac 46 260 D 1
Rignat 01 214 A 1
Rignaucourt 55 63 H 2
Rigné 79 168 A 2
Rigney 25 162 B 2
Rignieux-le-Franc 01 213 H 3
Rignosot 25 162 B 2
Rignovelle 70 141 H 2
Rigny 70 161 F 1
Rigny-la-Nonneuse 10 90 B 4
Rigny-la-Salle 55 94 A 1
Rigny-le-Ferron 10 114 A 2
Rigny-Saint-Martin 55 94 A 1
Rigny-sur-Arroux 71 193 G 2
Rigny-Ussé 37 151 E 4
Riguepeu 32 295 H 4
Rilhac-Lastours 87 223 F 2
Rilhac-Rancon 87 205 H 4
Rilhac-Treignac 19 224 D 3
Rilhac-Xaintrie 19 243 H 2
Rillans 25 162 C 1
Rillé 37 151 E 2
Rillieux-la-Pape 69 213 F 5
Rilly-la-Montagne 51 41 G 5
Rilly-Sainte-Syre 10 90 D 4
Rilly-sur-Aisne 08 42 C 1
Rilly-sur-Loire 41 152 D 2
Rilly-sur-Vienne 37 169 G 1
Rimaucourt 52 93 F 5
Rimbach-près-Guebwiller 68 120 D 5
Rimbach-près-Masevaux 68 142 C 1
Rimbachzell 68 120 D 5
Rimbez-et-Baudiets 40 274 D 4
Rimboval 62 6 D 4
Rimeize 48 264 B 2
Rimling 57 48 B 5
Rimogne 08 26 C 2
Rimon-et-Savel 26 268 A 2
Rimondeix 23 189 H 5
Rimons 33 256 D 2
Rimont 09 335 G 2
Rimou 35 80 C 4
Rimplas 06 289 H 3
Rimsdorf 67 67 H 2
Ringeldorf 67 68 C 3
Ringendorf 67 68 C 3
Rinxent 62 2 B 4
Riocaud 33 257 F 1
Riolan *Clue du* 06 289 G 5
Riolas 31 316 D 3
Riols 34 320 C 2
Le Riols 81 279 E 3
Riom 63 209 H 4
Riom-ès-Montagnes 15 244 D 1
Rioms 26 286 C 2
Rion-des-Landes 40 273 E 5
Rions 33 255 H 2
Riorges 42 211 G 2
Riotord 43 248 B 1
Rioupéroux 38 251 F 2
Rioupes *Col de* 05 269 F 2
Rioux 17 219 F 2
Rioux-Martin 16 238 D 1
Rioz 70 162 A 1
Ripaille *Domaine de* 74 198 B 3
Riquet *Obélisque de* 11 318 D 3
Riquewihr 68 121 E 2
Ris 63 210 C 3
Ris 65 333 H 3
Ris-Orangis 91 58 C 5
Riscle 32 294 D 4
Risoul 05 270 D 2
Risoul 1850 05 270 D 2
Ristolas 05 271 F 1
Ristz *Château du* 03 192 A 3
Rittershoffen 67 69 F 2
Ritzing 57 46 C 2
Riunoguès 66 343 E 4
Riupeyrous 64 314 C 2
Riva-Bella 14 33 H 3
Rivarennes 36 188 B 1
Rivarennes 37 151 F 4
Rivas 42 230 A 2
Rivau *Château du* 37 151 E 5
Rive-de-Gier 42 230 D 3
Rivecourt 60 39 F 3
Rivedoux-Plage 17 200 B 1
Rivehaute 64 313 F 3
Rivel 11 337 E 3
Riventosa 2B 347 F 5
Rivèrenert 09 335 G 3
Riverie 69 230 C 2
Rivery 80 22 C 2
Les Rives 34 301 G 2
Rives 38 232 C 5
Rives 47 258 C 3
Rivesaltes 66 338 D 5
Le Rivier 38 232 B 4
La Rivière 33 238 B 4
Rivière 37 151 E 5
La Rivière 38 250 C 1
Rivière 62 13 F 3
La Rivière-de-Corps 10 90 D 5
La Rivière-Drugeon 25 180 B 3
La Rivière-Enverse 74 216 C 1
Rivière-les-Fosses 52 139 G 4
Rivière-Saas-et-Gourby 40 292 D 3
La Rivière-Saint-Sauveur 14 34 D 2
Rivière-sur-Tarn 12 281 H 3
La Rivière-Thibouville 27 35 G 5
Rivières 16 203 G 5
Rivières 30 284 A 2
Rivières 81 299 E 1
Les Rivières-Henruel 51 62 C 5
Rivières-le-Bois 52 139 H 3
Riville 76 19 F 3
Rivolet 69 212 C 3
Rix 39 180 A 4
Rix 58 157 E 2
Rixheim 68 143 G 1
La Rixouse 39 197 E 2
Rizaucourt 52 92 C 5
Roaillan 33 256 B 4
Roaix 84 285 G 2
Roanne 42 211 G 2
Roannes-Saint-Mary 15 262 B 1
Robécourt 88 118 A 3
Robecq 62 7 H 3
Robehomme 14 34 A 4
Robersart 59 15 E 4
Robert-Espagne 55 63 G 4
Robert-le-Diable *Château de* 76 36 A 3
Robert-Magny 52 92 B 3
Robertot 76 19 G 3
Roberval 60 39 E 3
Robiac-Rochessadoule 30 283 H 2
Robien *Château* 22 78 A 4
Robin *Mont* 50 52 A 2
La Robine-sur-Galabre 04 288 A 2
Robion 04 308 A 1
Robion 84 305 F 1
Le Roc 46 260 B 1
Le Roc-Saint-André 56 102 D 5
Rocamadour 46 260 C 1
Rocbaron 83 328 B 2
Rocé 41 131 H 3
Roche 38 231 H 2
Roche 41 132 B 3
Roche 42 229 F 2
La Roche aux Fées 35 104 D 5
Roche-Béranger 38 251 F 2
La Roche-Bernard 56 125 F 5
La Roche-Blanche 44 148 C 1
La Roche-Blanche 63 227 H 1
La Roche-Canilhac 15 263 G 2
La Roche-Canillac 19 243 F 2
La Roche-Chalais 24 238 D 2
Roche-Charles 63 227 G 4
La Roche-Clermault 37 151 E 5
La Roche Courbon *Château de* 17 201 E 4
Roche-d'Agoux 63 208 D 2
La Roche-de-Glun 26 249 F 4
La Roche-de-Rame 05 270 C 1
La Roche-Derrien 22 73 E 3
La Roche-des-Arnauds 05 269 G 3
Roche du Prêtre 25 163 E 4
La Roche-en-Brenil 21 158 C 2
Roche-en-Régnier 43 247 F 1
Roche-et-Raucourt 70 140 B 4
La Roche-Guyon 95 57 F 1
La Roche-Jagu *Château de* 22 73 E 3
Roche-la-Molière 42 230 A 4
La Roche-l'Abeille 87 223 G 2
Roche-le-Peyroux 19 226 B 4
Roche-lès-Clerval 25 162 D 2
Roche-lez-Beaupré 25 162 A 3
La Roche-Mabile 61 83 F 3
La Roche-Maurice 29 71 E 5
La Roche-Noire 63 228 A 1
La Roche-Posay 86 170 A 4
La Roche-qui-Boit *Barrage de* 50 51 H 5
La Roche-Racan *Château* 37 130 C 5
La Roche-Rigault 86 168 D 2
Roche-Saint-Secret-Béconne 26 267 G 4
La Roche-sur-Foron 74 215 H 1
La Roche-sur-Grane 26 267 F 2
La Roche-sur-le-Buis 26 286 B 2
Roche-sur-Linotte-et-Sorans-les-Cordiers 70 162 B 1
La Roche-sur-Yon 85 165 H 5
La Roche-Vanneau 21 159 E 1
La Roche-Vineuse 71 194 D 4
Rochebaudin 26 267 G 3
La Rochebeaucourt-et-Argentine 24 221 G 3
Rochebloine 07 248 C 3
Rochebonne *Château de* 07 248 B 4
Rochebrune 05 269 H 4
Rochebrune 26 286 A 1
Rochebrune *Château de* 16 204 D 4
Rochechinard 26 250 A 3
Rochechouart 87 204 D 5
Rochecolombe 07 266 B 4
Rochecorbon 37 152 A 2
Rochefort 17 200 D 3
Rochefort 21 138 B 3
Rochefort 73 232 D 2
Rochefort *Rocher de* 42 211 F 3
Rochefort-du-Gard 30 285 E 5
Rochefort-en-Terre 56 125 F 3
Rochefort-en-Valdaine 26 267 F 4
Rochefort-en-Yvelines 78 87 E 2
Rochefort-Montagne 63 227 E 1
Rochefort-Samson 26 249 H 4
Rochefort-sur-la-Côte 52 117 E 2
Rochefort-sur-Loire 49 149 F 2
Rochefort-sur-Nenon 39 161 E 5
La Rochefoucauld 16 221 H 1
Rochefourchat 26 268 A 3
La Rochegiron 04 286 D 4
Rochegude 26 285 F 2
Rochegude 30 284 A 2
Rochejean 25 180 C 4
La Rochelambert *Château de* 43 247 E 3
La Rochelle 17 200 C 1
La Rochelle 70 140 B 3
La Rochelle-Normande 50 51 G 4
Rochemaure 07 267 E 3
La Rochénard 79 184 C 5
Rochepaule 07 248 B 3
La Rochepot 21 177 G 2
Rocher 07 266 A 4
Rocher-Portail *Château du* 35 80 D 3
Le Rochereau 86 168 D 5
Les Rochers-Sévigné *Château* 35 105 F 3
Roches 23 189 G 5
Roches Blanches *Panorama des* 83 329 E 2
Les Roches-de-Condrieu 38 231 E 4
Roches-lès-Blamont 25 142 C 5
Les Roches-l'Évêque 41 131 F 3
Roches-Prémarie-Andillé 86 186 C 2
Roches-sur-Marne 52 92 D 2
Roches-sur-Rognon 52 93 E 5
Rocheservière 85 165 G 2
Rochessauve 07 266 D 2
Rochesson 88 120 A 4
Rochetaillée 42 230 B 4
Rochetaillée 52 139 F 2
Rochetaillée-sur-Saône 69 213 E 4
Rochetoirin 38 232 B 2
Rochetrejoux 85 166 C 4
La Rochette 04 289 F 5
La Rochette 05 269 H 3
La Rochette 07 248 A 5
La Rochette 16 203 G 5
La Rochette 23 207 G 3
La Rochette 73 233 G 3
La Rochette 77 88 B 3
La Rochette-du-Buis 26 286 B 2
Rocheville 06 309 E 4
Rocheville 50 29 E 4
Rochonvillers 57 45 G 2
Rochy-Condé 60 38 B 2
Rocles 03 191 G 3
Rocles 07 266 A 4
Rocles 48 265 E 2
Roclincourt 62 13 G 2
Rocourt 88 118 A 3
Rocourt-Saint-Martin 02 40 B 5
Rocquancourt 14 33 G 5
La Rocque 14 53 E 2
Rocquefort 76 19 G 4
Rocquemont 60 39 F 4
Rocquemont 76 20 C 5
Rocquencourt 60 22 C 4
Rocquencourt 78 58 A 3
Rocques 14 34 C 4
Rocquigny 02 15 H 5
Rocquigny 08 26 A 4
Rocquigny 62 13 H 5
Rocroi 08 26 B 1
Rodalbe 57 67 E 3
Rodelinghem 62 2 D 4
Rodelle 12 262 D 5
Rodemack 57 45 H 2
Roderen 68 142 D 1
La Roderie 44 147 F 4
Rodern 68 97 E 5
Rodès 66 342 C 2
Rodez 12 280 D 1
Rodilhan 30 304 A 2
Rodome 11 337 F 5
La Roë 53 105 F 5
Roëllecourt 62 7 G 5
Rœschwoog 67 69 G 3
Rœulx 59 14 C 2
Rœux 62 13 H 2
Roézé-sur-Sarthe 72 129 H 2
Roffey 89 137 E 2
Roffiac 15 245 G 3
Rogalle 09 335 F 3
Rogécourt 02 24 C 4
Rogerville 76 34 D 1
Rogéville 54 65 F 4
Roggenhouse 68 121 F 5
Rogliano 2B 345 G 1
Rogna 39 196 D 4
Rognac 13 305 G 5
Rognaix 73 234 B 2
Rognes 13 305 H 3
Rognon 25 162 C 1
Rognonas 13 304 D 1
Rogny 02 25 E 3
Rogny-les-Sept-Écluses 89 135 E 4
Rogues 30 302 B 1
Rogy 80 22 B 4
Rohaire 28 55 H 5
Rohan 56 102 B 3
Rohr 67 68 C 5
Rohrbach-lès-Bitche 57 68 A 1
Rohrwiller 67 69 F 4
Roiffé 86 150 C 5
Roiffieux 07 248 D 1
Roiglise 80 23 F 4
Roilly 21 158 D 2
Roinville 28 86 C 4
Roinville 91 87 F 3
Roinvilliers 91 87 G 5
Roisel 80 23 H 1
Les Roises 55 93 H 3
Roisey 42 230 D 4
Roissard 38 250 D 5
Roissy-en-Brie 77 59 E 4
Roissy-en-France 95 58 D 2
Roiville 61 54 C 3
Roizy 08 41 H 2
Rolampont 52 117 F 5
Rolbing 57 48 C 4
Rollainville 88 94 A 4
Rollancourt 62 7 E 5
Rolland 33 238 D 3
Rolleboise 78 57 E 1
Rolleville 76 18 C 5
Rollot 80 23 E 5
Rom 79 186 A 4
Romagnat 63 227 H 1
La Romagne 08 26 A 4
Romagne 33 256 C 1
Romagné 35 81 E 4
La Romagne 49 166 C 1
Romagne 86 186 B 5
Romagne-sous-les-Côtes 55 44 B 4
Romagne-sous-Montfaucon 55 43 G 3
Romagnieu 38 232 D 2
Romagny 68 142 D 3
Romagny-Fontenay 50 52 B 5
Romagny-sous-Rougemont 90 142 C 2
Romain 25 162 C 1
Romain 39 161 F 4
Romain 51 41 E 3
Romain 54 95 E 2
Romain-aux-Bois 88 118 A 3
Romain-sur-Meuse 52 117 H 2
Romaines 10 91 F 3
Romainville 93 58 C 3
Roman 27 56 A 3
Romanèche 01 196 B 5
Romanèche-Thorins 71 212 D 1
Romange 39 161 E 5
Romans 01 213 F 1
Romans 79 185 F 4
Romans-sur-Isère 26 249 G 3
Romanswiller 67 68 B 5
Romazières 17 202 C 3
Romazy 35 80 C 4
Rombach-le-Franc 68 96 D 4
Rombas 57 45 G 4
Rombies-et-Marchipont 59 9 H 5
Rombly 62 7 G 3
Romegoux 17 201 E 4
Romelfing 57 67 G 3
Romenay 71 195 G 2
Romeny-sur-Marne 02 60 B 2
Romeries 59 14 D 3
Romery 02 25 E 2
Romery 51 41 F 5
Romescamps 60 21 G 4
Romestaing 47 256 D 5
Romette 05 269 H 3
Romeyer 26 268 B 1
La Romieu 32 275 H 5
Romigny 51 41 E 5
Romiguières 34 301 G 2
Romillé 35 103 H 2
Romilly 41 109 F 5
Romilly-la-Puthenaye 27 55 H 1
Romilly-sur-Aigre 28 109 H 5
Romilly-sur-Andelle 27 36 C 3
Romilly-sur-Seine 10 90 B 3
Romont 88 95 G 4
Romorantin-Lanthenay 41 153 H 3
Rompon 07 267 E 1
Rônai 61 54 A 3
Ronce-les-Bains 17 200 C 5
Roncenay 10 114 D 2
Le Roncenay-Authenay 27 56 A 3
Roncey 50 51 H 1
Ronchamp 70 142 A 2
Ronchaux 25 179 H 1
Ronchères 02 40 D 5
Ronchères 89 135 G 4
Roncherolles-en-Bray 76 20 D 5
Roncherolles-sur-le-Vivier 76 36 B 1
Ronchin 59 8 D 3
Ronchois 76 21 F 3
Roncourt 57 45 G 5
Roncourt 88 118 A 2
Roncq 59 4 D 5
La Ronde 17 184 B 4
La Ronde 79 167 F 4
La Ronde-Haye 50 31 G 5
Rondefontaine 25 180 B 4
Ronel 81 299 G 2
Ronfeugerai 61 53 F 4
Rongères 03 192 B 5
Ronnet 03 209 E 1
Ronno 69 212 B 3
Ronquerolles 95 38 B 5
Ronsenac 16 221 F 4
Ronssoy 80 24 A 1
Rontalon 69 230 D 1
Ronthon 50 51 G 4
Rontignon 64 314 B 4
Ronvaux 55 64 C 1
Roôcourt-la-Côte 52 117 E 2
Roost-Warendin 59 8 D 5
Roppe 90 142 C 2
Roppenheim 67 69 G 3
Roppentzwiller 68 143 F 4
Roppeviller 57 48 C 5
La Roque-Alric 84 285 H 3
La Roque-Baignard 14 34 B 4
La Roque-d'Anthéron 13 305 H 3
La Roque-Esclapon 83 308 B 2
La Roque-Gageac 24 259 G 1
La Roque-Sainte-Marguerite 12 282 A 4
La Roque-sur-Cèze 30 284 C 3
La Roque-sur-Pernes 84 285 H 5
Roquebillière 06 291 F 3
Roquebrun 34 321 E 2
Roquebrune 32 295 G 3
Roquebrune 33 256 D 3
Roquebrune-Cap-Martin 06 291 G 5
Roquebrune-sur-Argens 83 308 C 5
La Roquebrussanne 83 328 A 2
Roquecor 82 277 E 1
Roquecourbe 81 299 G 4
Roquecourbe-Minervois 11 320 B 5
Roquedols *Château de* 48 282 C 3
Roquedur 30 282 D 5
Roquefère 11 319 H 3
Roquefeuil 11 337 E 4
Roquefixade 09 336 C 3
Roquefort 32 296 B 3
Roquefort 40 274 A 4
Roquefort 47 276 B 3
Roquefort-de-Sault 11 337 G 5
Roquefort-des-Corbières 11 339 E 2
Roquefort-la-Bédoule 13 327 F 3
Roquefort-les-Cascades 09 336 C 3
Roquefort-les-Pins 06 309 F 3
Roquefort-sur-Garonne 31 317 E 5
Roquefort-sur-Soulzon 12 281 G 5
Roquelaure 32 296 B 3
Roquelaure *Château de* 12 263 F 5
Roquelaure-Saint-Aubin 32 297 E 4
Roquemaure 30 285 E 4
Roquemaure 81 298 B 2
Roquepine 32 296 A 1
Roqueredonde 34 301 G 2
Roques 31 317 H 2
Roques 32 295 G 2
Roqueserière 31 298 B 3
Roquessels 34 301 G 5
Roquesteron 06 289 G 5
Roquestéron-Grasse 06 289 G 5
Roquetaillade 11 337 G 2
Roquetaillade *Château de* 33 256 B 4
Roquetoire 62 7 G 2
La Roquette 27 36 D 4
La Roquette-sur-Siagne 06 309 E 4
La Roquette-sur-Var 06 291 E 5
Roquettes 31 317 H 2
Roquevaire 13 327 F 2
Roquevidal 81 298 D 4
Roquiague 64 331 F 1
La Roquille 33 257 F 1
Rorbach-lès-Dieuze 57 67 F 4
Rorschwihr 68 97 E 5
Rorthais 79 167 F 2
Les Rosaires 22 73 H 5
Rosanbo *Château de* 22 72 B 4
Rosans 05 268 C 5
Rosay 39 196 B 2
Rosay 76 20 C 4
Rosay 78 57 F 3
Rosay-sur-Lieure 27 36 D 2
Rosazia 2A 348 C 1
Rosbruck 57 47 F 5
Roscanvel 29 75 E 3
Roscoff 29 71 G 3
Rosel 14 33 F 4
Roselend *Barrage de* 73 216 C 5
Roselier *Pointe du* 22 73 H 5
Rosenau 68 143 H 2
Rosendaël 59 3 G 2
Rosenwiller 67 97 E 2
Roset-Fluans 25 161 G 4
Rosey 70 141 E 5
Rosey 71 177 G 4
Rosheim 67 97 F 2
La Rosière 70 119 H 5
La Rosière-1850 73 235 E 1
Rosières 07 266 A 5
Rosières 18 172 D 2
Rosières 43 247 G 2
Rosières 60 39 F 4
Rosières 81 279 G 5
Rosières-aux-Salines 54 95 E 1
Rosières-devant-Bar 55 63 H 3
Rosières-en-Blois 55 93 G 2

Rosières-en-Haye 54 ... 65 G 4
Rosières-en-Santerre 80 ... 23 E 2
Rosières-près-Troyes 10 ... 115 E 2
Rosières-sur-Barbèche 25 ... 163 E 2
Rosières-sur-Mance 70 ... 140 C 2
Rosiers-de-Juillac 19 ... 241 H 1
Rosiers-d'Égletons 19 ... 225 F 5
Les Rosiers-sur-Loire 49 ... 150 A 3
Rosis 34 ... 301 E 4
Rosnay 36 ... 170 D 5
Rosnay 51 ... 41 F 4
Rosnay 85 ... 183 E 1
Rosnay-l'Hôpital 10 ... 91 H 3
Rosnes 55 ... 63 H 3
Rosnoën 29 ... 75 G 4
Rosny-sous-Bois 93 ... 58 D 3
Rosny-sur-Seine 78 ... 57 F 2
Rosoy 60 ... 38 D 3
Rosoy 89 ... 113 G 3
Rosoy-en-Multien 60 ... 39 H 5
Rosoy-sur-Amance 52 ... 140 A 2
Rospez 22 ... 72 D 3
Rospigliani 2B ... 347 F 5
Rosporden 29 ... 100 B 3
Rossay 86 ... 168 D 2
Rosselange 57 ... 45 G 4
Rossfeld 67 ... 97 G 4
Rossillon 01 ... 214 C 4
Rosteig 67 ... 68 A 2
Rostrenen 22 ... 77 F 5
Rosult 59 ... 9 F 4
Rosureux 25 ... 163 F 3
Rotalier 39 ... 196 B 1
Rotangy 60 ... 22 A 5
Rothau 67 ... 96 D 3
Rothbach 67 ... 68 C 2
Rothéneuf 35 ... 50 C 4
Rotherens 73 ... 233 G 3
La Rothière 10 ... 91 H 5
Rothois 60 ... 21 H 5
Rothonay 39 ... 196 B 2
Les Rotours 61 ... 53 H 4
Rots 14 ... 33 F 4
Rott 67 ... 69 E 1
Rottelsheim 67 ... 68 D 4
Rottier 26 ... 268 B 4
Rou-Marson 49 ... 150 B 4
Rouairoux 81 ... 320 B 2
Rouans 44 ... 147 E 4
La Rouaudière 53 ... 127 F 2
Roubaix 59 ... 9 E 2
Roubia 11 ... 320 D 5
Roubion 06 ... 289 H 3
Roucamps 14 ... 53 E 1
Roucourt 59 ... 14 A 2
Roucy 02 ... 41 E 2
Roudouallec 56 ... 100 C 2
Rouécourt 52 ... 92 D 5
Rouède 31 ... 334 D 2
Rouellé 61 ... 82 A 2
Rouelles 52 ... 139 E 3
Rouelles 76 ... 34 C 1
Rouen 76 ... 36 B 2
Rouessé-Fontaine 72 ... 83 G 5
Rouessé-Vassé 72 ... 107 E 3
Rouet 34 ... 302 C 2
Rouez 72 ... 107 E 3
Rouffach 68 ... 121 E 4
Rouffange 39 ... 161 F 4
Rouffiac 15 ... 243 G 4
Rouffiac 16 ... 239 E 1
Rouffiac 17 ... 219 H 1
Rouffiac 81 ... 299 F 1
Rouffiac-d'Aude 11 ... 337 G 1
Rouffiac-des-Corbières 11 ... 338 B 4
Rouffiac-Tolosan 31 ... 298 A 4
Rouffignac 17 ... 219 H 5
Rouffignac 24 ... 241 E 3
Rouffignac *Grotte de* 24 ... 241 E 4
Rouffignac-de-Sigoulès 24 ... 257 H 1
Rouffigny 50 ... 51 H 3
Rouffilhac 46 ... 259 H 1
Rouffillac 24 ... 241 H 5
Rouffy 51 ... 61 H 2
Rougé 44 ... 126 D 2
La Rouge 61 ... 84 D 5
Rouge-Perriers 27 ... 35 H 5
Rougefay 62 ... 12 C 2
Rougegoutte 90 ... 142 C 2
Rougemont 21 ... 137 G 4
Rougemont 25 ... 162 C 1
Rougemont-le-Château 90 ... 142 C 2
Rougemontiers 27 ... 35 G 2
Rougemontot 25 ... 162 B 2
Rougeou 41 ... 153 G 3
Rougeries 02 ... 25 E 3
Les Rouges-Eaux 88 ... 96 A 5
Le Rouget-Pers 15 ... 261 H 1
Rouget *Cascade du* 74 ... 216 D 2
Rougeux 52 ... 140 A 2
Rougiers 83 ... 327 H 1
Rougiville 88 ... 96 A 5
Rougnac 16 ... 221 G 3
Rougnat 23 ... 208 C 2
Rougon 04 ... 307 H 2
Rouhe 25 ... 161 H 5
Rouhling 57 ... 47 G 5
Rouillac 16 ... 202 D 5
Rouillac 22 ... 79 E 5
Rouillas-Bas 63 ... 227 G 2
Rouillé 86 ... 185 H 3
Rouillon 72 ... 107 G 4
Rouilly 77 ... 89 G 2
Rouilly-Sacey 10 ... 91 F 5
Rouilly-Saint-Loup 10 ... 115 E 2
Roujan 34 ... 321 H 2
Roulans 25 ... 162 B 3
Le Roulier 88 ... 119 H 2
Roullée 72 ... 84 A 3
Roullens 11 ... 319 G 4
Roullet 16 ... 221 E 2
Roullours 14 ... 52 C 3
Roumagne 47 ... 257 G 3
Roumare 76 ... 36 A 1
Roumazières 16 ... 204 B 4
Roumazières-Loubert 16 ... 204 B 4
Roumégoux 15 ... 261 H 1
Roumégoux 81 ... 299 G 2
Roumengoux 09 ... 336 D 1
Roumens 31 ... 318 D 2
Roumoules 04 ... 307 F 1
Rountzenheim 67 ... 69 F 3
Roupeldange 57 ... 46 C 4
Rouperroux 61 ... 83 F 2
Rouperroux-le-Coquet 72 ... 108 B 2
Roupy 02 ... 24 A 3
La Rouquette 12 ... 279 F 2
Roure 06 ... 289 H 3
Le Rouret 06 ... 309 E 3
Rousies 59 ... 15 H 2
Roussac 87 ... 205 G 2
Roussas 26 ... 267 E 5
Roussay 49 ... 148 C 5
Roussayrolles 81 ... 279 E 4
Rousseloy 60 ... 38 C 3
Roussennac 12 ... 261 H 5
Roussent 62 ... 6 C 5
Les Rousses 39 ... 197 F 2
Rousses 48 ... 282 D 3
Rousset 05 ... 270 A 4
Rousset 13 ... 306 B 5
Le Rousset 71 ... 194 B 1
Rousset *Col de* 26 ... 250 B 5
Rousset-les-Vignes 26 ... 267 G 5
Le Rousset-Marizy 71 ... 194 B 1
La Roussière 27 ... 55 F 2
Roussieux 26 ... 286 C 1
Roussillon 38 ... 231 E 5
Roussillon 84 ... 305 G 1
Roussillon-en-Morvan 71 ... 176 B 1
Roussines 16 ... 222 B 1
Roussines 36 ... 188 B 3
Rousson 30 ... 283 H 3
Rousson 89 ... 113 G 4
Roussy-le-Village 57 ... 45 H 2
Routelle 25 ... 161 G 4
Routes 76 ... 19 G 3
Routier 11 ... 337 F 1
Routot 27 ... 35 G 2
Rouvenac 11 ... 337 F 3
Rouves 54 ... 65 H 3
La Rouvière 30 ... 303 G 1
Rouvignies 59 ... 14 D 2
Rouville 60 ... 39 G 4
Rouville 76 ... 19 E 5
Rouvillers 60 ... 39 E 2
Rouvray 21 ... 158 B 2
Rouvray 27 ... 56 C 1
Rouvray 89 ... 136 C 2
Rouvray-Catillon 76 ... 21 E 5
Rouvray-Saint-Denis 28 ... 111 E 2
Rouvray-Saint-Florentin 28 ... 110 B 2
Rouvray-Sainte-Croix 45 ... 110 C 4
Rouvre 79 ... 185 E 3
Rouvrel 80 ... 22 C 3
Rouvres 14 ... 53 H 1
Rouvres 28 ... 56 D 3
Rouvres 77 ... 59 F 1
Rouvres-en-Multien 60 ... 39 H 5
Rouvres-en-Plaine 21 ... 160 B 4
Rouvres-en-Woëvre 55 ... 44 D 5
Rouvres-en-Xaintois 88 ... 94 C 5
Rouvres-la-Chétive 88 ... 94 A 5
Rouvres-les-Bois 36 ... 171 H 1
Rouvres-les-Vignes 10 ... 116 B 2
Rouvres-Saint-Jean 45 ... 87 G 5
Rouvres-sous-Meilly 21 ... 159 F 4
Rouvres-sur-Aube 52 ... 139 E 2
Rouvrois-sur-Meuse 55 ... 64 C 3
Rouvrois-sur-Othain 55 ... 44 D 3
Rouvroy 02 ... 24 B 2
Rouvroy 62 ... 8 C 5
Rouvroy-en-Santerre 80 ... 23 E 3
Rouvroy-les-Merles 60 ... 22 C 4
Rouvroy-Ripont 51 ... 42 D 4
Rouvroy-sur-Audry 08 ... 26 B 3
Rouvroy-sur-Marne 52 ... 93 E 4
Rouvroy-sur-Serre 02 ... 25 H 3
Le Roux 07 ... 265 H 2
Rouxeville 50 ... 32 C 5
La Rouxière 44 ... 148 C 1
Rouxmesnil-Bouteilles 76 ... 10 B 5
Rouy 58 ... 175 F 1
Rouy-le-Grand 80 ... 23 G 3
Rouy-le-Petit 80 ... 23 G 3
Rouze 09 ... 337 F 5
Rouzède 16 ... 222 B 1
Rouziers 15 ... 261 H 1
Rouziers-de-Touraine 37 ... 151 H 1
Le Rove 13 ... 326 C 2
Roville-aux-Chênes 88 ... 95 G 4
Roville-devant-Bayon 54 ... 95 E 3
Rovon 38 ... 250 B 1
Roy-Boissy 60 ... 21 H 5
Royan 17 ... 218 C 2
Royas 38 ... 231 G 3
Royat 63 ... 227 G 1
Royaucourt 60 ... 22 D 5
Royaucourt-et-Chailvet 02 ... 40 C 1
Royaumeix 54 ... 65 F 4
Royaumont *Abbaye de* 95 ... 38 C 5
Roybon 38 ... 250 A 1
Roye 70 ... 141 H 4
Roye 80 ... 23 F 4
Roye-sur-Matz 60 ... 23 F 5
Royer 71 ... 195 E 1
Royère-de-Vassivière 23 ... 207 E 5
Royères 87 ... 206 B 4
Roynac 26 ... 267 F 3
Royon 62 ... 6 D 4
Royville 76 ... 20 A 3
Roz-Landrieux 35 ... 80 A 2
Roz-sur-Couesnon 35 ... 51 F 5
Rozay-en-Brie 77 ... 59 G 5
Le Rozel 50 ... 28 D 4
Rozelieures 54 ... 95 F 3
Rozérieulles 57 ... 65 G 1
Rozerotte 88 ... 94 D 5
Rozès 32 ... 295 H 2
Rozet-Saint-Albin 02 ... 40 B 4
Le Rozier 48 ... 282 A 3
Rozier-Côtes-d'Aurec 42 ... 229 H 5
Rozier-en-Donzy 42 ... 212 A 5
Rozières 52 ... 92 B 4
Rozières-en-Beauce 45 ... 110 C 5
Rozières-sur-Crise 02 ... 40 B 3
Rozières-sur-Mouzon 88 ... 118 A 3
Roziers-Saint-Georges 87 ... 224 C 1
Rozoy-Bellevalle 02 ... 60 C 2
Rozoy-le-Vieil 45 ... 112 D 3
Rozoy-sur-Serre 02 ... 25 H 4
Ruages 58 ... 157 G 3
Ruan 45 ... 111 E 3
Ruan-sur-Egvonne 41 ... 109 G 4
Le Ruault 56 ... 124 B 4
Ruaudin 72 ... 107 H 5
Ruaux 88 ... 119 F 4
Rubécourt-et-Lamécourt 08 ... 27 F 4
Rubelles 77 ... 88 B 2
Rubempré 80 ... 12 D 5
Rubercy 14 ... 32 C 3
Rubescourt 80 ... 22 D 5
Rubigny 08 ... 25 H 4
Rubrouck 59 ... 3 G 4
Ruca 22 ... 79 E 2
Ruch 33 ... 256 D 1
Rucqueville 14 ... 33 E 3
Rudeau-Ladosse 24 ... 222 B 4
Rudelle 46 ... 261 E 2
Rue 80 ... 11 F 1
La Rue-Saint-Pierre 60 ... 38 B 2
La Rue-Saint-Pierre 76 ... 20 C 5
Ruederbach 68 ... 143 F 3
Rueil-la-Gadelière 28 ... 56 A 5
Rueil-Malmaison 92 ... 58 B 3
Ruelisheim 68 ... 143 F 1
Ruelle-sur-Touvre 16 ... 221 F 1
Les Rues-des-Vignes 59 ... 14 B 4
Ruesnes 59 ... 15 E 2
Rueyres 46 ... 261 E 2
Ruffec 16 ... 203 F 2
Ruffec 36 ... 188 A 1
Ruffey-le-Château 25 ... 161 G 3
Ruffey-lès-Beaune 21 ... 177 H 1
Ruffey-lès-Echirey 21 ... 160 A 2
Ruffey-sur-Seille 39 ... 179 E 4
Ruffiac 47 ... 274 D 1
Ruffiac 56 ... 125 F 2
Ruffieu 01 ... 214 D 2
Ruffieux 73 ... 215 E 4
Ruffigné 44 ... 126 D 3
Rugles 27 ... 55 G 3
Rugney 88 ... 95 E 4
Rugny 89 ... 137 F 2
Rugy 57 ... 45 H 5
Ruhans 70 ... 162 A 1
Ruillé-en-Champagne 72 ... 107 F 4
Ruillé-Froid-Fonds 53 ... 106 A 5
Ruillé-le-Gravelais 53 ... 105 G 4
Ruillé-sur-Loir 72 ... 130 D 3
Ruisseauville 62 ... 7 E 4
Ruitz 62 ... 8 A 4
Rullac-Saint-Cirq 12 ... 280 C 4
Rully 14 ... 52 D 3
Rully 60 ... 39 F 4
Rully 71 ... 177 G 3
Rumaisnil 80 ... 22 A 3
Rumaucourt 62 ... 14 A 3
Rumegies 59 ... 9 F 4
Rumengol 29 ... 75 H 3
Rumersheim 67 ... 68 D 5
Rumersheim-le-Haut 68 ... 121 F 5
Rumesnil 14 ... 34 B 4
Rumigny 08 ... 26 A 2
Rumigny 80 ... 22 B 3
Rumilly 62 ... 6 D 3
Rumilly 74 ... 215 F 4
Rumilly-en-Cambrésis 59 ... 14 B 4
Rumilly-lès-Vaudes 10 ... 115 F 3
Ruminghem 62 ... 3 E 4
Rumont 55 ... 63 H 3
Rumont 77 ... 112 A 2
Runan 22 ... 73 E 4
Rungis 94 ... 58 C 4
Ruoms 07 ... 266 B 5
Rupéreux 77 ... 89 G 2
Ruppes 88 ... 94 A 3
Rupt 52 ... 92 D 4
Rupt-aux-Nonains 55 ... 63 G 5
Rupt-devant-Saint-Mihiel 55 ... 64 B 3
Rupt-en-Woëvre 55 ... 64 C 2
Rupt-sur-Moselle 88 ... 119 H 5
Rupt-sur-Othain 55 ... 44 C 2
Rupt-sur-Saône 70 ... 140 D 4
Rurange-lès-Thionville 57 ... 45 H 4
Rurey 25 ... 162 A 5
Rusio 2B ... 347 F 4
Russ 67 ... 96 D 2
Russange 57 ... 45 F 2
Le Russey 25 ... 163 F 4
Russy 14 ... 32 D 2
Russy-Bémont 60 ... 39 G 4
Rustenhart 68 ... 121 F 4
Rustiques 11 ... 320 A 5
Rustrel 84 ... 306 A 1
Rustroff 57 ... 46 B 2
Rutali 2B ... 345 G 5
Ruvigny 10 ... 91 E 5
Ruy 38 ... 232 A 2
Ruyaulcourt 62 ... 14 A 4
Ruynes-en-Margeride 15 ... 246 A 4
Ry 76 ... 36 D 1
Rye 39 ... 178 D 3
Ryes 14 ... 33 E 3

## S

Saâcy-sur-Marne 77 ... 60 A 2
Saales 67 ... 96 C 4
Saales *Col de* 67 ... 96 C 4
Saâne-Saint-Just 76 ... 20 A 3
Saasenheim 67 ... 97 G 5
Sabadel-Latronquière 46 ... 261 G 2
Sabadel-Lauzès 46 ... 260 C 4
Sabaillan 32 ... 316 C 2
Sabalos 65 ... 315 F 4
Sabarat 09 ... 335 H 1
Sabarros 65 ... 315 H 4
Sabazan 32 ... 295 E 3
Sablé-sur-Sarthe 72 ... 129 E 2
Les Sables-d'Olonne 85 ... 182 A 2
Sables-d'Or-les-Pins 22 ... 79 E 2
Sablet 84 ... 285 G 3
Les Sablettes 83 ... 328 A 5
Sablières 07 ... 265 H 4
Sablonceaux 17 ... 219 E 1
Sablonnières 77 ... 60 B 3
Sablons 33 ... 238 C 3
Sablons 38 ... 231 E 5
Sablons-sur-Huisne 61 ... 85 E 4
Sabonnères 31 ... 317 E 2
La Sabotterie 08 ... 26 D 5
Sabran 30 ... 284 C 3
Sabres 40 ... 273 F 3
Saccourvielle 31 ... 334 A 4
Sacé 53 ... 106 A 2
Sacey 50 ... 80 D 2
Saché 37 ... 151 G 4
Sachin 62 ... 7 G 4
Sachy 08 ... 27 G 4
Sacierges-Saint-Martin 36 ... 188 B 2
Saclas 91 ... 87 F 5
Saclay 91 ... 58 B 5
Saconin-et-Breuil 02 ... 40 A 3
Sacoué 65 ... 334 A 2
Le Sacq 27 ... 56 A 3
Sacquenay 21 ... 139 G 5
Sacquenville 27 ... 56 A 1
Sacy 51 ... 41 G 4
Sacy 89 ... 136 D 4
Sacy-le-Grand 60 ... 38 D 3
Sacy-le-Petit 60 ... 39 E 3
Sadeillan 32 ... 315 H 3
Sadillac 24 ... 257 H 2
Sadirac 33 ... 255 H 1
Sadournin 65 ... 315 H 4
Sadroc 19 ... 242 C 1
Saessolsheim 67 ... 68 C 5
Saffais 54 ... 95 E 2
Saffloz 39 ... 179 H 5
Saffré 44 ... 147 G 1
Saffres 21 ... 159 F 2
Sagelat 24 ... 259 E 1
Sagnat 23 ... 188 D 5
Sagnes-et-Goudoulet 07 ... 266 A 1
Sagone 2A ... 348 B 1
Sagonne 18 ... 173 H 3
Sagy 71 ... 196 A 1
Sagy 95 ... 57 H 1
Sahorre 66 ... 342 A 3
Sahune 26 ... 268 A 5
Sahurs 76 ... 36 A 2
Sai 61 ... 54 B 4
Saignes 15 ... 226 C 5
Saignes 46 ... 261 E 1
Saigneville 80 ... 11 F 3
Saignon 84 ... 306 A 1
Saiguède 31 ... 297 F 5
Sail-les-Bains 42 ... 193 E 5
Sail-sous-Couzan 42 ... 229 F 1
Sailhan 65 ... 333 G 4
Saillac 19 ... 242 C 4
Saillac 46 ... 278 D 1
Saillagouse 66 ... 341 F 4
Saillans 26 ... 267 H 2
Saillans 33 ... 238 B 4
Saillant 63 ... 229 F 4
Saillat-sur-Vienne 87 ... 204 D 4
Saillé 44 ... 145 H 4
Saillenard 71 ... 178 D 5
Sailly 08 ... 27 G 4
Sailly 52 ... 93 E 3
Sailly 71 ... 194 C 2
Sailly 78 ... 57 G 1
Sailly-Achâtel 57 ... 66 B 3
Sailly-au-Bois 62 ... 13 F 4
Sailly-en-Ostrevent 62 ... 13 H 2
Sailly-Flibeaucourt 80 ... 11 G 2
Sailly-Labourse 62 ... 8 A 4
Sailly-Laurette 80 ... 23 E 1
Sailly-le-Sec 80 ... 22 D 1
Sailly-lez-Cambrai 59 ... 14 B 3
Sailly-lez-Lannoy 59 ... 9 E 2
Sailly-Saillisel 80 ... 13 H 5
Sailly-sur-la-Lys 62 ... 8 B 2
Sain-Bel 69 ... 212 C 5
Saincaize-Meauce 58 ... 174 B 3
Sainghin-en-Mélantois 59 ... 9 E 3
Sainghin-en-Weppes 59 ... 8 C 3
Sainneville 76 ... 18 D 5
Sainpuits 89 ... 156 D 1
Sains 35 ... 80 C 2
Sains-du-Nord 59 ... 15 H 4
Sains-en-Amiénois 80 ... 22 C 2
Sains-en-Gohelle 62 ... 8 A 4
Sains-lès-Fressin 62 ... 7 E 4
Sains-lès-Marquion 62 ... 14 A 3
Sains-lès-Pernes 62 ... 7 G 4
Sains-Morainvilliers 60 ... 22 D 5
Sains-Richaumont 02 ... 25 E 2
Le Saint 56 ... 100 D 2
Saint-Aaron 22 ... 78 D 3
Saint-Abit 64 ... 314 B 5
Saint-Abraham 56 ... 102 D 5
Saint-Acheul 80 ... 12 C 3
Saint-Adjutory 16 ... 203 H 5
Saint-Adrien 22 ... 77 G 2
Saint-Adrien *Roches de* 76 ... 36 B 2
Saint-Affrique 12 ... 300 D 1
Saint-Affrique-les-Montagnes 81 ... 299 G 5
Saint-Agathon 22 ... 73 F 5
Saint-Agil 41 ... 109 E 4
Saint-Agnan 02 ... 60 D 1
Saint-Agnan 58 ... 158 B 3
Saint-Agnan 71 ... 193 F 2
Saint-Agnan 81 ... 298 C 4
Saint-Agnan 89 ... 89 E 5
Saint-Agnan-de-Cernières 27 ... 55 E 2
Saint-Agnan-en-Vercors 26 ... 250 B 4
Saint-Agnan-le-Malherbe 14 ... 53 E 1
Saint-Agnan-sur-Erre 61 ... 84 D 5
Saint-Agnan-sur-Sarthe 61 ... 84 B 2
Saint-Agnant 17 ... 200 D 4
Saint-Agnant-de-Versillat 23 ... 188 C 5
Saint-Agnant-près-Crocq 23 ... 208 B 5
Saint-Agnant-sous-les-Côtes 55 ... 64 D 4
Saint-Agne 24 ... 258 B 1
Saint-Agnet 40 ... 294 C 4
Saint-Agnin-sur-Bion 38 ... 231 H 3
Saint-Agoulin 63 ... 209 H 2
Saint-Agrève 07 ... 248 B 4
Saint-Aignan 08 ... 27 E 4
Saint-Aignan 33 ... 238 B 4
Saint-Aignan 41 ... 153 E 4
Saint-Aignan 56 ... 77 H 5
Saint-Aignan 72 ... 108 A 2
Saint-Aignan 82 ... 277 F 5
Saint-Aignan-de-Couptrain 53 ... 82 D 3
Saint-Aignan-de-Cramesnil 14 ... 33 H 5
Saint-Aignan-des-Gués 45 ... 134 A 2
Saint-Aignan-des-Noyers 18 ... 173 H 4
Saint-Aignan-Grandlieu 44 ... 147 G 5
Saint-Aignan-le-Jaillard 45 ... 134 B 4
Saint-Aignan-sur-Roë 53 ... 127 G 2
Saint-Aignan-sur-Ry 76 ... 36 D 1
Saint-Aigny 36 ... 187 H 1
Saint-Aigulin 17 ... 238 D 2
Saint-Ail 54 ... 45 F 5
Saint-Albain 71 ... 195 E 3
Saint-Alban 01 ... 214 B 1
Saint-Alban 22 ... 78 D 2
Saint-Alban 31 ... 297 H 4
Saint-Alban-Auriolles 07 ... 266 A 5
Saint-Alban-d'Ay 07 ... 248 D 2
Saint-Alban-d'Hurtières 73 ... 234 A 3
Saint-Alban-de-Montbel 73 ... 233 E 2
Saint-Alban-de-Roche 38 ... 231 H 2
Saint-Alban-des-Villards 73 ... 233 H 5
Saint-Alban-du-Rhône 38 ... 231 E 4
Saint-Alban-en-Montagne 07 ... 265 F 2
Saint-Alban-les-Eaux 42 ... 211 F 3
Saint-Alban-Leysse 73 ... 233 F 2
Saint-Alban-sur-Limagnole 48 ... 264 B 1
Saint-Albin-de-Vaulserre 38 ... 232 D 3
Saint-Alexandre 30 ... 284 D 2
Saint-Algis 02 ... 25 E 1
Saint-Allouestre 56 ... 102 B 4
Saint-Alpinien 23 ... 207 H 3
Saint-Alyre-d'Arlanc 63 ... 228 D 5
Saint-Alyre-ès-Montagne 63 ... 227 G 5
Saint-Amadou 09 ... 336 C 1
Saint-Amancet 81 ... 319 F 2
Saint-Amand 23 ... 207 H 3
Saint-Amand 50 ... 52 C 1
Saint-Amand 62 ... 13 E 4
Saint-Amand-de-Belvès 24 ... 259 E 2
Saint-Amand-de-Coly 24 ... 241 G 3
Saint-Amand-de-Vergt 24 ... 240 C 4

Saint-Amand-des-Hautes-Terres 27 ... 36 A 4
Saint-Amand-en-Puisaye 58 ... 156 B 1
Saint-Amand-Jartoudeix 23 ... 206 C 4
Saint-Amand-le-Petit 87 ... 206 D 5
Saint-Amand-les-Eaux 59 ... 9 F 4
Saint-Amand-Longpré 41 . 131 G 4
Saint-Amand-Magnazeix 87 ... 205 H 1
Saint-Amand-Montrond 18 ... 173 F 5
Saint-Amand-sur-Fion 51 ... 62 C 3
Saint-Amand-sur-Ornain 55 ... 93 F 1
Saint-Amand-sur-Sèvre 79 ... 167 E 3
Saint-Amandin 15 ... 227 E 5
Saint-Amans 09 ... 336 A 1
Saint-Amans 11 ... 318 D 5
Saint-Amans 48 ... 264 C 3
Saint-Amans-de-Pellagal 82 ... 277 F 3
Saint-Amans-des-Cots 12 . 262 D 2
Saint-Amans-du-Pech 82 .. 276 D 2
Saint-Amans-Soult 81 ... 320 A 2
Saint-Amans-Valtoret 81 ... 320 A 2
Saint-Amant-de-Boixe 16 . 203 F 5
Saint-Amant-de-Bonnieure 16 ... 203 G 4
Saint-Amant-de-Graves 16 ... 220 D 2
Saint-Amant-de-Montmoreau 16 ... 221 F 4
Saint-Amant-de-Nouère 16 ... 203 E 5
Saint-Amant-Roche-Savine 63 ... 228 D 3
Saint-Amant-Tallende 63 .. 227 H 2
Saint-Amarin 68 ... 120 C 5
Saint-Ambreuil 71 ... 177 H 5
Saint-Ambroix 18 ... 172 C 3
Saint-Ambroix 30 ... 284 A 2
Saint-Amé 88 ... 119 H 4
Saint-Amour 39 ... 196 A 3
Saint-Amour-Bellevue 71 .. 194 D 5
Saint-Anastaise 63 ... 227 G 4
Saint-Andelain 58 ... 156 A 3
Saint-Andéol 26 ... 268 A 1
Saint-Andéol 38 ... 250 C 4
Saint-Andéol-de-Berg 07 .. 266 C 4
Saint-Andéol-de-Clerguemort 48 ... 283 F 2
Saint-Andéol-de-Fourchades 07 ... 266 A 1
Saint-Andéol-de-Vals 07 ... 266 B 2
Saint-Andéol-le-Château 69 ... 230 D 2
Saint-Andeux 21 ... 158 B 2
Saint-Andiol 13 ... 305 E 2
Saint-Andoche 70 ... 140 B 4
Saint-André 16 ... 219 H 1
Saint-André 31 ... 316 D 4
Saint-André 32 ... 296 D 5
Saint-André 66 ... 343 F 3
Saint-André 73 ... 252 C 1
Saint-André 81 ... 300 A 1
Saint-André *Chapelle* 46 ... 259 G 3
Saint-André-Capcèze 48 ... 265 G 5
Saint-André-d'Allas 24 ... 241 F 5
Saint-André-d'Apchon 42 . 211 F 2
Saint-André-de-Bagé 01 ... 195 F 4
Saint-André-de-Boëge 74 . 198 A 5
Saint-André-de-Bohon 50 ... 32 A 3
Saint-André-de-Briouze 61 . 53 G 4
Saint-André-de-Buèges 34 ... 302 B 2
Saint-André-de-Chalencon 43 ... 247 G 1
Saint-André-de-Corcy 01 .. 213 F 3
Saint-André-de-Cruzières 07 ... 284 A 1
Saint-André-de-Cubzac 33 ... 237 H 4
Saint-André-de-Double 24 . 239 G 2
Saint-André-de-la-Marche 49 ... 148 C 5
Saint-André-de-la-Roche 06 ... 309 H 2
Saint-André-de-Lancize 48 ... 283 F 2
Saint-André-de-l'Épine 50 .. 32 B 4
Saint-André-de-l'Eure 27 ... 56 C 3
Saint-André-de-Lidon 17 .. 219 F 2
Saint-André-de-Majencoules 30 ... 282 D 5
Saint-André-de-Messei 61 .. 53 F 5
Saint-André-de-Najac 12 .. 279 F 3
Saint-André-de-Roquelongue 11 ... 338 D 1
Saint-André-de-Roquepertuis 30 ... 284 C 2
Saint-André-de-Rosans 05 268 C 5
Saint-André-de-Sangonis 34 ... 302 A 4
Saint-André-de-Seignanx 40 ... 292 B 4
Saint-André-de-Valborgne 30 ... 283 E 3
Saint-André-de-Vézines 12 ... 282 A 3
Saint-André-d'Embrun 05 . 270 C 3
Saint-André-des-Eaux 22 ... 79 H 5
Saint-André-des-Eaux 44 .. 146 B 2
Saint-André-d'Hébertot 14 . 34 D 3
Saint-André-d'Huiriat 01 ... 195 F 5
Saint-André-d'Olérargues 30 ... 284 C 3
Saint-André-du-Bois 33 ... 256 C 3
Saint-André-en-Barrois 55 .. 63 H 1
Saint-André-en-Bresse 71 . 178 B 5
Saint-André-en-Morvan 58 ... 157 H 2
Saint-André-en-Royans 38 ... 250 A 3
Saint-André-en-Terre-Plaine 89 ... 158 B 1
Saint-André-en-Vivarais 07 ... 248 B 3
Saint-André-et-Appelles 33 ... 257 F 1
Saint-André-Farivillers 60 ... 22 B 5
Saint-André-Goule-d'Oie 85 ... 166 B 3
Saint-André-la-Côte 69 ... 230 C 2
Saint-André-Lachamp 07 .. 265 H 4
Saint-André-le-Bouchoux 01 ... 213 G 1
Saint-André-le-Coq 63 ... 210 A 3
Saint-André-le-Désert 71 .. 194 C 2
Saint-André-le-Gaz 38 ... 232 C 2
Saint-André-le-Puy 42 ... 230 A 2
Saint-André-les-Alpes 04 .. 288 C 5
Saint-André-les-Vergers 10 . 90 D 5
Saint-André-lez-Lille 59 ... 8 D 2
Saint-André-sur-Cailly 76 ... 20 C 5
Saint-André-sur-Orne 14 ... 33 G 5
Saint-André-sur-Sèvre 79 .. 167 F 4
Saint-André-sur-Vieux-Jonc 01 ... 213 G 1
Saint-André-Treize-Voies 85 ... 165 H 2
Saint-André-Val-de-Fier 74 ... 215 E 3
Saint-Androny 33 ... 237 F 1
Saint-Ange-et-Torçay 28 ... 56 B 5
Saint-Ange-le-Viel 77 ... 112 D 2
Saint-Angeau 16 ... 203 G 4
Saint-Angel 03 ... 191 E 4
Saint-Angel 19 ... 225 H 3
Saint-Angel 63 ... 209 F 3
Saint-Anthème 63 ... 229 F 3
Saint-Anthot 21 ... 159 F 3
Saint-Antoine 05 ... 252 C 5
Saint-Antoine 13 ... 326 D 2
Saint-Antoine 15 ... 262 B 2
Saint-Antoine 25 ... 180 C 3
Saint-Antoine 29 ... 71 H 4
Saint-Antoine 32 ... 276 D 5
Saint-Antoine 33 ... 237 H 3
Saint-Antoine-Cumond 24 ... 239 F 1
Saint-Antoine-d'Auberoche 24 ... 241 E 2
Saint-Antoine-de-Breuilh 24 ... 257 E 1
Saint-Antoine-de-Ficalba 47 ... 276 C 1
Saint-Antoine-du-Queyret 33 ... 256 D 1
Saint-Antoine-du-Rocher 37 ... 151 H 1
Saint-Antoine-la-Forêt 76 ... 19 E 5
Saint-Antoine-l'Abbaye 38 ... 249 H 2
Saint-Antoine-sur-l'Isle 33 ... 239 E 3
Saint-Antonin 06 ... 289 G 5
Saint-Antonin 32 ... 296 C 3
Saint-Antonin-de-Lacalm 81 ... 299 G 3
Saint-Antonin-de-Sommaire 27 ... 55 F 3
Saint-Antonin-du-Var 83 ... 307 H 5
Saint-Antonin-Noble-Val 82 ... 278 D 3
Saint-Antonin-sur-Bayon 13 ... 306 B 5
Saint-Aoustrille 36 ... 172 B 2
Saint-Août 36 ... 172 B 5
Saint-Apollinaire 05 ... 270 B 3
Saint-Apollinaire 21 ... 160 B 3
Saint-Apollinaire-de-Rias 07 ... 248 D 5
Saint-Appolinaire 69 ... 212 B 3
Saint-Appolinard 38 ... 250 A 2
Saint-Appolinard 42 ... 230 D 5
Saint-Aquilin 24 ... 239 H 2
Saint-Aquilin-d'Augerons 27 ... 55 E 2
Saint-Aquilin-de-Corbion 61 ... 55 E 5
Saint-Aquilin-de-Pacy 27 ... 56 D 1
Saint-Araille 31 ... 317 E 3
Saint-Arailles 32 ... 295 H 4
Saint-Arcons-d'Allier 43 ... 246 C 3
Saint-Arcons-de-Barges 43 ... 265 F 1
Saint-Arey 38 ... 251 E 5
Saint-Armel 35 ... 104 B 4
Saint-Armel 56 ... 124 C 4
Saint-Armou 64 ... 314 B 2
Saint-Arnac 66 ... 338 A 5
Saint-Arnoult 14 ... 34 B 3
Saint-Arnoult 41 ... 131 F 4
Saint-Arnoult 60 ... 21 G 5
Saint-Arnoult 76 ... 35 G 1
Saint-Arnoult-des-Bois 28 ... 85 H 3
Saint-Arnoult-en-Yvelines 78 ... 87 E 2
Saint-Arroman 32 ... 316 A 2
Saint-Arroman 65 ... 333 H 2
Saint-Arroumex 82 ... 277 E 5
Saint-Astier 24 ... 239 H 2
Saint-Astier 47 ... 257 F 2
Saint-Auban 04 ... 287 G 4
Saint-Auban 06 ... 308 C 1
Saint-Auban-d'Oze 05 ... 269 F 4
Saint-Auban-sur-l'Ouvèze 26 ... 286 B 1
Saint-Aubert 59 ... 14 C 3
Saint-Aubert-sur-Orne 61 ... 53 G 4
Saint-Aubin 02 ... 40 A 1
Saint-Aubin 10 ... 90 A 3
Saint-Aubin 21 ... 177 G 2
Saint-Aubin 36 ... 172 B 3
Saint-Aubin 39 ... 178 C 1
Saint-Aubin 40 ... 293 G 3
Saint-Aubin 47 ... 258 D 5
Saint-Aubin 59 ... 15 G 3
Saint-Aubin 62 ... 6 B 4
Saint-Aubin 91 ... 58 A 5
Saint-Aubin-Celloville 76 ... 36 B 2
Saint-Aubin-Château-Neuf 89 ... 135 H 3
Saint-Aubin-d'Appenai 61 ... 84 A 3
Saint-Aubin-d'Arquenay 14 . 33 H 3
Saint-Aubin-d'Aubigné 35 ... 80 B 5
Saint-Aubin-de-Baubigné 79 ... 167 F 2
Saint-Aubin-de-Blaye 33 ... 237 G 1
Saint-Aubin-de-Bonneval 61 ... 54 D 2
Saint-Aubin-de-Branne 33 ... 256 C 1
Saint-Aubin-de-Cadelech 24 ... 257 H 2
Saint-Aubin-de-Courteraie 61 ... 84 B 2
Saint-Aubin-de-Crétot 76 ... 19 F 5
Saint-Aubin-de-Lanquais 24 ... 258 B 1
Saint-Aubin-de-Locquenay 72 ... 83 G 5
Saint-Aubin-de-Luigné 49 ... 149 F 3
Saint-Aubin-de-Médoc 33 ... 237 F 5
Saint-Aubin-de-Nabirat 24 ... 259 G 2
Saint-Aubin-de-Scellon 27 .. 35 E 4
Saint-Aubin-de-Terregatte 50 ... 81 E 2
Saint-Aubin-d'Écrosville 27 . 36 A 5
Saint-Aubin-des-Bois 14 ... 52 A 3
Saint-Aubin-des-Bois 28 ... 86 A 3
Saint-Aubin-des-Châteaux 44 ... 126 D 3
Saint-Aubin-des-Chaumes 58 ... 157 G 2
Saint-Aubin-des-Coudrais 72 ... 108 C 3
Saint-Aubin-des-Grois 61 ... 84 C 5
Saint-Aubin-des-Hayes 27 .. 55 G 1
Saint-Aubin-des-Landes 35 ... 105 E 3
Saint-Aubin-des-Ormeaux 85 ... 166 C 1
Saint-Aubin-des-Préaux 50 . 51 F 3
Saint-Aubin-du-Cormier 35 . 80 D 5
Saint-Aubin-du-Désert 53 ... 83 E 5
Saint-Aubin-du-Pavail 35 .. 104 C 4
Saint-Aubin-du-Perron 50 ... 31 H 4
Saint-Aubin-du-Plain 79 ... 167 G 2
Saint-Aubin-du-Thenney 27 ... 55 E 1
Saint-Aubin-en-Bray 60 ... 37 G 2
Saint-Aubin-en-Charollais 71 ... 193 H 2
Saint-Aubin-Épinay 76 ... 36 B 2
Saint-Aubin-Fosse-Louvain 53 ... 81 H 3
Saint-Aubin-la-Plaine 85 ... 183 G 2
Saint-Aubin-le-Cauf 76 ... 20 B 2
Saint-Aubin-le-Cloud 79 ... 167 H 5
Saint-Aubin-le-Dépeint 37 ... 130 B 5
Saint-Aubin-le-Guichard 27 ... 55 G 1
Saint-Aubin-le-Monial 03 .. 191 G 2
Saint-Aubin-le-Vertueux 27 ... 55 F 1
Saint-Aubin-Lébizay 14 ... 34 B 4
Saint-Aubin-lès-Elbeuf 76 ... 36 A 3
Saint-Aubin-les-Forges 58 . 156 C 5
Saint-Aubin-Montenoy 80 .. 21 H 2
Saint-Aubin-Rivière 80 ... 21 G 2
Saint-Aubin-Routot 76 ... 34 D 1
Saint-Aubin-sous-Erquery 60 ... 38 D 2
Saint-Aubin-sur-Aire 55 ... 64 C 5
Saint-Aubin-sur-Algot 14 ... 34 B 5
Saint-Aubin-sur-Gaillon 27 . 36 C 5
Saint-Aubin-sur-Loire 71 ... 193 E 2
Saint-Aubin-sur-Mer 14 ... 33 G 3
Saint-Aubin-sur-Mer 76 ... 19 H 2
Saint-Aubin-sur-Quillebeuf 27 ... 35 F 1
Saint-Aubin-sur-Scie 76 ... 20 B 2
Saint-Aubin-sur-Yonne 89 . 113 G 5
Saint-Augustin 03 ... 174 B 4
Saint-Augustin 17 ... 218 C 1
Saint-Augustin 19 ... 225 E 4
Saint-Augustin 77 ... 59 H 4
Saint-Augustin-des-Bois 49 ... 149 E 1
Saint-Aulaire 19 ... 241 H 1
Saint-Aulais-la-Chapelle 16 ... 220 D 4
Saint-Aulaye-Puymangou 24 ... 239 E 2
Saint-Aunès 34 ... 303 E 4
Saint-Aunix-Lengros 32 ... 295 E 5
Saint-Aupre 38 ... 232 D 4
Saint-Austremoine 43 ... 246 B 3
Saint-Auvent 87 ... 205 E 5
Saint-Avaugourd-des-Landes 85 ... 182 C 1
Saint-Avé 56 ... 124 C 3
Saint-Aventin 31 ... 334 A 4
Saint-Avertin 37 ... 152 A 3
Saint-Avit 16 ... 239 E 1
Saint-Avit 26 ... 249 F 2
Saint-Avit 40 ... 273 H 5
Saint-Avit 41 ... 109 E 4
Saint-Avit 47 ... 257 F 4
Saint-Avit 47 ... 258 D 4
Saint-Avit 63 ... 208 C 4
Saint-Avit 81 ... 319 F 2
Saint-Avit-de-Soulège 33 .. 257 E 1
Saint-Avit-de-Tardes 23 ... 207 H 4
Saint-Avit-de-Vialard 24 ... 240 D 5
Saint-Avit-Frandat 32 ... 276 B 5
Saint-Avit-le-Pauvre 23 ... 207 F 3
Saint-Avit-les-Guespières 28 ... 109 H 2
Saint-Avit-Rivière 24 ... 258 D 2
Saint-Avit-Saint-Nazaire 33 ... 239 F 5
Saint-Avit-Sénieur 24 ... 258 D 1
Saint-Avold 57 ... 67 E 1
Saint-Avre 73 ... 234 A 4
Saint-Ay 45 ... 132 D 2
Saint-Aybert 59 ... 9 H 4
Saint-Aygulf 83 ... 329 G 1
Saint-Babel 63 ... 228 A 2
Saint Baldoph 73 ... 233 F 2
Saint-Bandry 02 ... 40 A 2
Saint-Baraing 39 ... 178 D 2
Saint-Barbant 87 ... 204 D 1
Saint-Bard 23 ... 208 B 4
Saint-Bardoux 26 ... 249 F 3
Saint-Barnabé 22 ... 102 B 2
Saint-Barthélemy 38 ... 231 G 5
Saint-Barthélemy 40 ... 292 B 5
Saint-Barthélemy 50 ... 52 C 5
Saint-Barthélemy 56 ... 101 H 4
Saint-Barthélemy 70 ... 142 A 2
Saint-Barthélemy 77 ... 60 B 4
Saint-Barthélemy-d'Agenais 47 ... 257 G 4
Saint-Barthélemy-d'Anjou 49 ... 149 G 1
Saint-Barthélemy-de-Bellegarde 24 ... 239 F 3
Saint-Barthélemy-de-Bussière 24 ... 222 C 2
Saint-Barthélemy-de-Séchilienne 38 ... 251 E 3
Saint-Barthélemy-de-Vals 26 ... 249 F 2
Saint-Barthélemy-Grozon 07 ... 248 D 4
Saint-Barthélemy-le-Meil 07 ... 248 C 5
Saint-Barthélemy-le-Plain 07 ... 249 E 3
Saint-Barthélemy-Lestra 42 ... 230 A 1
Saint-Basile 07 ... 248 C 4
Saint-Baslemont 88 ... 118 C 2
Saint-Baudel 18 ... 172 D 4
Saint-Baudelle 53 ... 82 B 5
Saint-Baudille-de-la-Tour 38 ... 214 A 5
Saint-Baudille-et-Pipet 38 ... 269 E 1
Saint-Bauld 37 ... 152 A 5
Saint-Baussant 54 ... 65 E 3
Saint-Bauzeil 09 ... 336 B 1
Saint-Bauzély 30 ... 303 G 1
Saint-Bauzile 07 ... 266 D 2
Saint-Bauzile 48 ... 264 C 5
Saint-Bauzille-de-la-Sylve 34 ... 302 B 4
Saint-Bauzille-de-Montmel 34 ... 303 E 3
Saint-Bauzille-de-Putois 34 ... 302 C 1
Saint-Bazile 87 ... 222 D 1
Saint-Bazile-de-la-Roche 19 ... 243 F 2
Saint-Bazile-de-Meyssac 19 ... 242 D 3
Saint-Béat 31 ... 334 B 3
Saint-Beaulize 12 ... 301 F 1
Saint-Beauzeil 82 ... 276 D 1
Saint-Beauzély 12 ... 281 G 3
Saint-Beauzile 81 ... 279 E 5
Saint-Beauzire 43 ... 246 A 1
Saint-Beauzire 63 ... 209 H 5
Saint-Bénézet 30 ... 283 H 5
Saint-Bénigne 01 ... 195 F 3
Saint-Benin 59 ... 14 D 5
Saint-Benin-d'Azy 58 ... 175 E 2
Saint-Benin-des-Bois 58 ... 157 E 5
Saint-Benoist-sur-Mer 85 .. 182 D 3
Saint-Benoist-sur-Vanne 10 ... 114 B 2
Saint-Benoît 04 ... 289 E 5
Saint-Benoît 11 ... 337 F 2
Saint-Benoît 28 ... 109 F 4
Saint-Benoît 86 ... 186 B 2
Saint-Benoît-de-Carmaux 81 ... 279 G 5
Saint-Benoît-des-Ombres 27 ... 35 F 4
Saint-Benoît-des-Ondes 35 . 50 D 5
Saint-Benoît-d'Hébertot 14 ... 34 D 3
Saint-Benoît-du-Sault 36 .. 188 B 3
Saint-Benoît-en-Diois 26 ... 268 A 2
Saint-Benoît-en-Woëvre 55 . 65 E 2
Saint-Benoît-la-Chipotte 88 ... 95 H 4
Saint-Benoît-la-Forêt 37 ... 151 E 4
Saint-Benoît-sur-Loire 45 .. 134 A 3
Saint-Benoît-sur-Seine 10 ... 90 D 4
Saint-Bérain 43 ... 246 D 4
Saint-Berain-sous-Sanvignes 71 ... 176 D 5
Saint-Bérain-sur-Dheune 71 ... 177 F 3
Saint-Bernard 01 ... 212 D 3
Saint-Bernard 21 ... 160 A 5
Saint-Bernard 38 ... 233 F 5
Saint-Bernard 57 ... 46 B 4
Saint-Bernard 68 ... 143 E 2
Saint-Béron 73 ... 232 D 3
Saint-Berthevin 53 ... 105 H 3
Saint-Berthevin-la-Tannière 53 ... 81 G 4
Saint-Bertrand-de-Comminges 31 ... 334 A 2
Saint-Biez-en-Belin 72 ... 130 A 2
Saint-Bihy 22 ... 77 H 3
Saint-Blaise 06 ... 291 E 5
Saint-Blaise 74 ... 215 G 2
Saint-Blaise *Fouilles de* 13 .. 325 G 3
Saint-Blaise-du-Buis 38 ... 232 C 4
Saint-Blaise-la-Roche 67 ... 96 C 3
Saint-Blancard 32 ... 316 B 3
Saint-Blimont 80 ... 11 E 3
Saint-Blin 52 ... 93 G 5
Saint-Boès 64 ... 293 F 5
Saint-Bohaire 41 ... 132 A 5
Saint-Boil 71 ... 177 G 5
Saint-Boingt 54 ... 95 F 3
Saint-Bois 01 ... 232 C 1
Saint-Bomer 28 ... 109 E 2
Saint-Bômer-les-Forges 61 .. 53 E 5
Saint-Bon 51 ... 60 C 5
Saint-Bon-Tarentaise 73 ... 234 C 3
Saint-Bonnet 16 ... 220 D 3
Saint-Bonnet *Signal de* 69 . 212 C 2
Saint-Bonnet-Avalouze 19 ... 243 E 1
Saint-Bonnet-Briance 87 ... 224 B 1
Saint-Bonnet-de-Bellac 87 ... 205 E 1
Saint-Bonnet-de-Chavagne 38 ... 250 A 2
Saint-Bonnet-de-Chirac 48 ... 264 A 4
Saint-Bonnet-de-Condat 15 ... 245 E 1
Saint-Bonnet-de-Cray 71 .. 193 H 5
Saint-Bonnet-de-Four 03 ... 191 F 4
Saint-Bonnet-de-Joux 71 .. 194 B 2
Saint-Bonnet-de-Montauroux 48 ... 265 E 1
Saint-Bonnet-de-Mure 69 . 231 G 1
Saint-Bonnet-de-Rochefort 03 ... 209 H 1
Saint-Bonnet-de-Salendrinque 30 ... 283 F 5
Saint-Bonnet-de-Salers 15 244 C 2
Saint-Bonnet-de-Valclérieux 26 ... 249 H 1
Saint-Bonnet-de-Vieille-Vigne 71 ... 193 H 2
Saint-Bonnet-des-Bruyères 69 ... 194 B 5
Saint-Bonnet-des-Quarts 42 ... 211 E 1
Saint-Bonnet-du-Gard 30 . 304 A 1
Saint-Bonnet-Elvert 19 ... 243 E 2
Saint-Bonnet-en-Bresse 71 ... 178 B 3
Saint-Bonnet-en-Champsaur 05 ... 269 G 2
Saint-Bonnet-la-Rivière 19 ... 241 H 1
Saint-Bonnet-le-Bourg 63 . 228 D 4
Saint-Bonnet-le-Chastel 63 ... 228 D 4
Saint-Bonnet-le-Château 42 ... 229 G 4
Saint-Bonnet-le-Courreau 42 ... 229 F 2
Saint-Bonnet-le-Froid 43 .. 248 B 2
Saint-Bonnet-le-Troncy 69 ... 212 B 2
Saint-Bonnet-l'Enfantier 19 ... 242 B 1
Saint-Bonnet-lès-Allier 63 . 228 A 1
Saint-Bonnet-les-Oules 42 ... 230 A 3
Saint-Bonnet-les-Tours-de-Merle 19 ... 243 G 3
Saint-Bonnet-près-Bort 19 ... 226 B 3
Saint-Bonnet-près-Orcival 63 ... 227 F 1
Saint-Bonnet-près-Riom 63 ... 209 H 4
Saint-Bonnet-sur-Gironde 17 ... 219 F 5
Saint-Bonnet-Tronçais 03 .. 190 D 1
Saint-Bonnot 58 ... 156 D 4
Saint-Bouize 18 ... 156 A 4

Saint-Brancher 89 ... 158 A2
Saint-Branchs 37 ... 152 A4
Saint-Brandan 22 ... 78 A4
Saint-Brès 30 ... 284 A2
Saint-Brès 32 ... 296 C2
Saint-Brès 34 ... 303 E4
Saint-Bresson 30 ... 302 B1
Saint-Bresson 70 ... 119 G5
Saint-Bressou 46 ... 261 F2
Saint-Brevin-les-Pins 44 ... 146 C3
Saint-Brevin-l'Océan 44 ... 146 C3
Saint-Briac-sur-Mer 35 ... 50 B5
Saint-Brice 16 ... 220 B1
Saint-Brice 33 ... 256 C2
Saint-Brice 50 ... 51 H4
Saint-Brice 53 ... 128 D2
Saint-Brice 61 ... 82 B2
Saint-Brice 77 ... 89 G2
Saint-Brice-Courcelles 51 ... 41 G3
Saint-Brice-de-Landelles 50 ... 81 F2
Saint-Brice-en-Coglès 35 ... 80 D3
Saint-Brice-sous-Forêt 95 ... 58 C2
Saint-Brice-sous-Rânes 61 ... 53 H5
Saint-Brice-sur-Vienne 87 ... 205 E4
Saint-Brieuc 22 ... 78 B3
Saint-Brieuc-de-Mauron 56 ... 103 E3
Saint-Brieuc-des-Iffs 35 ... 80 A5
Saint-Bris-des-Bois 17 ... 201 H5
Saint-Bris-le-Vineux 89 ... 136 C3
Saint-Brisson 58 ... 158 B4
Saint-Brisson-sur-Loire 45 ... 134 C5
Saint-Broing 70 ... 161 F1
Saint-Broing-les-Moines 21 ... 138 D4
Saint-Broingt-le-Bois 52 ... 139 H3
Saint-Broingt-les-Fosses 52 ... 139 G3
Saint-Broladre 35 ... 51 E5
Saint-Bueil 38 ... 232 D3
Saint-Cado 56 ... 123 G3
Saint-Calais 72 ... 108 D5
Saint-Calais-du-Désert 53 ... 83 E3
Saint-Calez-en-Saosnois 72 ... 84 A5
Saint-Cannat 13 ... 305 H4
Saint-Caprais 03 ... 191 E2
Saint-Caprais 18 ... 172 D2
Saint-Caprais 32 ... 296 C5
Saint-Caprais 46 ... 259 F3
Saint-Caprais-de-Blaye 33 ... 219 G5
Saint-Caprais-de-Bordeaux 33 ... 255 H1
Saint-Caprais-de-Lerm 47 ... 276 C3
Saint-Capraise-de-Lalinde 24 ... 258 B1
Saint-Capraise-d'Eymet 24 ... 257 H2
Saint-Caradec 22 ... 102 A1
Saint-Caradec-Trégomel 56 ... 101 E3
Saint-Carné 22 ... 79 G4
Saint-Carreuc 22 ... 78 B4
Saint-Cassien 24 ... 258 D2
Saint-Cassien 38 ... 232 C5
Saint-Cassien 86 ... 168 D2
Saint-Cassin 73 ... 233 F2
Saint-Cast-le-Guildo 22 ... 50 A5
Saint-Castin 64 ... 314 B3
Saint-Célerin 72 ... 108 B3
Saint-Cénéré 53 ... 106 B3
Saint-Céneri-le-Gérei 61 ... 83 F4
Saint-Céols 18 ... 155 G4
Saint-Céré 46 ... 261 E1
Saint-Cergues 74 ... 197 H5
Saint-Cernin 15 ... 244 B3
Saint-Cernin 46 ... 260 C4
Saint-Cernin-de-Labarde 24 ... 258 B1
Saint-Cernin-de-Larche 19 ... 241 H3
Saint-Cernin-de-l'Herm 24 ... 259 E3
Saint-Cernin-de-Reilhac 24 ... 241 E4
Saint-Césaire 17 ... 201 H5
Saint-Césaire 30 ... 303 H2
Saint-Césaire-de-Gauzignan 30 ... 284 A5
Saint-Cézaire *Grottes de* 06 ... 308 D3
Saint-Cézaire-sur-Siagne 06 ... 308 D3
Saint-Cézert 31 ... 297 G3
Saint-Chabrais 23 ... 207 H1
Saint-Chaffrey 05 ... 252 C4
Saint-Chamant 15 ... 244 C3
Saint-Chamant 19 ... 243 E3
Saint-Chamarand 46 ... 260 B3
Saint-Chamas 13 ... 305 F5
Saint-Chamassy 24 ... 241 E5
Saint-Chamond 42 ... 230 C4
Saint-Champ 01 ... 214 D5
Saint-Chaptes 30 ... 284 A5
Saint-Charles 54 ... 45 E1
Saint-Charles-de-Percy 14 ... 52 D2
Saint-Charles-la-Forêt 53 ... 106 B5
Saint-Chartier 36 ... 189 G1
Saint-Chartres 86 ... 168 C3
Saint-Chef 38 ... 232 A2
Saint-Chels 46 ... 260 D4
Saint-Chély-d'Apcher 48 ... 264 A1
Saint-Chély-d'Aubrac 12 ... 263 F4
Saint-Chély-du-Tarn 48 ... 282 B1
Saint-Chéron 51 ... 62 C5
Saint-Chéron 91 ... 87 F3
Saint-Chéron-des-Champs 28 ... 86 A2
Saint-Chinian 34 ... 321 E3
Saint-Christ-Briost 80 ... 23 G2
Saint-Christau 64 ... 331 H2
Saint-Christaud 31 ... 317 F5
Saint-Christaud 32 ... 295 G5
Saint-Christo-en-Jarez 42 ... 230 C3
Saint-Christol 07 ... 248 B5
Saint-Christol 34 ... 303 F3
Saint-Christol 84 ... 286 C4
Saint-Christol-de-Rodières 30 ... 284 C2
Saint-Christol-lès-Alès 30 ... 283 H4
Saint-Christoly-de-Blaye 33 ... 237 G2
Saint-Christoly-Médoc 33 ... 219 E5
Saint-Christophe-en-Bourbonnais 03 ... 210 C1
Saint-Christophe 16 ... 239 E1
Saint-Christophe 17 ... 200 D1
Saint-Christophe 23 ... 207 E2
Saint-Christophe 28 ... 110 A3
Saint-Christophe 69 ... 194 C5
Saint-Christophe 81 ... 279 F3
Saint-Christophe 86 ... 169 F3
Saint-Christophe-à-Berry 02 ... 40 A2
Saint-Christophe-d'Allier 43 ... 265 E1
Saint-Christophe-de-Chaulieu 61 ... 52 D4
Saint-Christophe-de-Double 33 ... 238 D3
Saint-Christophe-de-Valains 35 ... 80 D4
Saint-Christophe-des-Bardes 33 ... 238 C5
Saint-Christophe-des-Bois 35 ... 105 E2
Saint-Christophe-Dodinicourt 10 ... 91 H4
Saint-Christophe-du-Bois 49 ... 166 D1
Saint-Christophe-du-Foc 50 ... 28 D4
Saint-Christophe-du-Jambet 72 ... 107 G2
Saint-Christophe-du-Ligneron 85 ... 165 E3
Saint-Christophe-du-Luat 53 ... 106 C3
Saint-Christophe-en-Bazelle 36 ... 153 H5
Saint-Christophe-en-Boucherie 36 ... 172 C5
Saint-Christophe-en-Bresse 71 ... 178 A4
Saint-Christophe-en-Brionnais 71 ... 193 H5
Saint-Christophe-en-Champagne 72 ... 107 E5
Saint-Christophe-en-Oisans 38 ... 251 H4
Saint-Christophe-et-le-Laris 26 ... 249 G1
Saint-Christophe-la-Couperie 49 ... 148 B3
Saint-Christophe-la-Grotte 73 ... 233 E3
Saint-Christophe-le-Chaudry 18 ... 190 B1
Saint-Christophe-le-Jajolet 61 ... 54 B5
Saint-Christophe-les-Gorges 15 ... 243 H3
Saint-Christophe-sur-Avre 27 ... 55 H5
Saint-Christophe-sur-Condé 27 ... 35 F3
Saint-Christophe-sur-Dolaison 43 ... 247 E4
Saint-Christophe-sur-Guiers 38 ... 233 E4
Saint-Christophe-sur-le-Nais 37 ... 130 C5
Saint-Christophe-sur-Roc 79 ... 185 E3
Saint-Christophe-Vallon 12 ... 262 B5
Saint-Cibard 33 ... 238 D4
Saint-Cierge-la-Serre 07 ... 266 D1
Saint-Cierge-sous-le-Cheylard 07 ... 248 B5
Saint-Ciergues 52 ... 139 G2
Saint-Ciers-Champagne 17 ... 220 B4
Saint-Ciers-d'Abzac 33 ... 238 B3
Saint-Ciers-de-Canesse 33 ... 237 G3
Saint-Ciers-du-Taillon 17 ... 219 F4
Saint-Ciers-sur-Bonnieure 16 ... 203 G4
Saint-Ciers-sur-Gironde 33 ... 219 G5
Saint-Cirgue 81 ... 299 H1
Saint-Cirgues 43 ... 246 B2
Saint-Cirgues 46 ... 261 G2
Saint-Cirgues-de-Jordanne 15 ... 244 D4
Saint-Cirgues-de-Malbert 15 ... 244 B3
Saint-Cirgues-de-Prades 07 ... 266 A3
Saint-Cirgues-en-Montagne 07 ... 265 H2
Saint-Cirgues-la-Loutre 19 ... 243 G3
Saint-Cirgues-sur-Couze 63 ... 227 H3
Saint-Cirice 82 ... 276 D4
Saint-Cirq 24 ... 241 E5
Saint-Cirq 82 ... 278 C4
Saint-Cirq-Lapopie 46 ... 260 C5
Saint-Cirq-Madelon 46 ... 259 H1
Saint-Cirq-Souillaguet 46 ... 260 B2
Saint-Civran 36 ... 188 B2
Saint-Clair 07 ... 248 D1
Saint-Clair 46 ... 259 H2
Saint-Clair 82 ... 277 E3
Saint-Clair 83 ... 329 E4
Saint-Clair 86 ... 168 C3
Saint-Clair-d'Arcey 27 ... 55 F1
Saint-Clair-de-Halouze 61 ... 53 E5
Saint-Clair-de-la-Tour 38 ... 232 B2
Saint-Clair-du-Rhône 38 ... 231 E4
Saint-Clair-sur-Epte 95 ... 37 F4
Saint-Clair-sur-Galaure 38 ... 249 H1
Saint-Clair-sur-l'Elle 50 ... 32 B4
Saint-Clair-sur-les-Monts 76 ... 19 H5
Saint-Clar 32 ... 296 C1
Saint-Clar-de-Rivière 31 ... 317 G2
Saint-Claud 16 ... 203 H4
Saint-Claude 39 ... 197 E3
Saint-Claude-de-Diray 41 ... 132 B5
Saint-Clément 02 ... 25 G3
Saint-Clément 03 ... 210 D2
Saint-Clément 07 ... 248 A4
Saint-Clément 15 ... 244 D4
Saint-Clément 19 ... 224 D5
Saint-Clément 30 ... 303 E2
Saint-Clément 50 ... 52 C5
Saint-Clément 54 ... 95 G2
Saint-Clément 89 ... 113 G2
Saint-Clément-à-Arnes 08 ... 42 B3
Saint-Clément-de-la-Place 49 ... 149 F1
Saint-Clément-de-Régnat 63 ... 210 A3
Saint-Clément-de-Rivière 34 ... 302 D4
Saint-Clément-de-Valorgue 63 ... 229 F3
Saint-Clément-de-Vers 69 ... 194 B5
Saint-Clément-des-Baleines 17 ... 182 C5
Saint-Clément-des-Levées 49 ... 150 B3
Saint-Clément-les-Places 69 ... 212 B5
Saint-Clément-sur-Durance 05 ... 270 C2
Saint-Clément-sur-Guye 71 ... 194 C1
Saint-Clément-sur-Valsonne 69 ... 212 B4
Saint-Clémentin 79 ... 167 G2
Saint-Clet 22 ... 73 E4
Saint-Cloud 92 ... 58 B3
Saint-Cloud-en-Dunois 28 ... 110 A4
Saint-Colomb-de-Lauzun 47 ... 257 H3
Saint-Colomban 44 ... 165 G1
Saint-Colomban-des-Villards 73 ... 233 H5
Saint-Côme 33 ... 256 C5
Saint-Côme *Chapelle de* 29 ... 75 G5
Saint-Côme-de-Fresné 14 ... 33 E2
Saint-Côme-d'Olt 12 ... 263 F4
Saint-Côme-du-Mont 50 ... 31 H2
Saint-Côme-et-Maruéjols 30 ... 303 G2
Saint-Congard 56 ... 125 F2
Saint-Connan 22 ... 77 H3
Saint-Connec 22 ... 102 A1
Saint-Constant-Fournoulès 15 ... 261 H3
Saint-Contest 14 ... 33 G4
Saint-Corneille 72 ... 108 A4
Saint-Cornier-des-Landes 61 ... 52 D4
Saint-Cosme 68 ... 142 D2
Saint-Cosme-en-Vairais 72 ... 84 B5
Saint-Couat-d'Aude 11 ... 320 B5
Saint-Couat-du-Razès 11 ... 337 F2
Saint-Coulitz 29 ... 75 H5
Saint-Coulomb 35 ... 50 C4
Saint-Coutant 16 ... 203 H3
Saint-Coutant 79 ... 185 H5
Saint-Coutant-le-Grand 17 ... 201 F3
Saint-Créac 32 ... 296 C1
Saint-Créac 65 ... 333 E1
Saint-Crépin 05 ... 270 D1
Saint-Crépin 17 ... 201 F2
Saint-Crépin-aux-Bois 60 ... 39 G2
Saint-Crépin-d'Auberoche 24 ... 240 D3
Saint-Crépin-de-Richemont 24 ... 222 B4
Saint-Crépin-et-Carlucet 24 ... 241 G4
Saint-Crépin-Ibouvillers 60 ... 38 A4
Saint-Crespin 14 ... 34 B5
Saint-Crespin 76 ... 20 B3
Saint-Crespin-sur-Moine 49 ... 148 B5
Saint-Cricq 32 ... 297 E3
Saint-Cricq-Chalosse 40 ... 293 G4
Saint-Cricq-du-Gave 40 ... 293 E5
Saint-Cricq-Villeneuve 40 ... 294 B1
Saint-Cybardeaux 16 ... 202 D5
Saint-Cybranet 24 ... 259 G1
Saint-Cyprien 19 ... 241 H1
Saint-Cyprien 24 ... 241 F5
Saint-Cyprien 42 ... 230 A3
Saint-Cyprien 46 ... 277 G2
Saint-Cyprien 66 ... 343 F3
Saint-Cyprien-Plage 66 ... 343 F2
Saint-Cyprien-sur-Dourdou 12 ... 262 B4
Saint-Cyr 07 ... 249 E1
Saint-Cyr 39 ... 179 G2
Saint-Cyr 50 ... 29 F4
Saint-Cyr 71 ... 177 H5
Saint-Cyr 86 ... 169 F5
Saint-Cyr 87 ... 205 E5
Saint-Cyr *Mont* 46 ... 260 B5
Saint-Cyr-au-Mont-d'Or 69 ... 213 E5
Saint-Cyr-de-Favières 42 ... 211 G3
Saint-Cyr-de-Salerne 27 ... 35 G4
Saint-Cyr-de-Valorges 42 ... 212 A4
Saint-Cyr-des-Gâts 85 ... 183 H1
Saint-Cyr-du-Bailleul 50 ... 82 A2
Saint-Cyr-du-Doret 17 ... 183 H5
Saint-Cyr-du-Gault 41 ... 131 G5
Saint-Cyr-du-Ronceray 14 ... 54 D1
Saint-Cyr-en-Arthies 95 ... 57 F1
Saint-Cyr-en-Bourg 49 ... 150 C4
Saint-Cyr-en-Pail 53 ... 83 E4
Saint-Cyr-en-Retz 44 ... 165 E1
Saint-Cyr-en-Talmondais 85 ... 183 E2
Saint-Cyr-en-Val 45 ... 133 F3
Saint-Cyr-la-Campagne 27 ... 36 A4
Saint-Cyr-la-Lande 79 ... 168 B1
Saint-Cyr-la-Rivière 91 ... 87 F5
Saint-Cyr-la-Roche 19 ... 241 H1
Saint-Cyr-la-Rosière 61 ... 84 C5
Saint-Cyr-le-Chatoux 69 ... 212 C2
Saint-Cyr-le-Gravelais 53 ... 105 G4
Saint-Cyr-l'École 78 ... 58 A4
Saint-Cyr-les-Champagnes 24 ... 223 H5
Saint-Cyr-les-Colons 89 ... 136 C3
Saint-Cyr-les-Vignes 42 ... 230 A1
Saint-Cyr-sous-Dourdan 91 ... 87 F2
Saint-Cyr-sur-le-Rhône 69 ... 231 E3
Saint-Cyr-sur-Loire 37 ... 151 H2
Saint-Cyr-sur-Menthon 01 ... 195 F5
Saint-Cyr-sur-Mer 83 ... 327 G4
Saint-Cyr-sur-Morin 77 ... 60 A3
Saint-Cyran-du-Jambot 36 ... 170 D2
Saint-Dalmas-de-Tende 06 ... 291 H2
Saint-Dalmas-le-Selvage 06 ... 289 F1
Saint-Dalmas-Valdeblore 06 ... 291 E2
Saint-Daunès 46 ... 277 G1
Saint-Denis 11 ... 319 G3
Saint-Denis 30 ... 284 A2
Saint-Denis 79 ... 185 E2
Saint-Denis 93 ... 58 C2
Saint-Denis-Catus 46 ... 259 H4
Saint-Denis-Combarnazat 63 ... 210 A3
Saint-Denis-d'Aclon 76 ... 20 A2
Saint-Denis-d'Anjou 53 ... 128 D3
Saint-Denis-d'Augerons 27 ... 55 E2
Saint-Denis-d'Authou 28 ... 85 F5
Saint-Denis-de-Cabanne 42 ... 211 H1
Saint-Denis-de-Gastines 53 ... 81 H4
Saint-Denis-de-Jouhet 36 ... 189 F2
Saint-Denis-de-l'Hôtel 45 ... 133 G2
Saint-Denis-de-Mailloc 14 ... 34 D5
Saint-Denis-de-Méré 14 ... 53 F3
Saint-Denis-de-Palin 18 ... 173 F3
Saint-Denis-de-Pile 33 ... 238 C4
Saint-Denis-de-Vaux 71 ... 177 G4
Saint-Denis-de-Villenette 61 ... 82 B3
Saint-Denis-des-Coudrais 72 ... 108 B3
Saint-Denis-des-Monts 27 ... 35 H4
Saint-Denis-des-Murs 87 ... 206 C5
Saint-Denis-des-Puits 28 ... 85 G4
Saint-Denis-d'Oléron 17 ... 200 A2
Saint-Denis-d'Orques 72 ... 106 D4
Saint-Denis-du-Béhélan 27 ... 56 A3
Saint-Denis-du-Maine 53 ... 106 B5
Saint-Denis-du-Payré 85 ... 183 E3
Saint-Denis-du-Pin 17 ... 201 H3
Saint-Denis du Tertre *Chapelle* 72 ... 108 A4
Saint-Denis-en-Bugey 01 ... 214 A3
Saint-Denis-en-Margeride 48 ... 264 C2
Saint-Denis-en-Val 45 ... 133 F2
Saint-Denis-la-Chevasse 85 ... 166 A3
Saint-Denis-le-Ferment 27 ... 37 F3
Saint-Denis-le-Gast 50 ... 51 H2
Saint-Denis-le-Thiboult 76 ... 36 D1
Saint-Denis-le-Vêtu 50 ... 51 G1
Saint-Denis-lès-Bourg 01 ... 195 H5
Saint-Denis-lès-Martel 46 ... 242 C5
Saint-Denis-les-Ponts 28 ... 109 H4
Saint-Denis-lès-Rebais 77 ... 60 A3
Saint-Denis-lès-Sens 89 ... 113 G2
Saint-Denis-Maisoncelles 14 ... 52 C1
Saint-Denis-sur-Coise 42 ... 230 B2
Saint-Denis-sur-Huisne 61 ... 84 B3
Saint-Denis-sur-Loire 41 ... 132 B5
Saint-Denis-sur-Ouanne 89 ... 135 G3
Saint-Denis-sur-Sarthon 61 ... 83 E3
Saint-Denis-sur-Scie 76 ... 20 B4
Saint-Deniscourt 60 ... 21 G5
Saint-Denœux 62 ... 6 D4
Saint-Denoual 22 ... 79 E3
Saint-Derrien 29 ... 71 F5
Saint-Désert 71 ... 177 G4
Saint-Désir 14 ... 34 C5
Saint-Désirat 07 ... 249 E1
Saint-Désiré 03 ... 190 B2
Saint-Dézery 19 ... 226 B3
Saint-Dézéry 30 ... 284 A5
Saint-Didier 21 ... 158 C3
Saint-Didier 35 ... 104 D3
Saint-Didier 39 ... 179 E5
Saint-Didier 58 ... 157 F3
Saint-Didier 84 ... 285 H5
Saint-Didier-au-Mont-d'Or 69 ... 213 E5
Saint-Didier-d'Allier 43 ... 246 D4
Saint-Didier-d'Aussiat 01 ... 195 G4
Saint-Didier-de-Bizonnes 38 ... 232 A3
Saint-Didier-de-Formans 01 ... 213 E3
Saint-Didier-de-la-Tour 38 ... 232 B2
Saint-Didier-des-Bois 27 ... 36 A4
Saint-Didier-en-Bresse 71 ... 178 B3
Saint-Didier-en-Brionnais 71 ... 193 H4
Saint-Didier-en-Donjon 03 ... 193 E3
Saint-Didier-en-Velay 43 ... 248 A1
Saint-Didier-la-Forêt 03 ... 192 B5
Saint-Didier-sous-Aubenas 07 ... 266 B3
Saint-Didier-sous-Écouves 61 ... 83 F2
Saint-Didier-sous-Riverie 69 ... 230 C2
Saint-Didier-sur-Arroux 71 ... 176 B4
Saint-Didier-sur-Beaujeu 69 ... 212 C1
Saint-Didier-sur-Chalaronne 01 ... 213 E1
Saint-Didier-sur-Doulon 43 ... 246 C1
Saint-Didier-sur-Rochefort 42 ... 211 E5
Saint-Dié-des-Vosges 88 ... 96 B5
Saint-Dier-d'Auvergne 63 ... 228 C1
Saint-Diéry 63 ... 227 G3
Saint-Dionisy 30 ... 303 G2
Saint-Disdier 05 ... 269 F1
Saint-Divy 29 ... 75 F2
Saint-Dizant-du-Bois 17 ... 219 G4
Saint-Dizant-du-Gua 17 ... 219 F4
Saint-Dizier 52 ... 63 F5
Saint-Dizier-en-Diois 26 ... 268 C4
Saint-Dizier-la-Tour 23 ... 207 G1
Saint-Dizier-les-Domaines 23 ... 189 G4
Saint-Dizier-l'Évêque 90 ... 142 D5
Saint-Dizier-Leyrenne 23 ... 206 D3
Saint-Dolay 56 ... 125 G5
Saint-Domet 23 ... 207 H2
Saint-Domineuc 35 ... 80 A4
Saint-Donan 22 ... 78 A3
Saint-Donat 63 ... 227 E4
Saint-Donat *Église de* 04 ... 287 G4
Saint-Donat-sur-l'Herbasse 26 ... 249 G2
Saint-Dos 64 ... 292 D5
Saint-Doulchard 18 ... 173 E1
Saint-Drézéry 34 ... 303 E3
Saint-Dyé-sur-Loire 41 ... 132 B4
Saint-Eble 43 ... 246 C3
Saint-Ébremond-de-Bonfossé 50 ... 32 A5
Saint-Edmond 71 ... 193 H5
Saint-Égrève 38 ... 250 D1
Saint-Élier 27 ... 56 A2
Saint-Éliph 28 ... 85 F4
Saint-Élix-d'Astarac 32 ... 316 C2
Saint-Élix-le-Château 31 ... 317 F4
Saint-Élix-Séglan 31 ... 316 D5
Saint-Élix-Theux 32 ... 316 A2
Saint-Ellier 49 ... 149 H3
Saint-Ellier-du-Maine 53 ... 81 G4
Saint-Ellier-les-Bois 61 ... 83 F3
Saint-Éloi 01 ... 213 H3
Saint-Éloi 22 ... 72 D4
Saint-Éloi 23 ... 207 E2
Saint-Éloi 58 ... 174 C2
Saint-Éloi-de-Fourques 27 ... 35 H4
Saint-Eloy 29 ... 75 H3
Saint-Éloy-d'Allier 03 ... 190 B3
Saint-Éloy-de-Gy 18 ... 155 E5
Saint-Éloy-la-Glacière 63 ... 228 C3
Saint-Éloy-les-Mines 63 ... 209 F1
Saint-Éloy-les-Tuileries 19 ... 223 H4
Saint-Éman 28 ... 85 G5
Saint-Émiland 71 ... 177 E3
Saint-Émilien-de-Blain 44 ... 147 F1
Saint-Émilion 33 ... 238 C5
Saint-Ennemond 03 ... 175 E5
Saint-Épain 37 ... 151 G5
Saint-Epvre 57 ... 66 C2
Saint-Erblon 35 ... 104 B4
Saint-Erblon 53 ... 127 G2
Saint-Erme-Outre-et-Ramecourt 02 ... 41 F1
Saint-Escobille 91 ... 87 E4
Saint-Esteben 64 ... 311 F4
Saint-Estèphe 16 ... 221 E2

Saint-Estèphe 24 222 C 2
Saint-Estèphe 33 237 E 1
Saint-Estève 66 343 E 2
Saint-Estève 84 286 A 3
Saint-Estève-Janson 13 305 H 3
Saint-Étienne 42 230 B 4
Saint-Étienne-à-Arnes 08 42 B 3
Saint-Étienne-au-Mont 62 6 B 2
Saint-Étienne-au-Temple 51 62 B 1
Saint-Étienne-aux-Clos 19 226 C 3
Saint-Étienne-Cantalès 15 243 H 5
Saint-Étienne-Cantalès *Barrage de* 15 243 H 5
Saint-Étienne-d'Albagnan 34 300 D 5
Saint-Étienne-de-Baïgorry 64 330 B 1
Saint-Étienne-de-Boulogne 07 266 C 2
Saint-Étienne-de-Brillouet 85 183 G 2
Saint-Étienne-de-Carlat 15 244 D 5
Saint-Étienne-de-Chigny 37 151 G 3
Saint-Étienne-de-Chomeil 15 226 D 5
Saint-Étienne-de-Crossey 38 232 D 4
Saint-Étienne-de-Cuines 73 234 A 4
Saint-Étienne-de-Fontbellon 07 266 B 3
Saint-Étienne-de-Fougères 47 258 B 5
Saint-Étienne-de-Fursac 23 206 B 1
Saint-Étienne-de-Gourgas 34 301 H 3
Saint-Étienne-de-Lisse 33 238 C 5
Saint-Étienne-de-l'Olm 30 284 A 4
Saint-Étienne-de-Lugdarès 07 265 G 3
Saint-Étienne-de-Maurs 15 261 H 2
Saint-Étienne-de-Mer-Morte 44 165 F 2
Saint-Étienne-de-Montluc 44 147 F 3
Saint-Étienne-de-Puycorbier 24 239 G 3
Saint-Étienne-de-Saint-Geoirs 38 232 A 5
Saint-Étienne-de-Serre 07 266 C 1
Saint-Étienne-de-Tinée 06 289 F 1
Saint-Étienne-de-Tulmont 82 278 B 5
Saint-Étienne-de-Valoux 07 249 E 1
Saint-Étienne-de-Vicq 03 210 C 1
Saint-Étienne-de-Villeréal 47 258 C 3
Saint-Étienne-des-Champs 63 208 D 5
Saint-Étienne-des-Guérets 41 131 G 5
Saint-Étienne-des-Oullières 69 212 D 2
Saint-Étienne-des-Sorts 30 285 E 3
Saint-Étienne-d'Orthe 40 292 C 4
Saint-Étienne-du-Bois 01 196 A 4
Saint-Étienne-du-Bois 85 165 G 3
Saint-Étienne-du-Grès 13 304 C 2
Saint-Étienne-du-Gué-de-l'Isle 22 102 C 2
Saint-Étienne-du-Rouvray 76 36 B 2
Saint-Étienne-du-Valdonnez 48 264 C 5
Saint-Étienne-du-Vauvray 27 36 C 4
Saint-Étienne-du-Vigan 43 265 F 1
Saint-Étienne-en-Bresse 71 178 A 5
Saint-Étienne-en-Coglès 35 81 E 4
Saint-Étienne-en-Dévoluy 05 269 F 2
Saint-Étienne-Estréchoux 34 301 F 4
Saint-Étienne-la-Cigogne 79 201 H 1
Saint-Étienne-la-Geneste 19 226 B 4
Saint-Étienne-la-Thillaye 14 34 C 3
Saint-Étienne-la-Varenne 69 212 C 2
Saint-Étienne-l'Allier 27 35 F 3
Saint-Étienne-Lardeyrol 43 247 G 3
Saint-Étienne-le-Laus 05 269 H 4
Saint-Étienne-le-Molard 42 229 G 1
Saint-Étienne-les-Orgues 04 287 E 4
Saint-Étienne-lès-Remiremont 88 119 H 4
Saint-Étienne-Roilaye 60 39 H 3
Saint-Étienne-sous-Bailleul 27 36 D 5
Saint-Étienne-sous-Barbuise 10 91 E 3
Saint-Étienne-sur-Blesle 43 245 H 1
Saint-Étienne-sur-Chalaronne 01 213 E 1
Saint-Étienne-sur-Reyssouze 01 195 F 3
Saint-Étienne-sur-Suippe 51 41 H 2
Saint-Étienne-sur-Usson 63 228 B 3
Saint-Étienne-Vallée-Française 48 283 F 3
Saint-Eugène 02 60 C 1
Saint-Eugène 17 220 B 3
Saint-Eugène 71 176 C 5
Saint-Eulien 51 63 E 5
Saint-Euphraise-et-Clairizet 51 41 F 4
Saint-Euphrône 21 158 D 1
Saint-Eusèbe 71 177 E 5
Saint-Eusèbe 74 215 F 3
Saint-Eusèbe-en-Champsaur 05 269 G 1
Saint-Eustache 74 215 G 4
Saint Eustache *Col de* 2A 349 E 5
Saint-Eustache-la-Forêt 76 19 E 5
Saint-Eutrope 16 221 E 4
Saint-Eutrope-de-Born 47 258 C 4
Saint-Évarzec 29 99 H 3
Saint-Evroult-de-Montfort 61 54 D 4
Saint-Evroult-Notre-Dame-du-Bois 61 55 E 4
Saint-Exupéry 33 256 C 3
Saint-Exupéry-les-Roches 19 226 B 3
Saint-Fargeau 89 135 F 5
Saint-Fargeau-Ponthierry 77 88 A 3
Saint-Fargeol 03 208 D 1
Saint-Faust 64 314 A 4
Saint-Félicien 07 248 D 3
Saint-Féliu-d'Amont 66 342 D 2
Saint-Féliu-d'Avall 66 342 D 2
Saint-Félix 03 192 C 5
Saint-Félix 16 220 D 5
Saint-Félix 17 201 G 2
Saint-Félix 46 261 G 3
Saint-Félix 60 38 B 3
Saint-Félix 74 215 F 4
Saint-Félix-de-Bourdeilles 24 222 B 4
Saint-Félix-de-Foncaude 33 256 C 3
Saint-Félix-de-l'Héras 34 301 G 2
Saint-Félix-de-Lodez 34 302 A 4
Saint-Félix-de-Lunel 12 262 C 4
Saint-Félix-de-Montceau *Ancienne Abbaye de* 34 323 E 3
Saint-Félix-de-Pallières 30 283 G 5
Saint-Félix-de-Reillac-et-Mortemart 24 241 E 4
Saint-Félix-de-Rieutord 09 336 B 2
Saint-Félix-de-Sorgues 12 301 E 1
Saint-Félix-de-Tournegat 09 336 C 1
Saint-Félix-de-Villadeix 24 240 C 5
Saint-Félix-Lauragais 31 318 D 2
Saint-Fergeux 08 25 H 5
Saint-Ferjeux 70 141 H 5
Saint-Ferme 33 257 E 2
Saint-Ferréol 31 316 C 3
Saint-Ferréol 31 319 E 2
Saint-Ferréol 74 216 A 5
Saint-Ferréol-d'Auroure 43 230 A 5
Saint-Ferréol-des-Côtes 63 228 D 3
Saint-Ferréol-Trente-Pas 26 268 A 5
Saint-Ferriol 11 337 G 4
Saint-Fiacre 22 77 H 2
Saint-Fiacre 56 100 D 3
Saint-Fiacre 77 59 G 2
Saint-Fiacre-sur-Maine 44 147 H 5
Saint-Fiel 23 207 E 1
Saint-Firmin 05 269 G 1
Saint-Firmin 54 94 D 3
Saint-Firmin 58 175 E 1
Saint-Firmin 71 177 E 3
Saint-Firmin-des-Bois 45 112 D 5
Saint-Firmin-des-Prés 41 131 H 2
Saint-Firmin-sur-Loire 45 134 D 5
Saint-Flavy 10 90 B 4
Saint-Florent 45 134 B 4
Saint-Florent 79 184 D 4
Saint-Florent 2B 345 F 4
Saint-Florent-des-Bois 85 183 E 1
Saint-Florent-le-Vieil 49 148 C 2
Saint-Florent-sur-Auzonnet 30 283 H 2
Saint-Florent-sur-Cher 18 172 D 2
Saint-Florentin 36 171 H 1
Saint-Florentin 89 114 B 5
Saint-Floret 63 227 H 3
Saint-Floris 62 7 H 2
Saint-Flour 15 245 H 4
Saint-Flour 63 228 C 1
Saint-Flour-de-Mercoire 48 265 F 2
Saint-Flovier 37 170 C 2
Saint-Floxel 50 29 G 4
Saint-Folquin 62 3 E 3
Saint-Fons 69 231 E 1
Saint-Forgeot 71 176 D 2
Saint-Forget 78 57 H 5
Saint-Forgeux 69 212 B 4
Saint-Forgeux-Lespinasse 42 211 F 1
Saint-Fort 53 128 B 3
Saint-Fort-sur-Gironde 17 219 F 3
Saint-Fort-sur-le-Né 16 220 B 2
Saint-Fortunat-sur-Eyrieux 07 266 D 1
Saint-Fraigne 16 203 E 3
Saint-Fraimbault 61 82 A 3
Saint-Fraimbault-de-Prières 53 82 B 4
Saint-Frajou 31 316 D 3
Saint-Franc 73 232 D 3
Saint-Franchy 58 157 E 5
Saint-François-de-Sales 73 233 G 1
Saint-François-Lacroix 57 46 C 3
Saint-François-Longchamp 73 234 A 4
Saint-Frégant 29 70 D 4
Saint-Fréjoux 19 226 B 3
Saint-Frézal-d'Albuges 48 265 E 4
Saint-Frézal-de-Ventalon 48 283 F 2
Saint-Frichoux 11 320 A 4
Saint-Frion 23 207 H 4
Saint-Fromond 50 32 B 4
Saint-Front 16 203 G 4
Saint-Front 43 247 H 4
Saint-Front-d'Alemps 24 222 D 5
Saint-Front-de-Pradoux 24 239 G 3
Saint-Front-la-Rivière 24 222 C 4
Saint-Front-sur-Lémance 47 259 E 4
Saint-Front-sur-Nizonne 24 222 B 4
Saint-Froult 17 200 C 3
Saint-Fulgent 85 166 B 3
Saint-Fulgent-des-Ormes 61 84 B 5
Saint-Fuscien 80 22 C 2
Saint-Gabriel *Chapelle* 13 304 C 2
Saint-Gabriel-Brécy 14 33 F 3
Saint-Gal 48 264 B 3
Saint-Gal-sur-Sioule 63 209 G 2
Saint-Galmier 42 230 A 2
Saint-Gand 70 140 C 5
Saint-Ganton 35 126 A 3
Saint-Gatien-des-Bois 14 34 C 2
Saint-Gaudens 31 334 C 1
Saint-Gaudent 86 203 G 1
Saint-Gaudéric 11 337 E 1
Saint-Gault 53 105 H 5
Saint-Gaultier 36 188 C 1
Saint-Gauzens 81 298 D 3
Saint-Gayrand 47 275 G 1
Saint-Gein 40 294 B 2
Saint-Gelais 79 185 E 3
Saint-Gelven 22 77 G 5
Saint-Gély-du-Fesc 34 302 D 3
Saint-Génard 79 202 D 1
Saint-Gence 87 205 F 4
Saint-Généroux 79 168 B 3
Saint-Genès-Champanelle 63 227 G 1
Saint-Genès-Champespe 63 227 E 4
Saint-Genès-de-Blaye 33 237 F 2
Saint-Genès-de-Castillon 33 238 D 5
Saint-Genès-de-Fronsac 33 238 B 3
Saint-Genès-de-Lombaud 33 255 H 1
Saint-Genès-du-Retz 63 210 A 2
Saint-Genès-la-Tourette 63 228 C 3
Saint-Genest 03 190 D 5
Saint-Genest 88 95 G 4
Saint-Genest-d'Ambière 86 169 F 4
Saint-Genest-de-Beauzon 07 265 H 5
Saint-Genest-de-Contest 81 299 F 3
Saint-Genest-Lachamp 07 266 B 1
Saint-Genest-Lerpt 42 230 A 4
Saint-Genest-Malifaux 42 230 B 5
Saint-Genest-sur-Roselle 87 224 B 1
Saint-Geneys-près-Saint-Paulien 43 247 E 2
Saint-Gengoulph 02 40 A 5
Saint-Gengoux-de-Scissé 71 194 D 2
Saint-Gengoux-le-National 71 194 D 1
Saint-Geniès 24 241 G 4
Saint-Geniès-Bellevue 31 298 A 4
Saint-Geniès-de-Comolas 30 285 E 4
Saint-Geniès-de-Fontedit 34 321 G 2
Saint-Geniès-de-Malgoirès 30 303 G 1
Saint-Geniès-de-Varensal 34 301 E 4
Saint-Geniès-des-Mourgues 34 303 E 3
Saint-Geniez 04 287 G 2
Saint Geniez-d'Olt-et-d'Aubrac 12 263 G 5
Saint-Geniez-ô-Merle 19 243 G 3
Saint-Genis 05 269 E 5
Saint-Genis 38 251 E 5
Saint-Genis-de-Blanzac 16 221 E 4
Saint-Genis-de-Saintonge 17 219 G 3
Saint-Genis-des-Fontaines 66 343 F 3
Saint-Genis-d'Hiersac 16 203 E 5
Saint-Genis-du-Bois 33 256 C 2
Saint-Genis-l'Argentière 69 230 C 1
Saint-Genis-Laval 69 231 E 1
Saint-Genis-les-Ollières 69 212 D 5
Saint-Genis-Pouilly 01 197 F 5
Saint-Genis-sur-Menthon 01 195 F 4
Saint-Genix-sur-Guiers 73 232 C 2
Saint-Genou 36 171 E 3
Saint-Genouph 37 151 H 2
Saint-Geoire-en-Valdaine 38 232 D 3
Saint-Geoirs 38 232 A 5
Saint-Georges 15 245 H 4
Saint-Georges 16 203 G 3
Saint-Georges 32 296 D 3
Saint-Georges 33 238 C 5
Saint-Georges 47 259 E 5
Saint-Georges 57 67 G 5
Saint-Georges 62 7 E 5
Saint-Georges 82 278 C 3
Saint-Georges *Gorges de* 11 337 G 5
Saint-Georges-Armont 25 163 E 2
Saint-Georges-Blancaneix 24 239 G 5
Saint-Georges-Buttavent 53 82 A 5
Saint-Georges-d'Annebecq 61 53 H 5
Saint-Georges-d'Aunay 14 53 E 1
Saint-Georges-d'Aurac 43 246 C 2
Saint-Georges-d'Hurtières 73 234 A 3
Saint-Georges-de-Baroille 42 211 H 4
Saint-Georges-de-Bohon 50 31 H 3
Saint-Georges-de-Chesné 35 81 E 5
Saint-Georges-de-Commiers 38 250 D 3
Saint-Georges-de-Cubillac 17 219 H 3
Saint-Georges-de-Didonne 17 218 D 2
Saint-Georges-de-Gréhaigne 35 80 C 2
Saint-Georges-de-la-Couée 72 130 D 2
Saint-Georges-de-la-Rivière 50 31 E 2
Saint-Georges-de-Lévéjac 48 282 A 2
Saint-Georges-de-Livoye 50 52 A 4
Saint-Georges-de-Longuepierre 17 202 B 2
Saint-Georges-de-Luzençon 12 281 G 4
Saint-Georges-de-Mons 63 209 F 4
Saint-Georges-de-Montaigu 85 166 A 2
Saint-Georges-de-Montclard 24 240 B 5
Saint-Georges-de-Noisné 79 185 F 2
Saint-Georges-de-Pointindoux 85 165 F 5
Saint-Georges-de-Poisieux 18 173 F 5
Saint-Georges-de-Reintembault 35 81 E 2
Saint-Georges-de-Reneins 69 212 D 2
Saint-Georges-de-Rex 79 184 C 4
Saint-Georges-de-Rouelley 50 82 A 2
Saint-Georges-d'Elle 50 32 C 4
Saint-Georges-des-Agoûts 17 219 F 4
Saint-Georges-des-Coteaux 17 201 F 5
Saint-Georges-des-Gardes 49 149 E 5
Saint-Georges-des-Groseillers 61 53 E 4
Saint-Georges-des-Sept-Voies 49 150 A 3
Saint-Georges-d'Espéranche 38 231 G 2
Saint-Georges-d'Oléron 17 200 A 3
Saint-Georges-d'Orques 34 302 C 4
Saint-Georges-du-Bois 17 201 F 1
Saint-Georges-du-Bois 49 150 A 1
Saint-Georges-du-Bois 72 107 G 5
Saint-Georges-du-Mesnil 27 35 F 4
Saint-Georges-du-Rosay 72 108 B 2
Saint-Georges-du-Vièvre 27 35 F 4
Saint-Georges-en-Auge 14 54 B 1
Saint-Georges-en-Couzan 42 229 F 1
Saint-Georges-Haute-Ville 42 229 H 3
Saint-Georges-la-Pouge 23 207 F 3
Saint-Georges-Lagricol 43 247 F 1
Saint-Georges-le-Fléchard 53 106 B 4
Saint-Georges-le-Gaultier 72 83 F 5
Saint-Georges-lès-Baillargeaux 86 169 F 5
Saint-Georges-les-Bains 07 249 E 5
Saint-Georges-les-Landes 87 188 B 4
Saint-Georges-Montcocq 50 32 B 5
Saint-Georges-Motel 27 56 D 4
Saint-Georges-Nigremont 23 207 H 5
Saint-Georges-sur-Allier 63 228 A 1
Saint-Georges-sur-Arnon 36 172 C 2
Saint-Georges-sur-Baulche 89 136 B 3
Saint-Georges-sur-Cher 41 152 D 3
Saint-Georges-sur-Erve 53 106 D 2
Saint-Georges-sur-Eure 28 85 H 4
Saint-Georges-sur-Fontaine 76 20 B 5
Saint-Georges-sur-la-Prée 18 154 B 4
Saint-Georges-sur-l'Aa 59 3 F 3
Saint-Georges-sur-Layon 49 149 H 4
Saint-Georges-sur-Loire 49 149 E 2
Saint-Georges-sur-Moulon 18 155 E 5
Saint-Georges-sur-Renon 01 213 G 1
Saint-Geours-d'Auribat 40 293 F 2
Saint-Geours-de-Maremne 40 292 C 3
Saint-Gérand 56 102 A 2
Saint-Gérand-de-Vaux 03 192 B 4
Saint-Gérand-le-Puy 03 192 C 5
Saint-Géraud 47 257 E 3
Saint-Géraud-de-Corps 24 239 F 4
Saint-Géréon 44 148 B 2
Saint-Germain 07 266 C 4
Saint-Germain 10 114 D 2
Saint-Germain 54 95 E 3
Saint-Germain 70 141 H 3
Saint-Germain 86 187 G 2
Saint-Germain *Ermitage de* 74 215 H 4
Saint-Germain-au-Mont-d'Or 69 213 E 4
Saint-Germain-Beaupré 23 188 D 4
Saint-Germain-Chassenay 58 175 E 4
Saint-Germain-d'Anxure 53 106 A 2
Saint-Germain-d'Arcé 72 130 A 5
Saint-Germain-d'Aunay 61 54 D 2
Saint-Germain-de-Belvès 24 259 F 1
Saint-Germain-de-Calberte 48 283 E 3
Saint-Germain-de-Clairefeuille 61 54 C 5
Saint-Germain-de-Confolens 16 204 C 2
Saint-Germain-de-Coulamer 53 83 E 5
Saint-Germain-de-Fresney 27 56 C 2
Saint-Germain-de-Grave 33 256 B 3
Saint-Germain-de-Joux 01 196 D 5
Saint-Germain-de-la-Coudre 61 84 C 5
Saint-Germain-de-la-Grange 78 57 H 3
Saint-Germain-de-la-Rivière 33 238 B 4
Saint-Germain-de-Livet 14 34 C 5
Saint-Germain-de-Longue-Chaume 79 167 H 5
Saint-Germain-de-Lusignan 17 219 H 4
Saint-Germain-de-Marencennes 17 201 F 2
Saint-Germain-de-Martigny 61 84 B 2
Saint-Germain-de-Modéon 21 158 B 2

A B C D E F G H I J K L M N O P Q R S T U V W X Y Z

Saint-Germain-de-Montbron 16 221 H2
Saint-Germain-de-Montgommery 14 54 C2
Saint-Germain-de-Pasquier 27 36 A4
Saint-Germain-de-Prinçay 85 166 C4
Saint-Germain-de-Salles 03 210 A1
Saint-Germain-de-Tallevende-la-Lande-Vaumont 14 52 C3
Saint-Germain-de-Tournebut 50 29 G4
Saint-Germain-de-Varreville 50 29 H5
Saint-Germain-de-Vibrac 17 220 B4
Saint-Germain-d'Ectot 14 32 D5
Saint-Germain-d'Elle 50 32 C5
Saint-Germain-des-Angles 27 36 B5
Saint-Germain-des-Bois 18 173 F3
Saint-Germain-des-Bois 58 157 F3
Saint-Germain-des-Champs 89 158 A2
Saint-Germain-des-Essourts 76 36 C1
Saint-Germain-des-Fossés 03 210 B1
Saint-Germain-des-Grois 61 85 E4
Saint-Germain-des-Prés 24 223 E5
Saint-Germain-des-Prés 45 112 D5
Saint-Germain-des-Prés 49 149 E2
Saint-Germain-des-Prés 81 299 F5
Saint-Germain-des-Vaux 50 28 C2
Saint-Germain-d'Esteuil 33 219 E5
Saint-Germain-d'Étables 76 20 B2
Saint-Germain-du-Bel-Air 46 260 B3
Saint-Germain-du-Bois 71 178 C4
Saint-Germain-du-Corbéis 61 83 G4
Saint-Germain-du-Crioult 14 53 E3
Saint-Germain-du-Pert 14 32 B2
Saint-Germain-du-Pinel 35 105 F4
Saint-Germain-du-Plain 71 178 A5
Saint-Germain-du-Puch 33 238 B5
Saint-Germain-du-Puy 18 173 F1
Saint-Germain-du-Salembre 24 239 H2
Saint-Germain-du-Seudre 17 219 F3
Saint-Germain-du-Teil 48 263 H5
Saint-Germain-du-Val 72 129 G4
Saint-Germain-en-Brionnais 71 194 A4
Saint-Germain-en-Coglès 35 81 E4
Saint-Germain-en-Laye 78 58 A3
Saint-Germain-en-Montagne 39 179 H4
Saint-Germain-et-Mons 24 258 B1
Saint-Germain-la-Blanche-Herbe 14 33 G4
Saint-Germain-la-Campagne 27 55 E1
Saint-Germain-la-Chambotte 73 215 E5
Saint-Germain-la-Gâtine 28 86 A3
Saint-Germain-la-Montagne 42 212 A1
Saint-Germain-la-Poterie 60 37 H2
Saint-Germain-la-Ville 51 62 B3
Saint-Germain-l'Aiguiller 85 166 D5
Saint-Germain-Langot 14 53 G2
Saint-Germain-Laprade 43 247 G3
Saint-Germain-Laval 42 211 G5
Saint-Germain-Laval 77 89 E4
Saint-Germain-Lavolps 19 225 H2
Saint-Germain-Laxis 77 88 B2
Saint-Germain-le-Châtelet 90 142 C2
Saint-Germain-le-Fouilloux 53 105 H3
Saint-Germain-le-Gaillard 28 85 H4
Saint-Germain-le-Gaillard 50 28 D4
Saint-Germain-le-Guillaume 53 105 H2
Saint-Germain-le-Rocheux 21 138 B3
Saint-Germain-le-Vasson 14 53 G1
Saint-Germain-le-Vieux 61 84 A2
Saint-Germain-Lembron 63 228 A4
Saint-Germain-lès-Arlay 39 179 E4
Saint-Germain-lès-Arpajon 91 87 G2
Saint-Germain-les-Belles 87 224 B2
Saint-Germain-lès-Buxy 71 177 G5
Saint-Germain-lès-Corbeil 91 88 A2
Saint-Germain-les-Paroisses 01 214 C5
Saint-Germain-lès-Senailly 21 137 G5
Saint-Germain-les-Vergnes 19 242 C1
Saint-Germain-Lespinasse 42 211 F2
Saint-Germain-l'Herm 63 228 C4
Saint-Germain-près-Herment 63 226 D1
Saint-Germain-sous-Cailly 76 20 C5
Saint-Germain-sous-Doue 77 60 A3
Saint-Germain-sur-Avre 27 56 C4
Saint-Germain-sur-Ay-Plage 50 31 F3
Saint-Germain-sur-Bresle 80 21 F2
Saint-Germain-sur-Eaulne 76 21 E3
Saint-Germain-sur-École 77 88 A3
Saint-Germain-sur-Ille 35 80 B5
Saint-Germain-Nuelles 69 212 C4
Saint-Germain-sur-Meuse 55 93 H1
Saint-Germain-sur-Moine 49 148 B5
Saint-Germain-sur-Morin 77 59 G3
Saint-Germain-sur-Renon 01 213 G2
Saint-Germain-sur-Rhône 74 215 E2
Saint-Germain-sur-Sarthe 72 83 G5
Saint-Germain-sur-Sèves 50 31 H3
Saint-Germain-sur-Vienne 37 150 D4
Saint-Germain-Village 27 35 E3
Saint-Germainmont 08 41 H1
Saint-Germé 32 294 D3
Saint-Germer-de-Fly 60 37 G2
Saint-Germier 31 318 C2
Saint-Germier 32 297 E4
Saint-Germier 79 185 G3
Saint-Germier 81 299 G4
Saint-Géron 43 228 A5
Saint-Gérons 15 243 H5
Saint-Gervais 16 203 G3
Saint-Gervais 30 284 D3
Saint-Gervais 33 237 H3
Saint-Gervais 38 250 B1
Saint-Gervais 85 164 D2
Saint-Gervais 95 37 G5
Saint-Gervais-d'Auvergne 63 209 E3
Saint-Gervais-de-Vic 72 131 E2
Saint-Gervais-des-Sablons 61 54 B2
Saint-Gervais-du-Perron 61 83 H2
Saint-Gervais-en-Belin 72 130 A2
Saint-Gervais-en-Vallière 71 178 A2
Saint-Gervais-la-Forêt 41 132 A5
Saint-Gervais-les-Bains 74 216 D3
Saint-Gervais-les-Trois-Clochers 86 169 F3
Saint-Gervais-sous-Meymont 63 228 D1
Saint-Gervais-sur-Couches 71 177 F2
Saint-Gervais-sur-Mare 34 301 E4
Saint-Gervais-sur-Roubion 26 267 F3
Saint-Gervasy 30 304 A1
Saint-Gervazy 63 228 A4
Saint-Géry 24 239 G4
Saint-Géry 46 260 C5
Saint-Géry *Château de* 81 298 C2
Saint-Geyrac 24 241 E3
Saint-Gibrien 51 62 A2
Saint-Gildas 22 77 H3
Saint-Gildas *Pointe de* 44 146 B4
Saint-Gildas-de-Rhuys 56 124 B5
Saint-Gildas-des-Bois 44 125 H5
Saint-Gilles 30 304 A4
Saint-Gilles 35 104 A2
Saint-Gilles 36 188 C3
Saint-Gilles 50 32 A5
Saint-Gilles 51 40 D3
Saint-Gilles 71 177 F3
Saint-Gilles-Croix-de-Vie 85 164 D4
Saint-Gilles-de-Crétot 76 19 F5
Saint-Gilles-de-la-Neuville 76 19 E5
Saint-Gilles-des-Marais 61 82 A2
Saint-Gilles-du-Mené 22 102 C1
Saint-Gilles-les-Bois 22 73 F4
Saint-Gilles-les-Forêts 87 224 C2
Saint-Gilles-Pligeaux 22 77 H3
Saint-Gilles-Vieux-Marché 22 77 H5
Saint-Gineis-en-Coiron 07 266 C3
Saint-Gingolph 74 198 D3
Saint-Girod 73 215 F5
Saint-Girons 09 335 F2
Saint-Girons-d'Aiguevives 33 237 G2
Saint-Girons-en-Béarn 64 293 F5
Saint-Girons-Plage 40 272 A5
Saint-Gladie-Arrive-Munein 64 311 H4
Saint-Glen 22 78 D5
Saint-Goazec 29 76 B5
Saint-Gobain 02 24 B5
Saint-Gobert 02 25 E3
Saint-Goin 64 313 G4
Saint-Gondon 45 134 B4
Saint-Gondran 35 80 A5
Saint-Gonéry *Chapelle* 22 73 E2
Saint-Gonlay 35 103 G3
Saint-Gonnery 56 102 A2
Saint-Gor 40 274 B4
Saint-Gorgon 56 125 F4
Saint-Gorgon 88 95 H4
Saint-Gorgon-Main 25 180 C1
Saint-Gouéno 22 102 C1
Saint-Gourgon 41 131 G4
Saint-Gourson 16 203 G3
Saint-Goussaud 23 206 C2
Saint-Gratien 80 22 C1
Saint-Gratien 95 58 B2
Saint-Gratien-Savigny 58 175 G3
Saint-Gravé 56 125 F3
Saint-Grégoire 35 104 B2
Saint-Grégoire 81 299 G1
Saint-Grégoire-d'Ardennes 17 219 H3
Saint-Grégoire-du-Vièvre 27 35 F4
Saint-Griède 32 294 D3
Saint-Groux 16 203 F4
Saint-Guen 22 102 A1
Saint-Guénolé 29 99 F5
Saint-Guilhem-le-Désert 34 302 B3
Saint-Guillaume 38 250 C4
Saint-Guinoux 35 80 A2
Saint-Guiraud 34 302 A4
Saint-Guyomard 56 124 D2
Saint-Haon 43 265 E1
Saint-Haon-le-Châtel 42 211 F2
Saint-Haon-le-Vieux 42 211 F2
Saint-Héand 42 230 B3
Saint-Hélen 22 79 H4
Saint-Hélier 21 159 F2
Saint-Hellier 76 20 B3
Saint-Herblain 44 147 F4
Saint-Herblon 44 148 C2
Saint-Herbot 29 76 B3
Saint-Hérent 63 227 H4
Saint-Hernin 29 76 C5
Saint-Hervé 22 78 A5
Saint-Hilaire 03 191 G2
Saint-Hilaire 11 337 H1
Saint-Hilaire 16 220 C4
Saint-Hilaire 25 162 B2
Saint-Hilaire 31 317 G3
Saint-Hilaire 38 233 F5
Saint-Hilaire 43 228 B5
Saint-Hilaire 46 261 G2
Saint-Hilaire 63 208 D2
Saint-Hilaire 91 87 F4
Saint-Hilaire-au-Temple 51 62 B1
Saint-Hilaire-Bonneval 87 223 H1
Saint-Hilaire-Cottes 62 7 G3
Saint-Hilaire-Cusson-la-Valmitte 42 229 G5
Saint-Hilaire-de-Beauvoir 34 303 E3
Saint-Hilaire-de-Brens 38 232 A1
Saint-Hilaire-de-Brethmas 30 283 H4
Saint-Hilaire-de-Briouze 61 53 G4
Saint-Hilaire-de-Chaléons 44 147 E5
Saint-Hilaire-de-Clisson 44 166 A1
Saint-Hilaire-de-Court 18 154 B5
Saint-Hilaire-de-Gondilly 18 174 A1
Saint-Hilaire-de-la-Côte 38 232 A4
Saint-Hilaire-de-la-Noaille 33 256 D3
Saint-Hilaire-de-Lavit 48 283 F2
Saint-Hilaire-de-Loulay 85 166 A1
Saint-Hilaire-de-Lusignan 47 275 H3
Saint-Hilaire-de-Riez 85 164 D4
Saint-Hilaire-de-Villefranche 17 201 G4
Saint-Hilaire-de-Voust 85 184 C1
Saint-Hilaire-des-Landes 35 80 D4
Saint-Hilaire-des-Loges 85 184 C2
Saint-Hilaire-d'Estissac 24 239 H4
Saint-Hilaire-d'Ozilhan 30 284 D5
Saint-Hilaire-du-Bois 17 219 H4
Saint-Hilaire-du-Bois 33 256 D2
Saint-Hilaire-du-Bois 49 149 G5
Saint-Hilaire-du-Bois 85 166 D5
Saint-Hilaire-du-Harcouët 50 81 F2
Saint-Hilaire-du-Maine 53 105 G2
Saint-Hilaire-du-Rosier 38 250 A2
Saint-Hilaire-en-Lignières 18 172 D5
Saint-Hilaire-en-Morvan 58 176 A1
Saint-Hilaire-en-Woëvre 55 64 D1
Saint-Hilaire-Foissac 19 225 G5
Saint-Hilaire-Fontaine 58 175 G4
Saint-Hilaire-la-Croix 63 209 G2
Saint-Hilaire-la-Forêt 85 182 C2
Saint-Hilaire-la-Gérard 61 83 G2
Saint-Hilaire-la-Gravelle 41 109 G5
Saint-Hilaire-la-Palud 79 184 B5
Saint-Hilaire-la-Plaine 23 207 F2
Saint-Hilaire-la-Treille 87 188 B5
Saint-Hilaire-le-Château 23 207 E3
Saint-Hilaire-le-Châtel 61 84 B2
Saint-Hilaire-le-Grand 51 42 B4
Saint-Hilaire-le-Lierru 72 108 B3
Saint-Hilaire-le-Petit 51 42 B3
Saint-Hilaire-le-Vouhis 85 166 B5
Saint-Hilaire-les-Andrésis 45 113 E4
Saint-Hilaire-les-Courbes 19 225 E2
Saint-Hilaire-les-Monges 63 208 D5
Saint-Hilaire-les-Places 87 223 G2
Saint-Hilaire-lez-Cambrai 59 14 C3
Saint-Hilaire-Luc 19 225 H5
Saint-Hilaire-Petitville 50 32 A3
Saint-Hilaire-Peyroux 19 242 C2
Saint-Hilaire-Saint-Florent 49 150 B4
Saint-Hilaire-Saint-Mesmin 45 133 E2
Saint-Hilaire-sous-Charlieu 42 211 H1
Saint-Hilaire-sous-Romilly 10 90 B3
Saint-Hilaire-sur-Benaize 36 187 H2
Saint-Hilaire-sur-Erre 61 84 D5
Saint-Hilaire-sur-Helpe 59 15 G4
Saint-Hilaire-sur-Puiseaux 45 134 C2
Saint-Hilaire-sur-Risle 61 55 E4
Saint-Hilaire-sur-Yerre 28 109 H4
Saint-Hilaire-Taurieux 19 243 E3
Saint-Hilarion 78 86 C2
Saint-Hilliers 77 89 G2
Saint-Hippolyte 12 262 D2
Saint-Hippolyte 15 245 E2
Saint-Hippolyte 17 201 E3
Saint-Hippolyte 25 163 G2
Saint-Hippolyte 33 238 C5
Saint-Hippolyte 37 170 C1
Saint-Hippolyte 63 209 G4
Saint-Hippolyte 66 339 E5
Saint-Hippolyte 68 97 E5
Saint-Hippolyte-de-Caton 30 284 A4
Saint-Hippolyte-de-Montaigu 30 284 C5
Saint-Hippolyte-du-Fort 30 283 F5
Saint-Hippolyte-le-Graveyron 84 285 H3
Saint-Honorat *Île* 06 309 F5
Saint-Honoré 38 251 E4
Saint-Honoré 76 20 B3
Saint-Honoré-les-Bains 58 175 H3
Saint-Hostien 43 247 G3
Saint-Hubert 57 46 B4
Saint-Hubert 78 57 G5
Saint-Huruge 71 194 C1
Saint-Hymer 14 34 C4
Saint-Hymetière 39 196 C3
Saint-Igeaux 22 77 G4
Saint-Igest 12 261 G5
Saint-Ignan 31 316 B5
Saint-Ignat 63 210 A4
Saint-Igneuc 22 79 E4
Saint-Igny-de-Roche 71 212 A1
Saint-Igny-de-Vers 69 194 B5
Saint-Illide 15 244 B3
Saint-Illiers-la-Ville 78 57 E2
Saint-Illiers-le-Bois 78 57 E2
Saint-Ilpize 43 246 B2
Saint-Imoges 51 41 G5
Saint-Inglevert 62 2 C4
Saint-Isidore 06 309 G2
Saint-Isle 53 105 H3
Saint-Ismier 38 251 E1
Saint-Izaire 12 281 E5
Saint-Jacques 04 288 B5
Saint-Jacques 06 309 E3
Saint-Jacques-d'Aliermont 76 20 C2
Saint-Jacques-d'Ambur 63 209 E4
Saint-Jacques-d'Atticieux 07 230 D5
Saint-Jacques-de-la-Lande 35 104 B3
Saint-Jacques-de-Néhou 50 29 E5
Saint-Jacques-de-Thouars 79 168 A2
Saint-Jacques-des-Arrêts 69 194 C5
Saint-Jacques-des-Blats 15 245 E3
Saint-Jacques-des-Guérets 41 131 E3
Saint-Jacques-en-Valgodemard 05 269 G1
Saint-Jacques-sur-Darnétal 76 36 C2
Saint-Jacut-de-la-Mer 22 50 A5
Saint-Jacut-du-Mené 22 78 D5
Saint-Jacut-les-Pins 56 125 G3
Saint-Jal 19 224 C5
Saint-James 50 81 E2
Saint-Jammes 64 314 C3
Saint-Jans-Cappel 59 4 A5
Saint-Jean 06 309 E4
Saint-Jean 31 298 A4
Saint-Jean *Chapelle* 27 36 D2
Saint-Jean *Chapelle* 29 75 F2
Saint-Jean *Col* 04 270 B5
Saint Jean *Église* 2B 347 E4
Saint-Jean-aux-Amognes 58 174 D2
Saint-Jean-aux-Bois 08 26 A3
Saint-Jean-aux-Bois 60 39 G3
Saint-Jean-Balanant 29 70 D5
Saint-Jean-Baptiste *Chapelle de* 2A 349 E5
Saint-Jean-Bonnefonds 42 230 B4
Saint-Jean-Brévelay 56 102 B5
Saint-Jean-Cap-Ferrat 06 309 H2
Saint-Jean-Chambre 07 248 C5
Saint-Jean-d'Abbetot 76 35 E1
Saint-Jean-d'Aigues-Vives 09 336 D3
Saint-Jean-d'Alcapiès 12 301 E1
Saint-Jean-d'Angély 17 201 H3
Saint-Jean-d'Angle 17 200 D4
Saint-Jean-d'Ardières 69 212 D1
Saint-Jean-d'Arves 73 252 A1
Saint-Jean-d'Arvey 73 233 F2
Saint-Jean-d'Assé 72 107 G3
Saint-Jean-d'Ataux 24 239 H2
Saint-Jean-d'Aubrigoux 43 229 E5
Saint-Jean-d'Aulps 74 198 C4
Saint-Jean-d'Avelanne 38 232 D3
Saint-Jean-de-Barrou 11 338 D3
Saint-Jean-de-Bassel 57 67 G4
Saint-Jean-de-Beauregard 91 58 A5
Saint-Jean-de-Belleville 73 234 B3
Saint-Jean-de-Beugné 85 183 G2
Saint-Jean-de-Blaignac 33 256 C1
Saint-Jean-de-Bœuf 21 159 G4
Saint-Jean-de-Boiseau 44 147 F4
Saint-Jean-de-Bonneval 10 114 D3
Saint-Jean-de-Bournay 38 231 H3
Saint-Jean-de-Braye 45 133 F2
Saint-Jean-de-Buèges 34 302 B2
Saint-Jean-de-Ceyrargues 30 284 A4
Saint-Jean-de-Chevelu 73 233 E1
Saint-Jean-de-Côle 24 222 D4
Saint-Jean-de-Corcoué 44 165 G1
Saint-Jean-de-Cornies 34 303 E3
Saint-Jean-de-Couz 73 233 E3
Saint-Jean-de-Crieulon 30 283 G5
Saint-Jean-de-Cuculles 34 302 D3
Saint-Jean-de-Daye 50 32 A3
Saint-Jean-de-Duras 47 257 G2
Saint-Jean-de-Folleville 76 35 E1
Saint-Jean-de-Fos 34 302 B3
Saint-Jean-de-Gonville 01 197 F5
Saint-Jean-de-la-Blaquière 34 301 H3
Saint-Jean-de-la-Croix 49 149 G2
Saint-Jean-de-la-Forêt 61 84 C4
Saint-Jean-de-la-Haize 50 51 H4
Saint-Jean-de-la-Léqueraye 27 35 F4
Saint-Jean-de-la-Motte 72 129 H3
Saint-Jean-de-la-Neuville 76 19 E5
Saint-Jean-de-la-Porte 73 233 G2
Saint-Jean-de-la-Rivière 50 31 E2
Saint-Jean-de-la-Ruelle 45 133 E2
Saint-Jean-de-Laur 46 261 E5
Saint-Jean-de-Lier 40 293 F2
Saint-Jean-de-Linières 49 149 F1
Saint-Jean-de-Liversay 17 183 H4
Saint-Jean-de-Livet 14 34 C5
Saint-Jean-de-Losne 21 160 C5
Saint-Jean-de-Luz 64 310 B3
Saint-Jean-de-Marcel 81 279 H5
Saint-Jean-de-Marsacq 40 292 C4
Saint-Jean-de-Maruéjols-et-Avéjan 30 284 A2
Saint-Jean-de-Maurienne 73 234 A5
Saint-Jean-de-Minervois 34 320 D3
Saint-Jean-de-Moirans 38 232 C5
Saint-Jean-de-Monts 85 164 C3
Saint-Jean-de-Muzols 07 249 E3
Saint-Jean-de-Nay 43 246 D3
Saint-Jean-de-Niost 01 213 H4
Saint-Jean-de-Paracol 11 337 F3
Saint-Jean-de-Pourcharesse 07 265 H5

Saint-Jean-de-Rebervilliers 28 ..... 85 H 2
Saint-Jean-de-Rives 81 ..... 298 C 3
Saint-Jean-de-Sauves 86 ..... 168 D 3
Saint-Jean-de-Savigny 50 ..... 32 B 4
Saint-Jean-de-Serres 30 ..... 283 H 5
Saint-Jean-de-Sixt 74 ..... 216 A 3
Saint-Jean-de-Soudain 38 ..... 232 B 2
Saint-Jean-de-Tholome 74 ..... 216 A 1
Saint-Jean-de-Thouars 79 ..... 168 A 2
Saint-Jean-de-Thurac 47 ..... 276 C 3
Saint-Jean-de-Thurigneux 01 ..... 213 E 3
Saint-Jean-de-Touslas 69 ..... 230 D 2
Saint-Jean-de-Trézy 71 ..... 177 F 3
Saint-Jean-de-Valériscle 30 ..... 283 H 2
Saint-Jean-de-Vals 81 ..... 299 G 4
Saint-Jean-de-Vaulx 38 ..... 251 E 3
Saint-Jean-de-Vaux 71 ..... 177 G 4
Saint-Jean-de-Védas 34 ..... 302 D 5
Saint-Jean-de-Verges 09 ..... 336 B 2
Saint-Jean-Delnous 12 ..... 280 C 5
Saint-Jean-des-Baisants 50 ..... 32 C 5
Saint-Jean-des-Bois 61 ..... 52 D 4
Saint-Jean-des-Champs 50 ..... 51 G 3
Saint-Jean-des-Échelles 72 ..... 108 D 3
Saint-Jean-des-Essartiers 14 ..... 52 D 1
Saint-Jean-des-Mauvrets 49 ..... 149 H 2
Saint-Jean-des-Ollières 63 ..... 228 B 2
Saint-Jean-des-Vignes 69 ..... 212 D 4
Saint-Jean-d'Estissac 24 ..... 239 H 4
Saint-Jean-d'Étreux 39 ..... 196 A 3
Saint-Jean-devant-Possesse 51 ..... 63 E 3
Saint-Jean-d'Eyraud 24 ..... 239 H 4
Saint-Jean-d'Hérans 38 ..... 251 E 5
Saint-Jean-d'Heurs 63 ..... 210 B 5
Saint-Jean-d'Illac 33 ..... 255 E 1
Saint-Jean-d'Ormont 88 ..... 96 B 4
Saint-Jean-du-Bois 72 ..... 129 G 2
Saint-Jean-du-Bouzet 82 ..... 276 D 5
Saint-Jean-du-Bruel 12 ..... 282 B 5
Saint-Jean-du-Cardonnay 76 ..... 36 A 1
Saint-Jean-du-Castillonnais 09 ..... 334 D 3
Saint-Jean-du-Corail 50 ..... 52 C 5
Saint-Jean-du-Corail-des-Bois 50 ..... 52 A 4
Saint-Jean-du-Doigt 29 ..... 72 A 3
Saint-Jean-du-Falga 09 ..... 336 B 1
Saint-Jean-du-Gard 30 ..... 283 F 4
Saint-Jean-du-Marché 88 ..... 119 H 2
Saint-Jean-du-Pin 30 ..... 283 G 4
Saint-Jean-du-Thenney 27 ..... 55 E 1
Saint-Jean-en-Royans 26 ..... 250 A 3
Saint-Jean-en-Val 63 ..... 228 B 3
Saint-Jean-et-Saint-Paul 12 ..... 301 E 1
Saint-Jean-Froidmentel 41 ..... 109 H 5
Saint-Jean-Kerdaniel 22 ..... 73 F 5
Saint-Jean-Kourtzerode 57 ..... 67 H 4
Saint-Jean-la-Bussière 69 ..... 212 A 3
Saint-Jean-la-Fouillouse 48 ..... 264 D 2
Saint-Jean-la-Poterie 56 ..... 125 G 4
Saint-Jean-la-Rivière 06 ..... 291 E 4
Saint-Jean-la-Vêtre 42 ..... 211 E 5
Saint-Jean-Lachalm 43 ..... 247 E 4
Saint-Jean-Lagineste 46 ..... 261 E 1
Saint-Jean-Lasseille 66 ..... 343 E 3
Saint-Jean-le-Blanc 14 ..... 53 E 2
Saint-Jean-le-Blanc 45 ..... 133 F 2
Saint-Jean-le-Centenier 07 ..... 266 C 3
Saint-Jean-le-Comtal 32 ..... 296 A 5
Saint-Jean-le-Priche 71 ..... 195 E 4
Saint-Jean-le-Thomas 50 ..... 51 F 4
Saint-Jean-le-Vieux 01 ..... 214 A 2
Saint-Jean-le-Vieux 38 ..... 251 F 1
Saint-Jean-le-Vieux 64 ..... 330 C 1
Saint-Jean-lès-Buzy 55 ..... 44 D 5
Saint-Jean-les-Deux-Jumeaux 77 ..... 59 H 2
Saint-Jean-lès-Longuyon 54 ..... 44 B 2
Saint-Jean-Lespinasse 46 ..... 261 E 1
Saint-Jean-Lherm 31 ..... 298 B 3
Saint-Jean-Ligoure 87 ..... 223 H 1
Saint-Jean-Mirabel 46 ..... 261 G 3
Saint-Jean-Pied-de-Port 64 ..... 330 C 1
Saint-Jean-Pierre-Fixte 28 ..... 85 E 5
Saint-Jean-Pla-de-Corts 66 ..... 343 E 4
Saint-Jean-Poudge 64 ..... 294 C 5
Saint-Jean-Poutge 32 ..... 295 H 3
Saint-Jean-Rohrbach 57 ..... 67 F 1
Saint-Jean-Roure 07 ..... 248 B 4
Saint-Jean-Saint-Germain 37 ..... 170 C 1
Saint-Jean-Saint-Gervais 63 ..... 228 B 4
Saint-Jean-Saint-Maurice-sur-Loire 42 ..... 211 G 3
Saint-Jean-Saint-Nicolas 05 ..... 270 A 2
Saint-Jean-Saverne 67 ..... 68 B 4
Saint-Jean-Soleymieux 42 ..... 229 G 3
Saint-Jean-sur-Couesnon 35 ..... 80 D 5
Saint-Jean-sur-Erve 53 ..... 106 C 4
Saint-Jean-sur-Mayenne 53 ..... 106 A 3
Saint-Jean-sur-Moivre 51 ..... 62 C 2
Saint-Jean-sur-Reyssouze 01 ..... 195 G 3
Saint-Jean-sur-Tourbe 51 ..... 42 D 5
Saint-Jean-sur-Veyle 01 ..... 195 F 5
Saint-Jean-sur-Vilaine 35 ..... 104 D 3
Saint-Jean-Trolimon 29 ..... 99 F 4
Saint-Jeannet 04 ..... 287 H 5
Saint-Jeannet 06 ..... 309 F 2
Saint-Jeanvrin 18 ..... 190 A 1
Saint-Jeoire 74 ..... 216 B 1
Saint-Jeoire-Prieuré 73 ..... 233 F 2
Saint-Jeure-d'Andaure 07 ..... 248 B 3
Saint-Jeure-d'Ay 07 ..... 248 D 2
Saint-Jeures 43 ..... 247 H 3
Saint-Joachim 44 ..... 146 B 2
Saint-Jodard 42 ..... 211 H 4
Saint-Joire 55 ..... 93 F 2
Saint-Jores 50 ..... 31 G 3
Saint-Jorioz 74 ..... 215 G 4
Saint-Jory 31 ..... 297 H 3
Saint-Jory-de-Chalais 24 ..... 222 D 3
Saint-Jory-las-Bloux 24 ..... 223 E 5
Saint-Joseph 42 ..... 230 D 3
Saint-Joseph 50 ..... 29 F 4
Saint-Joseph-de-Rivière 38 ..... 232 D 4
Saint-Joseph-des-Bancs 07 ..... 266 B 2
Saint-Josse 62 ..... 6 B 4
Saint-Jouan-de-l'Isle 22 ..... 103 F 1
Saint-Jouan-des-Guérets 35 ..... 50 C 5
Saint-Jouin 14 ..... 34 B 4
Saint-Jouin-Bruneval 76 ..... 18 C 4
Saint-Jouin-de-Blavou 61 ..... 84 B 4
Saint-Jouin-de-Marnes 79 ..... 168 B 3
Saint-Jouin-de-Milly 79 ..... 167 F 4
Saint-Jouvent 87 ..... 205 G 3
Saint-Juan 25 ..... 162 C 3
Saint-Judoce 22 ..... 79 H 5
Saint-Juéry 12 ..... 300 C 1
Saint-Juéry 48 ..... 263 H 1
Saint-Juéry 81 ..... 299 G 1
Saint-Juire-Champgillon 85 ..... 183 G 1
Saint-Julia 31 ..... 318 D 2
Saint-Julia-de-Bec 11 ..... 337 G 4
Saint-Julien 21 ..... 160 B 2
Saint-Julien 22 ..... 78 B 3
Saint-Julien 34 ..... 301 E 5
Saint-Julien 39 ..... 196 B 3
Saint-Julien 56 ..... 123 H 5
Saint-Julien 69 ..... 212 D 2
Saint-Julien 70 ..... 140 B 3
Saint-Julien 88 ..... 118 B 4
Saint-Julien-aux-Bois 19 ..... 243 G 3
Saint-Julien-Beychevelle 33 ..... 237 F 2
Saint-Julien-Boutières 07 ..... 248 B 4
Saint-Julien-Chapteuil 43 ..... 247 G 4
Saint-Julien-d'Ance 43 ..... 247 F 1
Saint-Julien-d'Armagnac 40 ..... 274 C 5
Saint-Julien-d'Arpaon 48 ..... 282 D 2
Saint-Julien-d'Asse 04 ..... 287 H 5
Saint-Julien-de-Bourdeilles 24 ..... 222 B 5
Saint-Julien-de-Briola 11 ..... 319 E 5
Saint-Julien-de-Cassagnas 30 ..... 284 A 3
Saint-Julien-de-Chédon 41 ..... 152 D 3
Saint-Julien-de-Civry 71 ..... 193 H 4
Saint-Julien-de-Concelles 44 ..... 148 A 3
Saint-Julien-de-Coppel 63 ..... 228 A 1
Saint-Julien-de-Crempse 24 ..... 239 H 4
Saint-Julien-de-Gras-Capou 09 ..... 336 D 2
Saint-Julien-de-Jonzy 71 ..... 193 H 5
Saint-Julien-de-Jordanne 15 ..... 244 D 3
Saint-Julien-de-la-Liègue 27 ..... 36 C 5
Saint-Julien-de-la-Nef 30 ..... 283 E 5
Saint-Julien-de-Lampon 24 ..... 259 H 1
Saint-Julien-de-l'Escap 17 ..... 201 H 3
Saint-Julien-de-l'Herms 38 ..... 231 G 4
Saint-Julien-de-Mailloc 14 ..... 34 D 5
Saint-Julien-de-Peyrolas 30 ..... 284 D 2
Saint-Julien-de-Raz 38 ..... 232 D 5
Saint-Julien-de-Toursac 15 ..... 261 H 2
Saint-Julien-de-Vouvantes 44 ..... 127 F 4
Saint-Julien-des-Chazes 43 ..... 246 D 3
Saint-Julien-des-Landes 85 ..... 165 F 5
Saint-Julien-des-Points 48 ..... 283 G 2
Saint-Julien-d'Eymet 24 ..... 257 H 2
Saint-Julien-d'Oddes 42 ..... 211 G 4
Saint-Julien-du-Gua 07 ..... 266 B 1
Saint-Julien-du-Pinet 43 ..... 247 G 2
Saint-Julien-du-Puy 81 ..... 299 F 3
Saint-Julien-du-Sault 89 ..... 113 G 4
Saint-Julien-du-Serre 07 ..... 266 B 3
Saint-Julien-du-Terroux 53 ..... 82 C 3
Saint-Julien-du-Tournel 48 ..... 264 D 5
Saint-Julien-du-Verdon 04 ..... 288 D 5
Saint-Julien-en-Beauchêne 05 ..... 269 E 3
Saint-Julien-en-Born 40 ..... 272 B 4
Saint-Julien-en-Champsaur 05 ..... 269 H 2
Saint-Julien-en-Genevois 74 ..... 215 G 1
Saint-Julien-en-Jarez 42 ..... 230 C 4
Saint-Julien-en-Quint 26 ..... 250 A 5
Saint-Julien-en-Saint-Alban 07 ..... 266 D 2
Saint-Julien-en-Vercors 26 ..... 250 B 3
Saint-Julien-Gaulène 81 ..... 280 B 5
Saint-Julien-la-Geneste 63 ..... 209 E 2
Saint-Julien-la-Genête 23 ..... 208 C 1
Saint-Julien-la-Vêtre 42 ..... 211 E 5
Saint-Julien-Labrousse 07 ..... 248 C 5
Saint-Julien-l'Ars 86 ..... 186 D 2
Saint-Julien-le-Châtel 23 ..... 207 H 2
Saint-Julien-le-Faucon 14 ..... 54 B 1
Saint-Julien-le-Montagnier 83 ..... 307 E 3
Saint-Julien-le-Pèlerin 19 ..... 243 G 4
Saint-Julien-le-Petit 87 ..... 206 D 5
Saint-Julien-le-Roux 07 ..... 248 D 5
Saint-Julien-le-Vendômois 19 ..... 223 H 4
Saint-Julien-lès-Gorze 54 ..... 65 F 2
Saint-Julien-lès-Metz 57 ..... 45 H 5
Saint-Julien-lès-Montbéliard 25 ..... 142 B 4
Saint-Julien-les-Rosiers 30 ..... 283 H 3
Saint-Julien-lès-Russey 25 ..... 163 F 4
Saint-Julien-les-Villas 10 ..... 91 E 5
Saint-Julien-Maumont 19 ..... 242 D 4
Saint-Julien-Molhesabate 43 ..... 248 B 2
Saint-Julien-Molin-Molette 42 ..... 230 D 5
Saint-Julien-Mont-Denis 73 ..... 234 B 5
Saint-Julien-près-Bort 19 ..... 226 B 4
Saint-Julien-Puy-Lavèze 63 ..... 226 D 2
Saint-Julien-sous-les-Côtes 55 ..... 64 D 4
Saint-Julien-sur-Bibost 69 ..... 212 C 5
Saint-Julien-sur-Calonne 14 ..... 34 C 3
Saint-Julien-sur-Cher 41 ..... 153 H 4
Saint-Julien-sur-Dheune 71 ..... 177 F 4
Saint-Julien-sur-Garonne 31 ..... 317 F 5
Saint-Julien-sur-Reyssouze 01 ..... 195 G 3
Saint-Julien-sur-Sarthe 61 ..... 84 A 3
Saint-Julien-sur-Veyle 01 ..... 195 F 5
Saint-Julien-Vocance 07 ..... 248 C 2
Saint-Junien 87 ..... 205 E 4
Saint-Junien-la-Bregère 23 ..... 206 D 4
Saint-Junien-les-Combes 87 ..... 205 F 2
Saint-Jure 57 ..... 65 H 3
Saint-Jurs 04 ..... 307 G 1
Saint-Just 01 ..... 195 H 5
Saint-Just 15 ..... 246 A 5
Saint-Just 18 ..... 173 F 2
Saint-Just 24 ..... 221 H 5
Saint-Just 27 ..... 36 D 5
Saint-Just 34 ..... 303 F 4
Saint-Just 35 ..... 126 A 2
Saint-Just 63 ..... 229 E 4
Saint-Just-Chaleyssin 38 ..... 231 G 2
Saint-Just-d'Ardèche 07 ..... 284 D 2
Saint-Just-d'Avray 69 ..... 212 B 3
Saint-Just-de-Bélengard 11 ..... 337 E 1
Saint-Just-de-Claix 38 ..... 250 A 3
Saint-Just-en-Bas 42 ..... 229 F 1
Saint-Just-en-Brie 77 ..... 89 E 2
Saint-Just-en-Chaussée 60 ..... 38 C 1
Saint-Just-en-Chevalet 42 ..... 211 E 4
Saint-Just-et-le-Bézu 11 ..... 337 G 4
Saint-Just-et-Vacquières 30 ..... 284 A 4
Saint-Just-Ibarre 64 ..... 330 D 1
Saint-Just-la-Pendue 42 ..... 212 A 4
Saint-Just-le-Martel 87 ..... 205 H 4
Saint-Just-Luzac 17 ..... 200 D 5
Saint-Just-Malmont 43 ..... 230 A 5
Saint-Just-près-Brioude 43 ..... 246 B 1
Saint-Just-Saint-Rambert 42 ..... 230 A 3
Saint-Just-Sauvage 51 ..... 90 B 2
Saint-Just-sur-Dive 49 ..... 150 B 5
Saint-Just-sur-Viaur 12 ..... 280 B 4
Saint-Justin 32 ..... 315 F 2
Saint-Justin 40 ..... 274 B 5
Saint-Juvat 22 ..... 79 G 5
Saint-Juvin 08 ..... 43 F 3
Saint-Lactencin 36 ..... 171 F 3
Saint-Lager 69 ..... 212 D 1
Saint-Lager-Bressac 07 ..... 267 E 2
Saint-Lamain 39 ..... 179 F 4
Saint-Lambert 14 ..... 53 F 2
Saint-Lambert 78 ..... 57 H 5
Saint-Lambert-des-Levées 49 ..... 150 B 3
Saint-Lambert-du-Lattay 49 ..... 149 F 3
Saint-Lambert-et-Mont-de-Jeux 08 ..... 42 C 1
Saint-Lambert-la-Potherie 49 ..... 149 F 1
Saint-Lambert-sur-Dive 61 ..... 54 B 3
Saint-Langis-lès-Mortagne 61 ..... 84 B 3
Saint-Lanne 65 ..... 294 D 4
Saint-Laon 86 ..... 168 C 2
Saint-Lary 09 ..... 334 D 3
Saint-Lary 32 ..... 296 A 3
Saint-Lary-Boujean 31 ..... 316 C 5
Saint-Lary-Soulan 65 ..... 333 G 4
Saint-Lattier 38 ..... 249 H 3
Saint-Launeuc 22 ..... 103 E 1
Saint-Laure 63 ..... 210 A 4
Saint-Laurent 08 ..... 26 D 3
Saint-Laurent 18 ..... 154 D 4
Saint-Laurent 22 ..... 73 E 4
Saint-Laurent 23 ..... 207 F 1
Saint-Laurent 31 ..... 316 C 4
Saint-Laurent 47 ..... 275 G 2
Saint-Laurent 74 ..... 216 A 2
Saint-Laurent-Blangy 62 ..... 13 G 2
Saint-Laurent-Bretagne 64 ..... 314 C 3
Saint-Laurent-Chabreuges 43 ..... 246 B 1
Saint-Laurent-d'Agny 69 ..... 230 D 2
Saint-Laurent-d'Aigouze 30 ..... 303 G 4
Saint-Laurent-d'Andenay 71 ..... 177 E 4
Saint-Laurent-d'Arce 33 ..... 237 H 3
Saint-Laurent-de-Belzagot 16 ..... 221 E 4
Saint-Laurent-de-Brèvedent 76 ..... 18 D 5
Saint-Laurent-de-Carnols 30 ..... 284 C 3
Saint-Laurent-de-Cerdans 66 ..... 342 C 5
Saint-Laurent-de-Céris 16 ..... 203 H 3
Saint-Laurent-de-Chamousset 69 ..... 230 B 1
Saint-Laurent-de-Cognac 16 ..... 219 H 1
Saint-Laurent-de-Condel 14 ..... 53 G 1
Saint-Laurent-de-Cuves 50 ..... 52 A 4
Saint-Laurent-de-Gosse 40 ..... 292 C 5
Saint-Laurent-de-Jourdes 86 ..... 186 D 3
Saint-Laurent-de-la-Barrière 17 ..... 201 F 2
Saint-Laurent-de-la-Cabrerisse 11 ..... 338 C 1
Saint-Laurent-de-la-Côte 73 ..... 234 B 3
Saint-Laurent-de-la-Mer 22 ..... 73 H 5
Saint-Laurent-de-la-Plaine 49 ..... 149 E 3
Saint-Laurent-de-la-Prée 17 ..... 200 D 3
Saint-Laurent-de-la-Salanque 66 ..... 339 E 5
Saint-Laurent-de-la-Salle 85 ..... 183 H 1
Saint-Laurent-de-Lévézou 12 ..... 281 G 3
Saint-Laurent-de-Lin 37 ..... 151 E 1
Saint-Laurent-de-Mure 69 ..... 231 G 1
Saint-Laurent-de-Muret 48 ..... 264 A 3
Saint-Laurent-de-Neste 65 ..... 334 A 1
Saint-Laurent-de-Terregatte 50 ..... 81 E 2
Saint-Laurent-de-Trèves 48 ..... 282 D 2
Saint-Laurent-de-Vaux 69 ..... 230 D 1
Saint-Laurent-de-Veyrès 48 ..... 263 H 2
Saint-Laurent-des-Arbres 30 ..... 285 E 4
Saint-Laurent-des-Autels 49 ..... 148 B 3
Saint-Laurent-des-Bâtons 24 ..... 240 C 4
Saint-Laurent-des-Bois 27 ..... 56 C 3
Saint-Laurent-des-Bois 41 ..... 132 B 2
Saint-Laurent-des-Combes 16 ..... 221 E 5
Saint-Laurent-des-Combes 33 ..... 238 C 5
Saint-Laurent-des-Hommes 24 ..... 239 F 3
Saint-Laurent-des-Mortiers 53 ..... 128 C 3
Saint-Laurent-des-Vignes 24 ..... 257 H 1
Saint-Laurent-d'Oingt 69 ..... 212 C 3
Saint-Laurent-d'Olt 12 ..... 263 H 5
Saint-Laurent-d'Onay 26 ..... 249 G 2
Saint-Laurent-du-Bois 33 ..... 256 C 3
Saint-Laurent-du-Cros 05 ..... 269 H 2
Saint-Laurent-du-Mont 14 ..... 34 B 5
Saint-Laurent-du-Mottay 49 ..... 148 D 2
Saint-Laurent-du-Pape 07 ..... 267 E 1
Saint-Laurent-du-Plan 33 ..... 256 C 3
Saint-Laurent-du-Pont 38 ..... 232 D 4
Saint-Laurent-du-Tencement 27 ..... 55 E 3
Saint-Laurent-du-Var 06 ..... 309 G 3
Saint-Laurent-du-Verdon 04 ..... 307 F 3
Saint-Laurent-en-Beaumont 38 ..... 251 F 5
Saint-Laurent-en-Brionnais 71 ..... 194 A 5
Saint-Laurent-en-Caux 76 ..... 19 H 3
Saint-Laurent-en-Gâtines 37 ..... 131 E 5
Saint-Laurent-en-Grandvaux 39 ..... 197 E 1
Saint-Laurent-en-Royans 26 ..... 250 A 3
Saint-Laurent-la-Conche 42 ..... 229 H 1
Saint-Laurent-la-Gâtine 28 ..... 57 E 5
Saint-Laurent-la-Roche 39 ..... 196 B 1
Saint-Laurent-la-Vallée 24 ..... 259 F 2
Saint-Laurent-la-Vernède 30 ..... 284 C 4
Saint-Laurent-l'Abbaye 58 ..... 156 B 3
Saint-Laurent-le-Minier 30 ..... 302 B 1
Saint-Laurent-les-Bains 07 ..... 265 G 3
Saint-Laurent-les-Églises 87 ..... 206 B 3
Saint-Laurent-les-Tours 46 ..... 243 E 5
Saint-Laurent-Lolmie 46 ..... 277 G 2
Saint-Laurent-Médoc 33 ..... 237 E 2
Saint-Laurent-Nouan 41 ..... 132 C 4
Saint-Laurent-Rochefort 42 ..... 211 F 5
Saint-Laurent-sous-Coiron 07 ..... 266 C 3
Saint-Laurent-sur-Gorre 87 ..... 205 E 5
Saint-Laurent-sur-Manoire 24 ..... 240 D 2
Saint-Laurent-sur-Mer 14 ..... 32 C 2
Saint-Laurent-sur-Othain 55 ..... 44 C 3
Saint-Laurent-sur-Oust 56 ..... 125 F 2
Saint-Laurent-sur-Saône 01 ..... 195 E 4
Saint-Laurent-sur-Sèvre 85 ..... 166 D 2
Saint-Laurs 79 ..... 184 C 2
Saint-Léger 06 ..... 289 F 4
Saint-Léger 16 ..... 221 E 4
Saint-Léger 17 ..... 219 G 2
Saint-Léger 47 ..... 275 G 2
Saint-Léger 50 ..... 51 G 3
Saint-Léger 53 ..... 106 C 3
Saint-Léger 62 ..... 13 G 3
Saint-Léger 73 ..... 234 A 3
Saint-Léger 77 ..... 60 A 3
Saint-Léger Pont de 06 ..... 289 F 4
Saint-Léger-aux-Bois 60 ..... 39 G 1
Saint-Léger-aux-Bois 76 ..... 21 E 2
Saint-Léger-Bridereix 23 ..... 188 D 5
Saint-Léger-de-Balson 33 ..... 255 G 5
Saint-Léger-de-Fougeret 58 ..... 176 A 1
Saint-Léger-de-la-Martinière 79 ..... 185 G 5
Saint-Léger-de-Montbrillais 86 ..... 168 C 1
Saint-Léger-de-Montbrun 79 ..... 168 B 2
Saint-Léger-de-Peyre 48 ..... 264 A 4
Saint-Léger-de-Rôtes 27 ..... 35 F 5
Saint-Léger-des-Aubées 28 ..... 86 C 4
Saint-Léger-des-Bois 49 ..... 149 F 1
Saint-Léger-des-Prés 35 ..... 80 B 4
Saint-Léger-des-Vignes 58 ..... 175 E 4
Saint-Léger-du-Bois 71 ..... 177 E 1
Saint-Léger-du-Bourg-Denis 76 ..... 36 B 2
Saint-Léger-du-Gennetey 27 ..... 35 G 3
Saint-Léger-du-Malzieu 48 ..... 246 A 5
Saint-Léger-du-Ventoux 84 ..... 286 A 2
Saint-Léger-Dubosq 14 ..... 34 A 4
Saint-Léger-en-Bray 60 ..... 37 H 2
Saint-Léger-en-Yvelines 78 ..... 57 G 5
Saint-Léger-la-Montagne 87 ..... 206 B 3
Saint-Léger-le-Guérétois 23 ..... 207 E 1
Saint-Léger-le-Petit 18 ..... 156 B 5
Saint-Léger-lès-Authie 80 ..... 13 E 4
Saint-Léger-lès-Domart 80 ..... 12 B 5
Saint-Léger-les-Mélèzes 05 ..... 269 H 2
Saint-Léger lès-Paray 71 ..... 193 G 2
Saint-Léger-les-Vignes 44 ..... 147 F 5
Saint-Léger-Magnazeix 87 ..... 188 A 5
Saint-Léger-près-Troyes 10 ..... 115 E 2
Saint-Léger-sous-Beuvray 71 ..... 176 B 3
Saint-Léger-sous-Brienne 10 ..... 91 H 4
Saint-Léger-sous-Cholet 49 ..... 148 D 5
Saint-Léger-sous-la-Bussière 71 ..... 194 C 4
Saint-Léger-sous-Margerie 10 ..... 91 H 3

Saint-Léger-sur-Bonneville 14 … 34 D3
Saint-Léger-sur-Bresle 80 … 21 F2
Saint-Léger-sur-Dheune 71 … 177 F3
Saint-Léger-sur-Roanne 42 … 211 G2
Saint-Léger-sur-Sarthe 61 … 84 A3
Saint-Léger-sur-Vouzance 03 … 193 F3
Saint-Léger-Triey 21 … 160 D3
Saint-Léger-Vauban 89 … 158 B2
Saint-Léomer 86 … 187 G3
Saint-Léon 03 … 192 D3
Saint-Léon 31 … 318 A3
Saint-Léon 33 … 256 B1
Saint-Léon 47 … 275 F2
Saint-Léon-d'Issigeac 24 … 258 C2
Saint-Léon-sur-l'Isle 24 … 239 H3
Saint-Léon-sur-Vézère 24 … 241 F4
Saint-Léonard 32 … 296 C2
Saint-Léonard 51 … 41 H4
Saint-Léonard 62 … 6 B2
Saint-Léonard 76 … 18 D3
Saint-Léonard 88 … 96 B5
Saint-Léonard-de-Noblat 87 … 206 B5
Saint-Léonard-des-Bois 72 … 83 F4
Saint-Léonard-des-Parcs 61 … 54 D5
Saint-Léonard-en-Beauce 41 … 132 B3
Saint-Léons 12 … 281 G3
Saint-Léopardin-d'Augy 03 … 174 C5
Saint-Léry 56 … 103 F3
Saint-Leu-d'Esserent 60 … 38 C4
Saint-Leu-la-Forêt 95 … 58 B1
Saint-Lézer 65 … 315 E3
Saint-Lézin 49 … 149 E4
Saint-Lieux-Lafenasse 81 … 299 G3
Saint-Lieux-lès-Lavaur 81 … 298 C3
Saint-Liguaire 79 … 184 D4
Saint-Lin 79 … 185 F2
Saint-Lions 04 … 288 B4
Saint-Lizier 09 … 335 F2
Saint-Lizier-du-Planté 32 … 317 E3
Saint-Lô 50 … 32 B5
Saint-Lô-d'Ourville 50 … 31 F2
Saint-Lon-les-Mines 40 … 292 D4
Saint-Longis 72 … 84 A5
Saint-Lormel 22 … 79 F3
Saint-Lothain 39 … 179 F3
Saint-Loube 32 … 317 E2
Saint-Loubert 33 … 256 C4
Saint-Loubès 33 … 237 H5
Saint-Loubouer 40 … 294 A3
Saint-Louet-sur-Seulles 14 … 33 E5
Saint-Louet-sur-Vire 50 … 52 B1
Saint-Louis 57 … 67 H5
Saint-Louis 68 … 143 H3
Saint-Louis-de-Montferrand 33 … 237 G4
Saint-Louis-en-l'Isle 24 … 239 G5
Saint-Louis-et-Parahou 11 … 337 H4
Saint-Louis-lès-Bitche 57 … 68 A2
Saint-Loup 03 … 192 B4
Saint-Loup 17 … 201 G3
Saint-Loup 23 … 207 H1
Saint-Loup 39 … 178 C1
Saint-Loup 50 … 51 H5
Saint-Loup 51 … 61 F4
Saint-Loup 58 … 156 B2
Saint-Loup 69 … 212 B4
Saint-Loup 82 … 276 D4
Saint-Loup *Pic* 34 … 302 D3
Saint-Loup-Cammas 31 … 298 A4
Saint-Loup-de-Buffigny 10 … 90 A4
Saint-Loup-de-Fribois 14 … 34 B5
Saint-Loup-de-Gonois 45 … 112 D4
Saint-Loup-de-Naud 77 … 89 F3
Saint-Loup-de-Varennes 71 … 177 H5
Saint-Loup-des-Chaumes 18 … 173 E4
Saint-Loup-des-Vignes 45 … 111 H4
Saint-Loup-d'Ordon 89 … 113 F4
Saint-Loup-du-Dorat 53 … 128 D2
Saint-Loup-du-Gast 53 … 82 B4
Saint-Loup-en-Champagne 08 … 41 H1
Saint-Loup-en-Comminges 31 … 316 A4
Saint-Loup-Géanges 71 … 177 H2
Saint-Loup-Hors 14 … 33 E3
Saint-Loup-Lamairé 79 … 168 B4
Saint-Loup-Nantouard 70 … 161 F2
Saint-Loup-sur-Aujon 52 … 139 E2
Saint-Loup-sur-Cher 41 … 154 A4
Saint-Loup-sur-Semouse 70 … 119 E5
Saint-Loup-Terrier 08 … 26 C5
Saint-Loyer-des-Champs 61 … 54 B5
Saint-Lubin-de-Cravant 28 … 56 B5
Saint-Lubin-de-la-Haye 28 … 57 E4
Saint-Lubin-des-Joncherets 28 … 56 B4
Saint-Lubin-en-Vergonnois 41 … 131 H5
Saint-Luc 27 … 56 C2
Saint-Lucien 28 … 57 E5
Saint-Lucien 76 … 36 D1
Saint-Lumier-en-Champagne 51 … 62 D4
Saint-Lumier-la-Populeuse 51 … 63 E4
Saint-Lumine-de-Clisson 44 … 148 A5
Saint-Lumine-de-Coutais 44 … 147 F5
Saint-Lunaire 35 … 50 B5
Saint-Luperce 28 … 85 H4
Saint-Lupicin 39 … 196 D3
Saint-Lupien 10 … 90 B5
Saint-Lyé 10 … 90 D5
Saint-Lyé-la-Forêt 45 … 111 E4
Saint-Lyphard 44 … 146 B1
Saint-Lys 31 … 317 F2
Saint-Macaire 33 … 256 B4
Saint-Macaire-du-Bois 49 … 150 A5
Saint-Macaire-en-Mauges 49 … 148 C5
Saint-Maclou 27 … 35 E2
Saint-Maclou-de-Folleville 76 … 20 B4
Saint-Maclou-la-Brière 76 … 19 E4
Saint-Macoux 86 … 203 F1
Saint-Maden 22 … 79 G5
Saint-Magne 33 … 255 F4
Saint-Magne-de-Castillon 33 … 238 D5
Saint-Maigner 63 … 208 D2
Saint-Maigrin 17 … 220 B4
Saint-Maime 04 … 306 D1
Saint-Maime-de-Péreyrol 24 … 240 B4
Saint-Maixant 23 … 207 H3
Saint-Maixant 33 … 256 B3
Saint-Maixent 72 … 108 C4
Saint-Maixent-de-Beugné 79 … 184 C2
Saint-Maixent-l'École 79 … 185 F3
Saint-Maixent-sur-Vie 85 … 165 E4
Saint-Maixme-Hauterive 28 … 85 G2
Saint-Malo 35 … 50 C5
Saint-Malo-de-Beignon 56 … 103 F4
Saint-Malo-de-Guersac 44 … 146 C2
Saint-Malo-de-la-Lande 50 … 31 F5
Saint-Malo-de-Phily 35 … 104 A5
Saint-Malo-des-Trois-Fontaines 56 … 102 D3
Saint-Malô-du-Bois 85 … 166 D2
Saint-Malo-en-Donziois 58 … 156 D3
Saint-Malon-sur-Mel 35 … 103 G3
Saint-Mamert 38 … 231 F4
Saint-Mamert 69 … 194 C5
Saint-Mamert-du-Gard 30 … 303 G1
Saint-Mamet 31 … 334 B5
Saint-Mamet-la-Salvetat 15 … 261 H1
Saint-Mammès 77 … 88 C4
Saint-Mandé 94 … 58 C3
Saint Mandé-sur-Brédoire 17 … 202 B2
Saint-Mandrier-sur-Mer 83 … 328 A5
Saint-Manvieu-Bocage 14 … 52 B3
Saint-Manvieu-Norrey 14 … 33 F4
Saint-Marc 15 … 245 H5
Saint-Marc-à-Frongier 23 … 207 G4
Saint-Marc-à-Loubaud 23 … 207 F5
Saint-Marc-du-Cor 41 … 109 E5
Saint-Marc-Jaumegarde 13 … 306 B5
Saint-Marc-la-Lande 79 … 185 E2
Saint-Marc-le-Blanc 35 … 80 D4
Saint-Marc-sur-Couesnon 35 … 80 D5
Saint-Marc-sur-Mer 44 … 146 B3
Saint-Marc-sur-Seine 21 … 138 B4
Saint-Marcan 35 … 51 E5
Saint-Marceau 08 … 26 D3
Saint-Marceau 72 … 107 G2
Saint-Marcel 08 … 26 C3
Saint-Marcel 27 … 36 D5
Saint-Marcel 36 … 188 C1
Saint-Marcel 54 … 65 F1
Saint-Marcel 56 … 125 E2
Saint-Marcel 70 … 140 C2
Saint-Marcel 71 … 177 H4
Saint-Marcel 73 … 234 C2
Saint-Marcel 81 … 279 F4
Saint-Marcel-Bel-Accueil 38 … 231 H1
Saint-Marcel-d'Ardèche 07 … 284 D1
Saint-Marcel-de-Careiret 30 … 284 C3
Saint-Marcel-de-Félines 42 … 211 H4
Saint-Marcel-du-Périgord 24 … 240 C5
Saint-Marcel-d'Urfé 42 … 211 F4
Saint-Marcel-en-Dombes 01 … 213 F3
Saint-Marcel-en-Marcillat 03 … 208 D1
Saint-Marcel-en-Murat 03 … 191 G4
Saint-Marcel-l'Éclairé 69 … 212 B4
Saint-Marcel-lès-Annonay 07 … 248 D1
Saint-Marcel-lès-Sauzet 26 … 267 E3
Saint-Marcel-lès-Valence 26 … 249 F4
Saint-Marcel-Paulel 31 … 298 B4
Saint-Marcel-sur-Aude 11 … 321 E5
Saint-Marcelin-de-Cray 71 … 194 C1
Saint-Marcellin 38 … 250 A2
Saint-Marcellin-de-Vars 05 … 270 D2
Saint-Marcellin-en-Forez 42 … 229 H3
Saint-Marcellin-lès-Vaison 84 … 285 H2
Saint-Marcet 31 … 316 C5
Saint-Marcory 24 … 259 E2
Saint-Marcouf 14 … 32 C3
Saint-Marcouf 50 … 29 G5
Saint-Mard 02 … 40 D2
Saint-Mard 17 … 201 F2
Saint-Mard 54 … 95 E2
Saint-Mard 77 … 59 E1
Saint-Mard 80 … 23 F4
Saint-Mard-de-Réno 61 … 84 C3
Saint-Mard-de-Vaux 71 … 177 G4
Saint-Mard-lès-Rouffy 51 … 61 H2
Saint-Mard-sur-Auve 51 … 62 D1
Saint-Mard-sur-le-Mont 51 … 63 E2
Saint-Mards 76 … 20 A3
Saint-Mards-de-Blacarville 27 … 35 E2
Saint-Mards-de-Fresne 27 … 55 E1
Saint-Mards-en-Othe 10 … 114 C3
Saint-Marien 23 … 190 A3
Saint-Mariens 33 … 237 H2
Saint-Mars-de-Coutais 44 … 147 F5
Saint-Mars-de-Locquenay 72 … 108 B5
Saint-Mars-d'Égrenne 61 … 82 A2
Saint-Mars-d'Outillé 72 … 130 B2
Saint-Mars-du-Désert 44 … 147 H2
Saint-Mars-du-Désert 53 … 83 E5
Saint-Mars-en-Brie 77 … 60 B4
Saint-Mars-la-Brière 72 … 108 A4
Saint-Mars-la-Jaille 44 … 127 F5
Saint-Mars-la-Réorthe 85 … 166 D3
Saint-Mars-sous-Ballon 72 … 107 H3
Saint-Mars-sur-Colmont 53 … 82 A4
Saint-Mars-sur-la-Futaie 53 … 81 G3
Saint-Marsal 66 … 342 C3
Saint-Marsault 79 … 167 F4
Saint-Martial 07 … 248 A5
Saint-Martial 15 … 245 G5
Saint-Martial 16 … 221 E5
Saint-Martial 17 … 201 H2
Saint-Martial 30 … 283 E5
Saint-Martial 33 … 256 C3
Saint-Martial-d'Albarède 24 … 223 F5
Saint-Martial-d'Artenset 24 … 239 F4
Saint-Martial-de-Gimel 19 … 243 E1
Saint-Martial-de-Mirambeau 17 … 219 G4
Saint-Martial-de-Nabirat 24 … 259 G2
Saint-Martial-de-Valette 24 … 222 C3
Saint-Martial-de-Vitaterne 17 … 219 H4
Saint-Martial-Entraygues 19 … 243 F3
Saint-Martial-le-Mont 23 … 207 G2
Saint-Martial-le-Vieux 23 … 225 H2
Saint-Martial-sur-Isop 87 … 204 D1
Saint-Martial-sur-Né 17 … 220 B2
Saint-Martial-Viveyrol 24 … 221 G5
Saint-Martin 32 … 295 H5
Saint-Martin 50 … 51 F2
Saint-Martin 54 … 95 H1
Saint-Martin 65 … 315 E5
Saint-Martin 66 … 338 A5
Saint-Martin 67 … 96 D4
Saint Martin *Casella* 2B … 347 F4
Saint-Martin-au-Bosc 76 … 21 F2
Saint-Martin-aux-Arbres 76 … 19 H4
Saint-Martin-aux-Bois 60 … 38 D1
Saint-Martin-aux-Buneaux 76 … 19 F2
Saint-Martin-aux-Champs 51 … 62 C3
Saint-Martin-aux-Chartrains 14 … 34 C3
Saint-Martin-Belle-Roche 71 … 195 E3
Saint-Martin-Bellevue 74 … 215 G3
Saint-Martin-Boulogne 62 … 2 B5
Saint-Martin-Cantalès 15 … 243 H3
Saint-Martin-Château 23 … 207 E5
Saint-Martin-Chennetron 77 … 89 H2
Saint-Martin-Choquel 62 … 6 D2
Saint-Martin-d'Abbat 45 … 133 H2
Saint-Martin-d'Ablois 51 … 61 F1
Saint-Martin-d'Août 26 … 249 G1
Saint-Martin-d'Arberoue 64 … 311 F4
Saint-Martin-d'Arc 73 … 252 B1
Saint-Martin-d'Arcé 49 … 129 F5
Saint-Martin-d'Ardèche 07 … 284 D2
Saint-Martin-d'Armagnac 32 … 294 D3
Saint-Martin-d'Arrossa 64 … 311 E5
Saint-Martin-d'Ary 17 … 238 C1
Saint-Martin-d'Aubigny 50 … 31 H4
Saint-Martin-d'Audouville 50 … 29 G4
Saint-Martin-d'Auxigny 18 … 155 E5
Saint-Martin-d'Auxy 71 … 177 F5
Saint-Martin-de-Bavel 01 … 214 D4
Saint-Martin-de-Beauville 47 … 276 D3
Saint-Martin-de-Belleville 73 … 234 B4
Saint-Martin-de-Bernegoue 79 … 185 E5
Saint-Martin-de-Bienfaite 14 … 54 D1
Saint-Martin-de-Blagny 14 … 32 C3
Saint-Martin-de-Bonfossé 50 … 32 A5
Saint-Martin-de-Boscherville 76 … 36 A2
Saint-Martin-de-Bossenay 10 … 90 B4
Saint-Martin-de-Boubaux 48 … 283 F3
Saint-Martin-de-Bréthencourt 78 … 87 E3
Saint-Martin-de-Brômes 04 … 307 E2
Saint-Martin-de-Caralp 09 … 336 A2
Saint-Martin-de-Castillon 84 … 306 A1
Saint-Martin-de-Cenilly 50 … 51 H1
Saint-Martin-de-Clelles 38 … 250 D5
Saint-Martin-de-Commune 71 … 177 E3
Saint-Martin-de-Connée 53 … 107 E2
Saint-Martin-de-Cornas 69 … 230 D2
Saint-Martin-de-Coux 17 … 238 D2
Saint-Martin-de-Crau 13 … 304 D4
Saint-Martin-de-Curton 47 … 274 D1
Saint-Martin-de-Fenollar *Chapelle de* 66 … 343 E4
Saint-Martin-de-Fontenay 14 … 33 G5
Saint-Martin-de-Fraigneau 85 … 184 B3
Saint-Martin-de-Fresnay 14 … 54 B2
Saint-Martin-de-Fressengeas 24 … 222 D4
Saint-Martin-de-Fugères 43 … 247 F5
Saint-Martin-de-Goyne 32 … 275 H5
Saint-Martin-de-Gurson 24 … 239 E4
Saint-Martin-de-Hinx 40 … 292 C4
Saint-Martin-de-Juillers 17 … 202 B3
Saint-Martin-de-Jussac 87 … 205 E4
Saint-Martin-de-la-Brasque 84 … 306 B2
Saint-Martin-de-la-Cluze 38 … 250 D4
Saint-Martin-de-la-Coudre 17 … 201 G2
Saint-Martin-de-la-Lieue 14 … 34 C5
Saint-Martin-de-la-Mer 21 … 158 C4
Saint-Martin-de-la-Place 49 … 150 B3
Saint-Martin-de-la-Porte 73 … 252 B1
Saint-Martin-de-Lamps 36 … 171 G2
Saint-Martin-de-Landelles 50 … 81 F2
Saint-Martin-de-Lansuscle 48 … 283 E3
Saint-Martin-de-l'Arçon 34 … 301 E5
Saint-Martin-de-Laye 33 … 238 C3
Saint-Martin-de-Lenne 12 … 263 G5
Saint-Martin-de-Lerm 33 … 256 D3
Saint-Martin-de-Lixy 71 … 211 H1
Saint-Martin-de-Londres 34 … 302 C2
Saint-Martin-de-Mâcon 79 … 168 B1
Saint-Martin-de-Mailloc 14 … 34 D5
Saint-Martin-de-Mieux 14 … 53 H3
Saint-Martin-de-Nigelles 28 … 86 B2
Saint-Martin-de-Pallières 83 … 306 D4
Saint-Martin-de-Peille *Église* 06 … 291 G5
Saint-Martin-de-Queyrières 05 … 252 C5
Saint-Martin-de-Ré 17 … 182 D5
Saint-Martin-de-Ribérac 24 … 239 G1
Saint-Martin-de-Saint-Maixent 79 … 185 F3
Saint-Martin-de-Salencey 71 … 194 B2
Saint-Martin-de-Sallen 14 … 53 F2
Saint-Martin-de-Sanzay 79 … 168 A1
Saint-Martin-de-Seignanx 40 … 292 B5
Saint-Martin-de-Sescas 33 … 256 C3
Saint-Martin-de-Tallevende 14 … 52 C3
Saint-Martin-de-Valamas 07 … 248 B5
Saint-Martin-de-Valgalgues 30 … 283 H3
Saint-Martin-de-Varreville 50 … 29 H5
Saint-Martin-de-Vaulserre 38 … 232 D3
Saint-Martin-de-Vers 46 … 260 C4
Saint-Martin-de-Villeréal 47 … 258 D3
Saint-Martin-de-Villereglan 11 … 337 G1
Saint-Martin-d'Écublei 61 … 55 G4
Saint-Martin-d'Entraigues 79 … 202 D1
Saint-Martin-d'Entraunes 06 … 289 E3
Saint-Martin-des-Besaces 14 … 52 C1
Saint-Martin-des-Bois 41 … 131 E4
Saint-Martin-des-Champs 18 … 156 A5
Saint-Martin-des-Champs 29 … 71 H4
Saint-Martin-des-Champs 50 … 51 H5
Saint-Martin-des-Champs 77 … 60 B4
Saint-Martin-des-Champs 78 … 57 F3
Saint-Martin-des-Champs 89 … 135 F4
Saint-Martin-des-Combes 24 … 240 B4
Saint-Martin-des-Entrées 14 … 33 E3
Saint-Martin-des-Fontaines 85 … 183 H1
Saint-Martin-des-Lais 03 … 175 G5
Saint-Martin-des-Landes 61 … 83 E2
Saint-Martin-des-Monts 72 … 108 C3
Saint-Martin-des-Noyers 85 … 166 B4
Saint-Martin-des-Olmes 63 … 229 E3
Saint-Martin-des-Pézerits 61 … 55 E5
Saint-Martin-des-Plains 63 … 228 A4
Saint-Martin-des-Prés 22 … 78 A5
Saint-Martin-des-Puits 11 … 338 B2
Saint-Martin-des-Tilleuls 85 … 166 C2
Saint-Martin-d'Estréaux 42 … 211 E1
Saint-Martin-d'Hardinghem 62 … 7 E3
Saint-Martin-d'Hères 38 … 251 E1
Saint-Martin-d'Heuille 58 … 174 D1
Saint-Martin-d'Ollières 63 … 228 B4
Saint-Martin-Don 14 … 52 C2
Saint-Martin-d'Oney 40 … 273 G5
Saint-Martin-d'Ordon 89 … 113 F4
Saint-Martin-d'Oydes 09 … 318 A5
Saint-Martin-du-Bec 76 … 18 C5
Saint-Martin-du-Bois 33 … 238 B3
Saint-Martin-du-Bois 49 … 128 B4
Saint-Martin-du-Boschet 77 … 60 C4
Saint-Martin-du-Canigou *Abbaye de* 66 … 342 A4
Saint-Martin-du-Clocher 16 … 203 F2
Saint-Martin-du-Fouilloux 49 … 149 F2
Saint-Martin-du-Fouilloux 79 … 185 G1
Saint-Martin-du-Frêne 01 … 214 C1
Saint-Martin-du-Lac 71 … 193 G5
Saint-Martin-du-Limet 53 … 127 H2
Saint-Martin-du-Manoir 76 … 18 D5
Saint-Martin-du-Mesnil-Oury 14 … 54 C1
Saint-Martin-du-Mont 01 … 214 A1
Saint-Martin-du-Mont 21 … 159 G2
Saint-Martin-du-Mont 71 … 195 H1
Saint-Martin-du-Puy 33 … 256 D2
Saint-Martin-du-Puy 58 … 157 H3
Saint-Martin-du-Tartre 71 … 194 C1
Saint-Martin-du-Tertre 89 … 113 G2
Saint-Martin-du-Tertre 95 … 38 C5
Saint-Martin-du-Tilleul 27 … 35 F5
Saint-Martin-du-Touch 31 … 297 H5
Saint-Martin-du-Var 06 … 291 E5
Saint-Martin-du-Vieux-Bellême 61 … 84 B4
Saint-Martin-du-Vivier 76 … 36 B1
Saint-Martin-d'Uriage 38 … 251 E2
Saint-Martin-en-Bière 77 … 88 A4
Saint-Martin-en-Bresse 71 … 178 A4
Saint-Martin-en-Campagne 76 … 10 C5
Saint-Martin-en-Coailleux 42 … 230 C4
Saint-Martin-en-Gâtinois 71 … 178 A2
Saint-Martin-en-Haut 69 … 230 C1
Saint-Martin-en-Vercors 26 … 250 B3
Saint-Martin-Gimois 32 … 296 C5
Saint-Martin-la-Campagne 27 … 56 A1
Saint-Martin-la-Garenne 78 … 57 F1
Saint-Martin-la-Méanne 19 … 243 F2
Saint-Martin-la-Patrouille 71 … 194 C1
Saint-Martin-la-Plaine 42 … 230 C3
Saint-Martin-la-Sauveté 42 … 211 F5
Saint-Martin-Labouval 46 … 260 D5
Saint-Martin-Lacaussade 33 … 237 F2
Saint-Martin-Laguépie 81 … 279 F4
Saint-Martin-l'Aiguillon 61 … 83 E2
Saint-Martin-Lalande 11 … 319 E4
Saint-Martin-l'Ars 86 … 186 D5
Saint-Martin-Lars-en-Sainte-Hermine 85 … 183 G1
Saint-Martin-l'Astier 24 … 239 G3
Saint-Martin-le-Beau 37 … 152 B3
Saint-Martin-le-Bouillant 50 … 52 A3
Saint-Martin-le-Châtel 01 … 195 G4
Saint-Martin-le-Colonel 26 … 250 A4
Saint-Martin-le-Gaillard 76 … 10 D5
Saint-Martin-le-Gréard 50 … 29 E4
Saint-Martin-le-Hébert 50 … 29 E4
Saint-Martin-le-Mault 87 … 188 A4
Saint-Martin-le-Nœud 60 … 38 A2
Saint-Martin-le-Pin 24 … 222 B3
Saint-Martin-le-Redon 46 … 259 E4
Saint-Martin-le-Supérieur 07 … 266 D3
Saint-Martin-le-Vieil 11 … 319 F4
Saint-Martin-le-Vieux 87 … 223 F1
Saint-Martin-le-Vinoux 38 … 250 D1
Saint-Martin-les-Eaux 04 … 306 C1
Saint-Martin-lès-Langres 52 … 139 G2

Saint-Martin-lès-Melle 79 . 185 F5
Saint-Martin-lès-Seyne 04 .. 270 A5
Saint-Martin-lez-Tatinghem 62 ... 3 F5
Saint-Martin-Lestra 42 ... 230 A1
Saint-Martin-l'Heureux 51 .. 42 B4
Saint-Martin-l'Hortier 76 ... 20 D3
Saint-Martin-l'Inférieur 07 .. 266 D3
Saint-Martin-Longueau 60 .. 39 E3
Saint-Martin-Lys 11 ... 337 G4
Saint-Martin-Osmonville 76 ... 20 C4
Saint-Martin-Petit 47 ... 257 E4
Saint-Martin-Rivière 02 ... 14 D5
Saint-Martin-Saint-Firmin 27 .. 35 F3
Saint-Martin-Sainte-Catherine 23 ... 206 C3
Saint-Martin-Sepert 19 ... 224 B4
Saint-Martin-sous-Montaigu 71 ... 177 G4
Saint-Martin-sous-Vigouroux 15 ... 245 E5
Saint-Martin-sur-Armançon 89 ... 137 F2
Saint-Martin-sur-Arve 74 .. 216 C3
Saint-Martin-sur-Cojeul 62 .. 13 G3
Saint-Martin-sur-Ecaillon 59 ... 14 D3
Saint-Martin-sur-la-Chambre 73 ... 234 A4
Saint-Martin-sur-la-Renne 52 ... 116 C3
Saint-Martin-sur-le-Pré 51 .. 62 A2
Saint-Martin-sur-Nohain 58 ... 156 B3
Saint-Martin-sur-Ocre 45 .. 134 C4
Saint-Martin-sur-Ocre 89 .. 135 H3
Saint-Martin-sur-Oreuse 89 .. 89 G5
Saint-Martin-sur-Ouanne 89 ... 135 F2
Saint-Martin-sur-Oust 56 .. 125 F3
Saint-Martin-Terressus 87 . 206 B4
Saint-Martin-Valmeroux 15 ... 244 B3
Saint-Martin-Vésubie 06 ... 291 E2
Saint-Martinien 03 ... 190 C4
Saint-Martory 31 ... 334 D1
Saint-Mary 16 ... 203 H5
Saint-Mary-le-Plain 15 ... 245 H2
Saint-Masmes 51 ... 42 A3
Saint-Mathieu 87 ... 222 C1
Saint-Mathieu *Pointe de* 29 . 74 C3
Saint-Mathieu-de-Tréviers 34 ... 302 D3
Saint-Mathurin 85 ... 182 B1
Saint-Mathurin-Léobazel 19 ... 243 F4
Saint-Mathurin-sur-Loire 49 ... 150 A2
Saint-Matré 46 ... 277 F1
Saint-Maudan 22 ... 102 B2
Saint-Maudez 22 ... 79 F4
Saint-Maugan 35 ... 103 G2
Saint-Maulvis 80 ... 11 G5
Saint-Maur 18 ... 190 A1
Saint-Maur 32 ... 315 H2
Saint-Maur 36 ... 171 G4
Saint-Maur 39 ... 196 C1
Saint-Maur 60 ... 21 H5
Saint-Maur-de-Glanfeuil *Abbaye de* 49 ... 150 A2
Saint-Maur-des-Bois 50 ... 52 A3
Saint-Maur-des-Fossés 94 ... 58 D4
Saint-Maur-sur-le-Loir 28 .. 110 A3
Saint-Maurice 52 ... 139 H2
Saint-Maurice 58 ... 175 F1
Saint-Maurice 63 ... 228 A2
Saint-Maurice 67 ... 97 E4
Saint-Maurice 94 ... 58 C4
Saint-Maurice-aux-Forges 54 ... 96 A2
Saint-Maurice-aux-Riches-Hommes 89 .. 89 H5
Saint-Maurice-Colombier 25 ... 142 A5
Saint-Maurice-Crillat 39 ... 197 E1
Saint-Maurice-d'Ardèche 07 ... 266 B4
Saint-Maurice-de-Beynost 01 ... 213 F4
Saint-Maurice-de-Cazevieille 30 ... 284 A5
Saint-Maurice-de-Gourdans 01 ... 213 H5
Saint-Maurice-de-Laurençanne 17 ... 219 H5
Saint-Maurice-de-Lestapel 47 ... 258 B4
Saint-Maurice-de-Lignon 43 ... 247 H1
Saint-Maurice-de-Rémens 01 ... 214 A3
Saint-Maurice-de-Rotherens 73 ... 232 D2
Saint-Maurice-de-Satonnay 71 ... 195 E3
Saint-Maurice-de-Tavernole 17 ... 219 H3
Saint-Maurice-de-Ventalon 48 ... 283 F1
Saint-Maurice-des-Champs 71 ... 194 C1
Saint-Maurice-des-Lions 16 ... 204 C3
Saint-Maurice-des-Noues 85 ... 184 B1
Saint-Maurice-d'Ételan 76 .. 35 F1
Saint-Maurice-d'Ibie 07 ... 266 C4
Saint-Maurice-du-Désert 61 . 82 D2
Saint-Maurice-en-Chalencon 07 ... 248 D5
Saint-Maurice-en-Cotentin 50 ... 28 D5
Saint-Maurice-en-Gourgois 42 ... 229 H4
Saint-Maurice-en-Quercy 46 ... 261 F2
Saint-Maurice-en-Rivière 71 ... 178 A3
Saint-Maurice-en-Trièves 38 ... 268 D1
Saint-Maurice-en-Valgodemard 05 ... 269 G1
Saint-Maurice-la-Clouère 86 ... 186 C4
Saint-Maurice-Etusson 79 . 167 G1
Saint-Maurice-la-Souterraine 23 ... 206 B1
Saint-Maurice-le-Girard 85 . 167 E5
Saint-Maurice-le-Vieil 89 ... 135 H3
Saint-Maurice-les-Brousses 87 ... 223 G1
Saint-Maurice-lès-Charencey 61 ... 55 G5
Saint-Maurice-lès-Châteauneuf 71 ... 193 H5
Saint-Maurice-lès-Couches 71 ... 177 F3
Saint-Maurice-l'Exil 38 ... 231 E4
Saint-Maurice-Montcouronne 91 ... 87 F2
Saint-Maurice-Navacelles 34 ... 302 A2
Saint-Maurice-près-Crocq 23 ... 208 B4
Saint-Maurice-près-Pionsat 63 ... 208 D2
Saint-Maurice-Saint-Germain 28 ... 85 F3
Saint-Maurice-sous-les-Côtes 55 ... 64 D2
Saint-Maurice-sur-Adour 40 ... 294 A2
Saint-Maurice-sur-Aveyron 45 ... 135 E2
Saint-Maurice-sur-Dargoire 69 ... 230 D2
Saint-Maurice-sur-Eygues 26 ... 285 G1
Saint-Maurice-sur-Fessard 45 ... 112 B5
Saint-Maurice-sur-Huisne 61 ... 84 D4
Saint-Maurice-sur-Mortagne 88 ... 95 G4
Saint-Maurice-sur-Moselle 88 ... 120 A5
Saint-Maurice-sur-Vingeanne 21 ... 139 H5
Saint-Maurice-Thizouaille 89 ... 135 H2
Saint-Maurin 47 ... 276 D3
Saint-Max 54 ... 65 H5
Saint-Maxent 80 ... 11 F4
Saint-Maximin 30 ... 284 C5
Saint-Maximin 38 ... 233 G4
Saint-Maximin 60 ... 38 D4
Saint-Maximin-la-Sainte-Baume 83 ... 327 H1
Saint-Maxire 79 ... 184 D3
Saint-May 26 ... 268 A5
Saint-Mayeux 22 ... 77 H5
Saint-Méard 87 ... 224 C2
Saint-Méard-de-Drône 24 ... 239 H1
Saint-Méard-de-Gurçon 24 ... 239 F5
Saint-Médard 16 ... 220 C3
Saint-Médard 17 ... 220 B4
Saint-Médard 23 ... 207 G2
Saint-Médard 31 ... 334 D1
Saint-Médard 32 ... 316 A2
Saint-Médard 36 ... 170 D2
Saint-Médard 40 ... 294 A1
Saint-Médard 46 ... 259 G4
Saint-Médard 57 ... 66 D4
Saint-Médard 64 ... 293 H5
Saint-Médard 79 ... 185 F5
Saint-Médard-d'Aunis 17 .. 200 D1
Saint-Médard-de-Guizières 33 ... 238 D4
Saint-Médard-de-Mussidan 24 ... 239 G3
Saint-Médard-de-Presque 46 ... 261 E1
Saint-Médard-des-Prés 85 .. 184 B2
Saint-Médard-d'Excideuil 24 ... 223 F5
Saint-Médard-d'Eyrans 33 . 255 G2
Saint-Médard-en-Forez 42 . 230 B2
Saint-Médard-en-Jalles 33 .. 237 F5
Saint-Médard-Nicourby 46 ... 261 F2
Saint-Médard-sur-Ille 35 ... 80 B5
Saint-Méen 29 ... 71 E4
Saint-Méen-le-Grand 35 ... 103 F2
Saint-Melaine 35 ... 104 D3
Saint-Melaine-sur-Aubance 49 ... 149 G2
Saint-Mélany 07 ... 265 H4
Saint-Méloir-des-Bois 22 ... 79 F4
Saint-Méloir-des-Ondes 35 . 50 C5
Saint-Même-le-Tenu 44 ... 165 E1
Saint-Même-les-Carrières 16 ... 220 C2
Saint-Memmie 51 ... 62 B2
Saint-Menge 88 ... 94 C5
Saint-Menges 08 ... 27 E3
Saint-Menoux 03 ... 191 H1
Saint-Merd-de-Lapleau 19 . 243 G1
Saint-Merd-la-Breuille 23 .. 226 B1
Saint-Merd-les-Oussines 19 ... 225 F2
Saint-Méry 77 ... 88 C2
Saint-Meslin-du-Bosc 27 ... 35 H4
Saint-Mesmes 77 ... 59 E2
Saint-Mesmin 10 ... 90 C4
Saint-Mesmin 21 ... 159 F3
Saint-Mesmin 24 ... 223 G5
Saint-Mesmin 85 ... 167 E4
Saint-Mexant 19 ... 242 C1
Saint-Mézard 32 ... 275 H5
Saint-M'Hervé 35 ... 105 F2
Saint-M'Hervon 35 ... 103 G1
Saint-Micaud 71 ... 177 F5
Saint-Michel 02 ... 25 H1
Saint-Michel 09 ... 336 A1
Saint-Michel 16 ... 221 E2
Saint-Michel 31 ... 317 F5
Saint-Michel 32 ... 315 H2
Saint-Michel 34 ... 301 H2
Saint-Michel 45 ... 111 H4
Saint-Michel 52 ... 139 G3
Saint-Michel 64 ... 330 C1
Saint-Michel 82 ... 277 E5
Saint-Michel-Chef-Chef 44 . 146 C4
Saint-Michel-d'Aurance 07 . 248 C5
Saint-Michel-de-Bannières 46 ... 242 D4
Saint-Michel-de-Boulogne 07 ... 266 B2
Saint-Michel-de-Castelnau 33 ... 274 C2
Saint-Michel-de-Chabrillanoux 07 ... 266 D1
Saint-Michel-de-Chaillol 05 ... 269 H2
Saint-Michel-de-Chavaignes 72 ... 108 C4
Saint-Michel-de-Cuxa *Abbaye de* 66 ... 342 A3
Saint-Michel-de-Dèze 48 .. 283 F2
Saint-Michel-de-Double 24 ... 239 G3
Saint-Michel-de-Feins 53 .. 128 C3
Saint-Michel-de-Frigolet *Abbaye* 13 ... 304 C1
Saint-Michel-de-Fronsac 33 ... 238 B4
Saint-Michel-de-la-Pierre 50 ... 31 H4
Saint-Michel-de-la-Roë 53 ... 105 F5
Saint-Michel-de-Lanès 11 . 318 C4
Saint-Michel-de-Lapujade 33 ... 257 E3
Saint-Michel-de-Livet 14 ... 54 C1
Saint-Michel-de-Llotes 66 . 342 C2
Saint-Michel-de-Maurienne 73 ... 252 B1
Saint-Michel-de-Montaigne 24 ... 238 D5
Saint-Michel-de-Montjoie 50 ... 52 B4
Saint-Michel-de-Mourcairol *Château de* 34 ... 301 F5
Saint-Michel-de-Plélan 22 .. 79 F4
Saint-Michel-de-Rieufret 33 ... 255 H3
Saint-Michel-de-Rivière 24 ... 238 D2
Saint-Michel-de-Saint-Geoirs 38 ... 232 A5
Saint-Michel-de-Vax 81 ... 278 D4
Saint-Michel-de-Veisse 23 .. 207 G3
Saint-Michel-de-Villadeix 24 ... 240 C4
Saint-Michel-de-Volangis 18 ... 155 F5
Saint-Michel-des-Andaines 61 ... 82 C2
Saint-Michel-des-Loups 50 . 51 F4
Saint-Michel-d'Euzet 30 ... 284 C3
Saint-Michel-d'Halescourt 76 ... 21 F5
Saint-Michel-en-Beaumont 38 ... 251 F5
Saint-Michel-en-Brenne 36 . 170 D4
Saint-Michel-en-Grève 22 .. 72 B3
Saint-Michel-en-l'Herm 85 . 183 E3
Saint-Michel-Escalus 40 ... 292 C1
Saint-Michel-et-Chanveaux 49 ... 127 G4
Saint-Michel-Labadié 81 ... 280 C5
Saint-Michel-le-Cloucq 85 .. 184 B2
Saint-Michel-l'Écluse-et-Léparon 24 ... 239 E2
Saint-Michel-les-Portes 38 .. 250 C5
Saint-Michel-l'Observatoire 04 ... 306 C1
Saint-Michel-Loubéjou 46 . 243 E5
Saint-Michel-Mont-Mercure 85 ... 166 D3
Saint-Michel-Peyresq 04 ... 288 D4
Saint-Michel-sous-Bois 62 ... 6 D4
Saint-Michel-sur-Loire 37 .. 151 F3
Saint-Michel-sur-Meurthe 88 ... 96 B4
Saint-Michel-sur-Orge 91 ... 87 G2
Saint-Michel-sur-Rhône 42 ... 231 E4
Saint-Michel-sur-Savasse 26 ... 249 H2
Saint-Michel-sur-Ternoise 62 .. 7 G5
Saint-Michel-Tubœuf 61 ... 55 G4
Saint-Mihiel 55 ... 64 C3
Saint-Mitre-les-Remparts 13 ... 325 G3
Saint-Molf 44 ... 145 H3
Saint-Momelin 59 ... 3 F5
Saint-Mont 32 ... 294 D4
Saint-Montan 07 ... 266 D5
Saint-Moré 89 ... 136 D5
Saint-Moreil 23 ... 206 D5
Saint-Morel 08 ... 42 D3
Saint-Morillon 33 ... 255 G3
Saint-Mury-Monteymond 38 ... 251 F1
Saint-Myon 63 ... 209 H3
Saint-Nabor 67 ... 97 E3
Saint-Nabord 88 ... 119 G3
Saint-Nabord-sur-Aube 10 .. 91 F3
Saint-Nauphary 82 ... 297 H1
Saint-Nazaire 30 ... 284 D3
Saint-Nazaire 33 ... 239 G5
Saint-Nazaire 44 ... 146 B3
Saint-Nazaire 66 ... 343 F2
Saint-Nazaire *Pont de* 44 ... 146 C2
Saint-Nazaire *Site de* 19 ... 226 B4
Saint-Nazaire-d'Aude 11 ... 320 D5
Saint-Nazaire-de-Ladarez 34 ... 321 F2
Saint-Nazaire-de-Pézan 34 ... 303 F4
Saint-Nazaire-de-Valentane 82 ... 277 E3
Saint-Nazaire-des-Gardies 30 ... 283 G5
Saint-Nazaire-en-Royans 26 ... 250 A3
Saint-Nazaire-le-Désert 26 . 268 A3
Saint-Nazaire-les-Eymes 38 ... 251 E1
Saint-Nazaire-sur-Charente 17 ... 200 C3
Saint-Nectaire 63 ... 227 G2
Saint-Nexans 24 ... 258 B1
Saint-Nic 29 ... 75 G4
Saint-Nicodème 22 ... 77 F3
Saint-Nicodème *Chapelle* 56 ... 101 H4
Saint-Nicolas 62 ... 13 G2
Saint-Nicolas *Cascade* 68 ... 120 B5
Saint-Nicolas *Chapelle* 56 ... 101 E3
Saint-Nicolas-aux-Bois 02 ... 24 C5
Saint-Nicolas-aux-Bois *Abbaye de* 02 ... 24 C5
Saint-Nicolas-Courbefy 87 .. 223 F2
Saint-Nicolas-d'Aliermont 76 ... 20 C2
Saint-Nicolas-d'Attez 27 ... 55 H4
Saint-Nicolas-de-Bliquetuit 76 ... 35 G1
Saint-Nicolas-de-Bourgueil 37 ... 150 D3
Saint-Nicolas-de-Brem 85 . 165 E5
Saint-Nicolas-de-la-Balerme 47 ... 276 C4
Saint-Nicolas-de-la-Grave 82 ... 277 E4
Saint-Nicolas-de-la-Haie 76 .. 19 F5
Saint-Nicolas-de-la-Taille 76 . 35 E1
Saint-Nicolas-de-Macherin 38 ... 232 C4
Saint-Nicolas-de-Pierrepont 50 ... 31 F2
Saint-Nicolas-de-Port 54 ... 95 E1
Saint-Nicolas-de-Redon 44 . 125 H4
Saint-Nicolas-de-Sommaire 61 ... 55 F4
Saint-Nicolas-de-Véroce 74 ... 216 D4
Saint-Nicolas-des-Biefs 03 .. 211 E2
Saint-Nicolas-des-Bois 50 ... 52 A4
Saint-Nicolas-des-Bois 61 ... 83 G3
Saint-Nicolas-des-Eaux 56 .. 101 H4
Saint-Nicolas-des-Laitiers 61 ... 55 E3
Saint-Nicolas-des-Motets 37 ... 131 G5
Saint-Nicolas-du-Bosc 27 ... 35 H4
Saint-Nicolas-du-Bosc-l'Abbé 27 ... 55 F1
Saint-Nicolas-du-Pélem 22 . 77 G4
Saint-Nicolas-du-Tertre 56 .. 125 G2
Saint-Nicolas-en-Forêt 57 ... 45 G3
Saint-Nicolas-la-Chapelle 10 . 89 H3
Saint-Nicolas-la-Chapelle 73 ... 216 B4
Saint-Nicolas-lès-Cîteaux 21 ... 160 A5
Saint-Nizier-d'Azergues 69 . 212 B2
Saint-Nizier-de-Fornas 42 . 229 G4
Saint-Nizier-du-Moucherotte 38 ... 250 D2
Saint-Nizier-le-Bouchoux 01 ... 195 G2
Saint-Nizier-le-Désert 01 .. 213 G2
Saint-Nizier-sous-Charlieu 42 ... 211 H1
Saint-Nizier-sur-Arroux 71 .. 176 C4
Saint-Nolff 56 ... 124 C3
Saint-Nom-la-Bretèche 78 .. 57 H3
Saint-Offenge-Dessous 73 . 215 F5
Saint-Offenge-Dessus 73 .. 215 F5
Saint-Omer 14 ... 53 F2
Saint-Omer 44 ... 147 E1
Saint-Omer 62 ... 3 F5
Saint-Omer-Capelle 62 ... 3 E3
Saint-Omer-en-Chaussée 60 ... 37 H1
Saint-Ondras 38 ... 232 C3
Saint-Onen-la-Chapelle 35 .. 103 F2
Saint-Oradoux-de-Chirouze 23 ... 226 B1
Saint-Oradoux-près-Crocq 23 ... 208 B4
Saint-Orens 32 ... 296 D3
Saint-Orens-de-Gameville 31 ... 298 A5
Saint-Orens-Pouy-Petit 32 .. 295 H1
Saint-Ost 32 ... 316 A3
Saint-Osvin 50 ... 51 H4
Saint-Ouen 41 ... 131 G3
Saint-Ouen 80 ... 12 B5
Saint-Ouen-d'Aunis 17 ... 183 G5
Saint-Ouen-de-la-Cour 61 .. 84 C4
Saint-Ouen-de-Mimbré 72 .. 83 G5
Saint-Ouen-de-Pontcheuil 27 ... 36 A4
Saint-Ouen-de-Sécherouvre 61 ... 84 B2
Saint-Ouen-de-Thouberville 27 ... 35 H2
Saint-Ouen-des-Alleux 35 ... 80 D4
Saint-Ouen-des-Besaces 14 .. 52 C1
Saint-Ouen-des-Champs 27 ... 35 F2
Saint-Ouën-des-Toits 53 ... 105 H3
Saint-Ouën-des-Vallons 53 . 106 B2
Saint-Ouen-Domprot 51 ... 91 G2
Saint-Ouen-du-Breuil 76 ... 20 A4
Saint-Ouen-du-Mesnil-Oger 14 ... 34 A5
Saint-Ouen-du-Tilleul 27 ... 36 A3
Saint-Ouen-en-Belin 72 ... 130 A2
Saint-Ouen-en-Brie 77 ... 88 D2
Saint-Ouen-en-Champagne 72 ... 107 E5
Saint-Ouen-la-Rouërie 35 ... 80 D3
Saint-Ouen-la-Thène 17 ... 202 C4
Saint-Ouen-l'Aumône 95 ... 58 A1
Saint-Ouen-le-Brisoult 61 .. 82 D3
Saint-Ouen-le-Houx 14 ... 54 C2
Saint-Ouen-le-Mauger 76 ... 20 A3
Saint-Ouen-le-Pin 14 ... 34 B5
Saint-Ouen-lès-Parey 88 ... 118 A2
Saint-Ouen-les-Vignes 37 . 152 C2
Saint-Ouen-Marchefroy 28 .. 57 E3
Saint-Ouen-sous-Bailly 76 ... 10 C5
Saint-Ouen-sur-Gartempe 87 ... 205 F1
Saint-Ouen-sur-Iton 61 ... 55 G4
Saint-Ouen-sur-Loire 58 ... 174 D3
Saint-Ouen-sur-Maire 61 ... 53 H5
Saint-Ouen-sur-Morin 77 ... 60 A3
Saint-Ouen-sur-Seine 93 ... 58 C3
Saint-Oulph 10 ... 90 C3
Saint-Ours 63 ... 209 F5
Saint-Ours 73 ... 215 F5
Saint-Outrille 18 ... 154 A5
Saint-Oyen 73 ... 234 B3
Saint-Oyen-Montbellet 71 .. 195 E2
Saint-Pabu 29 ... 70 C4
Saint-Paër 27 ... 37 F3
Saint-Paër 76 ... 35 H1
Saint-Pair 14 ... 33 H4
Saint-Pair-du-Mont 14 ... 34 B5
Saint-Pair-sur-Mer 50 ... 51 F3
Saint-Pal-de-Chalencon 43 . 229 F5
Saint-Pal-de-Mons 43 ... 248 A1
Saint-Pal-de-Senouire 43 .. 246 D1
Saint-Palais 03 ... 190 A3
Saint-Palais 18 ... 155 E4
Saint-Palais 33 ... 219 G5
Saint-Palais 64 ... 311 G4
Saint-Palais-de-Négrignac 17 ... 238 C1
Saint-Palais-de-Phiolin 17 . 219 G3
Saint-Palais-du-Né 16 ... 220 B3
Saint-Palais-sur-Mer 17 ... 218 C1
Saint-Pancrace 04 ... 306 C2
Saint-Pancrace 06 ... 309 G2
Saint-Pancrace 24 ... 222 C4
Saint-Pancrace 73 ... 234 A5
Saint-Pancrace 2B ... 346 D4
Saint-Pancrasse 38 ... 233 E5
Saint-Pancré 54 ... 44 D1
Saint-Pandelon 40 ... 292 D3
Saint-Pantaléon 46 ... 277 G1
Saint-Pantaléon 71 ... 176 D2
Saint-Pantaléon 84 ... 305 G1
Saint-Pantaléon-de-Lapleau 19 ... 225 H5
Saint-Pantaléon-de-Larche 19 ... 242 B2
Saint-Pantaléon-les-Vignes 26 ... 267 G5
Saint-Pantaly-d'Ans 24 ... 241 E1
Saint-Pantaly-d'Excideuil 24 ... 223 E5
Saint-Papoul 11 ... 319 E4
Saint-Pardon-de-Conques 33 ... 256 C4
Saint-Pardoult 17 ... 201 H3
Saint-Pardoux 63 ... 209 G2
Saint-Pardoux 79 ... 185 E1
Saint-Pardoux 87 ... 205 H2
Saint-Pardoux-Corbier 19 .. 224 B4
Saint-Pardoux-d'Arnet 23 .. 208 B4

Saint-Pardoux-de-Drône 24 239 H1
Saint-Pardoux-du-Breuil 47 257 F5
Saint-Pardoux-et-Vielvic 24 259 E1
Saint-Pardoux-Isaac 47 257 G3
Saint-Pardoux-la-Croisille 19 243 F1
Saint-Pardoux-la-Rivière 24 222 C3
Saint-Pardoux-le-Neuf 19 226 B2
Saint-Pardoux-le-Neuf 23 207 H4
Saint-Pardoux-le-Vieux 19 225 H2
Saint-Pardoux-les-Cards 23 207 G2
Saint-Pardoux-l'Ortigier 19 242 C1
Saint-Pardoux-Morterolles 23 207 E4
Saint-Pargoire 34 302 A5
Saint-Parize-en-Viry 58 175 E4
Saint-Parize-le-Châtel 58 174 C3
Saint-Parres-aux-Tertres 10 91 E5
Saint-Parres-lès-Vaudes 10 115 F3
Saint-Parthem 12 262 B3
Saint-Pastour 47 258 B5
Saint-Pastous 65 332 D2
Saint-Paterne 72 83 G4
Saint-Paterne-Racan 37 130 C5
Saint-Pathus 77 59 F1
Saint-Patrice 37 151 E3
Saint-Patrice-de-Claids 50 31 G3
Saint-Patrice-du-Désert 61 82 D2
Saint-Paul 19 243 E2
Saint-Paul 33 237 G2
Saint-Paul 60 37 H2
Saint-Paul 61 53 E4
Saint-Paul 65 334 A1
Saint-Paul 73 233 E1
Saint-Paul 87 224 B1
Saint-Paul 88 94 B4
Saint-Paul-aux-Bois 02 40 A1
Saint-Paul-Cap-de-Joux 81 299 E4
Saint-Paul-de-Baïse 32 295 H2
Saint-Paul-de-Fenouillet 66 338 A4
Saint-Paul-de-Fourques 27 35 H4
Saint-Paul-de-Jarrat 09 336 B3
Saint-Paul-de-Loubressac 46 278 B2
Saint-Paul-de-Salers 15 244 C3
Saint-Paul-de-Serre 24 240 B3
Saint-Paul-de-Tartas 43 265 F1
Saint-Paul-de-Varax 01 213 G1
Saint-Paul-de-Varces 38 250 D3
Saint-Paul-de-Vence 06 309 F2
Saint-Paul-de-Vern 46 261 F1
Saint-Paul-de-Vézelin 42 211 G4
Saint-Paul-des-Landes 15 244 B5
Saint-Paul-d'Espis 82 277 E3
Saint-Paul-d'Izeaux 38 232 B5
Saint-Paul-d'Oueil 31 334 A4
Saint-Paul-du-Bois 49 167 G1
Saint-Paul-du-Vernay 14 32 D4
Saint-Paul-d'Uzore 42 229 G1
Saint-Paul-en-Born 40 272 C2
Saint-Paul-en-Chablais 74 198 C3
Saint-Paul-en-Cornillon 42 230 A4
Saint-Paul-en-Forêt 83 308 C4
Saint-Paul-en-Gâtine 79 167 F5
Saint-Paul-en-Jarez 42 230 C3
Saint-Paul-en-Pareds 85 166 C3
Saint-Paul-et-Valmalle 34 302 C4
Saint-Paul-Flaugnac 46 277 H2
Saint-Paul-la-Coste 30 283 G3
Saint-Paul-la-Roche 24 223 E4
Saint-Paul-le-Froid 48 264 D1
Saint-Paul-le-Gaultier 72 83 F5
Saint-Paul-le-Jeune 07 283 H1
Saint-Paul-lès-Dax 40 292 D3
Saint-Paul-les-Fonts 30 284 D4
Saint-Paul-lès-Monestier 38 250 D4
Saint-Paul-lès-Romans 26 249 H3
Saint-Paul-lez-Durance 13 306 C3
Saint-Paul-Lizonne 24 221 G5
Saint-Paul-Mont-Penit 85 165 F3
Saint-Paul-sur-Isère 73 234 B2
Saint-Paul-sur-Risle 27 35 F3
Saint-Paul-sur-Save 31 297 G3
Saint-Paul-sur-Ubaye 04 271 E3
Saint-Paul-Trois-Châteaux 26 285 E1
Saint-Paulet 11 318 D3
Saint-Paulet-de-Caisson 30 284 D2
Saint-Paulien 43 247 E2
Saint-Pavace 72 107 H4
Saint-Pé-d'Ardet 31 334 B2
Saint-Pé-de-Bigorre 65 332 C1
Saint-Pé-de-Léren 64 292 D5
Saint-Pé-Delbosc 31 316 B4
Saint-Pé-Saint-Simon 47 275 E5
Saint-Pée-sur-Nivelle 64 310 C4
Saint-Pellerin 28 109 G4
Saint-Pellerin 50 32 A3
Saint-Péran 35 103 G3
Saint-Péravy-Épreux 45 111 E2
Saint-Péravy-la-Colombe 45 110 C5
Saint-Péray 07 249 F4
Saint-Perdon 40 293 H1
Saint-Perdoux 24 258 B2
Saint-Perdoux 46 261 F3
Saint-Père 58 156 A2
Saint-Père 89 157 G2
Saint-Père-en-Retz 44 146 D4
Saint-Père-Marc-en-Poulet 35 50 C5
Saint-Père-sur-Loire 45 134 A3
Saint-Péreuse 58 175 H1
Saint-Pern 35 103 H1
Saint-Perreux 56 125 G3
Saint-Péver 22 77 H2
Saint-Pey-d'Armens 33 238 C5
Saint-Pey-de-Castets 33 256 D1
Saint-Phal 10 114 D3
Saint-Philbert-de-Bouaine 85 165 G1
Saint-Philbert-de-Grand-Lieu 44 165 G1
Saint-Philbert-des-Champs 14 34 D4
Saint-Philbert-du-Peuple 49 150 C2
Saint-Philbert-du-Pont-Charrault 85 166 C5
Saint-Philbert-en-Mauges 49 148 C5
Saint-Philbert-sur-Boissey 27 35 G4
Saint-Philbert-sur-Orne 61 53 G3
Saint-Philbert-sur-Risle 27 35 F3
Saint-Philibert 21 160 A4
Saint-Philibert 56 124 A4
Saint-Philibert-d'Entremont 38 233 E4
Saint-Philippe-d'Aiguille 33 238 D5
Saint-Philippe-du-Seignal 33 257 F1
Saint-Piat 28 86 B3
Saint-Pierre 04 289 G5
Saint-Pierre 15 226 B5
Saint-Pierre 31 298 B4
Saint-Pierre 39 197 E1
Saint-Pierre 51 62 A2
Saint-Pierre 67 97 F3
Saint-Pierre-à-Arnes 08 42 B3
Saint-Pierre-à-Champ 79 167 H1
Saint-Pierre-à-Gouy 80 22 A1
Saint-Pierre-Aigle 02 40 A3
Saint-Pierre-Avez 05 287 E2
Saint-Pierre-Azif 14 34 B3
Saint-Pierre-Bellevue 23 207 E4
Saint-Pierre-Bénouville 76 20 A3
Saint-Pierre-Bois 67 97 E4
Saint-Pierre-Brouck 59 3 F3
Saint-Pierre-Canivet 14 53 H2
Saint-Pierre-Chérignat 23 206 C3
Saint-Pierre-Colamine 63 227 G3
Saint-Pierre-d'Albigny 73 233 H2
Saint-Pierre-d'Allevard 38 233 G4
Saint-Pierre-d'Alvey 73 232 D1
Saint-Pierre-d'Amilly 17 201 G1
Saint-Pierre-d'Argençon 05 268 D4
Saint-Pierre-d'Arthéglise 50 28 D5
Saint-Pierre-d'Aubézies 32 295 F4
Saint-Pierre-d'Aurillac 33 256 C3
Saint-Pierre-d'Autils 27 36 D5
Saint-Pierre-de-Bailleul 27 36 D5
Saint-Pierre-de-Bat 33 256 B2
Saint-Pierre-de-Belleville 73 233 H3
Saint-Pierre-de-Bœuf 42 231 E4
Saint-Pierre-de-Bressieux 38 232 A5
Saint-Pierre-de-Buzet 47 275 F2
Saint-Pierre-de-Caubel 47 258 B5
Saint-Pierre-de-Cernières 27 55 E2
Saint-Pierre-de-Chandieu 69 231 G2
Saint-Pierre-de-Chartreuse 38 233 E5
Saint-Pierre-de-Chérennes 38 250 B2
Saint-Pierre-de-Chevillé 72 130 B4
Saint-Pierre-de-Chignac 24 240 D3
Saint-Pierre-de-Clairac 47 276 C3
Saint-Pierre-de-Côle 24 222 D5
Saint-Pierre-de-Colombier 07 266 A2
Saint-Pierre-de-Cormeilles 27 35 E4
Saint-Pierre-de-Coutances 50 51 G1
Saint-Pierre-de-Curtille 73 215 E5
Saint-Pierre-de-Frugie 24 223 E3
Saint-Pierre-de-Fursac 23 206 B1
Saint-Pierre-de-Genebroz 73 232 D3
Saint-Pierre-de-Jards 36 172 B1
Saint-Pierre-de-Juillers 17 202 B3
Saint-Pierre-de-la-Fage 34 302 A2
Saint-Pierre-de-Lages 31 298 B5
Saint-Pierre-de-Lamps 36 171 F2
Saint-Pierre-de-l'Ile 17 201 H2
Saint-Pierre-de-Maillé 86 170 A5
Saint-Pierre-de-Mailloc 14 54 D1
Saint-Pierre-de-Manneville 76 36 A2
Saint-Pierre-de-Méaroz 38 251 E5
Saint-Pierre-de-Mésage 38 251 E3
Saint-Pierre-de-Mézoargues 13 304 B1
Saint-Pierre-de-Mons 33 256 B4
Saint-Pierre-de-Nogaret 48 263 H5
Saint-Pierre-de-Plesguen 35 79 H4
Saint-Pierre-de-Rivière 09 336 A3
Saint-Pierre-de-Salerne 27 35 F4
Saint-Pierre-de-Semilly 50 32 B5
Saint-Pierre-de-Soucy 73 233 G3
Saint-Pierre-de-Trivisy 81 300 A3
Saint-Pierre-de-Varengeville 76 36 A1
Saint-Pierre-de-Varennes 71 177 E3
Saint-Pierre-de-Vassols 84 285 H4
Saint-Pierre-dels-Forcats 66 341 G4
Saint-Pierre-d'Entremont 38 233 E4
Saint-Pierre-d'Entremont 61 53 E3
Saint-Pierre-d'Entremont 73 233 E4
Saint-Pierre-des-Bois 72 107 E5
Saint-Pierre-des-Champs 11 338 B2
Saint-Pierre-des-Corps 37 152 A2
Saint-Pierre-des-Échaubrognes 79 167 E1
Saint-Pierre-des-Fleurs 27 36 A4
Saint-Pierre-des-Ifs 14 34 C5
Saint-Pierre-des-Ifs 27 35 F3
Saint-Pierre-des-Jonquières 76 20 D2
Saint-Pierre-des-Landes 53 81 G5
Saint-Pierre-des-Loges 61 55 E4
Saint-Pierre-des-Nids 53 83 F4
Saint-Pierre-des-Ormes 72 84 A5
Saint-Pierre-des-Tripiers 48 282 A3
Saint-Pierre-d'Exideuil 86 203 G1
Saint-Pierre-d'Extravache 73 253 E1
Saint-Pierre-d'Eyraud 24 257 G1
Saint-Pierre-d'Irube 64 292 A5
Saint-Pierre-d'Oléron 17 200 B3
Saint-Pierre-du-Bosguérard 27 35 H4
Saint-Pierre-du-Bû 14 53 H3
Saint-Pierre-du-Champ 43 247 F1
Saint-Pierre-du-Chemin 85 167 F5
Saint-Pierre-du-Fresne 14 52 D1
Saint-Pierre-du-Jonquet 14 34 A4
Saint-Pierre-du-Lorouër 72 130 C3
Saint-Pierre-du-Mesnil 27 55 F2
Saint-Pierre-du-Mont 14 32 C2
Saint-Pierre-du-Mont 40 294 A1
Saint-Pierre-du-Mont 58 157 E2
Saint-Pierre-du-Palais 17 238 C2
Saint-Pierre-du-Perray 91 88 A2
Saint-Pierre-du-Regard 61 53 F3
Saint-Pierre-du-Val 27 34 D2
Saint-Pierre-du-Vauvray 27 36 C4
Saint-Pierre-Église 50 29 G2
Saint-Pierre-en-Faucigny 74 216 A1
Saint-Pierre-en-Port 76 19 E2
Saint-Pierre-en-Val 76 10 D4
Saint-Pierre-en-Vaux 21 177 E1
Saint-Pierre-es-Champs 60 37 F2
Saint-Pierre-Eynac 43 247 G3
Saint-Pierre-la-Bourlhonne 63 229 E1
Saint-Pierre-la-Bruyère 61 84 D5
Saint-Pierre-la-Cour 53 105 G3
Saint-Pierre-la-Garenne 27 36 D5
Saint-Pierre-la-Noaille 42 211 G1
Saint-Pierre-la-Palud 69 212 C5
Saint-Pierre-la-Rivière 61 54 C3
Saint-Pierre-la-Roche 07 266 D3
Saint-Pierre-la-Vieille 14 53 E2
Saint-Pierre-Lafeuille 46 260 B4
Saint-Pierre-Langers 50 51 G3
Saint-Pierre-Laval 03 211 E1
Saint-Pierre-Lavis 76 19 F4
Saint-Pierre-la-Mer 11 321 G5
Saint-Pierre-le-Bost 23 190 A3
Saint-Pierre-le-Chastel 63 209 F5
Saint-Pierre-le-Déchausselat 07 265 H5
Saint-Pierre-le-Moûtier 58 174 C4
Saint-Pierre le Potier 53 106 A4
Saint-Pierre-le-Vieux 48 264 A1
Saint-Pierre-le-Vieux 71 194 C5
Saint-Pierre-le-Vieux 76 19 H2
Saint-Pierre-le-Vieux 85 184 B3
Saint-Pierre-le-Viger 76 19 H2
Saint-Pierre-les-Aubagne 13 327 F2
Saint-Pierre-lès-Bitry 60 39 H2
Saint-Pierre-les-Bois 18 190 A1
Saint-Pierre-lès-Elbeuf 76 36 A4
Saint-Pierre-les-Étieux 18 173 G5
Saint-Pierre-lès-Franqueville 02 25 E2
Saint-Pierre-lès-Nemours 77 112 B2
Saint-Pierre-Montlimart 49 148 C3
Saint-Pierre-Quiberon 56 123 H5
Saint-Pierre-Roche 63 227 F1
Saint-Pierre-sur-Dives 14 54 A1
Saint-Pierre-sur-Doux 07 248 B2
Saint-Pierre-sur-Dropt 47 257 F3
Saint-Pierre-sur-Erve 53 106 C4
Saint-Pierre-sur-Orthe 53 107 E2
Saint-Pierre-sur-Vence 08 26 D4
Saint-Pierre-Tarentaine 14 52 D2
Saint-Pierre-Toirac 46 261 F4
Saint-Pierremont 02 25 F3
Saint-Pierremont 08 43 F1
Saint-Pierremont 88 95 G3
Saint-Pierreville 07 266 C1
Saint-Pierrevillers 55 44 D3
Saint-Plaisir 03 191 G1
Saint-Plancard 31 316 A5
Saint-Planchers 50 51 F3
Saint-Plantaire 36 189 E3
Saint-Point 71 194 C4
Saint-Point-Lac 25 180 C3
Saint-Pois 50 52 B4
Saint-Poix 53 105 G5
Saint-Pol-de-Léon 29 71 G3
Saint-Pol-sur-Mer 59 3 G2
Saint-Pol-sur-Ternoise 62 7 G5
Saint-Polgues 42 211 F4
Saint-Polycarpe 11 337 G2
Saint-Pompain 79 184 C3
Saint-Pompon 24 259 F2
Saint-Poncy 15 245 H2
Saint-Pons 04 270 D5
Saint-Pons 07 266 D3
Saint-Pons *Parc de* 13 327 G2
Saint-Pons-de-Mauchiens 34 302 A5
Saint-Pons-de-Thomières 34 320 C2
Saint-Pons-la-Calm 30 284 D4
Saint-Pont 03 210 A1
Saint-Porchaire 17 201 E4
Saint-Porquier 82 277 F5
Saint-Pôtan 22 79 F3
Saint-Pouange 10 114 D2
Saint-Pourçain-sur-Besbre 03 192 D3
Saint-Pourçain-sur-Sioule 03 192 A4
Saint-Prancher 88 94 C4
Saint-Préjet-Armandon 43 246 C1
Saint-Préjet-d'Allier 43 246 D5
Saint-Prest 28 86 B3
Saint-Preuil 16 220 C2
Saint-Priest 07 266 C2
Saint-Priest 23 208 B2
Saint-Priest 69 231 F1
Saint-Priest-Bramefant 63 210 B3
Saint-Priest-d'Andelot 03 209 H2
Saint-Priest-de-Gimel 19 243 E1
Saint-Priest-des-Champs 63 209 E3
Saint-Priest-en-Jarez 42 230 B4
Saint-Priest-en-Murat 03 191 F4
Saint-Priest-la-Feuille 23 206 C1
Saint-Priest-la-Marche 18 190 A3
Saint-Priest-la-Plaine 23 206 C1
Saint-Priest-la-Prugne 42 211 E3
Saint-Priest-la-Roche 42 211 G4
Saint-Priest-la-Vêtre 42 211 E5
Saint-Priest-le-Betoux 87 205 G1
Saint-Priest-les-Fougères 24 223 E3
Saint-Priest-Ligoure 87 223 H2
Saint-Priest-Palus 23 206 C4
Saint-Priest-sous-Aixe 87 205 F5
Saint-Priest-Taurion 87 205 H4
Saint-Prim 38 231 E4
Saint-Privat 07 266 B3
Saint-Privat 19 243 G3
Saint-Privat 34 301 H3
Saint-Privat-d'Allier 43 246 D4
Saint-Privat-de-Champclos 30 284 B2
Saint-Privat-de-Vallongue 48 283 F2
Saint-Privat-des-Prés 24 239 F1
Saint-Privat-des-Vieux 30 283 H3
Saint-Privat-du-Dragon 43 246 B2
Saint-Privat-du-Fau 48 246 B5
Saint-Privat-la-Montagne 57 45 G5
Saint-Privé 71 177 F5
Saint-Privé 89 135 F4
Saint-Prix 03 192 D5
Saint-Prix 07 248 C4
Saint-Prix 71 176 B2
Saint-Prix 95 58 B1
Saint-Prix-lès-Arnay 21 159 E5
Saint-Projet 15 262 B3
Saint-Projet 46 260 B2
Saint-Projet 82 278 D2
Saint-Projet-de-Salers 15 244 C3
Saint-Projet-Saint-Constant 16 221 G1
Saint-Prouant 85 166 D4
Saint-Pryvé-Saint-Mesmin 45 133 E2
Saint-Puy 32 296 A1
Saint-Python 59 14 D3
Saint-Quantin-de-Rançanne 17 219 G3
Saint-Quay-Perros 22 72 C2
Saint-Quay-Portrieux 22 73 H4
Saint-Quentin 02 24 B2
Saint-Quentin-au-Bosc 76 10 C5
Saint-Quentin-de-Baron 33 256 B1
Saint-Quentin-de-Blavou 61 84 B3
Saint-Quentin-de-Caplong 33 257 E1
Saint-Quentin-de-Chalais 16 239 E1
Saint-Quentin-des-Isles 27 55 F1
Saint-Quentin-des-Prés 60 37 G1
Saint-Quentin-du-Dropt 47 258 B2
Saint-Quentin-en-Mauges 49 148 D3
Saint-Quentin-en-Tourmont 80 11 E1
Saint-Quentin-en-Yvelines 78 57 H4
Saint-Quentin-Fallavier 38 231 G2
Saint-Quentin-la-Chabanne 23 207 G4
Saint-Quentin-la-Motte-Croix-au-Bailly 80 10 D4
Saint-Quentin-la-Poterie 30 284 C4
Saint-Quentin-la-Tour 09 336 D2
Saint-Quentin-le-Petit 08 25 G5
Saint-Quentin-le-Verger 51 90 B2
Saint-Quentin-les-Anges 53 128 A3
Saint-Quentin-lès-Beaurepaire 49 129 F5
Saint-Quentin-les-Chardonnets 61 52 D4
Saint-Quentin-les-Marais 51 62 D4
Saint-Quentin-lès-Troo 41 131 E3
Saint-Quentin-sur-Charente 16 204 C5
Saint-Quentin-sur-Coole 51 62 A3
Saint-Quentin-sur-Indrois 37 152 C4
Saint-Quentin-sur-Isère 38 232 C5
Saint-Quentin-sur-le-Homme 50 51 H5
Saint-Quentin-sur-Nohain 58 156 B3
Saint-Quentin-sur-Sauxillanges 63 228 B3
Saint-Quintin-sur-Sioule 63 209 G2
Saint-Quirc 09 318 A4
Saint-Quirin 57 96 C1
Saint-Rabier 24 241 F2
Saint-Racho 71 194 A5
Saint-Rambert-d'Albon 26 249 E1
Saint-Rambert-en-Bugey 01 214 B3
Saint-Rambert-l'Ile-Barbe 69 213 E5
Saint-Raphaël 24 241 F1
Saint-Raphaël 83 329 H1
Saint-Régis-du-Coin 42 248 B1
Saint-Règle 37 152 C2
Saint-Remèze 07 284 C1
Saint-Remimont 54 95 E2
Saint-Remimont 88 94 B5
Saint-Rémy 01 195 H5
Saint-Rémy 12 279 F1
Saint-Rémy 14 53 F2
Saint-Rémy 19 225 H2
Saint-Rémy 21 137 G5
Saint-Rémy 24 239 F4
Saint-Rémy 71 177 H4
Saint-Rémy 79 184 D3
Saint-Remy 88 96 A4
Saint-Rémy-au-Bois 62 6 C5
Saint-Rémy-aux-Bois 54 95 F3
Saint-Rémy-Blanzy 02 40 B4
Saint-Rémy-Boscrocourt 76 10 D4
Saint-Remy-Chaussée 59 15 G3
Saint-Rémy-de-Blot 63 209 F2
Saint-Rémy-de-Chargnat 63 228 A3
Saint-Rémy-de-Chaudes-Aigues 15 263 G2
Saint-Rémy-de-Maurienne 73 233 H4
Saint-Rémy-de-Provence 13 304 D2
Saint-Rémy-de-Salers 15 244 C3
Saint-Rémy-de-Sillé 72 107 F2
Saint-Rémy-des-Landes 50 31 F3
Saint-Rémy-des-Monts 72 84 A5
Saint-Remy-du-Nord 59 15 G3
Saint-Rémy-du-Plain 35 80 C4
Saint-Rémy-du-Val 72 83 H5
Saint-Remy-en-Bouzemont-Saint-Genest-et-Isson 51 62 D5
Saint-Rémy-en-Comté 70 141 E2
Saint-Remy-en-l'Eau 60 38 C1
Saint-Rémy-en-Mauges 49 148 C3
Saint-Rémy-en-Montmorillon 86 187 G5
Saint-Rémy-en-Rollat 03 210 B1
Saint-Remy-la-Calonne 55 64 D2
Saint-Rémy-la-Vanne 77 60 A4
Saint-Rémy-la-Varenne 49 150 A2
Saint-Remy-le-Petit 08 42 A2
Saint-Rémy-lès-Chevreuse 78 58 A5
Saint-Rémy-l'Honoré 78 57 G4
Saint-Remy-sous-Barbuise 10 91 E3
Saint-Remy-sous-Broyes 51 61 E5
Saint-Rémy-sur-Avre 28 56 C4
Saint-Remy-sur-Bussy 51 62 C1
Saint-Rémy-sur-Creuse 86 169 H2
Saint-Rémy-sur-Durolle 63 210 C4
Saint-Renan 29 74 D2
Saint-René 22 78 C3
Saint-Restitut 26 285 E1
Saint-Révérend 85 165 E4
Saint-Révérien 58 157 F4
Saint-Rieul 22 79 E4
Saint-Rigomer-des-Bois 72 83 H4
Saint-Rimay 41 131 F3

Saint-Riquier 80 11 H 3
Saint-Riquier-en-Rivière 76 21 E 2
Saint-Riquier-ès-Plains 76 19 G 2
Saint-Rirand 42 211 E 2
Saint-Rivoal 29 76 A 3
Saint-Robert 19 241 H 1
Saint-Robert 47 276 C 2
Saint-Roch 37 151 G 2
Saint-Roch-sur-Égrenne 61 82 A 2
Saint-Rogatien 17 200 C 1
Saint-Romain 16 239 F 1
Saint-Romain 21 177 G 2
Saint-Romain 63 229 F 3
Saint-Romain 86 186 C 5
Saint-Romain *Mont* 71 194 D 2
Saint-Romain-
au-Mont-d'Or 69 213 E 4
Saint-Romain-d'Ay 07 248 D 2
Saint-Romain-de-Benet 17 219 E 1
Saint-Romain-
de-Colbosc 76 18 D 5
Saint-Romain-
de-Jalionas 38 213 H 5
Saint-Romain-de-Lerps 07 249 E 4
Saint-Romain-
de-Monpazier 24 258 D 2
Saint-Romain-
de-Popey 69 212 C 4
Saint-Romain-
de-Surieu 38 231 F 4
Saint-Romain-des-Iles 71 213 E 1
Saint-Romain-d'Urfé 42 211 E 4
Saint-Romain-en-Gal 69 231 E 3
Saint-Romain-en-Gier 69 230 D 2
Saint-Romain-en-Jarez 42 230 C 3
Saint-Romain-
en-Viennois 84 285 H 2
Saint-Romain-
et-Saint-Clément 24 222 D 4
Saint-Romain-la-Motte 42 211 F 2
Saint-Romain-la-Virvée 33 237 H 4
Saint-Romain-Lachalm 43 248 A 1
Saint-Romain-le-Noble 47 276 C 3
Saint-Romain-le-Preux 89 113 G 5
Saint-Romain-le-Puy 42 229 H 3
Saint-Romain-
les-Atheux 42 230 B 5
Saint-Romain-
sous-Gourdon 71 194 B 1
Saint-Romain-
sous-Versigny 71 193 H 1
Saint-Romain-sur-Cher 41 153 F 3
Saint-Romain-
sur-Gironde 17 219 F 4
Saint-Roman 26 268 B 2
Saint-Roman
*Abbaye de* 30 304 B 2
Saint-Roman-de-Bellet 06 309 G 2
Saint-Roman-
de-Codières 30 283 E 5
Saint-Roman-
de-Malegarde 84 285 G 2
Saint-Romans 38 250 A 2
Saint-Romans-
des-Champs 79 185 E 5
Saint-Romans-
lès-Melle 79 185 F 5
Saint-Rome 31 318 B 3
Saint-Rome-de-Cernon 12 281 G 5
Saint-Rome-de-Dolan 48 282 A 2
Saint-Rome-de-Tarn 12 281 F 5
Saint-Romphaire 50 52 B 1
Saint-Rouin *Ermitage de* 55 63 F 1
Saint-Rustice 31 297 H 2
Saint-Saëns 76 20 C 4
Saint-Saire 76 21 E 4
Saint-Salvadou 12 279 G 2
Saint-Salvadour 19 224 D 5
Saint-Salvi-
de-Carcavès 81 300 B 2
Saint-Salvy 47 275 H 2
Saint-Salvy-
de-la-Balme 81 299 H 5
Saint-Samson 14 34 A 4
Saint-Samson 53 83 E 3
Saint-Samson-
de-Bonfossé 50 32 A 5
Saint-Samson-
de-la-Roque 27 35 E 2
Saint-Samson-la-Poterie 60 21 F 5
Saint-Samson-sur-Rance 22 79 G 3
Saint-Sandoux 63 227 H 2
Saint-Santin 12 261 H 3
Saint-Santin-Cantalès 15 243 H 4
Saint-Santin-de-Maurs 15 261 H 3
Saint-Sardos 47 275 H 1
Saint-Sardos 82 297 F 1
Saint-Sardos-
de-Laurenque 47 258 D 4
Saint-Satur 18 156 A 3
Saint-Saturnin 15 245 E 1
Saint-Saturnin 16 221 E 1
Saint-Saturnin 18 190 A 2
Saint-Saturnin 48 282 A 1
Saint-Saturnin 51 90 C 2
Saint-Saturnin 63 227 H 2
Saint-Saturnin 72 107 G 4
Saint-Saturnin-
de-Lenne 12 263 G 5
Saint-Saturnin-
de-Lucian 34 302 A 4
Saint-Saturnin-du-Bois 17 201 G 1
Saint-Saturnin-
du-Limet 53 127 G 2
Saint-Saturnin-lès-Apt 84 286 B 5
Saint-Saturnin-
lès-Avignon 84 285 G 5
Saint-Saturnin-sur-Loire 49 149 H 2
Saint-Saud-Lacoussière 24 222 D 3
Saint-Sauflieu 80 22 B 3
Saint-Saulge 58 175 F 1
Saint-Saulve 59 9 G 5
Saint-Saury 15 261 G 1
Saint-Sauvant 17 201 H 5
Saint-Sauvant 86 185 H 4
Saint-Sauves-
d'Auvergne 63 226 D 2
Saint-Sauveur 05 270 C 3
Saint-Sauveur 21 160 D 2
Saint-Sauveur 29 76 A 2
Saint-Sauveur 31 297 H 3
Saint-Sauveur 33 237 E 1
Saint-Sauveur 38 250 A 2
Saint-Sauveur 54 96 B 2
Saint-Sauveur 60 39 F 3
Saint-Sauveur 70 141 G 2
Saint-Sauveur 79 167 H 3
Saint-Sauveur 80 22 B 1
Saint-Sauveur
*Chapelle* 64 330 D 2
Saint-Sauveur-
Camprieu 30 282 C 4
Saint-Sauveur-d'Aunis 17 183 H 5
Saint-Sauveur-
de-Bergerac 24 240 B 5
Saint-Sauveur-
de-Carrouges 61 83 F 2
Saint-Sauveur-
de-Chaulieu 50 52 C 4
Saint-Sauveur-
de-Cruzières 07 284 A 2
Saint-Sauveur-de-Flée 49 128 A 3
Saint-Sauveur-
de-Ginestoux 48 264 D 2
Saint-Sauveur-
de-Landemont 49 148 B 3
Saint-Sauveur-
de-Meilhan 47 256 D 5
Saint-Sauveur-
de-Montagut 07 266 C 1
Saint-Sauveur-de-Peyre 48 264 A 3
Saint-Sauveur-
de-Pierrepont 50 31 F 2
Saint-Sauveur-
de-Puynormand 33 238 D 4
Saint-Sauveur-
d'Émalleville 76 18 D 5
Saint-Sauveur-
des-Landes 35 81 E 4
Saint-Sauveur-en-Diois 26 267 H 2
Saint-Sauveur-
en-Puisaye 89 135 G 5
Saint-Sauveur-en-Rue 42 248 C 1
Saint-Sauveur-
Gouvernet 26 286 B 1
Saint-Sauveur-
la-Pommeraye 50 51 G 3
Saint-Sauveur-la-Sagne 63 228 D 5
Saint-Sauveur-la-Vallée 46 260 C 3
Saint-Sauveur-Lalande 24 239 F 4
Saint-Sauveur-
le-Vicomte 50 31 G 2
Saint-Sauveur-Lendelin 50 31 G 4
Saint-Sauveur-les-Bains 65 333 E 4
Saint-Sauveur-lès-Bray 77 89 F 4
Saint-Sauveur-Levasville 28 85 H 2
Saint-Sauveur-sur-École 77 88 A 3
Saint-Sauveur-
sur-Tinée 06 289 H 3
Saint-Sauvier 03 190 B 4
Saint-Sauvy 32 296 D 3
Saint-Savin 33 237 H 2
Saint-Savin 38 232 A 2
Saint-Savin 65 332 D 2
Saint-Savin 86 187 F 2
Saint-Savinien 17 201 F 4
Saint-Saviol 86 203 G 1
Saint-Savournin 13 327 F 1
Saint-Sébastien 23 188 D 4
Saint-Sébastien 38 251 E 5
Saint-Sébastien
*Chapelle* 29 75 H 4
Saint-Sébastien-
d'Aigrefeuille 30 283 G 4
Saint-Sébastien-
de-Morsent 27 56 B 1
Saint-Sébastien-de-Raids 50 31 H 4
Saint-Sébastien-
sur-Loire 44 147 H 4
Saint-Secondin 86 186 D 4
Saint-Ségal 29 75 H 4
Saint-Séglin 35 103 G 5
Saint-Seine 58 175 H 5
Saint-Seine-en-Bâche 21 160 D 5
Saint-Seine-l'Abbaye 21 159 G 2
Saint-Seine-
sur-Vingeanne 21 160 D 1
Saint-Selve 33 255 G 2
Saint-Senier-de-Beuvron 50 81 E 2
Saint-Senier-
sous-Avranches 50 51 H 4
Saint-Senoch 37 170 B 1
Saint-Senoux 35 104 A 5
Saint-Sériès 34 303 F 3
Saint-Sernin 07 266 B 4
Saint-Sernin 11 318 C 5
Saint-Sernin 47 257 F 2
Saint-Sernin-du-Bois 71 177 E 3
Saint-Sernin-du-Plain 71 177 F 3
Saint-Sernin-lès-Lavaur 81 299 E 5
Saint-Sernin-sur-Rance 12 300 B 1
Saint-Sérotin 89 113 F 2
Saint-Servais 22 77 E 3
Saint-Servais 29 71 F 5
Saint-Servan-sur-Mer 35 50 C 5
Saint-Servant 56 102 C 5
Saint-Setiers 19 225 G 1
Saint-Seurin-de-Bourg 33 237 G 3
Saint-Seurin-
de-Cadourne 33 219 E 5
Saint-Seurin-de-Cursac 33 237 F 2
Saint-Seurin-
de-Palenne 17 219 G 2
Saint-Seurin-de-Prats 24 257 E 1
Saint-Seurin-d'Uzet 17 219 E 3
Saint-Seurin-sur-l'Isle 33 238 D 4
Saint-Sève 33 256 D 3
Saint-Sever 40 293 H 2
Saint-Sever-Calvados 14 52 B 3
Saint-Sever-de-Rustan 65 315 G 3
Saint-Sever-
de-Saintonge 17 219 H 1
Saint-Sever-
du-Moustier 12 300 C 3
Saint-Séverin 16 221 F 5
Saint-Séverin-
d'Estissac 24 239 H 3
Saint-Séverin-
sur-Boutonne 17 201 H 2
Saint-Siffret 30 284 C 5
Saint-Sigismond 45 110 C 5
Saint-Sigismond 49 148 D 1
Saint-Sigismond 74 216 C 1
Saint-Sigismond 85 184 B 4
Saint-Sigismond-
de-Clermont 17 219 G 4
Saint-Silvain-
Bas-le-Roc 23 190 A 4
Saint-Silvain-Bellegarde 23 207 H 3
Saint-Silvain-Montaigut 23 206 D 1
Saint-Silvain-sous-Toulx 23 190 A 5
Saint-Siméon 27 35 F 3
Saint-Siméon 61 82 A 3
Saint-Siméon 77 60 A 4
Saint-Siméon-
de-Bressieux 38 232 A 5
Saint-Simeux 16 220 D 2
Saint-Simon 02 24 A 3
Saint-Simon 15 244 C 4
Saint-Simon 16 220 D 2
Saint-Simon 46 261 E 2
Saint-Simon-de-Bordes 17 219 H 4
Saint-Simon-
de-Pellouaille 17 219 F 2
Saint-Sixt 74 216 A 2
Saint-Sixte 42 211 G 5
Saint-Sixte 47 276 C 4
Saint-Solen 22 79 H 4
Saint-Solve 19 241 H 1
Saint-Sorlin 69 230 D 2
Saint-Sorlin-d'Arves 73 251 H 1
Saint-Sorlin-de-Conac 17 219 F 5
Saint-Sorlin-
de-Morestel 38 232 B 2
Saint-Sorlin-de-Vienne 38 231 F 3
Saint-Sorlin-en-Bugey 01 214 A 4
Saint-Sorlin-en-Valloire 26 231 F 5
Saint-Sornin 03 191 G 3
Saint-Sornin 16 221 H 1
Saint-Sornin 17 200 D 5
Saint-Sornin 85 182 D 2
Saint-Sornin-la-Marche 87 205 E 1
Saint-Sornin-Lavolps 19 223 H 5
Saint-Sornin-Leulac 87 205 H 1
Saint-Soulan 32 316 D 2
Saint-Souplet 59 14 D 5
Saint-Souplet-sur-Py 51 42 B 4
Saint-Soupplets 77 59 F 1
Saint-Sozy 46 242 C 5
Saint-Stail 88 96 C 3
Saint-Suliac 35 79 H 3
Saint-Sulpice 01 195 G 4
Saint-Sulpice 46 260 D 4
Saint-Sulpice 49 149 H 2
Saint-Sulpice 53 106 A 5
Saint-Sulpice 58 174 D 1
Saint-Sulpice 60 38 A 3
Saint-Sulpice 63 226 D 2
Saint-Sulpice 70 141 H 5
Saint-Sulpice 73 233 E 2
Saint-Sulpice-d'Arnoult 17 201 E 5
Saint-Sulpice-
de-Cognac 16 202 B 5
Saint-Sulpice-
de-Faleyrens 33 238 C 5
Saint-Sulpice-
de-Favières 91 87 G 3
Saint-Sulpice-
de-Grimbouville 27 35 E 2
Saint-Sulpice-
de-Guilleragues 33 257 E 3
Saint-Sulpice-
de-Mareuil 24 221 H 4
Saint-Sulpice-
de-Pommeray 41 132 A 5
Saint-Sulpice-
de-Pommiers 33 256 C 2
Saint-Sulpice-
de-Roumagnac 24 239 G 2
Saint-Sulpice-de-Royan 17 218 D 1
Saint-Sulpice-
de-Ruffec 16 203 G 3
Saint-Sulpice-
des-Landes 35 126 C 3
Saint-Sulpice-
des-Landes 44 127 F 5
Saint-Sulpice-
des-Rivoires 38 232 C 3
Saint-Sulpice-
d'Excideuil 24 223 E 5
Saint-Sulpice-
en-Pareds 85 183 H 1
Saint-Sulpice-
et-Cameyrac 33 237 H 5
Saint-Sulpice-la-Forêt 35 104 C 2
Saint-Sulpice-la-Pointe 81 298 B 3
Saint-Sulpice-Laurière 87 206 B 2
Saint-Sulpice-le-Dunois 23 189 E 5
Saint-Sulpice-
le-Guérétois 23 207 E 1
Saint-Sulpice-
le-Verdon 85 165 H 2
Saint-Sulpice-les-Bois 19 225 G 2
Saint-Sulpice-
les-Champs 23 207 F 3
Saint-Sulpice-
les-Feuilles 87 188 B 4
Saint-Sulpice-sur-Lèze 31 317 H 4
Saint-Sulpice-sur-Risle 61 55 F 4
Saint-Supplet 54 44 D 3
Saint-Sylvain 14 53 H 1
Saint-Sylvain 19 243 E 2
Saint-Sylvain 76 19 G 2
Saint-Sylvain-d'Anjou 49 149 H 1
Saint-Sylvestre 07 249 E 4
Saint-Sylvestre 74 215 F 4
Saint-Sylvestre 87 205 H 3
Saint-Sylvestre-Cappel 59 3 H 5
Saint-Sylvestre-
de-Cormeilles 27 35 E 4
Saint-Sylvestre-
Pragoulin 63 210 B 2
Saint-Sylvestre-sur-Lot 47 276 D 1
Saint-Symphorien 04 287 G 2
Saint-Symphorien 18 173 E 4
Saint-Symphorien 27 35 E 3
Saint-Symphorien 33 255 G 5
Saint-Symphorien 35 80 A 5
Saint-Symphorien 37 151 H 2
Saint-Symphorien 48 264 D 1
Saint-Symphorien 72 107 F 4
Saint-Symphorien 79 184 D 5
Saint-Symphorien-
d'Ancelles 71 194 D 5
Saint-Symphorien-
de-Lay 42 211 H 3
Saint-Symphorien-
de-Mahun 07 248 C 2
Saint-Symphorien-
de-Marmagne 71 176 D 3
Saint-Symphorien-
de-Thénières 12 263 E 2
Saint-Symphorien-
des-Bois 71 194 A 4
Saint-Symphorien-
des-Bruyères 61 55 F 4
Saint-Symphorien-
des-Monts 50 81 G 2
Saint-Symphorien-
d'Ozon 69 231 E 2
Saint-Symphorien-
le-Valois 50 31 F 3
Saint-Symphorien-
les-Buttes 50 52 C 1
Saint-Symphorien-
sous-Chomérac 07 267 E 2
Saint-Symphorien-
sur-Coise 69 230 B 2
Saint-Symphorien-
sur-Couze 87 205 G 2
Saint-Symphorien-
sur-Saône 21 160 C 5
Saint-Thégonnec
-Loc-Eguiner 29 71 G 5
Saint-Thélo 22 102 A 1
Saint-Théodorit 30 303 F 1
Saint-Théoffrey 38 251 E 4
Saint-Thibaud-de-Couz 73 233 E 3
Saint-Thibault 10 115 E 2
Saint-Thibault 18 156 A 3
Saint-Thibault 21 159 E 2
Saint-Thibault 60 21 G 4
Saint-Thibault-
des-Vignes 77 59 E 3
Saint-Thibaut 02 40 D 3
Saint-Thibéry 34 322 C 4
Saint-Thiébaud 39 179 H 2
Saint-Thiébault 52 117 H 2
Saint-Thierry 51 41 G 3
Saint-Thois 29 76 A 5
Saint-Thomas 02 41 E 1
Saint-Thomas 31 297 F 5
Saint-Thomas *Col de* 42 211 E 4
Saint-Thomas-
de-Conac 17 219 F 4
Saint-Thomas-
de-Courceriers 53 82 D 5
Saint-Thomas-
en-Argonne 51 43 E 4
Saint-Thomas-
en-Royans 26 250 A 3
Saint-Thomas-la-Garde 42 229 G 3
Saint-Thomé 07 266 D 4
Saint-Thomin 56 123 G 2
Saint-Thonan 29 70 D 5
Saint-Thual 35 79 H 5
Saint-Thurial 35 103 H 4
Saint-Thuriau 56 101 H 3
Saint-Thurien 27 35 F 2
Saint-Thurien 29 100 C 3
Saint-Thurin 42 211 F 5
Saint-Thyrse *Chapelle* 04 308 A 1
Saint-Tricat 62 2 C 3
Saint-Trimoël 22 78 D 4
Saint-Trinit 84 286 C 3
Saint-Trivier-de-Courtes 01 195 G 2
Saint-Trivier-
sur-Moignans 01 213 F 2
Saint-Trojan 33 237 G 3
Saint-Trojan-les-Bains 17 200 B 4
Saint-Tropez 83 329 G 2
Saint-Tugdual 56 101 E 2
Saint-Tugen 29 98 D 2
Saint-Ulphace 72 108 D 3
Saint-Ulrich 68 143 E 3
Saint-Uniac 35 103 G 2
Saint-Urbain 29 75 G 2
Saint-Urbain 85 164 D 2
Saint-Urbain-
sur-Marne 52 93 E 4
Saint-Urcisse 47 276 D 3
Saint-Urcisse 81 298 B 1
Saint-Urcize 15 263 G 2
Saint-Ursin 50 51 G 3
Saint-Usage 10 116 A 3
Saint-Usage 21 160 C 5
Saint-Usuge 71 178 C 5
Saint-Utin 51 91 H 2
Saint-Uze 26 249 F 2
Saint-Vaast-
de-Longmont 60 39 F 3
Saint-Vaast-
d'Équiqueville 76 20 C 2
Saint-Vaast-Dieppedalle 76 19 G 3
Saint-Vaast-du-Val 76 20 A 4
Saint-Vaast-en-Auge 14 34 B 3
Saint-Vaast-
en-Cambrésis 59 14 C 3
Saint-Vaast-
en-Chaussée 80 22 B 1
Saint-Vaast-la-Hougue 50 29 H 3
Saint-Vaast-lès-Mello 60 38 C 4
Saint-Vaast-sur-Seulles 14 33 E 5
Saint-Vaize 17 201 G 5
Saint-Valbert 70 142 B 3
Saint-Valentin 36 172 A 2
Saint-Valérien 85 183 H 2
Saint-Valérien 89 113 E 3
Saint-Valery 60 21 F 3
Saint-Valery-en-Caux 76 19 G 2
Saint-Valery-sur-Somme 80 11 F 2
Saint-Vallerin 71 177 G 5
Saint-Vallier 16 238 D 1
Saint-Vallier 26 249 E 2
Saint-Vallier 71 194 A 1
Saint-Vallier 88 95 E 5
Saint-Vallier-de-Thiey 06 308 D 2
Saint-Vallier-sur-Marne 52 139 H 2
Saint-Varent 79 168 A 3
Saint-Vaury 23 206 D 1
Saint-Venant 62 7 H 2
Saint-Venec *Chapelle* 29 75 H 5
Saint-Vénérand 43 246 D 5
Saint-Vérain 58 156 B 1
Saint-Véran 05 271 F 1
Saint-Vérand 38 250 A 2
Saint-Vérand 69 212 C 4
Saint-Vérand 71 194 D 5
Saint-Vert 43 228 C 5
Saint-Viance 19 242 B 2
Saint-Viâtre 41 154 B 1
Saint-Viaud 44 146 D 3
Saint-Victeur 72 83 G 5
Saint-Victor 03 190 D 4
Saint-Victor 07 248 D 3
Saint-Victor 15 243 H 4
Saint-Victor 24 239 H 1
Saint-Victor-de-Buthon 28 85 F 4
Saint-Victor-de-Cessieu 38 232 B 3
Saint-Victor-
de-Chrétienville 27 55 E 1
Saint-Victor-de-Malcap 30 284 A 2
Saint-Victor-
de-Morestel 38 232 B 1
Saint-Victor-de-Réno 61 84 D 3
Saint-Victor-d'Épine 27 35 F 4
Saint-Victor-des-Oules 30 284 C 4
Saint-Victor-en-Marche 23 207 E 2
Saint-Victor-et-Melvieu 12 281 F 5
Saint-Victor-la-Coste 30 284 D 4
Saint-Victor-la-Rivière 63 227 F 3
Saint-Victor-l'Abbaye 76 20 B 4
Saint-Victor-Malescours 43 248 A 1
Saint-Victor-
Montvianeix 63 210 D 4
Saint-Victor-Rouzaud 09 336 A 1
Saint-Victor-sur-Arlanc 43 229 E 5
Saint-Victor-sur-Avre 27 55 H 5
Saint-Victor-sur-Loire 42 230 A 4
Saint-Victor-sur-Ouche 21 159 G 4
Saint-Victor-sur-Rhins 42 212 A 3
Saint-Victoret 13 326 C 1
Saint-Victour 19 226 B 4
Saint-Victurnien 87 205 E 4
Saint-Vidal 43 247 E 3
Saint-Vigor 27 56 C 1
Saint-Vigor-
des-Mézerets 14 53 E 2
Saint-Vigor-des-Monts 50 52 B 2
Saint-Vigor-
d'Ymonville 76 34 D 1
Saint-Vigor-le-Grand 14 33 E 3
Saint-Vincent 31 318 C 2
Saint-Vincent 43 247 F 2
Saint-Vincent 63 227 H 3
Saint-Vincent 64 314 C 5
Saint-Vincent 82 278 B 3
Saint-Vincent-Bragny 71 193 H 2
Saint-Vincent-Cramesnil 76 34 D 1
Saint-Vincent-
de-Barbeyrargues 34 302 D 3

Saint-Vincent-de-Barrès 07 ... 267 E 3
Saint-Vincent-de-Boisset 42 ... 211 H 3
Saint-Vincent-de-Connezac 24 ... 239 H 2
Saint-Vincent-de-Cosse 24 ... 259 F 1
Saint-Vincent-de-Durfort 07 ... 266 D 1
Saint-Vincent-de-Lamontjoie 47 ... 275 H 4
Saint-Vincent-de-Mercuze 38 ... 233 F 4
Saint-Vincent-de-Paul 33 ... 237 H 4
Saint-Vincent-de-Paul 40 ... 293 E 2
Saint-Vincent-de-Pertignas 33 ... 256 C 1
Saint-Vincent-de-Reins 69 ... 212 B 2
Saint-Vincent-de-Salers 15 ... 244 C 2
Saint-Vincent-de-Tyrosse 40 ... 292 B 3
Saint-Vincent-des-Bois 27 ... 56 D 1
Saint-Vincent-des-Landes 44 ... 126 D 4
Saint-Vincent-des-Prés 71 ... 194 C 2
Saint-Vincent-des-Prés 72 ... 84 A 5
Saint-Vincent-d'Olargues 34 ... 300 D 5
Saint-Vincent-du-Boulay 27 ... 35 E 5
Saint-Vincent-du-Lorouër 72 ... 130 C 2
Saint-Vincent-du-Pendit 46 ... 261 E 1
Saint-Vincent-en-Bresse 71 ... 178 B 5
Saint-Vincent-Jalmoutiers 24 ... 239 F 2
Saint-Vincent-la-Châtre 79 ... 185 G 5
Saint-Vincent-la-Commanderie 26 ... 249 H 4
Saint-Vincent-le-Paluel 24 ... 241 G 5
Saint-Vincent-les-Forts 04 ... 270 B 4
Saint-Vincent-Lespinasse 82 ... 277 E 4
Saint-Vincent-Puymaufrais 85 ... 183 F 1
Saint-Vincent-Rive-d'Olt 46 ... 259 G 5
Saint-Vincent-Sterlanges 85 ... 166 C 4
Saint-Vincent-sur-Graon 85 ... 182 D 2
Saint-Vincent-sur-Jabron 04 ... 287 E 3
Saint-Vincent-sur-Jard 85 ... 182 C 3
Saint-Vincent-sur-l'Isle 24 ... 240 D 1
Saint-Vincent-sur-Oust 56 ... 125 G 3
Saint-Vinnemer 89 ... 137 F 2
Saint-Vit 25 ... 161 G 4
Saint-Vital 73 ... 234 A 1
Saint-Vite 47 ... 259 E 5
Saint-Vitte 18 ... 190 C 2
Saint-Vitte-sur-Briance 87 ... 224 C 2
Saint-Vivien 17 ... 200 D 2
Saint-Vivien 24 ... 239 E 5
Saint-Vivien-de-Blaye 33 ... 237 G 2
Saint-Vivien-de-Médoc 33 ... 218 C 4
Saint-Vivien-de-Monségur 33 ... 257 E 3
Saint-Voir 03 ... 192 C 3
Saint-Vougay 29 ... 71 F 4
Saint-Vrain 51 ... 63 E 5
Saint-Vrain 91 ... 87 H 3
Saint-Vran 22 ... 102 D 1
Saint-Vulbas 01 ... 214 A 4
Saint-Waast 59 ... 15 F 2
Saint-Wandrille-Rançon 76 ... 35 G 1
Saint-Witz 95 ... 58 D 1
Saint-Xandre 17 ... 183 F 5
Saint-Yaguen 40 ... 293 G 1
Saint-Yan 71 ... 193 G 3
Saint-Ybard 19 ... 224 B 4
Saint-Ybars 09 ... 317 H 5
Saint-Ylie 39 ... 178 D 1
Saint-Yon 91 ... 87 G 2
Saint-Yorre 03 ... 210 C 2
Saint-Yrieix-la-Montagne 23 ... 207 F 4
Saint-Yrieix-la-Perche 87 ... 223 G 3
Saint-Yrieix-le-Déjalat 19 ... 225 F 4
Saint-Yrieix-les-Bois 23 ... 207 F 2
Saint-Yrieix-sous-Aixe 87 ... 205 F 4
Saint-Yrieix-sur-Charente 16 ... 221 E 1
Saint-Ythaire 71 ... 194 C 1
Saint-Yvi 29 ... 100 A 3
Saint-Yvoine 63 ... 228 A 2
Saint-Yzan-de-Soudiac 33 ... 237 H 2
Saint-Yzans-de-Médoc 33 ... 219 E 5
Saint-Zacharie 83 ... 327 G 1
Sainte-Adresse 76 ... 34 B 1
Sainte-Agathe 63 ... 210 D 5
Sainte-Agathe-d'Aliermont 76 ... 20 C 2
Sainte-Agathe-en-Donzy 42 ... 212 A 5
Sainte-Agathe-la-Bouteresse 42 ... 229 G 1
Sainte-Agnès 06 ... 291 G 5
Sainte-Agnès 38 ... 251 F 1
Sainte-Agnès 39 ... 196 B 1
Sainte-Alauzie 46 ... 277 H 2
Sainte-Alvère 24 ... 240 D 5
Sainte-Anastasie 15 ... 245 G 2
Sainte-Anastasie 30 ... 303 H 1
Sainte-Anastasie-sur-Issole 83 ... 328 C 2
Sainte-Anne 04 ... 271 E 4
Sainte-Anne 25 ... 180 A 2
Sainte-Anne 32 ... 297 E 3
Sainte-Anne 41 ... 131 G 3
Sainte-Anne-d'Auray 56 ... 124 A 3
Sainte-Anne-d'Evenos 83 ... 327 H 4
Sainte-Anne-du-Castellet 83 ... 327 H 3
Sainte-Anne-la-Condamine 04 ... 271 E 4
Sainte-Anne-la-Palud 29 ... 75 G 5
Sainte-Anne-Saint-Priest 87 ... 224 D 1
Sainte-Anne-sur-Brivet 44 ... 146 D 1
Sainte-Anne-sur-Gervonde 38 ... 231 H 3
Sainte-Anne-sur-Vilaine 35 ... 126 B 3
Sainte-Aulde 77 ... 60 A 2
Sainte-Aurence-Cazaux 32 ... 315 H 3
Sainte-Austreberthe 62 ... 7 E 5
Sainte-Austreberthe 76 ... 20 A 5
Sainte-Avoye 56 ... 124 A 3
Sainte-Barbe 57 ... 46 B 5
Sainte-Barbe 88 ... 95 H 3
Sainte-Barbe *Alignements de* 56 ... 100 D 3
Sainte-Barbe-sur-Gaillon 27 ... 36 C 5
Sainte-Baume *Gorge de la* 07 ... 266 D 5
La Sainte-Baume *Massif de* 93 ... 327 G 2
Sainte-Bazeille 47 ... 257 E 4
Sainte-Beuve-en-Rivière 76 ... 21 E 3
Sainte-Blandine 38 ... 232 B 2
Sainte-Blandine 79 ... 185 F 5
Sainte-Brigitte 56 ... 77 G 5
Sainte-Camelle 11 ... 318 C 4
Sainte-Catherine 62 ... 13 G 2
Sainte-Catherine 63 ... 228 C 4
Sainte-Catherine 69 ... 230 C 2
Sainte-Catherine-de-Fierbois 37 ... 151 H 5
Sainte-Cécile 36 ... 153 H 5
Sainte-Cécile 50 ... 52 A 3
Sainte-Cécile 71 ... 194 C 3
Sainte-Cécile 85 ... 166 B 4
Sainte-Cécile-d'Andorge 30 ... 283 G 2
Sainte-Cécile-du-Cayrou 81 ... 278 D 5
Sainte-Cécile-les-Vignes 84 ... 285 F 2
Sainte-Céronne-lès-Mortagne 61 ... 84 B 2
Sainte-Cérotte 72 ... 130 D 2
Sainte-Christie 32 ... 296 B 3
Sainte-Christie-d'Armagnac 32 ... 295 E 2
Sainte-Christine 49 ... 149 E 3
Sainte-Christine 63 ... 209 F 2
Sainte-Christine 85 ... 184 C 4
Sainte-Christine *Chapelle* 29 ... 75 F 3
Sainte-Colombe 05 ... 286 D 1
Sainte-Colombe 16 ... 203 G 5
Sainte-Colombe 17 ... 238 B 1
Sainte-Colombe 25 ... 180 C 2
Sainte-Colombe 33 ... 238 D 5
Sainte-Colombe 35 ... 104 C 5
Sainte-Colombe 40 ... 293 H 3
Sainte-Colombe 46 ... 261 F 2
Sainte-Colombe 50 ... 29 F 5
Sainte-Colombe 69 ... 231 F 3
Sainte-Colombe 76 ... 19 G 3
Sainte-Colombe 77 ... 89 G 3
Sainte-Colombe 89 ... 137 E 5
Sainte-Colombe-de-Duras 47 ... 257 E 2
Sainte-Colombe-de-la-Commanderie 66 ... 342 D 3
Sainte-Colombe-de-Peyre 48 ... 264 A 2
Sainte-Colombe-de-Villeneuve 47 ... 276 B 1
Sainte-Colombe-des-Bois 58 ... 156 C 3
Sainte-Colombe-en-Auxois 21 ... 159 E 2
Sainte-Colombe-en-Bruilhois 47 ... 275 H 3
Sainte-Colombe-la-Commanderie 27 ... 36 A 5
Sainte-Colombe-près-Vernon 27 ... 36 C 5
Sainte-Colombe-sur-Gand 42 ... 212 A 4
Sainte-Colombe-sur-Guette 11 ... 337 G 5
Sainte-Colombe-sur-l'Hers 11 ... 337 E 3
Sainte-Colombe-sur-Loing 89 ... 135 G 5
Sainte-Colombe-sur-Seine 21 ... 138 A 2
Sainte-Colome 64 ... 332 A 1
Sainte-Consorce 69 ... 212 D 5
Sainte-Croix 01 ... 213 G 4
Sainte-Croix 02 ... 41 E 1
Sainte-Croix 12 ... 261 F 5
Sainte-Croix 24 ... 258 D 2
Sainte-Croix 26 ... 268 A 1
Sainte-Croix 46 ... 277 F 1
Sainte-Croix 71 ... 195 H 1
Sainte-Croix 81 ... 279 G 5
Sainte-Croix *Barrage de* 83 ... 307 F 2
Sainte-Croix *Prieuré de* 60 ... 39 G 2
Sainte-Croix-à-Lauze 04 ... 306 B 1
Sainte-Croix-aux-Mines 68 ... 96 D 5
Sainte-Croix-de-Caderle 30 ... 283 F 4
Sainte-Croix-de-Mareuil 24 ... 221 H 4
Sainte-Croix-de-Quintillargues 34 ... 302 D 3
Sainte-Croix-du-Mont 33 ... 256 B 3
Sainte-Croix-du-Verdon 04 ... 307 F 2
Sainte-Croix-en-Jarez 42 ... 230 D 3
Sainte-Croix-en-Plaine 68 ... 121 E 3
Sainte-Croix-Grand-Tonne 14 ... 33 F 4
Sainte-Croix-Hague 50 ... 28 D 3
Sainte-Croix-sur-Aizier 27 ... 35 F 2
Sainte-Croix-sur-Buchy 76 ... 20 D 5
Sainte-Croix-sur-Mer 14 ... 33 F 3
Sainte-Croix-sur-Orne 61 ... 53 G 4
Sainte-Croix-Vallée-Française 48 ... 283 E 3
Sainte-Croix-Volvestre 09 ... 335 F 1
Sainte-Dode 32 ... 315 H 2
Sainte-Eanne 79 ... 185 G 3
Sainte-Engrâce 64 ... 331 F 3
Sainte-Enimie 48 ... 282 B 1
Sainte-Eugénie-de-Villeneuve 43 ... 246 D 2
Sainte-Eugienne 50 ... 51 H 4
Sainte-Eulalie 07 ... 265 H 1
Sainte-Eulalie 11 ... 319 G 5
Sainte-Eulalie 15 ... 244 B 3
Sainte-Eulalie 33 ... 237 H 5
Sainte-Eulalie 48 ... 264 C 1
Sainte-Eulalie-d'Ans 24 ... 241 E 1
Sainte-Eulalie-de-Cernon 12 ... 281 H 5
Sainte-Eulalie-d'Eymet 24 ... 257 G 2
Sainte-Eulalie-d'Olt 12 ... 263 G 5
Sainte-Eulalie-en-Born 40 ... 272 C 2
Sainte-Eulalie-en-Royans 26 ... 250 A 3
Sainte-Euphémie 01 ... 213 E 3
Sainte-Euphémie-sur-Ouvèze 26 ... 286 B 1
Sainte-Eusoye 60 ... 22 B 5
Sainte-Fauste 36 ... 172 A 3
Sainte-Féréole 19 ... 242 C 1
Sainte-Feyre 23 ... 207 E 1
Sainte-Feyre-la-Montagne 23 ... 207 H 4
Sainte-Flaive-des-Loups 85 ... 165 G 5
Sainte-Florence 33 ... 256 D 1
Sainte-Florence 85 ... 166 B 3
Sainte-Florine 43 ... 228 A 4
Sainte-Foi 09 ... 336 D 1
Sainte-Fortunade 19 ... 242 D 2
Sainte-Foy 40 ... 294 B 1
Sainte-Foy 71 ... 193 H 5
Sainte-Foy 76 ... 20 B 3
Sainte-Foy 85 ... 182 B 1
Sainte-Foy-d'Aigrefeuille 31 ... 298 B 5
Sainte-Foy-de-Belvès 24 ... 259 E 2
Sainte-Foy-de-Longas 24 ... 240 C 5
Sainte-Foy-de-Montgommery 14 ... 54 C 2
Sainte-Foy-de-Peyrolières 31 ... 317 F 2
Sainte-Foy-des-Vignes 24 ... 239 H 5
Sainte-Foy-la-Grande 33 ... 257 F 1
Sainte-Foy-la-Longue 33 ... 256 C 3
Sainte-Foy-l'Argentière 69 ... 230 B 1
Sainte-Foy-lès-Lyon 69 ... 231 E 1
Sainte-Foy-Saint-Sulpice 42 ... 211 H 5
Sainte-Foy-Tarentaise 73 ... 235 E 1
Sainte-Gauburge 61 ... 84 C 5
Sainte-Gauburge-Sainte-Colombe 61 ... 55 E 5
Sainte-Gemme 17 ... 201 E 5
Sainte-Gemme 32 ... 296 C 2
Sainte-Gemme 33 ... 257 E 3
Sainte-Gemme 36 ... 171 E 3
Sainte-Gemme 51 ... 40 D 5
Sainte-Gemme 79 ... 168 A 3
Sainte-Gemme 81 ... 279 H 4
Sainte-Gemme-en-Sancerrois 18 ... 155 H 2
Sainte-Gemme-la-Plaine 85 ... 183 F 2
Sainte-Gemme-Martaillac 47 ... 275 E 1
Sainte-Gemme-Moronval 28 ... 56 D 4
Sainte-Gemmes 41 ... 132 A 3
Sainte-Gemmes-d'Andigné 49 ... 128 A 4
Sainte-Gemmes-le-Robert 53 ... 106 D 2
Sainte-Gemmes-sur-Loire 49 ... 149 G 2
Sainte-Geneviève 02 ... 25 G 3
Sainte-Geneviève 50 ... 29 G 3
Sainte-Geneviève 54 ... 65 G 3
Sainte-Geneviève 60 ... 38 B 3
Sainte-Geneviève 76 ... 20 D 4
Sainte-Geneviève-des-Bois 45 ... 134 D 3
Sainte-Geneviève-des-Bois 91 ... 87 H 2
Sainte-Geneviève-lès-Gasny 27 ... 57 E 1
Sainte-Geneviève-sur-Argence 12 ... 263 E 1
Sainte-Hélène 33 ... 236 D 4
Sainte-Hélène 48 ... 264 D 4
Sainte-Hélène 56 ... 123 G 2
Sainte-Hélène 71 ... 177 F 4
Sainte-Hélène 88 ... 95 H 5
Sainte-Hélène-Bondeville 76 ... 19 E 3
Sainte-Hélène-du-Lac 73 ... 233 G 3
Sainte-Hélène-sur-Isère 73 ... 234 A 1
Sainte-Hermine 85 ... 183 G 1
Sainte-Honorine-de-Ducy 14 ... 32 D 5
Sainte-Honorine-des-Pertes 14 ... 32 D 2
Sainte-Honorine-du-Fay 14 ... 33 F 5
Sainte-Honorine-la-Chardonne 61 ... 53 F 3
Sainte-Honorine-la-Guillaume 61 ... 53 G 4
Sainte-Innocence 24 ... 257 G 2
Sainte-Jalle 26 ... 286 A 1
Sainte-Jamme-sur-Sarthe 72 ... 107 H 3
Sainte-Julie 01 ... 214 A 4
Sainte-Juliette 82 ... 277 F 2
Sainte-Juliette-sur-Viaur 12 ... 280 C 3
Sainte-Léocadie 66 ... 341 F 5
Sainte-Lheurine 17 ... 220 B 3
Sainte-Livière 52 ... 92 B 2
Sainte-Livrade 31 ... 297 F 4
Sainte-Livrade-sur-Lot 47 ... 276 B 1
Sainte-Lizaigne 36 ... 172 B 2
Sainte-Luce 38 ... 251 F 5
Sainte-Luce-sur-Loire 44 ... 147 H 3
Sainte-Lucie-de-Porto-Vecchio 2A ... 349 G 5
Sainte-Lucie-de-Tallano 2A ... 349 E 5
Sainte-Lunaise 18 ... 173 E 3
Sainte-Magnance 89 ... 158 B 2
Sainte-Marguerite 43 ... 246 D 2
Sainte-Marguerite 88 ... 96 B 5
Sainte-Marguerite *Île* 06 ... 309 F 4
Sainte-Marguerite *Presqu'île de* 29 ... 70 C 4
Sainte-Marguerite-de-Carrouges 61 ... 83 E 2
Sainte-Marguerite-de-l'Autel 27 ... 55 H 3
Sainte-Marguerite-de-Viette 14 ... 54 B 1
Sainte-Marguerite-d'Elle 14 ... 32 B 4
Sainte-Marguerite-des-Loges 14 ... 54 C 1
Sainte-Marguerite-en-Ouche 27 ... 55 F 1
Sainte-Marguerite-Lafigère 07 ... 265 G 5
Sainte-Marguerite-sur-Duclair 76 ... 35 H 1
Sainte-Marguerite-sur-Fauville 76 ... 19 F 4
Sainte-Marguerite-sur-Mer 76 ... 10 A 5
Sainte-Marie 05 ... 268 C 4
Sainte-Marie 08 ... 42 D 2
Sainte-Marie 15 ... 245 F 5
Sainte-Marie 16 ... 239 E 1
Sainte-Marie 25 ... 142 B 4
Sainte-Marie 32 ... 296 D 4
Sainte-Marie 35 ... 125 H 3
Sainte-Marie 44 ... 146 C 5
Sainte-Marie 58 ... 175 E 1
Sainte-Marie *Col de* 88 ... 96 C 5
Sainte-Marie-à-Py 51 ... 42 C 4
Sainte-Marie-au-Bosc 76 ... 18 C 4
Sainte-Marie-aux-Anglais 14 ... 54 B 1
Sainte-Marie-aux-Chênes 57 ... 45 F 5
Sainte-Marie-aux-Mines 68 ... 96 D 5
Sainte-Marie-Cappel 59 ... 3 H 5
Sainte-Marie-d'Alloix 38 ... 233 F 4
Sainte-Marie-d'Alvey 73 ... 232 D 2
Sainte-Marie-d'Attez 27 ... 56 A 4
Sainte-Marie-de-Campan 65 ... 333 F 2
Sainte-Marie-de-Chignac 24 ... 240 D 2
Sainte-Marie-de-Cuines 73 ... 234 A 5
Sainte-Marie-de-Gosse 40 ... 292 C 4
Sainte-Marie-de-Ré 17 ... 200 B 1
Sainte-Marie-de-Vars 05 ... 270 D 3
Sainte-Marie-de-Vatimesnil 27 ... 37 E 4
Sainte-Marie-de-Vaux 87 ... 205 F 4
Sainte-Marie-des-Champs 76 ... 19 G 5
Sainte-Marie-des-Chazes 43 ... 246 D 3
Sainte-Marie-du-Bois 50 ... 81 H 2
Sainte-Marie-du-Bois 53 ... 82 C 3
Sainte-Marie-du-Lac-Nuisement 51 ... 92 B 2
Sainte-Marie du Ménez-Hom *Chapelle* 29 ... 75 G 4
Sainte-Marie-du-Mont 38 ... 233 F 4
Sainte-Marie-du-Mont 50 ... 32 A 2
Sainte-Marie-en-Chanois 70 ... 141 H 2
Sainte-Marie-en-Chaux 70 ... 141 G 2
Sainte-Marie-Kerque 62 ... 3 E 3
Sainte-Marie-la-Blanche 21 ... 177 H 2
Sainte-Marie-la-Mer 66 ... 339 E 5
Sainte-Marie-la-Robert 61 ... 53 H 5
Sainte-Marie-Lapanouze 19 ... 226 B 4
Sainte-Marie-Laumont 14 ... 52 C 2
Sainte-Marie-Outre-l'Eau 14 ... 52 B 2
Sainte-Marie-sur-Ouche 21 ... 159 G 3
Sainte-Marine 29 ... 99 G 4
Sainte-Marthe 27 ... 55 H 2
Sainte-Marthe 47 ... 257 E 5
Sainte-Maure 10 ... 90 D 5
Sainte-Maure-de-Peyriac 47 ... 275 E 5
Sainte-Maure-de-Touraine 37 ... 151 H 5
Sainte-Maxime 83 ... 329 G 2
Sainte-Même 17 ... 201 H 4
Sainte-Menehould 51 ... 43 E 5
Sainte-Mère 32 ... 276 B 5
Sainte-Mère-Église 50 ... 29 G 5
Sainte-Mesme 78 ... 87 E 3
Sainte-Mondane 24 ... 259 H 1
Sainte-Montaine 18 ... 155 E 1
Sainte-Nathalène 24 ... 241 G 5
Sainte-Néomaye 79 ... 185 F 3
Sainte-Odile *Mont* 67 ... 97 E 3
Sainte-Olive 01 ... 213 F 2
Sainte-Opportune 61 ... 53 F 4
Sainte-Opportune-du-Bosc 27 ... 35 H 5
Sainte-Opportune-la-Mare 27 ... 35 F 2
Sainte-Orse 24 ... 241 F 2
Sainte-Osmane 72 ... 130 D 2
Sainte-Ouenne 79 ... 184 D 3
Sainte-Pallaye 89 ... 136 C 5
Sainte-Paule 69 ... 212 C 3
Sainte-Pazanne 44 ... 147 E 5
Sainte-Pexine 85 ... 183 F 1
Sainte-Pezenne 79 ... 184 D 4
Sainte-Pience 50 ... 51 H 4
Sainte-Pôle 54 ... 96 A 2
Sainte-Preuve 02 ... 25 F 5
Sainte-Radegonde 12 ... 280 D 1
Sainte-Radegonde 17 ... 201 E 4
Sainte-Radegonde 24 ... 258 C 2
Sainte-Radegonde 32 ... 296 B 2
Sainte-Radegonde 33 ... 256 D 1
Sainte-Radegonde 71 ... 176 B 5
Sainte-Radegonde 79 ... 168 A 2
Sainte-Radégonde 86 ... 187 E 1
Sainte-Radégonde-des-Noyers 85 ... 183 G 3
Sainte-Ramée 17 ... 219 F 4
Sainte-Reine 70 ... 161 G 1
Sainte-Reine 73 ... 233 G 2
Sainte-Reine-de-Bretagne 44 ... 146 C 1
Sainte-Restitude 2B ... 346 C 2
Sainte-Roseline *Chapelle* 83 ... 308 B 5
Sainte-Ruffine 57 ... 65 G 1
Sainte-Sabine 21 ... 159 F 4
Sainte-Sabine 24 ... 258 C 2
Sainte-Sabine-sur-Longève 72 ... 107 G 3
Sainte-Savine 10 ... 90 D 5
Sainte-Scolasse-sur-Sarthe 61 ... 84 A 2
Sainte-Segrée 80 ... 21 H 3
Sainte-Sève 29 ... 71 H 5
Sainte-Sévère 16 ... 202 C 5
Sainte-Sévère-sur-Indre 36 ... 189 H 3
Sainte-Sigolène 43 ... 248 A 1
Sainte-Solange 18 ... 155 F 5
Sainte-Soline 79 ... 185 H 5
Sainte-Souline 16 ... 220 D 5
Sainte-Soulle 17 ... 183 G 5
Sainte-Suzanne 09 ... 317 H 5
Sainte-Suzanne 25 ... 142 B 4
Sainte-Suzanne 64 ... 313 F 2
Sainte-Suzanne-en-Bauptois 50 ... 31 G 3
Sainte-Suzanne-et-Chammes 53 ... 106 D 3
Sainte-Suzanne-sur-Vire 50 ... 32 B 5
Sainte-Terre 33 ... 256 C 1
Sainte-Thérence 03 ... 190 C 5
Sainte-Thorette 18 ... 172 D 1
Sainte-Tréphine 22 ... 77 G 4
Sainte-Trie 24 ... 241 G 1
Sainte-Tulle 04 ... 306 C 2
Sainte-Valière 11 ... 320 D 4
Sainte-Vaubourg 08 ... 42 C 1
Sainte-Verge 79 ... 168 A 1
Sainte-Vertu 89 ... 137 E 3
Sainteny 50 ... 31 H 3
Saintes 17 ... 201 G 5
Saintes-Maries-de-la-Mer 13 ... 324 C 3
Saintines 60 ... 39 F 3
Saintry-sur-Seine 91 ... 88 A 2
Saints-en-Puisaye 89 ... 135 H 5
Saints-Geosmes 52 ... 139 G 2
Sainville 28 ... 86 D 4
Saires 86 ... 169 E 3
Saires-la-Verrerie 61 ... 53 F 5
Saisies *Col des* 73 ... 216 B 5
Saissac 11 ... 319 F 3
Saisseval 80 ... 22 A 2
Saisy 71 ... 177 F 2
Saivres 79 ... 185 F 3

Le Saix 05 269 F4
Saïx 81 299 G5
Saix 86 150 C5
Saizenay 39 179 H2
Saizerais 54 65 G4
Saizy 58 157 G3
Sajas 31 317 E3
Salagnac 24 241 G1
Salagnon 38 232 A1
Salaise-sur-Sanne 38 231 E5
Salans 39 161 G4
Salasc 34 301 H4
Salaunes 33 237 E4
Salavas 07 284 B1
Salavre 01 196 A3
Salazac 30 284 C2
Salbris 41 154 C2
Les Salces 48 263 H4
Saléchan 65 334 B3
Saleich 31 335 E2
Saleignes 17 202 C3
Saleilles 66 343 F2
Les Salelles 07 265 H5
Les Salelles 48 264 A5
Salency 60 23 H5
Salenthal 67 68 B5
Saléon 05 287 E1
Salérans 05 287 E2
Salerm 31 316 C4
Salernes 83 307 G4
Salers 15 244 C3
Sales 74 215 F4
Salesches 59 15 E3
La Salette-Fallavaux 38 251 G5
Salettes 26 267 G4
Salettes 43 247 G5
Saleux 80 22 B2
Salève Mont 74 215 G1
Salice 2A 348 C1
Saliceto 2B 347 F3
Saliès 81 299 F1
Salies-de-Béarn 64 311 H3
Salies-du-Salat 31 334 D1
Salignac 04 287 G3
Salignac 33 237 H3
Salignac-de-Mirambeau 17 219 H5
Salignac-Eyvigues 24 241 H4
Salignac-sur-Charente 17 219 H1
Saligney 39 161 F4
Saligny 85 165 H3
Saligny 89 113 G2
Saligny-le-Vif 18 173 H1
Saligny-sur-Roudon 03 193 E3
Saligos 65 332 D3
Salin-de-Badon 13 324 D3
Salin-de-Giraud 13 325 E3
Salindres 30 283 H3
Saline Royale d'Arc-et-Cenans 25 179 G1
Salinelles 30 303 F2
Salins 15 244 B2
Salins 77 89 E4
Les Salins-d'Hyères 83 328 C4
Salins-les-Bains 39 179 H2
Salins-Fontaine 73 234 C3
Salives 21 138 D5
Sallagriffon 06 289 F5
Sallanches 74 216 C3
Sallaumines 62 8 C5
La Salle 71 195 E3
La Salle 88 96 A4
La Salle-de-Vihiers 49 149 F5
La Salle-en-Beaumont 38 251 F5
La Salle-et-Chapelle-Aubry 49 148 D3
La Salle-les-Alpes 05 252 C4
La Salle-Prunet 48 282 D2
Sallebœuf 33 237 H5
Sallèdes 63 228 A2
Sallèles-Cabardès 11 319 H4
Sallèles-d'Aude 11 321 E4
Sallen 14 32 D5
Sallenelles 14 33 H3
Sallenôves 74 215 F2
Sallertaine 85 164 D2
Les Salles 33 238 D5
Salles 33 254 D4
Les Salles 42 211 E5
Salles 47 258 D4
Salles 65 332 D2
Salles 79 185 G3
Salles 81 279 F4
Salles-Adour 65 315 E5
Salles-Arbuissonnas-en-Beaujolais 69 212 D2
Salles-Courbatiès 12 261 G5
Salles-Curan 12 281 E3
Salles-d'Angles 16 220 B2
Salles-d'Armagnac 32 295 E2
Salles-d'Aude 11 321 F5
Salles-de-Barbezieux 16 220 C4
Salles-de-Belvès 24 259 E2
Salles-de-Villefagnan 16 203 F3
Les Salles-du-Gardon 30 283 G3
Salles-en-Toulon 86 187 E2
Salles-et-Pratviel 31 334 B4
Salles-la-Source 12 262 C5
Salles-Lavalette 16 221 F5
Les Salles-Lavauguyon 87 222 C1
Salles-lès-Aulnay 17 202 B2
Salles-Mongiscard 64 293 F5
Salles-sous-Bois 26 267 F5
Salles-sur-Garonne 31 317 F4
Salles-sur-l'Hers 11 318 C4
Salles-sur-Mer 17 200 D1
Les Salles-sur-Verdon 83 307 G2
Sallespisse 64 293 G5
Salmagne 55 64 B5
Salmaise 21 159 F1
Salmbach 67 69 G1
Salmiech 12 280 D3
Salomé 59 8 B3
Salon 10 61 G5
Salon 24 240 C4
Salon-de-Provence 13 305 F4
Salon-la-Tour 19 224 B3
Salonnes 57 66 C4
Salornay-sur-Guye 71 194 C2
Salouël 80 22 B2
Salperwick 62 3 F5
Salsein 09 335 E3
Salses-le-Château 66 339 E4
Salsigne 11 319 H4
Salt-en-Donzy 42 230 A1
Les Salvages 81 299 G4
Salvagnac 81 298 C1
Salvagnac-Cajarc 12 261 E5
Salvagnac-Saint-Loup 12 261 F4
La Salvetat-Belmontet 82 298 A1
La Salvetat-Lauragais 31 298 C5
La Salvetat-Peyralès 12 279 H3
La Salvetat-Saint-Gilles 31 297 G5
La Salvetat-sur-Agout 34 300 C5
Salvezines 11 337 H5
Salvi Col de 2B 346 C2
Salviac 46 259 G3
Salvizinet 42 212 A5
Salza 11 338 A2
Salzuit 43 246 C2
Samadet 40 294 A4
Saman 31 316 C5
Samara 80 22 B1
Samaran 32 316 A3
Samatan 32 316 D2
Samazan 47 257 E5
Sambin 41 153 E2
Sambourg 89 137 E3
Le Sambuc 13 304 C5
Saméon 59 9 F4
Samer 62 6 C2
Samerey 21 160 D5
Sames 64 292 C5
Sammarçolles 86 168 D1
Sammeron 77 59 H2
Samoëns 74 216 D1
Samognat 01 196 C5
Samogneux 55 44 B4
Samois-sur-Seine 77 88 C4
Samonac 33 237 G3
Samoreau 77 88 C4
Samouillan 31 316 D4
Samoussy 02 25 E5
Sampans 39 160 D5
Sampigny 55 64 C4
Sampigny-lès-Maranges 71 177 F3
Sampolo 2A 349 E3
Sampzon 07 266 B5
Samson 25 179 H1
Samsons-Lion 64 314 D2
Samuran 65 334 B2
San Cervone Col de 2B 347 F4
San-Damiano 2B 347 G3
San-Gavino-d'Ampugnani 2B 347 G3
San-Gavino-di-Carbini 2A 349 F5
San-Gavino-di-Fiumorbo 2B 349 F2
San-Gavino-di-Tenda 2B 345 F5
San-Giovanni-di-Moriani 2B 347 H3
San-Giuliano 2B 347 H4
San-Lorenzo 2B 347 F3
San-Martino-di-Lota 2B 345 G4
San Michele de Murato Église 2B 345 F5
San-Nicolao 2B 347 H3
San-Peïre-sur-Mer 83 329 G2
San-Pellegrino 2B 347 H2
San Quilico Chapelle de 2A 351 F3
San Quilico de Cambia Chapelle 2B 347 F3
San Stefano Col de 2B 345 F5
Sana 31 317 E5
Sanadoire Roche 63 227 F2
Sanary-sur-Mer 83 327 H4
Sancé 71 195 E4
Sancergues 18 156 A5
Sancerre 18 155 H3
Sancey 25 163 E3
Sancey-le-Long 25 163 E3
Sancheville 28 110 B3
Sanchey 88 119 F2
Sancoins 18 174 A4
Sancourt 27 37 F3
Sancourt 59 14 B3
Sancourt 80 23 H3
Sancy 54 45 F3
Sancy 77 59 G3
Sancy Puy de 63 227 E3
Sancy-les-Cheminots 02 40 C2
Sancy-lès-Provins 77 60 C5
Sand 67 97 G3
Sandarville 28 85 H5
Sandaucourt 88 94 B5
Sandillon 45 133 F2
Sandouville 76 34 D1
Sandrans 01 213 F2
Sangatte 62 2 C3
Sanghen 62 2 D5
Sanguinaires Îles 2A 348 A4
Sanguinet 40 254 C4
Sanilhac 07 266 A4
Sanilhac-Sagriès 30 284 C5
Sannat 23 208 B2
Sannerville 14 33 H4
Sannes 84 306 A2
Sannois 95 58 B2
Sanous 65 315 E3
Sanry-lès-Vigy 57 45 H5
Sanry-sur-Nied 57 66 B1
Sans-Vallois 88 118 D2
Sansa 66 341 G3
Sansac-de-Marmiesse 15 244 B5
Sansac-Veinazès 15 262 C2
Sansais 79 184 C5
Sansan 32 296 B5
Sanssac-l'Église 43 247 E3
Sanssat 03 192 C5
Santa-Lucia-di-Mercurio 2B 347 F4
Santa-Lucia-di-Moriani 2B 347 H3
Santa-Maria 2B 345 G3
Santa-Maria-di-Lota 2B 345 G4
Santa-Maria-Figaniella 2A 349 E5
Santa-Maria-Poggio 2B 347 F3
Santa-Maria-Poggio 2B 347 H4
Santa-Maria-Sicché 2A 348 D4
Santa-Reparata-di-Balagna 2B 344 C5
Santa-Reparata-di-Moriani 2B 347 G3
Sant'Andréa-di-Bozio 2B 347 F4
Sant'Andréa-di-Cotone 2B 347 H4
Sant'Andréa-d'Orcino 2A 348 C2
Santans 39 179 F1
Sant'Antonino 2B 346 C2
Sant'Appiano Cathédrale 2A 348 B1
Santeau 45 111 F4
Santec 29 71 G3
Santenay 21 177 G3
Santenay 41 131 H5
Santeny 94 58 D5
Santes 59 8 C3
Santeuil 28 86 C4
Santeuil 95 37 H5
Santigny 89 137 F5
Santilly 28 110 D3
Santilly 71 194 D1
Santo-Pietro-di-Tenda 2B 345 F5
Santo-Pietro-di-Venaco 2B 347 E5
Santoche 25 162 D1
Santosse 21 177 F1
Santranges 18 155 H1
Sanvensa 12 279 F2
Sanvignes-les-Mines 71 176 D5
Sanxay 86 185 H2
Sanzay 79 167 H2
Sanzey 54 65 E5
Saon 14 32 D3
Saône 25 162 A4
Saonnet 14 32 C3
Saorge 06 291 H3
Saosnes 72 83 H5
Saou 26 267 G3
Le Sap-André 61 54 D3
Le Sap-en-Auge 61 54 D3
Le Sapey 38 251 E3
Sapignicourt 51 63 E5
Sapignies 62 13 G4
Sapogne-et-Feuchères 08 27 E4
Sapogne-sur-Marche 08 27 H5
Sapois 39 179 H4
Sapois 88 120 A4
Saponay 02 40 C4
Saponcourt 70 118 C5
Le Sappey 74 215 G1
Le Sappey-en-Chartreuse 38 251 E1
Saramon 32 296 C5
Saran 45 110 D5
Saraz 25 179 H1
Sarbazan 40 274 A5
Sarcé 72 130 A4
Sarceaux 61 54 A4
Sarcelles 95 58 C2
Sarcenas 38 233 E5
Sarcey 52 117 F4
Sarcey 69 212 C4
Sarcicourt 52 116 D3
Sarcos 32 316 B3
Sarcus 60 21 G4
Sarcy 51 41 F4
Sardan 30 303 E1
Sardent 23 207 E2
Sardieu 38 231 H5
Sardon 63 210 A3
Sardy-lès-Epiry 58 157 G5
Sare 64 310 C4
Sargé-lès-le-Mans 72 107 H4
Sargé-sur-Braye 41 109 E5
Sari-d'Orcino 2A 348 C2
Sari-Solenzara 2A 349 G4
Sariac-Magnoac 65 316 A4
Sarlabous 65 333 G1
Sarlande 24 223 F4
Sarlat-la-Canéda 24 241 G5
Sarliac-sur-l'Isle 24 240 D1
Sarniguet 65 315 E3
Sarnois 60 21 H4
Saron-sur-Aube 51 90 B2
Sarp 65 334 A2
Sarpourenx 64 313 G2
Sarragachies 32 294 D3
Sarrageois 25 180 B4
Sarraguzan 32 315 G3
Les Sarraix 63 210 D4
Sarralbe 57 67 G2
Sarraltroff 57 67 G4
Sarran 19 225 F4
Sarrance 64 331 H2
Sarrancolin 65 333 H2
Sarrans Barrage de 12 263 E1
Sarrant 32 296 D3
Sarras 07 249 E2
Sarrazac 24 223 E4
Sarrazac 46 242 C4
Sarraziet 40 294 A3
Sarre-Union 67 67 H2
Sarrebourg 57 67 G4
Sarrecave 31 316 B5
Sarreguemines 57 47 G5
Sarreinsberg 57 68 B2
Sarreinsming 57 67 H1
Sarremezan 31 316 B5
Sarrewerden 67 67 H2
Sarrey 52 117 G4
Sarriac-Bigorre 65 315 F3
Sarrians 84 285 G4
Sarrigné 49 149 H1
Sarrogna 39 196 C2
Sarrola-Carcopino 2A 348 C2
Sarron 40 294 C4
Sarron 60 39 E3
Sarrouilles 65 315 F4
Sarroux 19 226 C4
Sarry 51 62 B2
Sarry 71 193 G4
Sarry 89 137 F4
Le Sars 62 13 G5
Sars-et-Rosières 59 9 F4
Sars-le-Bois 62 12 D2
Sars-Poteries 59 15 H3
Le Sart 59 15 F5
Sartène 2A 350 D2
Sartes 88 94 A5
Sartilly-Baie-Bocage 50 51 G4
Sarton 62 12 D4
Sartrouville 78 58 A2
Sarzay 36 189 F1
Sarzeau 56 124 B5
Sasnières 41 131 F4
Sassangy 71 177 F5
Sassay 41 153 F2
Sassegnies 59 15 F3
Sassenage 38 250 D1
Sassenay 71 177 H3
Sassetot-le-Malgardé 76 19 H3
Sassetot-le-Mauconduit 76 19 F2
Sasseville 76 19 G3
Sassey 27 56 C1
Sassey-sur-Meuse 55 43 G2
Sassierges-Saint-Germain 36 172 A4
Sassis 65 332 D3
Sassy 14 54 A1
Sathonay-Camp 69 213 E5
Sathonay-Village 69 213 F4
Satillieu 07 248 D2
Satolas-et-Bonce 38 231 G1
Saturargues 34 303 F3
Saubens 31 317 H2
Saubion 40 292 B3
Saubole 64 314 D3
Saubrigues 40 292 B4
Saubusse 40 292 C3
Saucats 33 255 F2
Saucède 64 313 G4
La Saucelle 28 85 F2
Sauchay 76 10 C5
Sauchy-Cauchy 62 14 A3
Sauchy-Lestrée 62 14 A3
Sauclières 12 282 B5
Saucourt-sur-Rognon 52 93 E5
Saudemont 62 14 A3
Saudoy 51 61 E5
Saudron 52 93 F3
Saudrupt 55 63 G5
Saugeot 39 196 D1
Saugnac-et-Cambran 40 293 E3
Saugnacq-et-Muret 40 255 E5
Saugnieu 69 231 G1
Saugon 33 237 G2
Saugues 43 246 C4
Sauguis-Saint-Étienne 64 331 E1
Saugy 18 172 C2
Saujac 12 261 E5
Saujon 17 218 D1
La Saulce 05 269 G5
Saulce-sur-Rhône 26 267 E2
Saulces-Champenoises 08 42 B1
Saulces-Monclin 08 26 B5
Saulcet 03 192 A4
Saulchery 02 60 B2
Le Saulchoy 60 22 A5
Saulchoy 62 11 G1
Saulchoy-sous-Poix 80 21 H3
Saulcy 10 92 B5
Le Saulcy 88 96 C3
Saulcy-sur-Meurthe 88 96 B5
Saules 25 162 B5
Saules 71 177 G5
Saulgé 86 187 G4
Saulgé-l'Hôpital 49 149 H3
Saulges 53 106 C5
Saulgond 16 204 D3
Sauliac-sur-Célé 46 260 D4
Saulieu 21 158 C4
Saulles 52 140 A3
Saulmory-Villefranche 55 43 G1
Saulnay 36 171 E3
Saulnes 54 45 E1
Saulnières 28 56 C5
Saulnières 35 104 B5
Saulnot 70 142 A4
Saulny 57 45 G5
Saulon-la-Chapelle 21 160 B4
Saulon-la-Rue 21 160 A4
La Saulsotte 10 89 H3
Sault 84 286 B4
Sault-Brénaz 01 214 B4
Sault-de-Navailles 64 293 G5
Sault-lès-Rethel 08 42 A1
Sault-Saint-Remy 08 41 H2
Saultain 59 15 E2
Saulty 62 13 E3
Saulx 70 141 F3
Saulx-en-Barrois 55 64 C5
Saulx-en-Woëvre 55 64 D1
Saulx-le-Duc 21 139 E5
Saulx-les-Chartreux 91 58 B5
Saulx-Marchais 78 57 G3
Saulxerotte 54 94 B3
Saulxures 52 117 H5
Saulxures 67 96 C3
Saulxures-lès-Bulgnéville 88 118 B2
Saulxures-lès-Nancy 54 66 B5
Saulxures-lès-Vannes 54 94 A2
Saulxures-sur-Moselotte 88 120 A4
Saulzais-le-Potier 18 190 C1
Saulzet 03 210 A1
Saulzet-le-Chaud 63 227 G1
Saulzet-le-Froid 63 227 F2
Saulzoir 59 14 D3
Saumane 04 287 E4
Saumane 30 283 E4
Saumane-de-Vaucluse 84 305 F1
Sauméjan 47 274 D2
Saumeray 28 109 H2
Saumont 47 275 H4
Saumont-la-Poterie 76 21 F5
Saumos 33 236 C4
Saumur 49 150 B4
Saunay 37 131 F5
La Saunière 23 207 F1
Saunières 71 178 B3
Sauqueuse-Saint-Lucien 60 38 A1
Sauqueville 76 20 B2
Saurais 79 185 G1
Saurat 09 336 A4
Sauret-Besserve 63 209 E3
Saurier 63 227 G3
Sausheim 68 143 F1
Saussan 34 302 C5
Saussay 28 56 D3
Saussay 76 20 A4
Saussay-la-Campagne 27 37 E3
La Saussaye 27 36 A4
Saussemesnil 50 29 F4
Saussenac 81 279 H5
Saussens 31 298 C5
Sausses 04 289 E4
Sausset-les-Pins 13 325 H4
Sausseuzemare-en-Caux 76 18 D4
Saussey 21 177 F1
Saussey 50 51 G1
Saussignac 24 257 G1
Saussines 34 303 F3
Saussy 21 159 H1
Saut de la Mounine 12 261 E5
Saut des Cuves 88 120 B3
Sautel 09 336 C3
Sauternes 33 255 H4
Sautet Barrage du 38 251 F5
Sauteyrargues 34 302 D2
Sauto 66 341 G4
Sautron 44 147 F3
Sauvage-Magny 52 92 B4
La Sauvagère 61 53 F5
Les Sauvages 69 212 B4
Sauvagnac 16 222 C1
Sauvagnas 47 276 C2
Sauvagnat 63 208 D5
Sauvagnat-Sainte-Marthe 63 228 A2
Sauvagney 25 161 H3
Sauvagnon 64 314 B2
Sauvagny 03 191 E3
Sauvain 42 229 F1
Sauvan Château de 04 287 E5
Sauvat 15 244 C1
Sauve 30 303 E1
La Sauve 33 256 B1
Sauvelade 64 313 G2
Sauverny 01 197 G4
Sauvessanges 63 229 F5
La Sauvetat 32 296 A2
La Sauvetat 43 265 F1
La Sauvetat 63 227 H2
La Sauvetat-de-Savères 47 276 C3
La Sauvetat-du-Dropt 47 257 G3
La Sauvetat-sur-Lède 47 258 C5
Sauveterre 30 285 E5
Sauveterre 32 316 D2
Sauveterre 65 315 F2
Sauveterre 81 320 A2
Sauveterre 82 277 G2
Sauveterre-de-Béarn 64 311 H3
Sauveterre-de-Comminges 31 334 B2
Sauveterre-de-Guyenne 33 256 D2
Sauveterre-de-Rouergue 12 280 B3
Sauveterre-la-Lémance 47 259 E4
Sauveterre-Saint-Denis 47 276 C3
Sauviac 32 315 H3

Sauviac 33 256 C5
Sauvian 34 321 G4
Sauviat 63 228 C1
Sauviat-sur-Vige 87 206 C4
Sauvignac 16 238 D1
Sauvigney-lès-Gray 70 161 F1
Sauvigney-lès-Pesmes 70 161 E3
Sauvigny 55 94 A3
Sauvigny-le-Beuréal 89 158 B1
Sauvigny-le-Bois 89 158 A1
Sauvigny-les-Bois 58 174 D2
Sauville 08 27 E5
Sauville 88 118 A2
Sauvillers-Mongival 80 22 D4
Sauvimont 32 317 E2
Sauvoy 55 93 H1
Saux 46 277 F1
Saux-et-Pomarède 31 316 C5
Sauxillanges 63 228 B3
Le Sauze 04 270 D5
Sauze 06 289 F3
Le Sauze-du-Lac 05 270 A4
Sauzé-Vaussais 79 203 E1
Sauzelle 17 200 B3
Sauzelles 36 170 C5
Sauzet 26 267 E3
Sauzet 30 284 A5
Sauzet 46 259 G5
La Sauzière-Saint-Jean 81 298 B1
Sauzon 56 144 B3
Savagna 39 179 E5
Savarthès 31 334 C1
Savas 07 230 D5
Savas-Mépin 38 231 G3
Savasse 26 267 E3
Savenay 44 146 D2
Savenès 82 297 G2
Savennes 23 207 E2
Savennes 63 226 C2
Savennières 49 149 F2
Saverdun 09 318 B5
Savères 31 317 F3
Saverne 67 68 B4
Saverne *Col de* 67 68 A4
Saveuse 80 22 B2
Savianges 71 177 F5
Savières 10 90 D4
Savigna 39 196 C3
Savignac 12 279 F1
Savignac 33 256 C4
Savignac-de-Duras 47 257 F2
Savignac-de-l'Isle 33 238 B4
Savignac-de-Miremont 24 241 E4
Savignac-de-Nontron 24 222 C3
Savignac-Lédrier 24 223 G5
Savignac-les-Églises 24 241 E1
Savignac-les-Ormeaux 09 336 C5
Savignac-Mona 32 317 E2
Savignac-sur-Leyze 47 258 C5
Savignargues 30 283 H5
Savigné 86 203 G1
Savigné-l'Évêque 72 108 A4
Savigné-sous-le-Lude 72 129 H5
Savigné-sur-Lathan 37 151 F2
Savigneux 01 213 E3
Savigneux 42 229 G2
Savignies 60 37 H1
Savigny 50 31 H5
Savigny 52 140 B3
Savigny 69 212 C5
Savigny 74 215 F2
Savigny 88 95 E4
Savigny-en-Revermont 71 178 D5
Savigny-en-Sancerre 18 155 H2
Savigny-en-Septaine 18 173 F1
Savigny-en-Terre-Plaine 89 158 B1
Savigny-en-Véron 37 150 D4
Savigny-le-Sec 21 160 A2
Savigny-le-Temple 77 88 B2
Savigny-le-Vieux 50 81 G2
Savigny-lès-Beaune 21 177 H1
Savigny-Lévescault 86 186 C2
Savigny-Poil-Fol 58 175 H4
Savigny-sous-Faye 86 169 E3
Savigny-sous-Mâlain 21 159 G3
Savigny-sur-Aisne 08 42 D2
Savigny-sur-Ardres 51 41 E4
Savigny-sur-Braye 41 131 E2
Savigny-sur-Clairis 89 113 E4
Savigny-sur-Grosne 71 194 D1
Savigny-sur-Orge 91 58 C5
Savigny-sur-Seille 71 195 G1
Savilly 21 158 C5
Savine *Col de la* 39 197 F1
Savines-le-Lac 05 270 B3
Savins 77 89 F3
Savoillan 84 286 B3
Savoisy 21 137 H3
Savolles 21 160 C2
Savonnières 37 151 G3
Savonnières-devant-Bar 55 63 H4
Savonnières-en-Perthois 55 92 D2
Savonnières-en-Woëvre 55 64 D3
Savouges 21 160 A4
Savournon 05 269 E5
Savoyeux 70 140 B5
Savy 02 24 A2
Savy-Berlette 62 7 H5
Saxel 74 198 A4
Saxi-Bourdon 58 175 E1
Saxon-Sion 54 94 C3
Sayat 63 209 G5
Saze 30 304 C1
Sazeray 36 189 H3
Sazeret 03 191 G4
Sazilly 37 151 F5
Sazos 65 332 D3
Scaër 29 100 C3
Les Scaffarels 04 289 E5
Scata 2B 347 G3
Sceau-Saint-Angel 24 222 C4
Sceautres 07 266 D3
Sceaux 89 158 A1
Sceaux 92 58 B4
Sceaux-d'Anjou 49 128 C5
Sceaux-du-Gâtinais 45 112 B4
Sceaux-sur-Huisne 72 108 C3
Scey-en-Varais 25 162 A5
Scey-sur-Saône-
et-Saint-Albin 70 140 D4
Schaeferhof 57 68 A5
Schaeffersheim 67 97 G3
Schaffhouse-près-Seltz 67 69 G2
Schaffhouse-sur-Zorn 67 68 C4
Schalbach 57 67 H3
Schalkendorf 67 68 C3
Scharrachbergheim 67 97 F1
Scheibenhard 67 69 G1
Scherlenheim 67 68 C4
Scherwiller 67 97 E4
Schillersdorf 67 68 C3
Schiltigheim 67 97 H1
Schirmeck 67 96 D2
Schirrhein 67 69 F3
Schirrhoffen 67 69 F3
Schleithal 67 69 G1
Schlierbach 68 143 G2
Schlucht *Col de la* 88 120 C3
Schmittviller 57 67 H1
Schneckenbusch 57 67 H5
Schnepfenried 68 120 C4
Schnersheim 67 68 C5
Schœnau 67 97 G5
Schœnbourg 67 68 A3
Schœneck 57 47 F4
Schœnenbourg 67 69 F2
Schopperten 67 67 G2
Schorbach 57 48 C5
Schwabwiller 67 69 E2
Schweighouse 68 120 D4
Schweighouse-
sur-Moder 67 68 D3
Schweighouse-Thann 68 143 E1
Schwenheim 67 68 B5
Schwerdorff 57 46 D3
Schweyen 57 48 C5
Schwindratzheim 67 68 C4
Schwoben 68 143 F3
Schwobsheim 67 97 G5
Sciecq 79 184 D3
Scientrier 74 216 A1
Scieurac-et-Flourès 32 295 F5
Sciez 74 198 A3
Scillé 79 184 D1
Scionzier 74 216 B1
Scolca 2B 347 G2
Scorbé-Clairvaux 86 169 F4
Scoury 36 188 B1
Scrignac 29 76 C2
Scrupt 51 63 E4
Scy-Chazelles 57 65 G1
Scye 70 141 E4
Séailles 32 295 F3
La Séauve-sur-Semène 43 248 A1
Sébazac-Concourès 12 280 D1
Sébécourt 27 55 H2
Sébeville 50 31 H2
Seboncourt 02 24 C1
Sebourg 59 15 E2
Sébouville 45 111 F3
Sébrazac 12 262 D4
Séby 64 314 B2
Secenans 70 142 A4
Séchault 08 42 D3
Sécheras 07 249 E2
Sécheval 08 26 C2
Le Séchier 05 269 G1
Séchilienne 38 251 E3
Séchin 25 162 C2
Seclin 59 8 D3
Secondigné-sur-Belle 79 202 B1
Secondigny 79 185 E1
Secourt 57 66 B2
Secqueville-en-Bessin 14 33 F4
Sedan 08 27 F3
Sédeilhac 31 316 A5
Séderon 26 286 C2
Sedze-Maubecq 64 314 D3
Sedzère 64 314 C3
Seebach 67 69 F1
Sées 61 83 H2
Séez 73 234 D1
Le Ségala 11 318 D4
Ségalas 47 257 H3
Ségalas 65 315 F3
La Ségalassière 15 243 H5
Séglien 56 101 G2
Ségny 01 197 F4
Segonzac 16 220 C2
Segonzac 19 241 G1
Segonzac 24 239 H2
Ségos 32 294 C4
Ségoufielle 32 297 F4
Segré 49 128 A4
Ségreville 31 318 C2
Ségrie 72 107 G2
Ségrie-Fontaine 61 53 G3
Segrois 21 159 H5
Ségry 36 172 C3
La Séguinière 49 166 D1
Ségur 12 281 F2
Le Ségur 81 279 G4
Ségur-le-Château 19 223 H4
Ségur-les-Villas 15 245 F2
Ségura 09 336 B2
Séguret 84 285 G3
Ségus 65 332 D1
Séhar *Pointe de* 22 72 B3
Seich 65 334 A2
Seichamps 54 66 B5
Seichebrières 45 111 G5
Seicheprey 54 65 E3
Seiches-sur-le-Loir 49 128 D5
Seignalens 11 337 E1
Seigné 17 202 C3
Seignelay 89 136 B2
Seigneulles 55 63 H3
Seignosse 40 292 B3
Seigny 21 138 A5
Seigy 41 153 F4
Seilh 31 297 H4
Seilhac 19 224 D5
Seilhan 31 334 A2
Seillac 41 152 D1
Seillans 83 308 C3
Seillonnaz 01 214 B5
Seillons-Source-
d'Argens 83 306 D5
Sein *Île de* 29 98 B2
Seine *Sources de la* 21 159 G1
Seine-Port 77 88 A3
Seingbouse 57 47 F5
Seissan 32 316 B2
Seix 09 335 F4
Le Sel-de-Bretagne 35 104 B5
Selaincourt 54 94 C3
Selens 02 40 A1
Sélestat 67 97 F5
Séligné 79 202 B1
Séligney 39 179 E2
Selincourt 80 21 H2
La Selle-Craonnaise 53 127 G2
La Selle-en-Coglès 35 81 E3
La Selle-en-Hermoy 45 112 D5
La Selle-en-Luitré 35 81 F5
La Selle-Guerchaise 35 105 F5
La Selle-la-Forge 61 53 F4
La Selle-sur-le-Bied 45 112 D4
Selles 27 35 E3
Selles 51 42 A3
Selles 62 6 D2
Selles 70 118 D4
Selles-Saint-Denis 41 154 B3
Selles-sur-Cher 41 153 G4
Selles-sur-Nahon 36 171 F2
Sellières 39 179 E3
Selommes 41 131 H3
Seloncourt 25 142 C5
Selongey 21 139 F5
Selonnet 04 270 A5
Seltz 67 69 G2
La Selve 02 25 G5
La Selve 12 280 C4
Selvigny 59 14 C5
Sem 09 336 A5
Sémalens 81 299 F5
Semallé 61 83 H3
Semarey 21 159 F4
Sembadel 43 246 D1
Sembadel-Gare 43 247 E1
Sembas 47 276 B1
Semblançay 37 151 G1
Sembleçay 36 153 H4
Sembouès 32 315 F2
Séméac 65 315 F4
Séméacq-Blachon 64 294 D5
Semécourt 57 45 G5
Sémelay 58 175 H3
Semène 43 230 A5
Semens 33 256 B3
Sementron 89 135 H5
Sémeries 59 15 H4
Semerville 41 110 A5
Semezanges 21 159 H4
Sémézies-Cachan 32 296 C5
Semide 08 42 C3
Semillac 17 219 G4
Semilly 52 93 G5
Semmadon 70 140 C3
Semnoz *Montagne du* 74 215 G5
Semoine 10 61 H5
Semond 21 138 B4
Semondans 25 142 B4
Semons 38 231 H4
Semousies 59 15 G3
Semoussac 17 219 G4
Semoutiers 52 116 D4
Semoy 45 111 E5
Sempesserre 32 276 B5
Sempigny 60 23 G5
Sempy 62 6 C4
Semur-en-Auxois 21 158 D1
Semur-en-Brionnais 71 193 G5
Semur-en-Vallon 72 108 C4
Semussac 17 218 D2
Semuy 08 42 D1
Le Sen 40 273 H3
Sénac 65 315 F3
Senaide 88 118 B4
Sénaillac-Latronquière 46 261 G1
Sénaillac-Lauzès 46 260 C3
Senailly 21 137 G5
Senan 89 135 H2
Sénanque *Abbaye de* 84 305 G1
Senantes 28 57 E5
Senantes 60 37 G1
Senard 55 63 F1
Sénarens 31 317 E3
Senargent 70 141 H5
Senarpont 80 21 F2
Sénart 11 88 A2
Sénas 13 305 F3
Senaud 39 196 A3
Senaux 81 300 B3
Sencenac-Puy-
de-Fourches 24 222 C5
Senconac 09 336 C5
Sendets 33 256 C5
Sendets 64 314 C4
Séné 56 124 C4
Sène *Mont de* 71 177 G2
Sénéchas 30 283 G1
Sénèque *Tour de* 2B 345 F2
Sénergues 12 262 C3
Senesse-
de-Senabugue 09 336 D2
Sénestis 47 257 F5
Séneujols 43 247 E4
Senez 04 288 B5
Sénezergues 15 262 B2
Sengouagnet 31 334 C2
Séniergues 46 260 B2
Senillé 86 169 H4
Senillé-Saint-Sauveur 86 169 H4
Seninghem 62 7 E2
Senlecques 62 6 D2
Senlis 60 39 E4
Senlis 62 7 E3
Senlis-le-Sec 80 13 E5
Senlisse 78 57 H5
Senneçay 18 173 F2
Sennecé-lès-Mâcon 71 195 E4
Sennecey-le-Grand 71 177 H5
Sennecey-lès-Dijon 21 160 B3
Sennely 45 133 G4
Sennevières 37 170 C1
Senneville-sur-Fécamp 76 19 E3
Sennevoy-le-Bas 89 137 G3
Sennevoy-le-Haut 89 137 G3
Senon 55 44 D4
Senonches 28 85 F2
Senoncourt 70 141 E2
Senoncourt-les-Maujouy 55 64 B2
Senones 88 96 B3
Senonges 88 118 C2
Senonnes 53 127 F2
Senonville 55 64 D3
Senots 60 37 H4
Senouillac 81 299 E1
Sénoville 50 28 D5
Senozan 71 195 E3
Sens 89 113 G2
Sens-Beaujeu 18 155 H3
Sens-de-Bretagne 35 80 C4
Sens-sur-Seille 71 178 C4
Sentein 09 334 D4
Sentelie 80 22 A3
Sentenac-de-Sérou 09 335 H3
Sentenac-d'Oust 09 335 F4
Sentheim 68 142 D1
Sentilly 61 54 A4
La Sentinelle 59 9 G5
Sentous 65 315 H4
Senuc 08 43 E3
Senven-Léhart 22 77 H3
La Séoube 65 333 G2
Sépeaux-Saint-Romain 89 113 F5
Sepmeries 59 14 D2
Sepmes 37 169 H1
Seppois-le-Bas 68 143 E4
Seppois-le-Haut 68 143 E4
Sept-Fons *Abbaye de* 03 192 D2
Sept-Forges 61 82 B3
Sept-Frères 14 52 B3
Sept-Meules 76 10 D5
Sept-Saulx 51 42 A5
Sept-Sorts 77 59 H2
Sept-Vents 14 32 D5
Septème 38 231 G3
Septèmes-les-Vallons 13 326 D1
Septeuil 78 57 F3
Septfonds 82 278 C3
Septfonds 89 135 F4
Septfontaines 25 180 B1
Septmoncel 39 197 E3
Septmonts 02 40 B3
Septsarges 55 43 G3
Septvaux 02 24 B5
Sepvigny 55 93 H2
Sepvret 79 185 G4
Sepx 31 316 D5
Sequedin 59 8 C2
Sequehart 02 24 B1
Le Sequestre 81 299 F1
Serain 02 14 C5
Seraincourt 08 25 H5
Seraincourt 95 57 G1
Sérandon 19 226 B5
Séranon 06 308 C2
Serans 60 37 G4
Serans 61 54 A4
Seranville 54 95 G3
Séranvillers-Forenville 59 14 B4
Seraucourt 55 63 H2
Seraucourt-le-Grand 02 24 A3
Seraumont 88 93 H3
Serazereux 28 86 A2
Serbannes 03 210 B2
Serbonnes 89 89 F5
Serches 02 40 C3
Sercœur 88 95 G5
Sercus 59 7 H2
Sercy 71 194 D1
Serdinya 66 342 A3
Sère 32 316 B3
Sère-en-Lavedan 65 332 D2
Sère-Lanso 65 333 E1
Sère-Rustaing 65 315 G4
Sérécourt 88 118 B4
Séreilhac 87 205 F5
Serémange-Erzange 57 45 G3
Sérempuy 32 296 D3
Sérénac 81 299 H1
Sérent 56 124 D2
Sérévillers 60 22 C4
Séreyrède *Col de la* 30 282 C4
Serez 27 56 D2
Sérézin-de-la-Tour 38 232 A2
Sérézin-du-Rhône 69 231 E2
Sergeac 24 241 F4
Sergenaux 39 179 E3
Sergenon 39 178 D2
Sergines 89 89 G5
Sergy 01 197 F4
Sergy 02 40 D4
Séricourt 62 12 D2
Sériers 15 245 G4
Sérifontaine 60 37 G3
Sérignac 16 239 E1
Sérignac 46 259 F5
Sérignac 82 297 E1
Sérignac-Péboudou 47 257 H3
Sérignac-sur-Garonne 47 275 H3
Sérignan 34 321 G4
Sérignan-du-Comtat 84 285 F3
Sérignan-Plage 34 321 H4
Sérigné 85 183 H2
Sérigny 61 84 C4
Sérigny 86 169 F3
Sérilhac 19 242 D3
Seringes-et-Nesles 02 40 C4
Séris 41 132 B3
Serley 71 178 C4
Sermages 58 175 H1
Sermaise 49 150 B1
Sermaise 91 87 F3
Sermaises 45 87 G5
Sermaize 60 23 G5
Sermaize-les-Bains 51 63 F4
Sermamagny 90 142 C2
Sermange 39 161 F4
Sermano 2B 347 F4
Sermentizon 63 228 C1
Sermentot 14 33 E5
Sermérieu 38 232 B1
Sermersheim 67 97 F4
Sermesse 71 178 B3
Sermiers 51 41 G5
Sermizelles 89 157 H1
Sermoise 02 40 C2
Sermoise-sur-Loire 58 174 C2
Sermoyer 01 195 F2
Sermur 23 208 B3
Sernhac 30 304 B1
Serocourt 88 118 B3
Séron 65 314 D3
Serpaize 38 231 F3
La Serpent 11 337 F3
Serques 62 3 F5
Serqueux 52 118 A4
Serqueux 76 21 E5
Serquigny 27 35 G5
Serra-di-Ferro 2A 348 C5
Serra-di-Fiumorbo 2B 349 G2
Serra di Pigno 2B 345 G4
Serra-di-Scopamène 2A 349 E5
Serrabone *Prieuré de* 66 342 C3
Serralongue 66 342 C5
Serrant *Château de* 49 149 F2
Serraval 74 216 A4
La Serre 12 300 C1
Serre *Col de* 15 245 E3
La Serre-Bussière-
Vieille 23 208 B2
Serre-Chevalier 05 252 C4
Serre-les-Moulières 39 161 F4
Serre-les-Sapins 25 161 H4
Serre-Nerpol 38 250 B1
Serre-Ponçon *Barrage
et Lac de* 93 270 A4
Serres 05 269 E5
Serres 11 337 H3
Serres 54 66 C5
Serres-Castet 64 314 B3
Serres-et-Montguyard 24 257 H2
Serres-Gaston 40 294 A4
Serres-Morlaàs 64 314 C3
Serres-Sainte-Marie 64 313 H2
Serres-sur-Arget 09 336 A3
Serreslous-et-Arribans 40 293 H3
Serriera 2A 346 B5
Serrières 07 231 E5
Serrières 54 65 H4
Serrières 71 194 D4
Serrières-de-Briord 01 214 B5
Serrières-en-Chautagne 73 215 E4
Serrières-sur-Ain 01 214 B1
Serrigny 89 137 E2
Serrigny-en-Bresse 71 178 B3
Serris 77 59 F3
Serrouville 54 45 F3
Serruelles 18 173 E3
Sers 16 221 G2
Sers 65 333 E3
Servais 02 24 B5
Serval 02 41 E3
Servance 70 142 A1
Servanches 24 239 F2
Servant 63 209 F1
Servas 01 213 H1
Servas 30 284 A3
Servaville-Salmonville 76 36 C1

Serverette 48 264 B 2
Serves-sur-Rhône 26 249 E 2
Servian 34 321 H 2
Servières 48 264 B 4
Servières-le-Château 19 243 F 3
Serviers-et-Labaume 30 284 B 5
Serviès 81 299 E 4
Serviès-en-Val 11 338 A 1
Servignat 01 195 G 3
Servigney 25 162 C 1
Servigney 70 141 F 3
Servigny 50 31 G 5
Servigny-lès-Raville 57 66 C 1
Servigny-lès-Sainte-Barbe 57 45 H 5
Serville 28 56 D 4
Servilly 03 192 C 5
Servin 25 162 D 3
Servins 62 8 A 5
Servion 08 26 B 3
Servon 50 51 G 5
Servon 77 59 E 5
Servon-Melzicourt 51 43 E 4
Servon-sur-Vilaine 35 104 C 3
Servoz 74 216 D 3
Sery 08 26 A 5
Sery 89 136 C 5
Séry-lès-Mézières 02 24 C 3
Séry-Magneval 60 39 F 4
Serzy-et-Prin 51 41 E 4
Sessenheim 67 69 F 3
Sète 34 323 E 4
Setques 62 3 E 5
Les Settons 58 158 B 4
Seudre *Pont de la* 17 200 C 4
Seugy 95 38 C 5
Seuil 08 42 B 1
Seuillet 03 210 C 1
Seuilly 37 150 D 5
Seur 41 153 E 1
Le Seure 17 202 B 5
Seurre 21 178 B 1
Seux 80 22 A 2
Seuzey 55 64 C 2
Sevelinges 42 212 A 2
Sevenans 90 142 C 3
Sévérac 44 125 G 5
Sévérac d'Aveyron 12 281 H 2
Sévérac-l'Église 12 281 F 1
Seveux 70 140 B 5
Sevi *Col de* 2A 346 C 5
Sévignac 22 79 E 5
Sévignacq 64 314 C 2
Sévignacq-Meyracq 64 332 A 1
Sévigny 61 54 A 4
Sévigny-la-Forêt 08 26 B 1
Sévigny-Waleppe 08 25 G 5
Sévis 76 20 B 4
Sevrai 61 53 H 5
Sevran 93 58 C 2
Sèvres 92 58 B 4
Sèvres-Anxaumont 86 186 C 1
Sevrey 71 177 H 4
Sevrier 74 215 G 4
Sévry 18 155 H 5
Sewen 68 142 C 1
Sexcles 19 243 F 4
Sexey-aux-Forges 54 94 C 1
Sexey-les-Bois 54 65 G 5
Sexfontaines 52 116 D 2
Seychalles 63 210 B 5
Seyches 47 257 G 4
Seyne 04 270 B 5
La Seyne-sur-Mer 83 328 A 5
Seynes 30 284 A 4
Seynod 74 215 G 3
Seyre 31 318 B 3
Seyresse 40 292 D 3
Seyssel 01 215 E 3
Seyssel 74 215 E 3
Seysses 31 317 G 2
Seysses-Savès 32 317 E 2
Seyssinet-Pariset 38 250 D 2
Seyssins 38 250 D 2
Seyssuel 38 231 E 3
Seythenex 74 216 A 5
Seytroux 74 198 C 4
Sézanne 51 61 E 5
Sézéria 39 196 C 2
Siarrouy 65 315 E 3
Siaugues-Saint-Romain 43 246 D 3
Sibiril 29 71 G 3
Sibiville 62 12 D 2
La Sicaudais 44 146 D 4
Siccieu-Saint-Julien-et-Carisieu 38 214 A 5
Sichamps 58 156 D 5
Sickert 68 142 C 1
Sideville 50 29 E 3
Sidiailles 18 190 B 2
Siecq 17 202 C 4
Siegen 67 69 G 1
Sièges 39 196 D 4
Les Sièges 89 114 A 3
Sierck-les-Bains 57 46 B 2
Sierentz 68 143 G 2
Siersthal 57 68 A 1
Sierville 76 20 A 5
Siest 40 292 D 3
Sieurac 81 299 F 2
Sieuras 09 317 H 5
Siévoz 38 251 E 5
Siewiller 67 67 H 3
Sigale 06 289 G 5
Sigalens 33 256 D 5
Sigean 11 339 E 2
Sigean *Réserve africaine de* 11 339 E 2
Sigloy 45 133 H 3
Signac 31 334 B 3
Signes 83 327 H 2
Signéville 52 93 F 5
Signy-l'Abbaye 08 26 B 4
Signy-le-Petit 08 26 A 1
Signy-Montlibert 08 27 H 5
Signy-Signets 77 59 H 2
Sigogne 16 220 C 1
Sigolsheim 68 121 E 2
Sigonce 04 287 F 5
Sigottier 05 268 D 5
Sigoulès 24 257 G 2
Sigournais 85 166 C 5
Sigoyer 04 287 G 1
Sigoyer 05 269 G 4
Siguer 09 336 A 5
Sigy 77 89 F 3
Sigy-en-Bray 76 21 E 5
Sigy-le-Châtel 71 194 C 2
Silfiac 56 101 G 2
Silhac 07 248 D 5
Sillans 38 232 B 5
Sillans-la-Cascade 83 307 G 4
Sillars 86 187 F 3
Sillas 33 274 D 1
Sillé-le-Guillaume 72 107 E 2
Sillé-le-Philippe 72 108 A 3
Sillegny 57 65 H 2
Sillery 51 41 H 4
Silley-Amancey 25 180 B 1
Silley-Bléfond 25 162 C 2
Sillingy 74 215 F 3
Silly-en-Gouffern 61 54 B 4
Silly-en-Saulnois 57 66 B 2
Silly-la-Poterie 02 40 A 4
Silly-le-Long 60 39 F 5
Silly-sur-Nied 57 46 B 5
Silly-Tillard 60 38 A 3
Silmont 55 63 H 4
Siltzheim 67 67 G 1
Silvacane *Ancienne Abbaye de* 13 305 H 3
Silvareccio 2B 347 G 3
Silvarouvres 52 116 B 4
Simacourbe 64 314 C 2
Simandre 71 195 F 1
Simandre-sur-Suran 01 196 A 5
Simandres 69 231 F 2
Simard 71 178 B 5
Simencourt 62 13 F 3
Simeyrols 24 241 H 5
Simiane-Collongue 13 327 E 1
Simiane-la-Rotonde 04 286 D 5
Simorre 32 316 C 2
Simplé 53 105 H 5
Le Simserhof *Fort* 57 68 B 1
Sin-le-Noble 59 8 D 5
Sinard 38 250 D 4
Sinceny 02 24 A 5
Sincey-lès-Rouvray 21 158 B 2
Sindères 40 272 D 4
Singles 63 226 C 3
Singleyrac 24 257 H 2
Singly 08 26 D 4
Singrist 67 68 B 5
Sinsat 09 336 B 5
Sinzos 65 315 F 5
Sion 32 295 E 3
Sion 54 94 C 3
Sion-les-Mines 44 126 C 3
Sion-sur-l'Océan 85 164 D 4
Sioniac 19 243 E 4
Sionne 88 93 H 4
Sionviller 54 95 G 1
Siorac-de-Ribérac 24 239 G 2
Siorac-en-Périgord 24 259 E 1
Siouville-Hague 50 28 C 3
Sirac 32 297 E 3
Siracourt 62 7 F 5
Siradan 65 334 B 2
Siran 15 243 G 5
Siran 34 320 B 4
Siran *Château* 33 237 F 3
Sireix 65 332 C 2
Sireuil 16 221 E 2
Sireuil 24 241 F 5
Sirod 39 180 A 4
Siros 64 314 A 3
Sisco 2B 345 G 2
Sissonne 02 25 F 5
Sissy 02 24 C 3
Sistels 82 276 C 4
Sisteron 04 287 G 2
Sivergues 84 305 H 2
Sivignon 71 194 B 3
Sivry 54 65 H 4
Sivry-Ante 51 63 E 1
Sivry-Courtry 77 88 C 3
Sivry-la-Perche 55 43 H 5
Sivry-lès-Buzancy 08 43 F 2
Sivry-sur-Meuse 55 43 H 3
Six-Fours-les-Plages 83 327 H 5
Sixt-Fer-à-Cheval 74 216 D 1
Sixt-sur-Aff 35 125 H 2
Sizun 29 75 H 2
Smarves 86 186 B 2
Smermesnil 76 20 D 2
Soccia 2A 348 C 1
Sochaux 25 142 C 4
Socoa 64 310 B 3
Socourt 88 95 E 4
Socx 59 3 G 3
Sode 31 334 B 4
Sœurdres 49 128 C 3
Sognes 89 89 H 5
Sognolles-en-Montois 77 89 F 3
Sogny-aux-Moulins 51 62 B 2
Sogny-en-l'Angle 51 63 E 3
Soignolles 14 53 H 1
Soignolles-en-Brie 77 59 E 5
Soilly 51 60 D 1
Soindres 78 57 F 2
Soing 70 140 C 5
Soings-en-Sologne 41 153 G 2
Soirans 21 160 C 4
Soissons 02 40 B 2
Soissons-sur-Nacey 21 160 D 3
Soisy-Bouy 77 89 G 3
Soisy-sous-Montmorency 95 58 B 2
Soisy-sur-École 91 88 A 3
Soisy-sur-Seine 91 58 D 5
Soize 02 25 G 4
Soizé 28 109 E 3
Soizy-aux-Bois 51 61 E 4
Solaize 69 231 E 2
Solaro 2B 349 G 3
Solbach 67 96 D 3
Soleilhas 04 308 B 1
Solemont 25 163 F 2
Solente 60 23 G 4
Solenzara 2A 349 G 4
Le Soler 66 342 D 2
Solérieux 26 285 F 1
Solers 77 59 F 5
Solesmes 59 14 D 3
Solesmes 72 129 E 2
Soleymieu 38 232 A 1
Soleymieux 42 229 G 3
Solférino 40 273 E 3
Solgne 57 66 B 2
Soliers 14 33 H 5
Solignac 87 223 G 1
Solignac-sous-Roche 43 247 G 1
Solignac-sur-Loire 43 247 F 4
Solignat 63 227 H 3
Soligny-la-Trappe 61 84 B 2
Soligny-les-Étangs 10 89 H 4
Sollacaro 2A 348 D 5
Sollières-Sardières 73 235 E 5
Solliès-Pont 83 328 B 3
Solliès-Toucas 83 328 B 3
Solliès-Ville 83 328 B 4
Sologny 71 194 D 4
Solomiac 32 296 D 2
Solre-le-Château 59 15 H 3
Solrinnes 59 15 H 3
Solterre 45 134 D 2
Solutré-Pouilly 71 194 D 4
Somain 59 9 E 5
Sombacour 25 180 C 2
Sombernon 21 159 G 3
Sombrin 62 13 E 3
Sombrun 65 315 E 2
Somloire 49 167 F 1
Sommaing 59 14 D 2
Sommaisne 55 63 G 2
Sommancourt 52 92 D 3
Sommant 71 176 C 1
Sommauthe 08 43 F 1
Somme-Bionne 51 42 D 5
Somme-Suippe 51 42 C 5
Somme-Tourbe 51 42 D 5
Somme-Vesle 51 62 C 1
Somme-Yèvre 51 62 D 2
Sommecaise 89 135 G 2
Sommedieue 55 64 C 1
Sommeilles 55 63 F 2
Sommelans 02 40 B 5
Sommelonne 55 63 G 5
Sommepy-Tahure 51 42 C 4
Sommerance 08 43 F 3
Sommerécourt 52 117 H 2
Sommereux 60 21 H 4
Sommermont 52 92 D 3
Sommeron 02 25 F 1
Sommervieu 14 33 E 3
Sommerviller 54 95 E 1
Sommery 76 20 D 5
Sommesnil 76 19 G 4
Sommesous 51 61 H 4
Sommet-Bucher 05 271 E 1
La Sommette 25 162 D 4
Sommette-Eaucourt 02 23 H 3
Sommeval 10 114 D 3
Sommeville 52 92 D 2
Sommevoire 52 92 B 4
Sommières 30 303 F 2
Sommières-du-Clain 86 186 B 5
Somport *Col du* 64 331 H 4
Sompt 79 202 D 1
Sompuis 51 62 B 5
Somsois 51 91 H 2
Son 08 26 A 5
Sonac 46 261 E 2
Sonchamp 78 86 D 2
Soncourt 88 94 B 4
Soncourt-sur-Marne 52 116 D 2
Sondernach 68 120 C 4
Sondersdorf 68 143 F 4
La Sône 38 250 A 2
Songeons 60 21 G 5
Songeson 39 179 G 5
Songieu 01 214 D 3
Songy 51 62 C 4
Sonnac 12 261 G 4
Sonnac 17 202 B 4
Sonnac-sur-l'Hers 11 337 E 2
Sonnay 38 231 F 5
Sonnaz 73 233 F 1
Sonneville 16 202 D 5
Sons-et-Ronchères 02 24 D 3
Sonthonnax-la-Montagne 01 196 B 5
Sonzay 37 151 G 1
Soorts-Hossegor 40 292 B 3
Sophia-Antipolis 06 309 F 3
Soppe-le-Bas 68 142 D 2
Soppe-le-Haut 68 142 D 2
Sor 09 335 E 3
Sorans-lès-Breurey 70 162 A 2
Sorba *Col de* 2B 349 F 1
Sorbais 02 25 F 1
Sorbets 32 295 E 3
Sorbets 40 294 B 4
Sorbey 55 44 C 3
Sorbey 57 66 B 1
Sorbier 03 192 D 4
Sorbiers 05 268 C 5
Sorbiers 42 230 B 3
Sorbo-Ocagnano 2B 347 G 2
Sorbollano 2A 349 E 5
Sorbon 08 26 A 5
Sorbs 34 301 H 1
Sorcy-Bauthémont 08 26 C 5
Sorcy-Saint-Martin 55 64 D 5
Sorde-l'Abbaye 40 292 D 5
Sore 40 273 G 1
Soréac 65 315 F 4
Sorède 66 343 F 3
Sorel 80 14 A 5
Sorel-en-Vimeu 80 11 H 4
Sorel-Moussel 28 56 D 3
Sorèze 81 319 F 2
Sorgeat 09 336 D 5
Sorges-et-Ligueux-en-Périgord 24 240 D 1
Sorgues 84 285 F 5
Sorigny 37 151 H 4
Les Sorinières 44 147 G 4
Sorio 2B 345 F 5
Sormery 89 114 B 4
Sormonne 08 26 C 2
Sornac 19 225 H 2
Sornay 70 161 F 3
Sornay 71 195 G 1
Sornéville 54 66 C 5
Sorquainville 76 19 F 4
Sorrus 62 6 B 4
Sort-en-Chalosse 40 293 E 3
Sortosville 50 29 F 5
Sortosville-en-Beaumont 50 28 D 5
Sos 47 275 E 4
Sospel 06 291 G 4
Sossais 86 169 F 3
Sost 65 334 A 3
Sotta 2A 351 F 3
Sottevast 50 29 E 4
Sotteville 50 28 D 4
Sotteville-lès-Rouen 76 36 B 2
Sotteville-sous-le-Val 76 36 B 3
Sotteville-sur-Mer 76 19 H 2
Soturac 46 259 E 5
Sotzeling 57 66 D 3
Souain-Perthes-lès-Hurlus 51 42 C 4
Soual 81 299 F 5
Souancé-au-Perche 28 109 E 2
Souanyas 66 341 H 3
Souastre 62 13 E 4
Soubès 34 301 H 3
Soubise 17 200 D 3
Soublecause 65 295 E 5
Soubran 17 219 G 5
Soubrebost 23 207 E 3
Soucé 53 82 B 3
Soucelles 49 128 D 5
La Souche 07 265 H 3
Souché 79 184 D 4
Souchez 62 8 B 5
Soucht 57 68 A 2
Soucia 39 196 D 1
Soucieu-en-Jarrest 69 230 D 1
Soucirac 46 260 B 2
Souclin 01 214 B 4
Soucy 02 39 H 3
Soucy 89 113 G 2
Soudaine-Lavinadière 19 224 D 3
Soudan 44 127 E 3
Soudan 79 185 G 3
Soudat 24 222 B 2
Souday 41 109 E 4
Soudé 51 62 A 4
Soudeilles 19 225 G 4
Soudorgues 30 283 F 4
Soudron 51 61 H 3
Soueich 31 334 C 2
Soueix-Rogalle 09 335 G 3
Souel 81 279 F 5
Soues 65 315 F 5
Soues 80 22 A 1
Souesmes 41 154 D 2
Souffelweyersheim 67 69 E 5
Soufflenheim 67 69 F 3
Souffrignac 16 221 H 2
Sougé 36 171 F 2
Sougé 41 131 E 3
Sougé-le-Ganelon 72 83 F 5
Sougéal 35 80 C 2
Sougères-en-Puisaye 89 156 D 1
Sougères-sur-Sinotte 89 136 B 2
Sougraigne 11 337 H 3
Sougy 45 110 D 4
Sougy-sur-Loire 58 175 E 3
Les Souhesmes 55 43 H 5
Souhey 21 158 D 1
Le Souich 62 12 D 3
Souilhanels 11 318 D 3
Souilhe 11 318 D 3
Souillac 46 242 B 5
Souillé 72 107 H 3
Souilly 55 63 H 1
Souilly 77 59 E 2
Soula 09 336 B 3
Soulac-sur-Mer 33 218 C 3
Soulages 15 246 A 3
Soulages-Bonneval 12 263 E 3
Soulaincourt 52 93 F 3
Soulaines-Dhuys 10 92 A 4
Soulaines-sur-Aubance 49 149 G 2
Soulaire-et-Bourg 49 128 C 5
Soulaires 28 86 B 3
Soulan 09 335 G 3
Soulanges 51 62 C 4
Soulangis 18 155 F 5
Soulangy 14 53 H 2
Soulatgé 11 338 A 4
Soulaucourt-sur-Mouzon 52 118 A 2
Soulaures 24 259 E 3
Soulce-Cernay 25 163 G 2
Soulgé-sur-Ouette 53 106 B 4
Le Soulié 34 300 C 5
Soulières 51 61 F 3
Soulièvres 79 168 B 3
Soulignac 33 256 B 2
Souligné-Flacé 72 107 F 5
Souligné-sous-Ballon 72 107 H 3
Soulignonne 17 201 E 5
Souligny 10 114 D 2
Soulitré 72 108 B 4
Soullans 85 164 D 3
Soulles 50 52 A 1
Soulom 65 332 D 2
Soulomès 46 260 C 3
Soulor *Col du* 65 332 C 2
Soulosse-sous-Saint-Élophe 88 94 A 4
Soultz-Haut-Rhin 68 120 D 5
Soultz-les-Bains 67 97 F 1
Soultz-sous-Forêts 67 69 E 2
Soultzbach-les-Bains 68 120 D 3
Soultzeren 68 120 C 3
Soultzmatt 68 120 D 4
Soulvache 44 126 D 2
Soumaintrain 89 114 C 4
Soumans 23 190 B 5
Soumensac 47 257 G 2
Souméras 17 219 H 5
Soumont 34 301 H 3
Soumont-Saint-Quentin 14 53 H 2
Soumoulou 64 314 C 4
Soupex 11 318 D 3
Soupir 02 40 D 2
Souplicourt 80 21 H 3
Souppes-sur-Loing 77 112 C 3
Souprosse 40 293 G 2
Le Souquet 40 272 C 5
Souraïde 64 310 D 4
Sourans 25 142 A 5
La Source 45 133 F 3
Source-Seine 21 159 F 1
Sourcieux-les-Mines 69 212 D 5
Le Sourd 02 25 E 2
Sourdeval 50 52 C 4
Sourdeval-les-Bois 50 51 H 2
Sourdon 80 22 C 4
Sourdun 77 89 G 3
Le Sourn 56 101 H 3
Sournia 66 338 A 5
Sourniac 15 244 B 1
Sourribes 04 287 G 3
Sours 28 86 B 4
Soursac 19 243 H 1
Sourzac 24 239 G 3
Sous-la-Tour 22 78 B 3
Sous-Parsat 23 207 F 2
Sousceyrac-en-Quercy 46 243 F 5
Sousmoulins 17 220 B 5
Souspierre 26 267 G 4
Soussac 33 256 D 2
Soussans 33 237 F 3
Soussey-sur-Brionne 21 159 E 3
Soustelle 30 283 G 3
Soustons 40 292 B 2
Sousville 38 251 E 4
Souternon 42 211 G 4
La Souterraine 23 188 C 5
Soutiers 79 185 F 1
Souvans 39 179 E 1
Souvignargues 30 303 F 2
Souvigné 16 203 E 3
Souvigné 37 151 F 1
Souvigné 79 185 F 3
Souvigné-sur-Même 72 108 C 2
Souvigné-sur-Sarthe 72 128 D 2
Souvigny 03 191 H 2
Souvigny-de-Touraine 37 152 C 2
Souvigny-en-Sologne 41 133 G 5
Souyeaux 65 315 F 4
Souzay-Champigny 49 150 C 4
Souzy 69 230 B 1
Souzy-la-Briche 91 87 F 3
Soveria 2B 347 E 4
Soyans 26 267 G 3
Soyaux 16 221 F 2
Soye 25 162 D 1
Soye-en-Septaine 18 173 F 2
Soyécourt 80 23 F 2
Soyers 52 140 B 2
Soyons 07 249 F 5
Spada 55 64 C 3

Sparsbach 67 ... 68 B3
Spay 72 ... 107 G5
Spechbach 68 ... 143 E2
Spechbach-le-Bas 68 ... 143 E2
Speloncato 2B ... 346 D2
Spelunca *Gorges de* 2A ... 346 B5
Spéracèdes 06 ... 308 D3
Spézet 29 ... 76 C5
Spicheren 57 ... 47 F4
Spin'a Cavallu
*Pont génois* 2A ... 350 D2
Spincourt 55 ... 44 D3
Sponville 54 ... 65 E1
Spoy 10 ... 116 A2
Spoy 21 ... 160 B1
Spycker 59 ... 3 G3
Squiffiec 22 ... 73 E4
Staffelfelden 68 ... 121 E5
Stains 93 ... 58 C2
Stainville 55 ... 63 H5
Stangala *Site du* 29 ... 99 H2
Staple 59 ... 3 H5
Stattmatten 67 ... 69 F3
Stazzona 2B ... 347 G3
Steenbecque 59 ... 7 H2
Steene 59 ... 3 G3
Steenvoorde 59 ... 3 H4
Steenwerck 59 ... 8 B2
Steige 67 ... 96 D4
Steinbach 68 ... 143 E1
Steinbourg 67 ... 68 B4
Steinbrunn-le-Bas 68 ... 143 F2
Steinbrunn-le-Haut 68 ... 143 F2
Steinseltz 67 ... 69 F1
Steinsoultz 68 ... 143 F3
Stella-Plage 62 ... 6 A4
Stenay 55 ... 43 G1
Sternenberg 68 ... 142 D2
Stetten 68 ... 143 G3
Stigny 89 ... 137 G3
Still 67 ... 97 E1
Stiring-Wendel 57 ... 47 F4
Stival 56 ... 101 H2
Stonne 08 ... 27 F5
Storckensohn 68 ... 120 B5
Stosswihr 68 ... 120 C3
Stotzheim 67 ... 97 F3
Strasbourg 67 ... 97 H1
Strazeele 59 ... 4 A5
Strenquels 46 ... 242 C4
Strueth 68 ... 143 E3
Struth 67 ... 68 A3
Stuckange 57 ... 45 H3
Stundwiller 67 ... 69 F2
Sturzelbronn 57 ... 68 C1
Stutzheim-Offenheim 67 ... 68 D5
Suarce 90 ... 142 D3
Suaucourt-et-Pisseloup 70 ... 140 B4
Suaux 16 ... 203 H4
Le Subdray 18 ... 172 D2
Sublaines 37 ... 152 C4
Subles 14 ... 32 D3
Subligny 18 ... 155 H2
Subligny 50 ... 51 H4
Subligny 89 ... 113 F3
Suc-au-May 19 ... 225 E4
Suc-et-Sentenac 09 ... 336 A5
Succieu 38 ... 232 A3
Sucé-sur-Erdre 44 ... 147 H2
Sucy-en-Brie 94 ... 58 D4
Suèvres 41 ... 132 B4
Sugères 63 ... 228 B2
Sugny 08 ... 42 D2
Suhescun 64 ... 311 F5
Suilly-la-Tour 58 ... 156 B3
Suin 71 ... 194 B3
Suippes 51 ... 42 C5
Suisse 57 ... 66 D2
Suizy-le-Franc 51 ... 61 E2
Sulignat 01 ... 213 F1
Sully 14 ... 32 D3
Sully 60 ... 21 G5
Sully 71 ... 177 E2
Sully-la-Chapelle 45 ... 111 G5
Sully-sur-Loire 45 ... 134 A3
Sulniac 56 ... 124 D3
Sumène 30 ... 283 E5
Sundhoffen 68 ... 121 F3
Sundhouse 67 ... 97 G5
Super-Barèges 65 ... 333 F3
Super-Besse 63 ... 227 F3
Super-Bolquère 66 ... 341 G4
Super-Lioran 15 ... 245 E3
Super-Sauze 04 ... 270 D5
Superbagnères 31 ... 334 A5
Superdévoluy 05 ... 269 F2
Supeyres *Col des* 63 ... 229 E2
Supt 39 ... 179 H3
Le Suquet 06 ... 291 E4
Surat 63 ... 210 A4
Surba 09 ... 336 B4
Surbourg 67 ... 69 E2
Surcamps 80 ... 12 B5
Surdoux 87 ... 224 C2
Suré 61 ... 84 A4
Suresnes 92 ... 58 B3
Surfonds 72 ... 108 B5
Surfontaine 02 ... 24 C3
Surgères 17 ... 201 F1
Surgy 58 ... 157 F1
Suriauville 88 ... 118 B2
Surin 79 ... 184 D2
Surin 86 ... 203 H2
Suris 16 ... 204 C4
Surjoux 01 ... 215 E2
Surmont 25 ... 163 E3
Surques 62 ... 2 D5
Surrain 14 ... 32 C2
Surtainville 50 ... 28 D5
Surtauville 27 ... 36 A4
Survie 61 ... 54 C3
Surville 14 ... 34 C3
Surville 27 ... 36 B4
Surville 50 ... 31 F3
Survilliers 95 ... 38 D5
Sury 08 ... 26 C3
Sury-aux-Bois 45 ... 111 H5
Sury-en-Vaux 18 ... 155 H3
Sury-ès-Bois 18 ... 155 H2
Sury-le-Comtal 42 ... 229 H3
Sury-près-Léré 18 ... 156 A1
Surzur 56 ... 124 C4
Sus 64 ... 313 F3
Sus-Saint-Léger 62 ... 12 D3
Suscinio *Château de* 56 ... 124 C5
Susmiou 64 ... 313 F3
Sussac 87 ... 224 C2
Sussargues 34 ... 303 E3
Sussat 03 ... 209 G1
Sussey 21 ... 158 D4
Susville 38 ... 251 E4
Sutrieu 01 ... 214 C3
Suzan 09 ... 335 H2
Suzanne 08 ... 42 C1
Suzanne 80 ... 23 F1
Suzannecourt 52 ... 93 E3
Suzay 27 ... 37 E3
Suze 26 ... 267 H1
Suze-la-Rousse 26 ... 285 F2
La Suze-sur-Sarthe 72 ... 129 G2
Suzette 84 ... 285 H3
Suzoy 60 ... 23 G5
Suzy 02 ... 24 C5
Sy 08 ... 43 E1
Syam 39 ... 179 H5
Sylvains-les-Moulins 27 ... 56 B2
Sylvanès 12 ... 301 E2
Le Syndicat 88 ... 119 H4

## T

Tabaille-Usquain 64 ... 311 H4
Tabanac 33 ... 255 H2
La Table 73 ... 233 H3
Le Tablier 85 ... 183 E1
Tabre 09 ... 336 D2
La Tâche 16 ... 203 G4
Tachoires 32 ... 316 B2
Tacoignières 78 ... 57 F3
Taconnay 58 ... 157 E3
Taden 22 ... 79 H4
Tadousse-Ussau 64 ... 294 C5
Taglio-Isolaccio 2B ... 347 G3
La Tagnière 71 ... 176 C4
Tagnon 08 ... 42 A2
Tagolsheim 68 ... 143 F2
Tagsdorf 68 ... 143 F3
Tailhac 43 ... 246 C4
Taillades 84 ... 305 F2
Le Taillan-Médoc 33 ... 237 F5
Taillancourt 55 ... 94 A2
Taillant 17 ... 201 G4
Taillebois 61 ... 53 F3
Taillebourg 17 ... 201 G4
Taillebourg 47 ... 257 F5
Taillecavat 33 ... 257 E3
Taillecourt 25 ... 142 C4
La Taillée 85 ... 183 H3
Taillefontaine 02 ... 39 H3
Taillepied 50 ... 31 F2
Taillet 66 ... 342 C4
Taillette 08 ... 26 B1
Tailleville 14 ... 33 G3
Taillis 35 ... 105 E2
Tailly 08 ... 43 G1
Tailly 21 ... 177 H2
Tailly 80 ... 11 H5
Tain-l'Hermitage 26 ... 249 E3
Taingy 89 ... 136 A5
Taintrux 88 ... 96 B5
Taisnières-en-Thiérache 59 ... 15 F4
Taisnières-sur-Hon 59 ... 15 F2
Taisnil 80 ... 22 A3
Taissy 51 ... 41 H4
Taïx 81 ... 279 G5
Taizé 71 ... 194 D2
Taizé 79 ... 168 B2
Taizé-Aizie 16 ... 203 G2
Taizy 08 ... 42 A1
Tajan 65 ... 315 H5
Talairan 11 ... 338 B2
Talais 33 ... 218 C3
Talange 57 ... 45 H4
Talant 21 ... 160 A3
Talasani 2B ... 347 H3
Talau 66 ... 341 H3
La Talaudière 42 ... 230 B4
Talazac 65 ... 315 E3
Talcy 41 ... 132 B3
Talcy 89 ... 137 F5
Talence 33 ... 255 G1
Talencieux 07 ... 249 E1
Talensac 35 ... 103 H3
Talissieu 01 ... 214 D4
Talizat 15 ... 245 G3
Tallans 25 ... 162 C1
Tallard 05 ... 269 G4
Tallenay 25 ... 162 A3
Tallende 63 ... 227 H2
Taller 40 ... 292 D1
Talloires-Montmin 74 ... 215 H4
Tallone 2B ... 347 G5
Le Tallud 79 ... 185 F1
Tallud-Sainte-Gemme 85 ... 166 D5
Talmas 80 ... 12 D5
Talmay 21 ... 160 D2
Talmont-Saint-Hilaire 85 ... 182 B2
Talmont-sur-Gironde 17 ... 218 D3
Talmontiers 60 ... 37 F2
Taloire 04 ... 308 A1
Talon 58 ... 157 F3
Talus-Saint-Prix 51 ... 61 E3
Taluyers 69 ... 230 D2
Tamaris-sur-Mer 83 ... 328 A5
La Tamarissière 34 ... 322 C5
Tamerville 50 ... 29 F4
Tamié *Abbaye de* 73 ... 234 A1
Tamnay-en-Bazois 58 ... 175 G1
Tamniès 24 ... 241 F4
Tanavelle 15 ... 245 G4
Tanay 21 ... 160 C2
Tancarville 76 ... 35 E1
Tancarville *Pont de* 76 ... 35 E1
Tancoigné 49 ... 149 H4
Tancon 71 ... 212 A1
Tanconville 54 ... 96 B1
Tancrou 77 ... 59 H2
Tangry 62 ... 7 G4
La Tania 73 ... 234 C3
Taninges 74 ... 216 C1
Tanis 50 ... 51 G5
Tanlay 89 ... 137 F2
Tannay 08 ... 27 E5
Tannay 58 ... 157 F3
Tanneron 83 ... 308 D4
Tannerre-en-Puisaye 89 ... 135 G4
La Tannière 53 ... 81 G4
Tannières 02 ... 40 D3
Tannois 55 ... 63 H4
Tanques 61 ... 54 A5
Tantonville 54 ... 94 D3
Le Tanu 50 ... 51 H3
Tanus 81 ... 280 B4
Tanville 61 ... 83 F2
Tanzac 17 ... 219 G2
Taponas 69 ... 213 E1
Taponnat-Fleurignac 16 ... 203 H5
Tappa
*Site préhistorique* 2A ... 351 F3
Tarabel 31 ... 318 B2
Taradeau 83 ... 308 A5
Tarare 69 ... 212 B4
Tarascon 13 ... 304 B2
Tarascon-sur-Ariège 09 ... 336 B4
Tarasteix 65 ... 315 E3
Tarbes 65 ... 315 E4
Tarcenay 25 ... 162 A4
Tardais 28 ... 85 F2
Tardes 23 ... 208 B1
Tardets-Sorholus 64 ... 331 F1
La Tardière 85 ... 167 E5
Tardinghen 62 ... 2 B4
Tarentaise 42 ... 230 C5
Tarentaise
*Belvédère de la* 73 ... 235 F3
Tarerach 66 ... 342 B2
Targassonne 66 ... 341 F4
Targé 86 ... 169 G4
Target 03 ... 191 G5
Targon 33 ... 256 B2
Tarnac 19 ... 225 F1
Tarnès 33 ... 237 H4
Tarnos 40 ... 292 A5
Taron-Sadirac-
Viellenave 64 ... 294 C5
Tarquimpol 57 ... 67 E4
Tarrano 2B ... 347 G4
Tarsac 32 ... 294 D4
Tarsacq 64 ... 313 H3
Tarsul 21 ... 160 A1
Tart-l'Abbaye 21 ... 160 C4
Tart-le-Bas 21 ... 160 C4
Tart-le-Haut 21 ... 160 B4
Tartaras 42 ... 230 D3
Tartas 40 ... 293 F2
Tartécourt 70 ... 140 D2
Tartiers 02 ... 40 A2
Tartigny 60 ... 22 C5
Tartonne 04 ... 288 B4
Le Tartre 71 ... 178 D4
Le Tartre-Gaudran 78 ... 57 E5
Tarzy 08 ... 26 A2
Tasdon 17 ... 200 C1
Tasque 32 ... 295 E4
Tassé 72 ... 129 F2
Tassenières 39 ... 179 E2
Tassillé 72 ... 107 F4
Tassin-la-Demi-Lune 69 ... 213 E5
Tasso 2A ... 349 E3
Tatinghem 62 ... 3 F5
Le Tâtre 16 ... 220 C4
Taugon 17 ... 183 H4
Taulanne 04 ... 308 A1
Taulé 29 ... 71 H4
Taulignan 26 ... 267 G5
Taulis 66 ... 342 C4
Taupont 56 ... 102 D4
Tauriac 33 ... 237 G3
Tauriac 46 ... 242 D5
Tauriac 81 ... 298 B1
Tauriac-de-Camarès 12 ... 301 E3
Tauriac-de-Naucelle 12 ... 279 H3
Tauriers 07 ... 266 A4
Taurignan-Castet 09 ... 335 F2
Taurignan-Vieux 09 ... 335 F2
Taurinya 66 ... 342 B3
Taurize 11 ... 338 A1
Taussac 12 ... 262 D1
Taussac-la-Billière 34 ... 301 F4
Taussat 33 ... 254 C2
Tautavel 66 ... 338 C4
Tauves 63 ... 226 D3
Tauxières-Mutry 51 ... 41 H5
Tauxigny 37 ... 152 A4
Tavaco 2A ... 348 D2
Tavant 37 ... 151 F5
Tavaux 39 ... 178 D1
Tavaux-et-Pontséricourt 02 ... 25 F3
Tavel 30 ... 285 E5
Tavera 2A ... 348 D2
Tavernay 71 ... 176 C1
Tavernes 83 ... 307 E4
Taverny 95 ... 58 B1
Tavers 45 ... 132 C3
Tavey 70 ... 142 B4
Taxat-Senat 03 ... 209 H1
Taxenne 39 ... 161 F4
Tayac 33 ... 238 D4
Taybosc 32 ... 296 C2
Tayrac 12 ... 279 H3
Tayrac 47 ... 276 D3
Tazilly 58 ... 176 A4
Le Tech 66 ... 342 B5
Tèche 38 ... 250 B2
Técou 81 ... 299 E2
Teghime *Col de* 2B ... 345 G4
Le Teich 33 ... 254 C3
Teigny 58 ... 157 G2
Le Teil 07 ... 266 D4
Teilhède 63 ... 209 G3
Teilhet 09 ... 336 C1
Teilhet 63 ... 209 E2
Teillay 35 ... 126 D2
Teillay-le-Gaudin 45 ... 111 E3
Teillay-Saint-Benoît 45 ... 111 F3
Teillé 44 ... 148 A1
Teillé 72 ... 107 H2
Teillet 81 ... 299 H2
Teillet-Argenty 03 ... 190 C5
Le Teilleul 50 ... 81 H2
Teillots 24 ... 241 G1
Teissières-de-Cornet 15 ... 244 B4
Teissières-lès-Bouliès 15 ... 262 C1
Télégraphe *Col du* 73 ... 252 B1
Telgruc-sur-Mer 29 ... 75 F4
Tellancourt 54 ... 44 D1
Tellecey 21 ... 160 C3
Tellières-le-Plessis 61 ... 84 A2
Teloché 72 ... 130 A2
Le Temple 33 ... 236 C5
Le Temple 41 ... 109 E5
Le Temple 79 ... 167 E2
Le Temple-de-Bretagne 44 ... 147 F2
Temple-Laguyon 24 ... 241 F1
Le Temple-sur-Lot 47 ... 275 H1
Templemars 59 ... 8 D3
La Templerie 35 ... 81 F5
Templeuve 59 ... 9 E4
Templeux-la-Fosse 80 ... 23 H1
Templeux-le-Guérard 80 ... 24 A1
Tenaille *Ancienne*
*Abbaye de la* 17 ... 219 G4
Tenay 01 ... 214 B3
Tence 43 ... 248 A3
Tencin 38 ... 233 F5
Tende 06 ... 291 H2
Tende *Col de* 06 ... 291 H2
Tendon 88 ... 119 H2
Tendron 18 ... 174 A2
Tendu 36 ... 188 D1
Teneur 62 ... 7 F4
Tennie 72 ... 107 F3
Tenteling 57 ... 47 F5
Tercé 86 ... 186 D2
Tercillat 23 ... 189 H3
Tercis-les-Bains 40 ... 292 D3
Terdeghem 59 ... 3 H5
Térénez 29 ... 71 H3
Térénez *Pont de* 29 ... 75 G4
Tergnier 02 ... 24 B4
Terjat 03 ... 208 D1
Termes 08 ... 43 E3
Termes 11 ... 338 B2
Termes 48 ... 263 H1
Termes-d'Armagnac 32 ... 295 E4
Termignon 73 ... 235 E5
Terminiers 28 ... 110 C4
Ternand 69 ... 212 C3
Ternant 17 ... 201 G3
Ternant 21 ... 159 H4
Ternant 58 ... 175 H4
Ternant-les-Eaux 63 ... 227 H4
Ternas 62 ... 12 D2
Ternat 52 ... 117 E5
Ternay 41 ... 131 E4
Ternay 69 ... 231 E2
Ternay 86 ... 168 C1
Ternay *Barrage du* 07 ... 230 D5
Les Ternes 15 ... 245 G4
Ternuay-Melay-
et-Saint-Hilaire 70 ... 142 A1
Terny-Sorny 02 ... 40 B2
Terramesnil 80 ... 12 D4
Terrans 71 ... 178 C3
La Terrasse 38 ... 233 F5
Terrasse
*Panorama de la* 69 ... 212 C1
La Terrasse-sur-Dorlay 42 ... 230 C4
Terrasson-Lavilledieu 24 ... 241 H3
Terrats 66 ... 342 D3
Terraube 32 ... 296 A1
Terre-Clapier 81 ... 299 G2
Terrebasse 31 ... 317 E5
Terrefondrée 21 ... 138 D3
Terrehault 72 ... 108 A2
Terrenoire 42 ... 230 B4
Les Terres-de-Chaux 25 ... 163 F2
La Terrisse 12 ... 263 F2
Terroles 11 ... 337 H2
Terron-sur-Aisne 08 ... 42 D1
Terrou 46 ... 261 F1
Tersanne 26 ... 249 G1
Tersannes 87 ... 187 H5
Terssac 81 ... 299 F1
Le Tertre Rouge
*Parc zoologique* 72 ... 129 G4
Le Tertre-Saint-Denis 78 ... 57 E2
Tertry 80 ... 23 H2
Terves 79 ... 167 G4
Terville 57 ... 45 G3
Tessancourt-sur-Aubette 78 ... 57 G1
Tessé-Froulay 61 ... 82 C2
Tessé-la-Madeleine 61 ... 82 C2
Tessel 14 ... 33 E4
Tessens 73 ... 234 C2
Tesson 17 ... 219 F2
Tessonnière 79 ... 168 A4
La Tessoualle 49 ... 167 E1
Tessy Bocage 50 ... 52 B1
La Teste-de-Buch 33 ... 254 B3
Tétaigne 08 ... 27 G4
Tête des Cuveaux 88 ... 119 H3
Téteghem-
Coudekerque-Village 59 ... 3 G2
Téterchen 57 ... 46 D4
Téthieu 40 ... 293 E2
Teting-sur-Nied 57 ... 66 D1
Teuillac 33 ... 237 G3
Teulat 81 ... 298 C4
Le Teulet 19 ... 243 G4
Teurthéville-Bocage 50 ... 29 G3
Teurthéville-Hague 50 ... 28 D3
Teyjat 24 ... 222 B2
Teyran 34 ... 303 E4
Teyssières 26 ... 267 H5
Teyssieu 46 ... 243 F5
Teyssode 81 ... 298 D4
Thaas 51 ... 61 F5
Thaims 17 ... 219 E2
Thairé 17 ... 200 D2
Thaix 58 ... 175 G3
Thal-Drulingen 67 ... 67 H3
Thal-Marmoutier 67 ... 68 B5
Thalamy 19 ... 226 C3
Thann 68 ... 142 D1
Thannenkirch 68 ... 97 E5
Thanvillé 67 ... 97 E4
Thaon 14 ... 33 F3
Thaon-les-Vosges 88 ... 95 F5
Tharaux 30 ... 284 B2
Tharoiseau 89 ... 157 H2
Tharon-Plage 44 ... 146 C4
Tharot 89 ... 157 H1
Thaumiers 18 ... 173 G4
Thauron 23 ... 207 E3
Thauvenay 18 ... 156 A3
Thèbe 65 ... 334 A3
Théding 57 ... 47 F5
Thédirac 46 ... 259 H3
Thégra 46 ... 260 D1
Théhillac 56 ... 125 G5
Le Theil 03 ... 191 H4
Le Theil 15 ... 244 C3
Le Theil 23 ... 206 C3
Le Theil 50 ... 29 F3
Le Theil 61 ... 108 C2
Le Theil-Bocage 14 ... 52 D2
Le Theil-de-Bretagne 35 ... 104 D5
Le Theil-en-Auge 14 ... 34 D3
Le Theil-Nolent 27 ... 35 F5
Theil-Rabier 16 ... 203 E2
Theil-sur-Vanne 89 ... 113 H3
Theillay 41 ... 154 B3
Theillement 27 ... 35 H3
Theix-Noyalo 56 ... 124 C4
Theizé 69 ... 212 C3
Thel 69 ... 212 B1
Théligny 72 ... 108 D3
Thélis-la-Combe 42 ... 230 C5
Thélod 54 ... 94 C2
Thelonne 08 ... 27 F4
Thélus 62 ... 8 B5
Théméricourt 95 ... 57 H1
Thémines 46 ... 261 E2
Théminettes 46 ... 261 E2
Thénac 17 ... 219 F1
Thénac 24 ... 257 G2
Thenailles 02 ... 25 F2
Thenay 36 ... 188 C1
Thenay 41 ... 153 E2
Thenelles 02 ... 24 C2
Thénésol 73 ... 216 A5
Theneuil 37 ... 169 F1
Theneuille 03 ... 191 F1
Thénézay 79 ... 168 C5
Thénioux 18 ... 154 B4
Thenissey 21 ... 159 F1
Thénisy 77 ... 89 F3
Thennelières 10 ... 91 E5
Thennes 80 ... 22 D3
Thenon 24 ... 241 F2
Thénorgues 08 ... 43 F2
Théoule-sur-Mer 06 ... 309 E5
Therdonne 60 ... 38 A2
Théret *Château du* 23 ... 207 F2
Thérines 60 ... 21 H5
Thermes-Magnoac 65 ... 316 B5
Thérondels 12 ... 245 E5
Thérouanne 62 ... 7 F2
Thérouldeville 76 ... 19 F3
Thervay 39 ... 161 F4
Thésée 41 ... 153 E3
Thésy 39 ... 179 H2

Theuley 70 140 C4
Théus 05 269 H4
Theuville 28 86 B5
Theuville 95 38 A5
Theuville-aux-Maillots 76 19 F3
Theuvy-Achères 28 85 H2
Thevet-Saint-Julien 36 189 H1
Théville 50 29 G3
Thevray 27 55 G2
They-sous-Montfort 88 118 C2
They-sous-Vaudemont 54 94 C4
Theys 38 233 F5
Théza 66 343 F2
Thézac 17 219 E1
Thézac 47 259 E5
Thézan-des-Corbières 11 338 C1
Thézan-lès-Béziers 34 321 F3
Thèze 04 287 F1
Thèze 64 314 B2
Thézey-Saint-Martin 54 66 B3
Théziers 30 304 B1
Thézillieu 01 214 C4
Thézy-Glimont 80 22 C3
Thiais 94 58 C4
Thiancourt 90 142 D4
Thianges 58 175 F3
Thiant 59 14 D2
Thiat 87 187 G5
Thiaucourt-Regniéville 54 65 F3
Thiaville-sur-Meurthe 54 96 A3
Thiberville 27 35 E5
Thibie 51 62 A2
Thibivillers 60 37 H3
Thibouville 27 35 G5
Thicourt 57 66 D2
Thiébauménil 54 95 G1
Thiéblemont-Farémont 51 62 D5
Thiébouhans 25 163 G3
Thieffrain 10 115 G2
Thieffrans 70 141 G5
Thiéfosse 88 120 A4
Thiel-sur-Acolin 03 192 C2
Thiembronne 62 7 E3
Thiénans 70 162 B1
Thiennes 59 7 H2
Thiepval 80 13 F5
Thiergeville 76 19 E3
Thiernu 02 25 E3
Thiers 63 210 C4
Thiers-sur-Thève 60 38 D5
Thierville 27 35 G4
Thierville-sur-Meuse 55 44 B5
Thiéry 06 289 G4
Thiescourt 60 23 G5
Thiétreville 76 19 F3
Le Thieulin 28 85 G4
Thieulloy-la-Ville 80 21 H3
Thieulloy-l'Abbaye 80 21 H2
Thieuloy-Saint-Antoine 60 21 H4
La Thieuloye 62 7 G5
Thieux 60 38 C1
Thieux 77 59 E1
Thiéville 14 54 A1
Thièvres 62 13 E4
Thiézac 15 244 D4
Thignonville 45 111 G2
Thil 01 213 G5
Thil 10 92 B5
Le Thil 27 37 E3
Thil 31 297 F3
Thil 51 41 G3
Thil 54 45 F2
Thil-la-Ville 21 158 D2
Thil-Manneville 76 20 A2
Le Thil-Riberpré 76 21 E4
Thil-sur-Arroux 71 176 B4
Thilay 08 27 E2
Le Thillay 95 58 D2
Thilleux 52 92 B4
Les Thilliers-en-Vexin 27 37 E4
Thillois 51 41 G4
Thillombois 55 64 B3
Thillot 55 64 D2
Le Thillot 88 120 A5
Thilouze 37 151 G4
Thimert 28 85 H2
Thimonville 57 66 B2
Thimory 45 134 C2
Thin-le-Moutier 08 26 B3
Thines 07 265 G5
Thiolières 63 228 D2
Thionne 03 192 C3
Thionville 57 45 H3
Thionville-sur-Opton 78 57 E4
Thiouville 76 19 F4
Thiraucourt 88 94 C5
Thiré 85 183 G1
Thiron Gardais 28 85 F5
This 08 26 C3
Thise 25 162 A3
Thivars 28 86 A4
Thivencelle 59 9 H4
Thiverny 60 38 C4
Thiverval-Grignon 78 57 H3
Thivet 52 117 F4
Thiviers 24 223 E4
Thiville 28 110 A4
Thizay 36 172 B3
Thizay 37 150 D5
Thizy-les-Bourgs 69 212 A2
Thizy 89 137 F5
Thoard 04 287 H3
Thodure 38 231 H5
Thoigné 72 83 H5
Thoiras 30 283 F4
Thoiré-sous-Contensor 72 83 H5
Thoiré-sur-Dinan 72 130 C3
Thoires 21 116 A5
Thoirette 39 196 B4
Thoiria 39 196 D1
Thoiry 01 197 F5
Thoiry 73 233 G2
Thoiry 78 57 G3
Thoissey 01 213 E1
Thoissia 39 196 A3
Thoisy-la-Berchère 21 158 D4
Thoisy-le-Désert 21 159 E4
Thoix 80 22 A4
Thol-lès-Millières 52 117 G3
Thollet 86 187 H3
Thollon-les-Mémises 74 198 C3
Le Tholonet 13 306 A5
Le Tholy 88 120 A3
Thomer-la-Sôgne 27 56 B3
Thomery 77 88 C4
Thomirey 21 177 F1
Thonac 24 241 F4
Thônes 74 216 A3
Thonnance-lès-Joinville 52 93 E3
Thonnance-les-Moulins 52 93 F4
Thonne-la-Long 55 44 B1
Thonne-le-Thil 55 44 B1
Thonne-les-Prés 55 44 B1
Thonnelle 55 44 B1
Thonon-les-Bains 74 198 B3
Les Thons 88 118 B4
Thonville 57 66 D2
Le Thor 84 305 E1
Thorailles 45 112 D4
Thoraise 25 161 H4
Thorame-Basse 04 288 C3
Thorame-Haute 04 288 D3
Thorame-Haute-Gare 04 288 D4
Thoras 43 246 C5
Thoré-la-Rochette 41 131 F3
Thorée-les-Pins 72 129 H4
Thorenc 06 308 D1
Thorens-Glières 74 215 H2
Thorey 89 137 F2
Thorey-en-Plaine 21 160 B4
Thorey-Lyautey 54 94 C3
Thorey-sous-Charny 21 159 E3
Thorey-sur-Ouche 21 159 G5
Thorigné 79 185 F4
Thorigné-d'Anjou 49 128 B4
Thorigné-en-Charnie 53 106 D4
Thorigné-Fouillard 35 104 C2
Thorigné-sur-Dué 72 108 B4
Thorigny 85 183 E1
Thorigny-
sur-le-Mignon 79 201 G1
Thorigny-sur-Marne 77 59 E3
Thorigny-sur-Oreuse 89 89 H5
Le Thoronet 83 307 H5
Thoronet *Abbaye du* 83 307 H5
Thorrenc 07 249 E1
Thors 10 92 B5
Thors 17 202 B4
Thory 80 22 C4
Thory 89 137 E5
Thoste 21 158 C2
Le Thot 24 241 F4
Le Thou 17 200 D1
Thou 18 155 G2
Thou 45 135 E5
Thouarcé 49 149 G3
Thouaré-sur-Loire 44 147 H3
Thouars 79 168 A2
Thouars-sur-Arize 09 317 G5
Thouars-sur-Garonne 47 275 G2
Thouarsais-
Bouildroux 85 183 H1
Le Thoult-Trosnay 51 61 E3
Le Thour 08 25 G5
Le Thoureil 49 150 A2
Thourie 35 126 D2
Thouron 87 205 G3
Thourotte 60 39 G1
Thoury 41 132 C5
Thoury-Férottes 77 88 D5
Thoux 32 297 E4
Thubœuf 53 82 C3
Le Thuel 02 25 G4
Thuellin 38 232 B1
Thuès-entre-Valls 66 341 H4
Thueyts 07 266 A2
Thugny-Trugny 08 42 B1
La Thuile 73 233 G2
Les Thuiles 04 270 C5
Thuilley-aux-Groseilles 54 94 C2
Thuillières 88 118 C2
Thuir 66 342 D2
Thuisy 10 114 C2
Le Thuit 27 36 D4
Le Thuit-Anger 27 36 A3
Thuit-Hébert 27 35 H3
Le Thuit-Signol 27 36 A4
Le Thuit-Simer 27 35 H4
Thulay 25 142 C5
Thumeréville 54 45 E5
Thumeries 59 8 D4
Thun-l'Évêque 59 14 C3
Thun-Saint-Amand 59 9 G4
Thun-Saint-Martin 59 14 C3
Thurageau 86 169 E4
Thuré 86 169 F4
Thuret 63 210 A3
Thurey 71 178 B4
Thurey-le-Mont 25 162 A2
Thurins 69 230 D1
Thury 21 177 E1
Thury 89 135 H5
Thury-en-Valois 60 39 H5
Thury-Harcourt 14 53 F1
Thury-sous-Clermont 60 38 C3
Thusy 74 215 F3
Thuy 65 315 G4
Thyez 74 216 B1
Thyl 73 252 B1
Tibiran-Jaunac 65 334 A2
Ticheville 61 54 D2
Tichey 21 178 C1
Tieffenbach 67 68 A3
Tiercé 49 128 D5
Tiercelet 54 45 E2
Le Tiercent 35 80 D4
Tierceville 14 33 F3
Tieste-Uragnoux 32 295 E5
La Tieule 48 281 H1
Tiffauges 85 166 C1
Tigeaux 77 59 G4
Tigery 91 88 A2
Tignac 09 336 C5
Tigné 49 149 H4
Tignécourt 88 118 B4
Tignes 73 235 E3
Tignes *Barrage de* 73 235 F2
Le Tignet 06 308 D3
Tignieu-Jameyzieu 38 213 H5
Tigny-Noyelle 62 6 B5
Tigy 45 133 H3
Til-Châtel 21 160 B1
Tilh 40 293 F4
Tilhouse 65 333 G1
Tillac 32 315 G2
Tillay-le-Péneux 28 110 D3
Tillé 60 38 A1
Tillenay 21 160 D4
Le Tilleul 76 18 C4
Tilleul-Dame-Agnès 27 55 H1
Le Tilleul-Lambert 27 56 A1
Le Tilleul-Othon 27 35 G5
Tilleux 88 94 A5
Tillières 49 148 B5
Tillières-sur-Avre 27 56 A4
Tilloloy 80 23 F4
Tillou 79 202 D1
Tilloy-et-Bellay 51 62 C1
Tilloy-Floriville 80 11 F5
Tilloy-lès-Conty 80 22 B3
Tilloy-lès-Hermaville 62 13 E2
Tilloy-lès-Mofflaines 62 13 G2
Tilloy-lez-Cambrai 59 14 B3
Tilloy-lez-Marchiennes 59 9 F5
Tilly 27 37 E5
Tilly 36 188 A3
Tilly 78 57 E3
Tilly-Capelle 62 7 F4
Tilly-la-Campagne 14 33 G5
Tilly-sur-Meuse 55 64 B2
Tilly-sur-Seulles 14 33 E4
Tilques 62 3 F5
Tincey-et-Pontrebeau 70 140 C5
Tinchebray 61 52 D4
Tincourt-Boucly 80 23 H1
Tincques 62 7 H5
Tincry 57 66 C3
Les Tines 74 217 E2
Tingry 62 6 B3
Tinqueux 51 41 G4
Tinténiac 35 80 A4
Tintry 71 177 E2
Tintury 58 175 F2
Tiranges 43 247 G1
Tirent-Pontéjac 32 296 C5
Tirepied 50 51 H4
Tissey 89 136 D2
Le Titre 80 11 G2
Tiuccia 2A 348 B2
Tivernon 45 111 E3
Tiviers 15 245 H3
Tivolaggio 2A 350 D2
Tizac-de-Curton 33 256 B1
Tizac-de-Lapouyade 33 238 B3
Tizzano 2A 350 D3
Tocane-Saint-Apre 24 239 H1
Tocqueville 27 35 F2
Tocqueville 50 29 G2
Tocqueville-en-Caux 76 19 H3
Tocqueville-les-Murs 76 19 E4
Tocqueville-sur-Eu 76 10 C4
Tœufles 80 11 F4
Toges 08 42 D2
Togny-aux-Bœufs 51 62 B3
Tolla 2A 348 D3
Tollaincourt 88 118 A3
Tollent 62 11 H1
Tollevast 50 29 E3
La Tombe 77 89 E4
Tombebœuf 47 257 H4
Tomblaine 54 65 H5
Tomino 2B 345 G2
Les Tonils 26 267 H3
Tonnac 81 279 E4
Tonnay-Boutonne 17 201 F3
Tonnay-Charente 17 201 E3
Tonneins 47 275 G1
Tonnerre 89 137 E2
Tonneville 50 28 D3
Tonnoy 54 95 E2
Tonquédec 22 72 D4
Tonquédec *Château de* 22 72 C4
Torcé 35 105 E3
Torcé-en-Vallée 72 108 A3
Torcé-Viviers-
en-Charnie 53 106 D3
Torcenay 52 139 H2
Torchamp 61 82 A2
Torchefelon 38 232 B3
Torcheville 57 67 F3
Torcieu 01 214 A3
Torcy 62 6 D4
Torcy 71 177 E4
Torcy 77 59 E3
Torcy-en-Valois 02 60 B1
Torcy-et-Pouligny 21 158 C1
Torcy-le-Grand 10 91 E3
Torcy-le-Grand 76 20 B3
Torcy-le-Petit 10 91 E3
Torcy-le-Petit 76 20 B2
Tordères 66 342 D3
Tordouet 14 54 D1
Torfou 49 166 B1
Torfou 91 87 G3
Torigny-les-Villes 50 52 B1
Tornac 30 283 G5
Tornay 52 140 A4
Le Torp-Mesnil 76 19 H4
Torpes 25 161 H4
Torpes 71 178 D3
Le Torpt 27 34 D3
Le Torquesne 14 34 C4
Torre 2A 351 G2
Torreilles 66 339 E5
Torsac 16 221 F3
Torsiac 43 228 A5
Tortebesse 63 226 D1
Tortefontaine 62 11 H1
Tortequesne 62 14 A2
Torteron 18 174 B2
Torteval-Quesnay 14 32 D5
Tortezais 03 191 F3
Tortisambert 14 54 B2
Le Tortoir 02 24 C5
Torvilliers 10 114 D2
Torxé 17 201 G3
Tosny 27 36 D4
Tosse 40 292 B3
Tossiat 01 214 A1
Tostat 65 315 F3
Tostes 27 36 B4
Totainville 88 94 C4
Tôtes 14 54 B2
Tôtes 76 20 A4
Touchay 18 172 D5
La Touche 26 267 F4
Touche-Trébry
*Château de la* 22 78 C5
Les Touches 44 147 H1
Les Touches-
de-Périgny 17 202 C4
Toucy 89 135 H4
Toudon 06 289 H5
Touët-de-l'Escarène 06 291 F5
Touët-sur-Var 06 289 G5
Touffailles 82 277 E2
Toufflers 59 9 E2
Touffou *Château de* 86 186 D1
Touffréville 14 33 H4
Touffreville 27 36 D3
Touffreville-la-Cable 76 35 F1
Touffreville-la-Corbeline 76 19 G5
Touffreville-sur-Eu 76 10 C4
Touget 32 296 D4
Touille 31 335 E1
Touillon 21 137 H4
Touillon-et-Loutelet 25 180 C3
Toujouse 32 294 C2
Toul 54 94 B1
Toul Goulic *Gorges de* 22 77 F4
Toulaud 07 249 E5
Toulenne 33 256 B4
Touligny 08 26 C4
Toulis-et-Attencourt 02 25 E4
Toullaëron *Roc de* 29 76 C5
Toulon 83 328 A4
Toulon-la-Montagne 51 61 F3
Toulon-sur-Allier 03 192 B2
Toulon-sur-Arroux 71 176 C5
Toulonjac 12 279 F1
Toulouges 66 343 E2
Toulouse 31 298 A5
Toulouse *Croix de* 05 252 D4
Toulouse-le-Château 39 179 F3
Toulouzette 40 293 G2
Toulx-Sainte-Croix 23 190 A5
Touques 14 34 C2
Le Touquet-Paris-Plage 62 6 A4
Touquettes 61 55 E4
Touquin 77 59 H5
La Tour 06 291 E4
La Tour 74 216 A1
La Tour-Blanche 24 221 H5
La Tour-d'Aigues 84 306 B3
La Tour-d'Auvergne 63 227 E3
Tour-de-Faure 46 260 D5
La Tour-de-Salvagny 69 212 D5
La Tour-de-Scay 25 162 B2
La Tour-du-Crieu 09 336 B1
La Tour-du-Meix 39 196 C2
Le Tour-du-Parc 56 124 C5
La Tour-du-Pin 38 232 B2
Tour-en-Bessin 14 32 D3
La Tour-en-Jarez 42 230 B3
Tour-en-Sologne 41 153 F1
La Tour-Fondue 83 328 C5
La Tour-Saint-Gelin 37 169 F1
La Tour-sur-Orb 34 301 F4
Tourailles 41 131 H4
Les Tourailles 61 53 G4
Tourailles-sous-Bois 55 93 G3
Tourbes 34 321 H2
Tourcelles-Chaumont 08 42 C2
Tourch 29 100 B3
Tourcoing 59 5 E5
Tourdun 32 295 F5
La Tourette 19 226 B3
La Tourette 42 229 G4
La Tourette-Cabardès 11 319 H3
Tourette-du-Château 06 289 H5
Tourgéville 14 34 B3
La Tourlandry 49 149 F5
Tourlaville 50 29 F3
Tourliac 47 258 D2
Tourly 60 37 H4
Tourmalet *Col du* 65 333 F3
Tourmignies 59 8 D4
Tourmont 39 179 F3
Tournai-sur-Dive 61 54 B3
Tournan 32 316 C2
Tournan-en-Brie 77 59 F4
Tournans 25 162 C1
Tournavaux 08 26 D2
Tournay 65 315 G5
Tournay-sur-Odon 14 33 E5
Le Tourne 33 255 H2
Tournebu 14 53 G2
Tournecoupe 32 296 C2
Tournedos-Bois-Hubert 27 56 A1
Tournedos-sur-Seine 27 36 C3
Tournedoz 25 163 E2
Tournefeuille 31 297 H5
Tournefort 06 289 H5
Tournehem-sur-la-Hem 62 3 E4
Tournemire 12 281 G5
Tournemire 15 244 C3
Tournes 08 26 C2
Le Tourneur 14 52 D2
Tourneville 27 36 B5
Tourniac 15 243 H2
Tournières 14 32 C3
Tourniol *Col de* 26 249 H4
Tournissan 11 338 B1
Tournoël *Château de* 63 209 G4
Tournoisis 45 110 B5
Tournon 73 234 A1
Tournon-d'Agenais 47 277 E1
Tournon-Saint-Martin 36 170 B5
Tournon-Saint-Pierre 37 170 B5
Tournon-sur-Rhône 07 249 E3
Tournous-Darré 65 315 H4
Tournous-Devant 65 315 H4
Tournus 71 195 E1
Tourny 27 37 E5
Tourouvre-au-Perche 61 84 C2
Tourouzelle 11 320 C4
Tourreilles 11 337 F2
Les Tourreilles 31 334 A1
Tourrenquets 32 296 B3
Tourrette
*Château de la* 07 248 D5
Tourrette-Levens 06 291 E5
Les Tourrettes 26 267 E2
Tourrettes 83 308 C3
Tourrettes-sur-Loup 06 309 F2
Tourriers 16 203 F5
Tours 37 151 H2
Tours-en-Savoie 73 234 B1
Tours-en-Vimeu 80 11 F4
Tours-Saint-Symphorien
*Aéroport de* 37 152 A2
Tours-sur-Marne 51 61 H1
Tours-sur-Meymont 63 228 C2
Tourteray 79 168 B1
Tourteron 08 26 C5
Tourtoirac 24 241 F1
Tourtour 83 307 H4
Tourtouse 09 335 F1
Tourtrès 47 257 H4
Tourtrol 09 336 C2
Tourves 83 328 A1
Tourville-en-Auge 14 34 C3
Tourville-la-Campagne 27 35 H4
Tourville-la-Chapelle 76 10 C5
Tourville-la-Rivière 76 36 B3
Tourville-les-Ifs 76 19 E3
Tourville-sur-Arques 76 20 B2
Tourville-sur-Odon 14 33 F5
Tourville-
sur-Pont-Audemer 27 35 E3
Tourville-sur-Sienne 50 31 F5
Toury 28 111 E2
Toury-Lurcy 58 175 E5
Toury-sur-Jour 58 174 D5
Tourzel-Ronzières 63 227 H3
Toussaint 76 19 E3
Toussieu 69 231 F1
Toussieux 01 213 E3
Tousson 77 88 A5
La Toussuire 73 233 H5
Toussus-le-Noble 78 58 A4
Toutainville 27 35 E2
Toutenant 71 178 B3
Toutencourt 80 13 E5
Toutens 31 318 C2
Toutes Aures *Col de* 04 288 D5
Toutlemonde 49 167 E1
Toutry 21 158 B1
Touvérac 16 220 C4
Le Touvet 38 233 F4
Touville 27 35 G3
Touvois 44 165 F2
Touvre 16 221 G1
Touzac 16 220 C3
Touzac 46 259 F5
Tox 2B 347 G5
Toy-Viam 19 225 F2
Trabuc *Grotte de* 30 283 G4
Tracol *Col de* 43 248 B1
Tracy-Bocage 14 33 E5
Tracy-le-Mont 60 39 H1
Tracy-le-Val 60 39 H1

Tracy-sur-Loire 58 ... 156 A3
Tracy-sur-Mer 14 ... 33 E2
Trades 69 ... 194 C5
Traenheim 67 ... 97 F1
Tragny 57 ... 66 B2
Traînel 10 ... 89 H4
Traînou 45 ... 111 F5
Le Trait 76 ... 35 H1
Traitiéfontaine 70 ... 162 A2
Traize 73 ... 232 D1
Tralaigues 63 ... 208 D4
Tralonca 2B ... 347 F4
Tramain 22 ... 79 E4
Tramayes 71 ... 194 C4
Trambly 71 ... 194 C4
Tramecourt 62 ... 7 E4
Tramery 51 ... 41 E4
Tramezaïgues 65 ... 333 G4
Tramolé 38 ... 232 A3
Tramont-Émy 54 ... 94 B4
Tramont-Lassus 54 ... 94 C4
Tramont-Saint-André 54 ... 94 B4
Tramoyes 01 ... 213 F4
Trampot 88 ... 93 G4
Trancault 10 ... 90 A4
La Tranche-sur-Mer 85 ... 182 D3
La Tranclière 01 ... 213 H1
Trancrainville 28 ... 110 D2
Trangé 72 ... 107 G4
Le Tranger 36 ... 170 D2
Trannes 10 ... 91 H5
Tranqueville-Graux 88 ... 94 B3
Trans 53 ... 82 D5
Trans-en-Provence 83 ... 308 A5
Trans-la-Forêt 35 ... 80 C2
Trans-sur-Erdre 44 ... 148 A1
Le Translay 80 ... 11 F5
Le Transloy 62 ... 13 H5
Tranzault 36 ... 189 F1
La Trappe *Abbaye de* 61 ... 55 F5
Trappes 78 ... 57 H4
Trassanel 11 ... 320 A3
Traubach-le-Bas 68 ... 143 E2
Traubach-le-Haut 68 ... 142 D2
Trausse 11 ... 320 B4
Travaillan 84 ... 285 F3
Travecy 02 ... 24 B4
Traversères 32 ... 296 B5
Traves 70 ... 140 D4
Le Travet 81 ... 299 H2
Le Trayas 83 ... 309 E5
Trayes 79 ... 167 G5
Tréal 56 ... 125 G2
Tréauville 50 ... 28 D4
Trébabu 29 ... 74 C2
Treban 03 ... 191 H3
Tréban 81 ... 280 B4
Trébas 81 ... 300 A1
Trébédan 22 ... 79 F4
Trèbes 11 ... 320 A5
Trébeurden 22 ... 72 B3
Trébons 65 ... 333 F1
Trébons-de-Luchon 31 ... 334 A4
Trébons-sur-la-Grasse 31 ... 318 C2
Tréboul 29 ... 75 F5
Tréboul *Pont de* 15 ... 245 F5
Trébrivan 22 ... 77 E4
Trébry 22 ... 78 D5
Tréclun 21 ... 160 C4
Trécon 51 ... 61 H3
Trédaniel 22 ... 78 C4
Trédarzec 22 ... 73 E3
Trédias 22 ... 79 F5
Trédion 56 ... 124 D2
Trédrez-Locquémeau 22 ... 72 B3
Tréduder 22 ... 72 B4
Trefcon 02 ... 23 H2
Treffay 39 ... 180 A4
Treffendel 35 ... 103 G3
Treffiagat 29 ... 99 F5
Treffieux 44 ... 126 D4
Treffléan 56 ... 124 D3
Treffort 38 ... 250 D4
Treffort-Cuisiat 01 ... 196 A4
Treffrin 22 ... 76 D4
Tréflaouénan 29 ... 71 F4
Tréflévénez 29 ... 75 H2
Tréflez 29 ... 71 E4
Tréfols 51 ... 60 C4
Tréfumel 22 ... 79 G5
Trégarantec 29 ... 71 E4
Trégarvan 29 ... 75 G4
Trégastel 22 ... 72 C2
Trégastel-Plage 22 ... 72 C2
Tréglamus 22 ... 72 D5
Tréglonou 29 ... 70 C4
Trégomar 22 ... 79 E3
Trégomeur 22 ... 73 G5
Trégon 22 ... 50 A5
Trégonneau 22 ... 73 E4
Trégourez 29 ... 100 B2
Trégrom 22 ... 72 C4
Tréguennec 29 ... 99 F4
Trégueux 22 ... 78 B3
Tréguidel 22 ... 73 G5
Tréguier 22 ... 73 E3
Trégunc 29 ... 100 A4
Tréhet 41 ... 130 D4
Tréhorenteuc 56 ... 103 E4
Le Tréhou 29 ... 75 H2
Treignac 19 ... 224 D3
Treignat 03 ... 190 B4
Treigny 89 ... 156 C1
Treilles 11 ... 339 E3
Treilles-en-Gâtinais 45 ... 112 B4
Treillières 44 ... 147 G2
Treix 52 ... 117 E3
Treize-Arbres *Les* 74 ... 215 G1
Treize-Septiers 85 ... 166 B1
Treize-Vents 85 ... 166 D2
Tréjouls 82 ... 277 G2
Trélans 48 ... 263 H5
Trélazé 49 ... 149 H1
Trélechamp 74 ... 217 E2
Trélévern 22 ... 72 D2
Trelins 42 ... 229 G1
Trélissac 24 ... 240 D2
Trélivan 22 ... 79 G4
Trelly 50 ... 51 G1
Trélon 59 ... 15 H5
Trélou-sur-Marne 02 ... 60 D1
Trémaouézan 29 ... 71 E5
Trémargat 22 ... 77 F4
Trémauville 76 ... 19 F4
Trémazan 29 ... 70 B4
La Tremblade 17 ... 200 C5
Tremblay 35 ... 80 D3
Le Tremblay 49 ... 127 H4
Tremblay-en-France 93 ... 58 D2
Le Tremblay-les-Villages 28 ... 86 A2
Le Tremblay-Omonville 27 ... 35 H5
Le Tremblay-
sur-Mauldre 78 ... 57 G4
Tremblecourt 54 ... 65 F4
Le Tremblois 70 ... 161 E2
Tremblois-lès-Carignan 08 ... 27 H4
Tremblois-lès-Rocroi 08 ... 26 B2
Trémeheuc 35 ... 80 B3
Trémel 22 ... 72 B4
Tréméloir 22 ... 73 G5
Trémentines 49 ... 149 E5
Tréméoc 29 ... 99 G4
Tréméreuc 22 ... 79 G3
Trémery 57 ... 45 H4
Trémeur 22 ... 79 F5
Tréméven 22 ... 73 F4
Tréméven 29 ... 100 D4
Trémilly 52 ... 92 B4
Tréminis 38 ... 269 E1
Trémoins 70 ... 142 B4
Trémolat 24 ... 240 D5
Trémons 47 ... 276 D1
Trémont 49 ... 149 H5
Trémont 61 ... 84 A2
Trémont-sur-Saulx 55 ... 63 G4
Trémonzey 88 ... 119 E4
Trémorel 22 ... 103 E1
Trémouille 15 ... 226 D5
Trémouille-Saint-Loup 63 ... 226 C4
Trémouilles 12 ... 280 D2
Trémoulet 09 ... 336 C1
Trémuson 22 ... 78 A3
Trenal 39 ... 179 E5
Trensacq 40 ... 273 F2
Trentels 47 ... 258 D5
Tréogan 22 ... 76 D5
Tréogat 29 ... 99 F3
Tréon 28 ... 56 C5
Tréouergat 29 ... 70 B5
Trépail 51 ... 41 H5
Trépassés *Baie des* 29 ... 98 C2
Trépied 62 ... 6 B4
Le Tréport 76 ... 10 D4
Trépot 25 ... 162 B4
Tréprel 14 ... 53 G2
Trept 38 ... 232 A1
Trésauvaux 55 ... 64 D1
Tresbœuf 35 ... 104 C5
Trescault 62 ... 14 A4
Treschenu-Creyers 26 ... 268 C2
Trescléoux 05 ... 287 E1
Trésilley 70 ... 162 A1
Treslon 51 ... 41 F4
Tresnay 58 ... 174 C5
Trespoux-Rassiels 46 ... 277 H1
Tresques 30 ... 284 D4
Tressaint 22 ... 79 G4
Tressan 34 ... 302 A5
Tressandans 25 ... 162 C1
Tressange 57 ... 45 F2
Tressé 35 ... 80 A3
Tresserre 66 ... 343 E3
Tresserve 73 ... 233 E1
Tresses 33 ... 237 H5
Tressignaux 22 ... 73 G5
Tressin 59 ... 9 E3
Tresson 72 ... 130 D2
Treteau 03 ... 192 C4
La Trétoire 77 ... 60 A3
Trets 13 ... 327 G1
Treux 80 ... 23 E1
Treuzy-Levelay 77 ... 112 C2
Trévans 04 ... 288 A5
Trévé 22 ... 102 B1
Trévenans 90 ... 142 C4
Tréveneuc 22 ... 73 G4
Tréveray 55 ... 93 F1
Trévérec 22 ... 73 F4
Trévérien 35 ... 79 H5
Trèves 30 ... 282 B4
Trèves 69 ... 230 D3
Trèves-Cunault 49 ... 150 B3
Trevey 70 ... 141 F5
Trévezel *Roc* 29 ... 76 A2
Trévien 81 ... 279 G4
Trévières 14 ... 32 C3
Trévignin 73 ... 233 F1
Trévillach 66 ... 342 B2
Tréville 11 ... 319 E3
Trévillers 25 ... 163 G3
Trévilly 89 ... 158 B1
Trevol 03 ... 192 A1
Trévou-Tréguignec 22 ... 72 D2
Trévoux 01 ... 213 E3
Le Trévoux 29 ... 100 C4
Trévron 22 ... 79 G4
Trézelles 03 ... 192 C4
Trézény 22 ... 72 D3
Trézien *Phare de* 29 ... 74 C2
Tréziers 11 ... 337 E2
Trézilidé 29 ... 71 F4
Trézioux 63 ... 228 C1
Triac-Lautrait 16 ... 220 D1
Le Triadou 34 ... 302 D3
Triaize 85 ... 183 F3
Triaucourt-en-Argonne 55 ... 63 G1
Tribehou 50 ... 32 A4
La Tricherie 86 ... 169 F5
Trichey 89 ... 115 E5
Triconville 55 ... 64 B5
Tricot 60 ... 23 E5
Trie-Château 60 ... 37 G3
Trie-la-Ville 60 ... 37 G3
Trie-sur-Baïse 65 ... 315 H4
Triel-sur-Seine 78 ... 57 H2
Triembach-au-Val 67 ... 97 E4
Trieux 54 ... 45 F3
Trigance 83 ... 308 A2
Trigavou 22 ... 79 G3
Trignac 44 ... 146 C2
Trigny 51 ... 41 F3
Triguères 45 ... 113 E5
Trilbardou 77 ... 59 F2
Trilla 66 ... 338 A5
Trilport 77 ... 59 G2
Trimbach 67 ... 69 F2
Trimer 35 ... 79 H5
La Trimouille 86 ... 187 H3
Trimouns
*Carrière de talc de* 09 ... 336 C4
Trinay 45 ... 111 E4
La Trinitat 15 ... 263 G2
La Trinité 06 ... 309 H2
La Trinité 27 ... 56 C2
La Trinité 50 ... 51 H3
La Trinité 73 ... 233 H3
Trinité *Chapelle de la* 29 ... 99 E3
Trinité *Ermitage de la* 2A ... 351 F4
La Trinité-de-Réville 27 ... 55 E2
La Trinité-
de-Thouberville 27 ... 35 H2
La Trinité-des-Laitiers 61 ... 54 D4
La Trinité-du-Mont 76 ... 19 F5
La Trinité-Langonnet 56 ... 77 E5
La Trinité-Porhoët 56 ... 102 C2
La Trinité-sur-Mer 56 ... 123 H4
La Trinité-Surzur 56 ... 124 D4
Triors 26 ... 249 H3
Le Trioulou 15 ... 261 H3
Tripleville 41 ... 110 A5
Triquerville 76 ... 35 F1
Triqueville 27 ... 35 E3
Trith-Saint-Léger 59 ... 14 D2
Tritteling-Redlach 57 ... 66 D1
Trivy 71 ... 194 B3
Trizac 15 ... 244 C1
Trizay 17 ... 201 E4
Trizay-Coutretot-
Saint-Serge 28 ... 85 E5
Trizay-lès-Bonneval 28 ... 109 H2
Troarn 14 ... 33 H4
Troche 19 ... 224 B5
Trochères 21 ... 160 C3
Trocy-en-Multien 77 ... 59 G1
Troësnes 02 ... 40 A4
Troguéry 22 ... 73 E3
Trogues 37 ... 151 G5
Trois Communes
*Pointe des* 06 ... 291 G3
Les Trois-Épis 68 ... 120 D2
Trois-Fonds 23 ... 190 A5
Trois-Fontaines-l'Abbaye 51 ... 63 F4
Trois-Maisons 57 ... 68 A4
Trois-Monts 14 ... 53 F1
Les Trois-Moutiers 86 ... 168 C1
Trois-Palis 16 ... 221 E2
Les Trois-Pierres 76 ... 19 E5
Trois-Puits 51 ... 41 G4
Trois Termes *Pic des* 66 ... 343 F4
Trois-Vèvres 58 ... 175 E3
Trois-Villes 64 ... 331 F1
Troischamps 52 ... 139 H2
Troisfontaines 52 ... 92 D2
Troisfontaines 57 ... 67 H5
Troisgots 50 ... 52 B1
Troissereux 60 ... 38 A1
Troissy 51 ... 61 E1
Troisvaux 62 ... 7 G5
Troisvilles 59 ... 14 D4
Tromarey 70 ... 161 F3
Tromborn 57 ... 46 D4
Tronçais *Forêt de* 03 ... 191 E1
Troncens 32 ... 315 G2
La Tronche 38 ... 250 D1
Le Tronchet 35 ... 80 A2
Le Tronchet 72 ... 107 G2
Tronchoy 52 ... 117 F5
Tronchoy 80 ... 21 G2
Tronchoy 89 ... 137 E2
Tronchy 71 ... 178 B4
Le Troncq 27 ... 35 H4
Trondes 54 ... 65 E5
Tronget 03 ... 191 G3
Tronjoly *Château de* 29 ... 71 F3
Le Tronquay 14 ... 32 D4
Le Tronquay 27 ... 36 D2
Tronsanges 58 ... 174 B1
Tronville 54 ... 65 F1
Tronville-en-Barrois 55 ... 63 H4
Troo 41 ... 131 E3
Trosly-Breuil 60 ... 39 G2
Trosly-Loire 02 ... 40 A1
Trouans 10 ... 62 A5
Troubat 65 ... 334 A2
La Trouche 88 ... 96 A3
Trouhans 21 ... 160 C5
Trouhaut 21 ... 159 G2
Trouillas 66 ... 343 E3
Trouley-Labarthe 65 ... 315 G4
Troumouse *Cirque de* 65 ... 333 E5
Troussencourt 60 ... 22 B5
Troussey 55 ... 64 D5
Troussures 60 ... 37 H2
Trouvans 25 ... 162 C1
Trouville 76 ... 19 F5
Trouville-la-Haule 27 ... 35 F2
Trouville-sur-Mer 14 ... 34 B2
Trouy 18 ... 173 E2
Troye-d'Ariège 09 ... 336 D2
Troyes 10 ... 91 E5
Troyon 55 ... 64 C2
La Truchère 71 ... 195 F2
Truchtersheim 67 ... 68 D5
Trucy 02 ... 40 D1
Trucy-l'Orgueilleux 58 ... 157 E2
Trucy-sur-Yonne 89 ... 136 C5
Le Truel 12 ... 281 E5
Trugny 21 ... 178 B2
Truinas 26 ... 267 H3
Trumilly 60 ... 39 F4
Trun 61 ... 54 B3
Trungy 14 ... 32 D4
Truttemer-le-Grand 14 ... 52 D4
Truttemer-le-Petit 14 ... 52 D4
Truyes 37 ... 152 A4
Tubersent 62 ... 6 B4
Tuchan 11 ... 338 C4
Tucquegnieux 54 ... 45 F4
Tudeils 19 ... 242 D4
Tudelle 32 ... 295 G4
Tuffé-Val-de-
la Chéronne 72 ... 108 B3
Tugéras-Saint-Maurice 17 ... 219 H5
Tugny-et-Pont 02 ... 24 A3
Les Tuileries 42 ... 211 G2
La Tuilière 42 ... 211 E3
Tuilière *Roche* 63 ... 227 E2
Tulette 26 ... 285 F2
Tulle 19 ... 242 D1
Tullins 38 ... 232 B5
Tully 80 ... 11 E3
Tupigny 02 ... 24 D1
Tupin-et-Semons 69 ... 231 E3
La Turballe 44 ... 145 G4
La Turbie 06 ... 309 H5
Turcey 21 ... 159 G2
Turckheim 68 ... 121 E3
Turenne 19 ... 242 C3
Turgon 16 ... 203 H3
Turgy 10 ... 114 D4
Turini *Col de* 06 ... 291 F3
Turny 89 ... 114 B4
Turquant 49 ... 150 C4
Turquestein-Blancrupt 57 ... 96 C1
Turqueville 50 ... 29 H5
Turretot 76 ... 18 C5
Turriers 04 ... 269 H5
Tursac 24 ... 241 F4
Tusson 16 ... 203 E3
Tuzaguet 65 ... 333 H1
Le Tuzan 33 ... 255 G5
Tuzie 16 ... 203 F3

## U

Uberach 67 ... 68 D3
Ubexy 88 ... 95 E4
Ubraye 04 ... 289 E5
Ucciani 2A ... 348 D2
Ucel 07 ... 266 B3
Uchacq-et-Parentis 40 ... 293 H1
Uchaud 30 ... 303 G3
Uchaux 84 ... 285 E3
Uchentein 09 ... 335 E3
Uchizy 71 ... 195 E2
Uchon 71 ... 176 C4
Uchon *Signal d'* 71 ... 176 C4
Uckange 57 ... 45 G4
Ueberkumen 68 ... 143 E2
Ueberstrass 68 ... 143 E4
Uffheim 68 ... 143 G2
Uffholtz 68 ... 143 E1
Ugine 73 ... 216 A5
Uglas 65 ... 333 H1
Ugnouas 65 ... 315 F3
Ugny 54 ... 44 D2
Ugny-le-Gay 02 ... 24 A4
Ugny-l'Équipée 80 ... 23 H2
Ugny-sur-Meuse 55 ... 94 A1
Uhart-Cize 64 ... 330 C1
Uhart-Mixe 64 ... 311 G5
Uhlwiller 67 ... 68 D3
Uhrwiller 67 ... 68 C3
Ulcot 79 ... 167 H1
Les Ulis 91 ... 58 B5
Ully-Saint-Georges 60 ... 38 B3
Les Ulmes 49 ... 150 B4
Umpeau 28 ... 86 C3
Unac 09 ... 336 C5
Uncey-le-Franc 21 ... 159 F3
Unchair 51 ... 41 E3
Ungersheim 68 ... 121 E5
Unias 42 ... 229 H2
Unienville 10 ... 91 H5
Unieux 42 ... 230 A4
L'Union 31 ... 298 A4
Untermuhthal 57 ... 68 C2
Unverre 28 ... 109 G2
Unzent 09 ... 318 A5
Upaix 05 ... 287 F1
Upie 26 ... 267 G1
Ur 66 ... 341 E4
Urau 31 ... 334 D2
Urbalacone 2A ... 348 D4
Urbanya 66 ... 341 H2
Urbeis 67 ... 96 D4
Urbeis *Col d'* 67 ... 96 D4
Urbès 68 ... 120 B5
Urbise 42 ... 193 F5
Urçay 03 ... 190 D1
Urcel 02 ... 40 D1
Urcerey 90 ... 142 B3
Urciers 36 ... 189 H2
Urcuit 64 ... 292 B5
Urcy 21 ... 159 H4
Urdens 32 ... 296 C2
Urdès 64 ... 313 H2
Urdos 64 ... 331 H4
Urepel 64 ... 330 A2
Urgons 40 ... 294 A4
Urgosse 32 ... 295 E3
Uriage-les-Bains 38 ... 251 E2
Uriménil 88 ... 119 F3
Urmatt 67 ... 97 E2
Urost 64 ... 314 D3
Urou-et-Crennes 61 ... 54 B4
Urrugne 64 ... 310 B3
Urs 09 ... 336 C5
Urschenheim 68 ... 121 F2
Urt 64 ... 292 B5
Urtaca 2B ... 345 E5
Urtière 25 ... 163 G3
Uruffe 54 ... 94 A2
Urval 24 ... 259 E1
Urville 10 ... 116 A3
Urville 14 ... 53 G1
Urville 50 ... 29 F5
Urville 88 ... 118 A2
Urville-Nacqueville 50 ... 28 D2
Urvillers 02 ... 24 B3
Ury 77 ... 88 B5
Urzy 58 ... 174 C1
Us 95 ... 37 H5
Usclades-et-Rieutord 07 ... 265 H1
Usclas-d'Hérault 34 ... 302 A5
Usclas-du-Bosc 34 ... 301 H3
Usinens 74 ... 215 E2
Ussac 19 ... 242 B2
Ussat 09 ... 336 B4
Ussé *Château d'* 37 ... 151 E4
Usseau 79 ... 201 G1
Usseau 86 ... 169 G3
Ussel 15 ... 245 F3
Ussel 19 ... 226 B3
Ussel 46 ... 260 B4
Ussel-d'Allier 03 ... 209 H1
Usson 63 ... 228 B3
Usson-du-Poitou 86 ... 186 D5
Usson-en-Forez 42 ... 229 F5
Ussy 14 ... 53 H2
Ussy-sur-Marne 77 ... 59 H2
Ustaritz 64 ... 310 D3
Ustou 09 ... 335 G5
Utelle 06 ... 291 E4
Utelle *Madone d'* 06 ... 291 E4
Uttenheim 67 ... 97 G3
Uttenhoffen 67 ... 68 D2
Uttwiller 67 ... 68 C3
Uvernet-Fours 04 ... 270 D5
Uxeau 71 ... 176 B5
Uxegney 88 ... 119 F2
Uxelles 39 ... 196 D1
Uxem 59 ... 3 H2
Uz 65 ... 332 D2
Uza 40 ... 272 B4
Uzan 64 ... 314 A2
Uzay-le-Venon 18 ... 173 F4
Uzech 46 ... 259 H4
Uzein 64 ... 314 A2
Uzel 22 ... 78 A5
Uzelle 25 ... 162 D1
Uzemain 88 ... 119 F3
Uzer 07 ... 266 B4
Uzer 65 ... 333 F1
Uzerche 19 ... 224 C4
Uzès 30 ... 284 B5
Uzeste 33 ... 256 B5
Uzos 64 ... 314 B5

## V

Vaas 72 ... 130 B4
Vabre 81 ... 299 H4
Vabre-Tizac 12 ... 279 G2
Vabres 15 ... 246 A4
Vabres 30 ... 283 F5
Vabres-l'Abbaye 12 ... 300 D1
Vacherauville 55 ... 44 B5
Vachères 04 ... 286 D5
Vachères-en-Quint 26 ... 268 A1
Vacheresse 74 ... 198 C3
La Vacheresse-
et-la-Rouillie 88 ... 118 A2
Vacheresses-les-Basses 28 ... 86 B2
La Vacherie 27 ... 36 B5
Vacognes 14 ... 33 F5
Vacon 55 ... 93 H1
La Vacquerie 14 ... 32 C5
Vacquerie 80 ... 12 C4
La Vacquerie-et-Saint-Martin-
de-Castries 34 ... 302 A2
Vacquerie-le-Boucq 62 ... 12 C2
Vacqueriette-Erquières 62 ... 12 B2
Vacqueville 54 ... 96 A2

Vacqueyras 84 ... 285 G 3
Vacquières 34 ... 303 E 2
Vacquiers 31 ... 298 A 3
Vadans 39 ... 179 F 2
Vadans 70 ... 161 E 2
Vadelaincourt 55 ... 43 H 5
Vadenay 51 ... 62 B 1
Vadencourt 02 ... 24 D 1
Vadencourt 80 ... 13 E 5
Vadonville 55 ... 64 C 4
Vagnas 07 ... 284 B 1
Vagney 88 ... 119 H 4
Vahl-Ebersing 57 ... 67 E 1
Vahl-lès-Bénestroff 57 ... 67 E 3
Vahl-lès-Faulquemont 57 ... 66 D 1
Vaiges 53 ... 106 C 4
Vailhan 34 ... 301 H 5
Vailhauquès 34 ... 302 C 4
Vailhourles 12 ... 279 E 2
Vaillac 46 ... 260 B 3
Vaillant 52 ... 139 F 4
Vailly 10 ... 91 E 4
Vailly 74 ... 198 B 4
Vailly-sur-Aisne 02 ... 40 C 2
Vailly-sur-Sauldre 18 ... 155 G 2
Vains 50 ... 51 G 4
Vairé 85 ... 165 E 5
Vaire-Arcier 25 ... 162 B 3
Vaire-le-Petit 25 ... 162 B 3
Vaire-sous-Corbie 80 ... 22 D 1
Vaires-sur-Marne 77 ... 59 E 3
Vaison-la-Romaine 84 ... 285 H 2
Vaïssac 82 ... 278 C 5
Vaite 70 ... 140 B 5
La Vaivre 70 ... 119 F 5
Vaivre-et-Montoille 70 ... 141 E 4
Le Val 83 ... 328 B 1
Val *Château de* 15 ... 226 C 4
Le Val-André 22 ... 78 D 2
Val-Claret 73 ... 235 E 3
Le Val-d'Ajol 88 ... 119 G 5
Val-d'Auzon 10 ... 91 G 4
Le Val-David 27 ... 56 C 2
Val-de-Bride 57 ... 67 E 4
Val-de-Chalvagne 04 ... 289 F 5
Val-de-Fier 74 ... 215 E 3
Le Val-de-Gouhenans 70 ... 141 H 4
Le Val-de-Guéblange 57 ... 67 G 2
Val-de-la-Haye 76 ... 36 A 2
Val-de-Mercy 89 ... 136 B 4
Val-de-Reuil 27 ... 36 C 3
Val-de-Roulans 25 ... 162 B 2
Val-de-Saâne 76 ... 20 A 4
Val-de-Vesle 51 ... 41 H 4
Val-de-Vière 51 ... 62 D 3
Val-d'Épy 39 ... 196 A 3
Val-des-Prés 05 ... 252 D 4
Val d'Esquières 83 ... 329 G 2
Val-d'Isère 73 ... 235 F 3
Val-d'Izé 35 ... 105 E 2
Val-et-Châtillon 54 ... 96 B 2
Val-Louron 65 ... 333 H 4
Val-Maravel 26 ... 268 C 3
Le Val-Saint-Éloi 70 ... 141 F 3
Le Val-Saint-Germain 91 ... 87 F 2
Le Val-Saint-Père 50 ... 51 G 5
Val-Sainte-Marie 25 ... 162 A 5
Val-Suzon 21 ... 159 H 2
Val-Thorens 73 ... 234 C 5
Valady 12 ... 262 B 5
Valailles 27 ... 35 F 5
Valaire 41 ... 153 E 2
Valanjou 49 ... 149 G 4
Valaurie 26 ... 267 F 5
Valavoire 04 ... 287 H 1
Valay 70 ... 161 F 3
Valbeleix 63 ... 227 G 4
Valbelle 04 ... 287 F 3
Valberg 06 ... 289 G 3
Valbonnais 38 ... 251 F 5
La Valbonne 01 ... 213 G 4
Valbonne 06 ... 309 E 3
Valbonne *Ancienne Chartreuse de* 30 ... 284 C 2
Valcabrère 31 ... 334 A 2
Valcanville 50 ... 29 G 3
Valcebollère 66 ... 341 F 5
Valchevrière *Calvaire de* 38 ... 250 C 3
Valcivières 63 ... 229 E 2
Valcourt 52 ... 92 C 2
Valdahon 25 ... 162 C 4
Valdampierre 60 ... 38 A 3
Valdeblore 06 ... 291 E 2
Le Valdécie 50 ... 29 E 5
Valdelancourt 52 ... 116 D 3
Valderiès 81 ... 279 H 5
Valderoure 06 ... 308 C 1
Valdieu-Lutran 68 ... 142 D 3
Valdivienne 86 ... 187 E 2
Valdoie 90 ... 142 C 2
Valdrôme 26 ... 268 D 4
Valdurenque 81 ... 299 H 5
Valeille 42 ... 230 A 1
Valeilles 82 ... 276 D 1
Valeins 01 ... 213 E 1
Valempoulières 39 ... 179 H 3
Valençay 36 ... 153 G 5
Valence 16 ... 203 G 4
Valence 26 ... 249 F 4
Valence-d'Agen 82 ... 276 D 4
Valence-d'Albigeois 81 ... 280 B 5
Valence-en-Brie 77 ... 88 D 4
Valence-sur-Baïse 32 ... 295 H 1
Valenciennes 59 ... 9 G 5
Valencin 38 ... 231 G 2
Valencogne 38 ... 232 C 3
Valennes 72 ... 108 D 5
Valensole 04 ... 307 E 1
Valentigney 25 ... 142 C 5
La Valentine 13 ... 327 F 1
Valentine 31 ... 334 B 1
Valenton 94 ... 58 D 4
Valergues 34 ... 303 F 4
Valernes 04 ... 287 G 2
Valescourt 60 ... 38 C 1
Valescure 83 ... 308 D 5
Valette 15 ... 244 D 1
La Valette 38 ... 251 F 4
La Valette 42 ... 212 A 5
La Valette-du-Var 83 ... 328 A 4
Valeuil 24 ... 222 B 5
Valeyrac 33 ... 218 D 4
Valezan 73 ... 234 D 2
Valferrière *Col de* 06 ... 308 C 2
Valff 67 ... 97 F 3
Valfin-lès-Saint-Claude 39 ... 197 E 2
Valfin-sur-Valouse 39 ... 196 B 3
Valflaunès 34 ... 302 D 2
Valfleury 42 ... 230 C 3
Valframbert 61 ... 83 G 3
Valfréjus 73 ... 252 D 1
Valfroicourt 88 ... 118 D 2
Valgorge 07 ... 265 H 4
Valhey 54 ... 66 C 5
Valhuon 62 ... 7 G 5
Valiergues 19 ... 225 H 4
Valignat 03 ... 209 G 1
Valigny 03 ... 173 H 5
Valines 80 ... 11 F 4
Valjouffrey 38 ... 251 G 5
Valjouze 15 ... 245 G 2
La Valla-en-Gier 42 ... 230 C 4
La Valla-sur-Rochefort 42 ... 211 F 5
Vallabrègues 30 ... 304 B 2
Vallabrix 30 ... 284 C 4
Vallan 89 ... 136 B 3
Vallangoujard 95 ... 38 A 5
Vallans 79 ... 184 C 5
Vallant-Saint-Georges 10 ... 90 C 3
Vallauris 06 ... 309 F 4
Valle-d'Alesani 2B ... 347 G 4
Valle-di-Campoloro 2B ... 347 H 4
Valle-di-Mezzana 2A ... 348 C 2
Valle-di-Rostino 2B ... 347 F 3
Valle-d'Orezza 2B ... 347 G 3
Vallecalle 2B ... 345 F 5
La Vallée 17 ... 201 E 4
Vallée *Étang de la* 45 ... 111 G 5
La Vallée-au-Blé 02 ... 25 E 2
Vallée d'Avérole 73 ... 235 G 4
La Vallée-Mulâtre 02 ... 14 D 5
Vallègue 31 ... 318 C 3
Valleiry 74 ... 215 F 1
Vallenay 18 ... 173 E 4
Vallentigny 10 ... 91 H 3
Vallerange 57 ... 67 E 2
Vallérargues 30 ... 284 B 4
Valleraugue 30 ... 282 D 4
Vallères 37 ... 151 G 3
Valleret 52 ... 92 C 3
Vallereuil 24 ... 239 H 3
Vallerois-le-Bois 70 ... 141 F 5
Vallerois-Lorioz 70 ... 141 E 5
Valleroy 25 ... 162 A 2
Valleroy 52 ... 140 B 4
Valleroy 54 ... 45 F 5
Valleroy-aux-Saules 88 ... 94 D 5
Valleroy-le-Sec 88 ... 118 C 2
Vallery 89 ... 113 E 2
Vallerysthal 57 ... 67 H 5
Vallesvilles 31 ... 298 B 5
Vallet 17 ... 220 B 5
Vallet 44 ... 148 A 4
Valletot 27 ... 35 F 2
Vallica 2B ... 346 D 2
Vallière 23 ... 207 F 4
Vallières 10 ... 115 E 5
Vallières 74 ... 215 F 3
Vallières-les-Grandes 41 ... 152 D 2
Valliguières 30 ... 284 D 5
Valliquerville 76 ... 19 G 5
Valloire 73 ... 252 B 1
Valloires *Abbaye de* 80 ... 11 G 1
Vallois 54 ... 95 G 3
Les Vallois 88 ... 118 D 2
Vallon-en-Sully 03 ... 190 D 2
Vallon-Pont-d'Arc 07 ... 266 B 5
Vallon-sur-Gée 72 ... 107 F 5
Vallorcine 74 ... 217 E 1
Vallouise 05 ... 252 C 5
Valmagne *Abbaye de* 34 ... 322 D 3
Valmanya 66 ... 342 B 3
Valmascle 34 ... 301 H 5
Valmeinier 73 ... 252 B 1
Valmestroff 57 ... 45 H 3
Valmigère 11 ... 337 H 2
Valmondois 95 ... 38 B 5
Valmont 57 ... 67 E 1
Valmont 76 ... 19 F 3
Valmorel 73 ... 234 B 3
Valmunster 57 ... 46 C 4
Valmy 51 ... 43 E 5
Valognes 50 ... 29 F 4
Valojoulx 24 ... 241 F 4
Valonne 25 ... 163 E 2
Valoreille 25 ... 163 F 3
Valouse 26 ... 267 H 5
Valprionde 46 ... 277 F 1
Valprivas 43 ... 229 G 5
Valpuiseaux 91 ... 87 H 4
Valras-Plage 34 ... 321 H 5
Valréas 84 ... 267 G 5
Valros 34 ... 321 H 3
Valroufié 46 ... 260 B 4
Vals 09 ... 336 C 1
Vals-le-Chastel 43 ... 246 C 1
Vals-les-Bains 07 ... 266 B 3
Vals-près-le-Puy 43 ... 247 F 4
Valsaintes 04 ... 286 D 5
Valsemé 14 ... 34 B 4
Valsenestre 38 ... 251 G 4
Valserres 05 ... 269 H 4
Valsonne 69 ... 212 B 3
Le Valtin 88 ... 120 C 3
Valuéjols 15 ... 245 F 3
Valvignères 07 ... 266 D 4
Valz-sous-Châteauneuf 63 ... 228 B 4
Valzergues 12 ... 261 H 5
Van *Pointe du* 29 ... 98 C 2
Vanault-le-Châtel 51 ... 62 D 3
Vanault-les-Dames 51 ... 63 E 3
Vançais 79 ... 185 H 4
Vancé 72 ... 130 D 2
La Vancelle 67 ... 97 E 4
Vanclans 25 ... 162 C 5
Vandeins 01 ... 195 G 5
Vandelainville 54 ... 65 F 2
Vandelans 70 ... 162 B 2
Vandeléville 54 ... 94 C 3
Vandélicourt 60 ... 39 F 1
Vandenesse 58 ... 175 H 3
Vandenesse-en-Auxois 21 ... 159 F 4
Vandeuil 51 ... 41 E 3
Vandières 51 ... 41 E 5
Vandières 54 ... 65 G 2
Vandœuvre-lès-Nancy 54 ... 94 D 1
Vandoncourt 25 ... 142 C 5
Vandré 17 ... 201 F 2
Vandrimare 27 ... 36 D 2
Vandy 08 ... 42 D 1
Les Vanels 48 ... 282 D 3
Vanlay 10 ... 114 D 4
Vannaire 21 ... 115 H 5
Vanne 70 ... 140 C 4
Le Vanneau-Irleau 79 ... 184 C 4
Vannecourt 57 ... 66 D 3
Vannecrocq 27 ... 35 E 3
Vannes 56 ... 124 C 3
Vannes-le-Châtel 54 ... 94 A 2
Vannes-sur-Cosson 45 ... 133 H 4
Vannoz 39 ... 179 H 4
Vanosc 07 ... 248 C 1
Les Vans 07 ... 283 H 1
Vantoux 57 ... 45 H 5
Vantoux-et-Longevelle 70 ... 161 G 1
Vanves 92 ... 58 B 4
Vanvey 21 ... 138 B 2
Vanvillé 77 ... 89 E 2
Vanxains 24 ... 239 G 1
Vany 57 ... 45 H 5
Vanzac 17 ... 220 B 5
Vanzay 79 ... 186 A 5
Vanzy 74 ... 215 E 2
Vaour 81 ... 278 D 4
Varacieux 38 ... 250 A 1
Varades 44 ... 148 C 2
Varages 83 ... 307 E 4
Varaignes 24 ... 222 B 2
Varaire 46 ... 278 D 1
Varaize 17 ... 201 H 3
Varambon 01 ... 214 A 2
Varanges 21 ... 160 B 4
Varangéville 54 ... 95 E 1
Varaville 14 ... 34 A 3
Varces-Allières-et-Risset 38 ... 250 D 3
Vareilles 23 ... 188 C 5
Vareilles 71 ... 194 A 4
Vareilles 89 ... 113 H 3
Varen 82 ... 279 E 3
Varengeville-sur-Mer 76 ... 10 A 5
Varenguebec 50 ... 31 G 2
La Varenne 49 ... 148 A 3
Varenne-l'Arconce 71 ... 193 H 4
Varenne-Saint-Germain 71 ... 193 G 3
La Varenne-Saint-Hilaire 94 ... 58 D 4
Varennes 24 ... 258 C 1
Varennes 31 ... 318 B 2
Varennes 37 ... 170 B 1
Varennes 80 ... 13 E 5
Varennes 82 ... 298 A 1
Varennes 86 ... 168 D 4
Varennes 89 ... 136 D 2
Varennes-Changy 45 ... 134 C 2
Varennes-en-Argonne 55 ... 43 F 4
Varennes-Jarcy 91 ... 58 D 5
Varennes-le-Grand 71 ... 177 H 5
Varennes-lès-Mâcon 71 ... 195 E 5
Varennes-lès-Narcy 58 ... 156 B 4
Varennes-Saint-Honorat 43 ... 246 D 2
Varennes-Saint-Sauveur 71 ... 195 H 2
Varennes-sous-Dun 71 ... 194 A 5
Varennes-sur-Allier 03 ... 192 B 4
Varennes-sur-Amance 52 ... 117 H 5
Varennes-sur-Fouzon 36 ... 153 G 4
Varennes-sur-Loire 49 ... 150 C 4
Varennes-sur-Morge 63 ... 209 H 4
Varennes-sur-Seine 77 ... 88 D 5
Varennes-sur-Tèche 03 ... 192 D 4
Varennes-sur-Usson 63 ... 228 A 3
Varennes-Vauzelles 58 ... 174 C 1
Varès 47 ... 257 G 5
Varesnes 60 ... 23 H 5
Varessia 39 ... 196 B 1
Varetz 19 ... 242 B 2
Varilhes 09 ... 336 B 2
Varinfroy 60 ... 39 H 5
Variscourt 02 ... 41 G 2
Varize 28 ... 110 B 4
Varize 57 ... 46 C 5
Varmonzey 88 ... 95 E 4
Varnéville 55 ... 64 D 3
Varneville-Bretteville 76 ... 20 A 4
Varney 55 ... 63 G 3
Varogne 70 ... 141 F 3
Varois-et-Chaignot 21 ... 160 B 3
Varouville 50 ... 29 G 2
Varrains 49 ... 150 C 4
Varreddes 77 ... 59 G 2
Vars 05 ... 270 D 2
Vars 16 ... 203 F 5
Vars 70 ... 140 A 5
Vars *Col de* 05 ... 270 D 3
Vars-sur-Roseix 19 ... 241 H 1
Varsberg 57 ... 46 D 5
Varvinay 55 ... 64 D 3
Varzay 17 ... 219 F 1
Varzy 58 ... 157 E 3
Vascœuil 27 ... 36 D 2
Vasles 79 ... 185 H 1
Vasouy 14 ... 34 C 2
Vasperviller 57 ... 96 C 1
Vassel 63 ... 228 A 1
Vasselay 18 ... 155 E 5
Vasselin 38 ... 232 B 2
Vassens 02 ... 40 A 1
Vasseny 02 ... 40 C 3
Vassieux-en-Vercors 26 ... 250 B 5
Vassimont-et-Chapelaine 51 ... 61 H 4
Vassincourt 55 ... 63 G 3
Vassivière *Lac de* 74 ... 207 E 5
Vassogne 02 ... 41 E 2
Vassonville 76 ... 20 B 4
Vassy 14 ... 53 E 3
Vassy 89 ... 137 G 5
Le Vast 50 ... 29 G 3
Vastérival 76 ... 10 A 5
Vasteville 50 ... 28 D 3
Les Vastres 43 ... 248 A 4
Vatan 36 ... 172 A 1
Vathiménil 54 ... 95 G 2
Vatierville 76 ... 21 E 3
Vatilieu 38 ... 250 B 1
Vatimont 57 ... 66 C 2
Vatry 51 ... 62 A 3
Vattetot-sous-Beaumont 76 ... 19 E 4
Vattetot-sur-Mer 76 ... 18 D 3
Vatteville 27 ... 36 C 3
Vatteville-la-Rue 76 ... 35 G 1
Vaubadon 14 ... 32 D 4
Vauban 71 ... 193 H 5
Vaubecourt 55 ... 63 G 2
Vaubexy 88 ... 95 E 5
Vaucé 53 ... 82 A 3
Vaucelles 14 ... 32 D 3
Vaucelles *Abbaye de* 59 ... 14 B 5
Vaucelles-et-Beffecourt 02 ... 40 D 1
Vauchamps 25 ... 162 B 3
Vauchamps 51 ... 60 D 3
Vauchassis 10 ... 114 D 2
Vauchelles 60 ... 23 G 5
Vauchelles-lès-Authie 80 ... 13 E 4
Vauchelles-lès-Domart 80 ... 12 B 5
Vauchelles-les-Quesnoy 80 ... 11 H 3
Vauchignon 21 ... 177 F 2
Vauchonvilliers 10 ... 115 H 2
Vauchoux 70 ... 140 D 4
Vauchrétien 49 ... 149 G 3
Vauciennes 51 ... 61 F 1
Vauciennes 60 ... 39 H 4
Vauclaix 58 ... 157 H 4
Vauclerc 51 ... 62 D 5
Vaucluse 25 ... 163 F 3
Vauclusotte 25 ... 163 F 3
Vaucogne 10 ... 91 G 3
Vauconcourt-Nervezain 70 ... 140 C 4
Vaucottes-sur-Mer 76 ... 18 D 3
Vaucouleurs 55 ... 93 H 1
Vaucourt 54 ... 67 E 5
Vaucourtois 77 ... 59 G 3
Vaucresson 92 ... 58 A 3
Vaudancourt 60 ... 37 G 4
Vaudebarrier 71 ... 194 A 3
Vaudelnay 49 ... 150 A 5
Vaudeloges 14 ... 54 B 2
Vaudemange 51 ... 42 A 5
Vaudémont 54 ... 94 C 3
Vaudémont *Signal de* 54 ... 94 C 3
Vaudes 10 ... 115 F 3
Vaudesincourt 51 ... 42 B 4
Vaudesson 02 ... 40 C 1
Vaudeurs 89 ... 114 A 3
Vaudevant 07 ... 248 D 3
Vaudeville 54 ... 94 D 3
Vaudéville 88 ... 95 G 5
Vaudeville-le-Haut 55 ... 93 H 3
Vaudherland 95 ... 58 D 2
Vaudigny 54 ... 94 D 3
Le Vaudioux 39 ... 179 H 5
Vaudoncourt 55 ... 44 D 4
Vaudoncourt 57 ... 46 C 5
Vaudoncourt 88 ... 118 B 2
Le Vaudoué 77 ... 88 A 5
Vaudoy-en-Brie 77 ... 59 H 5
Vaudreching 57 ... 46 C 4
Vaudrecourt 52 ... 117 H 2
Vaudrémont 52 ... 116 C 3
Le Vaudreuil 27 ... 36 C 4
Vaudreuille 31 ... 319 E 3
Vaudreville 50 ... 29 G 4
Vaudrey 39 ... 179 F 2
Vaudricourt 62 ... 8 A 4
Vaudricourt 80 ... 11 E 3
Vaudrimesnil 50 ... 31 G 4
Vaudringhem 62 ... 7 E 2
Vaudrivillers 25 ... 162 D 3
Vaudry 14 ... 52 C 3
Vaufrey 25 ... 163 G 2
Vaugines 84 ... 305 H 2
Vaugneray 69 ... 230 D 1
Vaugrigneuse 91 ... 87 F 2
Vauhallan 91 ... 58 B 5
Vaujany 38 ... 251 G 2
Vaujours 93 ... 58 D 2
Vaulandry 49 ... 129 G 5
Le Vaulmier 15 ... 244 D 2
Vaulnaveys-le-Bas 38 ... 251 E 2
Vaulnaveys-le-Haut 38 ... 251 E 2
Vaulry 87 ... 205 F 3
Vault-de-Lugny 89 ... 157 H 1
Vaulx 62 ... 12 B 2
Vaulx 74 ... 215 F 3
Vaulx-en-Velin 69 ... 213 F 5
Vaulx-Milieu 38 ... 231 H 2
Vaulx-Vraucourt 62 ... 13 H 4
Le Vaumain 60 ... 37 G 3
Vaumas 03 ... 192 D 3
Vaumeilh 04 ... 287 G 1
Vaumoise 60 ... 39 G 4
Vaumort 89 ... 113 H 3
Vaunac 24 ... 222 D 5
Vaunaveys-la-Rochette 26 ... 267 G 1
Vaunoise 61 ... 84 B 5
La Vaupalière 76 ... 36 A 1
Vaupillon 28 ... 85 F 3
Vaupoisson 10 ... 91 F 3
Vauquois 55 ... 43 G 4
Vauréal 95 ... 57 H 1
Vaureilles 12 ... 261 H 5
Vaurezis 02 ... 40 B 2
Le Vauroux 60 ... 37 H 2
Vausse *Prieuré de* 89 ... 137 F 5
Vausseroux 79 ... 185 G 2
Vautebis 79 ... 185 G 2
Vauthiermont 90 ... 142 D 2
Vautorte 53 ... 81 H 5
Vauvenargues 13 ... 306 B 5
Vauvert 30 ... 303 G 3
Vauville 14 ... 34 B 3
Vauville 50 ... 28 C 3
Vauvillers 70 ... 118 D 5
Vauvillers 80 ... 23 E 2
Vaux 03 ... 190 D 3
Vaux 31 ... 318 D 2
Vaux 57 ... 65 G 1
Vaux 86 ... 186 A 4
Vaux 89 ... 136 B 3
Vaux *Château de* 49 ... 128 C 3
Vaux-Andigny 02 ... 14 D 5
Vaux-Champagne 08 ... 42 C 1
Les Vaux de Cernay 78 ... 57 H 5
Vaux-devant-Damloup 55 ... 44 C 5
Vaux-en-Amiénois 80 ... 22 B 1
Vaux-en-Beaujolais 69 ... 212 C 2
Vaux-en-Bugey 01 ... 214 A 3
Vaux-en-Dieulet 08 ... 43 F 1
Vaux-en-Pré 71 ... 194 C 1
Vaux-en-Vermandois 02 ... 23 H 2
Vaux-et-Chantegrue 25 ... 180 C 3
Vaux-la-Douce 52 ... 140 B 2
Vaux-la-Grande 55 ... 93 G 1
Vaux-la-Petite 55 ... 93 G 1
Vaux-Lavalette 16 ... 221 F 4
Vaux-le-Moncelot 70 ... 161 H 1
Vaux-le-Pénil 77 ... 88 B 3
Vaux-le-Vicomte *Château de* 77 ... 88 C 2
Vaux-lès-Mouron 08 ... 43 E 3
Vaux-lès-Mouzon 08 ... 27 G 4
Vaux-lès-Palameix 55 ... 64 C 2
Vaux-les-Prés 25 ... 161 H 4
Vaux-lès-Rubigny 08 ... 25 H 4
Vaux-lès-Saint-Claude 39 ... 196 D 3
Vaux-Marquenneville 80 ... 11 G 5
Vaux-Montreuil 08 ... 26 C 5
Vaux-Rouillac 16 ... 202 D 5
Vaux-Saules 21 ... 159 G 1
Vaux-sous-Aubigny 52 ... 139 G 4
Vaux-sur-Aure 14 ... 33 E 3
Vaux-sur-Blaise 52 ... 92 C 3
Vaux-sur-Eure 27 ... 56 C 1
Vaux-sur-Lunain 77 ... 112 D 2
Vaux-sur-Mer 17 ... 218 C 1
Vaux-sur-Poligny 39 ... 179 G 3
Vaux-sur-Risle 27 ... 55 G 3
Vaux-sur-Saint-Urbain 52 ... 93 E 4
Vaux-sur-Seine 78 ... 57 H 2
Vaux-sur-Seulles 14 ... 33 E 3
Vaux-sur-Somme 80 ... 22 D 1
Vaux-sur-Vienne 86 ... 169 G 3
Vaux-Villaine 08 ... 26 B 3
Vauxaillon 02 ... 40 C 1
Vauxbons 52 ... 139 F 2
Vauxbuin 02 ... 40 B 3
Vauxcéré 02 ... 40 D 3
Vauxrenard 69 ... 194 D 5
Vauxtin 02 ... 40 D 3
Vavincourt 55 ... 63 H 3
Vavray-le-Grand 51 ... 62 D 4
Vavray-le-Petit 51 ... 62 D 3
Vaxainville 54 ... 95 H 2
Vaxoncourt 88 ... 95 F 5
Vaxy 57 ... 66 D 3
Vay 44 ... 126 B 5
Vaychis 09 ... 336 C 5
Vaylats 46 ... 278 C 1
Vayrac 46 ... 242 D 5
Vayres 33 ... 238 B 5
Vayres 87 ... 204 D 5

Vayres *Château de* 86 169 F5
Vayres-sur-Essonne 91 87 H4
Vazeilles-Limandre 43 246 D3
Vazeilles-près-Saugues 43 246 D5
Vazerac 82 277 G3
Veauce 03 209 G1
Veauche 42 230 A3
Veauchette 42 230 A3
Veaugues 18 155 H4
Veaunes 26 249 F3
Veauville-lès-Baons 76 19 G4
Veauville-lès-Quelles 76 19 G3
Vèbre 09 336 C5
Vebret 15 226 C5
Vebron 48 282 D2
Vecchio *Pont du* 2B 347 E5
Veckersviller 57 67 H3
Veckring 57 46 B3
Vecoux 88 119 H4
Vecquemont 80 22 D2
Vecqueville 52 92 D3
Vedène 84 285 F5
Védrines-Saint-Loup 15 246 A3
Véel 55 63 G4
Végennes 19 242 D4
Vého 54 95 H1
Veigné 37 152 A4
Veigy-Foncenex 74 197 H4
Veilhes 81 298 D4
Veillac 15 226 C4
Veilleins 41 153 H2
Veilly 21 159 F5
Veix 19 225 E3
Velaine-en-Haye 54 65 G5
Velaine-sous-Amance 54 66 B5
Velaines 55 64 B5
Velanne 38 232 D3
Velars-sur-Ouche 21 159 H3
Velaux 13 305 G5
Velennes 60 38 B1
Velennes 80 22 A3
Velesmes 70 161 F2
Velesmes-Essarts 25 161 H4
Velet 70 161 E2
Vélieux 34 320 C3
Vélines 24 239 E5
Vélizy-Villacoublay 78 58 B4
Velle-le-Châtel 70 141 E4
Velle-sur-Moselle 54 95 E2
Vellèches 86 169 G2
Vellechevreux-et-Courbenans 70 141 H5
Velleclaire 70 161 G1
Vellefaux 70 141 E5
Vellefrey-et-Vellefrange 70 161 G1
Vellefrie 70 141 F3
Velleguindry-et-Levrecey 70 141 E5
Velleminfroy 70 141 G4
Vellemoz 70 161 G1
Velleron 84 285 G5
Vellerot-lès-Belvoir 25 163 E2
Vellerot-lès-Vercel 25 162 D3
Velles 36 171 G5
Velles 52 140 B2
Vellescot 90 142 D3
Vellevans 25 162 D3
Vellexon-Queutrey-et-Vaudey 70 140 C5
Velloreille-lès-Choye 70 161 F2
Velluire 85 183 H3
Velogny 21 159 E2
Velone-Orneto 2B 347 H3
Velorcey 70 141 F2
Velosnes 55 44 B1
Velotte-et-Tatignécourt 88 94 D5
Vélu 62 13 H4
Velving 57 46 C4
Vélye 51 61 H3
Velzic 15 244 C4
Vémars 95 58 D1
Venables 27 36 C4
Venaco 2B 347 E5
Venansault 85 165 G5
Venanson 06 291 E2
Venarey-les-Laumes 21 159 E1
Venarsal 19 242 C2
Venas 03 191 E3
Venasque 84 285 H5
Vence 06 309 F2
Vence *Col de* 06 309 F2
Vendargues 34 303 E4
Vendat 03 210 B1
Vendays-Montalivet 33 218 C5
Vendegies-au-Bois 59 15 E3
Vendegies-sur-Écaillon 59 14 D2
Vendeix *Roche* 63 227 E3
Vendel 35 81 E5
La Vendelée 50 31 G5
Vendelles 02 23 H1
Vendémian 34 302 B5
Vendenesse-lès-Charolles 71 194 A3
Vendenesse-sur-Arroux 71 193 G1
Vendenheim 67 68 D5
Vendes 14 33 E5
Vendes 15 244 B1
Vendeuil 02 24 B4
Vendeuil-Caply 60 22 B5
Vendeuvre 14 54 A1
Vendeuvre-du-Poitou 86 169 E5
Vendeuvre-sur-Barse 10 115 H2
Vendeville 59 8 D3
Vendhuile 02 14 B5
Vendières 02 60 C3
Vendin-le-Vieil 62 8 C4
Vendin-lès-Béthune 62 8 A3
Vendine 31 298 C5
Vendœuvres 36 171 E4
Vendoire 24 221 G4
Vendôme 41 131 G3
Vendranges 42 211 H3
Vendrennes 85 166 B3
Vendres 34 321 G4
Vendresse 08 27 E5
Vendresse-Beaulne 02 40 D2
Vendrest 77 59 H1
La Vendue-Mignot 10 115 E3
Vénéjan 30 284 D3
Venelles 13 306 A4
Vénérand 17 201 G5
Venère 70 161 F2
Vénérieu 38 232 A1
Vénérolles 02 24 D1
Venerque 31 317 H2
Vénès 81 299 G3
Venesmes 18 173 E4
Vénestanville 76 19 H3
Venette 60 39 F2
Veneux-les-Sablons 77 88 C5
Vénevelles *Manoir de* 72 129 H4
Veney 54 96 A3
Vengeons 50 52 C4
Venise 25 162 A2
Venisey 70 140 D2
Vénissieux 69 231 F1
Venizel 02 40 B2
Venizy 89 114 B4
Vennans 25 162 B2
Vennecy 45 111 F5
Vennes 25 163 E4
Vennezey 54 95 F3
Venon 27 36 A5
Venon 38 251 E2
Venosc 38 251 G3
Venouse 89 136 C2
Venoy 89 136 B3
Vensac 33 218 C4
Vensat 63 209 H2
Ventabren 13 305 H5
Ventadour *Ruines de* 19 225 G5
Ventavon 05 269 F5
Ventelay 51 41 E3
Ventenac 09 336 C2
Ventenac-Cabardès 11 319 G4
Ventenac-en-Minervois 11 320 D5
Venterol 04 269 H4
Venterol 26 267 H5
Les Ventes 27 56 B2
Les Ventes-de-Bourse 61 84 A3
Ventes-Saint-Rémy 76 20 C4
Venteuges 43 246 C4
Venteuil 51 61 F1
Venthon 73 234 A1
Ventiseri 2B 349 G3
Ventouse 16 203 G4
Ventoux *Mont* 84 286 A3
Ventron 88 120 B4
La Ventrouze 61 84 D2
Venzolasca 2B 347 G2
Ver 50 51 G2
Ver-lès-Chartres 28 86 A4
Ver-sur-Launette 60 39 E5
Ver-sur-Mer 14 33 F3
Vérac 33 238 B4
Véranne 42 230 D5
Vérargues 34 303 F3
Véraza 11 337 G2
Verberie 60 39 F3
Verbiesles 52 117 E4
Vercel-Villedieu-le-Camp 25 162 D4
Verchain-Maugré 59 14 D2
Verchaix 74 216 C1
Vercheny 26 268 A2
Les Verchers-sur-Layon 49 150 A5
Verchin 62 7 F4
Verchocq 62 7 E3
Vercia 39 196 B1
Verclause 26 268 B5
Vercoiran 26 286 B1
Vercourt 80 11 F1
Verdaches 04 288 B1
Verdalle 81 319 F2
Verde *Col de* 2B 349 F2
Verdelais 33 256 B3
Verdelles *Château de* 72 106 D5
Verdelot 77 60 B3
Verdenal 54 96 A1
Verderel 60 38 A1
Verderonne 60 38 D3
Verdes 41 110 A5
Verdèse 2B 347 G3
Verdets 64 313 G4
Le Verdier 81 279 E5
La Verdière 83 307 E4
Verdigny 18 155 H3
Verdille 16 202 D4
Verdilly 02 60 C1
Verdon 24 258 B1
Verdon 51 60 D2
Verdon *Grand Canyon du* 93 307 H2
Le Verdon-sur-Mer 33 218 C2
Verdonnet 21 137 H3
Verdun 09 336 B5
Verdun 55 44 B5
Verdun-en-Lauragais 11 319 E3
Verdun-sur-Garonne 82 297 G2
Verdun-sur-le-Doubs 71 178 A3
Verdus *Musée de* 07 266 C2
Vereaux 18 174 A3
Verel-de-Montbel 73 232 D2
Verel-Pragondran 73 233 F2
Véretz 37 152 A3
Vereux 70 161 F1
Verfeil 31 298 B4
Verfeil 82 279 E3
Verfeuil 30 284 C3
Vergaville 57 67 E3
Vergéal 35 105 E4
La Vergenne 70 141 H4
Le Verger 35 103 H3
Le Verger *Château* 49 128 D5
Verger-sur-Dive 86 168 C4
Vergeroux 17 200 D3
Verges 39 179 F5
Vergetot 76 18 D4
Vergezac 43 247 E4
Vergèze 30 303 G3
Vergheas 63 208 D3
Vergies 80 11 G5
Vergigny 89 114 B5
Vergio *Col de* 2B 346 C5
Vergisson 71 194 D4
La Vergne 17 201 G3
Vergné 17 201 H2
Vergoignan 32 294 C3
Vergoncey 50 80 D2
Vergongheon 43 228 A5
Vergonnes 49 127 G3
Vergons 04 288 D5
Vergranne 25 162 C1
Vergt 24 240 C4
Vergt-de-Biron 24 258 D3
Le Verguier 02 24 A1
Véria 39 196 A2
Vérignon 83 307 H3
Vérigny 28 85 H3
Vérin 42 231 E4
Vérines 17 183 G5
Vérissey 71 178 B5
Vérizet 71 195 E3
Verjon 01 196 A4
Verjux 71 178 A3
Verlans 70 142 B4
Verlhac-Tescou 82 298 A1
Verlin 89 113 F4
Verlincthun 62 6 B2
Verlinghem 59 8 C2
Verlus 32 294 C4
Vermand 02 24 A2
Vermandovillers 80 23 F2
Vermelles 62 8 B4
Vermenton 89 136 C4
Vermondans 25 163 F2
Le Vermont 88 96 C3
Vern-sur-Seiche 35 104 B3
Vernais 18 173 H4
Vernaison 69 231 E2
Vernajoul 09 336 B2
Vernancourt 51 63 E3
Vernantes 49 150 C2
Vernantois 39 179 F5
La Vernarède 30 283 G2
Vernas 38 214 A5
Vernassal 43 246 D2
Vernaux 09 336 C5
Vernay 69 212 C1
La Vernaz 74 198 C4
Verne 25 162 C2
Verne *Chartreuse de la* 83 329 E3
Vernègues 13 305 G3
Verneiges 23 190 B5
Le Verneil 73 233 H3
Verneil-le-Chétif 72 130 A3
Verneix 03 190 D4
La Vernelle 36 153 G4
Le Vernet 03 210 B2
Le Vernet 04 288 B1
Le Vernet 09 318 B5
Vernet 31 317 H2
Le Vernet 43 246 D4
Vernet-la-Varenne 63 228 B4
Vernet-les-Bains 66 342 A3
Le Vernet-Sainte-Marguerite 63 227 G2
Verneugheol 63 208 C5
Verneuil 16 204 C5
Verneuil 18 173 G4
Verneuil 51 40 D5
Verneuil 58 175 F3
Verneuil-en-Bourbonnais 03 192 A4
Verneuil-en-Halatte 60 38 D4
Verneuil-Grand 55 44 B1
Verneuil-le-Château 37 169 F1
Verneuil-l'Étang 77 88 C2
Verneuil-Moustiers 87 187 H4
Verneuil-Petit 55 44 B1
Verneuil-sous-Coucy 02 40 B1
Verneuil-sur-Avre 27 55 H4
Verneuil-sur-Igneraie 36 189 G1
Verneuil-sur-Indre 37 170 C1
Verneuil-sur-Seine 78 57 H2
Verneuil-sur-Serre 02 24 D4
Verneuil-sur-Vienne 87 205 F5
Verneusses 27 55 E2
Vernéville 57 45 G5
Vernie 72 107 G2
Vernierfontaine 25 162 C5
Vernines 63 227 F2
Verniolle 09 336 B1
Vernioz 38 231 F4
Vernix 50 52 A4
Vernoil 49 150 D2
Le Vernois 39 179 F5
Vernois-le-Fol 25 163 H2
Vernois-lès-Belvoir 25 163 E2
Vernois-lès-Vesvres 21 139 F4
Vernois-sur-Mance 70 140 C2
Vernols 15 245 F1
Vernon 07 266 A4
Vernon 27 57 E1
Vernon 86 186 C3
Vernonvilliers 10 92 A5
Vernosc-lès-Annonay 07 248 D1
Vernot 21 160 A1
La Vernotte 70 161 G1
Vernou-en-Sologne 41 153 H1
Vernou-la-Celle-sur-Seine 77 88 D4
Vernou-sur-Brenne 37 152 A2
Vernouillet 28 56 D5
Vernouillet 78 57 H2
Vernoux 01 195 G2
Vernoux-en-Gâtine 79 167 G5
Vernoux-en-Vivarais 07 248 D5
Vernoux-sur-Boutonne 79 202 C1
Le Vernoy 25 142 A4
Vernoy 89 113 F4
Vernusse 03 191 G5
Verny 57 65 H2
Vero 2A 348 D2
Véron 89 113 G3
Véronne 26 268 A2
Véronnes 21 139 G5
Verosvres 71 194 B3
Verpel 08 43 F2
La Verpillière 38 231 H2
Verpillières 80 23 F4
Verpillières-sur-Ource 10 115 H4
Verquières 13 305 E2
Verquigneul 62 8 A4
Verquin 62 8 A4
Verrens-Arvey 73 234 A1
La Verrerie *Château de* 18 155 F2
Verreries-de-Moussans 34 320 C2
Verrey-sous-Drée 21 159 F2
Verrey-sous-Salmaise 21 159 F2
Verricourt 10 91 G4
Verrie 49 150 B4
La Verrie 85 166 C2
La Verrière 78 57 H4
Verrières 08 43 E1
Verrières 10 115 E2
Verrières 12 281 H3
Verrières 16 220 B2
Verrières 51 63 E1
Verrières 61 84 D4
Verrières 63 227 G3
Verrières 86 186 D3
Verrières-de-Joux 25 180 D2
Verrières-du-Grosbois 25 162 C4
Verrières-en-Forez 42 229 G3
Verrières-le-Buisson 91 58 B4
Verrines-sous-Celles 79 185 F5
Verrue 86 168 D3
Verruyes 79 185 F2
Vers 46 260 C5
Vers 71 195 E1
Vers 74 215 F1
Vers-en-Montagne 39 179 H3
Vers-Pont-du-Gard 30 284 C5
Vers-sous-Sellières 39 179 E3
Vers-sur-Méouge 26 286 C2
Vers-sur-Selles 80 22 B2
Versailles 78 58 A4
Versailleux 01 213 G3
Versainville 14 53 H2
La Versanne 42 230 C5
Versaugues 71 193 G4
Verseilles-le-Bas 52 139 G3
Verseilles-le-Haut 52 139 G3
Versigny 02 24 C4
Versigny 60 39 F5
Versols-et-Lapeyre 12 301 E1
Verson 14 33 F4
Versonnex 01 197 G4
Versonnex 74 215 F3
Le Versoud 38 251 E1
Vert 40 273 G4
Vert 78 57 F2
Le Vert 79 202 B1
Vert *Lac* 74 216 D3
Vert-Bois 17 200 B4
Vert-en-Drouais 28 56 C4
Vert-la-Gravelle 51 61 F3
Vert-le-Grand 91 87 H2
Vert-le-Petit 91 87 H3
Vert-Saint-Denis 77 88 B2
Vertain 59 14 D3
Vertaizon 63 210 A5
Vertamboz 39 196 D1
Vertault 21 115 G5
Verte *Île* 13 327 F4
Verteillac 24 221 G5
Vertes-Feuilles 02 40 A3
Verteuil-d'Agenais 47 257 G5
Verteuil-sur-Charente 16 203 F3
Verthemex 73 233 E1
Vertheuil 33 237 E1
Vertilly 89 89 G5
Vertolaye 63 228 D2
Verton 62 6 B5
Vertou 44 147 H4
Vertrieu 38 214 A4
Vertus 51 61 G2
Les Vertus 76 20 B2
Vertuzey 55 64 D5
Vervant 16 203 F5
Vervant 17 201 H3
Vervezelle 88 95 H5
Vervins 02 25 F2
Véry 55 43 G3
Verzé 71 194 D3
Verzeille 11 337 H1
Verzenay 51 41 H5
Verzy 51 41 H5
Vesaignes-sous-Lafauche 52 93 G5
Vesaignes-sur-Marne 52 117 F4
Vesancy 01 197 G3
Vesc 26 267 H4
Vescemont 90 142 C2
Vescheim 57 68 A4
Vescles 39 196 C3
Vescours 01 195 F2
Vescovato 2B 347 G2
Vesdun 18 190 B2
Vésigneul-sur-Marne 51 62 B3
Vésines 01 195 E4
Vésines 45 112 C4
Le Vésinet 78 58 A3
Vesles-et-Caumont 02 25 E4
Veslud 02 41 E1
Vesly 27 37 F4
Vesly 50 31 G3
Vesoul 70 141 E4
La Vespière-Friardel 14 55 E1
Vesseaux 07 266 B3
Vessey 50 80 D2
Vestric-et-Candiac 30 303 G3
Vesvres 21 159 E2
Vesvres-sous-Chalancey 52 139 F4
Vétheuil 95 57 F1
Vétraz-Monthoux 74 197 H5
Vétrigne 90 142 C2
Veuil 36 153 G5
Veuilly-la-Poterie 02 60 A1
Veules-les-Roses 76 19 H2
Veulettes-sur-Mer 76 19 F2
Le Veurdre 03 174 B5
Veurey-Voroize 38 250 C1
La Veuve 51 62 A1
Veuves 41 152 D2
Veuvey-sur-Ouche 21 159 G4
Veuxhaulles-sur-Aube 21 116 B5
Veuzain-sur-Loire 41 152 D1
Vevy 39 179 F5
Vexaincourt 88 96 C2
Le Vey 14 53 F2
Veynes 05 269 E4
Veyrac 87 205 F4
Veyras 07 266 C2
Veyre-Monton 63 227 H2
Veyreau 12 282 A3
Veyrier-du-Lac 74 215 H4
Veyrières 15 226 B5
Veyrières 19 226 B4
Veyrignac 24 259 H1
Veyrines 07 248 C2
Veyrines-de-Domme 24 259 F1
Veyrines-de-Vergt 24 240 C4
Veyrins 38 232 C2
Les Veys 50 32 A2
Veyssilieu 38 231 H1
Veyziat 01 196 C4
Vez 60 39 H4
Vézac 15 244 C5
Vézac 24 259 F1
Vézannes 89 136 D2
Vézaponin 02 40 A1
Vèze 15 245 G1
La Vèze 25 162 A4
Vézelay 89 157 G2
Vézelise 54 94 C3
Vézelois 90 142 C3
Vezels-Roussy 15 262 D1
Vézénobres 30 283 H4
Vézeronce-Curtin 38 232 B1
Vezet 70 140 C5
Vézézoux 43 228 B5
Le Vézier 51 60 C4
Vézières 86 168 D1
Vézillon 27 36 D4
Vézilly 02 41 E4
Vezin-le-Coquet 35 104 A3
Vézinnes 89 137 E2
Vezins 49 149 F5
Vezins 50 51 H5
Vezins *Barrage de* 50 81 E2
Vézins-de-Lévézou 12 281 G2
Vezot 72 84 A5
Vezou *Belvédère du* 15 245 F5
Vezzani 2B 347 F5
Via 66 341 F4
Viabon 28 110 C2
Viala-du-Pas-de-Jaux 12 301 F1
Viala-du-Tarn 12 281 F4
Vialas 48 283 F1
Vialer 64 294 C5
Viam 19 225 E2
Viane 81 300 B3
Vianges 21 158 D5
Vianne 47 275 G3
Viâpres-le-Grand 10 90 D2
Viâpres-le-Petit 10 90 D2
Viarmes 95 38 C5
Vias 34 322 C5
Viaur *Viaduc du* 12 280 B4
Viazac 46 261 G3
Le Vibal 12 281 E2
Vibersviller 57 67 F3
Vibeuf 76 19 H4
Vibrac 16 220 D2
Vibrac 17 220 B5
Vibraye 72 108 D4
Vic 09 335 G4

Vic 36 189 G1
Vic *Roche de* 19 242 D3
Vic-de-Chassenay 21 158 C1
Vic-des-Prés 21 159 F5
Vic-en-Bigorre 65 315 E3
Vic-Fezensac 32 295 G3
Vic-la-Gardiole 34 323 F3
Vic-le-Comte 63 228 A2
Vic-le-Fesq 30 303 F1
Vic-sous-Thil 21 158 D3
Vic-sur-Aisne 02 39 H2
Vic-sur-Cère 15 244 D4
Vic-sur-Seille 57 66 D4
Vicdessos 09 336 A5
Le Vicel 50 29 G3
Vichel 63 228 A4
Vichel-Nanteuil 02 40 B4
Vichères 28 109 E2
Vicherey 88 94 B4
Vichy 03 210 B2
Vico 2A 348 C1
La Vicogne 80 12 D5
La Vicomté-sur-Rance 22 79 H3
Vicq 03 209 H1
Vicq 52 117 H5
Vicq 59 9 H5
Vicq 78 57 G4
Vicq-d'Auribat 40 293 F2
Vicq-Exemplet 36 189 H1
Vicq-sur-Breuilh 87 223 H2
Vicq-sur-Gartempe 86 170 A5
Vicq-sur-Nahon 36 171 G1
Vicques 14 54 A2
Victoire *Abbaye de la* 60 39 E4
Victot-Pontfol 14 34 B4
Vidai 61 84 A3
Vidaillac 46 279 E1
Vidaillat 23 207 E3
Vidauban 83 329 E1
Videcosville 50 29 G4
Videix 87 204 C5
Videlles 91 87 H4
Vidou 65 315 G4
Vidouville 50 32 C5
Vidouze 65 314 D2
Viefvillers 60 22 A5
Vieil-Armand 68 120 D5
Le Vieil-Baugé 49 150 B1
Le Vieil-Dampierre 51 63 E1
Le Vieil-Évreux 27 56 C1
Vieil-Hesdin 62 7 E5
Vieil-Moutier 62 6 D2
Vieille-Brioude 43 246 B1
Vieille-Chapelle 62 8 A3
Vieille-Église 62 3 E3
Vieille-Église-en-Yvelines 78 57 G5
La Vieille-Loye 39 179 F1
La Vieille-Lyre 27 55 G2
Vieille-Toulouse 31 298 A5
Vieilles-Maisons-
sur-Joudry 45 134 B2
Vieillespesse 15 245 H3
Vieillevie 15 262 B3
Vieillevigne 31 318 B3
Vieillevigne 44 165 H1
Vieilley 25 162 A2
Vieilmoulin 21 159 F3
Viel-Arcy 02 40 D2
Viel-Saint-Remy 08 26 B4
Viella 32 294 D4
Viella 65 333 E3
Vielle-Adour 65 315 F5
Vielle-Aure 65 333 G4
Vielle-Louron 65 333 H4
Vielle-Saint-Girons 40 272 A5
Vielle-Soubiran 40 274 C4
Vielle-Tursan 40 294 A3
Viellenave-d'Arthez 64 314 A2
Viellenave-
de-Navarrenx 64 313 F3
Viellenave-sur-Bidouze 64 311 G3
Vielleségure 64 313 G3
Vielmanay 58 156 C4
Vielmur-sur-Agout 81 299 F4
Vielprat 43 265 G1
Viels-Maisons 02 60 C3
Vielverge 21 160 D3
Viennay 79 168 A5
Vienne 38 231 F3
Vienne-en-Arthies 95 57 F1
Vienne-en-Bessin 14 33 E3
Vienne-en-Val 45 133 G3
Vienne-la-Ville 51 43 E4
Vienne-le-Château 51 43 E4
Viens 84 306 B1
Vienville 88 120 A2
Vier-Bordes 65 332 D2
Viersat 23 190 B5
Vierville 28 87 E4
Vierville 50 32 A2
Vierville-sur-Mer 14 32 C2
Vierzon 18 154 C4
Vierzy 02 40 B3
Viesly 59 14 D4
Viessoix 14 52 D3
Viéthorey 25 162 D1
Vieu 01 214 D4
Vieu-d'Izenave 01 214 B2
Vieugy 74 215 G4
Vieure 03 191 F2
Vieussan 34 301 E5
Vieuvicq 28 109 G2
Vieuvy 53 81 H3
Vieux 14 33 G5
Vieux 81 279 E5
Vieux-Berquin 59 8 A2
Vieux-Boucau-les-Bains 40 292 B2
Vieux-Bourg 14 34 D3
Le Vieux-Bourg 22 77 H3
Le Vieux-Cérier 16 203 H3
Vieux Chambord
*Château du* 03 192 C4
Vieux-Champagne 77 89 F2
Vieux-Charmont 25 142 C4
Vieux-Château 21 158 B1
Le Vieux Château 85 164 A4
Vieux-Condé 59 9 G4
Vieux-Ferrette 68 143 F4
Vieux-Fumé 14 54 A1
Vieux-lès-Asfeld 08 41 H1
Vieux-Lixheim 57 67 H4
Vieux-Maisons 77 60 B5
Vieux-Manoir 76 20 C5
Le Vieux-Marché 22 72 C4
Vieux-Mareuil 24 221 H4
Vieux-Mesnil 59 15 G2
Vieux-Moulin 60 39 G2
Vieux-Moulin 88 96 B3
Vieux-Moulins 52 139 G2
Vieux-Pierrefeu 06 289 H5
Vieux-Pont 61 53 H5
Vieux-Pont-en-Auge 14 54 B1
Vieux-Port 27 35 F2
Vieux-Reng 59 15 H2
Vieux-Rouen-sur-Bresle 76 21 F2
La Vieux-Rue 76 36 C1
Vieux-Ruffec 16 203 H3
Vieux-Thann 68 143 E1
Vieux-Viel 35 80 C2
Vieux-Villez 27 36 C5
Vieux-Vy-sur-Couesnon 35 80 C4
Vieuzos 65 315 H4
Viévigne 21 160 C2
Viéville 52 117 E2
Viéville-en-Haye 54 65 F3
Viéville-sous-les-Côtes 55 64 D2
Viévy 21 177 E1
Viévy-le-Rayé 41 132 A2
Viey 65 333 E3
Vif 38 250 D3
Viffort 02 60 C2
Le Vigan 30 282 D5
Le Vigan 46 260 B2
Le Vigean 15 244 B2
Le Vigeant 86 187 E5
Le Vigen 87 223 H1
Vigeois 19 224 B5
Viger 65 332 D1
Vigeville 23 207 G1
Viggianello 2A 350 D2
Viglain 45 133 H4
Vignacourt 80 12 C5
Vignage *Rochers du* 61 83 G3
Vignale 2B 347 G2
Vignats 14 54 A3
Le Vignau 40 294 C2
Vignaux 31 297 F4
Les Vigneaux 05 252 C5
Vignec 65 333 G4
Vignely 77 59 F2
Vignemont 60 39 F1
Les Vignères 84 305 E1
Les Vignes 48 282 A2
Vignes 64 294 B5
Vignes 89 158 B1
Vignes-la-Côte 52 93 F5
Vigneul-sous-Montmédy 55 43 H1
Vigneulles 54 95 E2
Vigneulles-
lès-Hattonchâtel 55 64 D2
Vigneux-de-Bretagne 44 147 F2
Vigneux-Hocquet 02 25 G3
Vigneux-sur-Seine 91 58 C5
Vignevieille 11 338 A2
Vignieu 38 232 B2
Vignoc 35 80 A5
Vignol 58 157 G3
Vignoles 21 177 H1
Vignolles 16 220 D3
Vignols 19 223 H5
Vignonet 33 238 C5
Vignory 52 92 D5
Vignot 55 64 D5
Vignoux-sous-les-Aix 18 155 F5
Vignoux-sur-Barangeon 18 154 C5
Vigny 57 65 H2
Vigny 95 57 H1
Vigoulant 36 189 H3
Vigoulet-Auzil 31 318 A2
Vigoux 36 188 C2
Vigueron 82 297 E1
Vigy 57 46 B5
Vihiers 49 149 G5
Vijon 36 189 H3
Vilbert 77 59 G5
Vilcey-sur-Trey 54 65 F3
Vildé-Guingalan 22 79 F4
Le Vilhain 03 191 E2
Vilhonneur 16 221 H1
Vilhosc *Prieuré de* 04 287 G2
Villa-Algérienne 33 254 A2
Villabé 91 88 A2
Villabon 18 173 G1
Villac 24 241 G2
Villacerf 10 90 D4
Villacourt 54 95 E3
Villadin 10 90 B5
Villafans 70 141 H5
Village-Neuf 68 143 H3
Villaines-en-Duesmois 21 138 A4
Villaines-la-Carelle 72 84 A4
Villaines-la-Gonais 72 108 C3
Villaines-la-Juhel 53 82 D5
Villaines-les-Prévôtes 21 137 H5
Villaines-les-Rochers 37 151 G4
Villaines-sous-Bois 95 58 C1
Villaines-sous-Lucé 72 130 C2
Villaines-
sous-Malicorne 72 129 F3
Villainville 76 18 D4
Villalbe 11 319 G5
Villalet 27 56 A2
Villalier 11 319 H4
Villamblain 45 110 B5
Villamblard 24 240 B4
Villamée 35 81 E3
Villampuy 28 110 B4
Villandraut 33 255 H5
Villandry 37 151 G3
Villanière 11 319 H4
Villanova 2A 348 B3
Villapourçon 58 176 A2
Villar-d'Arêne 05 252 A3
Villar-en-Val 11 338 A1
Villar-Loubière 05 251 H5
Villar-Saint-Anselme 11 337 G2
Villar-Saint-Pancrace 05 252 D5
Villarceaux *Château de* 95 37 F5
Villard 23 189 E4
Le Villard 48 264 A5
Villard 74 198 A5
Villard-Bonnot 38 251 F1
Villard-de-Lans 38 250 C3
Villard-d'Héry 73 233 G3
Villard-Léger 73 233 H3
Villard-Notre-Dame 38 251 G3
Villard-Reculas 38 251 G2
Villard-Reymond 38 251 G3
Villard-
Saint-Christophe 38 251 E4
Villard-Saint-Sauveur 39 197 E3
Villard-Sallet 73 233 G3
Villard-sur-Bienne 39 197 E2
Villard-sur-Doron 73 216 B5
Villardebelle 11 337 H2
Villardonnel 11 319 H4
Villards-d'Héria 39 196 D3
Les Villards-sur-Thônes 74 216 A3
Villarembert 73 252 A1
Villargent 70 141 H5
Villargoix 21 158 D3
Villargondran 73 234 A5
Villariès 31 298 A3
Villarlurin 73 234 C3
Villarodin-Bourget 73 252 D1
Villaroger 73 235 E1
Villaroux 73 233 G3
Villars 24 222 C4
Villars 28 110 B2
Villars 42 230 A4
Le Villars 71 195 F2
Villars 84 305 H1
Villars *Grottes de* 24 222 D4
Villars-Colmars 04 288 D2
Villars-en-Azois 52 116 B4
Villars-en-Pons 17 219 G2
Villars-et-Villenotte 21 158 D1
Villars-Fontaine 21 159 H5
Villars-le-Pautel 70 118 C5
Villars-le-Sec 90 142 D5
Villars-lès-Blamont 25 163 G2
Villars-les-Bois 17 201 H5
Villars-les-Dombes 01 213 G3
Villars-Saint-Georges 25 161 G5
Villars-Saint-Marcellin 52 118 B5
Villars-Santenoge 52 139 E3
Villars-sous-Dampjoux 25 163 F2
Villars-sous-Écot 25 142 B5
Villars-sur-Var 06 289 H5
Villarzel-Cabardès 11 320 A4
Villarzel-du-Razès 11 337 G1
Villasavary 11 319 E4
Villate 31 317 H2
Villaudric 31 297 H2
Villautou 11 336 D1
Villavard 41 131 F3
Villaz 74 215 H3
Ville 60 23 G5
Villé 67 97 E4
La Ville 69 212 A1
Ville-au-Montois 54 45 E2
Ville-au-Val 54 65 G4
La Ville-aux-Bois 10 92 A4
La Ville-
aux-Bois-lès-Dizy 02 25 G4
La Ville-aux-Bois-
lès-Pontavert 02 41 F2
La Ville-aux-Clercs 41 131 G2
La Ville-aux-Dames 37 152 A2
La Ville-aux-Nonains 28 85 F2
Ville-d'Avray 92 58 B3
Ville-devant-Belrain 55 64 B4
Ville-devant-Chaumont 55 44 B4
Ville-di-Paraso 2B 346 D2
Ville-di-Pietrabugno 2B 345 G4
La Ville-Dieu-
du-Temple 82 277 G5
Ville-Dommange 51 41 F4
La Ville-du-Bois 91 58 B5
Ville-du-Pont 25 180 D1
Ville-en-Blaisois 52 92 C3
Ville-en-Sallaz 74 216 A1
Ville-en-Selve 51 41 G5
Ville-en-Tardenois 51 41 E4
Ville-en-Vermois 54 95 E1
Ville-en-Woëvre 55 64 D1
La Ville-ès-Nonais 35 79 H3
Ville-Houdlémont 54 44 D1
Ville-Issey 55 64 D5
Ville-la-Grand 74 197 H5
Ville-Langy 58 175 F2
Ville-le-Marclet 80 12 B5
Ville-Saint-Jacques 77 88 D5
Ville-Savoye 02 40 D3
Ville-sous-Anjou 38 231 F5
Ville-sous-la-Ferté 10 116 B3
La Ville-sous-Orbais 51 61 E2
Ville-sur-Ancre 80 23 E1
Ville-sur-Arce 10 115 G3
Ville-sur-Cousances 55 43 G5
Ville-sur-Illon 88 119 E2
Ville-sur-Jarnioux 69 212 C3
Ville-sur-Lumes 08 26 D3
Ville-sur-Retourne 08 42 B2
Ville-sur-Saulx 55 63 G4
Ville-sur-Terre 10 92 B5
Ville-sur-Tourbe 51 43 E4
Ville-sur-Yron 54 65 F1
Villeau 28 110 B2
Villebadin 61 54 C4
Villebarou 41 132 A5
Villebaudon 50 52 A1
Villebazy 11 337 H2
Villebéon 77 112 D2
Villebernier 49 150 C4
Villeberny 21 159 F2
Villebichot 21 160 A5
Villeblevin 89 89 E5
Villebois 01 214 B4
Villebois-Lavalette 16 221 G3
Villebois-les-Pins 26 286 D1
Villebon 28 85 G4
Villebon-sur-Yvette 91 58 B5
Villebougis 89 113 F2
Villebourg 37 130 C4
Villebout 41 109 G5
Villebramar 47 257 H4
Villebret 03 190 D5
Villebrumier 82 298 A1
Villecelin 18 172 D4
Villecerf 77 88 D5
Villecey-sur-Mad 54 65 F2
Villechantria 39 196 B3
Villechauve 41 131 F4
Villechenève 69 212 B5
Villechétif 10 91 E5
Villechétive 89 114 A4
Villechien 50 81 G2
Villecien 89 113 G5
Villécloye 55 44 B1
Villecomtal 12 262 D4
Villecomtal-sur-Arros 32 315 F3
Villecomte 21 160 A1
Villeconin 91 87 F3
Villecourt 80 23 G3
Villecresnes 94 58 D5
Villecroze 83 307 H4
Villedaigne 11 320 D5
Villedieu 15 245 G4
La Villedieu 17 202 B2
Villedieu 21 115 G5
La Villedieu 23 225 E1
Les Villedieu 25 180 C4
La Villedieu 48 264 C2
Villedieu 84 285 G2
La Villedieu-du-Clain 86 186 C3
La Villedieu-
en-Fontenette 70 141 F3
Villedieu-la-Blouère 49 148 C5
Villedieu-le-Château 41 130 D4
Villedieu-lès-Bailleul 61 54 B3
Villedieu-les-
Poêles-Rouffigny 50 52 A3
Villedieu-sur-Indre 36 171 G3
Villedômain 37 171 E1
Villedômer 37 152 B1
Villedoux 17 183 G5
Villedubert 11 319 H5
Villefagnan 16 203 E3
Villefargeau 89 136 A3
Villefavard 87 205 G1
Villeferry 21 159 E2
Villefloure 11 337 H1
Villefollet 79 202 C1
Villefontaine 38 231 H2
Villefort 11 337 E3
Villefort 48 265 F5
Villefranche 32 316 C2
Villefranche-d'Albigeois 81 299 H1
Villefranche-d'Allier 03 191 F4
Villefranche-
de-Conflent 66 342 A3
Villefranche-
de-Lauragais 31 318 C3
Villefranche-
de-Lonchat 24 239 E4
Villefranche-de-Panat 12 281 E4
Villefranche-
de-Rouergue 12 279 F1
Villefranche-
du-Périgord 24 259 F3
Villefranche-
du-Queyran 47 275 F2
Villefranche-le-Château 26 286 C2
Villefranche-Saint-Phal 89 113 F5
Villefranche-sur-Cher 41 153 H4
Villefranche-sur-Mer 06 309 H2
Villefranche-sur-Saône 69 212 D3
Villefrancœur 41 131 H4
Villefrancon 70 161 F2
Villefranque 64 310 D3
Villefranque 65 295 E5
Villegagnon 77 60 A5
Villegailhenc 11 319 H4
Villegardin 89 113 E3
Villegats 16 203 F3
Villegats 27 56 D2
Villegaudin 71 178 B4
Villegenon 18 155 G2
Villegly 11 320 A4
Villegongis 36 171 G3
Villegouge 33 238 B4
Villegouin 36 171 E2
Villegruis 77 89 H2
Villegusien 52 139 G3
Villehardouin 10 91 G4
Villeherviers 41 154 A3
Villejésus 16 203 E4
Villejoubert 16 203 F5
Villejuif 94 58 C4
Villejust 91 58 B5
Villelaure 84 306 A3
Villeloin-Coulangé 37 152 D5
Villelongue 65 332 D2
Villelongue-d'Aude 11 337 F2
Villelongue-
de-la-Salanque 66 339 E5
Villelongue-dels-Monts 66 343 E4
Villeloup 10 90 C5
Villemade 82 277 G4
Villemagne 11 319 F3
Villemagne-l'Argentière 34 301 F4
Villemain 79 202 D2
Villemandeur 45 112 C5
Villemanoche 89 89 F5
Villemardy 41 131 H4
Villemaréchal 77 112 D2
Villemareuil 77 59 G2
Villematier 31 298 A2
Villemaur-sur-Vanne 10 114 B2
Villembits 65 315 G4
Villembray 60 37 G1
Villemer 77 88 C5
Villemer 89 136 A2
Villemereuil 10 115 E2
Villemervry 52 139 E4
Villemeux-sur-Eure 28 56 D5
Villemoirieu 38 231 H1
Villemoiron-en-Othe 10 114 B2
Villemoisan 49 148 D1
Villemoisson-sur-Orge 91 58 C5
Villemolaque 66 343 E3
Villemomble 93 58 D3
Villemontais 42 211 F3
Villemontoire 02 40 B3
Villemorien 10 115 F4
Villemorin 17 202 B3
Villemoron 52 139 F4
Villemort 86 187 G2
Villemotier 01 196 A4
Villemoustaussou 11 319 H4
Villemoutiers 45 112 A5
Villemoyenne 10 115 F3
Villemur 65 316 A4
Villemur-sur-Tarn 31 298 A2
Villemurlin 45 134 A4
Villemus 04 306 C1
Villenauxe-la-Grande 10 90 A2
Villenauxe-la-Petite 77 89 G4
Villenave 40 273 E5
Villenave-de-Rions 33 256 B2
Villenave-d'Ornon 33 255 G1
Villenave-près-Béarn 65 314 D3
Villenave-près-Marsac 65 315 E3
Villenavotte 89 113 F2
Villeneuve 01 213 E2
Villeneuve 04 306 D1
Villeneuve 09 335 E3
Villeneuve 12 261 F5
La Villeneuve 23 208 B4
Villeneuve 33 237 F3
La Villeneuve 71 178 B2
La Villeneuve-
au-Châtelot 10 90 A3
Villeneuve-au-Chemin 10 114 C4
La Villeneuve-au-Chêne 10 115 G2
La Villeneuve-Bellenoye-
et-la-Maize 70 141 F3
Villeneuve-d'Allier 43 246 B2
Villeneuve-d'Amont 25 180 A2
Villeneuve d'Ascq 59 9 E2
Villeneuve-d'Aval 39 179 G2
Villeneuve-de-Berg 07 266 C4
Villeneuve-de-Duras 47 257 F2
Villeneuve-de-la-Raho 66 343 F2
Villeneuve-de-Marc 38 231 G3
Villeneuve-de-Marsan 40 294 B1
Villeneuve-de-Mézin 47 275 F5
Villeneuve-de-Rivière 31 334 B1
Villeneuve-d'Entraunes 06 289 E3
Villeneuve-
des-Escaldes 66 341 F4
Villeneuve-d'Olmes 09 336 D3
Villeneuve-du-Bosc 09 336 B2
Villeneuve-du-Latou 09 317 H5
Villeneuve-du-Paréage 09 336 B1
La Villeneuve-
en-Chevrie 78 57 E1
Villeneuve-
en-Montagne 71 177 F4
Villeneuve-Frouville 41 132 A3
Villeneuve-la-Comptal 11 318 D4
Villeneuve-la-Comtesse 17 201 H1
Villeneuve-
la-Dondagre 89 113 F3
Villeneuve-la-Garenne 92 58 C2
Villeneuve-la-Guyard 89 89 E5
Villeneuve-la-Lionne 51 60 C4
Villeneuve-la-Rivière 66 343 E2
Villeneuve-la-Salle 05 252 C4
Villeneuve-
l'Archevêque 89 114 A2

Villeneuve-le-Comte 77 59 F4
Villeneuve-le-Roi 94 58 C5
Villeneuve-Lécussan 31 316 A5
Villeneuve-Lembron 63 227 H4
Villeneuve-lès-Avignon 30 285 E5
Villeneuve-lès-Béziers 34 321 G4
Villeneuve-les-Bordes 77 89 E3
Villeneuve-lès-Bouloc 31 297 H3
Villeneuve-les-Cerfs 63 210 A3
La Villeneuve-lès-Charleville 51 61 E4
Villeneuve-lès-Charnod 39 196 B4
La Villeneuve-les-Convers 21 138 B5
Villeneuve-les-Corbières 11 338 C3
Villeneuve-les-Genêts 89 135 F4
Villeneuve-lès-Lavaur 81 298 C5
Villeneuve-lès-Maguelone 34 302 D5
Villeneuve-lès-Montréal 11 319 F5
Villeneuve-les-Sablons 60 38 A4
Villeneuve-Loubet 06 309 F3
Villeneuve-Loubet-Plage 06 309 G3
Villeneuve-Minervois 11 320 A4
Villeneuve-Renneville-Chevigny 51 61 G2
Villeneuve-Saint-Denis 77 59 F4
Villeneuve-Saint-Georges 94 58 D5
Villeneuve-Saint-Germain 02 40 B2
Villeneuve-Saint-Nicolas 28 86 B5
Villeneuve-Saint-Salves 89 136 C2
Villeneuve-Saint-Vistre-et-Villevotte 51 90 B2
Villeneuve-sous-Charigny 21 158 D2
Villeneuve-sous-Dammartin 77 59 E1
Villeneuve-sous-Pymont 39 179 E5
La Villeneuve-sous-Thury 60 39 H5
Villeneuve-sur-Allier 03 192 A1
Villeneuve-sur-Auvers 91 87 G3
Villeneuve-sur-Bellot 77 60 B3
Villeneuve-sur-Cher 18 172 D2
Villeneuve-sur-Conie 45 110 C4
Villeneuve-sur-Fère 02 40 C5
Villeneuve-sur-Lot 47 258 C5
Villeneuve-sur-Tarn 81 300 A1
Villeneuve-sur-Verberie 60 39 E4
Villeneuve-sur-Vère 81 279 F5
La Villeneuve-sur-Vingeanne 21 139 H5
Villeneuve-sur-Yonne 89 113 G4
Villeneuve-Tolosane 31 297 H5
Villeneuvette 34 301 H4
Villennes-sur-Seine 78 57 H2
Villenouvelle 17 201 H2
Villenouvelle 31 318 B2
Villenoy 77 59 G2
Villentrois 36 153 F5
Villeny 41 132 D5
Villepail 53 82 D4
Villeparisis 77 59 E2
Villeparois 70 141 F4
Villeperdrix 26 268 A5
Villeperdue 37 151 H4
Villeperrot 89 113 F2
Villepinte 11 319 F4
Villepinte 93 58 D2
Villeporcher 41 131 G5
Villepot 44 127 F3
Villepreux 78 57 H3
Villequier 76 35 G1
Villequier-Aumont 02 24 A4
Villequiers 18 173 H1
Viller 57 66 D2
Villerable 41 131 G3
Villerbon 41 132 A4
Villeréal 47 258 C3
Villereau 45 111 E4
Villereau 59 15 E3
Villerest 42 211 G3
Villeret 02 24 A1
Villeret 10 91 H3
Villereversure 01 196 A5
Villermain 41 132 C2
Villeromain 41 131 H4
Villeron 95 58 D1
Villerouge-la-Crémade 11 338 C1
Villerouge-Termenès 11 338 B2
Villeroy 77 59 F2
Villeroy 80 11 F5
Villeroy 89 113 F3
Villeroy-sur-Méholle 55 93 H1
Villers 42 211 H1
Villers 88 94 D5
Villers-Agron-Aiguizy 02 41 E5
Villers-Allerand 51 41 G5
Villers-au-Bois 62 8 A5
Villers-au-Flos 62 13 H5
Villers-au-Tertre 59 14 B2
Villers-aux-Bois 51 61 F2
Villers-aux-Érables 80 22 D3
Villers-aux-Nœuds 51 41 G4
Villers-aux-Vents 55 63 F3
Villers-Bocage 14 33 E5
Villers-Bocage 80 12 D5
Villers-Bouton 70 161 H1
Villers-Bretonneux 80 22 D2
Villers-Brûlin 62 7 H5
Villers-Buzon 25 161 G4
Villers-Campsart 80 21 G2
Villers-Canivet 14 53 H2
Villers-Carbonnel 80 23 G2
Villers-Cernay 08 27 F3
Villers-Châtel 62 8 A5
Villers-Chemin-et-Mont-lès-Étrelles 70 161 G1
Villers-Chief 25 162 D4
Villers-Cotterêts 02 39 H4
Villers-devant-Dun 55 43 G2
Villers-devant-le-Thour 08 41 G1
Villers-devant-Mouzon 08 27 F4
Villers-Écalles 76 19 H5
Villers-en-Argonne 51 63 F1
Villers-en-Arthies 95 57 F1
Villers-en-Cauchies 59 14 C3
Villers-en-Haye 54 65 G4
Villers-en-Ouche 61 55 E3
Villers-en-Prayères 02 40 D2
Villers-en-Vexin 27 37 E4
Villers-Farlay 39 179 G1
Villers-Faucon 80 23 H1
Villers-Franqueux 51 41 F3
Villers-Grélot 25 162 B2
Villers-Guislain 59 14 B5
Villers-Hélon 02 40 A4
Villers-la-Chèvre 54 44 D1
Villers-la-Combe 25 162 D3
Villers-la-Faye 21 159 H5
Villers-la-Montagne 54 45 E2
Villers-la-Ville 70 141 H5
Villers-le-Château 51 62 A2
Villers-le-Lac 25 163 F5
Villers-le-Rond 54 44 C2
Villers-le-Sec 02 24 C3
Villers-le-Sec 51 63 E3
Villers-le-Sec 55 93 F1
Villers-le-Sec 70 141 F4
Villers-le-Tilleul 08 26 D4
Villers-le-Tourneur 08 26 C4
Villers-les-Bois 39 179 E2
Villers-lès-Cagnicourt 62 14 A3
Villers-lès-Guise 02 24 D1
Villers-lès-Luxeuil 70 141 F2
Villers-lès-Mangiennes 55 44 C3
Villers-lès-Moivrons 54 65 H4
Villers-lès-Nancy 54 94 D1
Villers-les-Ormes 36 171 G1
Villers-les-Pots 21 160 D4
Villers-lès-Roye 80 23 F4
Villers-l'Hôpital 62 12 C3
Villers-Marmery 51 41 H5
Villers-Outréaux 59 14 C5
Villers-Pater 70 162 B1
Villers-Patras 21 115 H5
Villers-Plouich 59 14 A5
Villers-Pol 59 15 E2
Villers-Robert 39 179 E2
Villers-Rotin 21 160 D5
Villers-Saint-Barthélemy 60 37 H2
Villers-Saint-Christophe 02 23 H3
Villers-Saint-Frambourg 60 39 E4
Villers-Saint-Genest 60 39 G5
Villers-Saint-Martin 25 162 D2
Villers-Saint-Paul 60 38 D3
Villers-Saint-Sépulcre 60 38 B3
Villers-Semeuse 08 26 D3
Villers-Sir-Simon 62 13 E2
Villers-Sire-Nicole 59 15 H2
Villers-sous-Ailly 80 11 H4
Villers-sous-Chalamont 25 180 A2
Villers-sous-Châtillon 51 41 E5
Villers-sous-Foucarmont 76 21 E2
Villers-sous-Montrond 25 162 A5
Villers-sous-Pareid 55 65 E1
Villers-sous-Prény 54 65 G3
Villers-sous-Saint-Leu 60 38 C4
Villers-Stoncourt 57 66 C1
Villers-sur-Auchy 60 37 G1
Villers-sur-Authie 80 11 F1
Villers-sur-Bar 08 27 E4
Villers-sur-Bonnières 60 37 H1
Villers-sur-Coudun 60 39 F1
Villers-sur-Fère 02 40 C4
Villers-sur-le-Mont 08 26 D4
Villers-sur-le-Roule 27 36 C4
Villers-sur-Mer 14 34 B3
Villers-sur-Meuse 55 64 B2
Villers-sur-Nied 57 66 D3
Villers-sur-Port 70 141 E3
Villers-sur-Saulnot 70 142 A4
Villers-sur-Trie 60 37 G3
Villers-Tournelle 80 22 D4
Villers-Vaudey 70 140 B4
Villers-Vermont 60 21 F5
Villers-Vicomte 60 22 B4
Villerserine 39 179 F3
Villersexel 70 141 H5
Villerupt 54 45 F2
Villerville 14 34 C2
Villery 10 114 D3
Villes 01 214 D1
Villes-sur-Auzon 84 286 A4
Villesalem *Ancien Prieuré de* 86 187 G2
Villeselve 60 23 H4
Villeseneux 51 61 H3
Villesèque 46 277 H1
Villesèque-des-Corbières 11 338 D2
Villesèquelande 11 319 G5
Villesiscle 11 319 F5
Villespassans 34 320 D3
Villespy 11 319 F4
Villetaneuse 93 58 C2
La Villetelle 23 208 B4
Villetelle 34 303 F3
Villethierry 89 113 E2
Villeton 47 275 F1
Villetoureix 24 239 G1
Villetritouls 11 338 A1
Villetrun 41 131 H3
La Villette 14 53 F2
Villette 54 44 C2
Villette 73 234 C2
Villette 78 57 F2
Villette-d'Anthon 38 213 G5
Villette-de-Vienne 38 231 F2
Villette-lès-Arbois 39 179 G2
Villette-lès-Dole 39 179 E1
Villette-sur-Ain 01 213 H3
Villette-sur-Aube 10 91 E3
Villettes 27 36 A5
Les Villettes 43 247 H1
Villeurbanne 69 213 F5
Villevallier 89 113 G4
Villevaudé 77 59 E2
Villevenard 51 61 E3
Villevêque 49 128 D5
Villeveyrac 34 322 D3
Villevieille 04 289 E5
Villevieille 30 303 F2
Villevieux 39 179 E4
Villevocance 07 248 C1
Villevoques 45 112 B4
Villexanton 41 132 B4
Villexavier 17 219 H5
Le Villey 39 179 E3
Villey-le-Sec 54 94 C1
Villey-Saint-Étienne 54 65 G5
Villey-sur-Tille 21 139 F5
Villez-sous-Bailleul 27 36 D5
Villez-sur-le-Neubourg 27 35 H5
Villié-Morgon 69 212 D1
Villiers 36 170 D3
Villiers 86 168 D5
Villiers-Adam 95 58 B1
Villiers-au-Bouin 37 130 A5
Villiers-aux-Bois 52 92 C2
Villiers-aux-Chênes 52 92 C4
Villiers-aux-Corneilles 51 90 B2
Villiers-Charlemagne 53 106 A5
Villiers-Couture 17 202 C3
Villiers-en-Bière 77 88 B3
Villiers-en-Bois 79 202 B1
Villiers-en-Désœuvre 27 56 D2
Villiers-en-Lieu 52 63 F5
Villiers-en-Morvan 21 158 C5
Villiers-en-Plaine 79 184 D3
Villiers-Fossard 50 32 B4
Villiers-Herbisse 10 61 H5
Villiers-le-Bâcle 91 58 A5
Villiers-le-Bel 95 58 C1
Villiers-le-Bois 10 115 F5
Villiers-le-Duc 21 138 B2
Villiers-le-Mahieu 78 57 G3
Villiers-le-Morhier 28 86 B2
Villiers-le-Pré 50 80 D2
Villiers-le-Roux 16 203 E2
Villiers-le-Sec 14 33 F3
Villiers-le-Sec 52 116 D3
Villiers-le-Sec 58 157 E3
Villiers-le-Sec 95 58 C1
Villiers-lès-Aprey 52 139 F3
Villiers-les-Hauts 89 137 F4
Villiers-Louis 89 113 H3
Villiers-Saint-Benoît 89 135 G3
Villiers-Saint-Denis 02 60 B2
Villiers-Saint-Frédéric 78 57 G4
Villiers-Saint-Georges 77 60 C5
Villiers-Saint-Orien 28 110 A3
Villiers-sous-Grez 77 88 B5
Villiers-sous-Mortagne 61 84 C3
Villiers-sous-Praslin 10 115 F4
Villiers-sur-Chizé 79 202 B2
Villiers-sur-Loir 41 131 G3
Villiers-sur-Marne 52 93 E5
Villiers-sur-Marne 94 58 D4
Villiers-sur-Morin 77 59 G3
Villiers-sur-Orge 91 58 B5
Villiers-sur-Seine 77 89 G4
Villiers-sur-Suize 52 117 E5
Villiers-sur-Tholon 89 135 H2
Villiers-sur-Yonne 58 157 F2
Villiers-Vineux 89 114 C5
Villiersfaux 41 131 G3
Villieu-Loyes-Mollon 01 213 H3
Villing 57 46 D4
Villognon 16 203 E4
Villon 89 137 G2
Villoncourt 88 95 G5
Villons-les-Buissons 14 33 G4
Villorceau 45 132 C3
Villosanges 63 208 D4
Villotran 60 37 H3
Villotte 88 118 A3
La Villotte 89 135 H3
Villotte-devant-Louppy 55 63 G2
Villotte-Saint-Seine 21 159 G2
Villotte-sur-Aire 55 64 B4
Villotte-sur-Ource 21 138 B2
Villouxel 88 93 H4
Villuis 77 89 G4
Villy 08 27 H5
Villy 89 136 C2
Villy-Bocage 14 33 E5
Villy-en-Auxois 21 159 F2
Villy-en-Trodes 10 115 G2
Villy-le-Bois 10 115 E3
Villy-le-Bouveret 74 215 G2
Villy-le-Maréchal 10 115 E2
Villy-le-Moutier 21 178 A1
Villy-le-Pelloux 74 215 G2
Villy-lez-Falaise 14 54 A2
Villy-sur-Yères 76 10 D5
Vilory 70 141 F3
Vilosnes 55 43 H2
Vilsberg 57 68 A4
Vimarcé 53 107 E2
Vimenet 12 281 F1
Viménil 88 95 H5
Vimines 73 233 E2
Vimont 14 33 H5
Vimory 45 112 B5
Vimoutiers 61 54 C2
Vimpelles 77 89 F4
Vimy 62 8 B5
Vinaigre *Mont* 83 308 D5
Vinantes 77 59 F1
Vinassan 11 321 F5
Vinax 17 202 C2
Vinay 38 250 B1
Vinay 51 61 F1
Vinça 66 342 B2
Vincelles 39 196 B1
Vincelles 51 40 D5
Vincelles 71 178 C5
Vincelles 89 136 B4
Vincelottes 89 136 C4
Vincennes 94 58 C3
Vincent 39 179 E4
Vincey 88 95 E4
Vincly 62 7 F3
Vincy-Manœuvre 77 59 G1
Vincy-Reuil-et-Magny 02 25 G4
Vindecy 71 193 G4
Vindefontaine 50 31 G2
Vindelle 16 221 E1
Vindey 51 61 E5
Vindrac-Alayrac 81 279 E4
Vinets 10 91 F3
Vineuil 36 171 G3
Vineuil 41 132 B5
Vineuil-Saint-Firmin 60 38 D4
La Vineuse 71 194 C2
Vinezac 07 266 B4
Vingrau 66 338 C4
Vingt-Hanaps 61 83 H3
Vinnemerville 76 19 F2
Vinneuf 89 89 F5
Vinon 18 155 H4
Vinon-sur-Verdon 83 306 D3
Vins-sur-Caramy 83 328 C1
Vinsobres 26 285 G1
Le Vintrou 81 300 A5
Vinzelles 63 210 B4
Vinzelles 71 194 D5
Vinzier 74 198 C3
Vinzieux 07 230 D5
Viocourt 88 94 B4
Viodos-Abense-de-Bas 64 313 F4
Violaines 62 8 B3
Violay 42 212 A4
Violès 84 285 G3
Violot 52 139 H3
Viols-en-Laval 34 302 C3
Viols-le-Fort 34 302 C3
Vioménil 88 118 D3
Vion 07 249 E2
Vion 72 129 E2
Vions 73 215 E4
Vionville 57 65 F1
Viozan 32 316 A3
Viplaix 03 190 B3
Vira 09 336 C2
Vira 66 337 H5
Virac 81 279 F5
Virandeville 50 28 D3
Virargues 15 245 F3
Virazeil 47 257 F4
Vire 14 52 C3
Viré 71 195 E3
Viré-en-Champagne 72 106 D5
Vire-sur-Lot 46 259 F5
Vireaux 89 137 F3
Virecourt 54 95 E3
Virelade 33 255 H2
Viremont 39 196 C3
Vireux-Molhain 08 17 E4
Vireux-Wallerand 08 17 E4
Virey 50 81 F2
Virey 70 161 G2
Virey-le-Grand 71 177 H3
Virey-sous-Bar 10 115 F3
Virginy 51 42 D4
Viriat 01 195 H5
Viricelles 42 230 B2
Virieu 38 232 B3
Virieu-le-Grand 01 214 C4
Virieu-le-Petit 01 214 D3
Virigneux 42 230 A1
Virignin 01 214 D5
Viriville 38 231 H5
Virlet 63 209 E1
Virming 57 67 E2
Viroflay 78 58 B4
Virollet 17 219 F2
Vironchaux 80 11 G1
Vironvay 27 36 C4
Virsac 33 237 H3
Virson 17 201 E1
Virville 76 18 D5
Viry 39 196 D4
Viry 71 194 A2
Viry 74 215 F1
Viry-Châtillon 91 58 C5
Viry-Noureuil 02 24 A5
Vis-en-Artois 62 13 H3
Visan 84 285 G1
Viscomtat 63 210 D5
Viscos 65 332 D3
Le Viseney 39 179 F3
Viserny 21 137 G5
Visker 65 315 E5
Vismes-au-Val 80 11 F4
Visoncourt 70 141 G3
Vissac-Auteyrac 43 246 D3
Vissec 30 302 A1
Vissec *Cirque de* 30 302 A1
Visseiche 35 105 E5
Viterbe 81 298 D4
Viterne 54 94 C2
Vitot 27 35 H5
Vitrac 15 262 B1
Vitrac 24 259 G1
Vitrac 63 209 F3
Vitrac-en-Viadène 12 263 F1
Vitrac-Saint-Vincent 16 203 H5
Vitrac-sur-Montane 19 225 F5
Vitrai-sous-l'Aigle 61 55 G5
Vitray 03 190 D1
Vitray-en-Beauce 28 110 A2
Vitray-sous-Brézolles 28 56 B5
Vitré 35 105 E3
Vitré 79 185 F4
Vitreux 39 161 F4
Vitrey 54 94 C3
Vitrey-sur-Mance 70 140 B2
Vitrimont 54 95 F1
Vitrolles 05 269 G5
Vitrolles 13 326 C1
Vitrolles-en-Luberon 84 306 B2
Vitry-aux-Loges 45 111 G5
Vitry-en-Artois 62 13 H2
Vitry-en-Charollais 71 193 G3
Vitry-en-Montagne 52 139 E2
Vitry-en-Perthois 51 62 D4
Vitry-la-Ville 51 62 B3
Vitry-Laché 58 157 F4
Vitry-le-Croisé 10 115 H3
Vitry-le-François 51 62 C4
Vitry-lès-Cluny 71 194 C2
Vitry-lès-Nogent 52 117 F4
Vitry-sur-Loire 71 175 G5
Vitry-sur-Orne 57 45 G4
Vitry-sur-Seine 94 58 C4
Vittarville 55 44 B3
Vitteaux 21 159 E2
Vittefleur 76 19 F2
Vittel 88 118 C2
Vittersbourg 57 67 F2
Vittoncourt 57 66 C2
Vittonville 54 65 G2
Vitz-sur-Authie 80 12 B3
Viuz-en-Sallaz 74 198 A5
Viuz-la-Chiésaz 74 215 G4
Vivaise 02 24 D5
Vivans 42 211 F1
Vivario 2B 349 E1
Viven 64 314 B2
Viverols 63 229 F4
Vivès 66 342 D4
Vivey 52 139 E3
Le Vivier 66 338 A5
Vivier-au-Court 08 27 E3
Le Vivier-sur-Mer 35 50 D5
Vivières 02 39 H3
Viviers 07 266 D5
Viviers 57 66 C3
Viviers 89 137 E3
Viviers-du-Lac 73 233 F1
Viviers-le-Gras 88 118 C3
Viviers-lès-Lavaur 81 298 C4
Viviers-lès-Montagnes 81 299 F5
Viviers-lès-Offroicourt 88 94 C5
Viviers-sur-Artaut 10 115 H3
Viviers-sur-Chiers 54 44 D2
Viviès 09 336 C2
Viviez 12 261 H4
Viville 16 221 F1
Vivoin 72 107 G2
Vivonne 86 186 B3
Vivy 49 150 C3
Vix 21 138 A2
Vix 85 183 H3
Vizille 38 251 E3
Vizos 65 333 E3
Vizzavona 2B 349 E1
Vizzavona *Col de* 2B 349 E1
Vocance 07 248 C2
Vodable 63 227 H3
Vœgtlinshofen 68 121 E3
Vœlfling-lès-Bouzonville 57 46 D3
Vœllerdingen 67 67 H2
Vœuil-et-Giget 16 221 F2
Vogelgrun 68 121 G3
Voglans 73 233 E1
Vogüé 07 266 B4
Voharies 02 25 E3
Void 55 93 H1
Le Voide 49 149 G5
Voigny 10 116 B2
Voile de la Mariée *Cascade du* 05 252 A5
Voile de la Mariée *Cascade du* 2A 349 E2
Voilemont 51 63 E1
Voillans 25 162 C2
Voillecomte 52 92 B3
Voimhaut 57 66 C2
Voinémont 54 94 D2
Voingt 63 208 C5

Voinsles 77 ... 59 H5
Voipreux 51 ... 61 G2
Voires 25 ... 162 B5
Voiron 38 ... 232 C4
Voiscreville 27 ... 35 G3
Voise 28 ... 86 C4
Voisenon 77 ... 88 B2
Voisey 52 ... 118 A5
Voisines 52 ... 139 F2
Voisines 89 ... 113 H2
Voisins-
le-Bretonneux 78 ... 58 A4
Voissant 38 ... 232 D3
Voissay 17 ... 201 G3
Voiteur 39 ... 179 F4
La Voivre 70 ... 141 H2
La Voivre 88 ... 96 B4
Les Voivres 88 ... 119 E4
Voivres-lès-le-Mans 72 ... 107 G5
Volckerinckhove 59 ... 3 G4
Volesvres 71 ... 193 H3
Volgelsheim 68 ... 121 G3
Volgré 89 ... 135 H2
Volksberg 67 ... 68 A2
Vollore-Montagne 63 ... 210 D5
Vollore-Ville 63 ... 210 D5
Volmerange-lès-Boulay 57 ... 46 C5
Volmerange-les-Mines 57 ... 45 G2
Volmunster 57 ... 48 B5
Volnay 21 ... 177 G2
Volnay 72 ... 108 B5
Volon 70 ... 140 B4
Volonne 04 ... 287 G3
Volpajola 2B ... 347 G2
Volstroff 57 ... 45 H3
Volvent 26 ... 268 B4
Volvic 63 ... 209 G4
Volx 04 ... 306 D1
Vomécourt 88 ... 95 G4
Vomécourt-sur-Madon 88 ... 94 D4
Voncourt 52 ... 140 B3
Voncq 08 ... 42 D1
Vonges 21 ... 160 D3
Vongnes 01 ... 214 D4
Vongy 74 ... 198 B3
Vonnas 01 ... 195 F5
Voray-sur-l'Ognon 70 ... 162 A2
Voreppe 38 ... 232 D5
Vorey 43 ... 247 F2
Vorges 02 ... 40 D1
Vorges-les-Pins 25 ... 161 H4
Vorly 18 ... 173 F2
Vornay 18 ... 173 G2
Vors 12 ... 280 C2
Vosbles 39 ... 196 B4
Vosne-Romanée 21 ... 160 A5
Vosnon 10 ... 114 C3
Vou 37 ... 170 B1
Vouarces 51 ... 90 C2
Vouciennes 51 ... 62 B3
Voudenay 21 ... 176 D1
Voué 10 ... 91 E3
Vouécourt 52 ... 93 E5
Vouël 02 ... 24 B4
Vougécourt 70 ... 118 C5
Vougeot 21 ... 160 A5
Vouglans 39 ... 196 C3
Vouglans
*Barrage et lac de* 39 ... 196 C3
Vougrey 10 ... 115 F4
Vougy 42 ... 211 H2
Vougy 74 ... 216 B1
Vouharte 16 ... 203 E5
Vouhé 17 ... 201 E1
Vouhé 79 ... 185 F2
Vouhenans 70 ... 141 H4
Vouillé 79 ... 185 E4
Vouillé 86 ... 186 A1
Vouillé-les-Marais 85 ... 183 G3
Vouillers 51 ... 63 E5
Vouillon 36 ... 172 B4
Vouilly 14 ... 32 B3
Voujeaucourt 25 ... 142 B5
Voulaines-les-Templiers 21 ... 138 C2
Voulangis 77 ... 59 G3
Voulême 86 ... 203 F2
Voulgézac 16 ... 221 E3
Voulmentin 79 ... 167 G2
Voulon 86 ... 186 B4
Voulpaix 02 ... 25 E2
La Voulte-sur-Rhône 07 ... 267 E1
Voultegon 79 ... 167 G2
Voulton 77 ... 89 G2
Voulx 77 ... 112 D2
Vouneuil-sous-Biard 86 ... 186 B1
Vouneuil-sur-Vienne 86 ... 169 G5
Vourey 38 ... 232 C5
Vourles 69 ... 231 E1
Voussac 03 ... 191 G4
Voutenay-sur-Cure 89 ... 136 D5
Voutezac 19 ... 242 B1
Vouthon 16 ... 221 H1
Vouthon-Bas 55 ... 93 H3
Vouthon-Haut 55 ... 93 H3
Voutré 53 ... 106 D3
Vouvant 85 ... 184 B1
Vouvray 01 ... 214 D1
Vouvray 37 ... 152 A2
Vouvray-sur-Huisne 72 ... 108 B4
Vouvray-sur-Loir 72 ... 130 C4
Vouxey 88 ... 94 B4
Vouzailles 86 ... 168 D5
Vouzan 16 ... 221 G2
Vouzeron 18 ... 154 D4
Vouziers 08 ... 42 D2
Vouzon 41 ... 133 G5
Vouzy 51 ... 61 H2
La Vove *Manoir de* 61 ... 84 C4
Voves 28 ... 110 B2
Vovray-en-Bornes 74 ... 215 G1
Voyenne 02 ... 25 E3
Voyennes 80 ... 23 G3
Voyer 57 ... 67 H5
La Vraie-Croix 56 ... 124 D3
Vraignes-
en-Vermandois 80 ... 23 H2
Vraignes-lès-Hornoy 80 ... 21 H2
Vraincourt 52 ... 116 D2
Vraiville 27 ... 36 A4
Vrasville 50 ... 29 G2
Vraux 51 ... 62 A1
Vrécourt 88 ... 118 A2
Vred 59 ... 9 E5
Vregille 70 ... 161 H3
Vregny 02 ... 40 C2
Vrély 80 ... 23 E3
Le Vrétot 50 ... 28 D5
Vriange 39 ... 161 E4
Vrigne-aux-Bois 08 ... 27 E3
Vrigne-Meuse 08 ... 27 E3
Vrigny 45 ... 111 G4
Vrigny 51 ... 41 F4
Vrigny 61 ... 54 A5
La Vrine 25 ... 180 C1
Vritz 44 ... 127 G5
Vrizy 08 ... 42 D2
Vrocourt 60 ... 37 G1
Vroil 51 ... 63 F3
Vron 80 ... 11 G1
Vroncourt 54 ... 94 C3
Vroncourt-la-Côte 52 ... 117 G3
Vroville 88 ... 94 D5
Vry 57 ... 46 B5
Vue 44 ... 147 E4
Vuillafans 25 ... 162 B5
Vuillecin 25 ... 180 C2
Vuillery 02 ... 40 B2
Vulaines 10 ... 114 A2
Vulaines-lès-Provins 77 ... 89 F2
Vulaines-sur-Seine 77 ... 88 C4
Vulbens 74 ... 215 F1
Vulmont 57 ... 66 B3
Vulvoz 39 ... 196 D4
Vy-le-Ferroux 70 ... 140 D5
Vy-lès-Filain 70 ... 141 F5
Vy-lès-Lure 70 ... 141 H4
Vy-lès-Rupt 70 ... 140 C4
Vyans-le-Val 70 ... 142 B4
Vyt-lès-Belvoir 25 ... 163 E2

## W

Waben 62 ... 6 B5
Wackenbach 67 ... 96 D2
Wacquemoulin 60 ... 39 E1
Wacquinghen 62 ... 2 B5
Wadelincourt 08 ... 27 F4
Wadimont 08 ... 25 H4
Wadonville-en-Woëvre 55 ... 64 D1
Wagnon 08 ... 26 B4
Wahagnies 59 ... 8 D4
Wahlbach 68 ... 143 F3
Wahlenheim 67 ... 68 D4
Wail 62 ... 12 B2
Wailly 62 ... 13 G3
Wailly 80 ... 22 A3
Wailly-Beaucamp 62 ... 6 B5
Walbach 68 ... 120 D3
Walbourg 67 ... 69 E2
La Walck 67 ... 68 C3
Waldersbach 67 ... 96 D3
Waldhambach 67 ... 67 H2
Waldhouse 57 ... 48 C5
Waldighofen 68 ... 143 F3
Waldolwisheim 67 ... 68 B4
Waldweistroff 57 ... 46 C3
Waldwisse 57 ... 46 C2
Walheim 68 ... 143 F3
Walibi Rhône-Alpes
*Parc d'attractions* 38 ... 232 C2
Walibi-Schtroumpf 57 ... 45 H4
Walincourt 59 ... 14 C5
Wallers 59 ... 9 F5
Wallers-Trélon 59 ... 16 A5
Wallon-Cappel 59 ... 3 H5
Walschbronn 57 ... 48 C5
Walscheid 57 ... 67 H5
Waltembourg 57 ... 67 H4
Waltenheim 68 ... 143 G2
Waltenheim-sur-Zorn 67 ... 68 D4
Waly 55 ... 63 G1
Wambaix 59 ... 14 C4
Wambercourt 62 ... 7 E5
Wambez 60 ... 37 G1
Wambrechies 59 ... 8 D2
Wamin 62 ... 7 E5
Wanchy-Capval 76 ... 20 D2
Wancourt 62 ... 13 H3
Wandignies-Hamage 59 ... 9 F5
Wanel 80 ... 11 H4
Wangen 67 ... 97 F1
Wangenbourg 67 ... 96 D1
Wannehain 59 ... 9 E3
Wanquetin 62 ... 13 F2
La Wantzenau 67 ... 69 E5
Warcq 08 ... 26 D3
Warcq 55 ... 44 D5
Wardrecques 62 ... 7 G2
Wargemoulin-Hurlus 51 ... 42 D5
Wargnies 80 ... 12 C5
Wargnies-le-Grand 59 ... 15 E2
Wargnies-le-Petit 59 ... 15 E2
Warhem 59 ... 3 H3
Warlaing 59 ... 9 F5
Warlencourt-Eaucourt 62 ... 13 G4
Warlincourt-lès-Pas 62 ... 13 E4
Warloy-Baillon 80 ... 13 E5
Warluis 60 ... 38 A2
Warlus 62 ... 13 F2
Warlus 80 ... 11 H5
Warluzel 62 ... 13 E3
Warmeriville 51 ... 41 H3
Warnécourt 08 ... 26 C3
Warneton 59 ... 4 C5
Warsy 80 ... 23 E4
Warvillers 80 ... 23 E3
Wasigny 08 ... 26 A4
Wasnes-au-Bac 59 ... 14 B2
Wasquehal 59 ... 8 D2
Wasselonne 67 ... 68 B5
Wasserbourg 68 ... 120 D4
Wassigny 02 ... 15 E5
Wassy 52 ... 92 C3
Le Wast 62 ... 2 C5
Watigny 02 ... 25 H1
Watronville 55 ... 64 C1
Watten 59 ... 3 F4
Wattignies 59 ... 8 D3
Wattignies-la-Victoire 59 ... 15 H3
Wattrelos 59 ... 9 E2
Wattwiller 68 ... 120 D5
Wavignies 60 ... 22 C5
Waville 54 ... 65 F2
Wavrans-sur-l'Aa 62 ... 7 E2
Wavrans-sur-Ternoise 62 ... 7 F5
Wavrechain-
sous-Denain 59 ... 14 D2
Wavrechain-sous-Faulx 59 ... 14 C2
Wavrille 55 ... 44 B3
Wavrin 59 ... 8 C3
Waziers 59 ... 8 D5
Wé 08 ... 27 G4
Weckolsheim 68 ... 121 F3
Wegscheid 68 ... 142 C1
Weinbourg 67 ... 68 B3
Weislingen 67 ... 68 A2
Weitbruch 67 ... 69 E4
Weiterswiller 67 ... 68 B3
Welles-Pérennes 60 ... 22 D5
Wemaers-Cappel 59 ... 3 G4
Wentzwiller 68 ... 143 G3
Werentzhouse 68 ... 143 G4
Wervicq-Sud 59 ... 4 D5
West-Cappel 59 ... 3 H3
Westbécourt 62 ... 3 E5
Westhalten 68 ... 120 D4
Westhoffen 67 ... 97 E1
Westhouse 67 ... 97 G3
Westhouse-
Marmoutier 67 ... 68 B5
Westrehem 62 ... 7 G3
Wettolsheim 68 ... 121 E3
Weyer 67 ... 67 H3
Weyersheim 67 ... 69 E4
Wickerschwihr 68 ... 121 F2
Wickersheim 67 ... 68 C4
Wicquinghem 62 ... 6 D3
Wicres 59 ... 8 B3
Widehem 62 ... 6 B3
Widensolen 68 ... 121 F3
Wiège-Faty 02 ... 25 E2
Wiencourt-l'Équipée 80 ... 23 E2
Wierre-au-Bois 62 ... 6 C2
Wierre-Effroy 62 ... 2 C5
Wiesviller 57 ... 67 H1
Wignehies 59 ... 15 H5
Wignicourt 08 ... 26 C5
Wihr-au-Val 68 ... 120 D3
Wihr-en-Plaine 68 ... 121 F2
Wildenstein 68 ... 120 B4
Wildersbach 67 ... 96 D3
Willeman 62 ... 12 B2
Willems 59 ... 9 E2
Willencourt 62 ... 12 B3
Willer 68 ... 143 F3
Willer-sur-Thur 68 ... 120 C5
Willeroncourt 55 ... 64 B5
Willerval 62 ... 8 B5
Willerwald 57 ... 67 G1
Willgottheim 67 ... 68 C5
Williers 08 ... 27 H4
Willies 59 ... 15 H4
Wilshausen 67 ... 68 C4
Wilwisheim 67 ... 68 C4
Wimereux 62 ... 2 B5
Wimille 62 ... 2 B5
Wimmenau 67 ... 68 B2
Wimy 02 ... 25 G1
Windstein 67 ... 68 D1
Windstein
*Château de* 67 ... 68 D1
Wingen 67 ... 69 E1
Wingen-sur-Moder 67 ... 68 B2
Wingersheim-les-
Quatre-Bans 67 ... 68 D4
Wingles 62 ... 8 B4
Winkel 68 ... 143 F5
Winnezeele 59 ... 3 H4
Wintersbourg 57 ... 67 H4
Wintershouse 67 ... 68 D4
Wintzenbach 67 ... 69 G2
Wintzenheim 68 ... 121 E3
Wintzenheim-
Kochersberg 67 ... 68 C5
Wintzfelden 68 ... 120 D4
Wirwignes 62 ... 6 C2
Wiry-au-Mont 80 ... 11 G5
Wisches 67 ... 96 D2
Wisembach 88 ... 96 C5
Wiseppe 55 ... 43 G1
Wismes 62 ... 7 E2
Wisques 62 ... 3 F5
Wissant 62 ... 2 B4
Wissembourg 67 ... 69 F1
Wissignicourt 02 ... 40 C1
Wissous 91 ... 58 C5
Witry-lès-Reims 51 ... 41 H3
Wittelsheim 68 ... 143 E1
Wittenheim 68 ... 143 F1
Witternesse 62 ... 7 G3
Witternheim 67 ... 97 G4
Wittersdorf 68 ... 143 F3
Wittersheim 67 ... 68 D4
Wittes 62 ... 7 G2
Wittisheim 67 ... 97 G4
Wittring 57 ... 67 H1
Wiwersheim 67 ... 68 D5
Wizernes 62 ... 7 F2
Woël 55 ... 65 E2
Wœlfling-
lès-Sarreguemines 57 ... 67 H1
Wœllenheim 67 ... 68 C5
Wœrth 67 ... 68 D2
Woignarue 80 ... 11 E3
Woimbey 55 ... 64 C2
Woincourt 80 ... 11 E4
Woinville 55 ... 64 D3
Woippy 57 ... 45 H5
Woirel 80 ... 11 G5
Wolfersdorf 68 ... 143 E3
Wolfgantzen 68 ... 121 F3
Wolfisheim 67 ... 97 G1
Wolfskirchen 67 ... 67 G3
Wolschheim 67 ... 68 B5
Wolschwiller 68 ... 143 G4
Wolxheim 67 ... 97 F1
Wormhout 59 ... 3 H4
Woustviller 57 ... 67 G1
Wuenheim 68 ... 120 D5
Wuisse 57 ... 66 D3
Wulverdinghe 59 ... 3 F4
Wy-dit-Joli-Village 95 ... 37 G5
Wylder 59 ... 3 H3

## X

Xaffévillers 88 ... 95 G3
Xaintrailles 47 ... 275 F3
Xaintray 79 ... 184 D2
Xambes 16 ... 203 E5
Xammes 54 ... 65 F2
Xamontarupt 88 ... 119 H2
Xanrey 57 ... 66 D5
Xanton-Chassenon 85 ... 184 B2
Xaronval 88 ... 94 D4
Xermaménil 54 ... 95 F2
Xertigny 88 ... 119 F3
Xeuilley 54 ... 94 C2
Xirocourt 54 ... 94 D3
Xivray-et-Marvoisin 55 ... 65 E4
Xivry-Circourt 54 ... 45 E3
Xocourt 57 ... 66 B3
Xonrupt-Longemer 88 ... 120 B3
Xonville 54 ... 65 E1
Xouaxange 57 ... 67 G5
Xousse 54 ... 95 H1
Xures 54 ... 67 E5

## Y

Y 80 ... 23 G3
Yainville 76 ... 35 H1
Yaucourt-Bussus 80 ... 11 H3
Le Yaudet 22 ... 72 C3
Ychoux 40 ... 272 D1
Ydes 15 ... 226 C5
Yébleron 76 ... 19 F4
Yèbles 77 ... 88 C2
Yenne 73 ... 232 D1
Yermenonville 28 ... 86 B3
Yerres 91 ... 58 D5
Yerville 76 ... 19 H4
Yeu *Ile d'* 85 ... 164 A4
Yèvre-la-Ville 45 ... 111 H3
Yèvre-le-Châtel 45 ... 111 H3
Yèvres 28 ... 109 G2
Yèvres-le-Petit 10 ... 91 H3
Yffiniac 22 ... 78 C3
Ygos-Saint-Saturnin 40 ... 273 F5
Ygrande 03 ... 191 F2
Ymare 76 ... 36 B3
Ymeray 28 ... 86 C3
Ymonville 28 ... 110 C2
Yolet 15 ... 244 C5
Yoncq 08 ... 27 F5
Yonval 80 ... 11 G3
Youx 63 ... 209 E1
Yport 76 ... 18 D3
Ypreville-Biville 76 ... 19 F4
Yquebeuf 76 ... 20 C5
Yquelon 50 ... 51 F3
Yquem *Château* 33 ... 256 B4
Yronde-et-Buron 63 ... 228 A2
Yrouerre 89 ... 137 E3
Yssac-la-Tourette 63 ... 209 H4
Yssandon 19 ... 241 H2
Yssandon *Puy d'* 19 ... 241 H2
Yssingeaux 43 ... 247 H2
Ysson *Puy d'* 63 ... 227 H3
Ytrac 15 ... 244 B5
Ytres 62 ... 13 H5
Yutz 57 ... 45 H3
Yvecrique 76 ... 19 H4
Yvernaumont 08 ... 26 C4
Yversay 86 ... 169 E5
Yves 17 ... 200 D2
Les Yveteaux 61 ... 53 G5
Yvetot 76 ... 19 G5
Yvetot-Bocage 50 ... 29 F4
Yvias 22 ... 73 F3
Yviers 16 ... 238 D1
Yvignac-la-Tour 22 ... 79 F5
Yville-sur-Seine 76 ... 35 H2
Yvoire 74 ... 197 H3
Yvoy-le-Marron 41 ... 133 E5
Yvrac 33 ... 237 H5
Yvrac-et-Malleyrand 16 ... 221 H1
Yvrandes 61 ... 52 D4
Yvré-le-Pôlin 72 ... 129 H3
Yvré-l'Évêque 72 ... 107 H4
Yvrench 80 ... 11 H2
Yvrencheux 80 ... 11 H2
Yzengremer 80 ... 11 E4
Yzernay 49 ... 167 F1
Yzeron 69 ... 230 C1
Yzeure 03 ... 192 B2
Yzeures-sur-Creuse 37 ... 170 B4
Yzeux 80 ... 22 A1
Yzosse 40 ... 293 E3

## Z

Zaessingue 68 ... 143 G3
Zalana 2B ... 347 G4
Zarbeling 57 ... 67 E3
Zegerscappel 59 ... 3 G4
Zehnacker 67 ... 68 B5
Zeinheim 67 ... 68 C5
Zellenberg 68 ... 121 E2
Zellwiller 67 ... 97 F3
Zermezeele 59 ... 3 H4
Zérubia 2A ... 349 E5
Zetting 57 ... 67 H1
Zévaco 2A ... 349 E3
Zicavo 2A ... 349 E3
Zigliara 2A ... 348 D4
Zilia 2B ... 346 C2
Zilling 57 ... 68 A4
Zillisheim 68 ... 143 F2
Zimmerbach 68 ... 120 D3
Zimmersheim 68 ... 143 G2
Zimming 57 ... 46 D5
Zincourt 88 ... 95 F5
Zinswiller 67 ... 68 C2
Zipitoli
*Pont génois de* 2A ... 348 D3
Zittersheim 67 ... 68 A3
Zœbersdorf 67 ... 68 C4
Zollingen 67 ... 67 G3
Zommange 57 ... 67 F4
Zonza 2A ... 349 F5
Zoteux 62 ... 6 C3
Zouafques 62 ... 3 E4
Zoufftgen 57 ... 45 G2
Zoza 2A ... 349 E5
Zuani 2B ... 347 G4
Zudausques 62 ... 3 E5
Zutkerque 62 ... 3 E4
Zutzendorf 67 ... 68 C3
Zuydcoote 59 ... 3 H2
Zuytpeene 59 ... 3 G5

## Plans

### Curiosités
Bâtiment intéressant - Tour
Édifice religieux intéressant

### Voirie
Autoroute - Double chaussée de type autoroutier
Échangeurs numérotés : complet - partiels
Grande voie de circulation
Tunnel
Rue piétonne
Tramway
Parking - Parking Relais
Gare et voie ferrée
Funiculaire, voie à crémailère
Téléphérique, télécabine

### Signes divers
Édifice religieux
Tour - Ruines
Moulin à vent
Jardin, parc, bois
Cimetière
Stade
Golf - Hippodrome
Piscine de plein air, couverte
Vue - Panorama
Monument - Fontaine
Plage - Zoo
Port de plaisance - Phare
Information touristique
Aéroport
Station de métro - Gare routière
Transport par bateau :
passagers et voitures, passagers seulement
Bureau principal de poste restante - Hôpital
Marché couvert
Police - Hôtel de ville
Suggestion de promenade

## Town plans

### Sights
Place of interest - Tower
Interesting place of worship

### Roads
Motorway - Dual carriageway
Numbered junctions: complete, limited
Major thoroughfare
Tunnel
Pedestrian street
Tramway
Car park - Park and Ride
Station and railway
Funicular
Cable-car

### Various signs
Place of worship
Tower - Ruins
Windmill
Garden, park, wood
Cemetery
Stadium
Golf course - Racecourse
Outdoor or indoor swimming pool
View - Panorama
Monument - Fountain
Beach - Zoo
Pleasure boat harbour - Lighthouse
Tourist Information Centre
Airport
Underground station - Coach station
Ferry services:
passengers and cars - passengers only
Main post office with poste restante - Hospital
Covered market
Police - Town Hall
Suggested stroll

## Stadtpläne

### Sehenswürdigkeiten
Sehenswertes Gebäude - Turm
Sehenswerter Sakralbau

### Straßen
Autobahn - Schnellstraße
Nummerierte Voll - bzw. Teilanschlussstellen
Hauptverkehrsstraße
Tunnel
Fußgängerzone
Straßenbahn
Parkplatz - Park-and-Ride-Plätze
Bahnhof und Bahnlinie
Standseilbahn
Seilschwebebahn

### Sonstige Zeichen
Sakralbau
Turm - Ruine
Windmühle
Garten, Park, Wäldchen
Friedhof
Stadion
Golfplatz - Pferderennbahn
Freibad - Hallenbad
Aussicht - Rundblick
Denkmal - Brunnen
Badestrand/ Strand - Zoo
Yachthafen- Leuchtturm
Informationsstelle
Flughafen
U-Bahnstation - Autobusbahnhof
Schiffsverbindungen:
Autofähre, Personenfähre
Hauptpostamt (postlagernde Sendungen) - Krankenhaus
Markthalle
Polizei - Rathaus
Vorschlag für einen Spaziergang

## Plattegronden

### Bezienswaardigheden
Interessant gebouw - Toren
Interessant kerkelijk gebouw

### Wegen
Autosnelweg - Weg met gescheiden rijbanen
Knooppunt / aansluiting: volledig, gedeeltelijk
Hoofdverkeersweg
Tunnel
Voetgangersgebied
Tramlijn
Parkeerplaats - P & R
Station, spoorweg
Kabelspoor
Tandradbaan

### Overige tekens
Kerkelijk gebouw
Toren - Ruïne
Windmolen
Tuin, park, bos
Begraafplaats
Stadion
Golfterrein - Renbaan
Zwembad: openlucht, overdekt
Uitzicht - Panorama
Gedenkteken, standbeeld - Fontein
Strand - Zoo
Jachthaven - Vuurtoren
Informatie voor toeristen
Luchthaven
Metrostation - Busstation
Vervoer per boot:
Passagiers en auto's - uitsluitend passagiers
Hoofdkantoor voor poste-restante - Ziekenhuis
Overdekte markt
Politie - Stadhuis
Aanbevolen wandeling

## Piante

### Curiosità
Edificio interessante - Torre
Costruzione religiosa interessante

### Viabilità
Autostrada - Doppia carreggiata tipo autostrada
Svincoli numerati: completo, parziale
Grande via di circolazione
Galleria
Via pedonale
Tranvia
Parcheggio - Parcheggio Ristoro
Stazione e ferrovia
Funicolare
Funivia, cabinovia

### Simboli vari
Costruzione religiosa
Torre - Ruderi
Mulino a vento
Giardino, parco, bosco
Cimitero
Stadio
Golf - Ippodromo
Piscina: all'aperto, coperta
Vista - Panorama
Monumento - Fontana
Spiaggia- Zoo
Porto turistico - Faro
Ufficio informazioni turistiche
Aeroporto
Stazione della metropolitana - Autostazione
Trasporto con traghetto:
passeggeri ed autovetture - solo passeggeri
Ufficio centrale di fermo posta - Ospedale
Mercato coperto
Polizia - Municipio
Passeggiata consigliata

## Planos

### Curiosidades
Edificio interesante - Torre
Edificio religioso interesante

### Vías de circulación
Autopista - Autovía
Enlaces numerados: completo, parciales
Via importante de circulacíon
Túnel
Calle peatonal
Tranvía
Aparcamiento - Aparcamientos «P+R»
Estación y línea férrea
Funicular, línea de cremallera
Teleférico, telecabina

### Signos diversos
Edificio religioso
Torre - Ruinas
Molino de viento
Jardín, parque, madera
Cementerio
Estadio
Golf - Hipódromo
Piscina al aire libre, cubierta
Vista parcial - Vista panorámica
Monumento - Fuente
Playa - Zoo
Puerto deportivo - Faro
Oficina de Información de Turismo
Aeropuerto
Estación de metro - Estación de autobuses
Transporte por barco:
pasajeros y vehículos, pasajeros solamente
Oficina de correos - Hospital
Mercado cubierto
Policía - Ayuntamiento
Propuesta de paseo

# Plans de ville

## Town plans / Stadtpläne / Stadsplattegronden
## Piante di città / Planos de ciudades

■ Aix-en-Provence 428
● Ajaccio 476
■ Amiens 429
■ Angers 430
● Annecy 476
● Arles 476
■ Avignon 431
● Bastia 476
● Bayonne 476
■ Besançon 432
● Biarritz 476
● Blois 476
■ Bordeaux 433
■ Bourges 434
■ Caen 435
■ Calais 436
■ Cannes 437
● Carcassonne 476
● Châlons-en-Champagne 476
● Chalon-sur-Saône 476
● Chambéry 476
● Chartres 476
■ Clermont-Ferrand 438
■ Colmar 439
■ Dijon 440
■ Grenoble 441
■ Le Havre 442
■ Lille 443
■ Limoges 446
● Lorient 476
■ Lyon 444
■ Le Mans 447
■ Marseille 448
■ Metz 449
● Monaco 476
■ Montpellier 450
■ Mulhouse 451
■ Nancy 452
■ Nantes 453
● Nevers 476
■ Nice 454
■ Nîmes 456
■ Orléans 457
■ Paris (environs) 458
■ Paris 462
■ Pau 464
■ Perpignan 465
■ Poitiers 466
■ Reims 467
■ Rennes 468
■ La Rochelle 469
■ Rouen 470
■ Saint-Étienne 471
■ Strasbourg 472
■ Toulon 473
■ Toulouse 474
■ Tours 475
● Troyes 476

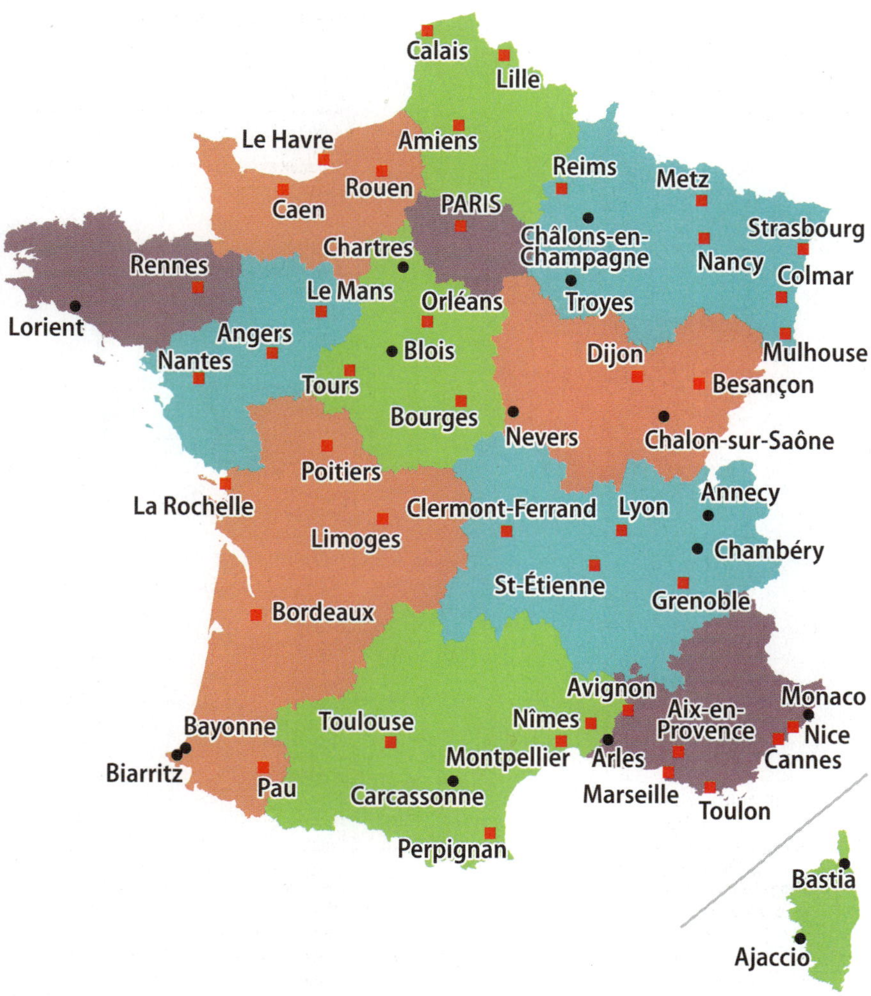

■ **Amiens** - *plan de ville + QR Code*
● **Ajaccio** - *QR Code*

### Comment utiliser les QR Codes ?

1) Téléchargez gratuitement (ou mettez à jour) une application de lecture de QR Codes sur votre smartphone
2) Lancez l'application et visez le code souhaité
3) Le plan de la ville désirée apparaît automatiquement sur votre smartphone
4) Zoomez / Dézoomez pour faciliter votre déplacement !

### How to use the QR Codes

1) Download (or update) the free QR Code reader app on your smartphone
2) Launch the app and point your smartphone at the required code
3) A map of the town/city will appear automatically on your smartphone
4) Zoom in/out to help you move around

### Wie verwendet man QR Codes ?

1. Laden Sie eine Applikation zum Lesen von QR Codes (oder ein Update) kostenlos auf Ihr Smartphone herunter.
2. Starten Sie die Applikation und lesen Sie den gewünschten Code.
3. Der gewünschte Stadtplan erscheint automatisch auf Ihrem Smartphone.
4. Vergrößern/Verkleinern Sie den Zoom, um Ihre Fahrt zu erleichtern.

### Hoe moet u de QR Codes gebruiken?

1. Download (of update) gratis een app om QR codes op uw smartphone te lezen
2. Start de app en selecteer de gewenste code
3. De gewenste stadsplattegrond verschijnt automatisch op uw smartphone
4. Zoom in of uit om uw verplaatsing beter te kunnen zien!

### Come si usano i codici QR ?

1. Scarica gratuitamente (o aggiorna) un'applicazione di lettura di codici QR sul tuo smartphone
2. Lancia l'applicazione e punta il codice desiderato
3. La pianta della città desiderata appare automaticamente sul tuo smartphone
4. Zooma/dezooma per spostarti più facilmente!

### Cómo utilizar los códigos QR

1. Descargue (o actualice) gratuitamente una aplicación de lectura de códigos QR para su smartphone
2. Abra la aplicación y seleccione el código deseado
3. El plano de ciudad deseado aparece automáticamente en su smartphone
4. Haga zoom adelante/atrás para facilitar el desplazamiento

AIX-EN-PROVENCE
OPPIDUM D'ENTREMONT
ATELIER CEZANNE
ARLES, AVIGNON
MANOSQUE
CARRIÈRES DE BIBÉMUS, VAUVENARGUES
NICE TOULON
MARSEILLE
JAS DE BOUFFAN
FONDATION VASARELY
Cathédrale
Musée des Tapisseries
Cloître
VIEIL AIX
Pavillon de Vendôme
Thermes Sextius
Tour de l'Horloge
Pl. de l'Hôtel-de-Ville
Palais Monclar
Pl. Richelme
Madeleine
Hôtel de Boyer d'Éguilles
Palais de Justice
Grand Théatre de Provence
ALLÉES PROVENÇALES
Fontaine de la Rotonde
Cours Mirabeau
Caumont Centre d'Art
QUARTIER MAZARIN
Conservatoire Darius Milhaud
Pavillon Noir
Cité du Livre
Fontaine des 4 Dauphins
Musée Granet
St-Jean-de-Malte
PARC RAMBOT
PARC JOURDAN
150 m
Apt
Bonnieux
Ménerbes
Lacoste
LUBERON
Lourmarin
Cadenet
Abbe de Silvacane
Pertuis
Rognes
Lambesc
St-Cannat
Meyrargues
Venelles
Jouques
Peyrolles-en-Provence
Vauvenargues
Montagne Ste-Victoire
La Croix de Provence
AIX-EN-PROVENCE
Ventabren
Vitrolles
Rognac
Gardanne
Bouc-Bel-Air
Cabriès
Marignane
Berre-l'Étang
Fuveau
Rousset
Trets
Peynier
Les Pennes-Mirabeau
Mimet
Durance

AMIENS
Picquigny
Samara
Ailly-s-Somme
Dreuil-lès-A.
Saveuse
Pont-de-Metz
Salouël
Longueau
Boves
Rivery
Camon
Lamotte-Brebière
Blangy-Tronville
Glisy
Villers-Bretonneux
Cagny
Dury
St-Fuscien
Sains-en-Amiénois
Fouencamps
Berteaucourt-les-Thennes
Thézy-Glimont
Gentelles
Cachy
Domart-sur-la-Luce
Hangard
Démuin
Marcelcave
Fouilloy
Daours
Aubigny
Vecquemont
Bussy-lès-Daours
Querrieu
Allonville
Cardonnette
Poulainville
Bertangles
Rainneville
Coisy
Villers-Bocage
Argoeuves
St-Sauveur
La Chaussée-Tirancourt
Breilly
Fourdrinoy
Cavillon
Le Mesge
Belloy-s-Somme
Crouy-St-Pierre
Yzeux
Hangest-s-Somme
Soues
Oissy
Saisseval
Briquemesnil-Floxicourt
Seux
Bovelles
Guignemicourt
Ferrières
Clairy-Saulchoix
Pissy
Bougainville
Fluy
Revelles
Fresnoy-au-Val
Creuse
Forêt de Creuse
Quevauvillers
Namps-au-Mont
Prouzel
Plachy-Buyon
Bacouel-s-Selle
Hébécourt
Fossemanant
Rumigny
Vers-s-Selles
Saleux
Molliens-au-Bois
Montigny-s-l'Hallue
Béhencourt
Fréchencourt
St-Gratien
Franvillers
Heilly
Méricourt-l'Abbé
Treux
Vaux-s-Somme
Sailly-le-Sec
Sailly-Laurette
Vaire-s-Corbie
Hamelet
Le Hamel
Mémorial australien
Lamotte-Warfusée
Wiencourt-l'Équipée
Aubercourt
Ignaucourt
Cayeux-en-Santerre
Thennes
Mamont
Cottenchy
Centre d'hydrobiologie
Le Paraclet
Petit Cagny
Petit Camon
Les Alençons
Le Petit Blangy
Université
Zoo
Renancourt
Montières
Longpré
Bouzencourt
Le Plessier-sur-Bulles
Le Mesnil-sur-Bulles
Haudivillers
Essuiles
Guignecourt
Fourneuil
Valescourt
Angivillers
La Neuville-Roy
Rotibéquet
St-Remy


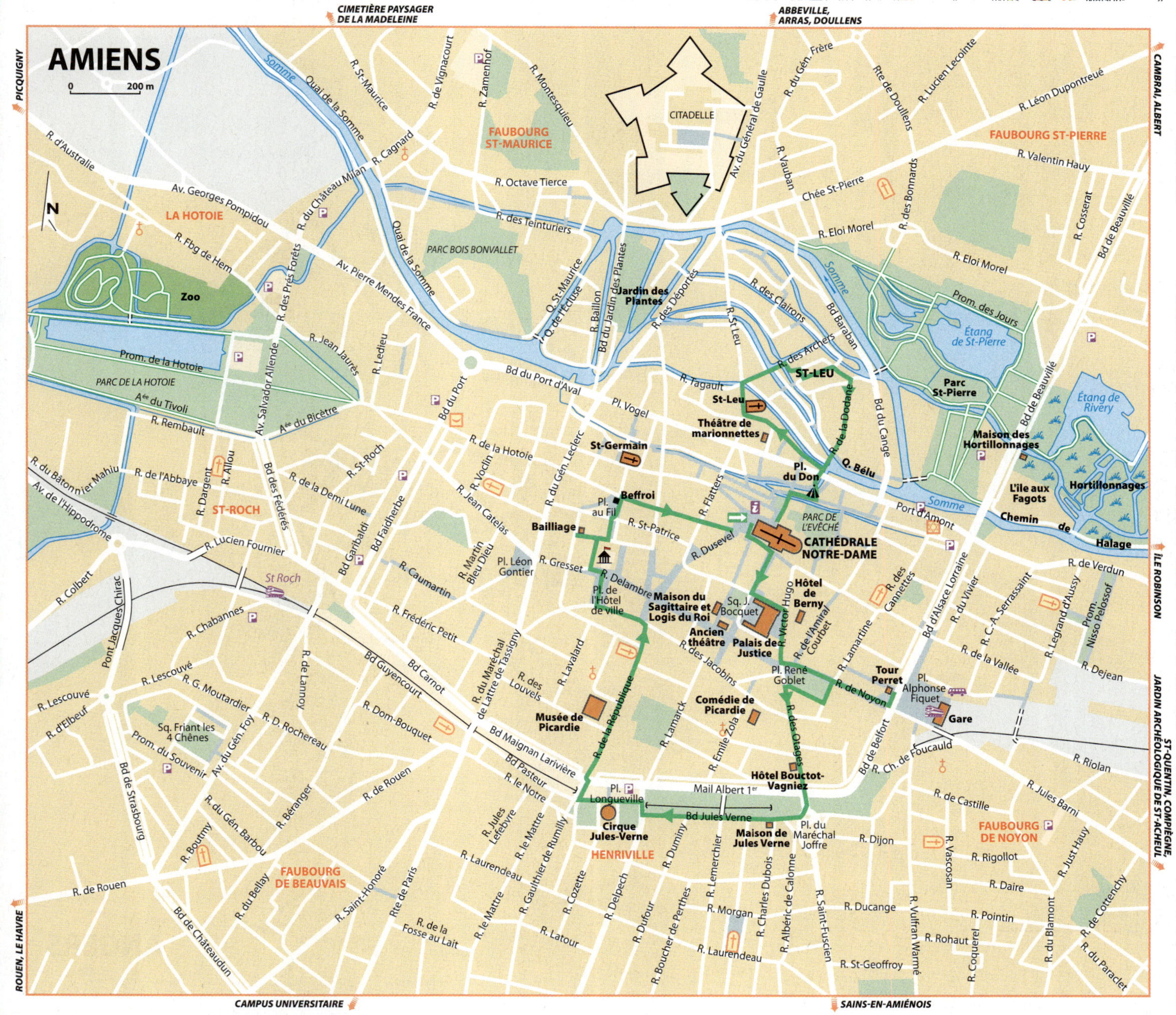

AMIENS
200 m
CIMETIÈRE PAYSAGER DE LA MADELEINE
ABBEVILLE, ARRAS, DOULLENS
CAMBRAI, ALBERT
ÎLE ROBINSON
JARDIN ARCHÉOLOGIQUE DE ST-ACHEUL
ST-QUENTIN, COMPIÈGNE
SAINS-EN-AMIÉNOIS
CAMPUS UNIVERSITAIRE
ROUEN, LE HAVRE
PICQUIGNY
CITADELLE
FAUBOURG ST-MAURICE
FAUBOURG ST-PIERRE
LA HOTOIE
Zoo
PARC DE LA HOTOIE
PARC BOIS BONVALLET
Jardin des Plantes
ST-LEU
St-Leu
Théâtre de marionnettes
St-Germain
Beffroi
Bailliage
Pl. du Don
Q. Bélu
PARC DE L'ÉVÊCHÉ
CATHÉDRALE NOTRE-DAME
Maison du Sagittaire et Logis du Roi
Ancien théâtre
Palais de Justice
Hôtel de Berny
Sq. J. Bocquet
Pl. de l'Hôtel de ville
Pl. au Fil
Pl. Léon Gontier
Pl. René Goblet
Tour Perret
Pl. Alphonse Fiquet
Gare
Comédie de Picardie
Musée de Picardie
Hôtel Bouctot-Vagniez
Mail Albert 1er
Bd Jules Verne
Pl. Longueville
Cirque Jules-Verne
HENRIVILLE
Maison de Jules Verne
Pl. du Maréchal Joffre
ST-ROCH
St Roch
Sq. Friant les 4 Chênes
FAUBOURG DE BEAUVAIS
FAUBOURG DE NOYON
Parc St-Pierre
Étang de St-Pierre
Maison des Hortillonnages
Étang de Rivery
Hortillonnages
L'île aux Fagots
Chemin de Halage
Somme
Bd du Port d'Aval
Prom. de la Hotoie
Av. Pierre Mendès France
Av. Georges Pompidou
Quai de la Somme
Av. du Général de Gaulle
Chée St-Pierre
Bd de Beauville
Bd d'Alsace Lorraine
Bd de Belfort
Bd Carnot
Bd Guyencourt
Bd Maignan Larivière
Bd de Strasbourg
Bd de Châteaudun
Bd des Fédérés
Bd Faidherbe
R. de la République
R. des Otages
R. de Noyon
R. Jules Barni
R. de Rouen
R. Saint-Fuscien

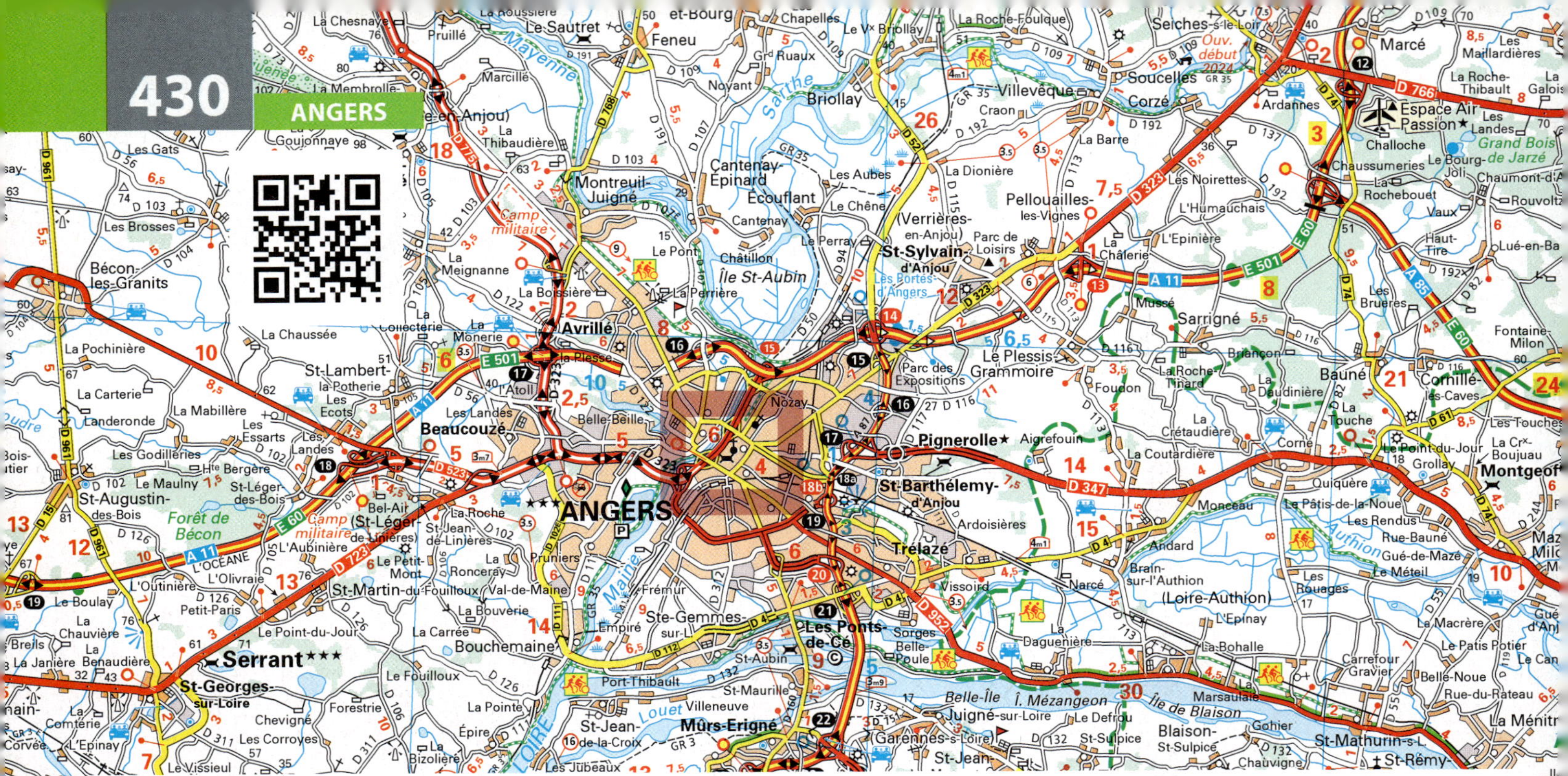
ANGERS
Avrillé
Beaucouzé
St-Barthélemy-d'Anjou
Trélazé
Les Ponts-de-Cé
Ste-Gemmes-sur-Loire
Mûrs-Érigné
Bouchemaine
St-Sylvain-d'Anjou
Écouflant
Cantenay-Épinard
Briollay
Pellouailles-les-Vignes
Sarrigné
Le Plessis-Grammoire
Pignerolle
Bauné
St-Georges-sur-Loire
Serrant
Savennières
Béhuard
St-Jean-de-Linières
St-Lambert-la-Potherie
St-Léger-des-Bois
St-Martin-du-Fouilloux
Soucelles
Villevêque
Corzé
Marcé
Feneu
Montreuil-Juigné
La Meignanne
Bécon-les-Granits
Juigné-sur-Loire
Blaison-St-Sulpice
St-Mathurin-s-L.
Forêt de Bécon
Île St-Aubin
Parc des Expositions
Espace Air Passion

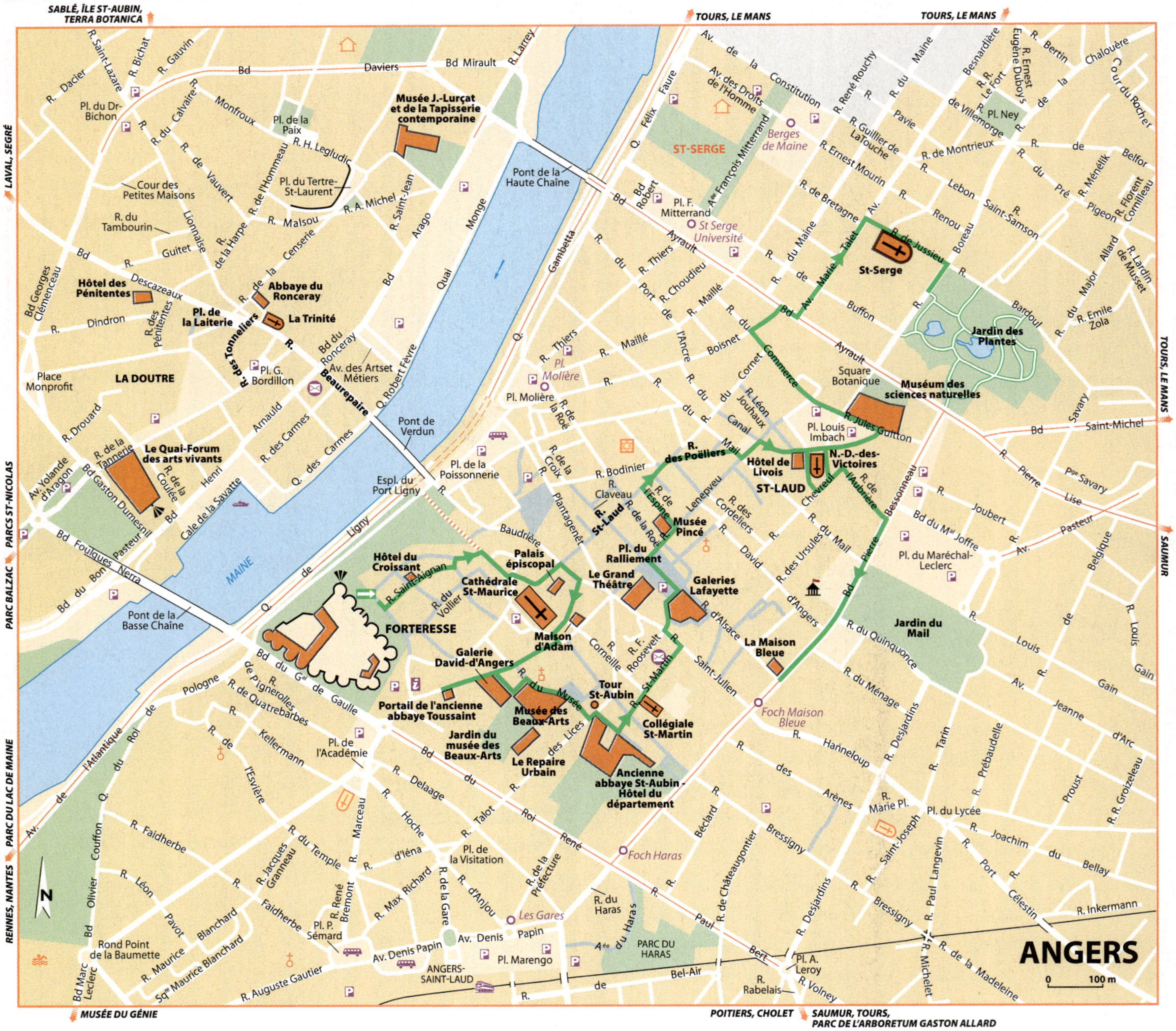
ANGERS
LA DOUTRE
ST-SERGE
ST-LAUD
MAINE
FORTERESSE
Cathédrale St-Maurice
Musée J.-Lurçat et de la Tapisserie contemporaine
Abbaye du Ronceray
La Trinité
Hôtel des Pénitentes
Le Quai-Forum des arts vivants
Hôtel du Croissant
Palais épiscopal
Maison d'Adam
Galerie David-d'Angers
Portail de l'ancienne abbaye Toussaint
Musée des Beaux-Arts
Jardin du musée des Beaux-Arts
Le Repaire Urbain
Tour St-Aubin
Collégiale St-Martin
Ancienne abbaye St-Aubin - Hôtel du département
Le Grand Théâtre
Pl. du Ralliement
Musée Pincé
Galeries Lafayette
La Maison Bleue
Hôtel de Livois
N.-D.-des-Victoires
Muséum des sciences naturelles
Square Botanique
Jardin des Plantes
St-Serge
Jardin du Mail
Pont de la Haute Chaîne
Pont de Verdun
Pont de la Basse Chaîne
Pl. Molière
Pl. de la Poissonnerie
Pl. Louis Imbach
Pl. du Maréchal-Leclerc
Pl. de l'Académie
Pl. de la Visitation
Pl. Marengo
Pl. du Lycée
Rond Point de la Baumette
ANGERS-SAINT-LAUD
PARC DU HARAS
SABLÉ, ÎLE ST-AUBIN, TERRA BOTANICA
TOURS, LE MANS
LAVAL, SEGRÉ
PARCS ST-NICOLAS
PARC BALZAC
RENNES, NANTES
PARC DU LAC DE MAINE
MUSÉE DU GÉNIE
POITIERS, CHOLET
SAUMUR, TOURS, PARC DE L'ARBORETUM GASTON ALLARD
SAUMUR
100 m

AVIGNON
Villeneuve-lès-Avignon
Sorgues
Le Pontet
Vedène
Entraigues-sur-la-Sorgue
Pernes-les-Fontaines
Morières-lès-Avignon
Montfavet
Châteauneuf-de-Gadagne
Caumont-sur-Durance
Barbentane
Rognonas
Châteaurenard
Noves
Cabannes
Rochefort-du-Gard
Fournès
Domazan
Estézargues
Montfrin
Boulbon
Graveson
Le Thor
L'Isle-sur-la-Sorgue
Velleron
Sauveterre
Pujaut
Jonquerettes
Chartreuse de Bonpas
Île de la Barthelasse
Forêt de Tavel
Forêt de Malmont
Monteux
Cavaillon

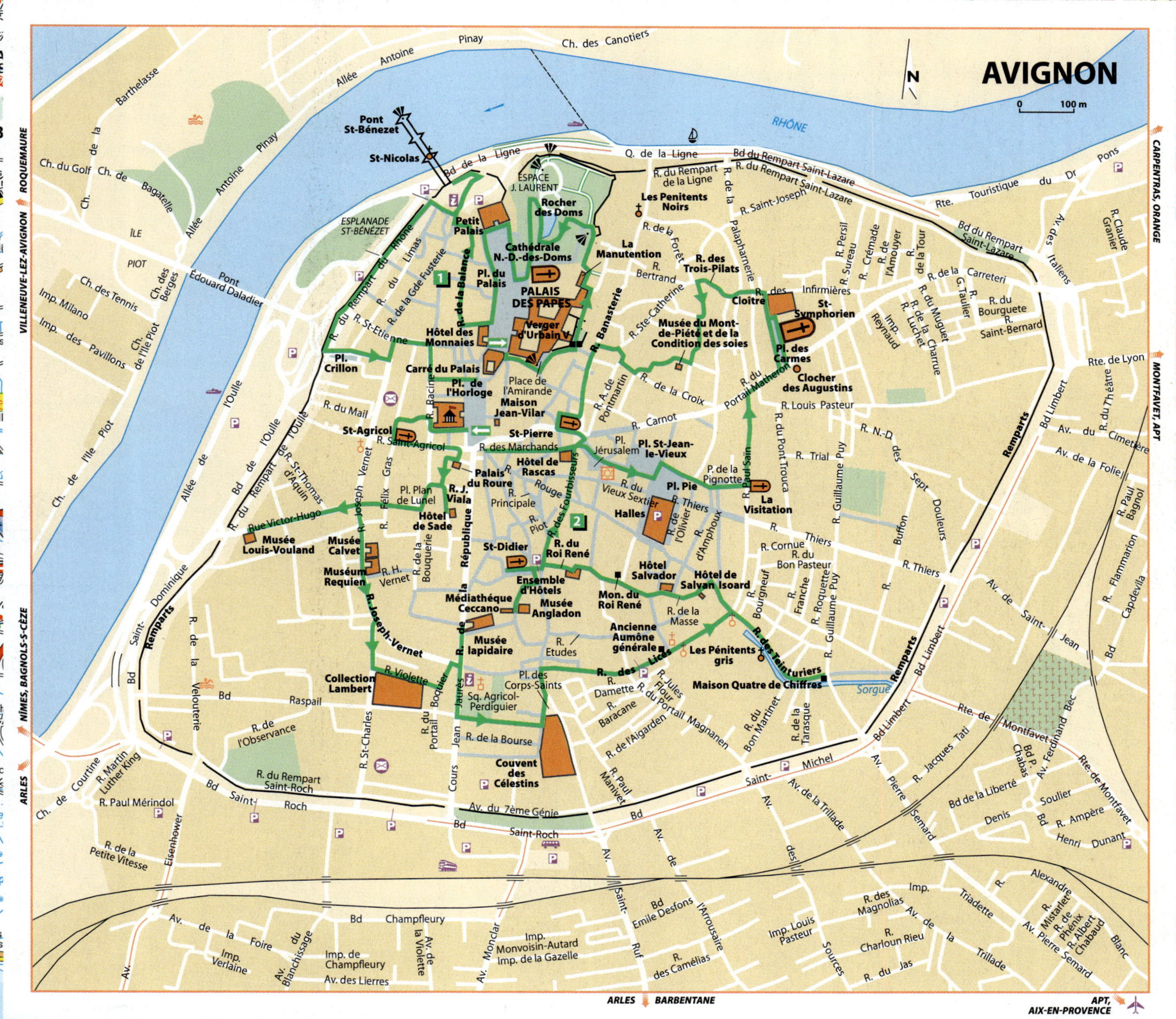
AVIGNON
0 100 m
RHÔNE
Pont St-Bénézet
St-Nicolas
Rocher des Doms
Petit Palais
Cathédrale N.-D.-des-Doms
PALAIS DES PAPES
Pl. du Palais
Verger d'Urbain V
Hôtel des Monnaies
Pl. Crillon
Carré du Palais
Pl. de l'Horloge
Maison Jean-Vilar
St-Agricol
St-Pierre
Palais du Roure
Hôtel de Rascas
Pl. Pie
Halles
La Visitation
Pl. des Carmes
St-Symphorien
Cloître
Clocher des Augustins
Musée du Mont-de-Piété et de la Condition des soies
Les Pénitents Noirs
La Manutention
Musée Louis-Vouland
Musée Calvet
Muséum Requien
Collection Lambert
Hôtel de Sade
St-Didier
Ensemble d'Hôtels
Musée Angladon
Médiathèque Ceccano
Musée lapidaire
Hôtel Salvador
Hôtel de Salvan Isoard
Mon. du Roi René
Ancienne Aumône générale
Les Pénitents gris
Maison Quatre de Chiffres
Couvent des Célestins
Remparts
R. de la République
R. Joseph-Vernet
R. des Teinturiers
Bd du Rempart St-Lazare
Bd St-Michel
Bd St-Roch
Av. du 7ème Génie
VILLENEUVE-LEZ-AVIGNON ROQUEMAURE
NÎMES, BAGNOLS-S-CÈZE
ARLES
ARLES BARBENTANE
APT, AIX-EN-PROVENCE
MONTFAVET, APT
CARPENTRAS, ORANGE

BESANÇON
0 200 m
BATTANT
LA BUTTE
LES CHAPRAIS
LA BOUCLE
MAZAGRAN
PARC DES GLACIS
R. Weiss
Pl. du Maréchal Leclerc
Av. Charles Siffert
R. d'Arènes
Quai Vauban
Hôtel de Champagney
Hôtel Jouffroy
Ste-Madeleine
Pl. Marulaz
Tour de la Pelote
Pont R. Schwint
Av. d'Helvétie
Av. Denfert Rochereau
Flore
R. Charles Krug
Parc Micaud
Pl. René Payot
Pont de la République
FORT DE BEAUREGARD
Musée des Beaux-Arts et d'Archéologie
Pl. de la Révolution
Pl. Pasteur
Hôtel d'Emskerque
St-Pierre
Palais de Justice
Palais Granvelle
Bibliothèque municipale
Statue de Victor Hugo
Maison V. Hugo
Promenade Granvelle
Vestiges romains
Porte Rivotte
Cité des arts
Pont de Bregille
Hôpital St-Jacques
N.-D.-du-Refuge
Kursaal
Porte Noire
St-Jean
Horloge astronomique
Hôtel Bonvalot
Préfecture
Fontaine des Dames
Poteaux des Fusillés
Citadelle
Tour du Roi
Chemins de ronde
Tour de la Reine
Musée de la Résistance et de la Déportation
Hôtel Mareschal
Rd-Pt de Neuchâtel
PARC CHAMARS
PARC DE LA GARE-D'EAU
Pont Charles de Gaulle
DOUBS
TUNNEL FLUVIAL
ZOO
Ch. de Mazagran
Chaudanne
Échaugette
Anc. couvent des Grands-Carmes..........E
Anc. palais archiépiscopal...A
Espace Vauban...........................B
Musée comtois...........................C
Muséum de Besançon.........D
BESANÇON★★
Musée des Maisons comtoises★
Ornans★
Marnay
Gy★
Moncley★
St-Vit
Quingey
Boussières
Montfaucon
Chalezeule
Thise
Saône
Morre
Beure
Fontain
Pugey
Arguel
Larnod
Avanne-Aveney
Grandfontaine
Dannemarie-sur-Crète
Franois
Serre-les-Sapins
Pirey
École-Valentin
Miserey-Salines
Châtillon-le-Duc
Devecey
Bonnay
Geneuille
Chevroz
Cussey-sur-l'Ognon
Audeux
Recologne
Burgille
Émagny
Pin
Chevigney-sur-l'Ognon
Ruffey-le-Château
Saint-Vit
Byans-s-Doubs
Abbans-Dessus
Abbans-Dessous
Osselle
Grottes d'Osselle
Roset-Fluans
Torpes
Thoraise
Busy
Vorges-les-Pins
Montferrand-le-Château
Rancenay
Velesmes-Essarts
Pouilley-Français
Corcondray
Mazerolles-le-Salin
Champagney
Champvans-les-Moulins
Pouilley-les-Vignes
Chaucenne
Noironte
Auxon-Dessus
Auxon-Dessous
Vieilley
Mérey-Vieilley
Marchaux
Braillans
Amagney
Novillars
Roche-lez-Beaupré
Vaire-Arcier
Deluz
Nancray
Gennes
Mamirolle
Le Gratteris
Trépot
Foucherans
Tarcenay
Mérey-s-Montrond
Montrond-le-Château
Épeugney
Cademène
Malbrans
Villers-s-Montrond
L'Hôpital-du-Grosbois
Saône
La Vèze
Velleclaire
Bonnevent-Velloreille
Oiselay-et-Grachaux
Villers-Chemin-et-Mont-lès-Étrelles
Étrelles-et-la-Montbleuse
Fresne-St-Mamès
Le Pont-de-Planches
La Vernotte
Les Bâties
Vellemoz
Angirey
Sauvigney-lès-Gray
St-Broing
Vantoux-et-Longevelle
Vellefrey-et-Vellefrange
Citey
Bucey-lès-Gy
Velesmes-Échevanne
St-Loup-Nantouard
Villefrancon
Choye
Velloreille-lès-Choye
Onay
Autoreille
Charcenne
Cugney
Venère
Tromarey
Bonboillon
Avrigney-Virey
Courcuire
Beaumotte-lès-Pin
Gézier-et-Fontenelay
Étuz
Boulot
Voray-sur-l'Ognon
Buthiers
Venise
Champoux
Chaudefontaine
Châtillon-Guyotte
Roulans
Hugier
Cult
Bay
Sornay
Chenevrey-et-Morogne
Jallerange
Courchapon
Placey
Lavernay
Le Moutherot
Lantenne-Vertière
Étrabonne
Mercey-le-Grand
Corcelles-Ferrières
Ferrières-les-Bois
Villers-Buzon
Berthelange
Louvatange
Dampierre
Évans
Salans
Monteplain
Ranchot
La Barre
Rans
Courtefontaine
Villars-St-Georges
Fraisans
Étrepigney
Plumont
La Bretenière
Lavans-Quingey
Fourg
Cessey
Chenecey-Buillon
Charnay
Ray-sur-Saône
Soing-Cubry-Charentenay
Noidans-le-Ferroux
Vy-le-Ferroux
Velle-le-Châtel
Baignes
Andelarre
Andelarrot
Rochers de la Baume
Grotte de Solborde
La Demie
Neurey-lès-la-Demie
Dampierre-sur-Salon
Autet
Savoyeux
Mercey-sur-Saône
Motey-sur-Saône
Beaujeu-St-Vallier-et-Pierrejux
Ste-Reine
Igny
La Chapelle-St-Quillain
Vaux-le-Moncelot
Frasne-le-Château
Forêt de Belle-Vaivre
Bois de Valvre
Forêt de Chailluz
Bois de Sassy
Grands Bois de Pin
Bois d'Avrigney
Bois des Prêtres
Bois de la Côte de Joux

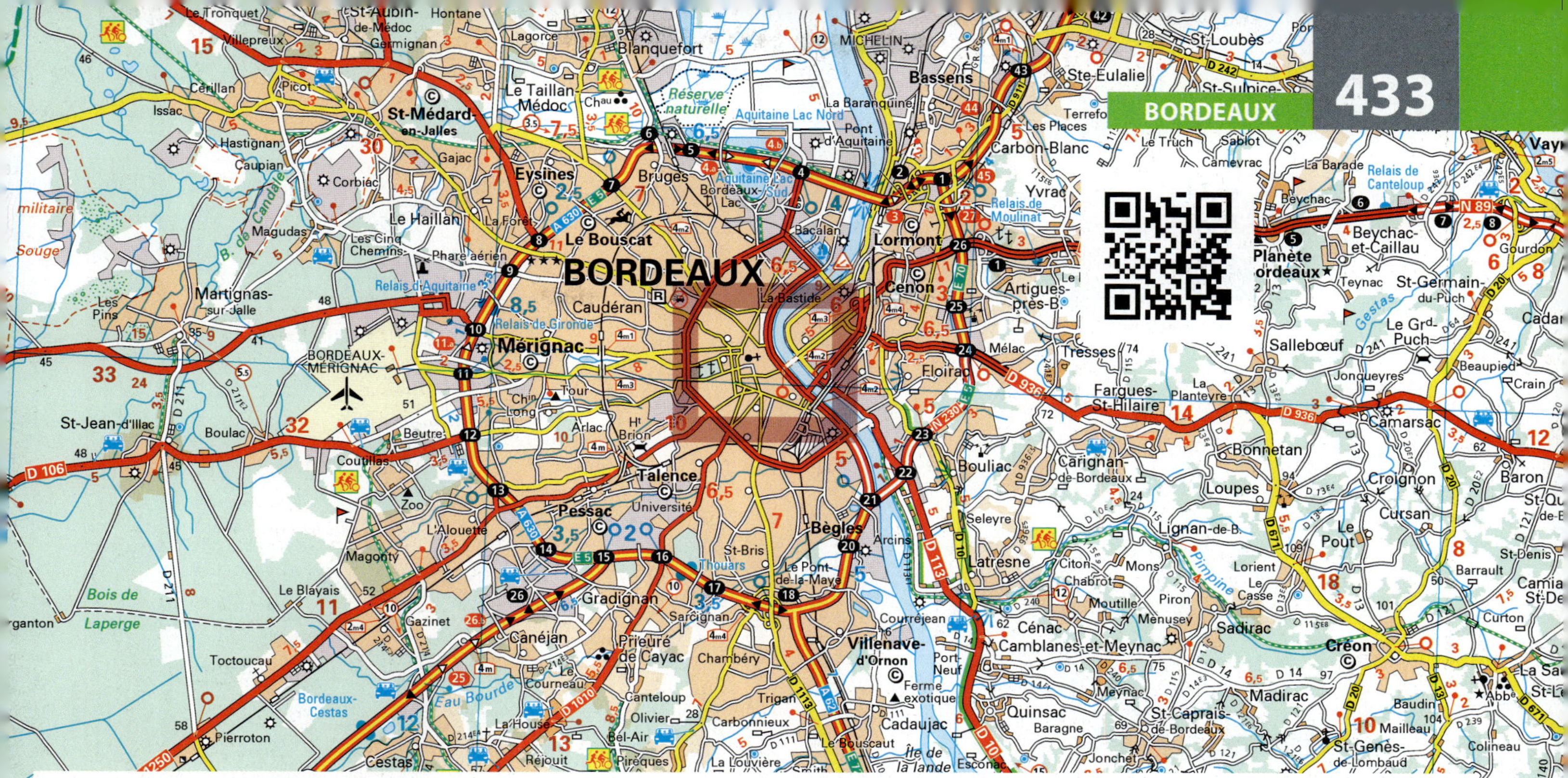
BORDEAUX
Mérignac
Pessac
Talence
Bègles
Gradignan
Cenon
Lormont
Floirac
Eysines
Le Bouscat
Bruges
Blanquefort
Le Haillan
St-Médard-en-Jalles
Martignas-sur-Jalle
Villenave-d'Ornon
Canéjan
Cestas
Bassens
Carbon-Blanc
Artigues-près-B.
Tresses
Fargues-St-Hilaire
Latresne
Cénac
Camblanes-et-Meynac
Quinsac
Cadaujac
Léognan
St-Loubès
Ste-Eulalie
Yvrac
Sallebœuf
Camarsac
Créon
Sadirac
Lignan-de-B.
Carignan-de-Bordeaux
Bouliac
Beychac-et-Caillau
St-Jean-d'Illac
Saucats
St-Symphorien
St-Léger-de-Balson
Lignan-de-Bazas

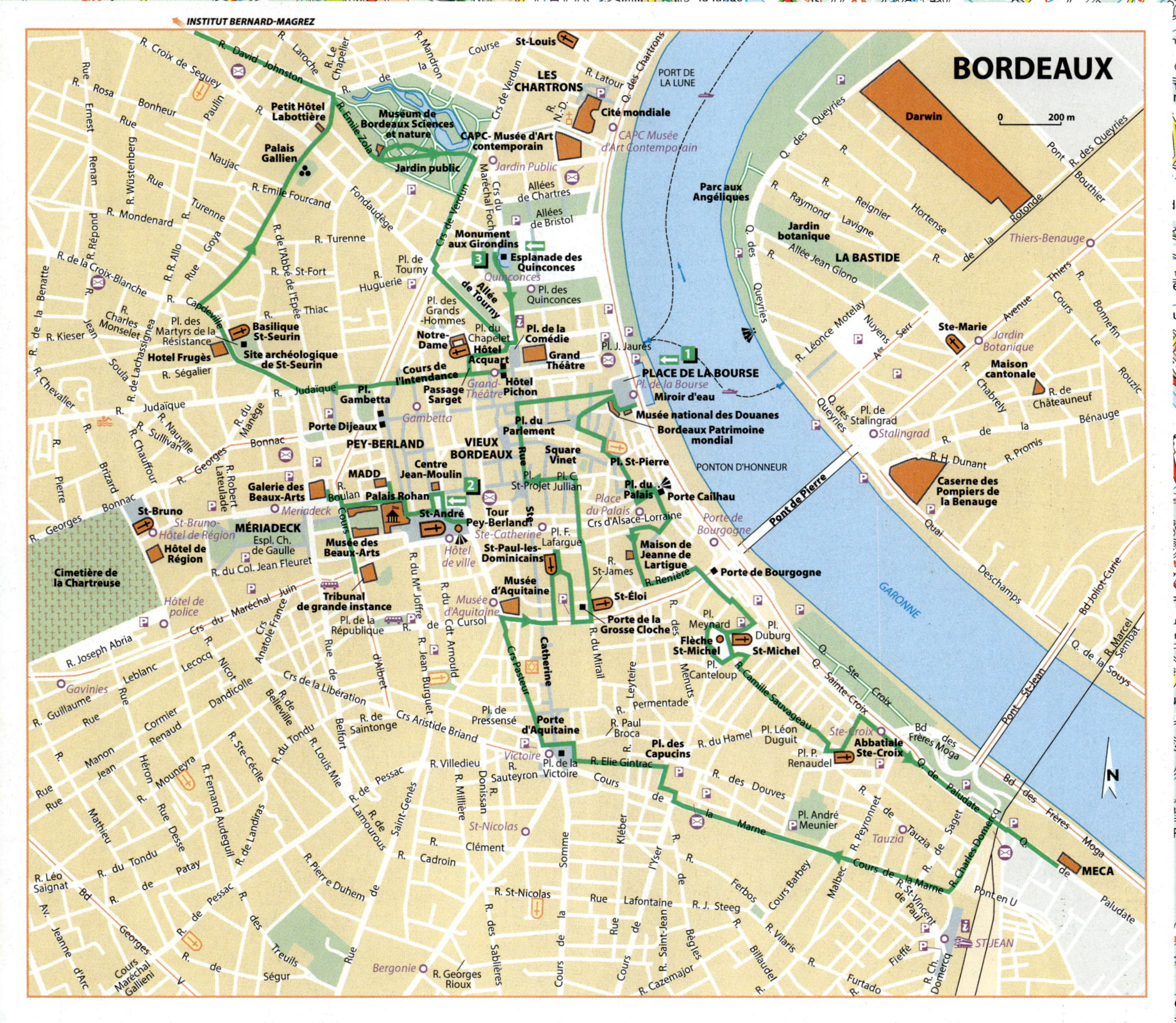
BORDEAUX
0 200 m
INSTITUT BERNARD-MAGREZ
LES CHARTRONS
Cité mondiale
CAPC-Musée d'Art contemporain
Museum de Bordeaux Sciences et nature
Jardin public
Petit Hôtel Labottière
Palais Gallien
Monument aux Girondins
Esplanade des Quinconces
Allée de Tourny
Pl. de la Comédie
Grand Théâtre
Notre-Dame
Hôtel Acquart
PLACE DE LA BOURSE
Miroir d'eau
Musée national des Douanes
Bordeaux Patrimoine mondial
Basilique St-Seurin
Site archéologique de St-Seurin
Hotel Frugès
Pl. Gambetta
Porte Dijeaux
PEY-BERLAND
VIEUX BORDEAUX
Centre Jean-Moulin
MADD
Palais Rohan
St-André
Tour Pey-Berland
Galerie des Beaux-Arts
Musée des Beaux-Arts
MÉRIADECK
Hôtel de Région
Cimetière de la Chartreuse
St-Bruno
Tribunal de grande instance
Musée d'Aquitaine
St-Paul-les-Dominicains
Porte Cailhau
St-Pierre
St-Éloi
Porte de la Grosse Cloche
Maison de Jeanne de Lartigue
Porte de Bourgogne
Pont de Pierre
Flèche St-Michel
St-Michel
Porte d'Aquitaine
Pl. de la Victoire
Pl. des Capucins
Abbatiale Ste-Croix
MECA
ST-JEAN
Darwin
Parc aux Angéliques
Jardin botanique
LA BASTIDE
Ste-Marie
Maison cantonale
Caserne des Pompiers de la Benauge
GARONNE
PORT DE LA LUNE
PONTON D'HONNEUR

BOURGES
0 200 m
LA CHARITÉ-SUR-LOIRE, MONTARGIS
VIERZON ORLÉANS
NEVERS
MOULINS
CHÂTEAUROUX
MUSÉE DE LA RÉSISTANCE ET DE LA DÉPORTATION DU CHER, MONTLUÇON, GUÉRET
Jardin des Prés-Fichaux
Les Marais
Halle St-Bonnet
N.-Dame
Hôtel des Échevins
St-Bonnet
Maison de Pelvoysin
R. Mirebeau
Musée Estève
Pl. Gordaine
Hôtel Cujas Musée du Berry
Coursarlon
R. Joyeuse
Musée de l'Hôtel Lallemant
Escalier G.-Sand
Palais Jacques-Cœur
Pl. Berry
Pl. des 4-Piliers
Rempart gallo-romain
Grange des Dîmes
R. Bourbonnoux
St-Pierre-le-Guillard
Maison dite de "Jacques-Cœur"
CATHÉDRALE ST-ÉTIENNE
Pl. É.-Dolet
Fontaine Bourdaloue
Musée des Meilleurs Ouvriers de France
Jardins de l'Archevêché
PARC DES EXPOSITIONS
Muséum d'histoire naturelle
Pl. Séraucourt
Bd de la République
Av. du 11 Novembre 1918
Cours Beauvoir
Bd Gambetta
Bd de Juranville
R. Jean Jaurès
Bd Lamarck
Bd de Strasbourg
Cours Anatole France
R. de Sarrebourg
Yèvre
Auron
Voiselle
Vierzon
Mehun-sur-Yèvre
BOURGES
St-Doulchard
St-Germain-du-Puy
St-Martin-d'Auxigny
Vignoux-sous-les-Aix
St-Michel-de-Volangis
Fussy
Asnières
Marmagne
Berry-Bouy
St-Florent-sur-Cher
Trouy
Plaimpied-Givaudins
Lissay-Lochy
Charost
Reuilly
Lury-sur-Arnon
Quincy
Massay
Foëcy
Vignoux-sur-Barangeon
Nançay
Neuvy-sur-Barangeon
Orçay
Vouzeron
St-Laurent
Allouis
Brinay
Méreau
Chéry
Cerbois
Limeux
Preuilly
Lazenay
St-Georges-sur-Arnon
Villeneuve-sur-Cher
Morthomiers
Le Subdray
La Chapelle-St-Ursin
Osmoy
Savigny-en-Septaine
Soye-en-Septaine
St-Just
Moulins-sur-Yèvre
Soulangis
Forêt de Vierzon
Salbris
Theillay
Souesmes
Ménétréol-s-Sauldre
Pierrelay
Chârost
St-Caprais
Cher
Arnon

CAEN
Ouistreham
Riva-Bella
Hermanville-s-Mer
Colleville-Montgomery
Bénouville
Hérouville-St-Clair
Colombelles
Mondeville
Giberville
Troarn
Dives-s-Mer
Cabourg
Douvres-la-Délivrande
Thaon
Fontaine-Henry
Carpiquet
St-Germain-la-Bl.-Herbe
Bretteville-l'Orgueilleuse
Louvigny
Fleury-s-Orne
Ifs
Cormelles-le-Royal
Verson
Éterville
Mouen
Tourville-s-Odon
Fontaine-Étoupefour
Grentheville
Cagny
Démouville
Sannerville
Banneville-la-C.
Émiéville
Argences
Vimont
Cuverville
Ranville
Bavent
Petiville
Varaville
Basseneville
St-Samson
Cléville
Janville
MÉMORIAL
PARC DE LA COLLINE-AUX-OISEAUX, CHERBOURG-EN-COTENTIN
PLAN DE ROME
CÔTE DE NACRE
OUISTREHAM
UNIVERSITÉ DE CAEN NORMANDIE
Université
Esplanade de la Paix
Jardin des Plantes
St-Julien
Château
Salle de l'Échiquier
Salles du Rempart
Musée de Normandie
Musée des Beaux-Arts
St-Georges
Château Quatrans
Maison des Quatrans
St-Pierre
Tour Leroy
Hôtel d'Escoville
Maisons à pans de bois
Cour des Imprimeurs
St-Sauveur
Hôtel de Than
Pl. St-Martin
Pl. St-Sauveur
Pl. Fontette
Pl. Malherbe
Place de la République
Palais Ducal
ST-ÉTIENNE
Abbaye-aux-Hommes
Esplanade Jean-Marie Louvel
Bâtiments conventuels (hôtel de ville)
St-Étienne-le-Vieux
Pl. St-Étienne le Vieux
Notre-Dame de la Gloriette
Musée d'Initiation à la nature
Parc Michel-d'Ornano
Abbaye-aux-Dames
La Trinité
Pl. Courtonne
Bassin Saint-Pierre
Canal de Caen à la Mer
Médiathèque Alexis de Tocqueville
Caen Presqu'île
Le Pavillon
St-Jean
Pl. de la Résistance
Pl. Gambetta
Pl. Gardin
Pl. Maréchal Foch
Pl. du 36ème Régiment d'Infanterie
Pont W. Churchill
Pont de Bir Hakeim
Esplanade Léopold-Sedar-Senghor
Gare Rives de l'Orne
Gare SNCF
L'ORNE
LA PRAIRIE
Av. de Creully
R. Bosnières
R. aux Juifs
R. des Rosiers
R. Isidore Pierre
R. Barbey d'Aurevilly
R. de l'Académie
R. Bicoquet
R. St-Martin
R. St-Manvieu
R. Pémagnie
R. Gémare
R. de Geôle
R. du Vaugueux
R. Écuyère
R. Froide
Rue St-Pierre
R. de Bras
R. de Strasbourg
R. du Moulin
R. St-Jean
R. de Bernières
R. Léon Lecornu
R. de la Pigacière
R. des Cordes
R. Ste-Anne
R. Segrais
R. des Chanoines
R. Basse
R. de Calix
Av. Georges Clemenceau
Av. de Tourville
Quai de la Londe
Quai Vendeuvre
Quai de Juillet
Quai Amiral Hamelin
Av. du Six Juin
Bd Maréchal Leclerc
Bd Bertrand
Prom. du Fort
R. du Carel
Av. Albert Sorel
R. Fred Scamaroni
Av. de l'Hippodrome
Bd Yves Guillou
Crs Général de Gaulle
R. du 11 Novembre
R. Arthur le Duc
Av. de Verdun
R. Pierre Girard
R. de la Gare
Av. Pierre Mendès France
CAEN
0 100 m
N
ST-LÔ, BAYEUX
AVRANCHES, RENNES FRAC NORMANDIE
RENNES, VIEUX
LAVAL
LAVAL, FLERS, FORÊT DE GRIMBOSQ
ALENÇON, LE MANS, CINTHEAUX
TROARN, LISIEUX
ROUEN CABOURG
DEAUVILLE

PAS DE CALAIS
Tunnel sous la Manche
d'Opale
**Côte
CALAIS
Blériot-Plage
Sangatte
Coquelles
TERMINAL TRANSMANCHE
TERMINAL TUNNEL
Phare de Walde
Les Hemmes
Le Fort-Vert
Marck
Offekerque
Le Beau-Marais
Coulogne
Guemps
Fréthun
Nielles-lès-C.
Les Attaques
St-Tricat
Hames-Boucres
Guînes
Pihen-lès-Guînes
Bonningues-lès-Calais
Peuplingues
Hervelinghen
St-Inglevert
Escalles
**Cap Blanc-Nez
Mont d'Hubert
Wissant
*Cap Gris-Nez
Tardinghen
Audembert
Leubringhen
Audinghen
Framzelle
Cran-aux-Oeufs
Audresselles
Bazinghen
Ambleteuse
Marquise
Beuvrequen
Rinxent
Pointe aux Oies
*Wimereux
Wimille
Wacquinghen
Offrethun
Maninghen-Henne
Pittefaux
Pernes-lès-B.
*Colonne de la Gde Armée
**NAUSICAÁ
*BOULOGNE-SUR-MER
St-Martin-Boulogne
La Capelle-lès-B.
Le Portel
Cap d'Alprech
Outreau
Echinghen
St-Léonard
Baincthun
Équihen-Plage
St-Étienne-au-Mont
Isques
Condette
Hesdigneul-lès-B.
Carly
Hardelot-Plage
Nesles
Verlincthun
Samer
Tingry
Neufchâtel-Hardelot
Mont St-Frieux
Dannes
Widehem
Halinghen
Ste-Cécile-Plage
St-Gabriel-Plage
Pointe de Lornel
Camiers
Frencq
Hucqueliers
DOVER
MER DU NORD
CALAIS
Bassin Président Henri-Ravisse
Plage
Le Dragon de Calais
Fort Risban
Statue Tom Souville
ARRIÈRE-PORT
GARE MARITIME
PORT DE CALAIS
Colonne Louis-XVIII
COURGAIN
Phare de Calais
Bassin des Chasses
Bassin Ouest
Bassin Carnot
Pont Vetillard
Place d'Armes
Tour du Guet
N.-Dame
Musée des Beaux-Arts
PARC RICHELIEU
Statues de Gaulle-Churchill
CITADELLE DE CALAIS
Porte de Neptune
Porte de Boulogne
Canal de Calais
Pont George V
Hôtel de ville
Musée Mémoire 1939-1945
Parc St-Pierre
Cercle aquariophile du Calaisis
Monument des Bourgeois de Calais
Cité de la dentelle et de la mode
Grand Théâtre
Pl. d'Alsace
CÔTE D'OPALE, WISSANT
GRAVELINES
TERMINAL DE EUROTUNNEL, BOULOGNE-SUR-MER
ST-OMER, DUNKERQUE

CANNES
0
150 m
MARSEILLE, NICE
GRASSE, DIGNE
GOLFE-JUAN, CHÂTEAU-MUSÉE
FRÉJUS, TOULON, MARSEILLE
ST-RAPHAËL
NICE, ANTIBES
ÎLES DE LÉRINS
LE SUQUET
N.-D. d'Espérance
Musée des Explorations du monde
LE VIEUX PORT
Palais des Festivals et des Congrès
Malmaison
SQ. R. HAHN
Rue Meynadier
Allées de la Liberté
Rue d'Antibes
Bd de la Croisette
Boulevard de la Croisette
Bd d'Alsace
Bd de Lorraine
Bd Carnot
Av. de Grasse
Bd Jean Hibert
Quai St-Pierre
Jetée Albert-Édouard
Bd Montfleury
Bd de Strasbourg
Av. Isola Bella
GRASSE
CANNES
Golfe de la Napoule
Mandelieu-la-Napoule
La Napoule
Théoule-sur-Mer
Pte de l'Esquillon
Miramar
Le Trayas
MASSIF DE L'ESTEREL
Pic de l'Ours
Pic du Cap Roux
Pte de l'Observatoire
Agay
Anthéor
St-Raphaël
Valescure
Massif du Tanneron
Tanneron
Auribeau-sur-Siagne
Pégomas
Mougins
Le Cannet
Vallauris
Golfe-Juan
Juan-les-Pins
ANTIBES
Cap d'Antibes
Pte de la Croisette
Île Ste-Marguerite
Île St-Honorat
Îles de Lérins
Plateau du Milieu
Monastères
Palm Beach
Golfe Juan
Mouans-Sartoux
Valbonne
Sophia-Antipolis
Biot
Villeneuve-Loubet
Villeneuve-Loubet-Plage
Marineland
Cagnes-s-M.
St-Laurent-du-Var
NICE
NICE CÔTE-D'AZUR
Baie des Anges
St-Paul-de-Vence
La Colle-sur-Loup
Le Bar-s-Loup
Châteauneuf-Grasse
Opio
Cabris
Spéracèdes
Peymeinade
St-Cézaire-sur-Siagne
Montauroux
Grottes de St-Cézaire
St-Vallier-de-Thiey
Souterroscope de la Baume Obscure
Lac de St-Cassien
N.-D.-de-Peygros
Les Adrets-de-l'Esterel
N.-D. de Jérusalem
Levens
Tourrette-Levens
Aspremont
Mt Chauve
Colomars
Falicon
Carros
St-Martin-du-Var
Bendejun
Châteauneuf-Villevieille
Cimiez
St-Isidore
La Madeleine
St-Antoine
Fabron
Ste-Hélène
La Californie
Col de Vence
Le Rouret
Roquefort-les-Pins
La Colle
Fort Carré
Aquasplash
La Fontonne
Pte Bacon
Pte de la Garoupe
Plage de la Garoupe
Cap Gros
Eden-Roc
La Galère
Pte de l'Aiguille
La Figueirette
Le Trayas-Supérieur
Pic d'Aurelle
Rastel d'Agay
Anthéor-Plage
Pte de Baumette
Camp long
Île des Vieilles
Pte de Maubois
Pte du Cap Roux
l'Esterel
D'AZUR
Mt Vinaigre
Sommet Pelet
Col des 3 Termes
Col de la Cadière
Col des Lentisques
C. du Mistral
C. Belle-Barbe
Montrouge
Boson
Carrefour-du-Logis-de-Paris
Le Planestel
Séguret
Tremblant
Minelle
Barbossi
Castel de Guiol
Les Margoutons
Le Soleil-des-Adrets
La Bocca
Rocheville
Super-Cannes
La Californie
Les Mayans
Le Plan-de-Grasse
Plascassier
Le Colombier
La Bégude
Bois Fleuri
Notre-Dame
Super Antibes
La Croix-Rouge
St-Maymes
St-Jean
La Brague
Logis-du-Loup
Bouches-du-Loup
Cros-de-Cagnes
Col du Pilon
Napoléon
Val-de-Chalvagne
La Rochette
St-Pierre
St-Antonin
Ascros
Toudon
Les Crottes
La Penne
Tête du Puy
Mt Brune
Mt Vial
Tunnels en travaux
d'Utelles
Col du Dragon
Chaîne du Férion
Durandy
Plan-du-Var
Baus-Roux
Les Traverses
Ste-Claire
St-Blaise
La Roquette
La Croix-de-Fer
Mt Cima
Castagniers
St-Roman-de-Bellet
Lingostière
Le Tignet
Le Mas
Les Veyans
Rivierazur
Tournon
Belluny
Les Marjoris
Les Pourrières
L'Olivier
La Roquette-s-Siagne
Ranguin
Le Logis
N.-D. de Vie
Les Cabrières
Cannes-la-Bocca
Les Gardes

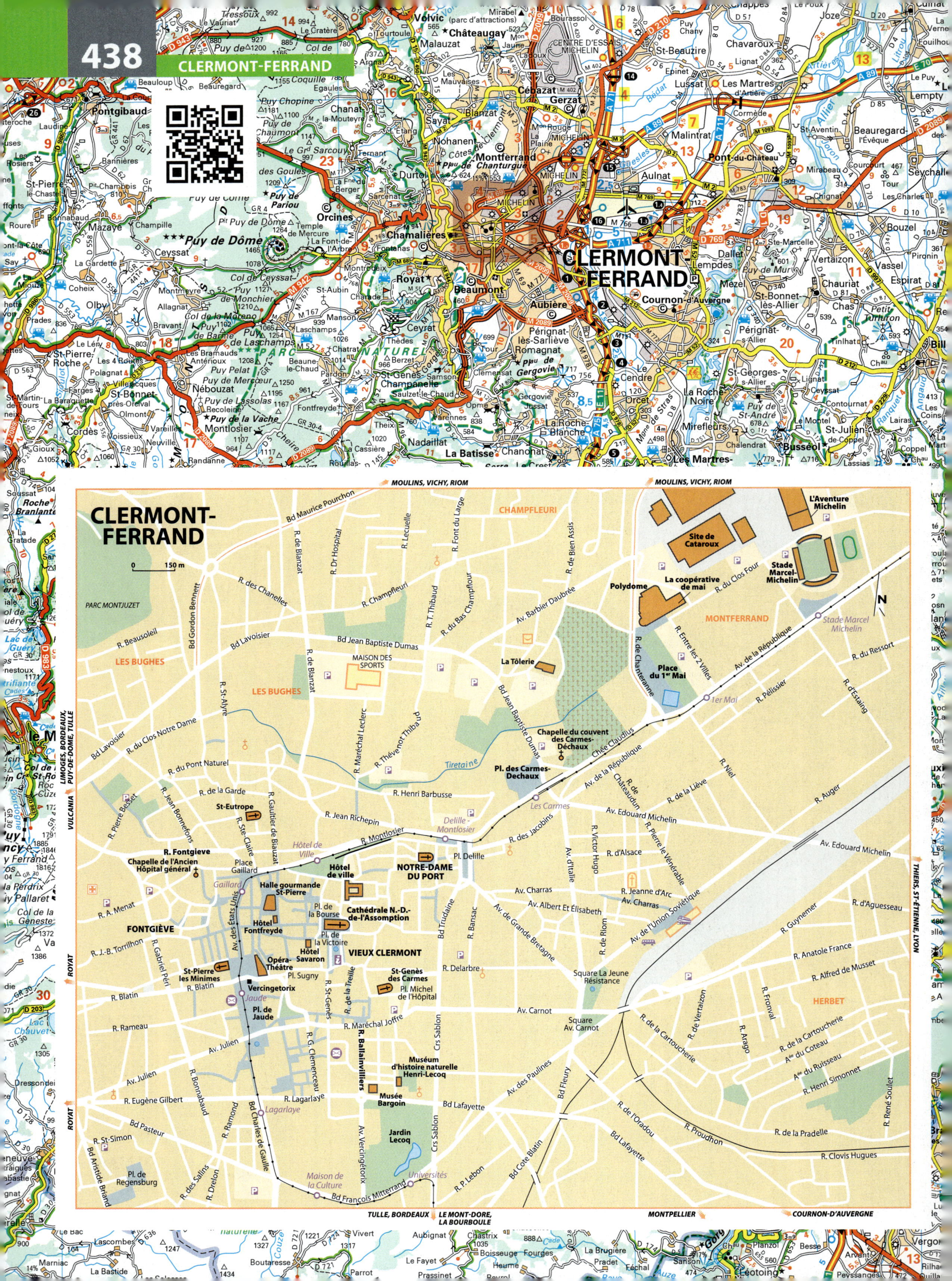

CLERMONT-FERRAND
Volvic
Châteaugay
Cébazat
Gerzat
Blanzat
Montferrand
Pontgibaud
Puy de Dôme
Orcines
Chamalières
Royat
Beaumont
Aubière
Aulnat
Lempdes
Pont-du-Château
Cournon-d'Auvergne
Pérignat-lès-Sarliève
Romagnat
Plateau de Gergovie
Ceyrat
St-Genès-Champanelle
Le Cendre
Orcet
Mirefleurs
La Roche-Blanche
Nadaillat
La Batisse
Chanonat
Les Martres-
PARC NATUREL
CLERMONT-FERRAND
0 150 m
MOULINS, VICHY, RIOM
CHAMPFLEURI
L'Aventure Michelin
Site de Cataroux
Stade Marcel-Michelin
Polydome
La coopérative de mai
MONTFERRAND
PARC MONTJUZET
LES BUGHES
MAISON DES SPORTS
La Tôlerie
Place du 1er Mai
Chapelle du couvent des Carmes-Déchaux
Pl. des Carmes-Dechaux
Tiretaine
St-Eutrope
R. Fontgieve
Chapelle de l'Ancien Hôpital général
Place Gaillard
Hôtel de ville
NOTRE-DAME DU PORT
Halle gourmande St-Pierre
Cathédrale N.-D.-de-l'Assomption
Hôtel Fontfreyde
FONTGIÈVE
Hôtel Savaron
VIEUX CLERMONT
St-Pierre-les Minimes
Opéra-Théâtre
St-Genès-des Carmes
Vercingetorix
Pl. de Jaude
Pl. Sugny
Pl. Delille
Pl. de la Bourse
Pl. de la Victoire
Pl. Michel de l'Hôpital
Square La Jeune Résistance
Square Av. Carnot
HERBET
Muséum d'histoire naturelle Henri-Lecoq
Musée Bargoin
Jardin Lecoq
Pl. de Regensburg
Maison de la Culture
Universités
Lagarlaye
Les Carmes
1er Mai
Stade Marcel Michelin
Delille Montlosier
Hôtel de Ville
Gaillard
Jaude
LIMOGES, BORDEAUX, PUY-DE-DÔME, TULLE
VULCANIA
ROYAT
THIERS, ST-ÉTIENNE, LYON
TULLE, BORDEAUX
LE MONT-DORE, LA BOURBOULE
MONTPELLIER
COURNON-D'AUVERGNE

Ribeauvillé
Riquewihr
Kaysersberg
Ammerschwihr
Turckheim
Wintzenheim
Munster
Eguisheim
Hohlandsbourg
Rouffach
Soultzmatt
Guebwiller
Soultz Haut-Rhin
Cernay
Thann
Wittelsheim
Pfastatt
Colmar
Horbourg-Wihr
Andolsheim
Neuf-Brisach
Breisach am Rhein
Volgelsheim
Biesheim
Sundhoffen
Ste-Croix-en-Plaine
Niederhergheim
Oberhergheim
Illhaeusern
Ingersheim
Orbey
Lapoutroie
Le Bonhomme
Col du Bonhomme
Murbach
Lautenbach
Historial du Hartmannswillerkopf
Vieil Armand
Ecomusée d'Alsace
Grand Ballon
Route du Vin
TURCKHEIM, INGERSHEIM
ST-DIÉ-DES-VOSGES, STRASBOURG, SÉLESTAT
NANCY
BREISACH AM RHEIN
GÉRARDMER
MULHOUSE, GUEBWILLER
MULHOUSE BÂLE
MUSÉE UNTERLINDEN
Pl. du 18-Novembre
Les Dominicains de Colmar
Village Hansi & son musée
Maison des Têtes
Église des Dominicains
Espace d'art contemporain A. Malraux
Musée du Jouet
Poêle des Laboureurs
St-Martin
Maison Adolphe
St-Matthieu
Ancien corps de garde
Ancien presbytère protestant
Maison Pfister
Musée Bartholdi
Ancien Hôpital
Fontaine Schwendi
Ancien conseil souverain d'Alsace
Maison des Chevaliers de St-Jean
Koïfhus (Ancienne Douane)
QUARTIER DES TANNEURS
Marché couvert
PETITE VENISE
Fontaine Roesselmann
Musée d'Histoire naturelle et d'Ethnographie
QUARTIER DE LA KRUTENAU
Pont St-Pierre
QUARTIER ALLEMAND
SQUARE HANSI
Pl. Rapp
PARC DU CHAMP DE MARS
JARDIN MÉQUILLET
COLMAR
100 m

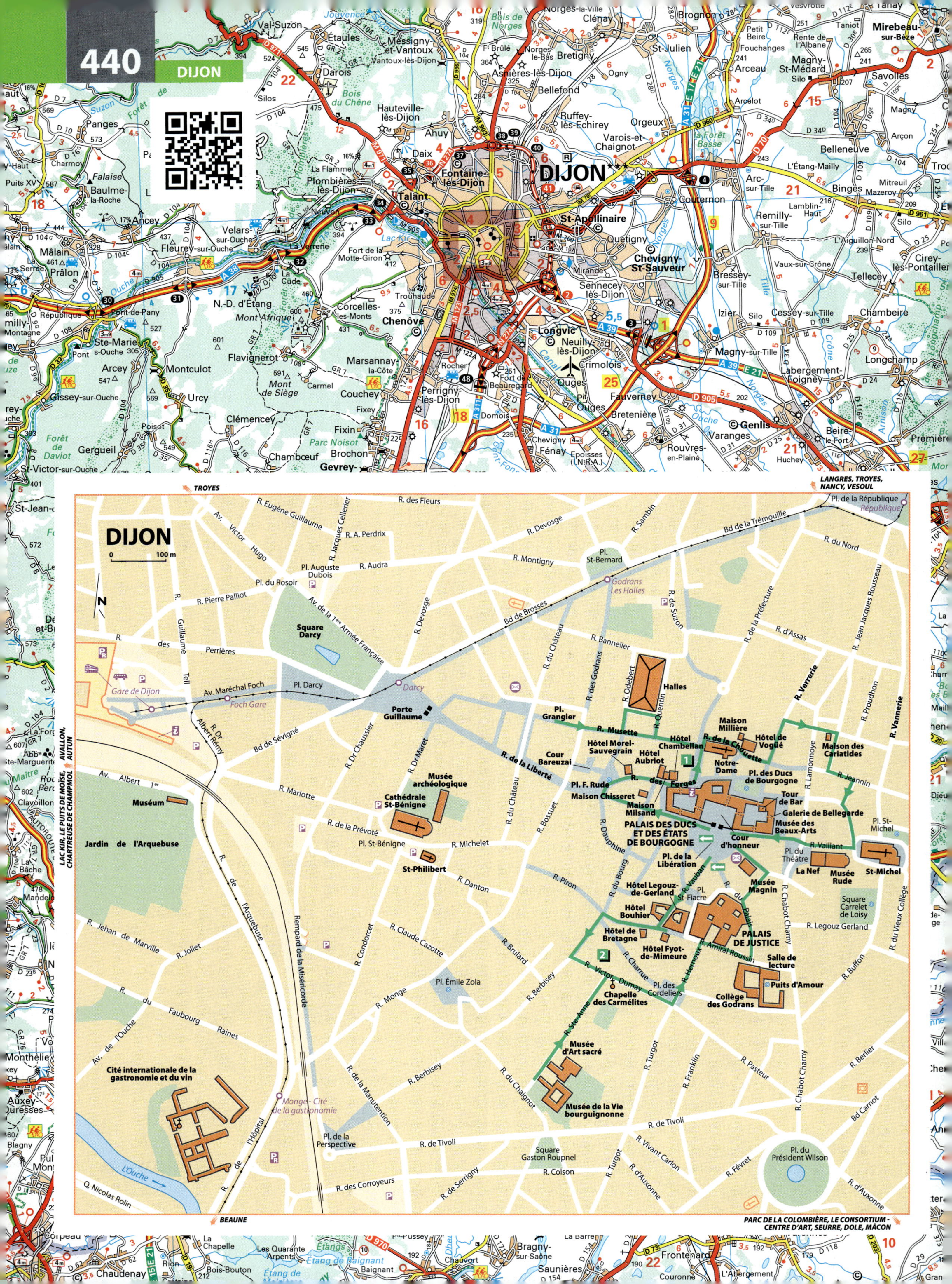
DIJON
Fontaine-lès-Dijon
Talant
St-Apollinaire
Chevigny-St-Sauveur
Quetigny
Chenôve
Longvic
Neuilly-lès-Dijon
Marsannay-la-Côte
Perrigny-lès-Dijon
Plombières-lès-Dijon
Sennecey-lès-Dijon
Couternon
Genlis
Mirebeau-sur-Bèze
DIJON
0
100 m
N
TROYES
LANGRES, TROYES, NANCY, VESOUL
AVALLON, AUTUN
LAC KIR, LE PUITS DE MOÏSE, CHARTREUSE DE CHAMPMOL
BEAUNE
PARC DE LA COLOMBIÈRE, LE CONSORTIUM - CENTRE D'ART, SEURRE, DOLE, MÂCON
Gare de Dijon
Foch Gare
Av. Maréchal Foch
Pl. Darcy
Darcy
Square Darcy
Porte Guillaume
Pl. de la République
République
Bd de la Trémouille
Bd de Brosses
Pl. St-Bernard
Godrans Les Halles
Halles
Pl. Grangier
R. Musette
Cour Bareuzai
R. de la Liberté
Hôtel Morel-Sauvegrain
Hôtel Chambellan
Hôtel Aubriot
R. de la Chouette
Maison Milliière
Hôtel de Vogüé
Notre-Dame
Pl. des Ducs de Bourgogne
Tour de Bar
Galerie de Bellegarde
Musée des Beaux-Arts
Maison des Cariatides
Pl. F. Rude
Maison Chisseret
Maison Milsand
PALAIS DES DUCS ET DES ÉTATS DE BOURGOGNE
Cour d'honneur
Pl. de la Libération
Pl. du Théâtre
La Nef
Musée Rude
Pl. St-Michel
St-Michel
Musée archéologique
Cathédrale St-Bénigne
Pl. St-Bénigne
St-Philibert
Hôtel Legouz-de-Gerland
Pl. St-Fiacre
Hôtel Bouhier
Musée Magnin
Hôtel de Bretagne
Hôtel Fyot-de-Mimeure
PALAIS DE JUSTICE
Salle de lecture
Puits d'Amour
Collège des Godrans
Pl. des Cordeliers
Chapelle des Carmélites
Musée d'Art sacré
Musée de la Vie bourguignonne
Square Carrelet de Loisy
Pl. Émile Zola
Muséum
Jardin de l'Arquebuse
Cité internationale de la gastronomie et du vin
Monge - Cité de la gastronomie
Pl. de la Perspective
Square Gaston Roupnel
Pl. du Président Wilson
L'Ouche
Rempart de la Miséricorde
R. de l'Arquebuse
R. de l'Hôpital
R. Devosge
R. Monge
R. de Tivoli
R. Chabot Charny
R. Vannerie
R. Verrerie
R. Jeannin
R. Vaillant
R. Piron
R. Bossuet
R. du Château
R. Mariotte
Bd de Sévigné
R. Guillaume Tell
R. des Perrières
R. Pasteur
R. d'Auxonne
Bd Carnot
R. Berbisey
R. du Chaignot
R. Turgot
R. Franklin
R. Condorcet
R. Claude Cazotte
R. de la Manutention
R. des Corroyeurs
R. de Serrigny
R. Colson

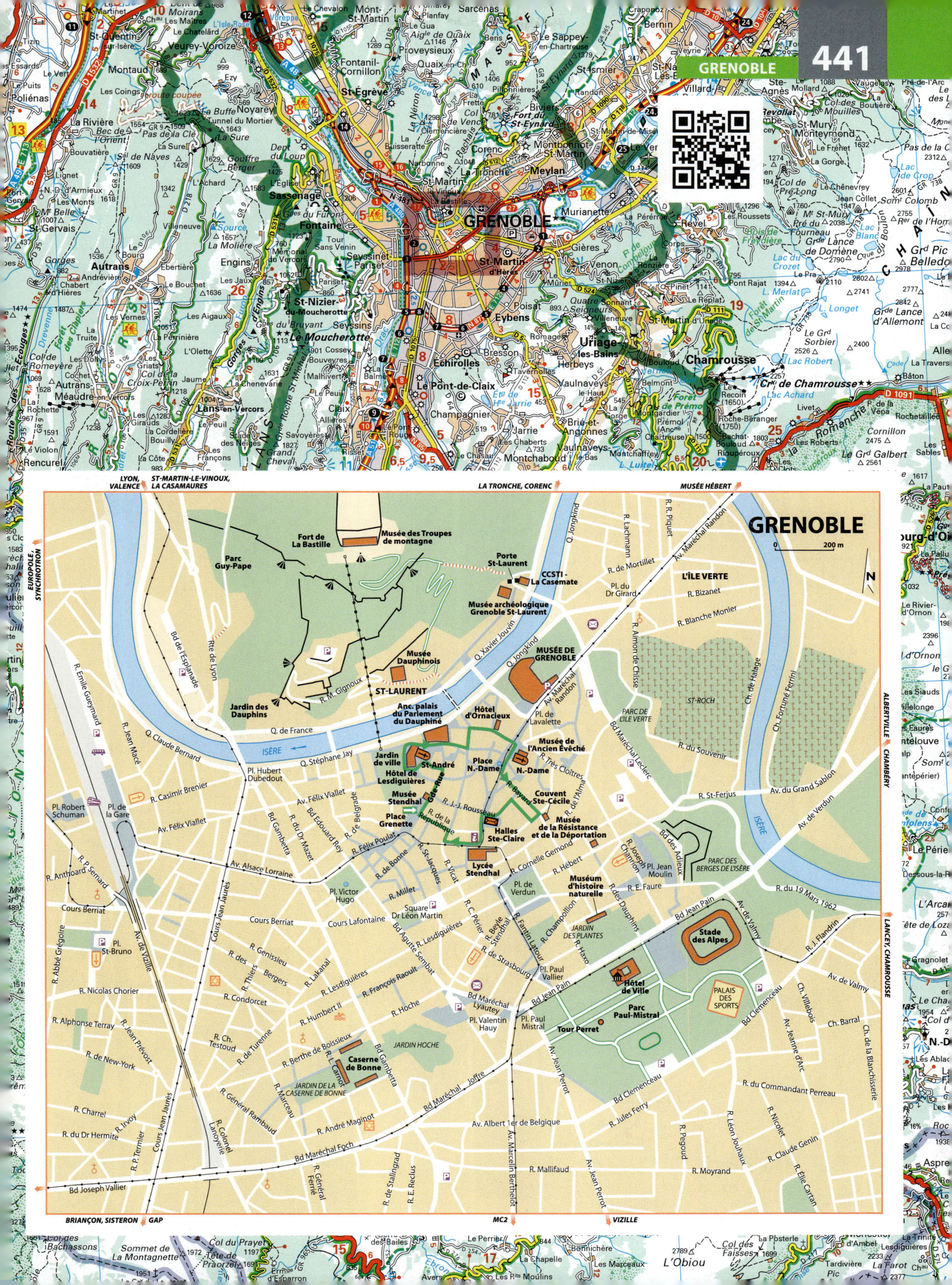
GRENOBLE
St-Égrève
Meylan
Sassenage
Fontaine
Seyssinet-Pariset
St-Martin-d'Hères
Eybens
Échirolles
Le Pont-de-Claix
Uriage-les-Bains
Chamrousse
Autrans
Lans-en-Vercors
St-Nizier-du-Moucherotte
GRENOBLE
LYON, VALENCE
ST-MARTIN-LE-VINOUX, LA CASAMAURES
LA TRONCHE, CORENC
MUSÉE HÉBERT
EUROPOLE SYNCHROTRON
ALBERTVILLE CHAMBÉRY
LANCEY, CHAMROUSSE
BRIANÇON, SISTERON
GAP
MC2
VIZILLE
Fort de La Bastille
Musée des Troupes de montagne
Parc Guy-Pape
Porte St-Laurent
CCSTI - La Casemate
Musée archéologique Grenoble St-Laurent
Musée Dauphinois
ST-LAURENT
Jardin des Dauphins
MUSÉE DE GRENOBLE
L'ÎLE VERTE
ST-ROCH
PARC DE L'ÎLE VERTE
ISÈRE
Anc. palais du Parlement du Dauphiné
Hôtel d'Ornacieux
Musée de l'Ancien Évêché
Jardin de ville
St-André
Place N.-Dame
N.-Dame
Hôtel de Lesdiguières
Musée Stendhal
Place Grenette
Couvent Ste-Cécile
Musée de la Résistance et de la Déportation
Halles Ste-Claire
Lycée Stendhal
Muséum d'histoire naturelle
JARDIN DES PLANTES
PARC DES BERGES DE L'ISÈRE
Stade des Alpes
PALAIS DES SPORTS
Hôtel de Ville
Parc Paul-Mistral
Tour Perret
JARDIN HOCHE
Caserne de Bonne
JARDIN DE LA CASERNE DE BONNE
Pl. de Verdun
Pl. Victor Hugo
Pl. Hubert Dubedout
Pl. Robert Schuman
Pl. de la Gare
Pl. St-Bruno
Pl. Paul Mistral
Pl. Valentin Haüy
Square Dr Léon Martin
Cours Jean Jaurès
Cours Berriat
Cours Lafontaine
Av. Alsace Lorraine
Av. Félix Viallet
Bd Gambetta
Bd Joseph Vallier
Bd Maréchal Foch
Bd Maréchal Joffre
Bd Jean Pain
Bd Clemenceau
Av. Albert 1er de Belgique
Av. Marcelin Berthelot
Av. Jean Perrot
Av. Jeanne d'Arc
Av. de Valmy
Av. de Verdun
Av. du Grand Sablon
Q. de France
Q. Stéphane Jay
Q. Xavier Jouvin
Q. Jongkind
R. du 19 Mars 1962

Cauville-sur-Mer
Mannevillette
Le Bec
N.-D.-du-Bec
Hermeville
St-Sauveur
Beuzeville-la-Grenier
Rolleville
Angerville-l'Orcher
Virville
Nointot
Lanquetot
Café Blanc
St-Supplix
St-Barthélémy
Fontenay
Manéglise
Graimbouville
St-Gilles-de-la-Neuville
Parc-d'Anxtot
St-Jean-de-la-Neuville
Bolbec
Étainhus
Gommerville
Octeville-sur-Mer
Épouville
Sainneville
Montivilliers
St-Laurent-de-Brèvedent
Épretot
Les Trois-Pierres
St-Eustache-la-Forêt
Mélamare
St-Antoine-la-Forêt
St-Andrieux
Dondeneville
Fontaine-la-Mallet
St-Martin-du-Manoir
St-Romain-de-Colbosc
Le Grand Hameau
Ignauval
Bléville
Forêt de Montgeon
Rouelles
St-Aubin-Routot
Cap de la Hève
Ste-Adresse
Sanvic
Graville
Harfleur
Gonfreville-l'Orcher
Gainneville
Rogerville
St-Vincent-Cramesnil
La Cerlangue
St-Nicolas-de-la-Taille
Lillebonne
Oudalle
Sandouville
St-Vigor-d'Ymonville
St-Jean-d'Abbetot
Tancarville
LE HAVRE
PORT 2000
Grand Canal du Havre
Pont de Tancarville
Quillebeuf-sur-Seine
St-Aubin
Réserve naturelle de l'Estuaire de la Seine
Pointe de la Roque
SEINE
Honfleur
Pont de Normandie
Berville-s-Mer
St-Samson-de-la-Roque
Marais Vernier
Fiquefleur-Équainville
Vasouy
Conteville
Côte de Grâce
Villers
Cordebugle
La Chapelle-Hareng
Le Mesnil-Guillaume
St-Denis-de-Mailloc
Le Mesnil-Eudes
Monceaux
Lécaude
Le Mesnil-Mauger
Mont de la Vigne
St-Crespin
Mirbel
Quétiéville
St-Vincent-du-Boulay
FORT DE STE-ADRESSE
Les Jardins suspendus
FORT DE TOURNEVILLE
CIMETIÈRE STE-MARIE
STADE CHARLES ARGENTIN
PARC HAUSER
St-Vincent-de-Paul
St-Michel
Plage
UP#3
Porte océane
Avenue Foch
Hôtel de ville
Bd de Strasbourg
Palais de justice
Gare
Appartement-témoin Auguste-Perret
Narrow House
ST-JOSEPH
Espace Oscar-Niemeyer
Bassin du Commerce
Hôtel Dubocage de Bléville
Muséum d'histoire naturelle
QUARTIER MODERNE
Notre-Dame
Maison de l'Armateur
Musée d'Art moderne André-Malraux (MuMa)
Sémaphore
Le Havre Port Center
Catène de Conteneurs
TERMINAL DE LA CITADELLE
Port
ENSM
Pont des Docks
DOCKS VAUBAN
Bassin Vauban
Bassin Paul Vatine
Bains des Docks
Bassin de l'Eure
Bassin Bellot
Anse des Régates
Port de Plaisance
Anse de Joinville
LA MANCHE
Digue Nord
DIGUE SUD
BASSIN DE LA MANCHE
Université
Rond-point
LE HAVRE
0 200 m

Tourcoing
ROUBAIX
Armentières
LILLE
(RIJSEL)
TOURNAI
(DOORNIK)
Villeneuve d'Ascq
Lambersart
Hauboudin
Wavrin
Lesquin
Mons-en-Barœul
Croix
Wasquehal
Marcq-en-B.
Mouvaux
Wambrechies
La Madeleine
Lomme
Faches-Thumesnil
Ronchin
Lezennes
Hem
Seclin
IEPER / YPRES
OSTENDE / OOSTENDE
TOURCOING, ROUBAIX, GAND/GENT
GRUE GOUINOD
GAND/GENT, ROUBAIX, TOURCOING
HAUBOURDIN
MAISONS DE MODE
JARDIN DES PLANTES
VALENCIENNES
PARIS
DUNKERQUE, BÉTHUNE
EURATECHNOLOGIES, ARMENTIÈRE
LOMME, ARMENTIÈRES
LILLE
0 200 m
N
LAMBERSART
Citadelle
Porte Royale
Zoo de Lille
Parc de la Citadelle
Jardin Vauban
BOIS BLANCS
VAUBAN
ESQUERMES
WAZEMMES
Marché de Wazemmes
VIEUX LILLE
N.-D.-de-la-Treille
Musée de l'Hospice Comtesse
Opéra
Grand-Place
Vieille Bourse
Ste-Catherine
St-Maurice
Centre Euralille
L'Aéronef
Tour de Lille
Tour Lilleurope WTC
Lille Grand Palais
CENTRE
PALAIS DES BEAUX ARTS
Hôtel de ville
Porte de Paris
Noble Tour
Chapelle du Réduit
Gare St-Sauveur
Parc Jean-Baptiste Lebas
MOULINS
WAAO
FIVES
LA MADELEINE
ST-MAURICE PELLEVOISIN
Cimetière de l'Est
Jardin des Géants
Porte de Gand
Porte de Roubaix
Parc Henri Matisse
Maison natale de Charles de Gaulle
Musée d'histoire naturelle de Lille
Maison Folie Wazemmes
Maison Folie Moulins
Cité des Jardins
Cité philanthropique
Centre d'arts plastiques et visuels
St-Pierre-St-Pau
Hermitage Gantois
Maison Coilliot
Monument aux Fusillés
Esplanade du Champs de Mars
Pont Napoléon
Passerelle Vauban
Écluse du Grand Carré
Canal de la Deûle

LYON
Villeurbanne
Vaulx-en-Velin
Bron
Vénissieux
St-Priest
St-Fons
Oullins
Pierre-Bénite
Ste-Foy-lès-Lyon
La Mulatière
Tassin-la-Demi-Lune
Écully
Caluire-et-Cuire
Rillieux-la-Pape
Décines-Charpieu
Meyzieu
Genas
Chassieu
Mions
Corbas
Feyzin
St-Genis-Laval
Irigny
Vernaison
Givors
Grigny
Millery
Mornant
Brignais
Vourles
Charly
Craponne
Francheville
Limonest
Dardilly
Charbonnières-les-Bains
Neuville-s-Saône
Trévoux
Anse
Villefranche
Chalamont
Villars-les-Dombes
Montluel
Miribel
Pérouges
Meximieux
St-Symphorien-d'Ozon
Heyrieux
Villefontaine
La Verpillière
St-Quentin-Fallavier
Colombier-Saugnieu
LYON-SAINT-EXUPÉRY
VIENNE
St-Romain-en-Gal
Rive-de-Gier
Vaugneray
Chaponost
Parc des Oiseaux
Montanay
Genay
Chazay-d'Azergues
Lozanne
Dommartin
Fontaines-sur-Saône
Sathonay
Tramoyes
Mionnay
Pizay
Balan
Niévroz
Jonage
Pusignan
Janneyrias
Chavagneux
Grenay
St-Pierre-de-Chandieu
Toussieu
Marennes
Chaponnay
Simandres
Communay
Ternay
Sérézin
Solaize
Chasse-s-Rhône
Seyssuel
Chuzelles
Villette-de-Vienne
Luzinay
Septème
Oytier-St-Oblas
Diémoz
Estrablin
Pont-Évêque
Moidieu-Détourbe
Beauvoir-de-Marc
Royas
St-Georges-d'Espéranche
Charantonnay
Échalas
Loire-s-Rhône
Trèves
Dargoire
Tartaras
Chassagny
St-Andéol-le-Château
St-Laurent-d'Agny
Taluyers
Orliénas
Soucieu-en-Jarrest
Messimy
Thurins
Rontalon
Yzeron
Brindas
Grézieu-la-Varenne
Pollionnay
Sourcieux-les-Mines
L'Arbresle
Fleurieux
Éveux
Lentilly
La Tour-de-Salvagny
Marcy-l'Étoile
St-Germain-Nuelles
Châtillon
Belmont-d'Azergues
Marcilly-d'Azergues
Civrieux-d'Azergues
Lissieu
Les Chères
Chasselay
Quincieux
Ambérieux
Lucenay
Morancé
Marcy
Alix
Frontenas
Pommiers
Liergues
Lachassagne
Jassans-Riottier
Reyrieux
Parcieux
Massieux
Civrieux
Ambérieux-en-Dombes
Rancé
Savigneux
Lapeyrouse
Monthieux
St-Marcel-en-Dombes
St-André-de-Corcy
Birieux
Versailleux
Joyeux
Le Montellier
Bressolles
Béligneux
Dagneux
Beynost
Thil
St-Maurice-de-Beynost
Neyron
Cailloux-s-Fontaines
Rochetaillée
Fleurieu-s-Saône
Albigny-s-Saône
Couzon
Curis-au-Mt-d'Or
Poleymieux-au-Mt-d'Or
St-Germain-au-Mt-d'Or
Collonges-au-Mt-d'Or
St-Cyr-au-Mt-d'Or
St-Didier-au-Mt-d'Or
Champagne-au-Mt-d'Or
St-Romain-au-Mt-d'Or
St-Genis-les-Ollières
Mi-Plaine
St-Bonnet-de-Mure
St-Laurent-de-Mure
Valencin
Satolas-et-Bonce

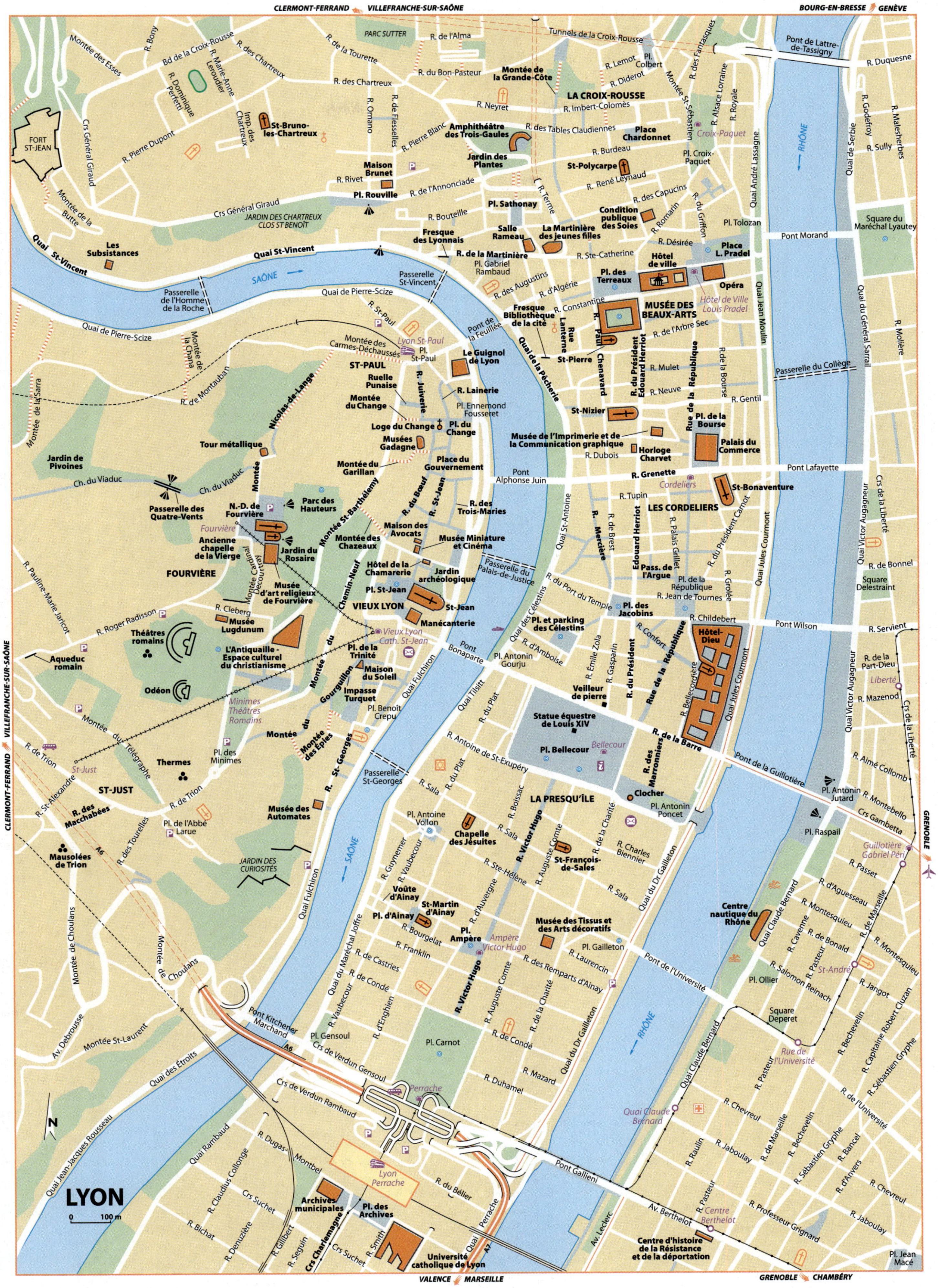
LYON
CLERMONT-FERRAND
VILLEFRANCHE-SUR-SAÔNE
BOURG-EN-BRESSE
GENÈVE
GRENOBLE
CHAMBÉRY
VALENCE
MARSEILLE
LA CROIX-ROUSSE
ST-PAUL
FOURVIÈRE
VIEUX LYON
ST-JUST
LES CORDELIERS
LA PRESQU'ÎLE
SAÔNE
RHÔNE
Fort St-Jean
St-Bruno-les-Chartreux
Amphithéâtre des Trois-Gaules
Jardin des Plantes
Maison Brunet
Pl. Rouville
Pl. Sathonay
St-Polycarpe
Place Chardonnet
Condition publique des Soies
Salle Rameau
La Martinière des jeunes filles
Fresque des Lyonnais
Hôtel de ville
Pl. des Terreaux
Place L. Pradel
Opéra
Musée des Beaux-Arts
Fresque Bibliothèque de la cité
Le Guignol de Lyon
St-Nizier
Musée de l'Imprimerie et de la Communication graphique
Horloge Charvet
Palais du Commerce
St-Bonaventure
Tour métallique
N.-D. de Fourvière
Passerelle des Quatre-Vents
Parc des Hauteurs
Jardin du Rosaire
Musée d'art religieux de Fourvière
Maison des Avocats
Musée Miniature et Cinéma
Hôtel de la Chamarerie
Jardin archéologique
St-Jean
Manécanterie
Théâtres romains
Musée Lugdunum
L'Antiquaille - Espace culturel du christianisme
Odéon
Aqueduc romain
Thermes
Mausolées de Trion
Musée des Automates
Hôtel-Dieu
Statue équestre de Louis XIV
Pl. Bellecour
Clocher
Chapelle des Jésuites
St-François-de-Sales
Voûte d'Ainay
St-Martin d'Ainay
Musée des Tissus et des Arts décoratifs
Centre nautique du Rhône
Archives municipales
Université catholique de Lyon
Centre d'histoire de la Résistance et de la déportation
Lyon Perrache
Pont Morand
Pont Lafayette
Pont Wilson
Pont de la Guillotière
Pont de l'Université
Pont Gallieni
Pont Kitchener Marchand
Pont Bonaparte
Pont de Lattre-de-Tassigny
Passerelle du Collège
Passerelle St-Vincent
Passerelle St-Georges
Passerelle du Palais-de-Justice
Quai St-Vincent
Quai de Pierre-Scize
Quai Fulchiron
Quai Jules Courmont
Quai Victor Augagneur
Quai Claude Bernard
Quai du Dr Gailleton
Rue de la République
R. du Président Édouard Herriot
R. Victor Hugo
Cours de Verdun Gensoul
Cours de Verdun Rambaud
Cours Gambetta
Cours de la Liberté
Av. Berthelot
Av. Leclerc
Pl. Carnot
Pl. Ampère
Pl. Antonin Poncet
Pl. Jean Macé
Square Delestraint
Square du Maréchal Lyautey
0 100 m
N

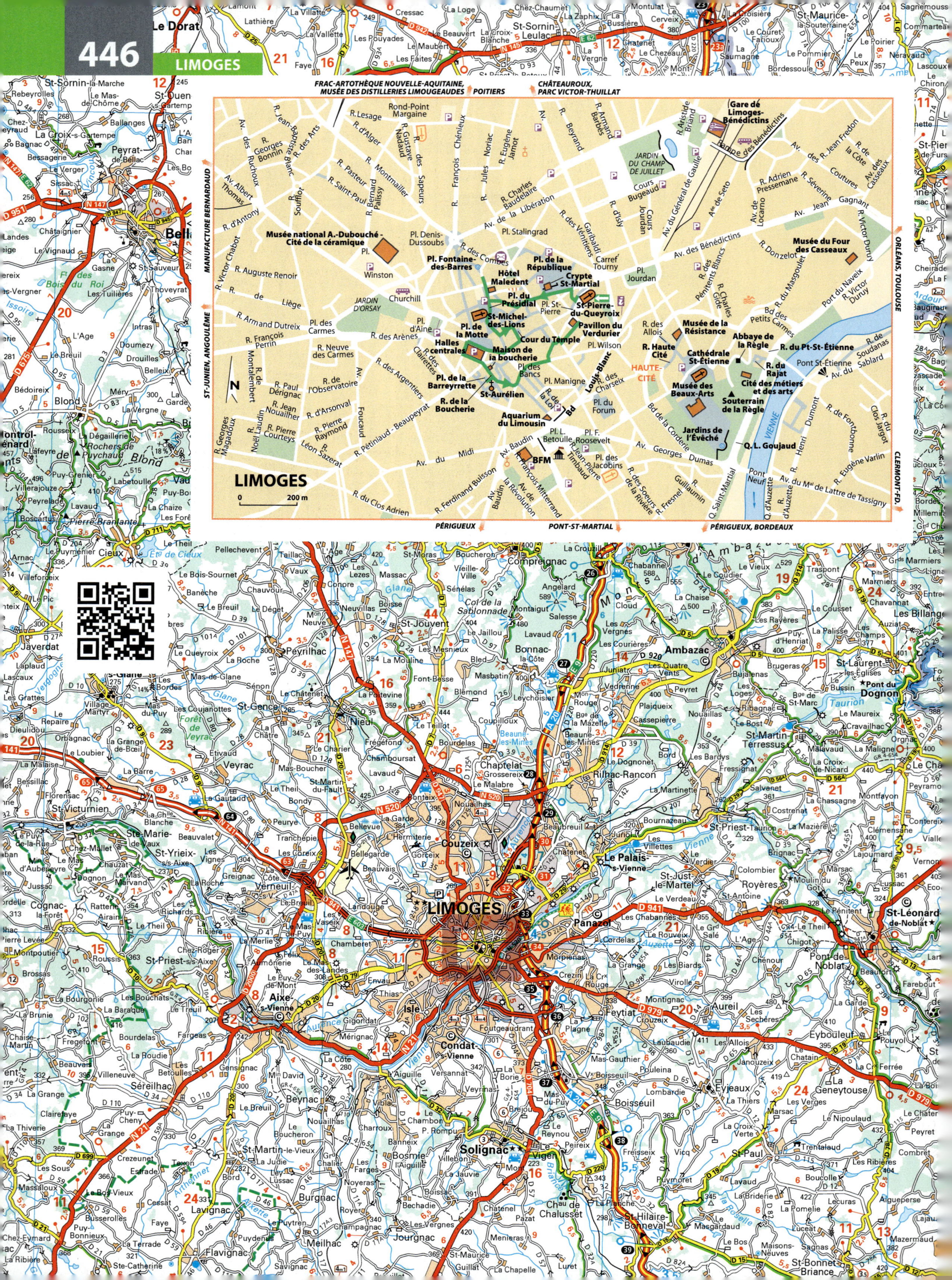
LIMOGES
Le Dorat
Bellac
Ambazac
Couzeix
Panazol
Le Palais-s-Vienne
Isle
Condat-s-Vienne
Aixe-s-Vienne
Solignac
St-Léonard-de-Noblat
Feytiat
Eybouleuf
Nieul
Verneuil-s-Vienne
St-Jouvent
Peyrilhac
Chaptelat
Rilhac-Rancon
Bonnac-la-Côte
Boisseuil
St-Priest-Taurion
St-Just-le-Martel
Royères
St-Laurent-les-Églises
Ste-Marie-de-Vaux
St-Victurnien
St-Yrieix-s-Aixe
Séreilhac
Beynac
Burgnac
Jourgnac
Le Vigen
St-Hilaire-Bonneval
Eyjeaux
St-Paul
Ste-Marie-de-Vaux
Compreignac
Blond
Cieux
Javerdat
Veyrac
FRAC-ARTOTHÈQUE NOUVELLE-AQUITAINE, MUSÉE DES DISTILLERIES LIMOUGEAUDES
POITIERS
CHÂTEAUROUX, PARC VICTOR-THUILLAT
MANUFACTURE BERNARDAUD
ST-JUNIEN, ANGOULÊME
ORLÉANS, TOULOUSE
CLERMONT-FD.
PÉRIGUEUX
PONT-ST-MARTIAL
PÉRIGUEUX, BORDEAUX
Gare de Limoges-Bénédictins
Musée national A.-Dubouché - Cité de la céramique
Pl. Fontaine-des-Barres
Pl. de la République
Hôtel Maledent
Crypte St-Martial
Pl. du Présidial
St-Michel-des-Lions
St-Pierre-du-Queyroix
Pavillon du Verdurier
Halles centrales
Cour du Temple
Maison de la boucherie
Pl. de la Barreyrrette
St-Aurélien
R. de la Boucherie
Aquarium du Limousin
BFM
Musée de la Résistance
Abbaye de la Règle
Cathédrale St-Étienne
Musée des Beaux-Arts
Cité des métiers et des arts
Souterrain de la Règle
Jardins de l'Évêché
Musée du Four des Casseaux
JARDIN DU CHAMP DE JUILLET
JARDIN D'ORSAY
HAUTE-CITÉ
Pl. Jourdan
Pl. Stalingrad
Pl. Denis-Dussoubs
Pl. Winston Churchill
Pl. Wilson
Pl. Manigne
Pl. du Forum
Pl. des Jacobins
Carref. Tourny
Pont Neuf
Pont St-Étienne
VIENNE
LIMOGES
200 m

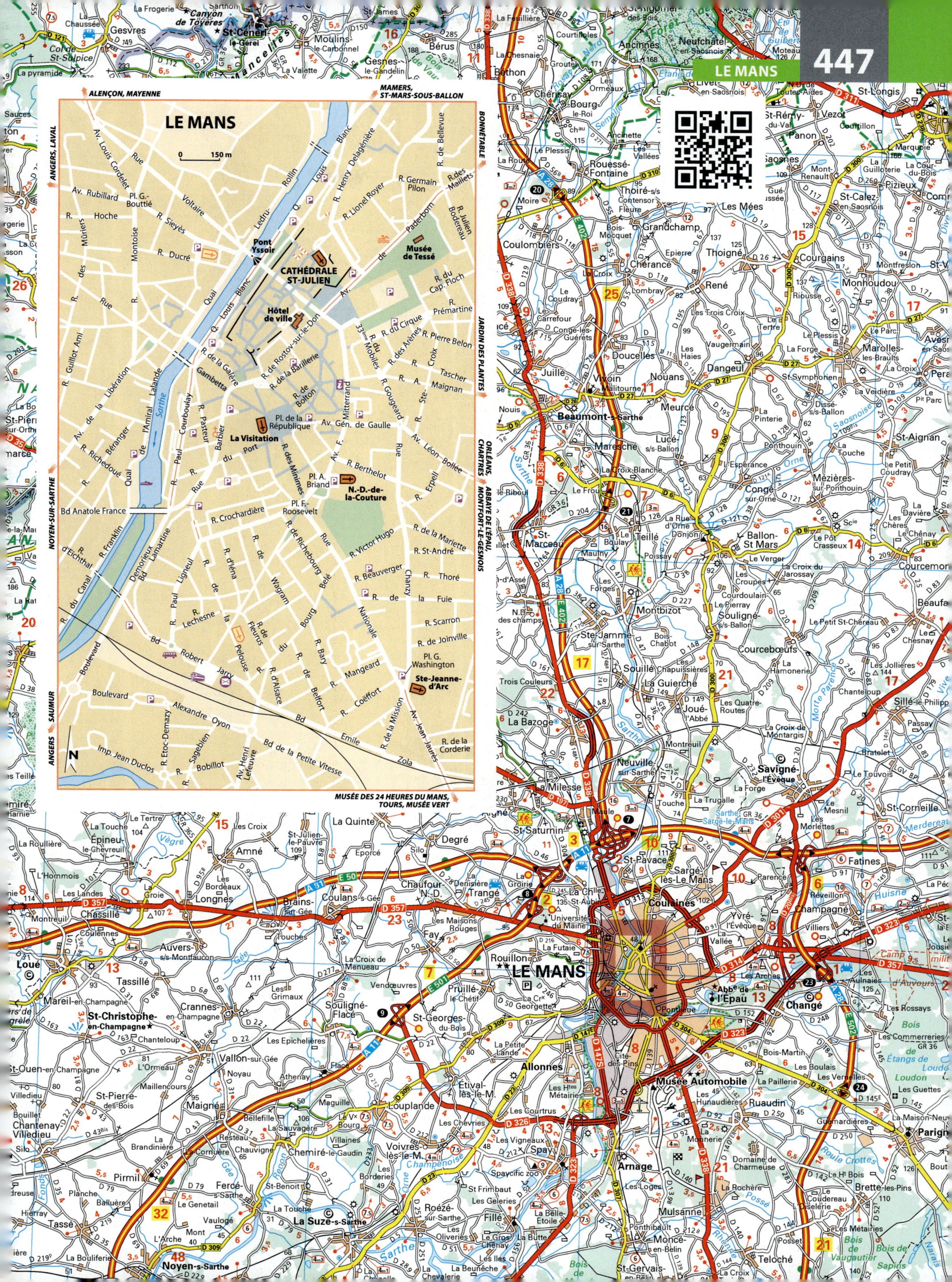
LE MANS
0 150 m
ALENÇON, MAYENNE
MAMERS, ST-MARS-SOUS-BALLON
BONNÉTABLE
JARDIN DES PLANTES
ORLÉANS, CHARTRES
ABBAYE DE L'ÉPAU, MONTFORT-LE-GESNOIS
MUSÉE DES 24 HEURES DU MANS, TOURS, MUSÉE VERT
ANGERS, SAUMUR
NOYEN-SUR-SARTHE
ANGERS, LAVAL
CATHÉDRALE ST-JULIEN
Hôtel de ville
Pont Yssoir
Musée de Tessé
La Visitation
Pl. de la République
N.-D.-de-la-Couture
Ste-Jeanne-d'Arc
Pl. A. Briand
Pl. F. Roosevelt
Pl. G. Washington
Pl. G.-Boutté
Bd Anatole France
Sarthe
Av. Rubillard
Av. Louis Cordelet
Av. de la Libération
Bd de la Petite Vitesse
LE MANS
Musée Automobile
Abbaye de l'Épau
Allonnes
Coulaines
Changé
Arnage
Mulsanne
Beaumont-s-Sarthe
Ballon-St Mars
Savigné-l'Évêque
La Suze-s-Sarthe
Noyen-s-Sarthe
Montbizot
Loué
Parigné
Sargé-lès-Le Mans
Trangé
La Milesse
Neuville-sur-Sarthe
Ruaudin
Champagné
Yvré-l'Évêque
Rouillon
Pruillé-le-Chétif
Étival-lès-le-M.
Spay
Fillé
Moncé-en-Belin
Teloché
Brette-les-Pins
St-Gervais-en-Belin

MARSEILLE
Rade de Marseille
Île Ratonneau
Île Pomègues
Îles du Frioul
Cap Caveaux
Château d'If
Plages du Prado
Cap Croisette
Île Tiboulen
Île Maire
L'Estaque
Niolon
Allauch
Aubagne
Gémenos
Cassis
La Penne-sur-Huveaune
Carnoux-en-Provence
Roquefort-la-Bédoule
Ceyreste
Cuges-les-Pins
Plan-de-Cuques
Septèmes-les-Vallons
Les Pennes-Mirabeau
Cadolive
Peypin
St-Savournin
Auriol
St-Zacharie
Roquevaire
La Destrousse
Parc National
Calanques
Massif de la Ste-Baume
Chaîne de St-Cyr
Parc de St-Pons

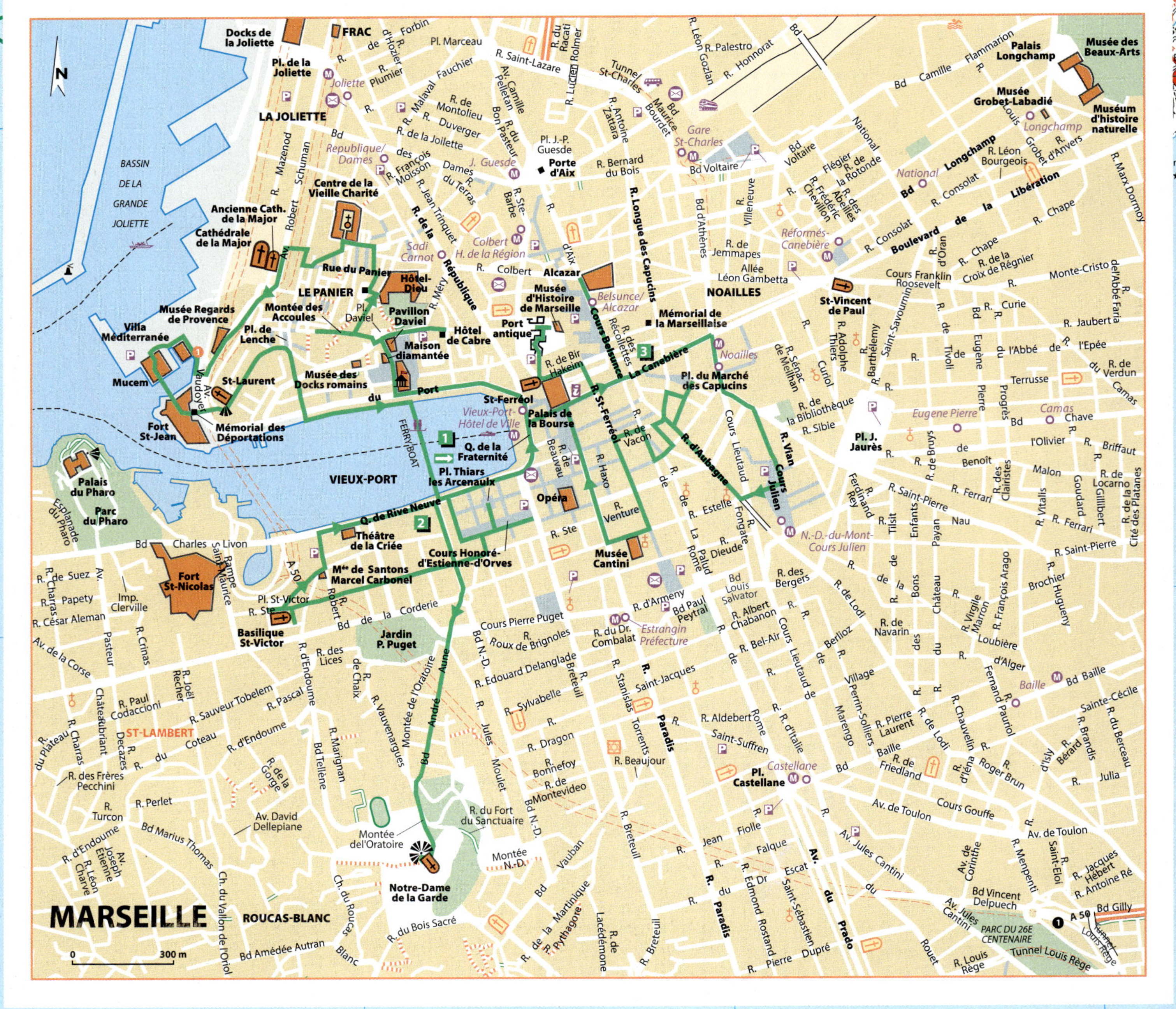
MARSEILLE
VIEUX-PORT
LA JOLIETTE
LE PANIER
NOAILLES
ST-LAMBERT
ROUCAS-BLANC
BASSIN DE LA GRANDE JOLIETTE
Docks de la Joliette
FRAC
Pl. de la Joliette
Ancienne Cath. de la Major
Cathédrale de la Major
Centre de la Vieille Charité
Hôtel-Dieu
Musée Regards de Provence
Villa Méditerranée
Mucem
Fort St-Jean
Montée des Accoules
Pavillon Daviel
Hôtel de Cabre
Maison diamantée
Musée des Docks romains
St-Laurent
Mémorial des Déportations
Palais du Pharo
Parc du Pharo
Fort St-Nicolas
Théâtre de la Criée
Mée de Santons Marcel Carbonel
Basilique St-Victor
Jardin P. Puget
Notre-Dame de la Garde
Porte d'Aix
Alcazar
Musée d'Histoire de Marseille
Port antique
Mémorial de la Marseillaise
Palais de la Bourse
Opéra
Musée Cantini
Pl. du Marché des Capucins
St-Vincent de Paul
Pl. J. Jaurès
Palais Longchamp
Musée des Beaux-Arts
Muséum d'histoire naturelle
Musée Grobet-Labadié
Gare St-Charles
Q. de la Fraternité
Pl. Thiars les Arsenaux
Q. de Rive Neuve
Cours Honoré-d'Estienne-d'Orves
La Canebière
Bd de la Libération
Bd Longchamp
Av. du Prado
Pl. Castellane
Tunnel Louis Rège
PARC DU 26E CENTENAIRE
0 300 m

METZ
0
100 m
THIONVILLE, LUXEMBOURG
METZ NORD
St-Vincent
Pl. Valladier
Pont St-Georges
PONTIFFROY
Préfecture
Pl. de la Préfecture
Temple de Garnison
Théâtre
SQUARE DU LUXEMBOURG
Pl. de la Comédie
Musée de la Cour d'Or
R. Marchant
Pl. Nelson Mandela
Temple Neuf
ST-ÉTIENNE
Hôtel St-Livier-FRAC Lorraine
JARDIN DES TANNEURS DE METZ
Moyen Pont
UNIVERSITÉ
JARDIN ABBÉ PIERRE
Marché couvert
Pl. J.-Paul II
Pl. d'Armes
Pl. Ste-Croix
Ancien couvent des Récollets
Palais de Justice
ANCIENNE VILLE
St-Eucaire
R. des Allemands
Porte des Allemands
Pl. des Paraiges
Plan d'Eau
Jardin des Régates
Esplanade
Maison natale de Paul Verlaine
N.-D.-de-l'Assomption
Pl. St-Simplice
Pl. St-Louis
St-Maximin
St-Pierre aux Nonnains
Pl. de la République
Chapelle des Templiers
Arsenal
Citadelle
St-Martin-aux-Champs
Palais du Gouverneur
Porte Serpenoise
Tour Camoufle
Remp. St Thiébault
Pl. St Thiébault
Pl. Mazelle
Avenue Foch
Pl. R. Mondon
Château d'Eau
Pl. du Roi-George
Gare de Metz
CENTRE POMPIDOU-METZ
AMPHITHÉÂTRE
JARDIN BOTANIQUE
PONT-À-MOUSSON
NOMENY
PARC DE LA SEILLE
JARDINS FRUITIERS DE LAQUENEXY
STRASBOURG
LONGEVILLE-LÈS-METZ
SCY-CHAZELLES
Esch-sur-A.
Dudelange
Hettange-Grande
Cattenom
Thionville
Yutz
Florange
Uckange
Hayange
Fameck
Guénange
Amnéville
Hagondange
Rombas
Maizières-lès-M.
Moyeuvre-Gde
Briey
Jœuf
Homécourt
Auboué
Conflans-en-Jarnisy
Jarny
Mars-la-Tour
Chambley-Bussières
Gorze
Ars-s-Moselle
Woippy
Montigny-lès-M.
Moulins-lès-M.
Scy-Chazelles
Longeville
METZ
Vigy
Laquenexy
Verny
Metzervisse
Kédange
Walygator Parc
Marly
Pouilly
Peltre

MONTPELLIER
St-Gély-du-Fesc
St-Clément-de-Rivière
Prades-le-Lez
Assas
Teyran
Castries
Vendargues
Baillargues
St-Brès
Valergues
Lunel-Viel
Lansargues
Mudaison
St-Aunès
Le Crès
Castelnau-le-Lez
Clapiers
Montferrier-sur-Lez
Jacou
Grabels
Juvignac
St-Paul-et-Valmalle
St-Georges-d'Orques
Murviel-lès-Montpellier
Pignan
Lavérune
Saussan
St-Jean-de-Védas
Fabrègues
Cournonterral
Cournonsec
Lattes
Pérols
Villeneuve-lès-Maguelone
Carnon-Plage
Mauguio
Candillargues
La Grande-Motte
Le Grau-du-Roi
Seaquarium
Étang de Mauguio ou de l'Or
Étang de Pérols
MONTPELLIER-MÉDITERRANÉE
PARC DES EXPOSITIONS
Boissière
Vailhauquès
Saint-Nazaire-de-Pézan
Golfe


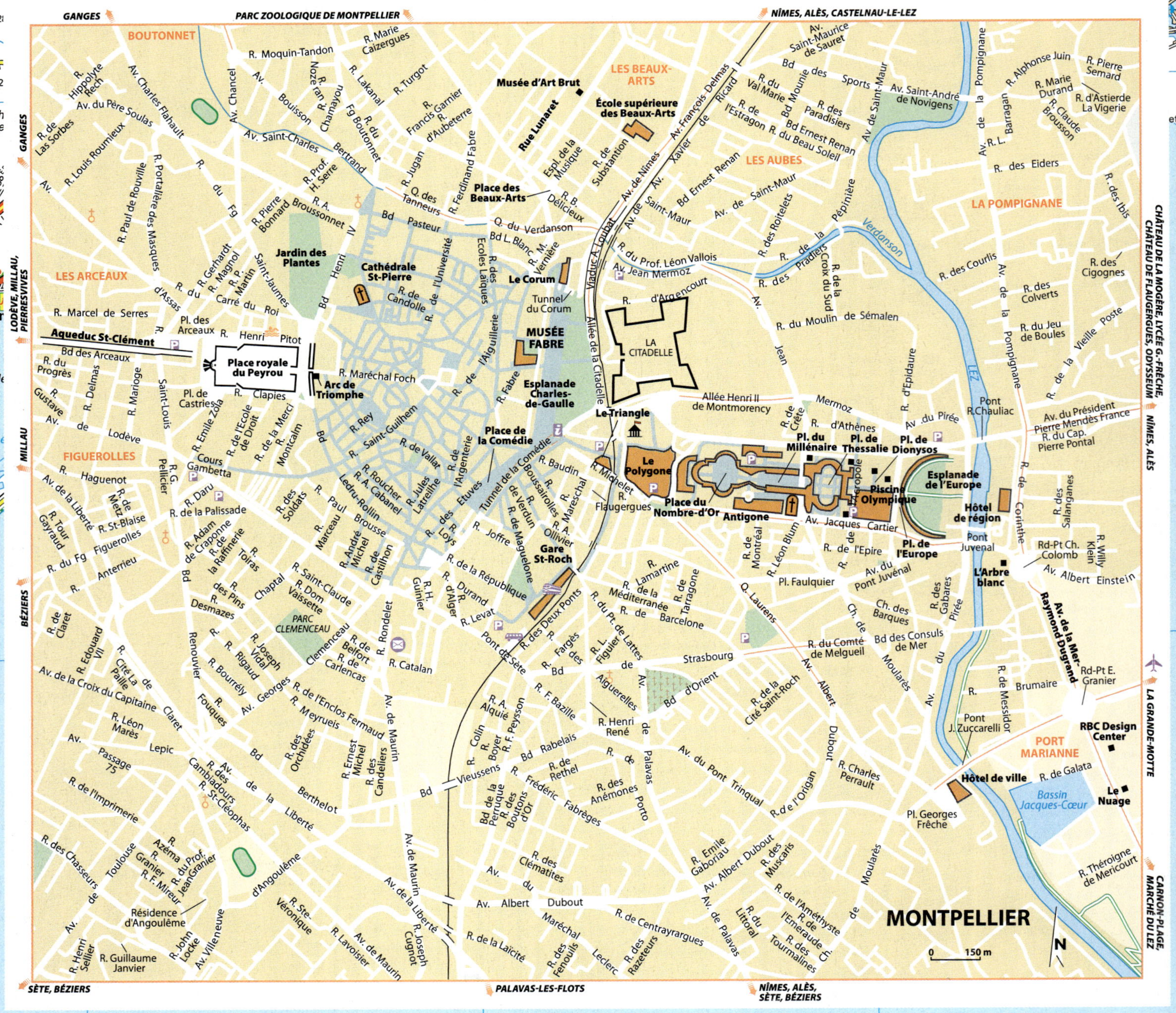

GANGES
PARC ZOOLOGIQUE DE MONTPELLIER
NÎMES, ALÈS, CASTELNAU-LE-LEZ
BOUTONNET
LES BEAUX-ARTS
LES AUBES
LA POMPIGNANE
LES ARCEAUX
FIGUEROLLES
PORT MARIANNE
Musée d'Art Brut
École supérieure des Beaux-Arts
Place des Beaux-Arts
Jardin des Plantes
Cathédrale St-Pierre
Le Corum
Tunnel du Corum
MUSÉE FABRE
LA CITADELLE
Esplanade Charles-de-Gaulle
Aqueduc St-Clément
Place royale du Peyrou
Arc de Triomphe
Place de la Comédie
Le Triangle
Le Polygone
Place du Nombre-d'Or
Antigone
Pl. du Millénaire
Pl. de Thessalie
Pl. de Dionysos
Piscine Olympique
Esplanade de l'Europe
Hôtel de région
Pl. de l'Europe
L'Arbre blanc
Gare St-Roch
PARC CLÉMENCEAU
RBC Design Center
Hôtel de ville
Bassin Jacques-Cœur
Le Nuage
Pl. Georges Frêche
MONTPELLIER
150 m
N
LODÈVE, MILLAU, PIERRESVIVES
MILLAU
BÉZIERS
SÈTE, BÉZIERS
PALAVAS-LES-FLOTS
NÎMES, SÈTE, BÉZIERS
CARNON-PLAGE, MARCHÉ DU LEZ
LA GRANDE-MOTTE
NÎMES, ALÈS
CHÂTEAU DE LA MOGÈRE, LYCÉE G.-FRÊCHE, CHÂTEAU DE FLAUGERGUES, ODYSSEUM

MULHOUSE
Pl. de l'Europe
Tour de l'Europe
Porte Jeune
Ste-Marie
Maison du patrimoine Édouard Boeglin
Temple St-Étienne
Pl. de la Réunion
Ancien hôtel de ville
Musée historique
Tour Bollwerk
Pl. Salvator
PARC SALVATOR
Porte Haute
St-Jean
Musée des Beaux-Arts
Square Steinbach
NOUVEAU QUARTIER
Société industrielle
Musée de l'Impression sur étoffes
Pl. Gén.-de-Gaulle
Porte de Bâle
Av. Auguste Wicky
Porte du Miroir
R. Jules Ehrmann
Bd Alfred Wallach
Av. du Président Kennedy
0 150 m
N
Kaysersberg
Val d'Orbey
Orbey
Ammerschwihr
Sigolsheim
Kientzheim
Houssen
Riedwihr
Jebsheim
Holtzwihr
Wickerschwihr
Bischwihr
Horbourg-Wihr
Andolsheim
COLMAR
Sundhoffen
Biesheim
Breisach am Rhein
Vogelgrun
Neuf-Brisach
Wolfgantzen
Appenwihr
Logelheim
Weckolsheim
Algolsheim
Obersaasheim
Geiswasser
Heiteren
Hettenschlag
Ste-Croix-en-Plaine
Niederhergheim
Oberhergheim
Dessenheim
Biltzheim
Niederentzen
Oberentzen
Rustenhart
Nambsheim
Balgau
Fessenheim
Hirtzfelden
Roggenhouse
Blodelsheim
Munchhouse
Rumersheim-le-Haut
Bantzenheim
Chalampé
Neuenburg
Ottmarsheim
Hombourg
Ensisheim
Réguisheim
Merxheim
Raedersheim
Ungersheim
Guebwiller
Soultz-Haut-Rhin
Issenheim
Feldkirch
Bollwiller
Pulversheim
Ecomusée d'Alsace
Parc du Petit Prince
Ruelisheim
Battenheim
Baldersheim
Wittenheim
Sausheim
Kingersheim
Illzach
Wittelsheim
Staffelfelden
Cernay
Thann
Vieil Armand
Historial du Hartmannswillerkopf
Hartmannswiller
Wuenheim
Berrwiller
Wattwiller
Uffholtz
Steinbach
Grd Ballon
Richwiller
Pfastatt
Lutterbach
Reiningue
MULHOUSE
Rixheim
Riedisheim
Habsheim
Zimmersheim
Brunstatt-Didenheim
Morschwiller-le-Bas
Heimsbrunn
Hochstatt
Galfingue
Froeningen
Burnhaupt-le-Haut
Burnhaupt-le-Bas
Schweighouse-Thann
Aspach-le-Bas
Guewenheim
Sentheim
Eschentzwiller
Dietwiller
Landser
Schlierbach
Geispitzen
Sierentz
Kembs
Niffer
Petit-Landau
Bad Bellingen
Steinenstadt
Schliengen
Tagolsheim
Illfurth
Luemschwiller
Walheim
Waltenheim
Uffheim
Bartenheim
Magstatt-le-Haut
Magstatt-le-Bas
Koetzingue
Rantzwiller
Steinbrunn-le-Haut
Steinbrunn-le-Bas
Zillisheim
Flaxlanden
Bruebach
Spechbach-le-Haut
Spechbach-le-Bas
Ammerzwiller
Bernwiller
St-Bernard
Balschwiller
Falkwiller
Guevenatten
Hagenbach
Eglingen
Heidwiller
Diefmatten
Bretten
Sternenberg
Gildwiller
Hecken
Traubach-le-Haut
Traubach-le-Bas
Buethwiller
Gommersdorf
Elbach
Wolfersdorf
Bréchaumont
Efringen-Kirchen
Rosenau
Eimeldingen
Blansingen
Kleinkems
Rheinweiler
Bamlach
Wintersweiler
Huttingen
Istein
Forêt de la Harth
Wahlbach
Obermorschwiller
LA COMTOISE
Nonnenbruch
Rammersmatt
Roderen
Leimbach
Aspach-Michelbach
Soppe-le-Haut
Soppe-le-Bas
Bitschwiller-lès-T.
Willer-s-Thur
Rimbach-près-G.
Rimbachzell
Jungholtz
Thierenbach

NANCY
0
200 m
Porte de la Citadelle
Porte de la Craffe
Les Cordeliers
Statue Rodin
Palais ducal
Parc Zoologique
Parc de la Pépinière
Palais du Gouvernement
Pl. de la Carrière
Pl. St-Epvre
St-Epvre
Grande Rue
Arc de triomphe
Musée des Beaux-Arts
Opéra
Pl. d'Alliance
Muséum-aquarium de Nancy
Jardin Dominique-Alexandre Godron
Jardin d'eau
Hôtel de ville
PL. STANISLAS
Cathédrale
Maison des Adam
Point Central
Pl. Simone Veil
Pl. André Maginot
Maginot
Pl. Charles III
St-Sébastien
Nancy Gare
Pl. de la République
Kennedy
Mon Désert
Maison Bergeret
Division de Fer
St-Georges
Viaduc Louis Marin
Viaduc Kennedy
Av. Foch
Canal de la Marne au Rhin
Pont-à-Mousson
Dieulouard
Liverdun
Pompey
Frouard
Champigneulles
Maxéville
Malzéville
St-Max
Essey-lès-N.
Tomblaine
Laxou
NANCY
Villers-lès-N.
Vandœuvre-lès-N.
Jarville-la-Malgrange
Laneuveville-devant-N.
St-Nicolas-de-Port
Varangéville
Dombasle-s-Meurthe
Lunéville
Neuves-Maisons
Pont-St-Vincent
Chaligny
Ludres
Fléville-devant-N.
Seichamps
Pulnoy
Saulxures-lès-Nancy
Dommartemont
Agincourt
Laître-s/s-Amance
Champenoux
Bouxières-aux-Dames
Custines
Marbache
Belleville
Millery
Blénod-lès-Pont-à-Mousson
Jezainville
Mousson
Atton
Loisy
Bezaumont
Landremont
Ste-Geneviève
Belleau
Montenoy
Faulx
Leyr
Grémecey
Chambrey
Salonnes
Moncel-sur-Seille
Sornéville
Mazerulles
Athienville
Hoéville
Réméréville
Courbesseaux
Gellenoncourt
Drouville
Einville-au-Jard
Crévic
Sommerviller
Flainval
Anthelupt
Vitrimont
Hudiviller
Rosières-aux-Salines
Damelevières
Blainville-s-l'Eau
Mont-s-Meurthe
Ferrières
Flavigny-s-Moselle
Richardménil
Messein
Méréville
Bainville-sur-Madon
Maizières
Marthemont
Xeuilly
Thuilley-aux-Groseilles
Viterne
Sexey-aux-Forges
Maron
Chavigny
Villey-le-Sec
Gondreville
Fontenoy-s-Moselle
Velaine-en-Haye
Sexey-les-Bois
Aingeray
Saizerais
Rosières-en-Haye
Villers-en-Haye
Jaillon
Forêt de Haye
Forêt de Vitrimont
Bois de Faulx

NANTES
Orvault
Sautron
Couëron
St-Herblain
Indre
Bouguenais
Rezé
St-Sébastien-s-Loire
Vertou
Basse-Goulaine
Hte-Goulaine
Thouaré
Ste-Luce
Carquefou
La Chapelle-Heulin
Le Pallet
Mouzillon
Vallet
Château-Thébaud
Les Sorinières
Pont-St-Martin
St-Aignan-Grandlieu
Bouaye
Brains
St-Léger-les-Vignes
Port-St-Père
Le Pellerin
La Montagne
St-Jean-de-Boiseau
NANTES-ATLANTIQUE
LOIRE
Planète sauvage
Réserve naturelle
Clisson
Belleville-sur-Vie

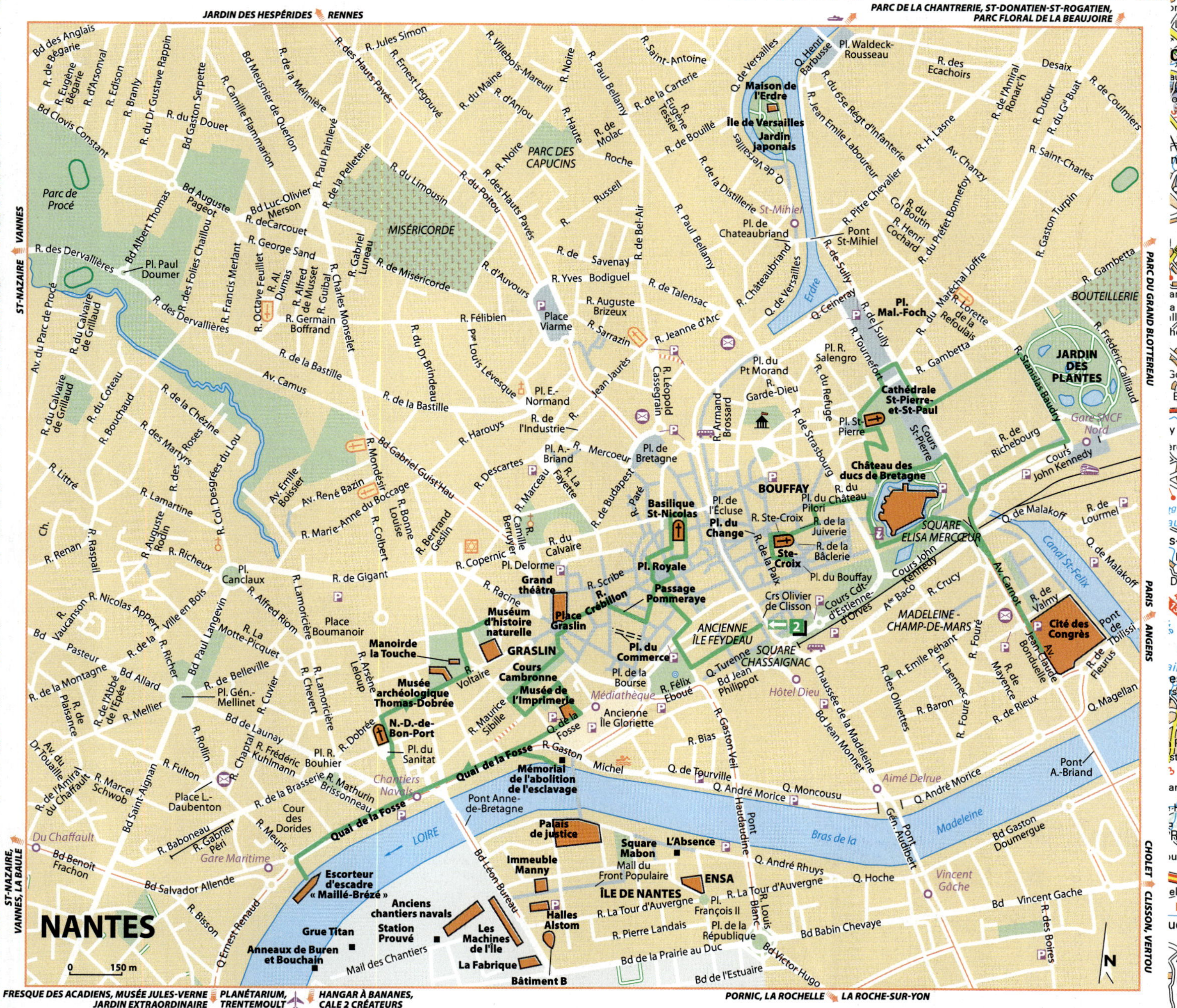
JARDIN DES HESPÉRIDES
RENNES
PARC DE LA CHANTRERIE, ST-DONATIEN-ST-ROGATIEN, PARC FLORAL DE LA BEAUJOIRE
PARC DU GRAND BLOTTEREAU
PARIS
ANGERS
CHOLET
CLISSON, VERTOU
PORNIC, LA ROCHELLE
LA ROCHE-SUR-YON
FRESQUE DES ACADIENS, MUSÉE JULES-VERNE
JARDIN EXTRAORDINAIRE
PLANÉTARIUM, TRENTEMOULT
HANGAR À BANANES, CALE 2 CRÉATEURS
ST-NAZAIRE, VANNES, LA BAULE
ST-NAZAIRE
VANNES
NANTES
150 m
Parc de Procé
PARC DES CAPUCINS
MISÉRICORDE
Maison de l'Erdre
Île de Versailles
Jardin japonais
Pl. Mal.-Foch
JARDIN DES PLANTES
Cathédrale St-Pierre-et-St-Paul
Château des ducs de Bretagne
SQUARE ELISA MERCŒUR
BOUFFAY
Basilique St-Nicolas
Pl. Royale
Pl. du Change
Ste-Croix
Passage Pommeraye
Grand théâtre
Place Graslin
Muséum d'histoire naturelle
GRASLIN
Cours Cambronne
Musée de l'Imprimerie
Manoir de la Touche
Musée archéologique Thomas-Dobrée
N.-D.-de-Bon-Port
Pl. du Commerce
ANCIENNE ÎLE FEYDEAU
SQUARE CHASSAIGNAC
MADELEINE-CHAMP-DE-MARS
Cité des Congrès
Mémorial de l'abolition de l'esclavage
Quai de la Fosse
Palais de justice
Square Mabon
L'Absence
Immeuble Manny
ENSA
ÎLE DE NANTES
Escorteur d'escadre « Maillé-Brézé »
Anciens chantiers navals
Grue Titan
Station Prouvé
Les Machines de l'île
Halles Alstom
Anneaux de Buren et Bouchain
La Fabrique
Bâtiment B
LOIRE
Canal St-Félix
Pont Anne-de-Bretagne
Gare SNCF Nord
Gare Maritime
Médiathèque
Hôtel Dieu
BOUTEILLERIE
Pl. Viarme
Pl. Canclaux
Pl. du Bouffay

Entrevaux
Puget-Théniers
Touët-sur-Var
Clue de Rouaine
Angles
Vergons
Clue de Vergons
Notre-Dame de Valvert
Ubraye
Montagne de Gourdan
Val-de-Chalvagne
Col de Félines
Col du Trébuchet
La Rochette
St-Pierre
Collongues
Crête des Ferriers
Col de Laval
Col du Buis
Briançonnet
Gars
Clue de St-Auban
St-Auban
Soleilhas
Demandolx
Clue d'Aiglun
Aiglun
Montagne de Charamel
Le Mas
Sigale
Roquesteron
Cuébris
Montagne du Cheiron
Col de Bleine
Montagne de Thorenc
Col de Luens
Peyroules
Castellane
La Garde
Gréolières
Coursegoules
Col de Vegay
Cime du Cheiron
PARC NATUREL
Miramar
La Figueirette
Le Trayas-Supérieur
Pic de l'Ours
La Motte
Forêt de Terres Gastes
NICE
0 200 m
MONACO, CANNES
MONACO, GÊNES, CANNES, AIX-EN-PROVENCE
MONACO, MENTON, CAGNES, AIX-EN-PROVENCE
CAGNES-S-MER, MONACO, MENTON, AIX-EN-PROVENCE
MONACO, MENTON, MOYENNE CORNICHE
BEAULIEU-S-MER, VILLEFRANCHE-S-MER, SENTIER DU CAP DE NICE, ÈZE
CORSE
PARC PHŒNIX, MUSÉE NATIONAL DU SPORT, MUSÉE DES ARTS ASIATIQUES, MUSÉE D'ART NAÏF
AIX-EN-PROVENCE
ST MAURICE
ST BARTHÉLEMY
CIMIEZ
ST-ÉTIENNE
CARABACEL
ST-ROCH
RIQUIER
ST PHILIPPE
LA BUFFA
LES BAUMETTES
BONAPARTE
LAZARET
Prieuré du Vieux-Logis
Villa Arson
Arènes
Musée Matisse
Monastère franciscain
Musée archéologique
Site archéologique gallo-romain
Le 109
Ste-Jeanne d'Arc
Ancienne Gare du Sud
Musée national Marc-Chagall
Cath. orthodoxe russe St-Nicolas
MAMAC
Prom. des Arts
Museum d'histoire naturelle
Crypte archéologique
Place Garibaldi
Chapelle du St-Sépulcre
St-Martin-St-Augustin
Place du Pin
N.-D. du Port
Pl. l'Île-de-Beauté
Musée de Terra Amata
Cathédrale Ste-Réparate
Église du Gesù-St-Jacques le Majeur
Château
Tour Bellanda
Port de Lympia
Galerie Lympia
Pl. Massena
Jardin Albert-Ier
Opéra
Cours Saleya
Quai des États-Unis
Villa Masséna
Negresco
Palais de la Méditerranée
Musée des Beaux-Arts Jules-Chéret
Mosaïque de Chagall
PROMENADE DES ANGLAIS
BAIE DES ANGES
Avenue Jean Médecin
Rue de France
Rue Massena
Gare Thiers
Libération
Valrose Université
Palais des Expositions
Acropolis
Tunnel André Malraux
Voie Pierre Mathis
Bd Gambetta
Av. de Pessicart
Bd de Cimiez
Quai de Lunel
Q. Rauba Capeù
LE PAILLON

NICE
MENTON
MONTE-CARLO
MONACO
Cap-Martin
Cap Martin
Roquebrune-
Beausoleil
La Condamine
Cap-d'Ail
Èze
Beaulieu-sur-Mer
Villefranche-sur-Mer
St-Jean-Cap-Ferrat
Cap Ferrat
Golfe de St-Hospice
La Turbie
CÔTE D'AZUR
Baie des Anges
NICE CÔTE-D'AZUR
La Californie
Ste-Hélène
Cros-de-Cagnes
Cagnes-s-M.
St-Laurent-du-Var
Villeneuve-Loubet
Villeneuve-Loubet-Plage
Marineland
Biot
ANTIBES
Fort Carré
Vallauris
Golfe-Juan
Juan-les-Pins
Cap d'Antibes
Golfe Juan
Île Ste-Marguerite
Plateau du Milieu
Monastères
de Lérins
Vence
St-Paul-de-Vence
La Colle-sur-Loup
St-Jeannet
Baou de-St-Jeannet
La Gaude
Gattières
Carros
Le Broc
Colomars
St-Martin-du-Var
Levens
Tourrette-Levens
Falicon
Contes
Coaraze
Lucéram
L'Escarène
Peille
Peillon
Drap
Sospel
Castillon
Ste-Agnès
Gorbio
L'Annonciade
Castellar
Breil-sur-Roya
Airole
Olivetta-San-Michele
Dolceacqua
Ventimiglia
Mortola Inferiore
Capo Mortola
Utelle
La Madone d'Utelle
St-Jean-la-Rivière
Duranus
Peïra-Cava
Col de Turini
Moulinet
Col de Braus
Col de Brouis
Tournefort
Massoins
Villars-sur-Var
Malaussène
Toudon
Bouyon
Bézaudun-les-Alpes
Tourette-du-Château
Pierrefeu
Gilette
Bonson
Revest-les-Roches
Aspremont
Mt Chauve
Cantaron
Châteauneuf-Villevieille
Bendejun
Berre-les-Alpes
Blausasc
Mt Agel
Aquasplash
Bouches-du-Loup
Logis-du-Loup
Sophia-Antipolis
La Brague
La Fontonne
Pte Bacon
Plage de la Garoupe
Cap Gros
Eden-Roc
Pte de la Croisette
Palm Beach
Cap Ferrat
NICE

NÎMES
0 100 m
Pl. de la Révolution
Maison natale d'Alphonse Daudet
Quai de la Fontaine
Place d'Assas
MAISON CARRÉE
Maison Romaine
Pl. aux Herbes
N.-D.-et-St-Castor
Porte d'Auguste
Chapelle des Jésuites
Carré d'art
Musée du Vieux Nîmes
Hôtel de Régis
Muséum d'histoire naturelle
Hôtel Boudon
Les Atlantes
Hôtel de Bernis
Hôtel de Ville
Pl. du Marché
Esplanade Charles de Gaulle
ARÈNES
Fontaine Pradier
Musée de la Romanité
Musée des Cultures taurines
Pl. des Arènes
SQ. DU 11 NOVEMBER
Pont du Gard
NÎMES
Remoulins
Beaucaire
Marguerittes
Redessan
Manduel
Bouillargues
Caissargues
Garons
Bellegarde
St-Gilles
Vauvert
Lunel
Aimargues
Calvisson
Vézénobres
Uzès
Lédignan
St-Chaptes
Collias
Bezouce
Milhaud
Bernis
Uchaud
Aubord
Générac
Beauvoisin
Codognan
Vergèze
Lussan
Sabran
Bagnols
Montfrin
Jonquières-St-Vincent
Meynes
Fournès
Théziers
Cabrières
Poulx
Dions
La Calmette
Langlade
Caveirac
Clarensac
Parignargues
Gajan
Fons
St-Mamert-du-Gard
Montpezat
Combas
Sommières

ORLÉANS
0 100 m
PARIS, TOURS, CHARTRES
CHARTRES, ÉTAMPES
PARIS
ÉTAMPES
CHÂTEAUDUN
LE MANS
BEAUGENCY, BLOIS
MONTARGIS, PITHIVIERS
SULLY
VIERZON, BOURGES
OLIVET, VIERZON
GIEN
LOIRE
MOBE
Parc Louis Pasteur
Place Gambetta
Place Dunois
Bd de Verdun
Bd Alexandre Martin
Bd Pierre Segelle
Av. Jean Zay
Bd Aristide Briand
Bd Saint-Euverte
Bd Rocheplatte
Frac Centre - Val de Loire
Pavillons d'Escures
Campo Santo
Musée des Beaux-Arts
Cercil
Ancien Évêché
Place du Martroi
Pavillon de la Chancellerie
Hôtel des Créneaux
Hôtel Groslot
Cathédrale Ste-Croix
Place Ste-Croix
Rue Jeanne-d'Arc
Maison de Jeanne-d'Arc
Hôtel Cabu
Centre Ch-Péguy
Salle des Thèses
R. de Bourgogne
Préfecture
R. Royale
R. des Halles
Pl. de la Loire
St-Pierre-le-Puellier
Quai du Châtelet
Quai Saint-Laurent
Quai Fort-des-Tourelles
Pont George-V
Pont du M. Joffre
Pont René Thinat
Square Ch. Péguy
Cloître St-Aignan
R. de la République
R. Bannier
Av. de Paris
R. du Fg Bannier
R. Émile Zola
R. de Patay
R. Marcel Proust
R. Eugène Vignat
R. Jules Lemaitre
R. d'Alsace-Lorraine
R. des Huguenots
R. de la Bretonnerie
R. Sainte-Anne
R. d'Illiers
R. des Carmes
R. de la Porte Madeleine
R. du Poirier
R. de la Charpenterie
R. des Tanneurs
R. Saint-Euverte
R. du Brésil
Av. du Champ de Mars
Av. Roger Secrétain
R. de la Bascule
R. du Coq Saint-Marceau
Place St-Charles
Levée des Augustins
Levée des Capucins
Saran
Fleury-les-Aubrais
Semoy
St-Jean-de-Braye
ORLÉANS
Combleux
Chécy
Mardié
St-Jean-de-la-Ruelle
La Chapelle-St-Mesmin
St-Jean-le-Blanc
St-Pryvé-St-Mesmin
Olivet
St-Hilaire-St-Mesmin
St-Denis-en-Val
Ingré
Ormes
Saint-Ay
Chaingy
Jargeau
Darvoy
Sandillon
Châteauneuf-sur-Loire
La Source
Marigny-les-Usages
Boigny-sur-Bionne
Donnery
Fay-aux-Loges
Traînou
Cercottes
Chanteau
Rebréchien
Gidy
Bricy
St-Sigismond
Huisseau-sur-Mauves
Boulay-les-Barres
Bucy-St-Liphard
Bois de Montpipeau
Base Aérienne
Parc floral
Pierrefitte-sur-Sauldre
Vernou-en-Sologne

PONTOISE
CERGY-PONTOISE
Auvers-s-Oise
Valmondois
Butry-s-Oise
Mériel
FORÊT DE L'ISLE-ADAM
Villiers-Adam
Béthemont-la-Forêt
Frépillon
Méry-s-Oise
Nerville-la-Forêt
Maffliers
Montsoult
Baillet-en-France
Chauvry
Bouffemont
FORÊT DE MONTMORENCY
Domont
Osny
Ennery
Boissy-l'Aillerie
Cergy
Menandon
Éragny
St-Ouen-l'Aumône
Épluches
la Bonneville
Bessancourt
Taverny
St-Leu-la-Forêt
St-Prix
Pierrelaye
Beauchamp
le Plessis-Bouchard
Montlignon
Andilly
Margency
Neuville-s-Oise
Conflans-Ste H.
Herblay-s-Seine
Montigny-lès-Cormeilles
Franconville
Ermont
Eaubonne
Soisy-s-Montmorency
Maurecourt
Andrésy
Achères
FORÊT DE ST-GERMAIN
Maisons-Laffitte
la Frette-s-Seine
Cormeilles-en-Parisis
Sannois
St-Gratien
Enghien-les-Bains
Épinay-s-S.
Deuil-la-Barre
Sartrouville
ARGENTEUIL
Houilles
Bezons
Colombes
Bois-Colombes
Gennevilliers
Villeneuve-la-Garenne
Carrières-s-S.
Montesson
le Mesnil-le-Roi
le Vésinet
Chatou
le Pecq
Croissy-s-Seine
NANTERRE
LA DÉFENSE
la Garenne-Colombes
Courbevoie
Asnières-s-S.
Clichy
Levallois-Perret
NEUILLY-S-S.
Puteaux
Suresnes
Rueil-Malmaison
ST-GERMAIN-EN-LAYE
Fourqueux
Mareil-Marly
Marly-le-Roi
L'Étang-la-Ville
Louveciennes
Bougival
La Celle-St-Cloud
St-Cloud
Bois de Boulogne
ARC DE TRIOMPHE
INVALIDES
SEINE
OISE

Aéroport de Paris-Charles de Gaulle
Sarcelles
Gonesse
ST-DENIS
le Blanc-Mesnil
Aulnay-s/s-Bois
Drancy
Aubervilliers
BOBIGNY
Bondy
le Raincy
Montreuil
Vincennes
Chelles
Champs-s-Marne
Villepinte
Tremblay-en-France
Sevran
Livry-Gargan
Villeparisis
Roissy-en-France
Louvres
Goussainville
Écouen
Pierrefitte
Stains
Dugny
le Bourget
la Courneuve
Pantin
Noisy-le-Sec
Rosny-s/s-B.
Neuilly-Plaisance
Gagny
Montfermeil
Clichy-s/s-Bois
Vaujours
Coubron
Fontenay-s/s-Bois
Bagnolet
les Lilas
Romainville
Villemomble
Les Pavillons-s/s-Bois
Garges-lès-Gonesse
Arnouville
Villiers-le-Bel
Fosses
Marly-la-Ville
Survilliers
Vémars
Moussy-le-Neuf
Moussy-le-Vieux
Mauregard
le Mesnil-Amelot
Mitry-Mory
Tremblay-Vieux-Pays
Vaudherland
le Thillay
Bonneuil-en-France
Épinay-Champlâtreux
Mareil-en-France
Jagny-s/s-Bois
Châtenay-en-France
Fontenay-en-Parisis
Puiseux-en-France
Villeron
Chennevières-lès-Louvres
Épiais-lès-Louvres
le Plessis-Gassot
Bouqueval
le Mesnil-Aubry
Attainville
Moisselles
Ézanville
Belloy-en-France
Villiers-le-Sec
Villaines-s/s-Bois
le Plessis-Luzarches
Lassy
Groslay
Montmagny
Le Raincy
Aéroport de Paris-Le Bourget

St-Cloud
BOULOGNE
BILLANCOURT
Bois de Boulogne
Pte de la Muette
INVALIDES
MONTPARNASSE
Pte de Versailles
Pte de Châtillon
Bougival
La Celle-St-Cloud
Forêt de la Malmaison
Vaucresson
Garches
Marnes-la-Coquette
Ville-d'Avray
Parc de St-Cloud
Noisy-le-Roi
Bailly
Rocquencourt
le Chesnay-Rocquencourt
Fontenay-le-Fleury
St Cyr-l'École
VERSAILLES
Sèvres
Meudon
Clamart
Issy-les-Moulineaux
Vanves
Malakoff
Montrouge
Châtillon
Bagneux
Fontenay-aux-Roses
Chaville
Viroflay
Vélizy-Villacoublay
le Plessis-Robinson
Bourg-la-Reine
Sceaux
Châtenay-Malabry
Antony
Fresnes
Buc
Guyancourt
Jouy-en-Josas
les Loges-en-Josas
Bièvres
Verrières-le-Buisson
Igny
Vauhallan
Saclay
Toussus-le-Noble
Châteaufort
Magny-les-Hameaux
Villiers-le-Bâcle
St Aubin
Massy
Palaiseau
Champlan
Chilly-Mazarin
Gif-s-Yvette
Bures-s-Yvette
Orsay
St Rémy-lès-Chevreuse
Les Ulis
Villebon-s-Yvette
Longjumeau
Saulx-les-Chartreux
Villejust
Ballainvilliers
Épinay-s-Orge
Gometz-le-Châtel
Gometz-la-Ville
Boullay-les-Troux
les Molières
Limours-en-Hurepoix
Forges-les-Bains
Briis-s-Forges
Janvry
Nozay
la Ville du Bois
Villiers-s-Orge
Montlhéry
Marcoussis
Linas
Longpont-s-Orge
Ste-Geneviève-des-Bois
St Michel-s-Orge
Fontenay-lès-Briis
Bligny
Mulleron
le Plessis

République
Pte de Bagnolet
Bagnolet
Montreuil
Vincennes
Fontenay-s-Bois
Neuilly-Plaisance
Louvre
Notre-Dame
Bastille
Pte de Montreuil
Nation
Pte de Vincennes
Lyon
Austerlitz
Pte Dorée
Pte de Charenton
Pte de Bercy
Pte d'Ivry
Pte de Choisy
Pte d'Italie
Charenton
St Mandé
Bois de Vincennes
Nogent-s-M.
le Perreux-s-M.
Bry-s-M.
Noisy-le-Grd
Porte de Paris
Marne
Villiers-s-M.
Malnoue
Joinville-le-Pont
St Maurice
Champigny-s-M.
Cœuilly
le Plessis-Trévise
Ivry-s-Seine
Gentilly
le Kremlin-Bicêtre
Maisons-Alfort
Alfortville
St Maur-des-Fossés
Bois l'Abbé
Chennevières-s-Marne
la Fontaine des Bordes
Pontault-Combault
Combault
la Queue-en-Brie
Villejuif
Vitry-s-Seine
Créteil
Mont Mesly
la Varenne-St Hilaire
Port de Bonneuil
Ormesson-sur-Marne
Noiseau
Chevilly-Larue
Thiais
Choisy-le-Roi
Bonneuil-s-M.
Sucy-en-Brie
les Bruyères
Forêt de Notre-Dame
Lésigny
Rungis
Orly
Grignon
Villeneuve-le-Roi
Valenton
Limeil-Brévannes
Brévannes
Boissy-St Léger
Grosbois
Marolles-en-Brie
Santeny
Villecresnes
Wissous
Aéroport de Paris-Orly
Ablon-s-Seine
Villeneuve-St Georges
Crosne
Yerres
Servon
Athis-Mons
Paray-Vieille-Poste
Juvisy-sur-Orge
Vigneux-s-Seine
Montgeron
Brunoy
Val d'Yerres
Mandres-les-Roses
Périgny
Brie-Comte-Robert
Epinay-s-Sénart
Boussy-St Antoine
Draveil
Mainville
la Pyramide
Forêt de Sénart
Quincy-s-Sénart
Varennes-Jarcy
Villemeneux
Viry-Châtillon
Savigny-sur-Orge
Morsang-s-Orge
Grigny
Champrosay
Soisy-s-Seine
Croix de Villeroy
Combs-la-Ville
Ris-Orangis
Étiolles
Tigery
Lieusaint
Senart (Ville Nouvelle)
Fleury-Mérogis
Évry-Courcouronnes
St Germain-lès-Corbeil
Moissy-Cramayel
Agglomération d'Evry
Carré Sénart

# Paris

COURBEVOIE
LA DÉFENSE
CAEN ROUEN
PUTEAUX
NEUILLY-S-SEINE
LEVALLOIS-PERRET
CLICHY
SEINE
Ile de la Jatte
Ile de Puteaux
PORTE DE NEUILLY
PORTE DES SABLONS
PORTE ST-JAMES
PORTE DE LA SEINE
PORTE DE BAGATELLE
PORTE DE MADRID
PORTE MAILLOT
PORTE DAUPHINE
PORTE DE LA MUETTE
PORTE DE PASSY
PORTE D'AUTEUIL
PORTE MOLITOR
PORTE DE ST-CLOUD
PORTE DU POINT DU JOUR
QUAI D'ISSY
PORTE DE SÈVRES
PORTE D'ISSY LES MOULINEAUX
PORTE DE VERSAILLES
PORTE DE LA PLAINE
PORTE BRANCION
PORTE DE VANVES
PORTE DIDOT
PORTE DE CHÂTILLON
PORTE DE MONTROUGE
PORTE D'ORLÉANS
PORTE DE CHAMPERRET
PORTE DE VILLIERS
PORTE DES TERNES
PORTE D'ASNIÈRES
PORTE DE COURCELLES
PORTE DE CLICHY
PORTE POUCHET
PORTE DE ST-OUEN
BOIS DE BOULOGNE
ROLAND GARROS
STADE JEAN BOUIN
PARC DES PRINCES
BOULOGNE-BILLANCOURT
Ile de St-Germain
Ile de Billancourt
ISSY-LES-MOULINEAUX
VANVES
MALAKOFF
MONTROUGE
PARIS EXPO
PALAIS DES CONGRÈS
ÉTOILE
ARC DE TRIOMPHE
TERNES
PARC MONCEAU
BATIGNOLLES
17E
8E
16E
7E
15E
GARE ST-LAZARE
STE-MARIE-MADELEINE
OBELISQUE
JARDIN DES TUILERIES
GRAND PALAIS
PETIT PALAIS
PALAIS DE TOKYO
PALAIS DE CHAILLOT
TROCADÉRO
LA MUETTE
PASSY
MAISON DE LA RADIO
AUTEUIL
TOUR EIFFEL
MUSÉE DU QUAI BRANLY-J. CHIRAC
CHAMP DE MARS
ÉCOLE MILITAIRE
HÔTEL DES INVALIDES
ASSEMBLÉE NATIONALE
MUSÉE D'ORSAY
BEAUGRENELLE
VAUGIRARD
GARE MONTPARNASSE
TOUR
MONTPARNASSE
ALÉSIA
BOULEVARD PÉRIPHÉRIQUE
Allée de Longchamp
Av. de l'Hippodrome
Av. Charles de Gaulle
Av. de la Grande Armée
Av. des Champs Elysées
Av. Foch
Av. Victor Hugo
Av. Kléber
Av. de New York
Av. du Prés' Kennedy
Q. Branly
Q. d'Orsay
Bd St Germain
Bd Raspail
Bd du Montparnasse
Bd des Invalides
R. de Vaugirard
R. de la Convention
R. Lecourbe
Bd Murat
Bd Exelmans
Av. de Versailles
Q. André Citroën
Q. Louis Blériot
Bd Lefebvre
Bd Brune
Bd Berthier
Bd Malesherbes
Bd Haussmann
R. de Rivoli
0
1 km

# Paris

ST-OUEN-S-SEINE
ST-DENIS
AUBERVILLIERS
PORTE DE CLIGNANCOURT
PORTE DES POISSONNIERS
PORTE DE LA CHAPELLE
PORTE D'AUBERVILLIERS
PORTE DE LA VILLETTE
BOULEVARD PÉRIPHÉRIQUE
PANTIN
CITÉ DES SCIENCES ET DE L'INDUSTRIE
PARC DE LA VILLETTE
ZENITH
PHILHARMONIE DE PARIS
GRANDE HALLE
PORTE DE PANTIN
Canal de l'Ourcq
LE PRÉ-ST-GERVAIS
18E
19E
SACRÉ-CŒUR
MONTMARTRE
PIGALLE
Bassin de la Villette
PORTE DE CHAUMONT
PORTE BRUNET
PORTE DU PRÉ ST GERVAIS
LES LILAS
GARE DU NORD
GARE DE L'EST
BUTTES CHAUMONT
PORTE DES LILAS
9E
10E
BELLEVILLE
MÉNILMONTANT
PORTE DE MÉNILMONTANT
BAGNOLET
BOURSE
2E
SENTIER
RÉPUBLIQUE
3E
PORTE DE BAGNOLET
LILLE
PARIS CENTRE
LES HALLES
FORUM LA CANOPÉE
BEAUBOURG
CENTRE POMPIDOU
11E
PÈRE LACHAISE
20E
CHARONNE
MUSÉE DU LOUVRE
CHÂTELET
1ER
CONCIERGERIE
HÔTEL DE VILLE
4E
NOTRE-DAME
BASTILLE
OPÉRA BASTILLE
PORTE DE MONTREUIL
MONTREUIL
SÉNAT
6E
LUXEMBOURG
PANTHÉON
QUARTIER LATIN
5E
JARDIN DES PLANTES
MUSEUM
GARE D'AUSTERLITZ
GARE DE LYON
NATION
PORTE DE VINCENNES
12E
PORTE DE ST-MANDE
ACCORHOTELS ARENA
BERCY
PORTE DE MONTEMPOIRE
ST-MANDÉ
PORTE DE REUILLY
BIBLIOTHÈQUE NATIONALE DE FRANCE
ITALIE
13E
PORTE DORÉE
PORTE DE CHARENTON
BOIS DE VINCENNES
PORTE DE BERCY
PORTE DE VITRY
QUAI D'IVRY
PORTE D'IVRY
CHARENTON-LE-PONT
SEINE
MARNE
PORTE D'ARCUEIL
STADE CHARLÉTY
POTERNE DES PEUPLIERS
PORTE DE CHOISY
PORTE DE GENTILLY
PORTE D'ITALIE
IVRY-S-SEINE
GENTILLY
LE KREMLIN-BICÊTRE
LYON
METZ, NANCY

PAU
Artix
Mourenx
Lescar
Lons
Billère
Bizanos
Gelos
Jurançon
Lée
Idron
Sendets
Morlaàs
Serres-Castet
Montardon
Buros
Artiguelouve
Laroin
Uzos
Rontignon
Narcastet
Assat
Meillon
Ousse
Monein
Cuqueron
Lacommande
Aubertin
Saint-Faust
Mazères-Lezons
Aressy
Nousty
Soumoulou
Limendous
Lucgarier
Espoey
BORDEAUX, DAX, BAYONNE, ORTHEZ
DOMAINE DE SERS, MONT-DE-MARSAN, MUSÉE NATIONAL DES PARACHUTISTES
TOULOUSE, BOIS DE PAU, FORÊT DE BASTARD, BAYONNE
TARBES, LOURDES
QUARTIER DE TRESPOEY
STADE D'EAUX-VIVES, GROTTES DE BÉTHARRAM
GELOS
OLORON STE-MARIE, ZARAGOZA
PAU
0 100 m
QUARTIER DU HÉDAS
QUARTIER TRESPOEY
Musée Bernadotte
Musée des Beaux-Arts
Place de Verdun
Pl. de la Libération
Pl. Gramont
Pl. des États
Pl. Reine Marguerite
Pl. Georges Clemenceau
Pl. Royale
Pl. de la République
Pl. Albert I
Pl. d'Espagne
Pl. du Foirail
Château
Maison dite de Sully
Tour de la Monnaie
Pl. de la Déportation
Ancien parlement de Navarre
Conseil départemental
Pavillon des Arts
Funiculaire
Boulevard des Pyrénées
Tour des Géants
BOIS LOUIS
Parc Beaumont
Palais Beaumont
Chapelle des réparatrices
Ousse
Bd d'Alsace-Lorraine
Cours Camou
Cours Bosquet
Bd Barbanègre
Av. Jean Biray
Av. Gaston Lacoste
Av. Napoléon Bonaparte
Ruisseau de l'Ousse

Port-Barcarès
Rivesaltes
Estagel
Baixas
Peyrestortes
St-Estève
Pia
Bompas
Torreilles
St-Laurent-de-la-Salanque
Canet-en-Roussillon
Canet-Plage
PERPIGNAN
Cabestany
Saleilles
St-Nazaire
Alénya
Théza
Villeneuve-de-la-Raho
Canohès
Toulouges
Le Soler
Thuir
Ponteilla
Millas
St-Féliu-d'Amont
St-Féliu-d'Avall
Pézilla-la-Rivière
Villeneuve-la-Rivière
Baho
Corneilla-la-Rivière
Montner
Força Réal
St-Cyprien-Plage
PERPIGNAN
RIVESALTES
FOIX, NARBONNE
ST-CYPRIEN-PLAGE, CANET-PLAGE
CANET-EN-ROUSSILLON
CABESTANY, SAINT-VICENS
LE BOULOU, BARCELONE
ELNE, ST-CYPRIEN, ARGELÈS-SUR-MER
TÊT
Pont Arago
Pont Joffre
Prom. des Platanes
Le Castillet
Maison Julia
Pl. de la Loge
Loge de Mer
Palais de la Députation
Musée des Beaux-Arts
St-Jean-Baptiste
Le Dévot Christ
Campo Santo
Chapelle du Tiers-Ordre
Casa Xanxo
Hôtel Pams
St-Matthieu
N.-D. des Anges
St-Jacques
La Miranda
SQUARE BIR HAKEIM
JARDIN D'ENFANTS
LA PÉPINIÈRE
Centre d'art contemporain
Musée Joseph-Puig
CITADELLE
Palais des Rois de Majorque
Pl. de Catalogne
Pl. de la Résistance
Pl. de la République
Pl. Cassanyes
Pl. des Esplanades
Bd Wilson
Cours Lazare Escarguel
Av. Louis Torcatis
Bd de la France Libre
Av. du Maréchal Joffre
Bd Aristide Briand
Av. Général de Gaulle
100 m

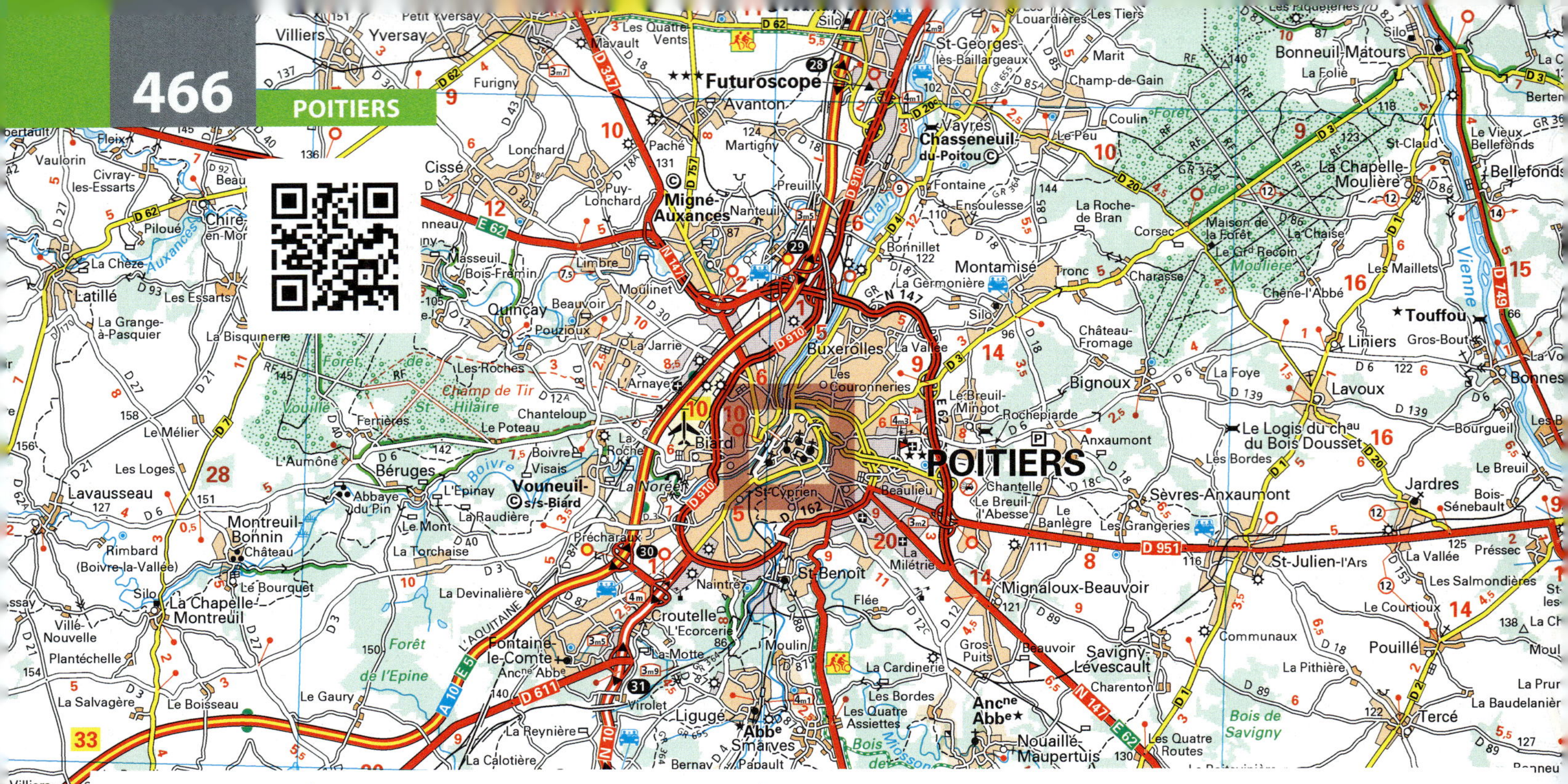
Futuroscope
Chasseneuil-du-Poitou
Migné-Auxances
Buxerolles
POITIERS
Vouneuil-s/s-Biard
Biard
Béruges
Montamisé
Bignoux
Sèvres-Anxaumont
St-Julien-l'Ars
Mignaloux-Beauvoir
Savigny-Lévescault
Smarves
Ligugé
Fontaine-le-Comte
Croutelle
St-Benoît
Nouaillé-Maupertuis
Bonneuil-Matours
La Chapelle-Moulière
Liniers
Lavoux
Jardres
Pouillé
Tercé
Montreuil-Bonnin
La Chapelle-Montreuil
Lavausseau
Latillé
Cissé
Quinçay
Jaunay-Clan
Forêt de l'Epine
Forêt de Moulière
Bois de Savigny

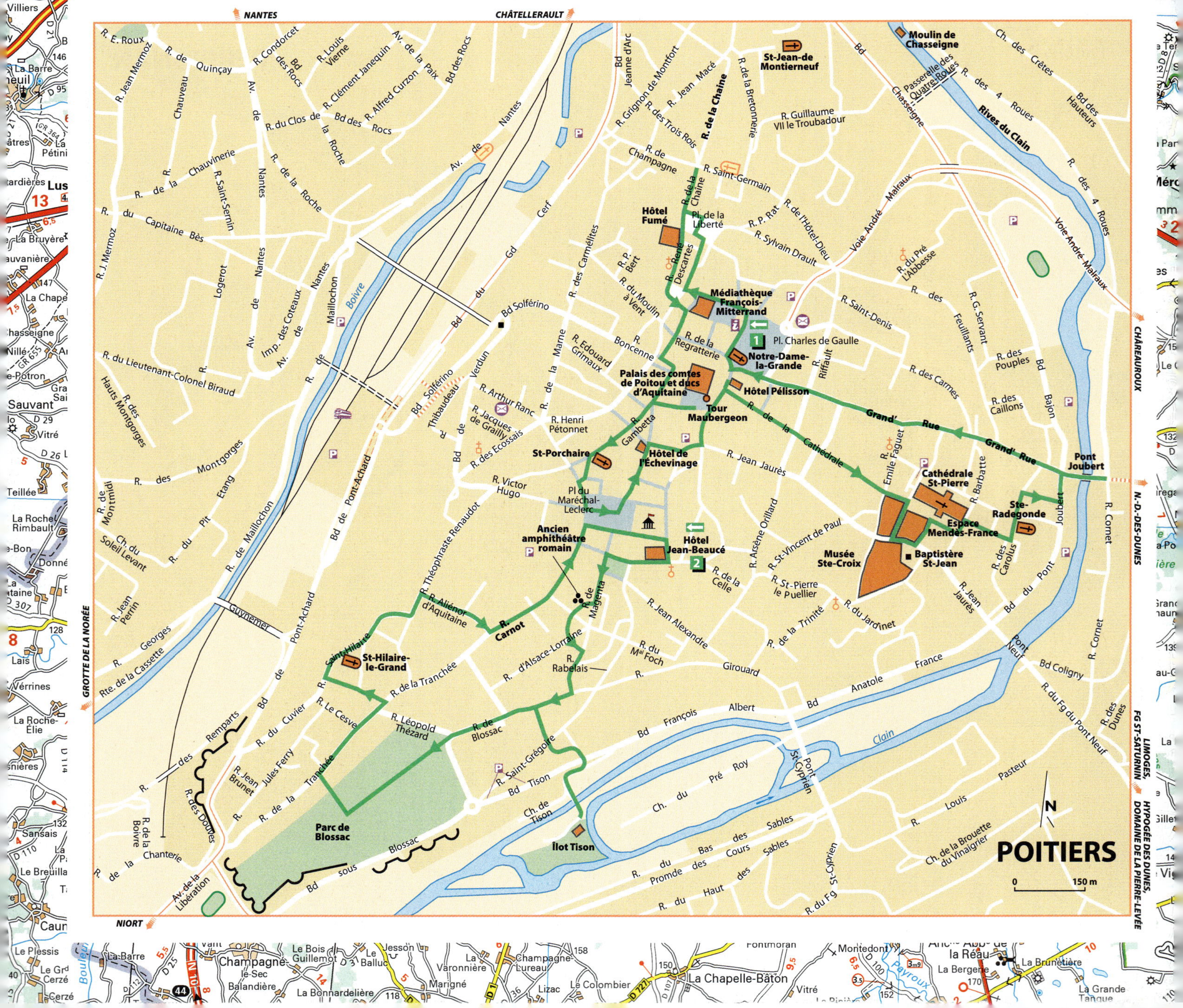
NANTES
CHÂTELLERAULT
NIORT
LIMOGES, HYPOGÉE DES DUNES, FG ST-SATURNIN
N.-D.-DES-DUNES
CHAREAUROUX
GROTTE DE LA NORÉE
St-Jean-de Montierneuf
Moulin de Chasseigne
Hôtel Fumé
Médiathèque François-Mitterrand
Pl. Charles de Gaulle
Notre-Dame-la-Grande
Palais des comtes de Poitou et ducs d'Aquitaine
Hôtel Pélisson
Tour Maubergeon
St-Porchaire
Hôtel de l'Échevinage
Pl du Maréchal-Leclerc
Ancien amphithéâtre romain
Hôtel Jean-Beaucé
Cathédrale St-Pierre
Ste-Radegonde
Espace Mendès-France
Musée Ste-Croix
Baptistère St-Jean
Pont Joubert
St-Hilaire-le-Grand
Parc de Blossac
Îlot Tison
Grand' Rue
Rivés du Clain
Clain
Boivre
POITIERS
N
0 150 m

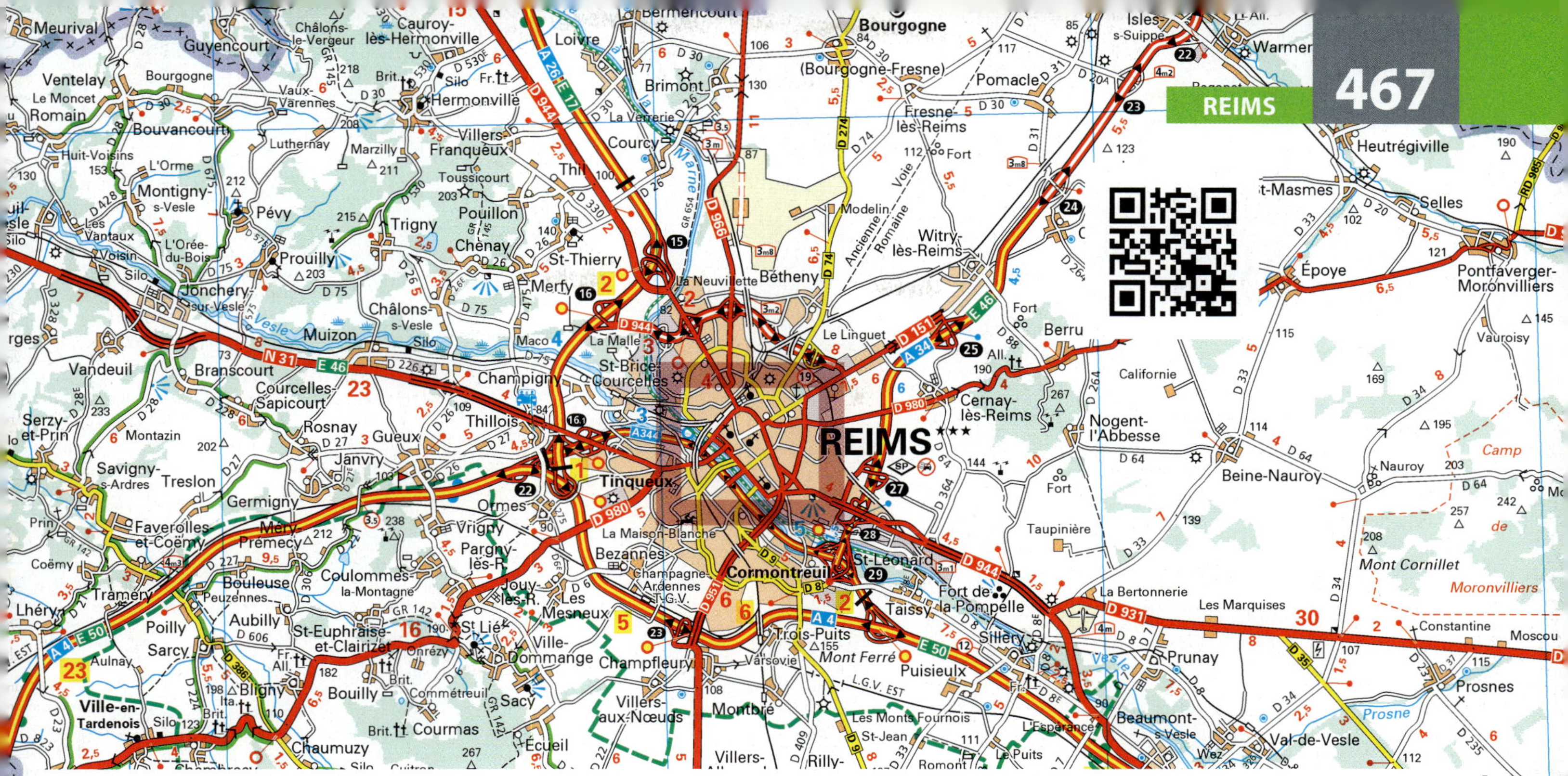
REIMS
Tinqueux
Bezannes
Cormontreuil
St-Léonard
Taissy
Cernay-lès-Reims
St-Brice-Courcelles
Bétheny
Witry-lès-Reims
Beine-Nauroy
Sillery
Puisieux
Prunay
Champigny
Thillois
Gueux
Ormes
Muizon
Jonchery-sur-Vesle
Courcy
Brimont
Bourgogne
Pomacle
Heutrégiville
Selles
Époye
Pontfaverger-Moronvilliers
Berru
Nogent-l'Abbesse
Taupinière
Les Marquises
Prosnes
Val-de-Vesle
Beaumont-sur-Vesle
Villers-aux-Nœuds
Champfleury
Trois-Puits
Montbré
Mont Ferré
Fort de la Pompelle
Villers-Franqueux
Hermonville
Cauroy-lès-Hermonville
Loivre
Merfy
Pouillon
Chenay
St-Thierry
Trigny
Châlons-sur-Vesle
Prouilly
Pévy
Montigny-s-Vesle
Vandeuil
Branscourt
Courcelles-Sapicourt
Rosnay
Janvry
Germigny
Savigny-s-Ardres
Treslon
Faverolles-et-Coëmy
Méry-Prémecy
Vrigny
Coulommes-la-Montagne
Pargny-lès-R.
Jouy-lès-R.
Les Mesneux
Ville-Dommange
Sacy
Bouilly
Courmas
Écueil
Chaumuzy
Aubilly
Poilly
Sarcy
Bligny
St-Euphraise-et-Clairizet
Ville-en-Tardenois
Lhéry
Ventelay
Bouvancourt
Guyencourt
Meurival

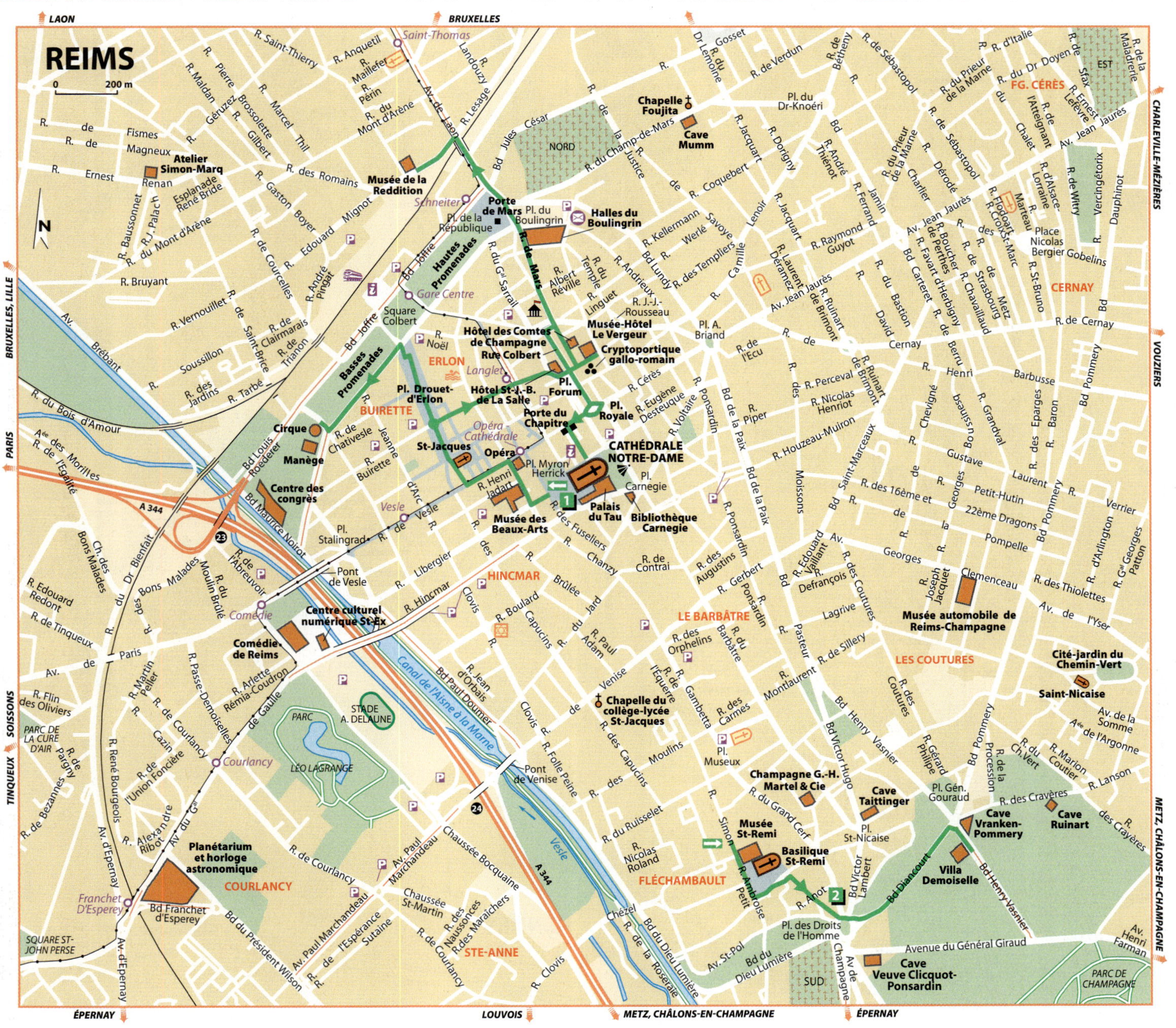
REIMS
0 200 m
LAON
BRUXELLES
CHARLEVILLE-MÉZIÈRES
VOUZIERS
METZ, CHÂLONS-EN-CHAMPAGNE
ÉPERNAY
LOUVOIS
SOISSONS
TINQUEUX
PARIS
BRUXELLES, LILLE
CATHÉDRALE NOTRE-DAME
Palais du Tau
Bibliothèque Carnegie
Musée des Beaux-Arts
Opéra
Porte de Mars
Halles du Boulingrin
Hôtel des Comtes de Champagne
Musée-Hôtel Le Vergeur
Cryptoportique gallo-romain
Hôtel St-J.-B. de La Salle
Porte du Chapitre
Pl. Royale
Pl. Drouet-d'Erlon
Hautes Promenades
Basses Promenades
Cirque
Manège
Centre des congrès
Centre culturel numérique St-Ex
Comédie de Reims
Musée de la Reddition
Atelier Simon-Marq
Chapelle Foujita
Cave Mumm
Musée automobile de Reims-Champagne
Cité-jardin du Chemin-Vert
Saint-Nicaise
Chapelle du collège-lycée St-Jacques
Champagne G.-H. Martel & Cie
Cave Taittinger
Cave Vranken-Pommery
Cave Ruinart
Villa Demoiselle
Musée St-Remi
Basilique St-Remi
Cave Veuve Clicquot-Ponsardin
Planétarium et horloge astronomique
STADE A. DELAUNE
PARC LÉO LAGRANGE
PARC DE CHAMPAGNE
ERLON
BUIRETTE
HINCMAR
LE BARBÂTRE
LES COUTURES
FLÉCHAMBAULT
STE-ANNE
COURLANCY
CERNAY
FG. CÉRES
Canal de l'Aisne à la Marne
Vesle

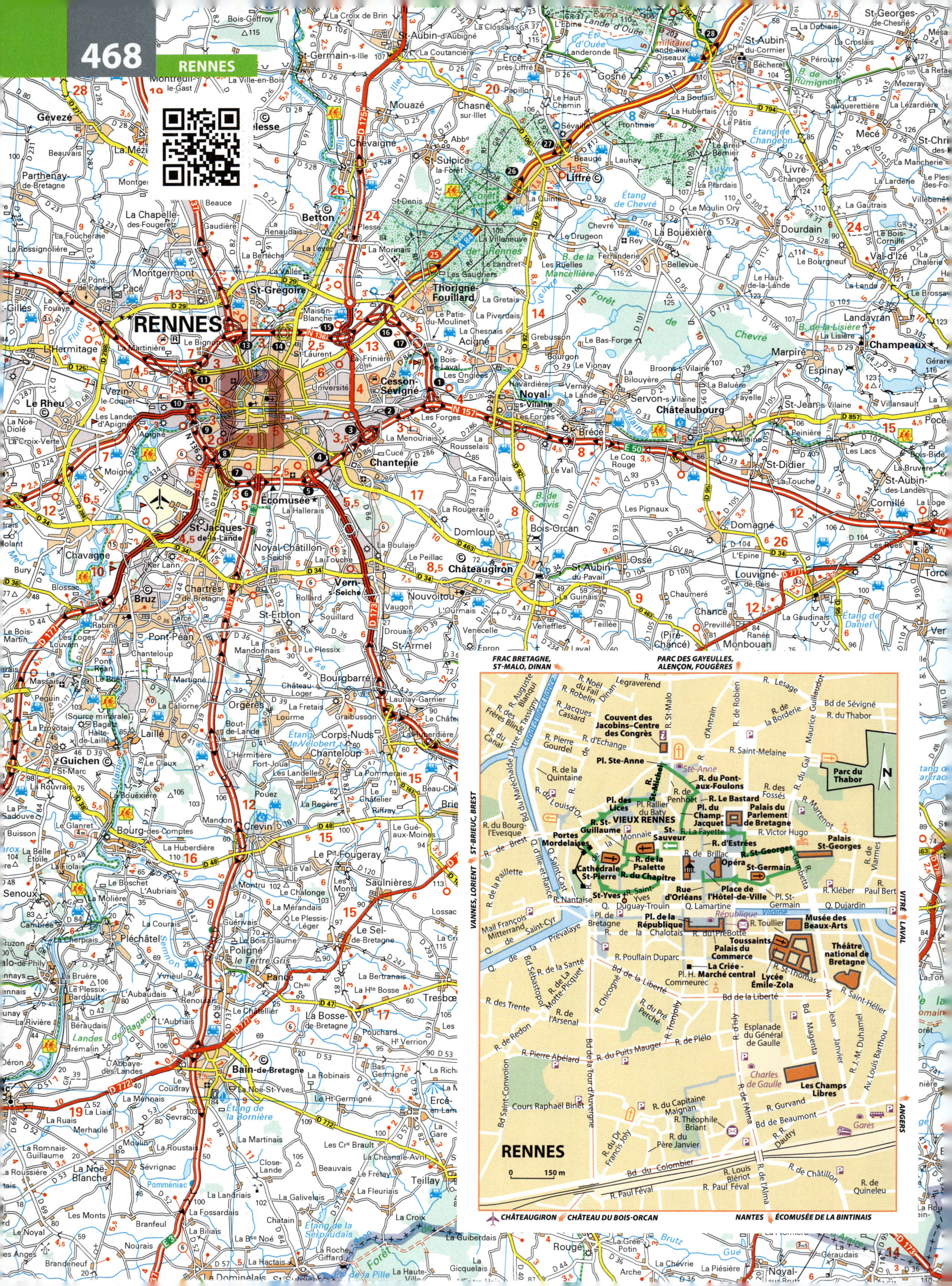
RENNES
St-Grégoire
Betton
Cesson-Sévigné
Chantepie
Pacé
Montgermont
Vezin-le-Coquet
Le Rheu
L'Hermitage
St-Jacques-de-la-Lande
Chavagne
Bruz
Chartres-de-Bretagne
Noyal-Châtillon-s-Seiche
Vern-s-Seiche
Nouvoitou
St-Erblon
Pont-Péan
Orgères
Bourgbarré
Corps-Nuds
Chanteloup
Laillé
Guichen
Bourg-des-Comptes
Crevin
Poligné
Pancé
Pléchâtel
Bain-de-Bretagne
Châteaugiron
Domloup
Noyal-s-Vilaine
Châteaubourg
Servon-s-Vilaine
Brécé
Acigné
Thorigné-Fouillard
Liffré
Chevaigne
St-Sulpice-la-Forêt
La Bouëxière
Dourdain
Val-d'Izé
Champeaux
Marpiré
St-Jean-s-Vilaine
St-Didier
Cornillé
Domagné
Louvigné-de-Bais
Chancé
Ossé
St-Aubin-du-Pavail
Bois-Orcan
Piré-Chancé
Forêt de Rennes
Forêt de Chevré
Écomusée
FRAC BRETAGNE, ST-MALO, DINAN
PARC DES GAYEULLES, ALENÇON, FOUGÈRES
VANNES, LORIENT, ST-BRIEUC, BREST
VITRÉ, LAVAL
ANGERS
CHÂTEAUGIRON
CHÂTEAU DU BOIS-ORCAN
NANTES
ÉCOMUSÉE DE LA BINTINAIS
Couvent des Jacobins-Centre des Congrès
Pl. Ste-Anne
Parc du Thabor
VIEUX RENNES
Portes Mordelaises
Cathédrale St-Pierre
Pl. des Lices
R. du Pont-aux-Foulons
Pl. du Champ-Jacquet
Palais du Parlement de Bretagne
Palais St-Georges
Opéra
Place de l'Hôtel-de-Ville
Pl. de la République
Musée des Beaux-Arts
Toussaints
Palais du Commerce
Théâtre national de Bretagne
Lycée Émile-Zola
La Criée - Marché central
Esplanade du Général de Gaulle
Les Champs Libres
Gares
RENNES
150 m

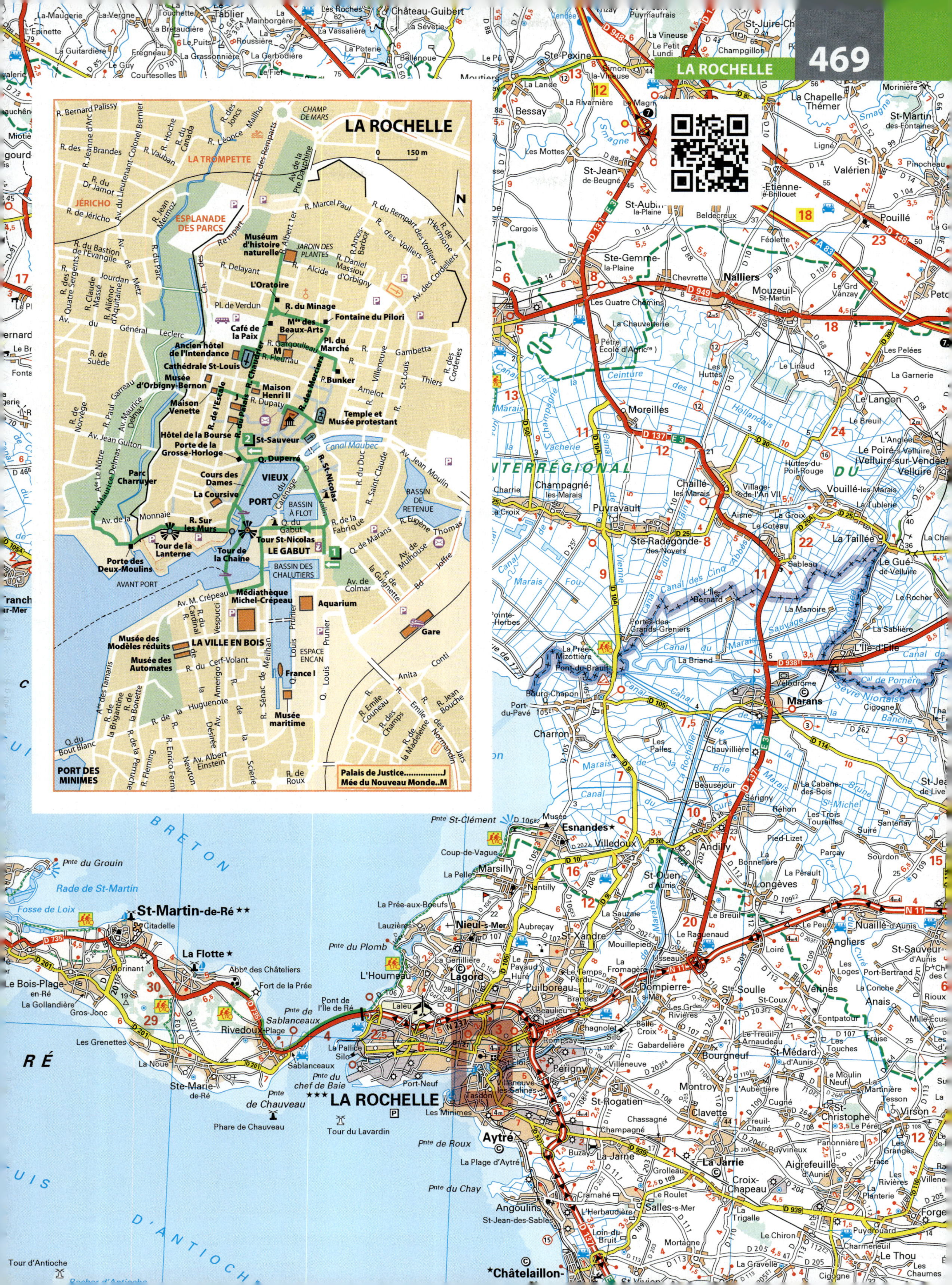
LA ROCHELLE
0 150 m
N
CHAMP DE MARS
LA TROMPETTE
JÉRICHO
ESPLANADE DES PARCS
Muséum d'histoire naturelle
JARDIN DES PLANTES
L'Oratoire
R. du Minage
Fontaine du Pilori
Mon des Beaux-Arts
Café de la Paix
Pl. du Marché
Ancien hôtel de l'Intendance
Cathédrale St-Louis
Musée d'Orbigny-Bernon
Bunker
Maison Henri II
Maison Venette
Temple et Musée protestant
Hôtel de la Bourse
Porte de la Grosse-Horloge
St-Sauveur
Canal Maubec
Cours des Dames
VIEUX PORT
La Coursive
Parc Charruyer
BASSIN À FLOT
BASSIN DE RETENUE
Tour de la Lanterne
Tour de la Chaîne
Tour St-Nicolas
LE GABUT
Porte des Deux-Moulins
AVANT PORT
BASSIN DES CHALUTIERS
Médiathèque Michel-Crépeau
Aquarium
Gare
Musée des Modèles réduits
LA VILLE EN BOIS
Musée des Automates
ESPACE ENCAN
France I
Musée maritime
PORT DES MINIMES
Palais de Justice..............J
Mée du Nouveau Monde..M
St-Martin-de-Ré
La Flotte
Rade de St-Martin
Fosse de Loix
Pte du Grouin
Le Bois-Plage-en-Ré
La Couarde
Rivedoux-Plage
Sablanceaux
Ste-Marie-de-Ré
RÉ
Phare de Chauveau
Pte de Chauveau
LA ROCHELLE
Tour du Lavardin
Aytré
Angoulins
Châtelaillon-
Tour d'Antioche
BRETON
D'ANTIOCHE
Marans
Esnandes
Marsilly
Nieul-s-Mer
Lagord
Puilboreau
Dompierre-s-Mer
Périgny
Nuaillé-d'Aunis
Courçon
La Jarrie
Croix-Chapeau
Salles-s-Mer
Aigrefeuille-d'Aunis
Nalliers
Moreilles
Chaillé-les-Marais
Champagné-les-Marais
Puyravault
Ste-Radegonde-des-Noyers
Vouillé-les-Marais
L'Île-d'Elle
Charron
Andilly
Longèves
St-Ouen-d'Aunis
Ste-Soulle
Vérines
Anais
Bourgneuf
St-Médard-d'Aunis
Montroy
Clavette
St-Rogatien
St-Christophe
Virson
Forges
Le Thou
Ste-Pexine
Bessay
Mouzeuil-St-Martin
Pouillé
St-Valérien
St-Jean-de-Beugné
St-Aubin-la-Plaine
Ste-Gemme-la-Plaine
Le Langon
Le Poiré-s-Velluire
Velluire
Sèvre Niortaise
Canal de Pomère
Marais Poitevin
INTERRÉGIONAL

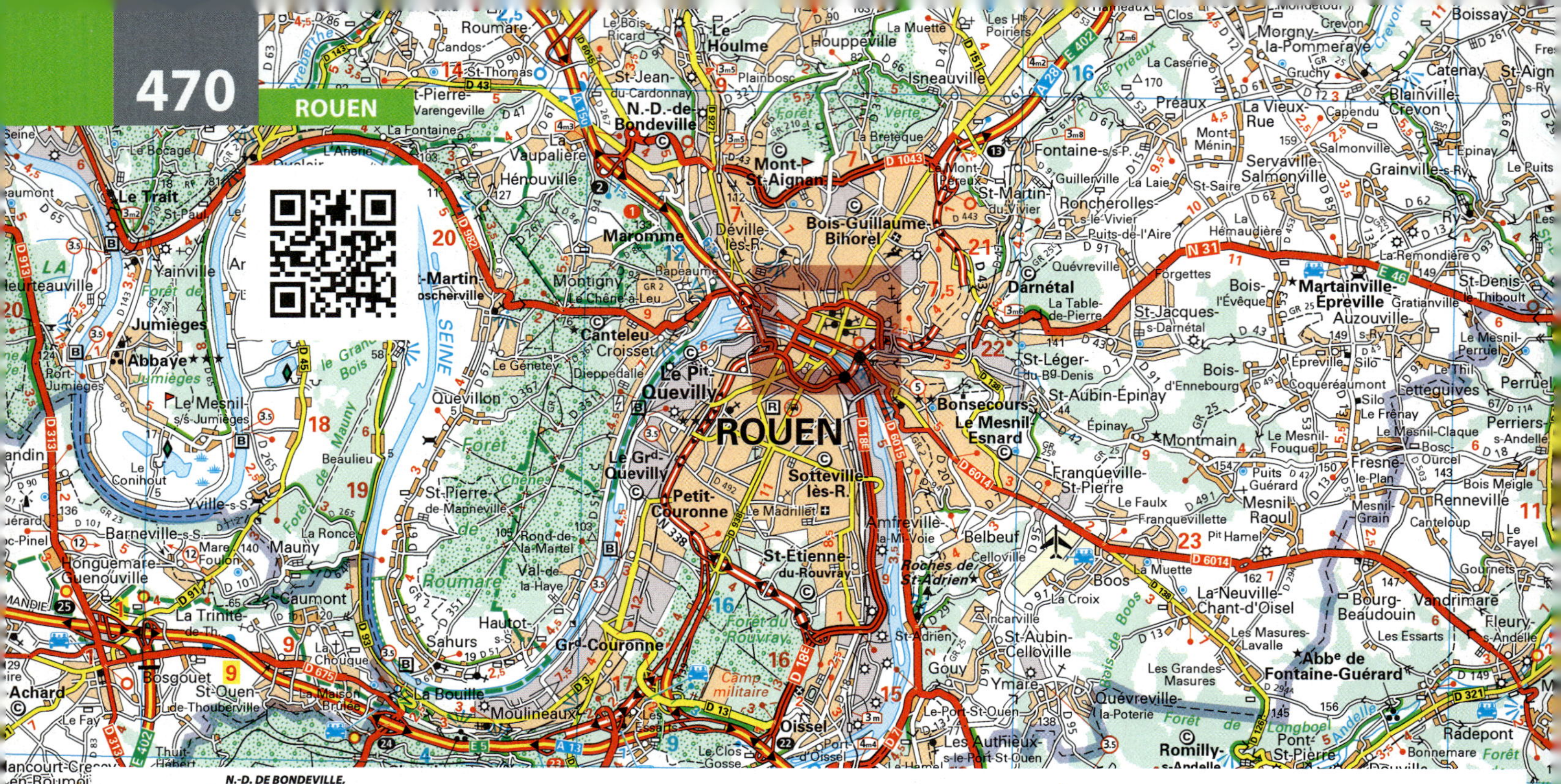
ROUEN
Le Houlme
N.-D.-de-Bondeville
Mont-St-Aignan
Maromme
Déville-lès-R.
Bois-Guillaume-Bihorel
Darnétal
Canteleu
Croisset
Le Pt Quevilly
Le Gd Quevilly
Petit-Couronne
Sotteville-lès-R.
St-Étienne-du-Rouvray
Amfreville-la-Mi-Voie
Belbeuf
Bonsecours
Le Mesnil-Esnard
Franqueville-St-Pierre
Boos
Oissel
Moulineaux
La Bouille
Grd-Couronne
Hautot
Sahurs
Val-de-la-Haye
Jumièges
Abbaye
Le Trait
Yainville
Le Mesnil-s/s-Jumièges
Mauny
Caumont
Barneville-s-S.
Bourgtheroulde
Montmain
Martainville-Épreville
Préaux
Isneauville
Quévreville
Fontaine-Guérard
Radepont
Pont-St-Pierre
SEINE

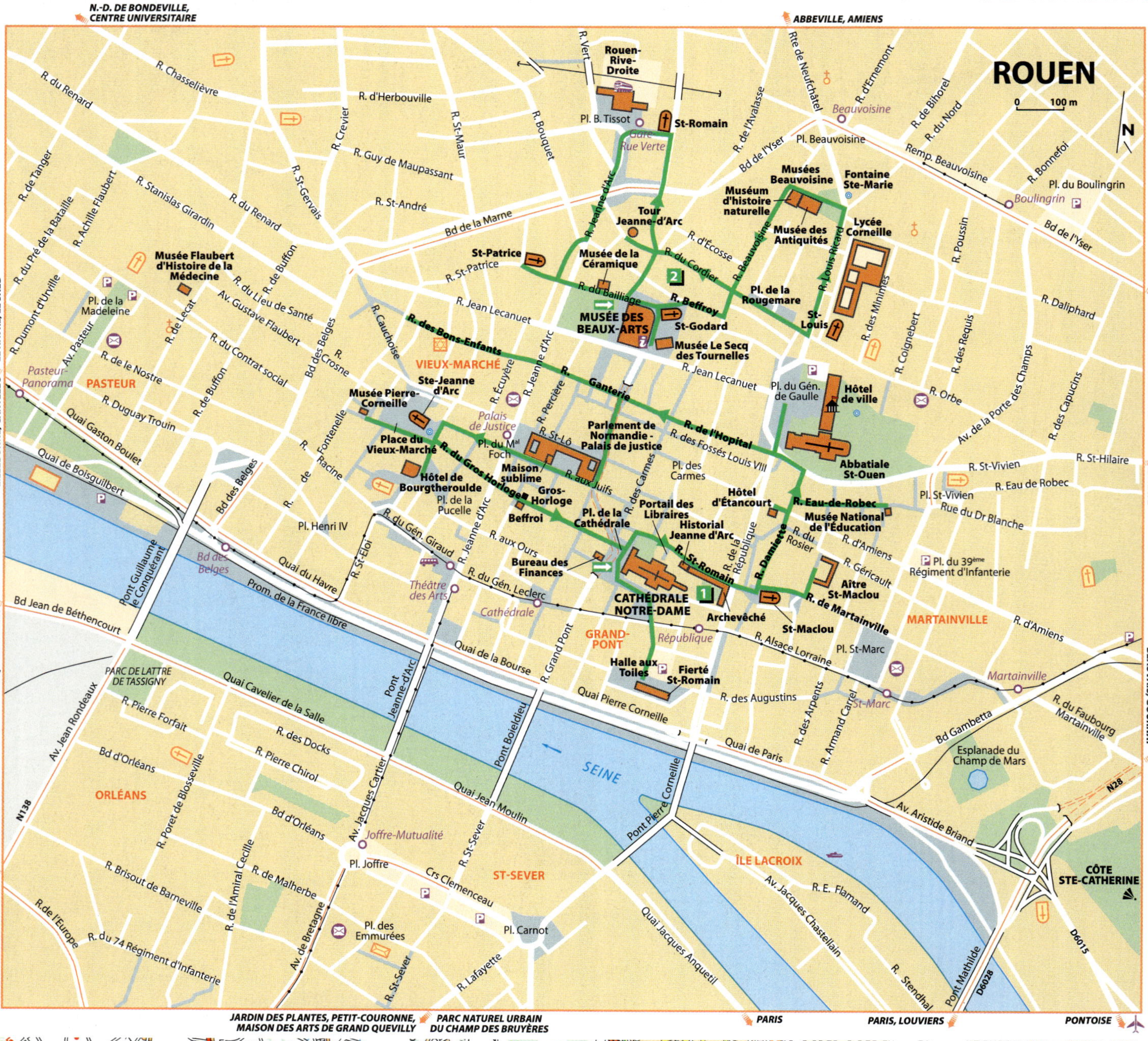
ROUEN
N.-D. DE BONDEVILLE, CENTRE UNIVERSITAIRE
ABBEVILLE, AMIENS
CIMETIÈRE MONUMENTAL
LA HAYE
BEAUVAIS, GOURNAY
ABBEVILLE
PONTOISE
PARIS, LOUVIERS
PARIS
JARDIN DES PLANTES, PETIT-COURONNE, MAISON DES ARTS DE GRAND QUEVILLY
PARC NATUREL URBAIN DU CHAMP DES BRUYÈRES
LE MANS, ELBEUF, FLUVIAL ET PORTUAIRE
MUSÉE MARITIME
HANGARS 106-107, PRESQU'ÎLE ROLLET
PONT FLAUBERT, LILLEBONNE, CANTELEU
LE HAVRE, LE SHED
Rouen-Rive-Droite
St-Romain
Tour Jeanne-d'Arc
Musée de la Céramique
MUSÉE DES BEAUX-ARTS
Musée Le Secq des Tournelles
St-Godard
Beffroy
Muséum d'histoire naturelle
Musées Beauvoisine
Musée des Antiquités
Fontaine Ste-Marie
Lycée Corneille
St-Louis
St-Patrice
Musée Flaubert d'Histoire de la Médecine
VIEUX-MARCHÉ
Ste-Jeanne d'Arc
Musée Pierre-Corneille
Place du Vieux-Marché
Hôtel de Bourgtheroulde
Parlement de Normandie - Palais de justice
Maison sublime
Gros-Horloge
Beffroi
Hôtel de ville
Abbatiale St-Ouen
Hôtel d'Étancourt
Portail des Libraires
Historial Jeanne d'Arc
CATHÉDRALE NOTRE-DAME
Archevêché
St-Maclou
Aître St-Maclou
Musée National de l'Éducation
Bureau des Finances
Halle aux Toiles
Fierté St-Romain
GRAND-PONT
PASTEUR
MARTAINVILLE
ORLÉANS
ST-SEVER
ÎLE LACROIX
CÔTE STE-CATHERINE
SEINE
Esplanade du Champ de Mars
Quai de la Bourse
Quai Pierre Corneille
Quai de Paris
Quai du Havre
Quai Cavelier de la Salle
Quai Jean Moulin
Pont Boïeldieu
Pont Jeanne-d'Arc
Pont Pierre Corneille
Pont Guillaume le Conquérant
Bd Jean de Béthencourt
Bd de l'Yser
R. Jeanne d'Arc
R. du Gros Horloge
R. de l'Hôpital
R. Eau-de-Robec
R. Damiette
R. de Martainville
R. Beauvoisine
R. Jean Lecanuet
Bd des Belges
Av. Jacques Cartier
Av. Aristide Briand
Pl. Henri IV
Pl. Joffre
Pl. Carnot
Pl. des Emmurées
Pl. St-Marc
Pl. du Gén. de Gaulle
Pl. Beauvoisine
Pl. du Boulingrin

Andrézieux-Bouthéon
St-Cyprien
Sury-le-Comtal
Bonson
St-Just-St-Rambert
St-Marcellin-en-Forez
Grézieux
L'Hospitalet
Périgneux
Chambles
★★Plateau de la Danse
Caloire
Unieux
Le Chambon-Feugerolles
Firminy
Fraisses
Aurec-sur-Loire
St-Paul-en-Cornillon
St-Maurice-en-Gourgois
Villars
St-Priest-en-Jarez
La Fouillouse
St-Héand
L'Etrat
La Tour-en-Jarez
La Talaudière
Sorbiers
St-Chamond
St-Christo-en-Jarez
Col de la Gachet
Valfleury
Chagnon
Genilac
Lorette
St-Jean-Bonnefonds
ST-ÉTIENNE
La Ricamarie
Roche-la-Molière
St-Genest-Lerpt
Planfoy
★Gouffre d'Enfer
La Valla-en-Gier
Doizieux
★★★Crêt de l'Œillon
Crêt de la Perdrix
PARC NATUREL RÉGIONAL
Le Bessat
Tarentaise
La Terrasse-s-Dorlay
Pavezin
Ste-Croix-en-Jarez
Longes
Véranne
Rochetaillée
Île de Grangent
Lac de Grangent

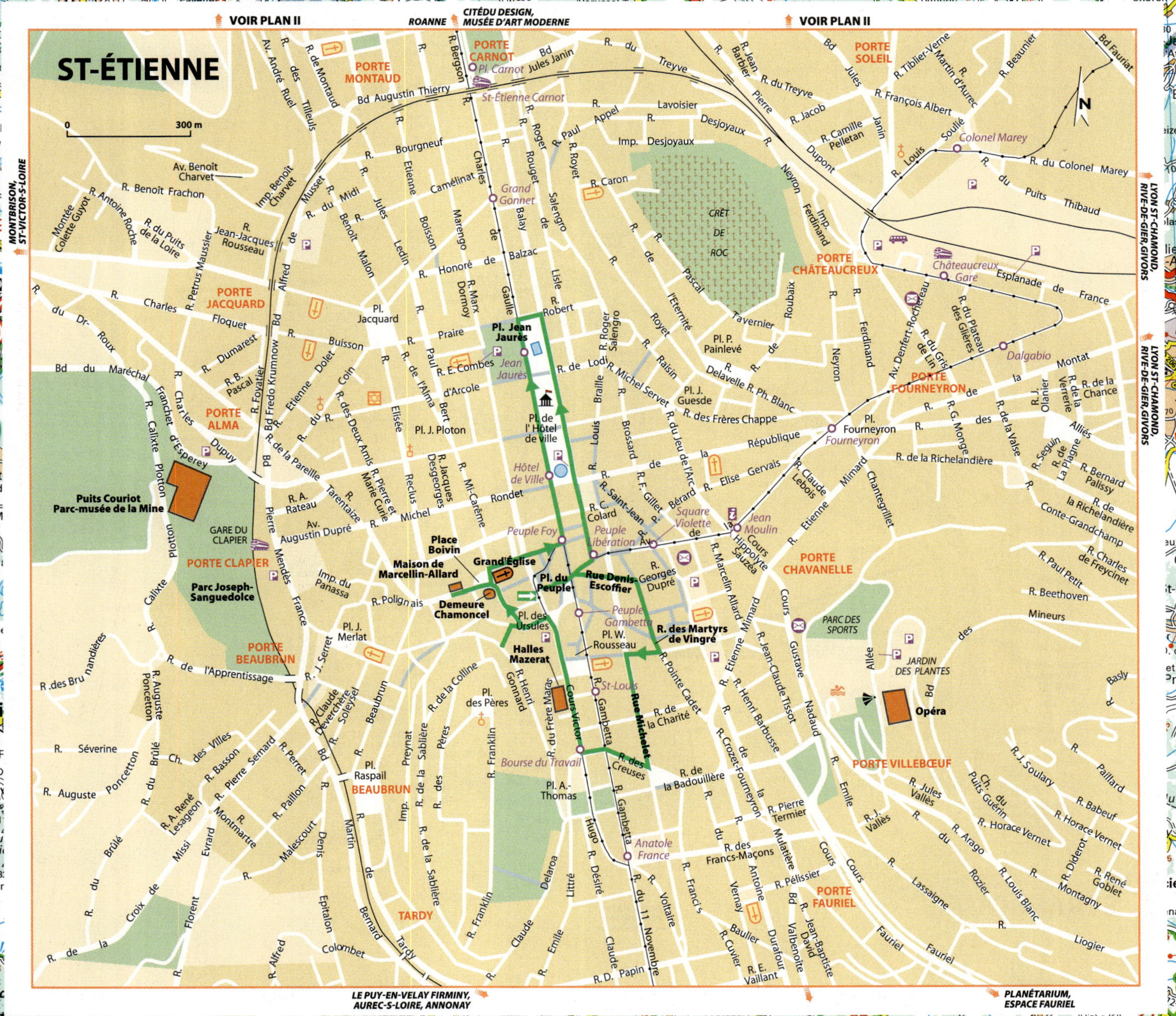
ST-ÉTIENNE
300 m
VOIR PLAN II
ROANNE
CITÉDU DESIGN, MUSÉE D'ART MODERNE
VOIR PLAN II
MONTBRISON, ST-VICTOR-S-LOIRE
LYON ST-CHAMOND, RIVE-DE-GIER, GIVORS
LYON ST-CHAMOND, RIVE-DE-GIER, GIVORS
LE PUY-EN-VELAY FIRMINY, AUREC-S-LOIRE, ANNONAY
PLANÉTARIUM, ESPACE FAURIEL
PORTE CARNOT
PORTE MONTAUD
PORTE SOLEIL
PORTE JACQUARD
PORTE ALMA
PORTE CHÂTEAUCREUX
PORTE FOURNEYRON
PORTE CLAPIER
PORTE BEAUBRUN
PORTE CHAVANELLE
PORTE VILLEBŒUF
PORTE FAURIEL
TARDY
BEAUBRUN
CRÊT DE ROC
Puits Couriot Parc-musée de la Mine
GARE DU CLAPIER
Parc Joseph-Sanguedolce
Pl. Jean Jaurès
Hôtel de Ville
Place Boivin
Maison de Marcellin-Allard
Demeure Chamoncel
Grand'Église
Pl. du Peuple
Rue Denis-Escoffier
R. des Martyrs de Vingré
Halles Mazerat
Cours Victor
Rue Michelet
Châteaucreux Gare
Esplanade de France
PARC DES SPORTS
JARDIN DES PLANTES
Opéra
Square Violette
Jean Moulin
Bourse du Travail
Anatole France
Dalgabio
Colonel Marey

STRASBOURG
Kehl
Schiltigheim
Bischheim
Hœnheim
Lingolsheim
Illkirch-Graffenstaden
Molsheim
Mutzig
Wasselonne
Marlenheim
Willstätt
Appenweier
Renchen
Rheinau
La Wantzenau
STRASBOURG ENTZHEIM INTERNATIONAL
Entzheim
Geispolsheim
Eckbolsheim
Ostwald
Neudorf
Oberhausbergen
Mittelhausbergen
Niederhausbergen
Reichstett
Souffelweyersheim
Vendenheim
Lampertheim
Mundolsheim
Holtzheim
Achenheim
Breuschwickersheim
Dachstein
Duttlenheim
Duppigheim
Kork
Odelshofen
Legelshurst
Querbach
Sundheim
Eckartsweier
Marlen
Hesselhurst
Windschläg
Nesselried
Griesheim
Bohlsbach
Eberweiler

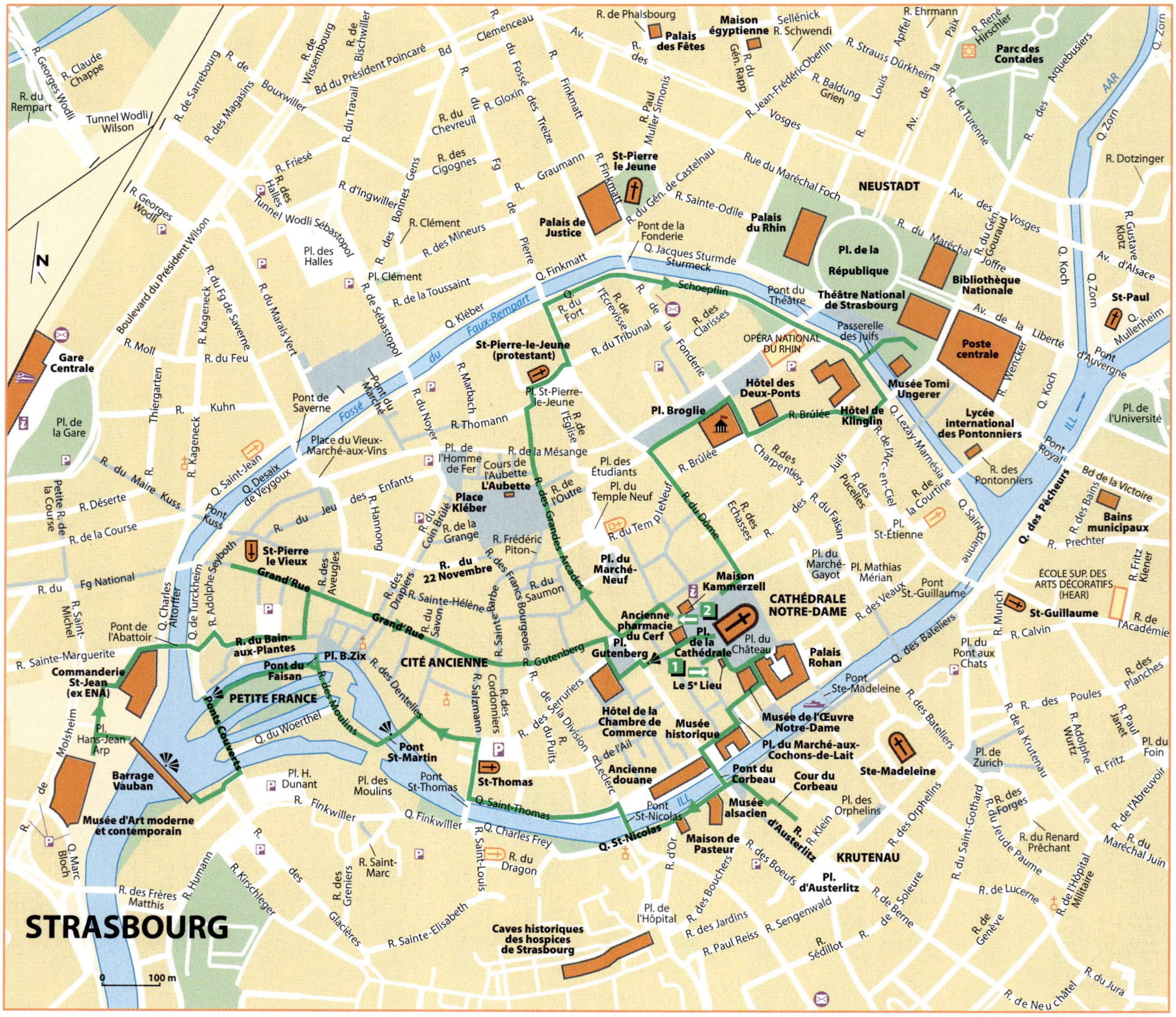
STRASBOURG
Gare Centrale
Pl. de la Gare
Pl. Kléber
Pl. Broglie
CATHÉDRALE NOTRE-DAME
Palais Rohan
PETITE FRANCE
CITÉ ANCIENNE
NEUSTADT
KRUTENAU
Pl. de la République
Théâtre National de Strasbourg
Palais du Rhin
Palais de Justice
Bibliothèque Nationale
Poste centrale
Parc des Contades
Palais des Fêtes
Maison égyptienne
St-Pierre-le-Jeune (protestant)
St-Pierre-le-Vieux
St-Thomas
Ste-Madeleine
St-Paul
St-Guillaume
Barrage Vauban
Musée d'Art moderne et contemporain
Commanderie St-Jean (ex ENA)
Ponts Couverts
Pont St-Martin
Hôtel de la Chambre de Commerce
Musée historique
Ancienne douane
Musée alsacien
Maison de Pasteur
Musée de l'Œuvre Notre-Dame
Maison Kammerzell
Ancienne pharmacie du Cerf
Pl. Gutenberg
Pl. du Château
Pl. de la Cathédrale
Pl. du Marché-aux-Cochons-de-Lait
Pont du Corbeau
Cour du Corbeau
Hôtel des Deux-Ponts
Hôtel de Klinglin
Musée Tomi Ungerer
Lycée international des Pontonniers
Bains municipaux
ÉCOLE SUP. DES ARTS DÉCORATIFS (HEAR)
Caves historiques des hospices de Strasbourg
Pl. d'Austerlitz
Pl. B.Zix
Pl. de l'Homme de Fer
OPÉRA NATIONAL DU RHIN
Le 5e Lieu
0 100 m
N

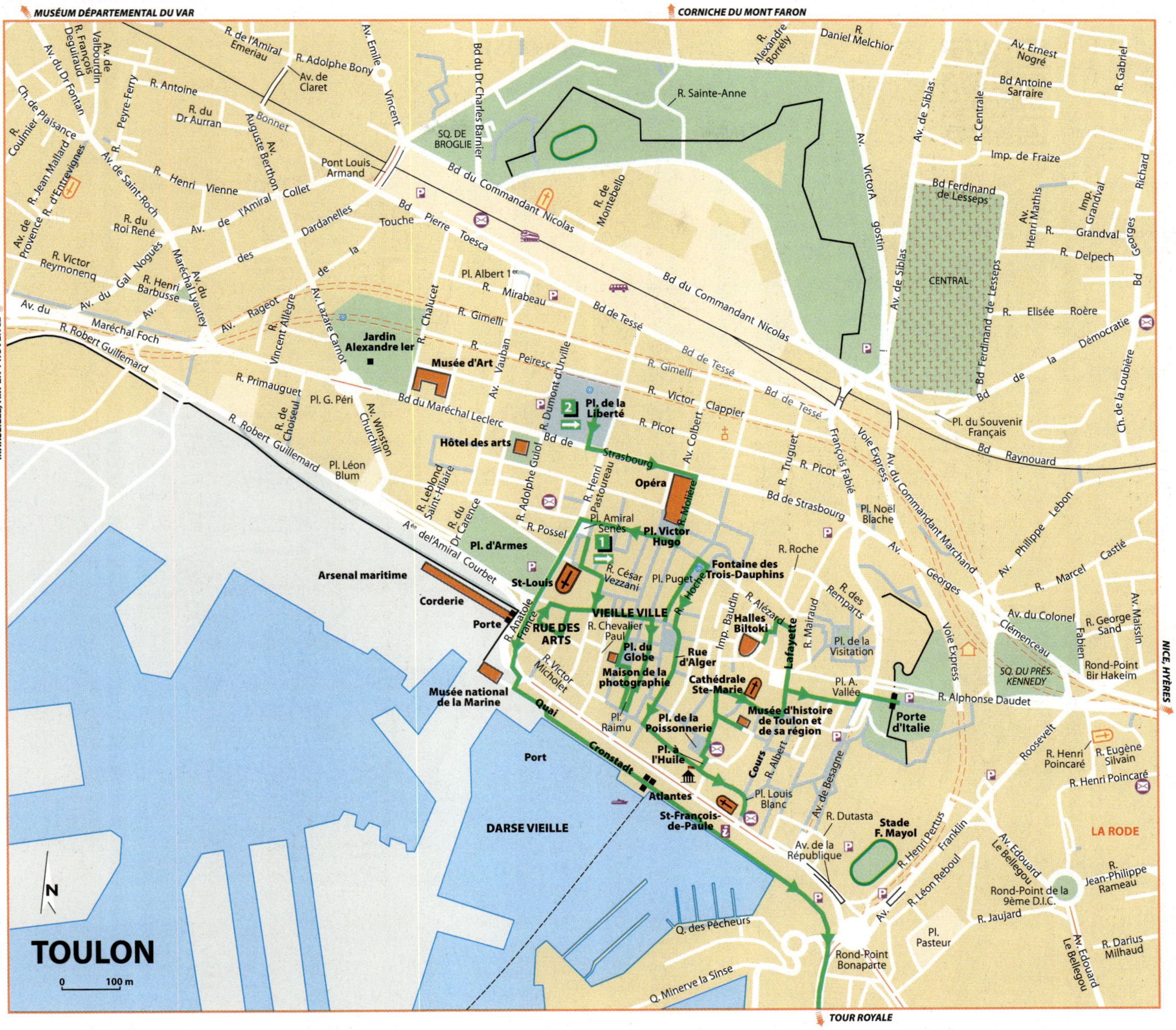
MUSÉUM DÉPARTEMENTAL DU VAR
CORNICHE DU MONT FARON
MARSEILLE, AIX-EN-PROVENCE
NICE, HYÈRES
TOUR ROYALE
TOULON
0 100 m
N
Pl. de la Liberté
Opéra
Pl. Victor Hugo
Fontaine des Trois-Dauphins
Halles Biltoki
VIEILLE VILLE
RUE DES ARTS
St-Louis
Pl. d'Armes
Arsenal maritime
Corderie
Porte
Musée national de la Marine
Pl. du Globe
Maison de la photographie
Rue d'Alger
Cathédrale Ste-Marie
Musée d'histoire de Toulon et de sa région
Pl. de la Poissonnerie
Pl. à l'Huile
Atlantes
St-François-de-Paule
Porte d'Italie
Port
DARSE VIEILLE
Stade F. Mayol
LA RODE
Rond-Point Bonaparte
Rond-Point de la 9ème D.I.C.
Jardin Alexandre Ier
Musée d'Art
Hôtel des arts
CENTRAL
SQ. DE BROGLIE
SQ. DU PRÉS. KENNEDY
Pl. Albert 1er
Pl. G. Péri
Pl. Léon Blum
Pl. Noël Blache
Pl. du Souvenir Français
Pl. de la Visitation
Pl. A. Vallée
Pl. Louis Blanc
Pl. Puget
Pl. Raimu
Pl. Amiral Senès
Bd du Commandant Nicolas
Bd de Tessé
Bd de Strasbourg
Bd du Maréchal Leclerc
Av. de la République
Quai Cronstadt
Q. des Pêcheurs
Q. Minerve la Sinse
Av. Franklin Roosevelt
Bd Raynouard
R. Alphonse Daudet
Av. Vauban
Av. Colbert
R. Victor Clappier
R. Picot
R. Gimelli
R. Peiresc
R. Mirabeau
R. Sainte-Anne
R. Daniel Melchior
R. Roche
Cours Lafayette
R. Chevalier Paul
R. César Vezzani
R. Anatole France
R. Victor Micholet
R. Possel
Av. Georges Clémenceau
Voie Express
Av. Dr Fontan
Av. Valbourdin
Bd Ferdinand de Lesseps
Av. Edouard Le Bellegou
R. Henri Poincaré
R. Eugène Silvain
R. Jean-Philippe Rameau
R. Darius Milhaud
R. Pasteur
R. Jaujard
R. Léon Reboul
R. Henri Pertus
R. Dutasta
Av. de Besagne
R. Marcel Castié
Av. Philippe Lebon
R. George Sand
Rond-Point Bir Hakeim
Av. du Colonel Fabien
Av. Malsin

TOULON
La Seyne-s-Mer
Six-Fours-les-Plages
Sanary-sur-Mer
Bandol
Ollioules
Évenos
Le Revest-les-Eaux
Mt Faron
La Valette-du-Var
La Garde
Le Pradet
Carqueiranne
Hyères
Hyères-Plage
Giens
Presqu'île de Giens
St-Mandrier-sur-Mer
Presqu'île de St-Mandrier
Cap Cépet
Cap Sicié
N.-D. du Mai
Presqu'île du Cap Sicié
Le Brusc
Île de Bendor
St-Cyr-sur-Mer
Le Gros Cerveau
Gorges d'Ollioules
La Farlède
La Crau
Golfe de Giens
Costebelle
L'Almanarre
La Capte
Le Mourillon
Cap Brun
Fort Balaguier
Tamaris
Les Sablettes
Le Pradon
Musée de la Mine
Pointe Escampobariou
Notre-Dame
Châteauvert
Pourrières
Seillons
Cabasse
Pignans

TOULOUSE
MATABIAU
BASILIQUE ST-SERNIN
Musée St-Raymond
Bibliothèque
Chapelle des Carmélites
Collège de l'Esquile
Halles couvertes Victor Hugo
N.-D.-du-Taur
Hôtel Le Grand Balcon
Capitole
Pl. du Capitole
Donjon
Les Jacobins
Théâtre du Capitole
R. d'Alsace-Lorraine
Pl. Salengro
St-Jérôme
Hôtel de Bernuy
R.J.-Chalande
Musée du Vieux-Toulouse
Tour Pierre-Séguy
Pl. St-Georges
ST-GEORGES
Place Occitane
Pl. de la Daurade
Tour de Serta
Musée des Augustins
N.-D.-de-la-Daurade
HÔTEL D'ASSÉZAT
Pl. St-Étienne
Cathédrale St-Étienne
Pont Neuf
Hôtel de Fumel
R. Croix-Baragnon
R. Malcousinat
Place de la Trinité
Halles couvertes des Carmes
GARONNE
Hôtel de Clary
N.-D.-la-Dalbade
Musée Paul-Dupuy
Hôtel Béringuier-Maynier
Jardin Royal
Grand Rond
Institut Catholique
Quai des Savoirs
Palais de Justice
Muséum
Jardin des Plantes
Pont St-Michel
Monument à la gloire de la Résistance
ST-MICHEL
ST-AUBIN
TOULOUSE
Blagnac
Colomiers
Tournefeuille
Balma
L'Union
Ramonville-St-Agne
Castanet-Tolosan
Cugnaux
Portet-Garonne
Plaisance-du-Touch
Castelginest
Fenouillet
Aucamville
Fronton
Grenade
Castelnau-d'Estrétefonds
Bouloc
Villeneuve-lès-B.
Quint-Fonsegrives
Escalquens
Labège
Caraman
Verfeil
Montastruc-la-Conseillère
Saint-Jory

TOURS
St-Cyr-sur-Loire
La Membrolle-sur-Choisille
Mettray
Chanceaux-sur-Choisille
N.-Dame-d'Oé
Parçay-Meslay
Rochecorbon
Vouvray
St-Pierre-des-Corps
Montlouis-sur-Loire
Joué-lès-Tours
St-Avertin
Chambray-lès-Tours
Larçay
Véretz
Azay-sur-Cher
St-Martin-le-Beau
Ballan-Miré
Savonnières
Villandry
Berthenay
St-Genouph
Fondettes
Luynes
Cinq-Mars-la-Pile
Druye
Vallères
Montbazon
Veigné
Esvres
Athée-sur-Cher
Lussault-sur-Loire
Pagode de Chanteloup
Noizay
Nazelles-Négron
Forêt de Larçay
LOIRE
Cher
ANGERS
LE MANS
CHARTRES
AMBOISE
BORDEAUX
POITIERS
CHÂTELLERAULT
JARDIN BOTANIQUE
PRIEURÉ DE ST-COSME
ÎLE SIMON
Pont Wilson
Pont Mirabeau
Château
Logis des Gouverneurs
Psalette
Cathédrale St-Gatien
Pl. Grégoire-de-Tours
Musée des Beaux-Arts
Musée du Compagnonnage
Porte de Loire
St-Julien
Hôtel Beaune-Semblançay
Hôtel Goüin
Palais du Commerce
Rue Colbert
Pl. Foire-le-Roi
R. de la Scellerie
Maison de Tristan
Pl. St-Pierre-le-Puellier
Pl. Plumereau
Place du Grand Marché
Ancienne église St-Denis
Logis des ducs de Touraine
Tour Charlemagne
Basilique St-Martin
Tour de l'Horloge
Pl. de Châteauneuf
Hôtel Mame
CCCOD
Centre International de congrès Vinci
Square de la Préfecture
Pl. Jean Jaurès
Gare de Tours
Jardin des Prébendes-d'Oé
PARC MIRABEAU
Nationale
Bd Heurteloup
Bd Béranger
R. Nationale
Av. de Grammont
R. Edouard Vaillant
R. Marceau
R. Colbert

## Plans de ville sur votre smartphone

### Town plans on your smartphone / Stadtpläne auf Ihrem Smartphone / Stadsplattegronden op uw smartphone
### Piante di città sul tuo smartphone / Planos de ciudades en su smartphone

Ajaccio

Annecy

Arles

Bastia

Bayonne

Biarritz

Blois

Carcassonne

Châlons-en-Champagne

Chalon-sur-Saône

Chambéry

Chartres

Lorient

Monaco

Nevers

Troyes

# France 1/1 200 000

## Frankreich - 1: 1 200 000 / Frankrijk - 1: 1 200 000 / Francia - 1: 1 200 000

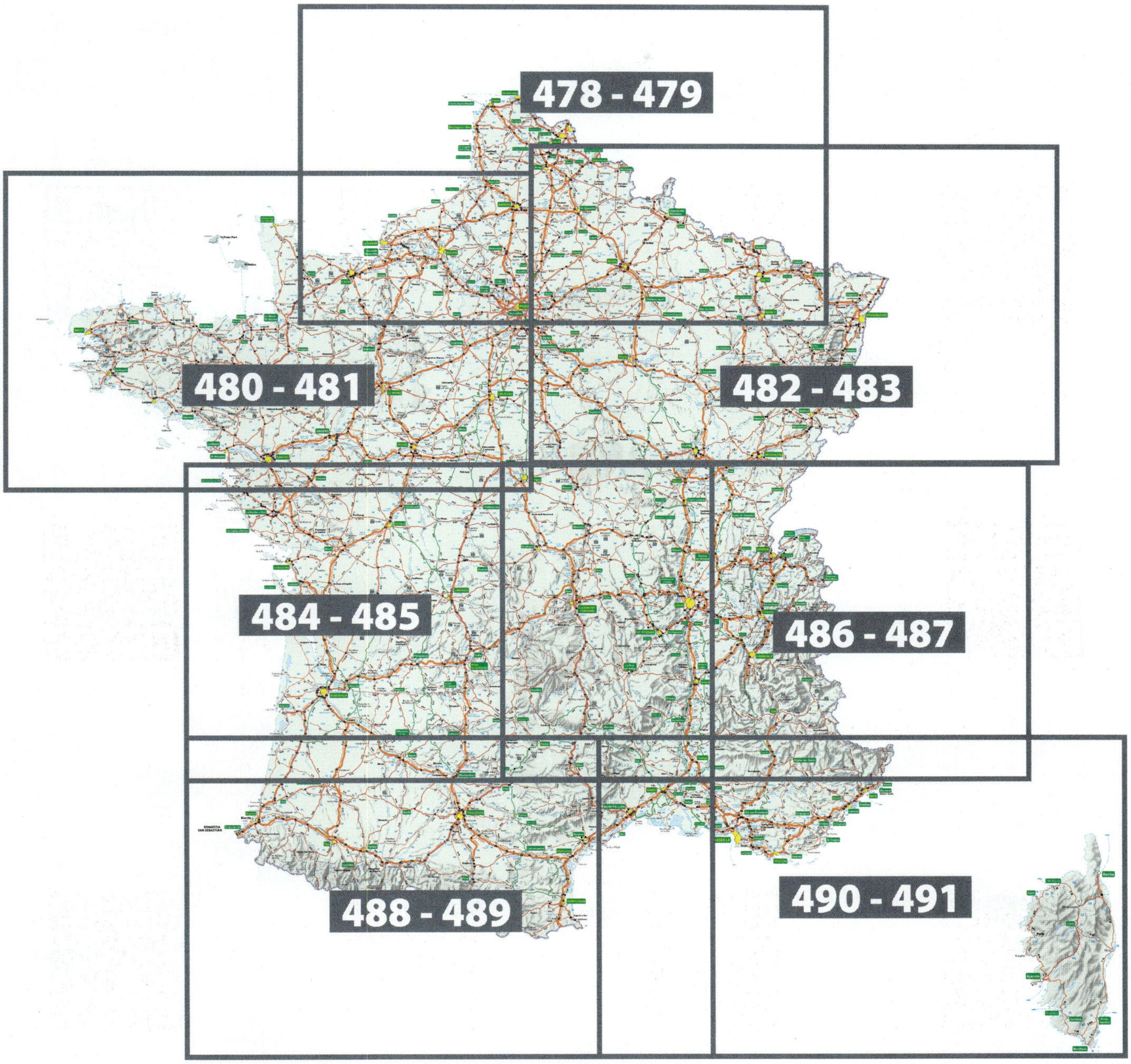


## Légende

**Routes**

Autoroute - Section à péage sur autoroute
Section libre sur autoroute
Échangeurs : complet, partiel
Numéros d'échangeurs
Aires de services
Autoroute en construction

**Distances**

Distances en kilomètres
Temps estimé en heures et minutes pour parcourir cette distance

**Largeurs des routes**

**Itinéraires ...**

Double chaussée de type autoroutier
Chaussées séparées
Route internationale ou nationale
Route de liaison interrégionale ou de délestage

**Itinéraires de dégagement**

Double chaussée de type autoroutier
Chaussées séparées
Route internationale ou nationale

**Numérotation - Signalisation**

Autoroute - Route européenne
Ville citée au tableau des distances
Ville signalisée par un panneau vert sur les grandes liaisons routières

**Obstacles**

Barrière de péage

**Signes divers**

Village étape

Dover
Folkestone
Tunnel sous la Manche
SOUTHAMPTON
PORTSMOUTH
BRIGHTON
Hastings
Isle of Wight
Boulogne-s-Mer
Étaples
Le Touquet-Paris-Plage
Montreuil-s-Mer
Berck-sur-Mer
Le Crotoy
St-Valery-s-Somme
Le Tréport-Eu
Dieppe
Fécamp
Étretat
Neufchâtel-en-Bray
Tôtes
Yvetot
Bolbec
Lillebonne
LE HAVRE
Honfleur
Trouville Deauville
Pont-Audemer
ROUEN
Elbeuf
Louviers
Les Andelys
Gisors
Gournay-en-Bray
Marseille-en-Beauvaisis
Vernon
Mantes-la-Jolie
Évreux
Bernay
Lisieux
Livarot-Pays-d'Auge
Cabourg
Ouistreham Riva-Bella
Courseulles-s-Mer
CAEN
Bayeux
Villers-Bocage
St-Lô
Torigny-s-Vire
Carentan
Ste-Mère-Église
Valognes
Barfleur
Coutances
Vire
Villedieu-les-Poêles-Rouffigny
Avranches
Ducey
St-Hilaire-du-Harcouët
Domfront-en-Poiraie
Flers
Falaise
Argentan
Gacé
L'Aigle
Verneuil-s-Avre
Dreux
Nogent-le-Roi
Châteauneuf-en-Thymerais
Chartres
Tourouvre-au-Perche
Mortagne-au-Perche
Sées
Le Mêle-s-Sarthe
Alençon
Mamers
Nogent-le-Rotrou
Illiers-Combray
Mayenne
Ernée
Fougères
St-Brice-en-Coglès
RENNES
Vitré
Laval
Rambouillet

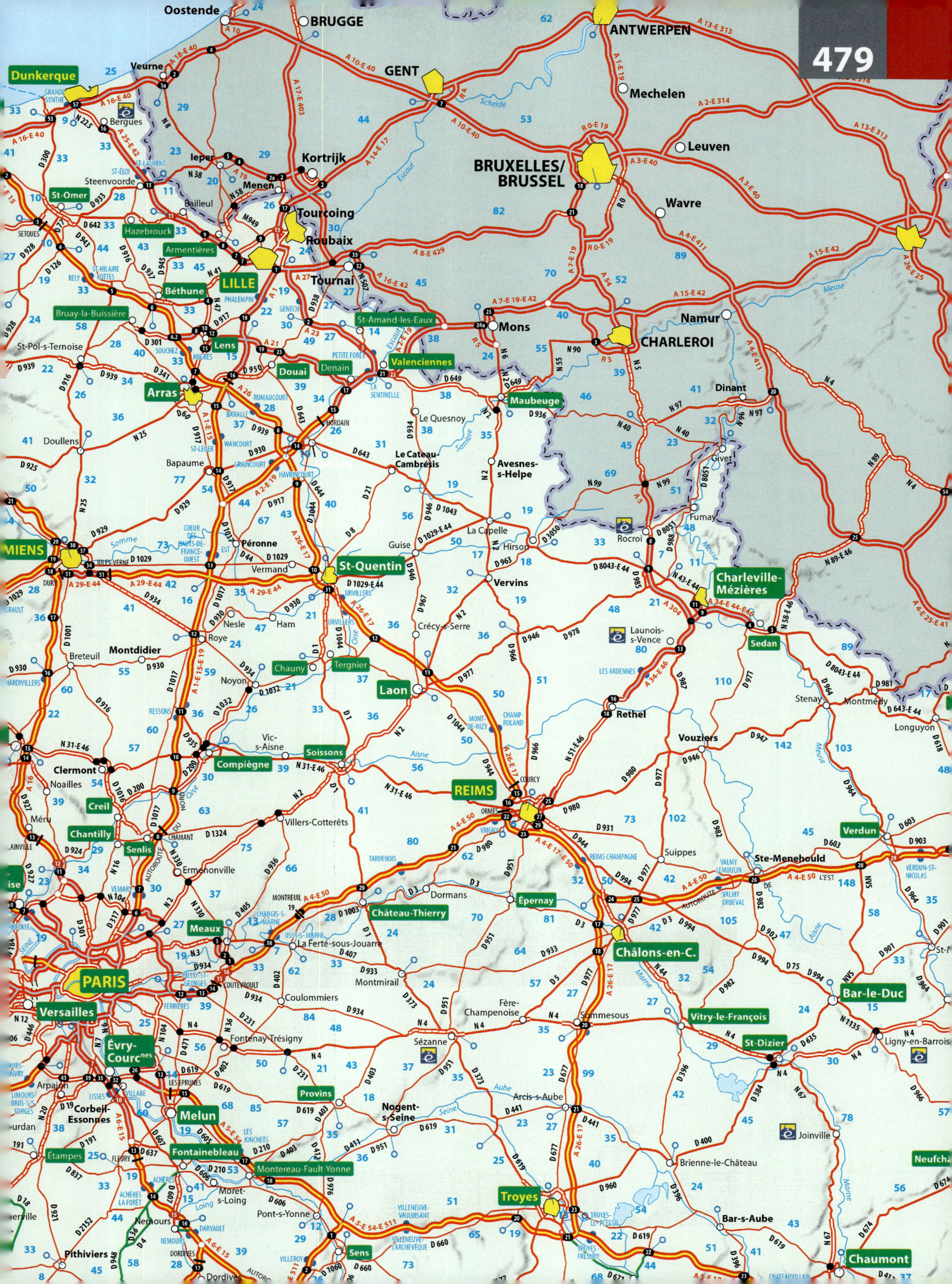

Oostende
BRUGGE
ANTWERPEN
Dunkerque
Veurne
GENT
Mechelen
Bergues
Leuven
BRUXELLES/
BRUSSEL
Ieper
Kortrijk
Menen
Steenvoorde
St-Omer
Bailleul
Tourcoing
Wavre
Roubaix
Hazebrouck
Armentières
LILLE
Tournai
Béthune
Namur
Bruay-la-Buissière
St-Amand-les-Eaux
Mons
Lens
CHARLEROI
St-Pol-s-Ternoise
Douai
Denain
Valenciennes
Arras
Maubeuge
Dinant
Le Quesnoy
Doullens
Bapaume
Le Cateau-Cambrésis
Avesnes-s-Helpe
Givet
Fumay
La Capelle
Rocroi
Hirson
Guise
Péronne
Vermand
St-Quentin
Vervins
Charleville-Mézières
Nesle
Ham
Crécy-s-Serre
Launois-s-Vence
Sedan
Breteuil
Montdidier
Roye
Chauny
Tergnier
Noyon
Laon
Stenay
Montmédy
Rethel
Longuyon
Vouziers
Vic-s-Aisne
Soissons
Compiègne
Clermont
Noailles
REIMS
Creil
Villers-Cotterêts
Méru
Chantilly
Senlis
Suippes
Ste-Menehould
Verdun
Ermenonville
Dormans
Épernay
Château-Thierry
Meaux
La Ferté-sous-Jouarre
Châlons-en-C.
PARIS
Montmirail
Coulommiers
Versailles
Fère-Champenoise
Sommesous
Bar-le-Duc
Vitry-le-François
Fontenay-Trésigny
Sézanne
St-Dizier
Ligny-en-Barrois
Évry-Courcnes
Arpajon
Provins
Arcis-s-Aube
Corbeil-Essonnes
Melun
Nogent-s-Seine
Joinville
Étampes
Fontainebleau
Montereau-Fault-Yonne
Brienne-le-Château
Moret-s-Loing
Nemours
Pont-s-Yonne
Troyes
Bar-s-Aube
Pithiviers
Sens
Chaumont

Guernsey
St Peter Port
Jersey
St-Helier
Perros-Guirec
Paimpol
Roscoff
Lannion
St-Thégonnec
Morlaix
Guingamp
Châtelaudren
St-Brieuc
Landivisiau
BREST
Belle-Isle-en-Terre
Lamballe
Jugon-les-Lacs
Dinan
St-Malo
Dinard
Cancale
Dol-de-Bretagne
Tinténiac
Crozon
Le Faou
Carhaix-Plouguer
Châteauneuf-du-Faou
Corlay
Broons
Châteaulin
Douarnenez
Rostrenen
Merdrignac
Loudéac
St-Méen-le-Grand
Bédée
Audierne
Gourin
Quimper
Pontivy
Josselin
Plélan-le-Grd
Ploërmel
Pont-l'Abbé
Concarneau
Quimperlé
Locminé
Lorient
Elven
Auray
Vannes
Redon
Grand-Fougeray
Quiberon
Muzillac
La Roche-Bernard
Belle-Île
La Baule
Le Croisic
St-Nazaire
Pornic
Bourgneuf-en-Retz
Noirmoutier-en-l'Île
Challans
Ouessant

Dieppe
Fécamp
Étretat
LE HAVRE
Trouville Deauville
Honfleur
Bolbec
Yvetot
Lillebonne
Pont-Audemer
ROUEN
Neufchâtel-en-Bray
Tôtes
Marseille-en-Beauvaisis
Gournay-en-Bray
Gisors
Les Andelys
Louviers
Elbeuf
Vernon
Mantes-la-Jolie
Évreux
Bernay
Lisieux
Livarot-Pays d'Auge
Cabourg
Ouistreham Riva-Bella
Courseulles-s-Mer
Bayeux
CAEN
Barfleur
Valognes
Ste-Mère-Église
Carentan
St-Lô
Coutances
Villers-Bocage
Torigny-s-Vire
Vire
Villedieu-les-Poêles-Rouffigny
Avranches
Ducey
St-Hilaire-du-Harcouët
Flers
Falaise
Argentan
Gacé
L'Aigle
Verneuil-s-Avre
Dreux
Nogent-le-Roi
Rambouillet
Châteauneuf-en-Thymerais
Chartres
Tourouvre-au-Perche
Mortagne-au-Perche
Sées
Le Mêle-s-Sarthe
Alençon
Domfront-en-Poiraie
Fougères
St-Brice-en-Coglès
Mayenne
Ernée
RENNES
Vitré
Laval
Mamers
Nogent-le-Rotrou
Illiers-Combray
Châteaudun
Cloyes-s-le-Loir
LE MANS
Sablé-s-Sarthe
Château-Gontier
Craon
Segré
Pouancé
ANGERS
La Flèche
Le Lude
Château-du-Loir
Vendôme
Château-Renault
Blois
Beaugency
TOURS
Amboise
Contres
Romorantin-Lanthenay
St-Aignan
Valençay
Loches
Ste-Maure-de-Touraine
Saumur
Chinon
Doué-la-Fontaine
Montreuil-Bellay
Loudun
Thouars
Cholet
Mauléon
Montaigu
Clisson
NANTES
Ancenis
Candé
Neuillé-Pont-Pierre
Vatan
Châtillon-s-Indre
Descartes

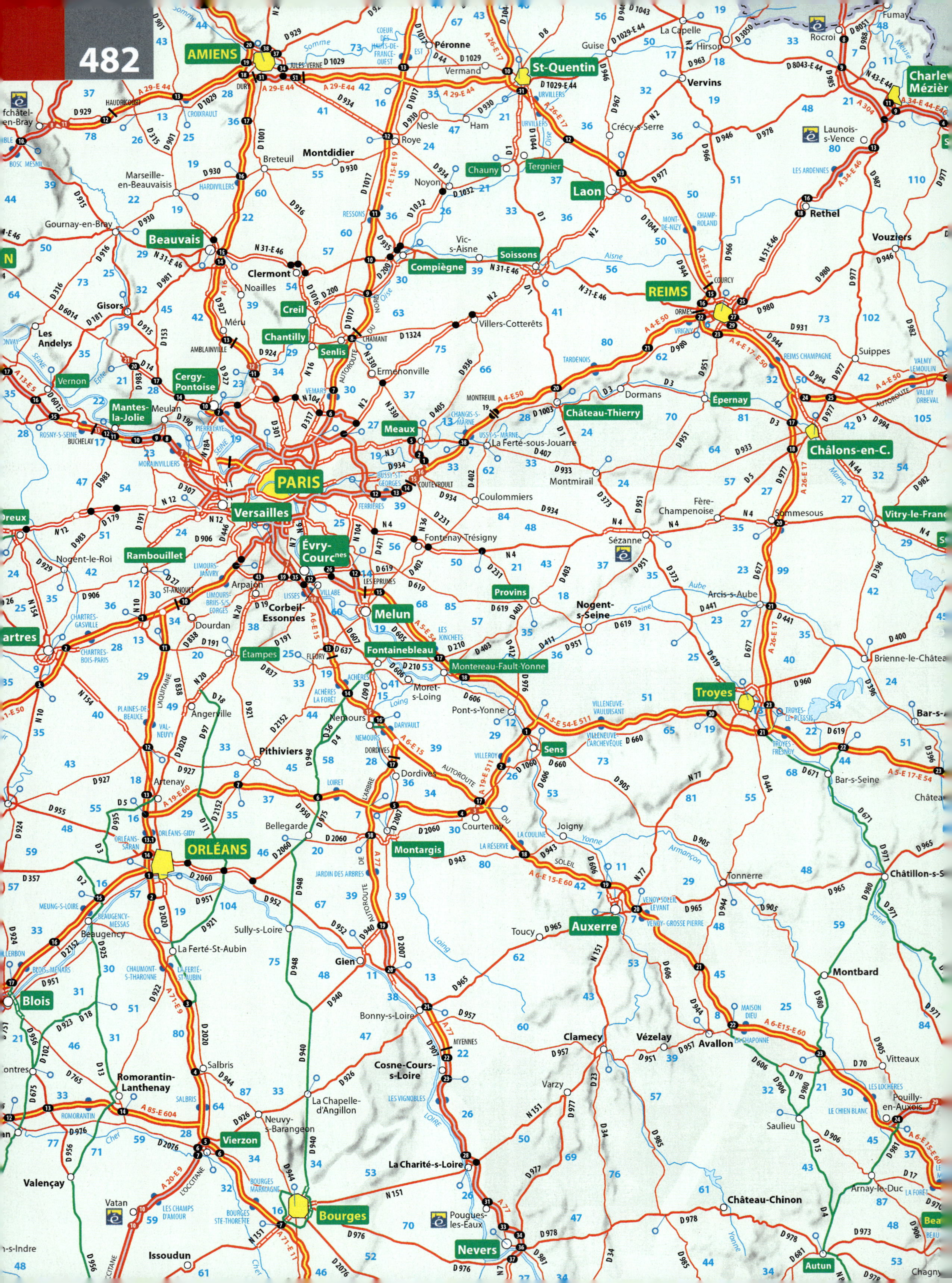
AMIENS
Péronne
St-Quentin
Vermand
Guise
La Capelle
Hirson
Rocroi
Fumay
Charleville-Mézières
Vervins
Nesle
Ham
Roye
Montdidier
Breteuil
Marseille-en-Beauvaisis
Noyon
Chauny
Tergnier
Laon
Crécy-s-Serre
Launois-s-Vence
Rethel
Gournay-en-Bray
Beauvais
Clermont
Noailles
Compiègne
Vic-s-Aisne
Soissons
REIMS
Vouziers
Gisors
Les Andelys
Méru
Creil
Chantilly
Senlis
Villers-Cotterêts
Suippes
Vernon
Cergy-Pontoise
Ermenonville
Mantes-la-Jolie
Meulan
Meaux
Château-Thierry
Dormans
Épernay
Châlons-en-C.
La Ferté-sous-Jouarre
PARIS
Versailles
Montmirail
Coulommiers
Fère-Champenoise
Sommesous
Vitry-le-François
Dreux
Nogent-le-Roi
Rambouillet
Évry-Courcouronnes
Fontenay-Trésigny
Sézanne
Arpajon
Provins
Chartres
Corbeil-Essonnes
Dourdan
Melun
Nogent-s-Seine
Arcis-s-Aube
Étampes
Fontainebleau
Montereau-Fault-Yonne
Brienne-le-Château
Moret-s-Loing
Troyes
Angerville
Nemours
Pont-s-Yonne
Sens
Bar-s-Seine
Pithiviers
Dordives
Artenay
Courtenay
Bellegarde
Joigny
Montargis
ORLÉANS
Tonnerre
Châtillon-s-Seine
Auxerre
Beaugency
Sully-s-Loire
Toucy
La Ferté-St-Aubin
Gien
Montbard
Blois
Bonny-s-Loire
Clamecy
Vézelay
Avallon
Salbris
Romorantin-Lanthenay
Cosne-Cours-s-Loire
Varzy
Vitteaux
La Chapelle-d'Angillon
Neuvy-s-Barangeon
Saulieu
Pouilly-en-Auxois
Vierzon
La Charité-s-Loire
Valençay
Arnay-le-Duc
Château-Chinon
Vatan
Bourges
Pougues-les-Eaux
Nevers
Issoudun
Autun
Chagny

LUXEMBOURG
Esch-s-Alzette
Longwy
Longuyon
Stenay
Montmédy
Thionville
Saarlouis
SAARBRÜCKEN
Forbach
Boulay-Moselle
St-Avold
Sarreguemines
Ludwigshafen am Rhein
Kaiserslautern
Homburg
Zweibrücken
Landau in der Pfalz
Verdun
Briey
METZ
Sarralbe
Wissembourg
Lauterbourg
Rastatt
Baden-Baden
Haguenau
Saverne
Sarrebourg
Château-Salins
St-Mihiel
Pont-à-Mousson
Bar-le-Duc
Commercy
NANCY
Toul
Ligny-en-Barrois
St-Nicolas-de-Port
Lunéville
Blâmont
Wasselonne
STRASBOURG
Kehl
Offenburg
Molsheim
Obernai
Erstein
Baccarat
Rambervillers
St-Dié-des-Vosges
Sélestat
Joinville
Neufchâteau
Vittel
Épinal
Ribeauvillé
Marckolsheim
Colmar
Chaumont
Gérardmer
Neuf-Brisach
FREIBURG IM BREISGAU
Remiremont
Plombières-les-Bains
Bourbonne-les-Bains
Guebwiller
Langres
Luxeuil-les-Bains
Thann
MULHOUSE
Longeau
Waldshut
Belfort
Vesoul
Lure
Altkirch
BASEL
Villersexel
Montbéliard
Delle
Gray
Delémont
Baume-les-Dames
Solothurn
BESANÇON
Genlis
Dole
Biel
Morteau
Neuchâtel
BERN
Seurre
Salins-les-Bains
Pontarlier

Pornic
Bourgneuf-en-Retz
Noirmoutier-en-l'Île
Clisson
Montaigu
Rocheservière
Challans
St-Jean-de-Monts
Île d'Yeu
St-Gilles-Croix-de-Vie
Aizenay
La Roche-s-Yon
Les Sables-d'Olonne
Cholet
Doué-la-Fontaine
Saumur
Montreuil-Bellay
Thouars
Mauléon
Les Herbiers
Bressuire
Chantonnay
Parthenay
Ste-Hermine
Fontenay-le-Comte
St-Maixent-l'École
Luçon
La Tranche-sur-Mer
Île de Ré
St-Martin-de-Ré
Niort
Melle
La Rochelle
Surgères
St-Pierre-d'Oléron
Île d'Oléron
Rochefort
St-Jean-d'Angély
Marennes
Saintes
Cognac
Jarnac
Mansle
Royan
Saujon
Le Verdon-s-Mer
Jonzac
Barbezieux-St-Hilaire
Lesparre-Médoc
Montlieu-la-Garde
Lamarque
Blaye
Lacanau-Océan
St-André-de-Cubzac
Montpon-Ménestérol
Libourne
BORDEAUX
Arès
Arcachon
Cap Ferret
Sauveterre-de-Guyenne
La Réole
Langon
Bazas
Biscarrosse
Sore
Casteljaloux
Mimizan
Sèvre Nantaise
Sèvre Niortaise
Charente
Dordogne
Garonne
Eyre
Vendée
L'AQUITAINE
AUTOROUTE DES DEUX-MERS
A 10-E 5
A 83-E 3
A 87
A 63-E 5-E 70
A 660
A 65
N 141
N 10-E 606
N 11-E 601
N 149-E 62
N 141-E 603
N 248
N 237
N 250
N 524

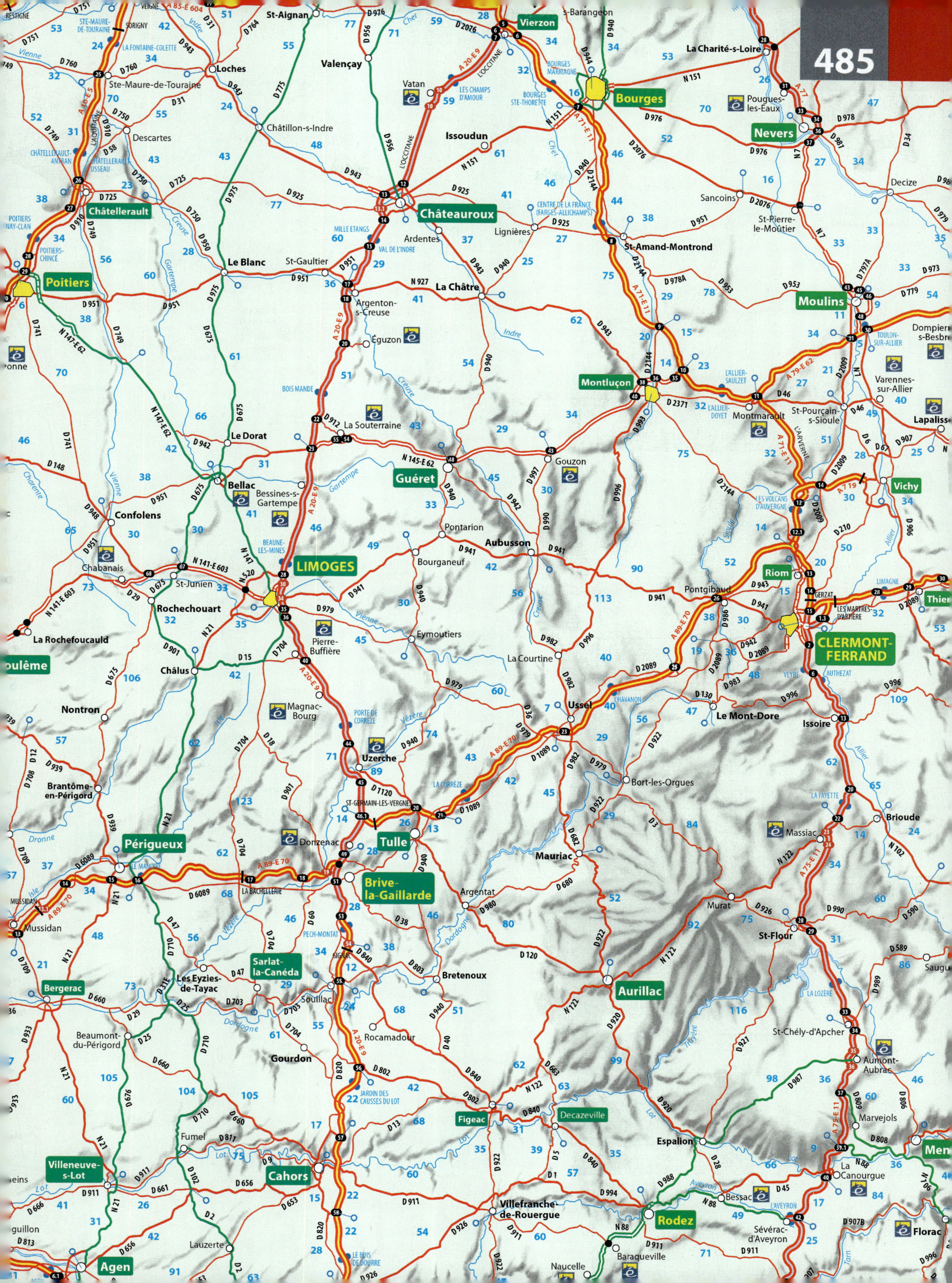
St-Aignan
Valençay
Vierzon
Bourges
La Charité-s-Loire
Loches
Ste-Maure-de-Touraine
Vatan
Pougues-les-Eaux
Nevers
Châtillon-s-Indre
Issoudun
Descartes
Decize
Châtellerault
Châteauroux
Sancoins
Ardentes
Lignières
St-Pierre-le-Moûtier
St-Amand-Montrond
Poitiers
Le Blanc
St-Gaultier
La Châtre
Argenton-s-Creuse
Moulins
Éguzon
Montluçon
Dompierre-s-Besbre
Varennes-sur-Allier
Montmarault
St-Pourçain-s-Sioule
Lapalisse
La Souterraine
Le Dorat
Guéret
Gouzon
Vichy
Bellac
Bessines-s-Gartempe
Confolens
Pontarion
Aubusson
Bourganeuf
Riom
Pontgibaud
LIMOGES
Chabanais
St-Junien
Rochechouart
Pierre-Buffière
Eymoutiers
CLERMONT-FERRAND
La Rochefoucauld
Châlus
La Courtine
Nontron
Ussel
Le Mont-Dore
Issoire
Magnac-Bourg
Uzerche
Bort-les-Orgues
Brantôme-en-Périgord
Tulle
Brioude
Massiac
Périgueux
Donzenac
Mauriac
Brive-la-Gaillarde
Argentat
Murat
Mussidan
St-Flour
Sarlat-la-Canéda
Les Eyzies-de-Tayac
Bretenoux
Aurillac
Bergerac
Souillac
Beaumont-du-Périgord
Rocamadour
St-Chély-d'Apcher
Gourdon
Aumont-Aubrac
Figeac
Decazeville
Marvejols
Fumel
Espalion
Villeneuve-s-Lot
Cahors
La Canourgue
Bessac
Villefranche-de-Rouergue
Rodez
Sévérac-d'Aveyron
Florac
Lauzerte
Naucelle
Baraqueville
Agen

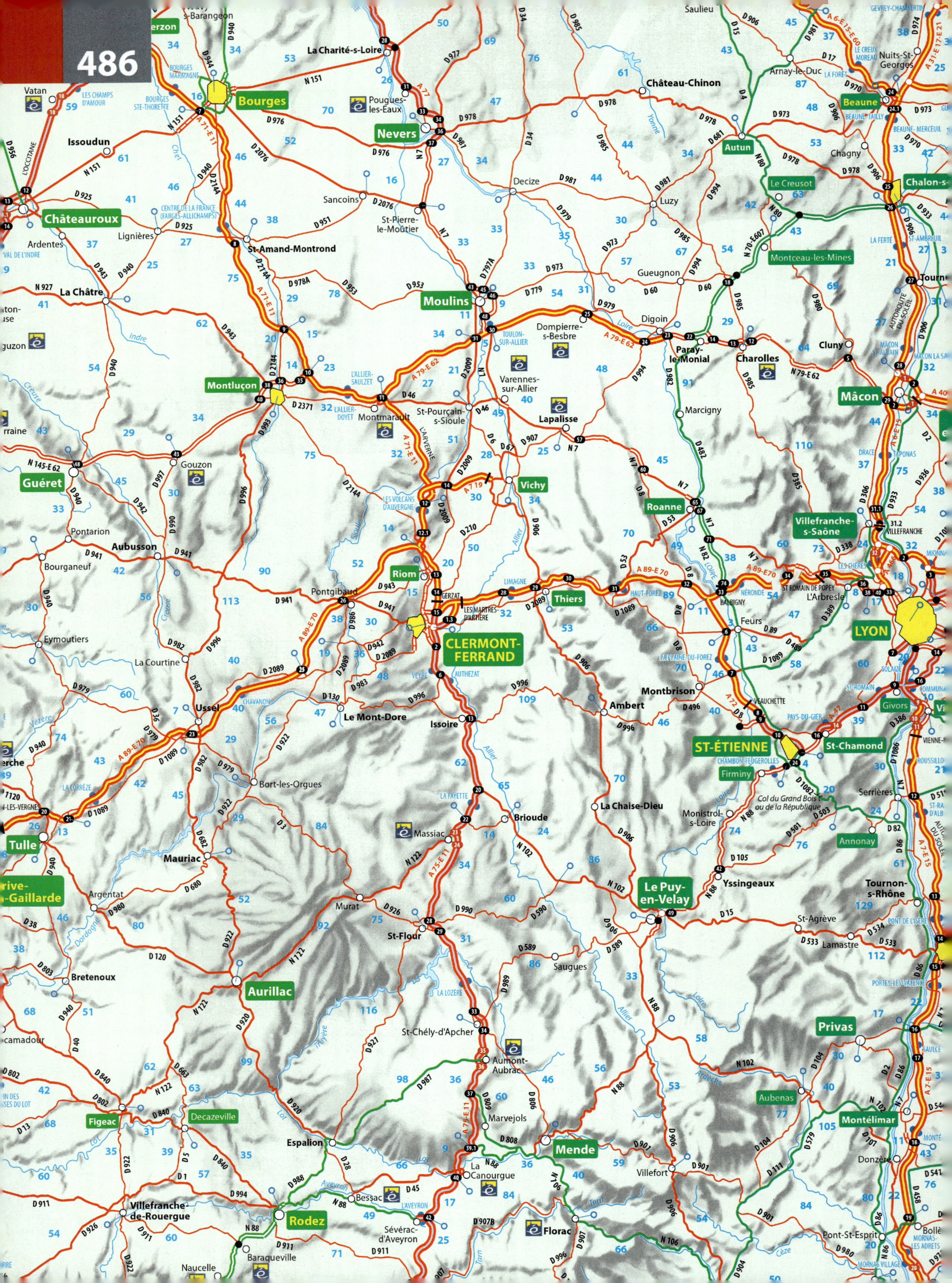
Bourges
La Charité-s-Loire
Pougues-les-Eaux
Nevers
Château-Chinon
Saulieu
Arnay-le-Duc
Nuits-St-Georges
Beaune
Chagny
Autun
Le Creusot
Chalon-s-
Montceau-les-Mines
Vatan
Issoudun
Châteauroux
Ardentes
Lignières
Sancoins
St-Pierre-le-Moûtier
Decize
Luzy
St-Amand-Montrond
La Châtre
Moulins
Gueugnon
Digoin
Paray-le-Monial
Charolles
Cluny
Mâcon
Dompierre-s-Besbre
Varennes-sur-Allier
Lapalisse
Montluçon
Montmarault
St-Pourçain-s-Sioule
Marcigny
Gouzon
Guéret
Vichy
Roanne
Villefranche-s-Saône
Pontarion
Aubusson
Bourganeuf
Riom
Pontgibaud
Thiers
Feurs
L'Arbresle
LYON
CLERMONT-FERRAND
Eymoutiers
La Courtine
Ussel
Le Mont-Dore
Issoire
Ambert
Montbrison
ST-ÉTIENNE
St-Chamond
Givors
Firminy
Bort-les-Orgues
Tulle
Brive-la-Gaillarde
Mauriac
Massiac
Brioude
La Chaise-Dieu
Monistrol-s-Loire
Serrières
Annonay
Yssingeaux
Le Puy-en-Velay
Tournon-s-Rhône
Argentat
Murat
St-Flour
St-Agrève
Lamastre
Bretenoux
Aurillac
Saugues
St-Chély-d'Apcher
Aumont-Aubrac
Privas
Figeac
Decazeville
Marvejols
Mende
Aubenas
Montélimar
Espalion
La Canourgue
Villefort
Donzère
Villefranche-de-Rouergue
Rodez
Bessac
Sévérac-d'Aveyron
Florac
Pont-St-Esprit
Naucelle
Baraqueville
A 71-E 11
A 79-E 62
A 89-E 70
A 75-E 11
A 72
A 47
A 7-E 15
A 6-E 15
N 7
N 88
N 102
N 122
N 145-E 62

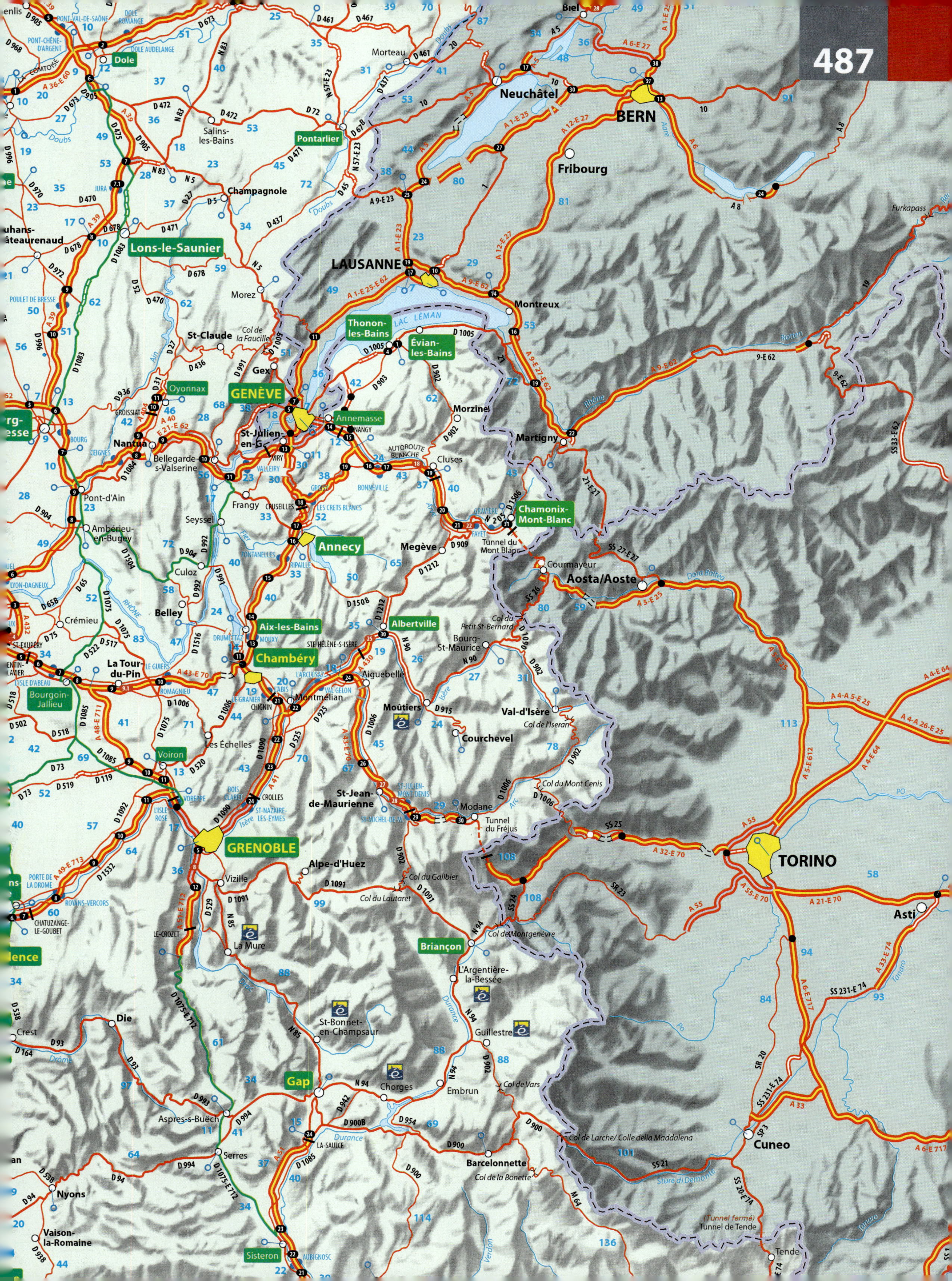
Dole
Salins-les-Bains
Pontarlier
Champagnole
Lons-le-Saunier
Morteau
Neuchâtel
Biel
BERN
Fribourg
Furkapass
LAUSANNE
Montreux
Morez
St-Claude
Col de la Faucille
Gex
Thonon-les-Bains
Évian-les-Bains
LAC LÉMAN
Oyonnax
GENÈVE
Annemasse
St-Julien-en-G.
Nantua
Bellegarde-s-Valserine
Morzine
Martigny
Cluses
Pont-d'Ain
Ambérieu-en-Bugey
Frangy
Seyssel
Chamonix-Mont-Blanc
Tunnel du Mont Blanc
Annecy
Megève
Culoz
Courmayeur
Aosta/Aoste
Belley
Crémieu
Aix-les-Bains
Albertville
Chambéry
Bourg-St-Maurice
Col du Petit St-Bernard
La Tour-du-Pin
Bourgoin-Jallieu
Montmélian
Aiguebelle
Moûtiers
Val-d'Isère
Col de l'Iseran
Courchevel
Les Échelles
Voiron
St-Jean-de-Maurienne
Modane
Col du Mont Cenis
Tunnel du Fréjus
GRENOBLE
TORINO
Alpe-d'Huez
Vizille
Col du Galibier
Col du Lautaret
Briançon
Col de Montgenèvre
La Mure
L'Argentière-la-Bessée
Asti
Die
Crest
St-Bonnet-en-Champsaur
Guillestre
Gap
Chorges
Embrun
Col de Vars
Aspres-s-Buëch
Serres
Barcelonnette
Col de Larche/ Colle della Maddalena
Col de la Bonette
Cuneo
Tunnel fermé
Tunnel de Tende
Tende
Nyons
Vaison-la-Romaine
Sisteron

Lesparre-Médoc
Montlieu-la-Garde
Ribérac
Brantôme-en-Périgord
Blaye
Lamarque
Lacanau-Océan
St-André-de-Cubzac
Montpon-Ménestérol
Mussidan
Libourne
BORDEAUX
Bergerac
Ste-Foy-la-Grande
Arès
Arcachon
Cap Ferret
Sauveterre-de-Guyenne
La Réole
Langon
Marmande
Bazas
Tonneins
Biscarrosse
Sore
Casteljaloux
Aiguillon
Mimizan
Nérac
Roquefort
Condom
Castets
Mont-de-Marsan
Vic-Fezensac
Nogaro
Hossegor
Capbreton
Dax
Aire-s-l'Adour
Peyrehorade
Bayonne
Biarritz
Orthez
Mirande
DONOSTIA-SAN SEBASTIÁN
St-Jean-de-Luz
Cambo-les-Bains
Pau
Tarbes
Castelnau-Magnoac
St-Jean-Pied-de-Port
Oloron-Ste-Marie
Lourdes
Lannemezan
Montréjeau
Argelès-Gazost
Bagnères-de-Bigorre
Cauterets
St-Lary-Soulan
Bagnères-de-Luchon
Gavarnie
Tunnel d'Aragnouet-Bielsa
Tunnel du Somport
PAMPLONA
Río Aragón
AUTOROUTE DES DEUX-MERS

Périgueux
Tulle
Brive-la-Gaillarde
Donzenac
Mauriac
Massiac
Le Puy-en-Velay
Argentat
Murat
St-Flour
Sarlat-la-Canéda
Les Eyzies-de-Tayac
Souillac
Bretenoux
Aurillac
Saugues
Rocamadour
Gourdon
St-Chély-d'Apcher
Aumont-Aubrac
Marvejols
Figeac
Decazeville
Espalion
Mende
Fumel
Cahors
La Canourgue
Villefort
Villefranche-de-Rouergue
Rodez
Bessac
Sévérac-d'Aveyron
Florac
Lauzerte
Naucelle
Baraqueville
Caussade
Moissac
Castelsarrasin
Montauban
Carmaux
Cordes-s-Ciel
Millau
Le Vigan
Gaillac
Albi
Le Caylar
Lodève
Toulouse
Bédarieux
Clermont-l'Hérault
Montpellier
Castres
Mazamet
Muret
Villefranche-de-Lauragais
Revel
Pézenas
Béziers
Sète
Agde
Le Cap-d'Agde
Castelnaudary
Auterive
Carcassonne
Narbonne
Valras-Plage
Gruissan
Pamiers
Limoux
St-Girons
Foix
Quillan
Rivesaltes
Ax-les-Thermes
Perpignan
Prades
Thuir
Andorra la Vella
Font-Romeu
Argelès-s-Mer
Collioure
Céret
Prats-de-Mollo-la-Preste
Tunnel de Puymorens
Túnel d'Envalira

Le Puy-en-Velay
Yssingeaux
Tournon-s-Rhône
Romans-s-Isère
Vizille
La Mure
St-Agrève
Lamastre
Valence
Saugues
Privas
Crest
Die
St-Bonnet-en-Champsaur
Aumont-Aubrac
Aubenas
Montélimar
Gap
Marvejols
Aspres-s-Buëch
Mende
Villefort
Donzère
Grignan
Serres
La Canourgue
Nyons
Florac
Pont-St-Esprit
Bollène
Vaison-la-Romaine
Sisteron
Orange
Alès
Bagnols-s-Cèze
Carpentras
Millau
Le Vigan
Uzès
Remoulins
Forcalquier
Avignon
Apt
Le Caylar
Manosque
Riez
NÎMES
Tarascon
Cavaillon
Beaucaire
St-Rémy-de-Provence
Lodève
Arles
Salon-de-P.
MONTPELLIER
Clermont-l'Hérault
Aix-en-Provence
Miramas
Istres
La Grande-Motte
Palavas-les-Flots
Fos-s-Mer
Martigues
St-Maximin-la-Ste-Baume
Brignoles
Pézenas
Stes-Maries-de-la-Mer
Port-St-Louis-du-Rhône
Béziers
Sète
Agde
Aubagne
MARSEILLE
Cassis
Le Cap-d'Agde
Valras-Plage
La Ciotat
Bandol
TOULON
Gruissan
PIGNAN
Argelès-s-Mer
Collioure

Col du Galibier
Briançon
Col de Montgenèvre
L'Argentière-la-Bessée
Guillestre
Embrun
Col de Vars
Col de Larche/ Colle della Maddalena
Barcelonnette
Col de la Bonette
Cuneo
Asti
(Tunnel fermé)
Tunnel de Tende
Tende
San Remo
Menton
Monaco
Monte-Carlo
NICE
Antibes
Cannes
Grasse
Castellane
Fréjus
St-Raphaël
Ste-Maxime
Grimaud
St-Tropez
Le Lavandou
Bastia
L'Île-Rousse
Calvi
Ponte Leccia
Corte
Porto
Aléria
Cargèse
Ajaccio
Propriano
Sartène
Porto-Vecchio
Bonifacio
A 21-E 70
A 6-E 717
A 33
A 10-E 80
A 12-E 80
A 26-E 25
A 7-A 26
A 8-E 80
T 10
T 20
T 30
T 40
T 50
D 81

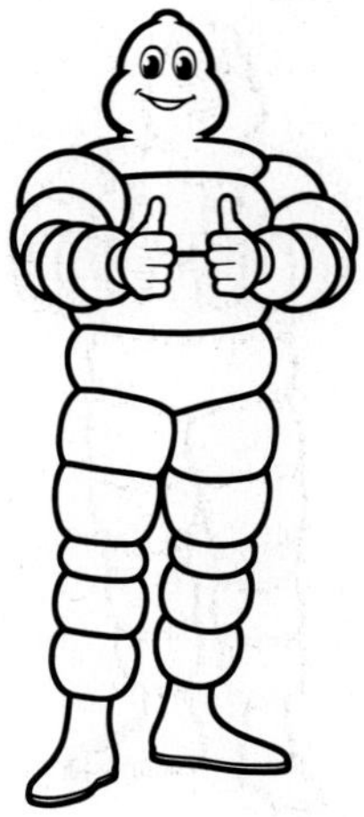

Édition 19.1 - Éditeur : Michelin Éditions
Société par actions simplifiée au capital de 487 500 EUR
57 rue Gaston Tessier – 75019 Paris (France)
R.C.S. Paris 882 639 354 - DL : septembre 2023


CARTE STRADALI E TURISTICHE PUBBLICAZIONE PERIODICA
Reg. Trib. Di Milano N° 80 del 24/02/1997 Dir. resp. Dott. MARCO DO.


*Accès libre hors frais de connexion éventuels par votre fournisseur d'accès (roaming)



L'éditeur décline toute responsabilité relative à la désignation de certains lieux, territoires ou zones qui peuvent faire l'objet d'un différend international, et a donc choisi de les désigner par la ou les dénomination(s) usuelle(s) afin d'en faciliter la lecture par les utilisateurs. De par l'évolution rapide des données, il est possible que certaines d'entre elles soient incomplètes, inexactes ou non-exhaustives.
Michelin décline toute responsabilité en cas d'omissions, imperfections et/ou erreurs.
The publisher declines all responsibility for the designation of certain places, territories or areas that may be the subject of an international dispute, and has therefore chosen to designate them by the usual name(s) in order to make it easier for users to read. Due to the rapid evolution of the data, it is possible that some of them are incomplete, inaccurate or non-exhaustive.
Michelin is not responsible for omissions, imperfections and/or errors.

Couverture : serts/Getty Images Plus / 4ème de couverture le vignoble : encrier/Getty Images Plus
Achevé d'imprimer en 06/2023 par ELCOGRAF - 24126 Bergamo
MADE IN ITALY